中国社会科学院创新工程学术出版资助项目

当代中国学者代表作文库

THE REPRESENTATIVE WORKS OF THE CONTEMPORARY CHINESE SCHOLARS

定宜庄 著

老北京人的口述历史

（上册）修订本

中国社会科学出版社

图书在版编目（CIP）数据

老北京人的口述历史：全二册/定宜庄著．—修订本．—北京：中国
社会科学出版社，2019.5
（当代中国学者代表作文库）
ISBN 978 - 7 - 5203 - 4329 - 9

Ⅰ．①老…　Ⅱ．①定…　Ⅲ．①北京—地方史—史料　Ⅳ．①K291

中国版本图书馆 CIP 数据核字（2019）第 071798 号

出　版　人	赵剑英
选题策划	郭沂纹
责任编辑	安　芳
责任校对	周　昊
责任印制	李寡寡

出　　　版	中国社会科学出版社
社　　　址	北京鼓楼西大街甲 158 号
邮　　　编	100720
网　　　址	http://www.csspw.cn
发 行 部	010 - 84083685
门 市 部	010 - 84029450
经　　　销	新华书店及其他书店

印刷装订	北京君升印刷有限公司
版　　　次	2019 年 5 月第 1 版
印　　　次	2019 年 5 月第 1 次印刷

开　　　本	787 × 1092　1/16
印　　　张	56.5
插　　　页	2
字　　　数	985 千字
定　　　价	168.00 元（全二册）

每个人的历史都不应该被遗忘

目　　录

（上　册）

前　　言

　　我生在北京，也长在北京。几十年来，除了"文化大革命"时期到外地插队数年之外，我再没有长久地离开过北京。北京眼看着我一天天地长大、成熟，我也伴随着年龄的增长，反反复复地、一遍又一遍地阅读它、感悟它，直至我本人也已成为它几十年变迁的见证。每当从外地回京，我赞赏它作为一国之都特有的雍容和璀璨；而自国外归来，我又常常叹息它因污染导致的尘昏。但无论灯明灯暗、天晴天阴，北京都与我肌肤相亲。

　　从踏入史学研究之门的那天起，我就想将北京史作为我的研究方向，始终未能如愿的原因，是苦于不得其门而入。直到十年前接触到口述史学的研究方法，我才终于找到一个能够进入北京历史的深处并且将它表达出来的门径，那就是通过对若干人进行口述访谈的方式，从个体的角度，亦即从个人的生活经历和生命过程的角度入手，来追溯百年来北京城的历史。我想通过访谈，来看北京人如何记忆和表述他们的过去，他们怎样把个人经历与社会环境联系起来，怎样使过去变成现在的一部分，还有，就是他们如何运用过去来诠释他们的生活和他们眼中的这个北京，正是这些，构成了历史记忆过程的本质，这是本书想做的尝试，也是本书的宗旨。

近年来，北京的历史与文化备受社会各界重视，但从城市史学①的学科要求来看，对于北京城市史的研究却还是落后于对上海、武汉、重庆等近代以来的新兴城市。除了历史地理学家对相关领域卓有成效的探讨之外，有关北京的更多作品还类似于在讲述"掌故"，而不属于学术研究范畴。举例来说，有关北京胡同的著作已出版多部，却都停留在介绍胡同的名称、来历方面，顶多再添加些胡同里住过哪位名人，或者名人有些什么逸事，等等，很少注意到生活在胡同里那成千上万活生生的普通人，注意到普通百姓在这个特定城市中生活的记忆与感受。而实际上，正是这些人的生活、人的生命，才构成了一个城市的灵魂与神韵，是研究一个城市不可或缺的核心内容。

如今也有许多学者注意到北京史研究中存在的诸多问题，他们提倡"走出单纯的风物掌故、京味小说，将'北京城'带入严肃的学术领域"，他们希望"透过肌肤，深入其肌理与血脉"地来阅读、品味北京这个城市。他们也注意到要想做到这点，需要兼及史学与文学、文本分析与田野调查等各种方式。他们强调只有"把人的主观情感及想象力带入都市研究，城市才有喜怒哀乐，才可能既古老又新鲜"。所以呼吁要对北京城"驰骋想象"。② 能够认识到这点固然十分可贵可喜，将百姓的喜怒哀乐带入历史也实在是太应该、太必要，但我认为，仅仅靠"驰骋想象"，百姓的喜怒哀乐却不可能被正确地带入历史。毕竟，想象与记忆并非同义词，对于今天的北京史研究来说，问题恰恰在于想象太多，因想象而衍生出的误解太多，而严肃的实证研究太少。而这一切，即以史学的实证而非想象的方式将百姓的喜怒哀乐带入北京城的历史之中，口述史很可能是最重要也最可行的一个途径，这也正是我想做的尝试。

---

① 我这里所指，是近年新兴的城市史学（Urban History）。作为一门新兴学科，它与传统史学相比，有两个突出特点。第一，它已经远远超出史学范围，而成为涉及社会学、人口学、人类学（尤其是近年从人类学发展出的一个分支即都市人类学）以及经济学、生态学乃至心理学等社会科学与自然科学的多个领域。第二，新的城市史学研究更加体现出社会史的色彩，把城市看作一个有机社会主体，以城市内部的社会集团的矛盾、都市环境与人类生活的相互影响等为主要研究课题，把城市化视为特定环境和历史条件下发生的一个广泛的社会运动过程。并以此构成与以往那种以城市为空间背景而作的所有历史研究总称的城市史（History of City）的根本区别。20 世纪 60 年代，美国哈佛大学的斯蒂芬·塞思托姆（Stephan Thernstrom）发表了代表作《贫穷与进步：关于一个 19 世纪城市社会流动性的研究》，被学界公认为美国"新城市史学"诞生的标志。在研究对象上，该书首次把史学兴趣引向千百万无名大众；从研究方法上，对复杂的计量统计方法应用于史学研究进行了前所未有的尝试。

② 陈平原：《北京记忆与记忆北京》，载《北京：都市想像与文化记忆》，北京大学出版社 2005 年版，第 5—6 页。

一

口述史学作为史学的一个新分支，并不等同于人们一般理解的"口耳相传"的历史，它的内涵相当丰富。对我来说，最有意义的不外乎两点，即它的民间性与个人性。

首先是它的民间性。口述史使那些不掌握话语霸权的人们，包括社会底层的百姓、少数族群和妇女都有了发出自己声音的可能性，使这些人的经历、行为和记忆有了进入历史记录的机会，并因此构成历史的一部分。从这层意义上说，口述史学对于传统史学，具有颠覆性和革命性。

其次是它的个人性。口述史强调从个人的角度对历史事件的记忆和认识，这是口述史学与主要以民间传说构成的"口述传统"最重要的区别，因为后者往往是集体性记忆的产物。

这两点就是我这部口述史遵循的原则，而本书尤为注重的是这两点的交叉与结合。

然而，原则毕竟是原则，原则只有通过实践才能展现。对于口述史来说，展现的关键，在于对选题方案的设计，具体地说，即选取什么样的人与人群作为访谈对象，以及访谈侧重于哪些议题等方面。广义地说，这关系到史家对历史的理解，也是考验史识高低的重要尺度；狭义地说，这是口述实践中最重要的环节，也是口述历史作为一种学科研究方法的基本科学性所在。传统的访谈对象偏重于选取上层社会及有文化的人，尤其是"名人"，访谈选题则偏重于所谓的"宏大叙事"，特别是历史上的重大事件，选择的访谈对象往往是重大事件的亲历者。近年来的口述史项目，尤重于以1949年以后的土改、反右、"文化大革命"等政治事件为主题，这当然非常重要也非常必要，却仍然未脱离传统史学研究大事件、政治事件的窠臼。可见，当人们的史观还停留在"以史为鉴"，将史学当作为统治者提供统治借鉴阶段的时候，口述史就不是真正独立的学科，而不过是传统史学研究的一种补充而已。至于近年来，为名人即"成功人士"做口述访谈的做法广受欢迎，甚至成为一时风气，① 就已经不是因史观不同导致的

---

① 李陀在《另一个八十年代》文中提道："自上世纪九十年代以来，找成功人士做访谈、采访、口述，成了一时风气，广受欢迎，不但有卖点，有市场，而且形成一种以成功人士的自述和怀旧为主题的写作形式，形成一种很特殊的文类。这文类在很多发达国家，已经成为所谓'非虚构作品'的主要部分，其影响可以说已经大大超过了传统文学。看样子，中国的图书市场难免也得走上这条路。"载《读书》2006年第10期，第102页。

差异，而是因为只有这样才有卖点，是受市场、受经济的制约所致了。

在这部《老北京人的口述历史》中，我选择的访谈对象，更多的是普通人，尤其是下层社会的百姓、少数民族和妇女，这是以往研究北京史的学者较少关注过的。至于访谈议题的中心，则是他们的普通人生。这一选择具有双重含义，一是即使访谈内容与重大题材有关，选取的也未必就是尽人皆知的代表人物。这样做也许会遭人诟病，因为人们已经习惯于将这些事件与某些代表人物结合起来，但我却认为那些边缘的小人物，对同样的一个题材、一段历史，也会有自己个人的感受，他们的人生受此事件的影响，也未必就不如大人物、代表人物深刻。埃里克・霍布斯鲍姆所谓"普通人对重大事件的记忆与比他们地位高的人认为应该记住的并不一致"，就是这个道理。① 二是这并不说明我就一定排挤名人，只不过是访谈对象即使是名人或是某重大事件中公认的代表人物时，访谈议题也仍重在他的日常生活，而并非他超乎凡人的成就，我想以此来与对名人的新闻采访区分开来。

普通人的寻常日子平淡无奇，很难成为市场上的热点、卖点，但是"过日子"永远是绝大多数人生活的主题，"每日开门七件事，柴米油盐酱醋茶"，这些寻常琐事在任何时代，都是构成历史的最本质内容。

口述因人而异，它是流动的，一次性的，即使是同样一个人，在不同的年龄、不同的场合，面对不同的采访者，他的口述也会衍化出不同的版本。文献却是稳定的，人们常说"白纸黑字，铁证如山"，即是指其一旦形诸文字，便很难再修改、再推翻。与人类学家不同的是，史家做口述时，无论从上至下还是从下至上，他们更感兴趣和更愿选择的，总是那些有文字记载的人群，这就具备了以稳定的文献与流动的口述相参证的条件。史家讲究的是校勘辨误，这当然是就文献与文献之间的互证而言；如果再跨越一步，便是王国维提出的"二重证据法"，讲的是以考古发掘的文物与文献的互相参证，其说早已为学界承认并推重；而将口述与文献互参，不仅仅与"二重证据法"在方法论上有一脉相承之迹，可以纠正被访者有意或无意的记忆失误，更为重要的是，二者互参，还可以以文献为据，来分辨哪些是被访者在此基础上有意虚构出来的东西，而对这种虚构本身的研究，包括被访者何以要进行虚构，在这种虚构之后又隐藏着什么样的历史背景与社会心态，等等，往往是研究者最感兴味、研究也最有价值之处，

---

① 埃里克・霍布斯鲍姆：《史学家——历史神话的终结者》，上海人民出版社 2002 年版，第 238—239 页。

这便比"二重证据法"又跨越了一步。所以，对于口述而言，文献是必不可少的基础和参照物。没有比较和参照，就谈不上研究，更谈不上研究的深入。其他学科的学者面对浩如烟海的古籍，很难有进行艰苦烦琐的爬梳考据的耐心和能力，而这却正是史家最见功力的长处。如今已有学者指出，我国有些口述史学者在当前的田野实践里对于文献没有足够的重视，甚至还没有意识到这里也有与文献考据相仿的一套技巧。在本书中，对于如何将口述实践与文献考据有机地进行结合，我做了初步的尝试。

以稳定与流动相参照，只体现了文献价值的一个方面，以"点"与"面"相参照，恐怕是文献更重要的功能。口述的对象是一个个的个体，他（或她）所谈的经历与往事，不可能与他生活的大背景毫无关联，也不可能互无影响。例如老北京人对1900年八国联军入侵北京一事，无不具有异乎寻常的深刻记忆，但旗人后裔与汉人和回民对此的述说，却存在很大差异，如果我们不了解那个特定时代的历史背景，不了解清朝统治者的少数民族身份和生活于八旗社会中的旗人特点，对这些差异就无法理解和做出正确的解释，而对于这种大的历史背景的把握，又不可能离开当时的文字记录。总之，当我们把以个人为主的口述看作"点"，将文献记载的历史背景看作"面"时，置于大事件之中的小角色的感受，才会变得饶有兴味和深具学术价值。所以我认为，这是文献之于口述史的不可替代的功用。

此话当然是有限定的，因为在没有文字文本的时期和地域，也许同样可以做口述史，完全不依赖于文字文本的口述史作品，现在有，将来也一定还会存在。但是具体到这部关于老北京人的书，既然被访者所述时期还同时存在着大量官私方文献包括档案，所以将文献引入到口述中的工作便不可避免。这表现在：其一，寻找被访者时，让文献起到向导和为被访者的社会角色定位的作用。其二，将被访者讲述的内容与文献进行对比和参照。其三，当二者间出现不同的时候，并不简单地判断哪个更真实、更准确，而是考查这一差异出现的原因，并以此引导出下一步的求证。当然，在整个的访谈过程中，无论我在文献上下了多大的功夫，也必然居于幕后、隐而不显，因为在一部以口述为主的著作中，是不可以让文献喧宾夺主的。

总之我认为，将文献与口述相结合的口述史，是区别于人类学、民俗学的口述传统的主要特征，也是我这部口述史，区别于其他有关老北京人的访谈、传记的主要特征。将文献记载与口述记忆结合起来认识历史，我便是在朝着这个方向努力。

二

本书的题目既然是"老北京人"的口述，首先就必须为"老北京人"划定一个明确的界限。首先是做时间上的断限。北京如今人口已逾千万，如果将这些人口一概算作北京人，范围就未免过大了。事实上，北京人中的绝大多数，都是在清朝衰亡之后，尤其是20世纪后半期以来从全国各地陆续涌入的。据1937年的人口统计，民国之初北京人口不足百万，民国四年（1915）四郊划入，增至一百二十万，此后民国政府南迁，人口数量稍显减少，但旋即繁荣。迄至1937年，北京人口为一百五十万人左右。① 我就是以此为据，以民国之初那不足百万的人口和他们的后代子孙，作为本书中"老北京人"的标准的。也就是说，这些老北京人都是在1911年之前、至迟不晚至1915年就已经定居于此、后来也世代居住于此的人。我还要强调的是，唯有这种在居住地相对稳定的人，对于周边的环境、对于祖辈的事情才可能有相对可靠的记忆，人们都知道，记忆的遗忘与迁徙是有着直接关系的。

1911年辛亥革命推翻帝制，是中国也是北京历史上一个关键的转折点，我划定为老北京的这些人，其祖上有过对这场大变革大动荡的亲身经历，有着对清亡前后生活变迁的对比和对北京百年生活一脉相承的记忆，这是后来陆续移居北京的人不具备的。我当然希望这个时间的上限还能无限上延，但在1911年以前即已居住于京城的人，如今已不可能尚存于世，只有从他们后人的记忆中，还有找到某种历史延续性的可能。再者，从人们的习惯上，都认为"三代"才堪称为老，以三十年为一代，三代将及百年，也约略符合本书为老北京人划定的标准。

将时间定为最近的一百年，还有一个非常重要的原因，这是由口述史这一学科的特性决定的：如果没有诸如族谱、碑文之类的文字纪录，也没有为了要子孙后代记忆而编写传唱的歌谣等形式，一般地说，人们的记忆至多只能上溯三代，也就是祖父一辈，再往上溯，往往就只是一些空洞的符号，而难得有具体的故事了，而唯有故事，才是记忆的载体，也是口述得以存在和传承的前提。②

当然，所谓三代定居北京，也不可能是绝对的，京城的官员到外省赴

---

① 《北京市志稿·民政志》卷一"户口"，北京燕山出版社1989年版，第2页。
② 感谢我的同事胡宝国教授提醒我注意到这个事实。

任，孩子可能就在外省出生；京旗人家没落之后，有可能到外省祖坟上守坟；清末就已定居于京的移民，子女可能还留在故乡，直到长大才来京跟父母同住，诸如此类，但无论如何，他们的根、他们生活的主脉还在北京，何况这样的进进出出，对于一个大都市来说本属正常，也是研究一个城市的历史和现状必须要注意的内容。

第二是划定地域的界限。北京的行政区域，近百年来一直处于不断的变化之中，总的趋势是郊区日趋扩大，尤其是在 1949 年以后。所以对于老北京人居住的地域，也是非加以限定不可的。本书选择的被访者，主要都在城区，亦即旧日被包围在城墙以内的地方，其中又包括内城与外城（南城）两部分。至于城墙之外的城郊，我只是有针对性地选择了几个"点"，其中一是清代旗人的聚居地，因为城郊的旗营与城内的八旗属于同一整体，是京师八旗中不可分割的部分；二是一些主要依赖城市为生、而非以务农为主的那些人，以此来展示城郊与城市之间存在的相互依存、难以割舍的关系。这在目前北京的城市史研究中还基本上是个空白。至于京郊的农民，这里就不再囊括了。

将时间与地域的界限划定之后，从理论上说，应该还有关键的一步，就是力求在这个界限之内取样的全面性与代表性，这是在设计口述方案时就应该有意识地加以注意的问题。但我在口述实践中却发现，预先的设定只能是初步的、粗略的，更多的还是要边做边发现问题，再随时予以弥补。这个随时修正、随时补充的取样过程，其实也正是我对这个主题的把握不断改变、不断深化的过程，我也正是从这个过程中，得到了不少事先未曾料到的收获。

举例来说，我在开始做口述时，是根据多年积累的有关清史、北京史的文献资料的知识为基础，来制订访谈计划的。我主要注意的是选取不同族群、阶级、性别，以及从事不同职业的人，却未曾注意到这些不同身份的人，其实还生活在不同群体之中。例如我根据文献，知道京城的大宅门内，居住的很多是清代宗室与八旗官僚上层，却未曾注意到这些人并非属于同一个群体，还有着八旗外官与内务府旗人的区别，二者并不常相往来。而内务府旗人作为一个特殊的人群，又与满洲的皇族以及汉族大商人（而非一般人们以为的那样与八旗官僚）编织起千丝万缕的关系。只是在通过访谈意识到这种情况之后，我才开始着意选取内务府旗人中的典型人物作为样本，并最终将其构成以一个人群为对象的访谈。再如本书开篇中的皇城部分，皇帝被驱赶出宫了，但这里并非就剩一片空白，对此我在开始时并未予以关注，也是通过访谈，才注意到"办理清室善后委员会"那批年轻人的存在，并由此而发现蕴涵于这些人身上的时代变迁的意义。而当我将他们视为一个人群来做访谈的时候，由于总觉分量不够，才又进而找到单士元单老的女儿，并将她的口述补充进去。而尤其值得提出的，是被访者除了分属于不同人群之外，还身处在不同的空间之中，这个"空间"是我最初未曾重视但实际上至关重要的概念。例如，在我最初的访谈计划中，只是将"老北京"的地域按照内城外城做了粗略的划分，对于被访者具体居住于京城何处，并未特别在意。后来访谈人数较多之后，我曾尝试着按照被访者的居住地区做一次简单的分类，分类的结果让我颇为惊讶，因为直到20世纪50年代，清代文献中屡次提到的内城住旗人、南城住汉族商民的格局，以及因居住人群不同导致的"东富西贵"等现象，都还基本未变。这提醒我注意到，与许多学者所说的西方城市一样，北京城也存在着不同的城市空间，而且直到20世纪的前半期，这种城市空间还仍然保持着相对的稳定性。这促使我在此后选取访谈样本时，更加注意到在整体比例上保持地域的某种均衡，并最终决定以居住于城内不同地域的人群之不同，作为本书的架构。

做口述访谈还须注意的是，每个被访者都不是孤立的，他们都生活在特定的人事脉络和社会情境之中。所以研究者往往需要像人类学家做田野作业那样，从事参与观察，有时还需对同一家庭或同一社会群体的其他成员做相关访谈，以便为同一口述访谈资料的内容，提供不同的参照观点。因此之故，本书中不乏同时采访一对姐妹或兄弟，或同一家庭、家族成员的例子。既然对这些同一家庭、家族、同一社会群体成员的访谈并不在事先预设的样本之内，访谈便不可避免地具有随机性和不可预知的挑战性。由一个人牵出另一人，再由另一人牵出更多的一群人的情况比比皆是。这种牵涉，常会有出乎意料的效果，也能得到出乎意料的惊喜与收获。这样曲径通幽、别有洞天地一步步走去，正是做口述史最有兴味、也常令人欲罢不能之处，口述史的研究也就是这样，才能被逐渐引向深入，并获得有成效的成果。

三

1644年清军入关占领北京，北京从此继明朝之后，成为清朝的统治中心。与明朝不同的是，清军将明朝时的京城居民悉数驱赶到南城，而在内城安置由关外带来的八旗将士及其家属，北京城从此形成内城住八旗官兵、外城住汉回等族商民的格局。这种格局具有相对的稳定性，持续到民国时期仍然没有根本性的变动。

清朝另一个异于前朝的重要特征，是人口流动的空前活跃。从全国各农村和城镇向城市迁移的人数与次数都远胜前朝，尤其是在清朝中期以后。辛亥革命时期北京附近地区人口向京城的迁移是又一个高峰期，而到民国年间更有变本加厉之势（前面谈到北京人口在清末约有百万，到 1937 年日军侵华以前已达一百五十万，二十多年间增加二分之一）。作为少数民族夺取全国政权的清王朝，通过军事征服和政治招徕等方式，在京城中聚集起前所未有的各少数民族人口，他们中大多数在清朝覆亡之后并未返回原地，而是继续在京城久居，并与京城居民、包括日后从全国各地迁徙入京的以汉族为主的移民，形成异常复杂的民族关系。这一切不仅对近代乃至今天中国的发展，同时也对北京城市的历史文化与人口结构都产生了深刻的影响。

令人遗憾的是，在当下的北京史研究中，仍然存在诸多误区。而我认为，对自清代以来几百年间少数民族在京城的地位和作用没有充分认识，是其中最大的误区之一。在很多研究者心目中，始终根深蒂固地将汉族人和他们的文化置于这个城市的中心，明显的例子就是以前门外的天桥和宣武门外的会馆作为北京文化的代表。清代京城的居住格局既然是外城住汉官汉民，这两个地带又是汉人最重要的集聚区，对这两处的强调，就不能否认带有对内城满族文化的忽视。

这种忽视在很大程度上并非出于故意，而是客观历史事实造成的结果。自辛亥革命爆发到 1924 年冯玉祥将溥仪驱赶出宫，北京旗人遭受了沉重的打击与歧视。失学、失业，生计濒临绝境，迫使他们改汉姓易汉名，隐瞒自己的民族成分，这种种现象虽然在全国的旗人中都曾存在，但北京城尤为突出。1644 年清军入关时，屯聚京师的八旗禁卫军就达十万，这还仅仅是披甲的男丁，未成年的男孩、老人及妇女均未计算在内。此后旗人驻京近三百年，生齿日繁，据清末宣统二年（1910）民政部的统计，京城满洲、蒙古和汉军旗人共十三万四千三百一十九户，按每户五口计，已达六十七万余人。其中八旗满洲与内务府人口占将近三分之二。然后，在辛亥革命后到 1949 年的数十年间，这几十万人口就如水银泻地，竟在顷刻之间倏然消失。1949 年中华人民共和国成立时自报满族的北京人仅余一万，直到 1957 年才缓慢增长到八万人，而在这八万人中，显然还包括了相当数量的从外地迁移入京的满族人口。① 再此后到 20 世纪 80 年代，因政府对少数民族采取特殊的优惠政策，满族人口在全国范围内突然呈数倍、十数倍地增长，而北京满族人口的增长却始终有限。据 2005 年统计，在京居住的满族人口为三十二点五万，居然还未达到清末之半，更何况这些人中，从外地特别是东北三省迁入的又占据相当比例。可见如今的"满族"已经是一个重新建构的族群，并不能与当年的"旗人"等同，也可见自辛亥革命迄今百年，当年的京旗已经不存，他们的后裔中有很多并未"改回"自己的民族成分，或者说他们并未认同于今天的满族。在我访问的许多家庭，亲兄弟姐妹几人往往有的报满族，有的报汉族，就是很耐人寻味的例子。正因如此，所以我制订访谈计划时，就不拘泥于人们在今天户口册上注明的民族成分，而是将这个已经隐而不见的族群的后裔，作为我着力寻找的重点。通过访谈发现，他们中很多人不仅对祖上作为旗人的历史保留有较为明确的记忆，旗人生活的基本方式，包括经济活动、社会交往、民间信仰、年节习俗，以及娱乐等也仍有遗存。事实上，所谓"京味文化"的主要载体，在很大程度上指的就是他们。不了解他们，而以主要是辛亥革命及其以后才迁移来京的汉人作为中心，或者以今天的满族来反观当年的旗人，都会对当时的北京，产生很大的误解。

京城的少数族群指的并不仅仅是旗人，回族、蒙古族群体和他们对北京的影响也同样不可忽视。只有在寻找到并访问了相当数量的旗人后裔、回民与蒙古人之后，我才比较能够想象和理解昔日的那个北京，那个既不是城市规划者、政府部门和社会学家眼里的抽象的北京，也不是一些学者根据北京的现在想象出来的所谓"民间"和"市井"的北京。这还可以换句话说，就是寻找这些隐而不露的族群和他们的后裔，倾听他们对祖先的想象、对当年北京的记忆，是了解这个城市文化与心态的前提。

美国学者施坚雅曾作过假设，他认为明清时期中国城市存在着两个不同的空间"核心"，即由士绅和商人分别组成的两个居住及社交中心。② 中国其他城市情况如何，这里不作讨论，但我通过对京城一些官僚和富商后裔的访谈得知，从清末到民国时期北京只存在一个由士绅和商人共同组成（而不是分别组成）的中心，他们主要集中于东城，所谓"东富"，原因就

① 参见《中共北京市委关于几年来民族工作情况向中央的报告，1957 年 3 月 26 日》，载《北京市重要文献选编》，中国档案出版社 2003 年版，并见中国社会科学院民族研究所辽宁少数民族社会历史调查组《北京满族调查报告》（一），载《满族社会历史调查报告》1963 年内部发行本，第 3—4 页。

② 施坚雅：《清代中国城市社会结构》，转引自史明正《北京史研究在海外》，载《北京档案史料》1999 年第 3 期，第 253—270 页。

在这里。

至于外城，除了汉族、回族等民族的工商业者和士子之外，还有为数甚多的由京郊和河北等省迁移来京的移民，其中大多数是汉、回民族的小商人、小手工业者。他们自清朝中期以后逐渐在京城扎根，主要环居于京城外围，构成北京城市与农村之间的一个边缘地带，是京城中最不稳定也最贫困的下层社会群体。以往谈外城者，往往津津乐道于宣南的文化与前门外的繁华，却鲜有人注意外城的贫困，事实上，移民与他们的贫穷，也是外城近百年来与商业和文化同样重要的主题。

四

我为这本书的定位，既不是一部介绍北京风俗掌故的通俗读物，也不是一部百年来京城名人的集体传记，而是一部以口述访谈为主的史学专著。专著要将学术放在首位，这当然会影响到本书的可读性，但是常言说得好，理论永远是灰色的，而生命之树常青，被访者口中和心中的那座北京城，还有京城中百姓们过的日子是那样的五光十色、摇曳生姿、饱满多汁、妙趣横生，并没有、也不会因我对学术性的追求而减色。

本书中的每篇口述访谈，都包括三个部分：一是每篇访谈之前的访谈者按；二是根据录音整理的口述本身；三是注释。

将"访谈者按"放在每篇之首，旨在为我做这篇访谈的宗旨、我为被访者身份的定位、该访谈的特点与值得阅读的精彩之处，做一个提纲挈领的交代。有时也会介绍当时特定的语境（context）以及我个人的感受和心情。我还特别会谈及自己是以什么样的角色或身份，在什么时间"进入"访谈现场，以及是由哪里切入访谈的等等相关问题，这对一部口述史来说，都是不可等闲视之的重要环节。因为口述永远是访谈者与被访者互动的产物，面对不同年龄、不同身份和不同性别的访谈者，被访者会有不同的反应和回答，这直接影响到口述作业的效果。在一般情况下，我当然都是以研究者的身份进入访谈，但即使这样，在不同的环境和心境下，也会出现不同的版本。所以，即使我在文中涉及当时天气、地点以及对往事的回忆等看似不相干的内容，也未必就是闲来之笔。

二是口述本身，这是本书的主要部分，全部是根据现场录音转录再加以整理的。这部分看起来是由被访人唱主角，但往往也是最见访谈者功力之处。对于访谈者来说，最难处理的莫过于对口述录音的文字转写与取舍。

1999 年我的第一部口述史著作《最后的记忆——十六名旗人妇女的口述历史》出版之后，就有学者提出批评，认为"这样一部以文献为导向的口述史，对于口述特性（orality）的关注不免有些欠缺"①。该学者并转引海外学者的见解，认为完善的口述史的最终产品不是文稿、也不是录音带（或录像带），而应该是访谈双方关系的一种表现。被访者固然是在与访谈者交谈，但是前者与他自己的历史意识之间的关联更值得重视，而这一点往往难以把握，也被口述史家忽略了。他们认为访谈双方的会话速度、被访人使用的方言和标准语之间的语码转换、他的语音语调，这些都包含着一定的意义，凡此种种都应该结合其文化背景来理解和解释。② 这些见解，从理论上说固然不错，但对于口述作业的实践者来说，却未免有些抽象。因为作为一部作品，即使是学术性著作，也必须顾及文本的可读性，如果通篇记录都存在着各种口头语、长时间的停顿、反复的断续、重复，以及前后时序混乱等情况，读者不仅没有读下去的耐心，而且也根本无法读懂，因为在访谈者借助特定的场合，根据被访者的语气、表情和手势表达出来的内容，是转录成文字时无法表现、仅仅看文字也无法明白的。这是我的无奈，也是目前做口述史的研究者尚无法逾越的障碍。当然，针对"口述特性欠缺"的批评，我也尽力做了弥补，除了整理时尽量保持被访人讲述时语言、语气的原貌之外，比较重大的改进，就是每篇口述都以对话的方式呈现，这既反映了现场的真实，也可让读者对我的问话水平、问话经验作直接的审视。再者，唐德刚先生在为胡适先生所做口述中也提到，对话比讲课更有价值，这是世界学术史上的通例，本书虽非学术史，但也是同样符合这个通例的。

　　三是注释，这也是口述访谈中不可或缺的组成部分。除了作为一部学术著作，对时间、地点、具体名词出处等必须作出的规范性的交代之外，对于被访者在叙述相关史实时与文献或其他记载之间产生的歧义，我也在注释中尽量罗列或者做出考释。此外，该篇口述中提到的一些人物、史实，凡在其他篇目中也有涉及的，我会在注释中一一举出，以便于读者参照。注释是一件看似不起眼，其实颇费心力与功力的工作，本来，我也很想效仿唐德刚先生为胡适、李宗仁等人所作口述的体例，将注释写得尽量详细，

①　胡鸿保、王红英：《口述史的田野作业和文献》，载《广西民族学院学报》2003 年第 3 期，第 15—18 页。

②　参考 Ronald J. Grele, "Movement without Aim: Methodological and Theoretical Problems in Oral History", pp. 38—49；Alessanddro Portelli, "What Makes Oral History Different", in Robert Perks and Alistain Thomson（eds.）*The Oral History Reader*, pp. 63—74, London: Routledge, 1998.

也想像他一样将注释部分充分展开甚至借题发挥，以至成为这些被访者"春秋里的《公羊传》《穀梁传》"（唐德刚语）。① 但具体到这部书，一是篇幅不允许，一是恐怕会过于烦琐而影响到可读性。而且集体传记不同于单个人物的传记，注释过长，也会影响到全书主题的呈现，所以只得从简。

除此之外，本书还附了百余张插图，这也是口述史中不可缺少的内容。这些插图以照片为主，其来源有三，一是由被访者提供的家庭的或自己的老照片，因为能够真实再现当时特定的场景，并且大多数从未公开，无疑十分珍贵。二是由本书作者拍摄的，其中有些是访谈期间当场抓拍的人物照，由于当时忙于与被访者交谈，不可能抽出很多精力，而且在被访者谈话期间当面拍照也不是很礼貌，所以照片数量很少，能让我满意的就更少。还有一些，是我追寻一些被访者当年居住的地方时拍摄的，主要是一些街景，尤其是北京的老胡同。从中可见即使到今天，北京城不同地域居住的人群仍有不同的特点，例如皇城内纳福胡同和恭俭胡同的简陋与秦老胡同、什锦花园胡同的气派，构成对比。而外城诸条胡同的商家气象又与内城的传统守旧有明显不同等等，都是仅仅从口头描述中难以体察的。如今数码相机普及千家万户，人人都有了当摄影师的可能，我的技术虽然无法与专业摄影师相比，但镜头可以传达我自己的眼光、自己的感受，这既是用文字无法取代，也是别人无法替代的。本书图片的第三个来源，是我从一些公开出版的书籍刊物中翻拍的，旨在提供当年情境，这些我都一一注明了出处。由于有些被访者出于种种考虑不愿公开自己的照片，所以并不是每篇访谈都附有图片，希望读者理解。在此我也向热心为我寻找和提供老照片的被访者表示衷心的感谢。

做这样一部以数十名被访者的口述为主体构成的北京史，是对我的一个前所未有的挑战，面临的最大难题，是以什么样的理由和方式，将这样几十个既非处于同一事件、亦非属于同一群体的个人口述，构成一个有机的整体，不至给人一盘散沙的感觉。我的努力方向，是尽量做到"形"散而"魂"不散。从整体结构来说，按照地域划分为内城编、外城编与城郊编三卷，旨在突出京城不同地域居住的人群之不同并且具有稳定性的特征。在这三个地域之内，则按若干人群、亦即若干社会群体分类，旨在强调在同一城市同一地域存在由不同人群构成的圈子的、这种唯城市独具的特点。而在每个群体中，又各自有各自要展现的主题和中心，也就是各个群体内

---

① 胡适口述、唐德刚译注：《胡适口述自传》，广西师范大学出版社 2005 年版，第 7 页。

部人与人之间联结的方式和关系。总之，居住在不同地域不同社会群体的人们，对这个城市的认识与记忆也有着巨大差异，正是这种种的差异，能够让我们从更多的层面、更多的视角观察和理解这个城市。我相信这种理解，比起传统的史学研究已经告诉我们的，要丰富和深刻得多。

五

在用口述史的研究方法来研究北京史的这个尝试过程中，我常常会陷入某种困惑，并且不时地发现这种研究方法中存在的诸多缺陷。当然，任何一种研究方法必然都有它的长处，也必然会有它无法企及的高度和难以克服的缺点。口述访谈做得越多，对这点的感触越深，本来也是理所当然。

首先是客观因素，那就是当事者正在迅速地、不可挽回地离去，这使对有些题目、有些人群的研究已经成为不可能，也使对于北京百年来历史的整体呈现，存在诸多方面的空白，这包括许多文献未曾记载、如今已不存在的人物、行业、习俗和娱乐等。对于这样的空白，有些是明知其曾经存在却已无法补救，还有的则根本就未被觉察，而后者可能比前者更多。然而这既然是无可挽回之事，也唯有抓紧工作，尽可能多抢救些而已。

更大的困惑，在于被访者面对一个陌生的访谈者，究竟能够深谈到什么程度？谁也不可能奢望被访者与访谈者仅仅通过一次或几次交谈就推心置腹。对于那些较富意义的题目和深具价值的被访者，口述史讲究做深度访谈（intensive interview），但访谈程度再深，访谈者与被访者也难以深交到知己的地步，这还不仅仅是付出时间和精力多少的问题。举例来说，我这部书的主旨，是以老北京三代人的生活与传承为主线来反映北京城变迁的历史，这个话题虽然范围很宽泛，但从本质上说，却是个私人话题，那么对于私人生活，究竟应该涉及什么程度，其分寸就让人很难把握。如果泛泛而谈，浅尝辄止，只触及事实的表面，这样的口述史便无多少意义，但涉及过度，有打探和公布别人隐私之嫌，也并非口述史的主旨，何况事实上也很难做到。这里便存在着一个界限，这个界限所涉，不仅是如何达到口述史预期目的的学术性、技术性问题，有时也是道德问题。坦率地说，迄至这部口述史完成，对于这个界限的如何把握，我也不敢说十分明确。

与上述问题相关的，是口述史的工作不比文献，常常会受到被访者的干预，也经常会有反复。例如与某位被访者进行多次交谈，费很大心力将其整理成篇之后，该被访者又忽然表示不愿将其公开发表，或者亲自捉刀，将我认为访谈中最有价值和最精彩之处删除，导致被删之后的访谈稿已经再无发表的意义，这恐怕是所有的口述作业者都面临过的尴尬处境。对待这样的情况，我唯有将自己的心态放平而已。因为被访者已经与我交谈过，已经给我讲过那么多故事，这本身就是对我的帮助和支持，发表不发表不是最重要的，重要的是我的获得本身。这样的情况，最多发生在讲述1949年以后的遭遇、尤其是历次政治运动的遭遇之时，所以本书的主题虽然是讲述自辛亥革命以来百年的历史，实际上却详于前50年而略于以后。即使对以后数十年有所交代，那故事大多也平淡无味，不如前数十年的故事生动精彩。还有一些，则是我为被访者的处境考虑而自行删去的。对此，相信读者能够理解访谈者与被访者双方的、出于不得已的苦衷。

与案头工作相比，访谈者个人的局限会更经常更明显地带入工作中，较之搜求爬梳文献的辛苦和长期"坐冷板凳"的孤寂，与各种活生生的人面对面的接触更容易让人感到紧张和压力。脆弱、不自信与厌倦等负面情绪也常常会才下眉头，又上心头。曾有不止一个学者谈到，这是大多数长期从事田野工作及口述历史的研究者的共同体验。而我这部有关老北京人的口述史，从着手制订访谈计划到正式完工，历时整整十年，其间因为没有先行者而感到心中无底、因为不见同行者而产生的寂寞孤独，让我对这种种灰心、沮丧的体验有着更为深切的领略。我曾几度犹豫，想将这个口述计划放弃，却始终欲罢不能，究其原因，恐怕还是北京这座城市蕴含的那种浩瀚无边又深不可测的魅力，对我产生的无法抵御的诱惑，还有，就是因这个城市中"旧"的一切行将消失引起的惋惜和焦虑。有学者说过，唯有在行将灭亡的时候才能看到文化的真髓，而在这样的时刻偏要转身向后看的人，精神必然是孤独的。这属于又一种负面情绪了，因为"旧"的消失是历史的必然，也有合情合理的一面。对于历史面临的如此之大手笔、大变革，身为一介书生的我，也只能是望洋兴叹。

所以我很清楚，我知道像我这样找几个老人，做几篇口述，为过去留下只光片影的行径，充其量不过是捞几根稻草，聊以自慰而已。

最后，鉴于本书为口述史，为保留被访者的原意，个别不符合现代汉语规范的表达，笔者尽可能保留语言原貌或作加注处理。特此说明。

第一卷　内城编

城墙被拆之前的北京城呈"凸"字形，分成内、外两部分，内城在北，平面呈东西较长的长方形；外城在南，亦称南城，东西各宽于内城五百米有余。内城又分三重，也可看作三个同心圆，中心是紫禁城，第二重是皇城，第三重为围绕皇城的大城。老北京常说"内九外七皇城四"，即内城九门、外城七门和皇城四门。说的虽然是城门，却也很好地概括了北京城的轮廓。①

1644年清朝入关，将京城汉官及商民人等尽数驱赶到外城居住②，内城从此成为清朝皇室和八旗王公贵族、官兵聚居的区域。也是清朝的军事大本营。驻扎于内城的十万八旗官兵均属清朝廷的"禁旅"，③又称"京旗"，承担着从四面拱卫皇城的重任。八旗的具体方位：镶黄旗居安定门内，正黄旗居德胜门内，并在北方；正白旗居东直门内，镶白旗居朝阳门内，并在东方；正红旗居西直门内，镶红旗居阜成门内，并在西方；正蓝旗居崇文门内，镶蓝旗居宣武门内，并在南方。北京从此形成旗、民分城居住的格局。这个格局具有相当的稳定性，尽管在清中叶以后，八旗禁旅的军事职能逐渐减弱，旗与旗之间的变动也逐渐增多，但直到20世纪50年代对京城实行大规模改建之前，却仍然依稀可辨。

清朝占领北京二百多年。旗人，包括宗室王公和普通官兵，也包括八旗满洲、八旗蒙古与八旗汉军，一直是占据京师内城的最中心位置、在全部北京人口中所占比例也最高的居民。即使在清朝灭亡之后，他们的语言、习俗、信仰乃至社会、经济生活的方方面面，也在持续不断地对北京城市产生着影响。这种影响既深远又厚重，绝不是"提笼架鸟"可以一言以蔽之的。

最初，我是想将"内城编"按照地域再相应分成几部，即皇城、西城、东城与北城来叙述，因为通过这些年来所做访谈，我无意中发现内城主要社会群体的居住空间，其实具有明显的界限。但如果分得过细，又容易绝对化。譬如王府，虽然十分之七集中于西城，但东城仍有十分之三。至于一般八旗官兵，清朝中叶以后在内城的迁徙并不受严格禁止，生活习

---

① 这里说的内九，指内城九门，即正阳门（前门）、崇文门、宣武门、朝阳门、东直门、安定门、德胜门、西直门和阜成门。外七，指外城七门，即永定门、左安门、右安门、广安门、广渠门、东便门和西便门。皇城四，指皇城四门，即天安门、地安门、东安门和西安门。

② 《清世祖实录》卷24，顺治三年二月甲申；《八旗通志初集》卷23，东北师范大学出版社1986年点校本，第434页。

③ 清朝对禁旅八旗兵额长期保密，很难稽考。一说顺治年间约有八万人，乾隆年间为十万余人，见嵇璜等辑《皇朝文献通考》卷179，浙江古籍出版社2000年版。

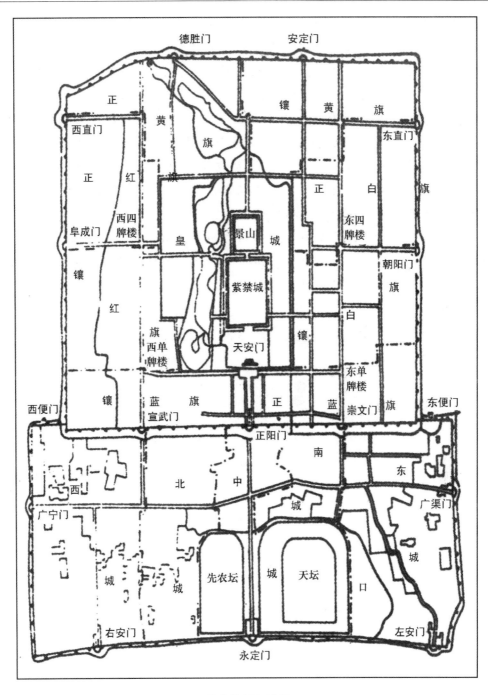

北京的城与城门

俗差距不大，虽然我访谈的旗人后裔十之八九居住于东城，但居住于西城的也有零星几个，如果按地域将其分开，容易给人以旗人都住在东城的误解。几经斟酌，我决定本着宜粗不宜细的原则，将内城统统列入一编，再把内城的诸多访谈按照人群亦即社会群体，归为六个大类。

对于这六个不同的群体，由于社会等级、经济地位、民族背景不同，各自的联结原因与方式也各异，所以每个群体，也有各自要展示的主题，对此我在每篇之前的"访谈者记"中都作了交代。我希望通过这些口述，对各个不同社会群体具有的不同生活状态、价值观念以及他们各自对北京城市的表达与记忆，作一个概括的展现。

在同一个城市中有许多由不同人群构成的群体或曰圈子，这是唯城市所独具的特征，往往也是城市文化相对于单一的农村，最幽深奥妙之所在，当然，也是城市的魅力之体现。

一　故宫沧桑

皇城是北京最美丽的地方，也是全中国精华荟萃的宝地。从景山前街到文津街，① 以这条被老舍先生誉为"北京最美的一条街"为界，南边皇宫的庄重肃穆与北面三海的风情万种相辅相成，紫禁城中皇家生活的豪华气派与什刹海边平民日子的市井情调相映成趣，一起构成了北京城无可比拟的魅力。

我访问过的、在下文中即将提到的张宗尧先生，曾引用京剧《游龙戏凤》中明朝正德皇帝的戏词，生动地形容说："北京城里大圈圈，大圈圈里头小圈圈，小圈圈里头皇圈圈"，紫禁城就是皇圈圈，也是京城这张大饼的圆心。那么，在这个圆心中生活的是些什么人，生活在这样的宝地，他们会不会有着与居住于别处的人不一样的人生，这是我特别感兴趣，也是本书率先关注的问题。

这个问题在清朝及其以前并不成为问题，因为居住于皇宫与皇宫周边的，当然是皇帝，还有他的那些妃嫔、大臣、太监和宫女，他们当然有

---

① 这条街（东起北京金鳌玉蝀牌楼，西至西安门大街路北西小石作南口），原来并没有专名。1931 年，北京图书馆建成后，因移存"文津阁"的四库全书而得名"文津街"。

着不同寻常的人生，由他们演绎出的无数故事，之所以至今为人津津乐道，就是由这种独特性所致。所以，读者打开这本书，一定也期待着再来看一段这样的故事。然而偏偏不是。辛亥革命以后清朝覆亡，然后到1924年，皇上被从紫禁城赶跑，这不仅是北京城百年来、也是中国传统社会几千年来发生的最深刻的变革之一。于是，这样的故事便永远也不会再在紫禁城重复了。

皇宫从此改成为故宫。接替皇上进驻故宫的，是"办理清室善后委员会"① 的一批普通工作人员，他们入宫时多数都十分年轻且家境贫寒，既非传统社会的士大夫，亦非受过西式教育的知识分子，非新非旧，是很难归入哪类的一个特殊的文人群体。

我曾经站在远处观察过他们，我一直认为他们的进驻故宫，对他们自己和对故宫来说都是幸事。对于他们，能够与举世罕见的稀世文献与珍宝相伴终生，很多人自己最终也成为"国宝"级的人物，这是多么难得的人生际遇。而对于那座好几次差点就被当作封建帝制的象征而毁掉的故宫，因为有了这些人终生终世的奉献，才有了今天的完整和丰富，中国文化的一道血脉，也才因此经由他们之手传袭至今。故宫与这些人互相成就，也一起成就了北京文化的"魂"。我们根本无法设想一个没有故宫的北京城会是什么样子，那样的一个京城，即使被豪华塞满，也必然是一片荒漠。

然而问题还有另一面，那就是通过访谈走近这些人的后代之后，我更多地看到的是我以为的"幸运"背后的平淡、琐碎、失落，甚至悲惨与不幸。灿烂的"国宝"级人物的身边，有更多的人终生失意、默默无闻，这可能才是生活的本真。口述史的最大优势，就在于能够让这些寻常的人，也有张口说话和得到别人倾听与关注的机会。而故宫的百年沧桑，也能够通过这些普通人之口，呈现出它的另一种面目。所以我将"善委会"工作人员作为一个群体来讲述的时候，选择的就不仅仅是他们当中那些尽人皆知的名流和代表人物。

我将"办理清室善后委员会"的工作人员作为一个群体，并用来作为

---

① 1924年10月冯玉祥发动"北京政变"，囚禁贿选总统曹锟，驱逐废帝溥仪出宫，随即组建"办理清室善后委员会"，负责清理清皇室公、私财产及处理一切善后事宜。"善后"事务之一便是筹建故宫博物院。故宫博物院于1925年10月10日正式宣布成立，李煜瀛为临时董事兼理事长，易培基任古物馆馆长，陈垣任图书馆馆长。

这本口述史的开头，原因有二，一方面，他们进入故宫这个事实本身，就是京城百年来最深刻变革的体现。另一方面，作为我的学术前辈，在时下这种漠视勤奋的劳动、漠视知识与文化，只看重金钱与权势的时代，我也愿意将他们放在首篇，以示我对他们的敬重。

父亲留下的精神

——单嘉筠口述

第一次　时间：2006 年 4 月 5 日
　　　　地点：北京市望京南湖东园小区某楼
　　　　被访者：单嘉筠
　　　　访谈者：定宜庄
第二次　时间：2006 年 4 月 13 日
　　　　地点与访谈者同上

[**访谈者按**] 做这组访谈的最大憾事，是直接与亲历者对话已经不可能。因为 1925 年进入善后委员会的人，以当时二十岁上下计，如今早都年已逾百，已经找不到一个还在世间的人。故宫博物院内固然人才济济，但我划定的范围既然是至迟在 1911 年前后已经进入北京的人和他们的后代，所以只能将日后陆续从外地进入北京故宫的各色人物包括名人排除在外。于是我能做的，便只有寻找老故宫人的弟妹和子女了。无法找到亲历者，曾让我相当沮丧和失望，甚至一度对自己工作的意义丧失信心。

决定继续做下去，出于如下两个原因。首先也是主要的，我做的不是故宫史，也不是学术史，而是个人的生命史。生命的过程具有延续性，这些老故宫人的后代从父辈那里接受了什么样的影响，他们对父辈有什么样的记忆，这些记忆又如何影响了他们当今的乃至他们后代的生活，这本来就是我做这一题目的主旨。

再者，岁月匆匆，这些曾在故宫度过童年的老故宫人的子女，如今大多数也都是年逾花甲甚至七十开外的人了，如果用一个不太恰当的比喻，将这些人的记忆比作史家常说的第二手史料的话，那么再过几年，当这些可以作为二手史料的记忆也迅速消失的时候，老故宫人的经历、生活和风采，就会消逝得不留痕迹，到那时才真的会追悔莫及。

所以我就以单士元先生的女儿单嘉筠来为本书开篇。

这位我用来作为首篇之首的人物——单士元先生，是清室善后委员会工作人员中的一个。在一部号称"一位在故宫耕耘了七十四年的老先生留下的最后一部作品"，即单士元所著的《故宫史话》中，封面醒目地写着"溥仪出宫，单老进宫"八个字，这一出一入，标志着北京城一个新的历史时期的开始。

单老回顾在故宫七十余年的经历，最感慨的是如今的人们"不知所创"。在他看来，故宫这七十年的历史是艰辛史、坎坷史，他体会最深的，是故宫博物院的建院之不易。"回忆 1925 年 10 月从故宫博物院成立之日起，可以这样说是日日处在风雨飘摇之中，为时历二十五年……"① 他对故宫有一种特别的热爱，他描写紫禁城的宫殿在晴天阳光下像一片金黄色的海洋，雨中犹如气象万千、蔚为壮观的仙境的文字，我读的时候将它当作诗，我感叹一个饱经沧桑的九十岁老人心中还保留着如此的激情。

单士元的女儿单嘉筠在我访问的几位故宫后人中最年轻。作为 1949 年前后出生的"知青"一代，单嘉筠与她的同龄人一样经历了失学失业诸多坎坷，在单老晚年，她是子女当中陪伴父亲较多的一个，单老去世后又将研究他作为自己目前生活的全部内容和精神上的唯一寄托。任继愈先生对她有个很高的评价："我国古代女学者中，有伏女传经，班女述史，庞女成道，今有单女嘉筠不畏艰难，在文物考古领域克绍父业。……单士元先生泉下有知，当感欣慰。"② 据我所知，像她这样因年少失学而终以家学为业者，在"知青"一代人中，具有某种代表性。可能是这种出身书香门第的子女，在其他时代往往得以享受比一般子弟更多的受正规教育的机会，唯有赶上"文化大革命"时期，机会反较他人更少，只得以"家传"为求学途径的缘故吧！

在这篇访谈中，我想听取她从一个女儿的视角，对父辈一代人经历的回顾。这种回顾当然无法取代亲历者的叙述，也就是说，如果单

---

① 参见单士元《从封建王朝的皇宫到人民大众博物院》一书："……艰辛在故宫任职，其始以参加孙中山先生辛亥革命未竟之业而驱逐溥仪出宫，抗战时在日寇铁骑下几濒于死，胜利后以留守未损文物有功受到表扬，解放后则视同旧军政机关人员而被留用矣。盖不知院史经历故尔。"（载《我在故宫七十年》，北京师范大学出版社 1997 年版，第 399 页）。该文详述了故宫博物院成立之后走过的艰辛历程。

② 参见任继愈为单士元著、单嘉筠整理的《故宫史话》所做的序，新世界出版社 2004 年版。

从景山远眺神武门（单士元：《故宫史话》，新世界出版社 2004 年版）

老还活着，如果由他自己来讲他的一生经历，讲他眼中的故宫沧桑，与他女儿的回顾肯定会不一样。但从女儿的角度讲述也别有意义，我可从中了解，父亲传授给她的主要是什么，她从父亲那里接受的、承续的又是什么，她怎样看待和评价父亲的一生，以及那一代人的生活和工作，包括对故宫历史以及单老一辈对故宫所做贡献的认识；同时，父亲的成就和经历又怎样影响了她的生活。

又按，这里说的"故宫"是广义的。1928 年南京国民政府颁布的《故宫博物院组织法》及《故宫博物院理事会条例》中称，"故宫博物院直隶于国民政府，掌理故宫及所属各处……诸事宜（所属各处系指故宫以外之大高殿、太庙、景山、皇史宬、实录大库等）"，这组口述中提到的生活场景，例如东西连房、大高殿、三座门和陟山门等，有些在 1949 年以后已经不属于故宫了，但在这里我仍然将其包括在内。

单嘉筠（下简称单）：我在研究单士元。我有这么个爹，摊上这么个家庭我很幸运，因为这个爹他能教你很多，做人做学问都教你。我觉得他这个学术大师跟别人不一样。"文化大革命"以后我就抓了他很多很多事情，到今天已经二十多年了。我爸爸的经历在我脑子里存在的比较多。现在还有人约我写传记呢。我和他的这种父女身份，在对他的研究中可能会有一些优势，或者说跟研究能贴切得多一点，父亲要是批评我，按老北京话说要是"呲瞪"我，都没关系，因为亲情在那儿摆着呢，他能放得开，我也能接受。跟别人好多他就不愿意去说。

1. 祖上的事

单：我们家是世居老北京，父亲说他自己是北京土著嘛。他爷爷他们那一代啊，是在北京东交民巷开人参店的。你看他（指其父单士元）这个自传（读）："我爷爷叫单文涌，听我姑妈讲，在东交民巷开一个字号叫致和堂。当年参店和金店相似，均为不能私买私卖的阔买卖。"他们不是旗人。

定：那他们祖上是从哪儿来的？

单：那就远了。我听我爸爸跟我说，我们家一开始可能是南方人，祖上是跟着燕王扫北到北方来，最后定居到京城了。我爸爸有一次，我觉得可能是无意间跟我说，说咱们家可能跟秋瑾她娘家有关系，秋瑾她妈就姓单嘛，这是我父亲说的。

定：那时候您爷爷他们是哥儿几个？

单：嗯……我父亲写过，是这样的，父亲士元的爷爷单文涌当年做人参生意，但他还花钱，捐过一个武官把总的小官，目的就是方便生意上的往来。人参属于皇室贡品，不能私买私卖，捐买官爵也是便于与皇室往来。他的父辈兄弟四人，宝善、宝亨、宝田和宝谦。他是老三宝田的第二子。后来这四人中，老二宝亨和老三宝田两人生活在一起，这哥儿俩就上皇宫太医院，做苏拉①，苏拉就是看门啊这些事情。单宝田死得特别早，我还有他的照片。单宝亨是我二爷爷，他没孩子，我三爷三奶生了四个儿子，我爸爸四岁的时候就给过继到二爷二奶屋里了。在我爷爷那辈中，大爷爷宝善最有学问，读过私塾，对经史子集有一定的造诣，善写八分书，就是汉隶一类。他后来由亲友介绍，离京到福州、漳州外国人办的书院教书，教国文。我没见过他。我只见过二爷爷宝亨，因为他是由父亲赡养送终的。

我爸爸他们哥儿四个，单士魁、单士元、单士清、单士荣。我爸爸行

---

① 苏拉（sula）是满语，意即闲散。清宫中称杂役为苏拉。

二。完了玉珍是我姑。最有成绩的就是单士魁和单士元。单文质是我堂叔，他跟我爸爸不是一个奶奶，他们是本家堂兄弟。单文质是跟我爸他们都到故宫去了，他跟我爸比较好、比较近。

咱们把话说回来，这个人参店叫致和堂，后来让八国联军给烧了。烧了就没这个生意了。当时太医院也不在了，不是都给烧了么，就在地安门东边又新建了一个。① 我爷爷他们全家人就逃到马家堡，② 就是进天津的通道。然后我爷爷结婚，娶的马家堡的姑娘。我奶奶他们都是马家堡的媳妇儿。我这几个奶奶都是堂姐妹，本家姐妹，都是他们家人。

然后他们又都想往城里走，因为毕竟跟那边还是住不惯。城里就买了房子了，就在北城，鼓楼后街的前坑七号，这是一个有十余间房子的三进小宅院，（原来是）满人做食品的小作坊，由我二爷爷和三爷爷给买下来了。我叔叔我伯父他们都住在一块儿。日本时期这房子呢，又变成逆产了，这是后话。

定：您奶奶是做什么的？

单：我奶奶家庭妇女啊，有时候就纺些毛线，贴补家用。我爸爸就帮助我奶奶，到安定门那边去送毛线。那时候我爸爸不就上学么，上学不就有平民学校么，当时北京大学有个平民学校，是北大蔡元培让学生会办的。③ 我爸就老上课去……

定：单家哥儿几个是不是都去了平民学校？

单：没有没有，就是我爸。为什么我爸去？我那俩叔叔小，我伯父（单士魁）那会儿自学中医非常好，他有个秉彝诊所。［张宗尧语：单秉彝就是单士魁，是学中医的，秉彝是他的号］。

定：他跟谁学的中医？

单：祖上开中医参店，家里有医书和行医的长辈啊，也做这些东西。那时候我二爷爷不是在太医院做苏拉么？我爷爷是制作中药丸膏的手艺人。

---

① 据单士元记："原来溥仪在宫内廷居住时，宫女、太监还有千人左右，护军规定亦近千人。同时宗人府衙门还存在，太医院衙门亦未裁。太医院原在东交民巷地区，八国联军时烧毁，光绪二十七年在地安门东新建。当时主管太医院首领官，在院之后院办一小学，余就读其中，师生曾在大堂合影。"载《从封建王朝的皇宫到人民大众的博物院》，第388页。

② 马家堡位于北京市丰台区南苑乡。清末修卢汉铁路，曾在此设铁路总站。1899年卢汉铁路由卢沟桥接轨至马家堡，这里遂成铁路线起点。1899年中国第一条有轨电车的线路也是由马家堡到崇文门，可见这里的交通相当便利。

③ 这里说的平民学校，即北京大学第二平民夜校师范班。清室善后委员会中许多工作人员都来源于此，除这里谈到的单士元之外，还有下文将要谈到的张德泽、张国瑞，以及随故宫珍宝南迁到台湾的那志良等。

后来在东华门那儿的花房，原来不是叫库房么。我伯父那时候就自学中医，皇宫太医院那叫太医士，没什么级别的，有时候爱喝酒，一玩儿就不爱值夜班，我伯父就替人值班去。我伯父的孩子现在也有，你要愿意找找他们也可以，但是这些事我注意得比较早。

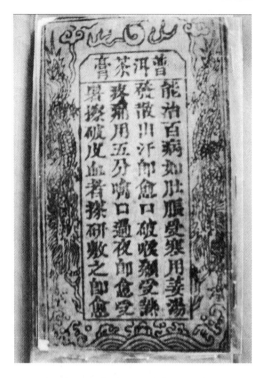

单家保留的老药方（单嘉筠提供）

定：那你父亲也会中医吗？

单：我爸爸也会看病啊。我爸爸曾回忆："青少年时父母曾命余与长兄士魁守祖业，专心研习医道。而余虽亦读《本草纲目》诸医书，但不喜其业。"我爸还写过："当年清宫所制丸散膏丹成药，其中有万应锭，为夏季祛暑之剂，两头尖形裹以金衣，闻其味具有冰片古墨之香，服之可治受暑之疫。再有一种名平安散末剂，是不能服用，为防冬季煤气中毒之良药。冬日生炉火，在其口周围敷洒一圈，火热烤出香味散发室中。余家世业医道，祖父及父辈均能生产所制上述药剂者。"我亲爷爷民国后因为身体原因，不在清宫药房干了，但是我二爷还在（太医院），为什么我二爷在呢？因为他苏拉这种活干得比较熟。所以他们家跟故宫在善委会之前就有关系。

你看这是我爸爸写的简历（读）：

汉族。籍贯北京城区。家庭出身北京城市贫民（1924年去善后委员会工作时，在旧社会家庭出身若写城市贫民，不易做事，所以家庭提高为城市小职员）。文化程度大学研究生（自幼上过学校，工作后才自我奋斗，到学校旁听课程）。1924年参加工作，1941年2月参加革命，[专业]中国史，社会科学（中国建筑技术学）。

定：他这个自传真有意思，尤其是括号里的那些话。

单：当时我们家生活基本还算可以，说得过去。因为他们都有事干。

实际上他真正长起来了，他们家已经破落了，但起码还有谋生的这种机会。

定：所以他不应该是城市贫民啊。

单：（笑）说生活多好，也好不了多少啊。

定：对，也有限，苏拉本身也就是跑腿的。

单：日本没来之前还是不错的。

定：其实日本没来之前故宫这帮人生活都还是不错的。

单：对，都还是不错的。

2. 进故宫前后

单：我爸爸为什么能进故宫，我能给您讲这个。

定：对对，我正想问您这个。

单：他为什么能进故宫有很多因素。当时京城也不少人呢，怎么就他能进去啊？我爸爸从小很聪明的，他特别喜欢历史。他为什么能到北京大学？教授来（平民学校）讲课的时候他老提问，当时沈兼士①什么的就很注意他。他老是第一，不但历史第一，别的他也老第一，结果就往上升吧。沈兼士还有学生会那些老师就说你干脆上北京大学史学系旁听吧，那时候他才十五六岁。旁听一考又都行了，行了又上预科，预科又行了，哎，正好那年就赶上溥仪被赶走，他又考入了北大史学系，成为正式的史学系学生。

定：他进故宫也是选上的吗？

单：通过考试。他最初的保人是北大历史系的两个教授。后来换保我知道是谁，是许宝蘅。②

定：怎么还有保人呢？

单：当然，你进故宫你要偷东西怎么办呢？不但有人保还有铺保呢，铺保就是地安门那儿换钱的。就是一个小银行作儿，也不是什么大银行。那会儿五十个铜子儿换一个银元吧，他（指铺保）给人四十七个，他留仨，可是人家要拿银元换呢，他不给人五十，他还给人四十几个，他来回换来回换，结果他就有点钱。我爷爷二爷爷也是京城通吧，说我们家两个孩子要铺保进故宫，他们就给做的铺保。你要偷东西你得赔钱是不是？铺

---

① 沈兼士（1887—1947），浙江吴兴人，著名的文字训诂学家和教育家。在他担任故宫博物院文献馆副馆长期间，对于整理明清档案，曾提出过"整理以不失原来之真相"的原则，认为对所有的档案都应进行普遍的整理和"系统的分类"，对后来档案的整理与研究工作影响很大。

② 许宝蘅（1875—1963），浙江仁和（即今杭州）人。1927 年任故宫博物院图书馆副馆长，主编《掌故丛编》。1956 年应聘为中央文史馆馆员。

保是你得有钱赔人家啊。

定： 不是跟现在出国得有经济担保一样吗？

单： 啊，就是就是。1926 年换的保，换的许宝蘅。

定： 您说他去故宫有好几个原因，您这只讲了一个。

单： 第二个原因就是正好北京大学搞善委会么，需要些青年学生，做一些具体的（工作），搬运一些东西，贴一贴号啊，整理啊，比如说您要查点一些杯子，说"杯子"，单士元赶快写一个"杯子"，"第三号"，他赶快写一个"第三号"。就这些事。结果他（被）审查合格。

我爸爸刚进故宫没几天，街坊都是满人嘛，都因为溥仪出宫而没工作了，差点把他扔到什刹海去。说把单家二小子扔什刹海去，说就因为他我们都失业了。

定： 怎么是因为他呢？

单： 因为溥仪出宫以后裁减好多人哪，什么内务府的，造办处的，什么宫里的太监。那些人都没饭碗了，就等于下岗似的。他一没饭碗他不恨这帮人吗？

定： 就是他住在鼓楼大街那边的时候？

单： 他是北京土著嘛，就跟旗人啊内务府人啊住在一起，因为皇城北地安门那一带住的基本就是这些人，现在那些名字还留着呢，什么大石作呀陟山门呀。我爸爸我伯父开始的时候出入紫禁城门都有徽章的，善委会的证章，还搁到外头，人家都要检查的嘛。后来街坊说单家这二小子参加革命党了，咱给他扔到什刹海去。有几次回来稍有点晚，冬天天黑得早嘛，就挨了几回打，还有就是走到路口，那都是小胡同，就在地下搁俩石头，"哐啷"让你摔个大跟斗。后来我爸就害怕了，把证章掩藏在衣襟中，不敢往出拿了。这都是我父亲跟我说的。

当时民国并没有承认善委会，是冯玉祥主持北京的时候把这事做的嘛，冯玉祥走了以后善委会差点被段祺瑞给扼杀了。所以当时由北京大学财务部门出钱，当时还不叫工资，就叫生活补贴，这只是对善委会中低级工作人员而言，像小书记员、搬运器物的杂工什么的。因为善委会中上层的那些在北大和社会各机关的人，都有固定的收入。北大财务处的那人叫什么我想想……姓黄，叫黄世晖，由他每次拨款，拨给善委会的人。当时黄世晖有一朋友，就是太医院的太医士，他们两人在一块儿喝酒，那个太医士说单家这个大儿子也挺好，由他做的保，我伯父去的故宫。我伯父先去的，比我爸爸还早 7 天呢。

1930 年整理清宫内阁残存档案（引自单士元《我在故宫七十年》，北京师范大学出版社 1997 年版）

　　第一次点查①是在 1924 年 12 月 23 号也不是 24 号，我问过他到底是什么时候参加点查的，他说是在 1925 年的前两日，那前两日是 30 号，原因是善委会前一两次点查时，单士元的保单没到善委会，所以一律不允许参加，虽然单士元是北大的学生也不行。从这一点可以看出，当年善委会的制度是非常严格的。他的档案上记的是 1925 年 1 月 7 号，因为档案是一个月一档，1925 年 1 月 7 号那个花名册上才有他，他后来就以 1925 年计。当时像我父亲那样的，就属于最低级的，除了扛东西的工人以外，最低级的就是书记员，每天分上午组下午组，要点查半天，我父亲就属于每天要到半天的。像助理员，就是北大的助教啊、副教授啊，或者学生会的干部之类的，组这个组的那天他可以到，不组这个组的那天他可以不到。我爸在这个组接触很多人，北大文学院的胡鸣盛②，是湖北的，很有名的一个助

<hr />

　　①　关于点查，据单士元解释："在中国历史上，从汉唐以来，历代王朝均有收藏文物之传统，历史上前一个王朝灭亡后，后一个王朝则取其所藏为本朝所有，清之于明亦寻其例。清室善后委员会对于这类文物，应属于国家所有。至于宫中大量库藏金银元宝等，属于私有，交还溥仪。""民国十三年（1924）11 月 19 日……当日政府发布命令曰：'修改优待条件，业经公布施行，着国务院组织清室善后委员会协同清理公产、私产，昭示大公。所有接收各公产，责成该委员会妥慎保管，俟全部结束，即将宫禁开放，备充国立图书馆、博物馆等项之用。藉彰文化而垂久远。此令。'"载《从封建王朝的皇宫到人民大众的博物院》，第 389—391 页。
　　②　胡鸣盛，民国时期学者。1922 年陈垣先生主持整理《敦煌劫馀录》，1929 年，胡鸣盛与许国霖对这些敦煌遗书继续整理、编目，做了大量工作。

教。裴善元①，过去图书馆的，是个清朝遗老。因为我爸又瘦又小，都称他小孩。他又好学，都比较喜欢他。1925 年 1 月、2 月的天气那很冷的，一流鼻涕就冻上了，一走到那门洞啊，穿着棉袄棉衣都让风吹得打两旁壁，你不能顶风啊，那根本站不住，那里面既没有炉子也没有火什么的。而且工作服必须用白带子（把袖口）系紧，手就露在外边。这个我爸爸有回忆，他写过。说头一次半个月可能发他七块大洋，赶快买双棉靴。

从 1925 年 1 月份查到三四月份。后来段祺瑞就让停止点查。后来又点查了，不点查不行啊。当时告诉他说点查六个月，完了或者解散或者办院，没有很明确的方向，还没有成立故宫博物院这一说，结果点查了十个月。

后来研究半天，说还是叫博物院吧。再不成恐怕清朝遗老又该跟那儿捣乱了，麻烦。所谓捣乱有几种原因，一种是当时社会不稳定，军阀混战，谁到北京来清朝遗老就找他们，就想让善委会停止点查。民国的大官里也有保皇的也有不保皇的，当然不保皇的居多，或者说民国里执政的文化人比较多，所以它能维持下来。1928 年以后保人就取消了，因为 1928 年就南北统一了，执政的国民党已经承认（故宫博物院）了，就拨款了。为什么蒋介石都知道维护故宫呢？故宫影响太大了是不是？

单士元作为小字辈，更多的事情他不知道，上边决策不是他的问题，但过程他还是清楚的，故宫经历了好多坎坷，可是来之不易的这一段历史，现在院里都不怎么提了，这是父亲最伤心的事情。所以我爸爸在故宫建院七十周年的会上就说，你们是"不知所创"，他说如果你不清楚故宫的艰辛史和坎坷史的话，你不能体会故宫博物院建院的来之不易，你就很难体会那种精神，很难用特别热爱的那种方式去热爱故宫。

后来沈兼士（对我爸爸）说你干脆留院吧，这样你能看到很多实物。你在北京大学学明清史，讲一些鼎啊散氏盘②什么，在这儿你全都能看到。我爸爸后来等于是一半在故宫上班一半学习，坚持下来了。他不是上北京大学嘛，学了四年以后他成绩很优秀，沈兼士、陈垣③都建议他考研究生，

---

① 裴善元，中国营造学社创始人之一。

② 散氏盘，又称矢人盘，西周晚期青铜器，因铭文中有"散氏"字样而得名。清乾隆年间出土于陕西凤翔（今宝鸡市凤翔县），现藏于台北"故宫博物院"。

③ 陈垣（1880—1971），字援庵，广东新会人，是现代著名史学家和教育家。民国初年任教育部次长，后创办平民中学，并在北京大学、辅仁大学任教，兼任辅仁大学校长，以后又兼任京师图书馆馆长、清室善后委员会委员、故宫博物院理事、故宫图书馆馆长等职。解放后任北京师范大学校长、中国科学院历史所第二所所长。

继续深造。那会儿正好胡适当研究所主任嘛，说你能考就考，考不上也不要紧，居然他考上了，正好是 1929 年、1930 年的时候。那时候由清朝遗老撰修的《清史稿》已经问世，可是《总理各国通商事务衙门大臣年表》没写，成为《清史稿》之阙。单士元就在研究所所长、导师的建议下，以补写这个表作为毕业论文。这个表在学术上挺受肯定的，北大校长兼研究所所长蒋梦麟、国学门主任胡适、指导教授朱希祖、孟森都在毕业证上题签，马衡教授①给写的评语，并建议今后修清史把这个给加进去。他跟别人不太一样，他是科班出身的。他一直在上，一直在上，他考了金石学、考古学，他有档案的基础。

定：那就是说他在善后委员会工作以后才去读的研究生？

单：那会儿已经不叫善后委员会了。善委会仅十个月的时间，1925 年10 月份成立故宫博物院了。

定：他一边工作一边读的研究生？

单：对，所以叫工读学生嘛。

定：那时候像他这种文化程度的在故宫也不多吧？

单：啊啊，他们别人都没读书，包括我伯父都没读书，就是我父亲单士元读书。就他唯一一个读书的，他的成就比别人大，就是因为他学历本身就比他们高。他自个儿说，他说我这学问啊，也不叫学问，他说我就是杂抓七十年，因为我是赶上了乾嘉学派的就是国学的末班车，包括沈兼士、胡适都是这样，从他那代人以后没有人很好地很系统地把国学这些东西通下来，所以乘末班车的人呢，很传统的东西他继承了不少。当时他不是在文献馆么，他等于是从整理档案开始，就是奏折呀、文献呀、方略呀。后来从文献馆又给他调到图书馆去，搞书目什么的。故宫所藏书目他给整理了一个遍。所以他搞的东西特别多。他说我杂抓一生嘛。

至于我们家的生活么，我爸爸最富裕的时候最好的时候，就是从北京大学国学研究所毕业在故宫工作的时候。那会儿狂，不是说么，春节时俩祥子（这里用老舍小说中的"骆驼祥子"指代黄包车夫），就是两个黄包车，拉他看人去。一个不够使的呀。我记得我妈妈说，我父亲那时候在社会上跟学界的人已经都有很好的关系了。他也在这些名人当中。

---

① 马衡（1881—1955），浙江省鄞县人。早年在北大任教，1924 年 11 月，清室善后委员会成立后参与故宫文物点查。故宫博物院成立，任古物馆副馆长，后任故宫博物院院长长达十九年（1933—1952），其间正值战乱，他不辞劳苦，带着故宫文物南迁、西运，创造了万余箱文物几乎无损的奇迹。1952 年退职后，将自己所藏大量甲骨、碑帖等文物捐献给故宫。逝世后，他的子女又遵其遗嘱捐赠了家藏的种类众多、数量巨大的文物。

定：他那时候已经很有名了？就因为他学问好交际也广是吧？

单：嗯嗯嗯。他跟故宫里边的人也交，主要是他的工作性质，外面的学者都跟他联系。故宫文献馆档案刚刚公之于世的时候，许多文人学者都到那儿查档案，我父亲就给他们找档案。当时的中国社会调查所所长陶孟和啊、经济学教授汤象龙①啊，他是搞社会调查的，当时社会调查所在北海那地儿，他让我爸写《故宫文献馆档案之分析》的文章，那会儿我爸三十多岁嘛。您看我伯父在文献馆，倒比我父亲差一些。

定：是因为性格还是什么？

单：我觉得跟性格有关系，他爱交友，特别聪明，做学问很快。我爸爸有一次跟我开玩笑，说他四五岁的时候，跟他爸爸从东华门那儿进故宫，那小皇上还在呢么，他在后边走，学那小皇上，他爸爸"啪"的一个耳贴子打过去，说你不要命啦？他脑子很快。

定：你爸的性格是不是挺开朗的？

单：他是能维护团结的那么一个人。当时在北京的两位建筑设计规划大师，长期意见不合，在一次建筑会上两人一个拿手杖，另一个以为他要动手就急了，让我爸给劝开了。他们都跟我父亲很熟。

定：他跟社会名流的交往主要都是跟谁？有溥心畬？②

单：他跟这些人倒不接触，他不接触皇家人。他特瞧不上溥仪，他就说他望之不似人君，这指的是三年他做皇上（的时候），后来又做了战犯，他就特别……

定：就是说30年代他就不喜欢跟那些旗人接触？

单：他不是不喜欢，而是相互共事不多。他是更喜欢那些学者，他就是一个特别地道的学者。

3. 从日本时期到解放后

单：后来日本时期就困难了。营造学社③1937年日本人来了不就解散

---

① 汤象龙，中国著名社会经济史学家。20世纪20年代末曾在社会学家陶孟和领导的北平社会调查所进行经济史研究，并于1932年创办中国第一个以"经济史"命名的学术刊物——《中国近代经济史研究集刊》。

② 关于溥心畬，详见第一卷第七篇毓蕴口述。

③ 一个研究中国传统营造学的民间学术团体，1929年创建于北京。朱启钤任社长，梁思成、刘敦桢分别担任法式组、文献组主任。学社从事古代建筑实例的调查、研究和测绘，以及文献资料的搜集、整理和研究，编辑出版《中国营造学社汇刊》。抗战期间曾被迫南迁，辗转经过武汉、长沙、昆明，最终落脚在四川宜宾的李庄。单嘉筠这里所说的"解散"即是指此次南迁。该学社1946年迁回北京，却因难以为继而终于停止活动。中国营造学社为中国古代建筑史研究做出了重大贡献。

了么。这一直就困难到解放。

定：好像日本人来的时候，故宫的人生活都不好了。

单：不愿意做汉奸生活可不是不好么。

我们家那个四合院日本（人来了）以后作为逆产就没了，日本人想在那儿驻兵，我爸他们没同意，有个日本人给拉房纤儿，说你们要是不同意把你们家都杀了扔护城河里，说干脆你们把小院卖给他们，再给你找几处房，就给找了小金丝套儿，就是什刹海银锭桥往南一点的一个胡同，叫小金丝套胡同，大金丝套小金丝套。我父亲他们不想做汉奸他把东西全卖了。

日本来的时候醇亲王府的、就是溥仪他们那府的有一个管家，姓张，跟日本勾上了，他想投靠日本人来掌管故宫。他想拉拢单士元，说你挺困难的，让你当个副院长。我父亲没当。当时伪政权派的人是朱启钤①的部下，朱启钤就说你别到故宫去了，他们可能要害你，就不让他去了，怕日本人逮他么。

定：那日本时期他一直就没在故宫吗？

单：故宫他也不是不去，就是少去。另外他在各大学校教书啊，辅仁哪，和平门那儿的师范大学啊，他也不是固定的老师。真正故宫日本人并没有动什么。

定：你父亲参没参加古物南迁②的事儿？

单：给他分的留守，但是运东西运到午门他参加了，都是晚上。白天不敢。当时有个叫周肇祥的社会名流闹得挺厉害的，后来是由当时司法官警把他扣押起来。其实那周肇祥也做了不少好事呢。③

────────────

① 朱启钤（1872—1964），字桂莘，号蠖园。光绪举人。1913 年 8 月曾代理国务总理，稍后任熊希龄内阁内务部总长。1916 年袁世凯死后，以帝制祸首之一遭通缉。1918 年获赦免。朱启钤对中国古建筑艺术颇有研究，曾组织中国营造学社，自任社长。曾经办中兴煤矿、中兴轮船公司等企业。1949 年后曾任政协全国委员会委员、中央文史馆馆员。

② 古物南迁：1931 年日军侵占我国东北，当时的中国政府为保护故宫国宝不受损害，将 13000 多箱珍贵文物装箱迁出北京，运到上海、南京暂存。1937 年"八一三"后战事扩大，又将这些文物分成三路，从南京辗转疏散到后方。其中南线是最重要的文物，共 80 箱，从南京经长沙、贵阳运到安顺；中线 9369 箱，由水路经汉口、重庆、宜宾到乐山；北线 7281 箱，装火车由宝鸡入成都至峨眉。另有 2900 箱留存在南京。直到抗战结束，这批文物才又陆续被运回南京，历时整整十五年。

③ 周肇祥是当时的古物陈列所所长及湖南省代省长，是反对将古物南迁的一批人中的为首者，他们认为大敌当前，文物南迁会动摇民心，引起社会不安，而且古物一散不可复合，南迁会造成文物失散。鲁迅的杂文对此亦有评述，此举在国内文化界炒得沸沸扬扬。周肇祥等人还在中南海成立了一个北平市民众保护古物协会，周自任主席，通电全国反对故宫文物南迁，并公开表示以武力阻止南迁。故宫确定文物南迁的启程日期后，反对派在社会上放出话来，说只要文物列车启运，就会有人在铁路沿线埋炸弹，炸毁列车。在这种情况下，故宫博物院把启运时间改为白天装车，天黑之后再运，但汽车司机和排子车夫并没按计划的钟点到场。后来当局派法警将周肇祥逮捕，第一批南迁文物 2118 箱才于当年的 2 月 5 日夜被装箱运上火车，6 日文物专列出京，十天后周肇祥才被释放。

当时北京不是有那地下党什么的么，地下党看单士元没有向国民党投敌什么，很清白的。1949 年故宫刚解放的时候文物局的局长是郑振铎嘛，[①]就找他。后来"三反五反"[②] 他都没事，我爸爸（的工资）等于是六百斤小米，也没给他降。1954 年的时候他就与常惠先生一块儿调查北京古迹，还写出故宫的第一本《故宫导引》。

但我爸爸毕竟还是旧社会过来的知识分子。"三反"的时候也被关了，关在东岳庙。后来□□□这些人不是都给辞退了嘛。□□□是四几年参加故宫工作的，不是也因为这个离开故宫了么，当然后来他又回来了。当时我爸爸通过"三反五反"，就不愿意接触文物，他觉得接触文物老被说成是贪污什么的。他说："不能接触文物，这是高压线，碰不得。"这是我听我二哥说的。我二哥现在七十多了，那会儿正上大学，我爸爸说你调查调查民俗民风还可以，你可以调查北京的大四合院和山西的大宅子有什么区别，你也可以看看北京的厕所门朝哪儿开，山区的厕所门朝哪儿开，水走东南方嘛，可是你千万不要搞文物，不要搞收藏。就跟我二哥约法三章，后来我二哥搞生物化学了嘛，北京大学生物系毕业的。

我爸爸最大的贡献等于是解放以后到 1963 年以前这一段，虽然生活很艰苦但是很舒畅，他等于是如鱼得水。"文革"以后好多地方已经发挥不出他的作用，一个是年龄大了，一个是什么都在变，而且他说话也没人听啊。

定：1963 年以前他主要负责什么工作？

单：他负责故宫的古建维修。1963 年以前已经有档案馆了，就把档案那部分给拨出去了，归档案局管了，单士魁就跟着走了么，他一直就搞档案。后来就到一史馆（中国第一历史档案馆）去了。

---

① 故宫博物院是 1949 年 2 月 19 日由北平市军管会文化接管委员会正式接管的。见《当代北京大事记》，当代中国出版社 2003 年版，第 5 页。

② "三反五反"："三反"运动指的是反贪污、反浪费、反官僚主义。运动始于 1951 年 12 月，1 日中共中央发出《关于实行精兵简政、增产节约，反对贪污、反对浪费和反对官僚主义的决定》，8 日发出《关于反贪污斗争必须大张旗鼓地去进行的指示》，"三反"运动正式开始。1952 年 1 月 4 日又发出《关于立即限期发动群众开展"三反"斗争的指示》，出现群众检查和揭发的高潮。该运动于 1952 年 10 月 25 日由中共中央正式宣布结束。

五反运动：与"三反"运动几乎同时，主要针对的是"资本主义工商业者"，"五反"即反行贿、反偷税漏税、反盗骗国家财产、反偷工减料、反盗窃国家经济情报。1952 年 1 月 26 日中共中央发出关于开展"五反"斗争的指示，2 月，运动在全国各大城市展开，很快掀起高潮。毛泽东对于工商业者提出的处理原则是"过去从宽，今后从严；多数从宽，少数从严；坦白从宽，抗拒从严；工业从宽，商业从严；普通商业从宽，投机商业从严"，并把私营工商业户划分成守法户、基本守法户、半守法半违法户、严重违法户和完全违法户五种，后两种占全部工商业户的百分之五。该运动于 1952 年 10 月 25 日与"三反"运动同时被正式宣布结束。

4. 文献与古建

单： 我爸爸算学历史出身，但是搞古建他也是首创之一。所以我父亲也是历史档案的开拓者也是古建的开拓者。所以故宫非常适合他。

定： 他为什么又搞古建？

单： 30 年代朱启钤看到中国没人研究建筑，不是搞了一个营造学社么，我爸是营造学社文献组的编纂。他很喜欢故宫的建筑，觉得这建筑非常好，朱启钤就广纳人才吧。当时营造学社有两个组，文献组和法式组，梁思成是法式组的，我父亲是文献组的。文献组归刘敦桢管，① 法式组归梁思成管。我父亲在古建里边不亚于梁思成，梁思成是搞西洋建筑和古建法式方面的研究，是对法式（感兴趣），这是宋代的，这是明代的。但我父亲重视工艺，古建的工艺技术以及建筑的色彩和用的工具等，甭管什么建筑，它怎么建起来的，它的钉子什么样，榫卯是怎么回事，为什么它没钉子它就很结实，为什么地震别处倒它不倒，它的地基什么样，我父亲注意这个。他首先提出在中国建筑史里边一定要包括建筑工艺，如果没有工艺技术，中国建筑就不完整，所以他从一开始到去世，一直在研究中国的建筑工艺技术史。这点第二个都找不着像他这样的。现在古建维修这么快，有时候它就不注意这些东西。

定： 解放前的时候故宫除了他以外还有没有别的人也关心这个？

单： ……没听说。

定： 你是说在他之前没有人做过这个？

单： 对，没有人做过也没有人认识到它的重要性。而且他不是从书本上找到的。这些工艺实际上就是一些手口相传的老技工，都是工匠么，都是口手相传。30 年代的时候有些人还在，都是清末光绪年间修清东陵清西陵的老人。他搞古建时那些个工匠都是让人瞧不起的啊，他就跟他们做朋友。当时北京城区有八个以木工为主的作坊，叫八大柜，最主要的是兴隆木厂，还有广丰木厂、宾兴木厂、德利木厂、东天和、西天和、聚源、德祥。还有四小柜，艺和、祥和、东升、盛祥。以兴隆木厂为首。修东陵西陵啊，修皇家御用的陵园啊，园林啊，这样。解放初期我父亲正主持故宫的古建修缮工作，就请他们和他们的后人，还有在木厂学过手艺的，他自己去问，就请他们说，请他们做。他也去看一些工程。他搞了很多卡片，

---

① 刘敦桢（1897—1968），著名建筑学家。早在 20 世纪 30 年代建筑界即有"南刘北梁"之说，南刘指的是刘敦桢，北梁指的是梁思成。

将近四五百张卡片。那卡片我还留着呢。

他为什么有"拌芝麻酱"这个外号呢？他知道拌水泥拌沙子就应该像咱们拌芝麻酱似的缓缓地搁水，它才能好使。有的工人不去搅和，把水管往那儿一搁他就玩去了，抽烟去了，结果该化的不化，该凝的不凝。你看这他都知道啊。你像现在一般人他不注意这个，爱怎么拌怎么拌，认为这都是工程队的事，可是单士元他不这么认为。

十年大庆那会儿不是要找人把故宫的古建维修起来，为新中国第一个十周年献礼么。当时文物局的领导是郑振铎，他找到梁思成，梁思成说你甭找了，故宫就有一个单士元。这才起用他，修太和殿，修中轴线的那几个殿。那会儿保证说七年，结果现在都多少年了？这不是才又开始修嘛。我爸爸用的就是这些老工匠及其后人，其中有清末著名的营造家马文盛主持兴隆木厂的时候培养的匠师。他的后人马旭初，已经有人专门把他写到书里去了。① 我爸爸一直跟在他们身边，又写了很多卡片。1962 年故宫说精简机构，那两年精简机构嘛，把外聘的工匠全部辞退，说没他们也成。

定：啊，就 1962 年没粮食吃的时候，把他们给精简下去啦？

单：啊，我爸爸留不住他们，就打发走了。全没了，基本都走了。

定：多可惜啊，现在哪儿有这样的人啊。

单：后来他在 1992 年打了一个报告，说希望能够把健在的还能说话的这些老工匠，给录音录像，通过录音录像，把他们（的技艺）传下来。文物局都批了，但是故宫说肥水不外流。不外流呢我爸爸又请的外边，（故宫）又说干吗请别人呢，这就七错八错的，一下子就搁下了，搁下了老爷子又死了，这事就没人提了。这报告跟没打一样。其实好多想法他都没有完成，没有实现。不过这本书上海很快就要出了。

我爸昆曲唱得挺好的，他有时在家唱我还记得，什么《春香闹堂》什么。还有好多戏本，手抄的。故宫有戏楼啊。他不是那戏团的，然后梨园有人来找他，他在文献馆的时候不是还留了几个太监，在文献馆的时候教他们（唱戏）的。还有宫女，刚解放的时候，宫女还找过他呢，我看长得也不那么美，没饭吃了，问我爸爸说能不能把她搁到（安排到）故宫。我爸说当初你们出来的时候是不是都拿细软，说是拿了，有些小的东西什么的，我们都搁到鞋底下，那会儿有长丝袜子，但不是咱们现在薄丝，是白

① 马旭初，古建工匠。参见黄殿琴《京都四叟》，该书称马氏家族是绵延六百年、传承十四代的建筑世家，紫禁城、颐和园、清东陵、潭柘寺、承德避暑山庄等众多闻名中外的古建筑，无一不镌刻有马家族人的印迹（中国文史出版社 2005 年版）。

的，比较长，她们把东西搁到袜子里头，带出来不少。

定：她们应该还有点钱是吧？

单：应该还有点钱吧。那时候我很小，我就不记得那些事了。

5. 父亲的价值

单：我父亲是 1998 年去世的，不到九十一。他是这样，朱启钤活到九十二，陈垣活到九十一，他说我不敢活过陈垣，何况我的朱老师了。这话信就信不信反正……有人给我算命，说我"护宝九旬归天缘"，我侍候父亲还真应了这句话，他真的没活到九十一岁。

单士元像（引自单士元《故宫史话》，
新世界出版社 2004 年版）

定：他们怎么都那么高寿啊！

单：这本书（指单士元《我在故宫七十年》），我们子女他一人给了一本，转过年就死了。就为我爸能看到这本书，赶快就出了。故宫没有给他出过一本书。……他对后期故宫方方面面不是很得体的领导很有意见，但是他又不能去说。

我爸是久在河边站，从来不湿鞋。当时搞文物的那些人现在早都离开了，只有他一人是七十年。故宫七十年是他的亲身经历，没有第二个人有他这样经历的。社会产生故宫，故宫最小的体现是单士元，单士元最大的体现是故宫博物院，没有故宫博物院就没他，但他又是七十年院史的一个最小的缩影，必须了解他以后才知道院史是怎么来的。故宫七十年的历史现在他们不说了，不说这历史就不知道单士元存在的价值，至少不知道单士元的存在对他们方方面面有什么可用的地方，就认为单士元跟别人一样，只是一个待了七十年的老人，待七十年跟待一年没什么两样。有人说你爸爸不就是单士元么，单士元有什么呀，所以你要从故宫里找，你简直找不到他。但是你要从院外边的角度你去看他，你就觉得他价值太高了。

定：你说具体点，你说从院外看他的价值是什么？

单：至少从几个角度，比如说人的精神，精神从哪儿来？就是院里一代一代的工作人员流传下来的。如果您从大墙外去看他，您就能找出很大的差距来。你就知道他为什么这样，他们为什么那样，你就知道为什么拍卖行找他他不去，要给他三五万块钱他都不动心。

定：你用简单的话说说，你觉得你父亲最主要的精神是什么？

单：单士元的精神是什么？最主要的就是一个真正的文人或者说一个真正的学者，一个真正的知识分子，他的人品和学识，这两点都必须超脱，都必须基本上到位。他不愿意做那些歪门邪道的事，他老认为："故宫反映了从奴隶社会到封建社会末期的社会发展史，其中也包括建筑的发展史。因此，可以说故宫应以一部通史来认识它。故宫博物院是两个概念，前者文化遗产，应保护完整原貌，后者博物院的院史。在有形与无形的传统中，都是不能断代的。古建筑，古也，古也，历史也。故宫的工作方向，原则应以1959年中宣部陆定一、周扬等中央领导对故宫的指示为原则。"但如今不尽如人意，他很苦闷。你就说这拍卖，以前就有拍卖，外国也有拍卖，你作为一个中国的文物工作者你如何对待拍卖，为什么启功先生不参加拍卖，为什么单士元不参加拍卖，为什么现在的研究员们参加拍卖？拍卖本身没什么错，没什么可指责的，可是文物工作者你如何对待拍卖，你看现在整个拍卖，哪儿像文物工作者啊，这值三万那值两万，变成这样了。第二个，他最大特点，他是通家，说到哪儿他都知道。我爸说故宫不但需要专家，更需要通家。具体说基础要厚，知识要博，选两三科深入，遇事就可以触类旁通了。他的通从哪儿来呢？他说我赶上了乾嘉学派的末班车。现在通家没了。这种精神是故宫现在最缺，最没有的。单士元担心的问题现在故宫都全了，全都出现了。所以单士元走的时候很无奈，苦衷很多。最后在他病故前的住院期间，写下过他对故宫院中最关心的方方面面的问题，长长五页稿纸，但是还没写完他就故去了。他写的题目是："自言自语记事大纲"，你想，如果有人能听得进去他的话，他还用得着自言自语吗？

我觉得这些老人身上体现着文化遗产，你应该如何对待这些老人，这些文化遗产，你对单士元的态度是什么，你才能知道故宫的精神在哪儿，故宫的原则在哪儿，故宫的方法在哪儿。包括徐苹芳先生、王灿炽先生、阎崇年先生都提到，故宫的工作还应该遵照单老提出的原则去进行，我写了多次报告提单士元的很多事，人家觉得不重要啊定老师！单士元他是死

单士元夫妇（单嘉筠提供）

了，但是你怎么去研究他？故宫学离开单士元恐怕就缺憾很多。

所以我特别能理解我爸爸。为什么北京台的春节晚会让我上了一下？影响挺大的。您今天来找我问他，过十年单士元比今天还要重要，我就等着那一天呢。

6. 家庭和自己

定：你伯父在家是做家长的？

单：嗯，我伯父属于不愿意说不愿意动的那种，但是特有学问，人很厚道，长兄如父嘛，我妈妈和我大妈都特别喜欢我伯父。家里都是他做主，而且没偏没向，家里也没什么问题，如果有问题我伯父都做得很公正。他们解放以后才分家。那时候奶奶还在。还有二爷，就是我爸爸过继给他的那个二爷爷，他解放后才死的。

（故宫）文献馆四十多个人，我们家占三个，单士魁、单士元、单士彬。单士彬是大奶奶的孩子，年龄比我父亲小。单士彬是后期人不够了，等于家里介绍去的。因为兄弟两个都在那儿，就介绍……他们三人都在文献馆。但是单士元跟单士魁是一支的，别的跟他们不是一支的。我爷爷虽然有四个儿子，后边两个都没去故宫。

我写过一篇《回忆单氏三兄弟》的文章。五叔单文质会画画，但他学的也是档案。五叔受迫害比较厉害，刚解放的时候不都是军人么，军管会。他瞧你不好那绝对是不好，所以"三反"以后故宫不要他了。后来调到开封博物馆，因为死得早，名气不大。还有四叔，在营造学社干点儿活，描图什么的。结婚以后我四叔就搬出去了。我四婶的娘家在皇宫供事，在北海那儿开了一个中药铺〔张宗尧：单家老四的媳妇，娘家是开中药铺的，北长街的北口有一个德生堂〕，那个中药铺解放后还在呢，挺大的一个，专门做苏拉酱的料。皇上爱吃苏拉酱，就是一种很甜的酱，跟甜面酱似的，太监啊御厨房啊，拿馒头啊拿料啊给它发酵，他们药铺就专门做这个料。我说的是道光年间，比较早的了。后来改成北海的餐厅，现在不是一绿化就没了？

定：你们家这哥儿五个都跟故宫啊跟药啊有关系。

单：嗯嗯。都不远。我们家男人都是直肠癌，五叔最早，大伯第二，我爸爸最后。

当时我不是两个母亲么，我那个大母亲和我的母亲，一个是 1910 年生的，一个是 1917 年生的。一个是 1934 年结婚，一个 1937 年结婚。

定：噢，差三年。

单：三个人一生生活在一块儿，六十年，处得还是不错的。这里还有原因，就是我父亲过继给二伯父，当时按封建旧习，生身父母要一房儿媳，承续父母也要娶一房儿媳，所以两边都得要一个。我之所以有两个母亲这也是其中的一个原因。但是我家里事我现在不是特别想说。

我妈这支是有钱的，我妈应该是湖南人，我姥爷家是刑部管办案的，叫黄晋魁，人叫晋老爷，原来在湖南做官，有个醴陵县吧，做得挺好就调到涿州。我妈虽然是湖南人，但她小时候是在衙门里生的。我妈说我姥爷一在前面说打谁谁几十大板，我妈在后头就哭，说你怎么又打人了，这是我妈跟我说的。我父亲是从我大妈（大母亲）认识我妈的，我爸娶我大妈的时候见过我妈。我大妈倒是京城人，她们家要现在说就类似于外租房产的生意人。其实我妈跟我大妈（大母亲）她们俩从小五六岁就认识，她们俩是姨表亲姐妹，我大妈等于是我姥姥的养女，所以她们在一块儿读《论语》《大学》什么的。

我父亲民国以后不是搞历史档案么，那时候我生母的父亲就是我姥爷还在司法部里做顾问，就是现在文史馆那种性质的。我爸爸想请他谈些事情，所以跟我姥爷过往。后来是家里给做的媒。所以有很多因素促使他娶了两个夫人，他有他一定的原因。

　　我就觉得过去妇女素质跟现在大不一样，而且我妈我大妈不是一般的，她们都有文化，我妈也做过老师，写字好着呢。而且我觉得那个社会的妇女更识大体，更有素质。将来如果真要我写这段的话，我觉得三个人都挺好。说不出谁好谁不好，在那个社会本身，不是她们两个的问题，我观察过很多很多。我小时候就是我大母亲给我看起来的。

　　定：您的大母亲也挺有文化的？

　　单：就是我奶奶这一代可能文化低一点。

　　定：你是第几个孩子？

　　单：我是第六个。

　　定：啊？你们家有多少个孩子？

　　单：我上边有姐姐有哥哥，要都算起来连死的带活的十一个，所以我爸爸生活一直很苦。

　　定：你们家那么多孩子都是你爸爸一个人养吗？那他负担够重的。

　　单：当时有点老底儿，钱也花不了太多。再说当时还没有我呢，一个家庭五六个孩子算多吗？不算多啊。再说有这个能力是不是？当时我们家还有俩保姆呢，后来慢慢就没了么。我妈来了以后就说不要保姆了，她说自己也能干。到有了我的时候，我爸爸就是非常艰苦的了，又是两个妻子，又养一大家人。为什么《大公报》的那个王芸生①让我爸办个《君实随笔》的小栏目呢，一篇一篇登，就是说我给你钱你也不会要，不如你就写稿子，我把稿费先给你。就给他稿费，每次多给，还提前给，由我妈去取钱，这些都是我妈去干。刚解放的时候我父亲写过一首诗，"年近四十五，白发已难数"，后面是佳节已到，食无鱼，外头放爆竹，小儿膝下戏，夫人识大体，什么什么。就是到那份上他都没有说向谁向谁去借点钱什么。

　　金丝套胡同是我出生的地方。我小时候是在大石作住家、上学，叫北长街小学。我爸爸小时候上的第一个私塾是在清末太医院，有一个前清秀才吧，是涿州人，他在太医院那儿办了一个小学，他办的，他教书。北京地安门东大街，太医院大堂，后来就成小学了。那都是解放后的事了，故宫那会儿分房了，我们家就住在三座门那儿，现在军委的那块地儿，那会儿属于故宫的房子。再往后就住过一段大石作，陟山门也住过，东西连房没住过。后来我伯父也分了房子了，跟张德泽②他们一块儿，在现在沙滩

　　① 王芸生（1901—1980），天津人，《大公报》第二代总编辑。并著有七卷本《六十年来中国与日本》。

　　② 张德泽也是清室善后委员会的工作人员，参见下面张宗尧、张碧君口述。

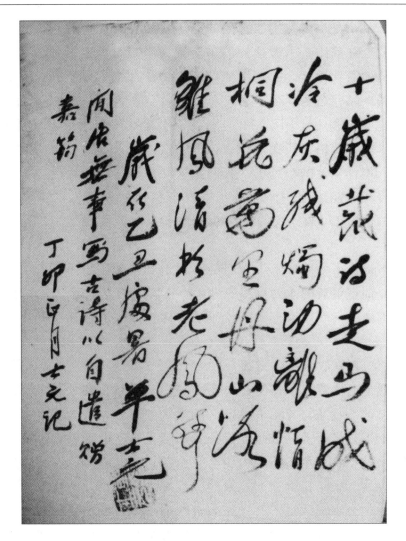

单士元为单嘉筠写的诗（单嘉筠提供）

那儿。我们家住的地方我爸都带我走过。

我是女十中的。

定：后来插队啦？

单：身体不好没去成。就留到工厂，沙河砖瓦厂，那都是劳改犯释放后去的地方。沙河多远哪，后来就对调工作，对调到电路厂，在郎家园那儿。后来不就赶上"文革"了么，"文革"以后有个时期叫什么我们不在城里吃闲饭，就停薪留职了一段，那时候我又结婚。所以我是工人出身。

我从小爱看书，特别喜欢文史的东西。我特别喜欢我爸爸的稿子，我就瞎帮他抄，也抄不好。我真正接触我爸是"文革"以后。"文革"以前一个是小，一个是也没特别注意他的事。我的性格也像我爸，我是待不住的主儿，我老往前跑着去做这样的事。我做事真是，定老师，我没有我自己，我觉得他需要做什么我就给他做什么。往往别人做不到这一点，别人总要有点副产品，名啊利吧。这二十年我就干这个，就一直这么做他的事。1995年正好是建院七十周年，我爸爸就要求让我留在他身边照顾他。我爸对我们要求非常严格，我在他身边也都约法三章，不许打他的旗号干自个儿的私事，不许坐他的小卧车。我们家这几个孩子，他最后把我提搂上去了，他觉得我还能给他……确实我也没辜负他的期望。"雏凤清于老凤声"，这是他给我写的，我们家那么多孩子，他就给我写了，让我像他那样叫唤。

对我来讲这十多年二十年坎坷的路我走到今天是挺不易的，我爸爸知道我不易，他把最后的东西都跟我讲了。我这十年等于是没房没钱没什么，一百六十五块生活费。我捡菜叶捡了一年多。原来酒仙桥一间房子，不是拆迁么。

定：那您现在收入是什么呢？

单：就是退休费八百，还有（要交）三百块钱房租，这三百已经很照顾我了，就这一居室。《北京晚报》的人来一看，说我太惨了，一个月五百块钱，十平方米房子，东西堆得哪儿都是。要不报纸怎么说我"女工出书"呢，我这些都是个人行为，没有一个单位给我钱什么，很惨的。就这么个情况。这二十年我就这么过来的，不都是我自个儿练出来的嘛。而且谁能理解你这么练呢，是不？我兄弟姐妹都不理解我，说你算老几呀你一个初中毕业生，你较什么劲？到现在我兄弟姐妹还这样呢。我丈夫去年去世了，突然心脏不好。孩子跟我也很少有来往，有来往就让我给他们看孩子，看孙子，我能看吗？你也不用可怜我，我就是愿意把这些情况跟您说说。

我爸爸最后三年直到他去世，他的东西基本上都留在我这儿，作品的真迹啊，他写的手记什么的，没发表的好多东西。我听的也比较多，有的是他写的，有的是我写完之后他给我校的，他口述我就写，让他看完以后他给我改的。现在反正我爸爸一生经历都在我脑子里。

1994年吧，有一个访问他（单士元）的王铁道人，道教的，我说你给我算算，看我跟我爸能待多久，他就给我写的这个，说你要不往上爬你就掉山涧里你就在山涧里边待着。确实从我爸爸走了以后我这坎坷的经历一个接着一个。我这几年过得我感觉他说得挺对的。我父亲去世以后我经历了不少坎坷，家里瞎打兄弟不和这样的。可是我在他的影响下我多么穷我都没有说卖单士元的东西，或如何如何的吧。他也有点东西，到困难的时候能卖钱，我那么惨的时候我都没卖。

定：您那时候要是能进了故宫就好了。

单：……进不了，要是进了今天您就不能来访问我了。

定：故宫那边有没有人找你访问？

单：谁找我问？我现在还不想做这个事情（指为父亲写传记），因为在我脑子里还没形成一个系统，还不能做得很完善。不过将来这些都是我的财富，包括对刘乃和、张开济（的了解），我看他们的都不是学者的面，我看他们的更人性，更生活的面。

定：咱们这么聊天您比写东西轻松点儿。有的时候聊天说的东西也比较多。

往事尽在不言中

——梁金生口述

时间：2007 年 4 月 25 日

地点：故宫博物院梁金生办公室

被访者：梁金生

访谈者：定宜庄

[**访谈者按**] 梁金生先生，1948 年生，现在是故宫博物院文物管理处处长、副研究馆员，担负着故宫博物院一百五十多万件文物的保管、征集和抽查工作。2005 年 10 月，中央电视台新闻频道的《新闻会客厅》为他做过一期节目，名为"家在故宫"。这应该是配合故宫建院八十周年的活动之一。梁先生的家世与经历的确引人瞩目。首先，从他高祖进入故宫的如意馆算起，到他的曾祖、祖父、父亲再到他，在故宫已经连续五代，经历了自清至民国再到中华人民共和国几个时期，所以采访他的文章，见诸报端时总好以"与故宫的五代情缘"作为标题；第二，他的祖父和父亲都参加了那次著名的古物南迁，祖父随古物到台湾之后，父子两岸相隔数十载，至死未能相见；第三是因梁先生本人在故宫"大内总管"的位置。这三点中的哪一点都有足够的故事性，都可以衍化出精彩的传奇来。但凡采访他的人，我相信也都像我一样，怀着听故事的好奇心理，但梁先生的讲述却像流水账。

流水账有流水账的妙处，或者是历经苦辛之后的欲说还休，或者是因多年政治压力导致的失忆，这本身就反映了一种心境，一种生存的状态，将梁先生的访谈谨录于兹，理解为"此时无声胜有声"亦可，权当作聊胜于无也罢。

感谢故宫宫廷部副处长赵扬先生为我这次访谈提供的热心帮助。

梁：我们家从我往上五代，就在故宫了。

定：从您往上五代，就是梁廷炜先生的爷爷？

梁：对，他的爷爷，是在故宫，然后他的父亲，然后加上他，然后我父亲。我爷爷的爷爷叫梁德润，然后是梁世恩、梁廷炜、梁匡忠，然后我。

定：现在故宫里像您这样五代的也不多了吧？单家算不算是一家？

梁：单家有女儿（在故宫），还有一个女婿在古建部，专门研究古建，他是七几年来的，（比我）更了解故宫。可是好像连续直系下来五代的没有了。实际上我们家前两代的事情我不太清楚，就连我父亲也不清楚。现在河北啊天津啊都有什么梁氏宗族研究会啊，也给我们来信，电视台不是都采访过我么，报纸也登过，他们就写信来，往上倒腾这些事情，可是我现在知道的也是……

1. 爷爷的爷爷和父亲

定：你们家是旗人吗？

梁：不是旗人。

定：不是旗人怎么从那么早就能进故宫呢？

梁：如意馆画画的啊，①不是画家，就是画贴落画的。

定：什么画儿？

梁：贴落。咱们以前买年画不都是拿浆子一粘，贴到墙上吗，宫里也是这样的，但它是裱了一层。不是卷轴啊那样的东西。还有些像是房间的隔断，隔断上不是也有画么。

定：那是不是就是画匠的意思啊？

梁：就是画匠。现在叫宫廷画师，那是现在那么说的。但他们的作品都是以皇上的选材，来让你画，不是让你随意创作，是按照人家的要求来做的。待遇是按着几品几品走的，好像算四品还是几品啊，但就是画画儿的。然后故宫有他们的藏品。因为清朝末年嘛，现在有的殿里还有他们画的画，因为这种东西在故宫来说是属于建筑装饰的，这地方得贴个什么什么画，谁谁给画一张，就写上了。

定：那上面都写有名字？

梁：底下都写着呢，臣梁世恩，臣梁德润。现在有文物号的，能找到的有五十多件吧，还有些没有文物号的。

---

① 如意馆是内务府造办处所属的一个负责绘画的机构，多秉承皇帝旨意作画。

定：您的第一代祖宗在如意馆画画儿，后来是不是有点家传的意思？

梁：对，儿子也进来了么，也是如意馆。具体是怎么运作的，就不清楚了。我一直也想弄清楚，但是就不知道了。

定：您这里说的就是你们家在故宫的第一代了，是从哪儿来的您知道吗？

梁：再往前倒腾应该是河北大城①，是那儿的人。具体怎么进来的我都不清楚了。

2. 爷爷与古物南迁

定：您爷爷的事您也知道得很少吗？

梁：他就是那种家庭出身么，小皇帝的时候他是不是也在宫里待过、后来清室善后委员会他怎么进去的，我都不太清楚，问我父亲，我父亲也稀里糊涂的。然后故宫博物院成立了，我爷爷就进了故宫来了。点查的时候他也都在。

定：那时候您爷爷有多大岁数？

梁：二十多岁啊。

定：我了解的进入清室善后委员会的那些人，大多数都是陈垣他们推荐的。

梁：对，他们都是北大的一伙人啊。但是我们家不是那样的。只知道原来我们家是个大家，住在东四那边，自己家的房子，他们哥儿仨呀，我爷爷啊，我四爷啊，我六爷啊。

定：那几个是不是也在故宫啊？

梁：没有。我那四爷呢，在我爷爷他们这堂里是老二，他后来在北大教务处，解放以后在国家体委嘛，贺龙他们那儿，"文革"时候死的。六爷可能没上什么学，后来在北大当过工友，解放以后住在北河沿那儿，我的印象我们到北京以后他们家里还是很穷的。我四爷他们家有院子，几个叔叔姑姑都上学，我六爷家就不一样了。他们两家是相差太远了。

定：您爷爷上学吗？

梁：他应该没上过太多的学。他和那志良，还有吴玉璋呢，他们好像是把兄弟。② 我爷爷最大，比他们俩都大。

定：您奶奶呢？

---

① 河北省大城县，今属廊坊市。
② 在下文中，吴玉璋的侄女吴效兰女士在口述中也提到此事，可参照。

梁：我奶奶也是北京人，那会儿是开小买卖啊，可能是。在东四南边什么胡同，我小时候记得他们家有一个小铺。

点查完了就成立故宫博物院了，我爷爷他们就都是故宫博物院的职工了。故宫不是有古物馆、图书馆么，他属于图书馆。我没见过他画画，那就断了。后来到 1937 年我爷爷不是跟着古物南迁么，就走啦，我们家房子也就卖了。就跟北京没什么太多的关系了，等于是我父亲、我叔叔、跟我奶奶，一起跟着古物就转去了，南京啊，武汉啊，重庆，就这么转一圈儿，抗战胜利以后就回到南京。到南京以后国民政府要把这批东西运到台湾，往台湾走的时候不是分三批么，我爷爷走的时候是第二批，带着我奶奶，我二叔，和我哥哥。这是 1949 年 1 月，我哥哥那时候也小，四五岁的样子。

定：那时候是指定让他走还是自愿报名？

梁：指定让他走的。那时候就好像分配任务似的，我爷爷就分配押送古物去台湾，我爸爸就分配在那儿看堆儿。

定：您爷爷和爸爸就分开了？

梁：就分开了，就两岸相隔了。那时候我还不到一岁呢——他们走的时候。

定：那时候国共的关系已经很清楚了，走的时候他难道不知道会回不来吗？

梁：真不知道。因为那时候这些人对政治好像还真是稀里糊涂。他又是从北京随着这些东西走的，那这些东西还要走，他自然要跟着走啊，你要说他是不愿意跟共产党，好像没这种想法，因为我是随这些东西从北京过来的，我随这些东西走就是理所当然的，我觉得是这么一种观念。跟国民党还是共产党的这种观念，在他们脑海里好像没有影响。比如说 1933 年从北京走，正是井冈山围攻的时候，这是咱们现在知道，那时候不会知道这些事情，抗战时候就知道上海打起来了，南京这批东西保不住了，就又往西迁，领导让押着这批东西走，我爷爷他们跟着走的北线。就从南京转到徐州、西安，从这条线走的，货车押运的。

定：您见过您爷爷吗？

梁：从理论上应该说见过。因为我 1948 年生的么，肯定说是见过呀，就等于没见过，因为那时候太小了。

定：后来到了儿也没见着？

梁：到了儿也没见面。

我爷爷他七几年去世的，他去世我们都不知道。一直到八六年还是八几年，有一个原来在台北故宫的，当然也是后来去的一个人，然后他从台湾移居到美国了，到北京来看东西，我们的杨新院长，知道我们家那些事儿呀，说起我们家那些事来了，他说他知道。通信都得通过第三国转信哪那时候，通过他转过一封信，我们才收到一封信，然后才开始有信的来往。才知道我爷爷已经不在了。

后来当然都联系上了，我哥哥、我二叔、我三叔都来过。我父亲他们哥儿仨。我二叔是四几年在南京，他原来是个印刷工人，后来他失业了，失业了就跟着我爷爷他们一起过，他等于是没工作啊，就随着家属走的，跟我爷爷走了。我三叔四几年毕业后分配到当时的国防部，见习生，随着国防部过去的，也上台湾了。就留的我父亲这一支儿。

定：我到台湾的时候还想找找跟随古物南迁的这几个人的后人，没找到。我听说那志良的后人好像写了好几本书呢，可是你们家特低调。

梁：我倒见过那志良，我到台湾时到他家去过。去年还是前年，故宫八十周年的时候，他的儿媳妇把那志良的一些东西就捐给故宫了，一些国民党给他的勋章，他去英国的护照，还有他的笔记，一些东西，都送给故宫了。①

定：你们家的后人也没把您爷爷的东西……

梁：没有。我爷爷估计都没留下什么东西。

定：当时台湾对他们的礼遇是非常高的呀。

梁：是，但是我爷爷在台北故宫的时候呢，也是因为一个什么问题，好像是有一本书怎么让人盗了，被他们怀疑，还对他进行过调查，怎么怎么着。所以老头一直是，情绪也不好。

定：就是说在故宫工作有时候也挺难的？

梁：那当然了，有风险的东西，好比说我经手的东西我把它打碎了，那心里就是一个过节儿啊，档案要记载你一下啊，谁谁谁哪年哪年损伤了一件文物，那都要有记载的。

---

① 故宫博物院建院八十周年是 2005 年。关于那志良先生的儿媳王淑芳女士来北京，将那先生生前保存的有关北京故宫文物南迁的一百五十多件珍贵史料捐赠给北京故宫博物院一事，当时报纸都有报道，其中《北京晚报》的报道比较详细，并配有那先生的照片（2005 年 7 月 1 日第 62、64 版，记者刘一达，图片提供者贺强）。那志良（1908—1998），满洲正黄旗人，与本书中讲述的单士元、张德泽等先生一样，入平民学校后经陈垣先生推荐入清室善后委员会。此后护送古物南迁。1948 年与梁廷炜、吴玉璋一道护送古物到台湾，从此再未返回故乡北京。那先生是玉石研究和鉴赏的专家，著有《典守故宫国宝七十年》一书（紫禁城出版社 2004 年版）和《我与故宫五十年》（黄山书社 2008 年版），虽被出版商归为传记文学类，所述个人经历与感受均较简略，主要内容为南迁经过、南迁古物内容等，恰可与本书诸篇口述参照来看。

定：您爷爷是不是去世也早了一点啊？

梁：早多了，他七十多岁吧，去世的。

定：就是说您爷爷留下的故事很少。

梁：很少。我妈在世的时候好像还听我六奶奶，还有我四奶奶叨咕一些。我爸爸是根本不问这些事。我六爷家也是孩子多，我得叫叔叔姑姑的，有的比我岁数还小呢，最近这两年谈过一回，关于写家里的历史，也想找人来写。他们跟我是一个爷爷啊。

定：也想从您爷爷写起，写这段古物南迁的故事？

梁：对。包括这段，还有再以前。问我，我说我不管。

3. 父亲这一代

定：您父亲今年有多大？

梁：八十四。爷爷从北京走的时候他十几岁么，等于也就念了初中吧。

定：您父亲怎么进的故宫啊？

梁：古物南迁的时候他们不是跟着这批东西走么，在路上啊，在峨眉的时候，1941年，他就不念书了，可能是吴玉璋，还有谁，他们几个人就保他，进故宫要有保人的，这样在峨眉他进的故宫。那么多年我们家就一直随东西走，随古物走。

定：这十几年就这么走？

梁：对呀！所以书也没念多少啊，多数不安定啊，在西安然后宝鸡住了一些日子，到汉中又住了一些日子，接着又往四川峨眉走。我母亲就是四川峨眉人，我父亲参加工作然后在那边娶的我母亲。

抗战胜利以后我父亲母亲他们不是随古物又回到南京么，1946年、1947年这批东西从四川又运到南京。我在南京出生的啊，金陵，所以叫金生嘛。我哥哥叫峨生，他是峨眉生的。我姐姐叫嘉生，也是四川那儿，乐山。那个地方原来叫嘉什么来着？

定：嘉州。

梁：我妹妹叫宁生，也是南京生的。她是解放以后了。回北京以后有了我弟弟，叫燕生。

定：这中间应该能衍生出好多故事来，可是让您这么一说好像就没有什么故事了。

梁：是呀，我觉得没有什么故事。

定：应该有些故事的，最后弄得你们家父子骨肉分离。

梁：（笑）……

后来到 1953 年，南迁那部分东西不是都留在南京了么。从北京走的时候走了一万多箱，然后真正运到台湾的是 2972 箱，去台湾的等于是四分之一。[①] 剩下的就陆陆续续往北京运。第二批还是第一批的时候我父亲就调到北京来了，跟着我们家也就过来了，就回到北京来了。当时还有一些人，在南京的时候像那谁，欧阳道达，还有冯什么，在南京分院的时候他们都在，后来解放以后陆陆续续也到北京来了，但是他们都是南方人。实际上就是说老北京这些习惯，我们家好像不是特别明显，因为一直跟着古物走，接触的就不是十分传统的北京这一套东西了，不是那么纯正的。

所以我们家，我爸爸他们，虽然是在故宫，等于是动荡的一代。在故宫本院工作的时间，我爷爷是 1924 年到 1934 年吧，十年，我父亲是从 1953 年到他退休。

定：您父亲后来在故宫做什么工作？

梁：他是在保管部，解放初期这批东西从南京往北京运，他基本上管的是这个。然后 20 世纪 50 年代末他搞过陶瓷，后来又搞过工艺。我父亲我觉得他吃亏在于什么地方呢？他没有自己一个特别的专业。那会儿也年轻也能干，你比如说跑跑颠颠的，那批南京的东西该往回运了，装箱啊，造单哪，跟火车站管运输的打交道啊，然后是接收盐业银行点交的东西。五几年净忙这些事情……

定：这是怎么回事？

梁：噢，溥仪在小皇宫的时候没钱啦，政府说给他什么待遇，给他多少多少钱，可是或者是（钱）不到位，或者是根本不够他花，他把有些东西就抵押给银行，拿出些钱来，解放以后那些东西就等于是国家给没收了。故宫把这些东西要回来，就得有人接收，我父亲就做这些工作，什么天津的盐业银行，北京的盐业银行。再有一个，解放以后好多故宫的工作没有纳入正轨，要建立一些文物库房，突击性的任务净让他做，所以他做来做去做的全是这些碎活儿。这还是我后来到了业务部门以后看了一些提单啊，单据啊，是我父亲办的一些事，是他签的字，有些他们组里的会议记录啊，

---

① 关于这批东西，梁先生谈道："原来在南京有故宫分院么，到 1960 年把故宫分院撤掉了，成立个办事处，江苏省那边说你们东西要运走，房产就给我们吧，就把房产给了江苏省文化厅，可是那批东西我们没都运完啊，接着又'四清'啊，又搞这运动那运动，还有 2211 箱没运回来，接着又搞'文化大革命'，这事就耽误了，一直到现在。这批东西还在人家那儿呢，想拿回来，那边不给，南京博物院不给。到八几年就陆陆续续和他们谈了多少回，和省文化厅啊，和南博啊，第一次和他们谈我还去了，一直我就都参与这件事情，一直就这么拖，国务院都有文件，就是执行不了。"

行文啊，从这我才知道做保管工作他有些什么成绩，他做过一些什么事，都是从侧面了解的，还不是他说的。

定：结果他就不可能成为像单士元那样的专家了，那他挺吃亏的。

梁：是吃亏啊，如果一直就搞书画，库房也好，研究也好，就搞一项，那明显的，这么多年，磨也磨出来啦。故宫好多事情都是这样。我父亲他呢，说实在的因为有这么一个家庭背景，一直都是夹着尾巴做人。

定：是不是因为您爷爷走了他也挺吃落儿（即受牵连）的？

梁：应该是这样。

定：所以你们家一直特低调。

梁：一直特低调。包括我来故宫以后，我父亲那时候也没退休呢，我总怕人家因为我的事儿影响我父亲，说你看老梁的儿子怎么怎么着。

定：您主要的记忆应该是在北京，因为您1953年回来的时候也就是刚刚记事嘛。

梁：对。刚来的时候住在景山后面，地安门内大街，现在不是有两个（军队的）楼么，就是那楼，也是故宫宿舍，把我们轰走了盖的那楼。把我们轰走了，就轰到陟山门去了。1955年还是1956年搬到陟山门，那

陟山门内的原清朝御史衙门今景

会儿叫大衙门的嘛。[①] 我们住前边那个院，吴效兰他们住中间那个院，张宗尧他们住后边那个院。三套院子，都是故宫的。我小时候家里有几张照片还是张宗尧照的呢，他们家还在东四九条住过，我们小时候没事还往那儿跑着玩嘛，跟他们家走得还比较近。西连房拆的时候我也知道，也是1955年还是1956年了，拆得晚，原来神武门外边还有一个北上门，也拆了，地安门我也见过，也是1955年那时候，三座门那牌坊，北海大桥，都

---

① 陟山门的故宫宿舍，以下几位被访者都将不断提到。按，陟山门街位于北海公园东门与景山公园西门之间，是连接故宫、景山、北海等皇家园林的重要纽带，它北起房钱库胡同，南至大石作胡同，西起北海东门，东至景山西街。现在已经被列为历史文化保护区，正在修缮和即将修缮的文物包括御史衙门、雪池冰窖和大高玄殿围墙等。这里梁金生先生所说的大衙门，指的就是御史衙门。至于雪池冰窖，在下面张国庄女士的口述中也被提到。

有印象。

定：你们1953年回来的时候已经没有老故宫的气氛了吧？

梁：嗯……他们那些老人还那样。五几年的时候不是搞政治学习么，那时候搞政治学习一般都是工余，就是下班以后，我们家近，就在陟山门啊，就给他们送饭，他们吃完饭然后再学习，那时候我老上这儿来送饭来，也见过他们一些老人，印象里头还穿大褂呢么，就跟茶馆里那些人物似的。

定：您父亲就不是这样了？

梁：我觉得他们不是一代人。也不是一路。

4. 从壮工到"大内总管"

定：咱们这代人在五六十年代的时候都不问家里的事。

梁：是，认为那是大人的事。另外还有一个，这些事情一直是我们的包袱，所以连共青团我都没入过。当时我在十三中，那时候我们上中学的时候好像学生特多，十个班呢，从小学的时候我一直是班主席，到上中学的时候应该争取入团了，全年级我是第一个听团课的，那时候不是困难时期么，团章都是草黄的那种纸。然后陆陆续续地他们都入团了，就我一个（没入），就是因为我爷爷到台湾的关系。那时候讲说是蒋介石盗窃故宫文物去到台湾，那时候定的是那个调。现在当然是有一个公正的看法了，当时不是那样的。

定：你们家这事还谁都知道是吧？

梁：可是还有一样，因为我们家一直没离开故宫，我父亲一直还在故宫，故宫这些东西的走和人员的走，都是清楚的。所以在"文革"的时候有一些冲击，但不是很大。可是社会上不知道啊。

（梁先生1968年到内蒙古哲里木盟［今：通辽市］插队）

梁：我1979年回来的。那年不是（知青）大批回城么。本来我是不想回来的，我大学也没上成，我回来干什么？那时候好多人说只要让我回北京，掏茅房我都回去。我就不干，让我回北京扫大街掏茅房我绝不干。

我5月回来的，（在家）待了四个多月嘛。我本来想的是以家属的名义到故宫，不让。正好北京市那年统一招工考试，就唯一那么一次，那些知青，全北京市考试，我看到里边有故宫，我就报了故宫，当时故宫要的是工程队，还有服务部，还有什么单位，但是我这种条件，因为回来已经三十多岁了，别的部门不要啊，只有工程队，壮工。这样呢我说不管怎么着我进故宫就得了呗。

　　我到故宫工程队，干了一年多两年呢，就是瓦工组组长，其实我不干瓦工活儿，我是壮工，就是卖点力气。推砖啦、和泥啦，建筑、古物维修。瓦工每月能多出一两块钱工具费呢。我当了五年工人。然后不知道谁给我使的劲儿，我就调到保管部这儿了。从 1985 年一干就到现在，位置变了，名称变了几回，工作实质没变。

　　到了这个部门我想，我三十几岁才进故宫，钻哪门去呀？结果给我分到总保管组，就管一些账目啊，征集啊，文物进出办手续，干这个，在这上头我看的东西就多了。

　　定：就是说故宫都有些什么藏品您都了解得很清楚，而且是很全面的？

　　梁：因为我管总账啊。所以是比别人知道得多一点儿吧，可以说是样样通，样样稀松（笑）。这种工作有时候也挺枯燥的，它不像比如说搞陶瓷，我就一心一意地研究它的历史啊，我干的不是这类活，搞的是规章制度这类东西。现在院里文物保管的规章制度最后是我做的，在这方面就算比他们知道的略微多一点吧。现在文物出国展览，到国内院外的一些展览，哪些东西能去哪些东西不能去，都由我这儿最后来定。还有文物估价，出去不是要上保险么，估价也都是由我这儿来定。还有院里有些事情，比如跟人家借什么东西，交什么东西，我知道的就比他们要多一些，因为我工作就是干这个的。我还有一个责任是可以任意检查任何一个库房，比如我要抽查你的库房管理工作，我到那儿说你把你的柜子打开，你这些东西何来，都得跟账目核对。这些没人做的活由我来做，陆陆续续我就成为这个方面的专家了。

　　定：最后什么事都得找您。

　　梁：所以现在有人戏称我是"大内总管"。

　　定：您对故宫那么有感情？您怎么就那么喜欢故宫呢？

　　梁：不知道为什么，反正就是这么一种情结吧。从小就吃故宫饭嘛。那时候在南京，南京那个分院，它那个库房还有那个宿舍，等于就在那个院里头，长的，到北京还是……

　　定：您父亲也这样吗？

　　梁：应该是吧，毕竟他一辈子在故宫啊，他也从小吃的故宫饭。我也从小吃的故宫饭。怎么说老有这么点情结，我总觉得比别的地方更适合我。

　　定：是不是在这儿待久了，别的地方都看不上了？

　　梁：是。在这地方待久了，消息都挺闭塞的。

　　定：怎么会呢？它可是位于中心啊。

梁：它墙厚啊。（笑）它比较稳定，好多地方滞后，惯性太大。故宫这地方特殊在哪儿？好多人都是从学校门出来就进的故宫，一直就到退休，就干一辈子，基本上都是这样。他也没别的想法，说我要跳槽。应该说这地方还是不错的。比上不足比下有余，我就觉得工作稳定。

定：那时候故宫是不是尽是一家子一家子的？

梁：现在也是。亲戚套亲戚的挺多的呢，你不知道说话哪句走嘴了就传到人家耳朵里去了。就是到九几年啊下了一个令，就是回避，所以现在我儿子进不来。

定：你还想让儿子进来吗？

梁：当然想啦。我是第五代，我儿子就是第六代啊。

定：那就代代相传啦！那你们这个家族该了不起了，将来在历史上有一笔（笑）。

5. 他们毕竟是财富

梁：八十周年的时候中央电视台不是拍了一个故宫的专题片么，现在演过十二集了，要拍一百二十集呢，先弄了一个压缩的，十二集出来了。那时候也想采访一些老人，我跟院领导也说过，这些活的文物啊，资料啊，真是应该抓紧时间采访了。

定：那现在还有人吗？

梁：真是没有什么了，你看朱家溍不在了，单士元也不在了，还不止他们两个。现在找老人真不好找了，晚了。清室善后委员会的那些人一个都没有了。现在参加古物南迁的人，包括到台湾的人都不多了。

定：也一个都没有了。

梁：他们毕竟是财富啊，除了你的建筑，除了你的收藏，重要的还是这批人。

定：可是人都没了。……噢，我再问您一个问题，我听单嘉筠说最后那些年她父亲对故宫的一些做法不是太满意。

梁：好像是关于古建修复的事吧。这个怎么说呢？老人有老人的一些观念，可能跟现在的一些观念有所不同，这不好说是他对还是谁对，他错还是谁错。这牵涉到一个指导思想的问题，民国时候有民国时候的指导思想，解放初期有解放初期的指导思想，陆陆续续的发展都不太一样，按现在的话讲叫与时俱进嘛。

定：好像是说故宫不重视他们这一代人。

　　梁：嗯……我也有这种感觉。不过最近这几年我觉得翻过来了，重视了。以前也可能是这个深宅大院的老人特别多，所以不把他认为怎么样。

　　定：单嘉筠还讲过工程队有一批老工人。

　　梁：是我们故宫的工匠，1953 年还是五几年文化部有一个工程队并到故宫来了，搞古建的，那是一批人，那时候对社会名家都不太重视，对这批人就更不重视了。

皇圈圈里度童年

——张宗尧、张碧君口述

第一次　时间：2004 年 6 月 30 日

　　　　地点：北京市东城区景山前街张碧君家

　　　　被访者：张碧君、贾尊胜夫妇

　　　　访谈者：定宜庄、张莉①

第二次　时间：2005 年 3 月 15 日

　　　　地点：北京市马甸文联宿舍张宗尧家

　　　　被访者：张宗尧、吴效兰夫妇

　　　　访谈者：定宜庄

　　　　在场者：张莉、陈允庄

[访谈者按] 张宗尧、张碧君是兄妹，他们的父亲张德泽先生与单士元先生同样出自平民学校，也是 1925 年同时被推荐入清室善后委员会工作的年轻人之一。张先生终生从事明清档案的整理和研究工作，所著《清代国家机关考略》《清光绪朝中日交涉史料》与《北平音系十三辙》等，至今仍具学术价值。有关他的学术成果与治学生涯，他的女儿张碧君女士撰有专文记述，②此处恕不多赘。张家兄妹尤其是张宗尧先生要比单嘉筠女士年长得多，他亲见过父亲一代人当年的生活，并且在那样的环境中度过他的童年，所以在这篇口述中，我重点要了

---

① 本书中很多访谈，除被访者和我（即访谈者）之外，经常还有别人在场，或是被访者的家人亲属，或是为我安排这次访谈的中介人，对他们的身份，我会在每篇访谈的注释栏内做出介绍。在本篇中，张碧君夫妇是中国第一历史档案馆研究馆员张莉女士为我推荐的，张碧君女士曾在中国第一历史档案馆工作过一段时间，两人是同事。张莉的父母也是老北京人，对老北京的胡同比我更熟悉，详见下文陈允庄口述中张莉的一些插话。

② 张碧君：《回忆我的父亲张德泽》，见《中国档案报》2001 年 1 月 13 日第三版，并附于张德泽的《清代国家机关考略》（学苑出版社 2001 年版）书后。

解的，是他们父子曾经身处的、故宫在 20 世纪三四十年代特有的文化氛围，以及当时的人际关系。

我对张家兄妹的访谈是分别进行的，二人对父亲及当年生活的回忆各有侧重，但差异不大，为便于阅读，我将这两次访谈整理归并为一个，张宗尧先生年龄较大，叙事较详，所以本篇以对他的访谈为主，而以张碧君女士的讲述作为补充。

又按，张国庄是张德泽先生在故宫时的同事张国瑞的妹妹，两家又是街坊，张家兄妹称她为"老姑姑"，在老北京话中，"老"是最小的意思，对她的采访详见下文。由于对张德泽先生家中之事知之甚详，这里我将她讲述的相关情况插入访谈以作补充，以仿宋体并［］号标出，以示与正文的区别。

张宗尧原为中国摄影出版社总编辑，中国摄影家协会会员。

定：对张德泽先生我是久仰大名，他讲官制的那本书，① 我上大学的时候就读过，一直是手边上常用的书。你们也都挺有成就的，你们有你们生活的经历。我不是要从你们了解故宫的历史，我想做的是另外一面，就是看看你们的父辈是怎么走过来的，也就是说，作为普通人的生活是怎么延续下来的——说是普通人您不会在意吧？

张宗尧（简称宗，下同）：咱们就是普普通通的人，咱不像影视界的名人……

定：（对宗）我看了一下您写的东西……

宗：那个是流水账。

定：没关系，我看那些东西无非就是找一些线索，想想要问您点什么。刚才我也跟您说了……

宗：你问故宫那帮人是怎么生活的，这个我都是历历在目。因为我1930 年生人，1930 年的时候他们已经在故宫工作了。可惜他（指其父）那时候写的诗我都背不下来了。

皇城啊，我写过一个回忆录，我们都住在皇城里头，米粮库是搁米粮的地方，恭俭胡同，搁弓箭的，什么小石作大石作，是做石头的作坊。还有蜡库，是专门搁蜡的。都是在皇城里头，都是为皇城服务的。我从出生到 1949 年北京解放，全在皇城，特别准确就是地安门里头。《游龙戏凤》

① 系指张德泽《清代国家机关考略》一书（中国人民大学出版社 1961 年版），该书此后曾多次再版，如上述。

不是有一句戏词儿，李凤姐问他（指明朝的正德皇帝）你在哪儿住啊，他说："我在北京城里大圈圈，大圈圈里头小圈圈，小圈圈里头皇圈圈"，就说他是皇帝。后来露出龙袍来了嘛。凤姐就跪下求封，一夜皇后。这不光是戏，是传说，《游龙戏凤》过去说有点黄色，其实也不是，就是皇帝调戏一个卖茶的少女。就是像说故事似的，不足为据。

1. 父亲1925年到故宫

宗：我父亲很小的时候，具体几岁我不知道，我爷爷奶奶就去世了。爷爷是教私塾，河北东光县张巴狗村，家里是中农。我五岁的时候回家一次，我五岁的时候就知道事儿了，家里很富裕，老吃炒鸡蛋么，我对这鸡蛋记得特别清楚，炒的这鸡蛋成疙瘩，不是片儿的，一盆，他不是贫下中农啊。那时候给我的印象，村里太美了，出村一片绿草地，放牛的，在草地上，大树底下。时间不长，但是给自己的印象很深。

我大爷是旧军队的，比我爸爸大得多，是亲大爷，但是我们都没见过。到我爸爸十岁的时候就给他从河北带上北京来了。我爸爸到北京不久，他就得病去世了。我爸爸就寄养在无儿无女的一个老太太家，老两口，由他们把我爸爸培养大，这是1915年。然后我爸爸就在免费的中学半工半读，他们就相依为命。最后我父亲给这老两口送终，可能是我爸爸二十岁之前。

定：您知不知道这老两口住在哪儿？

张碧君（以下简称碧）：这就不知道了。

定：他们是旗人吗？

碧：不知道。

[**老姑姑**：她（指碧）的父亲也挺苦的，也是跟着哥哥进的北京。我还见过那爷爷（指张德泽寄养的那家老人）。那老先生好极了。在小石作住的时候我也就十岁吧，那时候老先生死的。]

定：咱们就从您父亲说起，他最早在一个什么学校？

宗：我父亲是这样，小学可能上了，到了中学跳着上的，初中上了一年，高中又上了两天儿，大学听了几天课。他自学英语，在辅仁大学认识了沈兼士。

碧：在一个免费的中学，反正半工半读，就叫平民学校。我爸爸功课好，他不仅自己学，而且还教别人。在中学的时候就教别人英语吧，就半工半读了。在一个大户人家里，给一个少爷，讲英语课。后来还在北大讲课什么的，在北大兼过职。

定：您父亲怎么去的故宫呢？

碧：我记得到故宫是魏建功介绍的，他夫人叫王碧书。[①] 1925 年 1 月，我爸爸还不到二十岁，就十九岁吧，他在北大兼职，可能认识的魏建功。我爸还在大辞典编纂处认识一个叫黎锦熙。[②] 我爸爸就得益于认识魏建功和黎锦熙。这些人后来都是名人了。那个时候还不叫故宫博物院，叫"善后工作委员会"，1925 年改为故宫博物院。

定：善后委员会那些人都是怎么来的？都是陈垣他们推荐去的吗？

宗：有些学生，在那儿（指平民学校）听课的或是上学的，反正是急需要人。我父亲出的东西还找过胡适、傅斯年，好像想自己能有点发展哪，就这个。

定：您父亲在善后委员会做什么您知道吗？

碧：先试用啊，就抄抄写写，整理档案什么的，小书记员儿，还不到办事员。他也不管别的，十九岁嘛。就那么慢慢干，慢慢升，就升到文献科科长，也就到科长了。上次不是故宫要搞八十周年大庆吗，他们也查到我爸的东西了，一大批材料都在他手里呢。我爸爸是有心人，都是自学，他不管别的，他就干档案，在查档案的过程中全记，好在那时候比较自由，爱干自己的事就干吧，不太干涉，也没人扣帽子，所以从三几年就出了东西。我爸爸说那时候出书好出，人家觉得有用就出，也不用通过什么关系，也不要自己的钱嘛。你看他 1925 年到的故宫，这些东西 1932 年就出来了，这本《中外交涉史料》[③] 啊，特别像样，我爸一人弄的，质量特好，咱们馆有五份吧。这是搞的成本儿的史料。《北平音系十三辙》也是三几年的时候（出的），他搞语言学得益于黎锦熙，黎锦熙是搞语言的。现在就这一本了，早就绝版了，纸也都脆了，我们也想整理出版，没顾上。

---

① 魏建功（1901—1980），江苏海安（原如皋）人，中国著名语言文字学家，中国科学院哲学社会科学部委员（院士）。原台湾省国语推行委员会主任委员，北京大学中文系教授、副校长，新华辞书社社长；汉字简化方案主要制定者。魏夫人王碧书女士系北京女师大毕业生。

② 黎锦熙（1890—1978）字劭西，号鹏庵，湖南湘潭人。提倡白话文，发起成立国语研究会，推行国语运动。民国七年（1918），呈请教育部公布三十九个注音字母作为汉字六音拼读之用。是年任北京高等师范学校（北京师范大学前身）教授。此后历任北京大学、中国大学、西北联合大学等校教授。民国十三年（1924）出版《新著国语文法》，为中国第一部白话语法著作，对中国语法学界影响很大。此后与同人拟订中语罗马字，定北京音为国语标准音，又修订注音字母。民国二十三年（1934），出版《国语运动史纲》，为国语运动史上一部重要的著作。

③ 这里指的应该是故宫博物院文献馆编纂的《清代外交史料》嘉庆、道光二朝十册，出版时间是 1933 年，可参见张碧君为其父编的《张德泽论著目录》，载张德泽《清代国家机关考略》，学苑出版社 2001 年版，附录二。

2. 丽珍姑姑

碧：我爸爸年轻的时候，不是给一个大户人家做家庭教师么，教英文。这个杨家的小姐呢，丽珍姑姑，跟我爸不错，比较喜欢我爸。

宗：后来的杨家在东直门住。东直门大街路南，我还在那儿住过，四合院，外院是南房，里院是四合院，这已经是败落了，原来的杨家是大宅门，几进房子，后头还有后花园。

[**老姑姑**：你丽珍姑姑不姓杨，姓赵，赵丽珍。有个卧云居士，知道吧？赵静臣，是你丽珍姑姑的哥哥还是弟弟，唱老旦的。]①

宗：卧云居士是杨夫人的弟弟，就是我父亲教的这个孩子的家长，父亲教他英文。丽珍大姑跟父亲年轻的时候相好，但是父亲家穷，家长不愿意，就另外嫁了一个杨济安，但是旧情难忘呢，就认干亲了，他们孩子们认我爸干爹。走动比较多。

碧：我出生以后还经常上他们家去呢。别看他们家有钱，对我们也特好。他们家办大的活动，我们还去做客。

宗：卧云居士是票友，唱老旦的，在龚云甫之后，李多奎之前②，地位相当高，名声也好，因为他做派、唱腔都比李多奎好。李多奎京剧界叫李多爷，外号拼命李，就是嗓子特别高。卧云居士不是，有韵味，凄凉悲壮的劲头。我听过他的《辕门斩子》，也有他的照片。那时候我很小，到他们家去玩。

碧：我们去了给磕头，磕头给钱。

宗：他们叫太太么，不叫奶奶，旗人的称呼。

碧：我印象里到节假日晚上，在院子里摆多少桌宴席。赏月。

宗：后来杨济安的妹妹在故宫工作了一段，父亲介绍的，通称小姑娘。我印象最深刻的是春节拜年对她还得磕头，她是她们家里头最年轻的，但

---

① 这段叙述属于张德泽先生的逸事了，老姑姑的记忆准确无误，张家兄妹则因为年轻已不甚了然。由于卧云居士曾经红极一时，这段由张先生子女回忆的故事便尤为有趣。卧云居士（1891—1944），满洲正黄旗人，爱新觉罗氏，毓字辈，改用"玉"字，名玉铭，字静尘，号卧云居士。民国后以赵为姓，名赵静臣。青年时期就读于满洲贵胄法政学堂。当时，北京八旗子弟喜欢学唱八角鼓和皮簧戏。卧云居士最初喜爱八角鼓，后崇尚龚云甫演唱艺术，常到北京票房演唱，他的嗓音极好，清脆甜亮而富于韵味，为剧界推重。后拜龚云甫为师，改为专业演唱。曾与梅兰芳、言菊朋、金仲仁、奚啸伯等人合作演出。20 年代前后与梅兰芳等著名演员合作演出的《四郎探母》是红极一时的剧目。《京剧二百年之历史》一书，记其演唱"嗓音绝佳，为票友老旦之第一人。其嗓音之结实，远过于龚，而无龚之嗓音动听"。与龚云甫不同的是，卧云居士的嗓音以高亮为上，而少龚云甫之宽厚，故其演唱缺少龚云甫苍老周正之特色。1944 年秋病故于谢家胡同（北京安定门大街）。

② 李多奎（1898—1974），著名京剧老旦演员，曾得龚云甫教益。1949 年以后为北京京剧团演员。

是是我的长辈，是父亲同辈的人。

　　[**定**：赵家是干吗的？

　　老姑姑：不知道，他们家特有钱，旗人，排场可大了。

　　定：怎么个排场？

　　老姑姑：到庆和堂①去出份子，得带着老妈子，带着两包子衣服。去的时候穿得挺什么的吧，等回头吃饭的时候，吃完了饭了，就得到后头换一套衣服去。等到这伙人打牌，唱什么的，她又换一身衣服，得换三回衣服。那衣服都是大镶大沿的。]

　　宗：丽珍姑姑她们欣赏堂会，我见过她们姑嫂拍的一张《贵妃醉酒》的剧照，她去（扮演）杨贵妃，她的小姑子就是小姑娘去太监，就是高力士。一有堂会的时候这女眷们都集中，穿着旗袍，这儿（指胸前）挂着玉兰。

　　碧：（赵家）后来败落了，这杨家自己一支出来，养一个老太太。

　　宗：以前运动好像还没受冲击，"文化大革命"受冲击了。打到北京郊区什么地方，山区里头当小学老师去了。以后回来还来过我们家里。

　　碧：我爸和丽珍姑姑不能成亲呢，他们的管家就给我爸爸介绍我妈了。那个管家认识我姥爷。我爸和我妈就成了，具体当时成的情况我也不是太清楚。我妈说我们那时候特别简单，一介绍就行了。我爸二十四岁结的婚，我妈才十六。1929 年结的婚。

　　[**老姑姑**：我大哥我大嫂（指张碧君的父母）漂亮着呢，那时候。我现在回忆起来，他们的形象历历在目，我就是不会画。我大嫂那年才十六岁啊，能干，说话干脆着呢。那会儿穿着竹布小褂儿，竹布您知道吗？比这（颜色）浅，圆襟儿的衣服，穿着白裤子，大肥裤腿儿。那会儿还兴系着裤腰带，露着那穗儿，粉色儿的穗儿，帅着呢我大嫂走路。小背儿头，后来就烫发了。]

　　宗：父亲出去的打扮吧，白色的纺绸啊叫什么，大褂儿，皮鞋是白的，涂那个大白，我记得父亲走的时候总是拿大白蹭蹭，拿着扇子，草帽儿，去了以后脱了这大褂，里头还一小褂儿，小褂儿里还一个背心，多复杂啊，显得挺潇洒的。

---

　　① 地安门外的庆和堂，是北城最有名的饭庄子之一。据金受申在《老北京的生活》"庄馆"篇说，庆和堂开业于光绪八年（1882），是地安门（当时称后门）四大饭庄之一："专做内务府司官买卖。有清一代，内务府最阔，内廷一切购置需要，都由内务府内各司各库各处承办，经手银钱不可数计……"（北京出版社 1989 年版，第 153 页）。该饭庄的堂倌都经过特别训练，应对进退各有一手。该馆的拿手菜叫"桂花皮炸"（"炸"读如"渣"），其实就是炸肉皮。

碧：我妈年轻时漂亮，老了都特漂亮。我们几个女儿没一个长过我妈的。

宗：我母亲在妇女里边属于开化的了，老礼儿很多都免了，什么三十儿晚上供财神爷那一套全不信，顶多八月十五赏月。他们结婚的时候就打乒乓球，支个案子俩人就打乒乓球。

碧：连重男轻女都没有。

宗：相反，重女轻男，喜欢女孩子。

定：张老先生一直说河北话吗？

宗：不是，完全是普通话了。写《北平音系十三辙》的时候，他很多词儿问我老祖，因为没有再老的北京人了。

3. 米粮库八号

碧：我爸爸1925年进入故宫，还住过小石作。小石作的事连我哥哥都不记得，得问我那老姑姑（指张国庄）。

日本没来之前，1930年到1937年有几年时间，我们家就住在米粮库胡同八号院，这个胡同是存放皇城米粮的地方，胡同在地安门内大街路西。说我最大的姐姐，生下来一个月就死了，没活下来，我哥哥（指张宗尧）就算老大。那时候我们家境比较好，生活比较富裕，比较舒心，整个儿社会环境也比较安定。我们好像租的一个四合院，房子有好几间，北屋、南屋、院子，都是我爸爸租的。

宗：在米粮库八号啊，我们是二房东，从大宅门里租来的八间房子，西屋的两间租给外来的于贯之，是地主，还有一母亲，在这儿住，可能做买卖是干什么。

碧：后来跟这个于大爷于大妈来往还挺频繁。我记得后来他们在东四那边买了一所大房子。

宗：这是在三几年，我不到十岁。我父亲他们当时生活很富裕，不像日本时代那么艰苦。我们家就是父亲一人工作，全家七口人。养着一个姥爷，一个老祖，母亲，还有一个女佣人，还有我。大妹也生了，我是1930年生的，二妹后来也是在这儿生的。老祖是我母亲的奶奶，她还抽大烟，抽鸦片哪，每个月给她买回来，长条的，像口香糖那样子，锡纸包的，抽。咱妈的父亲，就是姥爷，到我懂事的时候他已经是在这儿赋闲待着了。

碧：我姥姥家姐儿三个，没男孩。我妈是老三。我姥姥去世比较早，我妈她们姐妹三个就由我姥爷和我老祖这么带大的。

宗：姥爷行五，大二三就从来没见过也没听说过，就老说有个六姥爷，就是姥爷的弟弟。姥爷五十多岁就死了，得臌症，就是现在的肝硬化，腹水。

碧：那会儿我姥爷也没事，我姥爷我老祖都不干事，都靠我爸养着。

[老姑姑：那可不是么，从前那个岁数的人干什么呀。

碧：那没和我爸结婚的时候我姥爷怎么活呀？

老姑姑：我听说你姥爷是在一个戏馆子里管事儿，那也不错啊，养活他们仨姑娘，还有老祖。这就是小时候听到这一点儿。老祖老北京人啊，他们绝对不是旗人，就算市民了。]

宗：我小时候上学还有人力车，不是包月，就是人家出来拉座儿吧，把我们，我和张翼龙（即老姑姑的哥哥张国瑞）的儿子，我们俩都上一年级，把我们送到北池子，到北池子呢，他再赶紧拉散座儿去。我们下学再给拉回来。那时候还花钱雇这个。说明还有富余。不知道挣多少钱，一般是觉着可以。

我举一个例子吧，那时候都办得起堂会，二妹妹办满月的时候在会贤堂，就是什刹海，那儿有一个饭庄，就把那饭庄包下来。① 它这四合院，都搭席棚，一进垂花门来有一影壁，影壁前面有一舞台，小舞台，很矮的，就这么高，请来一些说唱的，那时候叫艺人，在外院南屋是演员化妆，然后进来表演，然后大家出份子。客人们就可以在桌子边喝茶呀聊天呀，听不听地随便，很随意的。把刚满月的二妹抱出来，哎呦这孩子又白又胖，你说我说，乱成一锅，大家就借这个机会娱乐一番。我们兄妹七人，（对碧）唯有你二姐过过这种生活。

碧：我二姐一百天的时候还参加了北京市的，现在叫什么健康宝宝比赛吧，那时候北京市就有啦，我二姐还入选了，当时说又白又胖，身上干干净净。

宗：我老祖死的时候是七十三岁，大办，我们住的是四合院，没有南房，北房三间，西房两间，还有耳房，有一跨院，跨院有南房。院里都搭席棚，棺材放在东头，有供桌，门口搁一人多高的大鼓，来了客人赶紧就打鼓，这鼓特别重。北京的特点是婚丧嫁娶这些人都参与，彼此都凑份子。

---

① 这里所说的饭庄即会贤堂，位于北城什刹海。由于什刹海是消夏避暑胜地，会贤堂占了地利的关系，所以夏季生意特别兴旺。这个饭庄子的特色，是下酒的冷盘种类特别多，尤其是河鲜儿"什锦冰碗"，是别家饭庄子比不了的。据说会贤堂左近有十亩荷塘，遍种河鲜菱藕，塘水来源与北府（即醇亲王府）同一总源，都是京西玉泉山天下第一泉的泉水，引渠注入。因此所产河鲜，细嫩透明，酥脆香甜；比起杭州西湖的莲藕，尤有过之。因为这个饭馆有戏台，所以也常有人选择这里办堂会。

[**老姑姑:** ……没大办吧,那请点和尚,都是你大姨拿的钱。咱们故宫里头挣的这点钱哪儿能那个什么呀。你妈他们不是姐儿仨么,你大姨有钱,嫁的那主儿是地主家,保定府的。所以那会儿啊你们家别看那么多孩子,比我们家生活好。租米粮库那么多间房,就是你大姨帮你们啊。(对众人):他们家孩子多,她大姨还给他们预备一个金太太。]

碧: 金太太是保姆,不是满人。那时候也有四五十岁。跟我们家时间挺长的。

宗: 我有一次有一个错误,那就是五六岁。分西瓜,让我端着一牙儿送给金太太,我给扔到垃圾桶里头了,她是下人哪,怎么能给她吃呀。这就不对呀,现在我还内疚。

碧: 我这大姨的女儿和儿子,小时候享尽了荣华富贵,但是到最后家就破落了,大姨抽大烟。表姐是半聋哑,就嫁到农村了,深泽县①。表哥就在天津,银行职员,身体也不好,最后得糖尿病,尿毒症去世的。这个表姐我妈活着的时候哪年都来,来了我们也都给钱。二姨就嫁到四川去了,不知道怎么嫁到那儿去的。1952年我姨夫去世,我二姨带着两个孩子投奔到我爸爸这儿来,我爸爸比较宽容。当时没户口限制,就住这间房,一直到1956年。我二姨一直没有收入。

定: 古物南迁的时候您父亲也被派去了是吧?

宗: 派到上海办事处,很艰苦,就一间房,临时租的,他在那儿整理东西。但是上海不知道跟南京有什么关系,因为离南京很近。所以我三岁还上过一次上海,八个月以后就回来了,我大妹是在上海生的。

碧: 妈说过,说你爸挺可气的,我这儿怀着大姐,他非得让我跟着一块儿到上海去,结果大姐在上海生的。

宗: 让妈去是为的保护他。上海走在街上野鸡太多,拉人。妈跟后头:"怎么回事?"她一厉害,就轰开了。那时候还知道上海话说"白相",就是玩一玩。

后来由上海又回来了,说法就是咱们家人口多,拉家带口的。一般去都是单身汉哪,就让我们回来了。

碧: 当时我妈说万幸,幸亏没去(指没去台湾),爸如果去了,回不来了,一大家子都留这儿了。

宗: 他后来说(故宫古物)拿走了六分之一,多少件他说不清楚,因

---

① 深泽县位于今河北省石家庄市。

为他主要不是管古物的，是从文献馆调出来的，当然也有文献，也有档案。我就听父亲说档案是一麻袋一麻袋。

定：台湾那边虽然拿走的东西不多，但全是好东西。

宗：挑的，懂行的人挑的。

定：是您父亲他们挑的吗？

宗：不是，是请的更高级一点的专家。他们只是整理，我父亲不懂古物，她叔叔（指吴效兰的叔叔吴爽秋）可以。

4. 陟山门三号

定：日本人来之前你们在故宫的生活味儿特别浓是吧？

宗：而且生活还过得去。

定：你们挺幸运的，在那么好的一个地方长大。

宗：嗯，是。但是也有苦有乐。上北海听戏，这是乐的事，苦的事就是在日本时代吃混和面这一段。刚才说这个聚会呀堂会呀都是在日本侵占以前。

定：你们家怎么抗战以后生活就不好了呢？

宗：不是我们一家，普遍的。这段最苦了，生活"垮"一下急剧地下降，女佣人没有了，这个房子也不能再租了，就搬到乙十四号，还是米粮库，三间，没多久就搬到陟山门，两间了。陟山门那儿不是御史衙门么，现在拆啦。

碧：这陟山门三号是宿舍，就两间小房子，我父亲级别也不高。1925年以后到故宫，都挺晚才分的房子。整个陟山门住的都是故宫的人，都认识。什么单士元、单士魁，什么白二爷、白四爷。我就在陟山门生的，1940年，我妈生小孩没到过医院，都请的接生婆。生下来就没赶上好时候，我从小就身体挺弱的。我妈也说我营养不良。

宗：日本时代呀在街上走，见日本兵躲得远远儿的。在中学，尤其是上小学吧，每天见着日本老师，得先鞠躬，升国旗，听宣讲。这段儿呀稀里糊涂，净顾玩儿，打架，跳间，背石头，男孩玩骑马打仗，弹球，一兜子球。这都玩过。

定：日本人进故宫了吗？

宗：没有，他们没祸害故宫。北京不像南京，没糟害那么厉害。

碧：到解放前夕就很困难了，我到十五岁之前，就是从陟山门到1955年搬到东四九条之前，我没睡过床，两把椅子就是床了，睡条案上。我们

今日的陟山门胡同

都还上学，倒是还没饿着，但是吃得也不好，有混和面吧，小孩不懂得，生活还快快乐乐。我爸爸什么时候到大辞典编纂处兼职去的我不知道，挺辛苦的。我妈妈也去，帮着整理卡片什么的。我哥哥比较大，什么都让我哥哥干，大清早黑天的推着小车，就卖破烂去，跟着我爸，到德胜门外晓市，到崇文门卖旧书什么的。

定：你们家有什么东西好卖？就是书？

宗：有书，衣服，还有炉子，洋炉子都卖了。就那个德胜门，一部《清宫秘史》小说就卖五毛钱，还相当不错。生那煤球炉子，煤球买着很困难，要配给，上东交民巷去排队领了票，然后安定门外去领煤球，自己拿小车推，这个都是我去。后来为节省这煤球，我们就搭那柴火灶，烧柴锅，到大高玄殿①那儿割草。草有这么一人多高，然后一捆拉着回来。大高玄殿都是故宫的，是文献馆大高殿分处，我爸就在那儿办公，好像是分处主任。到夏

————————————

① 大高玄殿，或称大高殿，位于今文津街二十一至二十三号，是明清两代皇家道观，供奉玉皇，在此祈晴、雨、雪并举办道场。进山门依次为大高玄门、钟鼓楼、大高玄殿、后殿（九天应元雷坛），最后为象征天圆地方的两层楼阁，上名乾元阁，下名坤贞宇。大高玄殿坐北朝南，重檐庑殿黄琉璃瓦顶。山门外原有四柱九楼的牌坊三座和九梁十八柱的习礼亭两座，造型奇巧，为最高等级的道教礼仪建筑。始建于明嘉靖二十一年（1542），明清两朝又几次重修。按，习礼亭及三座牌楼已于1956年被拆除，一并拆除的还有本文中提到的故宫北上门等古建筑。

天，晚上在大高殿那儿住，咱们家房间小么，实在挤不下。

大高殿有两个工友，其中一个就是姥爷的弟弟，六姥爷。是爸给介绍到文献馆当听差的，每天上下班。在德胜门住，地名就叫铁影壁，这铁影壁呀，原来在德胜门那儿，后来挪到北海五龙亭去了。那儿更是贫民窟了。六姥姥是在恭王府当奶妈，跟这个姥爷长期分居，不在一起，没孩子。这六姥姥非常干净。

我们进故宫都不花钱，我经常到南三所去找我父亲，送饭哪，送伞。景山也不花钱，景山是属故宫管的。一解放解放军就进驻了。

我那时候已经十几岁了。读书倒是没耽误，反正给我买一辆自行车，每天骑自行车上学。我在五中，大妹在女一中。

5. 同事与邻里

定：您父亲的朋友主要是同事还是亲戚？

张：主要是同事。

定：在故宫的时候您父亲跟同事的来往多吗？

碧：还行，我觉得来往不少，我二姐办满月，我这老祖办丧事，都请人，都来好多朋友，都要出份子。过去可能是比较单调吧，办这些事热闹，能使生活丰富点。当时不仅是办满月，还有生日什么，互相之间都来往的。但是对外的这些关系、朋友之间的来往都是我妈操持安排。

宗：大人的生日也彼此过，亲朋好友来往就靠办事，就靠婚丧嫁娶。你过生日了，他家孩子过满月了，去聚一聚啊，大家伙儿就去了。看谁家有能力，大家也送份子，基本上得拿出点钱来。那会儿的乐子就这样。而且当时送幛子，就是在院子里挂着一条

昔日大高玄殿前的牌楼（引自《北京旧影》，人民美术出版社1989年版）

条的布啊，是绸子是缎子的。咱父亲不会玩儿，去了就当给记账的，拿一本儿，谁送份子多少钱，写上，最后给本主一交，也算义务劳动。

吴效兰（张宗尧之妻，详见下篇）：现在这商品社会一来呀我感觉，把人分成三六九等。当然过去也分，可是过去故宫一个职员和一个工人，哎，住到一块儿也和谐。我们家不就是科员么，隔壁姓赵，那赵二大爷就是一个工人，挑水什么就干这个，我们两家儿处得挺好。孩子也是这样，大人也是这样，分不出来是什么。到现在这社会，您如果是科长，不叫这科长不行，李局、王处，非得叫这职称。

碧：过去就这一点，住一个院儿里的，家属啊，孩子来往非常密切。我记得小时候爱串门，从特小的时候就串门儿，院里的小孩一块儿玩，孩子们也都串门儿。就我们住的四合院吧，各家儿街坊也都挺好的，聊天儿，什么白大妈呀，赵大妈呀，走得特别近。我整天就长到那白大妈家里头。他们家做饺子给我们家送一盘儿，我们家做饺子也给他们送一盘儿，那会儿互相之间都送。我哥哥就特坏，他从小就手巧，雕塑啊，刻图章啊，他拿泥做的那自来红、自来白的点心，做得还特别像，就给人家赵老太太送去啦。

宗：老太太拿去了，还特别高兴："这是泥的。"那时候的玩笑也是典雅、高雅的。掺有工艺美术在里边。那时候的同事，工作上是一致的，地位也都是一样的。而且他们很闲情啊，除了打牌之外，你看学唱京戏，学画画儿，学刻章，就因为熏陶吧，在故宫这地儿熏陶。我们家什么古玩那的都没有，只是收藏一些扇子，扇子呢有七八把，也不是太多，都是竹子做的，各式各样的，带轴的，上边有窄的有宽的，山水字画。请一些这圈里的人，会画的，画呀，写呀，互相给题字，同仁之间："某某，过来，求您一个扇面"，这就留个纪念。这样，有点风雅的劲头。我还给父亲的朋友启功刻过一个很小的图章，就是因为他要给人扇面上写字儿，用于盖在扇面上。我父亲一盒子扇子，一盒子图章，大大小小各式各样儿的。

碧：他们都是自学成才，都是实践出真知，那时候哪儿有什么正式专业呀。都是在干中学，爸爸是干一行爱一行。

宗：单士元就说过，说我家什么东西也没有，但是我看得多，我看到的都是故宫的真的，说我不就是上几天那营造学社么，变成古建筑专家了。单家非常突出。他们哥儿五个，单文质，是单士元的弟弟，画国画、画走兽。单秉彝，就是单士魁，是中医。他后来在档案馆搞那些个方儿，就是清宫秘方。他守得住，坐冷板凳，他愿意坐，一直到评上研究馆员。还有一个汤友恩，汤大爷么，是因为接触了这金石，刻图章。我那时候好像是上高中吧，跟他学的刻图章。也学画，跟单文质。故宫还有位朱家溍，[①]他自己说，我这学问是玩儿出来的。我们家也是这样。接触什么就研究什么，就这么回事儿。

为什么京剧感染人？"一步来迟，死罪呀死罪。""未曾远迎，当面谢罪。"表现了中国传统的礼仪，客气极了。那时候的人都是两个名儿，互相说号的时候多，挺亲切的。我父亲名字是张德泽，号洵如。洵如洵如，母亲叫他也是洵如；李德启就是李子开，他号叫子开，名字叫德启。他会满文，他还教过我父亲他们满文，后来调到图书馆。个儿挺高，有点驼背。李子开不活动，参加这些他很少，他好像就是专门搞满文。他们三个人，方更生、李子开还有我父亲好像情投意合，就结拜把兄弟了，还有那金兰谱呢。有一张照片很珍贵，他们三个人在一起，戴着口罩，穿着棉袍，戴着小帽站在那儿，这是在我出生之前了。

定：大家都拜把子。

宗：拜把好像都仨，仨仨的。那时候还有点清高，见面都是谈一些文化方面的事，上北海唱戏啊，那次雇一个大船，而且是锣鼓场面[②]都有，就不是只有二胡，唱整出的"打渔杀家"。主角是单文质，唱萧恩，女的是谁我就忘了，胡琴是金震之。我应该去的是员外，我学的这个，可是让别人唱了。

吴效兰：你是晚一辈的，不让你唱也是对的。

宗：当时这伙人除了画画刻章，也唱戏，也打麻将。这些人里头聚餐，那时候不叫 AA 制，没有这名儿，叫公东。我这也坦白地说，到前门外，去吃女招待。什么叫吃女招待呢，小说里讲的吃花酒就是这个，就是那时候送饭的人，跑堂儿的，就是服务员了，那时候叫女招待，北京这个还比较规矩，不是妓女。穿着旗袍，袖口特别短，齐肩，胳肢窝这儿掖一块手绢，手绢干吗使呢，就是有时候客人非让她喝杯酒，擦擦嘴，那时候没餐巾纸啊。打情骂俏地进来，说说笑笑的。我印象深刻的有一次是到白云观去玩，集体去旅游去，回到前门，带着我，让我管女招待叫大姐。我参加就这一次，平常也不带我啊。孩子去不合适。平常不知道他们在哪儿。我

---

① 朱家溍（1914—2003），字季黄，浙江萧山人，著名文物专家和清史专家，故宫博物院的研究员。在故宫博物院从事鉴定研究和陈列展览工作六十年。参与了故宫及国家购买的许多珍贵文物字画的鉴定，还曾主持国家一级文物、故宫太和殿金銮宝座的修复和原状复原工作。并将家藏的七百多种珍贵碑帖和古代家具等文物无偿捐献给国家。

② 场面，京剧乐队的总称，又称文武场。其中打击乐器称武场，管弦乐队称文场。

父亲是比较守旧的，尤其是她（指吴效兰）的父亲，从来不参与这些个，再说也没那么多钱老去吃吃喝喝，不像现在，那官员的花天酒地，那简直超过多少倍了。在我们家打完牌，老太太就给做饭。时代不一样了，现在礼仪差多了。

　　碧：那时候我爸有一个大正琴，特别简陋，一排音符，一排按键，三根弦呢，定三个音。现在市面上都没有了，咱们家那个也不知上哪儿了，也没有了。那是我爸爸的业余爱好，他弹得可好啦，弹的曲子都特别好听，老弹这几个曲子：《梅花三弄》《苏武牧羊》，还有《茉莉花》，我当时都不知道这叫《茉莉花》，最近几年才突然懂了，噢这是《茉莉花》，我记得就这几首。我就是跟我爸爸学的，我也爱听唱片什么的。但是那时候无从听起呀，又没电视机又没收音机，没有。我喜欢音乐，我爱听，那时候最喜欢人家结婚，没有弦乐，不带弦，没有大提琴小提琴，就是铜管乐，就跟现在军乐似的，就是黑管、长号什么的，特好听。还戴着那种带穗儿的大檐帽，一有人结婚我就跑去听，凑热闹，我觉得真好听。我特别爱看热闹，还看死人的，这一家子人儿打幡儿呀，穿着白衣服白鞋，纸人纸车，还有用秫秸秆儿做成四合院儿的，然后一烧。我们小孩跟着看，觉得挺有意思的。

　　宗：开始有收音机，就听马三立的相声，"今天我生日"，他老是我生日，现在人家是大师级的了。我爸爸欣赏那个时代的电影明星，如李丽华、周曼华，这是他们那一代。

　　定：是干吗的？

　　宗：女影星。还有胡蝶。就像现在的追星族吧。[1]

　　碧：我爸爸还带我们几个上天桥，天桥简陋着哪，那个戏台、条凳。听过《红楼梦》，尤三姐尤二姐的。解放初我爸爸又带我们上那个——那就是新的了。1950年、1951年，上北海，也是比较便宜的，也是坐凳子的那种，听评剧《刘巧儿》，也是我爸爸带我去。我爸还带我上公园玩儿。我妈不去，我妈忙啊，那时候又得做饭、带孩子，做饭还得自己和面、擀面条，炉子也是的，为了省煤球还得烧柴锅。在家里又纳鞋底儿、补袜子、搓麻绳，多难哪。但是咱们小，不知道，也就过来了。过去的人得干多少活呀，你说我妈累不累，最后还能活到八十五。

────────

　　① 李丽华（1924—），出身梨园世家，1940年进入上海艺华影片公司，因主演《三笑》声名鹊起。一生主演一百四十多部影片。周曼华（1922—），1936年起任明星影片公司演员。胡蝶（1908—1989）是30年代著名女影星，上海影坛早期的标志性人物之一。

在陟山门的时候我们家住在角上，西屋是比较有钱的，是故宫财务科的，姓王，人还不错。北屋也是一个挺有钱的，女婿可能是个国民党军官，人家一到夏天就排子车拉一车西瓜回来。但是我的印象里咱们怎么不像现在贫富不均的对有钱人那么仇恨，没有！他有钱有他的，人家就是有钱，为什么有钱咱也不知道，咱也不管，有钱他吃好的穿好的，咱不知道咱也挺快乐的。

6. 京剧

宗：故宫啊，西太后有两伙人：宫里头侍候她的一伙。故宫里负责唱戏的机构叫升平署，都是太监、小太监，学的，你像李莲英，能翻跟斗。还有宫外头的，像谭鑫培、杨小楼他们，这些人到宫里去侍候，唱戏，是随叫随到。故宫成立善后委员会以后，留了一个教戏的老太监，叫陈子田，档案里可能有他的名字，给西太后唱戏的。[①] 就教故宫的这些职员们，文献馆、古物馆，谁爱玩，喜欢唱，其中就有几个人很突出，其中有朱家溍。朱家溍拜的是杨小楼，杨派。还有像吴志勤，号廉夫，就是我的岳父，唱老生，好像是余派，没拜谁。还有金震之，金六叔，胡琴拉得特别好，简直专业了，在北京市很有影响。他的家里就等于是一个票房，他夫人也唱青衣，两口子都能唱。纪中锐唱老生，当时他是非常帅的人，很年轻，嗓子也好。还有叫罗恩泽，唱花脸。我父亲不喜欢唱，爱听。

故宫自己也有场面，戏装用的就是故宫的戏装。我父亲还有一张照片，就是穿着康熙帝的盔甲，坐着的。现在不知找不找得着。可有兴致了。

碧：就说这伙人里边这业余生活啊，又画画儿，又唱戏，拉胡琴，他（指张宗尧）都是跟他们学的。（对宗：）京剧你跟谁学的？

宗：跟金震之啊。大概会了七八出。

定：他是什么家庭的人哪？

宗：在旗的，在陟山门那儿的故宫宿舍他跟我们挨着。他最突出的是字，行书啊，楷体啊，写得特别好，因为故宫得要写展览用的牌儿，写那个。我认识他的时候已经十几岁了，是搬到陟山门才认识的。他也教戏，教白大爷的俩儿子，还有我，一个学老生，两个学花脸，我学花脸。首先

---

① 陈子田，见中国历史博物馆研究员傅振伦《六十年所见所闻》第 30 页："故宫博物院成立后，以废清太监陈子田为文献馆顾问。子田擅长昆曲，学剧于名伶谭鑫培，服侍慈禧太后多年。"又记："光绪三十四年（1908）阴历十月初十是慈禧太后生日，西太后命谭鑫培和陈子田各演戏二出。"（载《北京档案史料》1987 年第 3 期，第 65—66 页）

学的是《二进宫》。还有《坐寨盗马》《赤桑镇》《托兆碰碑》。

碧：他唱花脸，裘派。

宗：后来我就唱李勇奇（现代京剧《智取威虎山》中的角色）。……我爸爸特别欣赏吴素秋[①]，上长安戏院、天桥，带我去看。我们钱少，买后排的票，谢幕了他拉着我到台前去看吴素秋。听梁益民，梁益民是马派的。

碧：我爸我妈都特别喜欢京戏，我哥哥我弟弟他们受熏陶，从小就是票友。都能自拉自唱，拉京胡，我哥哥唱得最好。但是我不行，我没有京剧细胞，听不懂，一让我听京剧我就睡觉。因为那些历史的故事咱不知道。咱们北门这个玄武门，定期的就唱戏，好像是两个星期一个星期一次。那都是故宫的票友。我嫂子（指吴效兰）都去唱。

宗：她（指吴效兰）能唱，唱老旦，"文化大革命"时学唱李奶奶、沙奶奶，还有雷母。老姑她嫂子的爸爸（指齐燕如）是主力。我岳父吴志勤是唱红净，关公。唱关公不容易。也唱诸葛亮，老生。我们还一块儿唱过呢，《二进宫》是就我的，调门低，凑合着。

碧：往一块儿凑，唱戏，这就是当时的聚会、活动。

定：比现在唱卡拉 OK 可迷多了是吧？

宗：迷多了，而且它迷得有道理啊，这些人对京剧美学理解得相当深，这个里头学问太大了。

碧：从什么时候起这神武门上头就唱戏？

吴效兰：抗美援朝捐献飞机大炮的时候，1950 年、1951 年。我父亲就是那时期公开彩唱，为捐献。

宗：我没看见过，我已经参军了。……说到这儿就是，人们对京剧呀，相当迷，迷得不得了，我就那样。下学的时候路过地安门大街，商家那收音机放呢，《甘露寺》，自行车也不骑了，赶紧驻足，站在那儿就听，听完再回家。

7. 胡同里

宗：现在留恋什么呢？胡同里啊，确实是另外一种天下，特别安静，全是平民住着，当然也有大宅门。小贩呀，各种卖东西的都形成一种气氛。尤其是夜晚卖硬面饽饽的，拿一个灯："硬面——饽饽"，在屋里听着，哎哟，有点儿凄凉的劲头。吹小笛子的瞎子，就一个曲子，就是那么几句，

---

① 吴素秋，1922 年生，京剧女演员，青衣、花旦皆工。

习惯了一听，卖柿子来了。那剃头的，磨剪子磨刀的。

碧：那时候没有说买菜还有菜店什么的，都是车，车走到这儿吆喝卖菜啦。还有一个瘸腿老头卖的烧饼，现在真找不着那种吃的了，双面芝麻的。还有卖烂蚕豆、芸豆的，卖驴肉的，都是用一个筐，到晚上点个油灯卖萝卜。小本经营，虽然简单，但也没有毒，没有食品安全问题，那时候都赊账，反正我们家赊账，那油盐铺，记账，到月底。老北京人也老实。再比如说吃水吧，就是大高殿这儿有一水井，水井上有一个水车。我记得特别清楚，就是有一个长胡子老头儿，大概有六七十岁了，把水井抽上来的水，搁在水车里头，然后有两副大木挑子，就是两个大木桶，一个挑子，然后到各家儿。有钱人他也是这样吃水，每家弄一个大缸，他挑一挑水，在墙上就画一横儿，再一挑再画一横儿，我们家墙上就画满了正字儿，看到一个月到底多少正字儿。

8."打老虎"

碧：1952年搞"三反""五反"运动，不知道怎么一下子就查出来白四爷偷盗国宝的事。白四爷就是普通的管理员，管古玩的。他确实偷盗了国宝，结果牵连了那么多人，大伙儿都恨他呀，所以那次结下仇不少。当时共产党解放军就怀疑说是不是好多人都偷啊，就把好多人都关起来了，我爸是被关在东岳庙，还有人被关在白云观，俩地方。当时觉得东岳庙好远好远的，关在东岳庙就不许回家，不发工资。1952年正赶上我妈生我小弟弟，没工资，苦极了，上家抄家呀，把我爸练功的靴子、马鞭都给收走了。当时把这些人都叫老虎，打老虎啊。（唱）："集中力量打老虎，不得胜利不收兵"，我还会唱呢。跟"文化大革命"似的。我们院里就有那打虎队。那时候我小，我记得我特懂事，来一群人翻箱倒柜，我就说我爸爸绝不是那种人，我告你们去，告到毛主席那儿去。真跟他们发火，也因为是小孩儿。关了多长时间，几个月还是——不短呢。当初我还担心我爸爸自杀什么的。

宗：他没有用过公家的东西。整他，"三反"就整他，所以他挺生气的，他马上就要跳楼。

定：所有故宫的人都关起来了？

碧：都关起来了。两部分人么。

张莉：单老他们也关了吗？

碧：关了吧，反正都关起来了。后来呢，都清理完了都没事，就补发工资了。

9. 50 年代末 70 年代初

碧：1956 年的时候就条件稍微好一点儿啦，就搬到东四九条，比陟山门就改善了。到 1958 年刘少奇落实知识分子政策，当时就是一个我爸，一个单老，还一个欧阳道达，他们比我爸级别高一点，就给这三家这个院，欧阳是后院西边的北房，单老是后院东边的北房，我们家就前院北房这一片。咱们故宫的机构不是也经过几次变迁么，来回地变动，那段故宫归国务院，这个房 1958 年归国管局，从 1958 年搬到这儿来，一直到现在。

哎哟，我爸爸一直受挫折。我爸爸说话直，你看我什么样我爸爸就什么样。我像我爸。什么跟外界的人际关系，后果，不懂！1956 年反右之前吧，参加九三学社，开神仙会，我爸提了一大堆意见，后来没划成右派，就把这些言论当成中右言论，说有情绪什么的，我爸还庆幸呢。

宗：神仙会是让随便说，往往说了以后就抓辫子。我那时候也有右倾思想，就是没有弄成右派。

碧："文化大革命"我爸爸说，要说我是学术权威，我够不上，我又不是当权派，就有几张大字报，没给打倒。就是到干校去劳动改造了。

宗：对。"文化大革命"没斗，说这些都是名牌。可能上边也有这精神。故宫啊周总理说不许开放，关起门来。

碧：我妈正相反，我妈有心计，我妈可沉得住气，是我们一家之主，里里外外都是我妈，跟周围的关系都靠我妈维持，非常小心谨慎，我爸说话我妈老说他："又得罪人吧，又得罪人吧。"我说话我妈都千嘱咐万嘱咐。"文化大革命"我妈担心我爸爸啊，那些照片全让我妈给烧了。1969 年 1 月我们家我爸先去了江西"五七干校"，接着我哥哥全家、我陆续去了东北、河南的"五七干校"，弟妹们下乡的下乡，下厂的下厂，我们家处在四分五裂的状态。我妈可有准主意了，固守北京的家，哪儿也不去。"文化大革命"结束了，我们全家人又都聚集到北京的这个家了。我妈我爸这辈子啊，真不容易，也真不简单！

1971 年我爸在干校觉得实在支撑不下去了，太苦了，那时候也看不到前景，就申请退休了。

宗："文化大革命"上"五七干校"也太苦了。我父亲一生气，就不去了。对他们赌气了。①

---

①　关于张德泽先生究竟是否去了"五七干校"的问题，说法有些矛盾，我考虑到这与本书宗旨无干，便没有再去核实。

碧：退休回来，我爸爸在故宫干了这么多年，在北京干了这么多年，不许回北京，户口也不许转回北京。我大姐当时在朝阳支左，就把他的户口落到朝阳去，落到我大姐那儿了，我还专门去过一趟给我爸办关系。我哥哥在空军，后来把我爸爸的户口作为随军家属给转到空军，又转到街道办事处。80年代当时中央办公厅主任是胡启立，我和我爱人贾尊胜给胡启立写信，胡启立还真给回信了，责成当时的延永生馆长，让我爸爸回到一史馆，还算不错。都是靠我们儿女啊，我爸爸一点这本事也没有。我们要是不活动，我爸爸就惨了，就一直归到街道没人管了。我爸只管做学问，对这些事不过问，爱在哪儿在哪儿，什么职称不职称的，一概不操心，连自己挣多少工资都不知道。

我爸爸1998年去世。就这么受苦受累，最后无疾而终，九十三岁。没住过一次医院，连一次小手术都没动过，不像现在人这么娇气。我爸爸就一点养生之道，不馋。你多好吃的东西也就七八分饱，在吃上从不挑剔。

宗：我曾经跟我的子女都说过，我说我跟我弟弟，都不如我父亲，因为他自力更生啊，我们都不如他努力。

碧：我爸爸最后老是知足，就觉得从农村里出来的一个穷孩子，在北京扎了根，那么一大家子二十多口人，到最后四世同堂，觉得也挺自豪的。

张德泽在世时的全家合影（张碧君提供）

筒子河畔西连房

——吴效兰口述

时间：2006 年 3 月 16 日

地点：北京马甸文联宿舍张宗尧家

被访者：吴效兰

访谈者：定宜庄

在场者：张宗尧

[**访谈者按**] 吴效兰女士是张宗尧先生的妻子，上篇对张宗尧的访谈中有她的插话。她与张家兄妹一样也在故宫中度过童年，不同的是，她的父祖辈都是前清时就在故宫服役的旗人，这是在清室善后委员会中，与单士元、张德泽等新式学校培养的平民子弟不同，但也是同样重要的一部分人。吴女士的回忆，有些与故宫有关，例如当年在东西连房的生活，以及她叔叔随同古物辗转南迁最终定居台湾一事。但也有很多与之无关，可以当作民国年间京城旗人生活的一个例子来看，例如她讲的姑姑，在满族妇女中就很有典型性。像这样的对普通旗人家庭生活与经历的回忆，在本书后面还会有很多。

吴女士为我出示了一份"乾隆十年恭修，道光二十七年二月重修，宣统壬子年腊月族长长斌补修"的族谱单，已经残缺不全。还能看清的部分见下页。

红笔部分表示修谱时此人还在世。如果按吴女士的说法，这个修谱的长斌（常斌）是她的爷爷，那景元与景厚应该就是她的父亲和叔叔了，这显然不对。因为该谱最后补修于宣统壬子年即公元 1912 年，而吴女士的父亲生于 1895 年，此时只有十七岁，这个年龄就任领催且已经生子似乎过早了些，他的弟弟景厚年龄更小，就生有两子也不可能，所以按年龄推算，常斌为吴女士祖父的父亲，景元为她的祖父，可能性要更大些。

　　从族谱可见，常斌这支祖上所任官职不低，常字辈兄弟四人，或做小官，或为披甲，都有固定粮饷，直到常斌两个儿子也仍然如此，显然在辛亥革命前，这是个相当殷实的满洲旗人之家。

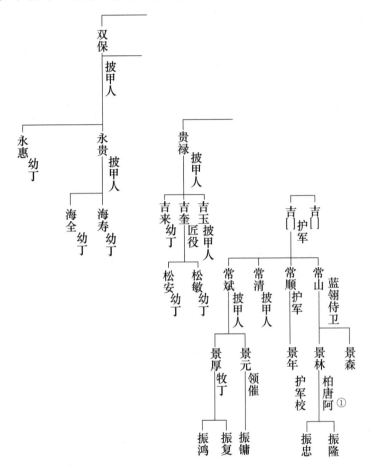

吴效兰家保存的家谱残件（吴效兰提供，原文为手写）

　　吴效兰（以下简称吴）：我叫吴效兰，今年六十八。我们是满族，黄旗，舒穆禄氏。你看（谱单），这写的常斌是我爷爷，披甲人。这景厚是我叔叔，牧丁；景元是我父亲，领催。

　　定：您父亲是在故宫出生长大的么？

　　吴：不是在故宫出生，是他出生的时候我爷爷就在故宫里边工作。我爷爷在故宫宫里当差，拨什库。②爷爷的爷爷是干什么的我就不清楚了。我

───────────

①　柏唐阿，满语，清朝各衙门管事而无品级者。

②　拨什库为满语 boshokū，即领催，八旗小官，司文书、粮饷等事。

们家还有一个长条的黑的影匣，木板做的，上头刻着花，非常讲究，里头都是我们祖宗穿着满族衣裳的画像，从我记事时起就从来没打开过。①　我爷爷是在我生以前——1937 年以前就死了，他去世的时候家里搞得非常风光，我只看过大照片，跪灵的两边，男的一边女的一边，出殡的时候是六十四人抬的大棺罩。各种仪仗队都有，大概从地安门到油漆作（现在的总参宿舍楼）那么长，送葬的特别多，说我爷爷为人厚道，非常善良非常慈祥的一个老人。这是在我没出生的时候，后来父亲讲给我听的。

我们原来是一个大家庭。我们这一支有我爷爷，我父亲，还有我叔叔，还有俩姑姑，一个早死了我没见过，见过的就是从我小时候就跟我们一块儿生活的二姑，是我爸的二姐。我奶奶的事我不清楚了。

1. 我父亲

吴：我对我父亲的记忆很淡，他一直到四十一岁才有我，他去世的时候我才十七岁，所以我从他嘴里知道那些老事儿呢就比较少，再说他又病了好几年。

我父亲叫吴志勤，号叫廉夫，他是成立清室善后委员会的时候进故宫的。我叔叔也在故宫工作。您问他们怎么去的，我也说不清楚。在故宫工作以前我父亲在报馆工作。我父亲跟朱家溍他们起码得差十好几岁，我父亲年龄大，朱家溍、纪中锐都算小的。我算了算，1954 年他去世的时候是五十八岁，1925 年（进故宫时）也就是二十岁的样子。

我爸爸在故宫文献馆，他们都是整理库房，库房里清宫档案多了，多少年都没收拾过，就去干那个事。后来就调到二科，解放前叫二科，我也不知道这二科是干什么的。

我爸爸喜好三样，第一样呢是唱京戏，我父亲唱戏相当不错，调门儿特别高，他唱的行当是老生，《借东风》诸葛亮什么的。人家都说吴老板您降点调降点调。原来杨小楼他们不都上故宫唱戏去么，我小时候我爸唱《甘露寺》："劝千岁——"我跟唱歌似的就跟着学，还有《武家坡》《打渔杀家》，我都能哼哼几句，说明他们普及的程度……所以我爸爸对清宫专门掌管戏班的升平署特别了解，他写过一本书：《升平署之沿革》②，那时候我估计他也就三十多岁。第二样呢是围棋，我父亲围棋下得比较好。

---

① 这里说的影匣，就是满族祭祖的渥辄库（wecheku），即神主，俗称为祖宗板子。
② 吴志勤：《升平署之沿革》，载《文献论丛》"论述二"，故宫博物院文献馆 1936 年版，第 155—176 页。

还有一个就是猜灯谜，那时候的人都讲猜谜，有一次猜谜猜急了，面部神经有点麻痹，但是一唱戏戴胡子，就什么毛病都没有了。我爸死了以后（我们）一整理，就箱子里头那灯谜的纸条呀，好多好多。他小楷写得也好。

我爸爸是一个虔诚的佛教徒，还受过戒，头顶用什么烫的几个点，记不清了。解放前困难那时候还吃素。他1954年去世的时候还用棺材呢，死的时候有一个钵，是瓷的，搁棺材里。

我父亲原来娶了一个（妻子），肺病，不知道就让媒人介绍来了，八个月就死了。我妈是续弦。我妈结婚晚，我妈娘家侄子需要人看着，她结婚就比较晚，二十九了。我妈是汉族。

吴效兰的父亲吴志勤（吴效兰提供）

2. 西连房

吴：最早我们家在火药局二条二十六号，[①] 就是从地安门往东北，火药局也是皇宫里边的。那时候我祖母已经去世，就我爷爷、我爸加我叔叔同住，有北房七间，南面没房，过道到大门内有南房两间，住着王大爷、王大妈，王大爷是中医大夫，他们没孩子。那时候靠着爷爷、父亲和叔叔三份钱，我婶跟我妈做饭，生活还可以，我们生活也比较平静。后来就到了日本时期，我们家就比较艰难了。我三四岁的时候就从火药局二条搬到西连房的故宫宿舍。我1937年生的，三四岁就是1940年时候。

那时候就这景山和故宫之间，马路窄极了，故宫两侧全是连房，就叫东西连房，是在故宫北门外头，就是现在筒子河北边松树前人行便道的位置。后来故宫的职员，就是为故宫供事儿的同仁，干活儿的职工，也都住这儿，好像谁愿意住谁住。那个房盖得很高啊，特别高特别大，按现在来

---

① 火药局胡同位于东城区西部，呈东西走向，西端南折。一共六条，东起火药局六条，南至北河胡同，北与火药局头条、二条、三条、四条、五条相通。因是明代火药局所在而得名。

讲就得二十多平方米一间房，每家前后门通着的，后门就是筒子河。这地儿还有一块土地，这儿还有一排松树，这不是到河边么，这边还有一个走道的地方呀，这就是城墙了，城墙外边还有这么宽一小便道了。那个地方长度相当于从景山正门到西边围墙顶端，就是西边有一门，中间有一门，就没了，正常出入都走西门，这边这门接着故宫的北门。现在都拆了。

　　西连房第一家是我们叫赵林赵大爷，他住一间北房一间南房。我们家住四大间，第一间是我姑姑，第二间屋子是佛堂，第三间屋子是我们家睡觉的屋子，第四间屋子就是厨房，有后门，后门到后院，有一块地种花和菜，可以看到清澈的筒子河水。

　　佛堂是我爸爸供佛念经的屋子，南北桌子，北桌上边是我们家的影匣，底下是一大镜框，镜框里头有三世佛，前边有香烛蜡扦儿。这边还有一三屉桌，供着祖先和我爷爷我奶奶的像。平常这影匣的门都关上，到节日上供的时候，比如十月初一烧寒衣，[①] 把这个影匣门打开供茶什么的。这边都是我爸的书柜，朝阳这边有八仙桌。我爸坐这椅子，在这儿念佛，这就是窗户了，特亮。

　　吴： 第三间就是我们住的屋了，我印象非常深，这儿有箱子，这儿是连三。

　　定： 连三是个柜子？

　　吴： 对对对。就是仨抽屉，这儿上来，底下有俩小柜门，都是红的，榆木擦漆的。我们家东西多呢，因为有我叔叔的一半儿，我叔叔押运古物走了以后，火药局那儿的家具不能带走啊，就搁我们这儿了。这还有八仙桌。这有一大床，这还有一单人床，是铺板，底下有板凳支着，这样。我们四人都住这儿。

　　这间（第四间）我们叫厨房啊等于就是这间屋子，连吃饭带做饭，水缸啊都在这间屋子。往阳台走的地方，现在就说是阳台，两扇门，开开就上院子了，大北房外头种的西红柿豆角什么的，各式各样。我姑姑特别爱花儿，种了好多。出了前门屋檐上还有一棚子，夏净天儿把炉子搁外头做饭，冬天把炉子搁屋里。

----

　　① "十月一，烧寒衣"是中国民间颇为盛行的祭奠亡魂的习俗。每到农历十月初一这天晚上，人们要到亡故亲人坟墓上祭奠烧化，意为给亲人送去寒衣和纸钱。旅居外地或到不了亲人坟前者，要在这天晚上在十字路口撒个灰圈，在圈内为自己的家人烧纸。此习俗在 20 世纪 50 年代作为"封建迷信"被禁，90 年代又有恢复之势，虽然在北京等大城市还不普遍，但在其他一些地区包括中小城市已经比较活跃。如我 2003 年农历十月初一在陕西省宝鸡市，入夜后就见到处处火光，市中心环岛周遭一圈都是人们烧下的纸灰，蔚为壮观，连与我同去的南昌朋友也惊叹说此景见所未见，闻所未闻。近几年更为兴盛。

3. 我姑姑

吴：哎呀，我那姑姑特厉害，我妈受了她一辈子气。

定：她嫁人了吗？

吴：嫁人了，她丈夫死了，她不愿意在他们家待着啦，就回娘家住来了。她是我爸爸的二姐，我爸得养活着啊，就跟我们一块儿过呗。小时候我们也不懂这些个啊。

我那姑夫的哥哥在午门城楼上看殿，相当于现在的服务员，那时候不是年轻小姑娘，都是一帮老头。知道宫里事儿挺多的。张广全您听说过么？在故宫拓帖子最老的人，现在也死了，我们管他叫二哥，是她侄子。这张广全拓片拓得挺好，什么石碑上的书法还有墓志铭什么的，这是相当有技术的。经常到我们这儿来，舅舅舅妈的叫着。

我这姑姑厉害着呢，厉害着呢。第一她老绝户，没生过孩子，有一个女儿呢，这个女儿是抱来的，这绝户脾气就特别古怪。第二这满族的礼节多，她要拿出她大姑子的礼节来，来给我妈气受，管着我，管着我哥哥，反正我们家大小事儿吧，都是她管着。您上我们家来了，您家四口人，她得问四口人都好，叔叔好啊，老大好啊，二少爷好啊，三姑娘好啊。待会儿您要走了，她也是，您给老爷子带好，给大姑娘带好，然后二姑娘三姑娘四姑娘，都得问一遍。待会儿坐在那儿，要吃饭，要喝茶，要递水，非常的拘谨那都是，我母亲就跟个小媳妇一样，在那儿侍候着。一吃饭先得说："姐，请您吃饭"，跟我爸爸都不用说这个。到吃饭时候我就得去请去："姑姑请您吃饭。"每年腊月二十九是她生日，我就记得老吃氽面，黄花木耳鹿角菜，还有猪肉片，印象深刻就是这鹿角菜特别好吃。然后我妈得给我姑姑磕头，然后我跟我哥哥给我姑姑磕头。

我们家生了七个孩子，死了五个，说实在的那几个孩子都挺好看的。我姑姑不让给孩子吃饱，不是有一个"要想婴儿安，必得饥和寒"吗？就包括我哥哥，生我哥哥的时候我妈没奶啊，就买点羊奶打点糕干粉呗，我姑姑就不让给多吃。我们家养一猫，肝拌饭搁到门后头，我哥哥净上那儿吃去。我表姐到现在一提起来还说他吃肝拌饭。我有个妹妹叫效珍，三岁的时候死了，前几天我外甥女还说呢，说这效珍哪，就是给冻死的，不让给穿，不让给吃，还有病不让吃药，后来到我的时候我妈就有奶了，我吃得就足点儿。

后来我这表姐呢，我一个叔伯哥哥给她找了一个医院工作，给人洗衣服。到那儿工作呢，跟一男的就私奔了。这男的叫刘××，我还记着呢，秦皇岛人。私奔以后我姑姑就找我妈要人，就跟我妈说你给我找人去你给我找人去！我妈哪儿知道她走了啊，她早上上班了就没回来，知道她有俩同学，就上人家问去，都说没来，哎哟把我妈急得就哭啊，我妈拉着我们俩就要跳筒子河去，都不想活了。姑姑就那么厉害。后来她（表姐）自个儿回来了，回来以后又走了，走了以后据说男的就死了。死了我姐姐就又嫁了一人，这人也是故宫的，叫赵××，我爸还认得这人，都在故宫工作嘛。我们跟她也不来往，表姐她就在那屋住着，也不上我们屋来也不理我们，也不叫大舅大舅妈。那都是解放前的事。

我那个姐姐信耶稣，我都跟着去过，远东宣教会么，做礼拜去，就在地安门往东，有个红栅栏门那儿，现在是不是改了饭馆了？您跟那边老人一问就知道，教会。①

定：我打断一下，您姑姑是不是跟您爸爸一样也信佛呢？

吴：我姑姑不信，我姑姑信耶稣，他们俩反着教。哎哟，我爸爸一念佛的时候我姑姑就起床了，起床就端着尿盆从那屋出来了，对面儿有厕所。你说这佛在这儿，我爸爸在这儿念经书，搁着檀香搁着小炭饼儿，她就出来倒尿盆了！我爸爸就挺不满意的，供佛是净土了等于是，这不是就受污染了？反正也不敢说。我父亲说不过她也不理她，但是她挺欺负我妈的。

我父亲1954年去世，我姑姑1955年去世的。后来谁都说，他们俩要换一个个儿多好啊，都知道这老太太厉害。我们家生活为什么紧张？我爸爸还养着一个老大大（大妈），也是寡妇，我二大爷死了，她给人家当保姆去，当了好多年保姆，后来都七十了，人也不要了，回来了，回来也是我爸爸养着，跟我姑姑住在一屋，我姑姑在里边这床，我老大大在外边这床，你说这两人能合得到一块儿吗？这两人也干仗，结果老大大先死的，1953年，在我爸爸以前。

4. 日本来了以后

日本来了以后，到日本投降以前，那就非常紧张了，吃混合面，我印象非常深，不是粮食啊，就那紫红棕色的东西做的一块饽饽，吃完以后嗓子眼刺着下不去，拉不出来屎，上火。我表姐有时从医院给我们拿回来那

---

① 远东宣教会是基督教的一个教派，20世纪30年代开始在北京等处建立远东圣书院，地址在地安门外东皇城根十四号，即吴效兰女士的这个表姐去做礼拜之处。20世纪50年代改成厂房，厂房迁走后现为巴国布衣风味酒楼。

窝头，这么点儿的小扁窝头，里边有萝卜丝儿，还有肉虫子，就吃那个，反正非常艰苦。

八九岁我就在家挑水。西连房这儿不是盖了一排房吗？中间有一个门，叫北上门，压水机就在这儿。我家是第二间房子，我挑水得走这么一段儿，大约二百米，走这么老远。挑瓷铁桶，什么叫瓷铁桶？铁是比较厚的，外头有一层釉，挺沉的。

我还上景山捡过干枝儿啊？什么叫干枝儿啊？松树到冬天不是刮下来好多松树枝嘛，拿一个大口袋，上地上捡那顶（粗）点儿的，为家里头生火嘛，我妈生火就能少买点劈柴。后来我还到景山后头那庙，就是现在少年宫那大门洞边上，那墙到头，一走进去，有个宫殿，宫殿那窗户都是用小木头一个一个对起来的，一瓣一瓣的，中间一圆的，中间细两头顶。我上那儿去撅木头去。有个刘老公在那儿看庙么，还种着点老倭瓜什么的，我们叫刘爷爷，小矮个儿驼着背龇着两大门牙："你别给我撅窗户啊！""没有，我就拿两块儿！"这事我印象特别深。冻得那手指头啊，那时候不是肿的大包，是裂小口儿，到晚上一蒸窝头屋子里温度就高点儿，就痒痒，往出冒血哟，哪儿有手套啊，哪儿像现在擦手油啊。

另外帮助我妈在家里糊过火柴盒。就用这么一片小木头板儿，这么一长条，从这儿一围，围完了上头贴一块纸，这就是搁火柴的底儿，然后把火柴搁里头，再把那面儿折折折，折过来以后是一壳儿，再使糨糊粘上，一个火柴盒就做完了。还糊牙粉口袋，那时候咱们刷牙不是用牙粉么，里边一白口袋，外边一花口袋，得抹上糨子糊好了啊，那一百个一千个也没多少钱的事儿，就干那个。

还有故宫那筒子河，到冬天就凿冰，一块一块的冰，陟山门往里点有一个地儿叫雪池，雪池有一冰窖，专门是搁冰，供宫里用的。那冰从筒子河底下的大坡得拉到便道上来，从便道再拉到马路，怎么着转一圈儿。我哥哥九岁十岁就干拉冰这活儿。

那时候家庭生活困难，好像还有发不出薪来的事，不能每月发薪。那怎么解决呢？一个是干这活儿，一个就是卖破烂儿，从家里拿点破烂上北市那儿去卖，卖三毛五毛的。鼓楼后头、安定门都有这种市场。

到快解放时物价一天三涨，我爸爸发了工资以后我们在北上门这儿等着，等他把钱领到手里拿到门外头，我妈就领着我和我哥哥，到哪儿买粮食去？东四五条对面的钱粮胡同，就那家的粮食涨得慢，便宜，质量好。我和我哥哥就颠儿巴颠儿巴把粮食从那儿给抬回来，抬到西连房。

5. 陟山门

吴：1951、1952 年我爸爸还唱戏，他唱戏就是为故宫捐献，那时候捐献飞机大炮，为了抗美援朝，我爸爸还挺爱国的呢。那时候故宫唱戏我们都去看，因故宫有戏装，都是彩唱，父亲唱老生行当，演关公等，在神武门城楼。"三反""五反"的时候，就把我们的房子从四间压缩到两间了，把我们家书柜、玻璃柜，啪，全贴上封条了，把我爸爸给弄走了。

定：弄哪儿去了？

吴：东岳庙。不是有人（白四爷白增崇、刘华等人偷盗国宝）盗宝吗？他们（指当时故宫的领导）就认为常在河边走，哪儿能不湿鞋？这些人在故宫几十年，他盗宝，你怎么就那么清白呢？把我们家柜子什么全给封了。我们家做传家宝的两个盘子，一看这盘子底儿有康熙的款儿，就说那全是故宫的，也收走了。（唱戏用的）靴子都是自己的，马鞭儿是自己的，诸葛亮的扇子也是自己的，还有水纱，那是勒头的，还有红色彩裤，唱关公戏穿的，都给抄走了。最后说你们要留着做纪念就赎回来，拿三块钱人民币给赎回来了。极"左"啊，解放以后。

再以后就把我们家给弄到陟山门去了。我们的东西就卖了。

定：为什么给你们搬到陟山门去？

吴：就是 1952 年那地儿要拆迁了。有搬到陟山门的，还有搬到东华门的，东华门墙外头，筒子河里头，那儿有一片房子，反正（住房面积）都小了。陟山门一进门是两跨院，再进去是一个四合院，中间一个影壁，我们住在前院的西跨院南屋，两间，后来又搬到里院东房一间，就是过去犯人在里边过堂的时候外边工作人员住的，非常小。我姑姑就在门洞里头，门房，给她一间小屋子，她不能跟我们住一块儿啊。然后再走两夹道，夹道后头又一四合院，后院还有两跨院，他们（张宗尧家）住东跨院平房，后院是厕所。

我父亲吃素不吃荤，营养就非常薄弱了。从遗传来讲我奶奶就噎嗝，就是食道癌死的，我父亲也得的食道癌。他老说胃不好，不信西医信中医，老相信中医吃中药，没用。后来到第三医院就是鼓楼医院，开刀了，那手术做得也不好，开完刀以后咳嗽，大出血，手术当夜就去世了，这是 1954 年 5 月 31 日。父亲重病那时候就是科员了，工资好像是五十块钱，反正不富裕，到月底就没钱买药了。那时候故宫有个业余中医大夫叫钱跃华，钱大夫，在陟山门跟我们住一个院，后来搬到地安门里头去了，地安门北边有一个药店叫同生堂，钱大夫就在那儿坐堂。反正都没离开故宫地安门这一圈儿。那时候我上初一，就到那儿去赊药，就说钱大夫叫赊的，月初发工资再还钱。上初二时候我十六岁么，地安门外头姓方的哥儿俩开个棉花铺，我就上那儿，现在来讲就是打工。生棉花来了得过机器，过机器弹成一绺一绺的，然后拿纸一包，绳一系，我就干那个，上白班也上夜班。地安门那时候还有门楼呢，走到门楼那儿歇一会儿，然后走回家，没有车。

1954 年我正上初三呢，第一个五年计划，从学校招人，正是父亲病逝前的一个月，我们家生活非常困难，我只有工作这一条路了。我就到纺织厂，然后到天津去培训。4 月份我参加的工作，"五一"给我发的工资，那时候是半个月发一次工资，半个月十四块钱，我给我爸寄过去九块钱，就这么一次。因为我刚参加工作，我就一袍一褂，怎么也得添点儿日用的，所以第二回还没寄钱呢我爸就死了，我爸 5 月 31 号死的。我说爸等我工作了我一定给您买一身呢子衣服，我爸没等着，到今天想起来我也难过。我父亲去世的时候是五十八岁。

6. 我叔叔

吴： 去台湾的三个人是把兄弟。一个是我叔叔，号叫爽秋，正名叫吴玉璋。他行二。那三叔就是那志良先生，他行三。梁大叔（即梁廷炜，梁匡忠的爸爸）①行大。住陟山门的时候他们住小院西屋，我们住里院东，梁匡忠管我叔叔叫二叔，因为在南京他们在一起住过一段时间。梁廷炜早就死了。

张宗尧： 那志良写了一本书《典守故宫国宝七十年》，我是特意上文物出版社去买的。

吴： 叔叔走了以后一直没联系。他们不是转战南北最后到南京么，南京解放前夕蒋介石走的时候把国宝都带走了，把人也带走了。他后来一直就在台湾故宫。台湾电视台给做过一个录像带，题目就叫《国宝式的人物》，管他们这三个人就叫国宝式的人物，对他们仨人都有特殊的照顾。每到他生日的时候，国母宋美龄都要给他们祝贺，给他们送蛋糕。这个带子他们给我们寄来过，我叔叔走的时候我还没生呢，我就是这样（从带子里）看到的我亲叔叔。

（我叔叔走后）开始通过香港还有两封信来，到 1950 年以后就再没消

---

① 梁匡忠即梁金生先生的父亲，参见上篇《往事尽在不言中——梁金生口述》。

息了。没消息我们一直就断了。后来 1984 年《参考消息》上登过他的消息，我们就托人打听，一直没联系上。我也给他写信，他收到过两封信，但是我没写回信的地址，他也没法给我回。再后来我通过香港美国的朋友给他转寄过信，我们就正常通信了，他的孩子也到北京来过，他的女儿来过两次，是 1998 年来的。我最遗憾的是我没见着我叔叔，哪怕在香港见个面呢。咱们上香港去也特不容易，你申请了半年，就给你规定了十天，比如 3 月 10 号到 20 号，可是台湾那儿申请呢，给你的是 4 月 5 号，这两个时间碰不到一起，也不行，白辛苦了，我叔叔后来身体也不好了，他是 1988 年 7 月 6 号去世的。死的时候这么隆重，政界好像有一个叫严家淦的还送了挽联。当然他去世时候的照片我全有。

我叔叔的俩儿子，一个在大陆一个在台湾，现在俩儿子全死了。

7. 我哥哥

吴：我哥哥初中毕业也就工作了，因父亲去世家里没收入也上不了学了。那时候东四往南有一个大清真寺，办了一个少数民族政治训练班，我们家是满族，我哥哥就到那儿去，1955 年学习完了就给分配到青海省乐都县农业技术指导站当会计。后来 1959 年哥哥身体不好，得了好几种病，就回北京看病，在北京各大医院都检查了，并开了不适合在青海高寒地区工作的证明，要求往回调，结果不给调。派出所也都知道，就是不给上户口，那时候没户口怎么吃饭啊？我妈急得胃出血，吐血，这点粮食还得给他，那时候给口粮比现在给几百块钱都重要。派出所就给我哥哥安排到农场，安排哪个农场？天堂河。您知道这个地方吗？

定：知道知道，就是劳改犯去的地方。

吴：他属于哪类？他属于盲流。他为什么叫盲流呢？他本来是从北京走的，现在属于盲目流入城市。后来插队的回来还给上户口哪！为他的事我没少着急上火，还背着哥哥在劳改农场的黑锅。

定：你们家后来一直报满族吗？没有改过汉族？

吴：改过。后来我哥哥参加少数民族培训班就又改回满族了。

我还有一个本家大哥吴振福，他们住织染局，也是在地安门里头那一带，他是管宫里边油漆彩画的，我叫大哥，我二十来岁的时候他就有五十了。所以我就说地安门圈里头这一圈儿，都是给宫里头干事的。

8. 京剧

吴：那时候我爸唱戏，故宫有一些人也到我们家来唱戏，那我有印象，就在我们住的西连房那间房子，不是有个很好的红漆连三（柜子）么，故宫住东连房的有个叔叔叫罗文泽，唱花脸的，小矮胖子，他到我家来唱戏，拿那车条（自行车车条）一板一眼地在那上头敲。车条不是有一个硬头么，他们敲敲敲完了我们家那柜子上全成了小坑了。还有金震之，他大排行排六，我们就叫金六叔，拉胡琴特别好，能伴奏，住地安门的时候我爸拉着我们到他那儿去过。那时候他跟我爸唱戏，上景山，景山有树啊，共鸣特别好，氧气也足哇，他给我爸吊嗓子，"啊啊啊啊啊——"就吊嗓子。他那手也练习了，冬天根本伸不出手来，那也去！我爸也去！唱。我哥哥唱得也好，可是我哥哥到十四五岁一倒仓，①嗓子坏了。他弹月琴，拉胡琴，能整出地拉。

后来我家搬到陟山门，又从外院的小屋搬到里院。东屋有三间房，东边第一间是我家，第二间就是金六叔家，第三间是一个王大爷。我们家这三间房啊，墙是隔着的，可顶棚都是纸的，都通着。缺德就在这儿呢，这六叔家啊，那爱唱戏的，有图书馆的，北图，就在北海的大桥那儿，北图和故宫的人联系很多，就有一帮业余爱好者吧，就像现在公园里玩票的，上他们家去，您给我拉一段，我给您拉一段儿，一到礼拜天哎哟这吵啊，吵得一塌糊涂。又是东房，又两大窗户，你说那头晒，后头没窗户，我们就得跟那屋里待着。

就在那时候，"文化大革命"的时候，平常不来人了，不敢唱了，金六叔就跟我说："效兰，你这嗓子唱老旦正好。"第一段他就教我"八一三"（现代京剧《沙家浜》中沙奶奶的唱段），第二段教我"十七年"（现代京剧《红灯记》李奶奶的唱段）。就这么的，我就学了一段，正宫调，就是舞台上扮沙奶奶的，她唱 A 调我也唱 A 调，她唱 F 调我也唱 F 调，按照她这谱子起的调，这叫正宫调。我这嗓子就能那么高，但是我那味儿没人家好。我唱歌不灵唱戏灵，就是有那么点基础。以后"闹工潮"（《红灯记》唱段）啊，"军民鱼水情"（《沙家浜》唱段），这"军民鱼水情"是我们俩（指张宗尧夫妇）的保留节目呢，在好多场合都唱过。

陈子田是怎么回事儿呢？他是故宫的太监。以后成立故宫博物院，在故宫工作的年轻的工作人员，喜好京剧的都由陈子田来教，演出时就用宫中所有的戏装。他们教戏那时候我爸三四十岁，还没生我呢。

我去过他（陈子田）家，但是他家怎么还有儿媳妇，还有孙子，还有

---

　①　倒仓，指的是京剧专业演员在青春期"变声"过程中没有过渡好，嗓子"废"了，再不能唱戏，只能改行从事其他工作如琴师、鼓师或改武行、丑行等。

张宗尧与吴效兰夫妇清唱京剧《沙家浜》选段（吴效兰提供）

孩子？他应该是太监哪，你知道这北长街有一个后宅胡同吗？里头有这么一庙，是不是兴隆寺①我记不清了啊，据说这个庙现在好像还有。庙里边有一戏台，一个大方院子，他们家就住在这小跨院里边。我上他家去玩去，那孙子在床上蹦，他们家吃的农村的饽饽什么的。

　　定：他确实是太监是吧？

　　吴：是呀，他不是太监他在那里边怎么待呀？李莲英他们不都是太监吗？

①　吴效兰女士这里说得不错。兴隆寺全名叫万寿兴隆寺，始建于明代，据说是大太监王振的家庙。此后一直是太监集中居住之所。该庙坐西朝东，南临后宅胡同，北至庆丰司，西靠中南海东墙。内有大殿几重，院落很多。现在犹存，地址为北长街三十九号。

犹记当初未嫁时

——张国庄口述

时间：2004 年 6 月 30 日

地点：北京灵境胡同某居民楼张国庄家

被访者：张国庄

访谈者：定宜庄

在场者：张莉、张碧君夫妇①

[**访谈者按**] 老姑姑张国庄的哥哥名张国瑞，字翼龙，也是最早进入清室善后委员会的工作人员之一，编撰有《（故宫博物院文献馆现存）清代实录总目》（北平，1934 年）。他解放前就已离开故宫，如今已经很少有人还知道他。在这篇访谈中，老姑对他多舛的一生有着充满感情的追述。

与吴效兰的父亲、叔叔一样，张国瑞也是旗人，但他并不是像吴家那样作为故宫留用人员，而是像单老、张老一样被从平民学校推荐进入善后委员会的，而且他是旗人这一点，即使与他家交往几十年的张宗尧兄妹也不知道，属于很早就将民族身份隐去的一类。但身份虽然隐去，旗人特有的生活方式和价值观念并没有失掉，这从老姑对她大姐的描述以及对自己婚姻的态度，即可见一斑。

张家兄妹的口述提到，他们父亲那一代人之间的交往圈子，除了亲戚之外主要就是同事，情投意合的成为拜把兄弟，同住一个大院中的结成儿女亲家（张宗尧与吴效兰即是），张家与老姑姑家历几十年仍有来往也是一例。

老姑姑的谈话充满对旧日的怀恋，确切地说，是对她闺中生活的怀恋。在她心里那时的一切都是最美好的，这固然使她对记忆中的许

---

① 张国庄女士是由张碧君夫妇为我介绍的，也是他们驾车陪同我去的，特此致谢。

张国庄近照

2004年张碧君夫妇在柳泉居（饭庄）为张国庄庆贺八十五岁生日时的合
影（张碧君提供）

多人与物都有美化之嫌，但她成长的环境却的确有着浓郁的文化氛围。
她虽没读过书，但天资聪颖，对这种氛围有特别深刻的感悟，这是这
篇口述给人印象最深的一点。

1. 父母和两个姐姐

定：大妈您是 1919 年生的？您是在北京生的吗？

张国庄（下简称张）：北京生北京长的呀。就是北京人，宛平人。

定：宛平什么地方？

张：不知道了。听说我那个爷爷姓林，有一个姓彭的，跟我爷爷是一殿为臣。姓彭的没有儿子，（爷爷）就把我父亲过继给这姓彭的了。姓彭的不是有一片产业么，都是为官的，都有产业啊，我爷爷死了以后，姓彭的不承认我父亲，不承认，那时候也没有立字据或者什么的，没有，合着我父亲一生气，哪儿也不认我，那我不姓林我也不姓彭，我重新打鼓另开张，就这样姓的张。那产业我也不要了，自个儿就谋生去，自个儿就拉过洋车，也做点小生意，就那样，这都是听我大姐说的。

定：您父亲不是旗人吧？

张：是旗人。

[张碧君：啊，您在旗啊？]

张：可不是在旗嘛!

[张碧君夫妇：今天才知道。]

[张宗尧：真不知道。老姑姑没跟我说过，从来没说过。老姑姑是不是旗人？我估计也许不是，因为她在我们家来看是非常随便的，一点旗人的……旗人是要请安的，反正是规矩特别大。]

张：姓张的没有在旗的，我父亲为的是脱离他们那帮人。

定：他姓张跟他不想当旗人了有关系是吗？

张：根本就是有关系啊。赌气不姓你们俩的姓。

定：那就是说姓林的和姓彭的都是旗人了？

张：都是旗人，还是清朝的官哪。因为我那会儿就听说，说有一片坟地特大，到清明的时候都上那儿烧纸去，因为我小，就不带我去，又是个女孩儿，就不怎么重视着。

定：那坟地在哪儿啊？

张：那就不知道了。

定：是姓林的坟地还是姓彭的？

张：不知道，都不清楚了。

定：那您奶奶呢？

张：就更不知道了。

定：您父亲说过他拿粮饷吗？

张：我哪儿知道哇？我六岁我父亲就死了。

定：后来您父亲就到城里来了？

张：一直在城里住，就住在宝钞胡同。①穷得没辙了，就租个洋车。拉洋车。虎妞②您看见了吧？到那儿租一洋车拉两天儿，挣俩钱儿，就这个。后来我姐姐大了，就做卖活。我二姐能啊，做那洋袜子，那头铰开了拿手缝，缝了我二姐卖去，挣点钱。挺苦的。

定：您父亲就拉散座？

张：拉散座儿。

定：你们家在宝钞胡同的时候有房子吗？

张：不知道啊，后来就搬走了。我父亲我倒有印象，我父亲大高个儿，那会儿老穿个长袍短褂的，你瞧现在演的那个穿长袍短褂的，就那种人，文明着呢。

定：拉洋车也那么文明？

张：甭管干什么他那气派还是那样的。

我们是姐妹四个，两个姐姐一个哥哥，我是最小的。我大姐比我大十七岁，我二姐比我大十三岁，我哥哥比我大十一岁，属猴的。我中间还死了一哥哥，叫张国祥，八岁死的，我母亲想我那哥哥，就得病死了，我十七个月母亲死的，她家是哪儿的不太记得。家没家了，没有啦，我父亲也死了。我大姐是"五四运动"那会儿的大学生，上的不知道叫什么学校。

定：就是说你们家那时候还行，要不然您大姐怎么上得起大学？

张：那时候还行，大小姐啊，叫什么格格，这都不太知道啦。我大姐照的两把头的照片，照得好着哪。"五四运动"的学生，干革命去了呀。就那时候她就自己找对象，家里就不认她了，就除名了好像是。这么样亲戚朋友的都对她不感兴趣，没人拿她当回事儿，瞧不起她，"疯丫头"。

定：那她做什么呢？

张：她跟着他到保定了，到他们家。这姐夫本人不怎么好吧，他家可不错。我记得清清楚楚的，他们在保定东马峪寨，亲爹叫王老槐，都管他叫王善人，是秀才。我到今儿还记得呢，到节年就周济，大笸箩的铜子儿，一吊钱是五个大枚啊，他们本乡的人随便拿，拿去。那老爷子挺好的。

定：您大姐到保定就教书？

---

① 宝钞胡同位于安定门西大街南侧。

② 虎妞是老舍先生的小说《骆驼祥子》中的人物，车行老板的女儿。

张：教书啊，她哪儿能干农活呀。我大姐她有学历啊，到农村是了不起的老师了。人家知道她有学问，就请她去教两天书，这儿教书那儿教书的。在一个姓赵的地主家家教，赵老财，大地主，他孙子叫赵希尧，也在北大念书，跟我大姐他们都相当不错，赵希尧把她请到那儿教书。就挣俩钱，也是瞎奔。我大姐的字写得好着呢，我大哥有时候也让她帮着抄书。

定：那您姐夫也教书？

张：嗨，不守本分，没有正业。东跑西颠地就那么样，就跟着军队乱跑，有时候还穿着军装回来。

定：穿军装是干什么？东跑西颠是做买卖呀？

张：不价，什么都干，有时候做生意吧。香山那儿有一个白堡子矿，还是他办的，赔了好多钱。后来就跟着共产党了，给共产党的机构干吧。

定：那后来不就是老革命了？

张：不是，这儿待两天那儿待两天没有正经事。他要是守本分我大姐就不能不理他了。两人老吵架也是。

定：您大姐后来跟他也不好了？

张：不好了也没离婚，那时候不兴离婚哪，她就带着儿子。

定：您姐姐后来还革命吗？

张：没有，孩子多。她跟我姐夫老不见面不是么，孩子还不少，一个姑娘仨儿子，见着面了怀孕了就有了。现在她的儿子不错，大儿子死了，二儿子就是我那二外甥，原来就在速成中学这儿念书，就跟我们家住，后来就上西安了，现在是西安的组织部长。甭管怎么说吧，挺不容易的，就知道要强。她死了也差不多二十多年了。

定：您大姐后来跟您家有联系吗？

张：有啊，她结婚以后，我们家里不是也败了，没办法了，我小，就仗着大姐管我呀，她得带着我。我才六七岁，她就生了一个外甥，我就帮我大姐看孩子。我大姐管到我八岁。

定：您大姐性格怎么样？

张：我大姐厉害，就因为自个儿有这点缺点，厉害不出去。

定：什么缺点？

张：就是自个儿搞对象，这就不行。

我二姐是明媒正娶的，轿子抬的，那行。我二姐夫是汇文中学的一个学生，是个守本分的人，根本人家儿啊。

定：什么叫根本人家？

张：就是守本分的人家儿，家里有钱，也不干什么。我哥哥让他到故宫里头，不干，瞧不起，就养鸽子，有好几十只呢。他们自己的独院啊，自己的房子。我上他们家去就给我煮鸽子蛋，拿着鸽子蛋回家。那会儿他们家还有包月车，送我回家。我哥哥不让他养鸽子，说养鸽子的不是好人。

定：为什么？

张：都是纨绔子弟啊，净打架。这鸽子还得说过死的过活的。别人家也养鸽子，你这鸽子要是到他房上，你要过死的他就拿弹弓给打死，过活的就给送回去。这样。我现在才明白，敢情养鸽子是一种营业，可赚钱了。我上北海遛弯儿，有人说起这养鸽子，说护国寺有养鸽子的白家，是数得着的养鸽子的专家，特有名儿，人家那鸽子养的。白鸽子的脖子上有黑的一圈，叫墨环儿，墨鸽子脖子上要是白的一圈儿呢，叫玉环儿，那鸽子可值钱了。现在没有了。

定：姓白的也是靠养鸽子为生了？

张：就是啊，他们家倒是挺有钱的。

定：您二姐就在家待着？

张：我二姐当了一辈子的家庭妇女。我二姐老实，窝囊。她那男的死了她又嫁了一个主，末了儿也不好。

2. 哥哥张国瑞

张：我哥哥多苦啊，他十七岁我父亲就死了。我哥哥是在平民中学，家里不是败落了么，平民中学不要钱。我哥哥他学识好，也聪明，那会儿陈垣不是平民学校的校长嘛，因为他成绩好，陈垣就给他介绍到故宫去了，他是我哥哥的恩师。

在故宫工作那会儿家庭就平稳了，我还记得一月挣三十六块钱，三十六块现洋啊你要知道，一块现洋换四十六吊钱，一吊钱是五大枚，小子儿是十文。两大枚买一个烧饼。

故宫博物院院长是吴宝中，副院长是那志良。①那志良是我哥哥的老同学，旗人，姓那嘛。还有我亲（qìn）爹，就是我嫂子的父亲，叫祁增贵（祁元福），也是旗人，他原来是当官的啊，在清朝是二品官呢，在宫里啊。也在文献馆翻那满洲文。在故宫里翻译满洲文的还有李子开，他叫李德启。

［张莉：他（李德启）70年代末还健在呢，1979年我们还去他家访问

---

① 老姑姑对故宫博物院的情况并不知情，吴与那均未担任过故宫的院长。

过。他参加过翻译《满文老档》。30 年代的时候，您亲爹就跟他一块翻译过《满文老档》?]

张：不是，就是李子开会，一般的都不会。我亲爹是他们邀请去的。他们都挺有才的，他们的墨笔呀写起来飞似的，一会儿就一篇儿。写得好着呢。

[张莉：您哥哥后来在文献馆担任什么职务?]

张：……不清楚。我哥哥好像是科员。1938 年我十九岁，那年古物往南迁，我哥哥他们就跟着到上海了，古物在南边也得有人看哪，也得有个交代啊，往这儿走往那儿走的，还有往国外走，往台湾走。反正他说到那儿去挺不容易的，日本时期，挺乱的。押车走，他们押的火车啊，我大哥（老姑称张碧君之父张德泽为大哥）是后去的。文献馆都是档案，有《四库全书》什么的。我反正受点熏陶，也知道点。

定：他们是自己整理以后拿走的吗?

张：装箱，箱里是什么档案都得标清了。到那儿去好交代啊，哪个库存，存到哪儿。

定：走了多少人呢?

张：不太多，我大哥跟我哥哥是很少的愿意去的人，有的那都不愿意去。

[张莉：他们俩是负责的，是科长，这在我们馆（中国第一历史档案馆）的馆史里写了。

张碧君：一走走了好几年哪。我爸说他是幸运的，回来了。]

张：四年呢。我哥哥有时候回来两天，又走了，回来两天又走了，回来是到家看看，他不放心哪，我嫂子老写信告诉他，说我那么大了，扔下就不管了，老责备他，他就回来安置安置，回头又走了。后来他回来那年我都二十二了。

定：有的就派到台湾去了?

张：有不去的，我哥哥就没去，他说有家在这儿，有我，有我嫂子。我嫂子就说你要走就连她（指张国庄）带着。

张碧君：住米粮库的时候都谁在那儿呀?

张：就我哥哥我嫂子，我亲爹我亲娘，还有祁燕如，祁燕如是我嫂子的哥哥。我嫂子跟我哥哥上小学是同学，认识吧。我有个二嫂子，就是我嫂子的嫂子，她们旁院的二哥么，这二嫂子就相中我哥哥了，我哥哥长得也不错，白白净净的，又在故宫工作，她就非让我嫂子嫁给我哥哥。大石作有两间房，他们就在那儿结的婚。

定：您哥哥跟您嫂子关系挺好的？

张：那会儿都守旧，我哥哥闹脾气我嫂子也不敢言语。我们家都仗着我哥哥呢。我哥哥行啊，想起我哥哥做事我真佩服他，要不我听他的呢。我哥哥脾气不好，可是他也有威信。

我哥哥就爱喝酒。就说那庆和堂，故宫里头的人办事去都甭拿钱。不是甭拿钱，当时手头没那么多钱，一说找张先生就成，我哥哥一句话，都赊着。有一年也不知真的假的，庆和堂给他来了一个账单，我哥哥一瞅，站起脚来拿着这账单就上庆和堂去了，说咱们从此以后再也不和你交买卖了，那经理吓的："张先生张先生别价别价，哪儿能不交故宫的买卖呀，那哪儿成啊，这是我们新换的管账的，他不知道，到时候就给您发出去了，要我知道哪儿能行啊。"说着我哥哥回来了，跟着好几个菜就给送来了："张先生您可别价，故宫这线儿别给断了啊。"

定：就是说宁可欠着也不敢要账？

张：不能要账。我哥哥到时候就准给他们，有信用啊。

我哥哥他受挺大的波折。解放前，他不是搞地下工作么，文献馆那个方更生，还有方少烈，他们俩都是国民党的，方少烈是铁国民党，解放后给镇了，不像我哥他们真正是故宫的人。他们跟我哥哥老说不来，那回不知怎么闹了一回意见，我哥哥就把方更生给开了，方更生是临时书记呀，说开就开了。那会儿的书记可不是现在的书记，就只是写字的书记。他们住西连房，美了一阵儿呢。方更生不是给开除了么，他就走了，南下了，国民党不是上南边去了？他恨我哥哥呀，他就有誓言："我有誓言，我要能回来，我就先接收故宫博物院，头一刀先砍张翼龙。"结果他来了就把我哥哥给开除了，我哥哥就跟故宫没关系了。没生活呀，怎么办呀，我哥哥就上红光电影院那儿卖票去了，挺苦的。

[张宗尧：方更生后来是国民党市党部的。中间走了一阵儿，好像上重庆了，回来以后就是接收大员，有势力了。张国瑞在位的时候对方更生有所……说过什么坏话吧，因为方更生是搞政治的，不务正业，不像这伙人，老搞文牍主义。张国瑞离开故宫以后，到现在米市大街的一个电影院，大华的对面，解放后叫红星，解放前叫一个比较外国的名儿，卖票，我还去看过一次电影，通过他，不花钱，一打招呼就进去了。]

定：后来您哥哥再也没回过故宫？

张：没有。四十二岁就死了。

定：然后呢？

张：然后就上华北大学啦。上华大以后没什么问题了，给分到河南人民法院去了。当秘书，写字，他写字写得好啊。也不知道是怎么死的。有个证件，说他死了，给我嫂子，写的是"引荣节哀"。是整死的就这么说，引什么荣啊，死了还什么荣啊。四十二岁。到现在我也不明白我哥哥怎么死在河南了。我就觉得我哥哥太亏了，我哥哥为搞地下工作，半夜上我们家去，把我们老头的大褂拿去化装，出去躲去好像是。

定：您嫂子也没问问是怎么回事儿？

张：窝囊着呢我嫂子。算个烈属，可到底怎么个烈法儿啊？

我嫂子守旧着呢，按说我哥哥死了，她也就四十多岁，家里又那么困难，她也不说去找个主儿，就那么待着。揽点什么乱七八糟的活吧，挣点钱。我哥哥生了仨儿子一姑娘，后来孩子就大了。反正那会儿我嫂子尤其她是在旗的，男女界限分得特清楚。旗人家的姑娘个性都强，都是守旧派，特守旧，说什么现在新式派的这个，一点儿也入不了。她也八十多岁死的，我老忘不了她的好处，我跟着哥哥嫂子长大的呀。

这人哪不能太窝囊了，专门欺负你老实的，尤其现在这个社会，更不行了。也不能太厉害了，得差不多。

定：后来您哥哥算旗人还是汉人？

张：汉人。他不当（旗人）了。我更什么也不是了，我也没上过学。

定：您的孩子呢？

张：汉族啊。

定：可是您都知道自己是旗人。还有旗人习惯吗？

张：没有，都是新式派的了，到我这儿更没派了（笑）。

3. 自己

定：您读过书吗？

张：没有，没上过学。反正能看报纸。

我那时候挺不得实惠的。家里我嫂子她们特讨厌我。是呀，本来人家小两口儿过日子挺好的，有这么一妹妹。可我哥哥还不行，谁欺负我也不行。我哥哥坐在屋子里就这么说："我要不在家，谁要上这屋子欺负你可不行啊。"不是跟我亲（qìn）娘（指嫂子之母）她们住一院么，我哥哥要走了啊，我亲娘就上这屋子里来说闲话，家庭妇女嘛，"二姑娘"，管我嫂子叫二姑娘："这不是有的是刀子绳子水缸，死给他们瞧！"我小时候也厉害啊，也可恶，我说："亲娘您瞅瞅，我哥哥刚走您就上这屋说这个来，我哥哥回来您也照样这么说。"我拿着她的烟盒烟袋，我说您走吧走吧，就让她走。我有哥哥撑腰呢，我哥哥不是说了嘛，我要不在家谁也不能欺负你。回头我哥哥回来，我亲娘来了，我哥哥夜里打牌，她就说："二姑爷，赶明儿您这屋我不能来了。"我哥说怎么了？他心里有数着呢，就知道是我们之间的事。"庄儿不让我上这屋来了。"我哥哥一听心里就明白了，那会儿不是四间屋子么，我在那间屋子，听见她来给我告状我就出来了，她要给我告状我就说，她要不给我告状我就不说。我说："你刚走我亲娘就让我嫂子寻死去，因为这个我让她走。"我哥哥不问，说："去去去，走走，小孩子说什么啊，去上你屋去。"我也不敢不走啊，心里委屈。我哥哥就说了："您哪，您得原谅着点儿，我们这父母死得早，没有调教，您别生气啦，您歇着去吧，甭跟她一般见识，理她呢。"就这么样给糊弄过去了。

那会儿跟着哥哥嫂子过日子，我在家还挺厉害的，我哥哥惯着我呀。我跟我嫂子老吵架。她有她的看法我有我的看法，那时候我恨她老管我。可是这会儿想起来，不管你成吗，现在倒想让管呢，你看现在这世道。

定：您多大岁数结婚的？

张：二十四啦。我哥哥跟故宫走我耽误了么。我大嫂子给我找了好几个，有个叫李志兴的，我挺愿意，我不敢，不敢答应哪。我大嫂做不了我的主啊，得由我哥哥做主。我都是包办的呢。我绝对服从家长。我知道我大姐让人瞧不起，我不能让人瞧不起。

定：后来您哥哥做的主？

张：啊，给我找的这个主。您瞧说得多好，又有房子，还有地，续弦可是。姑娘大了就得续弦啊。从前都是十八九岁就结婚，我二十三，结婚那年都二十四啦。

定：他和您年龄相差多少啊？

张：差十二岁。

[张宗尧：这老姑姑心情老不好，婚姻是哥哥做主给她包办，嫁给一个比她岁数大很多的男的，这男的还结过婚，她也不知道，就委委曲曲地……

张碧君：她个性又强，又不甘于受气，打架呗，就老打架。生了三个孩子。最小的在香港。]

定：他是哪儿的人呢？

张：北京人，东直门外陈家集那地方，我都不清楚。他死了以后找坟地才上那儿去。做生意的，不是旗人。他自己是铁路的，制图的，等于是念过书的人。我后来不和他们家来往。原来家里挺富裕的，公子哥儿，爱唱昆曲，玩票。跟田瑞庭，过去挺有名唱昆曲的，他女儿叫田菊林，是把兄弟，会吹笛子，这不还有他的笛子嘛。

　　定：您也能跟着他唱吧？

　　张：他自个儿吹着唱，我听的。跟他说不来，不跟他学。不跟他学也受点熏陶。我还会唱两句呢，那叫杜丽娘，会几句（唱昆曲《牡丹亭》"游园"）："袅晴丝飞来闲庭院"——这得随着笛子唱——"摇漾春如线，停半晌，整花钿……"我就会这两句。昆曲挺深奥的，后继无人了。

　　我自从生了孩子就在家里待着。拆天安门那阵儿是1958年吧？我不是没事嘛，就参加拆天安门的房子。①哎哟天安门那房子可好了，围着天安门住的都是皇上的皇亲国戚吧，周围净是房子，真好，好着呢。那房子都是大四合院儿，硬木的大落地罩，那都真正是好木料啊，都是硬木的，花梨紫檀的什么都有，隔扇哪，万字不到头的，有葫芦的，有蝙蝠的，长寿字儿的，可讲究了那屋子。当当都砸了，全砸啦，砸得我这心疼啊。法院也是我们给拆的，要不天安门广场哪儿有那么大的地方啊？

　　那会儿工业还不是那么发达呢，拆那房怎么办呢？人工拆，把房子弄一窟窿，弄这么粗的一绳子穿进去，大伙儿拉，还喊口号呢："一二三——嘞！"一使劲，甭管多结实的房子，灌浆的房子，架不住人多，稀里哗啦，众志成城嘛。要不有时候一想起来真是的。什么事我都历历在目，什么都忘不了。

　　跟那儿干得好不是嘛，房管局就收我当壮工啦，壮工，当了四年。像我们这样儿的当壮工不太适合，怎么不太适合呢，我们这种人跟他们在一块儿还是有差别。我怎么不干了？因为像我们这样的人，不适合在那样的场合待着。从绒线胡同②出车，上德胜门外拉灰去，一天两趟，死胶皮车啊，拉着，两轴辘，那会儿我还有点牛劲倒是，我跟马××，她是病包，走不了啊，回来我还得拉着她，那会儿还有例假呢，就顺腿流了，去两趟都血崩了。我说我去一趟成不成，他说不成，就得去两趟，一瞧这个不干了，起这儿就辞了。工会主席就告诉我，张姐你别辞啊，你就告病假，我

----

　　①　拆天安门确实是在1958年，当年9月5日北京市人委召开会议，万里传达中央关于筹备庆祝建国十周年的通知，要求在国庆十周年到来之前改建好天安门广场。当时天安门的拆迁速度很快，仅仅用了一个多月的时间，到1958年10月就基本完成了拆房10129间的拆迁工作。见《中共北京市委关于在1958年进行展宽天安门广场、铺设煤气管网和拆除有轨电车线路三项工程向中央的请示报告，1958年6月10日》《关于天安门广场和人民大会堂的建设，1958年9月至11月》，均载《北京市重要文献选编》，第413—414、803—807页，并见《当代北京大事记》，第129页。

　　②　绒线胡同位于西城区东南部。东起旧司法部街，西至宣武门内大街。民国二年（1913）开辟和平门和北新华街，将其分成东西两段。德胜门，在北京城北，从绒线胡同到德胜门等于从城南一直到北，距离是很远的。

说干吗，离开你们房管局就不活了是不是。

4. 小石作（zuó）①

[**张碧君**：北海公园的东站，景山前街的西边，大石作里边还有一个小石作，小石作胡同。]

张：小石作我们住在十号。那会儿的大院子，有三进院子，你们（张德泽家）住中间的院子，我们住最后的院子，小石作那胡同里边，故宫的人多着呢。那大高殿，那里头的房子好着呢。（对张碧君）：你爸爸可能比我大九岁吧，是不是？就跟我亲哥哥一样，跟他们净在一块儿，他们都管我叫老妹妹。我没上过学吧，我不认识字，他就教我。就这样坑坑坎坎的路，把我给培养出来了。

我大哥（指张德泽）爱聊天儿着呢。有的时候他们也到家来，拿着胡琴，唱唱，我记得那时候有个名琴师，叫孟广恒，那是著名的琴师，也是玩票啊。差不多故宫的都爱唱戏，我哥哥也爱唱戏，我哥哥唱《黄金台》，金震之拉京胡。我大哥不唱，他爱听。

故宫那会儿挺不错，火着哪，热闹。故宫里头文献馆有的是人哪，会唱京戏会拉胡琴儿，唱单弦的，八角鼓。那时候冬天吧，后门里头有个庆和堂，谁家要有个生日呀，满月呀，都上那儿去。庆和堂有个戏台，方更生会唱单弦，都跟那儿唱单弦呀，唱大鼓，也请一班的人，还有一个唱西河大鼓的王艳芬，这些人。那时候我就最小啊，反正凑份子去就跟着我嫂子。这帮人都没了。

原来吴素秋跟我们住对门，她也爱跟我聊，她也教我们。我不懂板眼，不搭调，就瞎唱（唱《打龙袍》，老旦）。

[**张碧君**：她唱老旦、唱青衣都行。挺棒的。

定：是跟她哥哥学的？

张宗尧：不是，是跟吴大爷，跟这伙人学的。怎么学的咱就不知道了。]

张：我在北海唱着玩儿，遇见一个戏曲学院的大姐，约我上她那儿学去，我说我心里明白，你们这玩意儿我学不了，因为什么？没钱哪。你上那儿去，一说今儿组织个什么，得有场面哪，你得给那场面钱哪，人家白给你吹呀？这种玩意儿我明白，我不参加这个，拿钱的不去。就拿过去跟

---

① 小石作：位于陟门街路南，南起景山前街，北止陟山门街，东临大高玄殿，西近北海，与故宫近在咫尺。明代内官监所属的石作即设于此，清代因取名为石作胡同，后改为大石作胡同与小石作胡同，今已不存。

现在一样的，你要是没有钱跟那儿穷混去，人家瞧不起你呀。

定：那您哥哥他们当年唱戏也得有钱？

张：我哥哥他们故宫自己有场面，自己有票房，这事我明白。（在北海）有人跟我打听富氏三友，肃王爷的三个女儿，傅兰友、傅桂友、傅竹友，①我说知道啊，那傅竹友那会儿常上我们家去打牌。还有廉太太，廉南湖，留日的博士吧，他娶了一个日本太太，叫廉春野②，她常上我们家去打牌。她会打毛衣，给我打毛衣，不像咱们那么打，她这线搁到那手上啊，使那针一挑一挑的，快呀。故宫里头原来有个古文化研究所，溥心畬③在里头当校长，溥心畬、溥杰。我说我们家就是穷，学不了这画儿，学画可不少费钱，这颜料买不起。为什么古画、名画它值钱呢？红的那里头都得有朱砂呀，画叶儿那都得有翡翠呀。没有朱砂不行，没有朱砂色儿就变了。

定：您怎么什么全懂啊？

张：受熏陶啊。那时候他们来就听他们讲话呀，溥心畬、溥杰，这都是常见面的人。常找我哥哥他们聊天儿去。聊的都是诗词歌赋啊，画儿什么的。

[张莉：那会儿他们都在宫里呢。]

张：啊，还在宫里呢。那会儿还有相片呢，他们一块儿照的相片。溥心畬长得跟女的似的，一个大背头，老穿缎子鞋，千层底儿的缎子鞋，白丝袜子，内联陞的。别的皮鞋什么的，不穿。

定：我听说溥心畬挺风流的，是吗？

张：有这么一说。这风流佳话那是难免，有才子就有佳人，是吧？不是人家勾引他就是他勾引人家，一般人都向往他呀。漂亮，皮肤白着呢，才子佳人么，那都必然的，他们都不甘寂寞是不是？哪儿能那么枯燥啊——我瞎说啊。

定：我知道老姑的学问是从哪儿来的了，您哥哥他们一群人老在一块

---

① 这里说的梨园"富氏三友"即富兰友、富菊友（而非富桂友）和富竹友，并非肃亲王家之人。她们在20世纪40年代时，经常到位于崇文门外北羊市口内的青山居茶社清唱。参见《旧京票房与票友》（http：//blog. sina. com. cn/s/blog - 4d41118c0102v37f. html），并感谢橘玄雅先生为我提供线索，以及苏柏玉对此的查证。

② 廉南湖（1868—1931），字惠卿，号南湖，又号南湖居士、岫云山人，斋名小万柳堂、帆影楼。江苏无锡人。为我国清末民初书画鉴赏界、出版界的一代大家，也是著名诗人、社会活动家。廉南湖于民国三年（1914）东渡日本，民国六年（1917）回国，任故宫保量委员。老姑所述，当是他在故宫这段日子。又，廉南湖在日本时的侍妾寺井春野，便是老姑这里提的"廉春野"，可知老姑并非妄谈。

③ 溥心畬（1896—1963），名儒，字心畬。恭亲王奕䜣之孙，载滢之子，溥伟之弟。诗书画三绝的文人画家。早年毕业于北平政法大学，继于青岛威廉帝国研究院专攻西洋文学史。后隐居北京西山戒台寺，自号西山逸士、旧王孙。潜心钻研文艺，尤其是中国画的学习。复迁西山颐和园，专功经史小学。抗日战争期间，靠卖画度日，曾任中国画评议。1949年迁台湾，以书画自给。

故宫外筒子河上的荷花（引自《北京旧影》，人民美术出版社 1989 年版）

儿聊天儿，您就老跟那儿听。他们也不管您在旁边听着，因为您是小孩儿呀。

张：对对对。讲的时候就爱听。

（老姑会学很多种老北京市井的叫卖声）

我要不说也没人知道了。从前那会儿做生意的，他祖辈儿三代都卖这个，所以他吆喝得也挺好。就什刹海那儿，冰激凌雪花酪，那么大一个铁桶，里头有一个小的圆筒，空隙有这么宽吧，都砸的天然冰啊，把块冰砸成这么点儿，搁在这周围。那会儿没这么高科技啊，都用人转，拿绳这么一转呢，冰就擦成末儿了，冰上镇的凉的雪花儿的酪。一边拉，一边吆喝。拿一小勺儿，一舀，搁到杯子里，再搁点饮料什么。

定：比现在冰激凌好吃吗？

张：好吃。它天然冰啊。天然冰，冰窖的冰是透明的，跟玻璃似的。人造冰是乌的，是不是？什刹海原来热闹着呢，哪儿像这会儿弄得乱七八糟的。那会儿搭的席棚都在那河里头搭的，走上去，卖鲜货的，玉兰花儿，那会儿（妇女）穿大褂，哪儿能就这么尴着出去啊，得戴鲜花儿。像咱们这普通小家儿的，也戴一对啊或者四个，它有那茉莉，穿着好看。卖莲子、鸡头米、菱角米，可好了，你们没看见过。鸡头米和鸡脑袋长得一样，浑

身都是刺儿啊，头儿就跟鸡嘴似的，得拿一个棍儿，上头有根针，这么一戳，还扎手啊，戳住了拿刀一拉，里头就出来了，跟羊粪蛋儿似的，把它煮了，单有一钳子，这么一轧就开了。

定：多费事啊。

张：那费什么事啊。从前那筒子河，那净是莲花藕啊，莲花儿开这么大朵，这莲花儿全是宝啊，外国人都买那莲花儿。荷叶熬荷叶粥，绿豆粥快熬得了，把鲜荷叶往上一盖，粥有鲜荷叶味，清胃的。过去哪儿哪儿都是荷花儿，真是一笔好钱。那会儿我哥哥的小学老师姓陈，陈老师他们家包那河地，故宫管不着筒子河那段儿，陈老师包下来了，管理得好着呢。陈老师有个兄弟是个瘸子，瘸五爷，他不能工作呀，他就看那个河地。那陈老师挺有钱的，真阔呀。

包月车，这你们没人能知道。这车的下边有脚铃，要拐弯的时候踩着脚铃，这么一抬，叮啷叮啷。还有那种电石灯，那灯好看着哪，车两边一边一个。头里拉车的也有一个喇叭，一按那喇叭，那声儿我还记得呢：嘀—咕—嘀—咕，嘀—咕—嘀—咕，那种太平景象，没有啦！

[张碧君：老太太怀旧。]

张：不是怀旧。你看现在这样儿，都这模样了！

昔日北海金鳌玉蝀桥

我们住小石作十号。小石作净是好房啊,大高殿旁边,小楼那儿,那会儿是一个衙门,大高台阶大门,里头挺不错的。十一号有个太监,也姓张。他那房子特好,人四合院儿。我那时候也就十岁、十一岁,瞅见那老爷都得有规矩,小孩也得叫他:"张老爷!"太监就忌讳叫先生,不让叫先生。得叫他老爷,这你们不知道吧?他"宫"了以后啊,他那个都搁到升里头,写着他的名字、生日、八字,供着。这是有说头儿的,为的是指着这名字,"指日高升"的意思。这没人知道。①

定:那不都烂了?

张:不会。(众笑)故宫里头有使它永远不坏的东西,使它保存。

[张莉:太监什么样儿啊?]

张:跟老太太一样。

定:那时候太监多不多?

[张碧君:有,我听说北长街那一块儿,路西的后宅胡同吧,50年代的时候住好些太监呢。景山也有太监,就是轰出来在景山住着。那都是老太监了。有个刘爷爷,个儿挺矮。]

张:太监他一个人孤身哪,就养好多狗,小巴儿狗。哎哟这小巴儿狗打扮得好看着呢,使绒绳梳着小辫儿,身上也老有东西挂着,穿着小缎子衣服。太监不是胖么,太监都胖,走道儿跩跩的,一群小狗跟头喽开路。那会儿也没汽车,要这么多汽车非得给轧死。太监也结婚,有个

---

① 傅振伦在《六十年所见所闻》中提及此事时称:"太监阉割后,买回其阳具,悬之屋梁,死后葬之。有造铜瓷阳具者。若一次阉割不净,必再割二茬、三茬。太监忌言高升(言剩下的睾丸),又讳言吉(俗呼阳具为鸡)、幸及出入……"(载《北京档案史料》1987年第3期,第65页),可与老姑姑的讲述参照来看,至于对"高升"的解释,老姑姑的似乎更合情理些。傅文也提到大石作等处多居太监一事,但老姑姑的口述更为具体生动。

张太太，张太太的样儿我还记得呢，梳着小元宝头，戴着各种簪子什么的，那会儿不是梳头都戴簪子么。穿得好，打扮得也好，出来都有老妈子跟着。有什么用啊，都是穷人家的女儿嫁给太监，不就为的吃点饭。这叫什么世道啊。

昔日文津街上的三座门牌楼

　　[**张宗尧**：她留恋过去的三座门。大高殿前面有三座门，西边有两座牌楼。迁到陶然亭公园的是牌楼，牌楼迁走一个。还有金鳌玉蝀桥，是很高的一座桥，这边一牌楼，那边一牌楼，煤车要上去都得几个人推上去，特别高。现在是平的，中南海还修了很高的栏杆。老姑姑最怀念这个，因为他们经常到那儿玩去。……她人很聪明，很怀念故宫这一段儿，特怀念，其实她没在故宫干过。]

皇城内的百姓人家

——陈允庄口述

时间：2005 年 3 月 17 日

地点：马甸文联宿舍某室张宗尧家

被访者：陈允庄

访谈者：定宜庄

在场者：张莉、张宗尧、吴效兰①

[**访谈者按**] 前面谈过，京城有数重，内城之内还有皇城。皇城始建于明，很像是北京内城的城中城，在有皇帝的时代，也是京城这个中心的中心。皇城四至，据《燕都丛考》："正阳门之内向南者曰中华门，东南曰长安左门，西南曰长安右门，东曰东安门，西曰西安门，正北曰地安门。"如今除地安门仅留地名之外，其余几门都早已不见踪影了。②

陈允庄女士住过的纳福胡同和恭俭胡同，就都在皇城之内，只不过在民国十七年迁都之前，前者叫内府库，后者叫内宫监，皇城内的地名类皆如此。另如上文提到的米粮库，还有惜薪司、司礼监、织染局等，都是当年的内官衙署。对于将这些地名改成纳福胡同一类，当时人就很有意见，认为这是历史观念薄弱且不学无术的表现，③ 却也反映出皇城中民居已经多过官署的现实。当然如今对皇城的误解甚多，

---

① 在我为张宗尧先生做访谈时，他的妻子吴效兰女士想到她的表妹陈允庄女士，认为她对北京民俗了解很多，所以把陈女士也请到家里，我就顺便为陈女士也做了访谈。

② 陈宗蕃：《燕都丛考》第一编，第 30 页。

③ 见林志钧《燕都丛考·序》："民国十七年国都南迁以后，旧京街名，又经剧变，如定府大街之为定阜大街，地安门内内府库之为纳福胡同，内宫监之为内恭俭胡同……类皆蹈袭前失，不知何所取义，历史观念之薄弱，亦不学无术有以致之，此非细故也。北京地名凡某库、某司、某监、某局者，如米粮库、惜薪司、司礼监、织染局之类，皆有关史乘，居今日而知数百年前，某时代之有某机关，并知其适在某地，宁非事之至有趣味者。"北京古籍出版社 1991 年版，第 2—3 页。

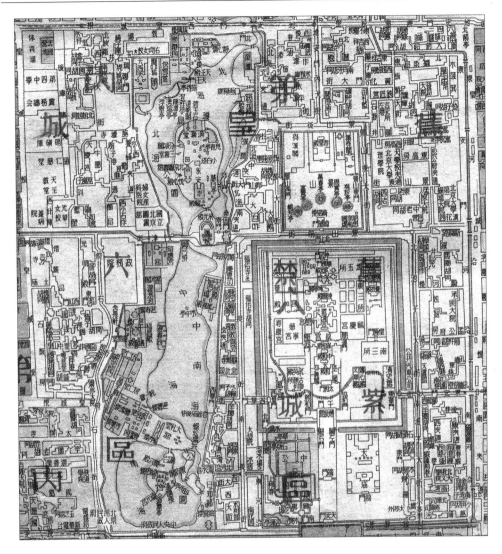

1950 年版北京旧皇城详图（中国地图出版社 2004 年复制版）

1901 年的西华门（引自《旧中国掠影》，中国画报出版社 1993 年版）

未必是因改名导致的不知源起所致。

明代的皇城是民间不得出入的禁地，清朝却是民居列肆之所，[①]史籍虽言之凿凿，却很少有人注意及此。大多数写北京城的人，想当然地认为这里居住的都是满洲权贵或者八旗人家。[②]事实上，清代八旗各有驻地，都仅限于皇城之外，皇城之内反而允许商人开铺和民人居住，这当然不是由于清廷比明廷更为宽容，而是因为无论宫廷还是内城旗人，都需要有人为他们的衣食住行服务。陈女士的访谈中说这一带平民多，拉三轮、拉排子车的多，摇煤球的多，确实是当时的真实场景。在 1928 年北平市社会局对内外城郊赤贫、极贫人数所作的统计中，内城"赤贫"者超过人口百分之十的有三个区，位于皇城的中心一区、中心二区就占了其中的两个，也是由皇城内居民构成的这一特点决定的。[③]

陈允庄是吴效兰的表妹，她的故事已经与故宫无关。但我是通过

---

① 见《燕都丛考》："皇城周十八里有奇，前明悉为禁地，民间不得出入。清时东安、西安、地安三门以内，紫禁城以外，悉为民居列肆之所。"

② 如高巍等《漫话北京城》（学苑出版社 2003 年版，第 146 页）一书称："清末，皇城内允许居民迁往，但多为满族权贵，汉官极少，更无百姓。"

③ 参见袁熹《清末民初北京的城市贫困人口研究》，载《北京档案史料》2000 年第 3 期，第 220—221 页。

她，才注意到在京城的分布格局中，还有皇城这样一个与其他诸处不同的所在，并进而注意到居住于这里的人们的生活方式的。

陈女士访谈中引人注目的重点，是她家族中几位女人的婚姻与遭遇。她的父母及几个姑姑的婚姻都集中于皇城这一地域之内，是当时婚姻地域圈紧密狭小的一个例子。至于前面对张宗尧先生的访谈中所谈到的，北京人的生活水平在日本占领时期一落千丈，在此篇中也为陈女士三个姑姑家庭的败落所证实。陈女士从女性的角度对她几个姑姑遭遇的讲述，则能使人对这种败落造成的后果，得到更深切的体会。

对陈女士访谈的另一重点比较轻松，是谈老北京人的家常菜。由于地处北方，北京人的餐桌上不可能像南方那样四季常青，但生活在天子脚下，北京人在"吃"的方面却丝毫不肯苟且。这就造成北京家常菜的特点，即用料便宜普通，不外乎萝卜白菜之类，但做法特别精细讲究，家庭主妇为此殚精竭虑，不惜时间，这点在陈女士的讲述中有具体和充分的体现。在本书其他诸篇，还会不断谈到各家各人所做的口味不一的家常菜，可以比较参照来看。

由于老北京家常菜吃的是功夫，吃的是时间，所以在当下这种喧嚣浮躁的年代，打着"老北京家常菜"的饭馆，或者赚不到钱，或者因做不出真正的味道而招不来客；反倒是用料昂贵、做工较为简单的某些南方菜馆，可以大行其道。也就不足为奇了。

[吴效兰：她（指陈）是我表妹，她的父亲是我亲舅舅。我舅妈九十多岁才去世，她老跟她聊。她对北京的民俗比我了解得多，有些她经历的，有些她听说的。所以我主动把她约来了。]

陈：我们这三家儿住得都不远，他们当初住米粮库的时候，我们住的是恭俭胡同。她妈是我姑姑。

定：我很想向您请教请教有关北京的民俗，但我今天来主要不是听您聊民俗，我想听听您的家世。

1. 爷爷那辈儿
陈：我们家到我这辈儿，在北京也有八九代了。我们家早辈儿，是绍兴黄酒罐陈家，绍兴黄酒啊，不用外边的罐，得自己做罐，我们家专门做那罐子，那些罐都是陈家的。

今日恭俭胡同

　　我爷爷那辈儿一共有六个爷爷，我爷爷行三，前面俩爷爷是前边的母亲的，我爷爷的母亲是续弦，后来又生了四爷、五爷、六爷，还有一个七爷，是叔伯的。我大爷死得早，没听说是怎么回事，好像就是正常病死的。我二爷有精神病，好像是走失了。我们家一辈儿出一精神病。二奶奶他们家是河间县人，后来好像二奶奶就回娘家了，就没音信了。我爷爷行三，是警察署的署长，东四区的，就是北新桥啦这一块儿。比现在的东城区小，但是比三四个派出所都大。我六爷呢，是做大买卖的，就是古玩和首饰啊。他们的古玩店特别大，你知道鼓楼前头那烟袋斜街，原来的红旗纸店，原来是首饰楼，那首饰楼是我六爷开的。现在后门桥那桥南喽，路西喽，那两间房，不是聚宝斋么，到现在还是聚宝斋，那是古玩铺，你看别处全拆除门脸，那儿到现在还没有拆，那也是老陈家的。但是我六奶奶他们家人吧，抽大烟全都跟六爷要钱，就抽穷了，穷得特别快。我七爷是专门给戏班子的。

　　定：给戏班子是唱戏还是干什么？

　　陈：我妈说七爷拉胡琴老拉不成名，他手指头肚软。他就给人家管大衣箱小衣箱。所以我小时候呢，我母亲老带我去看戏。现在不是也有大衣箱小衣箱么？大衣箱是专门管衣裳配套的。现在管大衣箱小衣箱的人都不行，给人穿衣裳都穿不规矩。比如说咱们要去看戏去，就能看出纰漏来。我不会唱戏但是我爱观察这些，我爱听京戏。我七爷他们家呢，我七奶奶不会过日子，后来就特别破落。

定：你爷爷他们那辈儿有没有女孩儿呀？

陈：爷爷那辈儿没女孩儿，大概有个女孩儿死得比较早。我们家是这样，一辈儿男孩儿多一辈儿女孩儿多。到我父亲这辈儿男孩儿少女孩儿多，要大排行我有九个姑姑。

定：您爷爷他们哥儿七个的时候住的老地方您知道吗？

陈：在崇文门下三条，出了崇文门原来有一个三路公共汽车，从那儿拐弯有一个下头条下二条下三条，现在拆了，没了。那边回民多，我们家为什么跟回民搭街坊搭得也很好呢，就是因为我有一个姑奶奶嫁给回民了，那时候我们都吃牛羊肉啊。咱们汉民是以猪肉为本不是么，搬开那个地方了才吃猪肉。我的回民朋友特别多，而且哪个回民朋友都把我当亲姐姐亲妹妹地对待。到现在还是这样。

[张莉：朝外也有下三条，吉市口，也有三条。①朝外下三条附近也都是回民聚居区。我姥姥家就在坛口，挨着那么一坛，那不有个黄寺么，在黄寺的殿后边他们盖的房。]

陈：坛口附近啊，都是回民大户的坟地。像我们这两家的坟地呀，都挨着他们回民的坟地。这都是听我妈说的，我哪儿能知道这事啊。

[张莉：坛口往外东大桥附近过去叫坟岗子。六几年还那样呢，后来改成公园了。]

定：您爷爷当警察署长是什么时候？是辛亥革命以后吗？

陈：对。就是当警察后来升的署长。

定：您爷爷当署长以后就住在地安门那边？

陈：在火药局二条。火药局一共六条呢。

[张莉：那时候为什么都在火药局买房？我们家也在火药局。

张宗尧：这个地段儿好，房子也好，全是供皇宫服务的，你像恭俭胡

---

① 朝阳门外，原有鸡市口胡同，成路于清代，此处曾是鸡鸭市场，故名鸡市口。据《宸垣识略》记载："东城副指挥署在朝阳门外鸡市口。北营外西一守备署在朝阳门外鸡市口头条。"民国初年，寓意吉祥，取其谐音，易名为吉市口，吉市口胡同。鸡市口头条胡同易名为吉市口头条胡同。今吉市口头条、二条、三条、四条、五条、六条、七条、八条、吉市口东巷、中巷、下坡等，都是由当年的鸡市口演变而来的。

今日纳福胡同东口与腊库胡同南口交叉处

同①、小石作、大石作、油漆作、帘子库、蜡库、米粮库，都是皇家周围。]

　　陈：这库都是在地安门以里，东边到现在的皇城根遗址公园啊。这块儿为什么库多呢，就是供宫里用的，叫内府库，现在纳福胡同过去叫内府库。

2. 一个大爷和四个姑姑

　　陈：我爷爷有四个闺女俩儿子。我大爷（指爷爷的长子、父亲的哥哥）那是实在没辙了，我姑夫给介绍当的警察。我大爷特别懒，爱喝酒，老跟我爸爸要钱喝酒。我大妈要现在说就是有点二百五，说话不着调。给我爷爷怎么气死的呢，他们两口子打架，我大妈就上警察署闹去，我爷爷要面子，一着急就中风不语了。哪儿有说穿上孝袍子闹事的呢，我爷爷又是署长，又要面子，他是面上的人。我父亲十七岁我爷爷死的，1924 年死的。

　　定：怎么叫穿孝袍子闹事去？您大爷死了？

---

　　① 恭俭胡同位于西城区东部，北起地安门西大街，南至景山后街。恭俭胡同紧邻北海东端，是一条狭长的小巷。明朝时，内宫监署在此，所以被称为内宫监胡同，民国以后，谐音为恭俭胡同。恭俭胡同周围有米粮库胡同、油漆作胡同、大石作胡同等，旧时多有工匠居于此地。前面张宗尧先生介绍皇城时也提到这个胡同。

陈：没死呀。她就是成心闹，说我大爷死了，她没人管啦。要不怎么说她是二百五呢。就是说她不懂事。

定：这是从哪儿娶的这么一位？

陈：南苑的娘家。南苑就属于农村了，那会儿，离鹿苑挺近的。我那大妈长得也不好看。就是乐家养鹿的地方吧。乐家还在北安河养鹿。

定：就是同仁堂乐家吧？

陈：对。①

定：咱们一个一个地说，您这四个姑姑都找的什么人家儿啊？

陈：我那大姑姑嫁了一个警官，他们也是绍兴人。他们上辈儿还在南方，到他父母这辈上这儿来了。我大姑夫就是管银闸胡同（沙滩红楼附近）那边的，要不怎么"文化大革命"的时候他到处东藏西躲呢，就是学生运动的时候，他当官是他管片儿，镇压学生来着，所以大姑妈那时候特别害怕。我大姑妈这人特别能干，要按她妈和我妈说，我这能干的劲儿特别像我大姑妈，是事儿都拿得起来。我大姑妈肺病吐血死的。

就北京人这规矩呀特别大。我大姑妈那大儿子，2003 年死的，他上我们家来，我们家不是住二楼么，从一进楼门儿，他一咳嗽，就是给你一声儿听，我就开门，一开门："哟，大哥来了。"我还得跟他这样，我不这样，他说你没规矩。一进门儿："二舅妈！"这全楼都能听见。我们那口子呢，是琉璃河人，②他不是北京人，他没有这规矩，不懂。要吃饭可就麻烦了，吃饭呢他得坐这边，我妈坐那边，左为上右为下，他呢，老得坐下坐。我不能陪着吃饭，我们那口子得陪着他吃，我们那口子不是北京人，他不会陪人吃饭，他呼噜呼噜吃完了，我们那大哥他把筷子就撂下了，我妈说，你慢慢儿吃，他不懂这规矩，你慢慢儿吃，他再擎回那筷子来。你说他不在旗，比在旗的不在以下吧？

大哥去年死了。他是唱大鼓的。后来不撂地儿了他就打小鼓，挎一蓝包袱皮儿，收文物收衣服，是高级收破烂儿的。2003 年"非典"的时候他是胃癌发烧，犯病了，当"非典"给收进去，死了。

我那三个姑姑全嫁的满族人。我三姑夫他们家姓韩，他们家有钱，南长街跟北长街那儿不是有个西华门么，西华门北有个二层小楼，那是他们

---

① 我就此事询问同仁堂后人乐曙青先生，他说南苑的鹿苑不是乐家的。有关同仁堂后人之事，参见第一卷第十四篇乐曙青口述。

② 琉璃河是位于北京远郊区房山的一个镇，陈允庄这里说琉璃河人不是北京人，是指不是北京城内的人而言的。从这一段陈述中可以看到老北京人对什么是"北京人"所划定的范围。

家的，后来没钱给卖了。①

　　后来我姑夫死了，我三娘儿（即三姑）的婆婆特别厉害，我三娘儿受气。有一个小叔子，也抽大烟，后来抽大烟抽没钱了，就把二萍就我那二表姐，跟她那弟弟，给送到孤儿院了。我三姑就特别穷，那时候，给人家帮工就是当保姆。那难看啊，尤其咱们北京人当保姆觉得是低人好几等，反正也不知道什么时候改嫁的，后来就嫁了一个老头，这个老头叫王西成，在交道口，交道口不是有个五几年盖的交通部大楼么，对面儿有一个修鞋的，这儿就是他们做鞋。我这三娘儿呢，就嫁给这王老头了。

　　我爸我妈不甘心，就说我这妹妹要丢了我不甘心，就找我这三姑，有一次有个街坊就说，交道口那儿，就是兵马司那儿，有一个鞋铺，说我瞧着像你们姑奶奶。这大概是1950、1951年吧，我才一两岁，我爸爸呢就嘿儿嘞（方言：让孩子坐在双肩上）着我，我记得特清楚，我记事也早，夹着一双鞋底子，有鞋面儿有鞋帮，夹到（腋窝）这儿就去了，我还哭还闹。我爸爸就拿着这鞋底子（到那儿）满屋里看，看也看不见，我爸就把鞋搁那儿，带着我回来了。我父亲后来又让我大哥拿了一双鞋底子，还到那儿绱鞋去，我父亲要去呢，我姑姑肯定得躲，我大哥去呢，孩子变化大呀，我大哥比我大十六岁么，可能是十八岁，拿着鞋底子，说是绱鞋去，一撩帘看一下，抱着我三姑就哭了——这我大哥跟我妈学舌我都听着呢——"三娘儿您怎么上这儿来了？"我爸跟我妈就去了，这就找着我三

---

①　在这里，张莉与陈允庄有这样一段对话，虽然因与正文关系不大而附于注下，但这个巧合非常有意思，它说明老北京这些人的圈子实在是太小了：

张莉：二层小楼是不是日本（占领）时期卖的？

陈：对。

张莉：卖给我们家了（众惊讶，大笑）。1945年，就是日本投降头一天他们卖的，我爷爷靠买这个楼，一下子就发起来了。就在修自行车的旁边。我们哪儿知道是谁家卖的呀。

陈：对，那修自行车也是他们家（指三姑夫家）开的。

定（问张莉）：你爷爷是干吗的？

张莉：营造厂的呀，我不是说我们家原来就在火药局住。他们哥儿几个全都开营造厂。我听我爸爸说日本投降是1945年的8月25号吧？25号之前他们就给出手了，特别低的价。我四爷，当时他们没分家，我四爷用特别低的价就给买下来了。

陈：他们特别穷了。

张：然后日本就投降了，日本投降了呢，这物价哄地一下就上去了。我爷爷他们在那儿也没法住，一下转手就给卖了，卖了呢就卖了特别多的钱。用这特别多的钱他们就去弄营造厂，弄这营造厂之后第一个工程就接的协和医院的装修。

定：嗬，那又是一大笔钱。

张：对呀，要不"三反""五反"的时候我四爷怎么给定个资本家哪，我爸爸"文革"时党籍怎么给停了呢。都为的这事。

姑了。就把我三姑给接家来。那时候我三姑得了子宫癌了，现在知道是子宫癌，得的是血痨，死了。

我三娘儿跟她女儿都特惨……［此处略去一段］

……

老娘儿就是最小的姑姑，比爸爸小的姑姑不是叫娘儿么，上海人也这样，叫老娘娘，就是老娘儿。我老娘儿死得早。我那老姑父是肺病，肺病死了以后我老娘儿有一个小叔子还有一婆婆，抽大烟，老娘儿还有一个孩子也死了，我老娘儿就跟那儿受气。我父亲这人特别疼兄爱弟，一过正月初五就把她接回来，到腊月二十三，买着肉买着面，再给送回去。腊月二十三到正月十五这才几天呢，再接回来到这儿住，住了差不多一年吧。

［吴效兰：这一年就过春节这几天回去，剩下都在娘家待着。有家不能回，老靠着弟弟这儿养着，心里也……］

陈：有一次我大姑妈打孩子，结果我老娘儿的手这儿挨一扫帚把子，打着虎口了，虎口痨。这点不好好，就是一穴位。再说我姑父是结核呀，肯定有结核菌，虎口烂了没多长时间她就死了。

定：她婆婆是什么人？您不是说是满族人吗？

陈：我妈就跟我说他们家抽大烟而且规矩还特大。

［张莉：还有二姑呢？

吴效兰：二姑就是我妈。］

定：就是只有您妈妈嫁得还挺好的。

［吴效兰：填房，但是。①］

陈：因为我姑夫前面的媳妇没孩子，生不了。痨病么，生什么孩子呀。

［吴效兰：我爸让人给瞒了，娶了一肺痨回来（指前面的媳妇），当好人娶回来，到我们家八个月就死了。我听他们说，我妈结婚时都二十九了。就因为给我大舅看那孩子看到十三岁……］

陈：对，我妈结婚，我姑姑出嫁。我姑姑为什么二十九岁才出嫁？就是因为我大爷的儿子，我奶奶拢着不给我大妈，不让我大妈进门儿。那这孩子谁看呢，我奶奶老了看不了，（我二姑）这一没出门的姑娘，得，您晚出门吧。我二姑侍候我那叔伯大哥一直侍候到十三岁。然后我妈接着侍候，侍候到二十几岁给他娶的媳妇。

［吴效兰：后来正好有这机会，有人介绍，一看我们家书香门第吧，就

---

① 这段讲的陈允庄之二姑，就是前篇中的吴效兰之母。可与吴效兰口述中有关其母婚姻与婚后情况的内容参照来看。因这篇口述做于吴效兰口述之前，有些内容可能比吴的更详细些。

同意了。]

定:（对吴）您母亲嫁过去生活还是不错的吧？

[**吴效兰**：怎么说呢，就是在日本来以前还是不错的，住四合堂那大北房。我哥哥比我个儿还矮呢。2001 年春节死的。]

陈：知道为什么比她个儿矮呀？我姑姑生了七个孩子，前头三个全死了，一个不见一个面儿。怀着这个呢，该生了，那个死了。

[**吴效兰**：我哥哥是老四，我是老五，后来还有一个效珍，效珍都三岁了，在西连房住的时候死的，后来 1948 年生了一个效萱，效萱生了几天就死了。

我们家还有个姑姑，这姑姑丈夫死了以后呢，就到我们家来住着，这姑姑是特别刁，那老满族的规矩特别多，给我妈气受，我妈一回你们家她就恶狠狠地说："又上陈府啦——"就这口气。（下略）]

3. 父亲和母亲

我父亲是 1907 年生的。我们家的文化都不浅，读私塾啊。我父亲也是读私塾，但是还读高小，也读公立学校。我父亲，打咱中国有电话，他是第一代电话员，那是考的，他们第一伙都是考，十六岁就考电话局了。他是职员，兼在工会里管账。我父亲一进电话局就组建电话南局，是北京的第一个电话局，①在广渠门附近。北京西单这儿是二局。他到武汉去过，上武汉成立电话局，又上天津成立电话局，在这个过程中慢慢就步入正轨了。解放前我们家有电话，我们家那号是两千号，我父亲在电话局是八千号，你要是打八再加三个零是我父亲接，你要是打二再加三个零就是我们家接。后来一解放，我妈是第一代的街道主任，那时候好几个胡同才用一个电话，我父亲在电话局么，就把这电话给了地段当了公用电话了。

我父亲特别爱吹笛子，在全电话局都是特别有名。他跟单二叔（指单士元）他们都是把兄弟，一个笛子一个箫，就让你听着感觉特别舒服。他一吹笛子我们家孩子都特老实，淘气的都不淘气就听着。

定：您妈妈是什么地方人？

陈：我妈也是北京人。我姥爷他们家住到现在的蜡库胡同。这儿是纳

---

① 这里的讲述与文字记录略有出入。按北京第一个官办电话局始建于 1904 年 1 月 2 日（光绪二十九年十一月十五日），地点在东单二条胡同大学士翁同龢的住宅旁门内。光绪三十年（1904）七月电话一分局于前门外打磨厂电报分局后院开通，该局于光绪三十三年（1907）并入电话南分局。陈女士所说电话南局当即指此。而电话二分局是光绪三十年于海淀西苑开通的。

福胡同吧，这儿一小胡同就是蜡库胡同，现在是山西一个矿务局的驻京办事处。拆了那房子，就盖了一个驻京办事处。就那房子，他们一百多年一直住在那儿。他们是个大家，我姥姥是满人（族），我姥爷不是满人（族）。我姥爷姓赵。反正姥姥家规矩特大，我现在说不上来。我姥姥是大脚，我们家没有裹小脚的，包括我姑姑。裹小脚都是南城裹小脚，北城都不裹小脚。

我姥爷他们家的人都特别聪明，也都是念书的人。我姥爷是哥儿三个，有一个弟弟丢了，好像就是念完书自己找完工作就跟家里失去联系了。

我妈不是1909年生的嘛，学生运动不是1919年嘛（指五四运动），她就十几岁了，那时候是都不让小孩念书，她就上红楼那儿念书去了，我们家离那儿特近。我舅舅淘气，就为了让我妈看着他去，结果我妈学习倒比我舅舅好，我妈从来没掉过前三名，她高小毕业。

我姥爷呢，按现在说就好像是搞移植水稻的。就是帮着韩国的朴先生，朴先生不知道叫什么，他儿子叫朴兴夏，我们八几年还到南朝鲜找过，也没找着。朴先生在韩国有一个媳妇儿，在丹东还有一媳妇儿。朴先生往韩国大面积种植水稻的时候，他不是得来回跑么，后来把丹东这媳妇儿休了，留了一个小姑娘，叫阿妹，就把这阿妹由我姥姥看着。朴先生看我姥姥这人特别实在，针线活儿做得也好，后来他到韩国，就把我姥姥姥爷带过去了，他觉得我姥姥姥爷特别可靠。朴先生他们不是子女特别多么，他是一个大家族，挺大的一个大家族，哥们儿挺多的。我姥姥在他们那儿给他们管了三年半不到四年的家。我妈到朝鲜是十六岁，就教他们孩子汉语，后来不能老挨那儿待着呀，我妈到了十九岁，就该回来了，不回来怕嫁不出去了。所以我舅舅是留日的留学生。要不怎么"三反"的时候也整他呀？

我妈三十三岁我姥爷死的。我大哥一岁多吧，我姥姥死的。我没见过姥姥。

定：您父亲和您母亲是人家介绍的还是因为是街坊？

陈：别人给介绍的。我妈有婚书，那婚书还挺好的，还有印花税哪，现在保存这样东西的人也挺少的吧？没给您带来。订了婚吧，得给我爷爷守孝，守了三年，完了才嫁过去。我妈结婚的时候呢，我奶奶不让我大妈进家，我妈跪着说："妈您让我嫂子回来吧，我们姐儿俩没见过面。"我奶奶为什么对我妈特别好呢，我妈这人从来不多说话，但是都做在礼节上，所以我妈跟谁关系都不错，跟我这几个嫂子的关系也特别不错。

我妈不到二十四结的婚，1933年生的我大哥。我母亲生了十一个孩子，我是第十一个。

定：你妈妈后来是做什么呀？

陈：就是家庭妇女呀。我们家子女多。我妈那人特别勤快，一到大白菜下来了就做泡菜，做打糕，原来我们家都做打糕吃。在我印象当中我觉得我妈特会做，什么都会。因为我们家是一大家，甭管我姑姑他们家还是我姥姥他们家。

我妈跟我姑姑说话声音都特别轻，就姐儿俩悄悄地说。我妈跟我姑姑说话的时候，比如说："二姐您上我们家"，从来不这么说，都说："姐姐您哪天家去呀？"所以我现在跟我大姑子说话也是这样："姐姐您哪天家去呀，您想吃什么我给您做。"所以我两个大姑子挑不出我毛病来。我们家曾经评过全国的六好家庭，1959年到1961年评了三年。

我们家住过的地方挺多的，那时候我们家可能住在水道子①，就是崇文门外三里河，现在拆了。为什么搬到水道子呢，就是我父亲在电话南局。我大哥在那儿生的。我奶奶可能是死到那儿了。后来住过纳福胡同，景山东街的三眼井②，三眼井工程，现在成保护区了，我们家就住那儿，就是纳福胡同。生我就在纳福胡同。这间房现在还留着。这我都没说过，我们院北房三间不是还有个耳房么，南房不是二房东么，他瞧见一个穿红衣服的小孩儿，钻到地底下去了，他就刨地三尺，那时候的人都迷信哪，那耳房就没有人租，后来我们家是孩子越来越多了，五个男孩儿，房东就非得让我妈住那儿去，说是五虎将，镇着这房子，从我们家一搬进去，这院儿还就是挺安静的。我们对门儿那郑大爷郑二爷那都是老公（即太监），他们有一妹妹，我们叫郑奶奶，郑奶奶说，我就愿意跟你妈在一块儿，跟你妈在一块儿我心里踏实，不害怕，你们家有五虎将。

那地方拉三轮的多呀，拉排子车的多呀，但是摇煤球的什么，都是供宫里用的。像吉安所，知道吉安所吧？在三眼井那边，就是停灵的地方，宫里什么人死了就到吉安所。现在那条街还特别穷呢。司礼监，就是司礼死人的事儿。其实司礼监胡同特别小，大概不到五十米吧。椅子胡同就是

---

①　水道子位于崇文区（今东城区）西部。北起清化街，南至东晓市街，基本呈卧"T"字形，以原为水道而得名。明朝时此地为一片水洼地，清宣统年间《清北京城图》名南水道子，因在三里河之南。1949年以前这一带房屋破旧，多为碎砖头筑成，雨后土路泥泞，难以行走。在此居住的多为手工业者和打鼓儿的。

②　三眼井胡同位于北京市东城区景山东街偏北路东，胡同呈东西走向，西自景山东街起，东到嵩祝西巷止。胡同北侧西与吉安所左巷通，东与横栅栏胡同相通，北端可达纳福胡同。胡同南侧与大学夹道相通，南端可至沙滩后街。

一个椅子形儿，这个胡同里没有什么念书的人，平民特别多，都是捡烂纸、拉三轮的。有时候居委会他们就让我给讲胡同的历史去。

我父亲死我妈一个眼泪都没掉，我十六岁啊，我姑姑劝她哭一声别这么憋屈着，我妈说我不能哭，我一哭我这精神就崩溃了，这一帮孩子我怎么带啊。

定： 您父亲当时什么病？

陈： 困难时期他不是老浮肿么，浮肿以后就老是肝不好，到 1966 年 9 月 16 号他就肝硬化死了。"文化大革命"刚开始。

我母亲哪，一个是老家庭出来的，再一个我受老的家庭教育比较多，所以我们母女俩跟一般的母女俩不一样。所有的事我都随着我母亲，我从来不跟她说个"不"，这是一个。再有一个呢，我每天都要跟她聊天儿，天天都聊天儿，天天都没有重样儿的。我为什么知道这么多北京的老事儿呢，就是跟她聊天聊出来的。

我妈的想法比较新，她说哪个媳妇儿我都不跟着，怕他们之间产生矛盾，所以我就一直跟着我妈过，我很少出差去。比如开会到外边去了，我老得找点茬儿不出去。我妈可以到各家去给他们看孩子做饭，但是一有病一感冒，我妈有哮喘病啊，就给我送来。要细说都有很多矛盾，但我觉得都不成为矛盾，我妈是我的我就应该管，只要为我妈干什么都应该，我就这想法。我 1996 年调整机构因为有病就下来了，下来没两个月我就想自强自立，我就做牛肉买卖，其他的时间我就跟我妈聊天儿，我也是有意识的，觉得她年岁大了，我想知道点什么事儿。她想不起来我还问，这事儿怎么回事儿呀，那事儿怎么回事儿呀。我母亲九十多岁死的，到现在我转不过来这感情。

4. 跟母亲学的做菜

陈： 我妈特别会做菜。我老给她打下手，打着打着我就都会了。

[**吴效兰：** 所以她会做朝鲜泡菜。摆那泡菜坛儿，家里也是外头也是。]

陈： 您知道我今年做了多少朝鲜辣白菜？我做了四十斤都没够吃。谁都上我们家要去。有人爱吃我特高兴。昨天我一同事跟我聊天我还说这事来着，有人问我满族人尝饺子怎么尝啊，她说怎么什么事儿都问你。

定： 你就说说怎么尝饺子吧。

陈： 比如说吃饺子吧，谁坐哪儿谁坐哪儿这就不说了啊，我煮饺子去了，我得让我妈尝饺子，我妈怎么尝饺子呢？拿一小布碟，咱家的小布碟特别小，放一点醋，搁上那饺子拿手一按，行，这就行了，再拿一（放汤的）小布碗立马跟着，吃完饺子把这汤给喝了。

张莉：跟我们家一样。

陈：哎，这满族人就这么多讲究。连筷子怎么搁都有讲究。我妈不是满族人，但是我们家规矩特别大。吃饺子其实挺有讲究的，初一要吃素馅。现在这么多亲戚，还就是我会做。我跟你说啊，素馅现在很多年没有人再做了，黄花木耳香菇，原来没有香菇的时候用松蘑，豆腐片儿、胡萝卜、白菜、菠菜、香菜、芝麻、姜。我得一样一样炒，一样一样做，我要明儿吃，得从今儿个就开始做，做到晚上去。黄花要怎么弄啊？黄花这不捋顺了么，摘，摘完了磨（mò），跟切韭菜似的磨，磨得特细，完了用刀背剁，这是黄花。木耳香菇呢就甭说了，切完剁剁切，这木耳不能拿油煸，一煸就爆啊，就得煸黄花差不多了搁点木耳，煸香菇差不多了搁点木耳，匀着得煸三样儿。煸豆腐片末儿的时候呢，不是都剁碎了么，要先搁姜煸锅，再搁豆腐片末儿，让姜味儿能入到豆腐片末儿里头去，然后搁酱油。白菜、菠菜都要烫了，白菜要烫得时间长，菠菜烫得时间短，然后白菜、菠菜，胡萝卜得煸熟了，然后要不搁点玉兰片，要不搁点藕，剁碎了，再搁点儿胡椒面，一共十三样东西，做这个素馅，你说现在谁做？谁有这耐心做它呀，所以我每年做这素馅都特累。素馅吃的时候不能加腊八蒜，不能加腊八醋，只能吃普通醋，这叫素。特别讲究。

定：是不是特别好吃呀？

陈：特别好吃！咱们这就算认识了，等有机会上我们家我给您做，保管把您吃撑了。每年过年我们家聚会，聚会二三十口子我一人做饭。我们家现在还有这习惯呢，三十早上必须得上坟，三十晚上过12点就得吃素。三十晚上吃完年夜饭，要把所有的东西都过碱水刷干净了，就为的12点以后吃素。①这吃素里边还挺有学问的，都是素菜啊，一个是白菜和胡萝卜，

---

① 关于老北京人除夕之夜吃素馅的习俗，有关旧京习俗的书籍也有记述，如民国年间的《旗族旧俗志》称："除夕之后半夜，家家户户皆忙煞于素馅饺子，旗族家庭以岁首'吃素'为宜，元旦吃素，谓之可当终年吃素。自除夕夜半与元旦之交，一秒之间，即不准家人动食荤味。元旦吃素类为'素馅饺子'，其馅虽无肉星，而菜料殊多花样，治馅之手续甚繁，故素馅须先预备……素馅饺子之素馅式样极多，既略之则有'白菜'、'胡萝卜'、'香菜'、'鲜姜丁'、'麻花'（但用香油炸成的）、'冻豆腐丁'、'芝麻粒'、'黄花'、'木耳'、'炸豆腐'，以上为素馅之原料，或切成丁块，或切成碎末，以白菜为主要原料，盛于盆中，白菜居下，其他样原料按格放列，红绿相映。拌素馅时调剂以香油，饺子皮亦为白面质。素馅且拌且包。"（芙萍：《旗族旧俗志》，载王彬等编《燕京风土录》上卷，光明日报出版社2000年版，第42—43页）可与陈女士所述参照来看。

胡萝卜和白菜心儿弄成酸甜儿的，搁糖，搁醋；还有芥末堆儿，还有温馂，还有炒素咸什，这是四个素菜。

定： 素咸什是什么？

陈： 素咸什是四样，有黄花、木耳、水疙瘩丝儿，还有豆腐丝儿。我年年做。北京吃春饼还有一讲呢。……咱们怎么光谈吃了（笑）。

定： 没关系，就说吃。刚才二娘儿三娘儿的话题太沉重了。……春饼我知道，是最好吃的东西。

陈： 我跟您说这合（huǒ）菜怎么炒。一个是酱肉，不能用猪头肉来替。大肚，没有大肚，这个不能算是春饼。大肚，您买去，就那一个圆的，里头是空的，是猪胃，两层皮儿，这么大个儿，做得了缩这么点儿了。买回来自个儿炖，炖完了切丝儿。

张莉： 那不就是松仁小肚吗？

陈： 不是，那是小肚，是后来的新产品啦。大肚是大肚，大肚特别贵，二十多块钱一斤哪，大肚含胆固醇是最高的。但是会做大肚的人并不多，一般的洗不净。这肚啊，原来是用醋洗，先用碱后用醋，那洗不干净，黏膜掉不了，照现在的做法是这么洗：倒点素油，哗啦哗啦使劲一洗，那黏的什么东西就都掉了，这是我发明的。你看，有酱肉，有大肚，有鸡蛋，鸡蛋是烙饼烙到半截儿就摊一薄片儿，烙到半截儿就摊一薄片儿。炒青白蛇，你别说炒豆芽菜炒韭菜，你得说炒青白蛇，把两样炒一块儿，就是青白蛇。白菜呢得切帮，切丝儿，先煸了，再稍微搁一点儿盐，这边是粉丝，煮好了沥出来以后，这边把白菜盛出来，再用姜煸锅，白菜搁里头再搁上点酱油。合菜是什么呀，白菜、粉丝、韭菜。炒菠菜不要搁粉丝。肉丝菠菜，豆腐丝蒜黄。

张莉： 这好像跟我们家一样。

陈： 这蒜黄咱们自个儿发，原来哪儿有卖蒜黄的呀。把蒜种上以后盖上东西不见阳光，然后它自个儿长，就是蒜黄。

定： 吃这点东西费多大劲啊。

张莉： 是啊，做春饼怎么也得做一天。

陈： 这羊角葱不能拿刀切，得拿手撕。这要切吧，这葱就不好闻了，原来刀没有不锈钢刀，都是铁片儿刀，有铁锈它就不好吃了。现在没羊角葱了，我跟你说，11月买葱的时候多买点，你让它发芽儿。

张莉： 我们家吃羊角葱都是一掰了以后就整根儿的。过去他们讲究吃腌什么来的？我不知道叫什么名，就是葱里头搁点儿香油，搁点儿酱油，一腌，我就记得我妈老给我爸做，也都得用手撕。

陈：你说的那是三合油。咱们吃汤，吃片儿汤啊，吃馄饨啊，就要搁点三合油。也是葱，切也行，切成末儿，拿盐腌一下，搁上香油，入了味儿以后，等吃的时候一倒酱油。

做好多东西呢春节的时候。比如做豆酱吧，就买那肉皮，咱们吃肉就把肉皮攒下，那时候肉皮比现在的好吃，现在的肉皮特别薄，而且熬不出那胶来。不够呢就买猪蹄，熬猪蹄胶，然后把猪蹄再提出来。然后咱们自己腌的水疙瘩，现在外头卖的水疙瘩不是咱们老北京腌的。豆腐干，不要香干，香干做出来不好吃，要白干，然后有黄豆，有青豆，有胡萝卜，就这几样。汤必须得熬到一定程度，能定冻，如果定不了冻儿，这豆酱算是失败了，不能先搁葱姜，得先炒胡萝卜，然后把豆煸熟了，搁上酱油，再把汤倒里头，最后搁葱。就不能再动了，再动它就凝不上了，那东西特别怕动，就搁那儿。家里人吃得多呢，做得也多。

定：这种豆酱特别有营养。

张莉：还好吃，尤其是吃饺子，就这豆酱，然后蘸腊八醋。

陈：我们家从来都上天源买咸菜，其他的地儿哪儿都不去。现在一买就买七八十块钱的。原来是我妈吃什么我得跑一趟，吃什么我得跑一趟。我跟您说我妈那嘴刁到什么程度，有一次我妈肺炎，在海军医院住院，没咸菜了，她牙不好啊，就买那糖熟芥。那会儿还是那老甘家口大厦呢，不是有天源的专柜么，我们那口子就在那儿买了一小疙瘩儿，回家就给带去了。我妈吃粥，我就拿手指头掐着那咸菜搁碗里了，我妈不让切咸菜，拿手撕。我妈说这个呀，这咸菜是跟大街上买的。我说您怎么知道的？她说天源的咸菜不是这味儿："这不是天源的味儿，天源的味儿爽口，这个吧，吃到嘴里乌涂着。"后来我们那口子来，我问他这咸菜在哪儿买的，他说就甘家口这儿呀，我说妈您这嘴可够刁的啊。

定：您母亲怎么有条件这么刁呢？

陈：老侍候姑奶奶呀。我妈是挨着个儿侍候姑奶奶，哪个姑奶奶住娘家我妈都得像样儿。我这几个姑姑都特好说话儿，但是我妈妈就是受的这教育，侍候姑奶奶就跟侍候婆婆似的那样儿。我妈跟我姑姑说话客气着呢。

定：您母亲会做席吗？

陈：大席面比如说扣肉，有大菜，有凉菜，有炒菜，二八席。

定：什么叫二八席？

陈：就是八个大菜，八个炒菜，凉菜不算。这叫二八席。还有十二的，十二个大菜，十二个炒菜，十二个凉菜。这就够大的席面了，都是大圆桌。我们家这几个哥哥结婚，我们家没请过厨子，就我妈、我二嫂跟我做。我妈过八十岁生日九十多口人我一人做饭，从早上一直做到晚上，连炒带做。

我三哥结婚的时候我十九岁，我们家来了九十二口子人。我三嫂他们娘家琉璃河的，提出吃合子，取和和气气之意，我烙了九十二个人的馅饼。我们那口子头一次上我们家来就是给我三嫂送亲，头一次来就吃的馅饼，到现在他说我可真不忘那馅饼。我结婚的时候我婆婆考验我，这琉璃河讲究是什么讲究啊？看你会过不会过，头一回就叫你烙饼，这饼要烙得圆，就说这人会过。这是我的长项啊，我烙了八张饼，一摞，横一刀竖一刀一切，我婆婆傻眼了，就那么瞧着我，我说您干吗那么瞧着我呀，因为我大姑子小姑子都不会做饭，到现在三十晚上一块过年得我做饭，现在给他们惯的是必须得三十晚上吃素馅。年年做，我给他们家还做过素馅呢。连我大嫂娘家聚会都是我做饭。像我这岁数这么能干的少有。我用左手。

吴：她左右开弓，左手也可以切可以弄，她左脑右脑全开发了，她这人高智商，我说你也没赶上好时候，你要年轻点你搞个公司。

陈：最近我家亲戚办了两档子丧事，都是让我去当顾问，就是怎么干都是有讲究，不能让娘家挑出毛病来，不能让农村的老亲老友们挑出毛病来，所以在这些方面我好像知道点儿吧。

5. 我自己

陈：看不出我有病来吧？我得了一绝症，克隆氏病，[①] 就是一段肠子干了，长四十公分，所以我不能蹲着，我坐沙发挺难受，我就这么挺着合适。跟我一块得这病的人基本上都死了，就我活得挺滋润的。

我原来在建材局建材集团公司档案处。1996 年为什么退下来？因为调整机构，我有病，每年都得一万多块钱住院费，我就退下来了。当时我儿子上大学，他是保送的华中理工大学，我母亲有病，哮喘，咱们都靠工资生活啊，我母亲得看病，孩子又要上大学，我心里特别不平衡。我想我退休了干什么啊，后来北京大都饭店有一个厨师长，他跟我爱人是同学，他说你们家那酱肉肯定能卖得好，我一炮就打响了，我一天卖了一百多斤牛

---

① 克隆氏病（Crohn），又名局限性回肠炎、肉芽肿性肠炎等，是一种原因不明的疾病。

肉啊，就熟牛肉，生牛肉得二百多斤，一个小时就卖光了。

定：那做起来得多累啊。

陈：也不累，我觉得我挺能干的。

吴：她也会做，她也愿意给人家做，她也好求。退休了以后她卖酱牛肉，卖朝鲜辣菜，就在他们那建材局宿舍里边，你要今儿不开张都不行，都堵你家门口儿去。

二　天潢贵胄

　　旧日北京的东西南北城，各具不同特点，以居住的人群而论，晚清时《天咫偶闻》的作者震钧曾以"东富西贵"来形容，后人又添上了"北贫南贱"。东富西贵是就内城而言，北贫南贱的范围就被扩大了，二者说的并不是同一个地域概念。

　　"东富西贵"的现象何以产生？是由京城昔日的布局决定的。本来，长安大街是内城唯一直通东、西城的纬线，而它的中段却因皇城的存在而被封闭了。因此在清亡之前，北京东城和西城间的交通非常不便，必须往南绕行前三门，或往北绕行地安门外，明清两代一直如此。这就造成了同系一城，东西两边却相对隔膜的局面。

　　我在前言中提到，在开始做访谈时，我并没有特别留意被访者居住在京城的哪个地区，但后来将这些访谈按各人所住地区分类，却发现诸如"东富西贵""北贫南贱"等老北京的俗语的确所言不虚，而其中最明显的，莫过于清朝皇族爱新觉罗的子弟：我在数年间通过各种途径访问的这些宗室王公后裔，竟然都居住在西城。甚至还可以换句话说，在我的被访者中，居住于西城的，绝大部分是爱新觉罗宗室，这当然不能说是巧合。

　　清朝的皇族子弟，当时人称"黄带子"，即使在清亡之后，也仍是京城中重要而独特的一个人群。他们人数众多，在皇族族谱《玉牒》中在册的就有八万余人，其中大部分世代居住在北京，迄至清末，粗略统计约有五万之数。如此庞大的一个人群，早在清亡之前地位与财富的分化就已相当严重，所谓支派流衍、浮沉各异，辛亥革命之后更走上各自不同的道路。本书受篇幅限制，只记录了其中四个家庭中五名男女迥异的经历，我想通过口述展示的，是这个群体之内处于不同社会阶层的人们具有的不同遭遇、不同精神状态，还有，是对他们那个创下丰功伟绩的共同祖先的不同认知，我最感兴趣的，尤其是后者。

　　这部分的开篇以"府门儿"命名，府门儿即王府，里面住的，是清代被封为亲王、郡王的皇子皇孙们，也就是爱新觉罗子弟中最上层的部分。清军入关，将八旗官兵按旗分置，也给宗室王公赐予府第。虽然这些王公也分别属于不同的旗分，但这些府第却不受本旗地界限制，选择的都是环境较为安静和宏敞的地方，许多是依明朝宅第改建。皇城西北的什刹海周围与积水潭以南，这片京城最风光旖旎的地带，便成为他们的首选之区。据统计，京城的清朝王府，在西城的有十分之七，东城只有十分之三，而东城的这十分之三中还包括一些蒙古王公的府第。大部分满洲王公都居住在西城，这是所谓"东富西贵"中"西贵"的含义之一。毓蕴所在的恭亲王府和毓旗祖上居住的郑亲王府，都是其中比较煊赫的。

"府门儿"风雨

——爱新觉罗·毓蕴口述

时间：1999 年 10 月 27 日
地点：北京南沙滩毓蕴家
被访者：爱新觉罗·毓蕴
访谈者：定宜庄

[**访谈者按**] 爱新觉罗·毓蕴，也名毓蕴华，出生于 1918 年，她是恭忠亲王奕䜣的曾孙女，著名画家溥心畬的侄女，本人在画界也颇有名气。辛亥革命后，满洲皇族中以画家、书法家著称者不计其数，仅《现代满族书画家传略》① 一书收录的近支直系宗室后裔中的女书画家，就有十余人，还未算上远支与嫁给爱新觉罗之后冠以夫姓的人。但毓蕴老回顾一生，最看重的不是自己在绘画上的成绩，而是以她那样的家庭背景而脱离家庭参加革命的经历。这与她父亲在恭亲王府中的特殊地位有着直接的关系。

与我接触过的很多爱新觉罗后裔不同的是，毓蕴老对自己出身的家庭、环境乃至她那位大名鼎鼎的画家伯父溥心畬的为人，都持一种冷静的批判态度，特别是她对她那因"服中生子"而过继出去的父亲溥佑的行为以及恭王府对她一家人的冷漠等的叙述，与她兄长毓崟在诸篇采访中的讲述，构成有趣的对比。这样客观和直率的态度，随着清宫"辫子戏"的红火和清史学界对此的推波助澜，以及人们越来越讲究"为尊者讳"的今天，已经越来越罕见了。我与她虽然只有一面之交，但她身上那种冷峻峭直的气质给我留下的印象很深，我因此对她怀有一种特别的尊重。

---

① 于岱岩、路地主编：《现代满族书画家传略》，辽宁民族出版社 1997 年版。

毓蕴老见多识广，仅仅跟随她的伯父溥心畲学画一段，就有很多心得，但这篇口述所录只是些片段，她最想讲述的解放初期参加革命的经历尚未述及，十分可惜。当时没有把这份口述做完，固然也有忙于出国访学等客观原因，但更重要的，还是我对自己一度丧失信心，我曾几次因为找不到这项工作的意义而打算放弃，待最终决定拾起重做的时候，已经时过境迁，一切都已无法弥补。这对我来说，是一个应该记取的沉痛教训。

我对她的访谈是在北京城北郊南沙滩的某工厂宿舍进行的，那是她女儿的住所，她的女儿也加入了谈话并为我提供了不少帮助，特此致谢，并先录她女儿的一段话作为开头：

毓蕴之女：上回楚云①和我们说了您要来的事以后，我和母亲把情况谈了一下，先从思想上捋了捋。说实在的，我妈整个的经历，这几十年也挺不容易的。原来自己手好的时候，老说还想自己写写什么东西，后来呢也不可能了，拿笔也拿不了了。要是有人采访采访、给写一写，也挺好。我母亲是想把重点放在解放初期参加革命以后，因为对这个印象非常深刻。

毓蕴（下简称毓）：如果说这个我就滔滔不绝。

毓蕴之女：过去是那么一个家庭背景，后来等于是背叛家庭也好，是脱离家庭也好，就参加革命了。而且在解放初期还是地下党的时候，就参加党组织了，后来一直就在党校学习。爱新觉罗家族里面像这样儿的没有几个，就我母亲，还有我舅舅，就他们两个人。启骧也是，启骧他是后来的②。爱新觉罗家族里边入党的人不多，寥寥无几，而且这些人还都是搞书画的，搞艺术的。我母亲参加革命以后，就等于脱离这个家庭了。过去受家庭的影响也不是特别深刻。您想详细了解我们这个家庭是什么样的情

---

① 这次访谈，是由王楚云先生替我联系的，特此致谢。

② 启骧是雍正帝九世孙，原在建筑部门和基建工程兵工作，为高级工程师。1985 年五十岁时加入中国共产党。《名人传记》（2004 年 3 月版）曾以"'皇室'入党第一人"为题对他进行了报道："回想起自己入党的曲折经历，启骧动情地说：'中国共产党能够把末代皇帝溥仪改造成为新中国的公民，我一辈子投身在解放军这个革命的大熔炉里，也百炼成钢了！'"启骧如今以"当代著名书法艺术家"著称于世。所谓"皇室入党第一人"，显然有误。事实上，早于启骧入党的爱新觉罗皇室远远不止毓蕴兄妹两人。个别媒体宣传时的夸大其词和不负责任由此可见一斑。又按，毓蕴本人口述所谓解放初期加入共产党的只有她与其兄两人的说法也不准确，本书中另一被访人毓旃的祖父，系端华后人，不仅早在 20 世纪 30 年代初就已入党，还是共产党在河北的早期领导人之一（参见下面第八篇毓旃的口述：《没写入书中的历史》）。而笔者在《最后的记忆——十六个旗人妇女的口述历史》中采访的毓臻，也是 40 年代就去了延安，她的哥哥比她去得更早并早已入党。但毓蕴此说还是可以理解的，爱新觉罗宗室到清末时已经是一个为数庞大的人群，近代以来停修《玉牒》，人数就更难统计，除了来往比较密切的皇族小圈子之外，对于其他人的情况确实很难尽知。

况，过去的生活怎么奢侈腐化呀，怎么没落呀，这方面我们也知道一些，可是了解不是特别多，也没有受到什么腐化。

定：您也看过我写的这本书（即《最后的记忆——十六个旗人妇女的口述历史》），我不是要批判爱新觉罗家族怎么奢侈，也不是对皇室的生活特别感兴趣。我就是想听听你们这些老人的故事，你们自己一生的故事，我最感兴趣的就是你们这些人的一生是怎么走过来的。您参加革命的时候多大岁数呀？

毓：大概没有三十岁吧，解放初期的时候没有三十岁，就参加市委办的党员干部学习班，党校第二期。出来以后就等于党员干部，由市委分配在各个工厂。所以说后面一段经历印象非常深刻。

定：对这一段我也觉得挺有兴趣，可是我们只能从头聊起，不能从半截说起对吧。您参加革命也得有一个背景是不是？所以我不问您的背景也是不可能的。您从您小的时候说起好吗？

毓：说的时间太长了我就腰疼，昨天一宿我都没怎么睡。你得多提醒提醒我。

定：您又不是作报告，咱们就闲聊天，关键是您别紧张。

1. 我父亲是"服中生子"

毓：我是老北京，1918 年出生的，出生在西城，这一辈子就没离开过西城，几代人了。平时我就不出去，唯一出去就是笔会。

定：西城什么地方，您还记得吗？

毓：跟我说过，我没注意，哪儿生的怎么回事都没注意。对过去的事，我以前根本不入脑子。反正不是出生在那种大宅院里。我父亲是过继，他不是府里的公子哥儿。他已经受公子哥儿的影响了，但在实质上，他不是什么王爷的后代了。他是过继出来的，是服中生子，服中生子是犯罪，为什么他得过继出去呢？为蒙混这个。①

---

① 这里说的"服中生子"一事，指的是溥佑之母、即载滢的侧福晋生子时，正赶上载滢之父亦即恭亲王的丧事。所以不得不将溥佑过继出去。因此皇族《玉牒》中只记载滢三子而未载溥佑。单士元作《恭王府沿革考略》时所附的恭亲王世系表即无溥佑的名字（见 1938 年《辅仁学志》）。有关溥佑的这一段经历，郭招金《末代皇帝的子孙》一书中收有他对溥佑之子毓君彦（君彦是字，名毓崟，即毓蕴之兄）的专访《恭王府中曾有一个"黑户口"——访恭亲王曾孙毓君彦》（团结出版社 1993 年版），据该文后面的记载，说此文作于 1987 年春，距今已经二十年。此后到 2002 年再有采访毓崟的文章，虽也提到毓崟是溥佑的儿子，却只说他"从小在恭王府长大"，其余经历则只字不提了。参见杨葆山《末代皇族中的共产党员——访退休干部爱新觉罗·毓崟》（《南方周末》2002 年 12 月 13 日）。又按，毓崟是 1960 年入党的，晚于其妹毓蕴。

恭亲王府大门

定：怎么回事我不太明白。

毓：这就得从恭亲王开始说，恭亲王有四个儿子，二儿子载滢是我祖父，可我都没瞧见过。这儿都有家谱，你要让我背我背不下来。

毓蕴之女：这儿有个表呢，你看啊，这是一代、两代、第三代这是恭亲王，恭亲王他有四个儿子，大儿子载澂、然后载滢、载浚、载潢，这是他四个儿子。二儿子下边又有这么四个儿子，溥伟、溥儒、溥佑，溥僡。

毓：溥儒就是溥心畬，溥佑就是我父亲。他这四个儿子都是亲生的儿子，为什么就把我父亲过继出去呢？就是刚才说的那个，他是服中生子。正好穿孝的时候生的他，可是穿的是谁的孝，我还弄不清呢，还是穿他父亲的孝呀，还是穿祖父的孝呀？他祖父就是恭亲王啊，就是六爷，老六，那时候权势相当大的，几个府里头他是挺有势力的，那不得了，这是您都知道的历史。六爷死的时候，那时候穿国孝。

可是儿子哪能随便给人家呀，所以找的也是爱新觉罗，宗室，这是不能给外边的。那会儿生孩子都得报宗人府，就要上那《玉牒》，将来好袭缺呀，可我父亲就没户口。后来出过一本书①，写什么恭亲王家中的黑户

---

① 这里指的就是郭招金文，参见前页注释。

口，说的就是溥佑，就是我父亲。

定：那您父亲就没上那《玉牒》？

毓：没有没有，后来也不兴啦，后来去哪儿上去呀？宗人府也没了，谁还追随那个？我父亲对那个不在乎，爱上不上，有的玩就行了，更自由了，他母亲又管不了他。

定：您知道您父亲哪年出生的吗？

毓：我不记得，那（家谱）上面有。

定：把他过继给谁了呢？

毓：那一大串的名字，我也说不上来，反正找的一个穷人家儿的，就是一个老太太，也不是顶有钱的，明儿好再回来呀！① 他就想完了事以后呢，过一时期再回来。这老太太家等于是来了一个财神爷，小祖宗似的，都惯着，他想怎么就怎么着，不念书就不念书，玩儿就玩儿，成天玩。会玩儿着呢，养狗、养猴儿。那真是公子哥儿。就说养的那猴儿，那猴儿啊淘气，那院子不是有好几重么，不是有那二门么，木板子做成的，上头有油漆彩画什么的，这不是有柱子么，那猴儿啊跑到那个架子上去了，吊着柱子玩呢。正赶上进来一个生人，结果，嗬，跑到人家肩膀上去了，它也怕人啊，哎哟撕人家，拽人家。吓得（家人们）赶紧把那猴给拿住了。这是我小时候他跟我说的。

过继后他就逍遥法外没人管他了，没人管他，没人盯着教训，他就随心自然发展。他听人说跟地下刨一坑把人埋到这儿，人就死了，他就想实验实验，把跟他一块儿的小伙伴，就是陪着念书的书僮吧，实际他也不念书，他就玩，给穿上衣裳，系上根绳儿，就把他埋起来了，还有人伺候他，往里铲土，这不就等于活埋人嘛！正赶在这时候我的祖母去了，就是他的亲母亲，看他去了，看见他刨坑埋人，老太太直掉眼泪，说你看我儿子怎么这样呀，你们赶快把我搀出去吧。后来老太太也没有再来，他就那样，想入非非，什么都想体验体验。

另外呢，他好多的嗜好。就是跟社会上那些人学了很多，当时环境不怎么好，给他养成坏习惯，抽烟，养猴，养这个养那个……所以说是当时的环境，是社会上给他造成的。抽大烟，那会儿大烟不像现在这毒品这么

---

① 《恭王府中曾有一个"黑户口"》文中称，溥佑出生后在恭王府养了十年才被过继出去，过继的那家是饶余敏郡王阿巴泰（努尔哈赤第七子）一支的后人，但是第多少代后裔已经搞不清楚了。当时这家确实只有一个老祖母，家在城北鼓楼附近。冯其利先生也给我讲述过这段故事，他说人称溥佑为"黑三爷"，并说此事现在饶余敏郡王的后人几乎已经无人知道了。

厉害，那会儿好像是平常的事，抽香烟似的。家里富裕点儿的抽大烟的很多，基本都抽，教育跟不上，挺随便的，所以那会儿人受毒腐化的很多很多。

定：他多大开始学抽大烟的？

毓：那我就不知道了，他也是逐步逐步（沾染）上的。他就是那样生活。①

我父亲和我母亲，他俩是怎么结的婚呢？是有一个老师，姓白，这边教过我父亲，那边又教过我母亲，好像这个老头给这边也教馆，给那边也教馆。合着都是他的学生。

定：就是说也在您父亲家里教，也在您母亲家里教是吧？

毓：是把老师请到自己家里头去。老师对我父亲也无可奈何，让你好好学，让你作诗，你也作不下去，你就别闹得了，你就别埋人得了。我母亲比我父亲学得好，比父亲念书念得多，写的大字都挺不错，还留着呢，后来没有了。我母亲真是过去的旧式家庭，学什么规矩，学什么贤妻良母。

可是我父亲还有一个女朋友，拿现在来说叫女朋友，那会儿叫外家。我也没看见过，他也不回家，没钱了就找他妈（指亲妈）要钱去。他妈那会儿也没什么办法呀，也没有很多的钱。那府里已经慢慢衰退了，穷了。没有进项就卖点儿字画、卖点儿古玩。老太太就是还有点儿东西。就给他一块石头，给一块玉、一个觋觋啦，粉色的，挺好，那么大一块，还有什么坠儿，那也是早就存在手底下的，我父亲就拿着出去当了，卖了，那时候也不值钱。我父亲拿钱就给那女人送过去，跟人家花花，在那儿住。那儿也无所谓家，人家也不承认他，人家还有一家人呢，跑到人家家庭里去那是干吗呢那是！后来跟那儿好几年，人家不要他了，人家也穷，后来老太太就是我的祖母病死了，不能给他大量的钱了，他就回来了。那会儿我哥哥都十几岁了，我也有十岁了。我母亲始终也不去。

定：您知道不知道您祖母是什么人？

毓：她不是大福晋，她是侧福晋，你知道什么是福晋吗？

定：福晋就是夫人啊，王妃啊。侧福晋就是他的侧室。……您见过她吗？

_____

① 对于毓蕴老所述溥佑这段经历，其兄毓崟只是轻描淡写地说："过继以后很自由，没有恭王府内那么多规矩，念书也没那么严格"而已。见《恭王府中曾有一个"黑户口"》，第182页。但毓崟也承认，溥佑在学问上很一般，远远比不上他的哥哥溥儒和弟弟溥僡。

毓： 就是见过也很渺茫了。

2. 恭王府中

定： 那您父亲后来回没回恭亲王家呀？

毓： 在那儿（指恭亲王家）就是我和我哥哥。我们在（与恭王府的）关系上，逐步地感情比过去浓厚了，有了一点儿感情基础了，互相能了解点儿。他们心里对我们也挺爱护的。那会儿府里住着不少人呢，好几十人，男的、女的、少的。

定： 那就是说您大爷、二爷那会儿还都住在王府里？

毓： 都住在那儿，那房子都旧着呢，甚至于有的房子老得都不能住，可是还有使唤的丫鬟啊，老妈妈啊，嬷儿啊，嬷儿是给男孩子喂奶的，有管看的，有管喂奶的，嗬，那谱儿大了。姑娘叫什么？

定： 格格。

毓： 格格是后来的。那会儿就叫哥哥，几哥哥，几哥哥，就是几姑娘，几姑娘。男孩儿叫阿哥。管我这姐姐（指溥心畬的女儿）就叫哥哥，我叔叔有几个姑娘，也叫几哥哥，几哥哥。可是他们管我们不这么叫，他们管我不叫哥哥，叫大姑娘，管我哥哥叫大哥儿，按外头的说法叫，外来户了。我最不服气的，他们都是妈妈抱大的孩子，就他妈我这倒霉出来的。……他们后来叫着叫着气也不足了，就算了。

那时候我虽然是个小姑娘，就气不忿儿。你们吃饭有大厨房，吃饭不说吃饭，叫传饭，到时候有老婆子传饭，西太后、老佛爷才叫传饭呢，就这么讲排场。我们那哪儿行呀，我们传谁去啊，我们传我们自己，我们得自己做去。虽然说我父亲抽大烟，也不能净赖我父亲呀，他们那会儿也抽大烟，还有人伺候，好几个管家伺候着抽大烟，这不是同等一样么，就因为我父亲没钱，暴露得就更明显一点。阶级观念不一样，看法就不一样，一点点促成你的思想变化，这就是我后来参加革命的背景。①

旧社会就讲这套，家传的，家规，讲虚伪，我一想我那个大爷有时候就很虚伪，那会儿环境造成的他那样。我祖母死的时候下小雨，冷，上面穿着棉袄，穿着那孝衣，下着小雨衣服不是潮吗？那几个管事的，那会儿叫管事的，就像现在秘书似的，不是秘书，那职称是老家人，就是伺候他

---

① 毓蕴的哥哥毓崟对于在恭王府的那段生活有着与毓蕴颇为不同的感受，《恭王府中曾有一个"黑户口"》中记："虽说是过继出去的人，但恭王府上下对他一家仍很热情。他在府内可以和小孩到处玩，留下许多美好的童年回忆。"（第 183 页）

的老奴。那些人捧臭脚，就说"哎哟爷您别太悲伤了，您出汗出的太多了，您看您的棉袄都湿了。"就那么捧，他就默认了。哎哟我心说，这哪儿是悲伤，这是下雨淋的，棉袄要湿到那个程度得出多少汗呀。我那阵儿才几岁呀，我就有看法。

那会儿我母亲就死了，我十六岁的时候母亲就死了。那会儿府就卖了，说卖德国了，不是改辅仁大学了吗？我不记得年月了，① 那时候我很小，我很小就懂事了。说他们一个人得了几万块钱，那会儿几万块钱可不少，可这笔钱没有给我父亲，可能也给了点，给了他也不跟我们说呀，都糟蹋了，就那样。各府里就都不是自己的人了。

3. 随二伯画画

毓：溥心畬是我二伯，是我父亲的亲哥哥，长得特别像。我画画也是跟他学的。

定：那可是名师呀。

毓：确实是名师。南张北溥么，那可真是了不得。你看六爷府书画界的人特别多，在书画方面，在文艺方面，都是有学问的，做个诗呀，做个词，在写上面，在画上面都行，六爷府都是这一路的。只是二爷太出色了，所以别人都显不出来了。五爷府就不是那样②，五爷府特讲究什么？练。

定：噢，一个府是一个风气。

毓：他爱那个，好那个么。

后来经济方面也挺困难的，溥心畬那会儿就开始卖画了，我哥哥为什么会画画呀！有时候就帮着他给画点，他一忙了就是代笔似的。我哥哥从小儿就爱画画，以后跟着他，那会儿他就十几岁了。

我有个姐姐，三姐，和我同岁，她叫顺子，是溥心畬的女儿，早就死了。溥心畬还有两个儿子，都比我小。我们就都在一块儿，溥心畬挺喜欢女孩子。他一忙了，我和三姐就帮着给他上颜色，有时候他也说，这个怎么画，那个怎么画。有时候他不说，我就瞧他的意思，该怎么用笔，哪儿该使劲，哪儿该揉一揉笔头。这笔是倒着用，还是用侧锋啊，区别在哪里。

---

① 溥伟将恭王府卖给辅仁大学是在1926年，溥心畬三十一岁，毓蕴应该是八岁。据《恭王府中曾有一个"黑户口"》记毓崟的说法，其母逝世于1937年，毓崟和毓蕴兄妹便是在此年重新回到恭王府的（第183—184页）。但毓蕴说她母亲在她十六岁时去世，如果以虚岁计，应该是死于1933年，为何会出现这样的误差，不详。

② 五爷指道光的第五子奕誴，封为惇（dūn）恪（kè）亲王，他是咸丰的弟弟，恭亲王的哥哥。即惇亲王府。

您别看这画画，"瞧"最要紧。因为画画本身、写字本身，它有一定的气韵在里头，他可以从自身运用。这里边必须是我自己去体会。

现在的恭王府花园您没去过吧？那会儿挺讲究的，家里有戏楼子，整个戏台画的一架藤萝，连根带整个柱子，房顶，整个是一个藤萝架，画的那功夫可大了。那年代不少了，后来也经过整修，装修也还保持原状，还是那样。还有那大殿，以前那殿真好看，整个是空的，几棵大柱子，雕刻的也细，镂空的，那叫福殿。对面是假山，真好。我还照了不少相。哎哟现在都没了。他们给盖成什么啦，什么展览厅，拆的乱七八糟，还有茶馆，还要票，票还挺贵呢，二十块钱。展览厅里头不少画呢，有溥心畬的画，我舅舅的、我哥哥的，还有几张我的画呢。

启功你知道吗？启功八十多岁了，他的辈儿小，溥毓恒启，毓字辈下边还一恒字，恒完了才是启字辈呢。所以他老是当孙子的，他开会也不去，他辈分小，这个那个的，您不称呼不好，可是怎么称呼？启骧你认识吗？

定： 我不认识。

毓： 我们一起出过笔会，我让他写了一份册页，他就没法题上款儿，你说怎么说呀，论辈儿（我）是长辈，不论辈吧又真不是外人，他就给我写宗长，宗长就不论辈了。笼统点得了，爱宗什么宗什么。

没写入书中的历史

——毓旗口述

时间：1999 年 11 月 14 日

地点：北京市定慧寺某居民楼毓旗家

被访者：毓旗（化名）

访谈者：定宜庄

在场者：Mark Elliott[①]

[**访谈者按**]　咸丰十一年（1861）八月，咸丰帝病死于热河行宫，怡亲王载垣、郑亲王端华和协办大学士户部尚书肃顺等八人受遗命总摄朝政，辅佐年仅六岁的皇太子载淳为帝。载淳的生母那拉氏伙同恭亲王奕䜣发动宫廷政变，将载垣、肃顺、端华三人革职拿问，并于几日后将肃顺诛杀，将载垣和端华赐死，其他五人或革职或遣戍。遂改元同治，两太后垂帘听政，由那拉氏掌握实权，开始了她对清王朝长达四十年的统治。这场政变，就是中国近代史上著名的北京政变，因发生在辛酉年，亦称"辛酉政变"。

　　端华是清太祖努尔哈赤之侄济尔哈朗的七世孙。1826 年（道光六年）封三等辅国将军。1846 年袭爵郑亲王。肃顺是他的异母兄弟。对于这场宫廷政变，无论历史最终做出的评价如何，对于这个家族都是一场莫大的悲剧，是一个永久的伤痕，而这个家族此后的兴衰，也不再为那些只关心在政治与权力斗争中胜出的"正统"史家关注。但是，正如我们从毓旗的口述中看到的，这个家族日后的经历不仅丰富生动，而且与时代的大变革息息相关，正因为有诸多这类退出"正史"的故事，与官方文献结合在一起，才构成那个时代的"整体"，

---

① Mark Elliott 现为美国哈佛大学东亚系教授，研究领域也是清史与满族史，与我相同。我为毓旗先生做访谈时，他恰好在中国第一历史档案馆查阅档案，听说后便兴冲冲地跟随前往。

所以，它具有毫不逊色于正史的学术价值。

　　这篇口述访谈，主要围绕毓旗的祖父——载儒的人生经历展开。他从一个在朝廷权力斗争中失败的家族中走出，参加"平教运动"直至投身革命的过程复杂坎坷，颇具传奇色彩，这是一个在以往文字记录中罕见的满洲贵族出身的革命干部兼知识分子典型，既真实又生动，为我们留下一个相当广阔的想象空间。

　　毓旗个子不高，眉宇间却透出一种英气，这应该是他那个神勇的爱新觉罗家族的遗传，否则的话，他们怎么能以僻处偏远山林间的区区十万之众打下大明的天下呢。可惜的是，这种神情在他现今的同族身上已经濒临绝迹。

　　毓旗是化名，所以没有必要再在前面加上"爱新觉罗"四字。① 他20世纪60年代初生于北京。"文化大革命"期间受小学、中学教育。十五岁步入社会。1979年考入大学，获哲学学士、历史学硕士学位。20世纪80年代中期开始从事中国文化史、宗教学和国际问题研究。多次赴美国、日本讲学，参加国际会议，数次访问台湾并在大学从事客座研究。出版多部中华文化、历史及当代哲学、宗教问题的专著。现任某研究机构研究员，是北京数所大学的特聘教授。本篇口述的最后一段，是他对满族历史的一些思考，他坦言这些想法受其祖父影响很深。然毓旗虽是学者，恐怕也很难将这些内容形诸文字，由此亦可知，口述自有文字难以企及之处。

1. 端华的事出来以后……

毓旗（下简称旗）：这些事都是我爷爷给我讲的，目的是让我牢记家史。我现在也给我女儿讲这些事，我说你从小要知道这些事，这些是口传历史，它没有写在书上。

定：端华出了这件事以后，官书中还有没有可以查到的任何线索？

旗：任何都没有。说心里话，也就这几年，我因为学历史，本人对这

① 事实上，按照清人习惯，对于宗室，本来也并不在前面冠以"爱新觉罗"，清代皇族也并不自称为"爱新觉罗·某某"。清代旗人有"称名不举姓"之说。姓，满语称哈拉（hala），可作"氏族"解，人们互相打招呼时会问"您什么哈拉"，即属于哪个氏族之义，但如果径直将氏族道出来，却不符合习惯。对此，启功先生在《启功口述历史》中曾称："我既然叫启功，当然就是姓启名功。有的人说您不是姓爱新觉罗名启功吗？现在很多爱新氏非常夸耀自己的姓，也希望别人称他姓爱新觉罗；别人也愿意这样称他，觉得这是对他的一种恭维。这实际很无聊。事实证明，爱新觉罗如果真的能作为一个姓，它的辱也罢，荣也罢，完全要听政治的摆布，这还有什么好夸耀的呢？何必还抱着它津津乐道呢？这是我从感情上不愿以爱新觉罗为姓的原因。"（赵仁珪、章景怀整理，北京师范大学2004年版）这又是从另一个角度而讲的了。

个也比较感兴趣，然后慢慢地就愿意再深入了解，要不然……

端华是我的五世祖，我们是属于镶蓝旗的。端华官也挺大，总领过镶黄旗，所以我们也说在镶黄旗。他属于犯了罪的，朝廷赐死……当时那上吊的白绫带还留着呢。

我爷爷说听他们老一拨儿的讲，当时我们郑王府一开始还没有给抄家，一开始说叫革退，就是革去爵位么，按当时规定世子还可以降几级，当时是降为辅国将军、辅国公①等，但是家产也封了一段时间。革退这个处分之后呢，家族很快在朝中就没有地位了，没人愿意理，宗人府的人也不会给你好脸色。主要是几个妇道人家撑着这家里，家里没脊梁骨，这期间很多人去家里勒索，被人勒索了一大堆。

定：东西就都转移了？

旗：转移了，几家都转移了。家早散伙儿了，人死了还不散？我们这一支赶紧就跑了，老娘们带着第四个儿子崇善，没等抄家就都走了嘛。

定：那你们家到底有没有被抄家？

旗：抄了，实际上还是抄了。那时候抄家很厉害，什么叫抄家？今天抄了，封条子全部贴上。然后宗人府②负责给你们送饭，集中在几个屋子里住，兵丁看守不能出来，人都不能出来，然后就开始清点名册，查你家有多少财产，就这么查。

Elliott：那你们家以前的诰命③还有剩下来的吗？

旗：抄家最先抄的是朝廷颁给的各种文书，其次是房地，再次是浮财，就是金银细软。浮财你可以留藏、转移一些，藏文书就罪加一等，那些东西根本就不可能传下来。我们更不可能有，抄家籍没的，他怎么可能给你留这些东西？

定：我现在想听你说，端华那事出了以后，你们那些支的情况，我想知道那些支都在哪儿，越具体越好。

旗：那个我还真说不出来。我爷爷要在的话他肯定能说出来。我爷爷过去讲亲戚必须走（指来往），这是在一个大家族来讲。我爷爷那会儿讲，亲戚不走就凉了，如果再讲，就是往下传辈儿，最老的话就是：姑舅亲，

---

① 清宗室爵位，在清入关前的崇德元年（1635）确定为九等，入关后于顺治六年（1649）又厘定为十二等，依次为和硕亲王、多罗郡王、多罗贝勒、固山贝子、奉恩镇国公、奉恩辅国公、不入八分镇国公、不入八分辅国公、镇国将军、辅国将军、奉国将军、奉恩将军。亲王、郡王嫡福晋（即嫡妻）所生子，年满二十岁，由宗人府请旨考试，亲王子可封世子，郡王子可封长子，以待袭爵。

② 宗人府，清代管理皇室宗族事务的机构。

③ 诰命：指清代皇帝对五品以上官员及世爵承袭罔替者封赠的文书。

辈辈亲，砸了骨头连着筋。

定： 姨表亲，不是亲，娘一死，断了亲。

旗： 我们不这样讲，我们讲姐儿俩嫁汉各顾各，其实是一个意思。我爷爷还跟我讲：如果家族里生俩女孩儿，一定得再生个男孩儿，因为生这俩骨肉就不亲了，一出嫁就全都完了。而且如果姑舅之间再生个一男一女，还是姑舅。

端华出了这事以后，等于封号就给别人了，王府也给人家了，以后封的郑亲王还是属于济尔哈朗一支的，但是哪一支我就不知道了。我们都不感兴趣，因为跟我们没有太近的血缘关系，就是顺着辈分一查，可能是济尔哈朗几个儿子中的另外一个儿子，那跟我们隔着七八代八九代，血缘越来越远，没法儿再跟人家续。跟我们家完全没有任何关系。

那个时候他记得什么呢，就记得后来商量迁走，有一支后来听说迁到兰州、陕西那一带，那上吊的白绫带就给这一支带走了，不知道后来他们传到谁家去了，我爷爷老说兰州那支带走了。还有一支留在北京，留在北京这一支跟后来又恢复了郑王的那家关系不错，跟他们伙着过，搭伙。我们这一支，就是端华的第四子憲善，因为年龄小，才七岁，就过继给了绵英。绵英和端华私人关系很好，否则不会过继他的，落难之后他给帮个忙呀。

绵英不是皇室嫡系，也不是皇室正根，是旁支，好像是奉国将军。绵英的将军府就在现在北京评剧团，那个能人居涮羊肉再往南一点儿，顺承郡王府往北，就是我们家后来过继给的绵英的宅子，过继以后我们家就没走，就在那儿住。但有一支确实迁到保定去了。他们还经常有来往。

到庚子年，我们从来不讲义和团运动，就用庚子年，叫庚子拳乱。[①] 我爷爷一吃面条就跟我们说这个："吃面吃面不搁醋，炮打西什库，吃面吃面不搁卤，火烧英国府。" 就是那时候流行的俗语，开玩笑，满人特爱说一些俏皮话。那时候就乱。

Elliott： 你说乱是什么意思？

旗： 八国联军打到北京来了，（对 Elliott）：你们到处烧杀抢掠呀，整个北京城都已经乱了套了。绵英的住宅那地方也遭了事了，实际上憲善在拳变之前就已经把大车都准备好了，他知书达礼，又经过变故，家里边已经被抄过一次了，再说原来寄居于人家家里边，算是过继的一个儿子，实

---

① 庚子年，即光绪二十六年（1900）。"庚子拳乱"系指义和团运动，为扑灭这场运动，英、法等八国联军攻破北京城，慈禧太后与光绪帝仓皇西逃，北京城经历了一场大劫难。

际上也有些家族矛盾，这我爷爷他也讲不清楚，他就说等于是过继给人家了，家里边又没根了，在人家是寄居篱下，低三下四。所以1900年庚子拳变一乱，悫善就带家眷走了，保定不是有一支已经迁过去的么，我们就迁到保定，世道一乱就投亲靠友。把这些东西弄了好几个大车就给拉走了，就顺着高碑店、涿州、徐水这条路就往保定那边走了，就往保定就落下了。彻底回保定，以后就没再回来。

2. 旗地庄园和买汉姓

旗：悫善是到保定之前两年生的我爷爷，生我爷爷的时候他已经四十二岁了，（夫人）可能也是侧的，不是嫡系。悫善到保定时大概是四十四五岁。我爷爷是老四。

悫善他们迁到保定以后，实际还有官饷，因为悫善过继就属于绵英这一系了，过继了嘛，内务府还按照宗室的待遇，还能关出银子来，还按绵英这一家，不是按郑王，给了以后到保定府基本上也没做生意，也没什么事情，吃租子，旗地庄园的租子，北京还有点房产。到辛亥革命以后，就有一个问题了，宗室待遇逐渐减少，也落实不了，旗地庄园的土地也出了归属问题。我们当时在直隶，北京对宗室的所谓优待条例①管不了那么多，鞭长莫及，北京这儿都乱了，直隶保定府还管你什么事，顶不住了以后就出去找工作，当时排满排得特别厉害，满姓的人找工作极难，后来就干脆买个汉姓算了，反正我们郑王府那边早完了，绵英这边宗人府的银子也无所谓了，就改了汉姓了。得找朋友入宗祠呀，正式的到人家拜祖宗去呀，入人家的谱牒，都是有这么一套规矩的，我也不是特别清楚，我爷爷就给我讲当时就买了汉姓，入了汉家宗祠，就在保定的定州，在庄园那一带，实际上是给我们种粮食的汉人的姓，买了一个姓氏，我估计也就是给个面子，这都是老庄户的人，老庄丁了，等于给老主人帮个忙。我爷爷经常讲置房子置地置产业一点用都没有，读书才是真正的，另外一句话就是有金有银有玉有这些财产，你要是压不住它，它就把你压死了，读书才能压住家里的阵。后来我才慢慢明白，你读了书这些东西才能传下来，永远留在家里头，你就压住它了，你不读书你穷了你就得卖这些东西，它就把你给

---

① 辛亥革命后，清帝同意退位，并与南京临时政府商定优待条件，内容有三，一款为《关于大清皇帝辞位之后优待之条件》；二款为《关于清皇族待遇之条件》；三款为《关于满蒙回藏各族待遇之条件》。这里提到的，当系第二款中的第三条，即皇族私产一体保护。所谓皇族私产，应该亦包括皇室在京畿以及关外的旗地庄园。但这些条款最终未能落实。

压死了。它就这个道理呀。所以讲诗书传家，特别重视读书。

定：你们家那边都是老郑家的王庄对吧？你们家后来不是和郑王府没关系了吗，可是那老王庄还是他们家的？

旗：我爷爷说是犯天犯地犯不了祖地。你犯了再大的罪，祭祀祖宗的香火田不能动，不能没收你的，以维持这种礼数，就是孝道。祖地就叫香火田，那香火田的租子呢，卖的钱只能是祭祖宗用，烧香啊，杀猪啊，祭祖啊，春祭然后秋祭，用于这些方面，所以王庄不在没收之列。后来我爷爷跟我说这个，我以后看《红楼梦》的时候就联系起来了，《红楼梦》里的王熙凤临死之前托梦给薛宝钗，说了这么一句话，就说你们要多置点田，别在京城里头多买房子，要在京城外多置田产，以后祖宗死了以后呀也有几分香火，实际上也指的是这个。

我们村就在定州。王庄的土地在文献里找不到的。王府自己没有典，王府自己不敢造典。王府的东西最不容易保存下来，因为它这个爵位吧，尤其像清朝，爵位不是世袭，就是那八个铁帽子王，有的一下子就不是王了，继承不了了，给你的世子的号是别的号，这东西你也就没有了。你可以到河北的大王庄、小王庄去看看嘛，现在还叫大王庄小王庄，定县，庄户还在，但是你要再问，知道的恐怕不多了，实际上说不清楚了。

定：那你爷爷周围已经没有旗人了，他完全是生活在一个汉人的环境里啦？

旗：那边旗地庄园有一些旗人，但是地位比较低。

定：旗地庄园就是那些庄头壮丁、庄户。坟户不多是吧？

旗：坟户不多。那儿没有坟。

定：除了你们这一支，你们不是好多支，其他那些支呢？

旗：其他那些支，我们就跟保定那支还有一点儿来往，但是也隔得很远。保定那一支也挺惨的，他们有庄园，跟我们一样，分了几大家，他们在大王庄小王庄那儿有地，然后解放以前他们把地都卖了，卖给长工了，挺惨的。主要是他们后来有人抽大烟，抽穷了，还有的是做生意，不会做生意，我爷爷说他们根本不会做生意，赔本。现在来往不多。另外还有一些家族分财产哪，有些过节儿，越来越淡。

3. 我爷爷真是不一般

旗：我的感觉，我爷爷的长相跟康熙特别特别像，就是那种瘦脸儿。就跟我这样，脸特别瘦。那个老头儿真是不一般，真是不一般。我感觉那个老人很难摸透，脾气很怪，脾气特别坏，但是对人极好。对人特别好。我爷爷那人特认命，他从小就给我讲"命"，他讲人有"三命"："随命"，"遭命"，"定命"。

定：你怎么解释这"三命"？

旗："随"是你这一生只要在社会上遇到大事，你原来定的这个命就都给改了，你只能随波逐流，这叫"随命"。"遭命"呢，就是你个人遇到一些突然的灾难，这叫"遭命"。还一个"定命"，一生早给你定好了，你该怎么着就怎么着。所以特别信命。我觉得这玩意儿不算是迷信，是对人生中个人、家庭与社会各种关系的理论叙述。

我爷爷的满名叫载儒，是按照绵英那一支来的。他是1898年生的，在河北那边受的教育。因为他生下来，长大的时候已经迁到那边去了。十一二岁的时候，当然主要还是在家里受的教育。后来就是上的公学。原来是私塾，后来改成公学。他先当私塾先生，后来就当了中学老师，人家不知道他是满人，就知道他是汉人，知道他的汉名。

保定这地方很有意思，到了二三十年代那时候，美国一个传教士和美国一所大学的教授和晏阳初，在保定和定州那一带搞了一个"平教运动"，就是平民教育运动，①那是1933年，是我父亲出生的第三年，我父亲1930年出生的，我爷爷就参加了平民教育运动。搞平民教育运动以后，当时比较左倾，就受到党的影响，我姥爷是保定二师的老师，当时就是共产党，在我姥爷的介绍之下，我爷爷以后在高蠡暴动②中就入了党。高阳和蠡县，两个县的农民因为抗捐，搞暴动，规模不是很大，这就是1932、1933年了，我爷爷那时候三十六七岁。

---

① 晏阳初（1890—1990），四川巴中人。中国著名教育家、社会学家。曾在美国耶鲁大学等处留学，回国后即致力于平民教育和社会改造工作。提倡"识字、生计、文艺、卫生"公民四大教育以治旧中国的"贫、愚、弱、私"四大痼疾，首创中华平民教育促进会，在湖南长沙、河北定县、重庆北碚以及菲律宾、泰国、危地马拉等国推进平民教育。其中的定县试验十年（1926—1936），是晏氏"平民教育"理论和方法的全方位系统实践。到1935年，"平教会"工作人员已达五百余人，绝大多数是知识分子。与此同时并进行了大量社会学的调查与统计工作，是中国历史上首次以县为单位的实地社会调查，内容务实且较为完备，在学术界产生很大影响。"平教运动"因抗日战争爆发而不得不中止，此后晏阳初南下，在重庆等地仍继续推行他的实验。直至1950年移居美国。参见张高《著名平民教育家——晏阳初》，载《人民日报》（海外版）1985年10月14日等。按，当时从事这样的平民教育运动和实地调查的代表人物及组织除晏阳初之外，还有梁漱溟（实验区在山东省邹平）、陶行知（南京晓庄）、中华平民教育促进会（江苏省昆山徐公桥），以及燕京大学（北平清河）等。

② 高蠡暴动：1932年8月由中国共产党在河北省的高阳、蠡县地区策划的一场农民暴动。暴动在蠡县宋家庄发起，收缴反动武装枪支，张贴保属革命委员会布告和游击队十大纲领，斗地主，砸盐店，并在高阳县北辛庄成立了高蠡地方苏维埃政府和河北省红军游击队第一支队，拥有三百余人，一百二十多支枪。后被安国驻军白凤翔部包围，队伍被打散，十七人牺牲，九人被捕。坚持五天的高蠡暴动失败。

　　然后很快日本人就来了。初期是国民党搞民军，在河北这一带，组织地方武装抗日，到 1937 年、1938 年以后党的势力就彻底来了，北方共产党转入武装。怎么配合武装？当时我们家有点钱，等于捐了好多钱，八路军抗日改编以后这边就并入冀中分区，这边是七分区，我爷爷一直在定南县做民众、财务，就是筹集钱粮、军粮这些工作，具体任职在冀中分区总务处，我姥爷当时也在这儿，我姥爷的弟弟当时是五台山五台县的县长，就是因为这个事儿，我母亲嫁给了我父亲，她们是汉族，所以我姥姥是小脚。1968 年她老人家来北京住，每天晚上洗脚时，我都好奇地看她尖笋一样只见三个脚趾的小脚。我姥爷 50 年代做副部长，后来因为周小舟事件①牵连，说他右倾，给了他处分连降三级，调出京外工作。"文革"期间挨批斗，被红卫兵把牙全打没了，肋骨也打断了。到了 1987 年去世的。我姥爷进城以后又找了一个（妻子），所以我姨特别多，我有十三个姨，我母亲这边有五个，那边有七个。我姥姥是他原配的，他后来进城以后休妻，这种事那时候很普遍。这是我另外一个家里的事儿。

　　我爷爷参加革命以后一直在冀中。他当时打交道最多的有几人，后来都是中央组织部、财政部的高官，他们当时都在我们那儿住，实际当时接待人都是在乡下，在定县，根本没有在直隶保定。保定我们家那个宅院很大，平时很少在那儿接待人，很少在那儿住，就等于是一个很隐秘的地方。我们家一些老东西之所以能够完整地留到现在，主要就是因为一直在保定。

　　当时我们定县那地方是犬牙交错，白天是日伪控制，晚上是咱们党，咱们共产党和八路军。那地方打得很厉害，后来那一段就成为解放区。到了解放战争时期，1947 年，您知道那里打了一场仗，清风店战役，国民党新六军，全军就在那儿被围住了，就在西南河村，当时国共双方死了两万多人，挖一个大坑，埋一层人就垫一层白灰，埋一层人就垫一层白灰，就

---

① 这里提到的是 1959 年的"彭黄张周反党集团"冤案。彭指彭德怀，当时任中共中央政治局委员、国务院副总理兼国防部长；黄指黄克诚，当时任中共中央书记处书记、中国人民解放军总参谋长；张指张闻天，当时任中共中央政治局候补委员、外交部副部长；周指周小舟，当时任中共中央候补委员、中共湖南省委第一书记。1958 年的"大跃进"引发了一连串的灾难，也引起党内外人士的怀疑与忧虑。1959 年 7—8 月，中共在庐山召开会议，当时的国防部长彭德怀经过实地考察后，向毛泽东呈递"意见书"，批评 1958 年以来的"左"倾冒进错误，毛却认为他是向党进攻，对他展开批判，由于黄、张、周等人在会上发言表示了对彭德怀信中内容的赞同，被打成"彭黄张周反党集团"，并作出《关于以彭德怀同志为首的反党集团的错误的决议》，并随即在全国开展反右倾斗争，不但党外不同政见者被打击，党内的不同政见者也迭遭清洗，全国经济冒进错误益形严重。毓旗的姥爷应当就是在此次反右倾运动中被牵连的。

这样。①我爷爷他主要是组织伤员呀，太残酷了，我爷爷就受刺激特大。他知书达礼，算是知识分子，那时候组织南下工作队，要他南下，就因为受那次刺激他就没去，他就留下来了。就给他背了处分，级别、使用都受了影响，对他打击挺大，但是好在他也无所谓。到了解放初期他是相当于地区行署专员的干部，实际上有级别无实位，是个闲差了。

到了 20 世纪 50 年代，1956 年、1957 年挖水库，搞水利，他就是逞能，就跟着年轻人一块干，上大坝，挑东西，特别逞能。下大雨一下给激着了，激着以后就弄成肺病，肺气肿啊，哮喘，非常厉害，就没办法干活了，在 1957 年反右之前，他就退了，病休，级别很高，养起来了。

定：就是说那个年代、60 年代他已经到保定乡下了？他的经济条件还是很好？

旗：当然，他是专员，每月有工资呀，他的级别是十三级干部，而且是老十三级。高干，就是每月一百八十多块钱。还有人给送东西，家里根本不愁吃不愁穿。而且我爷爷那时候老接济别人。有一句土话，我们满人的话，只要一说什么事，比如说你给办这什么事吧，是你帮我接济着点儿。后来我就弄不清是什么字，就问我爷爷，接是接受的接，济是救济的济，就是给人帮点忙。

我跟我爷爷接触最多的时候，是六岁到十岁这个期间，后来到十二三岁又一段时间。我记忆力很好，我现在唐诗宋词基本一半可以背下来，都是他教的，尤其他喜欢宋词，随便你挑一首宋词他都能背下来。我的文化修养完全是从他那儿得来的。我父亲的文化修养不如我，主要原因是他没有跟我爷爷的这一段。

定：因为他和他爷爷就不可能有这种关系了。

旗：对。而且我父亲出去早，他十四岁就走了。他那个十四岁之前，受教育恐怕还不是那么系统。还有就是我父亲小时候身体弱，曾有一段被我爷爷送到一位中医郎中家去住，并拜人家为干爹。那时候毕竟还是没那么优越，不像现在。到我那代，反正吃喝都不愁，没事就聊天呗，就在一起聊天。我的感觉就是我爷爷这个家族对文化特别重视，所谓诗书传家。我爷爷比较重视文化，他参加革命实际上当时……

_____

① 清风店战役是解放战争时期发生于河北省保定以北清风店地区的一场战役。1947 年秋，中共晋察冀野战军在平汉铁路（今北京—汉口）保定以北地区向当地国民党军发起攻势，坐镇北平的蒋介石急令驻石家庄的第三军军长罗历戎率所部第七师及第十六军第二十二师一个团北上保定，被包围在清风店，经过激战，国民党第三军军部、第七军主力及第二十二师一个团被全歼，罗历戎被俘。毓旗此处对国民党军队的记忆恐怕有误，应为第三军而非第六军。

定：什么动因呢？

旗：因为他是文化人，是中学教员，他又参加平教运动，他不满那个社会的腐败现象，因为他"左"倾哪，那个时代有知识的人一般都"左"倾，就是因为他有文化。他有传统的中国的文化，他从小受这种传统教育，他不认为这是封建的东西，全套全有，包括连烧纸呀，春节的时候磕头啊，压岁钱，凑份子，而且他家里头哪怕是这月工资没有了，也得去接济别人。他在那地方人缘特别好。我就记得我爷爷过去跟我讲过，什么事亏着自己没事，别亏着别人，从小就教育这个。后来上升到理论就叫忠恕，所谓忠呢，很简单，尽己叫忠，做事呀尽最大力量，恕是推己及人，人家怎么想的，先想想你自己怎么想的，如果你是他。尽己为忠，推人为恕。

定：满族的老人好像特别典型的就是这种为人的方法。

旗：不能亏着别人。

定：对外人好。

旗：对自己家的人脾气大。您不知道，我爷爷我父亲都脾气特大，你别招他，但人是非常好，你一招他那一发起火来不得了。虽然不砸东西，但咆哮如雷，火气冲天，只是情绪调节特别快。就是发完火之后有时特怪，不到几分钟他哼着又唱开京剧了。拿着两核桃玩呀，然后又开始去看古董，就干这个。就像我是后来磨的，实际上我脾气也特别不好。也有这个。特别明显。但是对别人、对外人好，礼儿多，礼特别多。讲面子就不得了，家里来客人了得换衣服，一来客人了要换新衣服穿。送客人走也得换衣服。

Elliott：咦？

旗：指的是到你家来住几天的客人。要送人家走，换衣服，特别讲究。平常的这些都跟汉人就一样了。过年过节这些压岁钱了，很长时间的那种礼尚往来呀。我们在家里跷二郎腿都不允许，现在我女儿靠着坐我爸爸都说她，腰得直起来坐。小孩要求坐座位的三分之一，大人才可以坐实。说不完，太多。你像我们出去排队，从来不能加塞儿，即使有人加塞儿，人家加是人家加，自己不能加。爱面子。

我读研究生的时候静下心来，就回忆起我爷爷给我讲的那些，原来都不懂，就是听，稀里哗啦都能背下来了。包括说"天晴了，下雨了，蛤蟆骨朵儿长腿了。风停了，雨住了，蛤蟆骨朵儿不行了"。刚死人的时候，叫叫丧，叫丧我也听过，就是满人的叫丧，喊，家里有人死了以后，站在房子上又哭又喊，就是喊的第一句，当时都不明白，后来慢慢才明白。它叫风来了，雨来了，蛤蟆骨朵儿长腿了，什么意思？蛤蟆骨朵儿长大，长腿了，变成青蛙了，慢慢长。然后风停了，雨住了，蛤蟆骨朵儿不行了，死了。它用自然界的变化，就跟人的一生一样，用这话来代替哭丧调，然后一边哭一边讲他的好。

我爷爷是 1976 年去世的。我爷爷肺气肿，最后喘得厉害，一夜一夜耗人哪，躺不下去，枕头摞得那么高，每天就那么靠在枕头上，最后他也是喝药，喝安眠药，他把安眠药一片一片留着他不吃，攒成一包一块儿就吃了。他就觉得拖累别人，拖累我奶奶，他老讲我奶奶一辈子跟着他没享上福。我奶奶从来不说任何话，这么多年每天就是端水呀，照顾他，甚至连什么"啊，你看你都病成什么样儿了"这样的话都从来不说。

我爷爷去世时我没回去，因为我已经去工作了，到河北这边工作，是我姐姐回去的。但是那时候必须有人摔盆，您知道，打幡儿，结果就没人摔了，按说应该是我摔，结果是我父亲摔了。我们那儿的规矩是有孙子的话儿子就不能再摔了，儿子去摔就挡了孙子的路，但我没办法我没回去，办丧事都是他们。我爷爷埋在定州，保定不让埋嘛。

定：我可以打断一下吗？你爷爷他有几个太太？都是什么家庭的？

旗：崇善的太太也是满族，罗特氏，姓罗。到我爷爷的老婆，就是我奶奶，也是满族，是正白旗，家里背景不知道，没姓没名，他们都管她叫二妞，过门之后叫某某氏，但她是典型的蒙古血统，大平脸，脸特宽。满姓我不知道她姓什么。

定：你小的时候，你爷爷教你的时候，你奶奶还在吗？

旗：在呀。我奶奶也不错。到我爷爷那时候她们家境还算不错，那时候我爷爷等于是破落了，但是我奶奶的家族挺富裕，在保定也有庄园，就在我们那儿，叫胡坊，胡坊村，地名，那一带的庄园都是她们的，正白旗的。为什么嫁给我爷爷呢，这都是家族的隐私，我奶奶舌头有点短，说话有点大舌头，说话呜噜呜噜不是很清，长得非常漂亮，就是因为有缺陷才嫁给我爷爷，否则她根本不会，她家族大，没破落。她父亲当时在朝廷做官，在吏部。

定：在京中做官？

旗：但是她家在直隶，根本没搬到北京来，根本就没在北京住。在直隶安家，在北京做官，是这么一种情况。我奶奶也有些文化，但她的文化不是那种……因为那时候受系统的教育不是特别多。她给我的熏陶主要是各种各样的儿歌。儿歌、方言、土语，什么"锯锅锯碗锯大缸，缸里有个大姑娘，十几了，十八了，再过一年聘人了。开门呀开不开，三把钥匙就开开……"不明白，现在都不明白怎么回事。就这个"拉大锯扯大锯，就是不让小妞去"就是这些东西，一大堆，什么"榆钱红榆钱亮"，整天都是这个，"懒老婆不做活儿，一天到晚着世界磨，东家转，西家磨，一直磨到日晌午，狼抱柴，狗烧火，兔子碾米烙饽饽"，就是这个。他们管太阳不叫太阳，叫老鸦儿，乌鸦。因为中国古代管太阳曾经叫乌鸦。然后还有好多。

我奶奶是我上大学二年级的时候去世的。我爷爷去世后她就觉得活着没意思，要接她到北京来住，她不肯，守着老宅院，等着呗。上厕所蹲着站起来一下就完了，脑溢血。

我奶奶皮肤特别白，出奇的白，七十多岁我记得那时候皮肤还特别细嫩，给人感觉就是有修养，衣服也穿得特别好，特别利索，我记得她好多衣服都是用金丝绣的，蓝色的绸子，上头用金丝绣的那个花。70年代我叔叔生小孩儿，把那个东西改成了斗篷，叫大氅，不带袖的。弄一个帽子披在身上，一系，冬天的时候实际上是个披风。棉的，过去那一套都有。我们叫铺陈，朝里那些布啊，看这些铺陈以后，我后来才明白，这东西是朝廷命妇的服装。诰命夫人的礼服。

定：后来你们家跟你奶奶家族的联系密切不密切？

旗：不密切的原因是我奶奶家族啊孩子少。到我奶奶那儿只有我一舅爷，就是我奶奶只有一个哥哥，哥哥还有些孩子，到哥哥去世以后，然后我奶奶去世以后，我们跟那边，原来西单那边有，在头发胡同，① 我们有个姑姑，就是我舅爷的女儿，也去世了。过去他们家也不错，在北京也有房产，大官。但是他们家后来不行了，以后没有受太高的教育。但是我爷爷每次到北京来，都要到那儿去看看，我从小就对那儿特别熟悉，我甚至都能知道哪年哪个房子什么时候拆的。

我发现满族很有意思，受教育才能把家维系下来，如果不受教育，顶多就是"口述历史"。那一支就越来越破败。

4. 北京的老宅与坟户

旗：直到后来，郑王府的老家人还有住在北京这儿的，一直跟着悫

---

① 头发胡同，位于西城宣武门内，东口直达宣内大街，西口是南沟沿（今佟麟阁路）。

善、侍候惹善的，都在这儿。到了我父亲参加革命以后进了北京，还又回到评剧团这个院子住过，但是那时候评剧团把整个正房都占了，我父亲就住在后院月亮门内侧室的耳房里，就住在我们原来家里的老仆人的家里。这个老仆人的后代跑到台湾去了，留下一个太太，我们管她叫张奶奶，也是老满人，个儿特别矮，才不到一米五一个老太太，性格特别开朗，好，真是典型的满族王府里的仆人那种，说话特别有分寸，特别特别有分寸。张奶奶知道的特别多，可惜就是那时我太小，那时候她到我们家来就老跟我讲，就说老府里的人，就是绵英的将军府，说对你们家人都挺不错。张奶奶对我们家还特别忠心，忠心到什么程度呢，每星期到我们家送菜，冬天送雪里蕻，夏天送豆瓣酱。那时候也没有太多好吃的。我就记得她一见到我就叫小少爷，从小就管我叫小少爷。我到14岁的时候她还活着呢。

定：到了60年代还管你叫小少爷？

旗：小少爷。在街道上还经常劳动，挖防空洞，打扫卫生、执勤，一见我面儿那简直亲的哟，就跟我讲"男长女相必有贵样"，她说我小时候长得像女孩，见了我面就说，瞅瞅，长得多体面呀，就这种话："小少爷过来，让奶奶瞅瞅，多体面，多利索！"说话就这个调儿，哎，你老祖宗可怎么样怎么样，就这种话，将来得娶个好媳妇。都是"文化大革命"当中了，就在我爷爷来照顾我之前，她还把我带到评剧团的房子里住过一段，她说你父亲当时就在这儿住的。拿出我父亲当时住在那儿的照片，在树荫下，坐着小板凳儿，在院里边，穿着汗衫戴着眼镜，那时很年轻，她就等于一直照顾我们。

那个老太太，京剧也唱得好。我就记得有一次五七艺校，1970年我曾经考过五七艺校，经小学推荐，因为我京剧那时候唱得特好，那时候八个样板戏么，我是学校宣传队的，也算是家庭熏陶吧，但是我的嗓子是唱小生的，考官我忘了是谁了，反正也是特有名的人，京剧名角儿，一看说你这个嗓子是唱小生的，小生是资产阶级嗓子，现在不行了，你录取不了了，我就出来了。当时的考场在丰盛小学，出来以后外边在丰盛胡同，往这边一走，正好看到挖防空洞，我就见到这个张奶奶了，这个老太太正好他们工余时间休息，唱京剧呢，小老太太唱京剧，我印象特别特别深。这个张奶奶的丈夫跑到台湾去了，给她留了一个儿子，她儿子是个非常有名的京剧名角儿，在上海青年京剧院，曾经演过武松，盖叫天以后演过武松，小生也都可以，"文革"中在《龙江颂》中演过角色。张奶奶死了以后我们两家再没来往，因为她儿子在上海，后来她儿子的太太，也是京剧很有名的演员，在上海演过《穆桂英挂帅》。后来到香港，以后他们全家都移到香港，就跟我们没关系了。我爷爷跟这个老仆人一家一直有联系。然后我父亲进北京，在白塔寺这边还住过。

我们这一支走了（到保定）之后在北京还有房产，就是原来郑王府的房产，那个房子是我们的老宅，在西四羊肉胡同，羊肉胡同在砖塔胡同隔壁，地质部的对面，那院里的人实际也是郑王府里的人，后来就都姓郑了。我们南屋的人姓郑，爹也是跑台湾了。留下一个寡妇，相当于寡妇实际上不是寡妇，带着个儿子，是中学自然课的老师。西屋也姓郑，整个那个屋里全姓郑，他们那边开煤厂，但他们知道房产是我们的老根。我们后来就从评剧团那边的房子搬到羊肉胡同这个院，住三间北房，直到"文革"当中我们父母受冲击呀，我们才搬走，以后住进了单位分的楼房。

端华就埋在五路居这地方。郑王的老坟就在这儿，八里庄这儿。[①] 端华埋在这儿以后，后来封郑亲王的那支，他们也埋在那儿。我们家人就认为他们那支人跟爱新觉罗直系走得太近，爷爷不太跟他们来往，每年烧香向西北方烧香，磕头就完了。后来我父亲1949年到北京，我爷爷也托他到那儿去过，到五路居看看去。我小时候爷爷跟我讲，大概50年代左右那坟就平了，然后把骨殖就放罐里，叫移厝。我都不知道那个字，记得特清楚那个厝。以后我才明白，我到台湾讲学访问的时候，台湾好多村儿都叫厝，张厝、何厝、李厝，厝就是人死了以后，尸体不入土，暂时停放叫"厝"，台湾历朝历代大陆不都是移民么，所以他不愿意葬在那儿，他总有一天要回大陆。后来我就问他们，我也做了一些访谈，你们怎么"厝"的？他们说叫"移骨"，拿个大罐子，人先埋一年、两年，再挖出来，然后捡骨，捡完放罐子里，然后放在专门一个堂屋里，一个祖屋，就准备将来移到大陆去。我爷爷老说"厝"，捡骨移厝。我小时候怎么也不明白。我现在才明白，实际上50年代的时候是把骨头都挖出来了，装罐里烧成灰。

您知道吗，还有一事特有意思。我上小学时的一个老师，就是郑王府

---

① 冯其利先生在《清代王爷坟》中对郑王坟所作的实地考察，与毓旗这里所叙大致不差，但更详细些。据冯先生说，郑王坟的范围是东到五路居，南至两家店，西为高庄，北边营会寺，占地二顷二十四亩三分。坟地以郑献亲王济尔哈朗第四子巴尔堪立祖。在虎皮大墙之内，由一座大山子隔开，分成东西"衙门"，葬有九位王爷。郑亲王端华之墓位于西衙门。又，冯先生还谈到，郑王坟的坟户有二十四家，护卫章京原由马家、安家担任，还有高、孟、宫等姓，亦与毓旗的叙述基本相符。详见《清代王爷坟》，紫禁城出版社1996年版，第26—29页。

坟户家的女儿，姓安，名字叫安旗，跟我这"旗"一模一样，我印象特深。我上学报到那天安老师就觉得我这个名字特怪，她说你看咱俩的名字一样，老师叫安旗，你叫毓旗。开家长会的时候，她跟我父亲聊天，我父亲听她是老北京口音，就问她说你住哪儿，她说住西八里庄。我爸说，郑王的老坟就在那儿，那时候谁都不知道那里是郑王坟，1953 年、1954 年就平了，在那边儿组建煤炭公司，开煤厂，建他们的家属区，就把那块儿地彻底平了。然后我父亲就提，说你住的那儿可是老郑王坟的。她说我们就是郑王坟的坟户。特别巧。这个老师呀，我们一直很投缘，她很喜欢我，只是我小学时因搬家转了三次学，后来联系不上了，我参加工作以后就再也没有联系。当时我上的那个学校，南线阁小学，后来"文革"那时候改名叫井冈山小学。这就是我一年级的老师，安旗。

定：你知不知道你们家的坟户有多少支？

旗：就知道有姓安的，有姓马的，有姓刘的，都是在这儿的坟户。爷爷跟我说嘛，在五路居这儿有坟户，前年我还到这边去看过。

定：能找着吗？

旗：有几棵松树、柏树，大概地方都找不到了。我没敢去找（坟户），我能到那儿去找这个?！这不自己给自己找麻烦嘛。您也可以去那边看看，五路居那儿，可以打听一下，那儿不是有个十字路口嘛，再往前一个十字路口这边儿。所以我父亲后来分房，人说在西八里庄，他老人家倒吸一口凉气，说怎么越来越靠近祖坟了。父亲后来搬家分房子到了离五路居很近的地方。

定：是不是现在要挖的话，地下还有什么。

旗：我看是挖不出什么了，移走了。我爷爷说 50 年代移坟的时候，家里人还请他去呢。我爷爷说不去。

5. 和爱新觉罗家族的关系

定：我为什么对你们这个家族特别感兴趣，因为端华这件事出来以后这个家族的兴衰呀，就永远不可能再在正史里见到了，这样的情况应该有很多，因为清代上层的政治斗争那么残酷。

旗：残酷是很残酷，但其他各王基本上是削爵以后没有杀掉，就是怡亲王和郑亲王这两支被杀了。一杀，这个家族在正史就彻底不会再有了。宗人府、内务府那帮人就不会再管你了。

我就觉得从历史上冥冥注定来讲，为什么非要置铁帽子王郑亲王于死地呀，因为当时我爷爷跟我讲，世袭罔替的八个铁帽子王，① 都有免死牌的，传子传孙还有一条，免死，没有死罪。当时就是端华，我的祖上，我的五世祖，他还做过宗人府的头儿呢，他知道没有死罪。但是等到杀他的时候就谁都说没有这个东西（指免死牌）了。

后来我看了一些史料，实际上肃顺和端华在咸丰底下的时候，他们搞了一些改革，免除了一些满人大臣的权利给了汉人。因为觉得这朝廷再往下就不行了。然后用的谁呀，包括曾国藩他们，曾国藩实际上属于肃顺、端华的人，但是他后来明哲保身，他在宫廷政变当中保持中立，他等待尘埃落定。

定：这也是这个家族的一个永久的伤痕是不是？

旗：肯定是。肯定是这样。……

我爷爷1976年就去世了，那时候我才十五岁，对于家族历史上出现的种种变故，因为我小，我很难去理解，现在我只能回过头来，想当时他老人家跟我谈话时的表情，一些语气呀，我能够感觉到他对爱新觉罗是非常恨的。

我爷爷过去跟我们讲过，我们本来就不是想入关的，他说我们这一支那时一直就忠于皇上。我以为是指清朝的皇上，他说不是，是大明的皇帝。我原来一直就不明白是什么意思，因为那时候小。到了我上初二、初三的时候，到1975年、1976年，我那时候酷爱中国历史，范文澜的《中国通史》我看了好几遍。我就看到里边有些注释，包括史料，我就去查过，因为我爷爷跟我说过，舒尔哈齐是被他哥哥杀掉，被努尔哈赤杀掉，我一看，杀掉是因为什么原因，重要的原因是当时他是建州左卫，努尔哈赤是建州右卫，确实他跟明朝关系不一般。而且他利用明朝的势力，等于兄弟之间争权，争夺当时在东北亚的那块地盘。确实有这个原因。

后来的济尔哈朗，就是第一代的郑亲王，是舒尔哈齐的第六个儿子。舒尔哈齐被杀了以后，他等于过继给努尔哈赤了。因为他父亲被杀了，他只有死心塌地跟着大伯才行，但内心也是有……

定：那就是说你们家对努尔哈赤的仇恨一代一代地传了好几百年。

旗：实际上一直有。后来肃顺和端华跟他们的矛盾这么厉害。奕诉，

---

① 世袭罔替，清代爵位世袭多有代数限制，大多每过一代便降一等。但有八家可以不限代永准承袭，称为"世袭罔替"的"八家铁帽子王"，分别是：礼亲王代善、睿亲王多尔衮、郑亲王济尔哈朗、豫亲王多铎、肃亲王豪格、庄亲王硕塞、克勤郡王岳托、顺承郡王勒克德浑。到清中后期，乾隆帝将康熙十三子怡贤亲王允祥，同治帝将恭亲王奕诉，光绪帝将醇亲王奕譞和庆亲王奕劻，也封为"世袭罔替"。所以清朝便有了十二家铁帽子王。

就是鬼子六这帮人应该非常清楚，他肯定知道家族事。他就认为肃顺他们这些人要是成功了，很有可能就……当时已经恢复了舒尔哈齐的称号，追封为庄亲王。[①] 他就怕你这支翻过来以后把老仇拿出来，我觉得还应该有这个原因。起码我爷爷过去跟我说过。

定：你爷爷还跟你提到？

旗：当然他提到了。我爷爷过去跟我说过，说你们到北京，你们长大之后，崇祯皇帝的陵你们是得去的。清明节的时候你们只要有时间你们就得去看看，我还真的按我爷爷的说法，每年清明节左右我到崇祯坟去一趟。就因为我爷爷过去说过这话。今年我们还去烧纸了。这几年刚修好，现在不开放了。残破的时候我都去，我经常去，而且我知道在日本有崇祯的一支，老在那儿给看坟的人留钱，让他们每年到那时候烧香。

您知道我们家有个特点，就是喜欢去故宫，包括我女儿几乎我们一个月带她去一次，特别愿意去那儿。

定：为什么喜欢看那些东西？

旗：不知道，从小就特别喜欢，特别愿意去那儿。

我爷爷从小给我灌输的就是"富不过三代，君子之泽五世而斩"，长大以后我才知道这些话，全是《国语》啊《春秋》这里的东西。比如这架屏风，我爷爷都给我讲过。他讲这个屏风呢，就是乾隆年代郑亲王复号时，原来是简亲王嘛，复号时庆祝，宫里边送给他的，他讲为什么复号，说我们郑亲王呐，给的号是济尔哈朗战功卓著给的号，济尔哈朗死后袭爵时没袭这个号，改成简亲王了。为什么改？因为郑这个号很硬气，你的子孙没那么大功，你顶不住这号，所以就没给这个号。济尔哈朗下边这支、我们这支没有得到袭王爵的机会，就依惯例降爵，先给了一个镇国将军，一个辅国公。我爷爷讲济尔哈朗的这两个儿子非常能打仗，一个是死在广东了。济尔哈朗这个儿子的儿子，好像是巴赛，或是巴尔堪，是雍正年死在新疆了。就是所谓准噶尔叛乱的时候，他跟着平叛去的，死在那儿。我们两代都死外边了，全都死在军中了。这两人虽然战功卓著，可是一直没有大的封号。以后呢，到了他孙子这辈，后来一直袭简亲王的一支，我爷爷说是喝酒误事。我们家族都很能喝酒，都能喝，血统里就能容酒。我爷爷就说我们老祖宗有一支喝酒把王都丢了。最后是因为袭王爵的那一支犯了错误

---

① 毓旗这里所述，均有史料可证。舒尔哈齐（1564—1611），努尔哈赤同母弟，曾在明总兵李成梁手下当差，政治态度上一直倾向于明。1611 年被囚禁死去。顺治十年（1653）被追封为和硕庄亲王，已是他死后四十二年了。舒尔哈齐有子九人。

了，就把简亲王这号又给我们这支了。到了乾隆年复号，恢复郑亲王王号。巴赛和巴尔堪实际上都没有封过王，都是追封。封王以后把他们祖上又追封。[1]

定： 为什么又恢复了？

旗： 我爷爷没说，大概跟乾隆关系特好。他们私交特别好。家里传下来的东西中许多是乾隆的，上面刻着他的诗和"御制"一类的字、款，还有嘉庆皇帝的象牙"盉杯"和题诗盒。

定： 那时候没有仇恨了？

旗： 他有仇恨但一直为朝廷做事呐。那时我们是世袭罔替的铁帽子王，一直给朝廷很尽力的。我感觉我爷爷说的尽力不是给他一个家族尽力，那是整个满人的天下，那种感觉，我是给公家干。

Elliott： 你祖父有没有提到过溥仪的事？

旗： 从来不提，他讲的就是跟他们家没关系，我们两清，他老说两清。他说辛酉之后，就是1861年辛酉政变以后，我们两家就两清了，没有任何关系。

Elliott： 连他的坏话都不说？

旗： 从来不提他。包括我们进北京我父亲从来不提他。

定： 我觉得特奇怪，有些仇恨能延续那么多年。

旗： 我为什么跟他们家族人也没什么来往。我爷爷一直从来不提他。

定： 也不觉得跟他们是亲戚？

旗： 从来没有。

……

定： 我到你这儿来觉得特别有意思，你家很多王府的东西在别处是很难看到的。

旗： 对。这都是王府的，它跟皇家不同，区别就是带有皇家气息又不敢僭越，一旦规格、形制、花纹和图样超越了，就是僭越，杀头之罪。我爷爷就给我讲过，包括我父亲小时候就给我讲过，凡事讲个"理"儿，凡物讲个"意"儿。喜欢一件物件重在玩"意"儿。比如这个屏风，是"百宝嵌"做工，加个大漆描金绘画，上边都有讲究的，这上边八十六块玉。

---

　　① 巴尔堪和巴赛是父子，其中巴尔堪是济尔哈朗第四子，初授辅国将军，康熙十九年征耿精忠军时因创发卒于军。其子巴赛袭父爵，曾署黑龙江将军、任宁古塔将军，征噶尔丹时阵亡，据载，噶尔丹策零的部众曾举着巴赛的黄带子（清宗室均佩带黄带以为标志）以示清军："汝宗室为我所杀矣。"巴尔堪、巴赛的简亲王爵的确都是后来追封的，但清代官书从未提及这样两位卓有战功的宗室的王爵何以如此之低，毓旗的解释是家族传说，也是很有意思的。参见《清史稿》卷215，第8954—8955页。

所有的玉都是乾隆时期的，代表中国玉器制造的最高工艺，而且上面包括中国能使用的玉石，各个品种这上面都有，如和阗玉、南阳玉、岫岩玉、翡翠、砗磲、象牙、玛瑙、红宝石、碧玺、松耳石等，而且图案多是宋代徽宗《宣和博古图》上的器皿，都有讲究，都能说出名堂来，比如说中间这个叫富贵花开，这个叫吉祥平安，一只鸡拖着一个瓶子，都是谐音。这边有两只羊，这叫吉祥平安。这底下还有一个，这叫福禄平安，中间有一个蝙蝠，这是福，这边有一只小鹿，是禄，这边有一个瓶，是平，底下是一个案，是安，这是福禄平安。还有这个叫"一甲登科"，然后上面是辈辈封侯，诗书传家。这不是有书么，这个叫"麒麟送子"，上面的叫福在眼前，也叫"福庆有余"。这都是我爷爷教给我的，我都记得。还有上边的叫"连生贵子"，这叫"马到成功"。您再看那两个柿子，"事事如意"。聚宝盆。全是吉祥的东西，底下的是萝卜。他有的没给我讲。后边全都是用金粉画的画，山水画。这就是郑亲王复号的时候乾隆送给他做吉庆礼品的。非常好。

6. 我们满族不是突然出现的

旗： 我在河北也待过，我总觉得河北这地方的民风和满族有天然的联系，而且我读过春秋战国一些书，包括研究白狄（古称为鲜虞人、猃狁人）的一些著作，在春秋战国的时候，我们是白狄，这白狄在什么地方，在中山国，当时就在保定这一带（都城是中山，现在的定州）。中山国的文化非常发达，这几年出土挖掘的一些文物证明它的文化在某些方面甚至高于中原，齐桓公成就霸业，曾打着中原"内华夏外夷狄"的旗号嘛，把咱们看得跟兽类差不多，文化不发达，实际上它文化非常发达。我祖上曾收藏一柄春秋青铜剑，剑珥①、剑格、剑首上都用了错金工艺，花纹与风格同古中山国文物属同类型，剑身近格处有五字错金铭文，与70年代出土的中山靖王鼎、壶上的文字相同，我译读为"方原百厝剑"。古中山国灭国的时候，被赵国灭掉的，就跟国民党被我们打败一样，可我总觉得这个民族被灭掉以后，它的贵族不可能一夜之间全死掉，但是我找不到这种资料，再也找不到。到底白狄到哪儿去了？它哪儿去了？它的贵族肯定是跑了，这些贵族往哪儿跑呢？他不会往南跑，只能是往北跑，往北跑跑哪儿了？辽宁，肯定是往辽宁，河北的北部，越过燕国的属地，跑到辽宁以后

---

① 剑珥亦称剑格，指剑柄与剑身之间的饰玉。真正交锋所用的剑珥多数用铜铸成，以防敌方的利器滑到手部。

就跟当地的人混血了，他们有很高的文化，但是从血缘上来讲又被视为夷狄，所以后来才突然有女真族的金，在金的时候爆发出来，而他们那时候全汉化了。他们虽然有自己的文化，女真文字，但是他们普遍是双语言，汉族的科举、汉族的典籍很快在他们那儿普及开来了，我藏有一块金章宗时的土地交易合同铭文砖，全用汉字，而且表达方式、称谓、官职也都是汉文化。就是在金哪，金亡了之后也不是一下子没了。

定：也和白狄一样，也跑了。

旗：还是跑，往北跑。你算算从金和蒙古，到我们满族的再次兴起，实际上隔的时间并不长。中间就元朝一百多年，明朝刚建国的时候已经跟我们开始打交道了。

定：这个观点我特别感兴趣。我现在最感兴趣的是你这个观点是从哪儿来的，主要从哪里来的，主要是从你父老那里来的，还是主要是从书里看来的？

旗：从我爷爷那儿来的。为什么这么说呢，因为满族有很多提到回老家的问题。我爷爷就跟我讲过圈地的事，他说为什么在河北这地方圈地，他说我们入关之前老根儿就在这儿，要圈地就圈这一块，各王府、上三旗都要在这儿圈一块。但他没讲过白狄，从他的话我只能上推到女真。我从来没有在史料里见过这种说法，就是听我爷爷说的。否则我不会那么系统地思索这一问题。导致我读书的时候一直有这根弦。

我很小的时候就有很强的历史感、时间感，一到傍晚就心里难受，怕美好的东西失去，就知道、体验过什么是死。我六七岁的时候，您知道那时候吧，在学校挖防空洞，一下挖出清朝的墓来，人穿的那个绸缎衣服，戴着朝珠的朝服，也没有烂，死人。我那时候就有恐惧感，然后就有提问：我是谁，我是哪儿的人？然后就是我这个民族到底是怎么回事？就有这个。我爷爷再给我讲完之后我老是这么考虑，我们这个民族这么精细，这么厉害，这么有修养，它不可能就从一个荒蛮的部落一下子爆发出来，两次跨入中国历史，成为正朔的王朝。再说我研究过历史呀，我是专攻魏晋南北朝思想史的，魏晋南北朝的时候五胡乱华，进了中原以后一塌糊涂，宫闱秽乱，生活巨乱，除了北魏孝文帝受母亲影响推动鲜卑族汉化以外，其他贵族几乎一点文化没有。但是满族为什么一进入汉文化就井井有条，就好像是把自己家的东西重新拿回来一样。

Elliott：对。历来的解释都是有汉人在辅助。

旗：匈奴也是，契丹也是这样，所以这就是中国，我在日本进行学术交流时也讲过，在台湾做短期客座时在大学讲课也讲过。就叫中原舞台论。中原这地方不过是个舞台而已，哪个民族兴盛了都在这儿演一出戏，败了以后就退到边陲，就有一个核心和边陲之间的关系。退到边陲之后呢，蛰伏一段时间，然后又回来了，这叫光复，中国古代为什么那么重光复啊。日本人也有这个观念啊，日本当年侵略中国的一个所谓的重要理论根据，包括日本军阀，日本军部当时的教科书我都看过，一个重要因素，在他们的历史学上讲，说他们过去就是在中国。日本是秦汉以后各代流亡的中原、沿海移民们迁过来形成的，所以他们回来寻根来了。说出一个什么理论？一个日本学者当面跟我讲，当年的军国主义汉学家们认为，蒙古人可以在中国统治，满人可以在中国统治，为什么大和民族就不可以在中国统治？这是多么荒谬的理论！

Elliott：这个理论在当时日本的很多书里都可以看到。

旗：后来我跟他说了，我说什么原因呀？就是因为世界进入民族国家和现代国家了。

Elliott：对。

旗：这是最最重要的原因。如果没有这个原因，像是中国古代，没有现代国际法意义的国界以前，你来了以后你叫逐鹿中原，如果有了这个原因，你来了以后你叫侵略。就这么简单。因为过去人的传统边境和传统国际法则和1900年以后现代国际法完全不一样。但是如果我们推出去再远的话，日本文化确实与中国文化很有关系。

Elliott：为什么当时日本学者对蒙古史、满洲史这么感兴趣，这句话太对了。因为作为异民族统治，非同类，他们写书的时候还写异民族统治下的中国，或者异民族统治中国史。都是因为这个原因。

旗：您说得对。我研究近代思想史，特别是明清思想史，明亡了之后，清这个期间，我发现了很多重要的线索，证明日本侵略中国较早的理论基础。明亡了以后，明朝有个亲王的后裔叫朱舜水，①他是著名的理学家，对陆象山、王阳明的心学也颇有造诣。他有两千弟子，这里边当然也有南

---

① 朱舜水，名之瑜，字鲁屿，浙江余姚人。生于明万历二十八年（1600），卒于清康熙二十一年（1682）。早年绝意仕进，清顺治元年（1644），南明福王朱由崧两次诏征授职，亦不受。顺治四年至十五年（1647—1658），四次东渡日本借兵，以图恢复明室，均未成。途中辗转安南、交趾（均今越南）等地，历尽艰险。期间，南明唐王朱聿键、鲁王朱以海多次诏征授职，俱力辞不受。顺治十六年（1659），受郑成功、张煌言邀，返国抗清，败后复流亡日本。常面向故乡泣血，背朝北方切齿。1665年，被日本水户藩主德川光国聘为宾师，迎至水户讲学。光国亲业为弟子。其余藩侯藩士，请业的很多。他为学重实际效用和事功，与黄宗羲、顾炎武相似。学术思想对当时日本和后来明治维新有很大影响。1682年卒于日本，享年八十三岁。

明小朝廷的残官余吏、游兵散勇，但大部分是学者，跑到日本去了，大部分在幕府里，给德川家康当私人老师，德川拿出天皇给他一年俸禄当中的一半，给他养的两千弟子。很有意思的是什么呢，朱舜水给德川讲了一个道理。说我们三万万的汉族，被一个区区四十多万的小民族就是我们满族啊给打败了，你们大和民族要吸取我们汉人的教训。另外你们也要励精图治，将来你们也可以打到中原去，就给他说这个。而且把理学的"理""气"的观念和"心学"的"心"和"诚"的观念，给了德川，德川以后就以朱舜水为精神领袖培养出一个水户学派，其中重要的一个因素就是诚，忠诚的诚，和"勇"放在一起，加上中国唐以后传入日本的禅宗中"禅""静"等观念，变成武士道精神。武士道精神主要就是尊王攘夷，就把幕府的地位压下来，抬高天皇的地位。这是为了什么？统一日本，统一日本的目的是为了什么？准备力量，经朝鲜半岛过对马海峡进入朝鲜，再入东北，再到中原。所以以后的丰臣秀吉、德川家族给天皇写的信都是，我们的战略就是先过对马海峡拿下朝鲜，通过朝鲜达到东北，从东北逐鹿中原，天皇的首都应该在北京。史料都有。前年我到日本访问，我参观靖国神社旁边的游就馆，游泳的游，就义的就，这个馆举办了一个"明治维新一百三十周年纪念展"，从中可见日本国家意识形成的过程和右翼军国主义思想的渊源。展览中我刚才说过的那些史料都有。但是日本人始终没有能完整地提出这个观点。我在日本有一次讲学，我提出这个观点，人家非常赞同，说你的观点戳到军国主义理论的根子上了，这是非常有见地的理论。但是我说我是很理性的学者，我理性地去分析为什么会出现这种情况，而且你看游就馆，包括靖国神社的建社，每一个馆的名字都有出处，"游就馆"是荀子《劝学篇》里头的一句话，叫"君子游必就义"。我们后来有句成语叫大义凛然，从容就义，就义就是这个意思，君子要以义为榜样，宁可死，也要跟好人在一起。日本文化继承了很多我们中国的那些很纯正的东西。

边疆民族史，特别东北亚民族史没人敢碰，因为涉及朝鲜、日本、满族、蒙古几个大势力之间错综复杂的关系，我后来想得特别系统。比如我爷爷给我讲，过去我们家里有个甲胄，我记得特清楚，我们是镶黄旗，都是镶边的黄色盔甲。它外边是布的，绫罗绸缎，然后里边是一层甲片，很小的，黑铁，用金属编在一起的，最里边是一层鹿皮。老头儿就跟我讲，说为什么用鹿皮，铁东西跟身体一磨身上就出血，有鹿皮作为内衬，就跟我们穿西装要穿衬衣一样。鹿皮是哪儿来的？都是日本和台湾。当时我就不明白，他跟我讲这个，我就觉得好玩儿。后来到台湾访问讲学，我也出去采访，我突然发现了，台湾有个鹿港，日本有个鹿儿岛，我就看了一下当时整个东亚地区海外贸易史，我发现很有意思，明朝和清朝打仗，大量的鹿皮来自台湾地区和日本，两宗大的贸易当中重大的货物。日本的鹿皮也很好，日本鹿皮的贸易是通过东北，通过朝鲜，台湾的鹿皮贸易是通过郑氏家族的海盗集团过来的。一下子就把当时我爷爷讲的那些小片段我都串起来了。非常非常有意思。

Elliott：东北的鹿皮也不少，为什么……

旗：也许是鹿种不一样。那时候鹿皮是大宗。我小时候见过那个东西，里头是带铁片的，然后一层是鹿皮内衬。后来我不知道我爷爷把它给谁了，现在家里还有一套日本幕府时代的将军阅兵大甲胄，里衬也是用的鹿皮。类似这种，好多民俗有些片段实际是保留了历史整段的信息。

定：这句话有道理。有时候很容易就会把一些片段给放过了。

旗：因为我们历史大量是靠信史，所谓信史一个是流传典籍，当然都是正史了，大部分都是那些个胜利者写的，后朝修史往往是否定前朝的多，刻意回避的多。其二是靠挖掘，但是挖掘出来的只是很小一部分，所以历史研究往往都是靠那些很基础的很小的一部分材料和胜利者的正史传下来的，往往有大量没有进入历史主流的东西，曾经是过去的历史主流被埋没了。所以大姐，我们满族不是突然出现的，我们被打败过，跑到边疆以后，蛰伏，然后回来一趟，不行了，又回去了，到了清朝又回来了。我潜意识当中就感到我们这个满族不是突然一下子爆发的，肯定有相当多年的历史和文化的积淀。

守坟的"四品宗室"

[**访谈者按**] 清朝皇族在清中叶以后就已明显分化，清朝覆亡之后，王公地位一落千丈，有钱的跑到天津，更多的则沦于贫困。北京的西北角，也就是靠近西直门城根儿的地方，由于房价远较城内便宜，很多贫穷宗室与八旗子弟便迁居到城墙根儿下，这里人烟稀少、房屋简陋、环境肮脏，日久成为贫困旗人的聚居地，遂有"穷西北套"之称。北城之谓"贫"，这是因素之一。

这些没有爵位的爱新觉罗子弟，在清朝被称为闲散宗室，到乾隆朝时为他们的面子起见，又赐给他们每人一个"四品顶戴"的空衔（犯罪者除外），于是又被称为四品宗室，但实际上的待遇，却比一般的八旗马甲高不了多少，如遇婚丧嫁娶、意外变故，或者食指日繁，也会如普通旗兵一样陷入贫困境地。① 辛亥革命以后，很多人的生活更是陷入绝境。

这组口述与前面几组不同的是，几名被访者都是一家人，分别是四品宗室毓珍的妻子、妹妹和女儿，她们从各自不同的角度，讲述了这个康熙皇帝的直系后裔、"一出生就是四品宗室"的一家两代人几十年来艰辛惨淡的生活。

在本书中，这可能是一组最接近于"女性视角"的访谈了，不仅因为三位被访者都是女性，还因为在她们的讲述中，相当细腻地再现了在这样一种困境中女人的生存状态：她们生活中琐琐碎碎的平庸、磕磕绊绊的烦恼，以及当生计濒临绝境时的挣扎，还有更重要的，是旗人男子所不及的坚忍。毓珍的家计，主要就是靠他长年离家在外当

_____

① 乾隆四十七年定："闲散宗室均赐给四品顶戴，四品武职补服"（《清高宗实录》卷一一六四，第43—46页）。他们虽有四品顶戴，但只是个空衔，并无四品官衔，也得不到四品官的俸饷。清代闲散宗室的待遇简略说就是，凡年满二十岁，经报准后，每月给养赡银三两，每年养赡米四十五斛。按清代京旗马甲的待遇是月银三两，岁米二十四斛，也就是说，一个四品宗室每年仅比一个马甲多二十一斛米（乾隆朝《大清会典则例》卷一，第33页）。

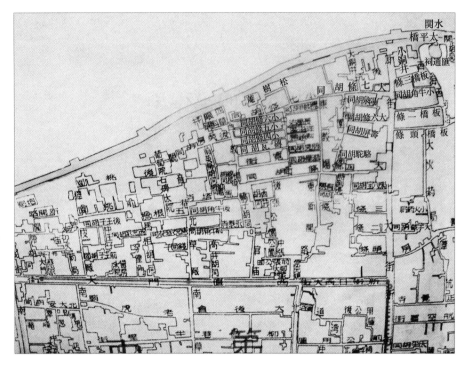

穷西北套地图（引自 1950 年《北京市街道详图》，中国地图出版社 2004 年版）

保姆的母亲和做挑活的妻子支撑的，他妹妹老大出嫁，之后也挑起了一家的生计。在旗人家庭中，这样的例子屡见不鲜，我在不同场合不止一次提到过这点。

（一）　金秀珍口述

时间：2000 年 1 月 15 日
地址：中国政法大学宿舍
被访者：金秀珍
访谈者：定宜庄
在场者：佟鸿举①、金恒德（金秀珍之女）

[**访谈者按**] 金秀珍原名董秀敏，嫁到爱新觉罗家之后即改夫姓金，名秀珍。与爱新觉罗家族结婚的女性大都如此。

1999 年秋，《北京晨报》刊登一条消息，说中国政法大学研究生部拆房时，在校园里发现了一通乾隆朝的石碑，当时碑身和驮碑的赑

---

① 金女士是佟鸿举先生替我联系到的，我第一次为金女士做访谈时他也在场，特此致谢。

顼已经分离，但碑身文字保存完好，上书"原任绥远城将军宗室弘晌碑文"，落款是"乾隆四十七年"。① 这通碑以及住在石碑附近的弘晌后人也由此引起相关人士的注意，一时间探访此碑者络绎。这并不是新发现，因为此碑的拓片早在数十年前就被收藏于北京图书馆（即今国家图书馆）。② 而我在转过年的年初专程踏访此碑，是因为在后来有关此碑的陆续报道中，都提到一位"守坟人"，即弘晌后人毓珍的妻子——金秀珍女士。当其时碑已被重新立起，周围渣土也都清理干净，看起来很像样子了。金女士的家，就在政法大学后面的居民楼中，显然是返迁后分给他们的房子。

查爱新觉罗族谱，弘晌是康熙皇帝之子允礼的次子，毓珍则是弘晌的第九世孙。弘晌历任库车办事大臣、盛京将军和绥远城将军，是不折不扣的封疆大吏，他的儿子永多曾任西安将军、盛京将军和乌鲁木齐都统，地位与其父不相上下，但永多的后人便都默默无闻了。

金女士未嫁前就生活在"穷西北套"，与毓珍成亲之后，于1950年前后出城到弘晌的墓地守坟，此后当农民的日子只能以艰难竭蹶形容。

金女士在我为她做访谈之后一个半月就遽尔溘逝。能在她生命的最后时刻留下她的声音和照片，对她的子女和我自己，都是一个安慰。

1. 住西北套的时候

金秀珍（下简称金）： 我现在成天就坐着。

我民国七年（1918）生人，今年八十一。我们家八旗，正黄旗。我爷爷家是董鄂氏，像我们家这满族，一人一姓。我爷爷姓常，我父亲姓穆，我俩叔叔，就是俩爹，叫爹，不叫叔叔，也各有单姓，姓富的，姓花的。这都是由满洲名字来的，他们各人有各人的满洲名字，我爸爸叫穆金泰，我二爹叫花金泰，我老爹叫富浑泰。后来就归一姓了，我爸爸叫董启朋。我就姓董。

我出生在豁口里头，新街口那豁口，一去头一条胡同，叫大七条，小七条，中间顺北数第一条，那会儿叫张秃子胡同。③ 我们祖辈都住在那儿，

---

① 见《北京晨报》1999 年 9 月 8 日。
② 弘晌碑拓片可见北京图书馆金石组编《北京图书馆藏中国历代石刻拓本汇编》第七四册，中州古籍出版社 1989 年版，第 137 页。
③ 张秃子胡同现改名叫长图治胡同，位于西城区新街口大四条中街。

绥远城将军、宗室弘晌石碑

一改民国就各奔各的了。也没有什么宅院，就是小四合，独一家，没有街坊。爷爷、太太全在，还有我大姑姑、二姑姑，那会儿都没结婚呢。我老爹老妈也在那儿，老爹就是我小叔叔，老妈就是他爱人，也都在那儿住。

那会儿还没我呢，我就听说，我爷爷那会儿说是上朝吧，是什么"卫"不是，我都说不上来了。我爷爷死的时候我也十好几了，他八十六岁上死的。那会儿管妈都叫奶奶，管奶奶叫太太。我太太也是满族，娘家姓赵，也住在豁口里头，后坑，是那儿的娘家。我太太是八十五了吧，民国以后，日本动乱关城的时候死的，那时候我二十多了吧。

那会儿都穿旗袍，梳旗鬏，那旗鬏天天是我给鼓揪（北京话"拾掇"之义），我就爱给鼓揪，给我太太梳头，给我爷爷梳小辫。我爷爷是小辫儿，至死也是小辫，那小辫呀，细着呢，一箍节儿，还没有我这小拇哥粗呢，到死的时候还是那样。（头发）没有多少了，就不每天梳。我太太头发多点，得天天梳，也是我给梳，扎上那头板儿，一劈两半，这一半头里抿，往后盘，这一半也往后盘，两半，还立着，用扁方。我会梳，现在梳我也会。

定：都到民国时候了还梳旗头吗？

金：还梳旗头。那时候没人说，谁爱梳什么头就梳什么头。我爸爸早先也上朝，拉清笔字，我也不知道什么叫拉清笔字。

佟：是不是写满语的？

金：是吧。我爸爸说上朝啊，得退着出来，有一次一慌，差点把载涛①撞一跟头。

到我出生以后，家里就没有什么生活来源了，都不会做事也不会做买卖，就卖着过呗。像我爸爸，我小时候他上湖北去也不知干什么，从湖北回来就没有工作，在家多少年，最后又上东北的什么军，义勇军叫什么，去了几年。然后就回来待着。我老爹在前门那儿的警察局当职员，我太太我爷爷都归我老爹养活着。后头我老爹又给我爸找一事儿呀，在护国寺里头当了些日子警察，然后就又没有工作了，生活就困难了。就是我姑姑那儿好，在我姑姑那儿，这供点那供点儿，我母亲缝穷，就那么凑合着混。我爸爸1958年死的，八十岁。

我二爹死得早，不记得他干什么，我小的时候他就死了，我也没见着过我二婶。我老爹妨媳妇，死了仨（媳妇），都死在我老爹头里。第一个

---

① 载涛，号野云，末代皇帝溥仪胞叔，封贝勒，人称涛贝勒。下面诸篇口述中还会不断提到此人。

老妈也是旗人。第二个老妈是我太太娘家的人。第三个就到日本（占领）时期了，娶的不是满族了，是外姓的，在前门外头住，也死在我老爹头里，他就没再娶。他有一个孩子也死了。我们家就我父亲这一支有孩子，剩下那两支都没有。

我大姑姑、二姑姑都是还没生我呢就结婚了。大姑给的那家姓关，瓜尔佳氏。我二姑给的也是姓关的，也是满族，瓜尔佳氏。都是当家子啊还是怎么回事。也都住西北套，就是这西北城。没有东南城的。

我母亲属猪的，要活着有一百零几了。她娘家是蒙古族，姓白。都住西北套，西直门里头桦皮厂。反正我记事时候他们老房就没有了。我姥爷他们家怎么也比我们家强，先头差不离，最终也是比我们家好。

定：您母亲是蒙古族，那和你们有什么不一样吗？

金：没有。反正从我记事时，就都一样。我母亲从我记事时就不梳旗头了。我母亲那时候缝穷，缝穷就是有什么活就都做，什么补袜子啦就都干。以给人家做活为生。没有生活来源。收入比我父亲还强点。我母亲能干。不能干也不行啊，我和我弟弟又小。我母亲六年才生一个，我有个哥哥早死了，我都没见过。就剩我和我弟弟我俩了。我比我弟弟大六岁。

我弟弟念过书，他后来也是自学，还不错。我小时候没上过学。我十二岁就上挑花厂学挑花，挑花厂也是在西北套，新街口北大街的永泰寺。那是个庙，现在早没了吧。① 有人教，是个女教师，姓傅，挺好的，圆乎脸儿大高个，是蓝靛厂的人，蓝靛厂的一般都是旗人。（学的人）有七十多。中午管一顿饭，学会了给你整套的活，就能挣钱了。那好学，只要会那拐弯抹角，就全会了。

定：你们在挑花厂都是旗人家的姑娘吗？

金：不，什么都有。我后来就在家做。我母亲到蓝靛厂给取活儿去，出西直门顺长河。那会儿上哪儿都走着，没有坐车的，甭管多长时间也是走着去，走着回来。

定：您母亲隔多少天给您取一趟活？

金：我要是正经做，一件也得十天八天的，不正经做半个月也得不了，那会儿也贪玩儿。有样子，自己在布丝上挑十字，那会儿都是夏布，夏布的丝特别细，就这样，横着挑两丝，竖着挑三丝，这十字不就见方了么。就是费眼睛，反正老得瞪着眼睛。一套活，好比挑个大桌面，这下边不是

_____

① 永泰寺为胡同，因胡同内原有永泰寺得名，位于西城区北部，东起西章胡同，西到前牛角胡同，原称永泰寺，1965 年改名为永泰胡同。永泰寺始建年代不清，解放后为一工厂所占。

两股结到一块吗，挑出十字，这边再挑出十字，这么样不是四面么。犄角挑斜活儿，斜活儿不好挑，周围是狗牙儿，三张小狗牙儿，狗牙儿好挑，任何人都会。挑桌面、手绢、枕巾，要是就光做，也挺快的。那会儿还是发大铜子儿呢，五个大铜子是一吊钱么，做一件活十来多吊吧。

定：您母亲干吗？

金：不干，她不会，没学过。

定：您愿意干吗？

金：没事，干什么去呀？我干到十五六（岁）吧，那会儿就不兴挑花儿了。我们就搬到鼓楼去了，鼓楼东大街北锣鼓巷，那儿不是西北套了。在那儿又上的被服厂，在北新桥，是日本人开的，做西服的。① 有一个姓李的，叫李大姐，在鼓楼住，她在那儿学手艺，做西服裤子什么的。她领我去的，我给她打下手，锁扣眼，在那儿不到一年。我没闲着，反正我从十二岁起就一直没闲着。到我结婚时我弟弟就接上了，就成啦，生活就缓点儿。

2. 四品宗室之家

金：我结婚不算早。我二十五结的婚，虚岁。我老头儿名叫毓珍。

定：怎么说的他们家呀？

金：我呀，有个大姨，我叫姨大大，我们满族人管大姨叫姨大大。那会儿正是白面（指鸦片）兴隆的时候，满街都是倒卧，就是瘾大的那个再一冻就死在外头了。我们老头子（即金的丈夫）上他姑太太那儿去，正好我姨大大也到他姑太太那儿去，就瞅着他挺好的，也不抽烟也不喝酒，一点嗜好都没有，家里也清静，这么样给说的。他也是属马的，我二十五，他三十七，比我大十二岁，可不是大太多了点么。

定：您嫁给他的时候知道他们家是宗室吗？

金：知道，都是西北套的么。他出生就四品呢，这谱上都有。不叫官，叫四品宗室，也叫闲散宗室。我听我姑说，吃那俸禄，待遇特别低。就相当于那政协委员吧。我还没跟他结婚的时候他就在宗人府写书，修谱。

他们原来也住城里头，前牛犄角胡同，也是西北套。那时候爱新觉罗也困难了不是，把府也卖了，大房也卖了，后院也卖了。

这边有公公、婆婆、小姑子。他那时候在沙滩理学院，一个月收入七

---

① 陈宗蕃《燕都丛考》："禄米仓大街以禄米仓得名，清时为仓储之所，民国以来改为陆军被服厂"，第223页。

十多块钱，凑合了。还要养老头子，还有他妹妹，没结婚，在家呢。旗人反正就是规矩吧，这早晨起来，头一档子，得端出尿盆去，公公婆婆起来得给人家沏茶倒水，一下地，这咕嘟儿一按（指旗人女子的蹲安）。像我那时候，阿玛您起来啦？一按。管爸爸还叫阿玛，管婆婆也还叫奶奶，不叫妈。然后吃饭请安，睡觉请安，跟小姑子也请安，对小姑子不能说你，得说您，到现在也是那样，改不过来了。

我婆婆也是旗人，姓李，也是西北套啊。过去满族不跟汉人结婚，汉人也别想进满族，就这么回事，到我这辈儿就为止了。我婆婆不在家，一说就说是跟府里头帮忙，也不知是哪府，最后一打听啊，是给人看小孩儿，给沙滩那个理学院的院长。住在和平门松树胡同。① 那儿有两层小楼。

金恒德：我奶奶富态着呢，看过我。

金：我婆婆脾气好着哪，也没什么规矩，她有时也回来，我也不搭地（时常之义）过去瞅瞅，回来就告诉我，晌午天要是困了可以睡会儿觉。公公和小姑子不成，规矩还不说，反正我老不合人家心思，老呱嗒脸子（北京话，形容脸色阴沉的样子），不理我，小姑子也如是。她比她哥哥小十岁，比我大两岁。

结婚一个月，刚住对月②回来，她就把这日子不管过了，告诉说，你过日子吧，我也该休息休息了。过日子是把钱搁到那儿，谁买东西谁就去拿。我就问："妹妹，咱们吃什么呀，我好到新街口买去呀。"不理你，她自己该干什么还干什么，你还不能紧着问，再问："妹妹，咱们吃什么呀。"拿眼睛翻你一眼，还不理你。再问第三声，说话了，慢条斯理儿地："吃面吧。"得，命令下来了，我买东西去。……反正老不高兴。

定：是冲您不高兴还是在家里就是不高兴？

金：那我就说不清了，我没进这门儿我也不知道哇。反正我进这门就没跟她过过话。那时就租房住了，三间南房，两暗一明，我住里间屋，我要拿着点活和小姑子一块做点活儿，多好哇，嘿，拿着活儿去了，跟她说话她也不理我，她干她的我干我的，后来就自个儿干自个儿的了。就这么一个脾气。

定：她在家厉害吗？

金：不言语呀。压根儿连理你都不理你。她用眼神挑你。

金恒德插话：那老太太的眼睛那么大个儿，用眼睛看着你，眼目传神。

---

① 这里说的松树胡同，应为东松树胡同，东西向，位于和平门十字路口东北角。
② 住对月：旧俗，结婚满一个月后，新媳妇要回娘家住一个月。此俗流行于满族及很多汉族地区。

金：用眼神挑你。一天就这样。

我们那时候反正生活没问题。我嫁过来以后就没出去干活儿了，就天天伺候他们吃喝。我有病了也得照样伺候。吃混合面那时候（指日军占领北平时期），我有一次感冒了，发烧，也没吃饭。我老头子上班了，家里就剩公公、小姑子，我伺候他们吃完了，我也没吃饭，我就躺着去了，到了下午三点多钟四点钟，街坊老太太进屋去了，拍拍我：大奶奶大奶奶，那会儿都叫大奶奶，爷俩儿都走啦，你起来该做饭了。蹭地我就坐起来了，误了人家的饭哪儿成啊，慢慢起来做饭吧，夏天儿，你得把粥给熬出来，拿砂锅熬一锅绿豆粥，然后再说吃什么。你说这知道我有病，老爷子又走了，你（指小姑子）就别走了，一声不言语全走了，到吃饭时候又都回来了。

定：走哪儿了？

金：老爷子有时走有时不走，他没事，什么都不干，就在家。小姑子走，到她姑太太那儿去。她姑太太家在西直门里头开冥衣铺，糊烧活的。①

定：什么叫糊烧活？

金：不太懂啊？这会儿也没有了，你是不懂。那会儿死人，接三，得拿纸糊四个箱子，一个棚车一个马，还有一赶车的，拿着鞭子。人死到三十五天不是烧伞嘛，那会儿讲究烧伞，糊伞，② 就干这个。

我家北边住的，是我一个舅母婆，是我婆婆的娘家嫂子。这舅母婆好，那老太太个儿不高，就剩一人了，给东家西家的做卖活。做卖活跟缝穷不一样，这就在家做，做好活，都是软缎哪，那会儿大宅门有的是呀。她就指着这做活自己生活，还攒钱。结果儿子快结婚了，东西都预备好了，儿子死了，这多坑人哪。我现在还有一个喜字的茶盘子，就是我舅母婆的，那老太太好，来这儿不挑这不挑那的。像我这个新媳妇吧，头一回回娘家，走前得给他们磕头，给公公磕完了给小姑子请安，然后给姨婆磕头，给舅母婆也得磕呀，我那舅母婆也在这儿呢，舅母婆站起来了，说话细声细气儿的，到现在我还想着她那声儿呢：我不能受你的头，你还是娇客呢，你

① 制作办丧事用的纸活，称为"糊烧活"，承接这样活计的店铺称冥衣铺。老北京人办丧事，需要大量的纸活冥器，包括"接三"用的车马、箱子，"送库"用的"一楼二库四杠箱"，"五七"用的纸伞，六十天用的纸船，纸糊的死者生前喜好的古玩玉器等等。这里提到的有关丧礼习俗可详见常人春《红白喜事：旧京婚丧礼俗》（北京燕山出版社1998年版），此处不另。

② "烧伞"：老北京传说亡人到"五七"（即第三十五天）时，在阴曹地府要过五殿阎君一关。五殿阎君是包公转来的，他一生无女，很喜爱女儿和花朵，因此如果亡人能用插上花朵的伞盖遮住身子，让包公误以为是少女，不加盘查就可以顺利过关，所以丧家照例由姑奶奶（已出嫁的女儿）出钱糊一把伞，并插上五朵石榴花送到坟地焚化，叫烧伞。

著名民俗学家常人春糊制的烧活

是外甥媳妇，我不能受你的头。

还有个姨婆，是我婆婆的妹妹，她们（指姨婆的婆家）也姓董。一年得在这儿不说住半年吧起码也得住五个月。她是第一监狱的所长，挺大的脾气。本来我这小姑子就够瞧的了，她还挑唆。有一回那姨婆又到这儿挑唆事儿来，还一个姑婆，叫九姑姑，也不知是哪支儿的，吃完饭这几口，公公、小姑子、姨婆，就到我舅母婆那边讲究我去了，嘿哟，这么着那么着的，说给我听，我也急了，我连屋里都不待了，我就出去了。那天还下小雨呢，北屋那儿前沿深，有高台阶，我到那儿站着去了。我不敢搭茬儿，那我走出去会儿还不成吗。真欺负人。我也不敢一赌气回娘家，可不敢。回去我也不说，什么话都不敢说，我爸爸脾气不好，我要说得乱七八糟的，他跑到这儿闹来，我还过不过了？有时跟妈说说，深了也不说。

今儿是初十，我今早儿还想起来呢，我公公是我结婚第二年，腊月初九死的，六十岁。初八还指着点腊八粥呢。转过天儿初九死的，伤寒，几个礼拜就死了，老怕伤寒少怕痨啊。再转过年三月还是四月我们小姑子结的婚，二十三了。也没办，就请请亲戚就完了。她出嫁时二十九，因为哥哥还没结婚呢，这妹妹要是结婚了，这家里就没人管家了，就不让她结婚，耽搁着。要不，这么样跟她哥哥也做点仇。她跟她哥哥不对付，一句话也没有。她哥哥后来死的时候，她来给穿上衣裳，哭没哭上两声，扭头走了就再也不来了，就这样。现在走得近乎，是他们俩（金恒德夫妇）净去，他们去她厚道着呢，这么着那么着的。

金恒德：我姑姑还住在豁口，西北套。她也爱说着呢。

定：您小姑子的丈夫是干什么的？

金：什么也不干，他比我小姑子大十二（岁）。她的婚姻遂心不遂心也就那么回事儿吧，都是我姨大大管的闲事儿。我这个妹夫他们家姓那（nā），他姑姑姓李，他姑姑是宫里头的宫女，没儿子，就把这侄儿过给她这儿了，跟他姑姑过。我这个妹夫就随他姑姑的姓，姓李了。公公死了，小姑子走了，就剩我一人了，舒服了。

后来我们又搬到西单北河沿二十号，不是离着德胜门小市近么，他（丈夫）就天天上那儿摆摊去。先搜家里这用不着的东西，然后再在街上买点儿，摆到摊上卖去。反正连家里的带着上外头买的，也说不上是赚是不赚。涛贝勒也摆摊去，也是拿家里的（东西）。还有一个贝勒，管我还叫婶呢，一到我们家就让我给他烙芝麻糖饼吃，也上小市摆摊去。德胜门那儿的，头里都是摆摊卖破烂的。

3. 一解放就看坟来了

金：这儿是坟地。1949 年不是解放么，怕这坟地丢了，就搬到这儿来了，看坟来了，不知道怎么回事就稀里糊涂全来了。我也不懂。我来的时候三十三岁了。

这地方呀，那时没有村，就是东一家西一家的。我们人生地不熟的，十来亩地，不会种，这什么都不会，什么都叫不上名儿来。那会儿旗人不吃香，净受人欺负，都说那，人家骑马我骑人，这本地人就欺负人。一到挣分的时候，人家净拿我们打哈哈。也就是解放，要不解放我在这儿住不住。

金恒德：真抬不起头来。

定：您后来干农活吗？

金：不干也得成啊，不干吃什么呀，挣工分哪，分粮食啊。老头子不会，什么都不会，我也没干过，不会学么，慢慢学。就我一人干。

金恒德：那会儿不是有自留地么，我父亲都没管过，不会拿锄，用两手那么样拿着。都是我和我妈弄。

金：他就没干过。清理阶级队伍，四清①什么的，非得让出去干去，逼

---

① 四清运动，指 1963—1966 年中共中央在全国城乡开展的社会主义教育运动。该运动强调以阶级斗争为纲，对农村乃至全国形势作了"左"的估计。"四清"内容，在农村是"清工分，清账目，清仓库，清财物"。后期在城乡是"清思想、清政治、清组织和清经济"。该项运动使不少基层干部遭受错误打击和处理，为"文化大革命"的发动做了准备。

得没法子了，干了几天。有一阵子是喂猪，喂了几天猪。再有几天在豁口外头那个什么河，在那儿值夜班。真受气。

定：按说这是你们家坟地，都有看坟的人啊。

金：就有一个看坟的。我们满族在这儿不吃香，可是到今儿也没改，户口本上还是满族。我弟弟一家子孩子大人都是满族，也没改。想改也改不成啊，都是他们家的坟，大石碑这儿立着呢，说不是你的成吗？

定：你们跟其他宗室联系多吗？

金：也有来往，比如跟溥四爷，溥杰那儿去过两趟。溥仪被放出以后也去了一趟，他还挑眼了哪，我们老头子给他行大礼，他说不应该，现在解放了，他都改邪归正了，不能行大礼了。太舟坞①那儿有溥仁的坟地，起坟的时候没人管，我老头子好管这闲事，后来仁四爷过意不去，就买了绒衣，当时条案上摆了一筒茶叶，就说拿去喝吧。

我们家是农业户口，归东升公社管。差点划成地主，算漏划地主。后来划成城市小贩，我的简历都是城市小贩。

（二）金竹青口述

　　时间：2003 年 2 月 23 日
　　地址：北京天通苑东二区某居民楼金竹青家
　　被访者：金竹青
　　访谈者：定宜庄
　　在场者：金恒德

[访谈者按] 我对金秀珍的访谈，颇得益于她的女儿金恒德的热心协助。金女士去世后恒德又主动提出，她还可以帮我去找她的姑姑金竹青女士。因为金竹青女士所住原"西北套"一带房屋正值拆迁，此事耽搁了两年之久，到 2003 年冬，金女士已经迁居到天通苑并在那里安定下来，恒德遂专程陪我去为金女士做了访谈。

金竹青是毓珍的胞妹，与金秀珍互为姑嫂。对于她娘家的事，她与金秀珍的讲述因各自不同的处境而互有详略参差，而二人各自的婚姻与生活，却也有他们那个特定的生活圈子中的某种共性。两篇口述既可以互补，也可以互证。

---

① 太舟坞位于今海淀区温泉镇。

1. 打安上这碑就败家

金竹青（下简称金）： 我们家那石碑啊，立碑那地方是一个祖坟，老坟，那时候本家也多，老坟不是一家的坟，一块地就十亩哪，大着呢。老坟地有围墙，有门，后边三个门，就在石碑那儿，死人进去灵（指灵柩），开正门进门。黄杨柏树多了，我小的时候那树还有呢，一进去害怕着呢。

这坟是怎么个来历呢，北京有个沈万三①您知道吗？那是他的花园儿，是他送给我们太王爷的。我们那太王爷就留下话儿了，说将来给你们姨妈、姨太太她们做茔地。所以坟里埋的都是姨太太，没有男的。男人还专有坟地。

定： 可是坟地的碑不是弘晌的吗？

金： 你听着啊，后来乾隆打围，路过我们那坟地那儿，就问，这是谁家的坟地，他会看风水啊，他一看这茔地了不得啊，将来得出皇上，回去就赏了这碑。我们打安上这碑就败家了，安的这地方正是把那青龙压住了，由这儿就完了，以前辈辈儿是世袭罔替啊，辈辈儿出一个奉国将军，就打安上这碑，就出不来了，出不来做官的了，乾隆那就是破根儿来了。

定： 您这是听谁说的？您哥哥？

金： 我父亲他们都知道啊。

2. 我小时候净搬家了

金： 我1916年生的，八十七了，属大龙的。我们家是爱新觉罗，黄带子。我父亲是溥字辈，我是毓字辈。原来我叫毓竹青，后来冠老姓就姓金了，我的名字就叫金竹青。我哥哥就改成金宝忱了嘛，号似的。

那会儿不是有府么，我们的总府就是十王爷府，康熙不是二十四个儿子么，他是康熙第十个儿子。大高个儿，过去我们家有齐眉棍，那是我们太王爷的，两米多高。那人多高，那棍多高，府里头都供着，还有祠堂，"文化大革命"才把牌位砸了的。我们家那老宅子，最近没几年才拆的。

反正那会儿够威武的，我老祖死的时候，门口那轿子都摆满了，都是王爷。我小时候我看过那账，过去办事呀，办完了都写账，红白喜事，红事红本儿，白事是蓝本儿，都有，什么买了多少两，多少两银子。过去够

---

① 沈万三是明末清初人，号称江南第一豪富，《元史演义》中称为"财神爷"。据说明太祖朱元璋定都南京，南京都城的三分之一都是他捐资修筑的，但不久后即惹怒了朱元璋，被发配到云南充军，死于云南。有关他的传说虽然很多，但大多数都不足凭信，何况他既不是清朝人，也从未到过北京。

威武的。（笑）

我生的时候住在前牛角，北草厂里头，西直门里头不远儿就是北草厂，前门叫前牛角，后门叫后牛角。那房也不算太大，头里四合院，后头有一间后倒房。那就是哥儿几个，上头老祖，我大爷爷大太太，三太太，都挨那儿死的。

后来我老祖也没有啦，大爷爷大太太都没了，大爷爷什么都没有（指孩子）。就剩我爷爷、我太太、三爷爷、爹、婶，我们就分家了。我们家就搬到小后仓，也在西直门里头，那时候就租房了，买不起房了。

定：你们家搬出来了，那留在府里的是谁啊？

金：还有本家呢，哎哟我们本家多了去了。我们是长房，那些本家辈儿都小，就我们家辈儿大。那会儿我才十几岁，我那本家哥哥都六十多了，来了给我父亲请跪安哪，街坊瞅着都新鲜。反正过年就来，三十晚上就来，辞岁来。我族里的嫂子，我们叫姐姐，来了还那么大规矩呢，我父亲说坐下坐下，她们都不敢，坐椅子都坐一点边儿。我还有个四嫂是个女儿寡，没结婚我那四哥就死了，死了以后人家娘家就说女儿愿意，就过去守寡。把死人在那边停着就办喜事，守了一辈子，那叫女儿寡。皇上给她的贞节牌位还挂那儿呢。那会儿不是爹妈做主吗，女的就不能反抗啊。我那姑婆呢，才二十一岁，就守着，就不走。走了让人笑话。我父亲那会儿讲这事。我跟听笑话似的，自己没赶上过啊。

我们家里头，我爷爷老哥儿仨嘛，大爷爷七十多岁死的，我没赶上。我听他们说，我大爷爷就是做饭的。

我三爷爷八十多死的。我爷爷那年死的时候也不小了，七十多了吧，我爷爷死的时候我才七岁。我还一个叔伯爷爷，他们仨人都没做工作，什么工作都没做过。

定：那干吗呀？

金：什么都干不了哇，什么都不会呀，什么都不会，老碍着面子，老倒不了这架子，高的做不了，低的不爱做，怕人看不起。我这三爷爷那会儿净跑二黄票，就好戏，就到外头走票去。

定：他就好唱戏？

金：啊，由八岁，就在这戏界里头，在富连成那里头，唱戏的都圈在这里头，就学，唱小花脸的，他喜欢这个么。跟过去那老唱戏的，刘复生啊，谭鑫培啦，都一班的，都在一块，一辈子都在那里头。登台唱啊也不要钱。走这票走一辈子，一分钱不挣。

定：是挣不着还是不要？

金：不要，过去也是，有点儿钱就造呗。后来就在那里头教戏，他在戏界里头有名啊，打听载过庭，那老唱戏的没有不认得的，都知道，挺有名的。

定：您三爷爷唱二黄票，那他有三太太吗？

金：三太太也死了，死得挺早的，我也没赶上。他们先有一个儿子，我们叫爹呀，后来死了，儿媳妇也死了，最后就剩下老头一个人了，后来那年就八十几了，抽冷子（突然间）有病了，接回来，死到我们这儿了。

定：您爷爷也唱戏吗？

金：我爷爷不唱。

定：那他在家干什么？

金：他就在家。我爷爷那会儿在外头有个姨太太，就算外家吧，我爷爷跟那儿过，不回家，最后都病得快不行了，才把他送这儿来，就是小后仓这儿，倒死在家里了。家里就是我太太跟着我们，我太太也是北京的满族人，她家就老俩儿，和她这一姑娘。（老俩儿）那会儿就说，我这闺女呀，非得是门口摆狮子的，我才给呢。结果真是，真给了这么一家。我太太那一辈子才叫享福呢，什么都不会，什么都不干，就做点儿家里活儿，也有佣人吧。她八十四才死。

定：那你们家过去还是挺有钱的？

金：钱是不趁，就指着俸禄，每月关钱粮，关米，没别的进项，你看都不工作。到我就连钱粮都没赶上，我五岁还是几岁呀，跟我父亲去关了一趟，上什么仓，说老没给了，抽冷子给一回。那就是最末一回了。

定：那您父亲那时候做什么呢？

金：我父亲一辈子没做过工作，什么工作也没做过。吃国家的俸，都没做过事儿。像我父亲，我母亲，我太太，我哥哥，我，就我们五口人，人不多，租房都租了七间房，前后院，头院四间，后院三间，分家分的东西多啊，都了不得。后来没有俸禄了，就不行了，（分家）出来就卖着过，卖东西过，刚开始有点首饰这那，就卖小件，最后我小时候那会儿，就越卖东西越少，就住不起那么多房子了，后来就由七间改成三间，搬到后院三间，后来搬家就没数了。我小时候没怎么上过学，净搬家了，来回地搬，大后仓，那住的地方多了。我父亲一直没工作，什么都不会啊，不会，就待着，没有进项啊，我哥哥上到四年级就上不了了，十六就工作了。

3. 一家人都靠着我母亲

金：我小时候就没姥爷了，姥姥死时我九岁，我母亲什么样，我姥姥就什么样，大高个儿，不会骂人。

我母亲十五岁结婚，我父亲十六岁。我母亲家里头，那会儿也是没什么，条件不好，搭着跟这边有点儿亲戚，这么给的，过来之后一点儿福没享。家里爷爷公、太婆、公公婆婆、大爷公、大爷婆，您看这一大堆人，还有一个大姑子，下边又是小姑子，又是兄弟媳妇。她才十五，那会儿规矩多大啊，四点钟起来就梳头，梳两把头，梳完了这头天还不亮呢，也不敢躺下了，躺不了了，就等着听奶奶婆屋里一有动静了，就得进去侍候奶奶婆去。端尿盆呀，归置屋子呀，点烟呀，喝茶呀，都得侍候。她倒不受气，就是规矩大，那规矩受不了。

定：您母亲也够不容易的。

金：要不说呢，十五岁结婚，孩子一个比一个大两岁。我哥哥是第二胎。我哥哥底下的哥儿仨，挨着排儿死了俩，都是得病死的，嗓子，一会儿就死了，一个八岁，一个九岁，挨着。我哥哥小时候倒不怎么闹病。我跟他差十岁呢，我是第七胎，我母亲生我的时候三十多了。

定：除了死的那俩还有哪？

金：还有，都没活。过去那医学也不行，就在家里生，出来好好的，抽风就死了。我底下还有三个，还有小月（指流产）的一个呢，这就十个吧。最后就落我们俩。

定：您母亲多受罪呀。

金：可不是嘛。我母亲受一辈子苦。我由小儿，几岁就跟着母亲给人做活儿，给人家外边做呀，做卖活儿，绣枕头，做洋袜子，过去穿那洋袜子都用手工做，口儿啊，尖儿啊，不像现在这样一气儿织下来，都使手工缝。那时候有撒这活儿的，到公模口那地方领活儿去，做得了再给送去。我母亲揽这活儿，我帮着做，有时候她缭贴边，我就钉纽襻儿，盘那个算盘疙瘩，一小儿（指从小）我就会弄那个。我母亲做活快着呢，手底下麻利着呢。

定：做一件得多少天？

金：钉纽襻儿，两天就做三件。做那么一件三十多吊钱，那会儿三十多吊钱就够一天的生活。过去东西都便宜，也不吃好的，窝头啊，烙饼啊，那会儿什么面都有呗，凑合着吧。维持生活吧。我母亲没出去的时候就干那个，就指那生活。

后来实在没办法，那年我们在西直门里头顺城街住，南顺城街，有个本家就跟我母亲说，您老这么待着也不像话，别拉不下脸来啦，别嫌寒碜啦，我母亲就出去看孩子去了。我那时十三岁。她就管看孩子，是在一个学校，一直就跟那儿住，单有做饭的，有听差的，她看起四个孩子呢。然后她把钱拿回来。我母亲一直在外头，后来有了我们这侄女了（指金恒德），才给我母亲叫回来看孩子。

定：你们当家的、本家的，像您母亲这样出去做保姆的多吗？

金：不多，也是挤兑得没办法了，也不能老做卖活，当保姆比做卖活强点。

定：您母亲真行，你们一家人其实都靠着她。

金：嗯，就靠着她生活呀。

定：男人都不工作，全是女人工作？

金：那怎么办哪。男的什么都不会，女的好赖能做做卖活什么的。像那会儿卖个菜，挑两担菜，先卖后给钱，他都干不了，挑挑儿挑不动，吆喝也不会吆喝，卖也不会卖，不会，不会干，也拉不下脸来，老嫌寒碜，老怕人瞧不起，大爷的架子老不倒。女的没办法了，你能瞪着眼睛瞅着吃不上饭？可不就能干什么干什么。我父亲一办事还先喝酒，喝完酒脑子就糊涂了，就什么事也办不了了。

定：您母亲娘家还有什么人？

金：我有一个大舅，一个二舅。住哪儿我就说不清。我大舅后来在阜成门外一个报社，给人家看报社。我舅妈没孩子，抱了一个，二十多岁得臌症死了，就剩了老俩，后来都是我哥哥给发送的。我二舅被国民党抓兵的给抓走了，好几年呢，都没信儿，最后队伍回来了，扎营扎在德胜门那儿一个庙里边，他也找我们，我们这儿也找他，我记得我还去见过呢。后来有病了，他家里也什么人没有了，就回到我们这儿，还算不错，死到我们这儿了，死到家里了。

4. 我的婚事

金：那是我父亲死了以后的事了，我母亲不是一直不在家么，我的婚事是我哥哥做的主，我周岁二十八了才结婚，这不给那不给，怕受气，有公公婆婆不给，妯娌多的不给，做这工作的不给，那工作的不给。我哥哥那脑筋旧得厉害。

定：您后来结婚嫁的是——

金：后来嫁的这家也是旗人，他们家是蓝靛厂镶蓝旗的。他就一个人，他妈死得早，他十几岁他妈就没了，二十多岁他爸也没了，他就跟着他姑姑。她姑姑姓李，也是蓝靛厂的。这个姑姑还更新鲜了，她十九岁结婚，二十一岁守寡，先还有一个孩子，没活几个月就死了，她就在娘家待着，一直守到七十多岁死，没再嫁。后来人家给她找的事，在肃王府里给福晋梳头。就管早上福晋起来给梳梳头，别的事都不管，底下还有人侍候她，就干这个。后来福晋有一个姑娘出嫁，她又给这姑娘当陪房，跟着过人家那家去了。

那王府的规矩，大着呢，早晨起来得请安，吃饭得请安，一天这安就受不了。他为什么耽误着呢，就因为有这姑姑，人家都不给，都嫌这姑姑规矩大，谁也不敢嫁给他。要不我嫂子的娘家姨儿做媒，我家也不给呢。（这媒）说了没有一年，姑姑死啦，就剩他一人啦，又说，就是岁数大点，大就大点吧，就一个人儿，又不是续弦。他比我大一轮，我周岁二十八，他四十了，挑来挑去给我挑了这么一个人。

定：就那么怕受气？

金：对。倒没受过气。我结婚的时候他也没正式工作，那老太太死的时候留下一处房，那房买的时候不是老太太的，写的是他父亲，就是我公公的名字。老太太死以后他就卖了房，拿这房子的钱，发送了老太太，剩了几万块钱，又买了十三间房。老太太给人梳头的时候也挣下不少钱。

定：你们过的日子也还不差？

金：对，就那十三间房子，租点房子，也没工作。后来也不能就那么耗着啊。我哥哥那会儿在沙滩的理学院，就是杂差吧，那理学院的院长啊，就是我母亲待的这家的男的，我哥哥的工作就是他给找的。他（指丈夫）就也在那学校干了几年。后来是日本投降了么，我哥哥不干了，他也不干了。后来我有个本家哥哥，在地方法院那儿又给他找了个工作，最后又不干了，就做个小买卖，卖个果子。反正那时候靠租房子还能过，他再出去工作去，有点填补儿，就还凑合着。我们一直就在西直门，在这儿住了五十多年呢。

定：您爱人解放以后做什么呀？

金：就做小买卖，自个儿做呀，卖果子。再后呢都要牌照了，没牌照不卖给你东西，怎么办呢，你买不来东西你卖什么去？后来也不让卖了。取牌照去，谁也不给，不给，怎么办呢，那个就回家了，那会儿岁数也不大。那十三间破房子，到解放后一间房子才租几毛钱，人家还不正经给，不是说到月头就给你，就不给钱白住，白住，那还惦记分你的房子呢，以后就一点儿进项没有了。你怎么办，不能都在家里饿着吧。我就出去啦，给人看好几年孩子哪。那家离我们家倒不远儿，他们家也是个旗人，人挺好的，两口子工作。我就出去，天天晚上回家。

到 1958 年就往出轰人么，家里头不许有人，都得出去工作去，1959 年四十三岁了我就，又出去到工厂。德胜门里头，德胜桥那儿有个五金厂，哎哟，累着哪，我都四十多岁了你想。我就一直跟那儿，待了二十年，待到退休，六十三岁才回家来。他又什么都干不了，又干什么人家都不让干，他但凡能做个买卖什么的，我也就不出去了。我这一辈子一天也没享着福，挨家挨家受苦，在这儿在这儿受累。

我生了六个孩子哪，一个比一个大三岁，他（指儿子）上头一个哥哥，都六岁了死了。要说那病都不知道，邪病，吐虫子，吐了一天一宿就完了。他底下生了一个也死了，就他一个了。这两个女儿都是后生的。大女儿今年四十七。

　　定：那时候生病都怎么找大夫啊？

　　金：单有瞧中医的大夫，请中医到家看，轻易不上医院，医院都是外国人开的。抓药这边有个圣济堂。[①]

5. 哥哥和嫂子

　　金：我哥哥比我大十岁呢，他赶上（清朝的）一个末角儿。到生我的时候就民国五年了，就一点没赶上，要不怎么什么都不太清楚呢，没赶上么。那会儿也小，也不往心里去。最后修这次谱，都是我哥哥他们修的，那会儿我们后头有一家街坊，那老头是宗人府的，他们俩净在一块儿，在一块儿就研究这个，说我们原来有家谱，后来说再做一份，搜集材料去，都找齐了，修谱，有修谱办事处。

我哥哥脑筋旧，不让女的上学，女的不能上学。我就是小时候，我父亲教给我四本小书，《三字经》《百家姓》《千字文》《六言》，[②] 四本书，就教给我那个，由几岁就学那个，瞎学，没正经上过学校。后来去过一个

---

　　① 圣济堂位于西直门内大街，也是京城著名的老字号药店之一，据说创立于 1860 年。
　　② 六言，即《六言杂字》，是中国古代专为学童编写的用于启蒙教育的课本之一。内容包括农耕、器具、服饰、读书、为人、饮食、手工及商贾等。与"三本小书"即《三字经》《百家姓》《千字文》同为应用最广的读本。

可以算业余的学校，二十九小学。是正式学生下了学，我们去补习。去了有二三年，后头怎么不去啦？因为那学校的老师是个女老师，也梳头，后头留个大辫子。后来都让剪发，我哥哥不让剪，最后不剪的就剩我一个人了，去了人家都说我，因为那个我就不去了。我二十四岁才剪的头。我哥哥脑筋特旧，后来一直就那么旧，至死我看脑筋也没变，还是那老一套。我母亲倒没那么大规矩，自己都没饭吃了还要规矩干吗用？

那会儿我才十几岁，我哥哥他一直就工作呀，家里事都是我的，过日子，买这个买那个，跑外呀干什么都是我的，我父亲就在家里管做饭。我管买，买完了他做。我掌家。我哥哥结了婚了我才不管了，嫂子在，哪儿能让小姑子当家啊。

我嫂子她们家也挺苦，她父亲也没工作，她弟弟也没工作。她有个大姑姑，有一个表哥有工作，是在牛奶厂还是干什么的我就不知道了。她姑姑家条件好，开一个饭庄子，她小时候是跟她姑姑家长大的。我记得在后坑住。

我嫂子比我还小两岁，我哥哥比她大一轮。是她姨大大，就是她大姨儿给介绍的。她姨大大那时候告诉她，说人家家可是有规矩的，这不能干，那不能干。可是头一天她一给我父亲请安，我父亲就说得，免了，咱不要那规矩，我们这儿早就没这规矩了。不吃饭饿得慌，要规矩有什么用啊。

定：你们家那时候信佛吗？

金：不信。

定：您哥哥信是吧？

金：他也就是那么回事。

定：我看书上写的，一般满族家庭的小姑子都特厉害，是吗？

金：对。过去我们家的大姑子小姑子都是站着的婆婆。

定：那您也是站着的婆婆？

金：我？当孙子吧，还婆婆呢。

定：那您跟嫂子关系怎么样？

金：我们俩关系还行，挺好的。

定：您哥哥他们搬到老坟那儿的事您还记得吗？

金：那会儿他们在积水潭，火药局那儿住，也不知道两人怎么商量的，非得要上农村，非得要种地去。我说不行，你们干不了，他们说怎么干不了呀，人家干得了，我们怎么干不了。把两间房也给我嫂子娘家弟弟了，就搬到那儿去了。城里待惯了到城外头也不行啊，也没房子也没地，那坟地也不是正经八百的大片的地，这给你刨一道儿，那给你刨一块，刚搬过去还和耿家伙着种，他们不会呀，跟人家种，又没水。到麦秋，还叫我们那位（指丈夫）帮着收去呢。那会儿收粮不像现在这会儿收粮这么多，一亩地才出几斗粮食，到年下收点老玉米收点谷子啊，换面去。就两口子，这一年都不够嚼口的，不够吃的。

定：他们怎么就想起非要出去呢？

金：不知道他们两人怎么想的，不知道，我也不知道，就非得要去。

（三）金恒德口述

　　　时间：2003 年 2 月 18 日
　　　地址：中国政法大学宿舍
　　　被访者：金恒德
　　　访谈者：定宜庄

[访谈者按] 恒德这篇口述比较简短，我们可以将其看作是对她母亲和姑姑所叙故事的补充，也可以看作从孩子的视角对父母生活的一种感受。

恒德还将她精心保存的她父亲毓珍"文化大革命"时写的"检查"出示于我。作为当时的"检查"，不可避免地会有渲染自己生活之贫困和工作之辛勤的成分，甚至将解放初期出城守坟一事也说成是"自觉光荣自愿出城种地自力更生"，但我相信她所叙述的为生活四处奔波的经历是真实的。而且四十年前的这种"检查"，如今已经堪称文物。兹将这份"检查"附于文后。并对恒德几年来对我慷慨热心的帮助，表示衷心的感谢。

金恒德（下简称恒）：我妈死的时候我好像有预感。您1月15号来，她2月28号走的，不到一个半月吧。

我父亲是1906年出生的，一出生时四品。我爷爷叫溥万，溥字辈。我小时候对我爸的印象，他就是一个老头。一天到晚跟我也说不上什么话，他老是看书，抱着那家谱看。据我妈说，他最早在宗人府当差。

定：那时候清朝已经完了呀。

恒：还有宗人府吧，干了一段时间，不知怎么就不干了，出去给人打小鼓。后来在老理工大学，他的交代上都写着呢。我父亲结婚挺晚的了，我姑姑说我爸那时候左挑右挑，族人们也都给挑，老不合适，就挑到这么大岁数了。后来是我妈的三姨太太给我妈说的，说这人挺老实，不抽烟不喝酒的，就这么给说上的，结婚时候我妈都二十六七了。我父亲的性格就是，连个蚂蚁都不踩。我那天上我姑姑那儿她还说，你爸爸年轻的时候儿呀，哪儿有野猫，瘸狗，伤残的猫伤残的狗，他都弄回来，甭管花多少钱，他先把药上好了，那会儿他一下班回来，猫都跑到他身上去。

我小的时候我太太给我看起来的。那时候她在人家给人当保姆，反正是挺有权势的这么一家，有了我以后就把我太太请回来了看我，可是那么多年还跟那家、就是在人家干活的那家来往。我印象最深的是我小时候，我太太还背着我呢，下着雨，打着伞，我太太把伞给扔了都没扔我。我妈也就给我讲了这些。

定：你们这个村过去叫什么村？

恒：大王花园呀。后来他们出城以后就改农业户口了，也挺坎坷的。人家都劝他们别出城，说你们出城干吗去呀，两眼一抹黑，谁都不认识谁，你再受气。

定：那他们为什么一死儿要出来呢？

恒：就为了这坟地呀。这坟对于我爸爸好像特重要。

定：当时你们家多少亩地？

恒：没有地，就是这个坟地。就为这个坟地出来的，这坟地不是我父亲的么，我父亲他们家的。原来我小时候这边都是小坟头，花生地，还有柿子树。这碑还真看住了。

定：听你妈说，他们年轻的时候挺受苦的，有这么多东西怎么还受那么多苦啊？

恒：这就说来话长了，可能我妈不愿意说这段，她没跟您说这段吧？原来这地儿都是宝顶坟，坟上是白灰、混凝土、黄土，这个俗称宝顶坟，大宝顶，立的碑。坟是我父亲他们那支儿上的坟。那会儿不是都占地了吗，得起走，不能埋在下边呀，当时起坟就起出不少东西来，好多殉葬品吧，戒指啦扇子啦……

定：起这坟是什么时候？

恒：可能是50年代以后吧。我那会儿毕竟还小，说的也不那么完全属实，反正我所看到的、听到的，就是这么回事儿。

［以下删去两段］……

我父亲是八十四岁没的，1989年5月份，当时我们不是住平房么，那天等到下午他就有点拉稀，也没有什么别的症状，晚上送到北医三院去，11 点回来，第二天早上就不行了。我父亲去世以后，我妈也病了一场，她就不愿意住平房了，就带着孩子到楼上住去了。

我妈我爸都信佛，特别信那个。我妈是八十二岁没的，我妈去世后我觉得好多事情挺对不起我妈的，我妈把一腔血都扑到我身上了。人都说你挺孝顺的了，可我要是特别特别积极地给我妈治病，我妈也许死不了。我现在为什么信佛呢，就是对我妈的一种忏悔。

我妈挺不容易的。她跟您说过她出城的经历吧，为什么出来就是因为这片坟地。出城以后根本不会干农活，这一块儿就我们是村外边的，村里人就欺负我们。刚出来时候，我那会儿还没上学呢，就分配了一块自留地，这地得插白薯秧子，插白薯秧子得去买，完了去插，我妈也不懂，我爸也不懂，就得雇人插，人家插完了都不给封土，没给封土这白薯就得死呀，白薯秧子晒了一天了，到晚上下了一场大雨，浇了水了，就把白薯秧子自动给封上了。我妈后来为什么信佛呀，我妈说佛可以救咱们，老天爷可以救咱们。

定：我想问问你，你妈给我讲的是一种非常贫困的生活，可是听你刚才讲好像不完全是这个样子是吧？

恒：我妈年轻时候的事我知道的不是特别多。我妈给我讲的也就是这些，什么挑花啦，缝穷啦，梳两把头啦什么的。我姥姥、我姥爷，也不是几品，是传圣旨的，说圣旨到，就干这个。我妈就是姐弟俩，年轻时也没享过什么福，但是也没受过太大的罪。我就觉得我妈出城以后受的罪特别大。

我小时候的印象是出城以后就挺受罪的了。我父亲没怎么下过地，因为他不会干活儿啊，都是我妈下地干活儿，起早贪黑的，你想拔麦子、下凉水什么的，在城里虽说是缝穷吧，跟下地干农活是不一样的，锄头也不会拿，人家会用巧劲儿她也不会。手上起的大包，到死的时候手上都是大包。

定：你对你这个民族的印象特深刻？

金：特深刻。你想当时这个环境，这点儿都是农业社，一片地啊，我的周围没有满族，就我们一家满族……

到后来才有一个大的转变，那就是上中学了，有一次有一个报纸，人家来请我父亲投稿，后来有一年又有人开车来接我父亲写清史去。我父亲就给我讲我这个民族，现在我当然觉得是满族挺自豪的。

"恶果子市"的英王之后

——金励衡口述

时间：2005 年 11 月 23 日

地点：北京宣武区（今西城区）南樱桃园回民医院家属宿舍

被访者：金励衡

访谈者：定宜庄

在场者：岑大利①

[**访谈者按**] 老北京人常说的"穷德胜门，恶果子市，不开眼的绦儿胡同"，指的是顺"穷西北套"往东延伸到德胜门城根儿的一带地区。"穷德胜门"无须解释，至于"恶果子市"，是做干鲜果品生意的市场，既然是做买卖，就有欺行霸市各种勾当滋生，故曰"恶"。而绦儿胡同中有很多人以捡破烂儿为生，便被嘲笑为"不开眼"。由此可知，生活在这一带的应以穷人居多。

但金励衡却是"天潢贵胄"，②他的先祖是英王阿济格，那个最受努尔哈赤宠爱的大妃所生的幼子。虽然他这一支的祖上已不再是府门儿的王公，但从他的叙述来看，他家的败落是自清朝覆亡才开始。

虽然金先生更愿意与我谈论那个被逼殉葬的大妃以及她生的小哥儿仨（即多尔衮、多铎和阿济格）的故事，但我感兴趣的却是他祖父在家庭败落之后，在果子市经营果品的经历。前面谈到，清亡后的满洲皇族，多以作画与写字为生，还有很多靠变卖家产度日，像金励衡的祖父这样全凭自己的才能经营商业并且游刃有余颇为成功，在爱新

---

① 本篇的金励衡先生是中央党校岑大利教授为我联系的。她不辞辛苦陪我一同到城南，为金先生做了此次访谈。特此致谢。

② 郭招金《末代王朝的子孙》一书中收入了作者对金励衡先生的专访：《曹雪芹好友敦敏是英王之后——访英王阿济格后裔金励衡》（团结出版社 1993 年版，第 217—223 页），但重点在叙述自英王到敦敏一系在清朝时的历史，与本书各有侧重。

觉罗子孙中，是一个很罕见的现象。

　　与前面毓旗的口述一样，这是又一个由孙子讲述的爷爷的故事，自有与"穷西北套"那三位女性不同的视角。

　　金励衡医生现年七十四岁，退休前是北京市宣武区回民医院的副院长。

金励衡（下简称金）：我是 1932 年出生的。英王是我的第十二辈祖父，太祖努尔哈赤是我的第十三辈祖父。别看到我这一辈不景气了，老一辈还挺什么的。文的武的那都……英王现在对他的评价就是勇有余啊，比较直，这人。纳兰性德您知道吗？纳兰性德是英王的外孙子。

　　《爱新觉罗宗谱》最后一次修是在 1935 年，我就赶上一个末车，上头有我名字，我们在丙册，从英王阿济格那儿开始。（查玉牒）我得把我名字找着啊，说明我不是冒充的。

　　定：不会的，您冒充也没好处，不会有钱粮给您。

　　金：那我写的字没准儿就好卖了，可惜我写不好。

　　定：那您开的药方也好卖。

　　金：（笑）开药方不论这个。啊找着啦，大同元年①六月初二日未时生。

　　定：铁光是您父亲的名字？

　　金：对，我父亲是 2000 年死的，八十九岁。

　　定：您祖父就是存海是吗？

　　金：对。我爷爷那辈儿是存，我父亲是铁字辈，我们这辈儿叫励什么，我的堂哥叫励庄，是敦诚的承继子孙。我三叔的两个孩子，也都是励字辈儿的。不过另外一支可能就又叫别的。② 他们是按康熙的子孙排的，我们不是。不过现在也没法排了，像我那儿子叫朝晖，是从毛主席诗词来的。

　　定："芙蓉国里尽朝晖。"

　　金：以后就更不排了。您看这是我们家的世袭表，这是有爵位的，世袭的。

　　定：还是满语呢。

　　金：这是马熙运③给我写的。英王不是被赐死的么，王位都全给抹

---

　　① 大同是伪满洲国年号，大同元年为 1932 年。
　　② 爱新觉罗近支宗室的行辈字，先有"弘永绵奕载"，后有"溥毓恒启"。
　　③ 马熙运先生（已故），是满族书法家，北京市东城区政协委员。

（读 mā）了，就是一般的人了。多尔衮的王位也给抹啦，可是后来又给多尔衮恢复了，英王的王位就没恢复，所以一辈儿比一辈儿小。后来到康熙时候好像是恢复宗籍了，开始是镇国公，后来是辅国公，到我祖父那辈儿啊，就是奉恩将军了，最末等了，可是还相当于现在的省长哩（众笑），可是这不是由我们这支儿世袭，是由我们本家另外一支儿世袭，再下边还是奉恩将军，没法儿再往下降了。

1. 祖父的生意

我祖父的父亲，我的老祖啊，那会儿就指着吃国家的钱粮，皇上给的国家给的，一个月给多少钱给多少粮食，反正到时候就给。那会儿对老头的评价就是肩不能担担手不能提篮，什么本事都没有，反正有吃有喝吧。可是后来就越来越没落了，生活就不够了。

我祖父哥儿三个，我祖父行二，一个哥哥一个弟弟，还有一个姐姐一个妹妹，就是同母生的，要是叔伯的就多了去了。我那个大爷爷，他是御前大臣。

定：御前侍卫吧？

金：对，御前侍卫。那会儿反正是光绪了溥仪了，我祖父要活着一百多岁了么，他是我祖父的哥哥呀。辛亥革命以后什么不干，有点儿积蓄，家里头挺破落的。他后来半身不遂，结果我那大太太，满族不是管奶奶叫太太么，大太太就把我这大爷爷送到我们家去了，送到他弟弟这儿来了等于。她不管，反正她经济也困难。我祖父反正那会儿有钱吧，和我父亲，吃喝拉撒地就照顾。后来见好了，就拄一拐棍在院子那儿遛弯儿，现在我那印象还挺深的。后来第二次脑出血还是怎么就死在那院子了，就在那院子我祖父还给搭的棚办的事儿。

我祖父的弟弟呢，我管他叫三爷爷，就更破落啦，挺聪明的人什么也不干，靠我祖父一个月给多少斤杂和面儿。老找我祖父要钱来，也早就死了。

我祖父还一个亲姐姐一个亲妹妹，她们的爱人也都是侍卫，等于大清国一不行就都不行了（笑）。她们都住在西直门那块儿。我祖父的妹妹住在桦皮厂，现在还有，我祖父的姐姐住在后桃园，靠城根儿，西直门里头。现在这前桃园后桃园可能没了。

定：那不都是过去特穷的地方，是穷西北套吗？

金：穷噢！我们原来住的地方也是穷啊。

旧日北京的车马客店（引自《北京旧影》，人民美术出版社 1989 年版）

从我老祖来讲，是什么也不会干，就指着吃钱粮。到我祖父那儿呢，就苦了，生活就没有着落了。我祖父什么全做过啊，摆摊卖白酒，卖过煮饺子，做莲花儿灯，原来七月十五不是放莲花灯吗？什么全会。他没什么技术也没什么文化啊，我祖父连小学都没上过。后来就在果子市卖力气，当时叫伙计。我祖父一个肩膀能扛三百斤栗子，那不容易啦。后来商店的老掌柜死了，一看我祖父也挺能干也挺能吃苦的，就让我祖父接着做这个商店了，就熬到当了掌柜的。这个商店原来叫老合店，我祖父接过来以后就叫合店存记，我祖父那辈不是姓存么，所以老本家老亲戚都管我们叫果子市存家，一提果子市，就知道是我们了。5 路汽车不是还有果子市一站呢么，现在不叫果子市了，叫鼓楼西大街了。

北京的果子市原来有两个，这个叫北市，前门那个叫南市。南市大北市小，都是卖干鲜果的。① 我祖父原来卖鲜果，后来鲜果里边呀太累太乱，就专门卖干果，栗子、枣。我祖父赚钱主要就赚在这栗子上。另外我祖父还是一个商店的股东，果子市最大的商店，叫泉德长，卖百货的，就是杂货店。

定：他到哪儿进货去呀？

金：货全是从德胜门进来的。

定：他是不是就到德胜门那儿趸栗子去？

---

① 民国与抗战时期北京的干鲜果业分零售、批发两种。批发商主要为德胜门及大蒋家胡同南两处果市。前者范围小，后者比较繁盛，北平干鲜果十之六七集中于此。各行皆为货栈性质，主要为代客买卖，也有自办自销者。参见《北平工商业概况》，载《北京档案史料》1987 年第 2 期，第 31 页。

金：人家给送。平谷的、顺义的、昌平的、怀柔的，山里人啊，一到栗子熟了，就赶着骡、驴子，不用马，马根本扛不动。那也很辛苦的啊，头天晚上半夜三更就起来了，什么时候到德胜门？第二天的下午才到德胜门哪！到德胜门把这货物啊，栗子也好枣也好，就都卸到商店里边，人跟牲口就都住大车店了。人吃饭，牲口吃草，那儿都有大炕，几十米长的大炕。哎，第二天，才过秤。我还记得我小时候看见过当地送货的农民哪，有的还留着清朝的辫子。有的把辫子铰了呢，就跟现在男的似的，留着跟女的似的头发。那会儿我还挺奇怪的，我说哟，这男的怎么梳辫子啊，男的怎么留那么长头发呀。现在琢磨呀，怀柔啊延庆那边净是满族啊，密云檀营，怀柔的喇叭沟门儿，那不都是满族么。然后小商小贩上这儿来买来，就是搞批发。核桃、山楂，晾干了了的，柿饼儿。柿饼就是串儿的那个，也叫串饼，用麻绳串一大嘟噜。

定：都挂在身上？

金：（笑）山里红才挂着哪，柿饼可挂不了。还有庚饼，就是现在那高庄柿子，一个儿一个儿的，柿饼就是串儿的。庚饼不太甜，可是柿饼甜。

定：有人吃么那会儿？

金：太有人吃了。柿饼泡果子干，知道什么叫果子干吗？那会儿像北京吧，到夏净天儿呀，就用那柿饼、杏干、藕，有时候还搁枣儿什么的，用水泡了，泡软乎了，连汤搁到盆里盘里的，用冰镇上，又甜又酸，夏净天儿吃那个祛暑。那小商贩不是还吆喝："果子干啦玫瑰枣儿咧——"不是玫瑰，玫瑰是玫瑰花，那会儿卖零食的商店就卖玫瑰木樨（桂花），搁到小坛儿里头。玫瑰枣儿就是那小枣，煮熟了就叫玫瑰枣儿。现在果子干少了。

我祖父年轻时候也上山里去过，上山里采购栗子去。他知道，他懂。

定：他自己加工吗？

金：就卖生的。我祖父没上过学，可是那会儿跟银行都有联系，什么事都开支票，跟现在的经营方式差不多，挺现代化的。老头自己参加人寿保险。可以说那会儿就很开明了。日本人爱吃炒栗子，我祖父认识一个日本人，他在东京卖炒栗子，叫北泽洋行，在东京，就专门买我祖父的栗子，就可以说我祖父是搞外贸的（笑）。

定：日本人在这儿的时候对您爷爷的生意影响大吗？

金：怎么说呢？我祖父还是脑子比较灵啊，他一方面应付着，一方面还跟日本人做着买卖。

定：就是说抗战的时候他跟那个日本人的栗子买卖也没断？

金：没断。有一次那个日本人买了十几袋还是几十袋白面，就存到我祖父的商店了。这面刚卸下来，警察就来了，把我祖父带走了，那会儿粮食紧张啊，买那么多要干吗这是？后来还是那个日本人来了，疏通，把我祖父给放出来了。

定：这个日本人就住在北京？

金：他在日本，就是有时候有什么业务，他来。

我祖父到六十多岁自个儿不干，自个儿退休了。那会儿"三反""五反"啊，正好他刚退休，没事儿。

定：那产业给谁了？

金：原来我祖父那里都是山西人多，就把买卖交给一个山西人了，让他经营。

定：您爷爷解放前就把店盘给山西人了？

金：我记不大清了，好像是解放以前。这山西人一个月给我们十袋白面。那会儿不是钱毛嘛。

定：十袋白面就挺富裕了。

金：而且还给我祖父一个月一百块钱车马费。就是因为那会儿做买卖的人都跟我祖父熟，跟他们不熟，所以我祖父虽然不干了，有问题还得把我祖父请去。

定：您刚才说"穷德胜门，恶果子市，不开眼的绦儿胡同"。① 绦儿胡同都是叫花子，捡破烂儿的，这我知道，可是我一直没闹明白为什么是"恶果子市"。

金：哎呀，那会儿做买卖竞争也很厉害呀，有的讲理有的不讲理，就说那地方"凶恶"吧。所以我祖父那会儿在那儿做买卖也不是挺容易的。那会儿他得帮助很多人，亲戚朋友，老人去世了，没钱，找他来了，"行，办去吧"，这意思是什么呢？就是钱我出了。我三爷爷家我那三叔娶媳妇什么的，全是我祖父包下来的。

定：就是说您祖父在解放后也没受什么冲击是吧？

金：哎。因为什么？一个是不干了，可是不干了也有揪出来的呀，我祖父人缘儿好。亲戚也好本家也好，能帮人就帮人，那没数啦。所以那会儿名声还好。

---

① 绦儿胡同，旧称西绦儿胡同（北城根、北药王胡同并入），东直门内与鼓楼大街西以北处于城根之下，多城市贫民，其西部还流传有"穷果子市，烂绦儿巷"之说。

我祖父三娶。我父亲的生母早就没了，后来又续了一位，又没了。又续了一位。前两位我都没见过，后面这位五十几岁死的吧。

定：这上面写着您祖父"嫡妻白佳氏"，白佳氏您知道是满族还是汉族？

金：可能是蒙古族。这个白就是博，博尔济吉特。我们家老祖宗的女方啊，很多都是蒙古族。①

西单石虎胡同右翼宗学，敦诚、敦敏与曹雪芹吟诗处（金励衡提供）

定：您还能举几个例子吗？

金：那太多了。白佳氏是第一个，我父亲是她生的。

定：您知不知道她是什么地方的人呢？

金：反正据我知道好像就在德胜门外，因为德胜门外我有一个大舅爷么，这大舅爷好像就是我这亲祖母的弟弟——也不是同母生的。原来德胜门外有个祭旗庙，就是出兵打仗先祭旗，在那儿住，在那儿种地。

我祖父有过几个孩子，后来成家立业就是我父亲一个。我父亲有

---

① 该谱原文是："存海，光绪四年戊寅八月十七日寅时生。嫡母希密勒氏，珠尔松额之女。嫡妻白佳氏，文林之女。"又"铁光，宣统三年辛亥十二月十六日未时生，嫡母白佳氏，文林之女。嫡妻张佳氏，张全之女"。

个哥哥，比较聪明，可是十几岁就死了。我父亲还有个妹妹，几岁就死了。

定：您祖父为什么不把店给您父亲呢？

金：我祖父不让我父亲做买卖。我们那老父亲呀，太老实了，做不了买卖。另外我祖父也比较伤心，我祖父跟我说过那么一句话，就是说做买卖呀还得有良心，可是不说谎话不行，不说谎话挣不了钱。所以我祖父也不愿意让我父亲做买卖。就让我父亲上学。我父亲按现在说，倒是相当于大专毕业，可是赶上那会儿毕业即失业啊，一直就找不着工作。后来到门头沟当小学教员。

定：他后来一直在门头沟？

金：一直到退休。周汝昌的儿子找我父亲去（打听有关敦诚、敦敏的事①），老头也可能不知道，也可能什么都不说，反正什么都没说。

定：您祖父的性格跟您父亲不一样？

金：不像。

定：您祖父爱说吗？

金：分什么场合。我祖父做买卖挺忙的吧，早起晚睡的，有时候回家来，看看孙子。那会儿我们小孩都在炕上，坐这儿就跟我们说，什么英王之后啊，镶红旗啊，就跟我们说这个，说这老事儿。那会儿我祖父一回来，我了，我姐姐了在炕上玩，我父亲我母亲就靠墙这么一站，一句话不说。老头还不在家住，说一会儿，就上柜上去了。

定：那你们家规矩还挺大的。

金：好像也不像书里边说的。那会儿我父亲我母亲还都请安，女的就请蹲儿安，也有请的好的请的差的，请的好的好看着呢，请的差的特难看。男的也是请安，据我听说这文的跟武的还不一样，武的请安好像"呲儿"的一下，这脚退出去。那会儿我有个本家叔叔，他来就请这武的。我还挺奇怪呢，我说这安怎么这样请啊？"呲儿"一下。

定：因为他是武官啊？

金：他哪儿是什么武官啊，他什么都不是。我小时候请过安，我请不好。后来就不请安了，就鞠躬了。

---

① 敦敏〔雍正七年（1729）生，卒年不详〕、敦诚〔雍正十二年（1734）生，乾隆五十六年（1791）卒〕是兄弟俩，均为努尔哈赤第十二子阿济格的五世孙，即也是金励衡的先祖。二人生前为《红楼梦》作者曹雪芹的好友，著名红学家周汝昌因从敦敏的《懋斋诗钞》中找到与曹雪芹相关的重要史料，从此研究《红楼梦》并一发而不可收。

我小时候在家呀，管得严着呢，不让出大街门。我怎么上的辅仁中学①呢？因为离得我们家最近，再近的中学没有了。第二天入学考试，头一天我父亲骑着车带着我认门儿，要是不带我去，我连辅仁中学都不认得。

我祖父爱听戏，爱听京剧。我祖父特别爱听《四郎探母》，爱看那两把头和花盆底子。萧太后不是说："回克吧"，克，这是满语，我祖父就爱听这个。那会儿听戏得上前门那边去，所以很少听，一年也就那么一回。那会儿戏都晚上唱，白天很少，晚上回去就麻烦，回去雇不着车。一听去德胜门，人家都摇头，给多少钱人都不拉。害怕，太背，而且去了还得放空车回来。所以就偶尔地雇一马车，那车四四方方地，大洋马，坐在那儿。那会儿马瘦如柴，看着挺可怜的。

定：您祖父跟你们一起生活的时间还比较长吗？

金：1962 年死的。八十多不到九十。

2. 关于祖上的故事

定：关于您祖上的那些事，您是怎么知道的？是从小听老人说的，还是后来学满文的时候自个儿从书上查的？

金：这个啊……反正说来话长啊。好多家族的事我都是从我祖父那儿听说的，我父亲后来有文化，可是什么都不说。我祖父那会儿就跟我说过那么一句，说你什么都忘了吧，你记住这句话：咱们家是英亲王之后。英亲王第六族，镶红旗。你什么都忘了，这句话你别忘。

我祖父那会儿有点钱了，还把本家请了去，修家谱。不是每年，是隔那么两三年，在我们家修家谱。那会儿我小，个儿还挺矮的，我看见过，就在北屋，有一张木八仙桌，二十多人在那儿，一修好几天哪。你说说，谁家生孩子，叫什么名字，谁娶媳妇了，就说这个。整方大宣纸。是用毛笔杆儿，削平了，好多红印的油，印个红圈儿，完了写上名字。我父亲记得清楚，这家谱的头一个名字就是阿济格。

定：你们家的家谱和官方的《玉牒》还不是一回事儿？

金：不是一回事儿。我们家的家谱啊，"文化大革命"都烧了。有家谱，还有坟图。像我祖父还知道，到坟地一看，这坟头是谁，那坟头是谁。

---

① 即辅仁大学附中。位于西城区什刹海畔柳荫街。该处原为清朝康熙帝第十五子愉郡王府邸，光绪二十八年（1902）醇贤亲王奕譞第七子载涛过继给钟郡王奕詥为嗣，承袭贝勒爵，迁居愉王府，从此称涛贝勒府。1929 年辅仁大学附中即设于此府，校长由陈垣兼任。该校 1952 年改为北京第十三中学。

到我父亲就不认识了，这坟头是谁的不知道了。

定：没有碑吗？

金：我去过，没有碑。阿济格是八王，八王坟啊，在大北窑那边，八通线怎么叫八？就是八王坟到通县（今：通州区）啊，现在全拆了。八王坟是英王的坟，解放以后刨了，刨出一个大瓶来，据说清朝时候武将都是火化。

定：清朝最早的时候全都是火葬。一直到乾隆时候八旗兵丁死了还都是骨灰呢。

金：反正据我听说是武将，武将死了才是火化。另外那地儿还有几通碑，现在有拓片，在第一历史档案馆呢。我们的坟在水南庄，在现在高碑店靠北京城这边一点儿，就是说水南庄再往东一点就是高碑店了，现在属朝阳区。前两年中央电视台的白皓还有冯其利拽着我到那儿去，结果什么都看不见了，坟全平了。可是一提照应坟的胡德亮，谁都知道。

定：是从哪代另立的坟？

金：这就不知道了，因为坟图烧了。据我推测，应该是从胡图礼①，因为敦诚敦敏的诗集里头，有到水南庄上坟的那个。敦敏的母亲死了，敦敏在水南庄那儿住了三年呢，说明在敦敏之前就在那儿立祖坟了。

这又牵扯到礼节了。原来每年春节啊，七月十五啊，十月初一啊，就上供烧包袱，解放以后就不烧了。金锞子，银锞子，就叠那锞子。买纸，一沓一沓的纸，镶着金的、银的，四方的，给它卷成一筒，两边一夹，抹上糨糊，一长方的，当间儿空的，不是平行的，是交叉的，这就是一个锞子。另外有烧纸，就是一张白纸，使东西卷成一卷儿，然后把头儿那地方卷紧了。这包袱是纸的，上边印着黑字，有上款，有下款，当间儿写着某某某，父亲是先考，母亲是先妣，讳谁谁谁之位，底下是孝子孝孙谁谁谁。我祖父知道名字，都写谁写谁，我父亲写。后来我上学了，有时候也让我写。那会儿我们家供十一个包袱，没有阿济格，都是后几辈了。还在敦诚敦敏下边，秀字辈的。

定：那些关于英王的故事也都是您祖父给您讲的吗？

金：不是。我开始啊模模糊糊，就是我祖父给我说了那一点儿，我父亲是什么也不说。我学医的，从前就不注意这事，我一直小学中学大学，后来毕业就当大夫，哪儿有工夫钻研这个啊。后来有一次啊，这回民医院

---

① 胡图礼即敦诚、敦敏的祖父、阿济格的重孙。

跟民委的关系非常密切，那会儿张寿崇①的外甥金恒绩在市民委，金恒绩跟民委主任沙之源，沙之源是回民啊，俩人上回民医院来了。

定：您说的这金恒绩是不是庆王家的？

金：对，庆王府的。那会儿我还上班呢，我们正院长就说哎，我们这儿有个满族的副院长，你（的名字里）也有个衡（恒），他也有个衡，实际不是一个衡（恒），说你们俩认识不认识呀。后来民委有事就找我，那时候不是有个满族联谊会么，每年都给我一个请柬。后来在八几年吧，我退居二线了，就有了点时间了，又赶上张寿崇办满文班，他那阵儿在东城政协，挑头办的满文班，我就上了那满文班，哎哟好，这下可大聚会了，一提老祖宗啊，人家都知道。从那儿以后啊，我认识了好多人，有不清楚的问问人家，这么着后来越来越清楚了。

金励衡20世纪80年代与溥杰的合影（金励衡提供）

敦敏的坟在水南庄。敦诚过继出去了，他的坟在大兴，大兴靠南了，西芦垡，祖坟是绰克都的。这还都是冯其利发现的。那儿还有一石碑，让人当台阶那儿踩着呢，是我那大爷爷励庄的父亲，叫啟泰，给立的碑。

奉恩将军我还见过，这人叫存耀，②我管他叫大爷爷。他比我祖父年龄小。奉恩将军那会儿待遇也不错呢，可是什么也不干，后来大清国一没就麻烦了，把祖产什么的卖了不少。原来我见到他那会儿，我记得夏净天儿，一身串绸的衣服。

定：什么是串绸？

金：就是丝绸的吧，长衫呀大褂儿。坐着洋车，叼着烟卷儿，来看我

---

①　张寿崇是清末军机大臣那桐之后，解放后曾任北京市民委副主任等职，详见下文张寿蓉、张寿崇口述。

②　敦诚15岁时过继给九叔祖经照为嗣孙。关于绰克都及其孙存耀，可参照冯其利在《寻访京城清王府》中所述："清末民初，盛京将军绰克都第七子追封辅国公兴绥后裔、奉恩将军存耀（字震亭）住在西铁匠胡同"，（第75—76页）金励衡先生对于敦敏敦诚之事的了解，很可能有些就源于冯先生。但金先生这里所述存耀后来的情况，在冯著中则未见涉及。

祖父来了，我祖父是他堂兄嘛。给我的印象就那样的，奉恩将军存耀。那时候我祖父就有点钱了。

后来就解放了吧，北京市移民，就把他移到内蒙古去了。在北京他什么都干不了，到内蒙古他能干什么呀。

定：解放初期往内蒙古等地移过几次民，都是无业的，在北京城里瞎混的。①

金：对对对，就是无业游民，什么也不干那会儿。

定：到那边种地去？

金：您想这位奉恩将军他能种地吗？（众笑）既不能打仗也不能种地。

定：后来都跑回来了。

金：哦……原来您知道啊？您说对了，真跑回来了（众又笑）。跑回来就投奔到我祖父那儿了，我祖父就给他安排到缘儿胡同一个大车店，就在大车店那儿住，后来就死在那大车店了。

（看满文书院最早的照片）满文书院最先是我们搞起来的。这是常瀛生，代善的后人，这是金宝森。

3. 我自己

金：我母亲是汉族，不是旗人。汉族嫁到满族里边来，姓什么就什么佳氏，把汉姓后边搁一佳字儿。她们家是天津人。我那个外祖父在天津是比较有名有钱的，没有儿子，有四个女儿，老头把财产全都给女儿置了嫁妆了。所以我母亲嫁妆不错。

定：您是长子？

金：对，我十岁我生母就死了。我还有个弟弟。我弟弟是我这个妈生的。我就出生在什刹海旁边有门脸的那个门儿，现在宋庆龄故居，原来叫摄政王府的旁边（看照片：我就生在这个门里头，这就是后海）。

定：那你们住的也是王府啊？

金：不是，我们是在王府旁边，要是在王府里就麻烦了。我们住的那房子比王府可小多了，可是它也按着王府的格局。那个房子是谁的呢？我不知道您知不知道，那个房子是缪素筠的。② 房子很好，一边是府邸，一

---

① 据《当代北京大事记》，1950 年 5 月，北京市七千五百多人赴绥远、察哈尔等省参加农业生产。

② 为慈禧代笔的画家叫缪素筠（1841—1918）名嘉蕙，云南昆明人，是慈禧款绘画的最重要的代笔者。缪素筠入宫后，因惯于官场世故，又加之她唯诺承上，和气对下，故博得上至后妃、下至宫监的一致赞赏，尊称她为"女画师""缪先生"。而清末宫廷画家屈兆麟则为慈禧代笔画松、鹤、灵芝等。

边是花园。我们就租她花园那部分。现在还一直保留着呢，我前些日子还进去看看，里边也都是大杂院，都盖上小房儿了。那会儿载沣，就是溥仪他父亲还活着呢，他是1951年死的嘛，那会儿夏天热，他有时候就上后海河边凉快去，跟我祖父聊天儿什么的。

我们现在的房子是我祖父又在那边买的地，自己盖的房。跟那个不是一个院儿，可是离得不远，就跟从这儿到胡同口那么远。我祖父盖的三合院儿。

定：您说的三合院是什么样的？

金：就是有北房东房西房没南房。这个房子的头里，现在叫鼓楼西大街，原来叫德胜门果子市，我祖父在果子市做买卖，有两间门脸儿。我们后盖的这房子，就跟我祖父的商店通着，现在的门牌叫孝友胡同。故宫现在不是世界文化遗产嘛，什刹海这地方算是文化遗产缓冲区，是风景区了，那地价比哪地方都贵。

岑大利：您那房子现在还有人住吗？

金："文化大革命"那会儿就别人住了，去年才落实政策。国家出钱把那住房的全给搬走了，房呢就交回来了。我们八个兄弟姊妹分了，我父亲有遗嘱啊，给了我两间北房。

岑大利：不错呢，还能给您交回来。

金：这国家也花了不少钱啊。落实政策，自个儿花钱修的。

金励衡于后海北河沿的出生地（金励衡提供）

我父亲在门头沟教书，"文化大革命"受冲击。他有一段历史问题，当的官儿不大，名儿可太厉害了：防共委员会。

定：他什么时候跑那地方去了？

金：那会儿老找不着工作啊，好不容易有这么一个差事，还是汪精卫的伪政府啊，地方不错，在中南海里边。在那儿就当雇员，成天就写毛笔字儿，抄抄写写。解放以后坦白了。刚一解放政策还是比较稳的，没事儿，不作为历史问题处理。可"文化大革命"就乱了，不管那套了就，在门头沟那边给揪出来了。我母亲那会儿也下乡了，"我们也有两只手，不在城里吃闲饭"。上顺义北坞插队了。后来又办回来了。

我学的西医。我1955年北医毕业的。我入学的时候北医还跟北京大学是一回事呢，那会儿叫北京大学医学院，后来独立了，叫北京医学院。现在又合了，叫北京大学医学部了。今年9月份我们班刚开过毕业五十年联欢会。我们那会儿是五年制。原来协和八年，北医是六年，到我们那年教学改革，是五年。

我毕业以后先分配到北京市第一医院，这医院原来是市级，后来下放到区里了，1970年"文化大革命"以后又下放到甘肃。我老伴是药学系的，1962年毕业。那会儿不是备战么，她们班好多人就分配到部队上去了，就给她分配到空军天津医院。所以我算是军属，军属不下放，就把我分到回民医院来了。"文化大革命"造反，回民医院改叫向阳医院，后来又改回来了。牛街那儿不是回民多么，回民医院原来归民政局，不归卫生局，这是全国最大的回民医院。现在为什么那么重视啊？是因为2008年奥运会，还要投资哪。

4. 德胜门内

金：我上学啊，都是我祖父供的。

定：您祖父比较有钱嘛。

金：我们家是有点儿，可是我是吃窝头长大的。那会儿好多人都羡慕我们家，因为我们没挨过饿，没吃过混合面。我有个本家的哥哥就说我父亲，说我要有你这么个爸爸呀，我天天儿给他磕头！我看过别人吃混合面，灰色儿，像香炉灰。我没吃过，我可是见过。

定：日本人来的时候您记事了吗？

金：哟，是"七七事变"吧，我都记得。二十九军大刀片儿。那会儿我有个姐姐，我跟我姐姐就在那院里玩，飞机来了，那声儿大，我姐姐吓

金励衡与本书作者

得就哭，往屋里跑。我们住的后海北河沿那地方，那天就通知了，让搬走，说今儿晚上这儿打仗。我们都看见了，那些大兵穿着灰制服，就听着好像是东北口音，就在河边石头上磨大刀，一边磨一边骂，一边磨一边骂，就骂那日本人。（我们家人）就说收拾收拾东西吧，说搬到果子市，上柜上住去。这个也带走吧，那个也带走吧，什么也舍不得，头天一宿就没睡觉，收拾那东西，第二天就搬走了，到柜上住下了。结果一宿枪也没响，第二天大兵全没啦，可能就都上卢沟桥了。现在宋庆龄故居那地儿，过去是德胜门小市儿，周围全是木厂子，（人们）就用那沙篙，把路口全给截上了，买东西都得隔着墙递一个菜筐。

　　我对日本人的印象特坏。正觉寺那儿的两层小楼，住着日本人，日本人喝啤酒，啤酒瓶子就往下扔，砸中国人脑袋。在新街口那儿我眼看着，一个卖笤帚的，也不知道是妨碍交通了也不是怎么着了，让日本宪兵给踢得一溜滚儿一溜滚儿的。我那几年每年都拉痢疾，拉一回痢疾就且拉呢，几天几宿的就这么拉，药也没现在这么发达，就吃中药。那会儿一拉稀就叫虎列拉，[①] 一说虎列拉（日本人）就给拉出去烧了，所以拉痢疾都不敢说。所以中国人对日本人一直印象不好，因为他们太粗暴了。也说美国兵

---

　　① 虎列拉，即霍乱，为英文 Cholera 的日文音译。霍乱与鼠疫一起被列为甲种传染病，曾在中国多次流行，1932 年的这次流行是迄今为止最后也是最严重的一次。本书很多被访者对此都有提到。

不好，但没有像对日本人那么恨。美国兵好像表现得就文明点儿。我都赶上了，满街美国兵，吉普车，日本人是牵着大狼狗。

定：可是对你们家直接影响不大是吧？

金：对我们家直接影响不大。

日本投降的时候，（北京人）都恨日本人啊，好多日本人都一家子一家子躲到防空洞去，另外也有一些嫁中国人了，嫁给拉洋车的。可是在个别场合有的还挺横着哪。

后来社会就不稳定了……

定：这指的是什么时候？

金：国民党来了以后啊。日本时代用联合票，是中国联合准备银行发行的。国民党来了就不用了，用关金，用法币，后来又发了好几种，有一种叫金圆券，这金圆券可把我祖父给治了，他原来还有点钱，一折成金圆券，那点钱就够打一壶醋的了。所以解放对我们家是有帮助的，我上学不用交学费，吃饭也不要钱。

我祖父三娶的祖母也是汉族。她就住在西城区，现在叫四环市场，一个超市，原来叫草厂大坑，我这第三个祖母的娘家就在草厂大坑旁边。穷。草厂大坑是抹脖子的地方。那会儿我们串亲戚到那儿去，都说："早点走吧，晚了待会儿有抹脖子的"，哎。积水潭那地儿，是跳河的上吊的地方，靠荷花市场那地儿，也是上吊的地方。我上小学在新街口那边，上学下学老走积水潭那地儿，这跳河的上吊的我都看过没数了。解放以前。上学去看河里漂着一堆衣裳，甭问，一跳河的。喝满了水啊时间一长就漂上来了，叫河漂子么。等中午晚上下学的时候一看，捞上来了，还盖一张席。几乎天天儿有。就那板桥头条，板桥二条，积水潭医院后边那地儿，那树上，隔不几天就挂一个。

定：您都看过？

金：看过！

定：就是说你们当时住的那环境都是特别穷的。

金：都是穷。要不怎么说解放了拥护共产党啊，那真是！解放军进城的时候是从德胜门，我还到德胜门门脸儿看去了呢。那会儿还早晨几点钟开城门，晚上几点钟关城门，就怕给关到瓮城里边。我小时候还有放午炮的，中午一点好像是，"当——"。

定：出了城那边就是庄稼地了。

金：哎哟，解放以前不出城就种庄稼啦。绛儿胡同后边就种庄稼。

三　王谢堂前

　　从这个单元开始，我们要将目光转向东城了。

　　如今人们讲述老北京、研究老北京，往往将注意力更多地集中在宣外会馆的士子和前门外天桥的把式之上，但我希望能用以下这些人的讲述，将当年京城中最繁华也最具京城特点的地段——东城，呈现于读者面前。清代的北京东城，集聚了京城中最有影响力的官僚政客、最豪奢的富商巨贾，还有为数众多的、在人们印象中只会提笼架鸟的八旗子弟。他们共同构成了"东富西贵"中"富"的一群，如今所谓的"大宅门"，就主要集中在这里，东城也因之成为不折不扣的京城政治、经济、社会文化诸方面的代表与中心。

　　百年回首叹沧桑。这些当年在京城无人不知无人不晓的大宅门，自清覆亡之后，经历了几多的升降沉浮，兴衰荣辱，如今几乎渺无痕迹。我访问过的那些老人，曾经"眼见它起朱阁，眼见它宴宾客，眼见它楼塌了"，他们叹息"富不过三代"，诚哉此言！

　　兴亡之感，这是中国传统史书与文学作品中时常可见的主题，每每写到这里，便到最深沉处。在我这部从个人角度回顾和记忆京城历史的口述中可以发现，这种对历史的感叹并不仅存在于文人的作品中，同时也深深渗入寻常百姓对往事的追寻与叙述。百年来北京这座城市独具的厚重与悲凉、深沉又沧桑的韵味，就是这样通过各种不同群体的人们之口，看似平淡却又掩饰不住地、鲜明地凸显出来。

　　沧桑还可以换一个词表述，那就是"旧"。如果说百年来的京城文化是"半新半旧"的话，东城就是典型的"旧"的代表，这也是本书以下几个主要居住于东城的人群的主调。"新"当然也在旧中孕育着。不过，"旧"未必就意味着破败、腐朽，完全以"新"代"旧"，也未必就意味着生机和希望，尤其是对民生和文化而言。但这已是一个过于宏大的问题，这里已无法展开讨论了。

最要紧的是门第

　　与老北京人谈天，常提到旧日京城有"八大宅门"，但我迄今未听到谁能把这八家说全。反正有两家是必提的，一个是金鱼胡同那家，一个是秦老胡同增家。所以我下面选择来作访谈的，正是这两家的后人。如果说"旧"是东城的主调，由这些家族代表的清朝满洲官僚阶层，就是"旧"家庭的集中代表。

　　"那"不是代词，是姓，读 nā 音。那家，指的是内务府镶黄旗满洲、清末军机大臣那桐。至于增家，指的是增崇，清人崇彝作《道咸以来朝野杂记》（北京古籍出版社 1982 年标点本），称道咸以后三代为内务府大臣者，只有增崇一家。此外还有的，是麻花胡同继家、沙井胡同奎家，继禄与奎俊，亦均为清末的内务府大臣。这里有一个躲不开的名词，就是内务府。它不由得让我推测，是否这所谓的八大宅门，就是由八个内务府世家构成的呢？或者反过来说，是否清末在京城最为显赫的大家族，除了"府门儿"即皇室之外，就是由这些内务府大臣囊括着呢？这是以攻读清史满族史为业多年的我，在做这个北京口述史的题目之前，也未曾认真想过的问题。

　　内务府，全称为总管内务府衙门，是清朝创设的专管皇室"家事"的机构，与管理"国事"的外廷互相独立，不相统属。隶属于内务府的包衣三旗是从皇帝亲自统帅的镶黄、正黄和正白三旗亦即"上三旗"所属的户下包衣（Booi，满语，即家的、家人）挑选组成，称"内三旗"，与"外八旗"之间，恰似内务府与外廷的关系。

　　内务府旗人既然是皇帝的"家人"，与皇帝的关系就比外廷朝臣更亲近、更特殊。清代外任肥缺如盐政、织造、粤海关监督、淮安监督、九江道等，均用内务府旗人，清朝中叶以后尤其如此。他们在为皇室效力的同时，也为自己的家族获取并集聚了大量财富，有些家族还数代累任内务府总管大臣等重任。《红楼梦》作者曹雪芹的祖上曹寅是如此，这里提到的那桐、增崇、继禄与奎俊家族也莫不如此。

那桐也好，增崇也罢，有关他们的行迹在清代官书文献中记载甚详，即使私人生活甚至逸闻野史，也有诸多材料出版，我对他们的政治生涯、是非成败一概不作评价。我在这里，就像前面对清朝皇族子弟一样，也是将他们作为一个社会群体来展示的。我关心的是处于这个既不同于汉族官僚，也不同于八旗外廷文武官员的、独特的内务府旗人圈子中的人，是他们这个圈子形成与交往的方式、他们的日常生活，还有，就是经过这百年大起大落的兴衰之后，他们的后人的生活状态以及对旧日荣华，所具有的记忆。而其中最引人注目的，是他们凭借通婚建立起的极其复杂紧密的社会关系。互通姻娅，这是统治集团内部结构组合的重要方式。细察内务府世家的婚姻网络以及他们如何通过这样的网络保存及伸展相互间的势力，是政治史中不可忽略的内容，其中尤堪注意的，是他们与王府之间频繁的通婚，这在那家与增家后人的口述中有非常清楚的叙述，是在清史研究中鲜为人关注，也是又一个我做口述之前从未注意的问题。也就是在这层意义上，对这个群体的叙述，也可以看作是对前面那个"天潢贵胄"群体的延续和补充，二者是应该结合起来看的。

那桐在清末政坛上是炙手可热的人物。史称："清光绪初，满部员之最负时望者为荣禄、端方、那桐，皆于部中最有权，当时所谓红人也。"京城百姓称其为"那中堂"。① 那中堂的府第即"那家花园"始建于清光绪朝，位于北京王府井大街金鱼胡同 1 号，是老北京

昔日那家花园（引自《那桐日记》，新华出版社 2006 年版）

无人不知、无人不晓的大宅门，它曾是清朝与民国两朝官员和达官显贵的政治、交际场所。这里在清末招待过外国公使，民国时国务总理

---

① 中堂是宰相的别称。清代大学士、协办大学士仅为大臣的荣典，习惯上仍称授大学士、协办大学士为拜相，都称为中堂。

陆征祥和清皇室又都在这里设宴欢迎过孙中山和黄兴，孙中山还在这里发表过重要演讲。许多京剧名角如杨小楼、余叔岩、梅兰芳也曾在此演唱，可称一时之盛。这一切都使那家花园当之无愧地成为北京乃至中国近代政治风云和社会变迁的重要舞台和历史见证。

那桐家与增崇家同为京城最有名的大宅门，但据增崇后人奎垣回忆，那家要比增家气派得多，一是因为那桐在清末的官职高于增崇，另一方面，正如《北京满族调查报告》① 所称，那家是不同于增家那种坐吃山空的"家底雄厚又比较注意积蓄和经营的类型"，据该报告，清亡之后那家又成为北平银行的董事，并经营三个规模相当大的当铺，是北京有名的富翁之一。直至 20 世纪 50 年代，那家还有八百多间房子（公私合营五百间，自有三百间）。

在 1949 年以前的北京，金鱼胡同那家和他们那一套生活方式颇为引人注目，我访谈过的几乎所有七十岁以上的老人，个个都能给我讲些他家的故事，当然真假不论。这个大宅门的彻底灰飞烟灭是在"文革"之后，但人们对此都讳莫如深，这里亦无法陈述了。

（一）张寿蓉、张寿崇口述

　　时间：1999 年 1 月 19 日
　　地址：北京东城区某胡同张宅
　　被访者：张寿蓉、张寿崇
　　访谈者：定宜庄

　　［访谈者按］对金鱼胡同那家这个曾经煊赫一时的大宅门，我选择五人做了三份口述。这五人分别是那桐的孙子孙女、五服以内的堂孙女，以及这个堂孙女的亲戚蒋家姐妹。这就好像一颗石子入水泛起的涟漪，一波一波荡漾开去，观赏水纹的时候，如果能在看石子入水之余，也看看由它激起的整个水波动态，方才有趣。何况它的边缘，很有可能是另一个水纹的中心。②
　　对于内务府诸世家的婚姻圈，下面几位被访者都有很详细具体的

---

① 见中国科学院民族研究所辽宁少数民族社会历史调查组《满族社会历史调查报告》（下册），1963年稿本，第 11 页。
② 费孝通先生对中国社会的结构也有过类似的论述："我们的社会格局……是好像把一块石头丢在水面上所发生的一圈圈推出去的波纹。每个人都是他社会影响所推出去的中心。"（《生育制度》，北京大学出版社 1998 年版，第 24 页）

叙述，其中尤以他们与王府之间的婚姻最值得注意和耐人寻味，诸如这篇口述提到的那桐两个女儿与一个孙女分别嫁给庆王奕劻两子一孙的姐妹嫁兄弟与"姑做婆"婚姻，以及后面还要提到的索家姐妹分别嫁与醇亲王府（光绪之弟、宣统之叔）载涛、载洵兄弟家的婚姻等，都提示我们内务府臣僚与皇室王公间存在的"主子"与"奴才"特殊的紧密关系，亦可见形成于他们之间的婚姻圈具有的特别狭小的特点。此外通过访谈还可以展示的，一是身处其中的家族中人对此有什么样的感受和评判，张寿蓉说"反正那时候门第是太要紧了"，就是一语中的的一例。二是我做口述之前从未注意到的，就是当这个官僚集团已经倾覆并且势力不再的时候，婚姻网的仍然延续，既表现了他们这个家族与社会圈子相对于政治的变迁要较为滞后和紧密，也表明了他们虽屡经政治风浪互相间却经久不变的认同。

还需补充一点：在这组访谈完成之后，奎垣先生又提示我说，内务府旗人与王府之间的婚姻关系网，是在清朝中期以后才开始形成、到清朝末年才越发紧密起来的，这与皇室与内务府旗人之间地位的此消彼长，有着直接的关系。这是一个非常重要的提醒，当然，也是一个有待深入研究的课题。

张寿蓉、张寿崇为姐弟，他们的父亲绍曾是那桐的儿子。张寿崇先生已于几年前逝世，他生前曾任北京市政协常务委员、北京市民委副主任，北京市民族古籍整理工作领导小组负责人。我与他因工作上的关系，又因我母亲与他是大学同学，于公于私都有来往。张先生一直跟随祖父在那家花园长大，经历自非一般人可比。但我因为与他过于熟稔，因为总觉得会有很多与他长谈的机会而一次次地拖延，直至有一天听到他溘尔长逝的消息，才意识到损失已经不可挽回。也是在他逝世之后，我才知道了许多他生前从未与我讲过的、令我感叹唏嘘的坎坷隐忍的经历。谨以此文表示我对他的悼念，愿他的在天之灵安息！

这篇口述作于八年前，是本书诸篇口述中较早的一篇，本以采访张寿蓉为主，我是在张寿崇先生的陪伴下到张寿蓉女士家中做的，谈话间二人多有互相提醒互为补充之处，所以一并罗列于此。这是本书中唯一一篇已经发表过的访谈，①再次放在这里，为的是便于与其他几篇比较，以保持这组以那家为主题的访谈的完整性。

---

① 参见拙著《最后的记忆——十六名旗人妇女的口述历史》，中央广播电视大学出版社1999年版。

　　张寿蓉（下简称蓉）：我1919年出生，今年八十了。我没有满族的名字，就有个小名叫"枣"，小枣。那桐是我祖父。我还很小的时候，大概五六岁，刚记点事儿吧，他就半身不遂了，我就记得他坐在一个椅子上，说话就"嘞嘞嘞"地说不清楚。我就是早起来请安去，下了学以后过去作个揖，看一眼，就出来了。

　　张寿崇（下简称崇）：我家不算贵族，算官僚。我家的老姓是叶赫那拉，老家谱上说是从朝鲜那边过来的。我们说姓那，是因为我祖父的名字是那琴轩那桐，到我父亲就姓绍了。实际到我们这辈儿应该用"寿"，我家不论男女都按寿字排。姓张是民国以后改的，其实应该姓章，因为在《八旗满洲氏族通谱》里边，叶赫那拉氏第一个出名的叫章嘉，[①]我们家谱里是章嘉，后来民国时期排满，汉人里姓张的不是比姓章的普遍么，就用了这个张。

　　蓉：我母亲家里的事就不太知道了，就知道姓奚，那阵儿最出名的，反正后来自杀的那个裕禄[②]不是她大爷就是她叔叔，好像是差两辈儿，不是直系下来的。

　　崇：好像满族有个姓是喜塔腊，所以她娘家就姓奚。其实按官位说，裕禄比我祖父高，他们哥儿仨都是大官。他们是真正的八旗，不是内务府。我们家多少是内务府后来抬旗，我祖父已经做到一品大员，当然就抬旗了。

　　蓉：这些事我都不太清楚了。我的姥爷我就没见过，他做什么官我也不知道，他庚子时候殉了，自杀了。姥姥也是我很小就病死了，那时候觉得这殉了不是什么好事，就都不提。我们也不上姥姥家去，我母亲也不常去，因为父母都没有了，就知道有一个婶儿，就是庆王的四格格，陪着慈禧的，相片里老有。她是我爷公的妹妹，从这边说是我姥姥，叫九姥姥，从那边又等于是我的姑太太。我上我母亲家去也就是去见这个九姥姥。

　　崇：这说的就是三家儿了，四格格是我母亲娘家的婶儿，也是我三姐（指张寿蓉）结婚以后庆王府的姑太太，这三户都是一品大员。[③]

----

　　① 《八旗满洲氏族通谱》对章嘉的记载仅有如下几句："章嘉，原任厩长，其孙法尔萨原任牧长，元孙常英系生员……以上俱系世居叶赫地方，系来归年分无考之人"（卷22，乾隆九年内府刻汉文本，第24页下）。

　　② 裕禄，喜塔腊氏，满洲正白旗人。光绪二十四年（1898）任军机大臣、礼部尚书兼总理各国事务衙门大臣，旋任直隶总督兼北洋大臣。1900年7月八国联军攻陷天津北仓，裕禄自杀。

　　③ 这里说的三家，指那桐一家、裕禄一家和庆王奕劻一家。清代将皇族女儿均称为格格，四格格是亲王奕劻之女，深得慈禧太后宠爱，慈禧命她长年在宫中陪伴自己。据说奕劻以支庶而能晋封亲王，发迹就从四格格受宠开始。四格格的丈夫是裕禄的第九子，当时皆呼她为熙九太太，张寿蓉姐弟呼她为九姥姥，确实是差两辈。

蓉：我祖父的前一位夫人姓赵，大概就是民人，汉人。生了四个女儿，没男孩。第二个太太就是续弦的这个，就是我祖母，姓邓，是汉军旗人，家里也是有名的，盖动物园的诚玉如那是我们的舅姥爷。[①] 她头一个生的是男孩，就是我父亲，跟着下边也生了四个女孩。两个都是正太太，我祖父没有姨太太。

崇：我家没有姨太太，没有丫头，没有抽大烟的，所以才能延续到现在。要有就不行了，反正一抽大烟，再有姨太太，再有使唤丫头，就完了。我们家是从困境中起来的，经过一段波折，咸丰时候肃顺和柏葰相争引起的那个科场案，我曾祖父就被牵涉，所以我家就很困难，到我祖父才又起来。我祖父那时候上朝连靴子都不肯穿，先走路到那儿然后再穿靴子，生活困难到我家老姑太太在家里打带子。我们不是一帆风顺的人家。

蓉：我这八个姑姑，大姑我就没怎么见过，那时我很小。[②] 二姑嫁给蒙古八旗人，言菊朋他们家的。三姑嫁给皇族了。[③] 五姑爷就是我公公，五姑就是我婆婆，那时候可以亲上加亲，姑做婆婆。六姑就是我婶，姐儿俩嫁给哥儿俩。

崇：那时候庆王是总理大臣，我祖父是协理大臣，在外交上是这么一个关系，在朝里最后也是这么一个关系。一个一把手，一个二把手。[④]

我们七姑嫁给铁良家的，[⑤] 八姑嫁给杨儒，[⑥] 到俄国当钦差的，那是汉军旗。

蓉：我父亲那阵儿在中国银行做个不要紧的事，接电话，好像接线生似的。

崇：他主要是股东、董事、中国银行就是接着大清银行，一脉承下来

---

① 据《那桐日记》，那桐的第一个夫人赵氏病逝于光绪十七年六月，同年十月，那桐"定内务府正白旗汉军、原任六库郎中祥霭亭先生之孙女、继三老爷之女为继室"（第66页）。

② 据《那桐日记》，光绪二十三年七月，那桐长女"许字内务府镶黄旗满洲完颜氏崇地山尚书（即崇厚）之次孙、衡阶生观察之次子，名希贤。……诚玉如内兄大媒也"（第256页）。可知这些家族相互间做媒通婚的关系。

③ 据《那桐日记》，那桐的第三女于光绪二十八年"许字成竹铭之子钟山"（第435页）。成竹铭即成允，满洲正红旗人，曾任布政使，他是清朝远支宗室即觉罗，所以这里说那桐之女嫁给了皇族也是对的。

④ 这里指的是在1911年辛亥革命前夕清室改组的皇族内阁中，奕劻任总理大臣，那桐任协理大臣之事。

⑤ 铁良，满洲镶白旗人，字宝臣。光绪朝曾去日本考察军事，归国后任军机大臣、陆军部尚书、江宁将军。

⑥ 杨儒，汉军正红旗人，字子通，同治举人。历任驻美兼日斯巴尼亚（即西班牙）和秘鲁公使，俄、奥、荷三国公使等职。1900年沙俄出兵占领东北，翌年1月杨儒出任全权大使赴俄谈判，谈判中俄人提出侵占东北条款，他不受逼迫，拒不签字。1902年死于俄国任所。

1920 年那桐的全家照（引自《那桐日记》，新华出版社 2006 年版）

的，我家是大股东。① 我曾祖父哥儿好几个，就都不在一块了，我们家三代同堂，也算大户了吧。辛亥革命以后尤其是帝制以后变化很大。

蓉： 反正那些事也不让小孩知道，小孩也就是吃喝玩乐而已。那阵儿军阀打仗，是不是炸张作霖哪？我们就往外跑呗。

崇： 军阀混战么，跑过两三次。我们是天津有个家，② 北京有个家。我们家在（北京）苏州胡同也有房。苏州胡同也算是好地方，离东交民巷近，中国兵不能进，北洋政府也好国民党也好，到苏州胡同就不能派兵进去了，外国兵放哨就放到苏州胡同。我们主要就这仨地儿：金鱼胡同假如说不安定了，就跑到苏州胡同，还不安定就奔天津，奔天津租界里住。我们是如此，北京这些个大户差不多也都是如此。上到溥仪，下到铁良，没有说天津没有家的，再往上肃王什么的就去大连、青岛了，摄政王也到天

---

① 张家姐弟之父绍曾（即《那桐日记》中提到的"宝儿"）是那桐的独子，曾在中国银行任职，为盐业银行第一任董事。

② 张寿崇有文章记述："民国初年，我祖父那桐在天津英租界十七号路（今新华路）购地数亩建一德式楼房，全家移入，息影津门，但每年春夏仍多回北京居住。"（见张寿崇《那家花园往事琐谈》载《天津文史资料选辑》第 44 辑，天津人民出版社 1988 年版，第 225—226 页。）

津去，都是这样。真正不进租界的那很少了，除非他没落了。

蓉：我们小时候也跑过。乱了，没有客车了，就坐运兵的铁皮车，也钻过铁道。那时的房子也不算贵，家里有钱的主儿都买得起，就置一所，两边跑呗。解放以后就都卖了。

我们家姐儿七个，四个男孩四个女孩，中间死了一个女孩，所以女孩是三个，都是一个妈生的。我大哥是属耗子的，比我大三岁。二哥现在还有，在天津，比我大一岁。一个弟弟属猪的，比我小四岁。大姐比大哥小两岁，大姐完了是二姐，我是女孩里最小的。没了的那个是我姐姐，两三岁时得传染病死的，什么病也不知道，可能是虎列拉什么的。

我小时候也没什么，家里就跟《春》了《家》了那种书①里头很像，大家庭。父母都忙自己那点事，我母亲要管理家里的事，还要出去应酬红白喜事，一天见不了两次面，早上请个安，晚上说个明儿见，一天就完了。孩子多，也管不了，生下来就雇奶妈子，吃奶妈的奶，不像现在跟父母这么近。奶妈抱走就归她了。所以奶妈是太要紧了，好像就是受她们的教育。我们管奶妈叫嬷儿，就比叫老妈子强多了，府门都叫嬷儿，谁是谁的嬷儿。长辈的佣人叫"达"，是宫里的叫法。

我奶妈是顺义县（今顺义区）的，她二十几岁来的，比我母亲大一岁大两岁吧，自己的孩子让人给看着，一年也就回去一趟，十几天。她从我小时候到我结婚，一直跟着我，那阵儿叫陪房。我结完婚以后她又给我哄了三个孩子。后来得心脏病死的。她一辈子，跟我的时候比跟她丈夫多。像我这样的一直到我结婚生孩子还跟着的太少了。

崇：像我的奶妈就不行了，反正奶妈走了以后有看妈，老有一人跟着。

蓉：我虚岁六岁就念书了。那阵儿我哥哥他们上学校，也让我去，我一听就害怕就哭，家里说那就甭去了，就在家里读私塾，请老师来。哥哥是在学校念完了还得在家里念。我那阵儿也糊里糊涂的。反正按老式规矩，九点钟上学，十一点半才下课，下午一点半上学，五点下课。开蒙在北京，几年后上天津，老师也跟着。念的是《三字经》《百家姓》《千字文》，大一点念《四书》。我们头一个老师是山东人，简直就是哄小孩儿。后来的高老师学问好点儿，就教点诗什么的。还学过几天英文。我父亲三十几岁就半身不遂了，我就陪着他，也没上学也没出去，一直到结婚。

崇：我们中学全在天津念的，只有暑假回北京玩儿来。

---

① 这里指的是巴金（1904—2005）的小说，即《家》《春》《秋》。

蓉：我十三岁就订了婚了，十三岁就等于十二岁，我生日又小。等了这么几年，到虚岁十七岁就是现在的十六岁就结婚了。我先生是庆王府毓字辈的，溥字辈完了不就是毓字辈嘛，他比我大两岁，结婚时虚岁是十九岁。那阵儿都是十九岁就结婚了。他 1984 年死的。他就是上学，完了高中毕业就工作，没上大学。先在外国公司做点事，然后就在保险公司，解放以后就一直在照相机厂。

我结婚时公公上头还有爷公呢，爷公就是庆王爷载振。

崇：农工商部尚书，出使英国的那个。①

蓉：他们家那派头！原来好几个姨太太呢，死的死走的走，我结婚时就剩一个了。我公公哥儿仨，一个小的是姨太太生的，这哥儿俩是一个母亲的，就娶了我们家那俩姑姑。② 他二婶就是我六姑。那时候讲门当户对，没有悬殊太大的。我丈夫就哥儿一个，有俩妹妹，他们这支挺稀。

那阵儿他们的王府还在北京，定阜大街，我结婚以后在那里住过一阵儿，还有宝座，就是皇上过去坐的那椅子，那时候就等于是一个摆设了。天津的那是住宅，老宅子很大，光地窨子就好几十间呢。③ 我们在天津结的婚，他们的房和我娘家的房不远，就隔一条街，两处一说合就给了。他们家境那时候也挺好，清朝倒台了也有地，还有企业，天津劝业场有他们十分之三的股，人家十分之七。还有渤海大厦。

府门跟我们普通的门不一样，他们家规矩礼数特别多，丫头也特别多。咱们这儿随便磕头不是磕仨头么，他们得磕六个头。我那阵儿是个小姑娘，十六岁，什么都不懂，结婚时规矩也不懂，就找懂这种事情的一个老太太，胖赵。

崇：就好像伴娘，她就懂这个，对于两家的情况都熟，规矩礼数她全都知道，到时候就提醒新娘子：这个应该叫什么，应该行什么礼，儿媳妇过门早上应该什么时候请安去，晚上应该什么时候回屋，都得听那胖赵的，

---

① 奕劻于民国六年（1917）病故，时年八十岁。奕劻生六子，第三、四、六子早殁，载振为长子，系大侧福晋合佳氏所生。凭借奕劻权势，他十四岁就被赏给头品顶戴，十八岁选在乾清宫行走。光绪二十八年（1902）二十六岁时任贺英皇加冕典礼专使，到法、比、美、日等国进行访问，有《英轺日记》4 册12 卷传世（一说为别人代笔）。归国后历任御前大臣、农工商部尚书等显职。民国六年大总统黎元洪代替已经逊位的清室下令命载振承袭庆亲王之爵，世袭罔替。

② 载振有三子：长子溥钟、次子溥锐、三子溥铨。那桐的第五女、第六女即分别嫁给了溥钟与溥锐，那桐的孙女即张寿蓉又嫁给了溥钟之子毓定。这就是所谓的"姑做婆"。

③ 溥仪逊位后庆王携眷避居天津，购买了太监小德张盖的英租界三十九号路一幢大楼（今重庆道五十五号），该住宅占地七亩多，是一所中西合璧式的三层楼房，后又加盖一层作为"影堂"（祖先堂），包括外围平房共一百二十多间。1949 年 1 月被军管会接管，后来成为中苏友协天津分会会址。参见溥铨《我父庆亲王载振事略》，载《天津文史资料选辑》第 44 辑，第 201—216 页。

她都给你递话儿，等于听她导演。胖赵一肚子没有别的学问，就是这个。北京有名的府第她都去，溥仪结婚她就陪着皇后。

蓉：她一递话儿呢，甭管对不对，人家也就都觉得对了。她像司仪似的，在旁边攒着你，该请安的请安，该磕头的磕头。各家她都去，你可以给她钱，找她，用一个月还是多少日子。府门的规矩，普通人家的规矩，民家的规矩，她都懂。我和我大嫂都请的她。

崇：长得就像电影里的胖黑奴，嘻嘻哈哈，人非常聪明，见得也多。大家门儿，你找我也找，越来越熟，她肚子里就像有本经似的。北京就有这么一伙人，有男的有女的，女的就是这个胖赵是最厉害的。新娘子遇到谁捣乱，她也能给搪（搪塞）一气。她也待不了多长，也就待一个月，报酬也相当高。

位于北京昌平县（今昌平区）流村镇白羊沟的庆王奕劻家族墓地（重修后今貌）

蓉：我结婚时还按老式规矩，坐轿子，他（指弟张寿崇）还扶着我那个轿杆儿。他和轿杆儿高矮差不了多少。[①]

崇：弟弟得送姐姐去，扶着轿杆儿。我就等于到我姑姑家。

蓉：我婆婆就是我姑姑，多少也好点儿，怎么也有个原谅劲儿吧。不过那大家庭也够呛，磕头请安、抽烟倒茶的事特别多，还不能和他们一块儿坐，老得站着，出门也得说一声儿。虽然是姑姑也还得按规矩走。不过我那爷公对我特别好，老拿我当小孩似的，老说你下去吧，别跟这儿站着了。

老头每天起得很晚，到下午三点多才起，吃饭还得递漱口水什么的。后来就好多了。第二年我就有小孩了。我四个孩子，十七岁生我大女儿，我年龄太小还难产。三年以后又生了第二个，又三年以后生了第三个，俩男孩挨着。我一直也没工作，就这么样下去了。十年以后了，到1952年又

---

① 老北京婚俗，新娘起轿后要派新娘的兄弟二人随行于花轿两旁，称为扶轿杆儿。

有了这女儿。

　　崇：大的变化是解放战争。天津解放和北京解放不一样，天津是战争解放，这些户在解放前已经很紧张了，国民党到处占房，这些人就都被由老宅子里撵出来，再租一间房住，我们也是这样。国民党就进驻，算是给赶出来了吧。跟着就解放了。我们家房就卖了。庆王府就没算卖，移交给共产党了。

　　蓉：也说不清楚，房子都交了，那时候就兴这个，就像现在兴人人买，那阵儿就兴人人交。什么都没有了那是"文化大革命"。

　　我大姐嫁给了袁世凯的十三公子袁守安，袁是燕京大学的学生，后来他们离婚了。二姐夫是内务府大臣增崇的后人。[1] 我大嫂是卓王的后裔，姐夫的哥哥叫贺西伊尔图墨尔根，[2] 就住在什锦花园，已经没什么蒙古人样儿了。二嫂是杨儒的重孙女。我姑姑嫁的那个是庶出的，杨四老爷之子杨朗之。

　　崇：我爱人是军机大臣世续的后人，就是保溥仪的那个世续，他家姓索勒豁金，[3] 属朝鲜。四弟媳是汉人，大银行家岳潜斋的女儿。

　　蓉：反正那时候门第是太要紧了，先要尽可能找满族，然后就是门第。那时候汉人不愿嫁满族，嫌旗门儿规矩多，应酬多，受不了。旗人又嫌汉人贫。[4]

（二）张寿椿口述

　　时间：2003 年 2 月 13 日
　　地址：北京市西外大街榆树馆东里某居民楼
　　被访者：张寿椿
　　访谈者：定宜庄

　　［访谈者按］张寿椿的曾祖父与张寿崇的曾祖父是兄弟，或者说那桐与张寿椿的祖父那盛是堂兄弟，虽然仍在五服之内，但在平常人家，关系应该是较为疏远了，但那家毕竟不同。从张女士的讲述可知，这

---

　　① 张寿蓉的二姐嫁的就是增崇之孙奎垣，详见下篇奎垣的口述。
　　② 卓王，即蒙古科尔沁部左翼中旗卓哩克图亲王，什锦花园是卓王色旺端多布的在京府邸。贺西伊尔图墨尔根是色旺端多布之子。
　　③ 世续，字伯轩，内务府满洲正黄旗人，索勒豁金氏。光绪举人。曾任内务府大臣兼工部侍郎。八国联军入侵北京时被命留京办事。1906 年升任军机大臣。辛亥革命时首赞清帝逊位，并参与磋商优待条件。
　　④ 据张寿崇先生解释，这个"贫"并非贫穷的意思，而是指"不大气""抠抠搜搜"，当时也称为"民气"。

个旧式大家族直至今日，即使是经历了"文化大革命"之后，特有的交往方式也仍然在延续，包括互相拜年、互祝生日等活动，也包括这个家庭的子女与旧日豪门之间维持至今的婚姻，尽管这种婚姻中已不再含有政治利害的因素。张寿椿女士在我采访之前做了认真的准备，所以她为我讲述的各种婚姻关系，都比较详细和准确。

张女士也有自己的经历、自己的生活，有的与那桐家有关，也有的无关。可将其作为东城一个普通旗人官僚的家庭来看。

1. 我见过那场面

定：咱们就从您祖上的事说起好吗？

张：先从我们这支儿：我大爷爷的父亲是溥安，我爷爷的父亲是文安，我四爷爷的父亲是铭安，这都是哥们儿，哥们儿谁是亲的谁不是亲的我就不太清楚了。文安是我曾祖父，他有两个儿子，那昌、那盛。大祖父那昌，字子言；我爷爷那盛，字茂如。这里（指《那桐日记》）都写着呢，茂如弟怎样怎样，子言兄如何如何，这大概是按大小排的。

我大爷爷那昌的官不小，在江苏做官，原来我们家挂的大爷爷像，还有牌位。我大爷爷没后，我爷爷娶了五位夫人，是娶一位死一位，娶一位死一位，没有妾。我父亲叫绍铨，字仲衡，是第三位祖母生的。我父亲下边有两个儿子，寿康和寿广，寿康是我哥哥，他的生母姓邵，邵家现在无后了。寿广是我弟弟。我母亲是续弦，我哥哥三岁时我母亲过来的。我哥哥1995年故去了，他也没后。

我和寿崇三哥是五服边儿。寿崇三哥的父亲叫绍曾，我叫大爷。金鱼胡同那家，他们家族是我们叶赫那拉最阔的一家，最富有的，只要满族人一提金鱼胡同那家，就是他们，半截胡同房子都是他们的。

我从小，我母亲就带着我去，办整生日，办满月，婚丧嫁娶吧，那会儿讲究带姑娘，哪家都带姑娘，我们家就带我去。过年拜年啊，请安磕头啊，我就知道我该干什么。比如初六我去拜年，初六才许堂客拜年啊，我一叫门，第一道门喊，说是西城的还是哪儿的，大小姐来了，我当时准得带一老妈子，赵妈，出去什么的都带那赵妈，赵妈、张妈，好几个妈吧，老妈子，就跟着我；等到第二道门又报一下，谁谁谁来了；一道一道地报，到第三道门，先迎过来的是那老妈子，小张妈吧，给我大大（即大妈、大娘）梳头的，单有给她梳头的，这我才能进去。进去先到那大祠堂，特大的祠堂，金鱼胡同啊，在一个大长院里，是五间大北房还是多少，去磕头拜祖，完了再上那个相当于客厅吧，都摆的是硬木家具，见这大大，她就叫张妈去影壁后头给我拿红包去，给侄女一红包，多少钱我都忘了。去的时间不会太长，一般情况下不吃饭，真有事才吃饭。婚丧嫁娶这些事才吃饭。

婆媳妇呀，办满月呀，他们都在福寿堂办喜事。只要一办事，就吃鸭翅果席，有鱼翅，都是挺贵的东西，鸭了是做什么我不知道，果席有炸核桃，有山楂糕，小孩也挺盼吃好吃的，我就愿意去他们家，我们家人也愿意带我。

定：您还记得见过什么大场面吗？

张：就是我大大，那桐的第二个夫人①故去时候，办丧事的时候。我这大大特别能干，我三哥也说他母亲特别能干。我大爷死得早，这大大当家，那么多房儿媳妇，大姑子小姑子就八个嘛，还有那么多的姑婆，都得维持。

那时候我才四五岁五六岁，都有点印象了，我父亲给他们写的那字，大红罩，铺开了挺大的，有人拿着。停灵二十一天呢，当家子的侄子啦，孙女啦，孙子啦，全都发孝服啊，都穿孝，都跪灵。左一个放焰口，右一个这个那个，讲究极了，我都跟着。我那些姐姐们都比我大不多呀，她们从正厅走到停灵的屋子去，再到另外的餐厅去吃饭，有一段要走路，经过院子冷点儿，她们就都披着小斗篷，要不就揣着小暖水袋，这就是她们的场面。

定：想起当年盛况真是……

张：那没法说。真没法说。

我结婚以后和他们来往就少多了。"文化大革命"，寿崇三哥他们受较大冲击，很晚很晚我们才知道，后来我三嫂就脑血栓了，然后后遗症。我三嫂小圆脸，白白的，长得挺漂亮的，他们夫妻感情特别好，搬到史家胡同我去过几次，她推四个轮子的车出来，还能说话呢，后来也不知道怎么就变成植物人了，这过程我就不太清楚了。

后来把他们整个大院分成好几户，给了多少（补偿），也值不了太多钱。我三哥说，现在那家花园就剩一个角落，在西堂子胡同有那么一点点，不像样了。他们家从金鱼胡同搬到西堂子胡同，又再到史家胡同。在史家胡同的时候用那大铁炉子，我三哥得自己捅弄火啊。他等于是参加统战工作的咱们满族的一个代表，民委副主任，东城政协副主席，还是市政协常委。他后来挑这家呀，整个家庭都是他挑着。

我和我三哥走得近还是在改革开放以后。从 20 世纪 80 年代后开始十

---

① 即上篇张寿蓉口述中提到的姓邓的夫人。

旧时金鱼胡同　　　　　　　　　　　　　今日金鱼胡同

几年哪，我们每年老有聚会，我也挺能张罗这事的，跟表姐妹呀，跟我四嫂呀拢着，现在四嫂也半身不遂了，二哥又在天津。这聚会怎么办呀，就只能跟我大侄女①去瞧瞧这个瞧瞧那个，现在大侄女也故去了。

2. 满洲贵族的姻缘

张：先说我三哥寿崇这一支。

三哥有八个姑姑。第一位夫人生了四个女儿，另外还生了一个儿子，就是我大爷绍曾。第二位夫人也生了四个女儿。这第二位夫人跟我曾祖母是一个娘家，亲姑侄女。我三姑姑，就是那桐第一位夫人的第三个女儿，嫁给了钟寿民家。五姑、六姑给了庆王爷的两个儿子，姐儿俩嫁哥儿俩了。七姑那时候老穿男的服装，我看着有点儿像男的一样，我大太太故去的时候她在家里管账，一人住西房。她结婚晚，嫁给铁良家。她就一个女儿，姓穆，是同仁医院的护士，去年（即2002年）刚退休的，五十五岁。

我这大爷绍曾（即那桐之子）四个儿子，崑、嵩、崇、嵪，他们不是哥儿四个么，都是山字头的。四个儿媳妇，每房都一大堆孩子。

寿崑大哥一直住在天津，他的夫人金婉玲，是蒙古族的，生了六个女儿一个儿子。

我二哥张寿嵩，在天津呢，我的第一位二嫂是豆腐池②杨家的，是什么杨我就不清楚了，也是满族人。我的二嫂长得清秀极了。寿嵩跟我哥哥一

---

① 这里所说的大侄女，指的是那桐的堂弟那晋之子绍荫的孙女。其父名张润帘。按张寿椿在这篇口述中谈到的主要是那桐一支的婚姻关系，对于其他几支基本未谈。后来她曾专门与我详细讲述过那晋一支的婚姻关系，因这部书稿已经完成，未及收录。

② 豆腐池胡同位于东城区西北部。东起宝钞胡同，西至旧鼓楼大街。

边儿大。我们家族属马的有四五个人呢，现在就这位二哥一人活着了。那桐的八女儿，我叫八姑。八姑就嫁到豆腐池杨家。所以八姑是二嫂子的婶儿，这是侄女，她们俩没血缘关系，但是亲做亲。我这二嫂结婚十二年才生了一个儿子，叫张之澍，在天津呢。张之澍娶的媳妇是二嫂的亲内侄女，也是豆腐池杨家的。八姑、二嫂、二嫂的儿媳妇，也就是她的内侄女儿，这三人没有太多的血缘关系，反正亲做亲吧，都得门当户对，那时候。

三哥寿崇的夫人，我从年轻就知道，她是世中堂的孙女。世中堂的后代，嫁给那中堂的孙子。

然后是四哥寿嵩。我四嫂叫岳维珍，不是乐家，是岳家，好像不是旗人，家里也挺有钱的，银行那类的。岳家有一段还搬到金鱼胡同东边住着。她给那桐那么大家族做孙子媳妇，真是能上能下。四哥在"文化大革命"时不幸去世，我四嫂一人带起四个女儿，我就认为她很坚强。四嫂住的是西堂子胡同二十一号，三哥他们住的是三号，四嫂单在这边住，四合院，房子是勾连搭的。"文化大革命"和以后那些年吧，她从家里找出一点，就卖点，那都是名牌的，乾隆的，康熙的，明朝的，就是现在没什么东西，也还有点，也是瘦死骆驼比马大。她人很热情，现在半身不遂了。

寿崇有三个姐姐。我这大姐给袁世凯的第十三子还是多少子做媳妇，没有后代。二姐是嫁给秦老胡同增家，但是他们家是姓察，不知道是老姓还是后来的姓。我那二姐夫①是留日的，二姐没了以后他还在日本住了一段。二姐夫我常见，每次家里有大事他准去，三哥办整生日，三姐办整生日，四嫂办整生日，他都去了，就是三哥故去没让他去。他今年八十五六了。他们也认识我，我二姐的女儿和我最小的妹妹，在女十二中的时候，她们俩是一班同学。

寿崇三姐张寿蓉，她的婚姻就涉及满族姻缘了。咱们就从庆王爷这儿说起吧。

慈禧时代的庆亲王奕劻，是乾隆的后代，可能是十七子吧，我不敢说啊。② 实际这庆亲王在清朝的时候，一直是我大爷爷那桐的上级。他的长子叫载振，弟弟叫载伦。载振一共四个儿子，长子叫溥钟，次子叫溥锐，三子早逝了，还有一个四的在天津呢。溥钟的夫人就是我五姑，是三姐的婆婆、那桐第二位夫人的第一个女儿。溥钟的长子是静轩（又名毓定），

---

① 张寿椿这里说的"二姐夫"就是奎垣，参见下篇《过眼云烟说往事：奎垣口述》。
② 这里说的没错，奕劻确是清高宗弘历第十七子永璘的嫡孙，光绪十年（1884）命其管理总理衙门，封庆郡王。1894 年，封庆亲王。

就是我三姐夫，寿蓉三姐的爱人，前几年故去了。所以，如果还是清朝，没有变成民国的话，我五姑、三姐他们一直下来，都是长子长房，到现在庆亲王的衔应该还是他们的。

张寿椿 2007 年中秋到二姐夫奎垣家做客

　　这里边怎么做亲呢？一个是载振的长子溥钟。载振的长媳是我五姑，我五姑的长子就是静轩，静轩娶了我三姐，这是一代姑做婆。

　　静轩的长子是金恒绪，跟我三姐一块住的是恒绪的长子，叫金朝。金恒绪娶的是我大哥张寿崑的女儿，她就是金朝的妈妈张宛玲。寿崑大哥不是有六个女儿、一个儿子嘛，四女儿就嫁给金恒绪了，这是又一代姑做婆。

　　还有呢，金静轩的妹妹金瑾如，也就是我五姑的闺女，我三姐的小姑子，就嫁给了钟寿民，就是爱新觉罗·寿民，他写字特别好，署名都是爱新觉罗·寿民，他怎么姓钟我没问。钟寿民的生母是张寿崇他母亲的妹妹，孟公府的三姑娘，张寿崇他母亲行四，三姑奶奶、四姑奶奶。所以五姑的女儿嫁的是她舅妈姐姐的儿子。

　　金瑾如前年办的七十岁生日。她的大女儿叫钟蔷，老二钟薇，老三钟勇，最小的女儿叫钟倩，七一届的。钟倩给了我四哥张寿崙的儿子张之沅做媳妇。张寿崙和金瑾如他们俩不是亲表兄妹么，金瑾如是张寿崙的五姑的女儿对不对？这是三姐做的媒，寿崙是三姐的弟弟，瑾如是三姐的小姑子，给他们俩的一儿一女成亲了。

寿崎的小女儿叫张炎。钟薇是老初二的，到山西插队去了，回来没结婚，一说媒，就给说上了。四哥的儿子娶了表妹的女儿，四哥的女儿嫁给表妹的儿子，他们两家等于换亲了。

定： 我想问一个问题，过去那时候门当户对，现在换了时代了，怎么还讲究门当户对？还是有别的原因？

张： 可能就是互相那么一说吧，亲做亲了，等于是姑姑给做媒了。除了他们就都是自由恋爱了，就都跟汉人结婚了。再下一代就更不行了。

我的曾祖母，就是我父亲的祖母，是那桐夫人的亲姑姑，那桐的第二个夫人，老姓姓邓，我父亲告诉我，那桐大爷爷下朝了以后，先拜姑丈母娘，就是我的曾祖母。

定： 为什么呢？

张： 不知道。我跟我三哥他们相貌有点像吧，其中这一支比较近，亲姑姑侄女，这不是又一项亲做亲么。这层关系他们家好多人都不知道，三哥当然是知道了，别的姐妹都不见得知道。她们（指张寿椿的曾祖母与那桐夫人）是一个娘家，而且我这曾祖母的内侄孙，就是我父亲的表哥，他三个表哥，一个叫松大，一个叫柏二，二爷呀，松大爷，柏二大爷，齐三大爷，和我父亲最好的是齐三大爷。这齐三大爷会中医，常上我们家去，他们就住什锦花园。

哎哟，这儿还一门亲戚呢，我三嫂（寿崇三哥的夫人）的内侄女，刚才说过他们是世中堂的后代，这人叫金乃华，曾经在我们学校做过代课教师。她妈是我齐三大爷的七女儿，行七，是大排行。

张的丈夫插话： 我就不爱听她家的事，乱七八糟我都听不懂。我是汉族，家里也没那么多关系。

3. 母亲父亲培养我们上学

（1）我们家境比他们差一大块

定： 您说说您自己。您小的时候家境是跟他们差不多呀还是——

张： 我们家境比他们差多了，差一大块，当然也还比较有钱，我成长过程中也没那么多的事。我爷爷在故宫里御膳房，原来是九品官，后来给慈禧办五十大寿有功，提升了七品是多少品，我说不太清楚，这是听我三哥说的，我父亲没跟我学这个，我也没问。当时穿的衣服跟我大爷爷是一样的，我们家原来那相片我看见过，我爷爷长的轮廓，都跟大爷爷特别像，圆乎乎的脸。

定：他们也沾您大爷爷（指那桐）的光吧？

张：那就说不上来了，也许吧，那亲做亲他能不沾光么？当然我祖父官小。我父亲说的，我出生时候我们家有七十多间大房子，后来是怎么一个情况下，我爷爷不行了眼睛瞎了，活到七十多岁时，家里收入就少了，大房子不知怎么就卖了就。我们家住过好几个地儿，我是在哪儿生的，跟我说过都给忘了，反正是东北城，那时候凡是家里稍微高点的，皇亲国戚吧，都住东城。

我祖父娶了五位夫人，到第三位娘家姓曹，就是我亲祖母，生的我父亲，不久又没了。第四位夫人姓王，干吗的不知道，然后第四位又死了。第五位夫人我小时候朦胧有点印象，姓汪，到现在我跟她的娘家侄女还有来往。这祖母生了一个女儿，十一岁死了。合着娶了五位夫人才留下我父亲一个。我也没叔叔也没大爷。

然后我父亲结婚，我这第一位母亲娘家姓邵，邵家本身绝后了，娘家没人，娶到我家不知道是肺痨还是肺病，我哥不到三岁，她死了。我母亲是续弦，那时候二十一，我父亲是二十七，他比她大六岁。

我父亲在故宫当过笔帖式，他字写得不错。民国以后在北京市卫生局工作，做科员，日本占领时候他有事儿没事儿我就忘了。我们家那会儿住骑河楼，有十三间房吧，前面有个铺面房，后边是十三间房。铺面房子开个粮店，也不是我们家开的，好像是租，让掌柜的给管，说我们算房东，我也不知道是怎么回事，反正他不给什么钱，别的也不给什么东西，就是每月他给送粮食。反正那时候经济来源不太多，家里有些东西就陆续卖。日本占领时候把我们家在骑河楼的房子占了，我们就自己在外边租房住。

定：房子怎么就让日本人给占了？

张：我也不知道怎么占的，反正占了，后来日本人还赔偿了我们好多东西，有榻榻米什么的。我父亲也没多大能耐，满族人他没能耐，没这种能力。后来搬到方家胡同公益巷，再后来搬到大经厂。差不多都是独院，日本投降以后又搬回骑河楼来。①

我父亲是七十六岁去世的。

（2）**母亲家是汉军旗**

我母亲叫蒋坤图，我舅舅叫蒋丰图。听我母亲说，他们是汉军旗人，

---

① 方家胡同西起安定门内大街，与分司厅胡同相邻，东至雍和宫大街，为东西向。公益巷南端接方家胡同，北端接国子监，中间有两个90°拐弯，是一个较有特色的小胡同。大经厂位于鼓楼东大街，骑河楼位于北河沿大街，几处都在东城且相隔甚近。

姓蒋，原籍可能最早不是北京的，浙江诸暨还是哪儿。为什么是汉军旗？就是本来不是旗人投降旗人了吧，给旗人当官了吧，等于就变成满族了。不过我母亲和我舅舅还有点像南方人，长乎脸儿，不太胖，我舅舅长得挺标致的。满族人的特点是胳膊腿短，我和我表妹什么的，轮廓都有点像，就是腿短，胳膊短。

我母亲的曾祖父好像是个中堂①，我母亲的祖父是在山东做道台。我姥爷行三，他挺宠我母亲这长孙女儿的，小时候教给她抽烟哪，玩呀。后来我母亲会吸烟，不是大烟，是吸纸烟。我母亲聪明，诗词歌赋都行，什么小说都看过，《拍案惊奇》啊，还有什么……都是古书嘛，天天躺那儿看书。我舅舅他们都会做诗，我母亲故去的时候我舅舅还写一首诗，"属同胞唯有一姐"，如何如何如何。这姐儿俩文学底子比较好，要不为什么主张我上学呢。

我姥爷很早就没了，孤儿寡母跟着叔叔，跟着我四姥爷。我姥姥是叶赫颜扎氏，旗人家的。我那四姥爷夫人的娘家也是颜家，这是姐儿俩嫁给哥儿俩。颜家（即颜扎氏）现在还有我一个表舅，阎隆飞，农业大学的副校长，中科院院士，是五舅，我姥姥是他四姑。② 他们是哥儿五个，大舅跟我母亲他们年龄差不多，他们常在一块儿打麻将，来往最多，前两年故去了。在我青少年时期，我们家老宾客满堂，表舅表姨常常来往，我父亲这边的堂兄堂姐、表妹、侄男侄女也常来往。哪家有困难我母亲都招待他们，来吃呀来住呀，我两个叔伯姐姐都是我母亲做的媒。他们家比我们家败落得早得多。我们家到现在也不能说败落，就是基本上维持原来，不如原来七十多间房子那时候了，可是到后来我上小学时还是两个老妈子，搬到大经厂才没有厨子。有个赵妈，是北京郊区的，等于是从小看我的，一辈子差不多就跟着我们。反正有时候是一个，有时候是两个保姆，至少是一个。我从那家到这家，没离开过保姆。

（3）仨妹妹不到三天全死了

我的第一个母亲留下我哥哥。我母亲生了八个，我是老三，前面有两个，一个哥哥一个姐姐，我没看见就死了，我就蹿成第一个了。下边我有一个弟弟，属龙的，要活着七十三四了吧，1942 还是 1943 年死的，得了伤寒，没救过来。

---

① 这里说的中堂，系指张寿椿之母蒋坤图的祖上蒋攸铦，详见下篇蒋亚男、蒋亚娴口述。

② 关于阎家，详见下篇蒋亚男、蒋亚娴口述，尤见［访谈者按］中的注释。阎隆飞（1921— ）生物化学家。北京市人，满族。1945 年毕业于西北大学生物系；1949 年毕业于清华大学研究院。历任北京农业大学副教授、教授，1991 年当选为中国科学院院士（学部委员），参见下文。

最惨的是我这仨妹妹。1937年闹霍乱吧，那会儿家道已经中落了，经济上差点，要不我哥哥怎么就上的北师，我哥哥上北师就带来一个传染病，水痘吧，之类的吧，就传给我这仨妹妹，我这仨妹妹最小啊。那年的三月初一死了一个，初一还是初二晚上又死了一个，是二姐和四姐，二姐长得挺好玩的，都六岁了，那个也四岁了，不到三天全死了。那三妹得的叫大头瘟，① 三月初八死的。

这一传染病里我得的最重，昏迷不醒一个月，但我是最大的，已经是虚岁十三了，所以我抵抗力稍微强点，我都不知道她们死了，等我活过来的时候，头发都脱了，真是不死脱层皮。

定： 1937年是不是北京流传一场霍乱？

张： 可能是。没有救，救不了，病来得快极了，找医生都找不来，就是说家里钱紧点，也不会说就没钱治病，还不够那种程度，就是来不及治，也来不及找，突然就，不到十天嘛，就这么快。我病了一个月，醒了说二姐三姐她们呢，怎么都没了？没了。

三个孩子一下没了，我母亲就在家待不住啦，就上我舅舅家了，在那儿住了一段。我父亲一个老世交就在我们家跟我父亲一块维持家里的日子，家里就剩我，还有我弟弟，还有两个老妈子，一个厨子吧，我母亲在我舅舅家住多长时间回来的我就不记得了。然后我们就找房换房，找房就搬家了，搬到大经厂，我这弟弟就在大经厂死的，我弟弟身体弱，1943年得伤寒又死了。他还没死的时候我母亲又生了第八个，就是中科院工作的那个最小的妹妹，1939年生的，到今年2月18日她就是64周岁，比我小多了，小十四五岁呢。

就在1942年还是1943年，我哥哥上西安了么，他在北师大上生物系，上了两年以后，没事非得要抗日去，跟着一个同学，还加上另外一个同学的妹妹。他抗日去要是奔延安就对了，可他一下就奔西安了，就上了战干团②，好在在战干团就待了半年。1947年回到北京，就当了小学老师，在北池子小学，最后退休是在盔甲厂小学。他1995年去世的。我嫂子还在，每年大年初二我还回娘家呢。

---

① 大头瘟即流行性腮腺炎，也称痄腮。

② 西安战干团，全名是"中国国民党中央委员会战时工作干部训练团"，是抗战初期国共合作的产物。由蒋介石任团长，副团长为胡宗南，教育长为葛武棨。按团中规定，凡从沦陷区来团青年，大学毕业者经考试合格可编入学员队，中学毕业者编入学生队，年幼儿童编入儿童队。一说这是国民政府为阻截风起云涌奔向陕北的青年潮设立的收容机构，是国民党顽固派为与我党争夺青年而办的。因此一度被定性为"反动组织"。

（4）我和我妹妹都上大学了

张：他们家（指那桐家）和我其他爷爷屋的孩子都不上学，我的堂姐妹没有上学的，他们有钱，念私塾吧，有的学点英语可能，连庆王爷的重孙女儿什么的，也全不上学，就是我们这一支，我和我妹妹都上大学了。我们就因为单根单兄弟，我父亲独生子，下边就我哥哥，人少，第二我母亲受他们家（指母亲的娘家）影响。我母亲父亲就培养我们上学。

我这档案年龄和我实际年龄差两岁，我是 1926 年出生的，可是档案上是 1928 年出生的，为什么呢？因为我表姐，就是我舅舅的孩子比我才大两个半月，可是她比我早上两年学，也不知道是我家不想让我去，还是不知为什么给我报晚了，她都上几年级了，我这么大才上学不好看，就把生日改了。我的同学和同事都知道我是属兔的，实际我是牛尾。

我上的是分司厅小学，那时候是第三模范小学，[①] 特别好，我就得益于这个小学。后来到女二中，市立中学，上了六年，高中是保送的。女二中过去在东不压桥，解放后就搬到东直门外了，现在不是叫东直门中学么，区重点。

张寿椿兄妹三人 1964 年的合影（张寿椿提供）

我 1940 年小学毕业，高中毕业是 1946 年，正好是日本投降的第二年，国民党来接管吧。我上中学的六年里，每周是三节英语三节日语，结果两个哪个都没学好。国民党来了以后全出的英语卷子，那哪儿成啊，答得不好，结果我们两个班的毕业生只有一个考上北洋大学，其他都没考上国立大学，全是上的私立，有上辅仁的，有上中国大学的，我上的是中国大学。

我们家还有一倒霉事呢，搬到骑河楼我们不是住得挺好的么，十三间我们用不了啊，我哥哥住一间，我跟我父母住一个勾连搭的，勾连搭就是

---

① 分司厅小学位于东城区安定门内大街，始建于 1914 年，始称为"京兆模范小学"，1929 年改为河北省立第三模范小学，1935 年后因校址位于分司厅胡同，定名为分司厅小学。

这房跟那房套着，套着有五六间，至少有相当于四间房吧。除去住房我们还租点房。我1948年跟他（指丈夫）交朋友，1949年我结婚，结婚我就出来了。结果北京市盖妇产医院，在骑河楼啊，正好用我家那块地儿，国家政府给征用了，你说倒霉不倒霉，自己的房子，给占了，本来把一溜儿北房出租了，我母亲还能靠点房租。那会儿不像现在呀，一平米给几千，六千还是七千，那会儿才给了多少钱？十三间房子给了二千六百块钱，你就说相当于现在的二十六万也少啊，二千六百块，怎么办呢？得留点钱搭着过日子，还得买房啊。老想买房，不想租房。

这一买房就买得不好了。那时我当老师，教数学课，又是班主任，1954、1955年吧又搞运动这个那个的，也顾不过来管家里太多事，我哥哥是怎么回事我也不知道，看房看房就看上府右街这房，当时为什么看中了呢，它是个小独院，自己弄了个小厕所，四间里头有三间正经房，洋灰顶花砖地，两明一暗，暗与明之间是花玻璃隔断，有点像小洋房样儿，还算比较讲究的。四间之外还有一个小厨房，可能看上这外形了。但是它是南房，南房不能直接冲着门儿啊，就搁着一个大影壁，不知道是迷信还是怎么回事儿，从搬那儿起这家慢慢儿慢慢儿就不顺。我哥哥也不知道怎么回事老也找不着对象，最后人家给介绍一个小学老师，就是现在我这嫂子。那时候我哥哥已经是三十九岁还是四十岁，反正1961年才结婚的。结婚以后我母亲就开始有病了，1962年我母亲就故去了。我母亲一直到死还有一个保姆，我哥哥主要负担，我给三分之一吧。

我哥哥不太善于理家。你想过去我家七十多间房，缩成三间房，搬到这儿，外屋那两明一暗哪，两明的一间全摆的硬木家具，硬木桌，硬木的写字台，还有一对硬木的太师椅，条案，条案上面小案。这些东西都散架了，就搁床底下，后来他没了，我帮着收拾去，我嫂子他们都不要，一堆棍儿要它干吗，我拉回来又存了两年，后来我说咱们得花钱把它们整起来，趁我活着不管怎样把老家具摆一摆。我就拿来一个茶儿，这两把太师椅，这是清朝的，一对。那屋还一对藤屉子的小椅子，一个茶几，那是明朝的，都是我大爷爷做官，从南方弄来的。有一个花梨的画案给我儿子拉走了。

我就一儿一女，1950年生一个，1952年生一个。我后来在中学当教导主任，是西城政协委员，西城政协委托我搞成人教育，搞了十五年，我还办过外语出国人员培训班。1984年在我三哥寿崇支持下办了个满文班，我三哥代表民委参加我的开学典礼，给了一点补助。这个满文班只有十九人报名，后来人就越来越少。

张家摆放在客厅的清代太师椅

儿子跟着我报满族了，① 孙子也报满族了，这个孙子就等于是我们夫妇两家的后代。

附录1　那桐后人的部分血亲和姻亲关系图②

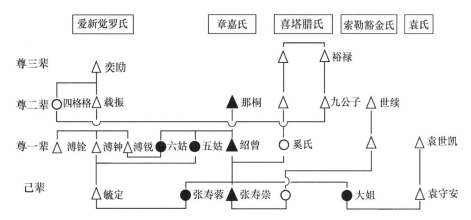

● ○ 圆圈代表女性，实心为那家血亲，空心为非血亲。

▲ △ 三角代表男性，实心为那家血亲，空心为非血亲。

---

① 按张寿椿女士的丈夫是汉族。

② 此表系中国人民大学社会学系胡鸿保教授根据张寿蓉、张寿崇姐弟的叙述作成，特此致谢。

附录 2 张寿椿绘制的那桐家谱系表

叶赫那拉氏家谱
（八世至十三世）
补充资料汇编

张寿椿执笔
二〇〇四年十月

关于叶赫那拉氏家谱补充材料等几点说明

一、本材料是由张寿椿执笔。张寿椿是以寿荣三哥在 20 世纪 90 年代中、后期经多方考证所写出的从始祖开始至十三世家谱系标为基本素材，又参照绍武大爷的寿珊五弟（亦以寿崇三哥所写材料为蓝本）自拟的铭安、浦安、文安祖爷三支脉系下的子、孙索列表；而寿椿所拟是从十世起增添了从姑祖母辈及以下各世中女性姐妹内容而写就的。

二、寿椿是在寿垣大哥、寿蓉姐和寿菁姐、寿珊五弟、瑾如妹、寿英二姐夫以及侄女润簾、张瑷等各位的帮助、补充下完成此补充材料的。

三、此补充材料尚有许多不完善之处，如有的长辈生辰年月已无从查找等原因，会有不少遗漏，或许还有错误之处，请给予指正。

谢谢！

张寿椿

2004 年 10 月

谱[1]

浦 安

(寿崇，三哥之曾祖父，与铭安系亲兄弟)

[子]

那 桐

[号那晋系一咨之孙，咸丰丁巳七年（1857）农历七月二十三日生，民国十四年（1925）六月二十九日卒，娶妻二位，第一任夫人赵氏生有四女，第二任续夫人邓氏育有一子四女，共育一子八女]

[长女]
嫁某家不详

[次女]
嫁简家

[三女]
嫁钟家
[钟寿民之前任母亲]

[四女]
嫁关家
[关伯平家]

[子]
绍曾
[光绪十八年（1892）八月二十日生，民国二十六年（1937）七月二十九日卒，娶孟公府熙捷书为妻]

[五女]
张荷卿
[嫁庆王府金伯季，生金静年，金瑾如等兄妹三人]

[六女]
张兰卿
[嫁庆王府金仲英，生有金婉如，金寿如，金静如姐弟四人]

[七女]
张蕙卿
[嫁铁英家穆叔愚，生一女穆学珍]

[八女]
张芸卿
[嫁豆腐池杨家，生杨弘，杨涵，杨贞等姐弟三人]

谱[2]

绍曾

（那桐之子，育四子三女）

[长子] 张寿崑
[1912年7月12日生，1978年6月2日卒，育一子六女]

- [长子] 张之清　婿海涛，育三子三女 → [女]海燕[女]海珺[子]海珑
- [长女] 张宛珍 → [子]翁祖培[子]翁东岩
- [次女] 张宛珠 → [子]黄伟[女]
- [三女] 张宛珑 → [子]金红[女]金朝彤
- [四女] 张宛玲 → [女]韩龙梅[子]韩彤
- [五女] 张宛瑜 → [子]彭嘉[子]彭曦
- [六女] 张宛琪
- [子]张震

[次子] 张寿嵩
[1918年3月12日生（农历三月十六日）卒，2003年4月24日卒，育三子，第一夫人杨三子，续夫人张南鹤]

- [长子] 张之澘 → [子]张檀 → [女]张若琳
- [次子] 张之淢 → [子]张萌棠
- [三子] 张之浩 → [子]张棠

[三子] 张寿崇
[1921年8月31日生，2002年4月10日卒，娶世中堂孙女金桂芬为妻，育三子三女]

- [长子] 张之翰 → [子]张喆[子]张玺
- [次子] 张之涛
- [三子] 张之润
- [长女] 张瑷 → [子]黄睿
- [次女] 张环 → [子]张悦
- [三女] 张琳 → [女]李芙

[四子] 张寿篙
[1923年农历三月十二日生，1966年8月卒，娶妻岳维珍，育一子三女]

- [子] 张之沅 → [子]张旸 → [子]张赫
- [长女] 张瑛 → [子]刘新聪
- [次女] 张玥 → [子]周思辰
- [三女] 张珑[金蓮如之儿媳] → [子]钟鸣

[长女] 张寿芬
[嫁袁守盦，早故无后]

[次女] 张寿英
[嫁秦老胡同曾家蔡奎垣（又名蔡峯），育五子一女]

- [长子] 蔡世熏 → [长子]贾晓明[女]蔡冬冬
- [次子] 蔡世忠 → [子]蔡金
- [三子] 蔡世恪 → [子]蔡雯[女]蔡霞
- [四子] 蔡世忻 → [女]蔡丽
- [五子] 蔡世恋
- [长女] 蔡世泽 → [女]官滨[女]官蕾[子]官悦

[三女] 张寿蓉
[五姑张荷卿之儿媳，嫁庆王府金静轩，有二子二女]

- [长子] 金佰绪[妻张宛玲] → [女]金红绪[子]金朝
- [次子] 金佰绩 → [女]金启萌[子]刘工
- [长女] 金佰芳芳 → [子]刘力子刘工
- [三女] 金佰茂 → [子]李明非

谱[3]

铭 安
[注:寿永/寿瓀/寿垣之曾祖父]
↓
[子]那晋
[嫡夫人生四子,长子夭折;庶夫人育三男三女,小女绍庄即小三姑,五、六、七三子中年故,均无后]

[二子]绍胊(寿永父)
[绍槐亭：1886年农历十月二十九日生,1958年7月卒；娶妻二位,第一夫人育二子即寿泉、寿永二人,第二位续夫人舒氏育二女]

→ [长子]寿泉[无后]
→ [二子]寿永[1906年六月十五日生,1978年9月7日卒,娶妻白蕴璞已故育有三男三女,一女夭折]
　→ [长子]张以宽[有病未娶已故]
　→ [二子]张以容[已故] → [子]张柯[育有]
　→ [三子]张以宣 → [女]张妮
　→ [长女]张润簾 → [子]焦述
　　　　　　　　　→ [子]焦迎
　　　　　　　　　→ [子]焦迅
　→ [幼女]张润菡 → [子]陈函
→ [长女]寿萱[嫁马熙桐、早故]
　→ [长子]马中来
　→ [二子]马中基
→ [次子]寿菁[嫁冯世祥已故]
　→ [长子]冯翼 → [子]冯嵩海
　→ [二子]冯羽 → [子]冯嵩林

[三子]绍武(寿瓀父)
[绍竹亭：那晋之三子；1888年生,1936年卒；娶妻二位,第一夫人生有三子一女,续夫人赵氏生有三子一女]

→ [长子]张寿璞[已故无后]
→ [二子]张寿琳[已故无后]
→ [三子]张寿瓀[已故无后]
→ [四子]张寿珍[已故,因用刘姓学历文凭就业故子女改姓刘,育三子三女]
　→ [子]刘晓瞩
　→ [子]刘晓旺
　→ [子]刘晓明
　→ [女]刘晓思 ← 不详
　→ [女]刘晓志
　→ [女]刘晓慧
→ [五子]张寿珊[娶妻]
　→ [子]张国瑞 → [女]张莹
　→ [子]张国玉 → [子]张海洪
　→ [子]张国珍 → [子]张海超
→ [六子]张寿琰[夭折]
→ [长女]张寿芸[嫁韩佩立]
　→ [子]韩久孝 → [女]韩哲
　→ [女]韩立华 → [子]俞燕生
→ [次女]张寿葵[嫁韩佩之弟]
　→ [子]韩久荣 → [子]韩盟
　→ [女]韩晓华 → [子]李晗

[四子]绍诒(寿垣父)
[绍榴亭；1895年生,1967年4月卒；夫人金氏生于世中堂家,为宝叔鸿之姐；均已故,育三子,四女]

→ [长子]张寿垣[娶妻苏跃华]
　→ [子]张苏 → [子]张欣
　→ [子]张耀 → [子]张默
　→ [女]张华 → [女]李世宁
→ [二子]张寿塎[已故]
→ [三子]张寿埏[下落不明]
→ [长女]张寿茹[1997年故,嫁田鸣皋]
　→ [子]田秋年 → 下辈不详
　→ [子]田洪年 → 下辈不详
　→ [女]田桂兰 → [子]葛沛然
　　　　　　　　→ [子]葛沫然
→ [二女]张寿芙[早故无后,嫁纳梦收]
→ [三女]张寿茗[嫁张仲儒]
　→ [子]张大中
　→ [子]张大维
　→ [女]张大伦 ← 不详
→ [四女]张寿兰[嫁马振功]
　→ [女]马燕
　→ [女]马华
　→ [女]马玲

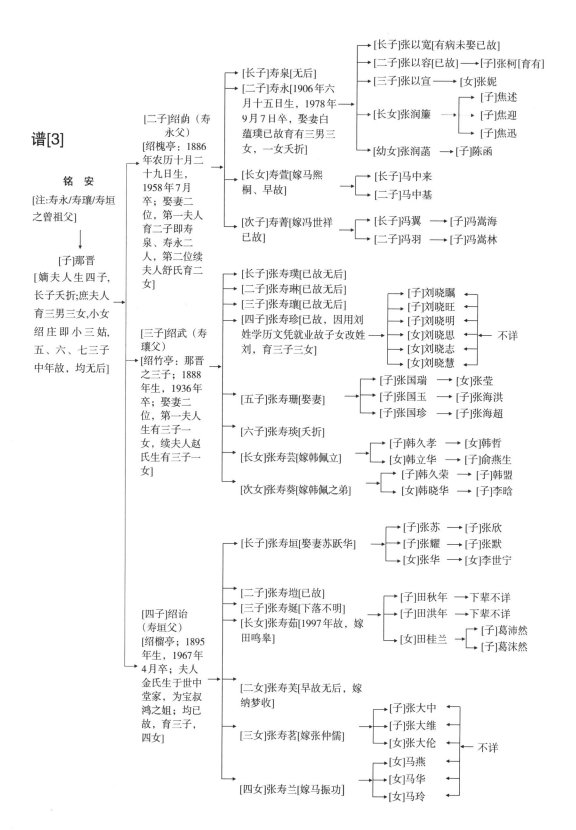

谱[4]

义 安
(寿椿之曾祖父)

[注：道光十一年(1831)八月十八日生，同治三年（1864）十月三十日卒；夫人邓氏系那桐大爷爷之第二任夫人邓氏之姑母；育二子]

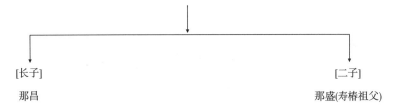

[长子]

那昌

[字子言，无后，早年曾去苏州做官]

[二子]

那盛(寿椿祖父)

[注：寿椿祖父，字茂如；咸丰八年（1858）十月十三日生，1931年卒，娶妻五位，原配吴氏，续孙氏、曹氏、王氏、汪氏均不久故去]

[子]

绍铨（寿椿父，字张仲衡）

[注：张仲衡，光绪二十一年（1895）十二月初二生，1970年3月24日卒，系那盛之第三位续夫人曹氏所生；膝下原三子六女，夭折一子四女。第一夫人邵氏，为长子寿康之生母，早故；续夫人蒋坤图，生二子六女，夭折其六]

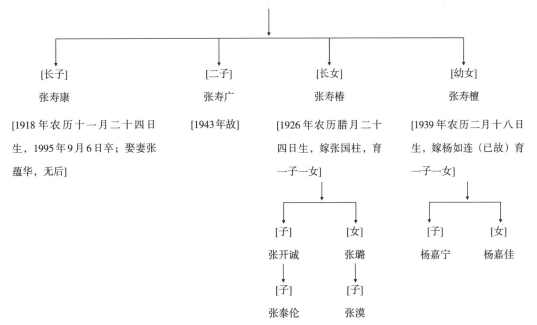

[长子]	[二子]	[长女]	[幼女]
张寿康	张寿广	张寿椿	张寿檀

[长子] 张寿康
[1918年农历十一月二十四日生，1995年9月6日卒；娶妻张蕴华，无后]

[二子] 张寿广
[1943年故]

[长女] 张寿椿
[1926年农历腊月二十四日生，嫁张国柱，育一子一女]

[子] 张开诚
[子] 张泰伦

[女] 张璐
[子] 张漠

[幼女] 张寿檀
[1939年农历二月十八日生，嫁杨如连（已故）育一子一女]

[子] 杨嘉宁

[女] 杨嘉佳

（三）蒋亚男、蒋亚娴口述

　　第一次　时间：2003 年 3 月 20 日

　　　　　　地址：北京市丰台区某居民楼

　　　　　　被访者：蒋亚娴

　　　　　　访谈者：定宜庄

　　第二次　时间：2007 年 1 月 12 日

　　　　　　地址：首都师范大学附中宿舍

　　　　　　被访者：蒋亚男

　　　　　　访谈者：定宜庄

　　［访谈者按］ 张寿椿女士的母亲是蒋亚男的姑姑，也就是说，蒋的父亲与张的母亲为姐弟俩。这已经是那桐家这个水波中最远最淡的一支，几乎波澜不兴了。但我在前面张寿蓉口述的［访谈者按］中说过，这个水波的边缘，有可能是另一个水波的中心，蒋家就是这样。

　　蒋家在清代也是大家，祖上是清嘉道时期著名军机大臣蒋攸铦，可见在这个阶层中讲求门第是一贯的。与内务府那家、增家一样，蒋家也有自己错综复杂的婚姻关系网络，从访谈中可知，这个网络与那家、增家所属的并不是一个。我原以为这是属于八旗外官的另一个社会圈子，但细察之则不然，因为在这个网络中最重要的一环即阎家，被蒋女士说成是满洲叶赫颜扎氏的，从文献中的相关传记查考，其实却是内务府汉军旗人。①所以，这是八旗官僚中的另一个圈子固然没错，但具体属于哪一个，则还需作进一步考察，很有可能是专属于汉军旗人的一个。这个圈子中人，与那家那种内务府官僚在生活方式、价值取向上有诸多区别，对此蒋女士有些感觉，但这到底是内务府旗

---

　　① 这里说的阎家，与被访者蒋家有密切的姻亲关系，蒋家姐妹说阎家是颜扎氏，满洲旗人。阎家在清代所出的最著名人物是毓贤，字佐臣（见本篇附录），是赓飏的嫡长子。毓贤在清末以酷吏与排外著称，1901 年因八国联军指称其为导致义和拳之乱的罪魁祸首而被清廷正法。查《清史稿》"毓贤传"称："（毓贤）内务府正黄旗汉军。监生。以同知纳赀为山东知府"（卷四六五，第 12756—12758 页）。如果属实，则毓贤不仅为内务府汉人，而且还是捐纳而非正途出身。但据袁熹教授给我的信中所说来看，《清史稿》所记未必可信，信中称："关于阎家，他家的曾祖是毓俊，留有《友松吟馆诗钞》。辽宁大学中文系邓伟有《毓俊诗歌思想性初论》等论文。被誉为满族爱国诗人。另据毓俊后人阎珂等所续家谱，上溯天聪八年始祖安达礼，在崇德八年授三等男。安达礼子为赖图库，曾为一等子，议政大臣。在《友松吟馆诗钞》的序中，也有当时人称毓俊是颜扎忠介公第九世孙。是世胄金张门第。看来他家不应是汉军，而是满族八旗。"又，刘鹗《老残游记》毓贤作玉贤。而刘鹗家与毓贤家也有婚姻关系，毓贤的嫡出女儿二姑太太即嫁入刘家。参见本篇附录。

人与外八旗旗人的区别，抑或是满洲旗人与汉军旗人的区别，甚至仅仅是这两个家庭之间的区别，这里就不敢贸然断言了。

如果说那家是"旧"家族典型的话，水波最远的这户人家，就已经颇具"新"的气象了，蒋女士将自己父亲的工作和处世为人，以及家中对子女读书的重视等情况，拿来与那家作了一些对比，可以算作是从"旧"中孕育着"新"的一例。

我对这篇口述最感兴味的，是蒋家人对自己民族成分的认同。作为清朝汉军旗人的后代，如今究竟应该算汉族还是满族，这是学界迄今仍存在争论的问题，大多数学者认为他们既已经入旗并在八旗制度内生活了几近三百年，多数已经"满化"，是应该算作满族成员的。但从我的实际调查中所见，却远非如此简单。尤其是在北京，当大多数满洲旗人尚且不再承认自己民族成分的时候，汉军旗人仍报满族的就更为鲜见。蒋家后人就是一例，尽管他们也承认他们的家庭在很大程度上已经"满化"。总之，从文字中推演出来的道理往往与现实的生活迥异，治史者对此是需要特别警惕的。

做这篇口述，起因纯属偶然。我原计划访问的，是蒋家姐妹中的妹妹蒋亚娴的丈夫郭先生。但郭先生一生经历虽然丰富有趣，却是20世纪40年代才到北京的，不符合我为此书限定的范围。交谈中意外发现郭先生的夫人蒋亚娴女士，竟然是北京市社会科学院历史所袁熹教授的姨，也就是说，与前篇张寿椿女士是亲戚，①于是我把兴趣转移到她身上，为她做了访谈并收入本书这组"王谢堂前"，与张寿椿口述放在一起。而当我持书稿请袁熹审阅时，她却认为蒋亚娴女士因为比她的姐姐（也就是袁熹的母亲）蒋亚男整整小六岁，所知之事远不如其姐具体详细，何况蒋亚男女士近年来一直在从事蒋家家谱的整理修订工作，在我的极力要求下，袁熹又为我找了她母亲，补做了这篇口述。

由于这篇口述做于蒋亚娴口述之后，所以有些内容是接着蒋亚娴的话讲述的，也有些因为蒋亚娴已经讲过，所以其姐就未再作重复，我因此而将蒋亚娴讲述的一些内容以仿宋字体插入文中。需提请读者注意的是，这是姐妹俩在不同时间和不同场合之下讲的。

---

① 这几人的关系是这样的：张寿椿的母亲与蒋家姐妹的父亲是姐弟，也就是说，张的母亲是蒋家姐妹的姑姑，蒋家姐妹的父亲是张的舅舅。张与蒋是表姐妹的关系。对于袁熹来说，蒋亚娴是她的姨，张寿椿则是她的表姨。参见本篇口述附录的阎氏家谱。

这里我还要特别感谢我的老同学兼同行袁熹教授几年来对我这项工作的理解和热心相助。

定：您这个蒋家也是挺有历史的。

蒋亚男（下简称男）：原来光知道有个中堂老太爷。①《天咫偶闻》的作者震钧和我们也是亲戚，他是我父亲姥姥家的娘家人。正好他书里面有一篇文章，记述当时八旗人写的书，发现有我们家中堂老太爷的两本书，② 看了书才了解到，这位老太爷是三朝元老。

定：对呀，蒋攸铦是嘉道时期的名臣哪。

袁熹（下简称袁）：我们家不是出了一份蒋攸铦自撰年谱么，我给你查查。蒋家的祖籍是浙江诸暨，最早应该是蒋贵的下辈就上了东北了，看《明史·蒋贵传》（卷一五五）就知道，也有几代了。后来有一支儿，从东北跟着清朝又入的关。但是先到固安，后来又到满城，蒋攸铦是从满城出来做官的。蒋攸铦就葬在满城了，墓地是在满城。我们家是汉军旗，《清史稿》说属镶红旗，其实不是，后来查蒋攸铦年谱，是镶蓝旗。③

定：那就是说蒋家原来不是世世代代在北京住的。

男：我们家家谱内名字的排序是"国年攸远，斯启鸿图，龙凤芝选"。攸就是中堂老太爷，蒋攸铦。从攸往下算，鸿是我父亲的上一辈。我父亲是图字辈，叫蒋丰图，这都六辈了。然后龙凤芝选，现在已经有芝字辈的了，选字的还没有。

那时候老辈人说家里的老事都不往脑子里进，等现在想起来了想整理点东西，什么都记不清楚了。原来还有家谱呢，后来也没了。

---

① 中堂老太爷即指蒋攸铦。蒋攸铦是清嘉道时期的名臣，历任两广、四川、两江与直隶总督及刑部尚书、军机大臣等职，故曰"中堂"。史称其"精敏强识，与人一面一言，阅数十年记忆不爽"。其子蒋霨远官至贵州巡抚。见《清史稿》卷三六六"蒋攸铦传"。

② 震钧《天咫偶闻》卷五记："余思辑刻八旗人著述，曾记书目一纸，以无力而辍。后见《八旗通志书目》与此互相详略。今录之如左，《通志》所载亦不复补入，所以盖阙之义"（第113页）。该书目收录蒋攸铦两部书，即《绳枻斋集》和《黔轺纪行集》（第119页）。又，震钧与蒋家的关系，可参见本篇口述后附录的阎氏家谱。

③ 据《清史稿》卷三六六记："蒋攸铦，字砺堂，汉军镶红旗人。先世由浙江迁辽东，从入关，居宝坻。"而不是蒋家后人说的固安。对此袁熹教授亦有考证，在前述她给我的信中称："关于蒋家，我们从国图复印了蒋攸铦的《砺堂自撰年谱》，有'国朝顺治元年后入关。甲申自辽东锦州卫迁今直隶顺天府固安县，始入镶蓝旗汉军籍'。……历经几代后，在蒋攸铦任江西按察使、浙江布政使的曾祖父时，举家始定居满城。在满城一直有家里的祖坟，看坟人到现在和我家都有联系。可惜'文革'时坟地被毁。所以看来《清史稿》还是有错误的。"

1. 父亲的一生

[**蒋亚娴（下简称娴）**：我祖父行三，二大爷行二，二大爷没孩子就把我父亲过继给他，所以我父亲等于兼祧两家。]

男：原来一过年，我父亲还把牌位请出来，还有老人的照片，我父亲的祖父、祖母、父亲、母亲，还有他的二伯父、二伯母都有相片，有牌位。

我父亲留下一包东西，是他写的草稿，我看了，有他写的自传。我父亲说他八岁的时候他父亲就去世了，可是我估计，他是腊月生日，他八岁顶多就是六岁。那时候大概是在山东，山东有我姑姑、我父亲，我姑姑比他大四岁，还有我祖母，这娘儿仨就没生活来源了。

我祖父这一辈儿是哥儿七个，我祖父行三，五男二女。我父亲有个四叔，我祖父去世后，就到河南我父亲的四叔家去，他那时候在那边好像是个县长。但是那个婶母特别厉害，吃不饱饭。那时候他家还有佣人，听说有佣人隔着窗户给塞个馒头什么的，就这样。住的时间不长，后来又回山东，可能我父亲的祖父在山东，这是我估计的啊。他还有个七叔，后来就跟着七叔上徐州，说是十一岁，都是虚岁啊，就回北京了。

北京有什么人啊？就是我祖母的娘家在北京。她们是旗人。她们家姐妹多，我们汉军旗也随着旗人的称呼，我就记得小时候管祖母叫太太。九姑太太、二姑太太，这都是祖母的姐妹。有的也不是亲的，叔伯的，但是都走得很近。还有一个十一姑太太，这都是我祖母的亲戚。那时候就是靠亲戚接济，然后做点手工活什么的，给人家做点衣服，祖母就靠这个。

定：您祖母家的情况您了解得多吗？

男：知道点儿，咱们待会儿再说他们家，先说我们这边的。我父亲在北京上小学上到十三岁。后来没有力量上学了，就专攻国文，他的国文好，诗词好，所以一直到老吧，还老是写个诗呀填个词的，做这个。他后来呢，就是头几年吧，没有正式工作，那时候也是军阀混战时期，有个亲戚说在某某部队里边，说你跟我去吧，写个字儿什么的，那不是叫书记么，去混了一个月俩月的，连薪水都挣不来，又回来了。后来卫生局招考职员，有人介绍他当书记去，他就考上了，从这时候起长期就在卫生局，那时候还叫卫生科，后来在教育局，就这两个局工作。

后来卫生局有一个同事的哥哥，要到香河做县长，想找一个秘书，就把我父亲推荐去了，到那儿就赶上殷汝耕香河事变，① 就把他扣下了。香河事变一共扣了俩人，就是我父亲和他那上司。后来县长跑了——噢，上司没扣，把我父亲扣那儿了。我们家没办法呀，就搬到北新桥方家胡同，找了三间小东房，特别小，就搬那儿去了。搬到方家胡同是为什么呢？这都是过去迷信，说我父亲这命就适合住东房，住别的房都不好。（原先）那时候我们在北新桥西大街住，挺好的院儿，我到现在对那个房子有印象。那一大院子，就一排北房，挺大的房子，这边有两个小西房做厨房，做下房。这三间北房都有后厦，所以关上门儿，就是前边这一大屋子，后边开开门也挺宽敞的，结果没办法。

我父亲被扣了四个月，好不容易回来了。回来了还得找卫生局熟人，找个事儿。就这时候，卫生局挂属的粪便事务所成立。这个粪便事务所在哪儿呢？在西四北报子胡同西口。我们就又在受壁胡同②找了几间房，搬到受壁胡同去了，一直住到1952年我母亲去世，才从那儿搬走。

[娴：我父亲和母亲结婚以后生活也还算可以。到我懂事以后，我记得父亲是在卫生局的粪便事务所任事务长，管那些粪霸。那阵儿各种厕所，都由粪霸管，都分好了，谁管哪块谁管哪块。你别上他那个地区去淘粪，你要上他那儿淘粪去他就能跟你打官司，能打你。我父亲就管他们这些粪霸，不让他们惹事儿，欺负人，另外地方分好了就不能随便再占别的地方。还管卫生，粪便那方面的卫生。

定：怎么不把粪霸取缔了，就由着他们为非作歹？

娴：那不行啊，就是为了管他们，才成立这个粪便事务所。

定：管得了吗？

娴：能管得了，那阵儿人也不像现在，还都服从管理。我父亲不是他们那种旗人，他受过苦，不是那种公子哥儿似的。我父亲很利落，也挺能干的，脑子特清楚，文笔也好，口才也好，为人也比较爽快热情，所以他交的朋友还是不少。]

男：我父亲在粪便事务所一直干到1943年。那时候是敌伪时期了，成立了一个华北物资物价处理委员会。市卫生局的一个领导，可能叫侯毓汶，请我父亲过去做秘书，这样就从粪便事务所离职到那儿去了。但是这个

---

① 香河事变，1935年10月22日，日本唆使河北香河汉奸暴动，占据香河县城，成立"县政临时维持会"，并发表"自治宣言"，史称"香河事变"。事变后，11月25日，河北省蓟密区行政督察专员殷汝耕在通县宣布冀东二十二县脱离南京政府，成立"冀东防共自治政府"，自任政务长官。抗战胜利后，殷汝耕因叛国罪被判处死刑，1947年被枪决。

② 受壁胡同，明代称熟皮胡同、臭皮胡同，1911年改为受壁胡同，今名西四北四条。

（委员会）到年底，12月，就解散了，就又重新改组了。然后我父亲可能还是通过侯毓汶，又到教育局去了，也是搞文稿工作。他不会别的，就是写的文稿特别好，人家都欢迎他。先头好像是在人事组，最后在教育局，解放前夕他做到局长办公室的秘书，还是局秘书我就闹不清楚了。一直到解放以后他还在那儿。

我父亲后来因为身体不好从教育局又分配到工农干校。工农干校是解放以后新成立的，最初就在西单商场北边点儿，就是西单北大街的大街上，再后来这学校搬到白堆子①这边来了。他就做个总务处的事务员，他不甘心。后来有一个表兄的儿子，是我父亲的表侄，跟我是同辈儿的，是爱新觉罗家的，那个爱新觉罗是我父亲的祖母。他在北师大工作，听说我父亲文笔好，就把他从工农干校介绍到北师大去了，也还是搞文秘，可能是校长办公室秘书这一类的。

[娴：解放以后他算国民党的留用人员，就比较坎坷了。

袁：所以我姥爷和启功他们挺熟，他们算的辈儿，启功管我姥爷得叫叔叔。

定：北师大当年有那么一帮子遗老啊。

袁：对。

娴：我父亲为什么从北师大下来？一个是他身体不好，老生病，左病右病。一个是赶上反右，大鸣大放。他是为点什么事儿啊？我那四祖父跟他住同院儿，就是原来在河南做县长的那个。

定：就是那个婶特别厉害不给饭吃的那个？

娴：对对。我母亲去世以后我父亲又结婚，就在小水车儿胡同找的三间东房。他老说我还是住东房好，我这命就得住东房，那个院儿挺好的。正好我那四祖父就住三间西房，在一个院儿里头，这老头也是，按说岁数也不小了吧，那时候人都老，我也闹不清他多大岁数，跟我父亲正好住一个院儿，说要写个什么"法治国家"，要立法。

定：那老头他是干什么的他写这个？

娴：他不是县长吗。再后来做什么我不太清楚。……结果我父亲就帮这老头俩人写了这么一个东西，送哪儿去了不知道，可能就为这个，人家彻底不要他了。他不够退休年龄，人家就动员他离职，那时候离职的正式文件好像都还没出来呢，就给他点离职费，这后来就回家了。

---

① 白堆子位于阜成门外甘家口。

定：为什么呢？您父亲什么性格呀？

娴：爱说。爱主持正义。看什么不对他都要发表议论，是这么个人儿。稀里糊涂就把我父亲打发回家了，也没退休金。1958 年以后，就是我、我姐姐和我弟弟三人养活我父亲。我父亲一直到 1977 年才去世，七十三岁。

定：那您母亲他们那一支呢？

娴：我母亲姓关，他们家是旗人，就是北京的。我姥爷原来在西城区警察署，很多旗人后来都做警察了。

我母亲的母亲早去世了，从我认识姥爷家，就是后姥姥。但是后姥姥人特别好。自己没女儿，自己就俩儿子。可是对三个女儿，都不是她的，都挺好的，你看不出来继母样儿。我们去也都亲热着呢。可是对儿媳妇差点儿（笑），脾气大。大儿媳妇二儿媳妇，因为我也大了，就是我大舅妈二舅妈，看着在家是受气。

定：人家那不是不好，就是规矩大。

娴：对，该说就说。也不是打人骂人的。我两个姨都没什么文化，上没上过小学我也没问过，我母亲后来跟我父亲结婚这么多年受熏陶，也能看看报纸了。我两个舅舅，那个大舅好像还上的高职吧。

我母亲 1952 年就死了，脊椎结核。我们旗人管奶奶叫太太，管父亲叫阿玛，到我们这辈儿就改了，管母亲叫娘了。我母亲脾气暴，但心眼好，很热情，很能吃苦，到解放前夕那一段困难，我母亲老有病，四十多岁就死了。我父亲 1952 年就又跟我继母结婚。]

2. 我自己

[**娴**：我父亲和我母亲结婚的时候，好像我父亲是二十岁，我母亲才十七岁，我母亲 18 岁就生我姐姐了。]

男：我 1925 年生人。我是老大，我下边一个弟弟也就五六岁吧，死了，那孩子特别聪明，特别好。我祖母死也跟这个弟弟死有关系，特别心疼，可能是犯了心脏病，就死了。还有一个妹妹四六风①，也死了，所以蒋亚娴就跟我差六岁。再下头还有两个弟弟。

我们家四个孩子，我母亲不工作，就靠我父亲一人生活，反正就维持着，就是正常情况下月月儿不够花的。所以我们脑子里就没有上大学这弦儿。我父亲供我们四个全是中专毕业。就不错了。

_____

① 四六风，即新生儿破伤风。

　　我就因为家里生活困难，初中毕业考上北京市立女子职业学校，就是原来北海后门西边点儿，路北有一大庙，后来解放了，那学校由妇联接管了。我学的是高级商业科。它那初中全是什么刺绣哪缝纫哪，高中就是学商业会计，学统计，学打字，反正都是出来以后能有一技之长，能工作。

　　北京市和平解放，我在市政府工作。公务员，算是和平解放的……

　　我到 1943 年就中专毕业了，那年还不到十八岁。正好（华北物资物价处理委员会）那儿招统计，我就考统计去了，一考考上了，这么着我和我父亲两个人一个单位，我父亲比我早去几个月，我是暑假以后考上了才去。我在统计科。

　　工作半年（这单位）解散了，我们一同学就给我介绍到日本人的一个公司，去做出纳。那儿的日本人还算讲规矩，但是不管怎么着也觉得受压抑，精神上觉得受压抑。可是家里又等钱用啊，就得在那儿凑合着做吧。那时候北京有一份报纸，叫《华北新报》，那儿招考，我就考去了。在哪儿呀？在石驸马大街西口。就在石驸马大街路南的一个中学里边设考场，好多人报考呢，好多人哩。结果一考就考上了。我们这儿的会计室考上了三个，都是我们这岁数的。我到那儿就做出纳。大概有一年吧，可能整一年，就 1945 年了，日本一投降，就都完蛋了，国民党就来接收了，《华北新报》就改为《华北日报》，从石驸马大街就搬到王府井去了，就是《人民日报》旧址。

　　我在《华北日报》还是做出纳，干到 1947 年还是 1948 年我不记得了。因为离家远，（单位在）王府井，我住西四，我母亲身体不好。我父亲在教育局，他就托人。北平市政府又成立一个新单位，叫作北京市民食调配委员会，它也需要统计人员，我父亲知道了就托人给我说，我就到这儿去了。到这儿以后 1949 年 1 月就解放了。

　　定：北京围城那时候你们是什么状态啊？

　　男：那时候打炮了也有点害怕，但实际上心里头对这解放还是希望的。因为你像我们小时候军阀混战时期，那都不懂事。等我上学以后，我上五年级还是六年级的时候儿"七七事变"时，我都有印象。我们住在受壁胡同一个里院，外院单有房，我跟我父亲早起来就听见打炮了，怎么回事儿呀不知道，就站在院里就听，敢情那就是"七七事变"。我上中学整个儿是敌伪时期，敌伪时期以后跟着国民党又回来了，国民党那些个当官的没一个好的，那真是北京生活一天不如一天，所以就盼着解放，谁也不知道解放后什么样儿，但是也觉得换一个朝代，可能会好一点儿。

3. 日军侵华时期北京人的生活

定： 日本侵占北京的时期，北京的生活是不是有个突然的下降？

男： 说实在的，像咱们后来听说的外地，尤其是农村，日本到那儿去横行霸道的，北京说实在没有太多的事儿，它不管怎么说是一个古城啊。虽然"七七事变"那时候打，进城以后它先组织一批汉奸维持秩序，北京的秩序没有太乱。生活是越来越不好，那都是到1942年、1943年，北京连粮食都没有，有的人家真没办法啊，就吃混合面，都团不到一块儿。粮店门口都多少人堆着呀买这点混合面的，那我都亲眼见的，我们受壁胡同出口就是西四北大街，往北不远有一个挺大门脸的一个粮店，哎哟那人山人海的，就为抢那点儿混合面吃，真没吃的。那时候日子真难过。

定： 那段时间不是太长是吧？

男： 不长。我们那时候也是，都是吃多少现买多少去，就平常粮食没有说像现在似的买一袋回来的，没有。一出口儿有一个小油盐店，拿个瓶，买麻酱、买油，都一点一点儿买，然后没钱还跟人家那儿赊账，等我父亲发薪再给他还，就这样。这就是敌伪时期，生活有一阵子是特别难过。

定： 日本人跟老百姓有特别尖锐的冲突吗？

男： 冲突也有。不过我们就是钱不够花，生活困难，没受到骚扰。反正中国人也恨他们，恨，最恨朝鲜人，他们在这儿开白面房，开小押儿。我们家也是，没钱了，拿家里东西出口到当铺去当去，当完了拿着当票到小押儿再押钱。发了工资先去取小押儿里边的票。

定： 小押儿是什么？

男： 小押儿。那都是他们干的。比如说你拿一件衣服，到当铺当去了，你这衣服值三十四十呢，它就给你当十块钱。这十块钱我家六口人呢，哪儿够吃几天的呀。你就拿着它这当票，到小押儿再去当，它又给你五块钱比如说，这你不就有十五块钱，就能过几天了吗。当铺比如说给你留一年，它这儿就俩月。你发了薪赶快把这当票取回来，那个当铺能留一年呢，等你穿的时候再取就行了。

定： 那它是从中赚什么呢？

男： 它赚钱哪，你拿了当票到它那儿，它给你五块钱比如说，你要是不取，它拿10块钱（到当铺）取这衣服它能卖好几十。我押你这票，你还得出利息，一个月俩月必须得取走。

定： 那你要是最后有钱当回来它不是就没赚儿了吗？

男：它给您五块钱您不是拿五块钱就能赎回来，得拿六块钱赎啊，还有利息呢。

4. 亲戚之一：嫁给张（那桐）家的姑姑

男：张寿椿是我亲姑姑的女儿。我父亲是1905年（出生）的，我姑姑比我父亲大四岁。她嫁张家已经是民国以后了。

定：您的亲姑姑怎么会嫁到那家去了？

男：九姑太太的丈夫给介绍的。（对袁熹）：你姑姥姥（指蒋亚男的姑姑、张寿椿之母）特漂亮。

袁：我那个姑姥姥嫁给张家可能还是经济条件的问题，是吧。一般都是与门当户对做官的。

[**娴：**我们家和旗人的关系特别密切。我姑姑嫁给的也是旗人，那是大家，内务府的，那家。我父亲说过，我姑爷（即姑夫）的父亲那会儿管清朝的绸缎的什么库，是吧？我姑姑就嫁到他们家去了，但是续弦，为什么续弦呢，我太太当时考虑就这么一个女儿，养得又挺娇的，想找一个能知道疼她的，家里生活条件好点儿的，就嫁给我这个姑爷。

定：那她应该比您姑爷小不少？

娴：也不太小，我太太舍不得嫁，所以她出嫁时候年龄大了。我姑爷的前妻就留下一个儿子，就是我那大哥，也跟我姑爷似的，对我姑姑好着呢，跟亲儿子一样（大笑）。我姑爷那人人好，心眼儿也好。我姑姑挺厉害也挺娇气的，我姑爷整天侍候她，我都觉得可笑，我姑姑说句什么，他就："是，是，太太，太太"，逗着呢。我父亲、我姐姐我们都向着我姑爷。

定：她管家吗？

娴：管呀，家都是她管。我姑姑也不是娇小姐似的，娇得什么都不懂，什么都不会，也不是，她活也做得好，菜也炒得好。打牌、看戏，也会玩，这么个人，也挺能干。我姑爷那时候不干什么，原来干过，也上过班。

我姑姑生了八个孩子，最后就剩俩，十天死了仨，传染病，我姑姑受不了，就到我们家住了一段。我听我母亲说，她一犯病，就打我母亲，一个耳刮子扇过去，把耳环都扇到肉里去，邪劲哪。我还有个三哥，也是我姑姑生的，都考到初一了，男五中，也死了，他叫张寿广。]

定：那桐是军机大臣，您那时候听说过这些吗？

男：不太清楚。他们不是一直住在金鱼胡同东口吗。我记事的时候他们家那老婆婆还在呢，不是完全瘫了，反正坐个椅子，老坐着。

定：你们那时候知不知道张家那些事？你们觉得他们跟你们是不是一样的家？

男：不是。我们两家不一样，他们家是内务府旗人。

定：那时候你们就知道谁是内务府谁是外八旗？

男：那时候不知道那个，都不懂。就是这些年才觉得要把这些事说一说，讲一讲，才明白。原来不知道。只知道姑姑家原来是内务府干事的。从我记事跟他们家有往来，一直到现在，确实我们家跟他们家不一样。

定：不一样在哪儿呢？

男：要说也说不出来怎么不一样，心里头就觉得不一样。做派不一样，生活方式不一样，说话内容也不一样，像咱们说话吧比较合乎时代，他们不一样。那次张寿椿过生日，请的张寿崇，还有谁我也不认识，有叫三姐的，有叫四嫂的，看着人都长得特漂亮，穿的衣裳也都挺好的，就还是不一样，感觉。他们家爱吃爱玩，享受。我姑姑到他们家也是这个习惯，我跟我姑姑一块儿住过，他们家成天打牌，来好多人吃饭，来了就黑天白夜打麻将玩。不是赌博，就是玩儿，白天也打。我姑姑就是好客，好客就是吃吃玩玩，穷了也是架子塌不下去，他们家就这样。我们家从我父亲那儿，我们家没有麻将牌，从来不玩，反正我没见家里有人打过。我父亲在的时候甭管有事没事吧，他自己也爱看书，也爱写东西。他的朋友来也是诗词啊，书啊。

他们不像咱们那样让孩子念书，怎么辛苦也得让孩子念书，女孩都念书。他们女孩都没上学。内务府人家是世职，外官都是要考的，都得自己去考功名，所以对家庭中的孩子要求就不一样。

[娴：我们家哪儿有他们家那么阔啊，差远了。可是他们家跟那家（那桐家）比又差远了。不过他们家那派头还是保持的。到解放前夕我们家生活特困难，我母亲老有病，我们家收入也不多，我姐姐又结婚了，简直就没饭吃。那阵儿我就十五六岁了，我父亲就叫我到我姑姑家去拿面去，他们家开粮店的呀。

我姑姑真没受罪，享了一辈子福。在骑河楼的时候有那么一个大院子，后来在府右街买了一套房，有四间房。我十几岁还常到我姑姑家去呢，到那儿吃、玩儿，在那儿住着。]

男：他们家几处都是大房子、大院子，几套院子的大房子，我还记得呢。后来逐渐逐渐地卖。除了卖，还让人坑。骑河楼（那房子）是什么呢，那是最后没辙了，最不像样儿的一所房子，前头一个门脸儿，卖粮食的，后头就是人家的库房，地皮是一家的，房子是一家的，他们只有房产权，没有地皮权。我那姑夫处理不好事，遇到事就是由我父亲帮忙。

　　[娴：他们家的收入来源一个是房租，一个是粮店。那阵儿开粮店有一个二掌柜的，你想二掌柜他能不挣你钱吗？后来我姑姑就跟他打官司，打不过就把我爸爸请出来跟他打。我爸爸很讲道理的，而且也会打官司，也知道什么地方有理，什么地方没理，二掌柜挺服我爸爸的，两人最后成好朋友了。

　　定：您爸爸要没两下子也管不了那些粪霸，要是像您姑爷那样早让人给轰了。]

　　男：甭管怎么说我父亲有文化，他能处理事。最后那粮店掌柜的跟他们家顶着干，跟我父亲是好朋友。一直到掌柜的都死了他那儿女有时候还看我父亲来呢。

　　定：我看 20 世纪 50 年代的《满族社会历史调查》里面关于北京满族的报告，有这样一句话："树小房新当不古，住家必是内务府；话大礼多动钱急，此人必是外八旗。"① 可是实际上北京城里有名有钱的大宅门，好像倒是内务府人居多啊。

　　男：内务府就跟现在管后勤的差不多，能搂啊。不像我父亲，一个瓦片都没有，什么都没有。

5. 亲戚之二：蒋家与阎家、方家

　　男：我祖母是阎家的姑奶奶。我们家好多关系都跟阎家有关系。阎家是旗人，颜扎氏。后来改姓颜色的颜，后来又改成门字儿头的那个阎，老改。阎家有两位姑娘嫁给了蒋家，四姑太太是嫁给我祖父了，五姑太太嫁给我四爷爷了，等于他们是姐儿俩嫁哥儿俩。五姑太太没生孩子又死了。阎家跟方家是多少辈儿都有往来，方家的姑娘嫁到阎家来。我这个是从方家说起。

　　定：方家是汉人还是旗人？

　　男：方家是什么我不太清楚。涞水（位于今河北省保定市）方家，涞水当地的大户，要不然怎么能嫁到这边呢。

　　方家老太太嫁到阎家，生了两个儿子，就是嫡出的，大儿子就是毓贤，

---

① 《满族社会历史调查报告》（下册），第 11 页。

知道毓贤吗？山东巡抚毓贤，杀义和团的那个。毓贤的女儿，二姑太太呢，这是嫡出的，就嫁给刘济，刘绥青，《老残游记》①里头有刘济的事。还有一个庶出的，十一姑太太，这跟我父亲都有往来。

第二个儿子叫毓俊，毓俊是满族诗人，毓俊有一个儿子一个姑娘，儿子叫景熙，后来又改叫颜文灏，跟我祖母是同辈儿的，这就叫舅舅了，二舅，是跟长子的儿子这么排下来的。我父亲后来投奔的就是他们家。

我父亲这个二舅，第一个夫人唐氏就是震钧的女儿，②生了阎陆飞，后来死了。我父亲跟这个阎陆飞是表兄弟，最好，老上我们家玩儿来。我们都叫他阎大爷。这阎陆飞比我父亲文笔还好，字也写得好，文章比我父亲做得还好。二舅就又娶了一位姓徐，徐家六姑娘。六姑娘生了两个女儿一个儿子，两个女儿嫁给一家子了，姓贺，贺家也有钱，好像也是旗人，阎家的姐儿俩嫁给贺家的哥儿俩了。

毓俊的姑娘呢，就是九姑太太。九姑太太的丈夫姓苏。儿子叫苏翻，跟我父亲是表兄弟。他们家跟我们家也比较近，前年这老头才去世。也是北师大毕业，一直教书。

定：就是说你们蒋家、方家还有阎家，这三家老这么转着圈儿地通婚？

男：阎家跟方家也有来回的。方老太太的第十二女儿，庶出的，不是方老太太自己生的，就嫁回方家了。我们家就娶了一个方家的，我那个四爷爷（的第三个夫人）。

定：从方家嫁到你们家的那些人是不是也有旗人的规矩啊？

男：不到我们家的我不太清楚。像我四爷爷的那个，她生了一个女儿就死了，我都没见过。

定：真复杂，真挺费劲的这么听着，太费脑子这个（关于蒋家、方家与阎家的婚姻关系，详见篇后附录）。

6. 亲戚之三：四爷爷一家

男：这四祖父呢，已经是第三次结婚了。头一位是南方人，姓方，生了一个女儿三个儿子。他们家有钱，孩子都上大学了。

他们家大老爷，就是我大叔叫蒋豫图，河南那个豫字，他生在河南开封。（读《家谱》）："1931年考入燕京大学预科，1934年又考入协和医学

---

① 《老残游记》是晚清四大谴责小说之一，反映清末山东一带的社会生活面貌。作者刘鹗，字铁云，笔名洪都百炼生。

② 震钧姓瓜尔佳氏，但汉名为唐晏，很可能后人就以唐为姓了。

院，1939 年毕业获协和医学博士学位，1948 年去美国霍普金斯大学专攻流行病学"，1949 年解放以后他就急着回来了，在那边没学多长，他愿意回来。回来就任协和医学院公共卫生系副教授，1950 年参加中国共产党。他挺有贡献的，我这儿还有一份他去世的时候人家给他写的情况简介，写得很好很好的。①

二叔叫蒋晋图，以全额奖学金考入燕京大学，社会学吧，到日本侵华战争爆发，他没毕业，他就上延安去了，他就改名叫方正了。三叔叫蒋颐图，他常上我们家来，他就在北师大上学，有时候半夜上我们家来过，我们也不知道他是北京搞地工（地下工作）的，参加革命了，后改名方良。北京解放后在城工部工作。大姑呢，改名叫方堃，解放以后一直在《人民日报》图书馆工作。我那二叔、三叔还有我那姑姑啊，因为他们都参加革命了，他们后来都改姓方了。就我大叔没改。

定：就是说您四爷爷的这几个孩子后来都挺新式的。

男：他们家孩子都上了学了，了解世界上的事情，这才知道参加革命。别的家他不上学他知道什么呀。二叔的孩子到现在也都挺棒的，三叔等于没孩子，没结婚。

四爷爷的第二位夫人呢，是阎家的。没生孩子就死了。

然后我们四爷爷又娶了一位，是涞水方家的。这个生了一个姑娘。我管她叫小姑，比我还小点儿。这个夫人日子不多，生了我小姑姑就死了，我也没见过。

7. 汉军旗人就是汉族

[定（问蒋亚娴）：你们家是旗人，你们报的汉族还是满族？

娴：就报汉族，因为本来不是满族人。

定：你们从来也没觉得自己是满族人？

娴：没有，始终没有，因为汉军旗本身就是汉族人。

定：别人也没把你们当旗人看？您父亲呢？

娴：没有没有，从来没有。知道自己是汉军旗，也不当旗人看。可是看见旗人习惯也不觉得太奇怪，因为我们也有这些习气。]

定（问蒋亚男、袁熹）：你们家到后来就都不承认是旗人了。

男、袁：我们都这么说呀，我们就是汉人哪，我们不是正经的旗人嘛。

---

① 蒋豫图（1913—1993）为中国著名流行病学家，生前为中国军事医学院微生物流行病研究所一级研究员。

我们不是满人。

　　定： 你们虽然自己是汉军，实际上代代都跟满族通婚，你们家母系都是满族，祖母是满族，母亲也是满族，连您继母都是满族，你们的满族血统已经特别多了。可是您父亲还不觉得自己是满族，就觉得是汉人？

　　袁： 我们都填汉族，我父亲也是汉族。

　　定： 你们家到您父亲那一辈，还有什么旗人的……

　　男： 规矩呀？规矩还都是旗人规矩。我母亲家也是旗人哪。我二舅是正经旗人哪，他也不知道老姓姓什么。我们家规矩也跟旗人差不多。也穿瘦鞋。你看我这只脚趾已经搭上了，离不开了，这么多年也离不开，瘦，都穿瘦鞋。都是家里做，那时候哪儿兴买鞋穿的呀。

　　定： 我在东北听老人讲过女人穿瘦鞋，不知道男的也是。

　　男： 男的也穿瘦鞋。没有说大脚趾头就这么散着的。

　　袁： 我小时候就在这块儿，八里庄小学上学，有好多都是旗人，都是穷，没辙，就搬到这块儿来了，都是农民，还一家一家的都是大家族，有姓关的，姓丁的。我有一同学，老穿那白鞋，是什么拐弯的亲戚死了，得给人戴孝，没多少天又一个亲戚死了，亲戚多。[①]

---

　　① 上文毓旗口述（第八篇）中曾提到郑王老坟就在京西八里庄，即现在首都师范大学附中附近，可参照来看。

附录 以阎氏家族为核心的亲戚关系，2000 年 4 月作①

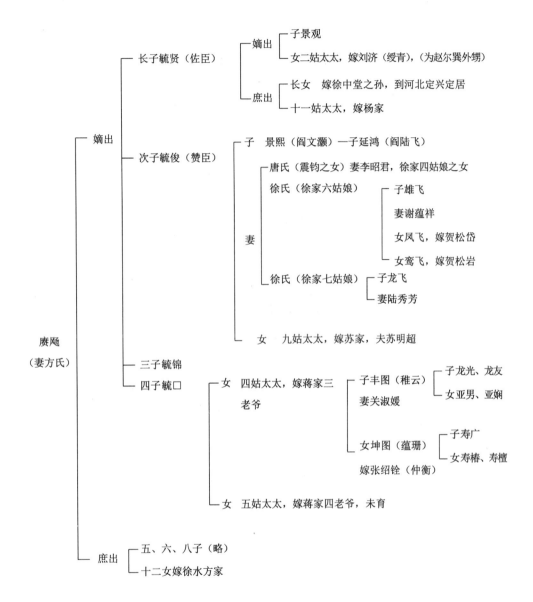

① 此表由袁熹教授提供与我，特此致谢。

过眼云烟说往事

——奎垣口述

　　第一次　时间：2006 年 4 月 18 日
　　　　　　地点：北京东城区秦老胡同某院
　　　　　　访谈者：定宜庄
　　　　　　被访者：奎垣
　　　　　　在场者：世怡
　　第二次　时间：2006 年 12 月 6 日
　　　　　　地点与访谈者、在场者均同上

　　[访谈者按] 前面提到，增家是三代内务府大臣，这三代是明元甫（明善，世称明索）、子文澍田（文锡，亦称文索）、孙增寿臣（增崇）。① 增崇任内务府总管大臣期间清朝覆亡，此后他一生的多数时间是在天津度过的。增崇的独生子名存耆，是这篇口述的被访者奎垣的父亲，20 世纪 50 年代国家民委曾组织人力进行大规模的少数民族社会历史调查，存耆是北京满族调查组的被调查重点，在事后写成的调查报告中可见，他提供了大量有关京师八旗、官员和王公贵族的宝贵资料和情况，这在奎垣先生的口述中也有所反映。

　　与此同时，由于当时特定的政治氛围，增家与那家一道，也被当成荒淫无耻、穷奢极欲的满洲贵族的典型，据该调查报告称，增家"时至今日全家十口人仍完全依靠卖旧底（珠宝玉器、古董、首饰等）和房租，维持其每月开支七百至一千三百元的生活。这是原积蓄厚，

---

　　① 参见王锺翰《内务府世家考》："明善，字元甫，本姓索氏。内府正黄旗满洲。监生。道光末，外任苏州织造、粤海关监督。咸丰间，内授内务府大臣、崇文门副监督。同治末卒。子文锡，字澍田。继为内务府大臣。孙增崇，字寿臣。亦继为内务府大臣。家住秦老胡同，屋宇多至数百间，世称'明索'。三世为内务府大臣者，道咸以后只此一家。（注：《清史列传》第 47 卷，第 38—39 页。按《清史稿》第 44 册，第 13533 页'忠义传'之明善，富察氏；《国朝耆献类征》第 355 卷，第 13 页又有一明善，爱新觉罗氏。是知三人同名，为罕见之事）。"载《王锺翰学术论著自选集》，中央民族大学出版社 1999 年版，第 500 页。

秦老胡同内保留至今的门鼓石

不注意经营的类型"；而那家"于民国初年大量置买房子，并在银行有大批投资（张父曾任过盐业银行的董事），这是家底雄厚又比较注意积蓄和经营的类型"。倒也确实道破了两个家族在治生方面的不同特点。①

在这篇口述中，奎垣先生详细讲述的重点有两个，一个是他父亲即存耆一代与京城王府与内务府世家之间的婚姻及社会交往圈；另一个，则是他父亲与他自己两代人坎坷艰辛的一生。当然，对于外界对这个著名大宅门的各种传言，他也有一一辨正之处。

有关秦老胡同增家的各种传言我早有耳闻，但直到2005年在北京市档案馆召开《那桐日记》出版发行的会议上，②我才终于有机会得见增家后人，即奎垣先生之子、存耆之孙世怡，他的母亲亦即奎垣先生的妻子是那桐的孙女，所以他是作为亲属参加会议的。感谢世怡先生的热心协助，使我得以顺利地为他父亲做了两次访谈。

奎垣（下简称奎）：我是民国六年（1917）出生的，今年八十九了。您别瞧我这么大岁数，知道的已经很少。我已经没赶上了。我爷爷叫增崇，

① 中国科学院民族研究所、辽宁少数民族社会历史调查组《满族社会历史调查报告》第五辑"北京满族调查报告"（未刊稿），第79—82页。

② 《那桐日记》（1890—1925），新华出版社2006年版。

我父亲叫存耆，下面就是我。

定："当铺刘"家的后人说您父亲叫索尧生，我说我在网上看到还有一个存耆，也说是增崇的儿子，那到底哪个是呢？我一直到那天见到世怡先生，他说这两个是同一个人（众笑）。

奎：尧生是号，后来都用正式名字，不用号了。

定：我还听说存耆有两个儿子，一个叫增鹤峯，是您吗？

奎：实际就一个，是我，鹤峯是我的号，我一般不用了。从前用的时候也从未冠过增字，增是我祖辈的排行，要用那不就乱了么，当时习惯是不允许的。现在到哪儿都是名字了，奎垣。满族习惯就是说名字，指名为姓。我叫奎垣，我就姓奎名垣。解放以后我在少数民族政策训练班，号召恢复姓氏，我们就姓察了。我们家别的人有姓索的，就没改姓察。由我这儿数，十代以上，叫索柱，大学士，察哈拉氏。从索柱起发的家，就从这里立祖，所以以后有姓索之事。正式的（家谱）我瞧见过，就一张白纸，写一串人名，旁支都没有。现在我还能背下来：

索柱—和尚—五达子—晋□□—福保—明善—文锡—增崇—存耆—奎垣。

定：（对奎垣）到您是十辈。（对奎垣的儿子世怡）您是十一辈。

世怡（下简称子）：我就不算了。

本书作者与奎垣及三子世怡（佟鸿举摄）

1. 秦老胡同增家

定： 你们秦老胡同增家在北京特有名。

奎： 有名倒是也有名。反正我知道的，说我们家什么的都有，好的坏的，捧的骂的，什么都有。我祖父是哥儿四个，我祖父是增崇，仨弟弟是增德、增麟、增绂。哥儿四个不是一个母亲。我祖父是一个人儿，那三个兄弟是一个母亲，那哥儿仨是亲的。我祖父行二，没有老大。老大很早就没了。二三四五。那会儿出名是增二老爷，以后出名的不是我父亲，是我六叔。我四祖父中年早死，我五祖父也比较年轻就死了。

定： 三祖父是增德？

奎： 增德。增德属于好佛的人，每天都念经，和雍和宫的喇嘛交往甚深，家常俗事都由六叔六婶管理。他也做官，官比我祖父小。我们家是这样，哥儿四个分家分了四份，怎么分的我就不知道了。哥儿四个在北京就都是住在秦老胡同，[①] 由这儿到那儿半条胡同，一溜儿房挨着。

定：《道咸以来朝野杂记》上说你们家那房子是"庭宇多而不成局势，盖积渐而成者"。[②]

奎： 这都是事实。这房子不是一块儿买的修好的，是一块儿一块儿后凑的，这就是那书上说的不成局势。比较有格局点儿的是我三祖父住的地儿，三祖父住的地儿现在

增崇像（察世熹提供）

大伙儿一个劲儿说索家花园索家花园，实际上不是花园。[③] 那院儿是三卷

---

① 秦老胡同，东起交道口南大街；西至南锣鼓巷，与井儿胡同相接。增崇家位于该胡同西头。

② 见崇彝《道咸以来朝野杂记》，北京古籍出版社 1982 年版，第 100 页。

③ 按有关索家花园的描述在现今通行的讲述老北京往事的文章中经常可见，兹摘录部分如下："秦老胡同三十五号四合院原为清晚期内务府总管大臣索家宅子的花园部分。索氏后代是曾崇，因曾崇的儿媳妇为清末代皇后郭布罗婉容之姨，故民间流传这所房子是'皇后的姥姥家'。该院原本是索宅的花园，名曰'绮园'，至今院内假山上仍有'绮园'二字的刻石。原院内除假山、水池、桥、亭等建筑以外，还有一仿江南园林建筑——船形敞轩，这敞轩底部似一大船，造型独特，使花园不同流俗。……现为北京市第七批文物保护单位"，确如察先生所说为以讹传讹，且增崇也不是"曾崇"。

的连房，我三祖父住正房东头，我六叔住正房西侧，厢房是我那八叔，还有我堂兄弟姐妹们。现在愣（"非要"之义）标明是索家花园。要如果说花园，是那边有一个大杂院，那也不是花园，要勉强说叫花园还说得过去，从前哪，那不是我祖父的时代了，可能还往上，曾祖啊高祖，那时候有一个大厅，有个石船，有个小河，从我一直就没瞧见河，那就是都填了。从现在拆平的那院到船屋，门都用砖砌死了，通通走十八号，就这一个号，分家以后才有十九、二十、二十一、二十二号，这是大概。绮园现在是三十五号。

定：绮园就是后来卖给包家的是吧？[①]

奎：卖给人我知道，卖前是给宫内修钟的和照相的西洋人暂住。后来卖给包家我不记得了。那不是一个太好的房子，就一个石船，有一点裙房，没什么的，包家如果是大角儿的话，不可能买我们这种不成格局的房啊。

定：他们家后来没落了以后买的。

秦老胡同新门牌三十五号大门（注意左边重点文物保护单位牌子，上面所写的就是"绮园花园"）

奎：那我就说不上来了。民国了，我六叔，就是我三祖父的儿子，在华比银行做事，[②] 也不知怎么就负责这账房，也是股东，结果做一笔买卖赔了，破产了。后来就抵债还账，就卖房，我祖父帮我六叔呢，就说我那房也给你们卖了还账得了，所以老哥儿四个的房子就全卖了抵债了。卖给谁我现在说不清，有一段说是卖给马连良了，是不是马连良我也不知道。反正这一破产就全完了。后来我祖父在东边又盖了两所房，

① 关于卖给包家一事，详见本书第一卷第15篇中包义、包平的口述。

② 奎垣先生的这位在华比银行做事的六叔，当年曾与华比银行总经理柯鸿年的两个少爷以及同仁堂乐家的乐元可等，并称为京城有名的"八大少"之一，经常在一起谈艺论画，说古道今。又按，华比银行（Belgian Bank）成立于1902年，总行设在比利时首都布鲁塞尔。同年12月在上海设分行，后陆续在天津、北京、汉口、重庆等地设分行。该行首重在中国投资铁路，专营承揽铁路借款。1956年申请停业清理，1976年正式停业。

一所就给了十一叔了。①

定：你们家除了您这一支儿，还有别的支儿吗？

奎：那几支就完了。那几支房卖了，等于破产了，不在这儿住了。

定：您祖父增崇赶上辛亥革命了是吧？那他怎么样了呢？

奎：他没怎么样，就辞官不做了，就回家来了。

定：那他都干什么呀？

奎：就在家，在天津一闷儿，等于是隐居了。就这个大伙儿也有说好的也有骂的，说好的就说我祖父是为国，很早就辞官了，辞官的时候清朝还有皇上呢。骂的呢，骂的是三家儿，我们家、那桐家，还有庆王家，说国难当头这三家儿买了房子买了地到天津藏起来了（众笑）。② 听说原来天津地贱，后来涨的价。夏天到北京来，冬天搬到天津去。

定：清朝亡了以后您祖父还活着吗？

奎：我二十了结婚了我祖父还活着呢。我出生的年代虽然是一个新旧交替的时代，但是旧习俗依然占上风，在大宅门中更是丝毫依旧，家中一切事也依然自

存耆家人，从右至左：增崇、孙奎垣、孙媳张寿英、妻耿佳氏（察世熹提供）

然的一切听我祖父的，父亲叔叔都无发言权。我父亲就悉听祖父指使。我祖父身体很好，一直自己办理家事，一直到后来八十多岁依然。例如走亲戚，哪家有喜庆事，由祖父母决定谁去，是自己去还是叫我父亲母亲去。

---

① 十一叔是奎垣的叔叔。

② 据《北京满族社会历史调查报告》称，存耆家在八国联军进北京时大批房子被毁坏（详细间数无法统计），两个珠宝玉器柜同时被抢走，但其父在辛亥革命后两年（1913）在天津又开办了三个当铺（两个独资，一个集股），每年利润收入三万元（银洋），当铺后来发展到四十余家。但该报告谈及察家当铺时亦有相互抵牾之处，如在另一处称察家在1908年前有投资的当铺三四十个（精确数字无法得知），被八国联军抢掠后还有三个。另外，该报告还称存耆家的房产遍及大连、沈阳、上海、天津、北京等地，单北京一处就有三百来所，在天津有三四百间，但未记时间。（第79—82页）。奎垣先生看到这段话后称："这个我不知道，我知道的时候就剩北京天津了。"

有堂客来往的，母亲走之前也得先到公婆前告别，回来时也得汇报。此外经常要请安，晚上婆婆让休息才可以回自己屋。所以有些人说满人规矩太严，不愿意把女儿嫁给满人家。

定：您祖父哪年去世的？

奎：1944 年。

定：您祖母是谁家嫁过来的？

奎：我四个祖母呢。不是一块儿的，都是一个死了再续一个。头一个祖母我说不上来了，二一个祖母是喜塔腊氏，也是大家族了，所以我父亲的姥姥家跟张寿崇母亲的姥姥家是一家儿。① 第三个太太还是喜塔腊氏，是姐妹，先娶的是姐姐，后娶的是妹妹，生我一姑姑。第四个祖母是耿佳氏，有我的时候已经是耿佳氏了。耿佳氏无儿无女。

定：您父亲是……

奎：是第二个太太生的。我父亲是姐姐（生的），我那个姑姑是妹妹生的。一个二的一个三的。第四个没有生。

2. 父亲一辈的婚姻圈

定：您父亲是独子，可是按大排行就有好多吧？

奎：也不太多，十一个男的，九个女的，一共二十个。我们这辈儿是大排行。我父亲那辈儿男女还分着。

定：都住在这秦老胡同？

奎：还真是都在秦老胡同。当然中间儿有死了的，女的嫁出去了。

定：您还记不记得他们都娶的是哪家的？嫁的是哪家的？

奎：嫁的是哪家的我知道，都说得上来，娶的我就说不上来了。我三伯父娶的是蒙古的。我五叔娶的是麻花胡同继家，也是大家，内务府的。六叔娶的是傅察氏，那阵儿弟兄姊妹开玩笑叫她普洱茶么。我六婶是最活动的。

子：我们家那会儿贴着红条的普洱茶多的是，那都是宫里的，肯定。红纸条儿写着墨笔字儿，那么大一团儿。那时候谁知道是干什么的，不知道。

定：现在可值钱了，还不卖了去！

奎：八叔娶的是费莫氏。十叔娶的是珍妃她们家的，他他拉氏吧。九

---

① 这里说的喜塔腊氏，即本卷第十一篇张寿蓉、张寿崇口述中提到的裕禄家，后姓奚。

姑是嫁给铁家，铁良家。那阵儿不是老说"铁棍打老袁"① 么。

子：铁良老跟袁世凯干。

定：后来不是也跑到天津去了吗？

奎：也跑到天津去了。租界里头。十一叔是娶的马家，马佳氏，他父亲叫马世杰，住朝内小街新鲜胡同，也是中堂家。北京有两个世中堂，一个是我们三舅母家，一个就是这家。

我那大姑跟我父亲是亲的，嫁到也是大宅门，佟家，住东四六条。他家俩姓，也姓蒋，佟家那名儿不甚响亮，蒋家响亮，东四六条蒋家，蒋中堂。后来我大姑就回娘家住来了。我二姑给的是肃王府，可不是在日本的那支儿，是留在北京的那支。三姑死了。四姑给的是载洵，洵贝勒家。五姑给的是涛贝勒家。他们哥儿俩是各自独立，不住在一块儿。六姑嫁的是……金兀术那是什么？

子：完颜，完颜氏。

奎：住亮果厂。② 完颜是大家，怎么封的我不知道，人家是金朝的后代，不是一般做官上去的，皇族么。他们房子多得很，人也多得很。王佐贤已经是大排

存耆之妻、定王府五格格爱新觉罗·恒馥
（察世熹提供）

行二十一了吧，（六姑给的是）志贤，不是佐贤。还是姑做婆，上一辈是我祖父的妹妹。秦老胡同那边那大门是希贤的，那不是他们家买的房，是那桐买的房，那桐给大女儿当陪嫁的。现在早就不是了，那时候是。

---

① 这句话出自当年老北京的一首童谣："钟楼高，鼓楼矮，假充万岁袁世凯，铜子儿改老钱，铁棍打老袁。"铁棍即指铁良。铁良自1906年任陆军部尚书起，就与袁世凯争夺北洋新军的统帅权，后又与善耆等皇族成员一起组织宗社党，反对清帝退位。清朝亡后又进行过一系列复辟活动，故民间有这样的童谣。

② 亮果厂位于东城区西部。东起美术馆后街，西至北河沿大街。

存耆之妻、定王府五格格恒馥着朝服
像（察世熹提供）

存耆之妻、定王府五格格恒馥着便装
像（察世熹提供）

定：对，那桐的大女儿是嫁希贤了，《那桐日记》写的有。

奎：希贤的爱人就是我的爱人的大姑。希贤的弟弟叫立贤，立贤的夫人是我大姨儿。……七姑没了，我见过，没出嫁死了。九姑是嫁给铁良的小儿子，他也行九，在天津。

奎：我父亲娶的是定王府的。我母亲是朗贝勒府的五格格，第五个女儿，立贤夫人是大女儿。现在盛传我们这儿是婉容的姥姥家，因为婉容的母亲跟我母亲也是亲姊妹，我的母亲是润麒的五姨。①

定：那么多女儿哪！您母亲是四的？

奎：是五，没有四。有个四姨是本家的。

定：我记得定王是乾隆的儿子永璜的府第。

奎：对对。我姥爷就是定王，我见过几回，印象不是太深。有学问，做过军机大臣。……定王家是败落了，那时候（王府）就已经不成了，多年失修了。

定：您母亲呢？

奎：反正英文也念过，中文也念过，学堂是没上过。一般这么说，我的印象和认识啊，我母亲脑筋非常好，特别清楚。我母亲就是文静。对别人要求不多，自己保守自己的规矩很严。

定：那你们家得多少亲戚呀。

奎：那时候那个社会，蛛丝马迹，都联系着。

子：一荣俱荣，一损俱损。

奎：那是好的，还有咬斥的一面呢。溥仪一倒了，也就完了。

定：一家子还咬斥？

奎：没法说，那会儿家庭都那样，自古不是都如此么。

3. 父亲存耆

定：您父亲后来是做什么的？

奎：我父亲是个极其可怜的人，他母亲跟着我祖父做外任官时，早早死在南方了，所以从小没得到过母爱，长大了也不合群。实际我父亲在家里头一点儿也没处理权，只能享受，而且我父亲老说那话："什么在我这儿都是空的，我住的房子，我的家，我的钱，都是假的"，就这么一种信

---

①　乾隆帝长子永璜死后被追封为定亲王，由他的次子绵恩袭爵。绵恩之子奕绍、孙载铨均为亲王，曾孙溥煦降袭郡王，溥煦之子毓朗降袭贝勒，这就是奎垣的外祖父。毓朗曾任军机大臣，在清末是比较开明的人物。润麒即郭布罗·润麒（1912—2007），既是溥仪皇后婉容的弟弟，其夫人又是溥仪的亲妹妹韫颖。

念似的。他这信念怎么来的呢？因为我祖父留了一笔钱，想要送我父亲去英国留学，学铁路。这是我父亲太希望的事儿了，可是刘家，就是刘贡南①他爸爸，来对我祖父说了，您别这么办哪，这么办的话他出去，回来他学成革命党啦。您不如把钱交给我我给您开买卖。结果呢，就真让他拿去开买卖去了，后来祖父又留了一笔钱说不管国内乱还是不乱，你还是去英国读书吧，不要跑回来。过了不多日子，通过我祖母又把钱要回去，是给刘家拿去买房还是干什么去了，我不太清楚，反正是有赚钱的机会就别放过的意思。我父亲心里最懊头（懊恼）的就是这事，所以他就说，什么也不是我的。

定：等于让他们给骗走了。

奎：也没白拿走，刘家还是给赚了钱。

定：就因为这么件事就把什么都看穿了吗？

奎：反正各种坑坎吧。在开当铺的问题上父亲与祖父就有分歧。后来溥仪不是在长春那儿立了嘛，我父亲总想跳出这环境，说那我找溥仪去吧，说我也不愿意在家里无所作为，这样他就找溥仪去了。除了溥仪他还能找谁去？找溥仪我祖父也是同意的，还是旧思想，皇上嘛，就到那儿去了。到那儿去了之后，就给皇上当站班的，皇上也是专挑那些近人当站班的，放心。在那儿过的生活是极其糟糕，就住一小旅馆一间屋子，住多少年。

定：母亲没跟去？

奎：有时候去呀，没跟去。为什么没跟去呢？原因是跟家里头侍候公婆。

定：嗯，这倒也是原因。

奎：我父亲也不愿我母亲到那儿去，二人都去受那苦，受那罪。我父亲一点儿享受这个那个的都没有，还提心吊胆。除了给皇上站班，上班下班，生活拘谨得很，就指着那俩工资，有时还得由家里补助。

定：他还没像润麒那样被逮走。

奎：逮走的很少，就那几个跟着的武官。那时候也赶巧了，他回北京来了。

定：他从满洲国回来也没工作？

奎：没工作。没事在家闲着干吗呢？就研究胡适，把胡适的书一本一本的全买了。这是一种错觉啊还是怎么回事不知道，反正那时候这些满族

---

① 关于刘家与刘贡南，参见下篇"'当铺刘'今昔：刘汝舟口述"。

大家啊，跟这国民政府都没拉扯没联系。也有的拉扯拉扯就进监狱了。我六叔，在汪精卫时期他做到财政厅厅长，最后就进监狱了嘛。然后出来了就在家里什么工作也没做。

定：您父亲没粘上这个，还挺好。那解放后他有工作吗？

奎：没有什么正式工作。代表啊，文史馆啊，都没有。有时候就是区政协的联系人开座谈会，后来常去民政局，开会或者政治学习，谈谈话，街道有点事就上街道。经常是这儿做贡献那儿做贡献，结果贡献做完了也就完了。我父亲就是写点东西，而且写啊还不预备挣钱。我父亲写的很多，有的时候交派出所了，有的时候交区政协了，全国政协了。我父亲交的时候说了，我写的这些材料啊，都希望你们最好存档，别登那个什么文史资料上。所以这一下我们再找他的资料就很难了。我父亲写东西糟糕的是我没瞧见过。后来又是"文革"，只有题目，没内容。

一直到"文化大革命"，我父亲被扫地出门，连火炉子都被抄走了，就那样，心里坦坦然然，说拿走，这都不是我的。后来发还的时候，我父亲没写一个东西，他说既然拿走就不要了，什么都不要了，说没我的。政府发回那一点钱也够吃饭的了，那还都是我的孩子打着我母亲和我爱人的名义把很少的一部分认回来的。

子：1976年地震的时候后墙倒了，我爷爷的床正好在后墙那儿，我爷爷要起没起来，先把腿砸折了，那时候不是特乱么，没地方去呀，给搁到地坛那院子里头，7月28号砸的，8月9号就去世了。

4. 我自己

奎：我父亲就是一个人（指独生子），我一生下来就特别地宝贝，等于是家里最盼望的唯一一个继承的后代。所以我小时候从生下来起，一直到结婚，我就没跟我父母在一起，不是我母亲养活，是我的祖母耿佳氏养活的。一是宝贝孙子，二是我祖母没有儿女，母爱她得发泄啊。祖母对我好，我也真是好得离不开祖母。那会儿外边亲戚朋友有办喜事，唱戏了，我祖母去行人情去了，到晚上就提前回家，就不听戏回家了，为什么呢，说怕我找她。这事传得最远了，可着亲戚朋友没有不说她的，宠孙子。

定：那就是说别人都不这样，就您祖母特殊？

奎：别人听到八九点，我祖母就听到七点，顶多八点就回来了。那会儿请客照（比）现在时间晚。可是后来我大一点的时候啊，就为这个原因，把我一害害到底儿，一直到现在。

定：为什么呢？

奎：养成一个糊涂孩子啊！（众大笑）

定：这是您谦虚吧？

奎：不是谦虚。要不是这么养活起来的，我绝对跟现在不同。我一辈子净是后悔的事，没一点儿好事。

定：这怎么说呢？您具体点儿。

奎：不跟其他兄弟一起念书，不见人，不交朋友。我们叔伯兄弟见一面，"走走走"，赶紧给领走，都不让跟一块儿玩。完全钝了，外界的事都不知道了。

定：噢，就是把您护到身边，什么都不让您做。

奎：什么都不做。所以我对父亲母亲都不知道亲，就都到这种程度了。

定：那您父母后来还有别的孩子吧？

奎：没有，就我一个。我父亲气得说，说我不再要孩子了，再有了也养成糊涂孩子，这我是十九岁以后才知道的。

定：那您跟父母不是也住在一个院里吗？

奎：就是一个院儿也……怎么说，一个院也不是照我们这个小四合房似的，不是头一道二一道，前边是客厅，正房，后照房。那时候父母住后边，祖父祖母住前边。那时候有时有晌的啊，比如说早晨，我父母上我祖父祖母这儿请安来，请安站那儿说一会儿话，就回屋了。回来做点儿什么事情，待会儿12点以前又得去，吃饭过来吃，说几句话，晚上再上来请回安，一天的时间就没了。这不是我们一家子，张寿崇家也是这样的，那时候满族大家庭都这样。反正是没那么多自由。这里我说一个小插曲，喝水的事。我小时候有个宫廷御医也住在秦老胡同，跟我祖父是好朋友。他说我这人湿气重，不能喝水，所以就不给我水喝，有一次我渴得厉害，就去喝花盆的水，还是我母亲看见了，把我领到她屋里偷着给我倒了两碗水喝。

定：你们家那会儿有几个保姆啊？

奎：这要说我也说不上来了，没算过。祖母那儿可能有俩仁，管梳头洗衣杂事，可能还有俩使唤丫头。我母亲屋有三个，看我的，还有做活的，做饭的，反正院里站着好些人。我是有一看妈，吃饭是看妈给弄，一人单吃，坐一小地桌。我都分不清是看妈跟我亲呢还是母亲跟我亲。那时候母亲不是都能带儿子回娘家么，我就不行，我母亲回娘家很少能带我去。

定：您那时候也读书吗？

奎：岂止是读书，整天都在学习，几乎占了所有时间，学五种，中文、英语、书法、武术、历史，后来又加上日文，完全是填鸭式的教育。请家庭教师在家里教。我非常感谢我的两个英语老师，新知识都是他们传授给我的，给我打开一个新文化的窗口。

定：不玩吗？

奎：我也说不上来了，反正耍影戏人儿，我经常一个人玩那个。有时候也可以跟叔叔玩。

定：那您祖母一天干吗呀？

奎：我也说不上来了，反正一天抽水烟，有人点烟，有时候来客人，说正事的时候："去去去玩儿去"，轰走了。所以家里什么正事我都不知道。

定：哎您这童年可够难受的。

奎：不是童年，是从小到大一直难受。把我一辈子都害了嘛。我写过一首诗，第一句怎么也想不起来了，后面三句是"……锦衣玉食困中央；壮士原非侯淑女，一样无计出高墙"。这里有个典故，知道吗？隋炀帝选进后宫的女子里有一个姓侯的，侯淑女，几年都看不见皇上，就上吊自尽了，死前写了一首长诗，很有名，里面有这样几句："命薄何可量……此身无羽翼，无计出高墙"，隋炀帝也回了一首长诗……

定：后来怎么又难受了呢？

奎：后来我父亲不甘心哪。给孩子叫回家了，由这个没上过学堂，一跳，送外国留学去了。（众大笑）其实我祖父也愿意我去，祖父也觉得要让中国好还得学外国的技术，也同英语老师商量过，想托他把我带到英国去。后来因为英国路

察家三代：祖增崇（中），父存耆（左），子奎垣（右）（察世熹提供）

太远不方便，日本近，还有亲戚照顾，就改去日本了。又怕我娶一个日本媳妇不行，得结完婚才许走呢。这就先结完婚才上日本。二十岁走的。

定：您太太是……

奎：那桐的二孙女、张寿崇的姐姐啊。娶完带去了啊。不是我带去的，也是一块儿送出去的，要不然怕我在那儿……嗨，是借溥杰、润麒的光啊，他们俩把我带出去的。

定：润麒不是婉容的弟弟么，我找过他，他九十多岁了，现在还开着一个诊所。

奎：对，比我大五岁呢。他那时是第三回去（日本）。

定：这是怎么算的呢？

奎：他第一次去日本哪，去的是一般的进修学校，比高中高，比大学低。第二回去是进士官学校。第三回去呢，是进的陆军大学。他是这么上的学。第四回去就是大使馆武官了。

定：您呢？

奎垣之妻、那桐二孙女张寿英像（察世熹提供）

奎：他第三回的时候我第一回呀。

定：您那时候在家里惯成那样，到那儿生活能自理吗？

奎：这事儿也糟糕！我跟你说。我要是一般的一个留学生，许能够读好。这不有溥杰、润麒的关照吗，当然经济方面由自己负责，我跟他们并不住在一块儿，就是我要有特殊的事，找他们帮忙办，也不是经常的。再说，我在那儿期间他们也没老在那儿。不过后来就不行了，都不行了，冬天冷就给你一捆炭，就这点儿，你烧不了你就冻着。吃饭也是，赶紧买饭票，这儿吃完赶紧跑那边去，再买饭票，要不然吃不饱，也那样。

定：没听懂，怎么买饭票还

不吃饱，只吃一半儿？

奎：他不卖，就给咱们这儿发什么一样，受限制呀。

定：噢，这是日本统治中国的时期了。

奎：对。

定：那个时候日本人对你们是不是跟对别的学生也不一样啊？

奎：那倒也不是，那个学校留学生就我一个人儿，没别的人。其实我们是三个人，不知何故那两人没来。别的都是日本人。我先在进修学校，就是高中大学预科，出来以后进的东京帝国大学，选的是教育。在教育系里还是有三个留学生，一个高我一年，一个低我一年……咱们这是什么都说，我差一点大学没毕业，念了三年应当毕业啊，我念了四年还没毕业。

定：为什么呢？

奎：我受不了啦，太危险，我要死到那儿不是太冤了吗，跑回来啦。飞机炸弹美国都扔过来了，太平洋战争已经开始了。我正写毕业论文呢，跑回来了。

定：回来以后呢？

奎：回来一趟又去了一回，又去了又跑回来了。其间行李托运船在下关到釜山的海域被炸沉了。那时候一天是两趟船，人乘的是白天那趟，行李是在夜行船。那船的名字我还记得呢，现在忘了。炸沉的不止这一条船。

定：到了儿您也没念完？

奎：念完了是念完了，实际说是念完了。

定：拿着毕业证书了没有？

奎：没有。

定：反正您家里也不缺您工作。

奎：不是缺我工作不缺，这说完就完啦，一炸弹下来就全完啦（众笑）。

子：得先要命嘛，"咣"一下完了，这念书管什么用啊。

定：您在日本的时候您父亲在哪儿？在长春吗？

奎：前一段在长春，后一段时间在北京。他回来办点什么事，就回来了。

定：您太太耿佳氏是哪年去世的？

奎：日本投降以前。我在日本呢，死了以后我回来了。

定（对子）：你对你奶奶印象怎么样？

子：我奶奶快去世的时候，知道自己快去世了，我们都不知道，老太

秦老胡同旧门牌 14 号察家北房正厅（察世熹提供）

奎垣夫妇合影（察世熹提供）

太把自己的相片全撕了。

定（问奎）：您从日本跑回来之后，您都干什么呀？

奎：天津有保险公司，就在那儿挂一名儿，也没真去。为什么挂一名儿呢？不挂名，北京就有抓兵这一说。挂一名儿就免去抓兵的危险。

定：抓兵还抓你们这大宅门儿？

奎：怎么不抓？敲竹杠啊。

定：是啊，你们家那会儿还挺有钱的呢，到 20 世纪 50 年代你们家还好几百间房呢，我查的。

奎：这不用查，外边人也都没查着，一百间太容易了，就我们这十三号啊，这一个院就九十多间。

定：就是让石油部占了的那两个院？①

奎：对对。当初那两个院是典当给煤炭部，说的是十年。

定：然后你们家就都住到南边来了。

奎：就搬这儿来了。

定：解放后您做什么工作来着？

奎：后来加入民族学习班了。

定：噢，东四那个，叫民族干部培训班。

奎：对了，完了就介绍到石油学院去了。在石油学院干了几年，既不是老师也不是专业人员，图书馆。我是图书馆的开国元老。图书馆净是给老师找材料啊！

定：石油学院的书都是理工科的书。

奎：是呀，所以我待不下去嘛，没意思。后来人也越来越多。……那时候啊，不知天高地厚，也不知道啊真正自己能够怎么发展，就觉得我再上别处换换也好，又赶上国家不是出了个文件么，五个部门缺人，干部里头有愿意去的，不可拦阻。我不是请调，也不敢请调，我要是请调不叫去也没办法，后来不是有这个嘛，我就说我愿意去北京市教育局。我就上中学了。

子：五十四中，当语文老师，"关关雎鸠"，开始教古文了，哈哈。

定：这不挺好么。

---

①　察家这套四合院"献"给石油部之后又一次变得十分有名，据称："自余秋里搬到这儿后，这个胡同的名字在石油战线几乎无人不晓，因为他和战友们创造的'秦老胡同'工作方式，影响了共和国整个石油工业的发展方向。不夸张地讲，石油部后来的所有重要决策都是在这'秦老胡同'的'侃大山'中形成和完美的。"

今日秦老胡同之一（定宜庄摄于 2006 年）

今日秦老胡同之二（定宜庄摄于 2006 年）

奎：是呀，好是好，这不是挺好嘛，也是胜利冲昏头脑。

子：老头老自省（众笑）。

奎：大伙儿把我捧得高得了不得。我确实在那儿教古文哪也镇了我那学校，结果我不知道学校怎么打算的，开学的时候没分我教哪一个班，我生气了，我又跑教育局去了，跟我一起的还有一个杨老师，杨老师扯着我，说走吧，说女十四中缺老师，实际是图书馆缺人，因为是多年老校，图书馆要大整理，结果呢又陷到图书馆里头去了。后来也还有叫我教书的，不是讲古文，讲白话，讲白话就不是我的长处了，讲白话就是说话嘛，是不是？这怎么教啊。

子：说老头有学问，给他一个最乱的班，压不住堂啊。后来就在图书馆啊，十几年，一直到"文化大革命"。

定：说说您太太吧，您母亲对您太太不欺负吧？

奎：不欺负，宠着。张寿崇这姐姐啊，也是一个特殊人物，比较直爽，像小孩儿，没有心眼儿，所以有时候就不按照旧的，我母亲都不说。这对人不严，不讲究，就是由我父亲母亲那儿（开始的），自从我祖父祖母过去了以后，（他们）就是什么都不管，随便。

子：和谐大家庭。

5. 社交圈

奎：跟那（那桐）家结亲就是我这一辈，以前没结过亲。我爱人的父亲跟我的父亲是把子（指拜把兄弟），因为我们住街坊。

定：您说的街坊就是你们在天津的时候？

奎：在天津的时候。在北京不行，他们住金鱼胡同我们住秦老胡同。

子：我老祖（指增崇）跟那桐是好哥儿们，我爷爷那辈儿跟我姥爷（指那桐之子绍曾）等于是换帖子的把兄弟，我爸爸跟张寿崇又是莫逆，好朋友。

奎：我跟他们哥儿四个都好，特好，姑舅亲。

定：你们家和张寿崇他们家，你们两家在民国的时候和以前，谁家的派头大呀？

奎：他们家，他们是中堂。那桐早跳出内务府了，人家当了军机大臣了，不归内务府管了，他跳出去的时候我祖父增崇还没当那么大的官呢。我们家是内务府大臣，没做过中堂。

定：你们是内务府总管大臣。

奎：对，总管大臣，总管大臣并不是一个，好几个呢。后来我父亲当过正红旗汉军的都统，我那老丈人、寿崇的父亲是正都统，我父亲是副都统，俩人又在一块儿。

定：他父亲？就是那桐的儿子绍曾，宝儿？

奎：对。

定：我听说北京那时候有八大宅门，特别有名的，你们家算一个，还有哪个您知道吗？

奎：有八大宅门我知道，具体是哪八家我说不上来了。应当是我们家，麻花胡同继家，沙井胡同奎家。①

定：你们家就跟刘汝舟家熟。

奎：提到刘汝舟我们得分开说。我们和刘槐亭、刘贡南父子②是一面东伙关系，那时候还没刘汝舟，他岁数比我还小呢。我只看见过他一次，是他十岁左右，他还不一定看见过我，如此而已。所以和他也没有来往。他家与庆王府结亲，那更是大以后的事了。说那时候跟他们家熟，是指他们家当家的刘老头，那是爷爷辈的，叫刘石竹，槐亭是名，石竹是号。他的儿子是刘贡南，名字好像是刘桐吧③，也不用，大伙儿都叫号。等于刘贡南与我父亲，时代一样，也算平辈。怎么着由上边说就是刘家的祖上，由这儿拿着钱去做买卖，做就全赔了，赔了他就跑了，这也许是庚子年吧，过了多少年后，回来了，他还欠着我们家钱呢，不因为欠钱不敢来，欠着钱就敢来，来就跟我家的账房说啊，那时是我对不起您，现在您再拿出点钱来，准保能赚回来。

定：你们家就又给他钱？

奎：就又给他钱，我祖父说这人还可靠，还敢来。说这人还有信用。

定：这还叫有信用？（众笑）

奎：您就当好玩听，我都是听来的。

定：您家就是那时候用的刘槐亭他们？

奎：用是用他，管房子的不是他，管房子的也姓刘，是另一个姓刘的。不是刘家的亲戚，起码也是刘家的朋友，是他介绍过来的。

定：刘家不是就给你们开当铺吗？

---

① 继指继禄，奎指奎俊，均为清朝时的内务府总管。

② 刘槐庭和刘贡南不是父子，是爷孙。刘槐庭的儿子名刘禹臣，参见下文对刘汝舟的访谈。

③ 刘汝舟所说他的祖父、父亲的名、号等都与奎垣这里所述不同，可能是奎垣的记忆有误。

奎：是。不过后来钱都归他们了，现官不如现管。我这也是一件事两头说，有东西来了，他先挑，土产是他先进，赚钱是他的，我们是在他之后，给多少是多少（众笑）。当然这也是当时的惯例，别人家的当铺也都如此，再说官家人也不可能做买卖。当时开当铺的，金鱼胡同那边有当铺孟，还有当铺娄，当铺娄和这个当铺刘是亲家。

定：就是说到刘汝舟爷爷的时候他们刘家已经很有钱了？

奎：很有钱，比我们家有钱。刘石竹都能跟我爷爷这么说：你们这个一品大员，现在可不如我们这个一品大商人了。（众又笑）

定：刘家说是在这边修了一个戏台，在马大人胡同①。您见过那个戏台吗？

奎：有喜庆事儿时上那边听戏去，我们家有事都得借他们家地方。刘贡南是一个极精明能干的商人。

婉容是长将军的后代，在东北，是达斡尔族，也算满族，那会儿据我所知，不仅达斡尔，锡伯、索伦都算满族。去新疆的原来就是一个满族，后来分成三支了，锡伯、索伦和老满营。②

6. 习俗及其他

定：有个问题我想请教您，我看《那桐日记》就不明白，那里头记着说大年初一去拜年，一天就能拜上七十家八十家，第二天又去拜上四十家五十家，这可怎么拜的呢？

奎：这么拜的：坐着车，管事的拿着名片，到门口来，叫这边的人来，把名片一递，说给您拜年，完了主人不下车，赶车就走了。话到是礼。

定：怪不得呢，我说要不一家一家地拜，腿不都得走肿了。

奎：下车的也可能有，一般的是这么样。话到是礼嘛。要说拜，拜年的时候有好些人都是先拜我们家，第一家全上我们这儿来，不是说我们官儿大，不是这个意思，就是说秦老胡同吉祥，为什么我不知道。就图一个开门吉祥。

定：您祖父那时候也像那桐他们家那样有这么多应酬，一天到晚来来

---

① 马大人胡同现名育群胡同，位于东城区东四北大街。

② 清朝乾隆二十七年（1762）设伊犁将军，部署了一支以驻防满、蒙八旗兵为主体、辅之以绿营兵，以及厄鲁特、索伦、锡伯等兵丁组成的军队。其中锡伯、索伦兵均由东北移驻，但当时并未编入八旗。同治朝新疆爆发所谓的"回乱"，时间持续达十六年（1862—1877），伊犁两座满城相继失陷，伊犁亦被俄人侵占。光绪八年（1882）左宗棠率兵征西，将伊犁收复，翌年恢复伊犁满营建制，将惠远、惠宁两城满营并为一营，称旧满营，后又从锡伯营中挑选千人，和部分索伦兵一起，组成新满营。奎垣先生这里虽然只有简短几句，但内容大致不差，说明他对新疆这段历史相当熟悉，估计是从婉容的弟弟润麒那里听说的。又按，清代索伦，包括今达斡尔族和部分鄂温克族。

回回来来回回地这么折腾吗？

奎：这我就不那么清楚了，可能也有，就不那么多了。时代也不一样了。在天津的时候没这么拜的，打个电话就完了。在天津后来就有电话了。……反正《那桐日记》有这么一句话："今天晚上吃张治"，这没人能懂。其实张治是个厨子（众笑）。今儿晚上把张治请来做饭，这就叫吃张治。请厨子来家给他们做。厨子是各家都去做。后来我们家的厨子就是张治的侄子。

定：就是说他不是你们家固定的厨子，你们家要做饭的时候就把他从外边请来做？

奎：对。原来张治那会儿是这样，后来他侄子不是了，就是跟我们这儿做饭了。那样的厨子很多，都不是北京的，是天津的了。

定：《那桐日记》还有一说，说今天送谁谁一桌席，或者谁谁送来一桌席，这个您知道吧？怎么个送法啊？

奎：这送一桌席啊，我也说不太清楚，不过有几种做法。在天津就有一次，是那家（那桐家）他们做好了，铁扒牛肉，大铁扒，装在一个圆笼里头，提溜着，上我们这儿来。这种送也有。或者是花钱请张治，上你们家做去。不过那时候一般送席不是这样，是送席票。大红纸儿，写着席一桌，什么什么席一桌，多少多少钱。

子：这省事这个。

奎：你拿着这席票去，庆丰楼的票，你到庆丰楼去吃，贵宾楼的票，你到贵宾楼去吃。

定：就跟咱们现在送餐券似的。

奎：对对。一般是那样，送实物的就比较少了。这送席票太普通了，生日啦，娶媳妇聘姑娘啦，什么都可以送席票。大宅门谁家里都存一大摞。

定：（笑）也就你们家存一大摞，人老百姓家肯定不会存一大摞。

奎：这网（指关系网）不是还有嘛，互相传。都不太贵，好像一般都是四块钱一张，那会儿四块钱哪儿值钱了。

定：这四块钱一张是什么概念呢？

奎：四块大洋。

子：四块大洋能买多少东西呢？

奎：这我不知道，不管。不过那席票也是越来越不值钱。开始的时候吃得好。

子：开始吃鱼翅，后来就变成胖头鱼了。

定：你们家跟京剧界的关系也挺密切的？[1]

奎：很密切，没跟您说么，梅兰芳他爸爸他们都来。梅巧玲那十三个有名的唱戏的都来。[2] 我这儿还有梅巧玲照片呢，明老太爷（即明善）不是内务府大臣么，就管他们。他们都得进宫里唱戏呀，这种关系。后来就散了，没那么多的关系了，就是有几个人，贯大元[3]这个，来还给磕头，念旧，保持旧的一套。后来其他的人来，富连成啊，张君秋啊，马连良啊，就不是那个关系了。那是因为我六叔在银行，一块儿吃饭啦，跟我们就不照从前似的了。

定：你们家有戏台吗？

奎：没有，就为了宫廷排演搭临时的，拿木板搭一个小戏台，那不是演戏，是唱八角鼓的。[4] 八角鼓班啊，也不是一个人唱这八角鼓，包括很多，唱一段八角鼓，唱一段大鼓，说一段相声，曲艺嘛，什么都有……

定：您家信佛吗？

奎：信佛不是我们这支儿，是我三祖父那支儿，天天念经有佛堂，我三祖父跟喇嘛来往多，上雍和宫，雍和宫喇嘛也来。我祖父也见他们。他不是照三祖父那么信，可是对佛也敬。我也受一点影响，崇拜喇嘛，藏传佛教。到我这儿我到雍和宫去也还是很恭敬的。这也是几年前了，现在也去不了了。从小我们供的就是三座佛。

定：三世佛？

奎：不是。三座大佛，怎么讲我说不上来了。是从我祖父那儿下来的。

---

　　① 我提这个问题，是因为据传光绪朝著名京剧老生、戏界均称"大老板"的程长庚，就是在秦老胡同文索宅（即察家）演堂会时，因与孙菊仙争气，一昼夜连演四本《取南郡》，劳累得病，未数月遂卒的。另有民国初年潘镜芙、陈墨香撰《梨园外史》，记咸同以来数十年优伶故事，其中多有提到秦老胡同明善、文索之处，文中记"明善家一个月里头，至少要唱二十来天的戏"（第七回），虽为小说，但也相当真实地反映出秦老胡同明善家在当时北京的知名程度和盛况。我问他家是否有戏台，原因也出自于此。又按，世怡先生也几次向我提到《梨园外史》一书和书中讲述的明索家故事，限于篇幅和本书主题，有关这本书的谈话此处不赘。

　　② 这里说的十三个有名的唱戏的，当是指"同光十三绝"画中的十三位著名昆曲与京剧演员。按"同光十三绝"，据一般说法，是在清代光绪年间，由画师沈蓉圃以彩色绘制的这十三名演员的剧装画像。所绘十三位演员之面目毕肖，神情逼真，服装、化妆写实传真，为研究京剧史的珍贵资料。画中从左至右分别为：郝兰田饰《行路训子》之康氏；张胜奎饰《一捧雪》之莫成；梅巧玲饰《雁门关》之萧太后；刘赶三饰《探亲家》之乡下妈妈；余紫云饰《彩楼配》之王宝钏；程长庚饰《群英会》之鲁肃；徐小香饰《群英会》之周瑜；时小福饰《桑园会》之罗敷；杨鸣玉饰《思志诚》之闵天亮；卢胜奎饰《战北原》之诸葛亮；朱莲芬饰《玉簪记》之陈妙常；谭鑫培饰《恶虎村》之黄天霸；杨月楼饰《四郎探母》之杨延辉。我采访刘曾复先生时曾提到此画，他说目前流传的许多说法并不准确，这并不是沈蓉圃的原图。我为刘曾复先生所作口述见"外城编"第二篇，但我并未将有关"同光十三绝"之事收入这篇口述中。

　　③ 贯大元（1897—1969），著名京剧老生。

　　④ 八角鼓是满族的特色乐器，是北方曲艺音乐单弦牌子曲的主要伴奏乐器。

不是像咱们庙里供的药师佛什么，是一个红脸的，一个蓝脸的，一个白脸的。

定： 度母啊？

子： 对对，白度母，什么度母。

奎： "文化大革命"时候毁了。

7. 关于索家的传说

定（问子）： 你们家这么多逸闻你都听说过吗？

子： 我二十岁就参加工作了，一直在轮子行，就是民间运输业，这帮人的嘴啊，是不饶人。我一进厂，胡同口这三轮车社的工人就开始说起来了，说这可了不得这个，他们家怎么着怎么着，是地下金砖三尺，玉瓦溜溜溜溜，是以讹传讹以讹传讹。再加上我一填简历，我奶奶是爱新觉罗，好家伙我是没好日子过呀，"文化大革命"你猜我干吗去了？让我管给车加油，拿根管儿，得先搁嘴里吸一下啊，开始吸的时候一喝喝一嘴，一打嗝三天都是那汽油味儿！

定： 反正你们家故事挺多的，不是说宫里最高级的翡翠最后都流落到你们家么。①

奎： 说我们家有玉玺吧？玉扳指儿？玉镯子？我没见过。

定： 对（众笑）。说是从宫里赏的还是拿的就不知道了。

奎： 那就不知道了。我跟您说啊，这分两部分，我祖父确实有一部分，可是我祖父跟古玩商一点联系都没有。跟古玩商有联系的，是我五爷爷那边，我五爷爷会倒腾古玩。

定（问子）： 您现在也玩玉器？

子： 我喜欢看，我没有啊。说我们家的玉器多，说价值连城连宫里都没有。问题是我没看见过啊。谁知道分家分到哪儿去了。

定： 你们可留神点儿，别哪天来个打劫的。

子： 早劫完了，劫后都没余生了。

奎： 全抄完了。……说到我这辈儿吧，我如果有存的东西啊，恨不能就赶快把它卖了，它在咱们这儿也不会生利也不会生财，它长价，长什么

---

① 按我这里提的问题来自《道咸以来朝野杂记》，据该书记，"同光之际，广东商家采办翡翠来京者，有著名二石，一名三万三，盖以价格而言，一名一口锅，盖以形式而言，皆纯绿无瑕之品。凡宫内所需饰品，多出于三万三，故其名震于时。其实一口锅所出材料尤胜，如继二爷（祥）之扳指及文索（锡）家之第一品翠镯（秦老胡同增氏之上辈，其家有五对著名者），皆一口锅中材料"。文索即奎垣先生的曾祖、增崇之父文锡。

价我也不懂，您没上我那屋，我那屋破着呢，墙皮都掉了，我说拾掇也没用啊，我不是住得挺好的吗。它不妨碍我吃，不妨碍我喝，没必要。

子：苔痕上阶绿，草色入帘青。

定：你们家是阔过，好东西见得多了，所有的富贵就看得都淡了。

奎：我们由大房子搬到小房来的时候，我高兴极了，因为……

定：不用扫地了。

奎：对（众笑）。

子：这跟人生的实践还真有关系，你处在这种环境你就这么看问题，你处在那种环境你就那么看问题。角度不一样还真的不一样。

定：这都是大家子弟才有的……

子：豁达。我们认为最没用的事是老头最关心的事儿（众笑）。我们认为好东西他都无所谓。现在最惦记的是孙子，这是一心病。

奎：就这事跟我有关，别的都跟我无关，一蹬腿儿就完了。

子：这可是心里话。

定：其实真是，您父亲的想法就对，过眼烟云。

奎：不过这些话啊，有人不懂，听不懂。

定：这我能理解。

奎：所以我今天才跟您说。

四　商家岁月

下面要谈的这个"当铺刘家"，在上篇奎垣先生的口述中早已"闪亮登场"了，这是一个凭借为增崇家做买卖起家并致富的汉族商人家庭。

清朝圈占北京内城，一度使内城成为旗人盘踞的大兵营，但这些不士、不农、不工、不商的八旗官兵，衣、食、住、行不能不仰仗于民间，也就不能阻挡那些从事商业、手工业的汉人入城的脚步。这些凭借与旗人做生意而得以进入京城的汉人，一旦立足就千方百计与当权的王公贵族官僚拉拢关系，并最终精心编织起一张复杂细密的关系网。与那家、增家不同的是，这些商人的关系网中，"利"的因素占据着更大的比例。刘家与增家的关系就是如此，当然两家对于这种关系的感受、评判并不相同，反映在口述中的心态也有明显差异，这是只有两相对比才能读出兴味来的。

东城既然是八旗王公贵族的大本营，能够在东城买房安家的汉族商人均非等闲之辈，非有过得硬的势力与财力不可，刘家如此，同仁堂乐家也同样如此。与此同时，这些商人之间也相互通婚，刘先生所述他四姐与同仁堂乐家的婚姻就是一例。事实上，我之所以能够找到刘先生，也是通过乐家人即乐曙青先生引荐的——因为他们是亲戚。再回过头说，同仁堂乐家子弟与内务府大员增崇家的少爷也多有交往，上文不是谈到过，奎垣先生那位在华比银行做事的六叔，当年就曾与华比银行总经理柯鸿年的两个少爷以及同仁堂乐家少爷乐元可，并称为京城有名的"八大少"吗。

不过，在这个专讲京城大商人群体的单元中，我要着重展示的，并不仅仅是他们的社会关系网络，还有他们跻身京城上层社会之后，向往与追求的是什么样的生活状态。这里，刘家与乐家的追求明显不同，对比来看，也同样是很有兴味的。

"当铺刘"今昔

——刘汝舟口述

第一次　时间：2001 年 2 月 23 日

　　　　地点：北京市华威西里某居民楼

　　　　被访者：刘汝舟

　　　　访谈者：定宜庄

　　　　在场者：郭松义、乐曙青、金玲

第二次　时间：2003 年 8 月 1 日

　　　　地点：同上

　　　　访谈者：定宜庄、郭松义①

　　[**访谈者按**] 在《北京满族社会历史调查报告》中，曾记录存者的回忆，他说满族的商业有的起源于"官当铺"，由内务府主管，所属各司、各钱粮衙门提出一部分公款各开当铺，后来统归内务府堂郎中管理。经理者看到当铺有利可图，便暗中和外部汉商发生了联系。他对此事如此了如指掌，可能因为他的祖上就是这样与"外部汉商"发生关系的。

　　奎垣先生的口述中多次提到的刘家，就是这样的汉族商人。奎先生只记得他们后来为察家开当铺的一段，而刘家的后人刘汝舟先生对自己的家史，了解得无疑就更为具体。他们靠着为增家做生意发家致富，成为恒和钱庄的创始人。旧时老北京形容时髦阔人形象，有顺口溜曰："头戴马聚源，身穿瑞蚨祥，脚蹬内联陞，腰缠四大恒"，这四

---

　　① 此次访谈，得益于乐曙青先生及夫人金玲女士的协助，他们为我介绍了刘汝舟先生并陪同我进行了这次访谈。乐先生是同仁堂乐家的后人，也是此次访谈中提到的一些事件的当事人，访谈中与刘先生互相提醒，互作补充，令我受益匪浅。而乐先生，又是我的老师兼同事郭松义先生的夫人孙爱成女士为我联系到的。在此特向诸位表示衷心的感谢。

大恒，指的是当年京师资本最为雄厚的四大钱庄即恒和、恒源、恒兴与恒利，刘家的恒和号，就是其中之一。清人崇彝《道咸以来朝野杂记》记："当年京师钱庄，首称四恒号，始于乾、嘉之际，皆浙东商人宁绍人居多，集股开设者。……凡官府往来存款，及九城富户显宦放款，多倚为泰山之靠。自庚子之役，颇受损伤。……恒和号专交各大官富室存放各款，故其歇业后，因之受累者极众，从此各宅第渐形凋散。"[①] 恒和歇业之后，刘家改头换面，又以"当铺刘家"著称，赫赫扬扬直到北京解放。

这些汉族商人与王府官僚之家攀亲结党，成为官僚贵族社会网络中的一部分，已是清亡之后的新现象了。在此之前，王公贵族们当然是不屑于与商人为伍的，尽管他们从来都离不开那些围绕在他们身边、以他们为生的商人们。对此，作为旧官僚后代的奎垣先生，与作为大商人后代的刘先生，站在不同的立场带着不同的感情作了不同的描述，如能相互参照对比着看，对于当时这两种人不同的心理，会有比单看一方具体生动得多的感受。

刘汝舟先生自己写过回忆录，名曰《刘氏家族兴衰史》，他说他想要说的话都已写在里面，但从我的访谈可见，口述与自述其实相差很远，存在这一差距的关键，是口述时被访者与访谈者之间的互动。访谈者自然会根据自己感兴趣或者认为重要的话题深入下去，这是自述无法做到的。刘先生的自述包括三个部分，一是家族的发家史，二是对家庭成员各自经历的回忆，三是当年与当铺相关案件的内幕。即以第一部分来说，刘家的发家，离不开当年内务府大员的资助，这些买卖人与清代王公大臣的关系包括日后形成的社会圈、婚姻圈，是我最感兴趣，也是对研究当时历史颇有裨益的内容，在刘先生的自述中却语焉不详，口述恰好可以弥补这一缺陷。当然，自述也有其长处，作者落笔必然会字斟句酌，乃至查阅相关资料，口述则多少要随意些。因此自述对具体事件的记载，一般比口述要准确。我也利用了自述中的某些段落，来与口述对照并修订其不足。

美国学者施坚雅曾作过假设，他认为明清时期中国城市存在两个不同的空间"核心"，即两个由士绅和商人分别组成的居住及社交中心。中国其他城市情况如何，这里不作讨论，但在清末到民国

---

① 崇彝：《道咸以来朝野杂记》，北京古籍出版社 1982 年版，第 104 页。

时期的北京东城，存在的却是一个，是由那桐家、增崇家那样的官僚士绅和当铺刘家那样的商人共同组成（而不是分别组成）的一个居住与社交中心，所谓"东富"，根据就在这里。没有商人仅有官僚，是无法构成东城之"富"的，如今研究北京史的人们一说起 20 世纪 50 年代之前北京的商人和商业，想到的就是前门的老字号，这并不全面。

刘汝舟（下简称刘）：我叫刘楫，这个楫字很冷，木字边，舟楫的楫。诗经上有这么一句："用汝作舟楫"，所以我名字叫楫，号叫汝舟。我在文联的时候笔名叫刘汝舟，所以现在找刘汝舟的多。我今年七十九，1923 年生的。

定：你们家什么身世呢？

刘：这说起来可就长了。我这个家庭呀，中央文史资料，有我们家，北京文史资料，也有我们家。但是没有我的名字，有我祖父的名字，我父亲的名字，我大哥的名字，都上了文史资料了。我退休以后让我写回忆录，因为退休我也没事，我就在家里写吧。我写的原因是故宫博物院朱家溍他们都知道我，尤其是跟载涛，涛七爷，我们都是特别熟的，又有亲戚关系。我这自传六万多字呢，我起名叫《刘氏家族兴衰史》。

定：出版了吗？

刘：我不准备把它出版。

定：您这些是家里有记载呀？

刘：有家谱。可惜"文化大革命"抄家的时候没了。

定：家谱您亲眼看过是吗？

刘：家史是由我大哥，和我本家的一些个老人，没事聊天，我由小时候我就好奇，好打听事儿，完全是凭我的记忆力，记下来的，当然不是我亲眼所见。……这样，我既然有资料，我把资料给您就完了，比我讲的要详细。

定：不是这个问题，您讲的时候我会想到一些您没写到的东西，可能我会有兴趣，咱们好交谈。我要是光去看，有什么问题呢，不像这样谈能谈得仔细。

1. 我祖父是恒和钱庄的创始人

刘：我家的事，得由我祖父说起。我们家是宁波慈溪的，我的曾祖叫刘文祥。绍兴这个地方离我们慈溪很近，我的老家都是师爷，都是做幕的。我曾祖他是跟官的，他跟着一个道台到北京来卸任，那时候也跟现在一样，做官几年期满，得到京城卸任，等候再放……

郭松义：这叫候补道，如果没有关系，有时候一辈子就是候补道。

刘：……结果这个道台呢，等候再放的时候，可能是没打通好关节，也许是什么原因吧，上级把他到这儿等着放官这事给忘了。一直等着没有消息，结果两个人就困到店里，卸任的道台没等再放什么官，就得了病死在店里了。然后这位师爷，就是我这曾祖父刘文祥，他把这位道台装殓起来给运回去以后，他就不能在当地谋生了。他跟那位道台在北京等着的三四个月期间，他随着这个道台，上清朝内务府的大官僚家拜望过，看望人家去，也是拉拉关系呀，所以这么样认识了清朝的官僚，包括王府。

（道台死了），我曾祖父他没辙了，怎么办呢。那时候清朝内务府的总管，刨除那桐以外，还有就是增家，增崇啊，秦老胡同增家，瞧出来这个年轻人，就是我那曾祖父年轻有为，可以利用。那时候有个大清律，所有的清代官僚，不能与民争利，不许拿钱开买卖，这钱只能在家里搁着，金库银库都行，但是你不能拿钱开买卖，开买卖违反大清律。买卖只能由老百姓开，做官的不行。增家就看重了我那曾祖父了，他说你也没辙，干脆改行做买卖得了，他投资。这么样我曾祖父就摆了一个兑换摊，就是兑钱的一个钱铺，你拿银子不是不方便么，一两银子，我兑给你几个铜板，就是这么慢慢他开了一个兑换所，又租了房子，地点在东四牌楼，过去在南边有个永安大药铺，药铺门口。结果也搭着人机灵吧，能干，他就拿着这点钱越混越大，越混越大。结果第一个开的叫恒和钱庄，北京第一家。

定：在什么地方？

刘：也在东四牌楼。就在闽南餐厅这个地方，那是卖烧麦的，现在改了叫烧麦馆了，肯德基的旁边。整个东四牌楼正好是路西，把着西北角。向东五间门脸，那叫洋式门脸，勾画。您听说过四大恒吗？像您这个年岁啊，因为职业的关系，可能也听说过。过去说是四行，中南、盐业、金城、大陆，这是四大银行对不对？[①] 前身北京叫钱庄，不叫银行，这在道光年间，北京第一个银钱业叫四大恒，恒和，恒兴，恒利，恒源，

---

① 这里说的四大银行，就是当年所谓的北四行。

反正四个都是恒字儿，这么叫四大恒，四个恒，都有详细的地点。到时候您看资料。① 我祖父呢，就是恒和钱庄的创始人，叫刘槐庭，名字叫侃，晚报上已经登了。那是"文革"以后了，那天故宫博物院通知我，说办了一个钱币展览，有你祖父签字的你们恒和钱庄的银票，你去看去吧，一个银票，就是汇票，就是汇款单，那确实是我祖父亲手签字，刘槐庭。他就凭着一个签字，恒和钱庄，你就能带着去全国各地。我祖父是北京的名人，这槐庭两个字可以说太轰动了，后来可以说没有一个敢叫他刘槐庭的，都叫槐翁："今天你见着槐翁了吗？"

郭松义：钱庄是从南方发展起来的。

刘：您看过最近那部电视剧《胡雪岩》吗？过去有这么一个说法，南胡北刘，我祖父跟胡雪岩是同时。

郭松义：你们到北京来开钱庄，是不是同太平天国也有关系？实际上胡家的发达与太平天国直接有关系的。

刘：这个我就不知道了。北京那个时期有个童谣，表示北京的阔人必须有这四种东西：头戴马聚源——马聚源的草帽，是北京最有名的，有钱人才能戴；脚踩内联陞——必须得穿内联陞的鞋；身穿八大祥——绸缎；怀揣四大恒，银票。北京的阔人没这四样东西你不能叫阔，不能叫有钱。这是当时北京兴旺的时期。

这我都是听说了，到庚子年，1900 是庚子年吧，当时我曾祖父已经养老了，祖父已经当了总经理，庚子年挤兑。开这个银钱业啊，就怕挤兑，有个消息一出来全都到你这儿取钱，你这钱全都放出去了，哪儿能当时收回来呀，全都来取，一下就给挤垮了。我祖父就给各家一去信，把各家的存钱就借来，拿轿车拉着元宝、银子，不卸车，轿车满载着元宝银子，由东四大街一直到十条，摆满了。人们一看，哟，这钱庄有这么些钱，回去吧回去吧，就这么样挤兑解了。这都是前人跟我讲的，我们家里的故事啊。②

我祖父活到八十二岁。他经历了两次挤兑，都很险的，差点没挤垮了。

---

① 据《道咸以来朝野杂记》，"四恒号皆设于东四牌楼左右，恒和号在牌楼北路西（今改为警察派出所）。恒兴号居其北，隆福寺胡同东口，恒利号在路东，恒源号在牌楼东路北"。

② 据文献记载，四恒并未遭挤兑："庚子五六月间，市面惶恐，金融不周，曾颁内帑八十万两接济，四恒号赖以稍安，乱后终亦无济于事。"官府为四恒发放帑银之事在《清实录》中亦有记载，见《清实录》光绪二十六年（1900）六月初九日："谕军机大臣等：赵舒翘等奏，维持商业，谨拟章程一折。四恒银号关系京师地面，现因库款支绌，商情疲滞，无力周转，亟应设法维持，以利民用。著即发给内帑银五十万两，并由户部发给内库银五十万两，交该兼尹等，按照所拟章程，督饬该商等分别办理。将此谕令知之。"亦见《实录》光绪二十六年（1900）五月二十二日。

他到六十岁的时候，精力不行了，他怕银钱业不稳当。他两个儿子，早死一个，还有一个就是我父亲，刘禹臣，他不愿意让儿子接这个，他说（遇到挤兑）我能行，你就不敢说了，你要再接着干这个，这家业恐怕就完了。他就让我父亲改行，开了当铺，所以有人说我们是当铺刘家，但是我们实际发家不是靠当铺。

定：那你们的钱庄哪儿去了？

刘：钱庄是我祖父刘槐庭到六十岁的时候就完全收敛了。我是1923年出生，反正到我出生的时候已经就改行了，不做钱庄了。只留了一个金店，叫恒肇金店，就是原来恒和的底子。什么叫金店呢？可不是打金银首饰的金店，我理解啊，就等于放高利贷，但它里头又增加了好多的业务，就叫金店了。在哪儿呢？在东四牌楼，现在是医药公司的仓库，我们不是住马大人胡同么，马大人胡同的对面，也是乐家（指同仁堂乐家）什锦花园的对面儿。

这四恒什么时候收的呢，都是在民国以后。

2. 我们是东伙关系

定：开当铺那是您父亲这一辈了？

刘：从我父亲一直到我大哥。我们在北京开了是十三家，天津是四家，当铺。我们独资的很少，带恒字儿的是我们独资，只有四个，东恒肇西恒肇南恒肇北恒肇，四恒。不带恒字儿的都是旗人的投资，都是内务府的一些官僚。股东全是旗人，没有汉人，拿钱的全是。

定：就是说皇室都被逐出宫了，他们还往你们这儿投资？

刘：那当然是，他们也不会做买卖呀。

定：可是他们还挺有钱的不是？

刘：钱当然有，有钱他们坐吃山空啊。他们当然得靠着我们，我们能给他们赚钱哪。

定：当时给你们投资的那些旗人您还记得都是些谁呀？

刘：最大的股东就是秦老胡同增家，增崇，南锣鼓巷有个秦老胡同知道吧？现在还有这条胡同。他叫增崇，号叫寿臣，一品大臣，他管内务府。我们最离不开的是增家，跟增家到我们这儿是三代的关系，我管他叫二大爷，生日party磕大头。他们在秦老胡同路北，好像是17号，门牌记不太清了，那是四进的平着两个门牌，增崇住正房，增崇的夫人故去得早，他夫人也是内务府的，据说是孟公府的，没再娶。现在他们家的后代还在秦老胡同，但是他们原来在路北，现在住的是路南了，已经住了四代了。我们跟增崇的关系是东伙关系。

郭松义：就是东家和伙计的关系。

定：清亡以后增家的生活怎么样啊？

刘：生活没问题啊，好家伙，他们这官，那都足啊。那真是仓满啊。

我们家跟庆王的关系也是东伙关系。我父亲早就认识载振，也是通过秦老胡同的增崇。载振也是有俩钱儿，想着找他开个买卖。因为增家在天津开过一个恒顺当，（我们家）给增崇开的，独资，赚钱，也是恒字儿的，我们家离不开恒字儿，四大恒儿家么，都叫恒，开当铺还是带恒字儿。所以增崇就建议，让庆王府别拿着金库银库那儿看着啦，你拿它生利吧，也拿出钱来做买卖吧，我给你介绍，让刘家，让刘禹臣给你开买卖。

马大人胡同（今育群胡同，刘汝舟家与包义家都曾在这个胡同住过）

郭松义：刘家等于给他们做生意，他们做股东，投资到他那儿，生息，然后再返还。

刘：由这庆王爷，载振还活着呢，胜利以后。我们都叫王爷，那时候他已经袭王了。

定：庆王的爵位好像沿袭得最久。

刘：一直到伪满，重新又给他复了王爵，还叫庆王，还单有伪满的委任状呢，这么大字。我去的话我给他请大安，载振还得还安呢，还不能接安，因为我们平辈儿，我的侄女是他儿媳妇啊，他得管我叫五弟（按刘老的二侄女是庆王府载振的小儿媳妇，详见下文）。他们就讲这个，礼节他不能丢。

庆王是受慈禧重用的那几年发的家，全是卖官鬻爵，一个道台不就得几万两吗。庆王府一直到天津，载振死了以后，地下室还有金库银库哪，绸缎库，还有瓷器库，瓷器都是木桶装的，全是那种挺厚挺厚的，木桶。够摆十桌的瓷器装一大木桶。

定：有多少个木桶？

刘：那家伙，起码也得十几个木桶吧，得够一百桌的。那已经是民国多少年了，我这二侄女结婚的时候是民国三十九年。我到现在还有庆王府的瓷器，那是后来他们分家的时候，分给我二侄女的。

定：怎么你们都和庆王那么近呢？跟别的王府呢？

刘：更多啦，恭王府，小恭王①，我们老在一块玩儿。毓纪明啊，恭王的最后一个儿子。差不多王府我们都认识，都知道。

定：你们家和恭王府什么关系？

刘：也是投资，没有直接关系。这是一家。还有一个是张家，就是那家，现在姓张。那家花园我都去过，您要说那家花园的话我可以告诉您。我还有记忆力，他们都未必能记得。我们都在他那个佩兰斋呀，花园里最好的佩兰斋那儿吃饭、打牌，他请客，都在那儿。

定：你们家怎么跟那桐的关系这么近呢？

刘：跟那桐家有来往的原因，那桐是属于我们的大东家增家的下属，他得听增崇的，增崇是内务府总管，一品大臣。

定：天津也有在你们家入股的？看来都得求着你们家是吧？

刘：……可能也有这么点关

属于"当铺刘"掌管的"万庆当铺"，位于南锣鼓巷 3 号，距秦老胡同咫尺之遥

系。他就仗着他们认识的买卖人，能做买卖的。你不了解他们那些清朝的大官僚，内务府的旗人。据我的观察，他们什么也不会干。就只是知道吃，喝，玩，没有别的。周总理讲得对，千万不要学八旗子弟。但是现在比较起来，这是我的观点啊，这八旗子弟没能耐，没本事，到现在还能有口饭吃，他毕竟都有文化。他都念过书，就仗着能写几个字能画几笔，就那也

---

①　小恭王，即恭亲王奕䜣的嫡长孙、多罗贝勒溥伟（1880—1936）。他于 1898 年承袭恭亲王爵，辛亥革命时曾与肃亲王善耆等一同组织"宗社党"图谋复辟，失败后避居青岛。1936 年死于长春。从他的年龄与经历看，不可能与刘汝舟等人在一块儿玩，这里说的如果是毓纪明，那也是小恭王的而不是恭王的儿子。

比现在的高干子弟强，实在不行不就变成画家了么，到时候卖字也能挣钱，他不就指着这吃饭了嘛。

定：增家和那家的关系怎么样？

刘：当然是在一个皇帝的统治之下，都是皇帝的臣子。要说和，全和，但究竟是面和还是心和？也都是互相利用。增家和那桐家也不是特别过密。我见着庆王府的人，说那家呀，比庆王府还阔哪。见着那家的人，又说我们哪儿比得了庆王府啊。你想就这样关系。两个姑太太一个姑奶奶，三个女儿都嫁给庆王府了，这种关系他还那么说。

总而言之，那家跟增家这两家为什么这么有名啊？因为他们败落得晚，太长了。北池子袁家，那名气可太大了，比那家、增家的名气还大，为什么有人不知道呢？比他们完得早啊，当然最后还是"文化大革命"才完的，可是已经名气就不行了。谁都知道金鱼胡同那家，也是沾了金鱼胡同的光，谁不知道和平宾馆那儿是他们家呀。其实那桐官不是最大的，可就是因为他确实底儿太厚了，换句话说就是搂的民财太多了。庆王府为什么说那家比我们还阔呢。那家最后败落是到"文革"。

定：您说这王府，跟增崇家、那家，还不是一回事儿吧？他们的区别是什么？

刘：他们的区别啊，也是派别。毛泽东有话，党内有党，党外有派，一样。

定：您毛选还学得不错。

刘：一样。甭管什么时期都是，内务府内部的斗争相当的激烈。

定：您家什么时候去的天津，是北京政变以后吗？

刘：那倒不是，因为我们解放前在天津有一个别墅，我父亲在那儿养老以后，把所有的财权和掌家全都交给我大哥，让他管理北京的家，就带着我到天津住了，我在天津住了七年，一直住到我父亲死在天津。[①]

我父亲在天津养老，跟铁良离得近，他们也串门，一块打牌呀，聊天呀，老是这几个人儿。清朝完了以后，这些个清朝的遗老遗少，都在天津的租界里边，保险哪，都在天津呢。住在天津这七年期间，我经常去的是铁良家，铁良的大儿子穆伯实是我的开蒙老师，那时候我正好还不认识字呢，字号，一包一包的一百张，这边有画，那边有字，人之初，性本善，是他教我的。

---

① 这里是刘老没听懂我的问话。我说的"北京政变"是 1924 年冯玉祥将溥仪驱赶出宫一事。

定：还有谁家？

刘：还有的就都提不上喽，我说得上来的也都没落了。

3. 我们家全变成旗派了

刘：我不是旗人，我是汉族。

定：您不是说您在旗人里头有好多亲戚关系吗？

刘：过去这个社会，像我们这个年岁呀，最有意思的是，最讲究门当户对，门当户对的结果全都是什么姻亲呀，联姻哪。老在那个堆儿里头，有的还是骨肉还家，这个姓又回去了，他就不愿意找外边的人，几代一下来，可不全是亲戚。

我大哥活到八十二死的，我跟我大哥相差三十岁。梁夫人那是嫡母，不是我的生母，是我大哥的母亲。哎呀这梁家了不起，可以说是北京六里屯最大的地主，地也多也有钱也开买卖。六里屯在朝阳区。他们家不是旗人。我是属于庶出。我的母亲姓郭，是我父亲的一个侧室，二太太，这叫庶母，所以我小啊。过去老家庭嫡庶的关系可太大了。我描写我母亲呢，她得侍候我大哥的母亲，这是她的本分，侍候我父亲更是天经地义了。反正比使唤丫头强一些，她有个名分就是了，在下人面前她还是主人。但是她在主人里头，在主人与下人之间。同时，她并不是净侍候这老二位，包括我四个姐姐，都得她侍候，还都专有奶妈看妈，都有下人。她还不如我大嫂，我大嫂是长门长媳，她是执掌家政的。（我母亲）只是不侍候晚辈，比如我大嫂生的我这个侄子侄女，那她不管，到她生日他们照样得给她拜寿给她磕头。但是到她自己本人生日，给老爷太太都得磕头。这就是旗人的规矩。

我们就哥儿俩。我大哥是老大，我是老五，我是最小的，还有五个姐姐，死了一个，就剩四个姐姐了。我姐姐现在都没有了。我这辈现在我是最大的了。

满汉许可结亲以后，我四个姐姐有两个都嫁的是旗人。还有我的侄女，我的大哥的二女儿，是嫁给庆王府载振的儿子。所以说我的二侄女是庆亲王载振的小儿媳妇。

郭松义：你们刘家同满族结亲是在民国以前还是以后？

刘：民国以后。你像我二侄女跟我同岁。去年我这二侄女，就是庆王府载振的小儿媳妇八十整寿，我去了，带着我的老大，和这个姑爷（金玲的哥哥是刘楫的女婿），碰上庆王府的好多人，都去给这四太太做生日去了。

定：去年？

刘：去年啊。

定：去年这些人还这么活跃哪？

刘：那！都去了。金丽珊[①]的儿子给办的。载振的弟弟叫载伦，伦五爷早就死了，伦五爷的夫人还活着呢，也是天下绝色的美女，也八十多了。

满汉能通婚是由宣统出宫才开始。没有明文，皇帝一逊位……[②]

我大姐是没出阁就死了，二姐给的是一个姓王的，不是旗人。搞金钱业的，是我祖父的同伙吧，他们合资开过买卖。我二姐出阁的时候他们已经败落了。三姐给的是汉军旗，金店李家，他是开金店的。

定：金店李家也挺有名的是吧？

刘：也是比较，在北京提起来跟我们家差不多。现在我那外甥是他家唯一的一个啦，在台北，我们四十多年没见了。他现在每年回来一次，他七十八，比我大，我还得陪着他玩去。他们一直就是汉族，清朝不是完了么，好多满族都改汉族了。现在爱新觉罗一吃香，把汉族又改了满族了，改了满族还不同意，能改爱新觉罗又改爱新觉罗。所以我最佩服启功，启功完全是凭人家是书法家，谁知道启功是皇室呀，是爱新觉罗呀。他就凭本事。

我四姐给了同仁堂乐家。给了他（乐曙青）五大爷。他父亲行六。我的四姐是他（乐曙青）的大妈。我四姐夫叫笃周，乐笃周。他们也不是旗人。

最后我的五姐。我五姐给的是真正在旗的，北京有名的金王家。北京有三王，金王银王老醯儿王，这个你要究根，我讲不出来。金王是给皇上看金库的，他们这个金厂子，好家伙三十六亩地，我这个五姐夫在奉先殿[③]当差，内务府的，他们一直住在东不压桥那个福祥寺，[④]那是他的铺面。王府井饭店知道吗，首都剧场对过儿？这是金王家最大的棺材铺，叫元顺木厂，七间门脸儿。[⑤]当初不知道怎么来的，房子并不多，它就为的

---

①　金丽珊就是张寿蓉，参见本卷第三单元第十一篇张寿蓉口述。

②　满汉通婚的禁令被正式废除是在光绪二十七年（1901），见《清德宗实录》卷492，光绪二十七年十二月乙卯皇太后懿旨。民国元年（1912）四月"中华民国"政府又颁布《为通饬示谕豁除汉满蒙回藏互通婚姻禁令由》，标志着汉族与满族以及其他各民族通婚的界限从此被彻底打破。关于清代满汉通婚问题，可参见拙著《满族的妇女生活与婚姻制度研究》第七章，北京大学出版社1999年版。

③　奉先殿位于紫禁城内廷东侧，为皇室供奉祖先牌位之处。

④　福祥寺位于福祥胡同，该胡同与东不压桥胡同相通，均在东城区西北部。

⑤　据《北京市满族社会历史有关问题的调查报告》（1959年稿），元顺当和修木厂（售寿材，小量木材加工）是王享年家开的，王的曾祖曾做过内务府"协堂郎中"，到其祖父仍有钱，开"元顺堂"饭庄，民国初歇业。又在天津开元顺当铺，"七七事变"以后停业。元顺木厂1950年歇业。这个王家，应该就是刘汝舟所谓的"金王"了。

是放木料啊。解放以后改成汽车修理。

乐：他们管他外号叫金大头，这主儿脑袋大。

刘：老醯儿王是山西人，在北京有几十家银号。山西人什么买卖他都能开，山西人最能理财，到现在也是这样。有钱哪。那是在我们家晚期了，北京银号都是山西人来的。

定：可是没你们家大？

刘：对对对对。我五姐比我大十几岁，解放以后七几年死的，活到快八十岁了。现在只有她儿媳妇还活着。

我也是满汉联姻。我爱人也是旗人，伊尔根觉罗氏，老姓姓赵。当时也是黄带子，皇室的，有战功，进关的时候，八个铁帽子王之一。北京鼎鼎大名的仓赵家，没有人不知道的。为什么叫仓赵家呢，他们虽然属于铁帽子王了，但是革过带子，后来又恢复了他的官，但是不承认他是铁帽子王了，没有世袭罔替了，所以就给找个差事，是管皇上的粮仓，也是内务府，结果就叫出名了，叫仓赵家。到我结婚的时候已经民国了，到民国北京的粮店差不多都是他们的，公字号粮店，北京是公和昌，公和通，公和经，全是他们的，不算外县，内城里头十八家。我结婚的真正的媒人是我五姐，就是金王家，因为金王家跟他们都是内务府的。还得说这跟满洲的结亲，我还是借了满洲人的光。所以像我结婚哪，一直到我侄子，娶的都是旗人，我们家里干脆全变成旗派了。

定：您哥哥是几个孩子？

刘：三个儿子两个女儿，大女儿死得早。二儿媳妇是奚啸伯的侄女。奚啸伯又是个北京旗人，是满洲人，下海（唱戏）了。

我们家跟那桐家有亲戚关系是属于下一代了，是我侄女嫁庆王府的关系。可是我们跟那桐的关系不是因为这个，起先我们就跟那家有来往。那家一直跟庆王府是换婚，是不解之缘，一直解不开，庆王府是专门娶那家的女儿。由姑姑带侄女，全过去。

定：他们家两个女儿都嫁给庆王府的儿子。

刘：岂止两个，是老辈儿的两个姑太太。一个给的是载振的大儿子，叫溥钟，他们是溥字辈儿的么。第二个是溥锐，二儿子，娶的也是那家的姑太太，这是姐儿俩嫁哥儿俩。这个老四叫溥铨，可不是现在北京这个溥佺，这是立人儿，他们是金字边。现在也没人了，前年故去的，是我的侄女婿，亲侄女婿。现在还挺好，在天津的那个，有时候笔会的时候还过来呢，恭王府那儿。这是一个，他的侄女，那家小一辈的老大，又嫁给钟大爷的儿子，姑做婆。这个人还在，并且我们还见得着。她叫金丽珊。

增家跟那家也是亲戚，那桐的女儿给的秦老胡同增家，是增崇的儿媳妇，他们结的亲。到解放后也是藕断丝连，增鹤峯（即奎垣）的媳妇，是那家的二姑娘，那桐的二孙女儿，也七十多了。

定：岳小鹏跟张寿崇家什么关系？

乐曙青：张寿崇的弟妹，是岳效鹏的女儿，叫岳维珍，我叫她岳大姐。不是我们的乐，是山岳的岳，岳效鹏是岳潜斋的儿子，唯一的儿子，岳潜斋是盐业银行的总经理，岳效鹏是张寿崇弟弟的岳父①。岳家就在金鱼胡同后头，差不多半条胡同都是他的房子。

定：原来金鱼胡同是不是也差不多都是那桐家的房子？

乐曙青：应该是从西口到东口都是他的房子。

刘：特别解不开的原因就是，他特别讲究门当户对，尤其他们王府。王府的规矩太大呀，一般的家庭不可能，礼节他都不懂，他也不适合。至于儿女联亲的原因，还是为了自己。自己的女儿也好儿子也好，不愿招个不知根不知底儿的儿媳妇，或者嫁出去给一个不知根不知底的女婿。他还是为他的地位。这些子女也都是牺牲品。我这侄女为什么一来就哭，也是哭了半辈子，她就认为是为了结交庆王府，为了扩大你们自己的势力，就把我给了庆王府，当然一说跟庆王府结亲别人都认为了不起呀。②

定：她过得并不愉快？

刘：那当然是呀，王府的规矩跟皇宫里差不多。原来我那侄女不能随便回娘家，王爷还活着哪，王爷不发话你能随便回娘家吗？就是整个儿圈到深宫院不能自由哇。虽然是吃喝不愁，使奴唤婢，她心情不一样。都是封建制度的牺牲品。到解放以后就好多了，到时候随便回娘家，说走就走了。

庆亲王最小的一个亲孙女，现在就在北京，住在丽泽桥那儿，她管我侄女叫四婶，我都比她长两辈儿。她嫁给了钟寿民。钟家也是旗人，也是我们的老亲，书法家。字写得不错。我们还有来往。

---

① 参见 liangliang20090404 的博客（http://blog.sina.com.cn/1662658734）中有"忆外公岳效鹏"一文，提到本书（即《老北京人的口述历史》）中的这段访谈，说乐曙青这段插话中有三个错误，并更正说："外公岳毓泰（字效鹏）生于 1898 年，是盐业银行经理岳潜斋的长子，下面有五个弟弟，两个妹妹。"（2012 年 4 月 28 日）兹据此更正。

又，该博文作者是岳毓泰之女岳维珍的女儿，岳维珍嫁给了那桐的孙子、张寿崇的四弟张寿苍。在本书张寿蓉和张寿椿的口述中都有提到。

② 前面提到刘汝舟这个侄女嫁到庆王府是在 1950 年，到这个年代还与庆王家结亲是很有意味的。当然刘老记忆的年代也可能有误。

什锦花园胡同内北洋军阀吴佩孚住过的明成国公适景园旧址

定：那你们家那时候是不是也跟他们一样，都学了一套满族的规矩？

刘：唉，对，我们家基本上就是半汉半满。一般的办事完全是按着清朝的规矩。穿衣服也差不多。所有认识的这些人，到这儿来行人情的也好，都是满人多。满人得占百分之七十，除了这些我们买卖的同仁是汉人多，做买卖的、朋友，汉人有，亲戚里边全是旗人。

定：那你们家汉族的规矩还留的有什么呀？

刘：……唉，现在还真说不上来了。我们就等于完全按旗礼了，因为我们跟旗人的关系太多了。每天反正老接触这个旗人，到我们这儿来的也是旗人。

还是围绕着刚才我说的，我们圈里这些人是盘根错节，关系网，这网你撞不破，这么多代都撞不破，一直到现在，虽然社会变更，制度也变更了，但还是盘根错节，观念也改不了。我们盘根错节的原因就是这一个原因。所以现在我看电视剧，尤其是爱新觉罗的电视剧，个个我瞧着不顺眼，没有一个真像的，有好多明显就不对。导演权力最大了，导演是外行，他不听你的，你看现在一来就大喊"喳"，没有，宫里没有说"喳"的，都是 zhē，那么答应。我们都亲耳听到过的，还不能太大声儿。另外两把头梳得不对，旗装嘛，好多讲究，比如说老有这么一个围巾，这一个条儿，这披过来，这一个人寿字，有的是燕字虎，都有讲究，只有慈禧太后能够有万寿字儿，你宫女不能戴这个，包括建筑，房脊，都有讲究，不够品级不能用那种脊。对于这个，我去旗人家里太多我都懂得，御史他真参哪，不符合你的品级你不能用。

定：你们家就不回宁波那边去了？

刘：我就没回过老家。

定：您一口北京话了。

刘：地地道道的北京话。

4. 乐家跟我们不对派儿①

刘：我们跟乐家的关系就是我四姐的关系。我们住在马大人胡同，他们住在什锦花园，前后胡同，中间由扁担胡同穿起来。他们乐府上的人，我经过三代，都是少白头，我姐夫也是少白头。

乐：笃周（刘的四姐夫）他是留法的，洋派，他从法国回来以后跟您（指刘）的四姐结婚。结婚完了以后他就到祁州去买药，祁州药市。结婚就三个月，一百天，我大妈（指刘的四姐）就故去了。得什么病我也不知道。

刘：为什么跟乐家结亲，这个他（指乐曙青）都不知道。这得讲我们家里的事儿。

我四姐比我五姐大两岁，我五姐是最小的，她不是给了金王家么，这金王家原先要的是我四姐，就是他（指乐）的大妈。为什么后来要了我五姐呢，金王家这个老头相亲的时候，看中了我这个五姐了，看中这个妹妹了，因为我四姐有一个龅牙，这嘴唇上头有点鼓，有一个牙长到上边了，就看不中。这么样就跟媒人说，我瞧这妹妹好，不要姐姐，这媒人就为难了，就说哪儿有妹妹先出阁，不好跟我父亲说呀。老头非说，你要是能够说，我就娶他这个妹妹，结果没辙，金王家又有钱又有势。介绍人我估计也是在北京挺有名的，跟我父亲一提，说我跟金老说了，瞧中了您这五姑娘了，您这四姑娘他说有个包牙。我父亲说那不行，哪儿有先把妹妹嫁出去的，北京这封建家庭就这样吧，姐姐得先走，不能让妹妹先出阁。第一次不同意。这金老头儿不干，跟媒人说你非得把这事给我办了，我非要他

---

① 这里的乐家指同仁堂乐家。按什锦花园位于东城区西部。东西走向，东端曲折，东起东四北大街，西至大佛寺东街，因明朝成国公适景园故址而得名。胡同内新门牌二十一号（原十号院）为蒙古王府，详见本书"朔漠迢遥"单元的相关口述；现四十三号是民国时宏仁堂老药铺旧址。十九号院（原九号）建于清末，曾是戴笠之宅，今为区级文物保护单位。关于这条胡同，本书中还会一再提到。

那个小五不可。这样媒人没办法，媒人当然也是有点关系吧，有点压力吧，就磨烦我们这个老头儿，就是我父亲，说您真要答应哪，四姑娘包在我身上，我给您找一个比这金王家还得有名的，他全包上了。弄得我们老头儿没辙，勉勉强强答应了，很勉强这门亲事。为什么我写这东西不能往出拿呢，有好多后人还在，我怕引起麻烦，实际我讲的啊都是事实。

最后妹妹先出阁，可是姐姐心里很不高兴，虽然那时候是封建婚姻，也没见面，但是都知道。她由小时候就喜欢在旗的，就愿意跟王府啊，内务府的这些旗人打交道，愿意梳两把头啊，请大安哪，她就喜欢这个，所以她眼瞧着妹妹坐花轿走了，就不高兴。妹妹走了没有一年，果然媒人真做到了，说我给您这四姑娘找的比金王家还出名，是同仁堂乐家，同仁堂乐家跟您刘家比起来，名望不小吧，完全是门当户对，您还有什么说的，您给不给吧？我父亲当然挺高兴，但是就有一个顾虑，乐家跟我们不对派儿。我们结交的全是内务府的、清朝的这些官僚和旧家庭。乐家那时候比较新，他（指乐曙青）五大爷那时候留法。（对乐）：包括你那个二大妈，你那二大妈还跟我跳过舞呢。①

最后是一条命啊，我这四姐命要了。她一听说给乐家，她也有耳闻，说乐家跟咱们不对派儿。据说我父亲一跟她说她就不乐意，那天起就哭，一直哭到结婚。那简直人就一天比一天瘦，就是心病。尤其是我五姐嫁给金王家，她有时回娘家，再到人家家一看，完全符合她的心理，本来应该是她的家，是她的事儿，所以她就郁闷。走的时候就已经有病了，结婚三天回门摔一跟头，由门槛外头摔到门槛里头，这就不吉利，结果一百天，死了。正好他（指乐）五大爷采药去了，他跟我四姐感情非常好。回来哭得要自杀呀，哭得要当和尚，（对乐）你五大爷还要当过和尚呢，要上五台山。

金玲：我也听说这五大妈，说就是看不惯这洋派儿。净亲嘴什么的，看不惯。这是那个一百岁的老保姆跟我说的。

刘：外边有言论，说根本我这四姐是吞金死的，自杀死的，白天还挺好，就一夜的工夫。

她就不喜欢那环境和家庭，所谓洋派，晚上开舞会，她也不会跳舞。她喜欢坐轿，梳两把头，他们乐家那儿做不到。估计确实是服毒自杀，所以他五大爷受刺激呢。我写回忆录写的是服毒。因为什么证实的呢，是从

---

① 二大妈即乐西园的第一个妻子，参见乐曙青、沈芳畦口述。

乐家他们姑奶奶证实的。

郭松义：郭沫若故居原来好像是乐家的？

刘：乐家的房子挺多的。咱们现在正是吃桃子的时候，前两天还有人送我桃，我说这乐家花园那桃啊，可以说是北京第一。每一个够一斤，海淀乐家花园。那当初是西太后吃的。我们是沾亲戚的光。我们这些亲戚家是吃尽三绝。凡是北京的好东西，就说水果吧，最出名的是乐家花园的桃，每年我们都吃桃。最讲究的梨，梨按说不是什么特别好的东西，但这个梨，只有袁家，北池子袁家，那跟我的关系也非常密切。

我们跟乐松生一门没有关系，松生是服毒自杀的。松生这人也是属于积极，拥护共产党。要不他也当不了副市长。同仁堂是轮流执政，正好赶上乐松生他们这房当经理。把同仁堂都卖了么，一个鹿场一百多头活鹿，取鹿茸用的，才给一百块钱，一百块人民币。乐松生就签字了么。

定（问乐）：你们刚才说的那个百岁的老保姆是你的奶妈？

乐：我弟弟的看妈，九几年才没的，活到一百零三，一百岁时候街道还去给她做整生日。她在庆王府看过孩子，在金王家也做过。是由金王家出来的，1945 年过来的。那时候就五十多了，到我们家就快六十了。

刘：那个保姆的话，百岁老人，跟我亲着呢。她先在我五姐那儿，由我五姐那儿才上你们乐家去的。她年轻的时候在那家待过，在金王家也待过。后来金王家那老三姨太的厨子也跑我们家当厨子去了，我们管他叫二厨头，你说连他们下人，带厨子，都在我们这圈儿里转来转去，就别说这联亲了。所以你要了解老北京过去旧家庭，就是这么个关系，盘根错节。

5. 戏楼与京戏

定：现在动不动就讲大宅门，我想问问在您那个年龄，大宅门的概念到底是什么。

刘：大宅门有几个概念，第一你在北京得有名得有钱。第二你得有够大宅门那房子。起码你得四合带后照，三进四进，像我们家是四进，由大门起得五个院子，并且还得有回廊走廊，下雨淋不着，你到哪个院儿全通着，这叫大宅门。有的不够走廊的都不叫大宅门，这是说房子。并且按现在大宅门的概念来说，要不是做官的，也得是做商的，必须是有名的，名人。像我们家能够上大宅门，第一我们这房子出名，而且房子都特别好，哎，特别讲究，一提马大人胡同刘家谁都知道，这叫大宅门。

我们家里头有戏楼，是我父亲过生日，办喜事，为了摆阔，花了5万现大洋，特地把那一个院改成一个戏楼，就为唱戏。用了没有几次。那个时候做买卖的，他为的是拉关系，你家里有戏楼，身份就不一样了，用现在新名词儿呀，就是提高知名度，为能够有那个投资。这个我原来不理解，这不是花冤枉钱么，你平常又不能住，一年你不就办一回生日么是不是呀。现在理解了。可也别说，我们这戏楼还真出了名了，比那家的戏楼讲究啊，一品大员可以用排山脊，但是只能两卷，那家戏楼就是两卷，可是我们三卷。为什么呢，就是有品级的，你要是盖三卷，御史马上就参你，你得拆了。因为我们家不是做官的，没人参。我们那房子是五卷的，前边是两卷，后边是三卷。所谓两卷就是前后都一边儿大，中间没有截断。一进垂花门，第一厅叫西厅，这西厅是外客厅，一般不太熟的客人，来了在西客厅接待。还有办生日唱戏的时候摆座儿用，男宾都在西厅。这两卷能摆十桌，前边五桌后边五桌。后边的三卷是花厅，铃铛排山三卷哪，叫排山脊，跟一块砖抠的似的，只有宫里头有。我们管它叫大厅，唱戏的院儿，这单是一个门牌，可以坐三百多个座位，那家的戏楼有多少根柱子，我们那个，我父亲专门不要柱子，洋式的，五五二十五间的大戏楼。增崇到这儿一看："哎，你这谁给你盖的，这么好啊。"我父亲办生日那次是五百多人。

我出生是在后照房，我们那大院的第四进，第四通院子，那是最后院，没有厢房，那时候也是洋灰地吧，也不知怎么墁的，当间儿还有万寿字儿，为办生日么，连地都是万寿字儿。

　　定：现在没了吧？

　　刘：有。现在全归中央军委了，是个俱乐部。你未必能进得去啊，都是了不起的，都是国防部长，大将级呀，住在那儿，牡丹池还在，地方换了。

奚啸伯赠刘汝舟的照片（刘汝舟提供）

我家里有戏台嘛，梅兰芳、马连良都在那儿演过。您知道梅兰芳那出《凤还巢》，外面没公演，先是在我父亲生日演的，刚排得了，到我们那儿问去，说干脆咱们老头生日吧，这边说好，给现洋四百大头，这我都知道，《凤还巢》。马连良的《苏武牧羊》也是第一次在我们那儿演的。所以京剧界的人我没有一个不熟的。

梅先生这人是最大的好人，戏曲界里没有骂他的。他不单是善良，而且特别照顾同业。梅先生的艺德是最好的。他不用真正有名的给他当配角儿，尤其他成名以后，专门拉那些个也行，但没有名气，起不来的，他带。捧刀是内行话了，给他傍角儿的，陪着他唱的，叫捧刀。所有给他捧刀的，他绝不用那已经成名的。所有他的配角都是他自己带起来的。你看□□□就不一样，他是谁有名我就要你陪着我唱，这样才能把我捧起来。可惜你是不知道戏曲界的事，这戏曲界的事啊，我知道的不比清朝的事少。

要没梅兰芳，奚啸伯也不会弄成四大须生。奚啸伯说起来我们好几层关系，小时候是发小儿，他比我大 7 岁。他祖上也是红顶大员呢，家里头败了，家败了没辙，怎么办呢，自己不就跟戏曲有缘么，玩票玩的，真正有人指点过他的是韩慎先，那是很有名的，一直在天津，夏山楼主，一提夏山楼主没有人不知道的。[①] 奚啸伯最后下海，一直跟着梅先生，梅先生给他带出到美国，得，这一下子就起来了。人有死后走运的，啸伯就是死以后走运，由他故去以后这慢慢儿地四大须生的名字起来了。

定：您那时候也听八角鼓吗？

刘：我会弹单弦儿。唱八角鼓也有一个了不起的旗人，荣剑臣，那是唱得最好的。[②] 旗人就是衰败了，家破了，没辙呀，就会这个，就以这个为生了。哎，他成名了。可以这么说啊，我是相信人呢，一个是机遇，你有多大本事，你没有机遇，这不成，所有的名人，出名的，干出点事来的，完全凭能力是不行的，能耐是得有，您一点能耐没有不行。但没有机遇也不行。

6. 命运有时候跟你开玩笑

定：说说您的简历。

刘：我是辅仁大学毕业的。日本投降以前。

---

① 夏山楼主即韩慎先（1897—1962），字德寿。著名的京剧票友。祖父韩麟阁曾为清吏部官吏。对谭派唱腔颇有研究并讲究字韵。颇有影响。拿手戏为"三子"，即《法场换子》《桑园寄子》《辕门斩子》。

② 荣剑臣（1886—1958），单弦牌子曲演员。北京人，满族，被称为单弦大王。

定：哪个系？

刘：我原来去的是西语系，那时候不叫西语系，外国语啊。我大哥那时候让我学外语的原因是能跟外国人联系，现在不是外国人吃香吗，非得让我选这个。后来又转到社会经济系，那神父告诉我说，你就应该转到社经系，因为你家里是做买卖的，你干吗学外语啊？我现在学也白学了，那时候我外语最好，哪一次考试都超过九十分。

定：您毕业以后到解放这段时间做什么工作？

刘：我也没正式工作，完全是替我大哥跑应酬啊。头顶四大恒，脚踩十三家，这说的就是我大哥。我大哥在家里头又是姨太太又是大烟枪，他忙不过来，他一天有三四个应酬，不要紧的地方，我就得替他。那时候我不到二十岁，我就帮着他出去应酬。那时候大宅门有名的人都老见。

你问我解放后是怎么参加工作的。我跟奚啸伯不是有这层儿女亲家的关系么。我们同时也是一块玩，我也会拉，我会拉会唱，我到他家里去，拉一段唱一段，可是没上台正式给他拉过，都是在家里，或是我家里，或者朋友家里头。我这胡琴别瞧拉得不好，但是所有的名角我都给伴奏过。现在早就不行了，嗓子也不行了，唱不了了，胡琴因为我做过手术也拉不了了。奚啸伯五几年的时候成立了一个私人京剧团，叫啸声京剧团。刚一解放的时候私人剧团叫私营公助，就是国家不投资，但是由文化局领导。我就是因为奚啸伯的关系到他那儿，我又不能唱戏去，我又不能给他当拉胡琴的，就只能给我个顾问名儿，有这么个名，给他改改词儿什么。后来改成北京市京剧团，改公私合营了，我这名呢随着也就进入文化局了。正好文化局成立编导委员会，曾白融是我们的主任，北京市戏曲编导委员会主任，我担任一个组长，我那会儿才多大啊，我才三十多岁，那会儿就不得了了。因为就是我作品多，我在那儿八年，写了十六个剧本，奚啸伯私人剧团的时候我给他编的是《屈原》。他演了。还有北京京剧团演的《升官图》那是我的创作，是 1957 年上演的。我在北京市文联编导委员会的时候编的最有名的剧本，也就是最倒霉的，京剧《关汉卿》，北京市京剧四团排的，吴素秋演的。我是根据田汉的话剧改编成京剧，结果我算是沾了田汉的光了，到"文革"的时候扣我一个田汉的死党。这还都是"文革"前呢。文联有三个组，一个是美术组，一个是戏曲组，一个是文学组，我三个组都到了。乍一参加的时候是戏曲组，干了六年，又转到文学组，就是写点什么散文哪，那时候我们搞什么北京文艺，不是现在卖的那种北京文艺，是内部参考的，单篇，一个星期出一个周刊。文艺界内部散发的，我在那儿当过编辑，一个短时期的。

我们（19）63年就完了。（19）63年文联及下属各协会解散，把我们就轰了，摘牌了。我们这些人都得下放改造，下放到哪儿呢，让我们印票子去，就是白纸坊，新华印刷厂，印刷四厂。我们过去都拿稿费，拿上演税呀，我稿费一千字是11块钱，那时候不能拿这个啦，你们走资本主义道路这还行啊，不许当干部，只能当工人，给每人定工资，固定工资每人七十元。

乐：够多的了。科长级了。

刘：给我们开会，大部分人都不干。那时候我得养活四五口人，家里头还有两个孩子没参加工作，加上给我做饭的保姆。我拿稿费，拿上演税的时候每月平均能拿二百多块钱、三百块钱。七十块钱工资怎么养得活。所以我就不去，不去你就自谋生路，档案转给你的住家所在地，你自己爱怎么解决怎么解决。那时候我怎么想的？就是艺高人胆大，我想我又是大学毕业，我有学历，我又会画，我又会写，我还有成绩，我哪儿弄不了一百二百的，我还能挣不了这七十块钱去？街道也不是不负责任，还真负责任，让我到十三中教课去，我说我不当孩子王。……人要早有自知之明的话，那时候那傲啊，所以说人千万别有傲气，你有多大本事啊？现在我是特别的服共产党，他要能说到啊，就真能够做到什么，这确实是我服了，确实服了，没想到连摆个花生摊都不让你摆了（众笑）。那时候不知道后面还有"文化大革命"啊（众又笑）。到"文化大革命"的话我挣五十块钱生活呀。这还算照顾我了。因为家里人口多，我爱人又没工作。给我五十块钱的时候不是也活过来了吗？

刘：咱现在不说旗人，咱说名人，我们这一阶层的人哪，来往的一般都是商界的名人，文人很少。反正你提起来，南方不敢说，说北京、天津的名人，我们都有来往，只是有的关系密切一些，有的一般。像天津的八大家，我没有没去过的，虽然我那时年岁比较小，但是我们都有来往，都认识，都知道。像资耀华，资家，就是耀华玻璃公司，现在有股票了都，资家的后人都在国外。李善仁家，盐业的，贩私盐赚钱哪，是我们邻居，在天津是最有名的。还有下家也是大户，可是他们家人太多了，全认识不可能。

还有关系就是袁家的关系。崇文门外吴老胡同查家，①也是过去的银

---

① 吴老胡同，现称五老胡同，北起东兴隆街，南至广安大街。当时说京城有八家首富，称八大家，即仓韩家、梳刘家、钟杨家、盐业银行鲁家、五老胡同查家、西鹤年堂刘家、瑞蚨祥孟家、兴隆马家。见黄殿琴《京都四嫂》中对马旭初的访谈，并见《财经时报》2005年8月30日。

商，北京提起查家没有不知道的。那时候北京最有名的是查良庆。他们家里头我认识查弼臣，老大，我们这一代的，我们经常也是在一起。

北京的名人，哪家你需要采访，我都可以给你联系，后代也都和我来往，还都拿我当个老长辈儿，所以我确实是老古董了。

我这一生，有的时候也是带有传奇性，我现在明白了，一个人哪，绝对不是你自己能够想象怎么样的，自己想不到，命运有时候跟你开玩笑，但是你还得承认，你必须走这条道。而且我特相信有因果报应。我退休写完回忆录以后写了个循环因果论，写的就是我本身接触的大宅门也好名人也好，这因果，噢太明显了。

中药铺的"洋派"儿孙

（一）乐曙青口述

第一次　时间：2002 年 12 月 11 日

　　　　　地点：北京安贞里小区某居民楼

　　　　　被访者：乐曙青

　　　　　访谈者：定宜庄

　　　　　在场者：郭松义、金玲

第二次　时间：2005 年 4 月 4 日

　　　　　地点与访谈者、在场者均同上

第三次　时间：2007 年 7 月 19 日

　　　　　地点与访谈者、在场者均同上

[**访谈者按**] 近人陈宗蕃在《燕都丛考》中称："大栅栏同仁堂药肆，相传数百年，贸易兴盛，肆主人乐氏寓新开路，栋宇联街，支族繁衍，北平商业以斯为最。"① 同仁堂现在虽然发展成了一个海内外闻名的股份有限公司，却早已不姓乐了。

但北京六十岁以上的老年人，却没有不知道同仁堂乐家的，有那么多人给我讲过乐家的往事，或亲历，或传说，乐家的买卖早在清末民国时就已经成为老北京人生活中的重要内容。而 20 世纪 50 年代公私合营时乐家的表现，以及"文化大革命"时期已经做到北京市副市长的乐松生的遭遇，不仅给予北京人深刻的印象，讲述之间中也产生了诸多版本。近年来，随着《风雨同仁堂》《乐家老铺》和《大宅门》等影视剧的热播，乐家的陈年旧事又被当作纯粹的传奇在年轻人中间

---

① 北京古籍出版社 1991 年版，第 486 页。

流传。总之，谈老北京而不谈同仁堂，总好像缺少点什么。

　　可是，对于这么个大家族，这么个大买卖和这么多的材料，又应该从何谈起？已经有这么多人讲述过这么多的故事，又是再谈什么可以不入俗套呢？这就是我初见同仁堂乐家后人乐曙青先生时，他对我提出的问题。而我坚持的，就是不管其他，只请他讲他自己的生活、自己的经历，还有自己的感受。

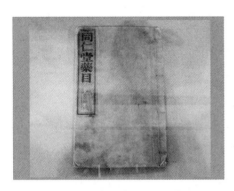

同仁堂药目，封面、尾页

　　乐先生这篇口述的内容丰富而生动，只是头绪繁多，粗阅之下很难看懂，需要读者的耐心。对我来说，这次访谈最令我感兴趣之处有二。第一，是同仁堂作为各房子孙供奉的大公中、各房自行开设的铺子为小公中的经营方式，这对北京工商业史的研究当有一定参考价值。第二是他们各房子孙的生活方式，其中最有兴味的，就是大房与四房的"洋派"。在前面刘汝舟的口述中，已经谈到他姐姐因看不惯乐家的"洋派"而不情愿嫁到乐家的悲剧，乐曙青先生更具体形象地描述了这种洋派生活的方方面面，尤其是作为一个售卖中药的著名商家，生病却去看西医、吃西药，并与当时国内外一流的西医医生多有过往的事实。同为富商巨贾，不仅乐家大房的新派与前述"当铺刘"家的旧派形成鲜明对比，乐家本身的几大房也有洋派与守旧派之分，旧中有新、新中有旧，这正是京城百年变迁的真实写照。

　　乐家老铺虽然位于前门之外，但大房这支自乐曙青的祖母辈之前①就已在东城的什锦花园购置房屋并定居于此，并与内城的豪门富商建立起各种错综密切的关系，所以将这份乐家后人的口述放入内城，实

────────

① 乐曙青先生说，什锦花园的房是由乐笃周主持，大房的哥儿四个出钱置办的。

属理所当然。

　　第三次拜访乐先生，本意是想让他再看一遍整理好的文字稿并签字，闲聊过程中他又详细讲述了乐家养鸽子和他当年熟悉的饭庄等情况，非常有趣，故添加在本文的第八段中。养鸽子是旧日京城上至王公贵族下至平民百姓普遍的娱乐活动，唯饲养方式不同、规矩亦不同，细究起来是极有意味的。对于我来说，湛蓝的天空中越飞越高的鸽子和它们清脆的鸽哨声，是我对童年和少年时期最美好最难忘的记忆之一。

　　金玲是乐曙青之妻，我与乐曙青的几次访谈她都在场，她是清朝肃王府的后人，但对家里的事已经一无所知了。

　　定：您是同仁堂的后人，同时也是一个老北京人，我想了解的，是您的生活经历，是从您的角度反映出的当时的北京。我不是想向您了解民俗，每个人眼里看的民俗都不一样。更不是让您讲同仁堂，讲资本家的发家史，或者资本家怎么跟随共产党的历史，像你们家乐松生那样的。

　　乐曙青（下简称乐）：我跟您说句实话，我生活的面很窄，那阵儿上下学啊，家里有洋车，由车夫给送去，再接回来，后来是自己骑自行车。街上卖小吃什么的，我从来没吃过。

　　定：从来不知道街上卖什么小吃，这也是一种生活啊。

　　金玲（对乐）：这回我明白了，就是让你讲你的生活圈子，你接触的那些东西，你的感受，能说多少你就说多少，不一定非得说同仁堂。

　　定：对。

　　乐：很可惜的就是老人都在的时候我没问过，老人跟饭桌上也很少说这些事。你说人家都是痛说革命家史，我们家这算什么？

1. 影影绰绰记得的事

　　定：您最早的祖先是从什么地方到北京来的？

　　乐：影影绰绰好像是，听我二爸爸，就是我二大爷说，我们老根儿好像是浙江镇海，是个郎中啊，也是摆药摊，走街串巷呀，怎么到这儿卖药啊，怎么让人看上了，怎么逐渐地发达起来，怎么最后起家呀——这个说不了。

　　定：您的老祖当时就已经做药了，是吗？

　　乐：过来他就是卖药。他挨街卖药的时候是小买卖。同仁堂原来那个老宅，打磨厂新开路，就是现在同仁堂制药厂，那个地方我们姓乐的叫作老宅。老宅的祖先堂里头供着两个，一个叫作姑妞妞，就从姑妞妞下来没有男的，就这么一个女的了，最后，后来她怎么发起来，特意供她一个牌位，最后公私合营以后这祖先堂就没拿出来。

定：您说这姑妞妞是你们的祖上了？

乐：对。是哪一代说不出来了。只有这么一个女的，没男的，当时。后来怎么接上的就不知道了。我父亲管她叫姑妞妞。关于她的事我一点都不知道。

定：您老祖的时候还没发起来？

乐：最早时候他没发起来，后来发起来了又背了债了，又完了。最后就剩下那女的，后来中间又怎么起来了，到什么时候又不行了，又不行了又借债。

郭松义：同仁堂后来改姓了，好像卖出去了。

乐：不知道您知不知道，同仁堂解放以后还打过一次官司。跟同仁堂一个职工，张秉鑫，他说我们祖上，当时开支不了，借过他们家的钱，说我们没还，所以同仁堂应该有他多少多少，最后他打输了。同仁堂借债很多，最后都还完了，就由乐达仁，把同仁堂借债的借据都裱上，横幅，前边还来一段话，就是卧薪尝胆吧，意思是你别看现在，想当年咱们这么困难。给了四大房一房一份。我们这房的那份后来让乐东屏要去了，可能给了同仁堂了。我本来想拿回来给郭老（指郭松义）看看，可是他再也没还。

定：现在您再问他要呢？

乐：现在他死了。

定：……这个老宅子什么时候建的您也不知道？

乐：什么时候建的这个老宅，这我不知道，最后它套得很大呀，一块一块一块套进来，挺大的一个院子。那都不是一下子买的了。那阵儿叫新开路十九号，它是坐西朝东，进门儿以后这儿有一个中式楼，两层的，再往里走那边是个花厅儿，我大爷住在花厅儿。花厅儿再往里走就是我父亲的房子、我五大爷的房子。西厢房就是大爷的房，大爷房里的窗帘盒弄一个大金龙，擦得锃亮。然后是乐佑申的那间房子，一进门这边有点假山石。还有哥儿四个掏钱弄的洋客厅，那阵儿有洋客厅有中式客厅，洋客厅就是有沙发啦乱七八糟这套，中式客厅就是硬木桌椅这些东西。

金玲：一共几层院子？

乐：不知道，那院子大到什么程度我也不知道，因为我没逛全过。小时候去过，那阵儿他们在那儿办公啊，那阵儿不叫经理室厂长室，叫公事房，我们上那儿玩去，那边的房就是祖先堂，老祖宗的牌位都在那边，这边的是账房。新开路现在唯一留下来的一个是北楼，其他的都拆了。这楼好在哪儿呢，是中式的面儿，西式的里儿，里边有卫生间。窗户都是双层的，盖得相当好。结果 1954 年同仁堂公私合营的时候，住在老宅里边的人叽里咕噜全搬出来了。变成药厂以后，稀里哗啦，大部分拆了……

定：你们家后来怎么发起来的？

金玲：不就是给宫里送药嘛，就发起来了。

乐：这宫里什么时候瞅上同仁堂的药了，这我也不知道，没问过。慈禧只是赏过一个"小白龙"，是个名字。就是同仁堂有个水会，叫作普善水会，宫里什么地方着火了，普善水会去了，救火。那个水车是德国的那种，唧筒似的，用人压，玩命一压呢，打得也远，也比较卖劲，这样就封了一个"小白龙"。①

定：那跟这卖药没关系。

乐：没关系，就是同仁堂做了点所谓的善事吧。南城那儿有个普利小学，打磨厂里头，后来叫新开路小学还是什么，那也是他们办的。舍药，舍药很多，点路灯，关街的话两边是沟，不好走，晚上大栅栏点那个路灯，晚清的事。

郭：舍药点灯当时是有钱人都要做的。我小的时候一到冬天，晚上黑得早，天灯，用竿子挂在那儿，过路人可以把灯取下来，拿回家，然后第二天你再拿回来。夏天就是舍药，那种药水，药铺里头，杭州什么堂啊都搞这个东西。都是这样。

乐：到了清朝以后比较晚一点，我的老祖好像就捐了个官儿。在老宅一进门儿，那是坐西朝东的，门上有一块匾，"文魁"两个字。这我怎么知道呢，大爷说的。"文化大革命"以后我到六铺炕这儿去看大爷，他说的，我就觉得跟他接触得太晚了，要是早一点的话，知道的东西可能更多。

定：同仁堂制药厂那地方我倒去过。

---

① 有关水会，亦称水局、水龙公所等，为传统的民间救火组织，传统社会中商会往往承当最重要的角色。1943 年夏日本有学者对北京水会做过实地调查。普善水局，同治八年（1869）二月设在新开路（《顺天府志》），日本学者来新开路该水局调查时发现门口写有"普善公所"四字。光绪十八年（1892）由乐仲繁等绅士经营，时由同仁堂乐家单独经营。有头目一人，兼工作人员，多少给些薪水。遇火招集新开路十余人。光绪十五年（1889）天坛着火扑救有功，奉旨嘉奖，匾额时挂在该公所。（房建昌整理：《旧京水会资料钞》，载《北京档案史料》，新华出版社 2001 年版，第 288 页。）

乐：您走的是打磨厂路北那门吧？路北的门原来不开，原来开的是路西的门，新开路。路北这门为什么不开呢，有一年，大年三十还是二十九，晚上有什么拱门，打开一看呢，是个猪，所以叫肥猪拱门，把这个猪弄过来以后就不许宰了，一直养到老死，那个门就不再开了。吉利呀。反正有这么回事儿。

定：你说分四房是父亲那辈还是爷爷那辈？

乐：我父亲的爷爷那辈，就是我那个老祖乐印川，好像还应该有一个叫乐槐亭，又叫乐平泉。我就不知道这乐槐亭和乐印川、乐平泉是不是一个人。[①] 那是同仁堂公私合营以后，原来在里边住的人往外搬，就把一批东西送到我们家去了，比如说影像，那会儿没照片呀，画的影像，还有一大把扇子，现在要看起来，那扇子起码是清朝的。反正扇子上有一个槐亭，槐亭底下就是衍亭了。槐亭和衍亭是差一辈还是差两辈呀，这中间有一个印川，是名字叫印川号叫槐亭呢，还是怎么着，我就不知道了。

乐印川就一位夫人，生了八个孩子，四个儿子四个女儿。这四个儿子呢，就分成四大房，就是说我爷爷的父亲他们是哥儿四个，名字中间的四个字是孟仲叔季，底下的字儿都一样，孟繁、仲繁、叔繁、季繁，这是四大房。到我这儿是第五代了。

同仁堂的祖训，你要是开买卖，就不许不开药店。不许开饭馆，不许当官刮地皮，不许养丫头，不许开当铺。

定：他们这几支，哪支是继承祖业开药店的？

乐：都是股东。

2. 老大房：乐仁堂，宏仁堂

定：那您就从四大房讲起好吗？

乐：我们这房是大房，老大房。我爷爷的父亲是老大房的头一个，叫乐孟繁，也叫乐衍亭。乐衍亭有两个儿子，一个是乐小庭，是我的爷爷，一个是我叔爷爷，乐均士。老大房是长子长房，认为应该是得势的，实际上不是那样。我爷爷的父亲神经有点毛病，到我爷爷乐小庭就有点遗传，所以不受祖奶奶的宠爱。有点像清朝那样，不重长子，不是说长子就当皇太子。八国联军的时候逃难，英法联军还是八国联军我忘了，逃难到山西，回来的时候就死到那儿了。到我爷爷那辈儿是哥儿俩，我亲爷爷是老大，

---

① 据《北京同仁堂史》（人民日报出版社 1993 年版）记，乐平泉号印川，字清安。乐槐亭则无考。

叫乐小庭，还有一个叔爷是老二，叫乐均士。这两个人底下都有孩子。乐小庭底下有四个儿子，头一个是乐佑申，也叫乐是，还叫什么我就不知道了。二儿子叫乐西园，实际上他应该叫乐云樵，第三个是乐同的父亲叫乐笃周，也叫乐衍孙，乐衍亭的孙子。乐松生的爸爸叫乐达义，又叫乐印孙，是乐印川的孙子。还有小二爷，是我叔叔了，他是乐朴斋的孙子，乐朴孙。

金玲：都把名字带出来。

乐：对。再一个就是我父亲，老小，名叫乐国隽，又叫乐益卿。我亲爷爷恐怕宣统还是光绪的后期就死了。他死的时候五十多岁，我没见着。他的弟弟乐均士呢，是个念书人儿，考取个什么进士没有，我不知道了，他所有的孩子，全部都送到法国去了，甭管学成学不成，都送出去，只有他本人没有，还在这儿。他娶了四个还是三个媳妇，第一位夫人生了两个孩子，第二个夫人是史可法的后人，住史家胡同，生了好几个。后来又娶了一个，最后娶的这个姓廖，广西人，达仁堂的资代，资方代理人，就是他们家的，一个叫廖东生，一个叫什么我给忘了，我叫廖七叔、廖十叔。这两位要按辈来讲，应该比我父亲他们大一辈儿。廖七叔在辅仁大学教书，教国文吧。

老大房的企业有乐仁堂、宏仁堂。① 开的第一个药店，就是乐仁堂。开始叫乐寿堂，后来换成乐仁堂。这个乐仁堂是我爷爷的钱和我叔爷爷的钱两家合着的。老大房里也分大公中、小公中，大公中是乐仁堂。乐仁堂由谁管呢？乐均士的孩子没有在国内的，都在国外呢，所以由乐佑申，我的亲大爷，管这个。乐仁堂的总号在天津，分号在西单。乐仁堂不错啊，分号可不少，什么石家庄，保定，都有。乐仁堂是老大房的，但是公私合营以后给股息。

小公中是宏仁堂，拿的是奶奶的钱。奶奶是乐小庭的夫人，奶奶没了，就属于这哥儿四个。这哥儿四个呢，就是乐笃周管上海和南京的同仁堂，北京坐镇的是乐西园，所以我父亲没事。然后又拿奶奶的钱买了什锦花园，二十五号二十六号这两个院儿。

---

① 关于乐家子孙在各处开设分号的情况，有关报道的说法与乐曙青先生基本一致："乐家四支家族的代表开会，共同议定，取消寄卖制，允许各支在外边开办店铺，可用'乐家老铺'招牌，但不能用'同仁堂'店名。自此，各支相继在外开办药铺。民国十年（1921），乐孟繁支开了乐家老铺'宏仁堂'药店。随后，乐仲繁支开了乐家老铺'宏济堂'药店，乐季繁支开了乐家老铺'达仁堂'药店。"据统计："前后总计，乐孟繁支开设了南京同仁堂一个，宏济堂三个，乐仁堂五个，宏仁堂四个；乐仲繁支开设了颐龄堂一个，永仁堂三个，怀仁堂一个，沛仁堂一个；乐叔繁支开设了济仁堂两个，乐舜记一个，宏德堂一个，乐季繁支开设了达仁堂十个，树仁堂一个。这三十多号'乐家老铺'遍及天津、上海、长春、西安、长沙、福州、香港等地，进一步扩大了北京大栅栏同仁堂在国内外的影响。"（见《北京同仁堂史》）

定：奶奶怎么那么有钱？奶奶是干吗的？

乐：奶奶什么事儿也不做，家庭妇女。奶奶管家呀，长房长子长孙呀，奶奶管钱。

定：奶奶是什么地方的人？

乐：我就不知道了，反正不是安徽人就是扬州人，都是那边的。——反正是，剪子巷您知道吧，南剪子巷，① 这一拐口往东，这一串全是，中间就夹了个煤铺。周围都是我们家，几个院套过来。

定：什锦花园的房什么时候买下来的？

乐：这我不知道了。是乐笃周买下来的，他为什么要买这个房呢？二十六号正院正房有块匾，叫笃行堂，一瞅见这个，就买下来了。

定：你们这一支后来主要是住在什锦花园吧？

乐：对。他们在新开路胡同那儿都有房，直到公私合营以后说你得搬了，这才稀里胡噜把东西都搬到什锦花园来。到了1958年，东城区成立，东单和东四合并，东城区政协需要地方办公，找我那二伯父乐西园，他当时是政协委员，就搬出来了，一搬出来完了，"文革"了。②

今天的什锦花园四十三号（原宏仁堂旧址）

金玲：什锦花园的房到现在还没给我们呢，三十多年了，不给。什么时候去什么时候不理你。

定：谁占着呢？

金玲：三个单位呢，同仁堂集团，还有一个服装公司，东华服装公司，还有东城区的什么药品管理处……

乐：那个涛贝勒（即载涛），涛七爷他们家，在旁边住，由什锦花园往北，路西的那个胡同。

我父亲他们亲哥儿们四个，我父亲最小，最受奶奶疼，最什么也不会。

---

① 南剪子巷位于东城区宽街，附近还有北剪子巷和中剪子巷。

② 关于乐西园和什锦花园房产问题，可参见下篇沈芳畦口述。

我的五大爷，我父亲这辈的老三，是值得一写的人物。乐笃周①这人哪，是很有魄力的一个人，后来在南京开了个同仁堂。同仁堂原来在北京，北京是清朝政府的首府，南京是国民党政府的首府，所以他说南京也应该开一个。南京同仁堂是姓乐的开的，你不承认不成，正牌的东西呀，工人都是由北京调过去的。最后配药的药材同仁堂不给，从北京宏仁堂给。上海政协还是江苏政协写过他的东西。但是其他房对他都有反感，管他叫鸡爪子什么的。他们这反对那反对，最后南京同仁堂的股息来了他们谁没要？那个人（指乐笃周）从来不认为人家是坏的，跟他不对付的人，要是到上海去，到南京去，也全部是他招待，住到他家里，连生孩子他都管。

金玲：爱买东西。我去过他那儿，那几间房子，哎哟就跟百货大楼似的。车一大溜，连拐杖都是……

乐：他买那么多东西干吗？送人。您要来了，说哎这支笔不错，马上就送您一支笔。他也好点古玩，也好交际，就这么个人。他在欧洲美洲的转了一个弯儿，回来以后就开了眼界了，他自己上祁州药市采购去，他认为要弄中药，就应该把中药弄成托拉斯，可是他这一个愿望始终没实现。南京您去过吗？

定：南京我去过。南京同仁堂没进去过。

乐：南京同仁堂里边的设备全是洋派的。电器一律都是西门子的。

定：您说的是过去还是现在？

乐：过去呀。日本时期之前啊，日本占领之后一把火整个儿烧了。现在还在那地方盖了一个，都是洋味儿的。

乐：我们老大房是洋派的。我们家和外国人交往还是挺多的。为什么我们老大房的孩子留法，四房乐达仁的孩子留德呢？八国联军来了以后，除了意大利人不错的话，还有法国人不错。那阵儿电灯公司不叫电灯公司，叫电灯房，天津有法国电灯房，我们天津的房子就在法国电灯房旁边。我

---

① 乐笃周（1894—1979）字叶潜，生于清末光绪年间，卒于"文化大革命"，享年八十五岁。早年留学法国，民国八年（1919）回国。民国二十年（1931）在北京创办宏仁堂国药号，后又在上海、青岛、天津等地开设分号。解放后曾被选为上海市第一届政协委员，第三、四、五届南京市人民代表。关于乐笃周在南京开设同仁堂一事，由乐松生署名的《北京同仁堂的回顾与展望》一文中有如下记载："民国十七八年（1928—1929）政治中心南移，乐佑申就要他的亲弟弟乐笃周到南京开设同仁堂分号，所有资金药材都由北京同仁堂直接拨付。这是违反族规的，于是群起而攻之。"（载《文史资料》第 11 辑，1961 年 1 月）。这篇文章据说实际的执笔人是浦熙修，所站的完全是乐松生亦即四房的立场，与乐曙青所述事实颇多不符。但如今记述乐家历史的文件则多沿袭此说，这与乐松生曾担任过北京市副市长当然不无关系。又，章诒和在《往事并不如烟》一书中，记反右时第一个站起来批判章乃器的，就是乐松生，也提到乐松生在"文化大革命"中的遭遇。

1956 年 1 月 15 日，北京市各界在天安门广场举行庆祝社会主义改造胜利大会；北京市工商界代表、同仁堂药店经理乐松生在天安门城楼上向毛泽东报喜（引自《北京同仁堂史》，人民日报出版社 1993 年版）

年轻时的乐曙青，左二（乐曙青提供）

叔爷爷乐均士的大儿子，叫乐夔，他是学药的，那阵儿好像是博士，所以回来自己在天津开个药房，他娶的是法国老婆。他媳妇在天津法国医院做大夫。那阵儿的大夫分工不像现在这么细，我就是她接生的，我们家好几个孩子都是她接生的。这是第一个。第二个，乐均士的大女儿，嫁给彭济群。彭济群是原来国民党的葫芦岛督办还是什么，他是留法的，从政了。[①]

八国联军以后北京的外国人多，外国人自发地组织起来成立一个学校，我们叫法国学校，也有叫美国学校的，以法国人为主，在东单三条，路北，里边有个教堂，后来是纺织局，协和医院的旁边。乐同（乐笃周之子）小时候就在那儿上学，所以他们的外语都非常好，从小学就跟外国孩子摸爬滚打出来的，要问他这外文为什么这么说，不知道，到这儿我就知道应该这么说。我父亲那代呀还有家馆，私塾，有个吴老师，之乎者也的。这是我哥哥他们那辈儿。反正从上一辈来讲，是全部都送出去，我父亲这辈，乐笃周和乐佑申都留过洋，正好赶上第一次世界大战，回来了，没留成，转个弯儿。我们这辈是有机会能出去就出去，我的堂兄堂姐的，洋派的多，燕京毕业的多，出国的多。就我父亲这支，我们哥儿几个一个没出去。可是我们都上的洋学堂。我们这辈女孩子上贝满[②]，男孩子上育英。乐松生上的是不是汇文就不知道了，他没念完。乐侠，我的堂兄，二房的，他们都是育英的，解放的时候乐侠好像是上高中，没念完，南下了。他们那房革命的不只是他，乐达鹏在清华念，解放了，没毕业，南下了。

定：你们一个资本家，怎么还那么多人革命去呀？

乐：那阵儿家庭管得不是很严。我们家也有国民党的。

定：您父亲后来就一直在家待着？

乐：解放前在家待着，解放以后说你这么待着不行啊，正好同仁堂没人，就我父亲没事，得了，把我父亲弄去了，跟乐松生（四房的，详见下文）两人，当经理，实际他外行，还得仗着人家那先生。为什么公私合营以后留下乐松生和乐益卿两个姓乐的资方代表？就因为乐松生和乐益卿没有事情。同仁堂不是1956年公私合营的，是1954年公私合营的，试点。[③]

① 彭济群是辽宁铁岭人，著名水利建筑专家。曾留学法国。1929年出任张学良时期的辽宁省建设厅厅长，主管水利。解放后任国家水电部参事室参事。

② 美国教会在北京创办的教会中学共八所，分别由美国美以美会、公理会、长老会在19世纪60—70年代创建。分别是汇文中学、慕贞女中、潞河中学、富育女中、育英中学、贝满女中、崇实中学、崇慈女中。本书下面一再提到这几个学校，尤以"城郊编"之一刘子扬口述为最具体详细。

③ 据《当代北京大事记》："1954年8月27日，具有二百八十五年历史的北京同仁堂国药店召开公私合营大会。市地方工业局投入二十五亿元（旧币）资金并派去干部。乐松生任经理。"（第71页）

国药业是同仁堂，饮食业是全聚德，绸缎铺是瑞蚨祥。

我前头那个母亲没生养，我是我父亲续弦以后才生的我。我父亲四十几岁得的我这头一个孩子。我就算老大。然后我弟弟正好是日本投降时候生的，1945 年生人，属鸡的，我跟我弟弟差九岁。我 1938 年 5 月份出生，正好是"七七事变"第二年，花园口决口，把天津淹了，我就从天津搬到北京来了。从那儿到现在就没有再回到天津住了。我跟我爷爷奶奶没见过面。我自记事基本上就是解放以后了。

所谓的大宅门不就是同仁堂，那阵儿王府也叫大宅门儿。大宅门儿之间，又是老北京，经常互相走动。你像张寿崇的弟弟，他媳妇就是岳效鹏的大闺女，岳维珍，我叫大姐么。北京啊我知道的，和我们家有关系的，一个是当铺刘，一个是梳头刘，给慈禧太后给王府他们梳头的。还有算盘刘，等于跟皇上的账房一样，就跟我们家没关系了。乐笃周的第一个夫人，娶的是当铺刘的闺女，就是您访问过的刘汝舟的四姐，娶过来一百天死的，死在新开路老宅。得什么病死的不知道，说是受不了洋派儿，憋闷死的，是不是那么回事儿就不知道了。反正他们那阵儿都是洋礼，结婚也是洋式的。当铺刘的闺女嫁给乐笃周，梳头刘的闺女就嫁给我二大爷乐西园。我这二大爷和梳头刘的闺女什么时候结的婚呢？正好是光绪和慈禧前后天儿逝世，那叫国孝，三年不能结婚啊，知道这个信儿以后那天的晚上就雇青布小轿搭过来，就结了婚了，这是抢亲。我这二大妈，就是梳头刘这闺女，同仁堂乐二奶奶，京里提起来没有不知道的，最出名了。长得漂亮，能骑马能玩儿。她养了三个孩子，大哥乐序，二哥宝格，这两个都是留法的。一个死在法国，一个跟国民党跑台湾去了。还一女儿，叫华生，嫁给曹汝霖的儿子，曹君实，是曹汝霖的儿媳妇。曹汝霖从北京走的时候上我们家，从我们家吃最后一顿饭，关厨子给做的，所以我跟曹汝霖同桌吃过饭。那阵儿北京就快解放了，隆隆的炮声响了。

3. 二房：永仁堂、沛仁堂和怀仁堂

乐：二房是谁呢？《地下金库》这电影您看过吗？

定：……

乐：永仁堂您知道吗？

定：……

乐：永仁堂的老板，那是二房的。新开路胡同的同仁堂老宅分东院和西院，西院就是同仁堂制药厂，还有一个东院，就是后来的北京象牙雕刻

厂。东院原来是二老爷住的。这二老爷既叫乐仲繁又叫乐朴斋，我为什么记这么清楚呢，他们老一辈开玩笑，管他叫乐卟嚓。

定：他们家人特能起外号。

金玲：老开玩笑，一吃饭把我们乐得吃不下去都。

乐：二房的三支，按他们老一辈排，是乐十一，乐十五，乐十七，二房的话就是这么三股。

十一老爷的孩子叫乐朴孙，我不知道您听说过没有？拉胡琴的，我们管他叫胡琴儿，胡琴拉得好，给梅兰芳拉过胡琴，还到日本。他原来有个药铺，叫沛仁堂。二老爷搬走以后，乐朴孙没动窝，还住在老宅子里头，住的是西楼。后来日本刚一投降，公私合营之前他就不在新开路胡同那儿住了，就搬到东总布胡同，现在仿膳饭庄那个小院儿，过去是他租的房。他会做饭，他是中西餐都做得好。他要是到丰泽园吃饭的话，他下厨房炒菜，不让那厨子炒，人家还得跟他学。

定：你们家祖训不是不许开饭馆吗？

乐：就是因为不让他开啊，他要开饭馆呢，可以展现一下他的手艺，不至于穷得叮当大响。刚开始那收音机还比较稀罕，他那儿就有各种收音机，而且有自动换片的唱机。我记得很清楚，他那唱机有多大呢，就得有这半拉柜子这么大，六个盘，那个就搁硬币呀，您想听几个唱盘就塞几个，从那儿塞进去，有个轴，那个机头啪啦掉下来，这块转过来，这儿唱，唱完了以后，这机头一抬，这咔咔咔一转，可以转六个。

他还买了一个"土豆"，日本车，尼桑，我们管它叫土豆，一个缸。就跟那吉普车似的，一开起来突突突突，连蹿带蹦，他就好这个。

这主儿的特点呢，就是超前，但这人非常好。他有俩媳妇，他大儿子，二儿子和大闺女都是大媳妇生的，大儿子叫大庆，大闺女叫梅宝，这两人都跑台湾去了，二儿子留到这儿了。

第二个乐十五，乐永西，我们称十五爷爷，官称十五老爷。他开的是永仁堂。老先生好听戏，因为那时候电影少啊。他爱照相，最早照相呢他就有了，他照彩的那种毛玻璃板，在永仁堂的柜堂上边摆一圈儿，四大名旦，他照了不少，最可惜的就是"文化大革命"给砸了，那留到现在都是文物。解放以后又在东四那儿开了个恒仁堂。

第三个是乐十七，乐东屏。他辈儿大，岁数小，死了没几年，八十多岁吧。我父亲他们都管他叫老叔。现在同仁堂制药厂里唯一留下的那个楼，就是乐东屏的楼，北楼。西四那地方有个怀仁堂，是他开的。"文化大革命"以后他是同仁堂的顾问。二房的大买卖就这么仨。

4. 三房：宏济堂、乐舜记和继仁堂

二房和三房比较守旧一些，尤其三房就更守旧。

三房是乐敬宇，也叫乐铎。四老爷。乐敬宇使了两个丫鬟，一个叫作童儿，一个叫瓶儿。到解放以后了，丫头岁数都不小了，人家家里来人问了，您是怎么着，您要不收房，我们该出嫁了，这么样他收了一个童儿，瓶儿后来嫁到平谷那边去了。

我的三老祖对乐敬宇不感冒，不喜欢他，我不知道为什么。最后确实就跟那（电视剧）《大宅门》写的似的，把他挤兑得待不了了，一个人就从新开路那儿出去，就到了山东了，到了山东举目无亲，身上衣裳肚子干粮，怎么办，在那儿碰见一个好事儿，就是他后来这个四太太，我叫四奶奶，但是，不是他原配。

定： 电视剧里说是妓女。

乐： 不是妓女，但是她有势力，她不是官府的势力，咱们叫黑白两道，黑道上她有势力。她那鼻梁是折的，是打架打的还是怎么回事，我父亲他们就给她起一个名，叫折鼻梁子，也叫瘪子。她还一外号呢，叫铛铛车，就是北京原来的有轨电车，她山东人，有山东口音，说话慢条斯理。她什么都慢。童儿呢，说话快，外号叫吉普车。这折鼻梁子个儿不太高，但长得很漂亮。她特别喜欢我这爷爷，她说我在这儿帮你开个药铺，所以在那儿开了个宏济堂，驴皮膏知道吧，就是阿胶，补血的。山东东阿县，都得使黑驴的驴皮，而且东阿县哪一个村的井水，反正都有说辞。宏济堂的驴皮膏是最好的，他就以卖驴皮膏出的名。宏济堂是他独资呀，挣的钱全是他的。而且从我们姓乐的来讲，乐敬宇是一个会看病的人，他会中医，也许是在山东那几年挤兑出来的。而且他也好读古书，他家里古书挺多的。这人挺好，大高个儿，特点是长得鼻子特大。……折鼻梁子就成了他的太太，但是回来以后三老太太不承认。

定： 这个儿子，他们家不是不要吗？

乐： 后来有出息了，叫衣锦还乡啦。三老太太又在这儿给他婆呀，那个瘪子也一直跟他，到了儿他不能跟她结婚，但也不能把她甩了，因为他要把她甩了，就没他的今日。他念她的恩哪。

定： 那这个瘪子什么时候死的？

乐： "文化大革命"以后。差不多八十多了。我见过。她没生养。乐

敬宇那个原配夫人有生养，有俩儿子，一个叫乐少宇，一个叫乐铁庵。后来又娶了一个媳妇，也有生养。

乐敬宇还有一个弟弟九老爷，乐舜慕，我叫九爷爷，死得早。他死了没后人，就由四老爷乐敬宇把大儿子的孩子乐守信，过继给他，长子不能过继，宏济堂就继承了济仁堂和乐舜记的财产，灯市口东口路东的就是济仁堂。所以三房是一个宏济堂，北京的是乐舜记和济仁堂，这么两个。

乐敬宇在哪儿住呢，在兴隆街，打磨厂是北边这条胡同，打磨厂南边这条胡同叫兴隆街，再往西走叫鲜鱼口，中间这段从打磨厂到兴隆街中间有一条胡同叫新开路，这是老宅，路西的，斜对过儿路东就是水关儿，我不是说普善水会么，普善水会那水车就搁到这儿，我们叫作东院，那房子特好。再往新开路南口走，出了南口往东一拐路北的房子，是乐敬宇自己买的，那房子盖得也大，我去给他做生日，我就觉得高大，人进去就跟在三大殿差不多，就那比例。

5. 四房：达仁堂

乐：四大房里边呢，老大房还有四房，这两房的人比较洋派，就是接受洋的东西比较多，而且大部分人在国外留学。乐达仁听说过吧？达仁堂。四房就一个达仁堂。第一个开分号的，就是达仁堂。

郭松义：达仁堂的材料都让邓拓拿走了，有一部分落到我们这儿（指中国社会科学院历史所），《清史资料》发过一批达仁堂的史料。

乐：当官的都出在四房，其他没有当官的。我可以给你讲一讲。第一个当官的是乐达仁，清朝时做过中国的外交官，好像在德国大使馆，那时叫公使馆。他在国外待过，回来以后就买了恭王府的，不是马号，是一个屯兵的地方，就是现在郭沫若故居。他住在北边的四合院儿，然后在西边按照德国人的样儿盖了一个三层的小白楼，石头的。后来郭沫若住这儿，把这块一截，截出去就给了王稼祥，就是王稼祥住的那个小白楼。楼盖得好在哪儿呢，一个是楼前边有一个月台，很大，夏天的时候大家伙儿把藤椅往上一摆，这边是客厅，那么大一块大玻璃，那时候这么大的玻璃比较少，坐在客厅里就可以看到院里，院里有两个土山，种的好多的果木树，他们的杏最好吃，杏和李子。一到秋天收获的时候，那时候乐达仁都没了，只有十六奶奶，我们管她叫十六奶奶，就派人送。然后小白楼往南路西，是达仁堂的鹿圈儿，鹿茸应该是药铺里边的比较好的细料。那鹿圈后来干吗了我就不知道了。

十六奶奶养了仨闺女，九姑、十姑、十一姑，仨闺女都是辅仁毕业的。十姑十一姑留学没回来，九姑留到这儿了。十一姑马骑得挺棒，在什刹海那儿自己养的马请的教练。十姑长得挺好的。姓乐的有几个长得好看的，一个是十姑，一个是七姐，效羣的亲妹妹，还一个是乐石元，乐孝先的女儿。

现在西直门蒋养房胡同里头的同仁堂制药厂，是原来达仁堂制药厂。达仁堂还有一块地儿，是在西直门广平库，现在是汽车公司。那地方相当大，那里边是又有鹿，又有园子，种中草药的园子，因为要卖点鲜草药。

乐达仁死了是乐肇基，住在天津河北路，我们管他叫河北大爷。落实政策时候中央文件里边提到过他。乐松生是乐达仁的亲侄子。

郭松义：解放以后他是政协委员吧？民族资本家里边，他等于是乐家的代表。

乐：选的时候他年轻，让他出头。乐松生是北京市副市长。

定：他 1952 年就是副市长了。

乐：统战么。抗美援朝的时候同仁堂还捐了一架飞机，和常香玉是同时的。

定：北京城的老百姓传着好多你们家的故事。其中有一个就是讲乐松生在"文革"的时候特惨。

乐：死了三口。头天把他妈打死了，第二天把他大老婆梁君谋打死了。然后乐松生看同仁堂的大字报，说明天要把他交给群众处理，他害怕了，回家就把门关上了，不让陶惠敏进去，说我要写东西别打扰我，后来陶惠敏进去一看，死了。叫人送到协和（医院），人家一看这人已经死了，救不了了。乐松生没骨灰。①

定：陶惠敏是谁？

乐：他小老婆啊。他原来住史家胡同，快到东口的路南，那房子相当不错，相当大。谁要的他那房啊？黄敬，天津市市长。黄敬看上他那房了，说我得要你这个房，就在南池子的南湾子，② 在这儿给他找了一所房。一边叫南湾子，一边叫金沟胡同。为什么给他这所房呢？一个是从南河沿可以进，一个是从南池子也可以进，他有两个老婆啊。他母亲还在，他母亲

---

① 乐松生死于 1968 年 4 月 27 日晚。据报道，十年后的 1978 年，北京市政府在八宝山为他举行了隆重的骨灰安放仪式，但骨灰盒中并无骨灰，可参见沈芳畦口述。政协崇文区委：《三百年中药老店——北京同仁堂》，《文史选刊》1997 年第 12 期。

② 南湾子位于东城区东华门地区，是南河沿大街路西从南往北数的第二条胡同。

就住在正院的四合院，南院还是西院我忘了，盖了一个洋式的楼座，还没有楼。后边院中间有一墙，墙那儿有一门，这门的钥匙乐松生拿着。他们三口死也就死在这儿，现在是工商联的还是什么。

定：够惨的。

乐：当官的结果啊。我们家的人就都活着呢，我父亲比我都强，没挨过打，我在厂子陪资本家挨斗，他在街道扫扫地。

金玲：那地都是我们替他扫。

乐：乐松生要是不死，也没事，他资本家能有什么事？就因为他的名气太大了。

乐松生的弟弟乐春生，就是乐锜。乐松生还有一个儿子，就这么一个儿子，他们去留学，没回来。乐松生死的时候处理财产他回来一趟。乐松生的头一个太太没生孩子，就抱了一个女儿，现在究竟叫什么就不知道了。没什么来往了。

6. 大公中与小公中

定：北京城里的药房都是你们乐家的吧？

乐：没有呀。药房多啦。

金玲：是不是你们药房都带"仁"字？

乐：其他药铺也有"仁"字呀，北庆仁堂，南庆仁堂，东西南北四个庆仁堂。①

定：你们这些宏仁堂、达仁堂什么的，都是属于同仁堂的分号？

乐：不，各房是自己的，谁开的归谁，我们叫小公中。各房也没关系。

定：那同仁堂归谁家？

乐：大公中。就是姓乐的都有份儿。各房出人一块儿执政去，开始的话，清朝的时候轮流执过政，今年是大房，明年是二房，后来说这不行，干脆咱们就大家伙儿，每房出几个人到这儿，细料铺是一房有一把钥匙，凑不齐你开不了锁。姓乐的反对开通号，这不成那不成。同仁堂有块匾，写着"乐家老铺"这四个字，闹义和团的时候把这块匾烧了，八国联军烧老德药房，那阵儿中药叫药铺，西药叫药房，中国点心叫饽饽铺，西点的点心叫面包房，咱们现在都叫饼屋。烧老德药房的时候就连带着把同仁堂

---

① 1912年，王子丰创办庆仁堂参茸庄，以后又陆续在珠市口开设南庆仁堂，虎坊桥开设西庆仁堂，东四开设北庆仁堂，以及白塔寺大和堂、前门大街庆颐堂等。不到十年发展成为拥有七个联号的京城大药店。1954年公私合营。

给烧了。后来请人又写，请寿子悌写的，一般人还认不得这仁字，好像是个翰林。① 是乐家老铺，不是乐家老药铺。"文革"时候砸啦。后来又补了一块匾，一个是舒同写的，一个是启功写的。这是二爷说的。

同仁堂有规矩，乐家老铺这块匾，是乐字号买卖都可以用。但是同仁堂这仁儿字不能用。所以各乐字号的买卖都有乐家老铺这块匾。最后到解放，公私合营那时候基本上没人管，各自都忙各自的，后来让乐松生去了。

最后一听同仁堂名气太大，什么都是同仁堂的。

定：为什么总的反而大家都不管？

乐：我要开了买卖挣的是我的，同仁堂你再卖力挣的钱得给大伙儿呀。

定：您讲了这么多药房，哪个药房经营得最好？

乐：这三个就都不错啊，达仁堂不错，乐仁堂不错，宏仁堂也不错。达仁堂在上海有分号，南京有没有我不知道。宏仁堂是上海、青岛、天津都有。

坐落在北京大栅栏的同仁堂药店（20世纪90年代，转引自《北京同仁堂史》，人民日报出版社1993年版）

定：你们这么多堂开一个就成功一个？

乐：反正我知道的都是成功了的，有谁倒闭了我就不知道了。

定：你们进药是不是也有一些独特的渠道？

乐：就是祁州药市。安国那阵儿叫祁州，它有几个收药的先生，同仁堂不去不开市。得同仁堂到了以后先挑，挑完了再卖。后来都是药行给送了，您要需要的话一个电话它就给您送。或者去人给送个信，第二天就给你弄来了。跟现在似的，都是关系户。同仁堂的我不知道，宏仁堂你这药行把药拿来了，他得先挑。合格的留下，不合格的绝对不要。那阵儿有天成药行、杜盛兴等，有卖麝香的，都是老药行了，它要给您送药啊，次的

① 按这里所说由寿子悌写的匾，可能不是同仁堂的老匾（即正匾），而是正匾两侧的两块草书匾，左为"琼藻新栽"，右为"灵兰秘授"，上款是"辛丑秋书"，下款（即乐曙青先生说一般人都不认识的那三个字）是"恭弟子"。恭弟子即清朝的寿公爷，名寿恭，应该就是乐曙青先生所说的寿子悌了。当时乐氏四大房在京城与各地开设的分店，所挂的草书匾均由这两块匾拓印复制。

它也不给你送，它知道你也不要。到过年过节的，药行的都来了，打牌，整宿地打，我现在最反对的一个打牌一个喝酒，打牌一打起来能打三天三宿，什么事也不管了。喝醉了以后能钻床底下，耳朵都豁了，躺地下了，然后就吐，往穿衣镜里头走，就干这个。

定：你们每一个堂都有自己的鹿圈？

乐：不是都有，有的有，有的没有。乐字号养鹿的，我知道的，就这么几家：达仁堂有，宏仁堂有，永仁堂有，怀仁堂有没有我不知道。鹿最多的，是宏仁堂，解放的时候可能有三百只左右，宏仁堂的鹿在哪儿呢？在窑台儿，就是现在的陶然亭，陶然亭北门不是对着黑窑厂吗，黑窑厂一出去，这是一条马路，这边就是宏仁堂跟乐仁堂的鹿圈，长方的，它那门儿是从西南朝东北开，斜门。南边的院是乐仁堂，北边是宏仁堂。同仁堂以前有鹿没鹿我不知道，我记事起同仁堂没鹿。

定：就自己养鹿？

乐：自己养鹿。鹿茸啊一年可以锯两次，分两茬、二壮和三茬。您没在药房待过，不知道。第一个叫锯角，是刚刚长出来的时候，鹿茸长在这两叉儿，再分出来以后差不多了，就由这儿锯，然后再过两月又长出来了，再锯一次。锯下来以后那叫锯角，这最便宜，配药时候把它磅了以后压面儿。讲究一点叫二壮，二壮呢也是两叉儿，但是得粗壮、厚实，第三叉还没出来呢，这时候就得宰鹿，然后给鹿戴那脑绷箍，这就贵一些了，一般是香港广东，南方人吃得多。还有一个叫三叉，是这样长出来以后这地方再分岔，上边是两叉，底下这边是一叉，但是不能长太大，长太大把那皮、鹿角出来了，就不值钱了，这就更贵了，这就都得宰鹿，也得戴脑箍。鹿还要分什么鹿，驯鹿或是马鹿。最好的是黄毛鹿茸，我不知道您听说过没有，梅花鹿的，买的时候您看，它那毛是层霜。青毛不值钱，青毛是马鹿，或者是其他的鹿种，不是梅花鹿。我们家养的是梅花鹿。

锯茸也挺好玩儿，这阵儿您也看不见了，它那鹿圈很大，大圈里边砌一个双层的小院，两层三层，院套院。说哪个鹿该锯了，看好了，头天先把这鹿轰出来，饿着它，它想吃呀，拿食引诱它，让它进那个院，给它关到那儿。第二天早上来人了都穿上那水龙布的衣裳，特别厚，因为鹿那蹄子要蹬你一下受不了，裤褂都穿上，脑袋上戴上水龙布的帽子，人都在墙上站着，一人拿一个竹竿子轰那鹿，在里边那大院子里头拴个绳套，有使网的有拴绳套的，这边有个小窗户，绳头在这小窗户站着，从那个门给它放进来，进来以后一只后腿就正好踩进这个套里头，绳头说一声"好"，后边人就这么一拽，这院不是四面墙么，有四个门，每个门都站一人，套住之后门一开，抱头那个先进，进去就把脑袋护住，为什么呢，要是把鹿头撞坏了，这鹿茸就没了，那您就白费劲了。然后几个人进去，喊咻咔嚓把鹿给按到那儿，锯茸的拿着锯过来，嚓嚓嚓……

金玲：就生锯啊？多疼啊。

乐：就生锯，锯完了以后，没有麻药，捂上点刀伤药呀。一捂，抱头的那个还得按着那头，后边慢慢撤，得送出门去才能放手。要不一撞撞到门框上撞死了那不行，挺有意思的。锯茸分几个人，几个人挣钱不一样，抱头的挣的最多。

定：那要给弄死了鹿肉谁吃呢？

乐：我们都吃过。主要是职工吃。鹿肉很好吃，比牛肉稍微粗一点儿，干一点儿。没有什么肥肉。鹿血也好。

锯完了以后还有烫这一道工序。有一个架子，把鹿茸拿钉子钉到上头，拿绳绑好以后，坐一锅开水，到多少度我就不懂了，这很要火候，太热的水就秃噜皮了，完了，不值钱了。烫完了以后倒过来控，把血控出来，是不是怕里边血太多了就臭了坏了，这我不懂。最后切片的话那叫血片，血要控不出来，切完了是红的。有烫茸的师傅。这烫茸的不是厂子的职工，是到烫茸的季节请他，把茸锯回来到厂子，他做。宏仁堂有一个烫茸师傅，张纪昌，他老先生参加了一个什么会，解放以后算反动会道门儿。《人民日报》登了一版的人名，其中就有他。

定：不是一贯道？

乐：不是一贯道。后来逮住了，判刑，后来就不知道了。后来就让张德①，给二大妈蹬三轮的那个，让他学烫茸。

定：家养的和森林里的还不一样吧，野的更好吧？

乐：野的您就锯不了角了。您要打算弄的话一弄就打死了。

定：鹿茸治什么呀？

乐：补品吧。可是像我们家卖药，我父亲和我那三位大爷，没吃过补药，也没有特意吃什么人参鹿茸，没有这个。姓乐的开药铺但很少吃补药。

定：你们乐家除了鹿是自己这么养这么锯以外，还有什么东西是自己弄？

乐：还有犀角、羚羊这些东西，整的，入药您不能整着吃呀，有专门

---

① 张德，详见下篇沈芳畦口述。

干这个的，榜羚羊，哪个药铺都请他，我们就管他叫羚羊郭。要做这药啊事先跟他打招呼，定好日子他来。

定：榜是什么？

乐：就是榜地的榜，前边这儿是一杆儿，这地方全是刀片，这个刀片最长，跟一个刨子似的，底下有一床子，前边有一窟窿，这地方出来一块儿，把这块儿捅到那铁圈里头，您就来回推吧，它不会跑。头天就得把羚羊角啊犀牛角啊拿水泡上，泡软了，就跟您修脚一样，修脚您得泡软了才能修那脚呢。羚羊的犄角里边还有一个木塞儿呢，我不知道您知不知道？先得把木塞儿给刨出来，然后还得有一夹子，就跟台钳似的，夹住了，这样呢："哧——"

金玲：还带声儿啊？（众笑）

乐："哧——哧——"旁边搁一笸箩，飞薄的片，一片一片地榜，榜完了以后怎么给钱？就是您今天干了多少活儿，榜完了以后一约（yāo，用秤称），是多少，一两是多少钱。

定：然后你们还种别的中草药？

乐：配药的时候用鲜货、芦根，有农民单给你送过去。

定：北京有专门种草药的药农吗？还是雇人采草药？

乐：雇人雇不了，雇的人他不懂行。凡是这些东西，农民他就懂，我要点鲜芦根，苇塘里有的是芦苇呀，刨点儿芦根不就完了么，到时候他就给送过去。我们自己也养点鲜的药材。

药铺啊分几个部门，第一个是药房，就是揉药丸。第二个是斗房，就是外配，比如您要做牛黄清心，刨去细料以外，糙料就由斗房来给您配。还有碾子房，轧成面的，变成细末。还有方子房，还有刀房，不是讲究饮片么，这饮片就要切，您得讲刀工，那切得真是好。有些药就是草根树皮嘛，这东西必须得泡几天，用铁锅泡，泡完捞出来，控了水，码齐了，刀房您可能没看见过，这儿一个铁的什么东西，刀是圆的，这边有一个钮，跟那床子拧上，手工切，这么切，后头还有一竹板儿，这么宽的竹板儿，前边铁齿挠子，能把这东西码齐了，为什么用竹板儿呢，你要咔咔咔切，它就往前颤，这样就切一点推一点切一点推一点。

定：买药有固定的主顾吗？

乐：也有，你比如说有些王府呀什么认准了，到时候就上同仁堂买去。另外百姓也觉得药吃得不错，要抓那饮片，汤药呀，都上您这儿来抓，为什么哪，您这儿一个是全，一个是您的质量。方子全是同仁堂的方子，都由那儿出来。您要开药铺，那您的配方从哪儿出来？不就从那儿抄嘛。除了宏济堂的驴皮膏不是同仁堂的，因为同仁堂它没有。

定：北京不是还有其他药店吗，他们不敢用同仁堂的方子吧？

乐：不是不敢用，他不知道。

定：药丸子上不是都写着有什么什么的么？

乐：主料有，但它还不尽是这个呢，还有配的。

定：你们家药铺开得挺成功的，有什么诀窍没有？

乐：诀窍就一个，诚信呀。您甭管是药房也好，饭馆也好，布铺也好，洋货铺也好，您干什么也得有诚信，您这东西确实是货真价实，童叟无欺，您才立得住。人家薄利多销。那阵儿您要做衣服，没有说您自己到布铺去看料子的，您给瑞蚨祥一个电话，待一会儿就给您送来，他知道您这宅门要什么，啪啪一拿拿十几匹，到您这儿给您挑。都这么干。一个电话，裁缝到家来了，给您量，量完了东西拿走了。几天，做得了，给您试样子，试完样子，好了，两三天做完。鞋也是定做，一个电话，过来。没有说您自己去跑去的，没有。

定：那你们的药也是给送过去？

乐：药没有送的，药有送的吗！就跟那棺材铺似的。您要买药您到药铺去。我是从小在宏仁堂制药厂长大的，我们家吃药都记账，到年下分红时得扣钱的。资本家吃药不是白吃，职工吃药才白吃。

姓乐的有两个特点，一个是不上坟，一个是很少去辞岁，除非长辈生日过年过节晚辈要去磕头拜寿，别的没有。所以我们家的坟地我不知道，因为没去过。就是董四墓村那个坟地迁坟的时候我才第一次去，由那儿迁到福田公墓。姓乐的几个买的坟地大部分都是原来明朝的或者清朝的遗老遗少，他们没钱了就卖那坟地。董四墓村那个坟地是明朝什么人的，前边就跟那漪澜堂似的，两层的中式小楼，还有俩大狮子，买过来也就搁着没动，券都挖好了但是没用。后来军事科学院要那块地，券底下就当油库了。[1]

我们家还一祖训，坟地不许种树，所以我们家坟地没树。同仁堂那个，给皇宫里抓错了一味药，结果被砍了的那个，就在董四墓村祖坟的边上。

---

[1]　马芷庠《北平旅行指南》："董四墓在万寿山后青龙桥西北，红石山南麓。明内监董姓行四者，退老于此。善种桃，多茂盛。董殁亦就地葬之，村以是名。"（1935年初版，1997年北京燕山出版社重排本，第247—248页）乐家在北京西山有好几座私家园林，这里说的是乐家花园，位于董四墓村村北，与程砚秋的憩园隔路相望。面积很大，南有两进式五楹抱厦前厅，北有前廊后厦五楹正厅，东西各有一座两进三合别院，园中假山土阜、药圃鹿苑错落有致。

地头上单有孤零零一座坟，那就是他，因为他不是正常死亡，不能入祖茔。就在地头边上。

定：真事？

乐：药是徒弟配错的，所以从那儿开始，同仁堂不收徒弟。您看同仁堂有徒弟没有？没有。电视剧说皇上杀的不是姓乐的，是姓张的，其实杀的就是姓乐的。如果要是姓张的话，我们姓乐的要感激他，也不能搁我们姓乐的坟边上，应该给他买一块地，厚葬。现在不是谁主张谁举证吗？我主张是姓乐的，举证在哪儿？举证就在这坟地上。我就去过一次坟地，那是军事科学院要那块地，我们去迁坟，把我爷爷、奶奶、大妈都迁到福田公墓去了，这都是在墙里头。达仁堂的坟地也在董四墓村，但是离着一块儿，原来是公主坟什么，它那还是前后墓室，中间还一过街楼似的那底下。解放以后把那坟也迁了，刨出不少东西呢，还把刨出的东西搁到北海小西天那儿展览。

定：你们乐家在西山这一带怎么有那么多园子？

乐：那都是坟地，坟地买了不愿叫坟地，就叫园子，园子实际就是坟地的代称，各房有各房的。您像乐家花园，现在的八一学校那儿就是乐敬宇买的。

定：你们家最鼎盛的时期是什么时候？

乐：那我没赶上。

7. 中医和西医

乐：我为什么说大房是土洋的混合物呢？八国联军围北京，北京留守的是鬼子六（即恭亲王奕䜣），当时在永定门外还是齐化门（朝阳门，元代称齐化门）外，外国人把城外头围住了，出来人跟鬼子六谈，人家拿着酒，没人敢喝，其中就有我祖上，叫乐什么不知道，第一个拿起杯子喝了，这外国人见了，你这个（竖拇指），这么样就跟德国人搞得比较好。八国联军进北京以后，德国兵有时候上同仁堂，下马就说"sibu"，德文，我也不知道这话什么意思，他们都会。

定：那就是说你们家跟八国联军是一伙儿的？

乐：也不完全是吧，那不成汉奸了吗？反正关系不错，所以同仁堂也没怎么遭八国联军祸害。

定：那义和团没跟你们闹一场？

乐：义和团不是烧大栅栏，同仁堂不是挨燎了吗？

定：那不是故意的，顺手。你们家信不信洋教？

乐：后来有了，后来我二大爷信天主教。挂一个耶稣像，吃饭之前，睡觉之前，天天儿跪到那儿。①

外国兵不是都住在江米巷（今东交民巷）这块么，其中有两个大夫，这一下在北京出名了，一个是意大利的，茹拉大夫，随军医生啊，他既会外科，也懂得点内科，所以王府也好，大宅门也好，少爷小姐少奶奶，有病了，中医没治好，就让他们来。还有一个是德国的贝大夫，这俩洋人在北京没少挣钱。

茹拉大夫跟我父亲不错，等他回国的时候，把他那厨子就留给我父亲。这人是满人，姓关，关文明，六指儿，他没儿子，只有俩闺女。原来是茹拉那儿的，也学做西餐，最后做的西餐比当时的六国饭店不差。我父亲为什么爱吃西餐呢，就是这厨子过来了，好多人都到他这儿来借厨子。那确实有两下子。比如说今天您过生日了，有百十来人到家里吃饭，头几天告诉他。这人独，他做什么不用任何人打下手，就一个人弄，那阵儿也方便，需要牛奶黄油呀面包，给祥泰益②一个电话，你什么时候给我送来，然后买鸡买什么自己去了，小鸡都自己宰。西餐吃烤小鸡，没有说烤一鸡腿的，最小是半只呀，切完了以后烤，一做五六十人的饭。从小吃冰激凌，全是他的，烤蛋糕做得好极了。我最后一次吃关厨子的饭是跟曹汝霖，曹汝霖由天津过来，个儿不高，小胖子，他留的是寸头。南方人，说话口音挺重的，但是挺精明，最后那顿饭就四个人嘛，我父亲，我二大爷，我，他。关厨子给做的，我那时候也就是五六岁，吃的菠菜泥汤嘛，我最爱吃菠菜泥汤了。

定：你们养几个厨子啊？

乐：有中式厨子，西式，那阵叫洋饭厨子，不叫西餐。起码是两个。我们家不管中的西的，厨子都能做。随时来客人，随时的话，您吃什么，您吃中的您吃西的，您说，说完了给您开饭就能吃这个。说丰泽园的什么好，好，单有中式厨子，给你钱，你去吃去，不能白吃，回来你得给我照着做。我们小时候还有一个特点，街上卖东西这个，没吃过，不允许吃。

从我们这房来讲，从大房来讲，虽然是开中药铺出身，但有病都找西医瞧，很少找中医看病。不单我父亲很少找，他们哥儿几个也很少找。我有一个姑父是西医，朱广相，他爱人是我的二姑，就是我六爷爷，也就是

---

① 这里说的信天主教的二大爷就是乐西园，参见下篇沈芳畦口述。
② 祥泰益是当时位于东单路口的食品店。

我亲叔爷爷乐均士的二女儿。朱广相也是留法的，和何鲁丽的父亲何思源他们都是一伙儿的。谁给弄去的呢？李石曾①，李石曾的女儿就是朱广相的弟妹。李石曾的房子是在月牙儿胡同，后来是中国科学院宿舍吧，北边开一个门。

昔日德国医院（引自《北京旧影》，人民美术出版社 1989 年版）

你像我母亲生我那大弟弟，1945 年，生完以后就长奶疮。那时候正好是关松涛②回来，协和的外科大夫，那时候就请他，两三天来一次到家给她换药。后来开刀时候在南池子的东华医院，就是后来北京急救站路西的那个，关松涛，协和比较好的外科大夫。是中国第一个学脑外科的，那时候说能开脑子，不简单了。请大夫都是这些大夫。再找就是德国医院，现在北京医院的前身。二奶奶生孩子，在中央医院，是现在人民医院的前身，那阵儿谁在那儿呢？林巧稚③。法国医院是哪儿呢？东交民巷的西口，整形医院的前身。

定：那同仁医院的前身呢？

乐：同仁医院就是同仁医院。

定：这两人和你们家关系都挺好的？

乐：不是很好，起码是很熟。

定：他们也知道你们家（是）开中药铺的，那他们对中药有什么看法？

---

①　李石曾（1881—1973），晚清重臣李鸿藻之子，留法勤工俭学运动的发起人之一，也是中国留法第一人，著名的社会活动家。曾任北京故宫博物院院长，为国民党的四元老之一。李石曾故居在地安门东大街的北月牙胡同，1950 年前后划归为中国科学院宿舍。

②　关松涛，北京旗人，协和医院医生，为 20 世纪 30 年代我国实施神经外科手术最早的医生。据说他治病做手术时讲一口流利的英语，一句中文不说，但在生活中说一口北京方言，而且饮食爱好、礼貌风格都是老北京旗人的派头。

③　林巧稚（1901—1983），福建厦门人。著名的妇产科专家，中国现代妇产科医学的主要开拓者。

乐：那我就不知道了，我没见过。后来几个大夫我提提你看知不知道：我们配眼镜，都找毕华德，毕大夫，在礼士胡同。瞧牙，张辅臣，东总布胡同，一进东口，路北。

定：你们家妇女生孩子，是上西医的医院还是由中医管？

乐：由西医。您像我，我在天津（出）生的，谁给接生的呢，是我九婶。九叔是我六爷爷的大儿子，乐夒，他是留法的，娶了一个法国媳妇，是天津的法国医院的医生，所以我是她给接的生。

定：她是妇科医生？

乐：那阵儿不分科，都是全科。叫提溜包儿医生，就是提溜着包儿串胡同。朱广相后来是万桑医院①的院长，西什库那儿的。我底下的三个弟弟一个妹妹，就全是朱广相给接的生。

定：在哪儿接生？

乐：家里，没有上医院的。那时候我们家所有的人有病，都请朱二姑父来瞧，所以我就不怎么上医院看病，再有就是我们要是有病了，打电话大夫可以上家来，我们小儿科的话，大部分是朱二姑父看，小部分找褚福棠②。我上初中以后才知道有病要上医院看病去，那已经是解放以后了。

定：我觉得特有意思，你们家开中药铺，可是看病都看西医。

乐：看西医。纯姓乐的，没有学中医的。我们老大房，还出了两个有名的西医大夫。

定：可是你们还开中药铺。又开药铺又不学中医，那你们到底信中医还是信西医呀？

乐：中药铺是祖宗开的，信不信也得开呀。

定：那你们家孩子生病找西医，也不吃你们家自己的中药吗？

乐：也吃中药呀。我不是说不吃中药。孩子生下来以后，要吃化毒丹，生下来以后第几天就给吃，一直吃一百天，所以我们小时候很少长青春痘，就是粉刺。再譬如说那牛黄清心，我们小时候就不短吃，所以很少有人闹病。现在这牛黄清心我不知道您知不知道，有加料的，有普通的，我们小时候吃一般都吃加料牛黄，我们就叫清心。拿回来一吃，我们也不觉得它苦，嚼着跟吃糖似的，睡觉之前来一丸。我觉得最难吃的一个是妙灵丹。

---

① 万桑医院，即光绪二十八年（1902）由仁爱修女会在西什库设立的施医局，后改为北京医学院附属平安医院。朱广相曾获法国医学博士，"文化大革命"时期曾遭残酷批斗，一位为他家当过门房的人仅仅因为他说了几句好话就被当场活活打死，此事是1966年"文化大革命"时期北京城的著名事件。

② 褚福棠（1899—1994），江苏无锡人，儿科医学家，中国儿科学的奠基人。

20 世纪 70 年代的乐曙青夫妇（乐曙青提供）

这是小孩经常不断地吃的，因为它是由猪苦胆做的，不但臭它还苦。再一个至宝锭有点苦，至宝锭我们小时候吃就跟吃糖似的。我们吃中药倒是不费劲。感冒就吃银翘解毒、羚翘解毒，我们老说羚解银解。可是大病比如要是发烧了，就找洋大夫去了。找中医大夫来看病的，少，不能说没有。

定：那几支也这样吗？

乐：那几支不知道。

定：你们互相来往也不密切是吧？

乐：很少。只有长辈在的时候，我父亲处于晚辈地位的时候去拜拜年，拜拜寿。后来老一辈逐渐都谢世了。公私合营以后，一解放"三反""五反"以后，这就互相都不来往了。

8. 养鸽子及其他

乐：那天我看王世襄（的书里）有一段，说养鸽子。① 什锦花园养鸽子很有名，那阵儿养鸽子养了多少呢？最多的时候有上千只。

定：您说什锦花园养鸽子就是乐笃周养的？

乐：乐笃周养的。姓乐的刨去乐笃周以外，养鸽子的还有几个，但他

① 王世襄《北京鸽哨》，有单行本，并见《锦灰堆》卷二，第 585—599 页。

们养的少。①

定：那时候胡同里有那么大的地方吗？

乐：有啊，就我们客厅后边那个院儿，单有一个鸽子院，廊子底下全是鸽子栅，中间也搭了一个鸽子栅。有一个鸽子把式，叫王雨山，人家是玩出名堂来了。你比如现在咱们说的都是那种信鸽，那阵儿我们管这种鸽子叫楼鸽，楼鸽还分洋楼和本地楼，楼就是现在信鸽中大鼻子的，跟洋人一样，大鼻子，都是那种灰的。这种鸽子，真正人家玩鸽子的，不养，不值钱。

什锦花园的鸽子里头，最典型的是点子。什么叫点子呢？就是这鸽子整个都是白的，这脑袋上有一黑点，尾巴是黑的，这叫墨点子。或者是这儿一紫点儿，尾巴是紫的，这叫紫点儿。养这个的话呢，您得养那短嘴凤头的，这儿（指头顶）有一凤头，嘴短到什么程度呢？就这么大一点点（比划）。

定：啊？这不能想象。

乐：吃高粱得一粒一粒地往嘴里拨呗。这里头又分，比如说环儿，一色儿白的鸽子，（脖子上）一个紫环儿、墨环儿，它就叫紫环儿、墨环儿。但这个有要求，就只有这一圈是紫的，其他身上不能有杂毛，这是好的。

王雨山养的一种鸽子，是他自己培养出来的，叫紫缨尾儿，尾儿（yǐer）就是尾巴。这鸽子全身是紫的，唯独尾巴是白的，而且这全身不能有一根杂毛。王雨山养这个养得非常好。还有红翅白、紫翅白，鸽子全身都是白的，就是大膀有几根条是紫的，这条还得分是几根，一般是四根、五根，根越多越好，但是不能全是紫的。然后呢，还有老虎帽，什么叫老虎帽呢？这鸽子是白的吧，这儿（指颈背）好像披一个披肩，底下全是白的，尾巴是黑的，或者这地方（指颈背）是紫的，尾巴是紫的，其他全是白的，不能有杂毛。什锦花园这紫缨尾儿呢，是唯独就这地方有，别地方全没有。我们那边山老胡同住的涛七爷，② 他要，没给他。

定：涛七爷也养鸽子吗？

---

① 据乐家二房的乐崇熙称，他父亲（即乐仲繁第三子乐东屏）也喜欢养鸽子："父亲喜欢铁膀，铁膀分凤头、紫环或墨环、玉翅——凤头里白尾巴最有名，墨环里尤以纯粹的金眼最珍贵，讲究可多了。北京动物园的第一批鸽子就是我们家捐赠的。"（参见《胡同里同仁堂 大宅门的生活》，载《时尚旅游》2002 年10 月号）按乐崇熙是乐家后人中接受各种采访较多的一位，关于鸽子的这一段我曾见到不止一次，这里选取是的最近发表的一段。

② 山老胡同为东西走向，东起南剪子巷，西至美术馆后街。载涛曾住在该胡同 7 号院，是辛亥革命后以十六万大洋将什刹海边贝勒府卖给辅仁大学以后购置的，但居住时间不长，又将此宅卖掉，搬到更窄小的原先自己的马圈居住。

乐：养。养鸽子还有一个，就是这鸽子不许落树，你只能给我落房、落地、进栅栏。我们后边那院儿啊也不小，院的靠东边有一棵沙果树，很大，西厢房后边呢，有一棵香椿树，相当大，夏天的时候非常凉快，好像搭一天棚似的，最后那鸽子训练得一个都不往树上落。

定：为什么不许落树？

乐：因为你要是落树的话，到哪儿你都能落了。你就应该认得，这是你的家，所以你就只能落地、落房。再一个就是飞盘。你养鸽子干么？不就是为了看玩意儿吗，怎么看玩意儿？你得让它飞一段，这叫飞盘。这一盘鸽子少的有十几只二十只，大盘鸽子有百十来只的，有二三百只的。先得敲鸽子，把这鸽子的栅栏门一打开，他（王雨山）拿一个拐棍似的，指谁，谁要是不飞，就得敲，这就噼里啪啦，落一院子落一房。然后他吹口哨，一吹哨，他还拿一竿，"嚯—"一嚷嚷，起来了，起来这一飞就围着您这房啊转那么两个圈，越飞越高越飞越高，最后相当高，要是一百多只鸽子的话最后变成这么大一小盘（比划如碗口大）了，走啦，就飞走啦，走那么两三个钟头以后，回来了，哗哗哗哗——

定：也挺壮观的啊。

金玲：玩么。

乐："啪"一落下来，这百十来只鸽子，他用眼睛一瞧，哎，多俩，他能认识。

定：从别的鸽群带过来的。

乐：那就得逮。怎么逮呢？熟鸽子都抱团儿，都下来了进栅栏了，生鸽子它不价，它认生啊，它不下来，它在房上得待会儿。等它饿了，要吃要喝啊，下来了。下来了怎么办？用手抄。王雨山会练武啊，这手拿着食盆儿，撒，撒撒，就转到这鸽子后头，往前一塌腰，这手"啪"的一抄，一下就抄着这鸽子的脑袋了，倍儿准。这鸽子逮着了，这是生鸽子，您就得给它缝上膀儿。缝上以后，缝两天，在地上转转，然后就该蹲房，它饿了它自然就飞房上去，蹲几天房，然后（把缝的膀儿）打开，这就熟了，就不走了。然后公鸽子得给它找个母鸽子，母鸽子得给它找个公鸽子，成家了，它也就不恋旧家了。

定：可我听人说为了这生鸽子还净打架，打架还有规矩。①

乐：那阵儿得鸽子没有要的，您丢了也不能找。涛七爷涛贝勒丢一鸽

---

① 参见本卷第五篇张国庄口述中谈的养鸽子："这鸽子还得说过死的过活的。别人家也养鸽子，你这鸽子要是到他房上，你要过死的他就拿弹弓给打死，过活的就给送回去。"

子还上您家找去？不可能！各家不一样，我们这不是旗人养的。涛贝勒，人家是王爷养的，那跟我们又不一样。

紧跟着就该叫远儿了。现在咱们养信鸽不是也得撒么，这也得叫，东西南北四城您都得放，到哪个方向它得知道它怎么回来。

定：这东西南北四城怎么放法？

乐：你像我们这儿有伙计，今儿到哪儿送药去，给你个鸽子，拿手绢一兜。到城门脸儿，你撒了它。

定：一只一只地放？不是说一百多个鸽子一块儿？

乐：不用，那都是熟鸽子

带鸽哨的鸽子（上图的鸽哨为葫芦式的，下图为排箫式的。引自王世襄《锦灰堆》卷二）

了。还有鸽子拷，长方的，上头有一个梁，拷着，鸽子要多了的话您都搁拷里，拷着走。或者拿车拉着，到哪儿一撒。然后还有，您家鸽子您想带点彩儿，加鸽子哨。飞起来以后响啊。这鸽子哨就跟您那蛐蛐罐一样，有葫芦的，有排箫的，有的就是古玩。搁到哪儿啊？搁到尾巴后根那儿，拿线缝上，口得冲前边，这鸽子往前飞它兜风啊它才能响。这底下有一个扁片，插到这尾巴里头，底下拿一铁丝，这样。

现在这种鸽子很少见了，现在都讲究养信鸽。

定：那一千多只鸽子后来呢？

乐：那就该送人的送人，该吃的就都吃了。原来这买卖是我的，那把式就算职工。公私合营以后这笔开支没啦，食料，把式，都没了。

定：你们同仁堂的鸽子在北京城是不是也挺有名的？

乐：在北城来讲，就什锦花园的鸽子，比较有名。别的鸽子也很多，但紫缨尾儿最出名，培养出来不容易。

王雨山呢，他会玩鹰。还会养狗。养狗是干吗呢？逮獾。他是到各处去偷狗，他到哪儿看见谁家有好狗，他记住了，晚上过来偷来。因为他自已不一定有好狗，不是所有的狗都能够逮獾。这狗偷回来以后呢，直接逮獾逮不了，它得"摘帽"，弄个什么玩意儿把尾巴剁了，把耳朵铰一下。这狗原先是您养的最后它见了您的时候它不认识了。这就叫摘帽。

金玲： 是不是跟吃了迷魂药似的了？

乐： 不知道怎么回事。完了以后晚上出去，知道农村哪个坟圈子里头有獾窝啊，就逮去。

定： 这都是他给您讲的？

乐： 他讲的，他没事就给我们讲。他比王世襄岁数大。

定： 那他到你们家以后还逮狗吗？

乐： 不逮了，那就很晚了，民国以后了。

乐： 那阵儿北京吃大饭庄子啊，一个是东兴楼，一个是什刹海的会贤堂。东兴楼比较大，丰泽园已经是东兴楼的厨子出来，做的。东兴楼在哪儿呢？在东华门大街。金鱼胡同口那儿，那是四条街，南面那不是百货大楼吗，那个地方叫王府井大街；从那个口往北走，是萃华楼、利生（体育用品商店），那叫八面槽；您直走，东华门；您要再往前走，那是东安门大街。东安门大街路北那儿还一桥哪，最早是百货公司第四门市部，是卖外国人和首长的，四合院，里头几重院子。对过儿的集邮公司，那阵儿也是东兴楼，那是东兴楼的戏楼，您要是办大的红白喜事，有堂会什么的，您在那儿可以办。

这边是东兴楼，那边是增寿堂，八面槽路东呢是萃华楼，萃华楼是在胡同里，它对过是惠尔康，烤鸭店。惠尔康和萃华楼是不是一势的我就不清楚了。然后金鱼胡同那楼底下是稻香村，楼上是森隆，涮羊肉那是东来顺。森隆的二楼是西餐，三楼四楼是中餐，淮扬菜，后来就迁到灶温①那地方了，东四十二条口。开森隆这个人他有好几个店呢，一个在东四拐角那儿，叫森春阳，南货铺，就跟稻香村是一样的，后来叫青海餐厅。森隆是餐馆。他们是一个买卖。

东来顺咱不说了。东来顺的前边是吉祥剧院，出吉祥剧院的门往北一拐这儿有一栋楼，叫东雅楼，那也是个广东菜，最后它赔了。最好吃的是东安市场里边，小小酒家的蚝油牛肉，那蚝油是相当好。小小酒家对着的是麒麟阁，齐白石写的匾。五芳斋挨着它，原来还有一个六芳斋，这都在

① 灶温是旧日北京最著名的小吃店之一，位于东城隆福寺街，今已不存。灶温一说创立于明朝崇祯年间，最拿手的有乐先生这里说的"一窝丝"，还有炸酱面等。

南边。东安市场南边一进去这一溜是国强，国强是西餐。和平，和平是后开的，也是西餐。然后您往这边，对着是会贤球社，孙梅英①就在那儿打球。这边开一个日本餐厅，跳舞的叫雨来善，您再往前边走就是起士林，起士林是西餐。

定：您怎么全知道啊？

乐：吃遍了。

你比如说我们要去全聚德，那阵儿还没有别的（分店），就是前门粮食店啊，它那是山东馆，您要去吃吃几个菜？刨去烤鸭以外，糟熘鸭片，糟烩鸭四宝，糟蒸鸭肝，这是必吃的，开头凉菜的话，鸡丝拉皮。您要到丰泽园的话，鸡丝拉皮，九转大肠。

定：那东兴楼呢？

乐：东兴楼我没去过，我记事的时候东兴楼已经完蛋了。那大宅门里边啊，还有个笑话，像我们家，还有点规矩，你比如说吃春饼，应该有各种熏鸡啊酱鸡啊，这个到饭庄上您不能叫鸡，不好听，叫牲口，您要熏牲口还是要酱牲口。

彭真是山西人，他爱吃面食，所以他在隆福寺里把灶温推出来了。灶温什么好呢？清油饼，您吃过吗？抻这面条烙的小饼，叫清油饼，抻的面哪，倍儿细，一窝丝，这里边要是有一根粗的，那就是手艺不到家了，叫一窝丝加棒槌，最怕的就是一窝丝加棒槌。清油饼，烩两鸡丝儿，这鸡丝儿也分，有生鸡丝儿，还有熏鸡的鸡丝儿。现在买不着了。（这些饭馆）最后就全淘汰啦，全没啦。现在我建议您，不要去吃老字号，有其名无其实。

（二）沈芳畦口述

　　时间：2005 年 5 月 20 日

　　地点：北京王府井东安市场

　　被访者：沈芳畦

　　访谈者：定宜庄

　　在场者：鄂复明

[**访谈者按**]　沈奶奶是上海人，不属于我要访的三代老北京的范

---

① 孙梅英是 20 世纪五六十年代著名的乒乓球女运动员。

畴，但她嫁到同仁堂乐家，这就不一样了。沈奶奶的丈夫乐西园，是乐家老大房乐小庭的二儿子、乐曙青的二伯父（北京话叫二大爷）。把她的讲述与她侄子乐曙青的参照来看，对乐家老大房的"洋派"生活可以有更多的了解，因为乐西园比这家的其他人走得更远：他皈依了基督教。

沈奶奶对她年幼时被拐卖到京最后嫁入乐家做姨太太之事并不隐讳，对于"文化大革命"抄家挨斗乃至如今在京无家可归的遭遇却反而绝口不提，而且似乎并不是因往事不堪回首的痛苦，也不是因唯恐招祸而心有余悸。她仿佛就是一切云淡风轻。我找不到这种平和心态的出处，这让我百思而不得其解。沈奶奶解释她的名字由来是"九月是一畦菊花开"，用人淡如菊一词来形容她，倒是很贴切的。

我相信为我引荐沈奶奶的老鄂也同样不解，这在他写的《关于同仁堂乐家我所知道的见闻和轶事》（见本篇附录）一文中明显地表现出来。老鄂即鄂复明，北京满族。鄂是满族最常见的姓，读 ào 而非 è，但当下毕竟汉人多旗人少，所以大家都称他为老 è，我也只好从众。他是我的知青"哥们儿"，但我以前并不知道他还有如此的文采。

老鄂的姑姑，当然也是旗人，她为沈奶奶的儿子当奶妈的时候老鄂尚未出生，足见两家过从之深之久。因沈奶奶来京只能借住于别人家中，所以我们的会面，是在王府井的一家咖啡厅，人声嘈杂，沈奶奶的谈话也漫无系统，拉拉杂杂。好在有老鄂的文字作为补充。

多说一句，沈芳畦因为嫁与乐西园，而成为老鄂的奶奶辈。我也称她为奶奶，那是随老鄂喊的。

定：咱们从您到这个家来的时候讲起好吗？

沈芳畦（下简称沈）：你还把我做进去呀？

定：就是因为想把您做进去我才来的。

鄂复明（下简称鄂）：乐家就属您岁数大了。您今年八十八岁，说起来就是七十多年前的事了。

沈：我，老牌啦。

1. 到乐家以前的事

沈：这些事乐家都不知道，到"文化大革命"老头子才知道我的历史。

定：您老头是……

鄂：乐西园，就是二大爷。

沈：我家在上海，在上海也不是亲的，一小儿我是走丢的。

鄂：让人拍走的。

定：噢，就跟《红楼梦》里头的香菱似的。

沈：拐走了就让人家买走了。买走了就由上海到了北京。到北京呢，就送到妓院里了。到了妓院也得考啊，得上捐啊，我不够岁数，还没上上。就说我是属马的，我那会儿北京话也不会说，说属马的，这马字好念哪。这么样，就说我十五岁就到北京了。

鄂：其实多大岁数自个儿都不是特别清楚。

定：到北京住到哪儿您还记得吗？

沈：南城。那个妓院叫满春院。他们叫小房子小房子的。就是那种大杂院似的，我也不知道什么地儿。

定：人多吗？

沈：我也不理会啊，我就自顾自，有吃有喝的。稀里糊涂。我那时候小，就叫青官①吧，跟她们就不大一样，没跟人家同住。妓院里就说可以挑一个好的，嫁一个有钱的人，就是为这个。说"哎你别看这孩子，你下回来你就看不见她了"，就是说有人把你赎出去了，就这意思。人家那会儿是拿我当摇钱树啊，知道吗？有一个给买我的那个人梳头的，她管我。

定：这梳头的是什么意思？

沈：好比说你买了我了，你就算是我妈吧，我妈有一个阿姨，给我妈梳头的，是这个梳头的，她管我。在那里头，找拉胡琴的来教你唱歌儿。我是学什么也不灵，梅兰芳的戏也学，青衣，唱不好，程砚秋不是嗓子低点儿么，也不行。后来什么都不行，就会一个《四季歌》，南方人么。

---

① 旧时妓女有"青官""红官"之分。青官多为鸨儿从人贩子手里买的女孩子，有几分姿色，学些琴棋书画，一般是卖艺不卖身。沈芳畦当时的情况就是这样，也可见她对此还是很懂行的。

定：就是周璇唱的那个？

沈：不是周璇，是《啼笑因缘》^①里头唱的。有一次在丰泽园嘛，客人把自己的太太都请来吃饭，每个先生都叫一个条子，叫条子^②就唱，有好些个姑娘，都一个一个唱，我那师傅没有去，轮到我那儿呢，我说我感冒了，不行，唱不了，"要你干嘛使啊？你是干嘛的！"我就唱，唱唱唱就哭了。人家一看哪，赶紧给那拉胡琴的两块钱，让拉胡琴的走了。这丰泽园的头头就说我跟陶惠敏不一样，陶惠敏人家多机灵啊，人家会说话呀，我他妈笨哪。陶惠敏也是那里出来的。

定：谁叫陶惠敏？

沈：乐松生的小老婆，也是有名的。——我待了没有几个月，也就四个月，十六岁，就到乐家了。那会儿老头子（即乐西园）没有媳妇了，就找，让乐笃周去逛窑子去，一看，乐笃周看上我了，说这小孩不错，说你别挑了，挺老实，就这个吧。

定：您那时候长得是不是特别好看？

沈：好看什么呀！（笑）我姐姐一看我进了乐家呢，她不愿意离开我，她就嫁五老头子了，就是乐笃周。就是姐儿俩嫁哥儿俩。就这么一个关系。

定：您怎么还有姐姐啊？

沈：一块堆买了俩，一个我一个她。我们俩同岁，一样。我是走私的（指被拐卖），她是爸爸妈妈死了吧，没有钱买棺材，把她押了二十块钱，就没赎。我们出来的时候，卖她的钱都给了那个梳头的阿姨了。我这个呢，梳头的留一部分，把那一部分给上海的好婆。好婆就是把我买了的那个人，买的那个人把我送给这个好婆了（这话的意思是：沈被拐了以后就被人买走，买她的那个人又把她送给了好婆——访谈者注）。买我的这个人也是干这个的，在天津国民饭店，不挂牌，就跟茶花女似的，暗娼吧。她怎么出来的呢？她嫁的那个老头不是死了么，死了之后她就养婆婆，还养她爹，没钱，就出来干这个，挣了钱就两边给。她就把我给好婆了。

那好婆人还不错。那时候她就嘱咐我，说是抽大烟的不嫁，有太太的不嫁，岁数大的没关系，能对你好就得，要是那个梳头的阿姨不同意的话

————————

①《啼笑因缘》是张恨水的小说，曾多次被拍成电影，有1932年、1945年、1956年、1963年等多部电影版。但《四季歌》确实是周璇唱的。

② 明清时期，当官的和有钱的饮宴时要妓女陪酒、奏乐、演唱，叫作"叫条子"，在妓女一方，则叫"出条子"。

你就给我来电报。后来她就说，就是这个对不起我，不是正太太。可我老头头里（头里即"以前"之义，指没有正妻）没有啊，他没媳妇才要的我呀。可是五老头子还瞒着他那大太太哪。乐家买我的那年，梳头的阿姨也嫁人了，嫁的是个大汉奸吧，王什么，挺有名的。

定：乐家怎么都从那儿娶太太啊？

沈：年轻啊。那里头好看的不好看的不是人多嘛，那阵儿没结婚的都上那里头选去，解放了取消了。

定：他们知不知道您的身世？

沈：不知道。他们就上那有名的地方，他们上那儿玩去啊，吃饭，花花公子嘛。就叫条子似的，有会唱的有会什么，这儿叫那儿叫，看哪，这儿一处房那儿一处房的，不是一个地儿，看好些个。

定：他们那时候多大岁数？

沈：他比我大三十岁呢，我十七岁进的门吧就说。我是到乐家起的名儿，是个有名的人给起的，我生日是九月，九月是一畦菊花开。

定：姓也是乐家给的？

沈：啊。

定：原来不姓沈？

沈：我也不知道。大概原来就姓沈吧？我不管，不懂得。到了乐家就不让我念书，不让我认字，为什么，怕我看见报呀，怕我认（亲生父母），这也是听人家说的。

鄂：解放后上扫盲班才认几个字儿，她现在写字写不好，认是能认。可她英文是初中毕业。

定：您生身父母的事您就一点儿都不知道？

沈：就听说我父亲是个革命的，革什么命我也不知道（笑），特务由后头给他一枪，就那么死的。这也是那个姐姐告诉我的。有好些朋友都说你丢了，丢了可以找回来呀。我也不找他们。一听说是乐家的，要是给你瞎认一个（意思是怕有人听说乐家有钱，就假称是沈的父母——访谈者注），有冒牌的呢？所以我也不认，我也不找。

2. 在乐家的日子

定：说说您结婚以后的事。

沈：一起头我们出来的时候没进家，就住六国饭店，就跟家似的，也不知道住了几个月。

定：为什么住到饭店里呢？是因为不愿意进他们的门？

沈：不是，住饭店里头不用人侍候啊。什锦花园那儿那不是老家么，老没人住，我不愿意闻那股子潮气味儿。后来就租的房子，我们姐儿俩住在一块儿。

定：你们后来结婚的？

沈：后来才（结的），我们是在教堂。后来我进家了，本来她（其姐）在外头，后来她怀孕了，也就进家了。乐笃周那大太太屋，我们叫五奶奶，五奶奶就跟她老头子老打架，老头子就说，五奶奶厉害，他就不让她（其姐）进家，她非要进家，她说她不怕，说只要每天能看见你就行了，这么样她进的家。那天我这姐姐还说呢，啊我得谢谢乐家这俩老头子。我说你谢他？你应该谢我。我不进门你能进门吗？你说是不是？你说这关系应该谢谁啊？

我结婚以后乐家规矩大呀，五奶奶不是厉害么，我们拿她当婆婆似的。刚一进门，管我们不叫奶奶，叫姨奶奶，管我叫二姨奶奶，我都不懂得，说怎么管我叫奶奶呀？我就不懂得这姨奶奶还不如姨太太，还低一辈儿（笑）。穿衣裳不能跟我们穿一样。我不是南方人么，不会说您，"不会说没关系，老不会说就不行"。我那个姐姐受五奶奶的气，我们俩合起来也给五奶奶气受，五奶奶就怕我，怎么会就怕我呢，她说我说话三青子，① 不论辈儿什么，来了客人给她下不来台。我是最混的一个，儿子给我起个外号叫混球。老乐家生日什么都讲磕头，我不给他们磕，我知道什么穷三鬼四的？要是磕错了呢，我就来个三鞠躬。我们老头就跟六奶奶说："哎呀，弄这么一个孩子，你说怎么办？"六奶奶就说："别着急，慢慢儿的，慢慢儿就好了。"我岁数最小，六奶奶比我大几岁，她比我先进的门儿。

定：六奶奶是指的？

沈：乐曙青的妈。乐曙青他爸爸他们是哥儿四个，大爷、二爷、五爷、六爷。四个老头都妨媳妇，就我们这小辈儿的他们妨不了。

鄂：老头（指乐西园）人好，特别和气，跟她这脾气差不多。爱开玩笑。说话口无遮拦。他也爱考人。和人聊天，非得把对方聊秃噜②了。

沈：我还不到二十岁哪，老头子管我就叫老太太。

---

① 三青子是北京俚语，北京人将耍无赖、浑不讲理的行为称为"三青子劲儿"。
② 秃噜也是北京俚语，指说话走板。

定：您嫁给他的时候他干什么工作？

沈：他不干工作啊，宏仁堂也待过。

定：那您呢？在家做什么？

沈：我什么也不做啊。就吃啊玩儿啊。老头不管我，我爱怎么怎么，自由派。乐家都有厨子，有大厨，有西餐，关厨子。那个关厨子做菜比外头的好吃，真材实料，都是纯的。现在的西餐都是中餐味儿的。我那会儿瘦着呢，八十多斤，这个不能吃，那个不能吃。

鄂：她老头跟言菊朋是把兄弟。

沈：他们都是戏迷。我不懂戏，言慧珠唱戏那会儿，叫我们捧场去听，我就生气，我就说呀，好好儿的书不念，唱戏去，那和妓女有什么分别。那会儿不是看不起唱戏的么。我们老头就说："那不一样！妓女卖身，唱戏的不卖身。"他们也认识杜近芳，请她来家吃饭，杜近芳唱《白蛇传》，要给我票，我说我不懂，杜近芳非要给我，我说我不爱听戏。杜近芳还说，慢慢就懂了慢慢就懂了。杜近芳走了，我们老头骂我一顿，说哪儿有你那么说话的！

定：我听乐曙青说你们家特别的洋派，孩子们从小都上的法国学校德国学校是吧？

沈：那是乐笃周的孩子。我们家都是上的协和医院大夫开的幼儿园。

定：您老头呢？他小时候上的哪儿？

沈：那我哪儿知道？从来也没问过。

鄂：乐家就他们这一支信基督教，就是这二爷信。

沈：因为我那姑娘有病，姑奶奶就说了，现在只有求主吧。他许的愿，说要是好了呀，我们全家都信教，那么信的。我生了五个呢，死了三个，那会儿没有药。

定：你们家开药店的怎么会没有药？

沈：老头不信中药。

定：够邪门儿的（众笑）。

鄂：有病都找西医看去。

沈：他上的是南开大学，跟周总理他们是一班儿的嘛。学的是卫生，无菌消毒。什么都讲究拿开水浇。

鄂：对，老头特讲究。

沈：他就是说要是发烧什么的还得西药。中药就治治上火什么的。我知道的就是他们老家儿（指乐西园的父母）就那么样，老头老太太一向做好事，贵的药就卖给有钱的人，便宜的药呢也能治那个病，就卖给穷人，这么分类。穷人有困难，死了买不了棺材，就舍棺材。没的吃了，他们就搭帐篷舍粥，这个老头都给我讲过。我就跟听故事似的，我不是小么，他老给我讲故事，《三国演义》啦，谁谁的妈喂了老虎啦，① 拿我当小孩似的。

3. 到台湾的那个姐姐

沈：我那个姐姐她现在比我好，人家没被抄家呀。

鄂：她去台湾了。

沈：五奶奶把她带走的。哪儿能把她留这儿？那他们敢情美啦，夫唱妇随啦。带走了还能拿她当阿姨，做饭啦做活啦，这么样。

鄂：五奶奶到台湾去找谁呀？

沈：她有姑娘嫁给国民党什么的。我们那会儿是要走没走，为什么？国民党那伙人住在什锦花园，老头就跟他们念叨，说我们要走，还要带着奶妈带着孩子，一张票是五两金子。结果呢第二天蒋介石投降了，账房先生告诉说投降啦，别走啦，这么样没走。可是呢，金子也没回来，给国民党黑啦。

鄂：同仁堂解放这么多年就台湾的这支富。

沈：她现在享福，台湾的房子九层楼，钱都花不了。

定：她哪儿来那么多钱啊？

沈：有买卖啊。遗产哪。台湾那边的药还是麝香是麝香，犀角是犀角，牛黄是真正的牛黄，不像这儿似的，是人造的牛黄。人家还有话："咱们的是真材料，你们的都是假的。啊，外边的人可是还认北京的。"（笑）你看现在同仁堂多棒啊，都发了。

我和我这姐姐说不到一块儿，她一来就问："咱们这个还在吗，咱们那个还在吗？"我说我不知道，你问他们去。她有时候来了吧，也给我点儿钱，她知道我没有钱哪，给了我我就给乐曙青的弟弟一点儿。反正我有富余钱了，我就给点儿。他三个弟弟，大胖子二胖子三胖子，都是亲哥们儿。

---

① 这里说的可能是佛经故事"舍身饲虎"，而不是谁谁的妈喂了老虎。按："舍身饲虎"是一个非常著名的故事，也是佛教壁画中表现最多的题材之一。说的是古时大车国王有三个太子，最小的一个叫萨锤那，一日三个太子进山打猎，见到一只母虎因产后体弱，欲将刚出生的小虎吃下解饿，萨锤那救虎心切，便跳下山崖，将自己喂了老虎。他的父母收拾他的尸骨，建造了一座舍利塔来供奉他。

　　我是解放牌的，我是没心眼儿。我台湾那个姐姐就不介（不是）啦，"咱们过去的事情不能跟人家提，丢脸"。

4. 乐笃周和乐松生

鄂：乐笃周是最能干的那个，他出过国。

沈：他最能搂钱。

定：乐家人都能搂钱吧？

沈：我老头可不搂钱，他就能给你出主意：你在哪儿开一家。然后他反过身来给你跑。发药吧，他这儿的药值一百块钱，他供给你，算十块钱。他姑娘后来就说，爸爸您怎么就不替我们想想，不替我们搂点儿？您看五叔。他说我是白大褂，一身白大褂，清白呀，不搂钱呀。你想同仁堂那儿出来都是钩心斗角的，谁搂得多就开一个（店），谁搂得多就开一个。达仁堂搂得最多，乐松生他们。

定：是不是跟他解放后的地位有关系？

沈：没关系。地位那是别人一解放了都害怕，都知道好不了，都不愿意担（指承担责任——访谈者注），得了把乐松生给推出来了，你当吧。他年轻。

定：把乐松生推出来是你们老头子出的主意？

沈：啊。不那么做也不行。私营的买卖，别人合了你不合，谁买你的呀。

定：结果乐松生就倒了霉了。

沈：你想乐松生什么心气儿呀，挨批斗回家乐松生喊他小老婆："小陶，茶沏得了"，那会儿她跟他划清界限哪，嘴那么一撇，一瞪眼儿，到那屋去了，乐松生一看他小老婆对他也这样，就吃药自杀了。那么死的。这人（指陶惠敏）够厉害的，等到乐松生一死了，往协和一送，交了二十块钱哪还是什么，就不管啦。后来不是给他开了一个追悼会么，就在八宝山。一个空的骨灰匣，问他平常喜欢什么，说喜欢花，就往骨灰匣里搁一朵花。

定：那他小老婆后来呢？

沈：后来也没得好啊，有点痴呆什么的。这个曙青没说？这真事。

定：你们别的家没碰上这么多事吧？

沈：别的家我就不知道了。我们家就是五老头子，乐笃周。给他提的意见，就是大字报，都贴满了。打是没有挨打。

定： 乐笃周娶过当铺刘家的闺女，后来自杀了，这事您知道吗？

沈： 那不是自杀的，那是她有这毛病，睡睡能过去（指憋死）。

鄂： 憋死了，说不清楚，嫁过来一百天。

沈： 我听台湾那个姐姐说，他（乐笃周）没在家，她犯起病来要是有人推推她就醒了，没人推，那么死的，他跟那个感情算是最好，没打过架，那个也是包办婚姻，老家儿（即父母）给做的，是这么回事儿。老头子前妻有个姑娘，这姑娘也厉害。

定： 这姑娘后来呢？

沈： 死啦，去美国死了。

5. 什锦花园的房子

沈： 老乐家是住打磨厂里边，新开路。我听说原来是李莲英的住房嘛。姓乐的都在那儿住，还有一个老祖宗的牌位，到时候去烧香去磕头，大伙儿吃一顿。大奶奶原来也在那儿住过，后来自己买了房了。我听说房契就这么一麻袋，没人管。我们那房子呀……

鄂： 就是那什锦花园，以后你有机会让她带你看看去，棒着哪。就那客厅，那地板。

沈： 我们一直就在什锦花园，是"文化大革命"后出来的。我听曙青他们说，我们住家那儿没拆。（现在）都找不着门儿了。我们老头积极过火，自个儿借人家了。

定： 您老头解放后做什么？

沈： 就管理宏仁堂啊。还是东城区的政协常委，比委员高一点儿。

定： 他干吗那么积极啊？因为害怕还是因为他真相信啊？

沈： 不知道。人家反右的时候让交"西瓜"，我们老头子就一样一样交了好些个反动的话，最后来一句：那都是我编的（大笑），你们让我说我没有，我就编一大通，交啦。我们家属开会吧，有人说了些反动的话，就来了个右派（就被定为右派）。我说哎我老头子也说啦，我们怎么没有右派啊？说不一样（笑）。

定： 您老头是哪年去世的？

沈： 1966 年 8 月 24 号。七十三（岁）。

定： 他什么病啊？

沈： 老啦，大夫说，机器老啦，动脉硬化。协和医院不给治，让我预备后事，不给药吃。他认识一个朋友，毕华德，眼科大夫，钓鱼的，他们都是鱼友，给过一瓶药，是扩张血管的，他吃了三天，缓过来了，协和主任说能治，这才给他治病，我跟协和那儿住了半年，就侍候老头这病，三班倒。后来就好了，好了就"文化大革命"，医院就轰出院，我们赖到那儿不走，后来没法子，就回家了。

鄂：我姑姑现在住的那地儿，原来就是他们家的房子。我姑姑叫鄂静贤，是她儿子的奶妈。她儿子一出生就上他们乐家去了。

沈：比我大一岁。她心眼儿挺好的。后来解放了呀，她说没有钱哪，她出去当保姆去，挣了钱归我们。老头那么一听，就拿她当自己人似的，就不拿她当佣人，慢慢慢慢就全归她管。等于她给我管家。

鄂：我姑姑比她（指沈芳畦）厉害，管家呀，她要买衣服得我姑姑批她钱，要说不让花，不给就不给了。

沈：解放了，她说："念书去！"我就这么上了夜校。念书去人家就让填表，什么籍贯，我也不懂得什么籍贯，就写个"无"。回家她说，籍贯你都不知道？由石槽里蹦出来的啊？（大笑）

定：你姑姑怎么那么厉害？

沈：她能干啊，什么都能干。中餐西餐都会。"文化大革命"，他（指鄂复明）姑姑给我办学习班。后来就出来了（指离开乐家）。离开他们家以后就给那外国的小孩做饭。姬鹏飞[1]家里也做过。

定：那您解放后参加工作了吗？

沈：解放后我一直工作啊，街道副主任啊，我也积极啊。

定：那您过日子就全靠工资？

沈：头次是张德给。张德原来是给我蹬三轮的，后来解放了，就归给药厂的人了。同仁堂要烫茸，老头就告诉他，让他偷着学学，后来他就在同仁堂烫茸啦。我没见过割鹿茸。割鹿茸啊都得把血嘬（用口吸）净了，你想他嘬嘬嘬最后都嘬到他身体里了，所以他身体挺棒的。后来他搞技术革新，发明一种棒，能把血吸出来，不用嘴嘬了。"文化大革命"啊，工人阶级给首长上课，他还给他们上课呢。我儿子去美国是张德给办的，张德的侄子在美国，我儿子探亲那么着过去的，过去就在那儿结婚了，娶了个台湾的。

张德后来死了，他妈（鄂复明的母亲）每月给我十块钱。我说你别给了，我且死不了哪，我还有钱呢，这么样就不给了。

---

① 姬鹏飞（1910—2000），曾任中国外交部长。

鄂：您那个手术是哪年做的？

沈：五十一岁的时候得的乳腺癌，三十多年了。

鄂：张德家跟我们家都困难，我们家六个孩子呢。要是不困难都想把奶奶接去住。

沈：后来（"文革"结束以后）我就找他们去，我说我老头那么样进步，我们家属有困难你们不管哪？"啊我们管，管，我们研究研究"，隔了半个月也不是一个月，给我送来一百五十块钱。给了三个月吧，后来就说这钱哪你就老拿着，就是给到死的意思。我说我呀，争取活到一百岁，我就拿你们的钱拿到一百岁。那人坐到那儿看看我，那意思说活得到活不到啊（大笑）。

鄂：后来她那房子拆迁。她跟呼家楼那儿住了三十多年。

沈：我在呼家楼那儿是合居，那两口子是老师。他们对我挺好的，就像家里人一样，我要有个病啊，那女的就给她老头（指丈夫）打电话，"大妈病了，你回来吧"。

定：那以后是不是还得给您房子啊？

沈：不回迁，就给补贴，你自个儿买去。

鄂：给了二十几万。她现在在广州的女儿家住。

沈：广州这儿是姑爷家呀，也讲究，我看不惯，地板上有点东西就捡起来，我说噢，对着地板磕头。姑娘那儿我也不待了，我回来了，回来了住哪儿？我好些朋友，都有地方住。

鄂：她就是心里宽。

药业富豪的遗孀为药厂糊了八年纸盒

家破人亡后，二奶奶为糊口计，进入了开设在什锦花园祖宅的制药厂糊制药盒。是时年届五十，为中国女性职工的法定退休年龄。不想几年后罹患乳腺癌绝症，手术后虽捡回一条命，却损坏了左臂的神经，造成残疾。药厂借口将她辞退。经请求药厂同意她将原料拿回家糊制，计价收费。

70年代末，我插队十余年后"困退回京"，见年已六旬的二奶奶垂着一条残臂，在她的小屋内灵巧地糊制纸盒，然后提着虽不沉重但体积庞大的纸盒，挤上公共汽车，去药厂取送活计。

其时市政协为体现统战政策，已按月发放给她一份略高于最低生活费的补助金，儿女也时有接济，温饱应无虑。我劝她纸盒生计不做也罢，她淡淡一笑，照糊不辍。潜意识里，我甚至怀疑她心有余忿，以此举在给政府难堪。日前重提那些岁月，才知是我错了，她一脸的敬业精神，声称如有人欲操此业，她可做专业指导。

五　朔漠迢遥

　　清朝的北京城，尤其是它的内城，主要以少数民族居民构成。所谓的少数民族，除清朝的统治民族——满族之外，还有回族与蒙古族。从崇文门往北直到北新桥，那一条条胡同以及胡同中的深宅大院，居住的主要角色，便以满族与蒙古族为最多，上面讲述的金鱼胡同那家和秦老胡同增家等，就是满洲旗人的后裔，他们是"京味文化"主要的载体之一。我敢说，对于北京社会生活史，目前的研究之所以流于空泛，很大程度上就是因为对这个特定的非汉族群体以及他们的生活方式没有准确的定位和细致入微地探讨所致。

　　下面这个单元的重点，是京城的蒙古族。

　　有清一代，蒙古是满洲统治者最亲密、最可靠的盟友，蒙古诸部的向背是清朝统治能否稳固的关键，所以满、蒙关系非同一般。清代生活在北京城的蒙古人，来源主要有三种，一是因清朝实行"满蒙通婚"政策而来到京师并从此定居下来的蒙古"额驸"（女婿）；二是八旗蒙古的官兵；三是因各种原因来到京师的蒙古王公贵族。本书就从这三种蒙古人的后裔中各选了一人（或一家人），他们都住在东城，这就又未必是巧合了。

　　这些蒙古人的祖先，身上带着草原、大漠的鲜明性格，有着骑马民族自己的语言、习俗与宗教信仰，他们是如何在北京这样一个城市中一代又一代地生存下来的？他们的子孙对于自己的民族又有什么样的意识、记忆和表达？这是一个很少为研究者关心过的问题，因为研究北京史的学者，几乎都忽略了京城还有这样一个族群的存在。

　　我对在京蒙古人备感兴趣并汲汲于寻找他们来做口述，原因大致有三：一是自清朝到民国乃至如今，蒙古族在京城政治与宗教活动中一直发挥着自己独特的、有时是不可或缺的影响；二是这个人群以及由他们构成的圈子，在京城文化中有着自己特有的色彩和声音，正因为京城能够包容像他们这样来自各种地域与文化的族群，才构成了如此绚烂多姿的文化层次与生活样式；三则与我个人的经历有关了：内蒙古是我曾经插队六年的第二故乡，直至今日，在北京街头听到蒙古话，我还会像听到乡音一样感到亲切。

科尔沁王公的子孙

　　和敬公主府位于北京东城区张自忠路七号，修建平安大道之后，这座矗立在大路北边的古建筑，就显得颇为引人注目，现在它的院中又修建起一家宾馆，我在里面开过会，却被禁止进入府内的主要部分，所以未得一睹她的芳颜。

　　和敬公主（1731—1792）是清乾隆皇帝第三女，系孝贤纯皇后所生。乾隆十二年（1747）嫁蒙古科尔沁部辅国公色布腾巴尔珠尔。在蒙古诸部中，科尔沁部与清朝关系非同一般，用史家的形容就是"世为肺腑，与国休戚"，① 又称："科尔沁以列朝外戚，荷国厚恩，列内札萨克二十四部首。有大征伐，必以兵从……"② 科尔沁部是最早与满洲爱新觉罗皇室互通婚姻的蒙古部落，皇太极所立的五宫后妃都是蒙古王公贵族之女，其中有三位就出自科尔沁部，内中最有名的，就是如今被电视剧一演再演、一炒再炒的皇太极的庄妃，也就是顺治帝的母亲、康熙帝的祖母孝庄，到康熙朝的时候她已经是太皇太后了。

　　满蒙联姻作为清朝的一代国策，在争取蒙古王公贵族对清朝效力方面，起到不可忽视的作用。为使远嫁的公主安心留在蒙古，清廷制定了一系列的约束条例，其中之一就是凡下嫁外藩的公主必须离京。③ 而和敬公主未遵此例，当与色布腾巴尔珠尔其家与清廷的特别深厚的姻亲关系有关。色布腾巴尔珠尔九岁即入内廷随诸皇子读书，婚后一直与和敬公主居住于京城的公主府内。不仅如此，他们夫妇的后人从此也长住京师，再未返回科尔沁草原。从色布腾巴尔珠尔算起，到达赉贝子是第七代，他的儿子多尔吉，人称多贝子，就是第八代了。多尔吉有四个子女，均姓包，分别以"儒、义、平、安"命名，包儒已

---

① 魏源《圣武记》卷三："国朝绥服蒙古记"，第99页。
② 《皇朝藩部要略稿本》，第39页。
③ 此规定于雍正元年（1723）出台。

经去世，我采访的是包义、包平与包安三人。

对于和敬公主府自清以来的沿革兴衰，冯其利先生有大作出版，作过精审的考证。① 至于这个家族与清朝的联姻关系，我也曾撰专著作过论述。② 不拟再作重复。我在这里关注的问题有二，一是这样一个在清朝曾经十分显赫的蒙古族家庭，他们的后裔是否还有蒙古族的民族意识和认同，他们身上究竟还留有多少蒙古人的本色。二是清朝衰亡百年来，这个北京的蒙古人家庭经历过什么样的变迁，他们又是怎样看待这些沧海桑田的变化的。对此，包家三兄妹的回答有颇多耐人寻味之处，从中可知，至少在清朝与民国时期，与其说他们被"汉化"，倒不如说被"满化"更确切些。

包家兄妹四人中有三人在 1949 年前后走上革命的道路，在那个时代的那样一个家庭，作为从旧中孕育出的"新"因素，也很具代表性。这是当时有机会上学读书、能够接触到新思想的很多年轻人都会选择的道路，与时代背景有关，与民族身份则基本无关了。

（一）包义、包平口述

时间：2003 年 7 月 23 日

地址：北京市西二旗安宁庄南区包义家

被访者：包平、包义

访谈者：定宜庄、毕奥南③

[**访谈者按**] 这篇口述的主要讲述者是包平，亦即包家唯一的女儿。我与毕奥南是通过冯其利先生的介绍找到包义先生，并约好为他做一次访谈的。包平闻听后从北京城东南的劲松专程赶到北五环之外包义居住的安宁庄，令我们很是感动。而她的爽朗健谈让我总是产生错觉，以为面对的是一位满族的姑奶奶。

这次访谈从议论李景唐《达赉贝子和他的儿子多尔吉》开始，这是发表在《内蒙古文史资料》第 32 辑上的一篇文章。包义、包平兄妹对此很有意见，认为"仅凭道听途说的材料，加上编造涉及他人家庭

---

① 参见冯其利《寻访京城清王府》，文化艺术出版社 2006 年版。

② 参见拙著《满族的妇女生活与婚姻制度研究》，北京大学出版社 1999 年版。

③ 毕奥南先生是中国社会科学院边疆史地中心的研究员，专攻蒙古史和边疆史，对于自元以来蒙古族在北京的历史有浓厚兴趣并作了多年研究。这几篇对京城蒙古王公后裔的访谈，都是我与他合作的成果，通过这几次合作，我受益匪浅。其中与这些王公及其后裔相关的史料，有一部分也得自他的提供。

名誉及个人隐私的故事，写成文章发表，是不严肃的，不仅歪曲当事人的形象，而且误导后世，贻患无穷"。包平并针对此撰文，希望能够澄清部分事实。我将她文中部分内容放在注释中，也有受她之托，为她澄清之意。

定： 这个人（指李景唐）你们知道是什么人吗？

包义（下简称义）： 不认识。而且这个材料一九八几年写的，当时我父亲还在，就在北京呢，你倒和我父亲核对核对啊?! 看着心里冒火。

毕奥南（下简称毕）： 我看了一下，这个人祖上好像在你们家当过管事的，算是知情人一样。

包平（下简称平）： 他知道一点儿，道听途说一点儿，自个儿再编一点儿，有些是真的，不能说一点儿真的都没有。

我们家对我们的历史很低调。我们小的时候对我们讲得很少。解放以后我父亲参加革命工作，也不愿让我们知道这些事，因为在那个时代对我们没好处。我们又是共产党员，在学生时代就参加革命，按我父亲的说法，就是知道得越少越好。后来我父亲岁数大了，回到北京了，有时闲聊还说点儿。我真正知道还是后来，很多东西是冯其利给我介绍的，他了解得比我们好像还多点儿。我在东城区民族科工作时也接触一些，《清史稿》我也翻了翻。

1. 祖父与祖母

定： 你们家兄弟姐妹四个是"平安如意"是吧？

平： 是"儒义平安"。

义： 我是包义，我大哥去世了。

平： 我是包平，我弟弟是包安。我大哥因为去解放区，不能用真名，改名叫方华，一直这样延续下来，我大哥的孩子也不姓包了；我弟弟的孩子也不姓包了，听说在内蒙古一说姓包，好像就是贵族，就不太好，就不姓包了。①

定： 你们还有别的名字吗？

义： 我有。我叫巴图乌勒吉。我哥哥叫巴图满剌尔沁。我弟弟叫巴

---

① 包家成员具体情况如下：父多尔吉（1904—1988）；母马静懿（1899—1963）；长子包儒（去解放区后改名方华，1923—2002）；次子幼年夭折；三子包义（1929—　　）；女包平（1931—　　）；四子包安（1932—　　）。

尔丹。

定（问平）：您为什么没有？

平：好像女孩子就没给起。因为我母亲也是满族，女孩子就没有蒙古名字了，男孩子有，可是也不会说蒙语。

您看那家谱（见访谈附录科尔沁左翼中旗王公世袭表）：这支是达尔罕亲王，^① 这一支色布腾巴尔珠尔，这是我们这支。这是我的父亲，多尔吉。这是宰桑，从宰桑这是一大支，这都是科尔沁。

定：你们家有关于和敬公主的传说吗？

平：没有。反正就听老人说过，这是传说了，不是历史。就说乾隆有两个女儿，都下嫁给蒙古人了，姐儿俩一人得了一个儿子。至于这公主叫什么名字，是哪一代，都不知道。我记得我们家原来有牌位，我们叫影堂，汉人可能叫祠堂。从色布腾巴尔珠尔那儿，一代一代的牌位。

毕：是木头做的，写着名字？

平：对。到我们祖父是第七代，我可以把它背下来。那时候也不知道和敬公主，就知道这是最尊贵的，有牌位，有两个宫灯，底下是黄缎的，垫子是黄的，就是这一位是黄的，这是最高的，应该就是和敬公主那一代。然后，这边（左）一代，这边（右）一代，排下来，最后一位，就是我爷爷了，也有牌位，小，但是没有宫灯了。影堂平常老锁着，就是过年过节才开，另外到忌日要开，比如和敬公主去世那天打开，人们都去那儿磕头。到春节，头天晚上辞岁，佛堂、影堂都得去磕头，三跪九叩，这祖先七份，七九六十三，还得给佛爷磕。还得给父母磕，我弟弟还得给我磕，你想得磕多少头？一直是这么供的。后来我父母去内蒙古，就把这个送到我姑姑那儿去了，"文革"时我姑姑害怕，也不知道是劈了还是埋了，就没有了。

我的祖父达赍贝子^②一直在北京，当然也回内蒙古去过，但是他定居是在北京，基本生活都在北京，跟达王（达尔罕王）不一样，达王是后来来的。我们家为什么能留到北京，可能就因为有和敬公主府，所以一代一代地就都留到北京了。我的祖父汉字写得很漂亮的，他写的那扇面什么的，比我父亲写得漂亮。我不知道我祖父蒙古话怎么样，反正家里都说汉话。

---

① 达尔罕，科尔沁左翼中旗的札萨克亲王。这里几次提到的是第十二世达尔罕亲王那木济勒色楞，汉名包尔康，光绪十年（1884）袭亲王。他于民国初年与张作霖结为盟兄弟，此后张作霖又将女儿嫁给他的长子，他的继妻朱博儒也是张作霖介绍给他的。因为不愿为日人效力，1931年来到北京，初居于安定门内红罗厂达尔罕王府，后迁居于马大人胡同（即今育群胡同）。1948年冬赴台北，1949年移居香港九龙，1951年逝世。

② 达赍贝子，字竹湘。民国四年（1915）晋封贝子。和敬公主府此后便称达贝子府。

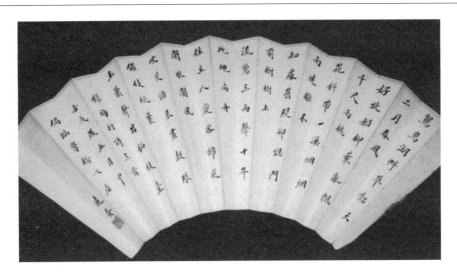

达赉贝子写的扇面（包安提供）

为什么管我祖父叫贝子呢，就是袁世凯搞普遍晋升,[①] 实际并没有经过清朝廷的认定。

毕： 我看材料说达赉贝子在袁世凯那儿任过什么职，也是闲差。袁世凯当年拉拢过一些蒙古王公，像那彦图[②]啊，贡王啊，他主要信任的是贡王，就是贡桑诺尔布。[③]

平： 我祖父在袁世凯那时候究竟什么情况我不知道。但后来听我父亲说过，祖父在清末曾任侍卫上的将军，御前行走。我父亲说我祖父带他参加过溥仪的大婚什么的。

我的祖母是满族，怡王府[④]的格格。她生了一个儿子两个女儿，我父亲是独生的儿子。再有呢，我应该是两个姑姑，但有一个二姑，听说是十来岁的时候得了病去世了，所以就一个姑姑，是我父亲的姐姐。

定： 您的祖母是多大岁数去世的？

---

① "普遍晋升"指的是民国元年（1912）9月20日民政部颁布《加进实赞共和之蒙古各札萨克王公封爵》的命令，由此蒙古王公上层普遍受到加封。10月11日袁世凯对"效忠民国"的各旗王公封号均晋升一级。

② 那彦图（1867—1938），蒙古赛音诺颜部人。清初功臣策棱亲王嫡裔，世代常驻北京。1874年袭札萨克亲王，历任清廷御前大臣、领侍卫内大臣、八旗都统。

③ 贡桑诺尔布（1871—1931），字乐亭，蒙古族，卓索图盟喀喇沁旗人。世袭札萨克罗郡王兼卓索图盟盟长。1911年曾联合蒙古王公酝酿内蒙古"独立"运动，未果。

④ 怡亲王允祥为康熙帝第十三子。此后传到道光朝，承袭亲王爵的是载垣，载垣在道咸时期两次受顾命，后在北京政变（亦即辛酉政变）中与郑亲王端华等一起被夺爵赐自尽，参见前面端华后人毓旗的口述（本卷第二单元第八篇）。载垣死后，同治三年（1864）又以宁郡王府的镇国公载敦承袭怡亲王，此爵到光绪朝时由载敦之孙毓麒承袭，俗称"小怡王"，包平之母当是这支怡王家的格格。怡王府最初在金鱼胡同、校尉胡同之间，参见下面第十七篇戴鑫英口述中对贤良寺的注释。该王府后来在京城又几次迁址。

达赉贝子骑自行车照（包安提供）

平：不知道，好像我父亲几岁的时候，我的亲祖母就去世了。我父亲也很可怜的，后来就跟着这个继母，受气吧。

定：您祖母去世以后您祖父才娶了这个继祖母？

平：好像是。她姓刘，叫刘梦梅。我这继祖母，我父亲的这位奶奶，（我们从满族的习惯，称祖母为太太，管母亲叫奶奶，继母也叫奶奶，）出身就是一般平民，反正不是很高级，但是很活跃的这么一个女的，据我父亲听说，进来的时候，并不是明媒正娶，是祖父在外边搞了一个女人，这个叫姨太太也好，叫续弦也好，她没生过孩子。

（李景唐文中说达赉贝子家一天三顿酒席）一说就是四桌大宴席，看怎么说了。为什么是分着吃？第一等就是我祖父和我太太（我们称祖母为太太）是一桌，这当然是吃得比较好的。我父亲和母亲一桌是次的，回自己屋去吃，因为儿媳妇得侍候公公婆婆吃饭，当然她要吃饭就得回她自己屋吃，而且我父亲那时候没有大的收入，就得吃老人的，而且又是继母，那个等级跟老爷太太就不一样了，这是少爷少奶奶，当然就是次等的。另外呢，就是我的姑姑，我们管她叫姑爸，她当时是老姑娘，在家，也可能在自个儿屋里吃。再有呢就是小孩儿，我大哥，小孩儿是不上桌的，弄点菜弄点饭，自己吃去吧，又有保姆。

我这继祖母是汉族，到这个家就很争宠，对儿媳妇摆起谱来更要命。所以我母亲很受气。他们为什么在1927年还是二几年，愿回老家去，愿到内蒙古去呢？一个主要是经济不独立，老爷子在那儿掌握着，自己手里什么都没有，大权没在你手上。所以他要回家，要找点自由，回内蒙古去就是老大了，我母亲也不再受这个气了。有这个背景。① 我们跟继祖母的关系就是敬而远之。我们原来还住一块儿，但是很少说话，人家不拿我们当什么，我们也不过去。我们住秦老胡同时，是两组房，中间隔一个院子。她一个人住后边那组，我们住前边。②

---

① 关于父亲去东北的事，包平在《对〈达赉贝子和他的儿子多尔吉〉中部分事实的澄清》一文（下简称"澄清"）中述其始末如下："关于去东北的事我曾听父亲说过，因为父亲年幼丧母，在家里感觉不到温暖，经济又不独立，母亲还受继母的气，一天夜里，负气出走，由父亲的奶母老苏妈安排人偷偷打开府的后门出去的。由于是夜里，又是不辞而别，只带着包儒，并无其他人跟随。……据说第二天东窗事发，祖父就将老苏妈辞退，并牵连了一些人。过了一段时间，祖父去东北将包儒接回北京。"

② 对于刘梦梅与包家的关系，包平在"澄清"一文中作了如下的详细说明："我家的经济情况是，祖父去世以前，由继祖母控制。父亲去东北以后，祖父的财产大量流失，例如，房产改为刘姓，继祖母为自己购买大量珠宝首饰。据父亲讲，在从铁狮子胡同迁往汪家胡同时，祖父本来就不管事，再加上身体不好，父亲又不在家，不少财产流到继祖母手里，后来她的生活一直很好。""祖父去世后，经过交涉，刘梦梅拿出了所谓祖父在京的遗产，分为四股，即刘梦梅一股，我姑姑一股，父亲两股（包括长孙）。分家后，继祖母单过，姑姑出嫁将自己的一股带走。至于每股多少，父亲未讲过，但数目不小。"

达赉贝子的全家福（包安提供）

　　我大哥是 1923 年生人，我父亲去内蒙古时把我大哥带去了，中间我祖父去把他接回来了，因为他是我爷爷的长孙，就这么一个孙子，非常疼爱，我那继母对他还可以，反正就是小孩儿呗，是个玩意儿。就是我大哥在和敬公主府里住过。他（指包义）也没住过，他是 1929 年在内蒙古出生的。我父亲回来就是 1930 年的 5 月了，我祖父去世，我父亲从内蒙古奔丧回来的。

　　再有什么时候又回去一次呢？就是日本搞过一次土地奉上①。把王公贵族的土地，日本都给收了去，细的我不知道，反正人家就是收，你不奉上也得奉上，好像是自愿的似的。我父亲跟我母亲去了，还有达尔罕亲王、他的福晋朱博儒，还有朱博儒的哥哥，就是达尔罕亲王的大舅子。他们一块儿去了沈阳，后来到长春，可能土地奉上举行个仪式吧。我就记得家里就剩我们四个小孩儿，我那会儿还很小，想我母亲，还老闹气不吃饭，闹得他们也没法儿吃饭，不知道心里怎么那么别扭，没主人了

──────────

　　① 土地奉上，即"蒙旗土地奉上政策"，民国二十七年（1938）九月，伪满洲国国务总理张景惠在今长春市召开由 18 名蒙古王公代表参加的座谈会，劝导各盟、旗王公、旗长、知名人士把原属各盟旗放垦土地的所有权、收租、征税、津贴以及渔利权等一律奉交伪满洲国所有，名为"土地奉上"，包平这里讲的父母去长春参加的就是这个座谈会。这个政策废除了王公的领地权，使蒙旗土地由王公所有变为满洲国所有，为进一步加强日伪统治拆除了一大障碍。与此同时，东蒙古地区的王公制度也以"特权奉上"的名义被废除。从此蒙旗收取垦荒汉人地租一事被废止，此举断绝了包家的经济来源，对包家生活的影响是巨大的。

似的。没多少时候他们就回来了，时间很短，也就几个月。以后没有再去过。所以李景唐文里写什么皇帝，什么几品顶戴，什么又是总管，根本就子虚乌有。

定：您祖父那时候的生活来源是什么？我看这里写的你们家的生活特别排场。

平：我们没见过。但那时候北京的王公贵族都那样。你看达尔罕亲王那比我们气派还大哩。但究竟怎么样也不好说，因为我们没见过。北京那些王爷，涛贝勒载涛、塔王、卓王、达尔罕王，那都是王府院儿。府门和宅门还是两回事儿。

定：您说府门和宅门的区别在哪儿？

义：府门有爵位，是贵族。宅门不一定。

2. 父亲与母亲

平：我的母亲叫马静懿，满族，不是李景唐材料写的马淑俊。

定：您母亲是北京旗人还是东北旗人？

平：这我说不清楚。反正我姥姥在北京，我的舅舅在北京，在牛排子胡同①，现在这个胡同已经没有了。

义：我外祖父不是东北人，很早就去世了。

平：据我们听说，我母亲娶来当时是明媒正娶，而且是我继祖母和我爷爷去相的亲，挑来的，但是到了这家里头，就得立规矩了，这婆婆是很厉害的。

义：李景唐说我父亲和我母亲是"明仓暗渡"，有这么写的吗?!②

定：我理解当时你祖父那一代还比较好，后来到了你父亲，就这么一个儿子，他又不工作，家道就衰落了。

平：对对。我父亲一直就是没有工作。我们小时候，我父亲的职业写的是赋闲，就是在家不干事，所以我们家后来没落也是由于这个。就是王公贵族的架子，不愿意求人，不愿意受人之惠，找谁给我找个小事，不去。你看，我父亲把手下的佣人啊，介绍到补英达赉那儿，都当官了，但是我父亲，不去，不给日本人干事，他为什么不去？一个原因就是土地奉上了，

---

① 牛排子胡同在东城区朝内大街北的弓弦胡同内，该处原有完颜氏著名的半亩园，今已不存。

② 关于包平的父母结婚过程，"澄清"一文称："母亲马静懿比父亲大五岁，从未上过学。据父亲说，外祖父很有文才，父亲曾在荣宝斋见过外祖父的遗墨。……未结亲之前，两家并不相识，也无来往。父亲由祖父和继祖母代为相亲，因母亲长得漂亮而相中。……总之，父亲的婚姻是由祖父、继祖母包办的，而绝非自由恋爱。"

他不高兴。土地奉上把我们的经济来源全都给断绝了。我们本来的经济来源在东北，就是收地租吧。他能喜欢日本人吗？所以他没有给日本人干过事。

定：那就是说土地没奉上以前生活还可以？

平：对，那就是从东北来钱。每年到年底都来。我们那时候最愿意过年了，一过年老家就来人了，穿着大袍，在这儿住一段时间，可能得报报账吧，我这么分析。

定：就是说那之前，在内蒙古的人跟你们的联系挺多的？

平：每年都得来送钱哪。

毕：书上说你们家在那边还有个北府，有个办事的机构，代表你们家这边的利益？

平：那我就不知道了。可能有管事的吧。另外，我父亲在"七七事变"以前曾经当选过国民党的国大代表，没上任就"七七事变"了。所以他在那儿有个国大代表的根儿，但是没有参加过会。什么时候参加过会呢？1945 年抗战胜利以后，1947 还是四几年，国民党有一个治宪委员会吧，宪政实施的，我父亲到南京去开过会，代表的所谓"界"，就叫社会贤达。也没有任过什么实职，没有当过这长那长的。后来伪国大开完了，这些代表怎么养着呢？就给他挂一个名儿，就是伪国大宪政实施委员会的委员，给你点车马费。我父亲就是不那么勤劳，不愿意自食其力，就想吃祖上的那点东西。所以我们家家道中落，跟我父亲不会理财，不会去挣钱，也没想要去挣钱，有一定关系。

定：那您父亲在家都干什么呀？

平：没事。

定：总不能什么都不干吧？

义：我父亲好轰鸽子（即养鸽子）。我们家有鸽子房。养了几十只鸽子，每天早上起来轰鸽子。

定：怎么轰法呢？

义：一打开鸽子房门以后，叫它飞啊。这鸽子飞多远一叫都能回来。比如这两家对门儿，都养鸽子，您鸽子把我鸽子圈走了，我得再圈回来，就跟人商量，给人俩鸽子。那时，有个佣人王二就是专门给我父亲养鸽子的。得照顾它们呀，得打扫鸽子房，这鸽子到时候你得喂，得给水，还得洗澡。王二就干这个。后来搬到秦老胡同，鸽子就没了。

定（看到阳台上有几只鸽子，问包义）：您现在也养这个？

义：七个。要轰我轰不了，外头我去不了。

定：那唱戏吗？

平：不会唱，爱听。① 另外，你说他没事儿吧，他还老不在家，好像来往也挺多，这个王爷也请，那个王爷也请，这儿饭局，那儿饭局，挺忙活的。有时候在家里也聚，有些人像日本时期德王②、李守信③，他们不住在北京，但是他们来北京，来了也聚聚。没上家里来过，反正在外边吃吃喝喝什么的。德王在什锦花园有一个点儿，好像是李守信的住宅吧。都是吃吃喝喝，聊聊天儿。后来国民党统治时期，白云梯、金崇伟④他们要鼓捣这些个王公回内蒙古去反攻倒算，国民党的蒙藏委员会也来联系这些人，当然有他们的目的。但是对我父亲来说，他就跟那儿聊天，打打牌，吃吃饭，听戏。你像蒙古族的恩克巴图，国民党的中央委员，据说早期还参加过共产党。我父亲跟他有点来往，但是没有听说跟着干什么了，没有。跟你来往行，但要给你办事，这架子恐怕放不下去。

其实国民党那时候对蒙古人也有好多的优待，什么上学，什么公

① 关于京剧，包平的"澄清"一文称："听我父亲说，祖父喜欢京剧，而且请人教过戏，就是现在所说的戏迷、票友。祖父与载涛（涛贝勒）、言菊朋（蒙古族，内称言三爷，曾在蒙藏院供职，当时尚未下海成为专业演员）一起唱过戏。父亲曾对我说：'老爷子唱戏时，我不能坐着看，只能站着听。'我小时候在家里看见过唱戏用的靴子、髯口、刀枪、胡琴等。父亲也爱好京剧，会拉胡琴。但我从来没有听说四大名旦来我家唱过戏。"

② 德王，名德穆楚克栋鲁普，内蒙古锡林郭勒盟苏尼特右旗人，1908年袭郡王爵。1913年北洋政府授为札萨克和硕杜棱亲王。1919年执掌旗政。后历任锡林郭勒盟副盟长、察哈尔省政府委员。德王熟悉儒家经书，是泛蒙古主义的主张者与推动者，鼓吹民族自决和民族自治。1934年4月，经南京国民政府批准，蒙古地方自治政府在乌兰察布盟（今乌兰察布市）百灵庙成立，德王任秘书长，实际主持政务。1937年"七七事变"后投靠日本人，出任伪蒙疆傀儡政权首脑。1945年"二战"结束后寓居北平。1949年初假道兰州去阿拉善旗定远营（今阿拉善左旗巴彦浩特），鼓动阿拉善旗的札萨克达理扎雅等内蒙古上层人士发起"蒙古自治"，成立"蒙古自治筹备委员会"。1950年初，德王、李守信逃往蒙古人民共和国，被蒙方逮捕并送回我国，被关押直至1963年被特赦释放，任内蒙古文史馆馆员。1966年在呼和浩特过世。

③ 李守信（1892—1970），字子忠，蒙古族，内蒙古卓索图盟土默特右旗人。早年参加地方武装，1922年投向奉系军阀张作霖，镇压过嘎达梅林起义。1933年率部投降日本。后参加以德王为首的伪蒙古军政府，任伪蒙古军副总司令（后任总司令）、伪蒙古联盟自治政府副主席。1949年返回内蒙古，追随德王在阿拉善旗参与组织"蒙古自治政府"的活动。失败后出逃至蒙古人民共和国，于1950年被逮捕并引渡回国受审。1964年获特赦，任内蒙古自治区文史研究馆馆员。1970年病故。

④ 白云梯，字巨川，蒙名布延泰，喀喇沁中旗人。1918年往广州参加孙中山召开的非常国会，追随孙中山从事国民革命。1924年参加国民党第一次全国代表大会，当选为中央候补执行委员。受孙中山之命在内蒙古地区开展国民党党务工作。1925年10月参加内蒙古人民革命党第一次代表大会，当选该党中央委员会委员长。1927年投向国民党，历任国民党中央委员、中央执行委员、国民政府委员、蒙藏委员会委员等，1947年7月任蒙藏委员会副委员长，12月任委员长，解放前夕前往台湾。金崇伟，国民党辽蒙党部主任特派员，国大代表，解放前夕前往台湾。

费，蒙藏学校吃饭不花钱。国民党也拉拢这些人，想拉拢这些人为他所用。

义：我父亲 1975 年从内蒙古回来的。

定：他什么时候去世？

平：他去世是 1988 年。

3. 几次搬迁

平：我没有住过和敬公主府，我是 1931 年生人，已经到帽儿胡同了。

定：你们家什么时候从和敬公主府搬出来的？

义：好像是 1928 年。

平：把铁狮子胡同的房卖了都不是我父亲的事，是我祖父那时候的事。①

定：卖房的事您父亲跟您说过吗？

平：没有。

义：我祖父死后三天我们到的北京，就住在汪家胡同。

平：在汪家胡同那一段我大哥住过，他（指包义）也住过。

义：帽儿胡同是租的房，是冯国璋的房。② 我记得是三重院子，一进门这边有汽车房。前院有过厅，有东房、西房，再往后就是我父亲住的院子，也是三面，再往后就是我继祖母、我们住的房，最后有琴房，就是后门。那儿好像还有个小楼。我们住的是 6 号，我姑父他们在帽儿胡同住 3 号。大概住了两三年。我还记得我姑姑嫁出去，那轿子从帽儿胡同出西口，走地安门，绕一大圈儿，从东口回来，是我跟我哥哥扶的轿杆儿。

义：秦老胡同的房是买的。③ 我爷爷去世以后，有一段时间棺材没埋，停在梓潼庙，就在帽儿胡同。④

定：秦老胡同不是在锣鼓巷吗？那胡同里还有个叫增崇的？

平：对，他们在东头，我们在西头，路北头一个门。他们那排场比我

---

　　① 据冯其利先生述，1923 年达赉贝子以十五万现大洋将和敬公主府（即达贝子府）卖给直鲁联军司令张宗昌。

　　② 帽儿胡同东起南锣鼓巷，西至地安门外大街，十三号是冯国璋住宅。

　　③ 关于包家在北京的住所情况，"澄清"一文称："帽儿胡同的住房是租的。听父亲说，1930 年从东北回京后，家已搬到汪家胡同，但父亲认为汪家胡同的房不好，又一时找不到合适的住房，故办完丧事以后，暂在帽儿胡同租房。后才买了秦老胡同住房。"

　　④ 梓潼庙，即梓潼庙文昌宫，位于帽儿胡同二十一号。文昌帝君是文昌君与梓潼帝君合而为一的文教之神，都被道教尊为主宰功名禄位之神。该庙始建于元代，清朝嘉庆年间曾大修。今仅存遗址，庙前半部今为帽儿胡同小学。

们的大，很多房子都是他们家的。①

义：当时我们买的房子就是增家的花园。他们把房子切着卖了好几块，都切着卖，一个院子卖一家，不整着卖。我们买的是他们的一块，是丙十八号。

平：秦老胡同那房子的格局，我还给冯其利画过图。那里头很好的，是花园，不是四合院，有假山，河，船坞，就是石舫，有树，藤萝架，然后有门房、账房，有餐厅，两大组房，组合起来的吧，我们住前面一大组，中间有一个院，继祖母住后面一组。那房子很漂亮，但不是当时那种宅门的格局。

定：你们跟增家有来往吗？

平：从无来往。但是一提起来谁都知道。过去的王公贵族，满族跟蒙古族联姻的很多，所以一说起来谁跟谁都知道。

义：我们家在帽儿胡同那段儿生活还可以，有汽车，家里有俩开车的。有账房，管钱的；门房，管传达通报的，等等。还有老妈子，有张妈，有崇妈，有定妈。崇妈和定妈是侍候我姑姑的，都是旗人。

定：您姑姑一人就俩妈。

义：后来当陪房就都跟着我姑姑走了。都已经是结过婚的了，崇妈当时就是老太太，早已经去世了。后来我姑姑生了俩女儿，定妈又看我姑姑的女儿。侍候我母亲的是张妈，张妈后来是跟我的。

定：过去府门里有看妈，还有什么妈？

平：小时候有奶妈，断了奶以后有看妈。他（指包义）是有张妈，我和我弟弟小时候都有奶妈，叫嬷儿，后来大了点儿以后我和我弟弟是一个保姆，王妈。我们小时候管母亲叫奶奶，反而疏远。一说妈就是保姆，管保姆叫妈，跟妈亲。跟母亲都是很正经的，到母亲那儿都不敢大声说话，稍微顽皮一点："怎么这样啊"，家教还挺严的，谁也不敢说说笑笑，尤其女孩子。很规矩的。食不言寝不语，你要说话，一瞪眼，你这饭就别吃了。我跟我弟弟那时候就不让上桌吃饭，在小桌上吃，后来大点儿了上桌，吃什么都是保姆给夹过来，不许自己上盘里舀去。这是不是府门的特点啊？早晨起来得请安去，我记得小时候父亲母亲起来了，保姆带着去请安。放学回家也得去鞠躬。来了客人要躲开，除非自己的姑姑、舅舅来可以出来。我父亲交往的那些个人，这王爷那王爷的，轻易都见不着。另外，他见客

---

① 包家兄妹所述与奎垣所述是相符的，即所谓的"索家花园"正是包家买下的这个院落，但这个院落并不是一个像样的花园。详见奎垣口述。

都有客厅，也不像现在一间屋子都在这儿，到客厅里人家说完走了，我们也不知道。

定：男孩是不是好点儿？

义：基本也这样。至多见一面，叫一声。

平：除了念书，回家就哪儿也不让去，自个儿根本就不让出去，不许站门口儿。反正对女孩子特别不放心。现在说的，什么天桥文化，那时候根本就不让我们上天桥！女孩子上天桥？

定：都是旗人家的那些规矩。你们家是不是也跟旗人家庭一样的规矩，就是女孩子在家主事儿？

平：主事儿倒不主事儿，反正我比他们受一点儿优待，像是身份高一些，这一点和汉族好像不一样。你比如刚才说的这磕头，我只给我父母磕头，给哥哥不磕头，但是我弟弟得磕。其实我跟我弟弟就差一岁，虽然是小孩儿，我也得坐到那儿，他给我磕头，我给他搀起来，就这规矩。我给哥哥呢，鞠一个躬就完了。当然你说主事儿也不是很主事儿，但是要求不一样。要求他们呢就是好好念书，将来成家立业，光宗耀祖，对我没有什么要求，就是去镀镀金，得有文化，懂规矩。

定：但是你要念他也不拦着，他也支持。

平：支持啊，给我交学费啊，但意思是说你不必太认真，能毕业就行了，没有什么期望值。不要求你去创什么业，当什么官，将来出嫁就完了。我弟弟不念书就说他，我不念书没关系，但是我还爱念书。有时候我自己蹲到一边去念书，我父亲就说："又念书，干点别的吧。"我还爱背书，一个女孩子，死记硬背的，我父亲就说："又过马蜂了，嗡嗡嗡的。"

4. 姑姑的婚事

平：我出生的时候已经在帽儿胡同了。生我的时候我姑姑还没出嫁。她后来结婚了，嫁给汉人。

定：她怎么那么大岁数才结婚？

平：挑啊。那个汉人姓郭，是商人，在北京也是有钱的，是内务府的吧。

定：内务府的应该是旗人嘛，是汉军吧？

平：不是旗人，是汉人。是给内务府做生意的。老辈儿做什么生意我们不知道，但是跟我姑爸（即姑姑）结婚的时候就有买卖，还有房产。

定：你们是不是跟那些给内务府做生意的汉人关系挺密切的？

平：不介，没什么来往。这是人家说媒给嫁过去的。

义：过去的王公啊，对内务府的人有点看不起。我父亲对我姑姑是非常好的，对姑夫就有点看不上。觉得自个儿是贵族，觉得他们是老百姓，不过就是有点儿钱。

定：可是那家、增家也都是内务府的啊。

平：那家，人家那桐是军机大臣啊，有官职，他（指姑夫）也就是给人家服务吧。那些府门儿的都有优越感，一出去说什么什么府的，就好像比人家高多少，自我感觉良好。

定：您姑姑后来过得好吗？

平：还行。已经去世了，1997 年。活到九十几岁。

5. 满蒙的王公们

定：你们对达尔罕亲王还有印象吗？

平：就是达尔罕亲王来了必须得去见，因为那是我父亲的叔叔。我们叫爷爷。这是一家子。我们跟他也不是亲的，也是堂弟，六代还是七代。安定门城根儿那儿有一个达贝子花园，那是达尔罕亲王买的，汉人就叫达子花园，在郎家胡同，安定门到德胜门中间，不知为什么叫达贝子花园。

我们旗里那些事主要还得是达尔罕亲王，因为他又是盟长又是旗长又是札萨克又是亲王。我们是什么呢，是公，辅国公。我们有一个感觉就是这书（指李景唐《达赉贝子和他的儿子多尔吉》）把达尔罕亲王写得比较好，好多不光彩的事都没写上。很美化他。

定：您这态度还真够客观的，一般人都不愿意把祖上不好的事写上。

平：这没有什么关系，我们都是共产党员么。我觉得我说的话你们可以信，没有什么可美化的，这都是历史。

定：你们对达尔罕亲王有什么评价？

平：反正嘎达梅林就是他害的，还有郭栓子，按那时候说就是土匪，按现在说就是农民起义。其实嘎达梅林也不是农民，是个小官。[①]

定：您父亲对他这位叔叔是褒多还是贬多啊？

平：他就认为他这位叔叔不怎么主事（管事之义），就是福晋主事。

---

① 嘎达梅林，蒙古名那达木德，汉名孟青山。在达尔罕旗王府任梅林职，掌管军事，即包平这里所说的小官。1929 年在达尔罕旗领导反对张作霖和蒙古王公屯垦开荒的起义，旋即失败被害。后因有关他此次起义的叙事长诗和民歌广泛流传而著名。

有些应酬达王不去，都是福晋出面。他的福晋朱博儒是很精明的，朱博儒还是北京基督教会的，慕贞呢还是贝满的什么理事。比较西化，很漂亮，也有文化。可活跃啦，不得了。就因为有这个福晋，后来他们家就开放了，那时候就很西化。几位小姐一个个都漂亮着呢，我们都叫姑姑，都是辅仁的、燕京的。他那个三小姐跟我大哥同学，就是燕京大学的，我大哥也是燕京大学的。实际达尔罕亲王的很多事情都是她干，达尔罕亲王说汉话都不太利落，他说蒙语。像见着我们都说不了几句话。我父亲要去了，他们爷儿俩还能说几句蒙古话。反正在我们印象里他就是老头儿。

毕：三几年的时候他在北京住过，住了十七年。他住在什么地方？

义：马大人胡同九号。

定：您父亲当时对达王那些作为同意不同意呀？

平：没说过。好像我们和达王的关系很微妙。你要说有意见吧，反正到年节还得请安拜年去。有些事没有达王好像也办不了。要说起来呢走得也不近，你看我们下一代也没来往，后来跟我有些来往是因为我在东城区管民族宗教，要不他们也不会找我呀。好像人家总比我们高一等，爵位也高，辈分也高，我们就是自觉地低一等。王爷来了，我父亲母亲得接待吧，也把我们叫去见一见。好像是有些矛盾，可能就是达尔罕王是总管，我们是闲散王公啊，就是不任职，就因为你是这族里的，有你这一份，给你多少你就是多少。就是说整个旗比如一万块钱吧，怎么分在达尔罕王，人家有权有地位，是拿大头，可能有不公的时候，达尔罕王的家产很多啊。

毕：达尔罕王的事是蒙古人的一块痛，很多人都不愿多说，如果没有嘎达梅林这件事，通辽可能还不是这个样子。我爷爷办书局的时候，达尔罕王算开明人士，都做过赞助的。

平：他留到这儿的几位小姐后来遭遇都特别惨。包静学疯了，可能和"文化大革命"中批斗她有关系，后来听说是离婚了。包懋勤是他们四女儿，丈夫好像是天津的一个商人，后来不知怎么离婚了，就住在马大人胡同他们原来的房子里头。包静安解放后曾住过钱粮胡同，就是后来刘伯承住那房，以后他们搬到新鲜胡同。

毕：你们家跟那彦图他们家有来往吗？

义：好像没有。

毕：跟贡王呢？

义：好像也没有。

平：那王倒听说过，来往不是很密切。那个贡王没听说过。

定：就是说你们家来来往往的主要还是这些蒙古王公，有时候也有一些满族王公，但是不是太多？

平：跟这些王府啊有些来往，即便不来往也都知道，但是有走得近的，有走得远的。你像跟载涛，还有郑亲王，郑王的福晋是蒙古人，是喀喇沁旗的。所以跟我们都有来往。我父亲管那一代郑王叫大叔，不叫王爷。还有达理扎雅，① 我父亲跟达理扎雅的弟弟关系比较好，达理扎雅行大，他的弟弟叫札木荣旺楚克，行三，号叫晓云，后来到台湾去了。达理扎雅还有一个弟弟，早年去世了。达理扎雅的妻子好像是载涛的女儿。② 我们跟卓王近，卓王那一代是管我父亲叫大叔，经常到我们这儿来。③ 还有和王，就是僧格林沁的孙子，叫和西格，他也到我们这儿来，我们管他叫大叔。长得有点像溥仪，很瘦的，戴个蓝色眼镜儿。有来往就是这些吧。还有个叫汉王，住在慧照寺，我不知道是哪个旗的王爷。④ 他的儿子叫乌晓民。

定：慧照寺在哪儿？

平：在东四十二条的北边，汉王府也很大的一个院子。我见过他的老太太。没有什么来往，但是说起来都知道。

定：这些蒙古王爷都是什么做派？是蒙古人的做派呀还是旗人的做派？

平：旗人的。他们聊天都不说蒙古话。

义：你发现没有？我们这些人都是满蒙联姻的，都汉化了。

定：满化了。

平：我们家也是跟满族联姻很多。你像我祖母，我祖母是怡亲王的女儿，我的姑爷爷，就是姑祖母吧，是嫁给庄王府。我母亲也是满族。所以我父亲老了以后从内蒙古回来就跟我们笑着讲，溥字辈的别跟他近，没有

---

① 达理扎雅（1903—1968），阿拉善旗亲王，塔王之子。1949 年 9 月通电起义。解放后曾任宁夏省（今宁夏自治区）阿拉善旗自治区人民政府主席兼宁夏省人民政府副主席、巴音浩特蒙古自治州政府主席、巴音浩特蒙古自治州州长、巴彦淖尔盟（今巴彦淖尔市）盟长兼内蒙古自治区政府副主席、内蒙古政协副主席、全国人大民族委员会委员等职。1968 年 11 月 18 日去世。

② 达理扎雅的妻子名金允城，的确是载涛之女、溥仪之堂妹。光绪三十二年（1906）由慈禧许配给达理扎雅为妻。

③ 上文已经提到，此时的卓王名贺西伊尔图墨尔根。卓王与包家即达赉贝子家均属蒙古科尔沁左翼中旗，关系当然比与其他王公更近。

④ 汉王即蒙古王汉罗扎布，光绪十七年（1891）袭札萨克辅国公，民国元年晋封镇国公、固山贝子、多罗郡王，娶庆亲王奕劻第 11 女为福晋。据冯其利先生考察，汉王府位于东直门南小街慧照寺旧门牌十五号院，今为瑞普发展公司所用，新地址为东四十三条五十三号。见《寻访京城清王府》，第 248 页。

好处，因为要大好几辈。张寿崇是那桐的孙子，绍曾的儿子么，张寿崇有一个哥哥，娶的就是贺西伊尔图墨尔根的妹妹，卓王的妹妹，住在什锦花园。卓王把卓王府卖了以后住福祥寺，那个胡同有一个庙。我见过他们的照片，他们一直就在天津。"文化大革命"不是受冲击么……（略）……反正我小时候就知道金鱼胡同那家，金鱼胡同那家一般都知道，但是我不认识张寿崇。解放以后他在东城区的民政科工作，我在东城区的人事科，那时候就认识了。

我觉得历史原因就是和敬公主下嫁么，可能从那儿以后，我们家的很多规矩都不是蒙古族的，全是满族贵族的。

定：您父母说蒙语吗？

平：不说，在家也不说。我母亲是满族，她懂，她不说。所以我们也都不说。

定：那你们家还有什么蒙古人的规矩您知道的？比如说跟雍和宫的关系有吗？

义：有，有，跟喇嘛什么的。我父亲也常去，反正我们可以随便去。

平：我的印象是解放前比较后期的了。我们到雍和宫没有任何的手续，到那儿一说，人家就接待。一到雍和宫，大喇嘛就把我们请到他那个几单元几号，就是喇嘛住的地儿，可以到住持的屋里，给我们沏茶，接待。有一个小喇嘛跟我三哥岁数差不多，还到我们家玩儿。后来解放后说他还俗了。

义：这个小喇嘛蒙文的名字叫达木林扎布，也是哲盟科尔沁的，所以关系比较密切。姓包。

平：我说的这都是解放前，解放后就再没去了。我父亲从内蒙古回来，和我姑姑到雍和宫看看，就见着一两个很老的喇嘛，也不认得了。我父亲用蒙语跟那喇嘛聊天儿，很多人围着看，好像是听人说外国话似的。那儿的喇嘛已经不是原来的了，是后来去的。我们秦老胡同的家里也有佛堂。

定：供的什么佛爷？

平：释迦牟尼佛吧。拜佛时还得打磬，烧香，一人一股。另外我记得那年我祖父去世多少年还请喇嘛念过经，十周年吧，我九岁的时候。

定：有专门的喇嘛？

平：没有，是从雍和宫请的。另外，我们家不过八月节，不供月。但是后来八月十五也吃一顿好的，吃顿涮羊肉。我们家语言上也有很多忌讳，比如说一摞纸，我们到现在都说一摞纸，不说一沓纸，不说这"沓

（达）"。就避讳这个"达"。另外我们在东北一个公主下嫁，大概是"端敏"，我们的名字都不许带"敏"字。细的就不给讲了，小时候也不知道是为什么。后来大了才知道。其实真正蒙古人的规矩并不多，很多都是旗人的规矩，我们管饺子叫煮饽饽，这就是旗人的说法。另外称呼也不一样，蒙古族管父亲也不叫阿玛。

定：那你们自己觉得是蒙古族还是满族啊？

平：从小就说是蒙古族，就这样下来，我们根本就是蒙古族。我们这蒙古族中间也有一段波折，在日伪时候因为有民族歧视。我父亲叫多尔吉，这在日伪时候他们不理解，怎么多尔吉的孩子姓包？叫包什么呢？我们的户口簿我还翻过呢，我就成了多包平，他就成了多包义，后来要上学了，我就叫包平，我父亲叫包多尔吉。日伪时候，门上都挂一牌儿，户主啊，就写的包多尔吉。所以我们在学校填的都是汉人。蒙古族过去有一段在北京很受歧视，什么鞑子，还加一个什么味儿的。小学生要是一听蒙古人哪，那不都得炸窝？！所以我们填的都是汉人。什么时候改过来的？是日本投降以后，因为我父亲要去参加国大代表会，也觉得光复了，是自己人了，不是日本人统治了，都恢复过来吧。当时北京有一个蒙藏委员会驻京办事处，在方家胡同，我去到那儿开了一个证明，拿到学校，我从那儿才改成蒙古族。这究竟是 1946 年还是 1947 年我就不记得了。是我自己去的。

定：那您的兄弟呢？

平：都是这样啊，那段都改成汉族，后来又都恢复。

定：（问包义）您也是自己去改的？

义：都是她改的。

6. 参加革命

平：我父亲最喜欢我大哥，他是高才生，崇实中学毕业保送的燕京大学。燕京大学南迁到云南①那儿他没去，家里不让去。当时我父亲想，没有大学毕业就工作吧，可是我大哥非常爱读书，跟我父亲争取，那时候家里已经不太好了，当时日本人在这儿也搞了一个伪北大，他就在那儿上学，是学经济的。1945 年燕京恢复，他返回燕京又去念。在那儿他比较进步，是学生会的主席，后来搞学生运动，反饥饿反内战，国民党

---

① 　这里所叙有误，燕京大学在抗战时期的迁址是四川成都的华西坝。迁到云南的是西南联大。

到我们家去逮他，又没念完，就跑到解放区了。他俄文很好，英文也很好，他英文不好不能上燕京。那时候解放区高级知识分子也少，就给他们请俄文专家上课，后来他还在俄文专修班待过，后来就到人大，"文化大革命"有一段人大迁到江西，又在师大哲学系待过一段，又回到人大，一直到去世。

定：你们家兄弟姐妹四个都革命去了？

平：我是 1948 年入党，虚岁十八岁。

定：您那么早就入党，是受您哥哥的影响吗？

平：有一些影响。主要因为我很爱念书，虽然我没有上大学，但是爱看书，当时的学生运动培养中学生主要是从读书开始。当时北京大学组织比较进步的大学生到中学生中去搞读书会，我就往北大跑，读一些解放区的书。我上的是北京第二女子中学。当时也有地下党组织，发展我的是我的同学。解放后公开的（女二中）有十七个党员，都不大，十八九岁。当然真正的领导人有地下学委，地下工作的老师。我弟弟是上内蒙古军政大学，很早了，1949 年，后来就在内蒙古参军了。

定：（对包义）您是唯一没走这条路的？

义：（笑）我的中学是崇实，后来上的中法大学。中法大学抗战时改成北大的法学院，胜利后还是中法。毕业以后开始在北京市税务局，后来到学校教书，在四十七中教英文。1964 年离开四十七中。

定：你们几个走上这条路你父亲有意见没有？

平：他不知道。我入党、参加工作什么的他都不知道。我给我父亲的印象就是爱念书，在学校也不惹事。地下党调我出来，到东城区军管会参加工作。为了不让家长发现异常，头一天我还烙饼呢。我在女二中念书，女二中是市立学校，是平民学校。学校没有什么伙食，我是带饭，带上馒头啊、烙饼啊去上学。我出来工作的头一天我还烙饼，但脑子已经不在那儿了，就给烙糊了，因为烙饼已经没什么用了。我关着门把行李都准备好了。第二天我父亲跟我母亲吃早点，说你怎么还不上学去啊？我就跟我父亲母亲说我不上学了，参加工作了。"啊?! 你参加工作了？上哪儿啊？"当时我还真不知道上哪儿，就是到市委去报到。到了那时候他们也不说什么了，就问，"那你怎么走啊？给你雇个车吧"。我出来的时候带着自己的行李，他们给我雇了个三轮车，给了我点儿银圆，后来我又给送回去了，因为解放初期不许花银圆。我就这么出来的，他们也就不阻拦了。当时我们家院里都住解放军了，他们还能说什么？那时候我们家是没落下来了，秦老胡同的房也卖了，搬到织染局十号。不在北海后门，在地安门里。

平：家里这些事你要问我弟弟，他还没我知道得多。我呢，因为后来家里也没那么高级了，房子比较少，保姆也没有了，我哥哥们后来又都结婚了。我是女孩子，就跟我母亲那儿住，所以天天就跟我父亲母亲那儿转，接触也比较多，耳濡目染的。后来我父亲退休以后在北京啊，那时候我母亲已经不在了，因为我是搞民族工作的，爱问，知道的就比他们还多一点儿。

（二）包安口述

    时间：2003 年 8 月 5 日

    地点：中国社会科学院边疆史地研究中心

    被访者：包安

    访谈者：定宜庄、毕奥南、阿拉腾奥其尔①

[**访谈者按**] 包安是包家兄弟四人中最小的一个，他精力旺盛、举止活泼、口齿伶俐，怎么看也不像是七十岁的人。包平和包安都是性格非常爽朗的人，他们说这是蒙古人的特点。

包安是在我们访问了包平和包义之后主动提出要与我们见面的。他还带来了包平写的"澄清"一文以及他祖父写的扇面，那堪称文物了。

包安虽然不如包平知道的具体事多，但很有见解，他所说家庭败落以后这家人所持态度也很有意思，当然这是不是蒙古人的特点，还不敢贸然下结论。

与包安的这场谈话，是在中国社会科学院边疆史地研究中心的一间办公室进行的，在场的有该中心几位年轻的蒙古族学者，使这场访谈变得热闹和饶有趣味。

是日瓢泼大雨。

包安（下简称包）：我是 1932 年出生的，七十一啦。我十六岁参加革命，以前一直上学，参军前的一个学期住校，不在家里住，所以，也就是

---

    ① 阿拉腾奥其尔当时是中国社会科学院边疆史地中心的副研究员，对于新疆的蒙古族情况非常熟悉。他参加了我为两位蒙古王公后裔做的访谈。

十五岁以前的事还能知道一点儿。1937年以前我们跟老家那边还有联系，后来就没有了。

他们（指兄姐）看了（李景唐那篇文章）以后非常生气，就觉得里边不实的东西太多了。我呢，是没把它当回事儿。我为什么没当回事儿呢？因为我从一参加工作就一直做宣传工作，宣传科，宣传处、宣传部我都待过，当时的文史资料是内部的，不公开，这是第一。第二是周总理说过一句话，说我们老干部写回忆录，许多党外人士也经历了各种历史时期，是不是也写写，以后可以作为资料传下来，文史资料就是这么来的。这里边有的很好，有的比较一般，都是根据自己的回忆，因此没有引起很多的重视，无非当个资料看吧。另外写一个历史事件和写一个家庭还不一样，写一个历史事件有许许多多人参与，就可以考证，写一个家庭就很难考证，一个家庭有很多秘密，就是家庭成员也未必知道得清楚，你让外人写怎么能那么清楚呢。这个人我分析他1930年以前在我们家，或者他接触过1930年以前在我们家待过的人，他根本不知道还有我这么个人。另外，很明显，他对后来北京的情况并不十分熟悉，说北海后门的织染局，织染局离北海后门远着呢，隔着一个地安门呢。织染局在从宽街往西去，在东板桥那边。再说文章是1988年发表的，1998年再去找人，上哪儿找去？

不过这个人，我不客气地说，各方面素养比较差，他缺乏严肃的态度，更没有把这个家庭放到一个社会的背景下去写，有点极"左"的思想影响，批判贵族的腐朽没落生活。

定：文史资料就是这么一个定位嘛。

1. 不说家里的事

定：你们这个科尔沁部跟满族的关系可太不一般了，满珠习礼①听说过吗？

包：没有。

定：色布腾巴尔珠尔呢？

包：……那还得感谢冯其利先生，因为他研究这个呀。蒙古族可能有这么一个特点，不特别看重家系，从来没有人给我们讲过家谱是什么，你们祖先什么，从来没讲过。我倒记得上中学的时候我们家里有祠堂，祠堂

---

① 满珠习礼，科尔沁左翼中旗达尔罕亲王，孝庄皇后的生父。色布腾巴尔珠尔是其玄孙。

里边我看过一个家谱，除了这个以外没有任何人跟我说过我们祖先怎么，所以，不知道。

毕：那知不知道你们是从和敬公主府出来的？

包：我们知道，但也没有跟电视剧似的，把公主捧得多高。

毕：1923 年才离开和敬公主府，已经很晚了。我去看了一趟，那院里排场非常大。

包：从和敬公主那一代基本就迁到北京来了，而且若干代都是单传，所以老家那儿就没什么人。跟北京的蒙古王公有近有远，跟达王（即达尔罕王）、卓王都近一点。

定：都是科尔沁的嘛。

包：还有和西格，僧格林沁的后代，也经常上我们家去。但是来往已经赋予新的内容了。我父亲上东北不就为了"土地奉上"么，和当时的时事联系起来，已经脱离王公贵族的范畴了。

毕：我想冒昧地问一下，您哥哥姐姐对您祖上的身份有什么样的认识？

包：好像我们家这方面都特别的淡。我也看过《清史稿》，由于家里也不灌输这些东西，所以在我们观念里头很淡。

毕：你们也不跟下一代讲，下一代也不知道这些情况？

包：不知道。他们都不知道。

定：您父亲不说？

包：不仅不说，好像还有点回避似的，当然后来就更回避了。因为这是一个很容易惹事的、很敏感的问题。

定：解放以前也回避吗？

包：不回避，但是不说。

毕：当时北京蒙古族也不止你们一家，像你们家这种情况是比较典型呢还是有点特殊呢？

包：（沉默）……这恐怕也是多方面的原因。当然我们家可能也特殊一点儿，就我们家来说，有共性也有特性，共性就是蒙古族的贵族，多少代就是和满族结亲的，风俗习惯等等既有蒙古族的也有满族的。要说个性呢就因为我继祖母是个汉族，这我哥哥我姐姐可能都没说过。我们家的矛盾在我继祖母身上。我父亲受我继祖母的气，我母亲受的气就更大了，吃饭就得在旁边站着。这个说起来不是蒙古族的文化，纯粹是汉人的文化。

定：其实是满族的（文化）。

包：所以据我了解我父亲和我祖父关系就不十分密切，亲情就不是很重。我们只有一个姑姑，他们的关系好像还可以。由于我父亲从小没母爱，所以对我们呢，一切条件倒是给你创造了，但是不怎么关心，我母亲也是。我们贵族家庭里头不要说和汉族比较，就是跟一般的蒙古族比较，亲情也比较淡。我们生下来以后就有奶母，奶母没有了就是保姆，保姆没有就该上学了。早晨上学的时候，父亲母亲还没起来呢，中午放学回来了，说一声吃饭吧，完了。下午再说我回来了，说玩儿去吧。晚上说我睡觉了，睡去吧。就这几句话。我那天和我姐姐还说呢，我说我和我父亲解放以前就没说过几句话。包括我们弟兄几个，我们几个从学业到事业还都是可以的，但是互相的关系不密切。多冷淡倒也不是，但你说多亲密也不是，从小就是那样。祖先、家庭在我们观念里头特别淡漠。后来又赶上解放了，我父亲去了阿拉善旗，哥哥姐姐留在北京，我参军走了。我回北京以后，大家的工作都特别忙，见面很少。我大哥去世的时候因为他只有一个女儿，是我给他料理的，我还说呢，我说我这大哥一块糖都没给我买过，完了这后事倒是我给办的。当然我不知道其他的蒙古族贵族家庭到底是什么样儿。现在到我们这个年龄了，反而觉得应该互相关心一些，看望看望，都这么大岁数了，有个血缘关系吧。

我和我姐姐还好一点儿，因为我们俩从小是一个学校同班的同学。我不到 5 岁就上学，她上幼儿园我也上幼儿园，她上大班我上小班，她该上小学了，就剩我一人了，没有人送啊，怎么办呢，干脆就一块儿去考吧，就一块儿考上小学了。我是 1932 年 12 月生的，正好是 1937 年，北京比较乱，好多人就不敢让小孩上学了。我呢学校在前圆恩寺，正好在秦老胡同后边，这么就上了学了。我们俩从小学一年级一块儿到四年级，后来五年级分校了，她上女校我上男校，后来又合了，上中学又分开了。我跟她稍微密切一点儿。加上我们家就这么一个女孩子，我哥哥他们对我姐姐也比较好，我父亲也比较喜欢我姐姐，所以我姐姐知道的情况比我们还多点儿。

2. 关于家里的败落

包：到我父亲这一代正好到了民国，贵族的身份已经不明显了。小时候还有人称呼多贝子（指包安之父），三阿哥四阿哥小格格（指包家兄弟姐妹），长大了这些称呼就都没了，那时，也没感觉到这有多光荣。

毕：排场还有吗？

包：也没有。当然后来我们家败落了，但是我父亲确实不是吃喝嫖赌的形象，是一个什么形象呢，应该说很老实，在外头人际关系不活跃，坑蒙拐骗更不会。个人的能力也不是十分强，就是这么一个人。生活确实不铺张，真没奢侈和挥霍。我们在秦老胡同生活可以的吧，但从来吃的都是健康食品，不是大鱼大肉。夏天炒芹菜，炒黄瓜丁儿，熬茄子，冬天丸子熬白菜。过年吃炖肉，就这样。

定：你们的菜很讲究吗？

包：很普通。但做的口味是不错的。我们那时候叫中午面晚上饭，就是中午老是面，炸酱面，芝麻酱面，有一些个菜码儿，黄瓜呀萝卜呀，中午每天都是这样。

定：问一句您别在意的话，你们吃猪肉吗？

包：吃，你问什么我都不在意（笑）。生活挺平常的，当然比一般人要讲究，这点是无疑问的。比如我们有固定的饭厅，固定的位置，谁坐哪儿，专用的筷子都摆好了，不能随便坐，我坐我姐姐那儿不行。我小时候家里佣人还比较多，在秦老胡同的时候数出来起码有十几二十几个，我和姐姐有一个保姆，我哥哥有一个保姆，这我还记得。有门房，有账房，有一个洗衣服的老太太，还有打更的。到后来只剩一个老保姆，是跟我母亲陪嫁过来的，一辈子就在这儿了。在那种情况下，你必须用那么多人，当时我们家就俩大人带着四个孩子，那么大一个宅院，前门在秦老胡同，后门在前圆恩寺，院子特别深，瘆人着呢，我们小时候一到晚上就不敢出来了。你没有几个佣人的话，你怎么住啊？现在行了，就一个单元，真给我那么一个大房子，我还真是没办法了。所以一定的环境就有一定的条件与之相配。当然话说回来了，你说那叫多铺张也可以，你干吗住那么大房啊，你换一个小院，三五间房多好啊。

蒙古贵族到北京以后，它的境况和家庭内部的成员有很大关系，假如我不是这个继祖母，可能我们家就又是一个样子，有好大一部分财产是让她（拿走了）。达尔罕王家是有一个福晋，特别能干，解放以前在北京的妇女界里能活跃一阵儿的，他们家能活跃起来跟这个福晋有很大的关系。如果靠达尔罕王不行，他那阵儿年纪已经大了。另外就是不能离开当时的社会背景，解放以前通货膨胀那么要命，你蒙古贵族能好得了吗？这都是我们经过的呀，拿法币换金圆券，比例都是几万几万的。当时（我们家）又处于这么一个状况，就是上一代都不是很年轻了，下一代又还太小，都还没有经济能力的时候。另外国民党对少数民族（的待遇）也是象征性的，是希望通过这些贵族扩大点它的影响，要说真给你什么高官厚禄，他也不干那个傻事。

定：你们家当年在北京贵族味儿是不是还挺明显的？

包：不明显。

定：您父亲从来没有过我们原来是贵族这样的表示吗？

包：我们知道，但是没有说过。

定：母亲呢？

包：也没有说过。

定：蒙古人是有意思啊（众笑）。

包：我们家从家境比较好到后来败落，我没有感觉到我父亲多么悲伤，没到吃不下饭的地步。我们这一代人就更是这样了，当初参加革命的时候还是兴高采烈的呢。这说明两个问题，一是教育，一是蒙古族这个性格。

奥其尔：您父亲在什么情况下又到内蒙古去参加工作的？

包：北京解放我就走了。当时他特别恐惧，他不是国民党的国大代表么，又是个贵族，他不知道共产党到底是什么样，我们家倒是有个共产党，有共产党外围组织成员，但是谁也不跟他说，也不敢跟他说。我记得特别清楚，解放军入城的宣言、告人民书，我跟我姐姐俩人就到处散发去，那时候北京还没解放呢，还围城呢。夜里头，最后就搁到我们家门口一份，说让我父亲看看，给他宣传宣传。阿拉善旗的达王，达理扎雅，跟我们也论得上是亲戚，我父亲就投奔达理扎雅去了。当时就给安排到阿拉善旗，从基层做起，刻过蜡版，后来就到林业局，当过一段林业局局长。后来阿拉善旗合并到巴彦淖尔盟（今巴彦淖尔市）以后，就到巴盟政协。我父亲后来年纪大了，回北京住在我

解放后的多尔吉（包安提供）

那儿，那时他就说，我可是从头做起的，刻蜡版，假如过去那种陈旧观念的话，毕竟都是贵族，哪儿能刻蜡版呢。

定：他的字刻蜡版肯定特棒。

包：我父亲字不错。先刻蜡版，后来慢慢儿地到了旗林业局。在林业局的时候，真进贺兰山，爬到山上，进那里头去考察。

定：他跟达理扎雅的关系一直很好吗？

包：还可以。原来就跟他互相串门儿。达理扎雅还一个三弟，后来到台湾了，我父亲跟他三弟更熟一点儿。他三弟经常到我们家去。

定：那您父亲后来到达理扎雅那儿也比较淡然是吧？

包：也挺淡然的，没有觉得特别失落。我体会就是蒙古族的这种心理挺值得研究的，是不是和牧业，和大草原有关系？那种环境生长起来的，好像很自然的就不计较那些小事，不计较什么你上去了我下去了，怎么着怎么着。

我父亲1988年去世的，是火化。

3. 我自己的经历

包：我们家三个都是解放前就参加革命了。

定：你们怎么就都走上革命道路了呢？是什么原因呢？

包：过去对贵族，从社会地位、物质生活方面说得多，我觉得不能忽视对文化层面的关注。我们走上革命道路具体讲三个原因。第一，我们家里虽然亲情不浓，但是很重视教育，而且不保守，不狭隘。从我大哥开始一直到我，在上小学时家里都有家教，请的都是好的老师，是好的学校里的好老师，洋派居多数。我们的家教就有一个基督徒。我中学、小学都上过教会学校，从小在这样环境中长大，所以接受新思想、新观念比较容易。第二，我们亲眼看到国民党的独裁腐败，从我们家的变化亲身感受到旧中国是没有出路的。第三，我们家对家史啊、家谱啊、这种亲情比较淡漠，但同时对我们比较放开，只是强调礼节、修养，好好念书，具体管得不多。你想干什么干什么，你想认识什么人，跟什么人去玩，家里不管，比如说，他是什么出身，什么背景啊，没有这个观念。我参加党的外围组织就是一个师大女附中的学生介绍的。过去对贵族都概念化了，好像贵族就都那么拘拘束束，就把人分三六九等，其实根本就没这个观念。我们家佣人挺多的，但家里人从来没让我们以主人对佣人的态度来处理相互间的关系，你只要稍微露一点这个就挨说。这点跟汉族不完全一样，汉族主人仆人很森严的。我们把那些保姆就是当妈妈看，我们观念里头没有尊卑长幼。我给你说一个最典型的例子，我们家有一个人，说是他上面哪一代人可能救过我的哪一代祖父，好像有好处吧，就把他们养起来了，几代人都在我们家住，他们家大人在我们家里好像还做点事什么的，小孩就跟我一块儿玩，互相叫小名。后来就跟我在一个学校上学。所以，直到我工作以后，等级观念都不强。我对领导也就没有另外的看法，只是认为，你是领导，你就应该什么都好，你不好我就可以说你。可是对下属我从来不说什么，因为我是领导我应该比你做得好啊。

　　定：蒙古族是不是都这样？

　　包：我觉得有点儿，这个跟汉人不一样。我是解放以前，1948年参加民主青年联盟的。本来没想到内蒙古去，当时想参加南下工作团，① 组织上不让我走，说你还小呢，我那时还不到十七岁呢，十六岁。就说你别参加工作了，你好好念书，将来国家需要的人才多着呢，就这时候内蒙古来北京招到内蒙古工作的人，内蒙古解放早，1947年解放的，就到我们学校去招人了，就借这个茬儿，我说我是蒙古族，我去。我就这么着儿到的内蒙古，1949年4月。那时候内蒙古军政大学的历史比较长了，我们去又成立一个二大队，专门接收青年学生，我们在那儿学了三个月，5月份开的学，正好中华人民共和国成立前9月份毕的业。我就跟着部队，开始是宣传队，后来是文工团，以后到了机关，又当了新华社驻内蒙古军区记者，待了很长时间。

　　我的经历是很有意思的。我在内蒙古军区工作了二十年，……1970年我就回来了，我是复员的，回来以后到工厂当工人，当宣传干事，当科长，最后到北京市委研究室当副主任，我一生从最底层做起，就做了这么两轮。

　　跟我一块儿从部队回来当工人的，好多人的心情都特别不好，觉得当完干部再当工人，失落感特别强。我一点儿没觉得（笑），我还觉得

---

① 中国人民解放军南下工作团，后称为第四野战军南下工作团。1949年2月3日，中国人民解放军举行北平入城式；2月15日，东北野战军致电中央，报请在平津两地招收一万名知识青年参加军队工作，组建"中国人民解放军南下工作团"，其中"7000学生，条件是初中以上，年龄十八岁，男女均收；另3000人拟招收技术工人与职员和各种专业技术人才，由两市委负责动员，待遇从优"。26日登报考试招生，至6月初结束，先后组建三个分团。谭政任总团长，陶铸任副总团长，实际工作由陶铸主持。南工团与华北大学、华北军政大学、华北人民革命大学等校学生的最大不同，是后者身着灰色粗布干部服，前者身着四野的绿色人字呢军服，配有"中国人民解放军南下工作团"字样的胸标，因此在青年学生中颇具吸引力。1949年4月四野七十万大军分三路南下，7月29日至8月3日，南工团近万名学员递次出发，大部至湖北武汉，被分别派往四野各部队以及华中局参加地方工作。9月28日，南下工作团结束历史使命。

挺高兴的，觉得当工人也挺好的，就花点儿体力呗。我后来能到市委，到研究室当领导，和我当工人有很大关系，我跟好多人，特别是年轻人说过，当工人的经历对我是一个深刻的教育，就是工人哪，比你一点儿都不差，人家也是一个人，无非就是各种条件让他走了那么一条路，人家就成工人了，这里面有挺大的偶然性。我后来在市委研究室当副主任，也没觉得我多了不起，没觉得我比工人强多少，因为我知道有的工人真聪明。

4. 蒙古族和蒙古语

定：你们觉得自己是蒙古族吗？

包：这没问题。我们从小到现在，民族都是蒙古族。人家也都知道。

定：您会说蒙古语吗？

包：不会。我是在北京出生的，蒙古话不会说，我大哥也不会。本来我到内蒙古，内蒙古军区还把我当作蒙古族的干部，要培养我蒙汉兼通呢。结果也没通就跑回来了（笑）。为什么没有通呢？内蒙古扫过一次蒙古族的文盲，包括蒙古族不会说蒙古话蒙古文的，但由于我在部队里算文化高的，去扫汉族的文盲去了，就没给我扫上。1957年干部下连队当兵，特意把我搁到锡林郭勒，锡林郭勒有个骑兵连，是一个蒙古族的连队，就在贝子庙西边，可是这个连有一个排是汉族，说这个排是最难管的，就让我管这个排，所以还是没有学会蒙文。但是我那种性格确实还是蒙古人的。我有一个感觉，虽然我出生在北京，但是我的性格里头和汉族有好多不同，我工作这么多年，人家就说老包你不愧是个蒙古人，不会奉承奉承上级呀，说点儿好话呀，都不会，一句都不会。而且相反，我工作了四十多年，跟我的顶头上司的关系基本上没好过，更没有什么私人关系。

毕：贵族就是贵族（众笑）。

奥其尔：培养一个贵族可要三代啊。

定：他们可不止三代啊。

定：您觉得蒙古族跟别的民族相比有什么特点？

包：心胸比较开阔。蒙古族好像心胸极坦荡，没有我拉一伙你拉一伙。为人比较豪爽。

5. 其他

定：秦老胡同增家跟你们家挨着，有印象吗？

包：知道。据说我们住的房子原来就是增家的房子，我们住的是他家的花园。他们是十八号，我们好像是丙十八号，挨着门儿。但那时候大宅门都不走动，反正就是知道。

当时北京东城区沿着交道口那些个胡同，住房和人家都是不错的，都是府门、宅门。基本上没有大杂院。大杂院是解放以后的事。王府、宅门大部分都在东城、西城这一带。前门这一带基本没有。南锣鼓巷那儿有大杂院，因为那儿带点服务性质的，什么洗衣服的呀，裁缝呀什么住的。

我们的坟地在东坝，①不是东坝河，那里公共汽车有一站。看坟的他们姓蔡，这家在东坝是很有名的。那会儿我们弟兄都小，我父亲也不把这当事儿，就把这几百亩地都交给他，他连看坟带经营，什么都不跟他要。到1941、1942年吧，老家那边没有收入了，我父亲也没别的收入，那时候我大哥就长大了，就由他参与跟看坟的二儿子（他们有4个儿子，管事的是二儿子），把他找来，跟他谈，是不是每年给我们交点粮食，另外呢，是不是可以卖点土地，这时候才把这笔财产拿回我们家来。

定：卖了吗？

包：一点儿一点儿卖，到解放前已经剩得不太多了。但是据说，没有根据啊，说土改把蔡家这人斗得够呛。用什么话来说呢，他是二地主啊，大地主什么都没要，二地主什么都拿去了。你想北京郊区的几百亩地也不少收入呢。也是一大户。冯其利上那儿去过，他们家老四还在。

毕：我看资料提到在后圆恩寺有蒙古旅平同乡会，这您知道吗？

包：有个蒙古旅平同乡会，还有蒙古旅平同学会，同学会的会长就是我大哥。同乡会好像是跟蒙藏委员会驻京办事处在一块儿。

毕：在方家胡同六号，已经没了，《札奇斯钦回忆录》②提过。

包：反正也在东城区这一块儿。

---

①　即朝阳区东坝村西口北京第十六中学侧。按和敬公主与额驸色布腾巴尔珠尔就葬在这里，他们的后人也都陆续葬在此地而没有其他坟地。据说日军占领北京时期该坟地被地方恶霸聂洪儒盗掘，目前遗留的只是一片松树林。

②　札奇斯钦，喀喇沁旗人，北大毕业生。曾在蒙疆自治政府任职。后去台湾，在台湾政治大学任教，组建边政研究所，现移居美国。

附录　科尔沁左翼中旗王公世袭表①

莽古斯（和硕福亲王哈布图哈萨尔）

↓

宰桑（和硕忠亲王，女为皇太极孝端文皇后，姊为孝庄文皇后，妹为敏惠恭元妃）

↓

四子满珠习礼

（达尔罕巴图鲁亲王，妻为克勒郡王岳讬长女）

↓

长子和塔（康熙四年达尔罕亲王）

↓

长子班第（康熙十年）

↓

长子罗布藏衮布（康熙四九年）

次子色旺诺尔布（乾隆二十年）

↓

长子旺济勒多尔济（乾隆三九年）

↓

长子丹增旺布（嘉庆三年）

↓

子宝音温都尔湖（嘉庆十三年）

↓

子索纳穆朋苏格（道光二八年任札萨克）

↓

子衮布旺济勒（同治十三年）

↓

子那木济勒色楞

（光绪十年袭，光绪十三年任盟长，民国三
五年简放盟长）

（和硕达尔罕亲王）

三子色布腾巴勒珠尔

（乾隆八年封辅国公，乾隆十二—十八年袭达尔罕亲王）

↓

子鄂勒哲特穆尔鄂尔克巴拜

（乾隆四十年袭多罗郡王，后降为辅国公）

↓

养子鄂勒哲图

（乾隆十九年后晋郡王）

↓

侄齐克默特

（嘉庆二四年固山贝子）

↓

嗣子棍楚克林沁

（道光二八年）

↓

子那苏图

（光绪十年辅国公）

↓

子达赉

（光绪二一年）

↓

子多尔吉

（民国十九年）

（闲散固山贝子）

---

① 此表据祁韵士等纂《皇朝藩部世系表》并包平提供的世袭表参照制成。见包文汉整理《清朝藩部
要略稿本》附录卷一"内蒙古表"，黑龙江教育出版社 1997 年版，第 314—376 页。

吾家曾在瀚海西

——策美迪口述

时间：2004 年 5 月 25 日

地点：北京东城区干面胡同策美迪家

被访者：策美迪

访谈者：定宜庄、毕奥南、阿拉腾奥其尔

在场者：策美迪之夫

[**访谈者按**]　寻找北京的清代蒙古人后裔并不容易，因为 1949 年以后，他们中的上层人士及子女大多数都已迁居海外，留在京城的人数本来就少，加上多年来政治上的忌讳，家庭中对旧事几乎不提一字，很多人对自己的祖先一无所知。与帕王后代有关的线索，还是毕奥南先生提供给我的。毕先生多年来热心寻访元代以来京城蒙古人的行迹，本书所作几篇蒙古人的口述，颇得益于他的帮助。

帕王即帕勒塔，蒙古旧土尔扈特部乌纳恩素珠克图东路盟巴木巴尔六世孙。光绪三十四年（1898）袭爵为亲王。他于 1903 年被清廷赏赐来京，任乾清门行走。① 从这篇口述可以看到，他的妻、子乃至后代从此便定居北京直至如今，这是与包家兄妹不同的又一个蒙古王公家庭的类型。

帕王的故事和清末民初那段时期的蒙古族历史，丰富得足以写一部甚至多部专著，对此冯其利先生以及与我同去的阿拉腾奥其尔、毕奥南先生都是专家，但策美迪女士和她丈夫的讲述却绝不因此而重复。

---

① 帕勒塔（1882—1920）于 1906 年东渡日本，在日本振武学堂学军事，1909 年回到北京，就任清政府陆军贵胄学堂蒙旗监学，后又被清政府任命为科布多办事大臣，未到任即发生辛亥革命，起初不认共和，1912 年 2 月 1 日又表示拥护共和，并以"自难免误会之端"中的"误会"一词，开脱自己原不认共和的立场（《政府公报》第 80 期，民国元年 7 月 19 日，载第 1 册，第 341 页）。

从他们讲述中凸显出的，是奶奶这样一个人物，只要想象一下在北京最繁华地带那曲曲折折的胡同中，居住着这样一个终生不讲汉语的、安详和平与世无争的女人，我就止不住对于北京胡同发出"深深深几许"的感慨。

蒙古旧土尔扈特部亲王帕勒塔

奶奶显然是这篇口述的主角，而策女士的丈夫将他的旗人姥姥与这位蒙古族奶奶所作的对比，虽然着墨不多，也颇给我以启发，因为还没有人这样对比过。

毕奥南（下简称毕）：我们在读书、研究的时候经常读到帕王的故事。帕王太有名了，清朝退位的御前会议上，满洲王爷、太后只知道哭，只有帕王、贡王几个蒙古王，叫着要和南方干一场。这段故事在正史里头写着呢，[①] 所以一听到有您这样一个线索，我们就特别想过来坐坐。

策美迪（下简称策）：有一个人叫冯其利，他找过我，他写过一本书，写的是在北京的十个蒙古王爷，但是这书我没见着。他找我的时候我父亲刚刚去世，我还没退休呢，我对他是绝对没提供什么，有关我爷爷的这一段还是从他那儿听来的。我觉得别人知道的都比我多。

1. 爷爷和奶奶来北京

策：我们家好像是光绪那会儿就到北京来了。我听我奶奶说，那会儿我爷爷是在清政府里头当什么陆军长官。他们挺早就通过俄国，俄罗斯，西伯利亚来的中国，来的北京。我不太清楚。……我父亲、我大爷绝对都是北京生的。我父亲可能也没回去过，因为他从来没提过他回过老家。

---

① 见溥伟《让国御前会议日记》，《辛亥革命》第八册，第114页。

定： 那您父亲如果在世的话，他今年应该是多少岁？

策： 今年九十。现在不在了。

定： 那就是说他出生已经是辛亥革命之后了。

策： 1914 年。

定： 你们家光绪朝的时候到北京来，那时候不是住在这儿吧？

策： 关于王府这一块儿的事情，我是听冯其利先生跟我说的，他说他们来的时候在太平仓，[①] 就是林彪住过的毛家湾，说那儿是他的王府。那里头还有一个小白楼，据说是我爷爷曾经在那儿呆过。那个胡同已经不叫太平仓了。那儿现在是解放军的总后还是总政占着呢，他当时已经跟人家谈好了，要带着我去看，但是那时候我正上着班呢，没工夫，后来他自己去了。原来我们家还有一个图，就是太平仓那房子的图，我给冯先生找了半天，没找着。

定： 那就是说打你记事起你们家就没在那个小白楼住过？

策： 毛家湾那儿我都没去过，您想我 1945 年出生，我不可能去过。那房子可能早就没有了。

毕： 我看到两个资料，一个是讲菊儿胡同有帕王府……

策： 菊儿胡同？那我不知道。

毕： 另外一个，大甜水井胡同也有帕王府，就是王府井那儿。

策： 我都不知道这俩……我只知道太平仓有，那可能是帕王活着的时候。要是菊儿胡同和大甜水井……我爷爷可能都不在了，你想，他去日本就没回来么，死在日本了。

毕： 学术界感到最迷惑不解的，是帕王在光绪年间，瞒着清政府悄悄去日本，上的士官学校，但是这段历史谁都不清楚……

策： 这个我也不知道。

毕： 去日本的这段，我看的是国民党编的档案，档案里头提到他在横滨还是在大阪看病，那个领事每天去看他，为啥看他呢？不放心他，那时候正好是……是不是 1919 年呀，外蒙正在闹泛蒙运动，布里雅特人正在搞一个大蒙古国，据说要帕王出任首脑，这只是据说，但北京政府是决不放心，天天派领事去看他，他确实是在治病。[②]

---

① 冯其利先生在《寻访京城清王府》一书中详记了他几度寻访太平仓胡同西口帕王府的经过（参见该书第 230—232 页）。太平仓胡同位于西城区平安里。

② 有关这一段历史，详见毕奥南《关于帕拉塔赴日看病与泛蒙运动》一文，载《蒙古史研究》第九辑，内蒙古大学出版社 2007 年版，第 363—367 页。

策：他是肝有病，这我知道，最后说是肝腹水，我估计就是肝硬化这样的病。其实我奶奶也说不上来到底是什么，就告诉我是肝病。

毕：看病的时候您奶奶在跟前吗？

策：在，我奶奶跟着他去的日本。

毕：有一个说法说您奶奶是日本人。

策：不是不是。我奶奶是阿勒泰人。

定：是阿勒泰的蒙古人吗？

策：对。我奶奶不是帕王的原配，她算一个福晋吧。

定：您奶奶是什么时候从阿勒泰过来的？

策：他们是一起来的吧。

毕：帕王是光绪年间来的，您奶奶不一定是那次来的。帕王后来得到过袁世凯重用，因为阿勒泰那里的好多事情需要帕王去摆平。他做过办事大臣。

策：那叫什么，阿勒泰办事长官。

策美迪之夫（下简称夫）：奶奶说她的丈夫是袁世凯的尉官，我以为是上尉的尉，可是不对，抄家后送回来的大肩章，大伙儿大概都不知道吧，那起码是新疆军区司令。

毕：袁世凯在辛亥革命以后，为了招抚几个高级的蒙古王公，专门设置了翊卫处吧，封了几个翊卫使，这个是制服啊。

定：您奶奶嫁给您爷爷后再也没有回过家乡？

策：没回去过，肯定没回去过。

毕：应该回去过一次。1914 年还是 1915 年帕王出任阿勒泰办事长官，是回去的。

策：也没准儿是回老家那次才带来的。

定：不过既然您父亲是在北京出生的，那您奶奶肯定在那之前就来了。您父亲不是 1914 年生的吗？

毕：我想是 1912 年或 1913 年来的，阿勒泰那儿有个科布多停火线，帕王去主持的。①

策：从她平时说的话当中，我估计我奶奶的家不是太好，不是太上层的家，反正不是王爷什么的。那时我也小，没问过。

---

① 1913 年 7 月，中国军队在察罕通古打败俄国和库伦联军之后，帕勒塔向外交部建议，在阿尔泰就近与俄国进行谈判。中华民国政府同意，中国代表是帕勒塔，俄国代表是阿尔泰领事库孜敏斯基。1913 年 10 月双方草拟了一个共有六条的《中俄停战临时草案》。

奥其尔：是当地的总管呀？

策：反正不可能是穷人吧，但是不是太上层的。她是阿勒泰的，"文化大革命"那会儿不是要把地主婆送回老家去？还真来了一拨学生，是哪儿的我不知道。可是从地图上一看，阿勒泰已经到边境线了，（有一部分）归苏联了，所以咱说不能回去（笑）。

定：您奶奶应该比您爷爷年轻不少吧？

策：应该比他小好多，据说有个敏王，也算我的一个大爷，他好像跟我奶奶大小差不多。

2. 姑姑和姑姑给买的房子

定：您奶奶跟您爷爷生了几个孩子？就您父亲一个吗？

策：还有三个女儿呢。两个死了，一个是得肺结核，十八岁的时候死的，还有一个就没怎么提，估计很小时候就死了。最后就剩一个大姑妈，就是（我爷爷的）大女儿吧，她二婚嫁了一个法国领事。我对姑妈有印象。

定：她二婚嫁给法国领事，那第一次呢？

策：第一次我不知道。她有两个儿子，二儿子已经不在了。她的大儿子不是她那个法国丈夫的孩子。那会儿的法国领事馆，就是那老外交部，在东交民巷里头，现在那地方还有呢。我小时候还在法国领事馆住过，从北京解放一打炮，我们好像就上那儿住去了，住到1951年还是1952年？

夫：你六岁的时候她走的嘛，1950年走的。

策：反正就是那些外国领事馆全让撤的那年走的，去法国了。肯定是1949年以后。她八几年去世的。

毕：您父亲去德国留学时您奶奶是跟您姑姑一起生活是吧？

策：那时候我姑姑在呢。那是1945年以前的事了，所以应该是跟着我姑姑的。我觉得他们娘儿俩的生活习惯还是比较西方，也许跟着我姑妈那段生活的时间长吧。

定：您小的时候，不，您父亲小的时候，在北京的生活挺好的吧？

策：我觉得应该还行，"文化大革命"以前困难的时候，是我姑妈的孩子给我们寄钱寄吃的。这个房（现在住的房）就是我姑妈买给我奶奶的，这叫作王宫。当时一个德国的留学生在中国学建筑，他设计了这么一个，里面完全是西式的，地板、天花板，木围墙。现在什么也看不见了，您要是以前来过……

奥其尔：从那个窗户外面看墙还是洋式的。

定：房顶像是庙的形状，像宫殿。

策：那种走兽、龙，房顶上有那些个玩意儿。但是我姑妈是怎么买的，我就不太清楚了。我1945年就是在这间屋里出生的。这间房以前没有这个隔断，这儿是连着的。

奥其尔：这（房）是后来买的吧？

夫：档案上写的是民国十一年（1922）。

策：我们这房是1956年公私合营时交的。那时候我们家就三口人，三口人住这么多房子。公私合营以前是一个苏联人租的，是卖三合板的。我小的时候我们家都码的三合板，我就知道他是卖三合板的。

夫：1954年变成印度参赞住的。1956年时国家没房子，征用房子，这是我从她家里知道的。

策：后来一直就是外交部征用，后来又给了服务局，就跟城里那些大使馆似的，那些大使馆不是都归了外交人员服务局了嘛。后来我听老太太（即策的奶奶）说，老太太不愿走。那时给房钱，一直给到"文化大革命"前。"文化大革命"以前每个月给我们三十六块钱还是三十八块钱，叫领房租，一直给到1966年"文化大革命"，那时候三十多块钱也够我们家吃饭的了，那年月五毛钱一斤肉，应该够了。反正我记得1962年我上班时最低生活费是八块。那时发困难补助（的标准）是按人均收入不足八块。

奥其尔：我听你父亲讲过，你们家是住在洋房里，这排房（现在住的）是仆人住的。

策：那会儿人比较多，我就不知道了。后来他觉得房子挺好的，想要回来，是以他们单位的名义去查的，要是私人去查人家还不给查呢。

定：要回来了吗？

策：要不回来。不是"文革产"，要是"文革产"能要回来。我们（现在住的）这房"文革"时也交了，就退回来了。公私合营时没收的叫京租房，都不退。这在北京市是一个大问题。解决不了的问题。

3. 父亲[①]与母亲

定：您小的时候父亲没在北京是吧？

策：对，父亲后来去德国留学。

---

① 策美迪的父亲名策丹道尔吉。

毕：蒙古王公的后裔呀，有一批人是受到西式教育的，包括您父亲这样的。您父亲是哪年去德国留学的？

策：我知道他毕业的时候就是希特勒投降，所以他没有毕业证书，他这一生就挺不得意的，因为他是战败国的学生，不能评教授，不能评这个，不能评那个。

奥其尔：他是解放前回来的？

策：解放前回来的。

定：他留学回来主要是靠什么生活？

策：教书。解放前是辅仁的教授，靠工资，靠一点儿积蓄。还有一点儿积蓄。我觉得我们家吧，1949 年以后，"文化大革命"之前还是平平静静的。没有什么太……就是 1952 年"肃反"①的时候，那什么，咱们叫审查吧，1954 年回来以后，公安局给安排的外交学院……（停一会儿）。后来调到外语学院。在外语学院退的休。

毕：审查有什么理由呢？

策：我觉得呵，和包尔汉有点关系，包尔汉当时把我去台湾的那个大爷当成他（指其父）了。包尔汉写了一本书，《新疆五十年》，②在那里面就那么写的，如果你们有那本书，你们能找到。我就大概看了那么一眼。

奥其尔：《新疆五十年》里是写了，敏王道尔基，他的弟弟。

毕：就这一句话？

策：唉，完了以后就审查了两年，1954 年回来的。回来以后，据他自己讲呢就是人家错了，所以公安局就给他安排工作。这事儿是不是他喝多了瞎说我可不知道。咱们没有考证。

定：他爱喝酒？

策：一直到死那天还喝酒呢。

毕：奥其尔来过，对他喝酒有印象，说老汉还喝着二锅头呢。

奥其尔：我 1990 年来过，好像就在这屋。他让我出去给他买瓶酒，出门以后旁边就有一个小铺，买了瓶二锅头。

策：对，旁边就有一个小铺，那会儿有点限制他喝酒，不给他买酒，

---

① 肃反，指的是自 1955 年到 1956 年在全国开展的肃清暗藏反革命分子的运动。1955 年 7 月 1 日，中国共产党中央委员会发出关于开展肃清一切暗藏的反革命分子的指示。整个肃反运动的方针是："提高警惕，肃清一切特务分子；防止偏差，不要冤枉一个好人。"党政机关、团体、工矿企业、部队和学校开展的肃反运动称作机关肃反或内部肃反；农村、街道和私营企业等方面开展的肃反运动称作社会肃反。

② 《新疆五十年》是包尔汉的回忆录，文史资料出版社 1984 年出版。包尔汉（1894—1991），维吾尔族著名社会活动家、突厥语学者。曾任新疆人民政府主席、全国人大常委会副委员长等职。

或者买了酒我们都不给他，他太爱喝了。那几年正是身体不好，八几年退的休。

定：您母亲是蒙古族吗？

策：不是，是山东的。是我父亲的一个同学，同班的。

定：那她跟您奶奶之间能交流吗？

策：我妈早就不跟我们那什么……离婚了。

夫：她母亲啊，结了婚以后就开始动荡，后来又到外头去了一趟，回来后她父亲就进去了，1954年"肃反"的时候，她爸爸才二十多岁。

……（一段沉默。）

毕：我冒昧问一下，帕王在日本病逝后，你们家后来有日本友人来过吗？

策：没有，没有。他们那一代的日本朋友，没有。他们都在的时候，我听说我们这个院里住着一个日本太太，借住，可能是，但是这个日本太太是谁，为什么住在这儿，我不知道。就在这个院。那时候我奶奶就住在这个大房子里。

定：那就是说你们家和那些蒙古王公没什么来往？

策：没什么来往。他是北京生的，没去过老家，他比较洋化的，那些蒙古人的生活习惯他没有。他除了喝酒是蒙古人的习惯。

定：那您姑妈、您父亲那个时候，在北京跟什么样的人接触多呢？

策：我觉得我们家挺闭塞的，我没看见过有什么人，没理会过有什么人来往。那就是朋友，到这儿聊天儿来了，那是"文化大革命"以前了，那时候我还小，他们聊什么我根本没注意。那时候我奶奶还在。

奥其尔：他接触的人确实不多。诺日布20世纪50年代末上学的时候，他们俩不错。

策：他和诺日布不错。诺日布的姐姐上北京来也上我们家来。齐木真也来，后来齐木真的女儿也来过。别的人，我觉得从新疆来的人还真没有。我小的时候，满琳那个时候还在上学，还有汪强来过，后来就没人来过。满琳就是渥巴锡①的后代，土尔扈特汗王公主，是我附中的同学。改天你再去采访采访满琳。还有达理札雅跟我们老爷子关系挺好的，达锐就在什锦花园口上那儿住，他们家原来在新开胡同。

---

① 渥巴锡（1743—1774），厄鲁特蒙古土尔扈特部第七代首领。为摆脱沙俄的奴役和控制，于乾隆三十五年（1770）率部十七万余人分成三路启程东返，历经种种磨难，半年后到达新疆伊犁。同年9月乾隆皇帝在承德避暑山庄接见渥巴锡等人，并封其为卓里克图汗。

毕：您奶奶在的时候，您父亲在的时候，新疆来的人，都是亲朋故旧吗？

策：我还记得在我不太大的时候，我们家来过一拨人，是谁我说不上来，这几个人在我们家，就在这间屋，喝了有十几瓶儿茅台，我就记得这些。这些人里头，可能有些不是咱们国家的人，可能是蒙古的人。但是这些人都是谁，我可说不上来。后来上我们家来的人，都是上北京来，捎带脚的看看老头，就是这种人比较多。我就记得从博乐①那儿来过一个县长，他要找邓小平，要我父亲带着他们去找，我父亲讲，你以为邓小平那么好找呐，我跟他住在一个城市里，我也不知道到哪儿去找他呢。他说你们都是在一个城市里住着，还不知道邓小平在哪儿？那是以后的事。这就是一个老头，想找邓小平反映情况。这是政治方面的。别的我觉得真的还没什么。

夫：还有一拨就是八几年以后，国外来的，那时候国外可以来了。

策：对，德国的同学来过。

我在民院上附中。那会儿是学校告诉我的，说有民院附中，你怎么不去呀，我就报了附中。那时候在八面槽。

毕：不管怎么说，家有这么一层关系，又是上的民院附中，那些蒙古族同学认你吗？

策：我觉得我们上学时已经不讲那什么……

毕：不讲民族了？

策：对对。不是说不讲民族了，是不谈这些东西。

定：你们家一直报的就是蒙古族？

策：嗯，我闺女也改了蒙古族，现在怎么着都行（意指是哪个民族都行）。就为了升学加分，其实也没用。

4. 奶奶在北京的生活

定：您是跟奶奶长大的是吧？

策：我们家庭成员就仨人儿。我奶奶、我父亲，孩子就我一个。

定：你们家的蒙古人习惯还多吗？比如说喝茶？

策：没有没有。

定：您对您奶奶有什么印象，比如说她厉害吗？

---

① 博乐是新疆博尔塔拉蒙古族自治州首府所在地。

策：我奶奶不厉害，我觉得我奶奶是个特别有学问的老太太（笑）。

定：您奶奶生活讲究吗，年轻的时候？

策：我觉得我奶奶不太讲究似的。

夫：……可是我体会得到老太太年轻时是很讲究的。我举个例子，她们家有好多银器……都是贵族的习惯。

策：她们都是受西方的教育，西方的习惯，都有点洋派。

夫：老太太喝茶的碗就是喝茶的碗，喝酒的碗就是喝酒的碗。老太太死以前喝红茶，这我知道。老太太一死就变了，多好的茶壶就搁在这儿了。

定：她也喝酒吗？

策：老太太不喝酒，在我小的时候，老太太抽烟。后来老了以后就不抽了。

夫：当时来讲，都不是一般家庭出来的。生活上，就是，纯新疆人，跟外国人一样。

策：街道的人看我奶奶跟看稀罕儿似的，我奶奶长得也挺特别的，就是那种，说不上来，挺白的，她又把那个头发的卷儿盘在这地方，我总的印象是她好像不像中国人。我记得我小的时候她很少很少出门，她只要一出门，总有人看她。她不和街坊邻居打交道。

定：那她这一辈子平时干些什么？

策：她没有工作，就在家待着。标准的家妇（家庭妇女）。那时候也没电视。

毕：读书吗？

策：读书。

定：那她信佛吗？

策：她信佛，但不是那种特虔诚的佛教徒。我们家跟佛有关的东西没有。

定：她也不念佛？

策：不念。

定：那你怎么见得她信呢？

策：我觉得从她老家来的人都信佛似的。我没看见她念过经什么，就拿个念珠，我家过去有（念珠）。她哪儿也不去，她可能都没去过黄寺。在我印象中我奶奶根本就不出门。

定：那她一天到晚干什么呀？

策：我觉得她挺习惯的。她根本就不出门。我小的时候，家里特别安静，也不让我出去。我从小也不太什么，好像就应该在家待着。

定：那多难受呀，整天一个人。家里有保姆吗？

策：一开始我上学那会儿，我们家有个从老家带来的老太太。那时候新疆闹黄病，我估计就是瘟疫，她们家人全死了，她就跟着我奶奶一起来了。也不会说汉话。简单的吃喝会说，（其他的）她不会说，因为当时我们家不说汉话。

定：也是蒙古族？

策：一起从老家来的。

定：比您奶奶大还是小？

策：我觉得比我奶奶小。她一直就在我们家待着。反正从我小时候记事起，我奶奶就不出屋，就和那个老太太，我小的时候她带着我上学，带着我出去。

定：也没有丈夫孩子？

策：没有，也可能她丈夫孩子在那次瘟疫中死了，也可能就没有，我就不知道了。她后来得的那什么，可能是老家带来的肝囊虫，可能是年轻时候吃生肉，后来在协和医院做的手术。做完手术以后不会说话了，人就糊涂了，那么着又活了一年吧。我上初二时，就是1959年还是1960年，去世了。

定：规矩挺多的吧？

策：反正就是不让出去，倒不是不让坐着、站着。我觉得蒙古族挺开放的，爱怎么着怎么着。

5. 奶奶不会说汉语

策：我奶奶日文很好，我记得我小的时候她不会说汉话。她不特别会说汉话，不认得汉字，但这个汉字她能拿日文念出来。

定：您奶奶怎么会的日文呢？

策：她去日本看病时会的呀。

毕：您记忆中您父亲和您奶奶交谈用什么语言？

策：用蒙文。我奶奶活着的时候我们家就不说汉文。

定：跟您（策）说蒙语您能懂？

策：我能懂。我们家我从小就没说过汉话。一直到我奶奶去世以后，我们两人（指和父亲）说不想让别人知道的话就用蒙文。现在也就全说汉文了，就等于说蒙文没有了，所以我就不会了。

夫：老太太知道汉话很简单。

定：那她跟你（策夫）能交流吗？

夫：我说得慢她能懂。但是一有急事，我跟她说不好。

定：在您的印象里奶奶始终不会说汉语？

夫：社会不让她说汉语。

定：为什么？

夫：袁世凯一倒台，他们（指策一家）就开始往下走，一直到解放，对吧？到了解放共产党来了，又是清查对象。那她呢，如果知道她上过日本留学，会这个那个，那她还能安度晚年？您用"文化大革命"的思想来衡量，她不识字，不会汉话，就是一个无知老太太，那就好办了。因为她知道这个社会的变革，她为了生存，就与世隔绝，就什么也不会，从现在起，我就不出头，我不招惹谁，我就是一个无知老太太。你们需要什么，要大炼钢铁，要劈柴，那你看，我没别的木头，就把这硬木椅子给剁了，你就拿走好了。你问我我不会说（汉）话，人家街道就知道她是一个蒙古族老太太，不会说汉话。

定：所以她后来还算比较平安是吧？

夫：哎。

定：那她老太太还挺行的。

毕：帕王去世，然后奶奶就是那么个身份。

6. 蒙古族奶奶与满族姥姥

策：我奶奶1973年才去世，八十四吧。他（其夫）还见过呢，我们结婚时她还在呢。

定：那时候老太太还明白吗？

策：老太太一直都很明白。

夫：我们俩搞对象是1966年、1967年。正好"文化大革命"时期结的婚。

定：您（夫）是汉族吧？

策：他姥姥家是旗人，他姥姥、他妈都是旗人。他是跟着他姥姥、姥爷（长大的），所以知道他姥姥家的事。

定：您姥姥家住哪儿啊？

夫：不记得了。我姥姥是公主，他们家就这一个闺女，后来穷了。我姥爷是三河来的，是我姥姥家的佣人，什么佣人我不太清楚，后来我姥姥她爸看上了他，就把姑娘给了他，就凭我姥爷打工挣钱。我姥姥长得特别漂亮。虽然我长得不好看吧，可也比一般人强。

定：您随姥姥？那你们这个奶奶漂亮吗，和姥姥比，哪个漂亮？

夫：这个，她的奶奶吧，像苏联人。

定：（问策）：那您怎么没那个样儿呀？

策：是吗？我长得像我妈妈。

定：我觉得还能看出您像蒙古族。（问策夫）：您到了她们家以后，是不是感觉到她们家的老太太明显不一样？

策：应该是不一样。

夫：比如说我们俩结婚。那时候我们家孩子特别多，她知道我能拿出的费用很少，她能想象到我们家有什么困难，需要什么帮助，她不说，她就拿出钱给我，说交给你母亲快点去办。我得了病，身体很不好，大概她猜出来了我得的是肺结核，可是她不说你有病，她只说她有一个闺女得的也是这个病，她说没关系，可以吃，可以动。她了解你的困难，她不直说，她用其他方式给你解释（排解）。那天晚上我 12 点上医院去，她给我钱，说是让我看病。我说有，她说拿着。一百块钱呐，当时那会儿！

定：那在当时可不是小数啊。那就是说您对这个奶奶印象特别好。

夫：对。我对这位老太太印象特别深。她能懂得咱们汉族的风俗习惯，她别的话很少。对钱来讲，没有钱她不在乎。

定：那您认为您的姥姥和这儿的奶奶比怎么样呢？

夫：我感觉她（奶奶）的生活和满人有差距……这儿是什么规矩都没有。我要到我姥姥家去，那事儿太多了。我姥姥简直是穷讲究，穷到那个份儿了还那么讲究，我简直都看不下去。满人自尊心特强，不如人也不说个不字，我没有也得装着有。烂萝卜缨、萝卜条切成丁，底下放块酱豆腐，吃不吃也得摆着，端上去端下来，没一钟头这顿饭拿不下来。我们多少个人就这么瞧着。早上起来拿那个松木刨花蘸水梳头，半个钟头一个钟头，那个梳子使得那个亮。穿袜子，我姥姥、姥爷要穿到这儿（指膝盖）的，穿咱们这袜子不许可。衣裳不能露脖子，袖子不能到这儿（肘），得到这儿（手腕）。现在咱们穿的这叫革命派的。

策：不能叫革命派，得叫洋派。

夫：所谓孙中山那派。我姥姥卫生特别好，干净，这奶奶的卫生不如我姥姥，差太多了。

7. 父亲写的书

毕：我听奥其尔介绍，您父亲用德文写了一本书，他这个书大概是在什么年代写的？

策：退休以后写的。就是 1991 年、1992 年、1993 年。

奥其尔：叫什么来着？是《浪漫的北京》还是《北京的浪漫》？

策：在德国出的，挺厚的，他那些朋友他也许给过。后来一直没有翻译成汉文。估计中国不一定有，后来有人来找，找老半天也没人知道。我也不知道他写的内容。

奥其尔：他对老北京的东西非常熟悉。我看过那里的照片，其中帕王是穿北洋军服照的，后来相片上都画了叉子了。还有他（策的父亲）小时候的照片，封面是老北京地图。

策：那里的照片好多都是"文化大革命"抄家后来退回来的。

定：那就是说他对老北京的很多事儿是挺感兴趣的。

策：他应该比较那个什么，因为他那本书写的就是那个……对，回忆录。

夫：他看见溥仪写的那本书，上班的时候他就想，我也写，然后他就开始写，写他的生活。

定：您父亲怎么对北京那么喜欢，而且还写了一本书出来？

策：他年轻的时候，接触的给我们家做饭的、拉车的，这些人都是地地道道的北京人。我记得我小的时候，每年过年的时候，都有一对老头老太太给我奶奶送吃的，送来的就是咱北京的饹馇盒儿，就是里面有胡萝卜、豆面、虾，过年吃的①。这老头老太太一直跟我们家有联系，都是到"文化大革命"断了。老头姓吴，儿子是个交通警察，后来在宽街那儿指挥交通，他有精神病，后来就在交通队里养着，养着不知哪天他跑出来了，"文化大革命"来过我们家，上我们家把门给撬了。他不是来撬锁，就是想来看看，他跟我们家特熟，跑来说会儿话。这人后来送精神病医院去了。我父亲周围都是土生土长的北京人。我小的时候，来过一个他的德国同学，一个德国老太太，这老太太原来住史家胡同。这老太太现在的北京话不会说，可是以前的北京土话她全会说。我觉得他们那会儿都是接触那种人，他了解。以前的小孩儿也没有这没有那，不像现在，可不脑子里面尽是这

---

① 饹馇盒儿是北京著名小吃，以绿豆面为主要原料，内包素菜，形方如盒，香脆可口。

些。他年轻的时候走得多，哪儿都去，所以他熟。这书当时在德国出版，德国还寄过稿费。顶多寄过两回或三回。完了就再没有音信了。

夫： 后来还来过，听说老头去世了，就……

毕： 他用德文写是为了出版方便呢，还是他不愿意用汉文写？

奥其尔： 没有，他德文水平比汉文水平高。

策： 他不是拿笔写德文，他有一个机器，整天哒哒哒哒打。和德文相比，他蒙文的水平一般，还是德文水平高。

定： 您印象里他讲的汉语是北京话吗？

策： 北京话。挺地道的。

夫： 我跟您这么说吧，到老年以后，（汉话）他听不懂了。

策： 对。他就不是汉话的思维。他的母语我觉得应该是德语。

奥其尔： 母语应该是蒙语，他从小在北京学德语，所以他德语的书面能力、写东西的能力比较好。

毕： 我们很想知道他对老北京的描述和对个人遭遇的感叹，我们很感兴趣。

策： 他是在德国出版的。我听他的学生说在德国见过。书里写的是什么我也不知道，别人要是问我，我也不懂，也不敢随便给人看，万一里面有点儿什么不合适的，谁知道会有什么事儿呀。

夫： 也不知道里面牵扯"文化大革命"没有。

定： 您怎么没学德文呢？

策： 我没学德文。我这人可能不开那种窍，我妈教英文的，我也没有那什么。

马镫形状的戒指

——戴鑫英口述

时间：2002 年 9 月 29 日
地点：北京市东城区某居民楼
被访者：戴鑫英
访谈者：定宜庄

[访谈者按]　戴鑫英先生的祖先在清朝时属于正蓝旗蒙古，据他说是老察哈尔部，戴尔吉特氏。像我所见的几乎所有八旗蒙古后裔一样，他们现在都自报蒙古族而鲜有报满族者。与上述那些蒙古王公贵族不同的是，他们大多数都是一般的平民百姓。客观地说，他们无论从习惯、做派和语言上，与满洲旗人都很难区分而与草原的蒙古人迥异。他们自己也意识到这种尴尬，这在戴先生的口述中有明显的表露。

戴先生如今是热心于满蒙民族事务的活动家，在许多与民族史和民族语言相关的学术会议上常常可见他活跃的身影。戴先生还是颇有名气的民间收藏家，北京电视台的"北京你早"专栏曾为他做过节目。他对满蒙民族的知识和解释，一方面来自他家庭那些如今已经堪称文物的藏品，一方面也来自多年来参与学术活动的耳濡目染，这都强化了他对满、蒙民族的认同与自觉的民族意识。因此他的讲述比起一般对此不甚留意的人要更丰富，但也不可避免地存在不够客观的特点，特别是在讲到家庭关系的时候。

戴先生的家庭，从入清以来一直就居住于北京内城的东南角，约略相当于今天北京火车站的位置，这是当时正蓝旗的驻地。我访问过几位八旗蒙古的后裔，或姓鄂，或姓陈，当年都居住于此。这倒确实是巧合，因为清朝时八旗蒙古与八旗满洲一样，本是按旗分段居住于内城各处的。

　　因篇幅所限，也因有的访谈已在别处发表，[①] 所以在对这些八旗蒙古后裔的访问中，本书中仅选取了戴鑫英先生这一份。

1. 能在北京扎下根来不容易

戴鑫英 （下简称戴）：我是 1939 年生人，汉名戴鑫英，蒙名巴图，这是小时候父亲给起的，我们都有蒙名，我父亲他们都有蒙名，也有汉名。

　　定：咱们就从您祖上的族源说起，您是蒙古旗人是吗？

　　戴：我们家是正蓝旗蒙古，祖籍是扎鲁特。我母系是正黄满。我先从我父系这儿谈。当初随龙入关，清朝入关的时候呢，与八旗满洲共同进入北京。当时远祖吧，来了兄弟两个，一个就一直留在北京，那个就调防南京，入关以后哥儿俩就分手了。所以我们两支，北京一支，南京一支，而且我们还有联系。

　　定：入关之前是在辽宁那边，还是在内蒙古那边的？

　　戴：正北，张家口北边那儿。

　　定：怎么投奔努尔哈赤的？

　　戴：不知道。

　　定：有家谱吗？

　　戴：有。

　　定：这些是家谱上写的？

　　戴：家谱上没有文字说明，不像名门望族的那个，有副本，每个人的人名下面都有一个简历。我们在北京以后，家庭变迁呀，老祖坟有三个，从我祖父就单立祖了，我们这支的谱就比较详细。

　　定：你们这支的家谱是什么时候修的？

　　戴：好像光绪年间修了一次。老的那个在我那个爷爷的弟弟他们手里头。

　　定：满文的，蒙文的，还是汉文的？

　　戴：有满文和汉文合璧的。关于修家谱这东西我有我的看法，作为中国人不管说什么族，他都强调"溯本求源、慎终追远"这八个字，说这个写家谱、续家谱，搞家族活动，有人持反对态度，我说不对，那样就把共

---

　　① 我在《最后的记忆——十六名旗人妇女的口述历史》中收入两篇老北京的八旗蒙古后裔口述，一篇为鄂凌英《我说多困难也过来了》，一篇为吴淑华《什么事都要做到头儿》。前一篇鄂凌英女士就居住在北京内城的东南角，今天的北京火车站附近；对于后面一篇，我曾根据被访者吴女士的姓氏考证其为"隶满洲旗分之蒙古一姓"，但他们早已不知道自己的蒙古人身份而自报满族了。参见该书第 115 页。

产党的江山看得太脆弱了，甭说一个家族，连"法轮功"它都翻不起多大
浪来，跑到国外去了对不对？不要一提有家族活动，有家族祭祀，什么续
谱就敏感，没必要。什么都得问一个为什么，你从哪里来？

我祖父他们远祖来了就是护军，警卫部队吧，因为宫廷怕出问题，为
防止闹事，就用两个民族的人，都是混编，有蒙古族，有满族，蒙古族的
佐领里头啊，领导的都是满兵，满洲佐领里头呢，领导的都是蒙兵。防范
在保卫上出差错。

我祖上一直就是一般的护军，在大内里头，但它品位高呀，好像最高
做到骁骑校。① 南京那支儿最高混到什么官员，他们就说不清楚了。后来
清朝完了，祖父的父亲他们也就什么都没有啦。因为他是蒙古族。升迁的
机会很少。

定：蒙古族不如满族好升迁吗？

戴：那当然啦，我们家又没有抬旗和王公的背景。现在我们家兄弟几
个，经过几次人口调查，旗分是不会错的，正蓝旗。但是民族就全乱了，
有报蒙古族的，有报满族的。当然要追根的话，民族感情是蒙古族，可是
金启孮先生②介绍过，就说北京这些早期入关的蒙古族人，是个麻烦事，
草原不承认，满族人又觉得跟他有界限，你是蒙古族，进关了，蒙语也没
有了，只是维持了部分蒙俗，比如到现在我们家族里延续下来不过中秋节，
家里有白事的时候要请雍和宫喇嘛。可是大部分随的还是满俗，这是1949
年以前。

我祖父叫戴德林，原来就叫德林，没有戴字。到我祖父这儿，已经接
近清王朝的末期了，从世袭的护军这个，就弃武从文了，筹备大清邮政，
到法兰西考察，等考察回来，清王朝也完了，中华民国了，孙中山先生起
用我先祖，继续充实中华邮政。后来您（您，读 tēn，即他，是北京话中对
长辈的尊称，下同）就退休了，那会儿是一次性退休，给了一大笔钱。

我祖父哥儿仨，姐儿五个，但是同父不同母。曾祖父的第一个妻子，
等于就生了我祖父这么一个男孩儿，曾祖母去世了，又有一个后继的曾祖
母。所以同父同母的我祖父他就哥儿一个，然后他的继母生了两个男孩儿，
五个女孩儿。我的二爷叫德兴，是电业界的，这个电力公司是民国当中成

---

① 骁骑校：清制，每佐领下设骁骑校一员，为正六品，品级并不高。
② 金启孮（1918—2004），清朝宗室、著名女真学、满学专家，生前曾任辽宁省民族研究所所长，教
授。据称为乾隆第五子荣纯亲王永琪之七世孙。他的父亲金光平（恒煦）也是著名的女真文、满文学者。
金启孮先生是我这个口述计划中最初拟订的重点访谈对象之一，但我为他做的访谈刚及一半，他即溘然长
逝，留下一个永久的遗憾。

立的。我三爷德洪的工作是由我祖父给他办的，在中华邮政总局无法投递处，负责瞎信。

到我祖父他们那辈儿，都是有文化的。我祖母也读过书，当然是在家里读。祖父那人很有远见，他知道大清朝是不行了，他让儿子都要学点东西。他知道社会要发展，过去八旗子弟关着门，食俸禄的生活是不行了。我父亲他们兄弟三个，我大伯父成华呢，学的是英语。让我父亲上蒙藏学院，就是乌兰夫的母校，西单石虎胡同，因为当时我们算蒙古人呀。让我三叔学的日语。我姑姑也是上的洋学堂。结果呢，祖父退休以后，我大伯父和我父亲就进入中华邮政，所以我们家在北京，尤其东城一带，一提戴家，都知道，都管我们叫邮局戴家。一直到现在，我的下一辈，还有在邮局工作的。我三叔后来改学古代建筑了。

我的祖父有眼光，他对他的十三个孙子，也有自己的安排。他就说有学文的，有从军的，有学武的，有学商的，到什么时候我这家庭，不倒。有培养前途就尽量往深了培养，念书不太好的他就因材施教，学手艺去。我姐姐都是大学生。我二哥学的是西餐。确实按照他的设想，所以历次运动，辛亥革命，清王朝逊位，抗日战争，都没有触及我们家，就是到国民党撤退，1949 年解放前，家里还没倒呢，到解放后都没有触及我们家，就是"文革"时候……

定： 清朝没灭亡之前你们已经有了邮局的收入了？

戴： 我们家庭在清朝亡了的时间不太长，就业了，在经济上没受什么困苦，俸禄没了就没了，我们有收入，我们自个儿。所以也没隐瞒自己的民族成分。

定： 你们家原来在什么地方？

戴： 我们就没离开过正蓝旗的驻防地，北京城的东南角。我们老宅子在什方院，就是现在南小街的什方院①，后来迁到东城芝麻胡同，现在北京日报社那儿，后来蒙古外馆改建，② 原来的蒙古不分内外，就是一个蒙古外馆，又经商又管政治，它的木料大部分由我祖父买来。我们在大羊毛

---

① 什方院位于东城区东南部，东起北总布胡同，西至朝阳门南小街。乾隆时称十方院，宣统时称什方院，1965 年起改为盛芳胡同。

② 夏仁虎《旧京琐记》卷八"城厢"：外蒙宾馆，昔日在东交民巷北者曰内馆，在黄寺傍者曰外馆。年班王公，追秋而集，如鸿雁然，福晋郡主亦至焉……（北京古籍出版社 1986 年点校本，第 92 页）。黄寺傍，即安定门外黄寺东侧，有"外馆斜街"之称，今为青年湖北街。白化文有《京剧富连成科班的东家——外馆沈家》一文，记清末同治光绪年间的"外馆沈家"，可参看。该文附于唐伯弢编著、白化文修订的《富连成三十年史》（修订版，同心出版社 2000 年版）书后。

胡同，就是现在的北京站，盖了一个三套院子的宅子，都是磨砖对缝的。等于我们几次搬迁都没离开驻防地，那东南角，就在正蓝旗驻防地。后来地铁一修呢，也"文革"以后了，家里就整个散了架了。

我总觉得我们这个家庭总体来看，相当于那会儿的中产阶级，是一个忠厚老实的满族家庭。从随龙入关以后，这么久的年代，家里没有犯乱的。对孩子教育就是要规矩，要忠厚老实，孝顺父母，疼兄爱弟，屈己度人，不得触犯法律，犯法的不做，犯忌的不听不看。天天儿就听这个，听得耳朵都长茧子了。所以家里世代没有不良嗜好，什么吃喝嫖赌，没有，也没有触犯法律的。我们家历史上没提过笼，没架过鸟，家里也没有什么抽大烟的，我祖父对孩子要求特严，要求我父亲他们哥儿三个下班都得回家，不能在外头逗留，就很传统，就怕学坏。满族家庭很强调这个：安分守己。有这四个字，家庭就能维持，能长久，能扎得住根，站得住脚，整体来说就是在社会上能生存下来。

所以我就总结，我们家这么大的政治变迁都不倒，一个是早期、清末的时候就强调孩子要受教育，要有文化，学技术，自个的手就能挣饭吃，这很重要。另外不迷信，不封建，能够跟着时代潮流走。

据我了解，少数民族在北京能定居下来，兴旺起来，世世代代繁衍下来，这个家庭都不是一般家庭，都是老老实实做人，规规矩矩做事的家庭，这是我个人感受。回民也是如此，能在北京顺利扎下根来，生存下来，也是不容易的，不管是山东那支儿上的，德州那支儿上的，是济南来的，在北京能扎下根的，都是勤勤恳恳做业的，北京这个城市很排斥少数民族。

定：您说它怎么个排斥？满族可是地位最高的民族啊。

戴：可你的王朝没有了。

定：我说的是清代的时候。

戴：清代的时候也不容易啊。满民随龙入关进来了，结果八旗生计出了问题了，人口繁衍太多，很多人到乾隆年间又回去了，回老家了，当然从朝廷里，从乾隆那儿就给奖励，给银子，给地、给牲口。可是这就是说扎根，在乾隆年间还是很浮浅，人家不认同你。

再比如说吧，清朝要求旗民军政合一呀，你不规矩你就削除旗籍了，那削除旗籍等于现在把户口注销了一样，本来满族人他就指着俸禄，那你在这儿怎么混呢，尤其在城市里呀，一削除旗籍，那就完蛋啦，家都没有了，你家族就完啦，没法生存了。就这么严重。所以就是说，一个满族家庭，一个大族，能分出多少支来，一直扎到清王朝灭亡，在北京生活下来到现在，是要付出一定代价的。您是沈阳旗人，京旗的事您不清楚。

定：您说北京好多少数民族待着不容易，那汉人待着容易？

戴：也得挣扎呀……

2. 肃王坟的坟少爷

戴：我祖母的娘家是瓜尔佳氏，在北京也是大户，她们家是肃亲王家的包衣①，包衣出身。肃王府就是豪格那支儿，在北京的坟地在架松。② 我记事的时候，我祖母家就沦为架松坟的坟少爷，世世代代世袭给肃王家看坟，一直沿袭下来，繁衍成一个大族。架松关家，都知道，在当地势力也挺大。现在架松坟还有他们的人居住，但是大部分都有职业了。

坟地有陵产哪，有树木，有田地，有建筑，看坟的都拿钱粮。坟家要生一小孩儿，都要到宗人府报户口去。可是我祖母她们那支儿虽然属于肃王府的包衣，她们家是内务府发俸禄。

定：肃王家的坟包衣不止一家吧？

戴：一家，哪有归两姓人管的，不好管理呀。

定：我看冯其利写的《清代王爷坟》里，有好多坟都是有好几户坟户。

戴：他指的不是一个地界儿。比如八大处，就是现在北京工人疗养院的办公楼下，是老郑王的坟穴，可是后来他们在别处又单立去了。

定：您跟我聊聊坟户都怎么回事，怎么过日子。

戴：坟户也称坟少爷，就是给王府看坟的，因为皇家的坟地有护陵兵，东陵西陵都有护陵兵，有衙门。可是王府，就是八个铁帽子王的坟地都不设武装，就由坟包衣看守陵墓，管理地面建筑，还有树和土地。土地不能荒芜呀，得有人耕种，陵产要多的话，每年还要向本家交租子。可他种不了那么多地呀，他不种，他等于就是二地主，放给佃户，包括汉人，所以在当地有一种势力。清王朝没了以后，没有俸禄了，他们就吃这些陵产，树木呀，土地收租子呀。有传说，辛亥革命以后北京还有人上关外的老营子去收租子，那都属于他家族的地产，当然不是他本家去了，有经管人去啊，人家说清王朝没了你还收租子呀，结果有的给打死了，有的给打跑了，

---

① 包衣为满语的 booi，即"家人""家的人"，如今多被误解为奴仆、奴才，殊失本意。

② 肃亲王豪格是清朝第二代皇帝皇太极的长子，为清代八家铁帽子王之一。架松坟埋葬有第一代肃亲王豪格，还葬有最后一代肃亲王善耆，即金璧辉（川岛芳子）之父。其地因有几棵遒劲、盘曲的松树，须由架子支撑而得名架松。详见本书第三卷"城郊编"中第二篇白四的口述"架松，架松"。

所以关外那些王公贵族的产业就模糊了。尤其经过抗日战争以后,这些东西就……也许现在能够找到地契,但是没用。

定:这边的还很清楚吗?

戴:满族的大家庭都有坟地嘛,解放后都发地契了,8 亩也好,9 亩也好,这是你私有。后来一合作化,地产不是你的了,可是你还可以埋人。后来提倡火化以后,也不能再埋人了,就这么一个情况。

定:你祖母家给肃王看坟,后来跟肃王那支还有联系吗?

戴:有联系他们,他们每年清明给去上坟去。解放前特别辛亥革命之前,每年清明都很隆重的,都有一定的祭祀仪式。由看坟的给筹备,供品哪,牛羊哪,然后他们祭祖去。我听说过,没看见过。后来"文化大革命",坟都平了,他们也就不去了。

定:您祖母他们家兄弟几个?

戴:很多,兄弟五六个,就姐儿俩。大舅爷二舅爷三舅爷四舅爷五舅爷。

定:都是坟少爷?

戴:都是坟少爷。他们全都住在一块,但是只有一个是掌门的,好像是三舅爷掌门。满族家庭不像汉人,不立长为主,不迁就老大,老几有能耐,就推举老几掌门。

我记事时我祖母还活着呢,挺传统的一个老太太,那时候就不穿旗装了,但是家里有她旗装的照片。满族旗装分三种,一种是宫装,皇室男女的服装;一种是民装,民间普通家庭男女穿着;还有舞台装。这不能混,一混就麻烦了。我祖母他们当时照相穿的都是宫廷装和民间满人服装中间的那种服饰。那些照片我都有。我祖母娘家经常跟我们来往,挺密切的。

3. 一逼宫我外祖父就急死了

我外祖父家是大内恩丰仓[①]的仓吏,正黄满,尼玛察氏,姓杨,在西城号称仓杨家。仓杨家在西城养马营一带,老地名叫达子庙,是一个胡同,[②]

[①] 恩丰仓与仓杨家在旧日京城都确实存在。恩丰仓,乾隆二十八年(1763)下旨在东华门外护城河边空闲围房中选用 70 间设立仓廒,用于存贮太监应领米石,赐名恩丰仓,隶于内务府。1900 年八国联军入侵北京时被洗劫一空。至于仓杨家,旧日也是北京一个家有百口、人丁兴旺的大户,但管理的不是恩丰仓,而是禄米仓,此说法见于中央新闻电影制片厂《老胡同的传说——风雨禄米仓》的解说词。持此询之戴先生,他说他外祖父为恩丰仓仓吏绝对没错,但仓杨家在北京未必就仅此一家,他家是西城仓杨家,但还有可能有别的仓杨家,也可以有两家三家甚至多家,看仓而姓杨的就可以唤作仓杨家,就像他家被称为邮局戴家,但北京城还有邮局李家,这不矛盾。他说得也有道理,故照录于此。

[②] 养马营还分东养马营与西养马营,这里说的是西养马营,位于今复兴门北金融街一带,已不存。

他们老宅子在那儿。为什么很有名呢，恩丰仓是管皇宫里开支的，经营太监的钱粮，按现在来说就好像是皇家供应处处长似的。所以他们家给的坟地呢，由内务府给划呀，是在北京的中轴线上赐地，就是小关的豹房村，①现在已经改了公寓了。他们辛亥革命以后没败落，他们都有一定的文化程度，后人都就业了。

什刹海后头东煤厂一号，后来是北京师范大学教员宿舍，那是我姥爷的房，我母亲就是在那儿上轿子的。清王朝亡了，宣统退位，并没有影响我姥爷的职业，还维持小朝廷啊，他还在那儿管理。后来我姥爷是怎么死的？冯玉祥逼宫，我姥爷一着急就开始吐血，就急死了。

定：他着什么急呢？

戴：退位以后把这些人全轰出来了啊。我现在还保存着一张逼宫照片，民国警察搜查宫女，每个宫女都提溜一个包袱一个脸盆，每人都搜身，搜完身才能领银子才能遣散。

定：还领银子？

戴：你逼宫也得给人遣散费呀。这笔开支不由民国政府开，由溥仪开。要按我的看法，冯玉祥就是政治上耍流氓。因为清政府和国民政府是达成的协议，你们怎么能又推翻呢？你一推翻，等于给日本人送去一个皇帝。因为如果不逼宫，溥仪算中国的皇帝，你给他逼出来了，逊位了，就给日本人制造了一个皇帝，这也是日本人早就有预谋了。冯玉祥是一个倒戈将军，他要是跟谁好，最后他准把谁胡噜趴下。

定：您母亲她娘家兄弟几个？

戴：哥儿五个，姐儿仨。我外祖父的家庭解体得早。他是家里的台柱子，一逼宫他就故去了，可是那时候儿女已经工作了。我大舅杨国栋也上过学，但是大长子比较娇，就一直在家赋闲，可是他有一手好墨笔字，后来就在家给梅兰芳写戏本儿，那都有名的。我二舅是通过我们家的关系进的邮电局。我三舅当警察，清政府第一次开办警察机构，禁烟警，我三舅就当了清末的警察了。我四舅杨国桢上的是八旗学堂，不知道是我姥爷通过的什么关系。他后来也进邮局了，解放后在呼和浩特书法比赛还得过第二呢。我一五舅，没结婚就没了。我大姨嫁给北城的王家，也是满族的一个大宅门，拨什库。②我母亲不是跟我父亲结婚了么。我三姨呢，也嫁给一个满族家庭。

---

① 小关、豹房均位于朝阳区，今北四环中路北部，现已划入奥林匹克公园占地范围。
② 拨什库为八旗佐领下的小官，汉名领催。参见本卷第四篇吴效兰口述中的相关注释。

我外祖父的妹妹，我母亲的亲姑姑，刘嬷，她用的是婆家的姓氏，刘尔佳氏，是侍候慈禧太后的。西太后死后又侍候隆裕，隆裕还没死呢，我这外姑祖母年岁大了，就离开皇宫了，隆裕还给了她不少钱。后来这宫廷要用人哪，她就让她的侄儿媳妇，也是刘尔佳氏，正守寡，接着侍候隆裕，一直侍候到清王朝逊位离宫。这就有点儿退休接班似的，这样工作熟悉，等于家传。

定：那就是说她要不是守寡，她就还在家呢，她就没法儿去？那您那位外姑祖母是不是也守寡？

戴：对，也是早年守寡。因为不能有家庭的羁绊啊。

我这外姑祖母生前就跟我母亲说过，她一直跟着慈禧太后到西安，说逃往西安的时候，并不是像电视描写的那么狼狈，首先有八旗护军跟着，另外前头有打前站的，根本饿不着渴不着。外国人并没有追出城外呀，而且还是清王朝的天下呀，哪儿能饥一顿饱一顿？一直就没受什么罪，只是心惊肉跳，这有可能，怕洋人追过来嘛。我母亲还听她姑姑说，平常有时候官员在西太后的便殿奏事，我外姑祖母就在跟前。清王朝没有退位的时候不敢讲，退位之后家族里谈起宫里的事，就讲了不少东西，和一些爱新觉罗家族的人写的东西有很大出入，不是有些出入，是有很大出入。因为他们为了美化自己家族，就有增添。所以这些东西对我们来说都是挺珍贵的。我现在为什么跟很多家族有联系呢？像这几个王府的后裔呀，还有溥仪乳母家呀，都跟我们有来往，就是因为宫廷之间旧有的关系。

我母亲结婚的时候，我这外姑祖母，就是她姑姑，是送亲太太，当时就很受人注意，都说这老太太不一般哪，后来别人说了，这是侍候过西太后的。我外姑祖母在我母亲结婚的时候送了不少东西。反正这些东西也是西太后赏的，赏给我外姑祖母的。这些东西都流传到我们屋。

我外祖母姓毛，也是满族，但可能是汉军旗的，一直到我六七岁时她还在呢，老人挺和善的。详细情况就不知道了。

4. 我家到 1961 年才解体

戴：我们家坟地有三处，东直门外也有。我祖父家里兄弟姐妹挺多的，同父异母嘛，特别是解放初期，清王朝也没了，牵扯到财产问题，走得不是那么特别近了。到我父亲他们那辈儿，说干脆算了，老爷子要没的时候咱们就单立祖坟，这样就改坟了。

定：可以随便就单立祖？

戴：可以呀，弄不到一块儿就单立祖。某一辈上一个男人死了，起一个九尺九的坑，祖坟一般都是九尺九，大坟头啊，就单立祖。

定：那你们家也有坟少爷了？

戴：有哇，是个汉人，马家，一直到现在都有联系。我们家坟地在东郊的太平庄，就是现在的有机化工厂，大郊亭。① 马家就是我们新立祖坟的坟少爷。我们的坟地八亩多一点，但是我们家从来没收过租子，等于他给我们看着坟，打多少粮食我们一粒也不要，他们就是象征性地送点枣呀，送点香椿哪，送点鲜老玉米。可是1961年度荒的时候，他们觉得北京比较紧张了，就大口袋送粮食，送玉米面来。这些老的契纸我都保存着，写着当时立祖坟时这块地四周围挨着哪家的坟地。反正我记着我们家的西北角是富察氏家的，为什么选这块地儿呢，因为用它那字儿吉利。

满族人很讲义，这是努尔哈赤在后金时候就强调的。他为什么最早在赫图阿拉就盖关帝庙，供关公？就是利用关公的忠和义俩字儿。满族家庭跟佣人的关系，作为仆人也忠，主人也善待这些服务人员，就像是你给我家服务，咱们就是亲戚了，很融洽，不是对立的情绪，不是那种主和奴的关系。像我们家吧，我给乳母穿过孝。我乳母姓巩，这老太太死的时候通知我们家，我母亲就带着我穿孝，虽然是主仆的关系，但是我吃过人家奶，就得给人穿孝。这里就有宽容和忠和义。

我父亲和母亲差四岁，我父亲大。我父亲在邮电局，共产党接收了以后，他算留用人员，就给调张家口，关外去了。所以我母亲就掌这家。她是仓杨家的后代，也看惯了家里的管理了。

我大伯死得早，我大妈年轻守寡，一直跟着我们过。我大妈也是京旗，正白旗。可是到我们这一代，纯的满族家庭就不多了。满洲人也有他狭隘的地方，年轻守寡，不兴再改嫁，这样怎么拴住她本人呢？怎么让她有感情寄托呢？按数学顺序，由第二个屋里的，长子，长女，过继给大爷屋。我父亲行二，头生第一个姐姐，第一个哥哥，从小就过继给我大妈屋了，所以我大妈的一儿一女，是跟我同父同母的大哥大姐，我们实际是亲的，但在户口上是叔伯哥们儿。管自个儿亲生父亲母亲没有直接称呼，叫二爹，二婶儿。可是这样一个是从感情上她有寄托了，一个是财产不外流了，她就有一份财产了。

定：那她靠什么生活呢？

---

① 大郊亭在北京东南郊，今东四环东侧、广渠路南。解放后曾是北京焦化厂、化工厂的集中之地，戴先生后面也提到他家的坟就是建化工厂时迁走的。

戴： 一块儿过呀，我父亲我三爹他们挣钱。一直维持，原来四十多口人一直在一块儿，都在一块儿做饭。我们院是大院呀，老宅子，就由我母亲统管，我母亲行二，称二奶奶，就是掌家。

定： 您母亲管家的时候，是连钱都归她管？

戴： 钱，还有平常开支，日常的。有保姆，也有浇花的，也有听差的。后来到抗日战争的时候所有家里的仆人、奶妈什么的就全离开了。把这些人都辞了之后，还一块儿过呀，就妯娌们轮流值勤。四十多口人，今儿我大妈做饭，明儿我妈做，后天我婶做，伙食是两个灶，小灶是四个人吃，我爷爷奶奶，我哥哥我姐姐，他俩都是我们这辈儿的头生，两个，其他人吃大灶。我母亲那人比较厚道，知道屈己从人，没有这个优点不能掌家。你掌家了借这机会捞，那你家就快败了。

定： 她厉害吗？

戴： 不厉害。但是她做得正行得正，而且公道，嘴也直，心直口快，谁都怵她。甭管我祖母，外祖母，还有我至亲的老太太，她们都很讲礼貌，很规矩，说话声儿也不大，什么事都有板有眼，这是我对满族老太太的印象。

定： 对媳妇是不是特别厉害？

戴： 从我亲友里了解，满族家庭受气的可能性特少，因为它都是亲做亲，要不就是同事。我大伯父的，我大妈，她是我祖父的把兄弟的女儿，怎么能给气受呢？我父亲跟我母亲结合，是我祖父在宫里工作，外祖父也在宫里工作，他们是同事关系结的亲，这也谈不上给气受。我三婶是我们家坟少爷的女儿，做的亲。负责我们家坟地的，就是我婶的亲弟弟呀，就叫马二舅。你给他得罪了，他上你坟地那儿撒尿去扔粪去对不对？满族蒙古族在北京京旗里讲究门当户对，不是一家人不进一家门，所以很少出现什么虐待呀，歧视呀。而且我们这家庭早期是有文化的家庭。

定： 都说满族媳妇是最受气的。

戴： 不对，那不对。满族人不歧视妇女。满族女人有两大特点，一个天足，传袭游牧民族的习惯，不裹小脚，裹小脚是汉族最残酷的对妇女的迫害。另外一个，女人在家族里不管婆家娘家不受歧视。有传说满族为什么女人掌家呀，因为将来有做皇后的可能，这个是无稽之谈，皇上也没说要几十万妃子呀，这说法不能成立。就是满族人强调男主外，女主内，就跟皇室的分工似的，皇上管朝政，皇后主掌后宫，传袭到满族普通家庭也是男人去挣钱去，女人掌家，就养成这么一个习惯。所以女人掌家有它的民族特色，有它的文化背景，使男人能完全放下心来出去。

定：这算什么民族特色？汉族家庭也是男主外女主内呀。

戴：那也看什么家庭。不同经济收入家庭有不同的掌家，那穷人吃了上顿没下顿掌什么家呀，反正挣来就吃呗。挣不来北京话叫扛着。就是没的吃，饿着。据说人饿大发了，看太阳不是红的，也不是黄的，是绿的。

另外京旗里头的满族姑娘都挺能干，有的老姑娘没出嫁的，姑奶奶，协助嫂嫂和兄弟媳妇掌家，但是掌家还是外娶的外姓儿媳妇，那会儿离婚率几乎是零。

我们家正式解体是1961年，就各屋过各屋的了。那时候我也都有工作了。我们跟我大妈算一家，我三爹屋在我们那宅子的东院，马路对面有一宅子，也单过了。

定：您母亲跟您奶奶一块生活过吗？

戴：生活过，关系特好。从小就没看见过我大妈她们妯娌仨受过我奶奶爷爷的气，没有，很和美。就因为这种家庭气氛，所以才能到1961年才解体。要是老吵，早就——清末可能就分家了。她们妯娌之间也好，没红过脸。孝是一家人安定的主要因素。不孝敬老人这家就完了。讲究疼兄爱弟，讲究家族每一辈的团结。这种家族文化要是全面推开的话，对整个国家是有利的。

定：您说您祖父是兄弟三人，然后还有五个姑姑，您知不知道您几个姑姑的情况？

戴：她们都嫁给满族人或者蒙古族人了，但是都是有职业的人，所以家里亲友特别繁多。

5. 我家的婚丧嫁娶诸事宜

定：你们跟雍和宫喇嘛有关系吗？

戴：有关系呀，北京的老满族蒙古族比较知名的家庭都和雍和宫有联系，回民有清真寺，满族没有庙宇呀。我们家历代都和宫里的大住持有联系。家里有什么事，不管是白事也好，有病人也好，都来请他们念经，到四几年还请喇嘛念经呢。另外这些家庭，庙里也指着他们给他赞助，香油了，荞面了，主要是金钱，现钞，给他赞助，这么维持。"文革"以后就断了，庙也关了。

定：你们信吗？

戴：我不信。可是家里头亲友不是满族就是蒙古族人，按我的理解，那就纯粹是给亲戚看，我家老人没了，去请雍和宫喇嘛，这样迎合族中一些至亲的需要。你给老爷子办白事，怎么连雍和宫喇嘛都没请？说不过去。其实满族人的宗教信仰很混乱。

从我祖父就无神论了，他不信教，他和雍和宫喇嘛的关系不是宗教上的，是文化上的，也有些蒙医方面的，我祖父这人挺好学的。和雍和宫的联系到我祖父那儿就没了，运动一个接一个怎么联系？

定：雍和宫的喇嘛那时候是从蒙古来的还是蒙古八旗的？

戴：他们是三种来源，一个是蒙古草原来的，一个是青海来的藏族，还有西藏地区、西康地区这些地方来的喇嘛。咱们自己不出喇嘛。那喇嘛教在解放前跟服兵役似的，要选到北京雍和宫来当小喇嘛，来学艺来，有学唐卡的，画画的，有学蒙医的。也有的就还俗了。要是功夫深的话，有一定造诣的话就升级了，就留下来，不回草原了。北京蒙民里头没有当喇嘛的，也不选。都是在草原地区的。

定：你们家那些妇女也去吗？

戴：也去。尤其是正月十五啊，正月初八啊，北京话叫打鬼，那是一个宗教节日，都要去。

满族还有这么一个规矩，就是人要死在医院了不能回家，死人不能回宅，办丧事只能找庙里，所以都跟大寺庙有关系。我们家跟金鱼胡同的贤良寺①关系很近，因为我们家早就是一个有文化的大家族了，所以我们家有病人都上德国医院，就是现在的北京医院。我伯父就死在德国医院了，所以他的灵不能回宅，就得在庙宇里办丧事。

过去不存在死亡证，出城出殡，要两个证明，一个证明是殃榜，家里死了人把风水先生请来，不是请他算命来，是给写一个东西，什么时候咽的气啊，好像算命板，晚上供起来，然后他从那窗户纸撕一角，让死人的灵魂飞走，这叫殃榜。②长期在我们家服务的叫王登云，王登云是汉人，汉人迎合满蒙的民俗。这人我都见过。他也开命馆，算命，还兼阴阳先生，他有罗盘，看风水，看宅子也好，坟地也好。满蒙家庭人死了，坟穴不能

① 贤良寺是京城一座著名寺院，位于东城区校尉胡同以西、金鱼胡同以南、帅府园胡同以北，面积很大。最初为第一代怡亲王允祥宅邸，后第二代怡亲王在别处建府，雍正十二年（1734）这里改为贤良寺，面积虽逐渐减少，但规模依然宏巨。由于此处距皇城很近，外省官吏进京述职多居于此。李鸿章、康有为等都曾居住在这座寺中。著名古建筑学家、文学家、梁思成的夫人林徽因去世时也停灵此处，她的追悼会也在此举行。

② 殃榜，北京旧俗，某人病故停在床上，就请阴阳先生来批"殃榜"，上写死者生卒年月，何时入殓，何日出殡等。若身死不明、服毒等情，阴阳不批，即去报官。

随便打，就把王登云请到我们家坟地去，他说在哪儿打坑，就在哪儿打坑。遇上红白喜事啊，给孩子起名字什么的，也请他。结婚合八字也是他。

定：那婚契是不是也是他写呀？

戴：那不叫婚契，叫龙凤帖。

定：婚姻的时候有好多礼节，谁跟新娘子说啊？

戴：一般都是姑姑，女方的姑姑。因为都早婚哪，不像现在社会这样开放，这方面得进行性教育，不让男孩女孩觉得很突然的。人有两大天性，一个是生下来就会吃奶，一个是成熟了就会……这也得有正确方向，不要在洞房之夜出现不幸，也不要有一种恐惧感。但这个东西没人辅导，就只能口述。男孩一般舅舅给讲一讲。满族强调有一块白绸子，第二天婆婆和婶婆验处女……所以现在当天办事，当天晚上就回门，不对了，没见着那个……这都破俗。都是第二天回门，汉族有的三天回门，也是保证新婚夫妇休息，把那个绸子收起来。满族强调这个，蒙古族不太强调这个。可是京旗的蒙古旗人百分之九十九随满族，就也有白绸子这个规矩了。

满族像我们这家庭吧，哥们儿剃头，都是一个人，张师傅，汉人。我们家小孩的胎毛都得他剃。我们家生孩子，像我上边有的哥们儿，姐们儿，都在外国医院接生的，妇婴医院，就是早期外国人开的妇产医院，现在已经并到北京妇产医院了。后来家庭不是挺兴旺了，就请收生婆，收生婆姓权，叫权姥姥，就在泡子河住，跟我们大羊毛的宅子隔一个胡同。她是满族人，附近的一般满族家庭也好，汉人也好，都请她去，她有经验哪，老太太。她的职业就是收生，她也有孩子，丈夫有他的职业。她是属于满族家庭比较下层的。

定：她能挣不少钱吗？

戴：对。满族规矩，谁收生的，洗三，她得来，响盆哪，往铜盆里扔金属币，也有扔现洋的，小孩满月、一百天她也得来，来一次她就有一笔收入。她就是专职的，我们家这辈人就是你负责了。权姥姥没了，她女儿又接上去，我们家的晚一辈，我的侄子，就是权姥姥的女儿接生。没有仪器，她就能处理各种难产哪，倒位哪，都行，经验特别多。保证顺产，保证母子安全。所以旧一套医术啊有它的……后来取缔私人的，强调执照了，权姥姥女儿就并到东四妇产医院了。咱们也有满医。满医我单有书。我去拿去。

定：您哪儿拿去啊？

戴：我说有个医生啊，现在挂的牌子就是"满医真传"。现在此人就任韩国医科大学的名誉教授。是跟宫廷里传出来的，受宫廷大夫的影响。

定：那时候满族好像老姑娘多，您知道是怎么回事儿？

戴：老姑娘多这个事情有个历史阶段，清王朝逊位之前不存在这个，男大当婚女大当嫁嘛。辛亥革命引起历史大变迁，满族家庭的姑娘规矩多，有的人家不敢要，另外高不成低不就，按现在话说，耽误了。那会儿接触机会少，社交活动也少，受教育的只是一少部分。所以耽误了就耽误了，就彻底一辈子不解决婚姻问题了。就好像说迟到了就不光是迟到了，课不上了，就还旷课了。满族的称呼混乱，有的女的叫男称，叫姑爸爸的，一般就都是老姑娘。

定：老姑娘是不是死了也不能进祖坟？

戴：对。我们满族人有一规定，没结婚的姑娘如果故去了，不能进祖坟，小孩死了也不能进祖坟。所以我们家老辈的凡是女孩子，像什么我姑姑，她没结婚，这人故去了，就借地埋人，那也不能随便找地，就埋在我奶奶娘家的，我奶奶娘家不是在架松么，就埋在架松的肃王坟边上。而且满族人还一个规定，抽大烟死了，不能进祖坟。你抽大烟，抽白面死了，在外头倒了，虽然找到尸首了，不能进祖坟。爱埋哪儿埋哪儿。这也贯穿着是教育子女，只能学好，不能学坏。

定：您的祖母、母亲都是满族人，不是蒙古族人对吧？她们到你们家有差别吗？

戴：有差别，满族人祭祖是祭板子，蒙古族人祭口袋，还是不太一样，但请安都随满族，我从小就看他们见面都行民族礼。

定：会唱呼麦①的是您父亲？

戴：他给我讲过，说这是草原的一种音乐形式。

定：他怎么知道的？

戴：那就不知道了，他可能受我祖父他们的影响。也就是自个儿家里，自个娱乐，我们独门独院儿，家里没别人。他也能唱一些个满族的东西，听他唱过。我母亲会一种拉弦，钢合金的，这么来回一拨也能出音，会弄

_____

① 呼麦，是蒙古族特有的一种古老的喉音演唱方式。运用特殊的声音技巧，一人同时唱出两个声部，形成罕见的多声部形态。这种演唱技巧在我国已经绝迹多年。我于1997年春天在美国加州的圣芭芭拉，曾听过俄罗斯图瓦自治共和国的一个正在美国巡演的"太阳风轮"演唱组的演唱会，表演者为四名男子，我为那种从未听到过的天籁之声深深倾倒。回国后询之中央民族大学音舞系的高娃老师，才对呼麦有了一点初步知识。近年来呼麦的演唱在国内已经重新复活而且颇为流行，甚至还青出于蓝地有了女声呼麦，但几年前我为戴鑫英先生做访谈时还没有这一番热闹光景，所以我听到他的现场演示时还是很惊讶的，虽然他会的很简单，专业人士认为还达不到演出水准。

这个。原来"文革"以前我们家还有这东西，后来就找不着了。所以我受家庭的影响比较深，好多东西都继承下来了。

我母亲是 1969 年"文革"时候因病故去的，六十六还是六十七岁。三年以后我父亲也故去了，您老两口从发病到死亡都是二十四小时。按满族的规矩说，生前修行得好，死的时候"胡萝卜就酒嘎嘣脆"，就是痛快，一是本人不遭罪，另一个不给儿女带来麻烦和精神折磨。我们家老人虽然不迷信，没有信什么宗教，但是他们很惧怕火葬。实际满族祖先就是火葬，可是进入北京受汉族的影响，就怕这个。那时候"四人帮"没倒呢，在那种极左的情况下，我就在楼上铺上大棉被，怕吵人家啊，然后自己买木材做棺材，按照传统的图案，头里是五福捧寿，后头是脚踩莲花，给土葬了。到 1974 年我大妈死的时候更"左"了，基本上不准土葬。我说我大妈不容易，年轻守寡，帮着我母亲把我们带大的，大妈的丧事只许比爸爸妈妈办得大，办得好，规格只能高于爸爸妈妈。所以我大妈也是按土葬处理的后事。

定：也是您给她打的棺材？

戴：打的棺材。当时极左，不许土葬，也不兴行贿受贿，就求人家。我母亲（的棺材）就违反民族习惯，回娘家了。我外祖父的坟地还有呢，已经是集体化的地了，就求人家在地边儿上找了一块地儿，下葬了。后来建大屯中学，你要是起灵的话，满族和蒙古族习惯死人从咽气起就不能招阳光，挪一下棺材，骨头捡上来，那就得搭五彩棚，那多麻烦哪，我们烦这个捡骨。我说老太太也喜欢孩子，既然是操场呢，坑也深，就让小孩陪老太太，就不要再惊动她老人家了。

定：您跟您母亲感情特别好是吧？

戴：对，我一直就跟着我母亲跟我大妈。是她们给我带大的，她们对我的教育完全是传统的教育。孝，忠，而且不能越轨。

到我父亲死时呢，我们太平庄那老坟不是搬迁了，盖有机化工厂了么，看坟的搬到王四营白鹿司去了，我们找到原来给我们看坟的马家，他们已是那个村的领导了，一说，所以我父亲和我大妈分别葬在马家的搬迁地，借地埋人。我大妈也没跟我伯父并骨，我母亲也没跟我父亲并骨，找到地儿能土葬，了结老人的心愿，这是目的。作为纪念呢，反正每年我母亲周年，我不管别的兄弟姐妹，我还是要吃一天素，悼念亡灵。我那屋就一直供着我母亲遗像。

定：我从第一次到您家我就注意这个了，您为什么只供您母亲遗像没供您父亲的遗像呢？

戴：因为掌家的是女人，所以都是供母亲的悬影啊，这是满俗，到节日的时候才把故去的祖先像全挂出来，没有像的挂灵牌。我搬迁的时候我母亲（的遗像）没上车，我认为把老人跟家具一块儿送不礼貌，我是从老宅子那地方捧着像来的。做鬼的人哪，她能认得这新牌位。在科学上讲人的肉体和灵魂同时消失，可是在信仰上，老认为故去的人，尤其亲人，他的灵魂永远伴着你。可是到这儿就完结了，到下一代就顾不过来了，现在也不准了，爱火不火，爱化不化。

定：就您供奉您母亲？

戴：我一直供着。现在我弟弟那屋也供着，他爱人出国了，要是不出国也不能供，她不让供。我哥哥他们也是嫂子们不让供。

我认为人要想开了。我的孩子们张罗说我们给你买墓地吧，我说别搞这个，你们买一块墓地，几千块钱，一万块钱，现在共产党的政策，三年以后就要管理费了，三年以后就催你交钱，到期不交钱就惨了。你承认我，可是你的下一代、下下代根本不认得我，早晚一锹让人扬了，与其让人家扬还不如咱自个儿扬呢。我对孩子就这么交代，我说将来我要是故去了，你们要真孝顺我，你们别买骨灰盒，把骨灰取来，分成两份，一份扬在你奶奶，就是大屯中学的操场上，等于我骨灰在我母亲身边呀，另外一份，你们到内蒙古去旅游去，往北一撒，我从朔漠来的，落叶归根了，这是你们最大的孝了。这是思想开阔，看透了。

刚才谈到1961年的时候分家，我母亲为维持这个家不容易，饿呀，就把一些珍贵的东西换成钱了，买了"高级点心高级糖"了。后来"文革"来了，当时我是青年，我总觉得家里这些东西，这既不是电台也不是手枪，应该保存下来。它代表了京旗历史的一部分。像一些老房契呀，族谱、龙凤帖啊，八旗宗室学堂的毕业证书啊。我就觉得有些东西很重要，多少钱不能再卖了。你看这是一个水晶坠儿，是满族男人腰带上挂的东西。这是我祖父的朝珠，我们孙子辈儿的一人分两颗。这是我母亲的纯金耳环。这是星星石，这是朝服顶子上的珊瑚。你看为什么我戴这个戒指呢？因为这是家里传下来的，只有蒙古人戴这种造型的，马镫戒指。我在街上还真没见过这样的戒指。我们还供这成吉思汗的像。像我们这样的蒙古旗人家庭不多了。

我们家还一特殊的，一有照相术啊，当然是皇室先有，王府后有，然后第三就是我们家，从我祖父我父亲一直传到我，就保存了北京这些古老照片，我给整理了，中央台他们来人给拍了，而且还播了。

现在不管学术界也好，民间传说也好，艺术界影视界也好，老是把提笼架鸟吃喝玩乐跟八旗子弟画等号，不对。八旗子弟游手好闲只是一些王公贵族，他本身按世袭是属于王呀，贝子，贝勒呀，但是在官场上没有任职，俸禄比较高，这种人他闲着没事，可不是提笼架鸟么，什么养蛐蛐儿呀，养鸟呀，养鱼呀，只有拿这个消遣，消磨自己时光。真正的八旗子弟不能和吃喝玩乐挂在一起，由清朝接下明朝的疆土来，不管是打的也好，经过谈判也好，为什么扩大了呢，还不是八旗子弟兵，满蒙汉的八旗兵去打的？穿满族服装，提笼架鸟的，好多是汉人有钱的人，这些他们都学。咱们中国民间有个顺口溜，叫"贫学富，富学娼，"这人穷的时候羡慕有钱人穿什么，当他有钱了，怎么办呢，他得别出心裁，就学娼，窑姐儿穿什么他穿什么，男的也如此，学匪，学十三太保，弄那铜纽襻儿。

我举一个例子来纠正这一说法：日本时期在北京，有上半身穿日本服，戴个战斗帽，穿带刺马靴的，也不是正经军队衣服，根本没有军衔。那都是日本鬼子吗？不是，是冒充日本兵的高丽棒子，他们坏事做得比日本兵还坏。无所不为，白面馆就是他们兴起的。你要把他当作日本鬼子，这是错的。……

六　寻常巷陌

　　东城的特点，是大四合院居多。下面将要提到的九十岁老人胡秀清对此有过这样的描述：

　　你瞅，由东单说，一直到北新桥，一个胡同一个胡同一个胡同，到现在也算上，什么样儿的家庭都有，都是纯粹的老北京人。那房啊得讲什么呢，讲整砖到顶，磨砖对缝，那房盖得比较讲究的，到现在都纹丝没动，都那么好呢。

　　四合院里住的大多是寻常百姓，却又不是今天许多人理解的寻常百姓。所谓寻常，是相对于豪门官僚、富商巨贾而言，但并不就意味着贫贱。东城这一个胡同一个胡同里居住的"纯粹"的老北京人，还是以殷实人家居多，他们主要由清朝的京师八旗后人构成。毕竟在1949年以前，有实力购置东城一带住房的汉族人，除了同仁堂乐家那样的商人之外，还是极少的。

　　我采访并收入本书的北京旗人后代（包括父母中有一方为旗人的），除去爱新觉罗宗室和那桐、增崇两家不算，统共有十四位，其中列入皇城篇的两位（吴效兰、张国庄）、列入那桐家亲戚的两位（蒋亚男姐妹，祖先为汉军旗人）、八旗蒙古后裔一位（戴鑫英），其余的，在 20 世纪 50 年代以前，有三位住在京郊旗营，余下的七位，都住在北京内城，而且有六位住在东城。我再强调一次，这确实不是我有意为之，而是在经多年采访之后将所有人按照居住地址归类时才发现的，这是京师内城住旗人、外城住汉民的格局直到解放前仍然相对稳定的一例。

我将居住于内城的七位满洲旗人后裔的故事集中放在这里，是为了让读者自己体会和判断，他们的生计、挣扎、追求与情趣，与人们通常想象的提笼架鸟的八旗子弟的形象有没有差距，如果有，这差距又有多大。

在这些旗人后裔中，许多已经不再是满族了，他们自辛亥革命起就隐瞒了自己的民族成分，像水银泻地一样迅速隐入汉人之中，而且迄今也仍未恢复。在下面数人的口述中，就有我着意询问他们"隐没"经过的一些内容。

纯粹的老北京人

——胡秀清口述

时间：2004 年 11 月 24 日

地点：北京市海淀区世纪城某居民楼

被访者：胡秀清

访谈者：定宜庄

在场者：关玉芬、关炳铮①

［访谈者按］ 胡女士已经九十多岁了，是我的访谈对象中年龄最大的几位之一，但从下面的口述中就可看到她的头脑十分清楚。她的特点是夹叙夹议，喜欢对各种事情发表她的感想和意见。她有她的一套处世经验。

胡女士的父亲与公公都是地道的旗人，都在清朝做过官，辛亥革命以后走的道路不同，但家境都算殷实。自己有房，讲究，规矩，为人处世则通达、认命、老实。胡女士一生都是普通工人，她并不认为这有什么不好。她对生活的总结就是"反正你自己不勤快你就甭想过好生活"。这些在我看来，都是典型的旗人做派和思想意识，在她说来却是"纯粹老北京人"为人做事的方式。她没报满族，她的丈夫和子女也是。

胡女士与小儿子一起住在西三环边世纪城的新居，世纪城在今天的北京城号称"第一商圈"，是新崛起的繁华之地，她的儿子儿媳显然是把家中最好、阳光最充足的一间给了她住，房间也经过精心布置，

———————————

①　关玉芬女士是胡秀清的女儿。关炳铮先生，福州满族，是中国科学院的退休人员，多年前我做满族妇女史，就得到过他热心无私的帮助，还曾亲自陪我到河北雄县的清朝八旗驻防营调查。得知我做老北京人口述后，他又主动为我联系到胡女士，并亲自陪同我到世纪城。在此对关炳铮先生和关玉芬女士表示由衷的感谢。

清洁整齐，花木扶疏，她却感叹说，活了九十多岁，竟住到乡下来了！

胡秀清（下简称胡）： 您要是找老北京人哪，这楼群里头找不着，一百户里边也没有一户老北京人，全是全国各地的，四面八方的。您要是找老北京人，就是那胡同里头有，还真有。你瞅，由东单说，一直到北新桥，一个胡同一个胡同一个胡同，到现在也算上，什么样儿的家庭都有，高级点儿中级点儿的低级点儿的，都有。都是纯粹的老北京人。不像以前那么多了，还是有。那房啊得讲什么呢，讲整砖到顶，磨砖对缝，那房盖得比较讲究的，到现在都纹丝没动，都那么好呢。也搭上咱北京没出过

胡秀清与女儿在家中的合影

什么大的灾害呀什么，发水地震，都没有，这块地是宝地，您不一定信，这是宝地，什么灾，也到不了这儿。

1. 我的父亲母亲

胡： 我叫胡秀清，1913 年七月初四生人，这说的是阴历啊，后来拿日历一对，正好是 8 月 5 号，我就改成 1913 年 8 月 5 号，阴历那个反而就忘了。

我的老父亲叫胡启山，我听我老父亲说，我们是爱新觉罗，满族。[①] 满族人哪，是以名为姓，要不怎么说有老姓，胡就是我们家的老姓，我的老祖他们都姓胡，到我父亲一代就姓宜，我们俩上学的时候儿呀，我父亲就

---

① 胡女士这里说祖上是爱新觉罗，并无根据。至于"以名为姓"，是满族取汉名的常见做法。满人本来都有老姓，即氏族之姓，如爱新觉罗氏、瓜尔佳氏、钮祜禄氏等，但一般不放在称呼中，如某人老姓为钮祜禄，名常春，则人们只称他为常春，辛亥革命之后改为姓常名春，即用名字的第一个字为姓，就是"以名为姓"，胡女士的父亲姓宜，很可能就是他父亲名字的第一个字。

让我们姓宜，我姐姐叫宜秀贞，我叫宜秀清。后来中华民国了，户口上头也牵扯到好多事儿，我就记着有这么一点，说也别以名为姓这一说了，都姓胡！后来我们就都姓胡下来了，就这么回事儿。

以前呢，我的老父亲是二品官，过去以那个顶为官职的大小，他是红顶，不是我爸爸自己挣的，那是祖传下来的。好比这么说吧，你做了这件事，对国家有好处，对皇上有好处，就叫你实习（应为世袭——访谈者注），你不在了就是你儿子实习，孙子实习，实习到三辈儿还是四辈儿，就看你这官职大小，看你办的事儿是值三辈儿还是值四辈儿，那样封下来。我父亲就是接我爷爷的官职，做官。我出生的第三天我的老父亲还关（即"领取"之意）了一次银子，多少银子我说不清，还有大米，是拿车送来的，那会儿是麻袋，一袋是一百斤，我记得是十八袋大米，跟这会儿给退休费似的，你的生活费，那是他一年的薪水。我姐姐比我大四岁，她就还是奶奶奶大的呢，她是在清朝最末溥仪做皇帝的那个时候生的，我一点儿都没赶上。

我的老父亲哥儿仨，我大爷，我叔叔，他行二。可是那官职怎么我父亲接上了，我大爷怎么不接呢，我就闹不太清楚了，是文化程度的毛病呢，不知道什么原因了。反正我大爷没有，到了我的老父亲身上。

我的老父亲哥儿三个，之后老人都不在世了，清朝也没有了，就自己过自己的了。

可是我大妈厉害。那会儿我就记得，我妈，那会儿不管妈叫妈，叫奶奶，不管爸爸叫爸爸，叫阿玛。我们懂事点儿的时候，我跟我姐姐就问过，说咱们家那房子呢，那屋里的东西呢？我妈就说，你的大妈呀，你的大妈厉害呀，她全霸走了，这是祖产，祖传的祖产，她全霸走了。

定：她也是旗人吗？

胡：啊，是啊，我爸爸我叔叔都老实，惹不起她。大爷又老实，管不了。那会儿的满族人规矩可大了，那嫂子要厉害，这小叔子不敢惹，再一个也嫌寒碜，不讲打架，我们那种家庭也没有打架骂人的这一说，没骂过人，不会骂人，不许学（xiáo）。我父亲就这么想，说我是男子汉，有本事我到社会上自己凭能力去挣，养我的家，清朝已经都推翻了，这祖产你爱要就拿走，我不要，我不受这个祖产。

定：让您大妈给占了的祖产是在哪儿呀？

胡：在什么地方我记不太清了，反正街上的道儿都是那么宽的大石头，跟咱们的柏油马路似的，好像叫十条道啊还是叫什么，记不住。

定：那您大爷后来做什么呀？

胡：我大爷就不工作，家待着。他把我们家产都霸了去了，他生活哪儿用得了啊。我听我妈说，他把我们这家产呀，房子呀全卖了，他到农村买的房。也不是特别远的农村，就到朝阳门外，那儿我们有块坟地，那会儿家家都有坟地，就在我们坟地那边，他买的房，买的大磨。我记得我小时候我妈领着我，带我上我大妈那儿去过。那会儿还有规矩，谁的生日，谁的什么事儿，都得去，别瞅分家了，她都霸占了，规矩不能错。我就好像是三四岁那会儿，看见大磨还玩儿呢么。我记得我妈跟我说过，说你大妈那会儿可美了，她站着有房子，死了有地，她还有三个儿子，好像至死都受不着苦。我妈这边三个女儿，那会儿女孩子都不能出去，没有这一说。

结果他们刚搬去三个月，就遭明火①，按这会儿来说叫坏蛋，那会儿就说明火，就给抢了个光。花梨硬木的摆设，瓶瓶罐罐的那都有名儿，都给抢光了，反正就房子没动，剩屋子四呇晃空，那大磨我记得还有，别的什么都没有了。

生活没有收入，慢慢就贫困下去了，反正他也不能一点儿钱都没有，有点儿金的银的，卖着吃也不值一吃，我记得那会儿的人说过这话，说你坐吃山空，你要是什么都不干，你坐着吃，山都能吃空了。我有三个哥哥，我记得让我大爷大妈给送到这儿那儿学徒去了，那会儿学徒苦着哪，我那三个哥哥慢慢都死了，全死了，一个都没活。我妈就说，你瞧你大妈，心眼不好，把家霸占了。她说大妈太厉害，一脸的肉丝儿都是横的。

我叔叔看着他们哥儿俩，他看哪儿有这样，这亲哥儿仨呀，他一人霸占着，二哥这儿好几个孩子，什么都没有，还得凭自己出去挣钱去，那肯定有一段苦。我这叔叔就立志，没结婚。他后来当警察，自己单住，后来没结婚死的。他的家什么样我不知道，没去过。他们哥儿仨都小不了几岁。

我父亲的思想转变得快，后来到协和医院工作去了。协和医院一开始就在我们住的那条胡同盖的楼。②好像我父亲怎么认识一个外国人，叫我父亲去到他那儿工作，他看我父亲做什么事都实实在在，他们都称呼先生，你称呼他先生，他说中国话，反过来管我爸叫胡先生，说胡先生你这人心最好，我就让你老在我这儿工作了，协和医院将来还得要扩大，你再跟我走。一直我记得我四岁，我父亲就在协和医院工作。反正外语他是一窍

---

① "明火"不是指火灾，而是指遭强盗抢劫，即"明火执仗"之"明火"。

② 协和医学堂始创于1906年，校址设在东单北师府胡同东口外的"文海"楼，附属医院在东单北新开路口内。

不通。

定：他在那儿做什么呀？

胡：他们前边是医院，后头为医院服务的什么都有啊，我父亲就在洗衣的那儿，咱们这儿乍一兴洗衣机的时候我看着不新鲜，因为小时候我父亲带我到里头看过。那屋子，大了去了。都洗那医生的、护士的、病人的（衣服），那消毒消得可那什么，那一屋子没有一样不是机械的，由这儿搁进去洗，直到那头干了出来，全是机器，那都是流水线。他在办公室，他管这个，就管他叫胡先生。我那会儿也搭着小，不懂。美国人和咱们中国人不一样，再有那会儿也没解放呢是不是，他们就没有退休这一说，你到了年龄，66岁，给你一笔钱，叫你回家养老，胡先生你回家去养老。那会儿给美金，他每月挣工资也是美金。

定：那你们家那时候生活还不错？

胡：不坏，一直不坏。买的几间房，自己一个独院，没住过邻居。

定：您母亲也是旗人吗？

胡：啊，是啊。她们家姓什么不记得了，一点都不记得了。那会儿一般的事儿不跟孩子说。我记得我姥姥跟我们住在一个院里，就是前院后院，好像也没有儿子，就是女儿，我这会儿想，那可能就是我们家给养着呢呗。也没有舅舅。我姥姥家还有亲戚呢，自己开的一个包办酒席，比如你家娶媳妇或者闺女结婚，得用多少多少酒席，你上他那儿去订，就干这个。我们管他叫亲姥爷么，后来就不知道了。国家一朝一朝地变，咱们这老百姓啊，一代一代地死的活的，慢慢慢慢就全都疏远了。那一代死了这一代就不认识了。

我妈可不厉害，从来没听见我妈跟任何人打过架，后来我们这房住不了也往出出租，出租也进钱不是，没瞅见过我妈跟任何人吵过架，那会儿不讲打架，打架让人笑话，就是规矩特别多。我妈那会儿的相片，还都是那种打扮。穿的鞋中间有一块木头，跟现在高跟儿的意思似的。穿的衣裳也是，脖子那儿还带珠子还带穗儿，你看电视《还珠格格》都是这种打扮，后来我们慢慢地也大了，社会也变了，一搬家（相片）就完了。

我母亲去世得早，我母亲周岁才五十二岁就没了。我也说不出来是什么病。我姐姐在天津，我妈一病厉害就把她叫来，一直她看护着。

我母亲不抽烟不喝酒，我老父亲也不吸烟不喝酒。特规矩，烟酒不动，就交个朋友来家坐坐，吃饭、说话儿，特殊的玩儿什么都没有。我的老父亲可是好人，一点儿邪的歪的都没有。

定：那他看戏吗？

胡：看哪，也不净看，也是没时间。连工作带招待一切亲戚朋友什么，来来往往的，没有闲工夫。

定（对胡秀清之女关玉芬）：您对您外祖父有印象吗？

关玉芬：挺善良的一个老头。他不爱说话，讲究。他吃素，烟酒不动。吃饭讲究，那么大岁数了，到什么地方去吃，到什么地方去买，必须得买那个字号的，我们去给他买回来他吃。后来他住在我姨家。

胡：有时候我老父亲高兴，就给我们说，这什么菜，得有什么名儿，你们哪，没吃过，你们都没看见过。我出生的时候清朝已经倒了，我们上哪儿看去啊。比如说吃馄饨，佐料就多了，少一样，我的老父亲就不吃："去买去！"差一样都不行。事儿多着呢，这满族人。

定：您还记得都有什么样儿吗？

胡：馄饨，必须使白水煮。这儿还得有一锅骨头汤，骨头汤叫白汤，回头使笊篱把馄饨捞到碗里头，再浇上那汤，不要那油，就要那汤。搁什么，冬菜、紫菜、虾皮儿、香菜、韭菜、酱油、醋、胡椒面，这几样，少一样都不行，摆得热闹着呢。再比如吃面，吃打卤面还是炸酱面，还是麻酱面，好这一桌子都是配这个面的菜。后来我想起我父亲骂我，不是骂大街的那种骂，说你们这是什么啊这个！吃的这个菜，这叫什么菜啊，吃麻酱面就把麻酱这么一搁，吃，这叫什么啊。后来他也老了，他也买不动了，他也不管了。他去世那年八十一岁。身体好，不爱生病，一年到头看不见他生病。

关玉芬：我妈说建东来顺、建同仁堂，她父亲都捐过钱。

胡：东来顺啊，那是回民，人家这回民可是真的回民。他原来也不是什么大主儿（大财主），就在东安市场里头啊，就在那儿找一块地方儿，卖贴饼子、小米粥。那会儿协和医院刚建，工人特别多，工人手里什么都没有，用的工具都是公家的，我的父亲他就心眼儿好，他就给那些工人介绍的东来顺，说他们挨你这儿吃饭，他吃多少钱，给多少钱，他不给我给，也得让他们吃饭，不能饿着肚子干活呀，给他介绍好多人。这东来顺慢慢慢慢就起来了，盖的两层楼，都是由贴饼子、小米粥发的家，从那儿就跟我父亲交朋友了，"胡先生胡先生"，什么都给胡先生留着，涮羊肉那肉都是整个儿羊来的，刀前刀后切不出片来就甩开，"给胡先生留着啊，让胡先生买回去吃炖羊肉去"，"我也要不了那么多"，"给您的朋友"。我们一到礼拜天，学校不上课，我父亲就带着我跟我姐姐，还有我姑家的表姐表哥一群孩子，摆一桌，请我们吃饭。别的地方不怎么去，就上东来顺。

东来顺也有爆肚，那说吃烤羊肉串儿，就没有那么好吃的，现在买的这羊肉串儿，白给我都不吃。我小时候就到东安市场吃糖葫芦去，那会儿就两毛钱一串。还有馄饨侯，也是百年老店了，卖烧饼馃子，烧饼咱北京叫油炸鬼，买一个烧饼一个油条，夹着，一碗馄饨，一般做工的人都吃得起，再高级的（食物）做工的他吃不起了。我十来岁的时候，咱们北京的冰都是哪儿的？都是故宫外头那筒子河，过了三九天都挨那儿打冰，冰都冻得这么大块，这么老厚。那会儿没有冰窖，都得用那个冰，北京饭店，六国饭店，不是咱老百姓用。

我父亲在协和医院，协和医院最让我信服。那是美国煤油大王开的，没错，它后来在新开路就买的这个豫王府，豫王爷的家，①这个是他买的房。反正那会儿就听我父亲跟知近的朋友说话儿，说这协和医院盖起来以后，挖出来九缸十八窖，全是金银元宝，那钱，再盖两个协和医院也用不了。这个美国人，心眼儿也跟现在中国人一样，也想着好心坏心的，可是对病人是不错。那（院）里头活井就有四五个，那我是真知道，带我上里头玩去我看见的么，这一车水果，不管是什么水果，一开箱，只要里头有一个烂一块儿，这一箱全往活井里倒，不许工人拿走吃去，更甭说给病人吃了，谁敢动，要让他看见，给你开除。

2. 姑姑一家

胡：我爷爷早就死了，什么姥姥姥爷也早都没有了。我记得好像没有姨家，没有姨。是我的姥姥没有别的女儿还是怎么着闹不太清楚。就是有两个姑姑。跟姑姑家来往挺多的，好几辈儿还来往，我们都大了他们还来往。我那个姑夫是个举人，他还有个弟弟，就哥儿俩。我妈那会儿就说，你瞧你这姑夫啊，说人家这哥儿俩就好，那会儿也不懂得说团结，就说他们就好，就在一起，听老人的话。

就这姑夫他们家啊，老北京人，旗人，不是什么官儿，也是一般的满族人，在东单那边住。他们挣钱去，供这大儿子上学，后来他这大儿子赶考，就中了举人了，一中了举人，或者中状元，举人又比状元小点儿，头天晚上就来报喜，"报喜来喽……"谁谁家姓什么叫什么中了什么官，给

---

　　① 1916年，美国洛克菲勒基金会以美金十二万五千万元购得北京东单三条胡同原豫王府的全部房地产，开始在此修建北京协和医学院。1917年举行奠基仪式，1921年全部建筑完成，原预算为一百至一百五十万美元，结果共耗资七百五十万美元。

你道喜，接了这个你得到皇上那儿去。我妈那会儿说，你的姑夫最听父母
的话，他妈他爸就说他了："你中了举人了，你就一个弟弟，你们就哥儿
俩，咱们家也没有什么底，你挣了钱，得供你弟弟上学，一直让他上到头。
你们将来哥儿两个，穷也好富也好，不许分家，哥儿两个在一起过。"我
那个姑夫啊，他挣来钱就供他弟弟上学，那会儿慢慢就咱们中华民国了，
也讲出国留学，我姑夫把他弟弟供到日本留学，东京留学回来，那当然工
作就好了，现在也如此啊。买的房子什么，住的前厅后院的，人家哥儿俩
不分家，他们的老人留下的话，人家弟弟就听，挣多少钱，刨去自己用的，
剩下都交给哥哥。哥哥当家做主。家里用好几个人，用的厨子、奶妈，还
有干杂事的老妈子。我记得我们都小学毕业了，我那姑姑跟那个叔叔什么
的还都在一起过呢，我们的姐姐、哥哥都大了，都大学毕业，还在一起住，
他们（指胡的表哥表姐）管那个叔叔叫二爹，按满族来说叫爹，按汉族来
说叫叔叔。人家也不打架。

　　姑姑家的哥哥姐姐都是表的了。虽然说是表亲吧，小时候都是一块长
大的，在一个学校上的学，都在北京，也挺亲。我有时候去了，哥哥都比
亲的还疼："吃饭了吗？""我吃完了。""你要是再来呀，吃完饭你就别来，
你老吃完饭来怎么回事你？哥哥不给你饭吃？"都特亲。现在也都死啦。
我就想怎么都死了，就剩我自己了。下一代就差多了，差远了。

　　定：您姑姑家住哪儿？

　　胡：他们叫草厂胡同，[①] 他们自己买的房。我姑姑生活可好了。

　　定：还有一个姑姑呢，您不是两个姑姑吗？

　　胡：还一个大姑嫁给谁记不太清了。我这大姑自己过，自己有家底儿，
她没有儿子，两个女儿都结婚了。

3. 我和姐姐的婚事

　　胡：我有个哥哥死了，有一个弟弟也生病死了。我们看病都是协和医
院，不花钱，可是我妈有点守旧，不愿意让他去协和医院，人家动手术，
她说人家宰人。后来我弟弟是什么病啊？抽风，我父亲说给送到协和医院
住院去吧，我妈不让去，非说去就让人家宰了。要不你就给他吃那中药啊，
不，就给他烧香，烧死了就，八岁的时候。实际上要是送协和医院就死不
了了。后来我父亲等于没有儿子，就我跟我姐姐了。

────────────

　　① 草厂胡同位于崇文门外前门地区，有草厂胡同头条到草厂胡同十条共十条胡同。另：西直门内亦有
草厂胡同。胡女士所说可能是后者。

定：您母亲都到哪个庙去烧香啊？

胡：她哪个庙都去。东岳庙，附近还有什么小庙，土地庙，土地爷土地奶奶，我记得小时候我眼睛不好，老长针眼，这个长完那个长，那个长完这个长，要不就害眼，我三岁我妈就领着我到小土地庙，供着土地爷土地奶奶，我妈就买香，求给点药什么的，老烧香去。家里有灶王爷，供在厨房，天天烧香。

等到六七岁的时候，我就跟我姐姐我们两人上学了，上学就在附近，有个西观音寺，西观音寺那头还有这么样一条胡同，叫闹市口，再往这边就是东观音寺，我们上学就在东观音寺，有个第五小学。①

可是我那老父亲脑筋特别旧，等我和我姐姐高小毕业要上中学，学校在通县，要住校，我父亲不让啊。协和医院有个社会部，就跟咱们有工会，你家里的生活怎么样啊，专管生活困难的人。他就知道我父亲没有儿子，他们美国也讲那个，也讲究有儿子，儿子养家，你老了你儿子养你老，说胡先生你底下就两个女儿，将来没有人养你老，说让你这两个女儿小学毕业了上中学，由协和医院来培养，（承担）一切的上学的费用。可是我的老父亲说女孩子，接一封白话信能看懂，就行了，要那么深的文化没用，他说没用。我们就在家里学做针线，不上学了。他给找婆家，那会儿婚姻他做主，你自己没有权利。就那样。

我告诉你，包办婚姻苦透了。父母也傻乎乎。比如那么说，我呀跟你是朋友，你这儿有一个儿子，我看着挺好的，我给介绍一下。等到老人都办成了，快要订婚要结婚了你才知道，什么都是老人包办。有的人也起来反对，像我跟我姐姐就傻乎乎的，不懂得什么，自己根本不乐意，就听从父母的。他就给我姐姐找婆家，我姐姐才十八岁。

定：您姐姐嫁给什么人了？

胡：也是咱们北京的，嫁的是汉族，我姐夫是电信局的，就是做一般工作，结婚有个一年半年的，我姐夫去天津工作，她就跟着去了天津，后来就落到天津。我挨北京没动弹，我们姐儿俩就一个天津，一个北京。我记得我姐姐那会儿来了就哭，说家里就剩我们姐儿俩，我就老担心，你要死了剩我一人，我要死了剩你一人，没亲友。姐妹没矛盾的少，可是我跟我姐姐什么矛盾都没有。我姐姐不在了。

我姐姐九个孩子，六个儿子仨女儿，四个儿子是大学生，名牌大学的。

---

① 西观音寺位于东单附近，距胡女士家不远，但闹市口在宣武区（今西城区），东观音寺今名东冠英胡同，位于西城区中北部，三处相距甚远，而不像胡女士所说紧挨着。

还有一个小时候死了，有一个工作了死的，留下两儿子。

定：那您呢，您多大岁数结婚的？

胡：二十。他们家（指丈夫家）就在鼓楼那边住。

定：怎么给您说的？

胡：中间儿的，有介绍人哪。

定：不是原来就认得？

胡：没有那一说。这家姓关，也是满族人，可是没有我们家官大，我记着我公公是蓝顶，比我们家的红顶小好几个，我看见过他的相片儿。清朝推翻了以后，他们家人就做买卖，买卖什么呢？他那买卖可不是油盐酱醋，他们跟一些王府认识，自己就开一个古玩铺，卖古玩。我那个老公公眼力特别好，也是从小学的。

定：您老公公家住哪儿呀？

胡：鼓楼西大街呀，挨着德胜门近哪。自己的房，那可是真正的四合院。前院、后院、大门、大门道儿、大门道儿有一条大板凳，那东西房、南北房，各单间都有一个小院，棚顶都是木头件儿的呀，特讲究，老公公他们家。那就中华民国多少年，早就把这旗人都没了。那会儿也不说这个，都是老北京人，挺规矩的人，家家都有房，还不是本身住的房，有的是房，就吃房，出租这房，以进的房租过生活。

我老公公那些个古玩都是哪儿买来的？就顺着这各个王府，这下一代啊，他知道这个东西是哪朝的，这个是唐朝的，这个是元朝的，可是究竟这个值多少钱他不知道。他身不动膀不摇，他不知道出去挣钱去，也不懂，就坐到家里吃，就惦记着分家里那点儿家底儿，老底儿没了，就卖这些东西，这些东西都卖没了，再没东西可卖，就卖房子了。我就听他们说，他就知道卖，究竟值多少钱他根本不懂，这叫知物不知价。要不他们古玩行那东西都是哪儿买来的？他们怎么那么赚钱呢？他没花多少钱买来的他倒手一卖。一块钱买来的我卖你十块，十块钱买来的又卖它一百块。

有一件事我就纳闷儿，甭管哪个朝代，上边那人挺好的挺红火的，等到下一代那人就差劲了，再下一代就完了，这是怎么回事呢，很少一直红火的，没有。

定：富不过三代嘛。您公公买卖做得大吗？

胡：小，没几年他就死了，才六十三岁就死了，他就没往下传。那个事儿不是好学的，那眼力不是好学的，他儿子啊，就没干这个，就挨外边工作了。姓关的他们家就我们老头儿（指胡的丈夫）这哥儿一个，他两个哥哥都是小时候就死了。

我老公公不错，规矩人。从来不许可给任何人传言，好也不传坏也不传，不许可。

定：您婆婆呢？

民国时的鼓楼大街（引自《旧中国掠影》，中国画报出版社 1993 年版）

胡：也北京人，好像是普通人家，不是大家，普通也不是穷人家，反正都特有规矩。可是她对我一点都不厉害，一点规矩都没有，说做好了饭了，婆婆不吃你不许吃，她没那规矩，你要饿了你就先吃。她有四个女儿，四个女儿都结婚了，婆家也都挺不错的，生活也都自己独院，也都挺讲究的，你来我往的，没吵过架，也没因为什么争过，谁上谁家去也都挺热情的，我这老婆婆好玩儿牌。

我们老头有三个姐姐一个妹妹，四个。他大姐二姐家都是做买卖的，三姐和四妹家都是开古玩铺的，全是这行人，住的这邻居呀，也都是这一行的。

定：您这些大姑子小姑子嫁的都不是旗人？

胡：小姑子是，大姑子不是。大姑子这个姐夫是外地的人，好像没有妈，跟他爸爸长大的，他爸爸一个人养一个儿子，生活挺难的，十三岁就给他送学徒去了，就学的这行。他师傅那买卖就在东四南边的报房胡同，古玩商店。他那个师傅对他好，给他培养的能力、眼力是不差的。他师傅就跟他们说，说你们师哥师弟两人特别好，你们认真地跟我学，我把我这能力完全教给你们，我自己那四个儿子，不是这种材料，哪个也培养不出来，等着我死了，你们就接着在我这儿做这个买卖，如果不行，他们哥儿几个也大了，你们自己就各干各的。后来真是那么回事儿，他死了，他那四个儿子谁也接不了，我那个姐夫和他那个师哥就商量了，买卖是人家办的，人家哥儿四个说话算，咱们俩自己想办法吧。他们就一人开一个小门脸儿，开始也是一间屋子，慢慢就扩大了。我那姐夫后来就在琉璃厂那儿买的房，前院是买卖，后院是他们住家。他们有三个儿子，可这三个儿子都各上各的学，一个他也没教，他都没往下传。那会儿他就身体不好，他不传了，他够了，伤脑筋了，太累呀。解放后我那姐夫也死了，剩我那姐姐连房子还有那点（古玩），她说哪个东西值钱哪个东西不值钱我也不懂，让公家公私合营合去了，把他们那房子也给占了，给的他们前三门那房，一套房嘛。我跟我那外甥说你结婚的时候还有那太师椅，都哪儿去了？他说我也不知道，公私合营的时候我妈挺积极的，都搞街道去了。我说我上你家去，你妈还攥着一把戒指，往桌上一倒，说要这个干吗使，我也说这有什么用啊，不往脑子里去。那会儿金银不算什么东西，那瓶瓶罐罐才算东西呢，那才值钱呢，这一个小瓶，都是哪个朝代的。这一把戒指也没那小瓶值钱。汉族人才抽那个水烟袋呢，满族人很少抽那水烟袋，他们抽大烟袋。戴戒指也有规矩，冬天戴金银的，夏天戴翡翠的。那会儿都是梳纂儿，纂儿上都有首饰，扁方什么，都没有乱用的。

小姑子家是满族人，他们家是开字画铺，就在鼓楼前边，有个地安门是吧，那边拉有个桥，他那个买卖就在那儿。那也不是他妹夫开的，是他妹夫的父亲开的。那家是老哥儿仨，二哥死了，老大带着这三弟，我那小姑子是三弟的儿媳妇。人家家没用徒弟，也没收伙计，就是哥儿俩自个儿开，然后是哥儿俩的儿子接他们的班。"文化大革命"都没给他们评资本家，就评一个小业主。按毛主席的话说人家没剥削人。我那大姑子家也没评资本家。

4. 我自己

胡：最后我们家里头老公公死了，我们也住不了那些房，再一个生活也有关系，一点一点地就都卖没了，那老房全没有了，就租房住了。

定：您公公不是做买卖吗，怎么没钱呢？

胡：他死了以后他儿子没接手啊，靠吃那底儿哪儿行啊？我刚才没跟你讲嘛，坐吃山空。我这个老头也没哥哥也没弟弟就他一个，也没开什么铺子，那会儿大买卖都有商会呀，各行都有商会，古玩商会，就在那儿做工作。他不是买卖，他不懂，没学。他就是挨（在）那里头工作。也是家里有点儿底，后来又生下孩子又生下孩子，孩子越来越多，国家也变，这个打败了那个来了，那个打败了这个来了，那会儿也不是没钱，是家里孩子多，不能就指着一个人挣钱。亲戚朋友邻居就都商量，说咱们也参加工作吧，那么多人都参加工作了，咱们都是北京的，还甭说挣钱，咱们都脑子活泛，也敢出去，跟人见着面儿了也照样敢说话，你是谁都照样说话。不像农村的，胆小，没见过什么。国民党那时候多厉害啊，警察带着来参观，照样跟他说话，一点儿不带发怵的。这个事应该怎么怎么办，这是怎么怎么回事儿，都敢说。你外地农村来的他站都不敢站起来，我们就敢说。我1943年就参加工作了。

我参加工作做什么呢？文化程度又没那么高，高小毕业，初中没上嘛。就在后勤处，做军服的，给解放军。

定：那时候不是还没解放吗？

胡：没解放也有这个啊，原来给国民党做，解放了给共产党做。

定：我知道那个被服厂，原来是日本人开的，在禄米仓吧？

胡：一直就在禄米仓。我再跟你说，再早日本没侵略中国的时候也有这一行，部队里头不穿衣服？就说被服这行，这是老行了，不管是日本，是蒋介石，是毛泽东，厂子都归国家管，我干的全都是正式的，没上那小厂子去过。国民党、日本也是那样对工人，我去的时候都给粮食，日本时候是给两袋面，国民党时候给四十八斤大米。我年轻时也有劲，老秤是十六两，那一口袋四十八斤扛起就走。我离这厂子不远，就好像由这儿到路口那儿，一直扛到家。也能干也有劲儿。两三年是临时工，后来就给转正了，我年轻时的活特别好。

定：您是不是小的时候学过？

胡：没学过。我们小时候不让满世界疯跑去，挨家里头也做活儿，就绣花玩儿，也拿针，就会，天生来的就会。厂子里头有实验室，给官做活儿。解放以后朱德有一件呢子大衣还是我锁的眼，叫我："你上实验室，有件朱德的大衣，你去给锁眼儿，你不锁谁也锁不出来。"我什么都不想，八小时工作，就解放军穿的裤子，男同志穿的裤子五个扣儿，我八小时钉五百条裤子。

关玉芬：我爸解放以后也参加工作了，在地科院，钓鱼台那边。他是电工。

胡：我们家的坟地在朝阳区的酒仙桥，他们老关家的坟地在德胜门外。1949年解放，1950年、1951年、1952年抗美援朝，北京就搞建设。抗美援朝跟我们直接有关系，我们是大后方，就发通告通知，挖坟地，什么什么地方，有什么什么坟，报纸上都登，是你家的你来，国家给钱，也给你地方，你安排一下。那会儿我已经是正式工人了，一到礼拜天休息，就到朝阳门外看挖坟的去，我们那个厂子就是坟地改的，挖完了坟盖我们厂的宿舍。

定：你们厂的宿舍在哪儿？

胡：在呼家楼。第一批房子盖得了就分给我一套。从解放以后直到"文化大革命"，我四十来岁，我是工人哪，他们就要我进革命委员会，我们住的是机关大院，全是宿舍，后来就改成居民委员会了。

我年轻的时候不传话，到现在我都没有传话的毛病，没有什么口舌是非。这人哪还是得从小，从小让他学什么，你给他什么印象，这都有关系。小孩在三四岁的时候记事特别牢，您琢磨琢磨。"文化大革命"谁家是地主，谁家挨过批，我自个儿知道，就死在心里头，再不跟另一个人去说。人家爱是什么是什么，你甭管，他犯大了有国家呢，犯小了与你也没关系，你别给人家去说去。

我告诉你，干什么都别有私心，我这会儿想起来，没有私心还是对的。我们一个单位有个退休下来的，原来他是红军，他当主任，我们都是副的，他说啊，谁来抄家咱们不参与，不进屋，你们就在门口站着，一人拿一个笔记本拿一管笔，看着他家进几个人，是男的还是女的，什么时候出来的，手里拿着什么东西，都记到本上，他爱怎么怎么，咱不管，有单位管呢。到后期我们什么毛病都没有。咱里边还真有人，上谁家去了，看见人家桌上搁着一块手表，搁自个儿兜里了，被挨斗的人看见了，最后让你吐出来，吐倒是小事，多寒碜哪。

我不爱生病。什么心脏病，慢性病都没有，一年到头也不去报销。我告诉你，你生气呀是自己找，你不生气呀也是自己找。遇到事儿呀你甭生气，你生了半天气，什么问题也解决不了。我就信这个，人的命是天注定的，甭争，你要是有那个才命，你往东走往西走，肯定它就引着你往那儿走。你还别不相信这点。你念了半天书，学问也有，能力也有，你就到不了那个份儿，你就没有那个才命。我就看那些年轻人，哎，怎么他就把这事办成了，挣多少多少钱，你就没有这个才。别不相信我讲迷信，我就比，比以前，比现在。

5. 没离开过北京

胡：像我吧，纯粹是北京人，老婆婆家、自己家、娘家，就没离开北京市。比如说吧，王府井、南河沿儿、南池子北池子这些胡同，就没离开过天安门多远。我出生就在东单新开路胡同，跟着就是劳动人民文化宫、故宫，不是紧挨着么，一直从小就在这儿住在这儿长大的。别处我也没去过，比这儿孬我也不知道，比这儿好我也不知道，一直就在这儿，没山南海北地去过。我连农村都没去过，就这地方（指现在居住的世纪城），这儿叫四季青，种的都是青菜，属于农村的地方，属于京西，有皇上的时候皇上吃那京西稻米就这儿，我都没来过。那天我还说呢，我说我活到九十多，跑农村来了！

定：您最远到过哪儿？

胡：颐和园去过。我经过多少社会了？我出生的时候袁世凯做大总统，不能说元宵，得说金豆饽饽，您吃什么啊？吃金豆饽饽。后来打七岁上学，蒋介石那会儿，张宗昌，好多大官呢。北京是皇帝的地儿啊，我们住呢，好像也不稳定，也不是说在这儿一住就住一辈子，不是。住呢，也不知怎么这房子就卖了。

我出生的时候还没盖协和医院呢，我记得我们就挨新开路这条胡同住。就数在这条胡同住的时间长。新开路旁边就是东单，再往北就是东四。东单那边是崇文门，那会儿叫哈德门。崇文门一直到北新桥，这是一趟街，最大的一个街，这个街的两边，以前就是胡同，里头住的那些人，反正大小都挺不错的，挺不错的户才能住那个地方。那到现在也算上，有多少四合院的房子啊，那好四合院，门口有牌子，穿廊游廊，我们小时候说着玩儿："哎你们家什么廊？""穿廊游廊还有黄鼠狼（廊）啊"，跟中山公园里头似的。全那样。谁上谁家去，我记得，得有人往进传，谁谁来了，看这亲戚朋友远近，才出来接呢。家里要是没职业，以前也不是什么，就都住在城根儿。他不是说坏，是生活贫困，那地方住呢，省钱，他住不了东单东四王府井这一带。可是我们就一直在这些地方住，自己的房子么。

后来我上学以后，房子变卖了，那会儿家里的事儿不太懂。以后又在南池子住过，南池子全都是皇上那会儿各种的库，什么银库金库，我们住的那地儿是灯笼库，挂的那灯笼。① 由那儿转过去就是东华门，你知道不知道？后来我十六岁的时候就不在南池子住了，究竟是因为什么，也不太清楚。

我们住东城，比我们官还大点的，一般都在地安门左右一带住，都是清朝的大官，我都去过，有一个秦老胡同，姓增，他那个呀，那个官可大了，可不是说几品官了，比几品官还大，一条街都是他们的房。我这个老公公有个亲叔伯弟弟，他的弟媳我们不叫婶，叫妈，二妈三妈四妈这么叫，他们家里跟秦老胡同增家有点关系。我刚结婚的时候，那会儿都是十八九岁、二十岁就得结婚，那个年龄的人都漂亮，甭管丑俊都漂亮，是吧？我那个婶妈呀瞅我长得漂亮就带我到她那个亲戚那儿串门儿去，去看他们那房。一进大门有假山，得钻几个山洞才能到他的正院呢，没人带着你都不知道怎么走，那前厅后院可大了，自己院子有月牙儿河，有桥，什么都有，跟《红楼梦》似的。要不怎么说那会儿大门不出二门不迈，那样的人家可不是不用出门了么。那时候不像现在有汽车，都是马拉的那种车，一出来就钻那车里边去，外头根本看不见。增家用的人可多了，他用的人，挨他那儿挣的钱，差不离小四合院都买得起。到现在也有那条胡同啊。

定：东单那边有个金鱼胡同那家您知道吗？

胡：知道啊，由金鱼胡同东口一直到西口就是王府井，这会儿由帅府园那儿切断，由东口一直到帅府园那儿，半条街都是那王爷的房。我父亲跟我们说你看这都是那王爷的，王爷就是皇上的儿子了。② 那边还有一个呢，崇文门，往这边过来这是北新桥，东单这块儿就是我们住的叫新开路，旁边还有一个王府，那个是怡王府，大了去了。你再像梅兰芳吧，他不是（只有）一所房。后来他自己唱起来了，成了名旦了，他就在无量大人胡同住。③

后来日本侵略咱们中国，之后怎样就不知道了，自己过自己生活了，也不参加这些事。日本侵略咱们中国，我可记得清楚。那会儿我就大了，结婚了，二十四岁了，日本进的是德胜门，鼓楼知道吧？鼓楼西边就是德胜门，什刹海，那一带清朝的大官特别多。

定：您说日本是从德胜门进来的？

---

① 即南池子大街的灯笼库胡同。

② 胡女士对于那桐家只是听说，所谓"那王爷"当然有误，但也可见那家当时在百姓眼中的煊赫排场。又，胡女士在这里也提到秦老胡同增家，参见上文中的奎垣口述。

③ 无量大人胡同位于东城区米市大街附近，后称为红星胡同。该胡同6号是梅兰芳的房产，20世纪20年代梅曾在这里接待过瑞典皇室贵宾。

胡：哎，一点错儿没有。日本鬼子进的是德胜门，解放军进的是西直门。我都看见了，1949 年解放的时候我都是正式工人了。

我记得那天夜里头，我老公公他们把大门都关上，上着拴，老人都站外边听着，就听着皮靴"咔……咔……咔……"整响了一宿，听得可清楚了。赶到第二天早上，我老公公他们出去看去，什么事儿没有，日本都站岗呢。回来他们说，咱们中国兵，一个儿不见，各处站岗的全是日本人，他也不伤害咱们，咱也不理他。后来待这么三天两天大家伙儿就不害怕了，走亲戚啊，买东西啊，慢慢慢慢就出去了，你走你的，上街买东西，什么百货商店，买卖都开张，你照样做买卖，老百姓还是照样儿买东西。比方拿现在来说，派出所也有人站岗，咱们老百姓要进去，要有什么事儿，你得通告他。他任何家门儿都不去。日本人来到北京啊，他就胜利了，就等于是他自己的了，他要的、想的就是这儿，这儿一到他手里，全国都是他的了，他就不祸害咱们了。

定：日本人在这儿的时候一直也没有什么动静，是吗？

胡：没有。

定：北京人恨他们吗？

胡：也恨他们也不那什么，要按侵略说是恨他们，但是其他的没什么。特恨他们的是什么样的人呢？他在乡下找花姑娘，年轻的十五六岁啊，十七八岁的都藏起来。他到了北京市他不敢，这行为没有，那他也犯法。他老老实实在那儿站岗，站得挺规矩的，不规矩的样儿他都不敢。他们也有规定啊。他最恨人家偷他，你小偷的干活，他打，我瞅见过他打人。你要跟他要，倒行，他该给你他给你，你偷他不行。他以为到这儿，城市就是他的了，他没想到投降啊，他没想到有那一天啊。你小日本，那么大一中国，那么简单就到你手里了？想得也太简单了。

定：他们走的时候北京人抢他们，是吗？

胡：有。我去过一回，看热闹去了。东交民巷，那儿离前门东站近哪，他们都上火车，地下都坐满了，里里外外的，男男女女的，抱着孩子的，都上火车走。（中国人里）有不三不四的，也有有仇的，想当初他们耀武扬威的时候，祸害过人家，那些男的都伙在一起进那队伍里头去，揪人家那女的："走！跟我走！"日本人就喊"不行啊，我的不行啊！"看得心里边怪难受的。

6. 关于满族

定：您为什么没报满族啊？

胡：我们好多朋友都是老北京人哪，我那会儿不是参加工作了嘛，一块儿的同事也有满族啊，好多呢，大家就议论，都有点害怕，过去满汉不太和，都说满族欺负人，老人都不在了，咱们也年轻，问咱咱也不懂，寥寥几几地知道一些事，往深了说也说不上来，就这么迷迷糊糊的，糊里糊涂的，说咱们呀别报满族，咱就报汉族得了，省事。反正也不查，国家也不纠正这个，咱们也不是坏人，老百姓也不提这个了。"你是什么族？""什么什么族？汉族！"就这么回事。后来有一年有这么一股风，说要是满族啊给加大米还是加什么，我们就一块商量，说本来咱们纯纯粹粹就是满族，可是也不敢说，说算了，咱们不改了，甭管它，爱什么族什么族，什么族咱也得在这儿干活挣钱吃饭，反正咱们家底也都没了。

定：您的孩子们也都没报满族？

胡：他们更没报了。

定：您丈夫呢？

胡：实际上他们也都是满族人。都没报呀，现在想起来也晚了。

关玉芬：我爸也是一样啊，不敢报，他那时候也是工人。我们单位好几个，都没报。其实还是应该热爱自己的民族，是吧……

胡：满族素日啊，家庭与家庭、亲戚与亲戚、朋友与朋友，这些亲戚都是有区别的，叫上等亲、下等亲。要是你有儿子，你的儿媳妇娘家到你这儿来，就叫上等亲。要是你的女儿嫁出去，你上你女儿那儿，这是下等亲。过节过年送礼，大事小事来客人，都是有规矩的。比方我的大爷来了，像我的父亲就都得出去迎接、请安，弟媳妇就更得出去迎接了。再比方我的姑姑结婚了，要回娘家看看，来了，我的妈妈都得出去迎接，不能到大门，得到二门那儿，垂手立正地等着，姑奶奶回来了，得请安。谁家要办事，比如人家娶儿媳妇，我们贺喜去，随礼那都有规矩，应该送什么，得看这亲戚是重还是轻，重，你这礼就重，轻，你这礼就轻。谁上谁家没有空手，都是买礼物。吃酒席也都有规矩，长辈一桌，晚辈一桌，男的一桌，女的一桌，你坐首席还是坐偏席，那都有讲究，不能乱坐，也不能乱吃，都讲究着呢。

那会儿你家老人过生日，亲戚都来了，你得让你的亲戚吃完饭，看戏，那会儿第一排叫包厢，你得包几个，看完戏由戏园子接回来，吃晚饭，吃完晚饭自己有车的就坐车走，自己没车的这儿准备车，用车挨家儿送。不能说你来就来，你走就走，你爱来不来，没这事儿。

一般的来人，比方说是吃完早饭来的，必须得有中午的茶点准备。要是下午来的必须有晚点，有水果点心招待。走的时候必须送，送到大门以外，弟媳妇什么的就送到二门以外。过几天必须回礼，人家也是这么一出招待你。那会儿我听我妈说，来人给你熬一碗棒子面粥喝，也得让你吃完饭走，不能说你来就来吧，你走你就走吧。现在年轻人我们就看不惯，爱来不来，你别在我这儿吃饭，快点走。这会儿不就这样么，几个人谈工作，必须得去饭馆，连吃带说，这什么这叫？不懂他们这事儿。可是我有时候看着呢，挺好笑的。

我那会儿还小，来人我们小孩儿也得规规矩矩站着，小孩不能跟大人一桌吃饭，不能先吃，不能拿筷子在饭桌当间儿"当"一杵，不许出去大门外头到处去走。礼节特别多。

那会儿我父亲脑筋比较顽固，小孩儿别打听家里的事，他不说女孩子，说你是姑娘，姑娘不要打听那么多的事，不要过问，也不跟你说，就是我妈他们老人一块儿说话儿呀，旁听一会儿。那阵儿父亲要是一绷脸，那就害羞，不言语了。不像现在，你说一句我回一百句，那哪儿行啊，回一句都不行。那会儿父母说话都听，哪儿像这会儿，自己有自己的主意，谁的都不听。这样也有好处，我赞成，你自己的事老让他张罗干吗呢。

7. 议论

定：您几个孩子？

胡：五个。我第一个小孩是男孩儿，他出麻疹没治好，我那个老公公就急了，我老公公家呢，供的财神爷、灶王爷，因为他们家做买卖，他把财神爷和灶王爷都胡噜到地下去了："我天天给你们烧香，我这一孙子不给我留着！我不给你们烧香啦！"我记得特清楚。

人家都说我一说就夸我那两个儿子。大儿子六十多了，都退休了。小儿子四十多了。我那两个儿子最正经，好好念书好好干活，挣了钱就顾家，也不抽烟也不喝酒，也不乱花钱也不乱交朋友，对我好，我就挺知足的。儿媳妇的事我一律不打听，人家穿什么吃什么，人家自己挣的钱，怎么安排人家都有权利，没必要去问。我挨居委会当主任二十年，谁家打架了找主任，我去了就说，你就少说话，儿媳妇跟女儿不一样，总要客气一点儿，她是你生的吗？她不是，你女儿是你生的，你打过来骂过去她不计较，她也不恨你。这不行，帮得了你就帮，帮不了你就甭帮，少跟着掺和。怎么能够就都说你对人家不对呢？不可能。

定：想得挺透彻的。

关玉芬：我记得我们小时候到八月十五给兔爷兔奶奶磕头。

定：您也去过东岳庙吗？

胡：去过，小时候都去过，连带小孩儿玩儿带烧香。东岳庙里头娘娘殿、老爷殿，这人哪，要不做好事，死了以后割舌头，挖眼睛，我都看见过。雍和宫也去，哪儿都去。

还有这么一件新鲜事，我记得清楚着呢，那会儿我都结了婚了。他们也是开古玩店的，住我们的房，他没孩子，只有一个女儿，都十岁了，也没有第二个孩子，他们就想要一个儿子，就说上东岳庙去拴娃娃去。东岳庙有娘娘殿，娘娘殿里搁着好多那么大的小瓷娃娃，谁要没小孩儿啊就烧香，到那儿就拿一个走，还许愿，说我要生了小孩儿我来还愿，上供啊，有钱多给没钱少给啊。这事我就有点纳闷儿，后来她老婆婆跟我说，你不知道，你这大嫂可能怀孕了，她跟你大哥上东岳庙拴娃娃去，到那儿偷娃娃去，说是偷，就是搁兜里，拿回来都得藏起来，他们俩一人藏了一个。后来怀孕了，说怎么那么大肚子啊，那时候也不上医院检查去，就找个老娘婆生，其实不是没钱，开古玩铺的，怎能没钱呢，有钱，不是去不起医院，不去，封建。生的那天就挺不好生的，那男的上我们那屋去，跟我们老公公说："大爷大爷，怎么这么难生啊？"我们老公公说："别着急，不要紧的。"他就来回来去地走。等到生下一个来，男孩儿，老娘婆老接生她懂，她就伸两手指头，跟他妈说："还有一个呢，俩。"不到一个钟头又生了一个。闹了归齐，他们俩一人偷一个，还真就生了一对双胞胎，俩男孩儿。他就跑我们那屋去："大爷大爷，俩，俩男孩儿"，乐的呀，我那老公公也乐得不得了，说："你得双份钱啊，买什么都得买双份"，"哎，哎，给多少钱都行"，后来那老婆婆说，先出生的那个活了，后出生的那个活了两天死了。我就奇怪，我不迷信，我不信什么拴娃娃，可是你说偷了俩怎么真生了俩呢，我就想不通。

我老说不迷信，我什么都不信，我也不信佛我也不信天主教，我什么教都没有信。可是我也什么都不害，我就信反正你自己不勤快你就甭想过好生活。

蒋介石当朝的时候可厉害，蒋介石可不吝，他可不像毛主席似的。比如说吧，小饭馆儿，大饭店就甭说了，一般人也去不起，小饭馆儿，还有喝茶的茶馆儿，都贴着标语："莫谈国事"，有些男的三三两两就爱议论，张宗昌怎么怎么，冯玉祥怎么怎么，爱谈这个，你要是让便衣听见了，叭，就把你带走了，叭，枪毙。上哪儿枪毙去？天桥，先农坛，叫人瞅着怕。

不像这会儿都不怕，你说你的我干我的。"禁止赤背"，这是什么话呀？不许你光脊梁挨大街上走，他卖劳动力的，他穿一小坎肩儿他也不敢光脊梁。哪儿像这会儿，你当着他的面说不许你光脊梁，他也照样光，快光屁股啦（众大笑）。你瞅那模特儿，什么事儿呀都。有时候我坐在屋里自己心里说，这人太善了也不行，太善了你压不住他。

胡同里的姑奶奶

——李清莲口述

时间：2002 年 12 月 15 日

地点：北京天坛公园某办公室

被访者：李清莲（化名）

访谈者：定宜庄

[访谈者按]　东总布胡同到顶银胡同一带位于北京东城区建国门内、东长安街以北，与我任职的中国社会科学院大楼遥遥相对，现在两条胡同之间已被一条宽阔的大道隔开。这一带很有些在历史上赫赫有名的胜景，例如明清时期科举考试的场所"贡院"，还有五四运动时被火烧的赵家楼，等等。现在在它左近，又有华润大厦和新贵云集的贡院六号以及我所不知道名称的高楼大厦在互竞豪奢，使这些本来就不甚起眼、现在更是残缺不全的小胡同愈加给人以灰溜溜之感。我上下班经常从这些胡同内穿过，如果不是有幸得访李女士，我不会想到里面隐藏着那么多悲欢离合的生动故事。

李女士的民族成分虽然是汉族，但她实在是我见过的众多满族姑奶奶中最典型的一个，在我做过的众多旗人妇女口述中，她的口述也实在是我最欣赏的一篇。这得益于她的性格与口才，更得益于她来自坎坷生活的历练和见识。在这篇口述中，她绘声绘色地讲述了自她太姥、姥姥、母亲三姐妹直至她自己一家四代女人的生命历程与婚姻经历，宛如一座活灵活现的群雕，我好像能活生生地眼见到她们每人的音容笑貌，还有她们的泪水。几代女人的痛苦婚姻固然各有各的原因，但有一条线索是清楚的，即同源于家、国的不幸。

李女士这篇口述涉及的不仅是妇女，另如对日军占领北平时期舅舅的惨死、二姥爷与"和尚媳妇"的婚事以及京城风俗百态的描述，都很值得一读。

北京人所谓的"姑奶奶",大多特指旗人妇女,这是个只可意会不可言传的词儿,这里不好解释,也就不解释了。反正用在李女士身上,很是传神。

1. 怎么把满族就弄没了

李清莲(下简称李):咱们随便聊聊,我叫李玉平。我是1934年出生的,六十八周岁,说话也就六十九了。

定:就是在北京出生的吗?

李:北京出生。我母亲,我姥姥、姥爷也都是北京出生。至于他们是一八几几年,我就不知道了,因为太远了。

定:您姥爷他们是满族?

李:对。本姓姓连,要说老姓呢就姓白。我姥姥也是满族,娘家在厂甸,和平门里头有个胡同,叫国门关。①

定:您的民族成分是什么?

李:汉族啊。您不知道,弄来弄去怎么把满族就弄没了。就我们这家子里头,我山东的弟弟,那是我大弟弟,他是满族。北京这个二弟弟,老六,是满族,老七也是满族。我、我姐姐、我二哥,都是汉族。这怎么算呢我们这个,我们这是一个爹一个妈一个祖宗的,又不是前一窝后一块②,弄成这样,也不知道是怎么弄的。我不是找去了吗?那时候我们户口都在东城,我说的那时候是十几年前,我儿子有个同学,正好是建国门派出所的户籍民警,我们就跟他说,你看看我们这家子出来又是满族又是汉族,倒不是回汉两家,是满汉两家,怎么办呢,他说您光在派出所改不行,得上民委,告诉让去找民族事务委员会,我说民委在哪儿呢?他说每一个区都有民委。没多少日子,他调到分局去了,我就打电话找他,我说我哪儿有那工夫跑那个呀,你给我打听打听民委有什么手续。他说改这个挺麻烦的,说现在不让改,我说为什么不让改呢?要不让改把我们那几个(报满族的)也改回来得了,他说谁弄的,我说我都不知道谁弄的,我们要是填汉族,那怎么他们都是满族呀。我们这是一样的啊。他说现在不让改,您就等等吧。我就打听这个,最后我才明白,因为少数民族孩子上学,有分

---

① 国门关胡同原是北京市宣武门琉璃厂西侧的一个小胡同。位于椿树医院东墙外,近年并入铁厂胡同。

② 前一窝后一块,指不是同一个父母生的。

的照顾，我说妈呀，我们这孩子还没上小学呢。你这么老早就预备分，照顾那十分，她要考不上也是考不上。我心想，嗨，得了，拉倒吧，不改就不改。有时我们（一家）到一块还开玩笑呢，我说哟，我们那满族亲戚来啦，我弟弟他们就乐。我还说呢，要是少数民族照顾再生一个孩子，我就是打出脑子我也找他们去。就为给这民族里头多加一分子，我也得跟他们打去。这一个多孤啊。

真的，说五十六个民族是一家，这满族要弄没了就剩五十五个了，不合理。如果这样的话，甭说是满族，其他民族慢慢儿地也就完了，除非山区里那个，苗族在山旮旯子，人家祖祖辈辈就是，你敢给人家改？

2. 太姥姥和东岳庙

李：我姥爷的母亲哪，我们叫太姥姥，也是满族人，活到一百零几。我太姥爷死得早，我都没见过，是做什么的就不知道了。太姥好像是三十多岁就守寡，守着这仨儿子，一直就守。那个时候指什么呢您说，有儿子就吃钱粮啊，满族就是那样，您生一个儿子就有您的一份口粮。

她住在东四七条，这我有印象，我太姥住的院子北房比较矮，南房高，说是南房为正，就得给南房立为正房，南房叫倒座，三间倒座。说这种房就得这么盖，要不然的话，就是奴欺主，我就不懂。那会儿我就纳闷儿，怎么我太姥不去住北屋呀，这南屋阴着呢，为什么我三姥姥（即太姥的三儿媳——访谈者注）倒住北房呢？

定：是满族人这样，还是那会儿的人都这样，还是就你们家这样？

李：那就不知道了。反正我姥姥的屋子形象也是一样的，都是倒座。就是前赵家楼，我姥姥的屋子。有时候我姥姥去看我的太姥，那是我姥姥的婆婆呀，就拉着我："清莲，走，咱们瞧你太姥去。"那时候都讲究坐洋车，没有三轮车，"哎哟跟您走到东四七条？""好，坐洋车。"就带着我坐洋车去。我太姥反正挺信佛的，家里有佛堂，就是单有一间屋子，有佛爷龛，里边有个那叫什么，我姥爷说，那叫子孙匣子。①

定：什么样的您还有印象吗？

李：就一个盒，硬木的，这么长，这么宽，这么高，带着拉着个窗子似的，能够一抽，完了能推进去。老在这个上头搁着。永远不打开，不让看。

---

① 这里说的子孙匣子，一般称为祖宗板子，就是吴效兰口述中提到过的满族祭祖的渥辄库（wecheku），即神主。满族以西为贵，祖宗板子都放在西墙，李清莲女士对此的记忆是准确的。

定： 在哪面墙上搁着，知道吗？

李： 西墙上，有一个板，就在那上。我就是好问，不好问也不知道那是什么，到时候初一十五啊磕头哇。平常那屋子也不去。

我太姥管我叫小丫儿，她管姑娘大了叫姑娘，小的时候都叫丫儿："把小丫儿给我带来。"我姥姥就把我带去，住到那儿。"他们（指儿子）给我置了座房子，你去吧，去了跟我那房子里待着，宽敞着呢"，我都不知道是个什么，到了那儿以后一看是个棺材。从我一懂事上我太姥姥家去，就看见她那棺材，特大。我回想，从我记事起，看那棺材就没有像她的那么大个儿的，那么宽的。我就听我太姥说："宽敞不宽敞呀，小丫儿？"我说真宽敞。"咱们娘俩上里头睡觉去。""不敢。""怕什么的呀，我还进去呢。"里头是木头的台阶儿，一磴一磴的，记得有那么三磴四磴，特宽特大，登那台阶，完了里头也搁着台阶，太姥挂着拐棍，顺着一迈腿儿，就进去了，进去里头铺的席，搁着一个不倒翁。材不能空着，空材不好，里头得搁个东西，不倒翁就是那寿星老儿啊，搁到里头。告诉我："下来下来，能睡两人。"就说"我在阳间……"我说什么叫阳间？"就是咱们这儿就是阳间呀，我要住大房"，——我太姥住的那房子，前头玻璃什么的都不能挡着，外头您说搁点什么东西都不成——"我怕窝窝囊囊的，我得要豁亮。"顺着沿子这么一个大炕，在那里头躺着。我说您干吗要这么宽，她说我在阳间就得住宽大的房子，有东西没东西不要紧，得豁亮，我要到了阴间哪，我也得住大房子，小房子我不住。

定： 这棺材是谁给她备的？

李： 我姥爷他们呀。她老闹哄，就是给我弄间大房子啊，给我弄好了大房子啊。我姥爷就说，"您干吗那么着急呀。""嘿，我着急？我都什么岁数了？不用阎王爷叫我就自个儿去啦。"我妈说，好家伙，从七十多岁就给那大房子预备下了。年年儿还得给抬出来，搁到当院儿，得放风，再给上一遍漆。

我太姥过日子特别节俭哪，我可知道。吃个枣儿："丫儿，那枣核你给我搁炉台上啊，你别给我满地上扔，又粘脚，搁到这儿我还有用呢。"搁炉台上烤着，枣核油性大呀，告诉我："丫儿，我告诉你，这枣核呀，比洋火好使。"那时候不叫火柴，叫洋火，点着了忽一下就一阵儿油，你看这劈柴就着。剥那花生啊，花生皮子也不让扔，她生火的时候都当劈柴。她年轻的时候您想想她哪儿有收入啊？哪儿有一小块纸也捡起来，屋子还特别干净，那桌儿呀，条案哪，八仙桌儿呀都锃亮。

我还记得呢，太姥家不是床，是炕，冬天的时候炕底下烧一个挂着轱辘的小炉子，一个铁框，搁着煤球，拢着了，顺着炕洞把这个车推到炕洞里头去，炕就是热的。热气别让它出来呀，外头就有一个木头的门，里边包着一层铁。太姥就告诉我："丫儿，把那个门儿堵上。"我太姥那时候抽烟呢，那烟袋都长，得让人点，自己点哪儿够得着啊，没有人的时候就得上火炉子那儿点去。太姥就掂着一个大长烟袋："丫儿，给我装一袋。"我就给往里捏一点，还拿大拇哥往里头揉，要不我怎么会装烟呢。我说太姥，这烟真好闻，这是什么烟呢？"兰花，兰花烟，得上前门大街兰花铺买去。"就是给老太太抽的，不太冲，但是抽出来有一股香味。我太姥和我姥姥都抽那烟。我姥爷抽关东烟，哎哟不行，呛死谁了。

我太姥那时候梳一旗鬏，不是连把儿头。头发都梳上来，跟老道似的，这儿插着一个银的九连环的簪子，这么一穿，这上头有时插个耳挖勺，过年啦插朵花，反正这是我看见过的。穿着一个大棉袄，长的，那种老式的棉鞋，您知道老头穿的那种老头乐吧，老太太的呢也是那种形式，但是比那个瘦比那个小，上头有花呀云彩呀，还挂着一个拐棍。从早晨起来就走走走，从东四七条就能走到我们家来，我们家在东总布胡同那儿呢，盯九点钟到我们家了，我一开门："哎哟妈，我太姥来了。""哟来了您，太太。"赶紧给搀进来。那不是我妈的奶奶么，可是我妈就叫太太，管妈才叫奶奶，满族人就这么叫。我太姥一上我妈这儿来就是："大姑娘呀"，我妈算是大孙女儿啊，"吃点打卤面吧，到你这儿来就想打卤面吃。没有牙，方便，端过来，我这么一擀，一秃噜，它就全进去了。"那时候也不讲究安个假牙，牙没有就是没有了，吃那馒头，呜呜呜，就等于用牙床和下颌俩往一块凑合，一弄嘴就瘪着，看着真难受。还说呢："没牙？告诉你，牙床子就是牙，没有牙了它就练出来了。"

我太姥这人可信这个了，烧香啊，拜佛啊，逢庙就烧香。她一来我家以后就上小庙："丫儿，跟我烧香去。""上哪儿呀？""顶银胡同。"东总布胡同里头有个顶银胡同，离我们家挺近的，从这个宝珠子胡同一出去到东总布胡同，斜着就是顶银，现在让国际饭店占了，就到那儿。庙里头看庙的还给我个供尖儿吃，嘿，咬也咬不动。

定：什么叫供尖儿？

李：就是人家给上的那供，不是一摞一摞的么，蜜供一摞，点心一摞，上头是一个大硬面疙瘩，桃啊还是什么，就给我吃那个，咬不动。我太姥就跪那儿烧香，这一烧香人家还打磬呢，当……当……当……她就磕头，嘴里边不知道说什么。我就问："太姥您说什么？""说什么？我没地儿说去，就能跟菩萨跟老佛爷说说，我呀，叫他们把我叫走，没说别的。"——到了儿我也不知道她说了些什么。

我姥爷他们哥儿仨，我姥爷行大。那时候我姥爷都挺大岁数了，大年初几，我太姥非得去逛东岳庙……

定：进香去？

李：烧香去。她过去好像是每年都去，后来岁数大了，就是我姥爷什么的替她去。不让去，非去不可，我姥爷说您这么大岁数您干吗去，是不是？本来您是落（là）下的人，您活到一百多岁判官还没勾那个勾，这是给您落下了，您还非得上那儿报到去？您去吧您去吧，待会让阎王爷看见了，把您留下。我太姥就说"哎哟我就是得报到去哟，我得求求老天爷哟，您把我收回去吧，您让我这么老活着呀，这不是受罪吗，我活腻啦"。——您想想啊，她从三十多岁的时候儿就守寡，弄这仨儿子，那么坎坷，饿倒是没饿着，也没享着什么福，厌倦了。

我就记得我太姥去的那年，是我姥姥姥爷从东四七条啊，坐洋车给拉来的。拉洋车的在前头走，我二姥爷三姥爷后头跟着，一到了齐化门（朝阳门）那儿就得下来，庙会人多呀，估计也是维持秩序。我听说这车就搁在齐化门这儿了，现在看距离好像是比较远，因为城门没有了，过去您要到齐化门门脸儿，出去没多远就是东岳庙。因为我要去不带我，我还追出多老远去瞅哪。我说太姥我也跟您逛东岳庙。太姥说不能去，说小孩不让去，得过十八（岁），出了门子，才行哪。不到岁数，到那儿阎王爷一看，哎哟她来了？给你留下。

定：那时候东岳庙是不是都不让小孩儿去？

李：没有说让小孩儿逛东岳庙的。

定：那小男孩儿让去吗？

李：也不让，家家都这样，都不让孩子去。一个是小孩儿，一个是岁数特别大的、高龄的老人，都不让去，说这是阎王爷、判官给落下的，一去看见了，哟，怎么还没把他叫回来呢？我姥爷就拦着不让我太姥去。

定：那您姥爷他们哥儿仨都陪着？

李：都陪着呀。我二姥爷小时候淘气，上树摘枣，一下把腿摔断了，那个时候一来也没钱，二来也不懂，那时候人素质也差，不知道给瞧，结果就落一个瘸子。瘸子怎么走呢，我就记得我二姥爷是这么走（学二姥爷走路），他搀不了我太姥，就是我姥爷和我三姥爷一边一个搀着，二姥爷就上前头给人家作揖，"劳您驾喽，诸位，请您闪闪，让我这老母亲过去"，就给人家作揖。人家都说"哎哟这老寿星，还逛东岳庙呢，您，您是她什么人哪？""我是她大儿子。""哎哟瞧人这儿子多好啊。"最后呢，逛这趟东岳庙回来就死了。我姥爷就说，你太姥不听话，还是让阎王爷看见了，给收走了。

我太姥究竟是一百零几岁死的我都不知道。人家要是问她，说哟，这老寿星，您高寿啦？"我还小哪，九十九。"我老听她说九十九，我说：妈怎么过一年您就说我长了一岁，"你长一岁啦，是个大姑娘啦"，可我太姥怎么老九十九哇？老不说一百岁。从哪年就说九十九啊，说了多少年九十九了，那您说能弄得清么。

那时候我才十几，东岳庙压根儿没逛成，就解放了。到这么大岁数，我没进过东岳庙。不都是春节才逛东岳庙么，平常东岳庙也不开。我姥爷就说别去，那里头呀，说有七十二司，一司一司的，大鬼小鬼，判官阎王爷，一进去就瘆得慌。跟我说这人哪得做好事，要是做了坏事啊，就把这人倒立着，提搂一条大腿，搁到一个砚台上，拿这人当墨，研这人。那时候都让你节约呀，女的不是都梳头么，要是抹头油抹多了，得吊起来，把那油从脑袋上控下来。什么说瞎话，小鬼就把你舌头往出一揪。还有偷人东西剁手的。它就让人学好，别学坏。您甭管怎么说，这么着是管点事儿，那时候哪儿这么多坏人哪。您说现在这人，无所顾忌，什么都不怕，法律制裁他，他都不怕。我这脑子可能还是老，我觉得人总得有个信仰，当然咱们不是信邪的歪的啊，信李洪志啊，我不是那个意思，你脑子里一点信仰也没有，没个约束，那还行了？

3. 姥爷、二姥爷和三姥爷

李：我姥爷为这家没少受罪，他是我太姥的大儿子呀，弟弟还是瘸子，三姥爷又小。

我姥爷是1950年去世的，我挺想我姥爷的。我姥爷浓眉大眼，粗眉毛，高颧骨，个儿也高，就是特别那么幽默，特别潇洒，好开个玩笑。1950年的时候我也不是挺大，十四五岁，有的时候我们挺喜欢问他的："姥爷姥爷您给我们讲点什么。"他愿意讲。我就知道我姥爷那儿搁着的有什么衣裳啊，帽筒啊，靴子啊，还有腰刀。有时候我们说姥爷您给我们穿上看看。"还穿什么呀，我都穿腻了我这辈子。"就是说上朝去都得穿上。

我说："姥爷您看见过西太后吗？"

"看不了什么正脸儿。"

"您在哪儿呀？"

"我就在午门。"

"您在午门您干什么呀？您做什么差事呀？"

"我递折。"

"您递什么折？李莲英那个？"

"不，到不了那儿，我就把折子从外头等着接过来，递到午门里头。"

反正他就讲这么多，他也不详细讲。就知道我姥爷说，八国联军一进北京，这皇粮就完了[1]。八国联军进北京啊，那时候，我妈说哎哟可害怕了。我问："八国联军进北京您跑哪儿去了？""全跑啊，西太后她不是也跑了么。逮着你这长辫子不给你宰喽？"也没粮食吃，面铺全关了。我姥爷他要是先跑到东单再跑到东总布你回不来，就打前门绕道，好家伙把衣裳也脱了，帽子也摘了，脑袋也包起来了，拿着哪儿的一条裤子，把外头的衣服换下来，穿上这裤子，夹着衣服跑出来。我妈那时候就说："你说真是的，这满族，你看要不是满族呢，也不至于追得这样。"就说我姥爷回来呀，靴子都夹起来了，穿着布袜子跑回来的。

定：八国联军专拣着满族打啊？

李：他反对的就是清朝哇。那时候八国联军不就是到中国侵略吗，甭管你是谁，谁当朝也不行啊，不是清朝，你就换了民国，它不是也不行吗。我就问："后来怎么了？""后来这不就完了么，还有什么呀，就完了，就在家，自己干事。"我说："那你干什么呀？""就是做小买卖。"

我姥爷那时候就是靠做饭，卖饭。那时候当厨子的地儿那么好找吗？只能自个儿做点什么，推着一个车，两个轮儿的，上头有个炉子，车上搁着有馒头，有窝头，有烙饼，有这菜那菜，要说好一点的炖肉也有，各种炒菜，都是家里做好的菜，弄得了，我姥爷推起来走。上哪儿卖去呢，老北京饭店门口，在原来的楼底下这儿，支一个棚子。专门卖给谁呢，都是平民百姓，什么过路的，拉洋车的，他们吃。过去北京饭店出来的人不都是坐洋车么，那儿的包月车都挺干净的，擦的弄的挺亮的，都是那拉洋车的人，他们吃饭，我姥爷就上那儿卖饭去。就那么着养这个家。我三姥爷也是干这个。我姥爷就说，满族，满族有什么好处啊，都坐那儿，都等着，就是吃上讲究，什么都不行，没有能耐。您想想这八旗子弟，好吃懒做呀，

---

[1] 此说不确。八国联军攻占北京的确给京城带来巨大灾难，但废除八旗制度并停发北京旗人的兵饷，是在1924年冯玉祥"北京政变"逼溥仪出宫之后。

真的。那时候满族也就完了，但是满族那种风俗习惯老也不什么……到吃饭的时候，一个小碟一个小碟一个小碟，一个里头搁那么一点一点，一点这个一点那个，摆一桌，真是穷讲究。

我姥爷净看那些个小说，《聊斋》呀，《济公传》哪，有时候就是："哎，丫儿，想听《济公传》吗？""想听。""嗯，讲一段，你们都干完事，上完学，功课做完了，都上我这儿来，我就给你们讲。"装一袋烟，抽着了。那时候我弟弟也不大，都坐那儿仰着脖儿听着，什么济公背韦驮呀，"韦驮是什么？""韦驮是神哪。"济公还喊话，说来治病来喽，给一个人治什么病，绝症。那时候姥爷净讲这个。挺有意思的。讲一段的时候就该说了："要知后事如何，且听明日分解，散了散了，走。"就给我们讲这个。

我的姥爷、三姥爷都老早的（就出来工作了），二姥爷晚一点，他腿不好哇。那时候我们在什方院住，什方院估计也没了，雅宝路扩建了，都拆了。我迷迷糊糊地记得，那院里好像有那么两三家，还有棵枣树。我这二姥爷小时候就是上树够枣，从树上掉下来，把腿就摔坏了，摔完了丁零当啷就没治，就那么就瘸了，瘸得挺厉害的。

我听我妈说，后来就来了一个和尚，带着个姑娘，就是我后来的二姥姥："这是我妹妹"，我二姥姥就说："这是我哥哥。"和尚就问："您这儿有房吗？有房我们租一间，我上庙里住去，这儿就我妹妹住。"这院儿的房东是谁我就记不住了，我那时候还小呢。房东一看就这姑娘一个人儿，倒也挺干净的，就租了。租了房呢，好像她住的是东房。她好说话儿，有的时候出来，管我妈叫大姐呀，就聊聊，我妈说您别管我叫大姐，您比我大，我比您小。这和尚有的时候也来，来了就跟她那屋里头。她说来啦，哥哥，叫进去，她也做饭，到晚上挺晚的，走。我问我妈，那和尚走不走啊，我妈说走啊。有时候挺晚的，就听那和尚出去，还咳嗽一声，她说走啊，哥哥，慢着点儿啊。然后把门开开，关上门，让人听。

她跟这院子住着呢，我二姥爷腿瘸呀，也没什么事，就帮我姥爷弄个饭哪，烙烙饼啊。我这二姥姥有时就说："哟，瞧这二哥"，管我姥爷叫大哥，管他叫二哥："这汗衫脏劲儿的，您脱下来我给您洗一把，您干这个成天油脂麻花的。"我二姥爷说："不不不，完了以后我自个儿洗。""您客气，您腿脚又不好。"给我二姥爷刷刷鞋呀，洗洗衣裳，缝缝补补，就这么着。有时候："二哥您上这屋坐会儿"，这么那么着，我二姥爷岁数大了也没媳妇，也想着要是真不错呢也行，有时候就跟那儿坐会儿，聊会儿天儿，一点一点跟我二姥爷就勾搭上了。

　　说俗了吧，我二姥姥她心里明镜似的。后来我二姥姥跟我妈说，和尚不是她哥哥，她家是哪儿的呢，通县还是顺义的，京东那边的，说和尚骗了我了，告诉我我带你上北京去，找主儿。她一想进北京找主儿，得找一个好一点儿的呀，到这儿以后他也不给找。我二姥姥就说，要不然的话他就可能把我给卖了。我这二姥姥爹妈全没了，这么着。

　　我们原来都不知道，反正就知道这和尚怎么老来，说是她哥哥，瞅着又不是那么亲。也不敢深追了问，人家姑娘人家儿的，也没别人儿。我妈就说要是真什么的话也不错，要行的话呢，明儿跟和尚说说，提提。我姥爷说："可别价，别提这事，你二爹那腿不好，瘸子。"他们管我二姥爷叫二爹，满族人就那么叫，"这个是和尚的妹妹，完了人家和尚不答应"。我妈说愿意不愿意就说说，也不是别的，就跟我二姥姥一提，我二姥姥就不让说："别说别说，可别跟他说，我哥哥脾气不好。"等到后来她就把这事告诉我二姥爷了，我二姥爷就把这事告诉我太姥了。我太姥说："嗨，没出息"，说我二姥爷："没出息，她，你说是不是她哥哥？是她哥哥，她哥哥也管不着，不是她哥哥是个和尚，这和尚才不是东西呢！你有能耐吗？到时候人家跟你玩命。"最后两人商量好了，就跟我太姥说，我太姥说："你也当娶，她也当嫁，你们爱怎么怎么着，别在这儿，别在我跟前儿，走，越远越好。"说越远越好我们上哪儿去呀？"你爱上哪儿上哪儿，中国这么大，你爱去哪儿去哪儿。"我妈说趁着和尚也没来，干脆就在北京把事办了，也没敢吹吹打打闹闹，不敢哪。我太姥就说丢人哪丢人哪，觉得这么大的儿子娶媳妇不敢让人知道，就这么着就算结了婚了，丢人哪，太姥的脑袋封建着呢。结完婚了就说："你们走你们走，你们可别在我跟前。"他们说那和尚来了怎么办？太姥说爱怎么办怎么办，我有命一条。他也不能找我儿子，你找你妹妹，碍着我儿子什么事，你妹妹的事不知道。太姥就说谁来也不知道啊。俩人按现在的话说就私奔了。要不怎么他们上了天津了呢，我们都在北京啊。

　　这么着，我二姥姥就说咱们外头闯去吧，反正是我也能干活儿，你说做什么我都帮着你做，实在不行我给人在街上缝缝补补，咱那还能活呢，俩人就跑天津了。哟，和尚来找来啦，好几回，不死心，叫门啊，我听我妈说，"大妹妹啊，我问问您，我妹妹走的时候没说呀，上哪儿去？""没有，她就说我走啦，找我哥哥去，就说找您去啦"，"哟，她上哪儿找我去？我没告诉她我在哪儿，我这老走，游动，我们是化缘的和尚。"我估计这和尚也不是好和尚，可能是要给她卖了，可能就还没卖出去呢。

定：您二姥姥是大脚小脚？

李：小脚。

定：您太姥是大脚小脚？

李：大脚。我们都是大脚，满族人不裹脚。我二姥姥她是小脚，裹了以后又放了的。要不我太姥还说呢："得啦，得啦，这也没法说了，这还什么满不满呢，旗人不旗人呢，这可应了那句话了，老爷都骑马，谁敢骑人哪，这家子血都混啦，反正也这样了。"

定：您说他们俩一个是小脚放的，一个是瘸子，这俩人怎么生活呀？

李：到了天津，听我二姥说，也苦着呢。刚去的时候租房也租不起，就在街上搭个小棚——过去行啊，现在要搭个小棚谁让您搭呀，城管就得找您是不是？——凑合着，我二姥姥还生了我俩姨儿，一个舅舅，现在我这舅舅还活着呢。

定：真的就过下去了？

李：就过下去了。我二姥爷琢磨着这不行，咱们得想办法做买卖，就也弄个车。满族人会做吃的，您知道，小吃他也会做呀，就做果子干，山楂糕，什么温馎，后来也是卖饭，卖什么炸油饼，什么烙饼啊，馒头啊，窝头啊，家里炒好了菜啊，做这个就卖。我那二姥姥就两只小脚，拉着车，我二姥爷后头一瘸一瘸跟到那儿去，然后我二姥爷在这儿卖，我二姥姥再家去干活儿，弄这个弄那个，再弄孩子。待会儿再替替我二姥爷："去，伸伸腰去，歇会儿去。"瞅这儿没有什么（货）了，我二姥爷就再回家做了，弄个小车再推来，也挺苦的。后来我二姥姥就跟我那俩姨儿说："哎哟，可得找有钱的呀，找有点能耐的，可别像你爸爸似的。我倒不是嫌弃你爸爸，这不是也你们一群儿女了么。可是你们别价，你们这样的话你们跟他受罪。"

我二姥爷他们就这样在天津算扎下根了，一直就扎到那儿。我太姥就说："不管那个，不管那个，那个咱们不要了，咱们给他轰出去了。"也不打听我二姥爷怎么样了，就说你二姥爷捡了个便宜，要不然瘸了巴儿的娶得上媳妇么。

定：那次您太姥逛东岳庙，您二姥爷不是也跟着去了吗？

李：对了，就那一季儿过年他们回来。我太姥不是还在么，也不是年年儿，隔三岔五的，一年两年的，偷着摸着回来一趟，也不敢露面，还怕碰见那和尚。一直到后来我们从什方院搬走，我二姥爷都很少回来，就我二姥姥来，那时候带着二姨、小舅舅，也不常来。我太姥死了以后，基本上他们就没回来。

就我二姥姥讲话，她自个儿的历史，她跟她的儿女都没讲过。就是我妈跟我讲了，说我告诉你，我这是跟你说了，你跟谁都不能说，这说了不好，你二姥姥也不让说。现在我二姥爷二姥姥都死了，就无所谓了。二姥爷活着时候我还去，看看我二姥爷二姥姥，他们一死了就完了，基本上就不怎么来往了。

我三姥爷娶的也是一个汉族人。我太姥不是说嘛："血都闹混啦，也管不了啦，爱怎么怎么地的吧，你们也不能跟我待一辈子，反正也都是没能耐。"我三姥姥是朝阳门外头大王庄的人，就是现在定福庄那一带，我没跟她去过。我三姥姥就生了一个闺女，我们在北京都有来往。

定：您说还有个姑姥姥？

李：那不就是我姥爷的姐姐嘛。

定：她是大女儿？

李：我没问过他们谁大谁小。没上她们家去过。我就知道她们家姓双（shuàng）。我就听我姥姥说："人家说大姑子多，多婆婆，小姑子多，多舌头。哟，我们那大姑子，好家伙，比婆婆还厉害。"她好像也是年轻的时候守寡。那时候我太姥姥好像是没了，姑姥姥就老上我姥姥这儿来，来了还爱喝酒，我就看我姥姥给她弄个酒壶，还倒点水，还煏上，喝吧，您喝吧，那是酒菜。姑姥姥就咂儿一口，咂儿一口，喝完了说起她们家伤心的事儿来，她就哭，骂她那儿子，双×那畜类，大畜类，二畜类，三畜类，老那么叫，估计她那儿子可能是不好。后来我就听说姑姥姥没了，我跟她也没什么感情，我说没了好，省得哭了。

4. 舅舅被日本人害死了

李：我姥姥他们家有三个姑娘一个儿子，我妈是大姑娘，我还有两个姨儿，一个舅舅。我姥姥一共生了四个儿子，死了仨，到六七岁就死，一生儿子，没到六七岁呢就发愁了，从三四岁时候就发愁了，这又要走，我就听我姥姥说，说这就是坑人来的呀，这是该着他们的。后来我舅舅小名为什么叫钉哥儿呢，就是把他钉住了，别再走了。满族人好起这路名字。就活了这么一个舅舅，但是这个舅舅到日本时候，让日本人给弄去灌凉水，给打了，这事我知道，因为我舅舅比我大点，大点也就大个十几岁。我妈结婚的时候我舅舅都不大。

我舅舅叫王绪昆，都管他叫绪昆绪昆的嘛。好容易活了这么一个儿子，养得娇啊，真是娇生惯养。又小，又贪玩，就知道成天昏天黑地的。要不是养得那样，不那么异性，他也不至于最后精神分裂，他就觉得我不是皇亲国戚起码也沾点血统啊，我怎么能受欺负哪，但是那不是那个时候了，那是日本侵略中国了，可是他脑子转不过来。

定：他怎么就叫日本人给逮了去呢？

李：我舅舅在有轨电车上卖票，过去那叫铛铛车。也是一个朋友给介绍的，说钉哥儿人又老实，又好看个书什么的，去卖票吧，当完这班，下班就回家，省得受人欺负。就去那儿了。满族的子弟不就提笼架鸟吗？弄个画眉叫唤，画眉没有了，就逮个老西儿养着。

定：什么叫老西儿？

李：鸟啊，叫老西儿，比画眉个儿大一点，叫唤也挺好听的。我舅舅他就干这个。养个猫呀，狗呀，鸟呀，还养鱼。家里头一进来就有一个跟瓦盆似的那种鱼缸，有上水石，搁点小亭子呀，小麦子什么的，我舅舅就好这个，下班没事了，弄这山子石，鼓捣鼓捣这个。那时候西总布胡同里头有电车公司的一个什么单位，他们卖票的回来都上那儿去交款。我舅舅从西总布胡同下车交完款回来，正好那儿有个日本兵的土木工程，门口卸的有沙土跟石头子儿，我舅舅看见那小花石头了，他就挑了点比较好看的石头，拿回来搁到山子石里头，鱼缸里头了。后来那儿不知道丢了什么了，就问谁来了呢，就有人说，就是卖票的里头有一个，就是他，说是他拿的什么什么。这日本人一听，就等着，把我舅舅给带走了。逮进去了日本人就打呀，灌了一回凉水，就让他招，问是不是他偷的，那他哪儿能承认呢，没有啊。实际上我舅舅拿的就是石头子儿。这个中国人就是个汉奸，石头子儿也至于你就报告日本人？日本人丢的这个东西是石头子儿吗？我那时候也就十几岁，不知道这里头究竟是什么事情。哎哟给我姥姥姥爷急的哟，急的就没法子，就哭天抹泪的，就说这钉子哪儿受得了啊，日本人给逮去灌凉水，这不就死了吗，我们好容易留下这一个儿子，怎么又短命啊！

那时候我姥爷推那个卖饭车就推不动了，自个儿找了个门脸儿，在禄米仓开那么一个小饭铺，我父亲挣钱，我姥爷也帮着点。可是我们这么多人哪，家庭生活越来越困难，我姐姐就必须得出去工作了。我姐姐干什么呢，也是经人给介绍的，叫生计所，就在现在社科院的边上，就是腮帮子上，那个位置，现在叫贡院的那条街，有一个日本人开的大的生计所。生计所是干嘛的？卖菜，卖水果，卖这些东西，我姐姐就上那儿，按现在说就是售货员，就那么着挣点钱。她得跟日本人打交道，又搭着小啊，就学点日文。

我们家的两旁边，住的是日本的两个人，一个叫中原，一个叫长男，这两个人究竟是干什么咱们不知道。当然日本人也有好人也有坏人，中国人不也是那样吗，这两个人呢，就比较不错。怎么认识的他们呢，一个跟我们是街坊，一个是他们老上生计所买东西去，老夸我姐姐："你小姑娘的好。"晚上回来我姐姐就跟他们学点日文，就跟他们能多少对点话。他们有点什么吃的还给我们送过来，什么日本的饭团，什么豆，什么狗宝："你们家孩子多，小孩小孩的多，大大的。"我姐姐是跟着我姥姥姥爷长起来的，我舅舅给逮起来了，他们这么难受，我们也难受啊，我姐姐就说我去找中原跟长男去吧，就托的这两个人，这两个人说好，给你说说，说你舅舅，那个小孩，大大的好。——我舅舅回去不干别的，连门都不出，就鼓捣那鱼，鸟啊。——赵家楼旁边那口儿住的一个日本人叫岗野，好像是管宪兵司令部还是什么的，我姐姐就托中原跟长男去求的岗野，就把我舅舅给放出来了。

我舅舅放出来以后到家，就一天比一天精神不正常。我姥爷就发现，他弄那鱼抓起来给攥死，攥死就说："都因为你们，都因为你们。"后来一点儿一点儿地就疯了，越来越厉害。那时候也不讲究说上哪儿去瞧，就找那个巫医，烧香啊，磕头啊，上我们家来就吹口气，"梆"就打我舅舅脑袋，叫驱邪，那有什么用啊，实际不是那事啊，您说那时候人就是无知。后来我舅舅就那么死了，三十二三岁吧。要不我们怎么那么恨日本人哪，日本一投降，哪儿一说有打日本的，我跟我二哥两人就拿着棍子，跟着打去，在街上看见日本人，逮着什么拿什么打，日本人武士道精神，您打完，他冲您"哈伊，哈伊"不还手。我妈就吓得哟，跟家里哆嗦："这俩要命鬼又走啦，这俩叛逆又跑啦。"让我三姨夫满街追我们两人，追不着。我们就恨哪，我舅舅就是让日本人给打疯了的。

我不知道您知不知道，日本一投降，哎哟北京人就全反啦，中国人都恨透了日本人啦，杀死咱们多少拉洋车的？坐车拉着要钱不给，一刀捅死，我跟我二哥都见过。那时候的政局呀，国民政府也没法儿控制，这些老百姓就反了，打鼓的跟拉洋车的凑到一块儿，就抢日本人。挨着门敲，敲开门进来，一瞅是中国人，扭头就出去了，要是日本人，先给他抢了然后打他一顿。我和我二哥就琢磨了，恐怕中原跟长男他们要挨抢，确实他们是没做坏事，那条胡同对他们印象都不错。我们就跑过去了，说那边没有日本人，那边也是咱中国人，他们就没敲（中原和长男家的门）。岗野就给抢了，也给打了。完了这俩日本人就上我们家，左一个鞠躬噢，右一个鞠躬噢。哎哟那抢得可厉害了，抢的那个被子呀，都多老高的摞到洋车上。

我们那儿有一个，我们都管她叫王小脚，她也是年轻守寡，守着五个儿子，她怎么活呢，她拉洋车。拉着那洋车跟着抢，哎哟她抢的那日本被窝，我们说这回你可发了哎。

定：女人拉洋车？

李：女的。

定：汉人满人？

李：她是汉人。那脚是后来放的。我们怎么知道她呢，这个人跟我们是街坊，在小牌坊胡同住，小牌坊就在赵家楼的后头，城墙根儿了。我们就瞅着她在街上，拉着洋车呱呱地跑，回来拿这么一小口袋棒子面，养着这五个儿子。五个儿子一个一个都穿不上衣裳，冬天就不出来了，夏天就光着屁股在街上，好几个人盖一个被窝。我就跟我妈说，妈您看那王小脚多可怜呢，我妈就说，可不是，也是个苦人儿哪。你看，弄着这五个儿子。一解放了，她就不拉车了，政府给找的事，就干点别的，她的儿子也都起来了。后来这人得肝癌死了，我说还是挺惨的。

5. 父亲和母亲的婚事

李：我妈叫王秀芳，我二姨叫王秀芬，三姨叫王秀英。满族人可讲究了，是亲哥儿们弟兄，叔伯的，你这名字都排上，得挨着，不能瞎叫。

我母亲长得挺漂亮的，那纯粹，您一看就能看出来是满族人。高颧骨，黄眼珠，头发都有点发黄，反正头发不是黑的，满族那模样反正都在呢。

我母亲为什么跟我父亲结婚呢，这是我姥姥跟我姥爷的想法。

我父亲是唐山人，汉族。您知道唐山大地震，我父亲的老家是震中。他家里头就有个哥哥有个弟弟，可他哥哥弟弟都不在唐山。我父亲是过继的，本来我父亲是四爷爷的儿子，二爷没儿子，我父亲行二，就过继给我二爷爷了。他们这一支，反正也是挺讲规矩的，给我父亲说了这么一个（妻子），农村就讲使人啊，她比我父亲大四五岁。我父亲他不喜欢，结婚两宿也不是三宿，就走了，走了就出来了，也就是说，他是抗婚出来的，他就不承认他结过婚了。

我父亲学问是有，私塾他就上了八年，背古文哪，摇着晃着唱，那时候叫我们学，哼，我们才不学呢，什么呀，唱出那调儿来，还摇着膀子。

我父亲后来是干吗的？过去叫账房先生，按现在说就是会计。他算盘打得好着呢，双手，这都教过我们。

　　我姥姥把我妈许配给我父亲是为什么呢？就因为他是一个人。姥爷这边就这一个儿子，我舅舅小也不大懂事，我姥爷家好像没有什么支柱了。我姥姥就跟我姥爷商量，甭管怎么着，人家虽不能更名改姓，人家这也是上咱们家来，能给顶点事，那时候家里头要缺这么一个人也不行啊。再说咱们大姑娘特老实，特窝囊，不能给有婆婆的，将来再给她窝囊坏了。说李先生，李先生人老实。就这么着，实际我父亲又隐瞒了婚姻历史又隐瞒了岁数。因为我父亲人黑点，黑人不显老，当然说多黑呢，也不是特别黑，反正不是那么白净的人儿。隐瞒了多少岁数呢，他隐瞒了十三岁。

　　定：啊？差那么多？

　　李：您听着呀，隐瞒了十三岁，还说比我妈大十岁。实际就是差二十三了。后来我妈就埋怨我姥姥，说这都是为了您，您就为了您自个儿，您把我给了这么一个人。我姥姥就说："唉，得了，已经这样了，甭管他比你大多少。"这时候我姥姥还不知道大二十三呢，只知道大十岁："我为什么把你给了李先生呢？因为你太窝囊，太老实，怕你受气。"

　　"受气？受气也比这强。"

　　"那我跟你说说，你看我受那气：早上起来，我早晨哪五更天就得起，起来以后笼火归置屋子扫院子，都得悄悄地干，不能出声儿，干哪样活儿能没声儿呀？那时候穿的花盆底鞋，还穿着大长袍子，走道儿就得有声儿呀，就把鞋脱了，那时候都讲究穿布袜子，穿着布袜子在屋里走，出来进去，开门撩帘子都得轻搁轻放。弄好了水，沏好了茶，把茶碗烫了，把洗脸水都得打好，这时候才得上屋请安去，叫你太姥起来，点烟，起来还得在被窝里来两袋烟。大姑子跟你太姥一个屋，也得给点烟，待会儿她们都穿上衣服出来，梳洗、打扮，我就得侍候着。"——侍候完了以后，两把头就不是我姥姥给梳了，我姥姥就算是笨的了，怕我姥姥梳不好，就我那姑姥姥给梳。可我姥姥在旁边都得支应着呀，拾掇弄着呀。

　　"都完了人家吃早点了，到我这时候干脆就别吃了，待会儿就吃中午饭了。抓着工夫就还得做饭，人不多你也得做呀。就说你，你行吗？给你找这个，他不是北京的人，他外头的，他什么都没有，他也就是比你大点，大点人家不是没学问哪，人家也有学问，人家也有能耐，得了呗，大点还知道疼呢。"还说可别找满族人。就汉族的吧。

　　定：为什么不找满族的呢？

李：满族礼儿多，规矩多着呢，咱大姑娘受不了哇。就怕受气。我母亲那人比较内向，不爱说。那个社会压抑着，她也没有发言权，那个时候可不就是么，我妈也就认命了，宿命论哪。命里注定的，那没法子，可她就老委屈。

我们家原来就租房子，后来前赵家楼那个院，是我父亲买的房子。就在你们社科院后边，北总布胡同内，前赵家楼，其实我们住的那是好房子，原来是一王府，后来就说那院里头闹鬼，可我父亲不信这个。因为我父亲那时候孩子也多了，还是国民党时候呢，我们就一共有七个孩子了，一说租房谁都不租，人家都愿意清静。我爸爸就说不租，咱们想法买房，我父亲自己多少也积攒点，又跟公司找老板借点，那刘老板跟我爸爸是同乡。我听我爸爸说，找刘老板借点儿，然后慢慢还，咱们这么多孩子哪儿也租不来房，再有咱还有姥姥跟姥爷呢。我父亲跟我母亲就得带着我姥姥姥爷，这事儿就落到我爸爸身上了。您别瞧，我爸爸对我姥爷特好，真跟儿子似的，他对不起我妈的地方就是说了瞎话，瞒了那么多岁数。

定：那也还就算不错，您妈也不受气。

李：受气倒是不受，不过就是这点真太对不起人了，一大大那么多。

定：他们俩感情怎么样？

李：原来我父亲不在家，也看不出什么来。我父亲是账房先生，他一直在外头走啊，先在一个福源土木建筑公司，后来在复兴土木建筑公司，什么湖南哪湖北呀，福建哪，外地公司，包工干活儿，最后落到什么地方呢，开滦矿务局。就跟着公司老在外头。有时候一年回来一趟，有时候两年，这都没准。回来也就回来几天，顶多一个月，完了就走。

定：那您母亲是哪年去世的？

李：1985 年年底，整八十。哟，我母亲可不容易了。自己就九个孩子，然后我弟弟他们的，我哥哥他们的。就是我姐姐那孩子我妈没怎么管，为什么呢，我妈说你姐姐有婆婆，我就不管，你哥哥的孩子，我是婆婆，我是奶奶，我就得管，我不管怎么着？我大哥有仨，我二哥一个，我二哥的爱人也死得早，弄一个孩子，仨月就扔给我妈了，我妈就一直带着。没离开过。就我这儿子，也是跟我妈长起来的。我儿子就说我姥姥可是个好人哪，我姥姥就是没文化，我姥姥要有文化，那是相当有领导能力的妇女干部。

定：你们家就属您最厉害了。

李：我觉得我讲理。谁不讲理也不行，你凭什么不讲理？我弟弟他们不听话我真打，我妈就说待会儿，待会儿那反叛回来了打你们。管我叫反叛。

6. 我的俩姨儿

李：一般汉族人称呼奶奶就是奶奶，妈就是妈。可是满族人称呼妈叫奶奶，管姑姑叫姑爸，我姥姥要一来了我妈就请安哪，管亲娘叫亲额娘。我说什么叫亲额娘？"哎，别打听这个。"我说人家都不这么叫，"我跟你说，那、是、汉、人，这是满人，满人就这么称呼。"

我有俩姨儿，我二姨跟我三姨儿。原来的时候姐妹之间那都是——我那姨儿要是来一趟，不进屋子，就在街上比如说碰上了，还且请安呢："哟，姐姐您好。""哟，来了妹妹。"没完。后来还是我妈说得了，咱们就别这么着了，你瞧街上哪还有这个，就咱俩，左蹲儿一个右蹲儿一个。就不介了。

我二姨儿最可怜了。其实我二姨儿特能干哪，二十九岁才结婚，就为了帮助我姥爷在家做那买卖。我二姨儿和我妈，那时候跟我姥爷都在一个院么，我爸爸那时候就说："咳，姥爷也没啥人，剩了了二姨儿三姨儿，咱们凑合一块过吧，姥爷放心，有我吃的就有你二老吃的。"跟我二姨儿三姨儿关系好着呢。我二姨儿平时就是帮着我妈，整天做饭哪，做饭做完了闲着的时候就做活，什么做鞋。

我姥姥这人哪，那时候的人不知道怎么回事，就那么不开窍。给我妈找个我爸爸，告诉说大点知道疼，又没婆婆，这好。给我二姨儿找的呢，他是北京汽车修造厂的工人，姓朱，不是满族啊。先他（指二姨夫）也结过婚，还有俩儿子。你说这大姑娘也不知道干吗都找结过婚的。我姥姥就说也没别人，就一个婆婆，哪儿能都没婆婆啊，告诉说甭管怎么着，他那个她死了，这俩孩子婆婆带着，奶奶带着，也用不着你二姨儿。

我二姨的婆婆确实特好，可我二姨儿还有个大姑子。这大姑子也是，男的死得早，守寡。我二姨儿结婚的时候她男的还没死呢，后来男的一死了呢，她就把俩孩子送到救世军①那里头养着去了，就是反正我不要了，给你们了。他们家信基督教，救世军就是基督教里头干活的那个，好像在米市大街还是什么地方。孩子送那地方去了，她就（回娘家）来了。你说这个，男的死了，孩子也不要了，好家伙回来以后她就当家，就为王。我

---

① 救世军于1865年在英国创立，是一个国际性的基督教及慈善机构，旧时北京米市大街、崇文区西兴隆街和西直门内等处都有他们设立的机构。

二姨儿的婆婆特窝囊，就管不了她这丫头。就老跟我二姨儿说："姑娘，甭理她，甭拿她当人。你说咱们不要她，把她轰走，她哪儿去呀，她男的也没有了。你就冲我了，让你受点委屈。"

我二姨儿这大姑子特不讲理。她回来不给我二姨儿吃不给喝，这委屈哪儿受得了。还把我二姨夫叫到他们那屋去，让我二姨儿带着我那个姨妹（指二姨儿的女儿）俩人。他们那时的老窗户都是带棱的，支起来，还糊窗户纸。她指使她那俩侄子，就是我二姨夫前妻那俩儿子，把窗户纸弄破了，顺那儿往进泼水，前沿那是炕，泼得炕都湿了，还弄那沙土往进攘："让你们睡觉！"您说怎么睡？湿的，还一炕的沙子。还在他们家那墙上，拿铅笔给我二姨儿写的：吃吃吃，吃不饱，走走走，死胡同，抽抽抽，香烟头，还有什么。那大姑子太不是东西，太可气了，芳家园那条胡同①家家都知道。我二姨儿那人也心重，觉得男人也挺好的，婆婆更好，临了儿来个大姑子捣乱，也是让那大姑子挤兑的，她就气迷心了，不在家待着，拉着箱子拉着衣服就走，来我们家跟我妈打架来。这就精神失常了。我们后来知道她有病了，就上这儿上那儿给她瞧，可那时候又没有精神病院哪，就是瞧香的，给喝点香灰这那的，把人就给糟蹋了，过去真害人。

后来我妈就说，咱要是把你二姨儿留下吧，这辈子她就算甭回家了，你说老留到咱们这儿怎么算呢。我二姨夫特窝囊，我爸爸给起个外号叫骆驼，我爸爸说把骆驼找来，跟骆驼说，这骆驼来了以后支支吾吾也说不上来，说："您说这事也没法儿办，她又不明白。""不明白？给你的时候是明白的是糊涂的，嗯？把人给了你是什么样的？"我爸爸那人就特和气："哎哎，别吵别吵，咱说啊，甭管怎么的，现在人已经这样了，你得出个主意，你不能躲到那儿呀。"他说我也没法儿办哪，我得上班呢。后来我就生气，我说这没地儿讲理去，你跟她说不听，她妈都管不了她，我二姨夫也是混蛋，给我二姨儿给弄得这样，咱家怎么那么好欺负呀。我说这混蛋人咱甭跟她说，说什么呀，咱打她！没别的主意。我就想豁着来了，咱有什么主意呀，咱除了打她没别的主意，咱也不是找男的去打，就我跟我三姨儿我们俩去就行。

我三姨儿也横着呢，膀大腰圆的，我三姨儿说谁打去？我说咱们娘儿俩。"走，你跟我去？"我说是呀。"进去我告你，你不是个儿小么，你劲头小，你就搂着她，别让她还手，让我打她。"走到禄米仓口那儿，三姨

①　芳家园（原称芳嘉园）胡同位于朝阳门南小街里。

儿还跟我说呢："记住了没有？进门先抱她。"我说记住了，没劲儿我还有牙呢。"进门呀咱不能容她明白过来，她一明白过来咱俩不一定是她个儿，她那人挺壮的，别再打了你，这么着，我进去就打她。"我说非给她打个半死不可。

她们家在芳家园儿，就是南小街里头。到那儿，那个大姑子正在院子里洗衣裳呢："哟，三妹妹来啦？"我说"三妹妹？打你王八蛋！"我就上去了。她一瞅，噌地站起来了，我从身后一抄她腰就给她搂住了，我说打呀三姨儿，我三姨儿叮当五四就打。"你们干吗哟，打人喽！"我说打死你，我告诉你，今儿给你打死，谁让你欺负我二姨儿的？我三姨儿说我再瞅你这样我就碎了你。她那儿也瞎胡噜，我就紧拽着，还咬着她那衣裳，逮着那肉没咬着，我也不知道我哪儿来的那么大邪劲儿，给我气的。她把我抢到前边去了，我三姨儿抢着钱板子往后"啪"就照屁股一钱板子，啪啪啪，就打哟，反正打得是不轻。

定：（大笑）真够热闹的。

李：然后她就跑我们家来了，反正也是上这儿来反了一顿，来的时候我和我三姨儿都不在，她进来了，我姥姥哪儿挣巴得过她呀，她倒也没打着，因为我妈也在，没让她打着。然后她还把我们给告了，他们那儿起诉，这都解放了。我就跟我三姨儿说，我说甭听他们那个，爱怎么怎么着，她还恶人先告状！法院要来传，您就脱了衣裳躺着，说让她给打了，动不了。明儿完了以后咱还打她，打完了她再来您还躺着，一下都不碰您您就躺着，您告诉就是她打的。

定：最后这事怎么解决的？

李：糊里糊涂，谁也没怎么样，您说清官难断家务事，人家也就给抹平了。打她是没错，你得分为什么，我们家有男的，男的都窝囊，其实不是窝囊，我们就不让他们去。我哥哥他们要去，我妈说别再往里头掺和了，要那么着就把她打死了。他们要真去还挺麻烦。

定：后来她还欺负您二姨儿吗？

李：后来我二姨儿的婆婆也死了，她姑娘一点一点地也就大了，我二姨儿还有一个儿子呢，儿子也死了。解放以后街道也一点一点地组织健全了，都知道这事，人家跟她说你这不行，你得有正当的事儿，该干吗干吗去。最后她就不在这儿了，走了，也不知道哪儿去了。这就好多了。

我妈比我三姨儿大得也多，得大个六七岁吧。我三姨儿那人挺能叛逆的，就那么个人。

我母亲不认识字吧，就跟我三姨儿跟我二姨儿说，你们可别不认识字，你们得学，念书。我爸爸也说，她们俩人都好学。我爸爸还教她们背点古文，我爸爸晃悠着脑袋，背那个古文，啊啊啊就唱，我三姨儿也跟着，我姥爷还瞧不惯，说哼，什么体统啊，摇头晃脑的。

我三姨儿她们是怎么念的呢？我就听我妈说，这都是八国联军进北京，完了又以后，都到了民国了吧，就有那教堂啊，外国的什么修女，吹洋号打洋鼓的上街，宣传什么呢，宣传让你上学，让你有文化，教会里头的这些个人，他们讲，我三姨儿就跟着听。她一瞅见吹洋号打洋鼓的，噔噔噔，她就往出跑，我姥姥喊也喊不回来，越听越好，回来就跟我妈说，我妈就支持她，我妈说去去，去学去，学回来你教我，咱们不能不认得字儿，认得字多好，要不这心里多闷得慌啊。我三姨儿就那么着跟着他们就学。后来我妈就跟我姥爷说，您不能不让三姑娘上学，她正学的时候，您叫她去吧，叫她念去吧，我三姨儿就出去念了几年，有那么五六年吧。所以我三姨儿又会唱京剧，又特爱看书，成天看小说，什么全看，《三国》呀，《七侠五义》呀，就看这个。我就记得她一边拿着书看，一边烙那饼，我姥姥就喊："三姑娘，三姑娘，我都闻见了，糊了吧？把饼都给烙糊了。"我三姨眼睛看得都不好了，但是那时候人也不讲究戴镜子，洋人才戴镜子呢。

定：三姨后来嫁的好吗？

李：三姨儿给的是天津人。我三姨夫是搞印刷的，哥儿仨自己开买卖。

定：也没嫁满人？

李：那哪儿有什么满人了就？我们家仨都没嫁满族。我姥爷讲话，哪儿那么容易找满族去？血混就混了吧。

我三姨儿结婚的时候也二十九了。那时候我妈就跟我姥姥说："您老这么着老这么着，您瞧瞧您给我俩找的这主？您说我吧，您让人给蒙了，二姑娘明明白白的您给续弦，出了这么个大姑子给挤兑成这样。三姑娘您就别管了。"我爸爸也说："姥姥别管了，您就踏踏实实的吧。"我三姨儿说："您倒想管呢，您管我也不干。"我三姨儿不听这套，我这脾气就随我三姨儿，反叛似的。

三姨儿给的那个好啊，我三姨夫特疼我三姨。可是我三姨儿五十九岁死了，没活到六十，高血压。她老说自个儿活不到六十，三姨夫看她成天这么说，就说："谁给自己封岁数啊，你要老这么说，你到六十不死我就活埋你。"结果真没活到六十。可是我三姨夫活到九十八。我三姨儿生了四个姑娘，俩儿子，死了一个儿子。别看她是家庭妇女，但是特开通。

7. 我妈管我叫反叛

李： 如果说按我们家里排着的，我叫李清莲。我姐姐叫李目莲，不是有那目连救母的故事么，我爸爸给起的。① 可是我为什么叫李玉平了呢？那时候上学呀考试，必须得先会写名字，只要你把名字会写了，这就算是录取你了。我就不会写，这一大堆我一看就脑袋疼，我就不写，我就抱着脑袋哭喔，哭得脑袋都疼了。我爸爸说你真没出息，明天就考试，我都给你写这么大，你一笔一画地描下来咱们就能上学，要不然你甭念了，你哭什么呢？我说给我改一个吧，改一个容易的吧。我爸爸一生气，什么容易？唉，叫李玉平，这次你会写了吧？我就给写下来了，得了，玩去了。就这么着。所以我在学校里名字都是李玉平，但在家里叫清莲。派出所说这个清莲叫曾用名，我的户口就是这样。

我小时候苦日子过得就甭说了，您说真是我们这家，这一大堆人哪，五六七八九，养弟弟没完。我跟我姐姐、我最小的弟弟跟我妈，我们在一个炕上。这几个小子就都在南屋那个大炕，都是前沿炕，倒真能搁人，一瞅啊，一水儿的小脑袋瓜儿。屋子里头那凉，煤球炉子搬进来搬出去，没有说一人一个被子的，反正是一大堆小子，我妈说要是花搭着生还麻烦了，被子都成问题。到晚上的时候我妈就说，去瞅瞅去，看谁回来了谁没回来。他们都洗完了钻被窝了，一数脑袋一数底下的鞋，就知道谁还没回来。天天儿我下了学以后把书包往家一扔，提搂起那小筐就走，一边看孩子，一边外头捡点煤核。我父亲给我们留多大的迟累啊。

1950 年我父亲回来，他写信就说我也供不了你了，你凑合找事儿吧，别那么要强了，一个姑娘人家的，有点儿识文断字就行了，别再上了。你想他回来的时候我最小的兄弟才多大，我怎么办呢？事情已经这样了，我得面对现实呀。

我姐姐那时就在铁路上了，日本一投降以后他们就都归到铁路了。她也帮我找事儿，找的是铁路上的，叫交换台，就是现在那个电话员。我姐姐把它叫插塞子拔塞子，说很简单，你一听是哪儿的，你就给人插上，说完话了，你再给它拔下来。我说我不去，我说你才干这插塞子拔塞子的事儿呢。我姐姐就强迫给我报了名，非让我参加考试。你知道就在东单，现在的菜市场，原来是铁路局的一个什么地方，就在那儿考试。我那时候反

---

① "目连救母"是一个佛经故事，讲的是佛陀的大弟子目连拯救亡母出地狱的事。这个故事在中国流传甚广，曾经是无数图画及戏曲的题材。

正挺有主意的，去我也不考，可是我跟家里我也拧不过他们，我就装模作样拿着墨盒就走了。我姐姐托了一个秦老头儿，说秦老头儿在门口等着你，到时候带你进去。我到那儿看了看，老远一看秦老头儿就在那儿站着呢，我就跑了，跑到东单大操场上，坐在那儿玩了半天，11 点了我才回家。我就不考，说不考就不考，秦老头儿就没找着我。我姐姐从小就知道挣钱，我就给你们挣钱，挣钱就养活你们，别的不管。可是我姐姐特别好唱歌。

定：她不像您似的什么都知道。

李：她不好问。

那时候我初三还没有毕业，正好看见报纸上有北京市卫生学校招生。我必须得去呀，因为如果等我毕业了，人家已经招过了，我就不能考了。我去的是鲍家街，市卫生局，在那儿考的试，考完了以后发榜，我一看有我，回来我就跟我妈说，行了，又出去一个吃饭的，帮着挣钱去，养家糊口。我妈还说呢，你努点力你不那么笨，那插塞子拔塞子你就没考上，这再考不上你不就完了。

我 1951 年进的卫生学校，后来改成通县卫校（今通州区卫生学校）了。是我考上卫校以后，我爸爸才回来的。我那时候才十几岁，都是让家里的生活给挤兑的。不过我是赶上好时候了，我上学还供给制，一个月给一百五十斤小米，那时候合小米，后来就是合单位，你挣多少单位，我就是一百五十斤小米，拿回来那钱就给我妈，学校还管饭。我这三年上学还给算工龄。

卫生学校出来以后，分配的我就搞妇儿，后来就叫妇幼。崇文区（今东城区）解放的时候叫七区，我们就是第七卫生事务所的妇儿两科。后来一点点扩大，专门盖了一个妇幼保健所，各个门诊部都有搞妇幼的，我就分配到门诊部。四院原来还有儿科，后来儿科就撤了，合并到崇文区儿童医院。就是现在的幸福大街，我们就专门成立一个妇幼科，专门搞一些个妇幼的保健，就不从事治疗了。

我们医院职工这么多，为了解决职工上班的困难，就成立了一个连托儿所到幼儿园。您知道医务人员女同志多，很困难，所以产假只能是五十六天，就是国家规定你可以多休多长时间，医务界也不允许。没有人啊，您都歇产假谁还干呢？只能在其他方面奖励你。像我们规定，怀孕七个月才能下夜班，孩子到七个月你就得上夜班，就是说七个月下，七个月上，再到后来五十六天就上夜班，一线就那么忙，那孩子往哪儿搁呀，医院里必须自己解决。我们院长说你挺适合干这个工作的，你从事幼儿教育也行，妇幼你做个保健医也行，咱们就弄这个，就这个条件，从五十六天就得收，这样你是院长兼保健医，两样都得干，我再给你配合上一个人，咱们就白手起家。我说哎哟，这儿科的一些个治疗，常见病多发病我都能干，这教育我可没从事过。他说你没从事过你开始学啊，咱们区里就有幼儿师范，你可以带职去学，你先学这个，然后咱们找一些个幼儿师范毕业的老师来。咱们孩子逐步逐步一点点就长大，从乳儿室到托儿所，从托儿所再到幼儿园，从托儿所到幼儿园这一步，你就要发挥能力了。就不让我干妇幼保健了，让我上这儿来了。我那时就四十多了，我说这是六十岁学打拳，到时候就让我出家，就觉得挺难的。从五十六天就开始收孩子，白手起家，什么都没有，我一干就好几年不能回家。

就说我那个时候，反正就这么过来的，我是从四院的幼儿园退休的，应该干到五十五岁，我一直干到五十七岁。

淡然远去的艰辛

——郭淑惠口述

时间：2005 年 11 月 15 日

地点：东四某居民楼郭淑惠家

被访者：郭淑惠

访谈者：定宜庄

在场者：李南、雷帆①

[访谈者按] 郭淑惠女士属龙，1928 年出生，我为她做访谈时她七十七岁。她官宦人家出身，父亲是汉族，母亲是旗人，与上文的胡女士、李女士一样，她也未报满族。

对于郭女士的往事回顾，可以用"去日苦多"一词形容。她毫不隐讳地谈到因祖母、外祖母好吃懒做并染上抽大烟、打麻将等恶习导致的家庭衰败，和她父母为此而受害一生的悲剧。这是在我所做为数不少的旗人妇女口述中非常罕见，但我相信是真实的描述。事实上，明清两代笔记中对于京中妇人"不知织纴，日事调脂裹足，多买肉面生果等物随意饕餮，家徒四壁"②的风气就已多所批评。这提醒我注意到，不能将清朝衰亡之后旗人男子游手好闲全凭妇女辛苦操持的现象，看成一种固定的模式。总之，如果不了解北京人、尤其是北京妇女生活的另外一面，对旧日京城以及旗人社会的认识，就会失之偏颇而有美化之嫌。

郭女士给人的印象平实而开朗，她的居所位于东四的繁华区内，

---

① 李南是我相交多年的朋友，本书"外城编"中有我为她的两个姨李滨和萧成所做访谈，都得益于她的热心相助。郭女士是她通过她的朋友即雷帆女士联系的，她们二人并且陪同我做了这次访谈，特此致谢。

② 佚名：《燕京杂记》，北京古籍出版社 1986 年版，第 125 页。

明亮而温暖，卧室内悬挂着她与丈夫沈老当年的结婚照以及五十年金婚的大幅彩色照片，还有她自己的机绣作品。不听她讲，我看不出她与沈老五十年曾携手走过怎样的艰辛。还有，我也从不知道北京的手工艺中还有机绣这么美轮美奂的一个品种。

　　郭女士一家与基督教青年会联系很多，我原以为她是信徒。但在我访问之后第二天她打电话来，我问她，她说不是。

郭淑惠（下简称郭）：我祖父是从浙江来的，我们老家是萧山。知道宛平县吗？我祖父原来是宛平县的县长，四品，叫郭以保，可能你能查到。我父亲十二岁我祖父就死了。我不太清楚我祖父的情况。什么他怎么上北京来的，我就是听他们说。

　　我外祖父比我祖父高二级，他是督粮道，就是管俸粮。那会儿做官不是都拿俸粮嘛。所以他这个官就比我爷爷的官大，他是二品。这都是听我外婆说。我外祖父是满人，我外婆是汉人，因为什么呢？我这外婆是第二个了。我为什么叫外婆呢？满人没有叫外婆的，南方人才叫外婆，可我外祖父那会儿给派到福建，到那儿去做官，外婆也是从北京带走的。我母亲是在福建生的，在杭州长大的。后来等我母亲大了，十二岁，才回北京。为什么叫外婆呢？就是从那时候开始就有点南方化了。我外祖母说福建话我都听不懂，她在那儿待了十几年。……可是是北京的根儿，我母亲可以说是老北京人，她是满族。

　　定：您知不知道您外祖父的名字？

　　郭：我知道姓启，叫启省三。

　　定：他的老姓您还知道吗？

　　郭：老姓不太知道。他们都是以名为姓，还姓过铁，这是不是老姓？我母亲姓董，叫董铁芝，截止到现在，往下就全姓董了。

　　定：您知不知道您爷爷那会儿住在什么地方？

　　郭：从我印象里头，最早就是炒面胡同，东四，稍微往南一点儿，现在叫前炒面胡同。我外婆董梦兰，他们在十二条。

1. 父亲的一生

　　郭：我父亲叫郭仁轩，他没上过什么学校，都是在家里请先生教，那会儿不兴上学。他比较聪明，就在米市大街，男青年会，那时候梅兰芳在那儿教戏，他学戏。后来他又学了英文，学英文打字。

我父亲不是学了英文打字么，就有人给介绍说，你到东北——那时候叫奉天，就是沈阳，到那儿呢我有一个朋友，开了一个洋行，你可以在那儿工作，月薪一百块大洋。那时候就已经有我了，我才一岁多。我母亲，我哥哥，我，全家就都去了奉天。我们在那边过得挺好挺好的。据我妈说，一百块钱根本就花不完，你想二几年么。① 还用了一个帮忙的，也是老人儿，帮着带孩子。买橘子都是一箱一箱的。我母亲他们老说，说只要我父亲一进门，我就掏他的大衣兜，看带了什么好吃的。

可是我奶奶还在这儿呀。我有三个奶奶，老早死了一个，一个跟着我大爷，还有一个，就是我的亲奶奶。我父亲他们是哥儿俩，姐儿一个，我这个奶奶就生了我姑姑跟我父亲。大爷不是她亲生的。那时候等于是还没分家，我们都走了呢，没办法，我大爷就得负责我这奶奶，她就跟我大爷一块儿过。

我这个亲奶奶是江苏人，她会唱小调，抽大烟。到我都记事了，她还抽呢。她就事儿多，她就总觉得我大爷对她不好，封建么，总觉得得跟自个儿的亲儿子在一块儿才好。她就写信，说要瞧孙子。我哥哥那会儿三四岁吧，她非得让我爸爸把他带到北京来。我父亲没办法，老家儿的话不能不听啊，只能就坐火车回来了。就他一人，带着孩子，我跟我母亲就没回来。

结果呢，火车半夜里轧人了，他往外一探头，（那死人）正好就在他那车厢底下。这一撞车一晃悠呢，上边挂的一个菜篓子，就是柳条编的，里头可能有酱菜一类的东西，小菜篓子，那种，掉下来正砸在他脑袋上。他一看底下，上头再一砸，当时就吓一跳，可还是坚持着回来了，抱着孩子回来了。回来当天晚上，我这奶奶就家务事呀，我大爷怎么怎么不孝顺，怎么怎么对她不好。你想他本来就吓一跳，有点儿轻微的脑震荡，加上害怕，结果她再不让他睡觉，半夜里就精神错乱了。三十多岁，精神错乱了。

那会儿呢，老人她就迷信，就说是中邪了，不是说看见轧人了吗，就更觉得是中了邪了，又说是后院有黄鼠狼了，就请什么瞧仙儿的了，歪门邪道的，反正就胡来。根本就不是说赶紧上医院看看去。就没好好治。反正我父亲一下子就不行了，工作也没有了，钱也没有了，人也病倒了。就写信让我们都回来了。

我父亲精神错乱以后，就老打人哪，乱蹦哪，请那挺棒的男的按着都

---

① 郭女士 1928 年生，一岁多到沈阳，所以这里说的二几年有误，应该是 1930 年前后。

按不住，就得捆到床上，那铁床的栏杆他都能够把它拽弯了。可能就是捆的还是怎么回事儿，最后就是腿伤了，等于是瘫了，说是风湿性关节炎，其实就是给捆得受伤了。扎针灸也不行，腿肿得大蜂窝头似的。那时候我大爷在中国大学工作，我不知道他是干什么，他有点收入，我们有点祖产，反正就这么变卖着给我父亲治病。最后也是实在没办法了，干脆，分家。就我这奶奶在中间儿搅和，人家也受不了，成天老是人家对她不好不好的，其实谁对她能好？谁对她也好不了。

那时候我都记事了，大概有五六岁了。分了家以后，我母亲老想着把我爸这腿治好了。开始是住在现在的北京医院，那会儿叫德国医院，西医也是没有太多的办法，后来又给转到协和，协和那会儿是美国人开的，反正都是外国人。我父亲说，他那个主治大夫是外国人，建议开刀，开刀取样化验，然后睡石膏，连脚带腿，整个儿用石膏给你固定住。还吊秤砣，吊秤砣是为了让这膝盖拉开。让他这样睡三年……

众：啊？

郭淑惠与父母、哥哥的合影，父亲怀抱的
是幼时的郭女士（郭淑惠提供）

郭：结果睡了两年都不到，这个腿就僵直，根本就弯不了了。医院没办法了，也不管了。后来他就根本起不来了，就等于是一平板，要翻个身就这样，你想说凑合一点儿都凑合不了。这我都记得很清楚，后来我才觉得啊，这个不是事儿，他是拿你做实验，根本就不是按风湿性关节炎或者膝盖膑骨损伤这些来治的，外国人对咱们中国人就是不那么什么。

定：您父亲后来一直就不能动了？那神经呢？

郭：开始的时候犯了好多年，就是精神病，糊涂，一阵儿一阵儿的，给他一个喝水的小壶，他能拿小壶砍我妈去。最后就好了，清楚。精神错乱后来就犯过一次，是我弟弟五几年参加志愿军去朝鲜，他看报纸啊，说朝鲜那儿打仗什么的，他紧张。他说英文我们也不懂，就糊涂了那么一回。最后我父亲是上边特胖，腿底下就萎缩了。最后连脚后跟都没有了，躺的，他三十岁卧的床，六十岁死的，三十年你算！我妈就这样侍候了他三十年。

我父亲是1968年死的，"文化大革命"当中。三十年，你说我们这家怎么过的啊？就是祖上留下点房产，就变卖这个，从我印象里从我小时候一直到我结婚，没有说是有一点收入。

定：那时候你们卖的是哪儿的房子？

郭：开始卖的不是祖上留下的老房子，是我们后来买的房子。买了不是为的住，就是为了生活，为了出租。分家的时候分给我们西城的一个院儿，有十几间房吧，开始是租出去了，那时候是日本时期，租给的是日本人。我还记得跟我母亲到江米巷（东交民巷）那个，算是日本领事馆吧，上那儿去取房租。开始的时候是那样，后来就没办法了，指着这点儿房租不够用的了，就把这房卖了。还有一块（一处房产）在鲜鱼口，口上有一个亿兆商店，是卖百货的，[①] 那个房子是我们的，分家时分给我们那儿一个院儿，这也都卖了。

卖完了房子卖首饰。原来东单有个东单晓市儿，宣武门也有一个晓市儿，我们最早是住在和平门，就上宣武门晓市儿。后来首饰也卖没了，那就卖家具，我母亲那家具全都是好木头，大柜什么的，全卖了。

我这奶奶不是抽大烟么，据我父亲那么说，她可能从十几岁就抽。一急了不给她买烟泡去，她能把这一锅包子全给你扔了，炉子都能给你踢了，就这么大脾气，她就是烟瘾闹的，没办法。

定：解放前北京都有烟馆是吗？

郭：有啊。

定：在哪儿啊？

郭：我记得我们住在半壁街，口上就有一个，有一个吕祖庙，庙的旁边就卖这个。我没替她买过，她让我们去给她买呀，我们都不管，我和我哥哥都不管，我们跟我妈我们是一头儿的，都不管她的事儿。她没有办法了，就满处找人买，就这么一小块儿，长方的，黑的，拿纸包着，就是烟泡。买回来了点上灯，（把烟泡）搁到烟锅子上头，烧着。闻着是香，抽

---

① 鲜鱼口在前门外，东起南晓顺胡同北口，西至前门大街，是京城商业最繁华地区。"亿兆百货商店"与鲜鱼口街里的长春堂老药铺、老庆丰饭馆等，都是资本家张子余的买卖。由此亦可推知郭女士家曾经是很有钱的。

着她更过瘾啊。她也活了五十多岁，最后死的时候怎么着？十个手指头十个脚趾头全是黑的。烂，一点儿一点儿地从手指头往这儿（指手心）烂，烟毒。反正我就记得她在东边这间屋，中间儿是个厅似的，三间房吧，中间儿吃饭，这边是我们住。你想这边是一瘫子，那边一抽大烟的老太太。

我们结婚以后我们家还挺穷的呢。姑爷来了，你说吃什么？我们家都吃窝头，没有别的，就切了丁儿给他炒窝头，炒窝头！这是新姑爷来了，款待。我母亲会做饭，她炒的窝头都是一粒一粒的，好像炸的似的，可是油还不汪着。她侍候我奶奶侍候我父亲侍候我们这些孩子们，她不弄行吗？

定：您那奶奶嘴刁吗？

郭：刁。奶奶刁奶奶不动，挑。什么都不做，什么都不做。都是我母亲做。没说么，什么脏活累活都是她的。老太太的脏衣裳也得她给洗。

定：您父亲的脏衣裳也得她洗。

郭：那当然啦，谁洗？还有我们的。我妈大家闺秀啊，小姐出身，那会儿我听我母亲说，她的嫁妆就有二十四抬，那会儿都是两人抬，三间屋搁不下。就是说我们家还不如我外婆家呢。我母亲后来还有四个箱子，就是那种福建漆，金花，红的箱子。给我哥哥俩，我俩，我现在还有这两个箱子。我妈这一辈子可真不容易。

2. 母亲的娘家

定：您母亲嫁过来以后她们家还有别人吗？

郭：有哇。但是我外祖父我没见着。他们原来住（东四）十二条，这说的是我外公的家。我外婆是汉人，据这么说，可是实际不知道是不是，都这么传，就说她是我们家的一个丫鬟，侍候太太的，这么着给她收了房。

定：大脚小脚？

郭：大脚。可能就是北京郊区的，农民。要是城里的都得裹脚。我祖母倒是小脚，就是抽大烟那个。

定：您外婆抽大烟吗？

郭：不抽，她就是打牌。我的外祖母做饭做得好，我也是跟她学的。可是她在家里头打麻将的时候就什么都不干，打电话，那时候就有电话了，打电话叫菜叫饭。今儿吃合子菜，薄饼，合子菜。[①] 这一盒里头什么菜都有，那会儿就往家里叫。她朋友也挺多的，不管是玩牌也好交往也好。我

---

① 旧时北京有专卖合子菜的合子铺，即酱肉铺。店家派人送菜到家。合子里分格码放熏大肚、松仁小肚、炉肉、清酱肉、熏肘子等，另配几种家常炒菜，主要为吃春饼时用。

印象就是她有一个朋友，我叫费外婆费外婆的，经常来，都坐汽车来，那当然得有谱儿了，你这主人也得看什么人下什么菜碟啊。她把这个家整个就是……

定：那她也够能花钱的。

郭：这个家就是让她给毁的。孩子她不管，闺女嫁出去了就嫁出去了，儿子不着调的就不着调了。我一个二舅，三舅，四舅就是我妈妈的弟弟了。我大舅不是我这个外婆的，不知道是抱的还是怎么的，我们叫他白胡子大舅，特别老了，他就在十二条，好像也没有工作。我二舅还有点技术，就是拉胡琴。在家里头招一帮人唱戏，最后他就结了婚了，我这二舅妈也是大家闺秀，嫌他邋遢。你看梨园行的人都是脏了咕叽，油脂麻花，一天就是拉了唱了玩了吃，就这个。我舅妈嫌他脏，她的雪花膏搁到那儿都不让他往瓶里头下手，就那么讨厌他，最后他就出走了。

定：是您舅舅出走还是您舅妈出走？

郭：舅舅。就是没法儿在家里过了。我舅妈一直在北京。我三舅还不错，在铁路上。四舅最早干什么我不知道，从黑龙江回来以后就在青艺、东单头条那儿，不知道是卖票还是干什么。

定：您外祖父那么有钱，怎么孩子们那么没落啊。

郭：我跟您说，越是有钱的家，孩子就越是不争气。因为他脑子里想的是他有钱，也不知道学点什么，有钱就花，就浪荡公子。他不在乎，最后拉洋车就拉洋车。北京的旗人就是这样，根本不考虑说我要有一门技术，我怎么生活，没有，因为他有后盾。他总觉得有钱，可是那钱，那房子说卖就没了就，就完了。我外祖母后来为什么上我那儿帮忙去？她最后连房子都没有啦，哪个舅舅家等于都养活不起她啦。最后她一直就跟着我，我的孩子小的时候她给我帮忙，给我看孩子。

3. 我丈夫这一辈子

我就记得我搞对象，这说起来话就又长了。我的对象啊，原来跟我哥哥是同学，中学同学。好像他上到二年级的时候，就上不了学了，交学费交不起了，就叫他去学徒了。他们家十个孩子，就他父亲一人挣钱，他们家不是旗人，是汉人。老头还行，原来在白纸坊邮票厂，后来调到和平门集邮公司，他管邮票。后来他小闺女接了他的班。他们家住在铁门儿，就是宣武门外，菜市口的北边，也不是自个儿的，是房管局的，租的。现在马上就要拆了。

母亲留给郭淑惠的嫁妆

　　我爱人是托了他舅舅认识的一个人，这人家在地安门，在王府井儿这开了一个修理门市，修理电冰箱，哎那时候也有电冰箱，就学的这个手艺。这人就是他师傅，你们也许知道，是工商界最大的右派，叫吴金粹①。

　　他那会儿刚学徒啊，他这师傅就说要立字据。立什么字据呢？不是用电么，电打死了不管，他不承担责任。管吃，管住，一个月就给几块零花钱。而且要有铺保，你如果犯了错误，你要有保人。他舅舅跟他这个师傅是好朋友，都不行，都得找一个铺保。等于是立了字据有了铺保才用你。他这师傅啊，还是骨结核，他老得给他换药，接屎接尿，那会儿门市旁边有厕所，他就给他倒尿盆。还得从家里给他取饭。干这个。干那个活儿都是油啊什么的，特别脏，也没有工作服。人家订的是三年零一节，节就是季度，就是三年零三个月，结果他学了三年半。

　　学完了就没事干了，就等于你没地儿吃饭去了，他就自个儿干。开始呢，就干点零活儿，后来是在江米巷，有一个白俄开的工厂，叫他去给人干，我记得一个月三百块钱。也说不上是金圆券还是什么券，反正三百块也没多少钱。最后大概是解放前夕，这个白俄呢，就欠了一屁股两肋账，就说他要走了，他要回俄国了，给人家干的那个活儿没干完的、半截的，

_____

① 吴金粹，曾经是北京裕生祥电机厂副厂长。

连他那乱七八糟的工具什么的，就都留给我爱人了。留了一个牌子，叫"懋利行电机厂"。结果1952年的时候说是他接受了"敌产"，哪儿有什么敌产呢？

这么着，我爱人就一人接着干，算是自个儿慢慢地干起来了。租的是东单二条的房，有一个小院儿，有一座小楼。小院呢，等于是家庭工厂。开始那会儿呢，把他的师兄弟招了来，他有一个师哥，姓纪，他姓沈，他那个师弟姓关，他们三个。现在活着的就他这个姓关的师弟了。他们就收了点小徒弟，就这样干起来了。还不错，1947年、1948年那会儿不错，那会儿有点活，像梨园行的马连良他们，家里都有冰箱。就是围城那会儿没什么活儿。从1952年以后就不行了。

那时候他还在协和（协和医院）干，协和那儿有冷库、血库，有停尸房，他也在那儿干。1951年的时候协和就说，你要是在我这儿工作，你那买卖就甭开了，你等于就是协和的职工。我当时特别愿意让他在协和，因为我特别喜欢协和那个气氛，它那个管理都特别好，一个月五十块美金的工资，多好啊，我那会儿也没工作，孩子也多。我说你就在那儿，可是他舍不得（那个厂）。

我记得特别清楚，后来1952年，刘仁是咱们北京市市长的时候就找他，跟他说，说北京市要有个拳头产品吧，你就做冰箱。你需要多少资金，我也可以什么，那时候还没合营呢，就是说先资助他。他要了多少钱我都记不清了，他说我就想协和不干了，就要开这个修理电冰箱的厂。结果还真的就贷给他款了，还贷得不少，就在东华门，馄饨侯旁边，开了一个门脸儿，还叫懋利行电机厂。就这样，等于是把资本家的帽子给自个儿扣上了。

"三反""五反"是1952年吧？"三反"的时候是在协和，打老虎，[①]打的是他师傅，张工程师。过了几天，打老虎爪子，沈永昌，就是我们老头儿的名字。"五反"的时候就是他这个工厂，那时候大概就十几个人，开始还说人少不算，到1952年就定的资本家了。等于"三反""五反"都有他。他学徒出身，受了那么多苦，还是响应号召，还给他贷款，你说他这一辈子！

最后是1956年，合营就（把厂子）合出去了，合到医疗器械厂。第一台电冰箱就是他设计的，雪花冰箱，那又怎么着？没用。[②] 1957年，右派。

---

　　① "打老虎"是"三反"运动中的流行语。老虎指的是贪污犯，贪一千万元（旧币）以上为老虎，贪亿元以上为大老虎。毛泽东相继发布了打老虎的指示。

　　② 据《当代北京大事记》1955年5月6日，北京试制电冰箱成功。第81页。

说你们厂子得找右派，没有右派不成，都得有，哪个单位都得有。他也不知道是说了什么，好像是说工人里边也有不守法的，这就是说你污蔑工人阶级，就扣上了，右派。

定：他性格怎么样，是特别爱说话吗？

郭：他是特别爱交往，特别爱聊天儿的这么一个人。我跟你说，门口看门那老头儿啊跟他特别好，食堂的管理员跟他特别好，上边的书记跟他也特别好，没有他不跟人家交往的，这么一人，所以说话呢，就顾不到方方面面，最后就给他来了这么一个右派。右派呢是六级，最小的那一级，就降职，降薪。倒是时间不长，半年吧，好像上边审查以后，又给他恢复了。等于是摘了帽子了，还是右派。

定：对，摘帽右派也是一种右派。

郭："文化大革命"批我，说我是反动资本家家属。我说不对，他不能算是反动资本家，他是民族资产阶级，民族资产阶级是发扬咱们的工业，对吧？我们不干反动的事怎么能算反动资本家呢。他们说你爱人是右派，就是反动资本家！我说他摘掉帽子了，"摘了也是右派！"那时候我不懂，我以为摘了就没有了，就不算了呢。还是。

"文化大革命"的时候给他下放车间，做钣金工，每天抡那大铁板，多少斤。还电焊工，天天晚上回来，什么也看不见，得点金霉素眼药膏，点上这眼药膏睡一宿，第二天又恢复，去上班。后来他跟我说，在铺底下搁了一瓶敌敌畏，"我真不想活了，没意思。可是一想啊，我死了你和孩子可怎么弄啊。几次都没死成"。唉……

……

"文化大革命"的时候还要给他轰走。我们北京人，农村也没有亲戚，非得让他走。我们奶奶家那儿原来有一个帮忙的老太太，他们家在三河县，河北，人家是烈属，人家老头儿是牺牲了的八路军，她说你上我这儿来吧，他就答应了，我头上班把铺盖卷儿都给他弄好了搁到那儿了，我下班回来一瞧哟，这铺盖卷儿他没拿走啊，后来一问他，说派出所说了，你是东城区长大的，从年轻小时候学徒我们都知道，你这个档案都在这儿呢，你农村没有家，轰你上哪儿去？留下，我们跟你们厂子说去。最后是派出所的人跟厂子说，把他留下了。

李南：还不错啊。

郭：不错什么呀？我都后悔，应该走。走了呢，那儿不会欺负他的，一个是烈属家，一个是他有技术，电工活儿他都会，在那儿干点什么，都比在这儿强。在这儿抡大铁板、电焊，那都是力气活儿呀。

……可是呢，我这儿说了你们也许……我不理解，他一直地老想着入党，老想着写入党申请书，也是有人鼓动他。我说呀，咱们不入，入了，今后要再有什么运动啊，你就是钻进党内的资本家，对不对？你要不入呢，咱们嫌疑小点儿。他不干，非得要入这党："我要入，我要给儿女转过这个面子来。"为什么呢，我这二闺女，那会儿上兵团啊，不要她，就因为家庭出身，所以我这二闺女就老是跟她爸爸翻扯。大闺女也是受冲击，也是叨唠她爸爸不该当这资本家。他就是要入党，要为孩子们转回这个。1984 年去了一趟意大利，学习先进技术，最后批准他入了党。这事我都可笑，有什么用啊我说，折腾得你都已经这样了。

从意大利回来以后又去各地巡回考察，我还跟他一块儿去，整个儿转了这一大片儿，南方都去了，就是没上新疆那边去。1986 年就病了。开始时就尿血，不知道是什么毛病，就去照片子，化验，说是肾结石，就把结石摘出来了。摘出以后呢，还尿血，就查出是前列腺癌。1987 年做的前列腺手术，五年头上转移了。转移了以后 1996 年，我们俩人办的金婚，办这金婚五十年。我们三对，在青年会办的，我说我推着也要推你去，我说我们何止五十年呢，从他跟我哥哥同学我们就认识。①

他病了八年，这八年他做了三次手术，年年都住院，我侍候八年。开始三顿饭都是我送，后来女儿从广州回来了，中午饭是她送，我在家给做，医院里头护士都跟我们特别熟："今天送什么饭呢？又是不重样儿。"一个星期不带重样儿的。他倒不是说非得吃燕窝鱼翅鱼啊肉啊，不是，你算他家十个孩子，他吃过什么燕窝鱼翅啊，吃过什么鸡鸭鱼肉啊，他那可口的饭就是北京一般人家的家常饭。你比如说煮热汤面，他要吃带咬劲儿的，还要羊肉煨尜儿，搁点酸菜搁点香菜，他就愿意吃这种饭。炸酱面他能吃一大碗，煮嘎咯儿他也能吃一大碗。

定：煮嘎咯儿是什么？

郭：是棒子面儿做的。棒子面和上了按成扁儿，切成小方块儿，搁笸箩里面摇摇，煮，也跟热汤面似的，也不是疙瘩汤，叫煮嘎咯儿。最好啊，是用牛肉酸菜，嫩点的牛肉，切成片煨上，切点酸菜，稠糊糊的，他能吃一大碗。

众：我们都没见过没吃过。

---

① 郭女士还为我们放了当时中央电视台"东方时空"采访他们以及在举办金婚活动现场录的节目。

郭：赶明儿给你们做一回（众欢呼）。从前他不吃胡萝卜，后来不是说胡萝卜抗癌嘛。我是特别爱吃胡萝卜，我母亲那会儿就爱吃胡萝卜，我跟着她一块儿我就喜欢吃，我们北京人是做胡萝卜酱，豆酱。到过年，肉皮，切了丁儿，煮了，完了有胡萝卜，有熏干儿，有豆，那是凉菜，过年都有那个。他还特别爱吃我做的胡萝卜丝儿的团子，胡萝卜丝儿擦了以后拿油煸熟了，里头搁点排叉哪，鸡蛋哪，不能搁肉，搁肉吃团子就不是味儿了。

最后他是 1996 年 2 月走的。到转过年 2 月，他就死了十年了。

4. 我自己

郭：我中学就上了一年多，在厂桥，女子职业学校。① 我们那会儿上课啊，不是净是念书，还学做饭，有烹饪课，有美术课，有缝纫课。我的堂姐姐，就是我大爷的闺女，就是那儿上的学，裁的那呢子大衣可好了。她毕业了我没毕业，我就上了一年，也是交不起学费了，不上了。那时候是日本时期，我就在锡拉胡同的齿科医院，② 在那儿当卫生员。擦地，刷杯子，干这个，十三岁吧。反正也挣不了多少钱，就能减少家里的负担。我哥哥那会儿就上西郊，土木工程学校，那个学校那时候不要钱，吃混合面窝头，只许吃，不许拿。他偷着拿一个，装兜里出来，告诉说我浑身都哆嗦，给家里拿回一个窝头。然后日本投降，我就结婚了。

定：您结婚的时候多大？

郭：可以说我周岁是十五岁，虚岁十七岁。我是 1944 年结婚。

定：您老头儿比您大多少？

郭：大 4 岁。那会儿我妈跟我爸都不同意，连我哥哥都不同意，说他们家孩子太多，10 个孩子，老太太又不工作，就指着老头儿一人生活，你什么都不会干，你到那儿你受罪。

定：那您呢？

郭：我当然同意啦，我们是自由恋爱呀。他和我哥哥是中学同学，后来他不上学了，但是还是好朋友。每到休息，他都到我们家来，这么着我们俩人认识的。我喜欢他什么呢？能干。到我们家来了，不管是什么活儿，都愿意帮着干，打水呀，添火呀，收拾炉子，什么都帮着干，我们家电灯坏了，都是他的事儿，他还会做滑车的冰刀，用铁做，铁活儿呀。什么都

---

① 这就是前面蒋亚男、蒋亚娴姐妹上的那所女子市立职业学校。郭女士读的是初中部。
② 该医院现名为北京口腔医院正畸中心，位于东城区王府井大街北口锡拉胡同十三号。

吃还，什么都好吃好吃，我真觉得这人不错。

我这个爱人啊，特别特别孝顺，不管是对他自己的父母还是我的父母，都特别好。我父亲老躺着，血液不流通，不是有猴指甲么，他拿豆腐给他闷，闷完了拿钳子给他铰。还买栗子给我父亲剥了吃。

结婚的时候还一个笑话儿。我母亲到他们家看他去，那是还没结婚以前，等于是了解了解他们家的情况。去了看着还不错，三间房，那房子也不错，中间儿是客厅，这边是老头儿老太太住，那边是孩子们住。正好他那个小妹妹，还不是最小的那个，是倒数第二个妹妹刚生下来不久。他们家是一个大炕，炕上有一个柜格子，就是搁被卧的柜子，因为孩子多嘛，就把孩子搁那里头藏着，怕我妈看见，还有那么点儿的小孩儿，更不乐意了。我爱人说，哎呀，她真乖，没哭，一哭更露馅啦（众笑）。还这么一段儿。

我结婚以后他妈还生哪！又生了一个，最后我们俩一块儿坐月子（众笑），合着他最小的这个妹妹比我大儿子还小呢。他们家十个孩子，他是老三，上边俩姐姐，中间加上他是六个男孩子，最后两个妹妹。他等于是男孩子里头老大。所以他也得持重，他就顶梁柱似的。

我们这个老太太呀，可能说啦，她什么都会，可是她就不干，都是他大姐二姐干。大姐是管账，管细活儿，二姐呢，是洗衣裳、纳底子。人家养十个孩子，人家不动针线。开始是跟妯娌们在一块儿有婆婆，家里还不错，有佣人做，有做活儿的，也有做饭的，所以她什么事儿都不干。也是玩牌。我说你们都不懂，她打清水儿的，什么叫清水儿的呢？就是早上起来不吃不喝就打下去，不像我们打麻将，什么都没事儿了，消遣，她不是。

我结婚以后呢，就是家庭主妇啊。大闺女二闺女都不管了，都是我的事了。做饭、洗衣裳、看孩子，全活儿。第一年冬天，到三十晚上了还给他们做呢，做棉袄。其实在家我也没做过，她会招呼啊，她会教。她生了孩子她也不管，我也得抱着啊，小姑子那时候才一岁半。

定：我发觉那时候当女的比当男的容易多了。

郭：对。要不他们说哟，做饭多麻烦啊，我说有什么麻烦啊，我什么日子都过过，好日子我也过过，出去有车，人力车。

定：那是什么时候？

郭：解放前，我们老头儿办厂的时候，拉车的不是就为拉人，是为拉机器。开始时是人力，后来改为三轮，我出去我也可以坐啊。后来他把他

郭淑惠的新婚照（1944 年）

50 年后的金婚照（1994 年）（郭淑惠提供）

师哥介绍到协和去接他的班，虽然说不算协和的人了，可是协和有活儿呢他还过去干，单给他钱，我们家也用不着买冰箱，老给人家修，修好了试几天。拉走了又来了，又修。

我结婚以后没工作，1948年生我那大儿子。后来我想学会计，学了一年，在西城立信会计学校，这个学校现在可能还有呢，完了又是生孩子，就没去。我那个表妹人家就学完了，人家就找到了工作，人家就上班了。我就放下了。我生了六个孩子。

我是什么时候啊？1956年我在青年会学的绣花。青年会那会儿办班，有缝纫班，有机绣班，我就参加了机绣。为什么我参加机绣呢？我的大伯母、我的姑姑、我的妈妈，都会绣花。那会儿的大家闺秀必须得学这个，必须得学点绣花呀，画画呀，琴棋书画，这些，要这个谱。我妈是手绣，苏绣，雕空的，我不知道她是在哪儿学的。反正我记事以后她就不绣了。我姑姑和我大伯母是机绣，说是有一个俄国老太太，跟她学的。那会儿都是用绒线，线坯子，我看她们绣的牡丹啊，真好看。所以我喜欢这个。

我从1956年在青年会学完了，1957年老头儿不是就成右派了吗？不是就给我们降工资了吗？孩子小我出不去啊，还得做饭，还得看孩子，我就拿活儿在家里做。开始拿的是小孩的小围嘴儿，有一小兜儿，白的，蓝边，做和平鸽。后来做枕套。1958年我们就入合作社了，就是自己拿自己的机

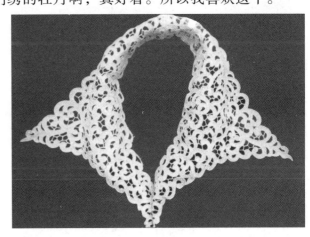

郭淑惠的机绣作品：领子

器，集中到一个地方，什么叫合作社呀？合作嘛。我开始入的是第三绣花社，在一个同事家里，她有一间房，有六七个人，人家也不要电钱，也不要房钱水钱，那就叫入社了，有收发员给我们送活儿。开始就做汗衫的领子，后来1958年就在南河沿租了一个三间房的厂房，把大伙儿的机器都拉了去，就集中了。自己的机器，厂子的料，厂子的线，那会儿都是计件儿，一个月你做多少活，给你算多少钱。做一个领子比如说是五分钱、六分钱，那么算。后来我们在东直门里弄了一个院子，就把南河沿这个房退了，那时候就算大集体了。最后六几年就把机器给我们折算了，你要是还要你的

机器，那你拿回去，你要是不要你的机器了，那你的机器合多少钱，给你折钱拿回去，等于就是全民的了。① 我那会儿拿过去的那机器啊，是美国的名牌，胜佳的，是我姑姑的机器。得了，就按国产机器价，一百四十块钱，我记得特别清楚，其实我那机器，三百块钱不止。

（看郭女士的机绣作品）

定：您怎么做得这么漂亮啊？

郭：就是手、脚、眼睛要一致。我现在做不了了，手啊，跟不上这机器。

定：您当时做这么一个领子能挣多少钱？

郭：最早的时候这纱领子卖给他们是五十块钱，手工也就是五块钱，给你五块钱就了不得了，那会儿。

定：您做这一个领子五块钱，那得做多少天啊？

郭：就这领子啊？我至少至少得做三天。最少了，一天八小时得做三天。因为你做完了以后还得雕空，雕空了以后还得拉网，最难的就是这雕空拉网儿的领子，特别细这活儿。再就是补花比较难。还没反修的时候我们给苏联做丝绒的大桌布，旁边带穗的，缎子上头补绒，出口的那个。后来反修了，跟苏联闹翻了，不出口了。

本书作者（右一）在郭淑惠个人画展开幕式（2007年9月）上与郭淑惠（右二）、李滨（右三）、李南合影

我记得计件那会儿，我这工资都没超过三十块钱，一天八小时。最后这厂子定了级了，给固定工资了，我五十块钱工资，最高的了。那也有定额，你一天要完成多少，都有数的。那会儿我们都拼命干，中午都不休息，吃了饭赶紧就剪线头，下绷子，上绷子。那会儿还限电，动不动就停电，我们都是用电动缝纫机啊，停电我们就没法儿干了，那也不走，挨那儿等着，什么时候来电什么时候干。那时候我们哪儿有什么奖金

_____

① 这个绣花社后来发展成为北京挑补绣花厂。

哪，什么都没有。

五几年那会儿评先进，争红旗，我在那儿可以说技术是数一数二的，可是评先进老没我的名儿。后来车间主任把我叫到一边，说我跟你说，凭你的技术，凭你的工作态度，各方面都够先进，可是你爱人是资本家，所以就不能树你为先进。我说我不在乎这先进不先进，我该怎么干还怎么干，没有我的名儿我也好好干，这是我的工作。所以这个车间主任，一直到现在我们都有联系，这人挺好的。他现在出不来了，我们经常去看他。反正这么多年在厂子里头，我现在老同事还挺多呢。

1973年我颈椎骨刺，就病退了。到八几年厂子又聘我回去，是刚才我说的车间主任介绍我去的，他在关东店的补花厂，说设计室缺人，想做点出口的样品，而且想教学生，我去了两年。在那儿做领带啊，领子啊，还有好多东西呢。他那儿有万能机，就是不用你推，它自个儿能自动摆针。是电动的，不是电脑。后来我们厂子再没有手工做的了，全是用电脑。电脑就是一个带子传送，这儿一个机头，把布铺到上头，它这传送带一转，这儿就出了一溜儿，特别粗！现在你看是手工活儿，都贵。

定：您说那时候的人都怎么过来的？

郭：反正人啊，就是工具。我现在还拿不到一千块钱，我徒弟拿的比我都多。不过每月九百多块钱我也够了。我这钱不是用来过日子，我的钱都是交学费，买书买本、裱画、买镜框。过日子根本用不着我掏钱，闺女一箱一箱的东西，拿来，儿子，一袋一袋的面，拿来。这个房是小儿子的，他就为了让我能住北房，他搬到我原来（那套东西向的房）去了，孝顺。

舒卷从容一片云

——傅耕野口述

时间：2004 年 8 月 27 日

地点：石景山鲁谷小区

被访者：傅耕野

访谈者：定宜庄

[访谈者按] "舒卷从容一片云"出自傅耕野先生赋的一首词《忆王孙·古稀之年自寿》："半生牛鬼与蛇神，弹指流光七十春。柴米油盐尽苦辛。不忧贫，舒卷从容一片云（余有闲章'一片闲云'）。"至今看到这句词，我仍不由得会心一笑。眼前浮现的，是他说起他家当年院中果熟，全家眼看着小偷与黄鼠狼刺猬一道争先恐后地进去明火执仗而不闻不问时，那种淡然的神态。其实他谈及舅爷在清亡之时吞金的惨烈以及他 20 世纪 50 年代被划右派下放多年的辛酸时，脸上也仍然是同样的神态。

对满族男人的这种淡然，我看得太多了。在我自己也阅尽人世沧桑之后，我已经不再简单地将它指斥为一种消极和"没出息"，因为人在面对无法改变的宿命之时，这种淡然，毕竟是可以用来维持生存、有时也是维护自尊的手段。"哀其不幸，怒其不争"说起来容易，可是怒又如何，争又如何？往往只是让自己输得更惨而已。

傅先生为满族著名书画家，并有关于老北京的回忆与散文出版问世，上面的那阕词就引自他记述老北京往事的文集《随心集》（中国文史出版社 2000 年版）。但在这篇口述中，还是涉及了很多他并未形诸文字的内容，尤其是有关他的家庭和家中女人的故事。这也许可以归因于我与他交谈时，对有关旗人妇女的叙述表现出很大兴趣所致，那时候我正在关注满汉两个民族的男子对妇女的看法有无区别的问题。

　　傅先生谈到的诸如祖父死后祖母带着子女回娘家居住甚至与娘家兄弟一同排行、姐姐不仅在家把持家产、出嫁后也将家产大半分走等做法，正是满族"重内亲""重姑奶奶"等习俗的具体实例。而这都是他在自己的著作与文章中并没想到要提及的。由此亦可知，在口述中做访谈者往往会起到主动的、掌控全局的作用。我认为，只要不是采取"诱哄"的手段，这样做也是必要的。

　　傅耕野先生已于 2005 年辞世。①

　　傅耕野（下简称傅）：我父亲说，清朝亡了以后殉难的、殉节的，其实只有两个人，一个人是满洲人，就是我的大舅爷松寿②，他任闽浙总督的时候正赶上光绪三十三年（1907），清朝亡国以后他就穿着清朝的服装吞金死的。还有一个是山西巡抚，陆钟琦③。这是光绪三十三年、三十四年，清朝亡了以后殉难的，就这两个。④ 别的比如赵尔丰，是铁路什么的叛变还是怎么的。赵尔巽写《清史稿》啊，把赵尔巽的家写得比较多，松寿的事呢正史上就写得很少，几句就完了。

　　定：您的意思是说赵尔巽只渲染他们家自己的事了是吧？

　　傅：对对。⑤

---

　　① 傅先生是中国社会科学院少数民族文学研究所研究员关纪新先生引荐给我的，特此致谢。

　　② 松寿，字鹤龄，满洲正白旗人。以荫生官工部笔帖式，累迁郎中。出为陕西督粮道。光绪二十一年（1895）晋山东按察使。次年调江西，晋江宁布政使。二十四年擢江西巡抚。越三载移抚江苏，历河南，加尚书衔，所莅皆称职。二十八年召为工部右侍郎……三十三年授闽浙总督。居官垂二十年，不务赫赫名，然律己以廉，临下以宽，为时论所美。宣统三年秋，鄂、湘、江、浙新军踵变，闽军乘之，将举事，使人要松寿，令缴驻防营军械，斥之，遂决战，初获胜，继乃大挫，愤甚，饮金以殉。事闻，赠太子少保，予二等轻车都尉世职，谥忠节。（引自《清史稿》卷469，第12787页）

　　③ 陆钟琦，字申甫，顺天宛平人，本籍浙江萧山。光绪十五年进士。……宣统改元，晋布政使，三年擢山西巡抚。到官未逾月，而武昌难作。钟琦语次子敬熙曰："大事不可为矣！省垣倘不测，吾誓死职。汝曹读书明大义，届期毋效妇仁害我！"又曰："生死之事，父子不相强，任汝曹自为之。但吾孙毋使同尽，以斩宗祀。"敬熙知父意决，入告母，母曰："汝父殉国，吾惟从之而已。"……迟明变作，新军突入抚署。钟琦出堂皇，仆李庆云从，麾之弗去，且挺身出，先被戕。钟琦叱曰："尔辈将反邪？"语未竟，遽中枪而殒。光熙奔救，亦被击死。叛军入内室，其妻唐氏抱稚孙起，并遇害。诏褒其忠孝节义萃于一门，予谥文烈。妻唐旌表。（《清史稿》卷469，第12789—12790页）

　　④ 按：该卷末之论曰："武昌变起，各行省大吏惴惴自危，皆罔知所措。其死封疆者，唯松寿、钟琦等数人，或慷慨捐躯，或从容就义，示天下以大节，垂绝纲常，庶几恃以复振焉。"（第12790页）傅耕野语当自此来。

　　⑤ 《清史稿》卷469将松寿、陆钟琦、赵尔丰和端方等都列入一卷，都属辛亥革命时"殉难"者，但在该卷最后，又将所谓"关内本"和"关外一次本"中有关赵尔丰部分作为附录，内容也确实较详，这大概就是傅先生表示不满的原因。按傅先生是学历史出身，显然熟读过《清史稿》和其他相关史料，所述松寿事，与史书所记大致不差。

1. 在大舅爷家长大

傅：我是 1923 年生的。我的爷爷是傅察氏，沙济傅察氏。我爷爷那会儿年轻有为，他死得太早，死的时候是在海南岛，那会儿叫琼州，他是琼州府的知府。他在任的时候他的父亲死了，就叫他由琼州回北京，他当时也是身体不太好了，回到北京连劳累什么的，他也死了，死的时候才三十九岁。我祖母就跟着她弟弟，就是松寿在一块儿过。

傅耕野遗像（引自傅耕野《随心集》，中国文史出版社 2000 年版）

松寿怎么起来的呢？他那会儿是工部的郎中，那是光绪多少年啊，那时候的中堂是李鸿藻，李鸿藻呢他想拟一个稿，可是正赶上春节时候，人差不多都走了，就我大舅爷在那儿值班，就问他会不会起稿，我舅爷说还可以，叫他起一个稿，觉得挺满意的，实际当时也是一个机遇，他也是满族嘛，慈禧还是重用满族人。打那儿他就由郎中往上升，一点一点就上来了。先是陕西的督粮道，光绪二十六年（1900）以后，由陕西督粮道升到江西巡抚，正赶上刘坤一在那儿，慈禧由陕西回北京要经过河南，觉得这人比较可靠，就由江西巡抚调到河南巡抚，当时说照顾得挺好，回来以后又一点一点地升，就升到闽浙总督，住在福建，一直到死。他一生小心谨慎，名声挺好，以后北上磕头，殉国了，给他一个谥号是松忠节公。

我的祖母是佟佳氏，她也会写文章，也会刻图章，还会算命，星象学么，那会儿说是克八字儿吧。光绪二十六年我的父亲跟着慈禧到西安，[①]

---

① 傅先生的父亲曾写《随扈西巡记》，讲随慈禧到西安的经历，其前言中有一句称："迨至秋七月联军入京，孝钦皇太后及德宗后妃等仓皇出走，不佞闻信单骑赶至京西之贯市村，于是随扈西行抵长安"（见傅耕野《随心集》，第60页）。这里提到的西贯市，在下文中还会被一再提起，尤见"城郊编"最后一篇"京北回族第一村"。

我的祖母也去了，当时她在西安刻了两个图章，一个是纪念雁塔，"曾为雁塔寻碑刻"，一个是她会画竹子，有一个圆章上是"诗竹友人"。这两个图章我小的时候都还有，后来家里头陆续遭抢劫吧，这两个章不知道跑到哪儿去了。

我母亲跟着我这大舅爷，先是在北京，后来一块儿到了西安，由西安回来又回到北京。松寿当时是河南巡抚。我祖母带着我父亲，孤儿寡母啊。

定： 她就这一个孩子吗？

傅： 就一个，要不说我们家都是世代单传呢，就是孤，孤。我大舅爷吞金之后我们家由福建就回北京了。

我大舅爷还有两个弟弟。一个叫麟寿，是六舅爷。那会儿当过热河都督，是武将。民国初年时候，他在宫里当侍卫。据说有一次下雨了，他买了一双新的靴子，下雨了宫里存水怎么办呢，叼着靴子拿大顶出来的。家里还传说，我那两个姐姐小时候，我舅爷的两只手扒着墙上那房沿儿，让我两个姐姐拿着竹竿追着打他，也打不着。他就练这个功。这都是我姐姐她们说的这些事。

我六舅爷脾气特别坏，喜欢喝酒，宣统出来（指1924年溥仪被冯玉祥赶出宫）以后他好像就没有做什么事，那会儿街上挺乱，民国时代么，军阀那些个散兵游勇挺多，东四九条那儿有一个酒缸①，他在那儿喝酒，散兵游勇捣

松寿像（引自傅耕野《随心集》，中国文史出版社2000年版）

乱，我舅爷就说，你们看见酒桌这儿一摞铜子儿没有？我叫它开它就得开，就"开"这么一下，铜子儿就都两半了，就是说武功还是挺好的。那伙人

---

① 酒缸，即旧日北京人常说的"大酒缸"，实际上就是小酒馆，当时京城这些酒馆都在地里埋上几口贮酒的大缸，露在地面的部分约与桌齐，缸上盖有一圆形或方形的木盖，用来代替桌子，周围摆上几个方凳以招徕顾客。当年大酒缸遍布京城闹市，是男人常去的饮酒消遣之所。

就不闹了。那会儿那东北军什么的，捣乱极了。

我六舅爷还有一弟弟，九舅爷，叫连寿，开了几个铺子，做糕点的。那会儿就说不务正业吧，喜欢招点唱戏什么的。他的儿子也喜欢唱戏，叫佟光恒，他唱武生，那会儿唱戏的孙玉昆哪，小翠花①哪，很有名的唱戏的，都和他是把兄弟。我记得有一次唱《艳阳楼》，他去（扮演之义）高登，孙玉昆捧他呀，去花逢春。② 他们父子都算清朝贵族吧，有点儿钱就跟唱戏的在一块儿，好（hào）这个。我那几个舅爷都唱戏，都唱得相当好。我父亲也唱戏，可是他没嗓子。

我这个六叔在日本教华语，后来美国往广岛扔了两颗原子弹之后，他就没消息了，可能是死在那儿了，他就在广岛教书嘛。

定：您怎么管您舅爷的儿子叫叔？

傅：对，叫叔，松寿的这几个小孩，我就叫大叔二叔三叔四叔。因为我祖母后来跟着松寿家生活，关系就走得特别近。我父亲小时候跟着松寿长大的，跟着舅舅长大的，所以我们就跟松寿的后代一块儿排，我是排行十四。

定：怎么会跟着母系那支排？

傅：对对对。当时就是孤儿寡母。

定：有意思，这是不是跟满族习俗有些关系？

傅：反正满族习俗对于女家都比较重。都是这样，特别是重内亲。

定：您大舅爷死的时候，他太太是哪儿的人？

傅：记不清了，我那会儿还都小。我大舅爷不在了，就剩我大叔他们了，我大叔就在海军部什么的挂个名儿，不是什么正经的差事。四叔呢最后就是在公安局当监印。他们家就是这样，不叫念书，可以说是游手好闲。他们家的后代好多，那会儿说叫不能执管，就是不能写东西。

定：您大舅爷那么有学问，官做得那么大，孩子怎么不读书？是不是因为他们的母亲就不念书啊？

傅：他们的母亲都是贵族的后代，也都不念书。我表哥表姐也都不念书。就我那六表哥跟着汪逢春学大夫，③ 后来在天津行医，还是不错。剩下的都不行，做什么的都有，这儿那儿的，维持生活。非常可惜。

----

① 小翠花，即于连泉（1900—1967），京剧花旦演员，被称为四大名旦之外的旦行名宿。

② 在京剧《艳阳楼》中，主角为高登，花逢春是配角，两个角色都是武生。

③ 汪逢春是当时北京的四大名医之一，擅长治时令病及胃肠病，对于湿温病亦多有阐发。著作主要有《中医病理学》《泊庐医案》等。《老北京旅行指南》记其寓西河沿中间路南（第363页）。

傅：后来陆续的、彻底完还是"文革"以后。"文革"以后就都找不着他们了。后来我父亲还说，咱们家不管怎么说，我有一哥哥俩姐姐，都叫他念书，都还能做点事。

2. 父亲与母亲

我父亲是念书，念私塾，秀才。后来他由户部郎中，到外交部、内务部工作，后来是驻西班牙公使，那会儿不在西班牙，在法国巴黎，他是驻法国参赞兼西班牙代办公使。①

定：做公使是什么时候？

傅：是清朝末年，民国初年。

定：您父亲在国外生活的情况您知道得多吗？

傅：反正挣多少钱就都花了，他也不会过日子。光绪三十四年吧，美国陆军舰队访华，到福建厦门，② 清朝政府还派我父亲去迎接美国舰队，我父亲去了。这个差事其实是个肥缺，那是因为庚子年家里全都跑了，没人管哪，东西什么的都丢了，也没有什么积蓄了，才给了这么一个肥的差事，可是我父亲就不会搂钱哪，当时给多少钱就是多少钱。最后我母亲一看没什么啦，临卸任的时候就去找姓麦的，叫麦姓坚，说你拿那么多钱不合适，应该拿出点钱来，最后他就拿出五百两银子。我们家拿这五百两银子就盖了七间房，挺大的这七间北房。

定：在什么地方？

傅：东直门北小街瓦岔胡同，里头有个小菊儿胡同。

定：是不是很早很早你们祖上就住在这地儿？

傅：对，就在那儿住。我大舅爷也住在瓦岔胡同。

定：他们家还有他们家的房子？和你们不在一个地方？

傅：对对。那会儿分着住，他们住瓦岔胡同，我们住小菊儿胡同，离得倒是挺近。松寿的房子也挺大的，最早得有四五十间，我小时候是三十多间，前头是东直门大街，后头是瓦岔胡同。临着三条街，这边是小菊儿

---

① 傅耕野先生的父亲名傅谦豫，1868 年（清同治七年）生，1945 年卒。清朝时曾任户部郎中兼充神机营差务。1904 年（光绪三十年）奉命驻法国公使参赞，兼西班牙代办公使。1908 年（光绪三十四年）奉使厦门，接待美国舰队访华。1911 年中华民国后，历任外交、内务等部金事科长。晚年在京作诗文自娱。参见傅耕野《随心集》"自白"，第 1—2 页。

② 光绪三十四年（1908）美国海军少将额坚利和石乐达率一支由"路易斯安娜"号旗舰和小艘万吨级军舰组成的美国舰队，载官兵一万多人横跨太平洋经日本、菲律宾到中国厦门访问。清政府对此十分重视，给予空前热情地接待。今厦门南普陀寺后山仍有记录此次美国舰队访华的石刻题记。

胡同，那边是瓦岔胡同，这边是北沟沿。后来在后河沿又盖了五间。院子大，有好几个院子，西院南院北院，院里不是太讲究，但是什么海棠树啊，梨树啊，枣树啊，香椿树啊，桃树啊，各种树都有。解放以后七十九中占了一部分。

定：才占了你们家的一部分？

傅：对。家里头也没有什么讲究。不像那家（指那桐家）似的。那中堂家是特别讲究，那家花园什么的。一直到现在他们家还吃房产呢。那桐死了以后他那个儿子绍曾爷，我哥哥跟他在一块儿，我两个族兄跟他们都认识。傅芸子、傅惜华是他的老师。

我大舅爷他们那房子是先卖的，那很早了。民国初年的时候。我大舅爷一死，把房子一卖以后啊，就败落了。他们就住在西城。住在我大姑父赵元芳他们家的房，赵元芳是满族啊，荣庆①家的后代，他的爱人是我的姑姑，我的大姑，他们就在翠华街呀，锦什坊街啊，住这儿。②

我两个母亲，大母亲是蒙古族，博尔济吉特氏。她是那彦图的姑姑。她跟我父亲一块儿上的法国。

定：她长得像蒙古人还是像满族人？

傅：……像满族人吧。我那大母亲非常能干，非常漂亮，长得挺秀气，不像蒙古人似的。我一直跟着她，到她死，好像是我小学四年级，九岁十岁的时候。我大母亲抽大烟。那彦图在宣统旁边还做官，后来他的府就卖了，就搬到鼓楼中医院那儿。他原来的府在郎家胡同，安定门那边。那会儿庆王爷正拿事。

定：那桐家那时候跟庆王爷他们走得近。

傅：一直到现在也走得近，都是亲上做亲。……张寿崇也知道好多事。

我大母亲没有后代，后来是我二母亲生的我、我的哥哥、我的姐姐。我二母亲也是满族，姓颜，颜扎氏。

我这个母亲就是管我管得厉害，好好念书。小时候就教我两样，一个是写字，得会一笔好字，那会儿得自己写履历票，姓名籍贯。有那个字号儿，让我念。一个是喝酒，为的将来好应酬。我六岁时候就上桌，拿一小杯就喝酒，学喝酒学划拳，官场上应酬都得会。得会一笔好字得会喝二两

---

① 荣庆（1859—1917）其实是蒙古正黄旗人。与袁世凯、庆亲王奕劻和荣禄等关系都非同一般。曾管理京师大学堂的事务，后担任过国史馆总裁。

② 锦什坊街位于西城，即今阜成门内大街一带。清朝时正红旗满洲都统署在此。按赵元芳在民国年间曾任东南银行襄理，解放后任中国人民银行参事，而不是如傅先生说为国务院参事。因积毕生巨资集藏明代、清初铜活字版古籍而成为著名藏书家。

酒。我起初也不怎么喝，后来就天天儿喝，我记得我大母亲就喝，我哥哥也喝，我也喝。

我父亲死的时候是民国三十五年（1946），就是（抗战）刚一胜利，他去世的时候六十九。她（二母亲）死的时候我都划了右派了。

3. 大姐与二姐

傅：我们家的房子到我十四岁的时候给卖了。卖房子时候我是初中二年级。就是我那两个姐姐结婚，钱都花得差不多了，家里边就没钱了。

我大姐比我大十五岁，我二姐比我大十三岁，我是最小的。我大姐结婚跟的是端方端午桥的后代。[①] 我听我大姐说，他们家北房五间空着，结果她的陪嫁呀，把这五间北房都装满了。我二姐也是，嫁给一个姓曹的，三间房子都是空的，都装的是陪嫁。我两个姐姐结婚，家里的好多财产就都没了。我记得我父亲那会儿在外交部工作，家里就仗着工资生活，一月工资二百块钱，我父亲借了一年的工资。

定：那他干吗要给她们那么多的陪嫁呀？

傅：都那样呀，那会儿姑奶奶出嫁都那样呀，半边家都完了。咱们满族女的在家里头权势是最大的，满族姑奶奶最尊贵，反正在家里头拿事的都是姑奶奶。

定：您那俩姐姐在家拿事吗？

傅：也是拿事，什么都是她们说了算。大姐二姐。

定：您大姐也念过书吗？

傅：也念过书。她是女一中（毕业），在北海前门那儿，现在是161中学。她跟端方那儿子结婚不久啊夫妻不和，端方那儿子精神也不正常，后来就离婚了。离婚还挺困难，端家有权有势嘛。我父亲还是托人办的离婚手续。端方不是净买古玩什么的，花了好多钱嘛。[②]

定：他也是辛亥革命时候死的，跟赵尔丰前后吧。

傅：是呀，叫人打死的，在四川。端方死了以后他那几个弟弟、几个

---

①　端方（1861—1911），托忒克氏，号匋斋，满洲正白旗人。曾任直隶霸昌道、陕西按察使、河南布政使、湖北巡抚、摄湖广总督、摄两江总督、闽浙总督等职。1911年任粤汉、川汉铁路督办大臣时，正逢四川保路运动兴起，由湖北率新军前去镇压，在资州（今资中）被响应武昌起义的部下所杀。端方在任期间大力兴学，资送出洋学生甚多。著有《端忠敏公奏稿》《匋斋吉金录》等。光绪初曾与那桐等一道被说成是部中最有权的红人，参见本卷第十一篇"最要紧的是门第"[访谈者记]中有关那桐的部分。

②　据《清史稿》卷469"端方传"："端方性通傥，不拘小节。笃嗜金石书画，尤好客……"（第12786页）

后代都不行。端方是陶四，后来陶五、陶六，也都没有做什么好的差事。就有个女的，陶梦庵，唱戏的，有名儿，唱得好，跟梅兰芳学的，后来就下海了。还有一个姓陶的，陶九，也是下海了。满族这些个人唱戏都还是不错的。

定：他们怎么姓陶啊？

傅：他们是陶佳氏。[①] 端方家的人挺多，现在好多都到美国了，也念书，好像不是怎么正经的念书，不像我们家似的。

我大姐离婚以后又结婚了，那人在山西当了汉奸，搂了点钱，胜利以后一抄家，就剩了两所小房，以后陆续都卖了。我大姐又回北京来了。我那大姐又结婚以后我们家里没钱，就跟她借了点儿钱，借了一百块还是一千块钱哪，我那大姐呀，就非得逼着叫卖房，让还她那钱。我们把老房就卖了，卖了四千二，还她那钱。

定：你大姐怎么那么厉害？

傅：嗨，姑奶奶掌权哪，非逼着我哥哥卖。没办法就卖吧。

定：您父亲不是还在吗？

傅：在也不管事，我父亲就知道念书，就知道做诗，就知道做官。我哥哥、我父亲、我都不会打架，就都不管。我那会儿就知道上学，回来吃饭，然后就玩儿。我父亲更是那样，好好先生，给什么就吃什么，有时候嫌厨子做得不好，就会发牢骚，说肉筋头巴脑，臭肉。

定：那您母亲呢？

傅：也不管。就是我大姐管事。后来我二姐管事。我二姐后来结婚了，我这个母亲才管事。

定：你们家怎么那么有意思呀？

傅：都那样。满族都是姑奶奶掌权呀。家里好多事都得她们说了算。

定：那她要是胳膊肘往外拐，把钱都拿去了呢？

傅：没辙。那房子卖了以后就还她的账了。她一点儿一点儿地也都花完了，她也没事（指没工作），就吃她丈夫那点存款，她吃完了就完了。那时候还没到"文革"呢。她的女儿管我叫四舅，还是我供给她念书，毕业以后就学医，在门头沟当大夫，挺努力的。

定：您母亲也好脾气？

傅：一家人都是好脾气。现在我想起来非常可笑，我们西院里头好多

---

① 据《清史稿》卷469，端方是托忒克氏，而非陶佳氏。

树，有香椿、枣树，我们看见有人偷香椿什么的也不管，都不管，还躲着人家。我们家房子大，一到夏天，长虫（即蛇）什么的都有。我记得有一年长虫就好几十条，我小时候净看见这儿一条长虫，那儿一条长虫，我父亲也是不管，不管。就管蝎了虎子（即壁虎），说蝎了虎子有毒，家里有刀什么的就砍。

定：有刺猬吗？

傅：刺猬也是不管。我家里还有好多枣树，刺猬一到枣熟了就扒拉枣去，把枣弄下来以后那么一滚就滚走了，老刺猬还教小刺猬吃枣儿去。黄鼠狼也有，还扒窗户，还有狐仙。我就记得家里盖的小房子，西院也有，东院也有。

傅耕野所绘墨竹（傅察·玄海收藏并提供）

定：怎么还盖好几个啊？

傅：对。房子大，地方大，在犄角那儿（盖），里头搁上点儿香，供长虫、刺猬、狐狸、黄鼠狼四种，叫财神对儿。五月节，八月节，腊月二十三，都得上供，香瓜儿，糖瓜儿，还给它们包饺子。三十晚上叫我磕头去。

我们家我二姐最好强，我二姐学习好，师大英文系毕业的，后来在宣武区业余学校教书，也不错。教了好多家，都是老外交部的人。她儿子现在还是宣武区（今西城区）人事局的。我哥哥后来学了法律了。在朝阳大学。朝阳大学是交钱就能上学。反正咱们满族啊，最后吃亏的都是不念书的，反正满族念书的人还都好强，还能做点学问什么的。

定：您父亲会画画儿吗？

傅：他也会画。他就是做官，有闲的时候，或者有应酬什么的，就画点儿。可能是跟我祖母的关系。不过他们都是有稿子，照稿子画。我祖母可能自己会起稿子。我小时候我父亲有一大堆稿子，就照稿子画，画什么小孩儿放风筝什么的。

定：您什么时候学的画？

傅：嗨，小时候也画，中年也画，可是没正经画。到当了右派以后没办法了，就写字画画儿，就靠着写字画画儿卖钱。我（右派）改正以后回学校，农工民主党组织书画社，李健生①在那儿管事，非得叫我当书画社的秘书长，结果就当了，打那儿就跟书画界的人又都凑到一块儿了。

我们满族有这个习惯，叫干什么就干什么，老实。

4. 我自己

傅：我是1943年大学毕业。后来就上了华北大学了，解放以后，1949年。在东城铁狮子胡同，现在的人大清史研究所。由华大毕业以后，先是分配到范文澜那儿，范老，近代史研究所，东厂胡同。我们一块儿的现在没有几个人了，那会儿有王中，刘文魁，刘文魁现在可能还在历史所，有来新夏，在天津，最近出了书还给我寄了一本。

我划右派劳动改造二十二年整，那会儿我在三十八中，是中学老师，中学也划右派。因为我当老师以前做过章伯钧的秘书，又有严重右派言论。我算右派当中最顽固的，所以时间最长。我是二类右派。

定：那一类是什么？

傅：就是劳动教养的，在天堂河那边。一类右派好多都死了，劳动苦啊，又赶上三年灾害，吃也吃不上。我在京西，上万②。像金启孮家的坟地我都去过，他们那个村出产柿子。我在他们村一年多，劳动。正是最惨的时候，1959、1960年，没粮食的时候。我记得1959年春节也没吃着粮食，就是树叶什么的。

5. 其他

傅：现在有人要知道满洲的事儿，我就写了一点儿。

定：这些东西您要不写谁还知道啊，您看朱家溍先生也走了。

傅：是呀，挺可惜的。朱家溍我们还是亲戚。他的爱人是我大姑父的妹妹，赵元芳的妹妹，给的朱家溍。有一次在承德见着朱家溍，他跟单士元在一块儿，单老说你们两个应该认识认识，我说我是傅谦豫的儿子，他（朱）说那是谦大哥呀，我们两个太熟了。我后来一看，我们家里有好多朱家溍父亲写的字。80 年代了，我到大姑父赵元芳家还见着朱家溍呢。师大百年校庆我们还见着了。家里头呢，我姐姐跟他岁数差不多，看不上他，说朱老四就是瞎玩儿，唱戏。他爱唱戏。想起来这些人活着的时候应该多聊一聊。可惜。还有些人，恭王府有些后代，现在也都死了，恭王府后来败得也太快了。

金启孮啊，我很早时候就跟他在一起，最初满族文化协进会[①]呀，我们在一块儿。我记得是 1946 年，我也二十多岁啦。我记得第一次开会是在北京的青年会，那会儿金启孮，那时候叫金麓漜，刚由日本回来。

定：金麓漜是他的字吗？

傅：学名。那个时候就是胜利以后，有几次在一块儿开会。后来我们又在华大同学。1949 年，我们是一个小组，向党交心交历史什么的，结果他一交，就说他是满族的阿哥，贵族的余孽吧，残渣余孽。斗得他很厉害，没办法，就问我怎么办，我说二十五中能不能回去，他说那会儿的校长可以叫他回去，我说那你就赶紧回那儿去吧。毕业以后他就回中学了。金启孮没划右派。我划右派那会儿他正在中学呢。

我记得他在华大挨斗的时候，他爱人还拿一个蒸馒头的布包了一包馅饼给他送去。他爱人挺好，俩女儿也挺好。他死得很可惜，他带走的东西太多了。

---

① 满族文化协进会是 1945—1948 年间由满族知名人士发起组织的一个群众团体。据金启孮先生追忆，抗战胜利以后，溥儒是南京政府邀请出席"国大"的满族代表，回到北平之后即联络满族同胞成立一个群众团体，由于参加者多是文化界人士，溥儒本人也是以画家知名，所以定会名为"满族文化协进会"。由溥儒任理事长，下设理事和监事若干人。除提出要求满族之平等待遇外，还想阐扬满族文化，但均未果。由于傅耕野先生的族兄傅芸子也是该会的主要发起人，所以傅耕野先生与金启孮先生在这个协会的活动中相识。不过当时满族代表在"国大"提出的满族对祖国的两大贡献也很有意思，这两大贡献，一是修《四库全书》，一是辛亥"让国"。参见金启孮《北京城区的满族》十三："群众团体和请愿运动"，辽宁民族出版社 1998 年版，第 129—131 页。

少小离家老大回

——马普东、梁昭口述

时间：2004 年 10 月 13 日

地点：台北 101 大厦某咖啡厅

被访者：马普东、梁昭

访谈者：定宜庄

[**访谈者按**] 这篇口述与其他诸篇相比有些特别，因为我的访谈对象和访谈地点都不在北京，而在海峡那一边的台北。

我与马普东马老 20 世纪 90 年代中期就在北京见过面。记得他是以台湾满族协会秘书长的身份来京，聚会期间在熙熙攘攘的一群人中，我立刻就凭那口京腔辨认出他，并且立刻就想到那首尽人皆知的"少小离家老大回，乡音未改鬓毛衰"的诗句。

十年后在台北再访马老，是台湾蒙藏委员会刘学铫先生牵的线，① 那天我从远离市区的中央研究院辗转找到位于台北市中心的把翠山庄马老家中时，他竟然第一句话就说："咱们见过面。"几天之后，马老与他的夫人梁昭女士与我在 101 大厦的咖啡厅相见，那个据说是世界最高的大厦当时尚未完全竣工，但主楼边五层高的蝶楼已经开放。我很不喜欢这个大厦，它突兀得莫名其妙，与周围的一切不成比例，让我一见就心里紧张。但平心而论，它里面的装修还是很特别的，也很前卫。在如此前卫和奢华的大厦中的咖啡厅谈着遥远北京的旧事，给我一种很奇异的感觉。

马老送我两本书，陈鸿年的《故都风物》和朱君逸的《大陆去来》，还有他自己多年收集的有关老北京回忆的剪报。从这些七八十年

---

① 刘学铫先生是由中央民族大学吴楚克教授帮我联系的，特此致谢。

代的出版物中，我掂量得出那些游子的乡愁有多么难以排遣，也知道这是一份很重的礼物。坦率地说，北京这些年来也出版了大量今人回忆老北京的书，但很少有哪一部能比得了这几本，也许就是因为身处其间没有那么多愁滋味的缘故吧。而在当年就已经年近六旬、去乡卅年有余的马老，又是怀着怎样的情感，将报刊上一篇篇对北京的回忆，用心地剪下来、再贴到本子里的呢？其实，这两本书还有这个剪报本传递给我的情感方面的信息，也许还要多过他下面这篇口述。因为后来马老终于有机会回到北京故乡，而且可以年年回来，思乡之情比当年自会冲淡很多。可是，并非所有人都有他的幸运，比如《故都风物》的那位作者陈鸿年就早已去世，再无回乡的机会了。

定：今天跟你们聊聊，我也可以学好多东西。十年前您跟我聊过一次，那时候两边的关系还没有像现在这样，我还没有来过台湾，您讲的好多东西跟我上学时学的都不一样。有些东西想想觉得特别有意思。您看您二老现在讲话还是一口京腔。

马普东（下简称马）：我在北京坐计程车经常有司机跟我聊天："听您讲话是北京人，可是您不像啊"，我说我是从小儿生长在这儿。我动作上不像北京人，像是外来的，可是说一口地道的北京话。有一次，1990年，我由北京坐火车到上海，差不多十七个小时，就跟人聊，人说我一看你就是外来的，我说您怎么看的，他说一上火车您让别人先走，哪儿有这种事啊。我说我有这个票，这个位子，先上后上不是一样吗，我干吗要跟人挤呢，我后上这位子不还是我的吗？

定：人家那是为了占位子好放行李。

马：是呀，这是我到了上海才知道的。到了上海我坐飞机回来，一上飞机场这个跑啊，我说你们叽里咕噜地跑什么呢？他也是要赶快上，占位子，塞东西。还有就是气质不一样，不管你穿什么衣裳。

……五六十年哪，一晃就过来了。

1. 马普东先生对北京的回忆

马：我出生是在1923年。我的祖上好像是副都统，还到过伊犁，我小时候听说过伊犁马，那时候还不晓得伊犁在哪儿呢。可能清朝时候去打仗，跟西域方面，有人造反了，平定西域，可能是一个武官，不是文官。那是很早的时候，哪一代都不知道了。在我爷爷那一代也没有谈过这个。

　　原来我们住在灵官胡同，灵官庙，就是安定门里，城墙往南走的第一个胡同，因为北城是镶黄旗，东城就是白旗。[①] 我们正房有三间，北房啊，两边还有一间叫耳房，那间房子老锁着门，里边有一个很高的椅子，谁也不能坐，说是当初皇上上这儿来坐的，搁得很高，没办法坐。所以我们知道我们不是爱新觉罗，不是皇帝的本家，是功臣。因为我们马佳氏也是一个大姓。

本书作者与马普东于马老台北家中的合影，注意墙上挂的是北京的满族书法家马熙运先生的满文书法

定： 那个宅子是不是很大呀？

马： 很大呀，有前院、后院，后院还有枣树。

定： 您父亲是不是您爷爷的亲儿子？

马： 是。在安定门里那边是弟兄四个人，我父亲是最小的，所以就把我父亲过继到东四这里，因为这里的姑姑如果去世就没有人了，没有人那房产怎么办呢？一定要由本家过继一个儿子，来继承这个产业。满族规定你要继承的话一定要本家，而且要近本家，不能够由外姓，也不要远。

定： 都是马佳氏？

马： 对，而且是近本家，因为继承的话都是近本家。

定： 马佳氏当时在北京是不是很大的一个大家呀？

　　马： 好像没有爱新觉罗那么大，马佳氏虽然是大姓吧，但人不见得很多，因为在清朝主要是功臣，不是近亲。

　　定： 您父亲多大的时候过来的？

　　马： 就是几岁的小孩，他们延续香火，大了人不要。老头儿活不多久了，怎么办呢？找个继承人。

　　定： 您那个姑姑就是他的姐姐？

---

　　① 灵官胡同位于安定门桥南，清代属镶黄旗。因该胡同西部北侧有一座灵官庙得名，旧称灵官庙胡同。

马：她过了不久就去世了，没有出嫁。

定：这个爷爷是做什么的？

马：我也没见过也没有听说，都不知道。那会儿我还很小呢。

定：您继祖父去世以后您父亲就在这里长大的？

马：没有多久吧，顶多就是一两年，我父亲继承（房产）以后等于还又回（原来的家）去了，还是亲兄弟四个人。只是住在东四而已。

定：后来他读书是哪边给供的学费呀？

马：当然这边呀，儿子都给你了，你要负全责了。

我们家大概就是这样，我爷爷始终一生都没有做过工作，早晨大概四点钟就起来了，四点钟起来扫院子，生火，喝茶，然后提着鸟笼子就走了，大概在八九点钟回来以后喝酒，一杯酒，每天就过这种生活。

我的大大爷没有离开北京，在北京的传统上，长子不能离开家，为什么？因为所有继承的产业，只有长子长孙有份，次子以下没有。大爷以前什么事都不做，在家里养鸟，民国以后才做事，在清河的一个工厂，那里最早有一个制呢厂，那是很老很老的一个工厂了。我二大爷三大爷都出去了，我二大爷是保定军官学校的，我三大爷是军需学校的，没有参加北洋军阀的军队，可是都是军人。只有我父亲留在北京，因为他行四，最小的，就在协和医院。

民国成立以后，凡是我所了解的，家里接触的一般满族，是普遍地穷，民国以后就没有收入了，是不是？靠卖东西，家里都有东西，靠卖点东西维持生活。北京有一个古老的行业叫打小鼓儿的，听说过？跟挑挑子收破烂的不同，夹着一个包儿，空着手打个小鼓，就收买你家里值钱的东西，大件的桌椅，小的古玩。就边卖边吃，还有缝穷，就是给人缝补衣服，听说过吗？满族没落到这个程度，因为没有手艺呀，没有谋生的能力。我们所知的仅仅是北京的老一代，其他外界的知道得不多，那会儿由北京到天津就不得了，就出外了。我家里就是有点底儿，又没什么负担，亲戚也不多。

定：您父亲他们哥儿四个后来分家了吗？

马：没分，因为都在外边嘛。

定：您对您祖母还有印象吗？

马：还有，他们也都是老旗人吧。

定：您小时候是不是很清楚自己是旗人不是汉人呢？

马：小时候不懂也不注意这些个，家里不谈这个。没有人告诉你说我们是满族，上中学以后慢慢自己体会到了。老规矩还有，我们都请安，还叫太太、阿玛，管祖母就叫太太，母亲叫奶奶，汉人听着奇怪，我们始终称呼没有改。在北京的时候我还有个自卑感，为什么？我三个大大（指大妈，亦即伯母）全是满族，但是我母亲不是满族，是蒙古族。我大大爷的那个大大，她是瓜尔佳，姓关，来台以后才查的，瓜尔佳氏是一个大姓。二大大只晓得姓吴，三大大姓什么就不知道了。我记得他们后来也不在北京，我二大爷住在汉中，三大爷在武汉。他们结婚的时候都是在清末，不是在民国。所以那个时候，没有到台湾来以前觉得血统不纯正，不是纯粹的满洲似的，因为母亲是蒙古族。

定：怎么还会有这样的感觉？

马：现在我就知道了，满蒙根本就分不开，你没有办法分，因为都是互相通婚的。满洲进关，没有蒙古人你进不了关，你统治全中国作战是靠蒙古人打的，不是完全靠你满洲兵，所以满洲进关之后对蒙古人采取怀柔政策，皇室里的血统也是满蒙混杂的。每一代的满洲皇帝一定要纳两个蒙古王妃，而且有两个公主嫁过去，它才没有后顾之忧。再有满洲进关以后才有文字，把蒙古文修改一下是不是？

我母亲他们不是刚由蒙古来的，是住在北京的北边，好像是外馆，后来又搬到安定门北边。你听说德胜门外有个外馆吗？

定：听说过。

马：我小时候外祖父还在，我结婚的时候还在。他们住在乡下，现在的二环和三环之间。他死时我还去过呢。

定：他们什么时候落户北京？

马：外祖父那一代才落户的，他再上一代就不知道了。

定：您外祖父还有蒙古人味儿吗？比如说蒙语啦，能看出来吗？

马：反正那个样子，长相、身体，完全是蒙古人的样子，矮矮胖胖的。会说蒙语。

定：那还是来的时间不长。

马：对。

定：您母亲姓什么？

马：姓张，究竟老姓是什么就不知道了。

国父孙中山去世是民国十四年，1925 年吧，好像由北京运到南京去，我脑子里还有那么一点点印象。那就是很小了，你想那时候不过两三岁。由看书里边知道民国初年袁世凯当政的时候，北京还有议员议会，小时候我去过一次议会的地点，可能是在宣武门里，西边，那就是民国初年北京的议会，我小时候还有那么一点点印象。

我念小学是在朝阳门里的新鲜胡同，新鲜胡同小学离着城墙就很近了。这个学校本来叫北京市第三小学。[①] 那会儿第一小学是前圆恩寺小学，在交道口的南边，大概我父亲他们上的就是那个学校。在小学时候就时常地爬城墙，下学以后就爬城墙，城墙上头有酸枣树，吃酸枣去。然后由那边翻下去就到城外了，城墙都有垛口，一定要由垛口里边上下，上下你平着爬是很难爬的。到北海去玩还有一个小西天，现在怎么样我就不知道了。

那会儿我们顶多是由朝阳门跑到东便门，安定门，护城河一带。那时候就知道二闸，很远很远的。二闸的水是由东便门出去往通州的方向，由南边来的人跟船，船是由运河过来，外省的人进京，一定要先到二闸那儿，为什么要这样？有一个缓冲，你进京见皇帝，先在那儿停留一下，禀报以后才能进京。我现在到北京都住在大北窑那里，我早上起来绕到后边去，一看那个碑上写就是二闸，运河嘛，通惠河。我小时候觉得很远，现在还在四环以里呢，三环和四环的当中。[②]

定：四环以里就是城里了。

马：那时候二环以里才是城里呢。

定：没错，城圈儿是二环嘛。

马：小学毕业以后考中学，读的是郎家胡同一中，安定门里，现在还有这个学校。那个时候我看学校还有一块匾，匾上刻的字是"八旗高等学堂"[③]。我父亲他们那一辈就在那个学校，我记得他们读那个学校不但管吃，每月还要给钱，那是他们那个时代，我读那个学校就要交学费了，几块钱我不记得，反正十块钱以内吧。因为那个时候一袋面就是两块钱嘛。标准是二十二公斤一袋面。那会儿一个警察的收入一个月是八块钱，可是我父亲在协和的时候一个月是一百多块钱，不到二百块钱。

定：您父亲是怎么当的大夫？在满族里边也特别少吧？

马：所以我们家说他是洋鬼子嘛。他就上的是八旗高等学堂，然后上

---

① 新鲜胡同位于朝阳门内。马先生所说的第三小学，全名为京师公立第三小学，是北京最早的小学之一，今名新鲜胡同小学。一些名人如梁实秋、李敖等都曾就读于此。

② 二闸是通惠河上的一道水闸，详见下面"城郊编"中的刘子扬口述。二闸也称庆丰闸，是京城著名的浏览场所。《天咫偶闻》记："都城昆明湖、长河例禁泛舟，什刹海仅有踏藕船，小不堪泛，二闸遂为游人荟萃之所。"

③ 八旗高等学堂的前身是清入关时建立的八旗官学。1920年改名为宗室觉罗八旗中学堂；1904年改名为宗室觉罗八旗高等学堂。1912年8月改为北京市立第一中学。马先生就读即为此时。1949年后改为北京一中。

的协和医学院出来的，他是骨科。

定：一直在协和当大夫？

马：后来到 1937 年，（协和医院）没有了，他就到同仁医院去了，后来大概胜利时候到北京大学医学院附属医院去了，后来就没什么事了。我母亲始终没有工作，始终在家里，你想七个孩子怎么办呢。

定：您离开大陆的时候您父亲还健在吗？

马：在。一大家子人怎么走？弟兄七个人呢，我是老大。我父亲 1972 年去世的，后来我就不知道了，我没见着。后来我问他们，他们说我们家解放以后生活还都差不多啊。我母亲是 1981 年去世的，不过在 1980 年已经和她取得联络了，是由美国转信。

定：他们没有因为您上台湾受什么牵连吗？

马：就是我那几个弟弟都不能升官了。我三弟在太原，他是工学院毕业的，他几个同学都升上去了，副厂长、厂长都升上去了，他老是工程师。

现在想起来，三十年一代，由民国算到现在是三个了，现在是民国九十几年了。这三个时代的变化，在民国十七年，也就是 1928 年，是北伐成功，那以前是一个时代，那时候中国没统一，是一个乱七八糟的时代，今天你打我，也许明天又败了，北京城始终是在战乱之间，直奉战，直鲁战，西北军，东北军，打进打出，打进打出，很乱的时代，但北京城又是最繁华的时代，民国十七年是最繁华的时代，您看小说，有张恨水的作品，《金粉世家》什么，那些个小说真正把北京民国初年的情况都描述出来了。

定：那是您自己的体验吗？

马：没有，因为我出生在民国十几年，我完全是由书上看来的。那时候是最好的，清朝没有了，改成民国了，民国十七年以后北京才算是安定了。1937 年日本人进来以后，日本人在打仗的八年也有很多变革。第一个工程是什么？修两条路，由复兴门对直向西画一条直线，然后由圆明园往南画一条直线，以交叉点为中心，做一个新北京。① 北边在西直门外，动物园的西边，有十二里长的一块农地，做农事试验场，② 在这个地方我去

---

① 这里提到的"新北京"，指的是抗战期间日本在北京公主坟至五棵松一线计划设立的"新市区"。范围大抵在现在公主坟以西，永定路以东，南至丰台区与海淀区交界的丰沟河，北至复兴路所辖地域内。1949 年以后军委各总部机关和各军兵种机关均集中安置在这里，称为"军委城"。

② 农事试验场始建立于 1906 年 8 月，是中国第一个部属科学研究机构，而不是日本人入侵之后才设立的。该试验场位于北京西郊今北京动物园所在地，占地一千余亩。内设农林、蚕桑、动物、畜物等科学以及气象观测所。主要工作内容为土壤化学分析、肥料分析与化验、谷类与饲料化验、农作物栽培试验、病虫害的调查与防治、气象观测与天气预报等。

抗战胜利"双十"节在太和殿举行日军受降仪式时部分参加者的合影
（马普东提供，正反两面）

过，范围也不是很大，长方形的一块，里面分七部分，旱稻、玉蜀黍、小麦、蔬菜，日本人的目的是要在华北吃旱稻，不能由别处运来，要在当地种，北方没有水，他就研究这个，在没有水的地方还能把稻米种出来吃。

定：成功了吗？

马：那我就不得而知了。以后就没有做了，没有这个力量了。

北京我出来的时候二十出头嘛，什么也不知道，很多事都是来台湾以后在满族协会里听老人讲起来的。比如我们小时候在北京总以为是满汉不准通婚，其实不是这样的，只不过是人家不愿意嫁给你，你也不愿意娶人家，就是这么回事儿，并没有一个政府的规定。我们小时候以为就是政府的规定，不准娶汉人，所以造成很多误会。再有我们的坟地墓地，第一代第二代第三代第四代，人字形，这个墓穴是长子长孙的，老夸兰，[①] 就是原来的长子长孙。后来老二老三老四，他又立一个墓地，他的子孙在另一个，叫小夸兰。小时候根本不知道。

我在四川上的大学。没有毕业，胜利就跑回来了。抗战时候我在重庆，那时候华北有很多流亡学生，你有没有听说过？流亡学生由北往南跑，如果往南那就是国民党，如果往西就是共产党，就是这么回事儿。你就这么走走走，哎，过了黄河，往这么走就是重庆了，你要是这么一拐弯儿，就到陕西了。

定：那时候你们觉得共产党和国民党也没什么区别是吗？

马：没有，国民党和共产党，反正都是抗日嘛。

2. 梁昭女士对北京的回忆[②]

定（对梁昭）：阿姨，请教您的尊姓大名？

梁昭（以下简称梁）：我啊，一个单字，昭。

---

① 夸兰是满语 kūwaran，原义为围的围子，后引申为营地、坟地。

② 马老的夫人梁昭女士是北洋时期的国务总理梁士诒的孙女，当年是阔家小姐无疑。她也在北京出生长大，也说一口京腔。可惜的是限于时间和条件，我没有机会再单独访她，这很可惜，因为如果做得更详细些的话，作为民国以后新贵家庭的后代，她的访谈应该能够填补这部书的一大空白。

除了这篇正式的口述之外，后来她断断续续也与我谈过很多事。她是学商的，赴台前在北京，家里的账都由她过目。一次她问我，内蒙古的磴口，有个叫十八粮栈的地方，现在还有没有，我奇怪她怎么会问到这个地方，她说当年她曾到那里去查账，家里的地都在那里。我问她家怎么在那么贫困的地方有地，她笑一笑说，其实种的是大烟。我才明白她父亲抗日之后不再工作，家里为什么还那么有钱。梁女士说到台湾以后非常不习惯，一切从零开始，她曾有两年不出门，后来经人劝说，到宋夫人（她坚持称宋美龄为宋夫人）办的妇联会，在澎湖那里做总干事，后来又转而教书，在基隆教书二十多年，直到退休。说起宋夫人，绝对钦佩的样子，她说你来的时间太短，要不然我可以给你讲很多故事。她感慨"富不过三代"，说不信你看看我们家，就是一个例子。梁说从她祖父开始就信佛，她也是受过戒的，退休以后主要就是拜佛了。

定：您有字吗？

梁：文英。我上学的时候是文英，抗战胜利以后我就用我的号，昭原来是我的号。

马：我们俩差一岁，我比她大一岁。

梁：我们家啊，从我祖父来讲，我祖父是财务总长。

马：梁士诒①，您看近代史您会知道，跟着袁世凯的……

梁：我是梁士诒的孙女。我是广东人，广东三水。我祖父民国二年把家搬到北京，那会儿还没有我呢。

定：您祖父来了以后您全家都来了是吗？

梁：都来了。我们是个大家族，我祖父是老大。三水会馆②是我祖父买下来的，专门供给赶考举子的，那时候很多人都进京赶考嘛。我四祖父，就是我祖父的弟弟，就给我祖父管理这些财产。

马：在北京清朝时候不是有会馆嘛，在北京有广州会馆，广州新馆，南海馆，三水馆，香山馆，有五个会馆，③ 它有一个特点，像她们家在北京也住了二三十年了，你出了大门讲什么话我不管你，进了大门你必须讲家乡语言，你不讲广东话就不给你饭吃。

梁：我们住在甘石桥④，吴佩孚就跟我们住对过儿。我那时候从广州来到北京，上的是杰民小学，现在可能没有了。我们都是贵族读那个学校，李鸿章的孙子跟我是同班同学，后来我到了台湾，李鸿章的孙子也来了，现在就不知道了。袁世凯的孙子跟我哥哥同学。康有为的太太来到台湾，跟我妈熟，跟我们家还有来往，他孙子还在这儿呢。

定：您父亲是干什么呀？

梁：因为我祖父是财务总长，所以我们家出来都是银行界、铁路界，我父亲就在铁路。等到抗战的时候，我父亲不做了，不给日本人做。家里

---

① 梁士诒（1869—1933），字翼夫，号燕孙。广东三水人。光绪进士，授翰林院编修。中华民国时期北洋政府交通、财政高级官员，旧交通系首领。曾任北洋政府国务总理。民国二十二年（1933）4月9日在上海逝世，葬于故里。梁士诒还是成立于1918年6月的、第一个由中国人创办的北京证券交易所的主要股东。

② 三水位于广东佛山市西北，旧时文人极多。北京的三水会馆位于宣武区保安寺街十四号（旧门牌）。该馆兴建较晚，很多书都无记载。参见胡春焕、白鹤群《北京的会馆》，中国经济出版社1994年版，第78页。

③ 马先生在这里数出的五个的确都是广东在北京的会馆，但事实上在京广东会馆远不仅这五个，而是约有三十多个。如果仅指广州会馆，北京最大的广州会馆在崇文区草厂头条二十号（旧门牌），它另有三处附产，另有广州七邑会馆，也许可以凑得上五个。又按，马先生所说广东新馆，应是粤东新馆的误称。参见胡春焕、白鹤群《北京的会馆》，第42—79页。

④ 甘石桥，位于西单，民国元老居住于此，代替当年皇室，是民国时的新贵。

的财产我祖父不大管，都是我父亲做主。我父亲对穷人很舍得给，面粉两块钱一袋的时候，我父亲给要饭的就能给一袋。所以我父亲外号叫小梁财神，我祖父当然是梁财神了。

定：您家里几个孩子？

梁：我们大排行，我们这一支有我大姐、我三姐、我四姐，还有一哥哥，我是老五。

马：这不叫大排行，大排行是连你叔叔大爷的孩子都包括在内，你这就是你们家的排行。

梁：我哥哥是纨绔子弟。那个时候（指日军占领北京的时候）北京有一个白纸坊印刷厂，现在应该还有呢，以前是印钞票的。那个印刷厂的局长是我祖父的日本翻译，他就给我哥安了一个名字，给我也安了一个日本公司，叫大同制管株式会社，专门做地下管子的，反正他有股东的，把我们统统安置进去了，安置进去干吗，就拿配给。

定：实际什么也不干？

梁：不干。

定：您那时候多大？

梁：我那时候还上学呢，我在贝满念书。① 日本进来以后叫各学校扫街，我们不会扫啊，带着工友，工友扫我们后头排着队跟着，那个我印象深。我们没扫。

定：（笑）特权。

梁：贝满毕业以后我读了一个专科。因为我父亲抗战时候就不工作了，他不给日本人做事，所以那时候家里就没有什么了。像我姑姑什么都是留德的。日本胜利以后我哥哥在联勤，是军人，那个时候我也在联勤。那时候一般老百姓吃混合面呀，听说过？我们家就没有。我们家的佣人就用白面和棒子面啊，混合蒸的馒头给他们吃。我们家没吃过粗粮，还是吃白米，我们广东人不吃面嘛。那个时候米、面买黑市才有呢，一般在机关里头，公家里头做事有配给，一直到我出来，我没有受过罪。

定：国民党在北京最后几年通货膨胀特别厉害，你们没什么感受吧？

梁：抗战时期我们住到租界里边去了，我一点记忆力都没有，因为我也没受过这个。我根本不知道。

马：北京没有租界，天津才有租界，东交民巷不是租界。她把几个阶段

---

① 这里说的是贝满女中，1864 年由美国基督教公理会创建。是北京近代最早引进西方教育的学校。现为北京一六六中学。

都混杂了，说了半天不容易听懂。第一个阶段是 1937 年到 1945 年，这八年是日本人占领的时代。1945 到 1949 又是一个阶段。这几个阶段是有很大差别的，混到一起完全弄不清了。比如刚才说那个混合面，那是什么面哪？

梁：我不晓得。

马：混合面是花生皮子、玉米壳子，各种不能吃的东西的废弃物，这叫混合面，不是像她所说的白面跟棒子面，不是。她把它们都弄到一起去了。

定：嘻嘻，您没受过苦。

马：1937 年是"七七事变"，以后生活就一天比一天紧。民国二十八年 1939 年以前你还能吃到白面，或者是掺上棒子面，二十八年以后就渐渐苦了。到太平洋战争，日本人叫大东亚战争，那是 1941 年了，民国三十年十二月八号，那会儿我还在呢，早晨起来就看都戒严了，是外国人统统抓起来，送到山东潍县去，很严重那会儿，日本人打珍珠港嘛。日本人先派特使跟美国人谈判，谈到一半他就打了，美国人死得很惨呢。我 1943 年到重庆去的，在 1943 年以前，日本的飞机轰炸后方，天天跑警报在重庆，日本飞机疲劳轰炸，24 小时你都跑不了。我三十二年（1943）到了重庆以后，北京开始被轰炸，三十二年开始北京就闹警报了，美国飞机。三十四年胜利嘛，① 我两边的空袭都没赶上。

定：（问梁）您怎么会嫁给他一个旗人呢？是同学还是什么？

梁：我们那时候并不知道他们是旗人，我爸爸没说这个，我们不讲这个，连我也不讲这个。

马：主要是我父亲有点儿洋派，不像那个旗人。

梁：就说他父亲是协和医院的医生，家里也是洋派，只是知道这么些。我们的婚姻完全是旧式的，我们俩以前也没见过也不认识。那个时候我大姐有个结拜姐妹，跟他爸爸认识，保的媒。正好那时候我哥哥结婚，他们就随了一份礼，到我们家这边特别来看我，他爸爸就相中了。我并不知道。他回来十天我们就订婚了。因为像我们家里头，我们是大家庭，我们没有分家，我婶婶她们都住到一起，这要交男朋友怎么行，就得快点订婚，所以他回来十天我们就订婚了。

马：我在重庆，胜利以后回北京，我父母认为我老往外跑不行，赶快结婚，父母之命媒妁之言，是这样。

---

① 马老的习惯是用民国纪年，他说用公元纪年很别扭，总要先算一下。这里括号中的公元纪年都是他最后看这份口述稿时又加上去的。

定：那你们两家是不是有关系呢？

马：没关系。

梁：完全是我大姐的意思。其实我们这婚姻我爸爸并不赞成，我妈同意了，我们那时候没有自主权，我们那时候哪里有自主权？

定：您爸爸为什么不同意？

梁：因为要按门当户对，我祖父可是前清时候的进士，他们是武官，这有点不对。我们订婚一年才结婚，因为不认识嘛，也不知道是怎么回事，订婚了以后这才许我们交往。我在家里是最小，我比较听话吧，所以父母怎么说怎么好，我没有意见。

定：您那个时候多大？

梁：二十三岁。我结婚到他们家去，他们那规矩很大呀，我结婚第二天我们要回去给他爷爷点烟，他爷爷站到走廊上接我们。

定：还是不敢把您当一般的儿媳妇对待。

梁：我的公公很疼我。

3. 离开北京到台湾

梁：我跟他结婚一年多，他跟我出来，跟我们家出来的，所以他们家的人都没出来。

定：那你们家为什么决定跑到台湾来呢？

马：因为他们家在香港有人，国外也都有人。

梁：我们走出来是为什么？因为我们是资本家。1949年的时候我们家自己的门房要清算我们，他说我们是大资本家，他说给我们家做那么多年的佣人。他在我们家几十年，儿子、媳妇、孙子，都是在我们家。

定：他要翻身。

梁：对。我们就跑出来了。

马："清算"两个字是什么意思她都不懂。

梁：1949年的时候，共产党已经进去了。

定：解放军进城以后你们才走的？

……

马：您说不方便讲的可以不讲，我们没有这个顾虑。我们顾虑的是什么？我们怕把重点放在1949年，你们不愿意听那一段。但是我们就是说，1949年是一个很严重很严重的事情。那会儿有钱的人不能不跑，有的发了国难财就不想走了，他舍不得。他想日本人来了我还不是一样，国民党来了我还不是一样，现在共产党来了我还不是一样，其实不一样。我到后方去过呀，知道厉害。知道厉害。她不知道。那会儿我所了解的就是不走不行。走还有个活路，不走没有活路。

……［以下删去若干段］

定：国民党还是没本事。

马：［以下删去一句］……国民党打不赢。还有一个原因，就是国民党彼此都不合作。你有你的部队，他有他的。现在也是这样。共产党是一个。你要知道共产党的厉害是什么呢？共产党真用心哪，每件事都动脑筋。为什么坦克车你打不过小米加步枪啊？就是这个道理，那死人死太多了。1949 年青岛和上海撤退的时候，船都离港了，人还往上爬，爬还是掉下来，"砰、砰"地都掉海里。超载了以后船沉下去了，沉到台湾海峡的有多少？

定：最后还是没跑出来多少人？

马：军民一共两百万人。后来到 1950 年，最后撤退是由海南岛。

梁：他先走的，他到天津，然后我也到天津，我哥哥也到天津，我们就是出来到天津等船，我们是坐英国船嘛。最有意思的我说个笑话听吧：我们天津也有家，是在保定道了，我们家一进门有面镜子，因为大家跳舞嘛，他们共产党来了一瞧，马上就掏枪，他一掏枪镜子里面不是也掏枪吗，你说土到什么地步。那我们厨子就讲，说那是个镜子。他说你们家里又是鸡又是鸭子的，怎么吃这么好啊，我们厨子就跟他讲啊，说今天是我们家谁生日。他们进城的时候人人背一个小口袋，那是小米，我们家是抽水马桶啊，他把小米都倒里头了，洗米啊，这水多快啊，结果一冲都冲没了。那也得找我们赔，我的米怎么没了？你们什么机关哪？我就说这个笑话。

我们出来是坐英国船，一两金子一张票，第二条船我们就出来了。我们先到韩国仁川，然后到温州，然后再到香港。走了十二天。什么叫逃难啊，我还没有经历。

定：噢你们是从香港转过来的，那你们还好。

马：那会儿广东、上海都没有解放呢。只有华北解放了，天津打得最惨烈。

梁：我们出来的时候呀，就到香港，因为在香港自己有房子。在香港住了几个月。后来他（指马普东）一个堂兄在台湾，他要来这里，我就跟他来了。1949 年嘛，我从香港是坐飞机来的呀，我不是坐船哪，那时候坐民航机多少钱哪！

定：多少钱？

梁：我不知道。我哥哥给我买的。我哥哥说你不能坐船哪，坐船太苦啦，坐飞机去。1949 年我就开始坐飞机了。我们俩是坐飞机一块来的。1950 年我就把我妈妈接到台湾，后来我哥哥也过来了。到台湾就不行了，我是在家什么都没做过，来到这儿现学，什么都得学。

定：您也自己做饭？

梁：是呀，不做吃什么？不过我做得很简单，普通的，多了不会。他呀，爱吃面，像我们一来的时候儿，一百二十斤大米换一袋面，也得换。做烙饼，他和面，我们做的饼硬得没法吃。现在也不会做，可是现在也不用了，有卖的了。

定：马老在台湾做什么工作？

马：后来我在电台，当播音组长。那阵儿就是上夜班。

定：阿姨您呢？

梁：我在海事学校，在基隆，当老师。（笑）一般人讲，年轻人受罪不叫苦，年老了受罪才是苦。我是年老了受罪。

定：您现在也不叫受罪啊。

梁：跟以前不能比啦。

定：梁阿姨像你们家还保持着和广东的联系吗？

梁：没有了，我们家里的人在美国的多了。

我们广东人爱听京戏，我们家在北京长安戏院有长年的包厢。我们家经常就是锣鼓点儿，像我们那种家庭，家里有堂会啊，在家里唱啊。像我哥哥这个，我哥哥嗓子好，唱戏就是他的嗜好，玩票，像以前有名的郝寿臣哪，金少山哪，都给我哥哥说过戏。在抗战以前，金少山来给他说戏，二十块袁大头把他接来，还得供他抽大烟。说荀慧生是大名旦，我哥哥说荀慧生得跟我唱，荀慧生就得跟我唱，就那种。

我们在天津等船的时候我哥哥就说，我们赶紧去看戏，看李少春，到了广东就不一定能看到京戏了，我们就每天去看戏。民国三十八年来的时候，我哥哥在香港，看大陆去的难民，都住在香港的贫民窟里边，也没有钱，我哥哥就跟张君秋、马连良，这些人过去在北京都得拍我们家的马屁嘛，就找他们两个人，我哥哥是唱花脸的，三个人唱《二进宫》，捐款给贫民窟，捐衣服什么的。我哥哥在香港就是做这个。我哥哥后来也来台湾，来台湾以后演电视剧，演袁世凯，特像，特别像，他叫梁再胜①。现在我

---

① 梁再胜曾师从金派花脸艺术的主要传人赵炳啸。梁昭所说的电视剧，系指 1964 年由台湾华视播放的 31 集电视连续剧《小凤仙与蔡松坡》，梁再胜在其中扮演袁世凯一角。梁后来定居美国。

哥哥在美国，他自己还有票房呢。我就爱听，我不唱。他（指马普东）不听。

马：我是不懂。上小学的时候差不多全班人都会唱，我也会，后来就不唱了。

4. 四十年后再回北京

马：我是1990年1月份回去的（指回大陆），她是1989年。1988年11月才开放，1989年1月蒋经国就死了，他1月13日死的嘛，4月我们就签证过来了，然后由洛杉矶去纽泽西（即新泽西），正是"六四"那几天，在纽泽西就看电视。

梁：我小姑在香港，她先去的香港。他（指马普东）那时候还不敢回去，我先去打头阵。

定：你们现在再回北京，跟小时候印象里的那个北京，你们觉得差距大不大？除了讲话之外。

马：差距大。思想观念不一样。而且（大陆）还有点崇洋。比如我们都过阴历的生日，阳历的哪一天我们不知道。可是到大陆人说我们不过这个，我们过阳历的。这就是两个世界不一样，这就是几十年的差异嘛，是不是？

本书作者与梁昭女士于台北家中合影

梁：一开放我就回去了，我第一次回去的时候，1989 年。我不敢讲话，什么都不讲。我下飞机进到城里，就听有人在我背后说："嘿，快看这个老太太，这么大岁数了，还抹口红！"我就站到那儿了，我就站住了，他大概以为……他就赶紧走开了。

我带我侄女去买桃子，我不晓得要自己带着袋子去买，我还是这儿的习惯呢，我也不会还价，他们要多少我就给多少，他净给我拿坏的，我说你怎么把坏的给我呀，他说噢，都要好的我坏的卖给谁呀，当时我就火了，我说你怎么这样讲话呀，你要多少钱我就给你多少，我信任你我才叫你挑，他一听我讲话不是北京话，他就抬头一看，就给换回来了，旁边的人就说大妈呀这是您哪，要是我们的话他早骂我们了。

梁：我第二次回去带着几个朋友，那不是有街坊的，叫什么，那老太太？

定：街道居委会。

梁：对，非要我们报户口。我们这里有比我年纪大的老太太啊，我说派一个代表去行不行？不行。我们就都去了。冷啊，10 月底 11 月嘛，围着围巾哪，到了前门大栅栏，一个老太太拿卫生纸擦鼻子，卫生纸掉地下，马上就有人过来了，五块。

定：怎么都让您给碰上了。

梁：她也不敢讲话，赶快就给五块。到了派出所，那警察不错，警察就讲，都那么大岁数了干吗都来，来一个人就好了嘛。我说他们叫我们都来，少一个都不行啊。我想你折腾我，我也不干啊，我就说我要粮票，我住二十天，你得给我二十天的粮票，他就给我们粮票。

定：您要粮票干吗？

梁：是啊我要粮票干吗，那我也得要，你叫我来我就得要。

我姐姐那时候在上海，是知识分子嘛，跟我姐夫他们，就给调到新疆，所以他们一直在哈密。……我去看我姐姐，那时候也没有飞机票，我就坐火车，六十个小时的火车，我们可以买软卧，那时候一般还不能够坐软卧。四个人嘛，下铺没有，给我买的是上铺。下铺有一对夫妇，是司法官。那司法官对我很客气，知道我是台湾人，就跟我聊天。我第一次回去，也不敢穿别的衣服，越朴素越好，我穿了一套黑的西装，到柳园得补票，我也不会补，那司法官就带我去补票，得一个车厢一个车厢走过去，一脚我就踩到人了，他们就睡到地下，吓我一跳。后来我补了票就换车厢了，这个车厢里两个是张家口的工人，一个是宁夏做生意的，他们抽那个烟啊，我的头就晕。等我到了哈密以后，我姐姐他们来接我，要给他们照相啊，这才发现照相机丢了，给我外甥的手表也没了，给他们带的东西全丢了。我最害怕的是拿刀砍人，追着砍，我不是软卧嘛，就把门给关上了，这是我第一次的经验，真叫我害怕。

马：我们小时候的印象几十年以后不太深了，印象最深的还是来台湾的这个阶段。这个阶段呢，像你们绝对不会了解。我那天不是跟您谈我那个小妹嘛，我走的时候她才五岁，等于她完全受共产党的教育，以前的事完全不知道。所以我一回去就跟她抬杠，我说我没有讲错，钓鱼台儿，怎么错了呢，北京人不是讲钓鱼台儿么，她说你错了，钓鱼台不能说是钓鱼台儿。你看我回去这么多次了，1990 年到现在十几年了，到今年才算是可以沟通，才算是想通了。

定：是您想通了还是她想通了？

马：是我想通了，她到现在也想不通。今年去我才知道，原来北京百分之九十以上的人是外来人口，真正北京人不超过百分之十。百分之九十的外来人，你百分之十的北京人就融化进去了，你没有办法保持你那个。你那个是对吗？你那个是错了，你不对。因为百分之九十的人是对的，那百分之十的人就是错的。

定：您的口音也还是有改变，比如您说"晓得""不晓得"，我们说"知道""不知道"。

马：我有时候会想到，简化汉字是破坏中国文化。中国文化的传承靠着古文化。我们小时候上学也写简体字啊，为什么不可以写简体字，当然可以写，乱划拉，省事嘛。但是简化是有一个简化的标准，你把复字变成一个字，一个是扣过来的覆，一个是複雜的複，一个是回復的復，把三个变成一个，意义完全不一样啊，完全是两个意思嘛，合并到一块儿。以后的人不能看古书了，看古书你根本不知道什么意思。

定：我可没想到你们对简体字的意见这么大。我小时候自然而然地学的就是简体字了。您觉得这样文化就断裂了是吗？

马：但是我们并不是反对简体字呀，简体字有它的好处，让你学起来方便。但是你简得有一定的程度，你不能够太过分。你把这个覆、那个复统统都统一了，那就不一样了嘛。你把中国旧有的文学的优点完全地破坏了。

我平常就研究台湾国语跟北京话有什么分别，分别就是轻重音，北京话有轻音。（台湾）清装戏的电视剧，我看了就生气，什么"亲额（é）

娘"，就照着字念，没有人这么讲话，他们是没有听过，也没有人跟他讲过，他也根本就不知道。大陆的电视剧就一定是"额（è）娘"、"阿（à）玛"，我们小时候就说"额（è）娘"、"阿（à）玛"嘛。我们小时候动物园叫三贝（bēi）子花园知道吗？

定：知道，那时候在农事试验场旁边。

马：三贝子的贝子、贝勒，不念贝（bèi），念（bēi），现在住在台湾的人管爸爸叫"爸（bǎ）爸"，妈妈叫"妈（mǎ）妈"。

定：难听极了。

马：你不能光知道难听，你还得知道是怎么来的，怎么演变的。这跟英语有关系，最后一个字往上挑，可是我们呢，第二个字是轻音。

海峡两岸分隔几十年，思想方式不一样，这边是完全自由。你有你的意见，我有我的意见，你可以说不同意，但你没有办法让我不讲。跟你们的社会完全不同，我们就是胡说八道，我们讲话很随便，你认为我说错了，我认为我这个对，是不是？你有没有注意到上一次选举的时候大卡车挂的白布条啊？台湾共产党，怎么着，共产党就是共产党，我主张共产党，我喜欢共产党，怎么着。

定：我看见了，还挂着五星红旗，我说啊？还敢挂五星红旗？

马：这个生活环境就不同。因为你民主自由嘛，我就认为共产党好，把我怎么样。蒋经国死了以后就整个儿开放了，开放以后你赞成独立我不赞成独立，你赞成共产党我不赞成，随便吧。是这样，所以两边的社会是完全不同的社会。

定：您还记不记得小时候在北京具体的生活，比如那天您给我讲过在北京吃的什么。

马：吃呢，北京跟外省不一样的地方儿，以前北京弄得很清楚，比如这四川馆子吧，你上边写着的是四川馆子，你就要卖四川菜，你这个菜不是四川的我就跟你翻桌子，把老板叫过来："你这是不是四川菜？"那老板不敢讲话，因为不是我找你麻烦，你自己写清楚不是四川馆吗。江浙馆子就是江浙馆子，绝对没有山东菜。可是现在呢，全混合了，统统混在一起了。这就是一个差别。刚才我不是说有几个阶段嘛，1937年日本没来以前，不说上等，就是稍微好一点的家庭，来往都需有折子，折子你懂不懂？到哪个店里去买东西了，日常需要的店，都是过节算账，到春节、端午节、中秋节，过节算账。欠他九百八十块钱，他只收九百，那八十块钱留转下一年，得留一个尾巴。如果说不行，那八十块钱也得清，那就表示明年我不跟你来往了。1937 年以后没有这种规矩了，为什么？你不交钱你跑了怎么办，我找谁去啊。

定：社会没有原来那么稳定了。

马：哎。

定：你们马佳氏也算个大家了，你们跟其他满族的大家有没有来往？

马：小时候是不知道了，现在是没有什么来往。

痴迷于京剧的旗人

——关嘉禄口述

时间：2002 年 10 月 27 日
地点：北京市海淀区上地某居民区
被访者：关嘉禄
访谈者：定宜庄

[**访谈者按**] 关嘉禄先生是满学专家，退休前是辽宁省社会科学院历史所所长、研究员。自 1966 年从中央民族大学的满语专业毕业分配到沈阳，一去就是四十年。关先生也是我的同行与学长，我与他相识已经二十余年。就我来说，在自己的同行中专门挑选关先生来做口述，首先当然因为他是北京人，而且是北京旗人，其次，则因为我对他在京剧方面的擅长与痴迷印象颇深，而且早就想一探究竟。因为京剧在老北京人生活中的重要性，早已超出了"业余生活"这一范围。

虽说我与关先生多年的交往主要基于共同的学术领域"满学"，但这篇口述却与学术相距甚远，可以说在全书中，也是比较轻描淡写的一篇，也许越是这样的同行关系，访谈越是难以深入所致吧。

1. 解放前的家庭与生活

定：你们祖上的事您知道的有多远？咱们讲您从老人嘴里听到的，不讲从书里看到的好吗？

关嘉禄（下简称关）：我是 1943 年农历三月二十三日生人。父亲生于光绪十五年，公元 1889 年，去世是 1979 年 10 月 16 日，活了九十岁。我父亲生前也没少跟我谈关于咱们满族、关于旗人的一些生活，特别是他的经历。据我所知，我父亲就他一个，没听说他有兄弟姐妹。他的满语名字叫希朗阿，这满语什么意思呢？sirambi 不是继续的意思么，sirangga 变成形容词了，就是后继有人、香火不断的意思，这是我父亲亲口跟我说的，而且我父亲说咱们属于正黄旗，北京的旗人。他的汉文名字叫关鹤鸣，很雅的。

我父亲应该说是贫苦的旗人出身，我父亲跟我说就是从小父母双亡，流落街头。我爷爷去世很早，我奶奶也相继去世，这应该是在他四五岁的时候。我爷爷的事我一点都不知道，我父亲也没跟我说过，奶奶的情况我也一无所知。我父亲后来就在他叔叔家，在他那儿生活，我父亲的叔叔叫关松廉，我应该也叫爷爷了，我们都叫他"祖儿"。他在北河沿椅子胡同有一所宅院，现在都拆了，原来那地方都有河，我小时候到他们家去的时候，河两边还有跑马的呢。祖儿在消防队做事，脾气特暴，生活还是不错的。但是我父亲的婶儿对我父亲不好，虽然是叔叔辈儿的，老觉得是外头的，老是虐待他，所以我父亲流落街头，卖糖果卖烟卷儿为生。后来又到河北沧州给一家地主做一些杂工，在沧州这一段他曾跟着地主一块儿到过东北，做生意，那时候已经有火车了，坐在货车上，还没有篷子，冬天从沈阳到北京给冻得什么似的。生活也非常困难，做了几年还不行，又回到北京。

后来我父亲经过人介绍，到北京市消防队，当消防队队员。① 那时候清朝还没有灭亡呢，消防队员训练非常严格，梳着大辫子，天天在前门城楼子上，垛口那儿，拿大顶，叫耗顶，那稍微一不小心就掉下去了，那功夫相当深了。在消防队的时候，光绪驾崩，接着慈禧驾崩，我父亲都送过葬。也从消防队调人哪，他就沿途扈从吧。光绪的墓不是在西陵么，慈禧的墓在东陵，他都去过，沿途是净水泼街，黄土垫道，车马是络绎不绝啊。沿途村庄的老百姓给他们准备的有的是木桶，有的是旧的铁桶，大桶，喝那水，水上面都有一层麸子，渴呀，马也喝那水，人也喝那水。清朝杀燕子李三的时候，在菜市口刑场，我父亲也是亲眼看过的，犯人哪，后头这是招子，坐在排子车上，要酒，要肉，沿途的店铺也是犯人要什么给什么。这都是清末民初的事了。

在消防队干了一阵，清朝灭亡之后，我父亲就在阜成门外的营房住。在哪儿呢，阜成门外马尾沟，后来市委党校利玛窦墓的南边一点，那地儿叫营房，现在你去还有叫营房的呢。营房附近有一个厅点，相当于现在的

---

① 据陈宗蕃在《燕都丛考》的记载："自棋盘街东面而北，为公安局街，昔为户部街，亦称富贵街。……旧署（宗人府，在街东）南一部分为警察厅消防队驻所，其北夷为平地，售归民有"（北京古籍出版社1991年版，第167页）。这里所说的警察厅消防队，应该就是关先生的父亲所在的单位。

小卖部，卖个烟哪，酒啊，取灯啊，油盐酱醋什么的。

当时家里很穷，我父亲娶了一个女人，寿命不长，就去世了，后来经过我叔爷介绍，又娶了现在我这母亲。

定：他原来那个也是旗人吗？没有留下孩子？

关：也是旗人，没有留下孩子，结婚以后很短时间就去世了。我母亲叫章润洁，我母亲的娘家应该说是汉军旗人，她哥哥叫章润琪。后来我母亲跟我说过，他们家是一个破落的富人家庭，封建专制对我母亲和她哥哥也很不公平，后来他们就跑出来了，经过人介绍跟我父亲结合了。住到营房的这一段，就是我父亲和我母亲，还有我大哥二哥。那时候家里比较贫困了，点着个小油灯什么的。据我父亲说我哥哥脚底下穿那鞋，破了之后都是我母亲给缝上，缝上之后再拿墨给染上颜色，要不寒碜哪。

我母亲生了十个孩子，中间夭折了好几个，有的是掉了，她就说是掉了。有的是生下来之后得病死的，当时医疗条件差呀，一得病就死了，一得病就死了。后来长成人的是哥儿四个：关嘉培，大哥；关嘉勉，二哥；关嘉祥，四哥。关嘉祥一般我们都叫他四哥，因为在二哥和四哥之间有个三哥，叫小全，死了。然后就是我，关嘉禄。

定：都是您母亲一个人生的？

关：对，我母亲一个人。母亲生我时是四十八岁，我是我们家老疙瘩。我大哥今年 7 月 17 号去世的，八十四岁，我今年是五十九岁，他比我大二十五岁。二哥是 1921 年生人，也比我大二十二岁，四哥是 1933 年生人，比我大十岁。我后边就没有再生了。

后来我父亲托人找工作呀，就在大陆银行[①]当一个工友，守卫也好，勤杂也好。我父亲有工作能力，身体也棒，因为在消防队的时候，他练过功啊，大陆银行的经理也器重他，从工友又到警卫。大陆银行就是现在的中国银行，就是天安门这边这个白楼，带钟表的那个。我们家就也搬得离大陆银行很近，就搬到前府胡同，原来老北京有个前府胡同，在西皮市儿附近，天安门往南，马路的西边，叫西皮市儿，马路的东边就是邮电大楼了。当时天安门有个叫花券儿，什么叫花券儿呢？两个墙，两个墙里边叫花券儿。前府胡同就靠近正阳门这边箭楼了，当时那儿都有门，狮子门、关帝庙什么的。我们家在哪儿呢，就在从天安门往南这段红墙，红墙以西的西南角，就是现在人民大会堂附近。我就出生在前府胡同五十六号。

---

① 陈宗蕃：《燕都丛考》记："西交民巷：户部银行即设于是，嗣改为大清银行。民国元年又改为中国银行。其后大陆、金城、中国实业各银行，均先后设立于此"（北京古籍出版社 1991 年版，第 226 页）。

定：您父亲和大哥都读过书吗？

关：我父亲没有读过书，但是父亲非常好学，他爱看书，平常就让别人教他字，现在我保留一个他的工作证，他的签名，关是繁体字的关，工工整整啊，写得太漂亮了。我大哥和二哥都上过小学，当时我大哥也十几岁了，就托人给我大哥介绍到上海银行，在西交民巷靠近东口那个地儿，当一名普通的勤杂，就是小工人，见习生似的。后来我大哥逐渐地由于干得好，就提升为职员了，我大哥那算盘哪，打得相当溜啊。我二哥跟我大哥相差几岁，后来让他上哪儿了呢，日本不是占领北京了吗，在日本的华北株式会社当个勤杂工，后来当个书记员，就是抄抄写写。这时候家境就比较好了。

我大哥生前跟我讲过，当时我父亲在大陆银行，我大哥在上海银行。1937 年，他们亲眼看到国民党宋哲元的军队开着车，从北京城里头到南苑，当天晚上沿途经过前门大街到那边去，各个铺子送缎子的，送酒的，大碗大碗喝酒，祝他们能够一战告捷吧。结果没想到半夜从楼子上往下看，南苑那边一片大火啊，最后半夜兵败，第二天日本就进城了。

我父亲在消防队认识了一个消防队里的朋友，也姓关，这朋友就是我大嫂、二嫂的父亲，然后我们就算世家了，消防队不都是旗人，可是那亲家是旗人。当时大栅栏里有个同乐电影院，着火，我们这亲家救火，把脑袋给摔坏了，就得病了。这亲家还送给我父亲一把宝剑，一直保留着。这两个姑娘一个叫关桂兰，一个叫关桂卿，就和我父亲的两个儿子，就是我大哥我二哥，老人做主，他们就结合了。日本时期，日本兵喝醉了酒到前府胡同滋事，敲我们家门，敲了半天，当时我大嫂二嫂都比较年轻，他们找花姑娘的干活，当时我们家有一个这么粗的枣木的顶门的那个，把门插上之后整个就是顶上，说什么也不开，最后没开。那时候我父亲亲眼看见日本鬼子拿刺刀挑咱们中国的老百姓。

我四哥去世得早，1989 年 11 月 18 号，他年轻时候得过肺病，后来是心肺衰竭，去世才五十六岁。二哥是 1991 年，七十岁，得的骨癌去世。大哥是今年，2002 年。现在就剩我一个了。大哥生的是五男二女，二哥生的是三男三女，四哥是二女一男，到我这儿是一儿一女。我母亲是 1895 年生人，1971 年 10 月 6 号去世，七十六岁，她去世那年我父亲是八十二岁，他们差六岁。

我现在还保存着一幅照片，是 1939 年我大哥结婚时候照的，我大哥大嫂，我妈，我父亲，还有我四哥，还有我二哥，还一个叔叔辈他们的后代，小六儿他们。我父亲穿的上衣像马褂似的，我母亲一身跟旗袍似的，都经过改进，我大哥也穿的马褂。那照片特别好。

2. 对京剧如醉如痴

关：我父亲因为长年生活在北京，从小就特别的爱听戏，这是咱们旗人的一个传统，不但爱听戏，自己还买个胡琴，拉一拉胡琴。在他的感染下，我们全家，从我大哥、二哥、四哥到我，我们全都爱好戏。到现在我还保留着一幅照片，照片上我父亲穿着戏装，扮刘备，左边是我二哥扮周瑜，右边是我大哥扮赵云。闲暇时间我哥哥他们都爱票戏。解放前家境比较好的那一段，他们经常上前门外头广和楼、中和戏院，在那个地方看戏。就我小时候有记忆的，带着我去听戏的就好几次。从流派来看，老生里边，我们家人比较喜欢余派和马派，当然我父亲他们开始都喜欢谭派，最早就是听谭先生的。实际上马派和余派都是从谭派演变来的，而且我父亲最爱看的是杨小楼的戏。

定：他看过？

关：看过呀，杨小楼，梅兰芳，谭鑫培，都看过呀。

定：那时候他那么穷，他还有钱看戏？

关：那时候票价也不是很贵呀，自己攒钱到戏园子看戏呀。那时候北京哪儿有电视，收音机啊，就是话匣子。然后家里买了留声机，买了不少唱片，京剧老唱片啊，像马连良的，谭富英、谭鑫培、余叔岩的，都有。这么一大厚摞，这些唱片在"文化大革命"当中，由于家境比较困难，全卖了。像北京过去谭鑫培老先生、余叔岩这些个，都非常熟悉。

定：您父亲年轻的时候有没有也拉一伙人上你们家唱戏？

关：没有。我父亲唱老生的。开始是自学，后来有师傅给指点指点。我父亲认识一些熟人哪，特别是梨园界的，就请教吧，像我们家开始都是自学自拉，后来到一定的水平之后，觉得还得提高。我父亲去世前九十岁的时候，虽然气力不佳了，一听拉胡琴还是特兴奋。他主要唱《二进宫》《搜孤救孤》《辕门斩子》《四郎探母》，比较熟的戏基本上都能唱。我父亲的叔伯兄弟，就是我父亲的叔叔那支儿，叫关荣濮，在北京市邮电局工作，也拉得一手好胡琴。就是说咱们满族啊，怎么就不谋而合，都是对京剧如醉如痴，而且都比较钻研，我觉得这种现象也挺有意思。你像我四哥，从小也特别爱戏，我父亲每年春节到厂甸什么的，为满足我四哥的要求，就给他买戏服，买黄天霸的衣裳，刀。我四哥从小在家里就拿着刀跑圆场

1939年的全家福（三姐关淑芬、大嫂关桂兰、母亲章润洁、四哥关嘉祥、父亲关鹤鸣、大哥关嘉培、二哥关嘉勉。时关嘉禄尚未出生）（关嘉禄提供）

1940年前后父子合演《黄鹤楼》剧照，左起：关嘉禄大哥饰赵云、父亲饰刘备、二哥饰周瑜（关嘉禄提供）

什么的。我四哥嗓子也好，胡琴拉得也好。我父亲胡琴虽然会拉，但是拉得不精。

我小的时候，七八岁的时候，我父亲拉胡琴的时候就教我，我也好奇也爱听啊。他不会12345671（指简谱），就是工尺调，开始拉的就是二黄三眼，车工车上四车工商工工，四车四车四车，实际上就是6321 6532 3365 656－565。从小我就学这个，我父亲看我还有点意思，就买了一把三块钱的胡琴，就算比较好的胡琴了，买不起啊，一个月才挣多少钱啊。慢慢越拉越熟越拉越熟，我就给他们伴奏了。有时候我父亲拉，我唱，经常唱的就是《二进宫》"千岁爷，进寒宫"这段，慢慢我拉，我老拉，越拉我就越溜（北京土语熟练之意）啊，小时候聪明，又爱听又爱拉。

1990年前后与著名京剧表演艺术家袁世海先生的合影（关嘉禄提供）

我们家还特别爱听大鼓，西河大鼓，京韵大鼓。小时候我父亲就领我到劝业场，前门附近，现在叫新新服装店，劝业场一上台阶儿路西喽，二楼，专门有个唱大鼓的地儿，女的都穿的旗袍，"当了一啷当……"

定：你这当当当当是什么大鼓？

关：在我记忆里我听的基本是西河大鼓、单弦、京韵大鼓，我父亲带我听的。这些曲艺与京剧有不解之缘，互相吸收互相渗透，一般爱听京戏的人基本也爱听大鼓。在老北京是比较时尚的。

解放以后我二哥四哥都在小学工作，小学教师，东城西城都干过。当时东城组织一个业余京剧团，教师京剧团，我二哥四哥都是团里边演员，他们都演过戏，登过台。我四哥唱过《四郎探母》，我二哥也唱过，我二哥还唱过《奇冤报》，就是《乌盆记》，《乌盆记》是其中一折。

我们小时候，因为要建人大会堂，整个西皮市都要拆迁，我们家就搬到司法胡同后身，平孚里七号，就在西交民巷一直再往西走，对着和平门，就在前门棋盘街到和平门，整个这个中间，也是银行的宿舍。在那儿旁边是当时北京市中级人民法院的礼堂，那时候业余京剧团老在那儿演戏，我们全家，我带着我那侄子们就经常上那儿看戏。我小时候看马连良他们，裘盛戎、张君秋、谭富英他们的戏，也是用家里给我的零花钱。我初中是最痴迷京剧的时候，那时候马连良演戏，当时的票价标出来，一个人演是四毛至一块，三个人或两个人合演可能就高一些，将近两块来钱，我就买最低的票价，后排吧，我就到前排，看没人我就坐下。而且戏瘾到什么地步，冬天戏牌子出来了，我就带个薄被，穿上棉袄，到广和楼蹲一宿，第二天一早 8 点钟买票。我记得看李少春的《响马传》，在广和楼，我就排了一宿。那时候可真是。

我和我大哥的孩子一直生活在一起，我记得小时候我拉胡琴他们唱，戏瘾特大，特别好。1958 年的时候，我大哥的三儿子，鸿基，这是从男的排行，就考入北京戏校。这实际上是我出的点子，我说考戏校吧，戏校还可以管吃管住。这么他一考还考上了。鸿基的弟弟关鸿钧，是 1959 年考入戏校。关鸿基开始学老生，后来就学武生。关鸿钧小时候唱小生唱得相当好，因为嗓子倒仓，就也改学武生了。

定：您哥哥特别愿意让他们俩学戏吗？

关：也不是很情愿的。可是当时我大嫂是家庭妇女，就靠我大哥这工资，我父亲在大陆银行退休金也不多，四十来块钱，工资不够啊。当时家

关嘉禄夫妇 1988 年春在北京长安大戏院与侄媳王玉珍（中，穆桂英扮演者）演出之后在舞台上合影（关嘉禄提供）

里也比较困难，咱们出去一个是一个，减轻家里负担。

我这两个侄子到北京戏校之后，跟内行人接触更多了，我们就是请教啊，一块玩啊。在1967、1968年之前，几乎每星期天，我们家都是非常热闹，我的大哥二哥四哥都过来，我侄子他们一些同学也经常来，包括一些著名的演员，都到我们家来过，像马连良的小徒弟张克让，《沙家浜》沙奶奶的主演万一英，还有鸿基的爱人、我的侄媳妇王玉珍，现在是北京京剧院院长。我都给他们伴奏。你拉我唱，你唱我拉，不但唱，而且拉。就是清茶一杯，从早晨唱到12点，一唱就是一上午。中午就是炸酱面，打卤面，就吃这个，家庭气氛特别的融洽。到春节了，给我父亲母亲他们拜年来，这一上午你看吧，整个平乎里的街坊什么的都过来听戏，非常热闹。

后来王玉珍哪，鸿基他们，都成角儿了。鸿基是大武生，长靠武生。鸿钧是短打武生，翻跟斗翻得特别好。鸿钧在戏校毕业之后分到北京，在《沙家浜》剧组，后来在《杜鹃山》剧组，《沙家浜》最后一个跳城墙的就是他。粉碎"四人帮"之后，中国京剧院和北京京剧院联合上演《闯王旗》，李和曾的闯王，袁世海的郝摇旗，郝摇旗的马童就是关鸿钧。鸿基是1988年2月27号去世的，癌症，四十一岁。鸿钧是1984年认识了一个美国女子，后来结了婚，他现在还在美国，是百老汇一个演出公司的副导演。

3. 解放后的家庭与生活

（1）父亲和大哥

关： 解放以后我父亲还一直在大陆银行，因为他是工友出身，"三反""五反"批判不法资本家，我父亲也是个工会积极分子。后来没多久我父亲就退休了，50年代初退休的。退休之后做街道工作，当时我们家从前府胡同搬到西皮市乙十六号，不是买的，是租的。以前住前府胡同也是租的，比较小，就只有西屋，还有北屋，不算四合院，到西皮市就比较大了，比以前大有改善了。我父亲，母亲，我，我大哥、二哥、四哥，都住到一个小四合院里头。我父亲母亲住到东屋，我大哥大嫂还有孩子们住在西屋，我二哥二嫂他们住在北屋的厢房，还是够挤的。我四哥后来就住校了。

50年代初我父亲在街道工作，街道工作非常出色，当选为西单区人大代表，那时候不叫西城区。当了一段代表之后基本上就赋闲在家，帮助我大哥二哥料理家务。

我从小基本上是吃窝头咸菜喝红豇豆粥长大的。50年代后期，特别是困难时期，自然灾害时期，家里子女多，挣得也少。我父亲和部队联系，把部队里头那些个脏的棉衣棉裤，拿到家里头，和我大嫂一块儿洗刷。那时候夏天，我们平乎里就一个自来水管子，从那地儿拿桶把水打回家来，大太阳底下拿大刷子刷，靠那个挣点钱。我大嫂就因为劳累过度，得乳腺癌了。

当时管家的应该说是我大哥，他挣得多。我父亲管我大哥叫大爷，有事就说跟大爷说，我大哥挺说了算的。大嫂二嫂操持家务，我母亲是协助她们。我大哥后来从银行下放到街道，后来到天津盐场，认识一个女子，当时我大嫂刚去世不久，家里孩子都反对，生给掰开了，这女的后来就走了，我大哥后来就一个人，跟我父亲跟我母亲始终在一块儿。1958年左右西皮市拆迁，我们就分家了。我父母跟大哥过，搬到司法胡同后身，平乎里，搬到这儿。我二哥搬到甘雨胡同，我爸爸有时也住到二哥家里帮忙。我爸爸不厉害，但是我爸爸急脾气。他性格刚烈，乐于助人，大陆银行的工友都觉得我父亲仗义。我父亲说"宁失江山，不失约会"，做人要屈己从人，什么事不要太咬尖儿，要谦让。热心肠子。

（2）母亲

关：我母亲是个家庭妇女，没读过书。我对母亲印象是一个非常慈祥的特别吃苦耐劳的，非常善良的一个妇女。

定：人都说满族的婆婆特别厉害？

关：不，我母亲可不厉害，是非常善良的一个人。我母亲当年住到营房的时候，就是我大哥二哥还比较小的时候，西方天主教的教会啊，在阜成门附近设的有粥厂。我们家里穷，就每天到那儿打粥去，喝粥。从那儿开始我母亲就信教了，主要是舍粥的缘故。后来我大哥、二哥、四哥陆续也都进堂，信天主教，解放初之后我们家搬到前门附近，就老上东交民巷的一个教堂。[1] 当时宣武门的是南堂，东交民巷的是东堂，西直门那儿是北堂，府右街附近也有个教堂。我们家进堂基本上就上东交民巷。我母亲很虔诚，做礼拜啊，做弥撒啊，在长辈影响下我们也接受这些教育，我大哥二哥四哥也到天主教堂，参加个乐队演唱、合唱什么的，唱圣经啊。我嫂子她们基本也信教。我七八岁的时候，也跟他们进堂，后来加入少先队了，就不信教了。[2] 我父亲反而不信教，也不进堂。我母亲脾气那么好，就跟这有关系。

---

[1]　东交民巷教堂名圣弥额尔堂，由法国教士建于1901年，是庚子之乱后建在当时使馆区的公共教堂，典型的哥特式建筑。

[2]　北京城现有天主教堂六座，其中著名的是四座，即因所处京城地理位置而简称的南堂、东堂、北堂、西堂，还有东交民巷天主堂和南岗子天主堂。南堂位于宣武门大街，坐北朝南，始建于清顺治七年（1650），为京城首座正规天主教堂。东堂位于王府井大街，坐东朝西，本名圣若瑟堂。建于顺治十二年（1655），1904年用庚子赔款重建。北堂位于西安门内西什库，坐北朝南，本名救世主堂，始建于光绪十四年（1888），建成后即作为天主教在北京的总堂。西堂位于西直门内大街，坐南朝北，最初名七苦圣母堂，建于雍正元年（1723）。现在的教堂是1912年重建的。

北京东交民巷教堂（引自《北京旧影》，人民美术出版社 1989 年版）

　　鸿基他们很小的时候，包括我大嫂去世之后，我母亲就承担起全部家务，不单得照顾我上中学，上大学，还得照顾我大嫂这些小孩，我们都是我母亲带大的。我最怀念母亲，我父亲脾气比较暴，有时闹得不愉快，我上大学他还呲儿我呢，但我母亲总是护着我。母亲最疼的就是我，也疼我四哥。那时候家里孩子多，我母亲买个苹果，把苹果藏到柳条包里，拿出来让我上外头自己吃去。我母亲也打过我，我父亲打过我没打过我我记不清楚了，就我母亲打我嘴巴子我一直记得。包括我四哥的婚姻问题，我四嫂比我四哥大几岁，但他们俩相爱，我大哥就不同意，我母亲就护着我四哥，当时也受了不少气，后来还是成了。我们哥儿几个都跟母亲感情特深。

　　我1968年离开家，父亲刚强，倒没说什么，我母亲坐在屋子里小板凳上，我说妈我走了，您注意身体，扭头我就走了。当时也是，心里头……谁愿意离开北京啊，我母亲从板凳上起来，一直追到门口。

　　1976年母亲去世，我正在沈阳，得到电报之后，当天晚上就买火车票，火车上人多呀，没地方坐，我在车上站了一宿。母亲当时去世，一只眼睛始终不闭，后来到太平间取出来之后，我把母亲的眼睛一合，马上就闭上了，她想我们呢。

　　我母亲直到去世，连黑白电视都没看成。

　　（3）生活和娱乐

　　关：我父亲不爱玩，就爱唱戏。一个爱唱戏，一个爱吃。到过年吃饺子，我父亲得包专门的馅，干菜馅，菠菜弄干了的，里边不搁肉，搁点油渣儿。我父亲特别爱吃炸食，炸饺子啊，什么都吃炸的。还爱吃肉，吃点什么米粉肉啊，特别是酱牛肉。那阵儿家里生活不是很富裕，就拿绿色的瓶子，上边窄，下边宽的那种，到前门脸儿月盛斋买两瓶子牛肉汤，那比较便宜，几毛钱就是一大瓶子啊，回来下面条吃，嘿，真香！现在没有了。一直到他去世之前，那时候我已经到沈阳了，每次回来，他总让我上街，我小名叫喜儿，"喜儿啊，给我买点烧饼夹肉"，"早上给我买点薄脆"。我父亲爱喝点二锅头，买点花生米，买点排叉，买点肚儿，芝麻酱糖火烧，就爱吃这个。

　　我们家总的来讲爱吃面食，包饺子、疙瘩汤、炒疙瘩、打卤面，炸酱面就更不用说了，我们家最爱吃炸酱面，夏天一般吃芝麻酱面。嘿，我妈烙那葱花饼，倍儿香！那些面食，包括金裹银儿，吃过没有？白面和棒子面？

定：我们叫金银卷。

关：到冬天芥末堆儿，豆酱。还有芝麻烧饼，豆汁。每年过节都得炸年糕，早晨必须得喝茶。北京那时候没有蜂窝煤，都是煤球炉子，都是我父亲亲自搪的，叫搪炉子，然后街上煤铺买的煤面子，和上水之后，铺到地上，切成一块一块的，四方块，铲，家里有那大筛子，自己摇，我嫂子她们摇。然后家里就烧那个煤球。那时候早晨喝水为了快呀，拿锡皮做的那小筒儿，一个把儿，叫汆子，插到煤球炉里，水一开，就沏茶，天天儿必须得喝茶。早点一般是外头吃点豆腐脑儿啊，烧饼啊。但是一般地来讲我们家早晨很少吃东西，不吃什么主食，就是喝茶，花茶的茶末子，北京张一元的。

定：那叫高末儿。

关：对，就喝那个。

定：那能经饱吗？

关：习惯了，就不饿。我小时候上学，早上也得吃点，烤白薯，然后前一天晚上家里剩的烙饼，有时候是葱花饼，有时候是发面饼，有馒头就带一个馒头两个馒头。

我们家里在称呼上都跟汉人不一样。你像我们晚辈称呼长辈，奶奶叫太太，我父亲叔叔那辈儿的，叫姑爸爸。我侄子他们称呼我四哥叫小爸爸，爸爸儿化，称呼我是小爹爹，这是比较明显的咱们旗人的称谓，一直保存到现在。

我小时候冬天穿棉袄，我妈给我做了棉袄之后，脚底下都用绑腿，买那黑带子，那么宽，绑上。我一直到小学四年级之前，十岁十一岁左右，都一直穿那个棉窝，穿那大褂，还穿着挽（绾）裆棉裤呢，后来我就嫌难看了。

定：您母亲唱戏吗？

关：我母亲不唱戏，我母亲爱听戏，有时也哼哼几句，她爱打麻将，我母亲的麻将打得相当好，北京打法，你会打吗？

定：不会。

关：老北京的八张，一缺，门儿清，断腰，平胡，砍单，清一色，一条龙，大满贯。

定：不是北京打法还有什么打法，沈阳打法？

关：有，各地都有各地打法。因为我母亲爱打麻将，我父亲在解放前花 3 块钱给我母亲买了一副麻将牌，是骨头的，骨头嵌在竹子里，这副麻将现在还在。我们家我大哥二哥四哥包括我，包括我侄子辈的，都会打麻将。到沈阳偶尔过年家里玩个沈阳打法。打麻将也是一个传统。

我母亲特别喜欢养鸽子，喜欢养鸡。我们家搬到西皮市乙十六号以后，一个四合院嘛，家里就养了几十只鸽子。一到"五一""十一"，天安门不是放鸽子么，它刚一放起来，我把我们家的鸽子就给轰上天了，这鸽子不就随群了么，它在天上转呢，我在这底下一叫食，"嘚儿嘚儿"，那鸽子就跟我们那群一块呀，"哗"一下就落下来了，再往给鸽子搭的窝赶，一个铁笼子似的，有个门，往里一赶，"咔"一抓，先给翅膀缝上线，省得再飞呀，特别有意思。

定：你们家养多少只鸽子呀？

关：最多的时候有四五十只。

定：几只是你们自己的，多少只是裹来的？

关：裹来的也就是十来只。那时候主要是我母亲和我大侄子关鸿昌他们俩养鸽子，我也跟他们一块。

定：您嫂子唱戏吗？

关：不唱，女的基本不唱。我大嫂是典型的家庭妇女。二嫂比我大嫂长得更清秀一些，更聪明一些，做手工刺绣特别好，她也不会唱，但都喜欢。我四嫂是做银行工作的，也不会唱。关鸿基考上戏校的第二年，1959年7月9号，我大嫂癌症去世。关鸿基上边还有两个姐姐，一个叫关书颖，1986年癌症去世，四十四岁。我大嫂、我大嫂的母亲，我大嫂的一些妹妹、姐姐，在台湾的，包括我大嫂的亲妹妹，嫁给我二哥的，我二嫂，都是癌症，遗传基因。

（4）我自己

我小学在哪儿呢？在哈德门，崇文门门脸儿，原来叫德西小学，现在改成南城根小学了。中学我一直在26中，就是原来的汇文中学，崇文门附近。我是初中三年，学习成绩优秀，然后保送高中。高中三年，就是一门化学四分，其他都是五分。就差这一门，金质奖章获得者就保送大学了，那时候脑子好使。

报考大学的时候，招生简章上有中央民族学院，开设满文专业，我一想这个专业比较冷门，我也是满族，就报这个。

我考入中央民族学院满文班以后，学满文，回家之后我说爸，您会满语吗？他说"我会点儿"，我说您怎么会啊，他说我是从清朝那边过来的呀。光绪十五年生人您想。我说您说说，走怎么说？"yabu"，哎，yabumbi

的命令式就是yabu。起立，"ili"，又说一二三四五六七八九十，然后我跟他一对，都是对的，嗬，我说可以呀。他已经七十多岁了，这些他还都会说。

　　定：看来这满语您还有家传了。

　　关：这说明在清末的时候他们还说一点满语，不是一点儿没有。他属于下层贫苦旗人，他还会说呢。

　　我父亲非常支持我上学，我学满语他高兴。他一个月才开四十一块钱，每月给我拿出八块钱来。我真喜欢这个专业，我从一上学就喜欢，所以虽然我爱玩，但我对学习挺上心的。当时思想也比较单纯，觉得学不好对不起党的培养。

关嘉禄在中国第一历史档案馆阅读满文文献

　　毕业分到沈阳以后，"文化大革命"期间，不让我搞专业了，就把我分配到中学，我当了十年中学老师。到沈阳之前我自己拿木头钉了一个小木箱，把我学的讲义、笔记什么的全都弄好带到沈阳，也不是说我有先见之明，我总觉得我这专业不能白学，将来肯定有用。到学校他们让我教语文、数学、历史什么的我全都不干，为什么呢，一教上那个，再当个班主任，工作太多。我爱好体育呀，我在大学就是院排球队队长，学生会体育部部长，当时又缺体育老师，我说我干这个，一锻炼身体，二我有时间，晚上看看书，看看笔记。毕业这十年虽然耽误了我没搞专业，但因为一开始我就特别热爱这个专业，平常我还看一看，所以 1978 年归队之后很快就上来了。

定：可是您对京戏的兴趣始终比对满语还更浓是吧？

关：对。从小爱好呀。

朝阳门外南营房

——关松山口述

第一次：2004 年 6 月 7 日

地点：北京朝阳门外南营房三条 65 号关松山家（面临搬迁）

被访者：关松山

访谈者：定宜庄

在场者：关圣力①

第二次：2004 年 6 月 15 日

地点与访谈者同上

在场者：邱源媛②

[**访谈者按**] 前面说过，清军入关之时，曾为八旗官兵分配房屋，并按所在旗分安置于京城各方位居住。但从康熙三十四年（1695）皇帝的一道上谕来看，京城内的无房兵丁竟然已达七千余人。而且"京师内城之地，大臣庶官富家每造房舍，辄兼数十贫人之产，是以地渐狭隘"，此时距清入关仅仅半个世纪，由此可知旗人内部的贫富分化早在清初即已开始，而那些大宅富室，动辄就能达到占据半条胡同的程度，靠的也是多年的兼并积累，而非一朝一夕之功。

康熙朝时国力尚称富裕，所以康熙帝下令，在城门外按各旗方位，每旗各造屋 2000 间，凡无屋兵丁，每名给予两间，不得随意买卖，亡故后交回。康熙帝说得很轻松，造这些屋子，无非花费三十多万金，好比国家造一个大宫室而已。③

选择各城门外的地段造房，显然因为这里地价最低，这便是京

---

① 为关松山先生做的访谈，得益于他的儿子、作家关圣力先生的帮助，关先生还陪同我做了第一次访谈，特此致谢。

② 为关老先生所做第二次访谈，有我当时的博士研究生邱源媛陪同，这篇口述由录音转成文字的工作也是由邱源媛完成的。

③ 《清圣祖实录》卷一六七，康熙三十四年五月辛未。

城各城门外八旗营房的由来。几百年来，这些营房成为京城最贫困旗人的聚居区。这些营房在最近几十年间被陆续拆除，到两年前也就是2004年为止，朝阳门外南营房，已经是仍然保留完整的最后一片了。近年来"北京热"升温，南营房成为一些对老北京与老旗人备感兴趣者不时造访的对象，但常有人将其作为老北京旗人的代表，形容说这里旗人在清朝时曾大富大贵，这个定位便错了。须知八旗之内也有阶级，有贫富贵贱之分，并非所有的八旗子弟都有过高官厚禄的祖先，作为满族社会底层的八旗人丁，他们的没落并非自辛亥革命以后始。

　　"穷"似乎是南营房这个人群生活的主题。直到1956年北京市民委的报告仍称："据朝阳门外营房满民聚居区的调查，一百〇七户满民中大部分过着贫民生活，一小部分生活困难，年均收入每月每人五元以下的有二十七户，占百分之二十五点八。"① 成为北京市民族工作中最需解决的困难户。但是另一方面，穷人也有穷人的活法，也有穷人的乐趣和追求。穷并不妨碍他们把日子过得有滋有味甚至有声有色，就如关松山老人讲述的那样。

　　关老人的口述与李清莲女士的一样，是本书中内容最丰富最精彩的篇章之一。他讲述的诸如走会、摔跤、拉洋车、入庙当道士等经历，虽然在其他介绍老北京民俗的书中也会见到，但他从亲历者的角度讲述的那种生活状态与感受，却远非那些平铺直叙的描写能够相比。

　　我2004年去采访关老人的时候，南营房已经面临拆迁，四处弥漫着一种莫名的紧张气氛。不久后我得知关老人的房屋遭强制拆除后，被拆迁参与的各方送进了医院，好在身体未受太大影响。在这里，我衷心地祝愿他健康长寿。

关松山（下简称关）： 我也说不完全，东扯一句，西说一句。有用的您就记上，没用的您在整理时，您就给它删喽，咱这不就瞎聊嘛。

关圣力： 他这个人呐，他这些个东西，别看零零碎碎的，整个就可以贯穿这边穷人的生活。

关： 我那阵儿，在这街面儿上抓钱的时候，这朝阳门外头没有不认得我的。那时候要是有这个电视台啊，那我现在可不得了了。

---

① 引自《中共北京市委关于几年来民族工作情况向中央的报告》（1957年3月26日）。

1. 朝阳门外的街面儿

关： 我八十六岁。我叫关松山，就是冠老姓。

定： 老姓是瓜尔佳氏？

关： 对。

定： 您有满名吗？就是满族人的名儿，旗人的名儿？

关： 没有。什么叫满名，我也不懂。我生人就在朝外这儿，营房生的，也没离开过这地方。反正老人家里穷吧，朝阳门外穷人多，南北营房，这个旗人全都懒，不工作。这阵儿说就是政府吧，给着旗人的饷，咱就拿这俩钱过着生活，不想着干什么，整天提笼架鸟的。他没事可干，那可不就干这个嘛。

定： 你们这房是自己的还是后来的？

关： 自己的。原先是营房，后来又花钱翻盖的。这一片原来都是营房，现在也不同，净是外地的人了。要是说营房现在老住户，还就是我这儿啦，我是没地儿啊。我工作的时候，这儿没有这个职工分房，我退休了，他有了，可人家没我的了。

关圣力： 反正我记事时，朝外大街南面是南营房，街北有南北向的两条胡同，东边的一条叫元老胡同，西边的一条叫吉市口，在这两条胡同之间，有东西向的几条胡同，叫吉市口头条、二条、三条和下三条。再往北，就是现在工人体育馆那块地儿，那里就是北营房。

关： 原来不是兴这个上三旗、下五旗营房吗？这个北营房是镶黄旗的营房，咱们这个南营房是镶红旗的营房，刚才一进门这马路，往南来，这叫蒙古营房。

定： 蒙古营房住的是蒙古八旗吗？

关： 嗯，也是在这上三旗之内，先是正白满，后来就降为正白蒙啦。他上一辈带兵打仗，在外头，战争去，北番，蒙古，到那儿，把人家的少女就给俘虏了，就跟人家结婚了，这就犯军法了，就从满洲降为蒙古啦。崇文门外那是蓝旗营房。蓝旗营房也分这个，西半拉那儿叫铁蓝旗，东半拉那儿就是蓝旗。[①]

定： 铁蓝旗？这铁是什么意思？

---

① 八旗中有上三旗、下五旗之分，上三旗即镶黄、正黄和正白三旗。下五旗即镶白、正蓝、镶蓝、正红和镶红五旗。上三旗由皇帝亲自统领，下五旗由王公分别统领，二者地位有高低之分。至于从正白满降为正白蒙之事，于史无徵。铁蓝旗亦无考。

关：它这名字反正就叫铁蓝旗。合着全都是蓝旗，它又挂上这么一番号。

头两天东岳庙的人把我找过去了，他们有记者写着，说这个朝阳门外是一片旷野，说没有大栅栏那么风光。我说他说的这个也许对，也许不对，我说大栅栏这地区尽是阔人，有钱的主儿，是热闹啊，可是说朝阳门外一片旷野就不对啦。我说这朝阳门外啊，从大年初一这一天，一开东岳庙的时候，这马路全过不去人。那阵儿啊，朝阳门外大街是干什么的全都有，就从那神路街，往东边，往那蓝岛（即今蓝岛大厦），一直到现在的百老汇，就这一截子就十几多家，全是大粮栈。运粮的嘛。过去老年间说的运粮河。粮食上来全在这集中，在东大桥这儿。

定：是清朝政府的粮栈，还是私人的？

关：私人的。政府来粮就是仓。这儿有一储寄仓。

关圣力：他说是旷野也有道理，他可能记忆里是土城外头，东大桥外头，就已经全是庄稼地。从朝阳门到东大桥，然后顺着这条路，到呼家楼，红庙，这条路边上有点人，但也不多，一出东大桥就不多了，但这段儿，这儿原来有一土城墙，从三里屯到永安里是土城，这是中间这儿，非常热闹。

关：一个是有城墙啊，还有一道护城河。这朝外大街净是茶馆，就是七八个，什么人开的全有，主要是旗人自己开的茶馆。这朝阳门外全知道有个连三茶馆，有个旗人姓连的，他这也是冠老姓。一出朝阳门外这儿还有一个茶馆，我就不知道他姓什么啦，那是旗人。还有个姓杨的，他就不是旗人啦，是一个回民。咱们这儿离回民区近。

关圣力：这儿有个清真寺，南下坡。

关：不是一个清真寺，是俩。北边还有一个，那是老清真寺，现在南面那个是新的，可是年头也不少了。① 那阵儿茶馆人多着呢，要不怎么着，天天提笼架鸟的，一早起来就上茶馆，这是他生活的一半。那阵儿上茶馆不费劲，几个子儿，一个碗儿，带包茶叶，到那儿就一天，这阵儿您要上茶馆就麻烦了，你要上他那儿，还得喝他那个什么，五级的（茶叶）还八十五块呢。

在茶馆那儿，您得什么，一边喝茶，一边找事儿。你这儿喝着茶呢，这外头这儿："嗨，这儿有两辆排子车，谁拉去？"哎，跟出去了："哎这我去我去，掌柜的这碗儿我先扣这儿了啊"，你去回来，回来再喝。就这

---

① 朝阳门外南下坡老清真寺据说建于康熙年间；新清真寺是光绪年间由当地回民集资兴建的。

一天，他去这一趟就够了。还有拉房纤的，① 当厨子的，那阵儿叫什么，长年禄，吃长年禄这种饭。谁家他全去，到那儿什么全能干，你家要是办喜事，办婚事，一等上的礼节他全懂。都是男的，比现在这个小保姆强。也得穿上长袍，这叫进过家门啊，不能露着胳臂，露着大腿，这不成。

定：长年禄这仨字儿怎么写？

关：闹不清。

关圣力：我也不清楚，今儿头一回听说。

关：这养活鸟的，也不是一定就拿这个玩儿，大部分他拿这做买卖，他把鸟训好喽，听话了，谁叫全成，他倒手卖钱。那阵儿街上算卦的得用这鸟叼，他把这鸟笼搁桌上，把笼打开了，给这鸟叫出来。您来算算，算算这几儿（北京话即"什么时候"之意）走运啊。就指这鸟为生。

也有养活鸟的，不卖，他好（hào）这口。这鸟它上口，有套，能叫多少套。街上要有特殊的声音，它就能给上上口。有卖吃的什么的，模仿那阵儿老百姓喝水的，挑水的，倒水的，还有那水车铃，吱吱扭扭、吱吱扭扭，什么老头揉核桃，这百灵都能灌上。

定：您是说这鸟能学人揉核桃的声音，也能学水车走过去那咯吱咯吱的声音是吗？

关：过去那水车都不膏油，膏点油也都让水冲了，它走起来就是吱吱扭扭、吱吱扭扭。还有什么呀，叫猫，等养活好了，也是显摆（炫耀）这事儿，在茶馆，把这笼子打开啦，一说给我叫一猫，它就"喵喵"，就这个。反正十几套。这要是一只净口的百灵，卖不少钱呢。

定：叫猫是脏口的吧？

关：那不算脏口。脏口是什么啊？是苇刹子，夏净天儿在苇塘里头，叽叽咕咕叽叽咕咕，这是脏口。老家贼，这全都是脏口。要是您养了苇刹子，您也在这儿喝茶，我也在这儿喝茶，一瞅您这个，赶紧把笼子上上，走了，躲开您了。要是上了脏口就不好办啦，它就掉不了了。

定：您对养鸟挺熟，您也养过鸟？

关：我不会养这个。

2. 父亲一家子

关：我父亲姓桂，这是指名为姓。叫关桂茂就挂上老姓了，咱旗人这

---

① 拉房纤的：旧时京城专为房屋买卖牵线的人。

老姓啊，现在再说就寒碜、俗气，就全说姓关得了，干吗又俩啊？

　　定：您爷爷做什么？

　　关：全都是旗人哪，爷爷我没瞅见过。奶奶也没有瞅见过。

　　定：您父亲呢？

　　关：我父亲跟我大爷，那阵儿在东华门值班，东华门，那时候两排有朝房。要怎么说这个，咱们这是正白旗，上三旗，是皇上家的禁兵。反正咱家那时候没房没地，全都指着这钱粮。我赶上一个末尾儿，小的时候带着我去领过钱粮，那时候都不记事啦，就是民国几年吧。我也不知道多少年，没有这记性。以后（清朝被）推倒了，这个没有了，就当吹鼓手，知道吹鼓手是什么不？

　　定：吹鼓手，就是谁家要出殡的时候那吹鼓手。

　　关：谁家要有点什么事儿啊，得有个响动，你就是家里头多没辙，没钱花，要是死了人，结婚的，也得办一回事儿。好比说史家胡同这家里死人了，丧主家要请响器，在门口摆上鼓吹，哎，这么一来，别人家全知道谁死了，他得拿点纸上那儿祭奠祭奠。结婚也是这样，多没钱的，也得雇抬轿子，头里得有几个吹的。人过留名，雁过留声嘛，那时候就有这么个想法。不是像现在一声不言语就给弄走了，烧了，谁死了谁也不知道。那阵儿结婚啦也兴吹鼓手，死人啦也兴吹鼓手。应这红白喜事的就是鼓铺、杠房、轿子铺、棺材铺，这个，家有什么事全得找。那阵儿元老胡同[①]有一个周家鼓铺，在这朝阳门外有点名声，是个老吹手，我父亲从小就在那儿学的。我父亲他能够当个小头头，好比说今天礼拜，娶媳妇的多，用人用的多，他能给找几个人。那阵儿家里都有点儿家伙，我们家打的那鼓，打的那镲，打的那九经锣，有点这个。

　　没有这个的时候，不能天天人家老结婚哪，就在庙里头，东岳庙头喽，摆豆汁儿摊。那时候也没这饭铺，就切面铺，吃点儿烙饼什么的，那少，很少。穷人哪，就吃惯这窝头，窝头，白薯，喝豆汁儿。街上卖的也是棒子面火烧，荞面火烧，好吃着呢。您喝一碗豆汁儿，买俩饼子，连五分钱也用不了。后来我大哥也在这摆豆汁儿摊，卖馃子，卖花生豆什么的。那阵儿买花生没有一买买一斤的，都是来俩子儿花生。俩子儿就是一分钱，一分钱就这么一堆，在案子上撮成堆的。

　　那时候朝阳门外的住户啊，拉洋车的、抬杠子的、卖黄土的，摇煤球

---

① 元老胡同位于今朝阳门外东岳庙西。

的、家里盖房子都要黄土，做小买卖儿的，普遍全都是这伙人，反正也能糊口。总的来说，我这个观念，就是旗人也不是没饭吃，也能吃得饱，你要是活动活动就能吃饱，要是老是懒，不干活儿，就是穷人，吃不饱。这穷人得说分这么三层吧，我这就是在当间儿，你这儿要是老不闲着，就凑合，能过去。你要是三天歇工，两天挂对（北京土语，对，也是"歇工"之意），那就没辙。你要是摆摊，得天天儿摆，你就有饭吃，你要是接三掉两，今儿礼拜天歇吧，那就不成了，你再吃饭就得当点儿东西了。

定：那阵儿家里反正都有家底儿？

关：有什么家底儿！反正当铺什么全要，刚才我说这九经锣，你今儿没辙，给拿走当铺当去，等明儿有事儿了，没这东西，再拿这钹，把锣顶出来。就给当铺拿点儿利，他要利，就这么倒换一下，反正能吃饭。

定：你们老关家在这儿是一大家子吗？

关：不算一个大家子，我大爷他们全都死得早，合着就我们父亲这支。

定：您爷爷几个孩子？

关：三个。我父亲行二，我有一大爷，还有一个三叔。我三叔走得早，我都没见过，见过我大爷。我父亲哥儿仨没分过家。他们全都没孩子，我大爷没孩子，就老两口。

定：您叔叔也没有孩子？

关：没有。

定：娶媳妇了吗，他？

关：没瞅见过，那阵儿穷人说媳妇特困难。

关：就我父亲这块，我上头有两个哥哥，底下有我。

定：您有姑姑吗？

关：姑姑，有，但也不怎么近。那姑父也是旗人，做小买卖。她就在林驸马胡同住，就是朝阳门一过这桥，往西，老君堂，竹杆胡同，就是林驸马胡同。① 我大爷他会弹弦子，像那个小彩舞、骆玉笙，唱的那京韵大鼓，他会弹那个，老年间就是要票，不挣钱。按那阵儿说是打出掉歪，不正经干活儿，有俩钱就喝酒，有俩钱就要钱，这叫打出掉歪。

---

① 这几条胡同的位置与沿革如下：竹杆胡同位于朝阳门内大街南侧，呈东西走向。东起朝阳门南大街，西至朝阳门南小街。南有支巷通南竹杆胡同，北有二支巷通北竹杆胡同。竹杆胡同南边的胡同，明时称把台大人胡同，清讹为八大人胡同。其东有林驸马胡同。1965 年因其在竹杆胡同之南而将二巷合并，统称南竹杆胡同。竹杆胡同之北的胡同旧称老君堂。老君即老子，老君堂当是供奉老子的庙宇。旧时北京称老君堂的街巷颇多，现皆不存。老君堂胡同北侧有南北支巷曰南钓鱼台，与朝内大街后石道南侧的小巷钓鱼台相对应。1965 年与北井儿胡同、老君堂合并，统称北竹杆胡同。

定：那您大妈她干吗？

关：她在外头给人支使着，这会儿叫保姆，那阵儿叫女佣人，就在这个八大人胡同，也就是一月给点儿钱，也多不了，那时警察才挣三块六。

定：那您大爷就在家等着您大妈拿钱回来？

关：他不是等着啊，他是耍钱，就干这个啊。耍钱，玩票，现在这个叫什么，二黄的叫什么，唱京剧那个？

关圣力：票友！

关：他就是什么事都不干，就是懒。

定：那怎么办？您父亲养着他？

关：啊，那可不是。我大爷那阵儿不常在家住，他晚末晌儿喝完了粥，他上小店儿，全都是白天跟他一块儿打连连的那路人，小店，起火店，就是穷人住的，那阵儿的店也贱，一个子儿住一宿。这小店儿啊，朝阳门外不多，最多哪儿啊，天桥多。是天桥卖艺的啊，无家可归的啊，全都住这小店。

定：他干吗不在家住啊？

关：他回家住，家里这还腻歪着呢，恶心他，他跟家全说不来啊，成天不挣钱。

定：您的大妈是哪儿的人，您记得吗？

关：也是这当地的，也是旗人，她娘家就在马道口，金台路。去过金台路吗？那阵儿是漫谷野地。

定：您妈的娘家在哪儿？

关：就这胡同。我这不是三条吗，她娘家是二条。她们娘家姓贾，是旗人的一大户，不少人。我见过我姥姥，我姥姥那时就八十多。我有几个舅舅，我亲舅舅不成，就是卖菜，卖点菜啊，卖点白薯啊。我孩子的二舅，他们这家就有钱，放印子的，就在朝阳门这一带放账。反正全都是一姓，那个哥哥好过，弟弟就不好过，他们不在一块，不是一家子。

定：后来你们结婚也就不管什么旗了？

关：不，不，家里头没有那个，那个我全都不懂，说不上来。要说那阵儿西墙这儿不准搁东西，有这么一块板。有一口袋，里面净是人名。我也不懂，我也没瞧见过。

定：那叫祖宗板子。您还听说过这个？

关：老在那儿供的，这口袋里头，就一个一个的人名。"文化大革命"的时候就给毁了。我不在家，孩子他妈害怕，就劈了烧火了。

定：您父亲后来活到多大岁数？

关圣力：我爷爷 1951 年死的，生我姐姐的时候我爷爷死的。

关：也得九十多了吧。我哥哥也活九十多岁。我大哥比我大二十来岁吧。

关松山之妻插话：不到二十来岁。你那老姑姑才比你大二十岁，你大哥比你也就大十来岁。

关：大十几岁得大，我还有个二哥呢，我中途还有个姐姐。这俩人啊，没解放就不见了。我二哥那阵儿是当国民党，当兵走的，他不正经干哪，也就跟我大爷似的，在外头胡花胡挣。后来我姐姐出阁了，年头多了就断了关系了。

关妻：她嫁到东北还是哪儿了。

定：怎么嫁那么老远啊？

关：那是旧时候。她丈夫带着上那边去了，您说能不去么。

3. 我父亲好走会

关：像我父亲那阵儿，他好（hào）走会，我父亲好这个。那个社会村村有会，什么会全有，分文会、武会。你就拿东岳庙说吧，东岳庙是三月开庙，开半个月，天天有会，全都是各行各业组织的，进龙会、传香会、百纸会、百纸献花会、百纸放生会，这全是文会，我父亲是文会，是吹，也会吹笛子，也会吹唢呐，也会吹管子。一提起来这桂二老爷子，是会的全都认得这桂二，天桥一带全都认得。

定：他走会是喜欢玩，还是他做善事？

关：他一点儿不挣啊，反正就是好（hào）玩。一去无挂碍，去到那儿管吃管喝，爱干什么干什么。那时候的走会啊，我发现就跟现在这旅游似的，这春季啊，组织一帮人旅游去，老太太啊，化化缘，给点儿香钱，就跟着一块儿走会。那阵儿呢，是各行各业全有组织，一年到头算这账有结余了，这笔钱拿出来，帮会。你要是上妙峰山去四天，上潭柘寺去六天，上丫髻山也是四五天，坐大车。全都是人家组织会去的。你说这个三台山，三台山在南苑里头，三台山的会是四月二十八、九月十五这两天，开两天。① 他

---

① 三台山，位于京南大红门外元明清皇家苑囿南海子里，南海子里有晾鹰台、杀虎台、大台子、二台子、三台子、单台子等，是专供帝王巡幸狩猎的几个土台，被百姓称为"三台山"。据隋少甫、王作揖著《京都香会话春秋》（北京燕山出版社 2004 年版）中称，三台山走会的时间是每年农历九月十五这一天，而不是如关先生所说还有四月二十八一天。隋少甫据说出身于"香会世家"，在 20 世纪 40 年代初曾带花会来三台山走会，称这里只走了三年会（第 36—37 页）。所说与关先生均略有参差，但关先生所说也未必不对，可相互参照来看。

这明着是开两天啊，可是您看四月二十八吧，他二十六就进去了，他得布置工作啊，搭棚啊。那九月十五啊，八月下半个月就蹲那儿搞了。再说这个妙峰山，馒头会、燃灯会、路灯会，你要上妙峰山，你一个子儿甭带，你鞋坏了，半道儿有修鞋的；到饭时了，那有粥棚，你也甭叩头，也甭作揖，你坐那儿就喝；遇着那馒头会来了，他给馒头。上妙峰山这叫走香，东岳庙这个叫坐香，叫坐棚办会，玉器行、花行、布行、花市的，做买卖的全都上这儿办会来。全都是他们工会里头出这笔钱。办会就得有人来，就跟咱们家办事似的，头头、亲戚上这儿来助威来了，助威他得带点儿东西什么的，得送点礼吧，这叫坐棚，在这儿办会，不出去。现在你要画上脸，穿上服装，在马路上练上了，这政府让你练吗？不让练！那还叫什么调香走会啊？

原先我父亲就有这么一档子会，他组织的一档子会，叫"乐善同音，中军义堂"，中军就是吹唢呐，[①] 要是来了会里面的人，带了香纸给老佛爷烧香，他要给吹，他这一吹，这神耳一打，老佛爷就好像知道了，有人给我烧香啦。这叫"乐善同音，中军义堂"，有这么一会。大伙儿给捧的。

定： 那得花多少钱啊？

关： 那花不了多少钱啊。咱们组织这会的也不要钱，这走会的也不要钱，就全都是耗财买脸。[②] 你就用点儿钱，这叫钱粮，置两个拢子，就是挑的那拢子，再置点儿旗子跟铃铛，插在上面一挑，哗啷哗啷走，哎，这就算一档子会。

可是你这会得有大伙儿捧啊，这你得管饭。从打一起走，就得打知，吃知，谢知，这是必须得花钱的地方。就说咱们这个会，请一档子秧歌，请一档子中军，一档子大板，再请一大车板的，伙食板的，这一档会全都得有。

定： 大车板，伙食板是？

关： 那走道得坐车啊，半道得打尖啊，得吃饭啊。这大板是什么啊，这么大个儿的大铜锣，梆这么厚，拤在这儿打，咣咣，他这不是打吗，咣

---

① 关先生这里说的中军，应该是指中军班音乐，这是一种民间吹打音乐，以唢呐为主奏乐器。中军班艺人多为职业、半职业性质，为民间有婚丧喜庆时所雇请。

② 民国年间蔡省吾《北京岁时记》："过会：京乡游手排演各当行香走会，耗财买脸，匪豪民不能为此。虽系游戏，中有武功甚深者强于博弈不必甚禁之，亦与民同乐也"（载王彬、崔国政辑《燕京风土录》上卷，光明日报出版社2000年版，第139页），该书称"匪豪民不能为此"，却未必属实，关松山家并非豪民，也乐于此道。又"耗财买脸"一词在清末民初人夏仁虎的《旧京琐记》里就有记录，指的是富贵人家子弟自己花钱唱戏的行为（北京古籍出版社1986年版，第106页）。

咣，中军就吹，"日日日日"。有中军就得有大板，这两档子会就并成一档子了，走在一块儿啦。中军是俩喇叭，一个小鼓，还有一个镲儿，这么大个的，中间有一包，咣咣，打出来跟钟似的。头里得有一拿旗子的。这大板儿啊，有八个的，有四个的，那是四象生八卦。我听那大板儿都堂说过这事儿，什么四象生八卦，什么五行，也不知道是什么东西，我也不懂。①

别的文会要是有人帮会，他得有个响啊，也下帖子上这儿请这会来。会头叫都管②，管我父亲叫桂都管，全都是桂子，桂都管。好比他上咱家来请这个"中军"来了，"中军义堂"，事前得打知，就好比三月二十八日东岳庙要走会了，先上这家来告诉一声，挂着响儿来，打着声儿，咣咣咣，到您这门儿，给您刷一个报子，就是贴大字报。这报子是黄纸，那帽子是蓝的，卷成荷叶似的，底下是一个莲花座，全都是纸画的，贴在门口，这是给您打知了。

定：就是通知一声的意思是吧？

关：对，他这一打呢，大伙儿就全听见了，出来瞧热闹，就知道这老爷子爱走会，助善事，这叫打知。这还没到三月二十八呢，打知的就给你这帖子，明儿是二月十五，咱上哪儿，北京王府饭店，到那儿吃一顿，这就是吃知。二十八走完了会，定个日子，这叫谢知。咱们到谢知的时候，这中军，大板，是两橱桌点心，秧歌一橱桌点心，伙食板一橱桌点心，吃完了饭，一人一包。那阵儿的走会，就这个形式。反正一档子会也挺费劲的，这里面还得有账房，买东西，人家送什么东西，进什么东西，全都得跟着。反正走这一档子会也不容易呢，得布置好多事儿。

定：那个时候走会分不分旗人汉人？

关：那不分这个。

定：您跟着走过会吗？

关：走啊！东大山，丫髻山，妙峰山，潭柘寺，戒台寺，三台山，这是上山。③ 还有私下里走会，就是不上那几个大山，自个儿上哪儿烧香去，

---

① "四象生八卦"的原话可见《易传·系辞上》："是故易有太极，是生两仪，两仪生四象，四象生八卦，八卦定吉凶，吉凶生大业。"四象，即太阳、太阴、少阴、少阳。

② 香会名目繁多，少则数十人，多则数百上千甚至有上万的，故而组织周密。总负责人称会首，下设副会首，副会首之下设的就是都管，都管之下还有各把儿，如打鼓的称神耳把，维持秩序的称中军把，等等。

③ 这里提到的几个都是老北京当时最大的香会。妙峰山位于北京西北，北临昌平，东临海淀，西侧是门头沟，在清代香火之盛据称即甲于天下，每年朝顶进香者多达数十万人，成为民众信仰的中心。丫髻山在今平谷区境内，又称东山，每逢农历四月初一至二十举行庙会，最多时朝山进香的人数可达十万人。戒台寺位于京西门头沟区马鞍山麓，是著名佛教圣地，香会表演远近闻名。

还愿去。好比有一种居士，要认个师傅，他花俩钱到庙里头烧香，他也请两档子会。那儿给他一个本，写着他几儿几儿（即何时何日之意）入的庙，也就算是出家，这就是私下的。

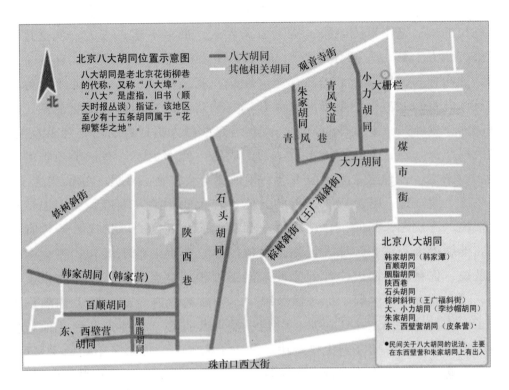

我还认得一个小店的店掌柜，叫宋祥贵。我为什么认得他啊？他们家组织了一个绿豆会。他有钱哪，他那个会也挺阔的。从他们山庙这儿一清早走，上妙峰山，走到道上，哪儿遇上土地庙，龙王庙什么的，茶房茶舍，全都献上一盆绿豆，这叫绿豆会。他献那个绿豆，那茶房拿绿豆熬了粥，再奉献给大伙儿香客，舍啊，十方来十方去的意思。他组织的全都是天桥这儿卖布匹的、扛粮食的，还有天桥杂耍地的，这个。吃杂耍地知道吗？天桥拉洋片的大金牙，什么八大怪，唱京剧的小丰子，这阵儿叫文艺界，那阵儿就是杂耍，拉洋片的。这绿豆会啊，他单请一拨旗装的秧歌，秧歌还分几种，什么地崩子，什么高跷，那叫秧歌。单请的中军。他们那个会的会规里头单有他们那一套，他们得说得上来啊，怎么个起因，这个。

我走过一个攒香会。这攒香会在哪儿呢？在石头胡同。知道石头胡同吗？胭脂胡同，西珠市口，那个饭庄子叫什么园？卖烤馒头那个，丰泽园。丰泽园的西边就是石头胡同。一个谢太太，一个白太太，还有一个太太姓什么，这三个老太太发起的，全都是八大胡同①，知道这个八大胡同吗？就是妓院，全都是那个妓女，姑娘，都是一等、二等，不是那下等的，全有钱。这白太太跟这谢太太，就是那个妓女的妈妈，（每人）手里头都有几十个姑娘。她这会就大啦，上丫髻山，就是去六天。篷车瞅见过吗？就是马拉的，一篷车里俩姑娘，搭一个老太太，最多不超过三人，就这篷车足够有四五十辆，头里有卤子②、旗子，两人抬的，一人挑的，有这个大板，这叫神耳，打得咣，咣，有这个钟吹，就是仪仗。这一早儿走，你看着有八九点钟的时候，顺她那儿就开始，从这个门框胡同、胭脂胡同，石虎胡同，顺那儿一走就珠市口，一直走着奔前门大街，进前门，奔东直门，到大成庄那一站，今儿就不走了。到大成庄，就不走了。有一个顶香的姓谢，叫谢宽。合着谢太太这攒香会，跟他那个会掺在一块儿，这会又大了。

这个谢宽哪，是个厨子，男的。他顶着大仙姑给人瞧病，这当地什么大成庄，小成庄，酒仙桥，这一带全都上他那儿瞧病去。好比要给你瞧病吧，他就得烧一炷香，那大仙姑得附他的体，会唱的他唱两句，不会唱的他就说：你啊赶紧回去，你到家冲东南走十步，烧点儿纸，我再给你点儿药，哎，就瞧好了这病。那时候医院少，一般老百姓全这么瞧。你瞧病瞧好了，你就得上他这儿还愿来，给他提溜点儿点心，再给点儿钱。他就告诉你啦：咱们四月初几要上妙峰山，你去不去？去，你来了不能白手来啊，得带点儿钱啦，衣物等东西。到了那天，他那儿预备预备，就跟办事似的，一搭棚，大敞车。当地的老百姓连男带女的，四五个人坐一辆大车，中军有两辆大车，打神耳的也有两辆大车。等要调香走会的时候就全都下车，大车在后面跟着，他们一边走一边打一边吹，走。合着这香客，这就叫香客了，全都跟在后面拿着旗子。走到大成庄，在他那儿住一宿。第二天从大成庄走，就到杨各庄，那叫京东头一阵。在杨各庄这儿又住一天，第二天顺杨各庄就到丫髻山了。在丫髻山那儿住两天。

---

①　北京的胡同多如牛毛，独独八大胡同闻名中外。因为当年，这里曾是烟花柳巷的代名词。"八大胡同"在西珠市口大街以北、铁树斜街以南，由西往东依次为：百顺胡同、胭脂胡同、韩家潭、陕西巷、石头胡同、王广福斜街、朱家胡同、李纱帽胡同。其实，老北京人所说的"八大胡同"，并不专指这八条街巷，而是泛指前门外大栅栏一带，因为在这八条街巷之外的胡同里，还分布着近百家大小妓院。只不过当年，这八条胡同的妓院多是一等二等，妓女的"档次"也比较高，所以才如此知名。老北京城的妓院分若干等级。最早的妓院分布在内城，多是官妓。现东四南大街路东有几条胡同，曾是明朝官妓的所在地，如演乐胡同，是官妓乐队演习奏乐之所。内务部街在明清时叫勾栏胡同，是由妓女和艺人扶着栏杆卖唱演绎而来的。以后"勾栏"成为妓院的别称。

②　卤子：疑是"卤薄"的代名词。卤薄指的是皇帝的车驾、侍卫和仪仗。这里是对皇家仪仗的一种模仿。

定：那么多人哪有地儿住啊？

关：全都搭席棚，这道上全都有席棚，有茶棚，有小庙子，就是村里的土地庙，龙王庙，这全都接待香客啊。你这儿只要有一个小佛楼，到这个日子，全都预备点儿茶水，给大伙儿喝，他们半道还舍粥呢。不是照这阵儿似的，什么没有。这样，一天到晚，这个道上全都是走会的香会，全都是自发的。各行老百姓全都是自发。烧完了香，这再回来。

定：因为您父亲太爱玩了。

关：对，他就耗财买脸，不挣钱就干。就不挣钱，助善。就白吃顿饭，不挣钱，是这个。人一般那穷人啊，也有做善的啊。一身一口的，家里没有负担的，就拉洋车，他这也走会，他这洋车不拉了，他到那儿先混两顿饭。就说是高跷，耍狮子呀，要说你这穷人尽走会也不挣钱，你还有这工夫走会去，你能说他是穷人吗？这不知道底细的说他不是穷人，知道底细的他家那摆豆汁摊儿，他媳妇看着呢，他不摆摊儿家里没辙，就这么个结算。

定：您父亲说是摆摊，一年也摆不了几天。

关：他净走会去。

定：您哥哥也去走会吗？

关：他不走会。家全走会，就甭张嘴了，甭吃了。我哥哥在家摆摊，跟我妈。

定：那都得靠您母亲在家操持着？

关：啊，对，对。我母亲还成，反正料理这家务这事成。你要是拉出去练两天，她那儿不摆摊，我爸也走不了会了。家庭妇女啊，也不嫌寒碜反正是，那阵儿哪有妇女做买卖的。那老年人啊，脑筋全死。

定：就是您母亲做，别的妇女都不做？

关：别的妇女哪儿有干活的，没有，全都是男的。你看摆摊也挺难的呢，戗豆汁儿去。现在这儿有一个新中街，那地面叫什么地面？保利大厦的北边，有两个豆汁儿房，就那亚细亚煤油的油桶，我哥哥要挑起来一挑，两满桶，我妈那就是两半桶。后来我长成了，我也挑过。

定：您父亲不挑？

关：他要没事他挑，我哥哥挑。再以后就不摆摊了，在家做点手工活什么，糊火柴盒。反正也不能说挨饿啊，也不能说有出息，就这么个。

定：糊火柴盒也主要是您母亲吧？

关：啊对。我爸爸要是挣了钱还不交家呢。你要说家里面有困难了，让你拿出俩钱儿换二斤棒子面，这不成。你要说是走会去，让你再拿出几块钱来，这成。

定：您父亲在家这么厉害？

关：也不厉害，就是他说了算。

4. 粥厂和福音堂

那时候有这么一种福音堂，马可福音，基督教的，打着鼓，吹着号，劝咱们老百姓，让你随他这教。那时候北京就有"耶稣庙，瞎胡闹，不为信教为的是这六块北洋造"。怎么有这个口头语啊？就说他这个瞎胡闹。你要是信了他这教啊，他给你找事儿（找工作之意），遛马啊，干什么苦力活啊，给你一个月六块钱，六块洋钱啊。那阵儿咱中国警察才挣三块五，一个月！这洋钱有三种，一种是袁世凯的大脑袋，一种是孙文孙中山的大脑袋，还有一种是宣统元年的洋钱，这洋钱最古老了，比大头要早，银子也好，银子一吹就"日日日"地响。咱中国政府没有给老百姓找事儿的，找了事他也不正经干。

定：那信他们那教的多吗？

关：也不少啊，你一信他，你就有保障了。他们闹的什么事儿？东岳庙初一、十五开庙，他上庙里头去，咚咚咚吹喇叭："劝你劝你，老和尚"，那阵儿我小时候，不懂什么叫"劝你老和尚"，敢情是"劝你啊老和少！"这福音堂到每年腊月，那阵儿不叫圣诞节，叫耶稣生日，你只要是上这个福音堂，到那儿听他讲去，哎，一家儿给一份杂拌儿，全发。还开粥厂，打粥，给这穷人一人一份，就是不随他的，也给。

定：您参加过吗？

关：去过啊，我小时候我母亲就带着我去呀，抱着我，那就能领两份，你要一个人去就一份啊。早起进门上那儿领粥去，进门那儿先发你一牌，里头的院子全搭那木头架子，留这么一块人过的地，排着往里走，从那口出去，给他这牌，两边站着两人。一过，咣，这么一铲子，搁里面，一小盆。那大木桶全这么大个儿，那木铲子有这么宽，他那粥就是小米啊，不是像咱家熬的这粥似的，跟米饭似的，稠的，也不知是怎么熬的。他就这么拿铲子一舀，咣，一份。回家买一个大子儿萝卜干，就着吃了。你要是家里富裕点的，买一包黑糖，这一顿早饭就拿过去了。好吃着呢！晚上还有一顿呢，是这救世军的。咱们政府（办的粥厂）就是早上一顿，救世军的是两顿。

关妻：就这海福寺，外头就有一个粥厂。

关：这朝外七条还有一个粥厂，七条粥厂。这儿还有一个，是救世军的，暖棚。你在外边游动这么一天了，甭管你挣钱没挣钱，就是没有家的，没有地方住宿的人，晚巴晌儿到那儿喝一份粥，就在那儿睡了，这叫暖棚。什么数来宝的啊，什么在大街上要饭的，外来的这个流商啊，他就全都住这暖棚。

定：您信那教了吗？

关：哦，不成，我就信那个佛教（笑）。从根儿就信这佛教，我信释迦牟尼。

定：您信佛教是从您父亲开始的？

关：对啊，他去走会的时候，他那阵儿就信佛教。我们家里都信佛。

5. 在东岳庙出家

关：北京城在袁世凯、孙中山以后，旗人就见少了。怎么着把辫子全都给削了，是带辫子的全都是旗人多。

定：您梳过辫子吗？

关：梳过，没梳过哪儿成啊，我在东岳庙出过家啊。

定：您怎么去的东岳庙出家啊？

关：那阵儿的出家人没有好人，好孩子不送庙啊。没有说家里头这孩子挺好的，给他送庙里去吧，那还嫌丧气呢。那时候也有医院，就是私人大夫，瞧不好，算了命吧，来个瞎子给您算卦，你许的愿，许到庙里吧，好了，就得还愿。我小时候因为什么去的东岳庙啊？我小时候也就这么高吧，姐姐带着我打粥去，走到这个元老胡同北口，那阵儿刚修这七条粥厂，走到半道有一卖粥的，卖粳米粥，早上卖这个焦圈，马蹄烧饼，这头是砂锅啊，熬着那粳米粥。我正走着，有个小姑娘端着这粳米粥，整个全洒我脖子上了，就给我烫死了。

定：哦，烫晕过去啦。

关：啊，到现在还有这个疤呢。到家以后，反正是有点儿气儿，也不死，也不活，就在地下躺着。那阵儿没有这大医院，找这老中医也瞧不好。怎么办，后来一来二去，就说找瞎子算命，哗啦哗啦求签，这瞎子就告诉说啊，这孩子命硬，签上写着是出家好，得给他跳个门槛，找个命硬的干妈求。那阵儿我爸爸不是在大街摆摊吗，和我妈。朝阳门外有八家大砖窑，这八家窑上的柴火啊，全归一姓郑的老头子，郑二，他管供。他名字叫郑通，在三里屯住，上大街离这儿不远，他就跟我爸爸在这豆汁儿摊，喝豆汁儿说话。我父亲说这孩子在庙里许愿了，郑二说那你让这庙里当家的收下不得了吗，我爸说跟人家说不上话儿，郑二说这当家的是我侄儿，你让他给送去不完了吗。后来我就认郑二这老头的侄儿当师傅了。

定：那您找干妈了吗？

关：找了。这干妈得要一个越穷越好的，找了这么一个，叫金干妈，就在庙头里要饭的那个。东岳庙初一十五开庙啊，她就在庙头里："大姑姑您给俩，大爷您赏俩。"您要是上庙烧香，拿着两股香，那阵儿一封是五股，两封是十股，您上子孙殿啦，还是上财神殿啦，她把您这香抢过来给您拿着，她在头里带着，上庙里给烧了，这叫抱香。人家烧完香，给她点儿钱，这金干妈就干这个，我认的就是这金干妈。

定：你们原来认得她吗？

关：原来知道啊，我妈在这庙头摆摊，怎么会不认得这要饭的？这金干妈外头是要饭，她那家里头也不是挺难过。后来跟这金干妈年年都有来往。她的孩子我就不认得啦。

我进庙的时候不到十一岁吧，就是当那个老道。我爸爸也请几档子会，就跟聘姑娘似的，敲着，打着，给送到庙里头去。亲戚也来，送两双鞋、袜子，拿着香。后来我就好了，你看这事儿。

定：那您在这道观里头每天干什么？学着念经？

关：那阵儿就是学念经，现在也全忘了。这啊，我出来也就有十三岁了吧。出来就因为咱们家穷。那阵儿是狗眼看人低，你要是有钱，那是能耐，怎么全能，怎么全吃香。咱家摆摊，对他就影响不好。也搭着孩子闹啊，里边师兄弟，我跟他两人打架闹着玩，正吃午饭的时候，在厨房这儿打起来，弄着面汤，他烫着我，我烫着他。这师傅说你们俩先回家待些日子去吧，就因为这个，就出来了，那孩子也出来了。那孩子后来又回去了。我没回去是怎么回事儿啊？我个儿高，当吹鼓手得穿那身衣裳，我能穿得起来，能穿起来就能挣钱啦，咱也甭回去了。庙门口有剃头的，给他叫过去，把头就算剃了，买几股香到大殿里烧个香，就回来了，不去了。

6. 当吹鼓手

定：您打小儿念过书吗？

关：我念过，念过私学，"人之初""赵钱孙李"。那阵儿哪儿有学校啊，就是这私房里头，找个老师就教这个小孩。那阵儿我笨，可是也念了有四五年吧，要搁这会儿也是中学生，是不是。现在全都就饭吃了。

定：您还笨？您会的，别人都不会。

关：我这是傻奸傻奸的。好事记不住，坏事都给记住了。

定：您打小儿也跟您父亲学了好多本事吧？

关：我就是学吹，吹喇叭。后来我也就是干这个。我这儿合着也就是没师傅，就算半路出山。从小没得干，小时候就是长身子高，能穿得了这衣裳，出去能赚点钱，拿家来能吃饭，慢慢一点一点把我给带出来。这衣裳就跟那唱戏的戏装似的，蓝的。结婚的上面有喜字儿。死人的里头是蟠龙，全都是画的，穗子里有白点儿，你能穿的起这衣裳来，就能挣钱。……这吹呢，也得分几种吹法。

定：您主要吹什么呀？

吹鼓手（引自陈志农《北京民俗剪纸艺术》，北京美术摄影出版社 2003 年版）①

关：我这个呢，得分什么事儿，要是死人吧，就吹那叫"哭皇篇儿"，要娶媳妇吧，得吹那"喜冲冲"。您要好热闹，那会儿时兴这个，咱这儿

————————————

①　陈志农先生为在京蒙古族后裔，是现代美术的先驱者之一，他的老北京民俗剪纸艺术曾得到徐悲鸿的高度评价。我为他做的访谈，因种种原因未能收入本书之中，十分遗憾。谨从他赠予我的作品集中选取两幅，以示我对他作品的喜爱与对他的敬意，并对他们父子的热情接待表示衷心的感谢。

的姑娘给人家了，人家来了，上这儿娶媳妇来啦，您把门关上不让人进来，这会儿外头吹鼓手就得吹，吹完了，人家说您开门吧，我们接新人来了，这里面的人哪，说你给打一个"麻豆腐大咕嘟"，他点这曲子，这外头就得打，又点一个"赵匡胤打枣儿"，要一竿子一竿子的，外头又得打，他点什么，这吹鼓手就得打。他还单给点儿钱。

　　定：那时候差不多人都知道这些曲子叫什么？

　　关：对，对，老一套，民间里头全流传有这个，全知道这个。要是死人，您不能给吹得欢天喜地，就得吹得幽幽怨怨的。

　　定：那给旗人吹的和给汉人吹的一样吗？

　　关：这全都一样，反正这个做派不一样。先说结婚娶媳妇吧，那时候叫满汉执事。你要是穷人就雇一抬轿，就这一顶八抬轿子，十六个吹鼓手。要是旗人家结婚，娶媳妇，头里得有四个宫灯，就是现在大饭庄用的那种，不是"气死风"，天安门城楼上挂的那大红灯笼，大圆的，那叫"气死风"。要是有钱的主儿，这也得分好几等呢，就说这不太有钱的，您说没钱，他家里吃喝又不着急，您说有钱吧，在旗人上头那一层又没能耐的，就雇十六个灯，十六个响去，叫牛筋泡子，跟"气死风"差不多，是牛筋的，上面有双喜字儿，里面点着蜡，让一个小孩拱起来打着。头里有旗子，领着道儿，后面吹鼓手给吹吹打打。那更讲究的，十六抬嫁妆就得三十二响去，两人搭一抬。要是娘家陪的是十六抬，赶明儿男家的这头雇的轿子就得二十四个人吹去！有八面这么大的大鼓，那阵儿叫挎鼓，花脖儿挎鼓，头里还有俩喇嘛吹的那号，后面就是乐器了，就是笙竹管笛了，全穿着那花衣裳，这是有钱的。要有二十四个响器，就得有二十四个灯，三十二响器，就得三十二个灯。这是有钱的主。您看咱们城里头金鱼胡同的那中堂，礼士胡同的世中堂，全都了不得，梳刘家、乔家、佟半朝，郎一窝，① 这全都是皇上家的大官啊。佟半朝他这府我就不知道了。反正有穷的，也有阔的。

　　定：那有钱的，没钱的，还有那中不溜儿的，吹鼓手吹的曲调都一样吗？

　　关：一样。

　　定：是不是就固定的那些曲子？

　　关：那可多了。反正这边死人了吹的，这个我也懂，那边进姑娘娶媳

---

① 那中堂指那桐，世中堂指世续，梳刘家，皆见前述。佟半朝、郎（钮祜禄氏）一窝，都系当时形容此姓氏人多之意，这些都是当时的满族大家。

妇吹的，这个我也懂，那边死人找那个和尚吹的音乐，哎我也懂。

关圣力：智化寺整理这京音乐①的时候，是我父亲一直帮着弄的，他全都记在脑子里。那个×××，他还不如我父亲，但那人会说，他就留在智化寺了。

我在智化寺的时候，有几个小徒弟，是从固安县借来的。有这么一年，马驹桥，②他们农村里头，生产队有这么一拨音乐，他们叫音乐会，那年上这儿来。他那是民间音乐，智化寺也是民间音乐，他（固安县）那是老百姓的民间音乐，他（智化寺）那是佛教的民间音乐。他上这儿来，就跟到这儿比武似的，你听听我们这儿音乐，我听听你们这儿音乐。那阵儿有我，还有几个老的，有四个人。人家来了就吹，我们这儿也吹吧，我带着小和尚吹。吹的都是这么大的小管，曲子也全都是这曲子，可是智化寺吹这个规矩，听着优雅，他没这个规矩，他这透着野。

后来他这儿有一年轻的，三十来岁，他说关老师我吹这个，您听听这怎么样，他拿过这么大的大管吹。我说我就使你这管子，还吹你这曲子，我也给你吹一回，让他们大伙儿听听，他说那好。我拿他的大管子吹一回，他说还是您吹得好。我说咱们这普遍使小管子吹京音乐，你吹大管子，你就不能按这京音乐的口风吹，你得改成大管味儿，吹出河北省的味儿来。

定：就是说佛教的那一套音乐您也会？

关：也会。我到了戏园子，戏园子这些我也会，不单也会，这京剧的您得会京剧的，昆曲的您得会昆曲的，评剧的您得会评剧的。反正我全都懂。

定：您怎么学得这么好呢？因为是门里学的？

关：其实也是在乎自个儿的灵气吧。

和尚庙里头分这个禅的、乐的，分这么两种。禅的就是光会念经，不会吹音乐。您像现在这广济寺、广化寺，这全都是禅的。上二条桥的东口，路拐头，有一关帝庙，这个关帝庙就是乐的，音乐门。这个丁字街，那儿

---

①　智化寺京音乐源于明代宫廷礼仪音乐，是我国现存最古老的音乐，有明确纪年的工尺谱本，有具有特色的乐器、曲牌和词牌，有按代传承的演奏艺僧。我曾于2004年春天到智化寺去听过他们的活动，当天参加活动的有二十多人，据他们的介绍，京音乐属于佛教的北韵。佛教音乐有南韵与北韵之分，二者间有很大区别，北韵原来保留有一百六十多首，1949年时毁庙，和尚还俗，这些曲子都流失了。20世纪80年代以后老和尚被重新召回，大家凑出了六十多首，但还有一半已经彻底遗失。现在北京庙宇中演奏的，都是南韵，北韵只有智化寺这一伙了。如今智化寺里懂乐的老人也在迅速离去，前年走仨，去年走俩，今年又走了俩。还说音乐学院有教授研究这个，并且用五线谱记录了不少曲子，还出了书，但是按照那个谱子来唱，唱出来的是歌，而不是佛教的经，这就像唱戏一样，是必须口传心授的。

②　马驹桥是北京东南部一个古镇，今为通州区马驹桥镇。固安是河北省一个县，两处并不相连。

不是有一个教堂嘛，教堂的北边有一个椿树胡同，里头有一个嵩祝寺，这南小街上有一个双碑大院，还有智化寺、崇圣寺，这全都是音乐门的。会吹音乐，不是净会念。

定：和尚庙有禅的，乐的，那道教呢？道教哪个是音乐门的，哪个不是？

关：东岳庙就是音乐门。现在他不弄啊，他拿着这事不注重。他没发展起来，这合算就改成禅的了，它这根本是音乐的。白云观是禅的，白云观跟东岳庙不一样，白云观全都是游僧。他从这儿一过，扛着铺盖卷，今儿没地儿住了，可以上他那儿去。东岳庙这个不是，他就跟咱们居家过日子似的，儿媳妇有儿子，有孙子，是一家人。

定：您是说白云观那儿可以挂单，东岳庙不可以挂单。

关：嗯，其实东岳庙你要去也成，吃顿饭也成。可是跟他那性质不一样。这行当里头啊，全有派系，这派性还大，您说您会不成，您不给他蒙住了，您在这一组织里头您混不下去。你看我会和尚的音乐，我这一吹出来他弄不了，你在这里才站得住脚。这里有一种派性。

这东岳庙二次修理好了，他找我，就跟我打听这事，一年开两天庙会吧，他从外头找的这个，还让我去瞧去。我一瞅，我说这不是那么回事，不是您这道教的事儿，你既然要弄就得弄对了，让人一瞅，这不错，这是老道的音乐，这才成啊。

7. 依着和尚庙挣钱

关：你看过去街上拉洋车的，有挣钱的，有不挣钱的，他要是就坐这儿跟人聊天，下棋，他这到晚上他也拉不上人。这要是老活动着，别的道我不认得，我就拉东四到朝阳门，五个子儿，再从朝阳门到东四，又五个子儿，要是有这个你就拉，你这不是也能挣点钱嘛。

定：您还拉过洋车？

关：那怎么没干过，没事可不就干这个嘛。以前我不能干的时候，我母亲摆摊，以后我能干了我就拉洋车，当瓦匠，做瓦匠活。那阵儿多大啊，十几岁。

定：一天能拉几趟？

关：反正有就拉，四五趟吧。我这拉洋车是怎么回事儿？就好像票活似的。你是真正拉洋车的，你累了，你的车在那儿搁着，"我拉一趟嗨"，这儿正有个雇车的，我就拉。

定：然后您挣五个子儿，给他两个子儿，您留仨，是吗？

关：他不要。那阵儿的车份啊，今儿你挣了钱了，你给掌柜的五个子儿，你没挣钱，告诉说"掌柜的我今儿没挣"，"明儿个再说"，这个。不是像现在先交两千块钱，才能出车。他拉一天了，他累了，在那儿歇着呢，我说我拉一趟，拉一趟就拉一趟吧，那阵儿人都不错，都是二十来岁。我拉两趟就能挣十个子儿。

定：那时候一天过日子，需要多少个子儿？

关：过日子，那阵儿的钱，有一毛钱，基本就能过了。

定：五个大子儿，是多少钱？

关：五分。五分就好像手里有钱了似的。那阵儿那小孩，这么大点儿小孩，也挣钱。那时候死人，打着那幡儿，使那竹签，使那纸裹的这花柳，一个一个的，那小孩打这个也挣钱，能挣两个大子儿呢。

关圣力：他干的事儿挺多的，还让国民党抓过兵。后来自个儿从沈阳是锦州哪儿跑回来了，没干跑回来了。我推算是在解放战争的时候，不是日本抓的，是国民党抓的。

关：我现在都闹不清是国民党还是日本抓的。

定：您父亲那时候还在吗？

关：在。那阵儿我就当和尚了。我父亲活的时候，我当和尚呢。

定：您什么时候又跑去当和尚去了？

关：虎坊桥东面，蜡烛芯儿西头那儿有一个天仙庵庙，我在那儿当了几年和尚，得有四五年吧。就给这老百姓家里头放焰口，念经。那阵儿还没解放，我记得饭馆子还有女招待呢，我有三十上下吧，结婚了，我户口挪那儿去了，这庙里头不挪户口它不要，那和尚也王道着呢。迁那儿也行，他那儿天天有事啊。

定：您为什么会跑到那儿当和尚去呢？

关：那就不是正式出家了，就是依着这和尚挣钱。那挣钱挣得多啊。要说这和尚庙里头也分几种，这叫子孙院儿，小庙子，就好像穷点儿似的，收徒弟啊，就好像当家的收儿子似的，当家的死了，这徒弟能续上这庙，这是子孙院。你要是长春庙就不成了，要是这当家的死了，这得僧录司派，现在就说是佛教协会再派和尚当家，把你这徒弟轰出去，这叫长春庙。这合着天仙庵这小庙穷，这儿的香火少，那怎么办呢，他就聚一拨和尚，应这个民间的丧事，谁家死人什么的，就给人家念经，放焰口。这能挣不少钱。

定：您到那儿现学念经？

关：慢慢就带出来了，甭学，您要吹的经什么的，我全会。可是念的那咒子就不会了。不会呢，天天有事儿，天天有事儿，慢慢熏就熏会了。你像那个庙念经啊，跟广济寺的和尚念经又不一样了。广济寺的和尚念经，念的什么呢，他念的是修身养性、成佛做祖，脱离红尘。他（小庙）那个念的经是什么呢，就是度亡。还单有这么一套经，念的让您就像是听戏似的，和尚戏，一月换一拨，哎，这个。

定：那您后来咋又不当了？

关：后来我这家里头，我大哥活着的时候啊，就不做买卖了，有死人的也上这儿来找他（办丧事）啊，他也应啊。可是我大哥他不会吹，吹出去人也不爱听，他就会眼巴前儿呀，给找个人什么的倒成，他就干这个。这不，他这家里掰不开，就赶紧给我那儿打电话，我就得回家，反正吹什么我不能说好，全凑合。

8. "耗财买脸"的摔跤手

定（问关松山）：我听关圣力说，您父亲还是您爷爷那时候还会摔跤是吧？

关妻：他就会，他就会摔跤。原来有一个画儿，就是摔跤的。"文化大革命"的时候我不在家，我出去干活去了，让孩子都给毁了，烧了。要留到这会儿合适了。

关：在皇上头里（面前）摔跤啊，得说是头等扑户，二等扑户，三等扑户，这三种人全都摔得好。[1] 皇上一上朝，这三种人就在殿头里站着。他那意思就是要有外来侵略者啊，危险人物啊，要上殿，只可老老实实给皇上磕头，你只要有一点儿行动，他过去手一揪，就给摁那儿。

定：你们家的人祖上是几等？

关：我祖上不是摔跤的。后来我在解放的时候，跟着这个摔跤的学过。不是有天桥撂地的宝三，您听说过吗？天桥撂地的宝三，沈三，张傻子，[2]

---

①　清代自康熙朝始设善扑营，有善扑、善射、骗马三项。皇帝出巡围例有善扑营人员随侍。其中负责掼跤（即善扑一项）的总教头名罡尔鞑，跤手名扑户，又根据技艺高低分为头、二、三等。参见爱新觉罗·瀛生《老北京与满族》，学苑出版社 2005 年版，第 265—268 页。

②　王永斌《北京的商业街和老字号》记："二三十年代，天桥的摔跤场子有好几个，沈三、宝三、张狗子等，其中以宝三的场子跤手多，时间也最长，一直摔到解放初期。"与关松山的说法基本一致，唯张狗子关松山说是张傻子，又说他学摔跤是在解放时候，也是吻合的。此书的描述尚不及关老人说得具体详细。按宝三名宝善林，北京解放后被邀为国家级中国式摔跤裁判（北京燕山出版社 1999 年版，第 383 页）。

这全都是摔跤的头儿，那全都在旗啊。

定：都是扑户吗？

关：不是。那是什么，也都是穷的，没辙啊，没有工作，只有干这个啊。所有撂地的艺人，家里全是没有多大的产业，没有多大的收入，全都是街面上的穷人，上这儿去卖艺。也有外来的，唱西河大鼓的王艳芬、王艳蓉，唱河南坠子的，叫什么，这人多啦，全都是外来的。河南的多。

定：西河大鼓是河南的，唱京韵大鼓的就不是河南的吧？

关：京韵啊，也是哪儿的人全都有。这叫跑码头。你看我要会吹会拉，带着人，走咱们上哪儿，天津吧，到那儿混不下日子再回来，混下去，也就在那儿定下来了。

定：你们那时候常去天桥那边吗？

关：也不一定常去，天桥那儿是杂耍地，哪儿的人全有。咱这边旗人多啊，清朝摔跤的都是旗人。这日坛以前热闹着呢，干什么全有，跟天桥似的。一清早啊，有菜市。到下午，这个杂耍场什么的，就全都有了。

定：您说的是什么时候啊？

关：没解放呢，解放以后也这么样热闹。合着我就上那儿去帮场子去，摔跤。这帮场就跟唱京剧的票友似的，帮帮唱，不要钱。

定：这跤怎么帮着摔啊？

关：咱们拿着宝三说吧，我是宝三，我在这儿撂地子，我带着一帮底下的人，有大伙计，有二伙计，有小伙计，我是帮场的。咱这一帮在这儿撂地。摔三下跤就得要钱，大伙得扔点儿钱。有外来摔跤的，全都得先摔过我去。要把我给摔了，就得清场子，这场子就不能在这儿撂啦。要来个外人啊，他（宝三的人）得跟观众说，这是关爷，我不是姓关嘛，关爷今儿上这儿来帮帮忙，哥儿几个，小哥儿几个玩玩，大家捧捧场。然后派小伙计跟我摔，摔完了三下，要再摔，他就得派二伙计了，二伙计比小伙计摔得又棒又好。这样，我是帮场的，你是挣钱的，他不能把我给摔了，他才能要回些钱来呢。我不能够老摔啊，他手底下有五六个人，顶多我就摔上三场，且到不了摔跤的头儿，宝三那儿呢。人家瞧摔跤的啊，也跟这个球迷一样，你摔得熊啊，人不乐意瞧，不给钱。

后来我在朝阳门外帮场子。朝阳门外摔跤哪儿来的？西单，西单有一个叫赵四皇上。在这个西单游艺社，当伙计卖票。他姓赵，叫赵四，是清真教人，回民。搁在这摔跤里头，比起宝三，沈三，张傻子，他不算太好。可是他这老师好，他老师是站殿的二等扑户。他姓什么来着，这在嘴边就说不上来了。

定：那时的人是不是特喜欢玩这个啊？

关：是啊，西单游艺社后面也是一片杂耍地，什么拉洋片的，唱大鼓的全有。东安市场也有这么一个杂耍点儿，有一个跤场，他师傅叫熊什么，熊德山，是在东安市场撂场子。这全都是二十来岁在一块儿摔啊。帮场的也是满世界全去，到那儿人家也是拿我们众星捧月啊，给沏好茶，这位关爷哪儿来的，朝阳门外来的。今天在这儿让人家给捧场，给大伙儿瞅瞅，人家怎么摔，朝阳门外人家有一套。这样，他把这钱就挣下来了。

定：挣下钱了不给您？

关：不给，这是耗财买脸啊，好这个名，耗财买脸，就是这么个意思。你越摔得好，朋友越多呀，有这么一句话："跤好朋友多"啊。那阵儿朝阳门外没有不认得我的。

定：我听圣力说了，说您那阵儿特有名。

关：那摔跤场他们挣钱的摔不过我，那阵儿我身体又好，岁数也相当。

定：您怎么学的这个呢？

关：那阵儿反正二十来岁，没事早晨全都练这个，玩呢。这日坛、土城全都练这个玩。起一黑早的，就上日坛底下练去，摔跤的，干什么的全有。到（早晨）六七点钟了，就上人市上，找饭辙去了。人市是什么？有雇拉排子车的啊，抬杠的啊，瓦匠啊，抹墙的啊，干什么的全有。这一天找回饭辙了，晚上吃完晚饭，谁家院子宽敞，有这跤场，这小伙子们就全去了，又上这儿玩去了。要不我们那阵儿的人懒啊，全都是吃饱了就得。

定：多潇洒啊，第二天再找第二天的饭辙。

关：那阵儿的人就这样。

定：您说的这个，您有师傅吗？

关：有啊，我那摔跤的师傅叫金二，满族人，他是黄带子，跟皇上是本家，三等扑户。您一打听小金二，小矮个，他跟我爸爸也认得，管我爸爸叫二哥："二哥，赶明儿这侄子就归我了啊，我教他。"您看我住的现在芳草地这地方，有一个大力神郑四，还一个姓金，可是叫博二，这全都是三等扑户，摔跤摔得好的。

定：他后来不在皇宫里了，他干啥啊？

关：先是站殿，吃这皇上家的口粮啊。后来吃徒弟啊。他岁数大了，有些好摔跤的这小伙子们，请他吃顿饭，那算什么啊，那阵儿有一毛钱就全吃饭了。这博二他什么全不干，住家不知道在哪儿。他儿子在咱南营房

《塞宴四事图》"布库"

拉洋车。他也岁数大了，我小的那时候他胡子就这么长了。这大力神郑四，在天桥沈三那场子给他扫地，他们大伙儿分钱的时候，给他分出一份来。是这路人后来全都是穷死了，什么全都不干哪，没有说我去找个正式工作的，那阵儿工作也没有。

定（问关妻）：大妈您见过大爷练吗？

关妻：见过。

定：摔跤有好多种，您说的这摔跤跟现在的摔跤一样吗？

关：他们这是北京的传统摔跤，给推出圈就算赢。

定：你们摔的呢？

关：得把这人耍起来，啪一下摔在地下，躺在地上就被人搿住了。现在都改成这样啦，这现在得把他搿住，不让他起来，他再挣扎起来，我也不明白这怎么算输赢。这古典摔跤啊，就是两人一搭上了，甭管是怎么躺下的，躺下了就不能再压着人家啦，上头那个就算赢了。

定：你们摔跤是靠什么？靠使绊儿啊？

关：靠使绊儿。一个是走好步，一个是上面得有手。怎么叫手啊，就是揪住哪个地方，什么袖头，领片，腰带那甭说啦，开衩的这儿，你要揪住这儿，你要走对了步，这人才能躺下来。这走步到不了，手到不了，这人也不躺下，不好躺下着呢，谁全都憋着赢，知道吗？

　　定：那这种摔跤主要是靠腿劲还是腰劲？

　　关：哪儿的劲都得有啊。摔跤这功夫，你看这练八卦，练太极拳，跟摔跤这功夫就不一样啦。摔跤讲究抖麻辫子，抖铁链子，练大棒子，二棒子。这么宽的木头，这么粗，这么长，这叫大棒子，这二棒子有这么长，这么宽。

　　定：哦，二棒子是短粗，大棒子是细长。

　　关：你要练二棒子就是两手这么拧，这地方就起来啦，这么拧。[①] 练抖麻辫子，抖铁链子，这都是骑马蹲裆式，站好了，拿着这个铁链子，砰，得给铁链子抖出火星来。这全都是摔跤的功夫。要怎么说这也有手呢，你这步跟对方的步走对了，这一对，这就叫倒口袋，这个绊儿就使上了。这脚步也走对了，那一大步，那人就躺下去了。就是那功夫。还练这城砖，把这城砖扣一个跟锁子似的。这叫掷子，[②] 比城砖小一块，砌墙的砖，这练啊，得扔出花儿来。

　　定：怎么叫扔出花来？

　　关：也是这骑马蹲裆式啊，你得走步，自个儿围着这圆圈走步，好像两人摔跤似的。走好了步，这手拿对头了，他再拿这掷子往外一扔，那边的人就得接着，把这锁子的锁当面给拿住，这叫扔掷子。原先我家有一大石头锁，四十多斤呢。

　　那阵儿考侦缉队，不考语文、地理，考摔跤，第一注重你的，就是摔跤摔得好，最重视这玩意儿。日本时候啊，京西有一个门头村，这儿有一个土匪，这土匪心狠手毒啊，在这四郊作案做多了。那时候不是分东郊、西郊、南郊、北郊么，全有这案子。这土匪有两杆枪。房东就报告给官家了。三间新房，他（土匪）住的是东里间，房东说你们要是去，到晚上什么什么钟点去，我只管开边门，东门我就不管了。侦缉队有一个叫李鸿泰的，是朝阳区的人，就代表咱东郊去了。他这个摔跤比枪还快，人家把门一开，这屋门要一响，人就得到土匪跟前，就得这么快。也甭往细了说，

---

　　① 爱新觉罗·瀛生先生在《老北京与满族》一书中也详细谈到北京旗人练习掼跤的基本功，与关松山先生所述基本相同而略有参差，如"拧棒子"："用一尺多长的木棒，粗细度合手，天天用力左右拧。正式学跤后仍天天拧。……至少在半年以上才开始正式学跤。不论达到如何高度水平，踢和拧总得练。"（第269页）

　　② 掷子，亦称石锁，是把一块扁长方形的石头，靠一侧凿成一个长方形孔，透出的上端修成圆柱形作为手柄，形如古代的铜锁。最大的约五十斤重，小的也有一二十斤，是民间锻炼的一种器械。关先生练的掷子四十多斤，还能扔出花来，应当是很不错的了。

这李鸿泰过去，就给这土匪撂在那儿啦。他要没这功夫，他到不了那儿，讲究的是摔快跤，快啊。门头村在海淀那头，快到西郊飞机场了。这都是老事儿啦。

9. 婚姻和家庭

定： 你们小时候常去东岳庙吗？

关妻： 常去。

定： 我听说那时候不让小孩去，是吗？

关妻： 怕小孩害怕。

定： 那没结婚的姑娘是不是也不让去啊？

关： 没有，那阵儿东岳庙还有一个月下老殿呢，这月下老儿就是给搭桥牵线的，哪能不让姑娘去啊。

定： 你们二老那时候是不是也在那儿让月下老牵的线啊？

关： 我这事是父母包办，不要不成，也得亏这样，要是照这阵儿似的自由结婚亏就大了。这里还有一段历史，我们街坊这儿有一个胡大姐，她管我妈叫二大妈。这胡大姐她男人啊，是北京保安队第几大队的队长，驻东岳庙，我妈跟我哥在庙里摆摊，跟这队长什么的全认得，这胡大姐给我说一对象，机场那边天竺那儿，有一个地方叫黑桥，这黑桥有一个恶霸地主，姓宋，这宋家是老两口儿，就这么一姑娘。这队长托胡大姐给我说，让我上他们家去，跟那姑娘结婚，那阵儿我没事啊，在这警察队里头给我补一个名字，就住在黑桥，住在宋家。这宋家有钱啊，没钱他不能养活这一班的警察队，这警察队在他家住一个班呢，在他家吃。……

关： 得亏我妈没让去。我妈说搞对象，这媳妇在他们家不成。得亏那个没弄成。那姑娘，那阵儿就烫着大飞机头，好家伙，没解放的时候。

定： 您妈还挺英明的。

关： 她成天在街上摆摊做买卖。她就说娶媳妇就得娶到我家来，不能让我们孩子上那家去，你就是给他在那儿补一名字也不成。这么样没成，吹了。

定： 那您现在的老伴是谁给介绍的？

关： 她啊，她姐姐，非要把她给我不可。他姐姐是我姑家嫂子。

关妻： 就是亲套亲。他大大是我姐姐的姑婆，他太太是我大姐的姑太太婆。

关： 我大妈的侄儿媳妇是她姐姐，我大妈的内侄媳妇是我爱人的姐姐，反正勾着点儿亲。要不然哪儿能要她啊。

　　定：她们在旗吗？

　　关：她不在旗，可是她姐姐她们家在旗。她们家那阵儿就说是农村人了，现在不是农村了，马道口，金台路那儿。[①] 就是老夫妇俩，带着四个姑娘，没有儿子，她是最小的。家里有几亩地，种地。

　　关妻：有几亩地也是人家的，租人家坟地的房，人家有几亩地就种吧。那坟主姓曲，原来有个第一舞台就是这曲家的。我也是听说，具体什么情况我也不知道啦。我爸是瓦匠，一出朝阳门打听赵二爷，谁都知道。

　　关：他是古建筑。

　　关妻：他把图纸一铺在这儿，一瞅，就领着人盖起来。像辅仁大学原来就是我父亲带着人修的，现在不叫辅仁大学了，叫什么？

　　定：现在是北师大的化学系。

　　关：她有一个大爷是开棚铺的。[②] 搭殡棚，现在叫架棚。住在国子监。他会武术，是武术老师。

　　您看您姓定，咱朝阳门外这儿也有一家姓定的。他叫焊活定，他在朝外大街开这么一小铺子，过去老年间老头儿戴的眼镜，没地方可拾掇的，拿他那儿去，手表他也能拾掇，焊焊眼镜杆他也会，他弄点这细活。后来改姓丁了。他怎么会改姓丁呢？他家有一人也好弹弦子，拉弦儿，那时不叫剧团，叫文明小戏儿，在这里头。他家娶个媳妇，给这儿媳妇害死了。大姑子小姑子，给她气受，她们不干活尽让这儿媳妇干，冬天洗衣服，使雪晾出水来，让她洗。后来这儿媳妇实在受不了了，死了。这儿媳妇有一大爷，在这朝阳门里头老君堂住，她这大爷给这定家告了。后来出来个人，把这事给私了了，没告官。给这儿媳妇（送葬）的时候，公公打着幡儿，摔着盆，婆婆在后头给她抱着这罐儿。他家有人在剧团里头，他们家出这事，剧团就知道啊，剧团就给编这么一戏，叫《锔碗丁》。

　　定：锔碗儿我知道，碗打碎了拿铁钉给锔上，我小时候还有锔这个的呢。

　　关：对，对。就把《锔碗灯》改成一个《锔碗钉（丁）》，剧团里给编这么一出戏。这旗人毛病儿太多。那老人全都脑筋死着呢！没有公公跟儿

　　① 马道口、金台路均在今朝阳区团结湖、甜水园附近，确已是闹市了。

　　② 开棚铺是旧日京城一种行当，服务于红白两事。早年北京人办喜事和丧事都必须搭棚。喜事用彩子棚，丧事有席棚。早年北京有不少棚铺，规模都不小。自20世纪30年代以后搭棚的人开始减少，棚铺的手艺人不少转入建筑行去搭脚手架，做架子工。参见爱新觉罗·瀛生《老北京与满族》，第237页。

媳妇和着的，太少太少了。不像现在这个，我这儿媳妇好着呢对我，出去就搀着我，晚巴晌儿天天给送一盒奶，吃点什么都给我送来。

定：您几个儿子？

关：俩。这是二的。仨姑娘。

关圣力：我还有一哥。

10. 解放以后

关：你看后来我和尚不干了，我上剧团。1953 年上西北军区京剧院，新疆。1956 年后半年上朝鲜。朝鲜那儿不是需要这个嘛，慰问志愿军，从文化部给介绍去的，要不然他不要啊。我是第二拨，到 1958 年归国的时候才回来。这志愿军有三个剧团，听说过《奇袭白虎团》吗？

定：不就是那出样板戏吗？

关：这是志愿军京剧团。我这是志愿军评剧团。还有一个歌舞团，给了沈阳军区。1958 年一归国，就把我们这评剧团给江西了。以后从江西回来，那就是粮食紧张的时候，整彭德怀的时候，1960 年了。

关圣力：他回来后怎么就不干了，我就不清楚了。

关：我吃亏就吃大了。我的主要缺点是什么？文化少，不懂得什么文化，不懂得说今儿咱们说完了，我记下来了。那阵儿我不照这阵儿话多，说话也迟钝。这戏子里头是这样，您在这剧团里头，您得干点儿什么大活，才能给您定工资呢。定不了工资，您这活动不开。旧社会有这么一说，鹌鹑、戏子、猴儿，这三种东西最难鼓捣。这剧团比和尚那派性还王道。

……其实我是真傻，我妈在家的时候，志愿军干部说能把家全带走，全管，都弄好了，可我妈就是不去，故土难离，这事儿，你怎么弄。我是怎么回来的？1959、1960 年嘛，就这时候，就粮食紧张，我妈这儿老是闹病要死，腿也动不了。她（指妻子）在家也老是睡不着觉，这街坊四邻的小子净欺负她。我在那儿也待不住了，得，干脆……

定：那您在外地也待了不少年头呢。

关：老在外头。

定（问关妻）：您没跟着出去吗？

关妻：我得伺候老的，小的。我婆婆没死几年。八十五六吧。

定：一直就您伺候着？

关妻：可不一直我伺候嘛。后来腿摔坏了，也一直就我伺候着。还有我们那大伯，还有我们那侄女，她 5 岁她妈就死了。我一过门，她十二，我十七，这一家的事儿都得归我管。一块儿过，您不管成吗。唉，反正也麻烦。

关：那阵儿我一出去，就叫她带着几个孩子。

关妻：我十七岁过这门。

关：她比我小六岁。

关妻：我一结婚的时候还得早上吃饭请安，晚上睡觉请安，一天得请好几遍安。出去回娘家了，得先给婆婆磕头，磕完头这才走呢。回来了再请安。叫奶奶，不叫妈，"奶奶我上哪儿哪儿"。请了半年多，后来她发话了，甭请安了，把这免了吧，这才吃饭睡觉不请安了。反正都得按着规矩。

关：嘿，好家伙，那时候的老人没有没规矩的。哪儿像现在，现在儿媳妇是婆婆。

中国社会科学院创新工程学术出版资助项目

定宜庄 著

老北京人的口述历史

（下册）修订本

当代中国学者代表作文库

THE REPRESENTATIVE WORKS OF THE CONTEMPORARY CHINESE SCHOLARS

中国社会科学出版社

目　录

（下　册）

第二卷　外城编

外城也称南城，是相对于内城而言的。清军入关，将京城汉人悉数驱赶到外城，外城从此成为汉人亦即相对于旗人的"民人"聚居之所。内城在北，外城居南，彼此被一重城墙阻隔，往来的通道只有"前三门"：宣武门、正阳门与崇文门。旗人固然不得随意迁往外城，外城民人想要在内城长久安居也同样困难，这种格局一直延续到清亡，甚至1949年新中国建立时仍没有彻底打破。我访问的诸多人士，汉人后来居住于内城者有之，但旗人却无论宗室平民，尚没找到一例居住于外城者，20世纪50年代之后当然不算。

我曾多次在文章与讲演中抱怨，说北京史的研究者总是将目光集中于外城，甚至把外城当作北京的代表与中心加以展现。我说凡写老北京的作品，总是津津乐道于前门外的繁华、宣武门外的会馆，还有天桥的把式。但人们之所以有这样的理解，也是事出有因。外城是五方辐辏之处，集中了从全国四面八方迁移而来的商人、小手工业者和从事五行八作的百姓；外城还是各地官僚、士子汇聚的中心，是自辛亥革命以来各种暗流涌动的革命思潮的策源地。外城还有林立的戏台、酒楼、饭店和妓院，是京城最热闹的娱乐场所……总之，如果不去深究，那么内城的文化确实显得封闭而单一，不似外城开放而丰富；内城作为大兵营所特有的清冷肃杀气氛，确实不似集聚了大小商号与手工作坊的外城繁华红火；内城的死气沉沉与外城的生气勃勃构成了鲜明对比，内城的"旧"映衬着外城的"新"，难怪有学者认为，从功能上看，从社会空间联系上看，外城似乎比内城更像一个城市。①

哪里更像一个城市，不是我在这里应该讨论的问题。与在内城一样，我关注的问题仍然是同一个，即这里生活着的是什么样的人，他们处于哪种空间环境之下，哪种社会群体之中，有着什么样的生活状态，以及他们怎么记忆这个城市和他们祖先的历史，又怎样看待自己的生活。

与内城不同的是，我无法将我在外城所作的访谈，按照社会群体予以分类，这当然也与我选择的样本数量不够有关。因为我开始选择被访者的时候，并没有特别注意这个人在京城居住的地区，直到最后按地域分类，才发现被访者居住于内城尤其是东城的人数远远超过其他各处。但另一方面，外城的人形形色色，确实也很难将他们分别归入哪一个圈子，他们中还很少人有能力和时间来编织起自己的社会网络，大多数人甚至还未能找

---

① 参见赵世瑜、周尚意《明清北京城市社会空间结构概说》，载《史学月刊》2001年第2期，第112—119页。

到自己归属的社会群体，这是外城流动人口多、迁徙频繁的结果，也是它仍然处于边缘而非中心位置的体现。在我访谈的外城诸人之中，绝大多数都在辛亥革命前后才从外省迁移来京，就是很好的证明。

所以，"外城编"的这些访谈，就都是以个人而不是以群体的顺序排列的。

"天留忠骨伴将军"

外城的开篇，从与袁崇焕有关的故事说起。袁崇焕之事发生在清朝入关前夕，那时北京无论内城外城都还为大明王朝的皇帝与子民占据，满洲宗室王公、八旗子弟尚未入城，所以这是本书中发生最早的一个故事。

袁崇焕（1584—1630），广西藤县籍，东莞人。明朝万历己未进士，任福建邵武县令。天启朝升兵部职方司主事，监军山海关外，曾坚守危在旦夕的宁远孤城（今辽宁兴城），一战而击退身经百战、战无不胜的后金汗努尔哈赤。努尔哈赤既死，太宗皇太极继位，袁崇焕被明廷授以兵部尚书兼右副都御史督师蓟辽、兼督登莱、天津事务，对辽东事务，采取以和为守，以守为攻，乘机出战，以和谈为配合的方针，遭明廷指摘为"欺君""诱敌胁和"等罪名。崇祯三年（1630）清兵绕开山海关大路，由蒙古地经大安口入遵化，京师震动，举城戒严，袁崇焕率辽军入援，崇祯帝中皇太极所施反间计，以袁崇焕通敌罪将其下狱，于京城西市凌迟处死。崇祯这一自毁长城的昏庸之举，终于导致明朝灭亡、清军入关、崇祯皇帝本人也自缢煤山的历史悲剧。

据《明史·袁崇焕传》："（崇祯）三年八月遂磔崇焕于市。兄弟妻子流三千里，籍其家。崇焕无子，家亦无余赀，天下冤之。"（卷二五九）事实上，当时北京市民并未认为袁是冤屈的："明年四月，诏磔西市，时百姓怨恨，争啖其肉。皮骨已尽，心肺之间叫声不绝，半日而止。所谓活剐者也。"（计六奇《明季北略》卷五）袁之惨状与北京市民因不知情而表现出的仇恨与残忍，如今读来，仍令人心悸。

袁崇焕的冤案曾引得无数英雄感叹欷歔，我国近代最出名的文论家梁启超将他称为"明季第一重要人物"，他说广东地处岭表，在中国历史上鲜有如此"足以当一国之人物"。[1]梁启超是清末民初之人，袁崇焕及其与

---

[1]　梁启超：《袁崇焕传》，收入林志钧编《饮冰室合集》，中华书局1989年影印本。

之相关的故事也正是在这个时期因"驱逐鞑虏、恢复中华"的政治需要而再次应运而生，而且迄至如今，仍有愈演愈烈之势，所以，它又是本书中绵延最久的一个故事。

在围绕袁崇焕发生的诸多故事中，近年流传最广的一个，是袁崇焕被害之后，曾有一位姓佘的谋士将他的尸骨（或曰头颅，详见下面的考证）偷偷埋葬于北京城南的广渠门内，佘家从此便世世为袁大将军守坟，历明至清，再历民国至解放，再经历"文革"等各种劫难，待终于传到佘幼芝女士这里时，已然是第十七代。

这当然是一个非常感人的故事，近年来也确实感动了无数人。通过电视等新闻媒体的报道，佘女士和佘家为袁大将军守墓的故事在北京城几乎家喻户晓，仅我从网上搜索的条目已达几千条——尽管我为佘女士做第一次访谈时这个故事还没有像后来那样广为流传。但与此同时，各种质疑、反对的声浪也开始出现并且越来越高，很多人提出，为袁大将军守墓十七代，这究竟是一件确凿的真事，还是仅仅是一个传奇？佘家后人并不仅仅佘女士一位，其他人为什么无声无息？更有甚者，对佘女士究竟是否真的是佘家的后代，也有人提出了怀疑。

我为佘女士做过第一次访谈之后，陷入其中已是身不由己，何况这件事已经触及口述史学科的"软肋"，即口述究竟有多少真实性的问题。我的看法是，正因为任何史料也不可能绝对真实，"校勘"才会成为史家的看家本领，成为史学训练必不可少的基本功。而口述史作为史学的一个分支，这套功夫也应该同样适用。

我采用的方法无非还是那几个，一个是用文献来与口述互相参证。王国维早就提出过"二重证据法"，讲的是考古发掘资料与文献的互证，口述与文献不也同样是二重证据吗？再者，是取旁证，即寻找其他与此事相关者，听取他们的叙述和看法。还有一个，就是对被访者做深度访谈，并把几次访谈的说法进行前后对比。这三种，我都试了。出于种种考虑，我无法公开所有的访谈记录，所以这组口述主要由两部分组成，其中第一部分，是我对佘女士第一次访谈的记录，第二部分亦即附录，是我将所做的其他访谈与文献互校之后撰写的、对有关史事的几点考证，属于我的考据癖发作，因其枯燥无味，尽可跨过去不看。我要强调的是，这组访谈的重点，既不在于对袁崇焕的评价，也不在于对佘家守墓一事的褒贬，而在于我追究"守墓十七代"故事的一个过程，也是我通过这一追究，对口述史研究方法作的一种探讨。坦率地说，这种探究比起这个故事本身，更能引发我的兴趣。

（一）佘幼芝口述

时间：2001 年 1 月 18 日

地址：北京市崇文区（今东城区）东花市斜街三号袁崇焕祠旧址

被访者：佘幼芝

访谈者：定宜庄、岑大利

在场者：焦立江（佘幼芝之夫）

［访谈者按］ 这是我 2001 年第一次访问佘女士之后写的访谈者记。毋庸讳言的是，我当时确实相信佘女士所讲为事实，而且确实为袁崇焕和佘义士的故事感动：

佘幼芝，退休教师，原居住于北京市崇文区东花市斜街五十三号。此处旧称佘家馆，即袁崇焕墓之所在。近十余年来，史学界有关袁崇焕的研究一度成为热门，仅以袁崇焕为专题的学术讨论会便召开过不止一次，佘女士夫妇也曾应邀参加。我的同门、中央党校的岑大利教授就是 2000 年在辽宁兴城召开的一次研讨会上与他们初次相遇的。她回京后对我讲述此事，我感兴趣，便随她一道，在 2001 年的冬月，冒雪专程到佘女士的居所，一则对佘女士与她的丈夫作口述访谈，一则瞻仰声名赫赫的袁大将军的英灵寄托处。

与学术会议相比，在被访者家中的谈话，因其特定的情境，感受与气氛自是不同。北京那年冬季多雪，当日京城一片雪雾迷蒙，佘女士那位于胡同中的逼仄潮冷的居所，与她谈话的激越高亢主题构成鲜明对比，至今犹令人难忘。

佘女士的口述主要涉及三方面内容，第一是佘义士盗袁崇焕头及佘家后人世代守墓的故事，以及乾隆朝建袁崇焕祠、墓的由来。第二个内容，也是她说得最多的，是"文革"将祠墓毁坏后她奔走上诉的经过。第三个内容，是访谈者与佘女士夫妇就民族气节与民族仇恨等敏感问题进行的对话，这是我当时想要做这次访谈的主要目的。从与袁崇焕相关的故事看几百年来的满汉关系，确是一个有意义的角度，因为明清之际的这段历史，毕竟是发生在中华民族内的、距今最近的一次剧烈的民族冲突，如何评价袁崇焕，又是对这一民族矛盾持何种看法与情绪的集中体现。

我是以清史的研究者和满族人的身份来与佘女士交谈的，他们对这一问题的议论，以及所谈及的佘女士祖父过继给满族家庭一事，细读起来都耐人寻味。

对袁崇焕评价的转折点，应自乾隆四十年（1775）开始。自这年之后，清高宗以"立臣节"为宗旨，实施了一系列表彰为明捐躯的忠臣节烈、将投降清朝的明朝降官列为"贰臣"等举措，寻找袁崇焕的后裔，正是这些行动的组成部分。此时距清军入关已百有余年，清朝统治者已经大体完成了从异族入侵者到泱泱大国君主的角色转换，对他们来说，臣对君的效忠既然已成为保证统治稳定的大事，历史当然也就需要改写。不过，虽然乾隆帝的目的主要是稳定统治，但我却毋宁相信，当他细阅《明史》，读到有人壮烈赴死，有人腼颜投降，人格之高下判然可分之时，他对于黄道周等人发出"风节凛然，不愧一代完人"的赞叹，也有真诚的成分在内，因为从他们身上体现的，是在人类的无论哪个民族中，都是最崇高最有尊严的精神。

佘女士夫妇面对络绎不绝的访问者时，也在强调这种"民族精神"，这与乾隆帝的口径倒是不谋而合了。明与清、满与汉当年的冲突与交战，在这里已经被淡化，淡化到仅仅成为一种背景。近二三十年来，以"只要符合历史发展的大潮流，即使是投降也应该肯定"作为评价古人功过是非标准的论调，经由一些学者首倡而甚嚣尘上，我则认为，在政治斗争、阶级界限乃至所谓的"历史发展潮流"之上，人格的高下和灵魂的尊卑，也是应该进入历史学家的视野并作为对人物的评价标准的。

佘幼芝（下简称佘）：我叫佘幼芝，这是我的丈夫焦立江。我们佘家在这儿住了十几代人了，原来我们这个院子没有外人，都是佘家的，我们这条街叫佘家营，后来盗了袁大将军的头以后，街门就变成佘家村，不知道为什么又变，就叫佘家湾，后来又叫佘家馆。一直叫到七几年"破四旧"的时候，当"四旧"给破了，就叫东花市斜街。

我的先祖是袁大将军的一个谋士。我小时候老听我大伯说"谋士""谋士"，我以为是磨刀的石头，我想我先祖怎么是石头呢（笑），后来我妈给我写出来，我才知道是"谋士"，所以对这事印象特别的深。现在别的材料有写我们家是马夫的、仆人的，我也不跟人家辩，人有人的写法，学术上的事我不管，采访我，我就按家里传下来的说。我们就是不知道先祖叫什么名字，可惜没有传下来，哪个历史材料都称为佘义士。

袁大将军是广东东莞人，什街镇水南乡的人，我们家是广东顺德县（今顺德区）马岗村的人，我们既是同乡又是上下级的关系。从南方一到这儿来就跟这儿住。

定：皇太极用反间计把袁崇焕害了的时候，您先祖是和他在一起吗？

佘：一直和他在一起。我们佘家是都在这儿住家，在这儿买的地。

定：那你们家后代对您先祖怎么盗头的有没有传下什么故事来？

佘：那没有，就说冒着满门抄斩的危险，趁夜黑的时候，把袁大将军的头从菜市口的旗杆子上盗下来，就偷偷地埋在我们的后院里。你想袁大将军是这么一个重臣，罪名又是反叛，当时北京四九城都关闭了，当时在北京的广东人挺多的，跟着袁崇焕做官的人也挺多的，但别人都不敢。唯有我们先祖，深知袁大将军的为人和忠诚。

自从我先祖把头盗了以后，就隐姓埋名，辞官不做，告老还乡，当老百姓了。临终时把我们家人都叫到一起，就跟我们家里人说，我死以后把我埋在袁大将军的旁边，我们家辈辈守墓，我们一辈传一辈，不许回去南方，从此以后再也不许做官，所以我们遵守先祖的遗志和遗愿，一直守在这儿。到我这代已经是第十七代了。从1630年8月16号袁崇焕的忌日，到现在是三百七十一年。

刚盗了头之后什么都不敢修，葬也是我家草草葬的，只有我们一家才知道，连小孩儿都不让知道。谁也不敢往外张扬。为什么我们要隐姓埋名呢，就是因为这个案子一直没有破。崇祯皇帝他得查呀，谁给盗走的就说明他跟袁崇焕是一派的，也得遭一样的迫害。那时候没有祠堂，是我们自己的家跟这儿住。

听老家儿（北京话，指父母）传，因为我们是广东人，凡是住在北京的广东人死了以后就埋在我们这儿来，就把我们后院辟成广东义园。那时没有碑，都是坟头，你也不知道哪个是袁崇焕的。那时墙高着呢，人家就知道我们是看坟的，看广东义园的。

定：你们盗（袁崇焕）头时清军还没入关呢？

佘：对。袁大将军跟努尔哈赤打仗，当时满族人就是侵犯我们中原，您是满族，没关系吧？你们少数民族原来住在山海关门外，你们就是侵犯中原，那我们就不干么，各保其主么，是吧（笑）。那时代不知道满族也是咱中华民族的，是不是？要知道何必这么打呢（又笑，大笑）。你侵犯我们，我们就打你，努尔哈赤自起义以来没有任何人把他打败过，唯有袁崇焕把他打败了，袁崇焕以守为攻，死守城池，就是兴城。他拿的武器是西方进步武器，红夷大炮，归根到底这红夷大炮还是咱中国制的，还是东莞袁崇焕的老家制的，让葡萄牙人给买走了。这是我们1994年在广州参加袁大将军四百周年学术讨论会上他们讲的。要不说袁崇焕是历史上一个转折的人，如果明朝崇祯不把他杀死，清人进不来，那咱们历史不知道什么样了。

定：那清朝就不知道这事？

佘：过了一百五十五年才知道。那就一直到乾隆当政的时候。乾隆皇帝当政以后，发现袁崇焕是个忠臣，一方面他要笼络人心，一方面他也标榜他的先祖皇太极善用计谋，这样他就下诏找人，说谁要找到袁崇焕家里的人，他愿做官，我给他官做，他愿经商，我给他钱让他做买卖，愿意种地，我给他贴地让他种地，谁要找到是谁盗的头，也给予表彰。

定：乾隆皇帝怎么找到您这儿的，有故事吗？

佘：反正他先找袁大将军的后代，没有找到。

定：那时候袁大将军的后代跟你们有联系吗？

佘：他们没留后代。没有直系后代，既没有儿子，也没有女儿，他要有儿有女，可能我们家不给他盗（头）了呢。

位于今北京五十九中的袁崇焕墓

定：后来跟他的部下、亲属一点联系也没有，完全断绝了？

佘：没有。要不然，不是把我们也端出去了么。乾隆原来还有题词呢，是个匾，就在大门那儿挂着。红卫兵都给砸了嘛。忘了说的什么了。一百五十五年以后袁崇焕才按冤案公诸于世，才公开纪念。清朝给他杀了，不是乾隆皇帝杀的，祖先和后代不能一概而论是吧，我们觉得乾隆皇帝还是个开明皇帝，当然他也有私心，他刚当上皇帝他要笼络人心。

这祠堂是乾隆皇上在我们这房子的基础上，把平房扒了重修的。这是大厅，里边还一个客厅，喝茶聊天的，客厅比我们大厅还好。我们不在这儿住，在里边院住，房子都是老房子了。

我们家规矩礼节特别重。大祭是清明、七月十五、三十，乾隆以后官员都来参加。三十是早上10点多钟我们就都过去，供我们自己家蒸的米粉肉、米饭、炒菜，供饺子是这么点小盘，一个盘是四个，共四盘，叫作神三鬼四，给死人都是四个，给神仙就都是单数。那时候我伯父还在呢，到清明那天带全家祭祀去，过去是整猪整羊，解放后就按广东习惯弄一只鸡，煮了以后上供去。清明、三十都烧两炷香。唯有到袁大都督忌日，我们烧一炷香，是他一人死嘛。一个十月一鬼穿衣，供的东西少点。一个七月十五鬼节，广东人把糊的大船搁到我们门口，从早上10点多钟就供上了，把衣裳什么的都搁船里烧，说七月节就该冷了，就该赶到南方去了，怕江河都冻了赶不上船。规模挺大的，先摆上吃的，由伯父，反正都是那大的，由他烧上香，由他主祭，伙计点上香，大伯接过来插到香炉里，然后就磕头，然后到我们先祖那儿，给我们先祖烧香。然后把酒撒到地上，吃的有的一部分埋到地里头。我们家没有男的，人少，姑娘也都参加，也要戴上帽子。

祭奠袁大将军的时候，我父母他们穿着白，戴着孝，站在棺材前面。那时有钱的人都得念经，要没有大钱就请和尚，七个和尚，五个和尚，或者三个和尚来超度亡灵。那时我们家就念四房经：和尚经，老道经，喇嘛经，姑子经。照片上都有，那时我家有家谱，还有从明朝就留下来的照片。到民国时候，康有为的时候才给立的这碑，吴荣光题的词，他是广东南海人。①

问： 乾隆皇帝发现你们以前的一百五十几年你们干什么？

佘： 那时候我们这儿是老义园，龙潭湖那儿是新义园。都是埋广东人。我们旧园都埋满了嘛，就在龙潭湖开个新园，请个姓刘的看着那个园。在广安门外还有一大片地，雇人种，请我伯母娘家的弟弟看着，都是我们家的地方。每年我们家种枣树，熟的时候就卖给那枣贩子，好比你包几棵树，就给我家多少钱，你自己打去。我们家还雇个伙计，开作坊，做一种刮活，是一种手工艺的活儿，由蚕吐了丝以后，把丝缠在一个板上，用牛骨头做的刀这么刮，把丝刮成绒，做什么枕头啊，当时出口的。岁数大的老街坊

---

① 按康有为所撰《袁督师庙记》位于广安门内旧存的袁督师庙而不在此处，详见后面附录中笔者的杂考。南海吴荣光所题墓碑"有明袁大将军墓"位于今北京五十九中学操场一角，即佘女士所居的袁崇焕墓、祠所在地，唯题名时间是道光十一年二月而非民国时。

还有干过这个活儿的，那板子呀我还看见过。生活还过得去。我父亲、伯父他们都在家，都不工作。

解放以后清理这些园，我们把三十多间房子、两个院子，还有买卖，都交给国家了，就恐怕落一个地主（就担心被划为地主）。那靠什么生活呢，国民党第十九路军军长蔡廷锴，由他在北京成立一个广东保管财产委员会，[①] 他是主委，我们那时都管他叫蔡主委，每个月到他那儿，他给我们二百多斤小米。我就记得跟我母亲坐洋车包月车，到顺德会馆[②]，他跟那儿住。到他那儿领小米去。到五几年国家又把房子地都还给我们了。后来我们家又把房子交出去了。

1952 年毛主席说要把坟都迁到城外去，我伯父那时还在呢，他就特别着急，就立马儿呀找柳亚子、叶恭绰、章士钊、李济深他们这些人，我们都是广东人哪，[③] 我伯父跟他们都是老世交似的。这四人给毛主席上的书，叶恭绰执的笔。5 月 14 号上的书，16 号毛主席就批给彭真了。毛主席批示是："请彭真同志查明处理，我意袁崇焕祠若无大碍，应予保存，毛泽东，五月十六日。"[④] 当时就把我们这儿给重新修了。

那时一到清明，前三天就有人来把院给压平，那真是黄土垫道，清水泼街。中央首长们 9 点钟就来，下午 3 点他们才走，跟这儿吃顿中午饭，开个小型的研讨会。邓拓了，吴晗了，我听说周总理也来过，朱德是每年必到，英雄爱英雄嘛。吴晗是年年来，他是搞明史的，叶剑英也年年来，他是广东人哪。

我们这儿现在环境不好，这院子根本就面目全非了。1955 年时候由教育局和人民政府跟我的伯父谈，说你们的地方特别大，要在这儿盖一个学校，我们家都是读书人，我先祖就说过要我们读书，读书好明白事理，好

---

① 蔡廷锴（1892—1968），广东罗定县（今罗定市）人，1932 年任国民党十九路军军长兼副总指挥。至于广东保管财产委员会，全名应该是"广东会馆财产管理委员会"，成立于 1950 年。当时北京市政府颁发了《北京市各省市会馆管理暂行办法》，废除了旧有的会馆管理制度，成立了这个委员会，负责调定会馆房租、对会馆进行必要的修缮保护以及对会馆财产进行检查和重新登记诸事宜。

② 顺德今为广东省佛山市的一个区，所以余女士称"我们"。顺德会馆位于宣武区（今西城区）宣外大街东侧的海柏胡同。清初著名学者和诗人朱彝尊曾在此居住。今以"朱彝尊故居"而著名。

③ 这几人都是解放后的著名民主人士，但除叶恭绰外，都并不是广东人。其中叶恭绰（1881—1968）是广东番禺人，为中国当代书画大家，解放后曾任中国画院院长；柳亚子（1887—1958）为江苏吴江县（今吴江市）人，爱国民主人士、诗人；李济深（1885—1959）为广西苍梧人，原国民党高级将领，中国国民党革命委员会主要创始人和领导人之一；章士钊（1881—1973）为湖南善化（今长沙）人。

④ 毛泽东致叶恭绰信原文是："……近日又接先生等四人来信，说明末爱国领袖人物袁崇焕先生祠庙事，已告彭真市长，如无大碍，应予保存。此事嗣后请与彭真市长接洽为荷"，时间为 5 月 25 日。载《毛泽东书信选集》，人民出版社 1983 年版，第 433—434 页。

知道怎么样报效祖国。做人并不难，做一个好人坏人的问题。所以从明朝到现在我们家是读书人。并且我们生在崇文区长在崇文区，也知道唯有崇文区最落后，龙须沟不就在我们这儿么，净是抬大杠的，搬大煤子儿的，捡煤核的，拉洋车的，倒水的，都是干这个的。要提高这些人的素质，就得学习。所以我们伯父就答应了，把我们后院落的一角就给了中学了。那时我们还在里边住呢，我们就从里院搬到外院去了。这屋是我爸爸的亲姐姐住，南房是我表嫂，都是姓佘的。

定：你们叫佘家营子，这儿就应该有好多好多姓佘的了。

佘：不是，是因为地方都是我们家的。我们家还有个特殊的情况，我们一直没有搬过家，按说也该有好几千口、好几万口人了吧，可是到现在我们家才六口人，因为我们家是代代单传。乾隆皇帝没有发现我们的时候就单传，人一直不多。我们家没有活过七十的，都是五十多岁六十多岁就死了，我大爷是六十三岁，我伯母是六十多岁。还一件我们家没有得过慢性病的，都是得病就死，倒不受罪。我老祖是一个人。我爷爷是老哥儿七个，可是就剩我爷爷一个人了，并且我爷爷还过继给人家了，叫佘恩兆。我们家姑娘特别多，我有三个姑奶奶。我父亲1948年就死了。我母亲生了十个孩子，我行九，我有六个哥哥，两个姐姐一个妹妹，我妹妹要活着今年都六十了，都死掉了，一天就死俩，上午死我姐姐，下午死一个七岁的哥哥，死得特明白，都死在天花上。现在到我这代，我有两个叔伯姐姐，一个叔伯哥哥，一个侄子，侄子有一个小孩儿，就是我侄孙子，就这六个人。我就觉得这可能是天意，上天给佘家这个任务，就是守这个墓。要不怎么那么巧呢。哥儿们多了就要分财产、分地产哪，那谁还守墓呀。

按我们祖先的遗志，是让我们默默地守墓，不许声张。……1966年我正在坐月子，半个多月回来，婆母说把袁大将军的墓给刨了，我趁夜里偷偷去看了一眼，我心里就特别难过（哭），我们佘家世世代代守卫的民族英雄，他是中华民族的骄傲和光荣，他是为人民死的，为保卫北京死的，北京人为什么把他给打倒呢。我真不理解。我一个小市民也制止不了，只能在心里安慰袁大将军，有朝一日我一定把这墓修起来。粉碎"四人帮"以后，我心里老是不忘这件事，如果在我这代，第十七代，把这墓恢复不起来，那我上对不起先祖，下对不起子孙后代（仍哭）。我就开始了二十多年的跑，我哪里都去，凡是有关的，文化部、崇文区文物局、北京市文物局、北京市政协、全国政协、统战部、民革我都去到了。凡是能够帮我恢复这个墓的各界人士，我都跑到了。因为那时候我是教学的，后来我就搞仪器，我好几次到文物局见局长都没见着，正好有个文物局的人到我这儿修仪器，我就托他带封信，把我的情况跟他说一说。

有人还误解我，说你跑是不是为了你们家呀，是不是为了房子呀，如果是为这房子我就不跑了，我就搬走了。我有很好的条件可以搬走的，我那个叔伯哥哥到 1970 年的时候就搬走了。我有五个姑姑，原来都在我们这院住，后来也搬走了。大伯一家搬走后三十多年没有联系，后来见到一篇文章登在崇文区政协的刊物上，是大伯家女儿佘凤芝写的，但她知道得很少，说佘家是潮州人，是错误的。①

我爱人那时候不支持我，不理解我，我们两人因为这件事甚至都要打离婚了。单位也不支持我，说不知道我为什么，说人家都为活的，你干吗为死的呀，你为袁崇焕跑，他能给你开工资吗？现在国家能重视你这事吗？讽刺我的话特别多，现在还有人说我们是看坟的，这就成了雇用关系了，我也不怪人家，因为人家不了解袁崇焕是什么人，我就得到处找去说去，因此这世上才知道我这佘幼芝，我老说我已经违背了我先祖的遗言和遗志了，现在都嚷嚷出去了。

我由三十多岁就跑，现在我都步入老年了，但我们的祠到现在还没有恢复。八几年他们把这儿平了当操场，要把墓迁到龙潭湖，我反对，因为迁走了就失去文物价值了。龙潭湖是个玩的地方，把墓迁到那儿就是对袁崇焕不尊重。中山大学历史学、人类学、哲学等系十名教授给校长写信，要求把袁崇焕墓迁到东莞去，刊在广东政协的刊物上，惊动了北京市副市长刘敬民。北京也有三十多市人大代表签名。呼吁这么多年，一直没动静。"辛苦谁人知。"

现在我挺高兴，今年有望了，崇文区长正式宣布今年要启动修缮袁崇焕祠、墓。我从心里感谢江泽民主席。这是咱们中华民族的事，凡是中华民族的子孙，都应该有责任来爱护它，有责任替它呼吁，把这个祠给修起来。

---

① 有关解放后佘家的情况，还可参见其他文献，与佘女士的口述略有出入，如 1983 年由崇文区政协供稿、沈信夫所撰的《访袁崇焕庙》记："1955 年，政府决定利用这块广东义地建立学校，伐去枣树，迁走荒冢，但袁墓和墓前的房屋未动，并在矮花墙外又砌一道高墙。为了照顾看坟人佘汉卿一家的生活，就招收他和女儿佘幼兰为第五十九中学的工友，佘汉卿非常感激。……佘汉卿在十年内乱中病死，他的女儿幼兰和儿子小宝也都搬走了。……笔者辗转访问了佘幼兰，她已经五十多岁，花白头发，在某房管所当工人，她所记忆的没有超过石同志（五十九中石宗炎）所说的范围，但她记得祖父叫佘恩兆，并说弟弟叫佘宝林，住大红门一带，为某公司工人。笔者又找到佘宝林，他年约三十多岁，对前辈的事一无所知。"（载《文史资料选编》第 23 辑，北京出版社 1985 年版，第 269—280 页）可与佘女士此篇口述相参照。

定：你们与清朝还有仇恨吗？

佘：那时（指乾隆时）就化解了。敌人给他平了反了，咱们还能有什么意见呢，说明人家开明。好比两人打了架了，你先来理我，我能不理你吗。觉得你比我高尚。我母亲告诉我的，因为我受我母亲的影响特别大。

定：你们对清朝、对满族好像没有什么隔阂嘛。

佘：没有，确实没有了。我爷爷都过继给满族了，我爷爷不是叫佘恩兆么，这姓恩的，就是旗人。他们知道我们家的背景，可是关系都特别好。我父亲叫佘全喜，这全也是满族人的姓，满族人不是以名为姓嘛。现在满族人也来访问呢。溥任的儿子金毓璋都来过。也有个山东来进修的年轻人，就是最近，他在网上发表观点，认为是满族把汉族给灭了，所以他们应该滚出去。这个思想可是有害的，太过激了。后来我们就警惕起来了。我们绝对没有仇恨的情绪。我们都是北京人，都说北京话了。我母亲是北京广渠门外人。我们一直就没回过老家，与过去都没关系了。

采访我的人可不少，国外的国内的都有，美国的法国的，新加坡的，美联社驻北京分社的社长，还有香港台湾的。现在我们手里各种报纸刊物登载我们事迹的不下五六十种，社会各界，政协什么的也来问，这个墓是不是还守下去呀。我们想，佘家十七代了，很不容易，三百多年的风风雨雨，都没有离开。解放以后这个地方已经是交给国家了，房子、地都是国家的，文物已是国家的了。我们只是督促政府重视这件事。

关于接班人的问题，各界人士都希望我们继续守下去，西方国家对这事也挺重视，但是无论是我的孩子也好，我的侄子也好，关键是看行动，如果像我们这样尽心尽意，不为名不为利，那就接班，如果贪名贪利，就没有这个资格，不能让第十八代十九代为这个光辉的事业抹黑，要是那样，不如到十七代就完整地画上一个句号，就交给国家，结束这三百多年守墓的历史。再说我们也没有资格决定让谁接班。这想法我们考虑了不是一年了，是很多年。

我们守墓守的是一种精神，民族精神，民族气节，还有一种是忠义精神。我们国家伟大就伟大在自古以来的忠义精神。我们两家把忠、义都给占上了：袁大将军忠，佘家义。我总觉得这是一种特殊的遗产，别人的父母都给后代留下钱，金子银子、房产、地，我们先祖却不是，守的是袁大将军的精神，这就是我们的遗产，是我们佘家的使命。

［附录］定宜庄：有关佘家守墓十七代史事杂考

我为佘女士所作第一次口述记录，发表在中国社会科学出版社出版的《口述历史》第一期上，受到我几个朋友的批评，除了对这个故事本身的真实性提出疑问外，一位朋友尖锐地批评我在访谈前"案头工作没有做足"，这篇访谈是完全被被访者牵着走，也因此而归于失败。于是，我只好从哪里跌倒，再从哪里爬起来，在预先准备好一些问题之后，于 2003 年 7 月 19 日，又对佘女士做了第二次访谈。再做时虽然恰逢佘女士痛失爱子，情绪非常激动，但对我还是相当配合，对我的回答虽然简短，但基本上也还坦率。我也明确告知他们，我并不是记者，来为他们做访谈的主要目的，也不是为任何人做宣传，而仅仅是学术研究而已，他们对此亦表示理解。

本书作者第二次拜访时与佘女士夫妇的合影（张莉摄）

我两次拜访佘女士，时间相隔两年半之久。在此期间，我曾于 2002 年 8 月再次造访过东花市斜街的佘女士旧居，但见这一带的民居已荡然无存，唯存一片工地，在这里施工的工人告知，"佘老太太"每隔三两天就会来看一看，"你们真要找她，就在这里耐心盯上几天，准会见到"。而我当然不可能蹲守那里，所以又越明年，我才得以造访她在莲花池的新居。从我的第一次拜访到本书如今定稿，转眼竟已过了六年。这么多年，这个故事曲曲折折，而且看来还会延续。然而，无论故事会怎样延续，从相关的文字记载入手进行考察，也还是必要的，也唯有如此，才有可能对目前的众说纷纭，提出一些有价值的解释。

1. 清代至民国文人对佘义士史事的记载

有关佘义士守墓之事，有文字留存于世的，我见到的有三种，兹引录如下：

第一则，清人笔记所记京师坊间相传的佘家守墓一事：

明袁督师（崇焕）在广渠门内岭南义庄寄葬，相传督师杀后无人敢收其尸者，其仆潮州人佘某，藁葬于此，守墓终身，遂附葬其右。迄今守庄者皆佘某子孙，代十余人，卒无回岭南者。当时督师被执，廷臣力争，怀宗不悟。我朝深知其冤，乾隆间赐谥荫嗣，彰阐忠魂，千古未有。岭南冯渔山题义庄有云："丹心未必当时变，碧血应藏此地坚。"

这则记载出自《燕京杂记》，该书未著撰者姓名，也没有撰著时间，但从文中称清朝为"我朝"来看，为清亡之前作品无疑，1986 年北京古籍出版社将此书点校出版，前言称作者可能是清嘉庆以后的河北顺德人（见第 117—118 页）。

第二则即张伯桢撰《佘义士墓志铭》：

大明袁督师之仆曰佘义士，粤顺德马江人也。执役于督师。督师出必挈之行。崇祯三年八月十六日，朝廷非罪杀督师，暴骨原野，乡人惧祸不敢问。义士夜窃督师尸，葬北京广渠门内广东旧义园，终身守墓不去，死傍督师墓葬。

第三则，张伯桢之子张次溪著《燕京访古录》，其卷五记：

（袁崇焕）暴尸于市，其仆潮州佘氏窃负其尸，藁葬广渠门内，即今广东旧义园中，守墓终身；比卒，乡人义之，遂附葬其右。至今守墓者皆佘氏子孙。

三者相较，大处相同，如佘义士行迹、袁崇焕尸被葬地点以及守墓者皆佘氏子孙等。不同的，除记述互有详略以外，比较明显的是一处细节，即佘义士的籍贯。清人文与张次溪文都说是潮州人，唯张伯桢称是广东顺德人，而佘女士说自己的老家是顺德马岗村人，认为说潮州是错的。我由此推测：张伯桢墓志铭所记佘家之事，很可能并非来自佘家，而本于清人笔记。但张与他的友人们既然与佘女士的伯父或直接或间接地有过交往，会知道佘家的籍贯为广东顺德，遂按佘家人说法，很可能会据此对佘义士的出生地予以改订。但张伯桢之子张次溪的记述，语气与清人笔记一致，至于他为何采用清人说法而不取其父的修订，殊不可解。此墓志铭是 1917

年张伯桢修袁督师庙时，刻于庙内中屋南墙上，而并非位于佘家为之看守的袁崇焕坟墓之旁，也说明此事经由文人彰显的可能性显然大于民间的口耳相传。

佘女士口传的故事，与这三段文字记载相比，歧异之处主要有二。

第一是三段文字记载讲的佘义士所盗，都是袁大将军之尸，而佘女士说的是头。关于袁崇焕头颅的下落，《明史》没有交代，唯张岱《石匮书后集》记，"……骨肉俱尽，止剩一首，传视九边"（卷十一），但也不知所由。所谓盗头，看来并无根据，很可能是口传的走样。此外如佘义士究竟是袁崇焕的仆人还是谋士，说法各异，佘家人当然愿意说得更体面些，这都不是问题的关键。

第二就比较重要了，即张氏父子均未提到、唯清人笔记中所记的一句话，"迄今守庄者皆佘某子孙，代十余人"。到清朝中后期尚且是"代十余人"，虽算不上泱泱大族，却也不能说是人丁稀薄，这便与佘女士所谓其家代代单传的说法相左了。有关人士对佘家故事将信将疑的原因，就正出自这里，他们认为佘女士所谓的十七代，一则没有族谱等东西作为证据，二则从时间上算也不太相符，三是几百年的漫长年月，其间会有多少枝枝蔓蔓，哪里会如此直线一样的简单。所以佘女士所述世系，顶多从她本人上溯三代还有可能是真实的。这种怀疑确有道理，从佘义士盗袁尸的1630年算起到1939年出生的佘女士，三百多年经历十七代，未免迅速了一些，我曾追问佘女士第十四代余淇之上的世系，原因也在于此，我甚至怀疑是有人将笔记中的"代十余人"理解成了十余代，这当然是有可能的。

第三是我所见《燕京杂记》中"潮州人佘某"均作"余"而不是"佘"，我用的是北京古籍出版社1986年的点校本。从所记事实与后来守墓者均姓"佘"来看，应是该本的笔误，至于是原文笔误还是点校本之误，尚有待查考。

此事有可能出自文人彰显，还有一事可证，那就是即使佘女士本人，也是从这些文人口中听到这个故事的，她两次陈述都谈到这点。第一次她是这样讲述先祖盗头故事的：

定：那你们家后代对您先祖怎么盗头的有没有传下什么故事来？

佘：那没有，就说冒着满门抄斩的危险，趁夜黑的时候，把袁大将军的头从菜市口的旗杆子上盗下来，就偷偷地埋在我们的后院里。你想袁大将军是这么一个重臣，罪名又是反叛，当时北京四九城都关闭了，当时在北京的广东人挺多的，跟着袁崇焕做官的人也挺多的，但别人都不敢。唯有我们先祖，深知袁大将军的为人和忠诚。

自从我先祖把头盗了以后，就隐姓埋名，辞官不做，告老还乡，当老百姓了。临终时把我们家人都叫到一起，就跟我们家里人说，我死以后把我埋在袁大将军的旁边，我们家辈辈守墓，我们一辈传一辈，不许回去南方，从此以后再也不许做官，所以我们遵守先祖的遗志和遗愿，一直守在这儿。到我这代已经是第十七代了。从1630年8月16号是袁崇焕的忌日，到现在是三百七十一年。

我第二次访问佘女士时，再次问她是从哪里听到这个故事的：

定：您这些袁大将军的故事是从什么地方听来的呢？

佘：我父亲死得早，我是听我伯父和蔡廷锴呀，蒋光鼐呀，叶文伯、柳亚子呀，聊天儿。我们家的事我为什么听得那么多呢？我从小就特别喜欢历史，过去我们家是大家庭，我又是女孩子，一来客人根本不让女孩子在跟前儿，我们家的墙不是砖砌的，是隔扇。中间不是有空隙么，我就从空隙那儿听。我妈也老给我讲这些事，说你们家的事怎么怎么样啊。

这就是说，这个故事至少到佘女士这一辈，不仅已经不再作为家训郑重其事地传授给子孙，甚至也无人谈起。既然如此，佘女士隔墙听伯父与蔡廷锴等人所述之事，肯定另有所本，其根据，很可能就来自张伯桢所撰"佘义士墓志铭"。因为张伯桢与佘女士所说蔡廷锴等人既是同乡又是来往甚多的同道。

佘女士提到的另两个事实也耐人寻味。

其一，袁崇焕被凌迟处死的地点。既然故事从佘义士到刑场盗取袁崇焕头颅开始，刑场也就是盗头的地点，便是一个很重要的问题。明朝北京的刑场在西市，到清朝才改为菜市口。但佘女士却说，听老人说袁崇焕死在菜市口，因为她大伯每到袁大督师的忌日，都会到菜市口的斜街去祭奠。

其二，佘女士去过老家，即广东顺德。她说佘家在那里确是一个大户，她还参观了佘家祠堂的遗址，但无论从家谱还是口碑，都未能找到佘义士的线索。

这两点，权且当作佘义士故事有文人杜撰成分在内的旁证吧。

2. 关于袁崇焕的籍贯

我第二次访问佘女士时，她明确表达了对袁崇焕纪念馆布展的不满，其中也谈到袁崇焕的籍贯问题：

> 佘：（袁崇焕纪念馆）到去年好不容易给恢复了。定老师也知道，我们不愿意离开那儿呀，他们强迫我们离开（哽咽），他们不愿意让我们跟外界有任何联系，把我们跟外界的联系给割断了。您有时间去一趟，您看看他那个展览搞的是什么，展览的东部都是明代的武器，西部有七八幅照片吧，有五幅六幅都是说袁大将军是广西人，是袁大将军爷爷的衣冠冢，袁崇焕的衣冠冢……就是某个学术权威他说了，袁大将军是广西人，那你这开放是为了宣传你的学术观点呢？还是为了宣传袁大将军的伟大事迹？袁大将军亲自指挥的三个战役，哪怕一个战役给搁到里边呢，起码北京战役应该搁到里边展览吧，他是为保卫北京而死的，他如果不到北京来他还死不了呢。北京人更不应该给他忘记。

> ……

在我看来，对袁崇焕籍贯的考证与宣传袁大将军的事迹二者间并不矛盾。至于佘女士何以会对袁崇焕是广西人一说表示不满，我当时颇为不解。而事实上，只要了解佘家史事之由来乃至袁崇焕诸纪念物与广东的关系就可得知，袁崇焕的籍贯，在此也是一个与佘家守墓之事有着不寻常关系的问题。

北京市崇文区东花市斜街那个旧日的"佘家馆"，佘女士说是广东义园亦即墓地，但在北京市的一些正式文件上，则是作为广东在京的几十个会馆之一对待的。这些会馆自1951年开始，便被逐步移交给北京市人民政府的各有关部门。1956年，民主人士蔡廷锴、叶恭绰曾致函当时的北京市副市长王昆仑，称："明代袁崇焕墓、祠堂及南海会馆戊戌议政处所等，均与文化史迹有关，袁武墓祠且经前岁李任公与弟等请市府修葺，颇壮观瞻，此次一并移交市府接管。此为两粤在京特殊纪念物，至今乡人和华侨来京均前往探访，此如何由市政府特别管理，免于一般房产等，视望商市府同人速定办法，以慰众望。"王昆仑接信后非常重视，当年的4月3日，市文化局经实地勘察后，便向市政府提出具体保护措施：

（1）崇外佘家馆袁崇焕墓堂，为众所周知之所，具有历史意义，拟由我局文物组接管，该处计有房产二十三间，住户多家，只北房三大间空闲，可由我局通知文化馆、站利用，其余房屋商由市房管局动员住户迁出后，一并交文化馆、站，以达到又保护、又利用的原则；

（2）龙潭袁崇焕督师庙三间，墙上嵌有康有为、梁启超石刻，有文物价值，可由文物组接管。（以下与袁崇焕事无关，略）

当年7月王昆仑对此正式批复：

（1）崇外佘家馆袁崇焕墓堂由文化局文物组接管，并保留北房三大间，作一横匾，加以保护（市领导注：不必迁设文化馆，不动员居民搬家）；

（2）龙潭袁崇焕督师庙三间，墙嵌康有为、梁启超石刻，由文物组接管保护。[①]

这段过程，佘女士有过简略的讲述，当然她是从自家待遇的角度讲的，佘家馆也由此而得以保留，直至建立袁崇焕的纪念馆。

北京的袁崇焕纪念馆于2002年年底开放，此时的袁崇焕已经被作为一个民族英雄，而不仅仅是广东乡人和华侨前往探访的"两粤在京纪念物"，地域的特点被如此淡化，今天的年轻人无所谓，老一辈却不以为然，我也是看到这些文件之后，才恍然明白佘女士对于这个"广西藤县籍"有所不满的原因。

3. 其他

佘女士的二次口述中，对于我提出的佘家多年来靠什么维持生活的问题也做了回答：

> **佘**：我们家地也多，（园子）前边租给粪厂子，他们给我们钱。城外的地是租给别人种，到年下给我们交租子，什么八个磅七个磅的，几口袋是一个磅。我们一共是三个园子，一个是龙潭湖那个，也是我们家的，请了一个姓刘的，刘老伯帮忙看着。因为我们佘家人少，辈辈单传，没人去看那两个地方。我们家房子也多，房后头还有枣树，长了枣呢，就把枣卖给枣贩子，你要几棵，四棵，五棵，打下枣，给我们钱。我们家还有买卖，听说还开着一个发廊似的什么。还做一种

---

① 转引自汤锦程《北京的会馆》，中国轻工业出版社1994年版，第45—48页。

刮绒活。到我父亲那代也做刮绒活。不过我父亲他们自己不做，请人来给我们做。刮活是出口的，把蚕丝绑在一个木板上，然后牛骨头做的刀这么刮，刮出绒来。

而最令我感兴趣的，乃是她祖父过继给旗人的问题，以及对她祖父、父亲作为旗人的生活状况的描述，这在我对她作的第一次访谈中也提到了：

佘：我爷爷为什么叫佘恩兆呢？就是因为哥儿几个都死了，就剩我爷爷一个人了。过去老年间迷信，说我们家孩子不好活，您家孩子多，好活呢，就（把我们家孩子）给您。我爷爷的父母就把我爷爷过继给别人了，就过继给在旗的了。原来咱们北京在旗的都在哪些地方您知道吗？东直门外头，往南一点，都是老在旗的地方。

我父亲家是个大家庭，我爸爸叫佘选增①。我有五个姑姑，还有我大爷和我爸爸他们哥儿俩，一共是七个。

我父亲跟我大爷，他们俩都特别高，这是他们的照片。可是哥儿俩性格截然不一样。我大爷是凡人不理的劲儿，特别有架子。我父亲外号叫小白菜心儿，因为我父亲长得比较漂亮，性格跟我大爷也完全不一样，我父亲这人挺豪爽的，又抽烟，也喝点酒，还有个喜好是喝茶，早晨起来就喝茶。他爱交朋友，是什么人都交，什么捡煤核的、拉排子车的、倒水的，卖烧饼麻花的，都爱上我们家去。我大爷就说他嘛，就跟他合不来。

我们家比较复杂。我就知道有个姑奶奶行三，大姑奶奶，二姑奶奶，三姑奶奶，我的三姑奶奶我还见过。我大姑奶奶婆家姓彭，我大姑奶奶和二姑奶奶给的是哥儿俩，姐儿俩给哥儿俩，也是做官的，那支已经没了，我那表哥要是活着的话也七十多小八十了。三姑奶奶婆家姓杨。比我爸爸大的我们叫姑姑，比我爸爸小的我们叫娘儿，北京人都这样叫，汉族人也这样叫。二娘儿，三娘儿，七娘儿。

我伯母不是别人，就是我奶奶的外甥女儿，他们是两姨成亲，我奶奶的姐姐的姑娘，给我奶奶做儿媳妇。我奶奶不是旗人，是汉人，姓王。我可不知道她是在哪儿。可是我奶奶的姐姐她们婆家是北京人，老在旗的，姓岐，就是一个山字，一个支字那岐。那个岐东贵，我管

---

① 这里佘女士所说父亲的名字与上篇访谈中所说不同，可能一是名，一是字。

他叫爹，就是我爸的表弟，他是我爸的大姨的儿子，又是我大妈的娘家弟弟，又是我大爷的小舅子。我们家跟清朝是对立的，可是到最后成了一家人了。

这多少回答了有人提出的她家本是旗人却冒充汉人的疑问。但是从中也可以断定，他们对清朝、对满族的仇视至少在清朝未亡时早已消失，后来的那些感情和逸事，都是辛亥革命排满时被重新激发起来的。

佘女士的口述涉及的另一问题，是乾隆朝建袁崇焕祠、墓的由来。她所说乾隆帝寻找袁崇焕后人之事，是有史实为据的，见《清高宗实录》卷一一七〇，乾隆四十七年十二月丙寅：

> 谕军机大臣等：昨披阅明史，袁崇焕督师蓟辽，虽与我朝为难，但尚能忠于所事。彼时主暗政昏，不能罄其忱悃，以致身罹重辟，深可悯恻。袁崇焕系广东东莞人，现在有无子孙，曾否出仕，著传谕尚安，详悉查明，遇便复奏。

在访谈中我曾反复询问袁崇焕是否有后人之事，佘女士的答复都是否定的。但据《实录》，袁崇焕却是有一个后人的，他的嫡堂弟文炳曾过继给他一个儿子，其五世孙名袁炳，乾隆帝也确实给了他一个佐杂等官。[①]按此仅为一说，另一说为袁有一遗腹子，后因军功入宁古塔正白旗，有张江裁（即张次溪，江裁是他的名）撰袁氏世系为证。据此表载，袁的六世孙富明阿曾任江宁将军、吉林将军等职，其子寿山、永山均于清末在中日、中俄交战中以身殉国。[②]该文并有孟森先生作序。[③]王钟翰教授也曾注意及此，撰文考证过袁崇焕后人的入旗与"满化"问题，并将其作为三百年来满汉之间从"兄弟阋于墙"到共同"外御其侮"的实证，但这已经是另一个故事，此处就毋庸赘述了。[④]

佘女士在我做第一次访谈时曾为我详叙她自"文革"之后为保护和恢复袁崇焕墓奔走呼号的经过。事实上，袁崇焕墓的恢复之不顺，与很多人对佘义士盗头与守墓的故事一直持将信将疑态度有很大关系，而且这种质

---

① 《清高宗实录》卷一一八一，乾隆四十八年五月戊申。
② 张江裁：《袁督师遗事汇辑》卷五"袁督师后裔考"。
③ 孟森：《袁督师后裔考序》，载《明清史论著集刊续编》，中华书局1986年版，第123—125页。
④ 参见王钟翰《论袁崇焕与皇太极》，载《清史新考》，辽宁大学出版社1990年版，第112—131页。

疑并非自"文革"开始，早在 20 世纪 50 年代叶恭绰等人向毛泽东上书时，这一疑问就曾被有关专家学者提出来过，至今也仍然不断有人提出。我一度曾想搞清的，是讲述者的态度，她究竟是明知故犯的编造，还是自己也相信这一故事的真实性？至少到目前，我还希望是后者。

考订这一史实的真伪固然重要，也是史家的责任。但是这个故事，我毋宁将它看作一个传奇，这对于我来说还有别一层意义，那就是看人们在不同的历史背景下，是怀着怎样的目的（或者是政治的，或者是其他的，或者是公众的，或者是私人的）、怎么样利用这样一个史实来编故事，这样的故事反过来又对这些编故事的人自身产生了什么样的作用和影响。张伯桢为袁崇焕修庙立碑，为的是寄托排满抗清、恢复中华的壮志，到他的儿子张次溪这里，已淡化成为文人寻访古迹的追思。佘女士的呼吁之所以会在近些年引起广泛的社会反响，会成为近年来北京人生活中一件不算小的事，则是因其对叹息信仰缺失、理想缺失的年青一代来说，是一种精神上的激励。佘义士守墓的传奇，就是这样借助历史影响到活人的生活，又借助活人的解读变成了活的历史。因为至少，如果北京历史上真的曾有佘义士这样重情重义的人存在过，对我们来说，也是精神上的一个慰藉。

（二）张先生口述

　　时间：2002 年 8 月

　　地点：北京宣武区（今西城区）牛街某居民楼

　　被访者：张先生

　　访谈者：定宜庄

　　在场并记录：岑大利、杨海英①

[访谈者按] 张先生的祖父张伯桢（1877—1946），字子干，号沧海，又号篁溪，广东东莞县篁村胜和村人。他是康有为"万木草堂"的弟子，曾两度赴日本留学，光绪三十四年回国后，先后捐资在北京左安门广东新义园（即今龙潭湖公园内）建造袁督师（袁崇焕）庙，又在北京广渠门内广东旧义园（即今崇文区东花市斜街袁崇焕祠旧址）重修袁督师墓。1919 年又在袁督师庙南一里许修建袁督师故居，自建房屋于旁，时人称为"张园"。张伯桢撰有"佘义士墓志铭"，与

---

　　① 陪同我去访问张先生的，有岑大利（上文已经介绍）和杨海英。杨海英是我的师妹兼同事，对明末清初史事颇有研究，包括对张先生所说他们的祖先张家玉的事迹。

康有为的"袁督师庙碑记"一起，都立于龙潭湖公园的袁督师庙之内。佘义士的事迹得以彰显于世，首发轫者就是张伯桢先生。[1]

张伯桢先生之子张次溪（1909—1968），名涵锐、仲锐，号江裁，是对北京史研究卓有贡献的学者，有多种堪称经典的著作传世，其中有《袁督师遗事汇辑》，还有收入《燕京访古录》中的有关佘义士的传奇。今人所谈佘家故事均出于此。

张伯桢父子早已离世，我有幸在朋友的帮助下找到他们的后人、张次溪先生之子张先生。当然，依照我的行事方式，询问的便不仅仅是与佘家有关的史事，也包括了张家的家史、张伯桢、张次溪父子的生活与为人。我相信这有助于理解与佘义士逸事相关的背景，更有助于了解当年来到北京做起这些事情的"人"。事实上，对于后来一度成为"旗人"的佘家后人，我也是着力从这样的角度理解的。

张先生不愿我披露他的姓名，也不允许我录音，他说他不愿意糊里糊涂地伤害到别人。所以我与他的交谈，是由与我同去的岑大利、杨海英二人笔录的。在此对张先生和她们二人致以衷心的谢忱。

张：您到我这儿来是想问什么呢？

定：我想知道的是：第一，您祖父、父亲的经历和背景，这纯粹是好奇；第二，我对佘义士的事感兴趣，我想知道这里边有几分是真几分是假；第三，我想知道袁崇焕的庙与祠之间是什么关系。

张：我不愿意与专业人员打交道。业余的可以不负责任，可以胡说八道，不怕丢人，不怕露怯。我怕糊里糊涂把人伤了。

我1948年出生，今年五十四岁。我的老家是广东东莞县篁溪村。祖父张伯桢，被篁溪的《东莞名人录》收进去了。我们家祖上也出过一个抗清英雄，叫张家玉，他是我们张家正支的第十七代，到我应该是二十八代了。我们家里有一个供祖先的龛位，每到清明都要供奉，有袁崇焕和张家玉的像，都要给他们磕头。[2]

---

① 张伯桢著有《张篁溪遗稿》《南海先生全书》《南海康先生传》《焚余草》《篁溪笔记》《同盟会革命史料》《兴中会革命史料》《宗社党史料》等书。刊刻《沧海丛书》五辑，广收袁崇焕、张家玉等的文学史料。他晚年信奉佛教密宗。1946年在北京病逝，临终前，把珍藏康有为、梁启超的书牍墨迹以及有关袁督师的文物、齐白石等名人字画共一千三百余件，捐赠给北平历史博物馆。

② 张家玉（1615—1647），广东东莞人。字元子，号芷园。明末清初"岭南三忠"之一。李成栋陷广州，张家玉毁家招兵，以东莞家乡兵为主力，据守东莞，与陈子壮遥相呼应，而后兵败，张家玉投水自尽，谥文烈。东莞人常以张家玉、袁崇焕二忠烈为骄傲。

我祖父是 1905 年前后，在家乡中了秀才，想进一步提高，就到广东去拜师，康有为在万木草堂讲学，他也去听，就这样成了康有为的学生。他岁数小，梁启超是他的大师兄。我祖父为人诚恳，与康有为处得比较好。

定：您祖父为什么到北京来了呢？

张：我祖父在广东读书，受孙中山华兴会、光复会等思潮的影响，又赶上上个世纪末期的出国留学热，就上日本留学，因为日本是最近最便宜的。他去过两次日本，跟那些革命党人有联系，跟华兴会有过接触。在日本读的是法律，回国之后正是清朝末年，也不由自主地向前走，也要跟世界接轨。他回来后算是个举人的位置。听我妈说，当时的读书人看不起他们这些留学回来的"洋举人"。我父亲是从事法律方面工作较早的一批，在清政府的法部任了个小职员，是这样到北京来的。从 1907 年到一九二几年，祖父就在北京，住在烂漫胡同四十九号。[①] 北京有一个长兴书局，康有为是东家，我祖父也在那里为老师办些事。1929 年康有为去世，书局就被倒出去了，倒给了伦哲如，[②] 他是周叔迦[③]的老师，北大二三十年代最有名的目录学专家。伦哲如是东家，他又找了一个经理，就是掌柜，叫孙殿起，孙殿起又带来一个雷梦水，[④] 书局就改名叫"通学斋"。雷梦水后来成了享受国家津贴的五名专家之一。这就说走了。

我祖父在北京有了收入有了钱，生活稳定了，又正好是三十多岁，就开始留意文史方面的资料。现在专业人士认为袁崇焕是广西藤县人，可是我祖父他们这一辈人认为他是东莞人，要表彰先辈，就在左安门内新西里三号买了一块地，盖了十三间半房子，叫张园。我祖父认为张园那地方是袁崇焕住过的，他就是要让后人永远记住这位抗清的英雄，记住他是东莞人。

我祖父上个世纪初的生活比较富裕，就出钱盖了袁崇焕庙，这庙在龙潭湖里头，我奶奶、我父亲的哥哥和弟弟都埋在那里。后来有人说袁庙是"北京人民"盖的，这北京人民是谁呀。那座庙的南门不开，南边一间房里边有我祖父的造像，有我们张家的一块石刻，记载的都是张家的事，跟

---

① 烂漫胡同旧门牌四十九号为广东东莞会馆旧址，有房屋四十九间，占地两亩有余。原为张家玉故居。

② 伦哲如，即伦明，广东东莞望牛墩人。生于光绪元年（1875），卒于 1944 年。著名大藏书家。为张伯桢挚友。

③ 周叔迦（1899—1970），安徽东至县人。著名佛学家，一生潜心佛学。1930 年后历任北京大学、清华大学、中国大学、辅仁大学教授。1940 年主持《佛学月刊》。同年在京创办中国佛教学院，任院长。

④ 孙殿起与雷梦水都是北京琉璃厂的书商，也是当代著名的版本学家。

袁崇焕没有很大关系。康有为为袁崇焕写的碑文也在庙里，我个人认为这是祖父当年修庙时鼓捣出来的，他跟康有为有师生关系，康有为在世时，有许多事情是我祖父给办的么。那庙我幼年时进去过一两次。1988 年我又去过一趟，带着儿子，那时他还上小学吧，我要他记着这事，不要忘记了。有个看庙的老同志给我打开了那间房。那庙整修得已和我小时候记得的不一样了。①

　　张园与那庙还有一段路程，我祖父可能是把张园当别墅看待的，我父亲、叔叔少年时都在那里读书。烂漫胡同是东莞会馆的所在地，北京的东莞会馆是家乡人集资盖的，产权就是家乡人的，凡进京赶考的人，没有能力的就可以白住，即使有人搬走了，房子空下来，再有人搬进来还是白住。我祖父刚来北京时就一个人住在那儿，1910 年左右把家眷接来，我们家就一直在那里白住，没有人收钱，我就是在那儿出生的，一直住到解放后。②我小时候会馆里住了十户左右，也不全是东莞人。比如有一户是河北人，在中国书店修补旧书的，是伦哲如的徒弟。"文革"时我家被抄家，1969 年被从会馆赶出来，当时就有二十多户了。

　　我祖母是原配，也是广东人，与我祖父一道来到北京。她生了我二叔之后就病逝了，那时我父亲六七岁，她也就是四十岁左右。我祖父还从广东老家带来过一位奶奶，她身份有点特别，可能是二房吧，后来扶正了。她是 1958 年去世的。祖父生了十来个孩子，活到解放后的只有我父亲，行六，还有我的叔叔，行九，我们叫他二叔。我叔叔差一点就南下投了共产党，他后来在北京农业大学学畜牧，是 1999 年去世的。我小时候对这些事都不知道，直到 1988 年我回老家，我叔叔堂房的弟媳妇，她那时也有七八十岁了，家里挂着像，我想了半天才想起那（像）是我亲奶奶。

　　1928 年蒋介石把政府迁到南京。政府机构挪了，剩下的名义上的办公人员，多数都是老的，或者有家有口的。我祖父就没有正常的经济收入了，就开始往下坡走，所以我父亲十六七岁就不得不出来工作，挑生活担子。我祖父是 1946 年去世的。

---

　　① 袁督师庙在今龙潭湖公园东岸，是 1915 年由张伯桢首倡并捐金，1917 年建成的。规模不大，门前围有松柏，也已修复。原康有为所题的门联："其身世系中夏存亡，千秋享庙，死重泰山，当时乃蒙大难"；"闻鼙鼓思东辽将帅，一夫当关，引若敌国，何处更得先生"，仍保存完好。
　　② 这里说的是广东东莞会馆新馆，位于宣武区上斜街旧门牌五十五号。1911 年开始动工，是在京诸馆中竣工较晚的一座。占地面积较大，有房九十间，占地近六亩。馆建成后正值辛亥革命，会馆负责人为尹庆举。尹避乱旋归故里，由在京东莞人张伯桢代理。馆内有《东莞会馆新馆兴建记》一石，撰者即张伯桢，书者为朱汝珍。

　　我父亲从小读书，当时孔教大学①的主事与我祖父是好朋友，孩子进去能便宜点，我父亲就那么进去的，在那里读了几年。他的老师有林琴南②，有吴北江③，他的同学里头名气最大的是齐燕铭④，后来给周恩来当过秘书。我父亲修满了学分就算毕业了，后来先是杂七杂八地在社会福利部门做点事，然后在北平研究院史学部研究北京史，很踏实很卖力地做了一段研究，他就是在这时打下的基础，他的导师中有顾颉刚，陈垣，同学里名气大的有吴思玉，周汝昌，还有刘鹗就是刘铁云的后人刘厚之。他在这里决定了研究北京史的方向，解放后在北师大工作。我父亲写过《燕京访古录》，写那些做学问的人，他那方面的有意思的文章多了。⑤他1957年就脑溢血，半身不遂，上不了班，吃劳保一两年之后就等于是"劝退"了，当时我九岁，他还不到退休的岁数。所以我们家境就不好了。我父亲第二次病倒时我上初中，我1965年从宣武区的六十三中初中毕业，因为家里倒霉，没有心思再念书，就工作了。1968年我父亲去世，当时我二十岁。我从十四五岁就意识到要自己挣饭吃，现在我这孩子二十二岁了还没这思维能力呢。

　　我母亲是浙江海盐人，海盐徐家，家里出过军机大臣，徐用仪⑥。我外祖父的名字叫徐蔚如。当年我祖父在清末的法部，我外祖父在财政部，本来不熟，大概是朋友托朋友说的。我外祖父特别有学问，听说他想寻一部书，多年寻不着，却被我父亲从一个小摊上买到了，送给我外祖父，他非常高兴，就把女儿嫁给他了。我母亲的年龄、家庭都与我父亲相当，可是

---

　　① 孔教大学是民国初年提倡尊孔读经的社团——孔教会筹建的一所大学。孔教会1912年10月由康有为授意其学生陈焕章等成立于上海，以后将总会迁至北京。陈焕章任孔教大学校长。

　　② 林琴南（1852—1924），名林纾，字琴南。清末民初著名的大学者、大翻译家。

　　③ 吴北江（1877—1950），安徽桐城人，桐城派大文人吴汝纶之子，著名学者，曾与陈叔通、夏仁虎、章士钊、许宝蘅、张伯驹等人诗书唱和，是著名的文学社团"梯园"的重要诗人。

　　④ 齐燕铭是蒙古八旗后裔，1949年以后曾任中共中央统战部副部长、政协全国委员会秘书长等职。

　　⑤ 关于张先生的父亲张次溪，有石继昌《春明旧事》所记"京华掌故首'金'、'张'"一文可供参考："次溪先生名江裁，原名仲锐，一九〇九年生，广东东莞人。明末殉节的张文烈公（家玉），即先生远祖。先生幼居北京，父篁溪公（伯桢）为康南海弟子，有别墅在左安门内，名张园。先生出自名门，毕业于孔教大学，以得当代名流学者王晋卿……诸老教诲，学益日进。……宣武门外烂漫胡同东莞会馆，先生远祖文烈公明末时曾住于此；三百年后，先生亦居馆内里院北房，自成院落，室内环壁图书，可谓汗牛充栋。先生在北京史方面的贡献有以下几点：一为北京岁时风土的辑录。二为北京戏剧史料的搜集。三为天桥史料的撰述。"见北京出版社1996年版，第2—5页。

　　⑥ 徐用仪（1826—1900），字吉甫，号筱云。清咸丰九年（1859）举人。光绪二十年任军机大臣。是年，中日甲午战争爆发，徐用仪和李鸿章、孙毓汶等相结纳主和，与主战派相抵触，被弹劾为"朋比误国"而退出军机处及总理各国事务衙门。二十四年奉命再任总理各国事务衙门行走，并任会典馆副总裁。二十六年义和团运动兴起，力主镇压。主战派以"私通洋人"罪名入奏，与立山、联元、许景澄、袁昶在北京处死。宣统即位后昭雪，赐谥"忠愍"，厚葬于六里邵湾。

两人的脾气禀性全不搭界，所以我母亲挺委屈的，委屈了一辈子。我觉得现在像我母亲这样的人不多了，这是后人都应该学习的。我母亲是个家庭主妇，我父亲只懂得做学问，除了学问之外，就是个糊涂虫。那时候他在北师大历史系做资料员，每礼拜六回家要去澡堂洗一回澡，每次都要我母亲把所有东西准备好，裹一个小包裹放在他床头，他非得看见这个包裹，才能想起该洗澡了。到礼拜一早晨去上班，衣服也得我母亲准备好，连他的校徽都要给别好在衣服上。当时北师大教职工的校徽是红的，学生的校徽是白的，因为我姐姐也在北师大上学，所以有一次我母亲太忙，忙糊涂了，给他的衣服上别一个白校徽，他就看也不看把白校徽别走了，回来还埋怨我母亲。我母亲是 1910 年出生的，1975 年去世，活了六十五岁。我看《四世同堂》，觉得就好像有我们家的影子似的，我母亲就像那个大嫂韵梅，我父亲就特像那个大儿子。

我祖父在广东的时候就信佛，他是学密宗的，六世达赖到北京时他还去拜访过。外祖父学的是净土宗，跟弘一法师是好朋友，他的名望比我祖父还大得多，他们都是居士，程度也都不在学问之下。[①] 中国近代工业发展，有南张北周之说，南张是张之洞，北周就是周缉之了，他就是周叔迦的父亲，北方洋务派的首领。[②] 一战时周家大受打击，损失白银四万两，挺消沉的，就请我外祖父聊佛法，讲通了，周后来狠读十年的佛学书，再出来就进了北大当教授。我小时候就知道周叔迦这个人，周家都信了佛，周绍良是北京市佛教协会的副会长嘛。

我外公是 1937 年去世的，五十九岁。我姨，就是我母亲的姐姐，一辈子没结婚，就在家里念佛，她打小儿就信，她性格有点儿怪异，也许因为信佛，就把人生看淡了吧。我姨是中国佛教协会资料室的，1975 年退休。我母亲也是非常信的，她临死咽气的时候，我大姐和我三姐还有我在身边，我们叫她妈，没有反应，但突然间我就听她咕噜咕噜念出一串，我当时第一感觉就是她在念佛，我说"妈，您念念佛吧"，她果然就又念出一串。我后来读净土宗的书时突然发现，即使人一辈子不信佛，只要临死时念了，

---

① 张先生的外祖父徐蔚如，生于 1860 年，卒于 1937 年，名文蔚，字蔚如，号藏一，浙江海盐人。佛教居士。辛亥革命后任浙江省议员，主编《浙江日报》。先后创立北京刻经处、天津刻经处。校刊佛教经典近两千卷，刻有《华严搜玄记》《华严探玄记》《华严纲要》等。1935 年起在天津功德林讲华严经，与南京杨仁山并称华严学大师。

② 这里的叙述略有误。所谓"南张（謇）北周（学熙）"，一般是指张謇而非张之洞，北周则的确是指周学熙，而周缉之是周学熙的字。东至周家是中国近现代史上的著名家族，周学熙之父周馥，清朝时曾任山东巡抚、两江总督、两广总督等职。周学熙（1866—1947）为华北地区早期工业化的奠基人之一，他开创的实业集团奠定了京津唐地区近代工业的基础。

亡魂就能到西方的极乐世界，我发现我无意中做了这么一件事，一件非常对的事。

我母亲去世二十五天之后，我姨也去世了。当时我大姐正赶回来帮助料理我母亲的后事，发现我姨病得也不轻了，她死时我们后院的一个老太太上我家来给她洗，出来就说，真是个修行的人，身上真干净。她临死时不难受，就是说修到这个程度，痛苦就越过去了。她去世那天是2月4日，那天立春，正是海城地震那一年。我是从1999年正式开始信观音的。

袁督师庙是1952年归了国家的，1986年崇文区政府花了十六万，把龙潭湖的袁崇焕庙重修了，现在有三间房子。张园这边在抗战之前都过得挺红火，后来国民党兵住进去，成了兵营了。国民党打败了，房子也没人看，就找了一个姓徐的农民给看着，招了些住户，跟这个徐大爷说收了房钱把房修修，他也不管。我父亲和叔叔就想，索性就交给国家吧，1958年就由我父亲和叔叔两人以我爷爷后人的名义捐给了政府。捐房的证明我还见过的。

"文革"中我们被抄家，书也都被抄走封存了。1969年我们被从东莞会馆赶到马路对面，我妈就是在那儿去世的。我外祖父捐的那座张园，后来漏了，我也呼吁过，要求为我解决实际困难，我还算幸运，崇文区政协的一个副主席沈先生找到有名望的人，一起帮我呼吁，最后终于从平房换到牛街这儿。

父亲有4个孩子，我有三个姐姐，父亲比较偏爱我，我与父亲接触多些，他的朋友往来，我也听点故事。"文革"落实政策后，父亲的书找回来了，一万多册。有关袁崇焕的情况，后来资料归堆，我也动过搞研究的心思。1982年我犯了心脏病，房颤，送到阜外医院抢救，身体恢复后感到不行，干不了历史研究，就把这些材料都处理了。我先是给广东东莞政府写过一封信，开始没人理我，后来到1987年，东莞县志办和图书馆突然来了一封信，说我寄的资料都收到了，挺好，问还有没有，给了我四百元钱，要当废纸卖了也不值这么多钱啊，这还算家乡人重视。篁溪村有一个县志办公室，市里要写地方志，分到村里，老家有一个写作小组，给我写信要资料，我说已经给了东莞市了，村里又问我要，我说还剩一箱子，篁村那边说请你来一趟，让全家都去，管吃管住，我就去了一趟，可我连广东话也听不懂。我一直认为政府就是一回事，后来才知道，篁村写作办公室与县里根本是两码事。我反正认为，归了家乡就得了。

现在说的袁崇焕祠，指的到底是龙潭湖那个，还是五十九中那个，我也弄不清楚。那时候到清明，我祖父他们是不是也去五十九中那个墓拜祭，我就不知道了。我父亲倒是有一张为五十九中那个墓铲土的照片，是1952年照的。那次要把袁崇焕的墓从城里迁到城外，广东籍的名人：李济深，叶恭绰，章士钊，还有一个叫什么来着，是十九路军军长，就是在上海与日本人血战的那位，他的儿子，现在是市政协的副主席，他们联名给毛主席写信，毛主席让彭真解决，就把这墓保留下来了。五十九中那个袁崇焕的墓其实就是两个坟包，里边没有尸首，只是一个衣冠冢。至于（广东的）旧义园与新义园有没有关系，我也不知道。七几年八几年的时候我也去五十九中看过，那时候已经没人守了。反正这几处都不挨着。

现在我在家没事，就在电脑里写一些小故事，写我经历的平房杂院中那些邻里之间的关系，我要把它留给我的儿子。不过这些与袁崇焕就没有什么关系了。

阅尽人间春色

——刘曾复口述

第一次　时间：2003 年 3 月 3 日
　　　　地点：北京大学医学院宿舍
　　　　被访者：刘曾复
　　　　访谈者：定宜庄
第二次　时间：2003 年 7 月 25 日
　　　　地点与访谈者同上
　　　　在场者：王政尧①

[**访谈者按**] 这部书中的被访者大多数是普通百姓，但也有很有成就者以及名人，在这些名人中，刘曾复刘老确实是最耀眼的一位。做一个城市的口述史不能没有名人，尤其是在北京这样文化底蕴深厚的古老城市，他们是这个城市的魂。刘老不仅在戏曲界，而且在生理学界都是顶尖人物，虽然他更愿意被人看作生理学家，但事实上他之得名，更多的还是由于戏曲。因为科学家也好，学者也好，都是寂寞的行当，无论取得的成就多么辉煌灿烂，也无论在自己的领域有多么赫赫的声名，大多数在社会上也仍然会寂寂无闻。演艺界包括戏剧界当然就不同了，所有的表演，都要给大众而不能仅仅给内行看，而名人，如果只有同行的认可而没有外行的喝彩，是成不了名人的。

　　刘老的著作主要有两部，一部名为《京剧新序》，一部名为《生理说苑》，他自己说书名取自刘向的《新序》与《说苑》。《新序》是带有讽谏目的的历史故事类编，《说苑》引自先秦经传子史及民间故

---

① 王政尧先生是中国人民大学教授，对清代戏剧史学有专攻，著有《清代戏剧文化史论》（北京大学出版社 2005 年版）。本书中凡与京剧有关的事宜，我多次向他请教。他出于对刘曾复老的崇敬，陪我做了第二次访谈，访谈中二人谈及诸多与京剧有关的掌故，因篇幅所限，均未收入这篇口述之中。

事、传说和寓言，目的
则是说教。刘老这两部
书，代表了他在这两个
领域的成就。至于取这
两个书名，是否隐含了
对这两个领域中某些现
象的褒贬，我就不敢妄
言了。

刘曾复先生在家中（2003）

　　刘老是把我当作史
学家来与我交谈的，他
反复强调的是希望我留
下点资料。而我在访谈
中最感兴趣的，是他一生中兼及戏曲（爱好）与生理学（研究）这样
两个风马牛不相及的领域，有着怎样的感悟。这两个领域我都不懂，
我感兴趣的是他和他那一代知识分子悠游其间的人生，现在的知识分
子，极少有人有那样的精神世界了。那样的散淡从容，那样的深邃，
和那样的丰富。

　　刘老学识渊博、阅历广阔，加上年过九十，历尽人世沧桑，他的
经历，当然不是短短一篇口述可以概括的。我对刘老的访谈，几年间
进行了三次，每次都长达数个小时，但囿于本书的体例篇幅，只能选
取其中一部分。弱水三千，我只取一瓢饮。作为节录，我重点选择的，
除了他的人生经历之外，主要是与北京城尤其是外城有关的部分，这
倒真应了刘老让我"编写"的戏言了，当然不是为了给他"遮丑"。

　　又，外城亦有东西之分，以前门为界，东指崇文门外，西指宣武
门外，亦即近年来北京史中最引人注目的"宣南"。清人震钧作《天
咫偶闻》，便立"外城东""外城西"两卷，称"外城士夫多居城西，
商贾皆居城东"。[①] 这里依内城之例，亦自西向东，从宣南述起。

定：刘老，我想给您做个口述。

刘曾复（下简称刘）：我口述，您编写。

定：我不是编写，我记录。

---

① 《天咫偶闻》卷六，北京古籍出版社1982年版，第135页。

刘：别记录，您就编写，您编写啊，可以给我遮点丑。回头有不对的地方骂您，不骂我（众笑）。

定：有些东西您如果不愿发表，我可以删掉，当然删的地方我会交代。

刘：可是我得说一下。咱们是删，不是改。咱们这就说笑话了，明清的小说，里头有些个东西不能够公开的，有人他给改，把这整个的小说改编了，我说那个不好。我说还是原来的东西，您知道不行，就"以下删去154 字"，那最好了。咱们这也是删去多少多少字（众笑）。另外假如您这是内部的，我还是什么都可以说，把有些事再详细说，我得表示表示我的观点。咱们不是学术么，学术上有些基本资料，真实资料，您必须得留着。但我怕这是公开发表。公开发表的话呢，这麻烦这不行，人家该跟我打官司了。有些东西还是不宜于公开。

一般说我是 1913 年生人，但是我档案上的岁数，就是 official age，是 1914 年生人。1913 是按传统虚岁合过来的，今天不少老人还是说虚岁。

我不吃烟，不喝酒，也不斗牌。我平常不爱着急，名利看得很淡。我多年以来有一个看法，就是我得天独厚。比如今天咱们俩能坐到这儿聊天，我没摆摊卖菜去——我倒不是看不起人家那工作，我就挺知足。我念了书，后来在学校做事，我享受全人类若干世纪的全部文化成果的福利，可以这么说吧？咱们坐到沙发上，有煤气，咱们还能读书，种种吧，可是我对全人类文化的贡献微乎其微，当然我就得天独厚了，我就知足常乐了。牛顿不是说他是沙滩上的一颗沙子吗？人家贡献太大了，我跟他是没法比的。《陈寅恪的最后二十年》[①] 那本书，不知您瞧了没有，我看过心里老想，陈寅恪那么大的学问，我在清华大学上学的时候他就是两个教授了，太出名了，没有发挥出来，真是太不幸了，当然我很惋惜他。可是后来我也想啊，他确实有本事，但是要跟全人类的本事比的话，他还是一小部分嘛，这么一想我就更渺小了，我还不知足吗？所以我总想，你得把你自个儿在社会上的地位认清了，你要跟全人类比，你要跟真正的劳动人民比，你还是觉得有些地方咱们占便宜了是吧？吃亏的地方也有，往往是跟你同一个阶层的人比，是这里边闹的矛盾。

我这想法也挺奇怪的，越来越觉得一个人就那么回事，但平常我不愿意说这话，人家会说你是不是含沙射影啊，瞧不起别人哪，瞧不起领导哪。

---

① 陆键东著，联经出版事业公司 1997 年版。

1. 我家来北京的原因

定：咱们从头开始好吗？我先问问，您是老北京人吗？

刘：据我祖母说，我们在明朝时候和很多很多人都一样，是由山西洪洞县的大树底下逃难，李自成那时候，明末清初，逃到河北省的河间府，说就剩下一个老祖奶奶，在关帝庙里生下我们这个老祖宗。后来他就学徒，学徒呢大了他就很好，后来就建立起这个家了。

我们家后来是怎么个情况我不知道，我所知道的是我曾祖父在云南陆凉县，那时是陆凉州（今为陆良），我的祖父好像在衙门里头签押房做一个小差事。我的父亲是云南生人，后来我父亲大了，我的祖父就到了湖北汉口，有时在武昌，那时候还没有成立武汉市呢，我祖父在那边做什么事我不太清楚，那时候家里有一个老妈吧，她说我祖父在湖北好像做过县官，说他审案子，大概是清官，不太贪赃，据说还做过别的事，我就知道他在沙市做过事，后来听说是在官钱局做一个事情。是国家铸钱呢还是管钱呢，也闹不明白。我差不多七岁他死的。那时入民国了。

定：那你们怎么到北京来的呢？

刘：怎么来的很有意思。我们就好像是游牧民族，从南边往北走，最后走到北京有两个原因：一个是我祖母，她娘家也是河北省的老家，据她说她的父亲在广东当过大官，她家里头在北京有官邸，有大房子，那地方她还带我瞧过。她小时候，她父亲大概在广东死了，她跟着她哥哥，就老想回老家，河北省南部。我们不是河间人嘛。从云南这儿过来了，可老承认说老家是河北的，是河间人。可是一到那儿，河间说没有我们这一户，她说干脆就上北京，因为她父亲在北京有房子。其实（那房子）早卖了，我的祖父借的房子在扁担胡同，就在米市胡同里头，据说是梁漱溟父亲的房子。梁漱溟的父亲叫梁巨川，他忠于清朝，清朝亡了，后来是投湖死的。

定：那不就和王国维一样吗？

刘：他比王国维死得还早，投到北城一个湖。[①] 他这房子好像是他的别墅，很小，在南城那儿住的都是文人哪，会馆哪。我们住的地方一串有四所房子，都是梁家的。我祖父住中间两所，有竹子，花儿什么的。挺好挺

---

① 梁漱溟的父亲名梁济，字巨川，光绪十一年举人，在京城贵族那苏图家中任教，后官拜内阁中书等职。辛亥革命后清朝灭亡，对他是一个巨大的打击。之后见民国官僚腐败、道德沦丧、民不聊生，内心非常矛盾痛苦。为唤醒世人，决心一死，于 1918 年 10 月 17 日投身于积水潭，以自杀殉清。临死遗书数万言，皆以世道人心为念。无论识与不识咸惜之。参见陈灏一《新语林》卷六"伤逝"，上海书店出版社 1997 年版，第 101 页。

好的。

另一个原因，是我父亲中了举人，是最后那科，庚子、辛丑两科并到一块儿。我父亲叫刘诒孙，跟刘春霖、张伯英这些位，他们都是同年。后来我父亲在学部工作，就带着我母亲、我姐姐住在北京。我祖父回来把家给安排了，然后他还在湖北做事。我祖父在湖北，我父亲在北京，那时候还没我呢，我到民国三年不是才生嘛。

定：您父亲一直在北京？

刘：不是。民国以后就到南京了。为什么到南京呢？我本家有个祖母辈的大奶奶，她可以算作河间籍的人，也是刘家，就是我们家，她是谁呢，她是冯国璋的姐姐。这个祖母守寡，也不知怎么就把我叔叔过继过去了。冯国璋、段祺瑞不是都跟着袁世凯嘛，我父亲就带着家眷，还有我叔叔，跟着冯国璋①到南京做事。我就是在南京生的。

我们在南京住的地方叫三元巷，离夫子庙这边近，离下关远，离花牌楼不远，那房子我印象深极了，说是明朝常遇春的府，叫开平府②。那房子太好了，我们住后院，前院就是朱家溍的父亲家。前院三个大院子，后边的院子有楼，我叔叔住楼上，我住在楼下……我和朱家溍是世交，中间是山东熊家，住三家都显得旷得慌。后边有极大的花园，里边有五个大水池子，叫湖。我小时爱吃枇杷，吃萝卜丝饼，我最不喜欢吃的就是板鸭，我不喜欢那个味儿。我喜欢吃那里的煮白果，到大了还想那个。

后来袁世凯失败了，冯国璋不是做了临时大总统吗，我父亲就跟着他们一家子回到北京，那时候我三岁多，虚岁四岁，所以我就算北京人了。我就记得还是住在我祖父借的那个梁巨川的房子，这房子就等于给我们住，他们也不要这房子了。其实梁漱溟比我大多了，我始终没见过这人，可我读过他的作品。

我父亲就在总统府里头当秘书，那时候同时有好几个秘书。他们那些文人会写对子啦，作诗啦，办办公事，写个应酬信啦。后来冯国璋的总统不是做了一年多就下来了么，后来又是段祺瑞，又是什么，最后一个大总统叫徐世昌，他们这些秘书却不换。徐世昌的总统没有了，换了吴佩孚、张作霖他们，我父亲就出了总统府。

---

① 冯国璋（1857—1919），直隶河间（今属河北）人。北洋武备学堂毕业。1913年国民党发动讨袁战争时奉袁命攻下南京，任江苏都督。1916年当选副总统，1917年代理总统，1918年被段祺瑞胁迫下台，1919年在北京病故。

② 按：南京的开平府的确是明初开国元勋常遇春的府邸。常遇春因攻克元朝的开平府（内蒙古正蓝旗东闪电河北岸），被封为开平王鄂国公。

我这个叔叔不是管冯国璋叫舅舅么，他是日本留学的，他比较方便，后来就在江西、南京跟着孙传芳他们这些个人，做过一些事情，孙传芳失败了，大概他就不做事了，他就到北京来。我叔叔有点钱，他本来跟我们住在一块儿，后来自己买了房，就不住一块儿了。我父亲没做过别的什么事，也不会做什么事，就和几个老头管颐和园，做管理员什么的，办公室就在大戏台那个园子的后边，在那儿待着去吧。园长姓许，比他们大一辈好像是，都管他叫许五太爷。另外三个人，一个人就是我父亲，还有两个，一个姓沈的，叫沈七叔；一个姓张的，叫张七伯。是两个都行七。底下还有很多老太监，做普通的杂务，那时候是1932—1933年。我们家里一直也没什么钱，我上学是我叔父给学费。

我父亲死了不少年了，1960年死的。

我再说说我外祖父。我外祖父姓纪，那个字应该念 jǐ 是吧，北京一般就念去声了，他们家都念 jǐ。他是河北献县人，纪晓岚的后人嘛。他那时候也在湖北。张之洞知道吧，张文襄，约他出来办洋学堂，就叫文普通学堂，他是学监督，就是校长了。请的教员有日本人，还有一个蒋先生，我叫他蒋二叔，那时才二十岁，很年轻，教英文。我的姨夫汪鸾翔也在那儿教书，教动物学、化学，他是广西人，也是上的洋学堂吧，懂所谓科学，也是很肤浅吧，不过那时候也不容易了，还做实验，弄动物的模型，都自个儿买。我的外祖父很有学问，我父亲还有姨夫都很推崇他，他把两个姑娘一个给了我姨父汪鸾翔，一个给了我的父亲。[①] 解放之后董必武——他原来也是文普通的学生——派人找过我，问我外祖父有没有儿子，成器不成器，意思是如果我外祖父有儿子呢，成器，就跟我的姨夫，还有蒋二叔，都弄到文史馆去，待遇挺好的。可我外祖父没有儿子，我就知道有三个女儿，他那个小女儿后来在上海教书，"文化大革命"后死的。我外祖母姓王，她告诉我她本来姓朱，清初时不敢姓朱，就改姓王了。我母亲不会写字，看小说倒是能看，我姨儿也是。

我小时候见过外祖父，还带着我在北京大街上转一转。

定：他不是在武汉吗？

刘：武汉是在清朝时候，到民国不是没有那座学堂了吗？他在献县有一个老家，我外婆常住到我们家，有时也住到汪家，就是我那姨夫家。她不愿意回家，愿意在北京住，我外祖父就也到这儿来，有时带着我在街上

---

① 刘老的外祖父名纪钜维，号泊居。他的姨夫汪鸾翔亦为近代名士。

转，告诉我说纪晓岚故居是湖广会馆。现在不是说晋阳饭店是纪晓岚故居吗？晋阳在虎坊桥大东边了，湖广在桥西。虎坊桥在哪儿呢？骡马市大街是东西的大街，北边是南新华街，南边是虎坊路，和骡马市交叉成为一个十字路口，湖广会馆就在这个十字路口的西南侧。晋阳饭庄是桥的大东边，到我七八岁的时候桥还在，后来拆平了，桥栏杆还竖在马路南边，那时候还没开出虎坊路。湖广会馆那个地方最早是清朝威信公岳钟祺官邸，后来换了几个主之后就是纪晓岚家，纪晓岚故后归了汉阳叶澧侍读，以后成了湖广会馆。当年《北京游览指南》就这样说，恽宝惠记载湖广会馆的子午井时也是这样说。我还问过一位管北京房契的刘老先生，他也是这样说。

2. 说说我上学的事

刘：我有一个姐姐，一个弟弟。我小时候家里不大管我。我父亲光念书，什么也不用他管，我母亲也不大管我，我就满街瞎跑。后来在家里，我母亲也教我认点字号，小方字，有一个亲戚教我念新国文，人手足刀尺，山水田狗牛羊，我还记得。我虽然念了，什么也不懂得，瞎玩儿。后来我都九、十岁了，我有一个叔伯的姑姑，嫁给安徽寿州孙家，孙家在清朝当中堂，挺出名的①，我的姑夫是他们的后人，也不是怎么就成了我的姑夫了。他原来在天津，后来到北京做事情，他就老瞅我瞎跑，他就说服了我母亲，说你们也是世家，这孩子怎么成野孩子似的，说不上学不行啊，就说服我母亲让我上小学。

我这姑夫主张我上教会学校，就叫我上崇德中学，现在的三十一中，在绒线胡同，很出名，杨振宁不就那儿毕业的嘛。②我姑父的儿子在那儿，可以带着我。我就上小学五年级六年级。为什么上那儿呢？他有他的看法，说教会学校管得严，省得瞎胡闹。再说那时候名人的儿子都在那儿，顾维钧，颜惠庆，关麟徵，这些大官的孩子都在那儿，到大了之后，有这些个同学就好找事情，就有这些想法，我印象太深了。其实那些个孩子家庭教育都挺好的，也没什么架子。

我没上过学，什么也不懂，到了六年级，大部分都不及格，外国人把我叫去了，说你这个不行，不能升到中学去，你要不上就算了，我说这坏了。那时候我父亲母亲在上海杭州呢，为什么在那儿呢？我叔叔不是跟着

---

① 安徽寿州孙家，应是指孙家鼐，孙是清咸丰九年状元，光绪帝师，京师大学堂创办者。
② 崇德中学，1911年美国基督教会设立，1928年定名崇德中学校。校址在宣武门内绒线胡同（今西绒线胡同）七十九号。

孙传芳在南京嘛，我家还是在北京，可是他们在那边做点小事。我家这房子就归我姨夫住了，我就跟着我姨夫在这儿上学。我的姨夫那时在清华大学当教授，他教汉文，教唐宋八大家，跟王国维、梁启超，还有一些个人，在清华教书的人里边就算是老头了。我姨夫看着我不行了，耷拉脑袋了，他就叫我，他说一个人不应该上教会办的学校，应该上我们国家办的学校，他让我暑假之后跟我的三表哥都考师大附中去。我说我这样的考得上吗，他说不要紧，让你这二表哥给你补习。他家哥儿仨，三表哥跟我同岁，二表哥比我大六岁，现在还在呢，是林业大学的教授。那时候他已经考上清华大学了，在家里养伤，他怎么会伤呢？"三·一八惨案"知道吗？他挨了一枪，把腿打穿了，他旁边就是韦杰三，清华烈士，还有一个墓呢，他们两个在一块儿，韦杰三被打死了。① 我二表哥给我补习，这下子可就行了，我就考上附中了。

　　附中那时候是很革命、很进步的一个学校，我上那学校对我教育太大了，到现在我都觉得特满意。② 政治教育挺强的，像《新青年》里边的文章我们都念。讲爱国，讲打倒日本帝国主义，我们都挂着小牌儿，去街上嚷嚷去。参观乡下，参观煤矿，我们都很愿意去。我初二就知道共产主义了。

　　附中这个学校太特别了，他教给你读书的方法。那时候我们上头一次课，上汉文，头一篇文章，念的就是学生自治，学生自己管自己，自己安排一些事，环境怎么管，花儿怎么种。它的特点是没有大考，就是没有学期考试啦，学年考试啦，都是小考。打初中一年级起老师就让你自治，上来就告诉你说我这课考三回，我这课考两回，我这课考一次，后半学期，后边不考了，都要自学。我小时候净踢球了，书都是寒假暑假自个儿念的。我总说原来的师大附中太好了，那时候的四中跟这正相反，四中背考题，标准考题，标准答案，净背那个，跟现在的状况相似，可是考大学他们考不过我们。那时的附中我觉得是最好的学校。

　　最难得的是附中的制度，你这课有不及格的了，哪年级学生某某某哪门不及格，给你记下来，如果从一年级二年级三年级整个初中有六门不及格，你也照样升班。只要你到初三或者高三，特别是初三，如果你第二学

----

　　① "三·一八惨案"是段祺瑞1926年3月18日在北京制造的枪杀请愿群众的流血事件，打死47人，伤二百余人。清华大学学生韦杰三就是被害学生之一。

　　② 师大附中，全名为国立北平师范大学附属中学，1901年建立，曾为京师大学校附属中学校。1928年11月改为国立北平大学附属中学，1929年国立北平师范大学附属中学9月又改为北平师范大学附属中学。校址外二区和平门外南新华街。该校是中国最早创办的三所公立中学之一。

位于和平门外的北京师大附中今景

期全及格，以前的所有不及格就全算了，就当没事。可是你要是初三第二学期还有一门不及格，这可要了命了，前几年不及格的课就都得补，你就甭想毕业了。我在学堂净想踢球啊，也不用功，好多功课我是暑假自个儿念的，可是我到三年级第二学期全及格了，就毕业了，毕业就可以考高中，我一考高中，考上啦。

到高中分成一部二部，一部近乎文科，二部近乎理科，理科也要学一般文科的东西。从初三就有很多选科，高中更重视选科，到高三正式的课就是一个汉文，一个高等代数，一个英文，剩下的课都是自己选。有一门课是人生哲学，由老庄讲起一直讲到马克思，我对这课特别有兴趣，我就学得特别好。我们那时候考大学，要考清华基本上都能考上。

我们考清华那年正赶上对对子嘛，陈寅恪出的考题，对两个对子，一个上联是"孙行者"，一个上联是"少小离家老大回"，再做篇文章"梦游清华园记"，题目一共就十六个字，对不对？那时候的学生对对子好像还有点本事，孙行者这个对子，我对的是韩退之，清华的段学复对的是祖冲之，北大那个周教授对的是胡适之，据说是最理想的。对比起来今天完全不一样，汉文考试两千多字的题目，出点奇怪的字奇怪的什么，也就是背标准答案，真是意义不大。我还提过意见，我说为什么这样，他们说现在好学生多，学校少，就要出题目难，为的好选择人，我说这不像话，太不像话。我对现在考大学出题目这么多特别的印象坏。老师也是这样，你要是考题蒙得上，这教得就好。那让学生发挥自己的主动作用呢？……

到清华也是，教给你做科学的方法。让学生选课嘛，说得热闹些，几乎没有一个学生的课表完全一样的。我那时候淘气，我就选10点钟上课的，因为甭起早儿了。我选的汉文是闻一多的，他发给我们的古文讲义不带标点符号，叫学生自己标点，这得事先预备呀，我不用功，我没预备。我的名字在点名册第二篇的头一个，他上课来，说叫一个同学来读一读啊，他从第二篇叫："叫刘曾复来读一读吧。"我没预备，许多字我也不认得，我断不上句来，下边就笑，他就认准我了，下次还叫我，我下回还是没预备，这丢人可丢大了！说实话，断句是读古文的基本功，清华大一国文的安排太有学问了，不同于中学。……末了儿啊，到学期之末，我倒是都及格了，再不然毕不了业啊。我在清华念了几年净玩儿了，净踢足球，我是足球选手。

我再说在清华的一件可笑的事。清华有党义课，就是政治课呀，要念三民主义，教科书是周佛海的《三民主义理论体系》，写得挺有学问的。还要军事训练。大伙儿觉得军事训练是为打日本，还有点道理，就对党义课印象特别坏。我到四年级才选党义课，那时候学党义一般是二百多人凑到一块儿学。这二百多人就自动分成十组或者几组，自己起个名儿叫党义研究会。每人有张单子，比如我们那党义研究会有二十人，名字不好记，写着也麻烦，就都按学号，比如我是1780，那个是2002，都按号排好了。十六周或十八周的课啊，排好之后一人去上一次。教党义的点名时不抬头，念学号：1678，到！十六多少，到！排到我那儿我也得上一次课啊，那是任务，课堂上统共也就二十多人，他就自个儿在那儿念稿子，我也不知他念什么。

我那次还特别危险。上午考完一门必修课，想下午进城玩儿去得了，我这一糊涂就进城了，回到家了一想不对，下午还考党义呢，不及格毕不了业呀，可我再想回来也来不及了，我急坏了。礼拜一早上我一到学校去，就找我们党义研究会的组长，我说礼拜六考了吗？他说考啦，我说坏了，他说我瞧见你没来，我替你答了，复写了一份，交上去了。结果我就全及格了。那个组长叫什么我都忘了，外号记得，名字不记得了。那时候对这边好像是自己人，对党义那边就好像是敌人差不多。这也是上学的一段插曲。

定：您上清华是哪年？

刘：1932年。我应该1936年毕业的，因为踢足球把胳膊摔折了，休了半年学，所以1937年毕业，毕业就倒了霉了，正赶上抗日战争卢沟桥事变，我本来分配到中央大学，中央大学要人……

定：中央大学不是在南京吗？

刘：南京啊。结果一打仗就吹了。没办法，我上哪儿找主去？后来1938年我就到了协和，那时候叫协和医学院。1942年太平洋战争，把我们从协和全轰出来了，我又到中国大学，在生物系当讲师。在协和的时候我算是实习生，相当于第八年的学生，实习完就算毕业，虽然不拿文凭，但是资格有了，所以我没当过助教，出去就当讲师了。你想我这样的教得好吗？教不好，瞎蒙事，净玩儿。可是我在协和做研究的时候是真认真，我每礼拜日早上都要自动上班，大年初一我也要去上班，因为实验停不了，那种训练特别好。

后来日本投降了，1945 年之后我就到北医，那时候北医还在城里呢。1960 年调到现在这个首都医科大学。这是刘仁他们办的。

首医大原来的教务长对我的印象特别坏，他老觉得我跟他的主张不合，我认为教大学应该以做研究为基础，你不能照书本念，照书本念你还教什么学生，这就说我是白专。后来"文化大革命"一开始，他找一些人批判我是历史反革命，是三美主义：亲美、崇美、恐美。说我反党反社会主义，培养学生走白专道路，跟党争取接班人，给我贴大字报。可是一贴出来老百姓不答应，说他们转移革命大方向。司徒雷登的干闺女，她成了头号人物了，把她揪出来，我倒成革命群众了，便宜我了。"文革"是横扫啊，要是竖扫就不碍事了，挑着扫，这横扫可了不得，这笤帚苗一带就把你带进去了。"右派"没我的事，"文化大革命"又没我的事，我真体会这事，愣没扫着我，我没沾上边，太不容易了。我这人人缘儿好，没架子，又没脾气，要是人缘臭，早把我揪出去了，所以我得天独厚。这样我就混了十年。

我是 1978 年退休的，退休之后还让我当生物医学工程系的系主任，我又干了几年，现在不是大学越大越好么，这个系成了学院，我就成了名誉院长了，生物医学工程学院名誉院长。去年上半年我还给现任的院长写信，说别给我挂名了，他们也没理我。今年（2007 年）又给我开了一次"刘曾复教授从事生理科学事业七十周年座谈会"。

我这个家庭也算是"半封建半殖民地"，我父亲古文功底很厚，能写字能做诗，要不他也考不上举人。我这汉文没法跟他比。我家也有摩登人儿，我三叔在圣约翰，英文特别好。我没背过几篇文章，你要能写好文章，你要不背上十篇八篇的文章你写不好，为什么写不好文章，就是背书背太少，肚子里头没有，现想，那不成。我能写点古文的东西，但是写得很坏。不过我现在也骗人，人家让我写书的序，我得看人家的书，有时我看不全，有时看了之后我不见得同意，我有个妙诀儿就是写个文言的很短的序，这样能遮丑，文言就有这么个好处。我打上小学，十岁以后就没怎么拿墨笔写过字，我也很喜欢那些老字，比如我喜欢褚遂良的字，但是我没功夫，我写一个字也许不难看，写一篇字就不行了，一篇字是一个整体，没功夫，布局不行，那就是不会写字。现在有人还让我写，我哪儿写得了，瞎写，但是拿这蒙事还行。

3. 我的姐弟和老伴

刘：人类社会在目前来说还是夫妻的社会，不是一个人的，主席出去不是都带着夫人么，皇上还有皇后呢，我老伴已死十年了，但是我家庭还是健全的，我没有儿子，只有四个女儿，这四个女儿都很好。

我说说我老伴。咱们什么都说。我六岁，她七岁，我们就在一块儿，她家姓苏，是河北南部的一个地主，不知为什么她父母就非不要她，把她过给她的一个姑姑。她这个姑姑嫁给天津华家，华世奎①家知道吧？华七爷，宣统的老师呀。我老伴过给的是他们的十八爷了，华十八爷，他们拿她当闺女了，算是他们的小小姐。后来她跟她姑姑到了北京，他家的房修得特别好，花园啊，大房子，大概都是她姑姑的钱。我们不是从湖北来的么，跟湖北的人都熟啊，礼士胡同傅家，这傅太太请我母亲和她们斗牌去，还有一个杨太太，一个华太太，这华太太就是我老伴的干娘。互相一提，我母亲不是纪晓岚的后人么，河北省南部人，他们也是河北省南部人，一说还有亲戚关系呢，华太太就请我母亲到她们家斗牌去，其实我母亲没有钱，我父亲就在总统府当个秘书，哪儿有钱呢，没有钱，去那儿斗。那时候我已经六岁了，把我带去了，我老伴招待我，她有好多小玩意儿，小人儿，小火车，我就什么也不顾，满院子就跑，光去玩这玩意儿了，打那儿我们就认得了。她懂事，我不懂事，浑极了。

后来也不知怎么回事，他们家破产了，到包头，后来又回来，回来简直没法儿住，她就上我们家来了，那时候她就十几岁，大概那时候大人早订好了，我们俩将来就成一家了。我们小时候不知道啊，后来慢慢就明白了。我们挺好的，打小儿就好，小时候我浑得不行，她比我发育早是怎么的，她什么事都懂，小时候长得好看着呢。我帮她上学，上附中，中学毕业她考日本派的医学院，口试给刷下来了，那时候不送礼就给改分，她没考上。后来"七七事变"，我在天津不是住了一年么，我们在天津结了婚。我回来上协和，她也回来了，学英文打字，后来就一直在北医图书馆，管外文期刊什么的，"文革"也没事。后来偏瘫，我侍候她十年。我们俩这辈子从来没吵过架。她不喜欢做饭，我做饭，她喜欢搞卫生她就搞卫生。我们俩这关系太好了。

我姐姐和我弟弟都是附中毕业的，那学校好，那学校太好了。我姐姐比我聪明，功课从来比我好，她从附中上的清华，读的清华汉文系，还没念完，家里非让她结婚，很可惜的，后来在中学教数学，"文革"后死的。我弟弟上过燕京，上了两年有病上不了了。我就是这么一个经历，人就是

---

① 华世奎（1863—1941），字启臣，号璧臣，天津人。近代著名书法家。清朝时曾为内阁阁臣，任八旗官学教习。民国成立后以遗老自居。

得跟环境凑到一块儿，我就是从那么一个环境长出来的。

4. 儿时印象

刘：我小时候满街跑。先说一个笑话，我家住在扁担胡同，上小学到绒线胡同。那时候宣武门也叫顺治门，还有一个城圈儿，前边还有火车道，京汉铁路由这儿过去到西车站。我们上学的时候要过这个车道，才能进到宣武门里的大街。我上了两年小学，功课不行，但是道儿两边的会馆、铺户记得清楚极了，哪个会馆挨着修自行车的铺子，哪个对过儿是说书的茶馆，要问我我都记得。这还很有用，比如后来有人问我过去一个茶馆，叫海丰轩，很出名的一个茶馆，我就告诉他，在宣武门里头，绒线胡同南边路东，后来改成一个汽车房。我就能说得很准。

北京人说南城特点有两句话，是"无风三尺土，有雨一街泥"。南新华街原来是河道啊，跟城里头都通着，由西直门那头过来，起初河道上有好多桥，甘石桥，北化石桥，南新华街有臧家桥、虎坊桥，都是桥，原来就是河道，后来河干了，河道可以走人了，桥也就没了，修石头子儿的马路，两边是明沟，[1] 所以这街道改得很厉害，我都亲眼看见的。和平门原来没有，是城墙，我上附中的时候，1925 年，和平门就开了，拿人工拆那城墙，那可费了劲了，笨极了，里边高外边低，拿土垫了一房多高，光垫这马路就垫了一年多。我上到初三这门才正式开通，原来叫兴华门，后来冯玉祥给改成和平门，这进出城就方便了。[2]

南城是这样子，崇文门那边净是富商，阔商人。瑞蚨祥知道吧，八大祥，大绸缎店，那边有织云公所，都是这布行唱堂会。再比如说天津做盐业的，姓王，后来让蒋介石给迫害死了。还有替清朝管烟行的烟儿郭，郭

---

① 陈宗蕃:《燕都丛考》:"前清时，内外城各街巷均系土路，故有'无风三尺土，有雨一街泥'之谚。宣武门大街、崇文门大街及地安门大街各处，且系甬路，高逾三尺，车行其上，有陨越之虞。光绪之末，民政部兴，乃有马路之设。"第 163 页。

② 陈宗蕃:《燕都丛考》:"民国十五年，于正阳门宣武门之间，复辟一门曰和平门。未几，改为兴华门。十七年，仍复和平之名，于是内城凡九门。"又注:"正阳门与宣武门之间，辟一门曰和平。民国二三年间，当事者即献斯议于袁项城，以为苟辟此门，北则与总统府新华门相值，南则直达香厂，可以谋市廛之繁盛，宜名曰新华，项城韪之。兴工有日，而前门外诸富商，惧斯门果辟，则行人出于他途，市廛必且南徙，乃浼有力者以风水之说进，谓斯门苟辟，将不利于国家，且亦不利于总统。项城惑之，乃寝其议。于是南新华街、北新华街之名虽定，而城垣内外，相距七八里，不能相联。民国十五年，合肥段公执政，鹿君钟麟主内外城警备政，乃毅然举工，未数日而毕。车途毕达，往来称便，乃名之曰和平。次年，张作霖入都，改名曰兴华。又次年，南北统一，国军入燕，爰又复和平之旧名。未二年，已三易门额矣。"第 18—19 页。

仲衡家。在清朝管蜜饯行的范家，范濂泉家；樊家，樊棣生家。我都熟啊，① 他们都爱唱戏，唱得都挺好，他们钱也多，自个儿也挺狂。后来到民国就不行了，解放后更不行了。

宣武门这边，就是我们住的这边能说的，一种是会馆特别多，举子甚至外省人回不去了可以住那儿，可以白住，我有个姑夫是潮州人，潮州会馆在丞相胡同，② 潮州人就白在那儿住，我姑夫他们就占一个院儿，一直住在那儿，后来交不交钱我也没打听。另一种是南城还有饭馆，特别是在北半截胡同南口那儿，那个广和居，所谓的"公车上书"，像他们这些文人，梁启超他们常在那儿作诗，在那儿开会。③ 还有卖烤鸭的老便宜坊，在米市胡同北口，旁边是他们开的棺材铺，后来都关门了。

定：就是说宣南这一带挺风雅的是吧？

刘：风雅但是穷，像我父亲他们没钱，就在南城找这么个地儿，挺风雅的，就在这儿住。另外也有阔家，比如沈家，做过中堂的，也是我们亲戚了，在我们后边街里头，他的官邸很好，解放后成了小学校址。但是真正阔的，高级官员或是皇亲国戚了，王爷府了，贵族，就都在城里。我的老伴的一个同学，关系特别好，姓傅。他的满族姓我始终不知道。他们家住的就是王府大房，在白塔寺那边。正院子像个大宫殿似的，院里还有个大戏台，我跟老伴老上他们家玩去。他们跟齐燕铭家后来结亲了。我跟齐的兄弟是最好的同学。

定：齐燕铭那是蒙古旗。

刘：傅家的小跨院就够住了。当初傅家有个姑奶奶，就是比我这同学大两辈的姑太太，珍妃选妃子那次也给报上去了。送她去之前家里就跟办丧事一样，要选上就完了，再也回不来了，还不定死活呢。结果最后没选上，大家都觉得太荣幸了，庆贺不是？这位姑太太本人想不开了，落选了她觉得寒碜。后来也是嫁给别的王爷家里，最后就窝囊死了。

我住的那个南城小胡同，由早晨六七点钟就有叫卖的，一直到夜里十二点还有，你坐到家里可以不出门，要的东西就都送货上门来了，不必上街上贵的大铺子去买，小户人家在家门口买就行了。

① 郭仲衡，原为协和医生，喜好戏曲，而立之年下海成为专业演员。范濂泉与樊棣生都是京剧名票，工老生。樊棣生之父樊永培曾任清末缎匹库经习，颇有家赀，是著名的春阳友会票房创办人。

② 广东潮州会馆在宣武区丞相胡同（今名菜市口胡同）旧门牌三十号。在潮州会馆中，这所会馆占地最广，有三亩二分，房屋七十多间。其附产也在同一胡同之北侧，有房屋十一间，由两个小院组成。见胡春焕、白鹤群《北京的会馆》，中国经济出版社1994年版，第74页。

③ 北半截胡同位于菜市口十字路口西南角，本是一条又短又窄的胡同。广和居在该胡同南口路东。

　　还有的事外头就都不知道了，当时那些俄国人，贵族，都到北京逃难来，挺可怜的那些人。无法生活了，有的就做小偷，有的变成马戏团的，跳舞什么的，个别卖淫的那就不能说了。还有大概很少人知道，在东城专有一个胡同里头，挺保密的，有一个台子，男的女的在那儿表演性的活动，做淫秽的行为，卖钱让大伙儿看。甚至可以点，什么样的姿势，到什么程度，当然钱不少给，有阔少爷在那儿瞧。不是真正知道的人，不可能知道有这么个地方。

　　定：那您怎么知道呀？

　　刘：阔家少爷说得得意呀，又瞧见什么了，又瞧见什么了。我们也算世交，互相也认得，赶巧不定在什么场合就听他们说了。像我们不去。我不胡来。可是我们就都说，外国侵略中国人可千万别流亡，我们就说千万别像白俄那样，亡国了，流亡了，那可了不得，那就坏了。那时候不懂革命不是？

　　我说的这个少爷，解放后在市府大楼那儿的一个玩具厂里当会计，瞅着一点儿没那架子了，害怕迟到，还跑。那时候卫生局办个学校，我晚上上广播电台给他们上补习课，先得吃饭去，我碰见他也吃饭去，"我来吃个便饭"，还说吃个便饭，这种词儿都是过去有钱人说的。另外一个少爷，他在银行做点小事。银行的工资非常少，但是有时做股东什么的，利钱非常大，也许他的工资就六块钱，但是他每个月能收到百十来块钱的利息。六块钱就是普通职员了，但是他挺有谱，下了班之后包一个洋车，车上头有个毯子，上车后"啪"一围，先不回家，上哪儿呢，法国面包房，进去之后，一坐，那个 boy 给他端一杯啤酒，什么话都不说，喝完就走，三节给钱，三节就是春节，五月节，八月节，都认得这少爷啊，上家里拿钱去。然后再回家吃晚饭。他跟我说，别人也知道这个笑话："下了班之后，要没这杯啤酒，晚饭是实难下咽。"等到了解放以后，他给张伯驹①当小跑：你给办点这事去，你给买点那个去。得，啤酒也别喝了，晚饭也能下咽了。我说的这是两种少爷吧？但是这还不是真阔的。有的可就真坏，不能说了，可是解放后就都完了。

---

　　① 张伯驹（1898—1982），河南项城人。最著名的文物收藏家、书画家和诗人，与张学良、溥侗和袁克文并称为民国四公子。解放后将收藏的珍贵文物均献给国家。有《一代名士张伯驹》（任凤霞著，当代中国出版社 2006 年版）可资参考。

5. 我学戏就从这个渊源来的①

定：咱们从唱戏说起好吗？

刘：我父亲不是文人么，文人的娱乐主要就是看戏。他没有别的娱乐呀，他没地方去，斗牌不是正式的事，他也不大斗牌，他倒会打扑克。所以主要就是听戏。

我父亲跟好多演员都熟，跟他们真熟，最熟的一个演员叫九阵风，就是阎岚秋②，很好的那么一个人。他老上我们家跟我父亲聊天，商量些个事什么的。他们纯粹是朋友交情，九阵风连家务事也跟我父亲谈，家里有多少钱也谈。

定：您父亲挺爱交朋友的？

刘：也不是，他交往很有局限性。就跟他同年的、同事的人交往，还有个别的演员。他们这些人也爱跟外行交朋友，因为人家是尊重你，不拿你当戏子来看。要是有一个阔人拿他当伶人，当戏子，那就还不如妓女，比妓女还低，他们就很不高兴了。要是爱这个艺术，拿他们当朋友待就完全不一样。对人的尊重就是对艺术的尊重，这是很重要的。

九阵风是唱武旦的。他原来是张家口那边的，后来到了北京，在北京结了婚，站住了不是，在天津唱得特别红，又回到北京来。他原来的爱人死了，又续的朱文英的闺女。朱文英是武旦的老宗师，就像谭鑫培是老生的宗师似的，在宫里吃供俸的。他的儿子叫朱桂芳③，也是唱武旦。九阵风喜欢我，有时候就带我上后台听戏去，有时候我也上他们家玩去，他还教我练练功什么的，后来我到了十来岁，才知晓他脾气大，不大敢惹他了，但是我对戏就有点儿熟悉了。

我没别的娱乐，就是听戏。因为在北京总能听戏，没有什么看电影的机会。其实也不是不愿意看，也愿意看，可是看电影很困难。电影场也没有啊，那时候有个平安电影院，在东长安街路北，一块钱一张票。那时候两块钱就能买一袋面，平常我们哪儿能上那儿看去呀，那是给外国人看的。后来好不容易修了一个中央电影院，就是在北新华街口那个；中天电影院，

---

① 刘老在戏曲界有"京剧艺术的活字典"之美誉。

② 阎岚秋（1882—1939），著名京剧演员，艺名九阵风。工武旦、刀马旦。在艺术上得其岳父、名武旦朱文英传授（参见下面正文），戏路比朱文英和其子朱桂芳更宽阔。与杨小楼、俞振庭、余叔岩、高庆奎等都有合作。在京剧界以为人正派、艺术作风严肃著称。

③ 朱桂芳（1891—1944），著名京剧武旦演员，艺名小四十。原籍江苏苏州，生于北京。其父朱文英为清末名武旦。

在绒线胡同，是个老的电影院；还有一个，王府井东边东华门那边，真光电影院；还有一个在大栅栏南边一个药房里头，叫大观楼。也没有什么好电影。后来上初中了，看什么飞来伯，美国那个武侠的，他的妻子玛丽碧·克夫，演黑海盗，穿房入脊的；还有贾波林，就是卓别林，卓别林那电影相当好啊，我很愿意看，但是那时还是以听戏为主。

我父亲还认得些个别人，有一个唱老生的，叫王荣山①，艺名叫麒麟童。当年有三个麒麟童，他是老一点儿的，在南方还有两个麒麟童，一男一女，男的是周信芳，女的是董玉芳。董玉芳后来出嫁了，就剩了周信芳了。王荣山到民国艺名就不用了，用他本来的名字，他是上海来的，打小我就跟他熟。原先我有一个朋友，我们俩净瞎唱，有个会什么的，让我随便唱，我上台就瞎嚷嚷，我也不大懂。后来我大学毕业了，上协和医学校的时候，老经过他（王荣山）家，他家在前门外冰窖厂，那时候已经不大唱，教戏了，他给我正式教过戏，所以我算是他的学生。我跟他家的关系特别密切，他死的时候把我叫去托付他的家。他的儿子王金彦是中华戏剧学校的，跟王金璐②都是同班，后来改学会计，解放后算是老会计师了。他的孙子就是我们二医③毕业的，在军队的一个小医院里当外科主任。所以我的唱戏是这么一个渊源来的。

我这个老师喜欢我，他觉得我有点儿天赋，这样我跟他好好学过，所以我就懂一点儿戏了，我跟王瑶卿④家也熟，我也跟他的兄弟王凤卿学过戏，我跟好多人都正经学过，所以我学戏比较地道。加上我听余叔岩又听得多。让我上学的我那个姑父孙家，他大哥孙锡三，是老银行家，他捧余叔岩，所以我跟余叔岩不能学戏，为什么不能学戏？一个是我有老师，另一个我姑父他们家捧他，我得端着呀，得有点身份哪。我赶巧走了这一个系统，这就对了。

我会的不少，我的熟人自然也就都会唱戏，交流也很方便。后来又懂了一点儿了不是，爱了也学，越学越爱，我自己上台唱戏也没问题，但是我从来不唱戏，我喜欢这个艺术，但是我不愿意唱。除了内行找我唱戏，所谓堂会，晚会，我在家里从来不唱。有时候没法子，非让我上台唱，我还得找地方练练去，练它俩仨礼拜的，要不你唱不了啊。

---

① 王荣山，著名京剧老生演员，教师。幼年来京，曾用艺名麒麟童，成年后以荣山本名行世。
② 王金璐，著名京剧武生演员。
③ 二医就是今天的首都医科大学，原名叫北京第二医学院。
④ 王瑶卿（1881—1954），著名京剧演员，在梨园界被尊奉为"通天教主"。

　　我最后一次唱戏是1961年，在政协礼堂。不是困难时期刚过去么，为繁荣市面吧，民主党派他们就组织，找些人与剧团合演。那回是我的朱家潽、我，还有俞平伯，这算九三学社办的，把我们这些社员拉出去和梅剧团合演。我和梅剧团的李慧芳唱的是《汾河湾》，朱家潽和梅葆玖唱的是《霸王别姬》，朱家潽唱霸王。俞平伯在前头打鼓，许多昆曲家唱的是昆曲《游园惊梦》，很热闹。

　　我到大了，我绝对花钱听戏，绝对不听蹭戏，还不能随便上后台，这是个身份。我听戏有选择，听的主要是余叔岩、杨小楼这些老先生的戏，有些戏我不听，我那时候觉得唱的没有余叔岩的戏讲究。解放后我没看多少回戏，没工夫看，忙得很。我看的戏都是人家给我的票，约我去的。平常我就不愿意看戏，没意思。我跟一般的票友都不交往。北京的票房太多了，一百多个，三五个人也能组成一个票房，花钱就成啊。有个国际票房，是大票房，每年要花一百多万呢，这还是便宜的。

　　现在有的演员，有不会的来问问我，除非他真想学，我也不敢随便瞎教，得有一定的分寸，人家有老师呀，他是内行，他有尊严，不能不照顾他的面子，任何人都有尊严对不对？但是要说真话，所以我就适可而止。

　　京剧不是一个随便的娱乐呀，是一个比较深的学术问题，我是真正研究这个艺术。我对西洋的不懂，我只念点西洋的东西，莎士比亚原著我念过，我们上（清华）一年级时，大一英文课里学的，但很肤浅，不像清华当年那英文系，真正研究莎士比亚，古英文。

　　定：您的英文一定特好吧？

　　刘：我这英文就是实用主义。我现在看专业书还是愿意看英文的，名词什么，比看中文方便，英文文法也看熟了。我对于外国东西知道得很少，对中国的东西念得也比较少，顶多念点《古文观止》，当然我小时候也背过两句《论语》《孟子》，那就是背，不懂。我的文学修养还是很差的，我学京戏是从技术上学的，学艺嘛，我学的是艺人的东西，不是文人的东西。当然艺人的东西也很珍贵了，你要做个茶碗没有技术能做上来吗？不能瞧不起艺人。

　　前些年湖广会馆给我开了个展览会，展览我画的花脸儿。我小时候在后台待着不是？看那老演员钱金福，① 侯喜瑞② 他们勾脸，所以会画些个真

---

　　① 钱金福（1862—1942），京剧武净兼架子花脸演员。与陈德霖同科。他对净角的脸谱有精细的研究，所以勾脸谱既有写意也有工笔，独具风格。为京剧脸谱的改革创新做出很大贡献。据说钱金福较保守，在后台勾脸时不愿让别人看，有"钱派脸谱秘不外传"之说，但刘曾复那时年纪小，钱金福勾脸时他站在身旁，钱金福并不在意。钱金福后来发现刘曾复是个很用心的人，还主动向他讲解钱派谱式的应用及笔法运用的要点和诀窍。因此"秘不外传"的钱派脸谱竟奇迹般地传到了刘曾复手里。刘老的脸谱勾画还得到钱金福之子钱宝森、杨小楼女婿刘砚芳、王福山、侯喜瑞、王凤卿的亲自教授。

　　② 侯喜瑞（1892—1983），京剧架子花脸演员。

刘老所绘的四幅京剧脸谱（刘曾复提供）

的，好的。人家求我画我就给人家画，像什么艺术研究院哪，天津的博物馆哪，跟我要了好多走。可是我家里一张也没有。他们说我花脸画得好，我说我唱戏还是比画花脸好。① 我戏会得多，哪出戏都有准稿子，人家都来学来，这不会来问我，那不会来问我。

定：那您后来是搞专业的时间多还是唱戏的时间多呢？

刘：当然是搞专业的时间多。我的专业呢，我觉得比我的戏好，我是吃这行饭的是吧。但是当年有一段时间很难，不做研究不行，一做研究就会有那样一些人说你白专，跟党争取接班人，但是偷着我也不能不做，不做我算干吗的。什么时候能做？三年困难时期没人管我，我就做一些，等一吃饱了就该管你了，就来劲儿了，所以这挺可怕的。你不做研究，对科学发展就没有真正的评价能力。你虽然唱老生，你有这个专长了，你对花脸，甚至对电影儿，就也有了一个正确的评判能力，这道理很简单。

定：您是不是觉得教书比较清静点啊？

刘：教书这里边也不是没毛病，但是相对的还是文化高低问题。文化关系到觉悟，没文化你怎么能深入地懂马克思主义？我说点最不好听的话，我的一个演员熟人，起初他就把加入共产党，以为就像搭了梅兰芳的班一样，搭一个好班，他就有出路了。说得坏些，这不是"入党做官论"吗！

6. 两个否定太重要了

刘：我老说我说话得有点观点，这观点今儿在这儿得说，平常也不大有机会说，不敢说，怕得罪了谁。他们老说我是唱戏的，让我唱戏我不干，内行呢，也有帮，社会上更是有帮，当年演员好角到了上海，得给青红帮里人磕头去，这事我不干，不能干这事。我还干我的生理去。

我这生理还是比唱戏强，吃这饭的嘛。在生理学界我还算是老一辈的生理学家，惭愧惭愧。

定：那刘老我冒昧地问您一句，我听人说，生理学在您年轻的时候是生物学界最前沿的学科。

刘：可以说是。

定：可是现在是夕阳学科，是吗？

刘：其实不是。现在会听到一种说法：21 世纪的科学是生物科学的世

---

① 在湖广会馆开的展览会，指的是 2002 年 9 月为刘老举办的"刘曾复京剧脸谱艺术展"。刘老还有《京剧脸谱图说》（北京燕山出版社 1990 年版）和《京剧脸谱大观》（台湾印制，收图 660 幅，不公开发行，专送世界各大博物馆和图书馆收藏）问世，极具学术、艺术和收藏价值。

界，是分子生物学的世界，其实不该这样说。因为今天有一个新说法，这就是生物学与系统科学相结合的系统生物学已经是医学和生物学研究中的热点的提法。今天国内外已经建立起系统生物学的研究所和研究中心等新机构。①

我是学生理学的，还是说生理学吧。生理学在 20 世纪 30 年代末就曾经被人说消失了。那时组织学、药理学、生物物理学、生物化学这些科目都高度发展起来，这一来就好像生理学没有事可做了，其实干生理学的人，一直有他们的看法，下面谈一下。

生理学从来非常注意整合问题，也就是全面看问题。不是光看分子，也不是这个光看心，那个光看胃，那个光看肠子。现在不是讲集成线路么，在生理上就是整合，这俩在英文里是一个词儿：integrative 和 integration。这是比较先进的思想。这人呢，怎么能够自己控制自己，用不着外边搀着扶着，这个思想是什么呢？就是应该和物理学对照一下。物理学最早是看天体，有万有引力，现在搞的呢，是各种的力，各种的作用，各种的微粒子，它往那儿走。比如说我打小儿到现在，这地球没什么大变化，一年还是那样，还是白天是白天，黑天是黑天，这太阳还在这儿摆着，月球还在这儿摆着，不说太阳系以外的吧，整体的太阳系，它稳极了，非常稳，没什么大的变化。那什么东西在这儿管呢？是上帝吗？不是，它是中间有一种控制的力量。人体是个整体，也有控制力啊。

20 世纪 60 年代美国就研究了，1990 年以后全世界正式开会讨论这个，多少次，就是到底生理学应该走什么样的路。我就特别坚持这个，我也写过文章，因为这关系到生理学怎么往前走一步。19 世纪末研究生理学还是从解剖结构去研究，以后加了点物理化学，那时它就缺乏这个整体的思想，要还是用那样的方法已经没有什么可研究的了，那个不对，他们对生理学的研究还不大明白呢。

定：他们搞一般生物学的，对生理学不是很了解。

刘：搞生物学也一样啊，因为生理学是很重要的科目啊。说实话，生理学从来就是搞调节整合研究的。20 世纪中期苏联确实起到了好作用，苏联当时也讲辩证唯物主义不是？这辩证唯物主义还是有用。苏联那个时候的看法，重视整合、调节，跟今天英美的看法还是一致的。这是生理学很大的一个进步。所以这种事我现在还是往这个方向走。往这个方向走呢，简单说，做整合、调节研究，要用数学，懂控制理论、系统分析。我有我

---

① 这一段话是刘老在 2007 年审阅这篇口述稿的时候自己加上去的。

的想法，我想搞数学跟生理学的关系。搞生理学的人往往数学不太好，我有个机会，当年我数学念得稍微多一点。数学跟物理学是什么样的关系啊，数学用到生物学上应该怎么用啊。牛顿那时候有微积分为他服务，有力学为他服务，现在也应该有为生理学服务的东西，应该有新数学，现在是这么个问题。所以我现在经常的还在搞数学，只是希望能多跟数学家通话，多点共同语言。真搞生物数学，我差得太远了。

定：那我再问一个问题，您经常搞这些方面的东西，您又喜欢京剧，这两个东西之间是互补还是互不相干啊？

刘：这是统一的啊，可以说是互通的。唱戏最讲究整，主角配角，场面和演员，演员跟后头这服务的，穿衣裳的，前边这组织戏班的，这是一个整体。这整体还不算，外头还得有环境，环境就是听戏的。听戏的跟这个谁还得整合起来，听戏的不爱听了就甭唱了不是？所以这整合太重要了。

我虽然退休了，我还没怎么太闲着，这个事跟唱戏是互补的。怎么互补呢，你真要想唱戏呀，你就得能上台，才能真懂。你要是不上台你就根本不知道这戏到底怎么回事，但是你光上台不行，你还得念书。这到底应该怎么念，你比如我唱戏，我跟着王力①，就是王了一先生，我跟他正式学过音韵。王力很科学。我受他的影响很大，我就不迷信，就不是非得怎么着怎么着，没闹明白的跟着瞎说。生理呢，你必须能上实验室，自己亲手做实验，那才成，这也是上台呀。

比如冯德培②，生理所所长，也算是我的先生。后来他做的实验就是神经对肌肉的营养有什么作用，这很重要的，他当初做离体神经肌肉实验，很有成绩。这次他用鸽子做实验，把一边支配翅膀的神经割断，另一边翅膀的神经完整，过一段时间之后，比较割断神经的翅膀肌肉和神经完整的翅膀肌

刘曾复与本书作者的合影

① 王力（1900—1986），字了一，广西博白人，著名语言学家，中国现代语言学的奠基人之一，在汉族语法学、音韵学、词汇学、汉语史、语言学史各领域都卓有贡献。
② 冯德培（1907—1995），神经生理学家，我国近现代生理学研究的开拓者。

肉有何差别。简单说，没有神经的翅膀肌肉细胞比有神经的翅膀肌肉细胞大，这就是神经对肌肉的营养有一定作用。我对冯先生说，两边翅膀的血液循环由于神经的有无可能不同，应当检查。冯先生非常虚心，他又设计了另一种实验，在此不说。简单说，他开始做鸽子实验没注意肌肉的生理完整性，神经对肌肉运动有影响，神经对肌肉血液循环也有作用，肌肉细胞大小的变化是神经还是循环，还是两者的共同作用，应当考虑。他开始的实验对肌肉的生理完整性考虑不够。这里边涉及学术思想，生理学研究要注意身体机能的整合和调节问题，应该重视系统科学的思想和方法，今天的生理学研究中有整合生理学、调节生理学、系统生理学等方面的研究和期刊。生理学和京剧相同，都要重视整合研究，当然这里边包括分析工作。冯先生是大科学家，他勇于接受意见，进行更好的实验，取得更好的成果。

现在有些人呢，教授啊，让技术员给做，他老希望有合乎他那个想法的结果，有时就弄虚作假了。这很难说啊，合乎想法呢，这是很危险的一个事。研究生有开题报告，做了两年、三年，最后做完了，合乎开题报告的想法，很满意吧？新的东西很少很少，为什么呢，你的开题报告是根据过去已有的东西，做的一个新的排列组合，里边也许有点小漏洞，你在这上面就是做出来了，对整个这座大山哪，你也动不了。一般往往是这样，你想了之后这么去做，不对，跟你的想法不一样，动了自己的尊严了，我怎么想的不对呢？科学就不是这样，科学是我得相信这个事实，这可能是新的，可能是我原来想的不对，这是头一个否定。第二个否定就更难了，我发现新东西了，可了不得了，我有了大的发现了。你有了大的发现，你得千方百计地否定这个东西，等你自个儿否定不了了，这才能够成立。这第二个否定太重要了，就是你自己否定自己。这点东西跟原来东西是不一样的，这才是真的。所以你做一个论文就得有两个否定。你得经过两个否定，才能知道一点儿东西。我做的工作不多，可是没有一个跟我原来想法完全一样的，都是否定过，有了新的东西再千方百计地否定它，否定不了了，这才成立。做科学研究就是这样，这里边有个什么，不敢吹呀，你敢说有一点 something new，这就是你的论文。something new，这就很不简单。要不然你做一个实验，都上了教科书了，结果这个实验是错的，是假的，让别人否定去，麻烦了。世界上真正敢负责的生理学的思想都是这样。不是说找个技术员，找个研究生，顺着我这意思做，跟那开题报告完全符合，悬了。你就说是做得对，一个大山脉，你顶多补一个小的山口而已，大山脉你动不了。你要说原来的大山脉不对，你看准了是那么一个山脉，这可不是一个很简单的事。

定：社会科学也是这样的。

刘：有人就这样，得了一点儿新东西，觉得成了，别人谁敢相信你是假的？别人来交流，说哎呀，我怎么做这实验做不出来呀？他说啊你这温度不对吧？那人说我怎么做也做不出来啊？那也许你这材料还是有点问题。结果十来个人做也做不出来，这十来个人就一块儿说了，他那个过程不对，可能是假的。一个人错了十个人才敢否定，你说耽误多少时间。

有个吴宪教授，是搞生物化学的权威，咱们现在化验血液的标准，还是吴宪他们当初订的，无论什么新的方法，用多么微量的，都得和他们的方法对，他那是一个标准，现在还是全世界的标准。① 这个人后来到了美国，他始终不入美国籍，最后死在美国。他的爱人呢，也是做生物化学的，给他写了一篇纪念文章，当然是写的英文，他到美国就写英文了。日本的一位生物化学家看到这篇文章了，他也纪念这个吴宪哪，他的头一句话你猜说什么呀？"万没想到吴宪是中国人。"足见外国人对中国人是什么看法。那么伟大的一个人，他的工作现在拿出来是标准，他始终不入美国籍，这么一个人，说没想到他是中国人，世界上对中国人就是这么个看法。我倒不是说我好像狭隘的民族主义，不是这个意思。

当然有些人很糟糕，作假。在协和就闹过这样的笑话嘛，吴宪那时候在协和啊，做主任，好，他底下有一个人发表文章了，很快就升到副教授。后来突然有外国文献登出来，说不对，说他这个实验是作了假了，做不出来。吴宪一看不得了，他在世界上有地位啊，他要是弄错了，这脸上，报告一个假的，他也得负责呀，是他那个教研组里出的东西。他夜里就让另外一个教授预备这个实验，从 5 点钟开始，他自个儿做，做到 7 点，一看是个假的，脸都白了，急坏了。好了，上班了，把那个副教授叫来了，这个副教授对他是崇拜极了，他给提拔上来的嘛，说：你说，你这个实验是怎么做的？是真的是假的？一审呢，他承认了：我这里边有点手脚。好了，

---

① 吴宪（1893—1959），福建省福州市人。中学毕业后去美留学，先后在麻省理工学院和哈佛大学医学院学习化学和生物化学，1919 年获博士学位。1920 年回国，在北京协和医学院任助教。1928 年升为教授兼生化系主任。他是我国杰出的生物化学家和营养学家，在国际上负有盛名。从事临床化学，特别是血液分析、气体与电解质平衡、蛋白质的生物化学、免疫化学、氨基酸代谢和营养学等领域的研究工作，是当时的先驱。吴宪最突出的成就是 1931 年率先发表"变性说"（1929 年已在国际会议上做过报告），他正确地认为：蛋白质的变性是由于受物理、化学因素影响破坏了次级键，使肽链原来有规则的折叠变为松散形式所致。这在当时的科学发展水平，是了不起的科学预见。吴宪在协和医学院任职期间为我国培养了不少生化人才，他在建立和发展医学院生物化学课程方面，亦有许多贡献。著有《营养概论》（1929）和《物理生物化学原理》（英文版，1934）。1941 年协和医学院停办，吴宪于 1945 年去美考察。1959 年在美病逝。

然后就通知他了，通过学校通知他了，你得走，开除了。所以在科学上，对弄虚作假，对这事看得这么严重。

定：这是过去了。

刘：今天呢，有的人争取得什么这个那个的，要真让他做实验，他做得出来吗？好多都是假的，因为我看过他们的实验哪，哪儿能随便就说话啊！还有一个顶可笑的，一个人做的实验和别人做的不一样，这别人是个老头，老头说你做做我瞧瞧，你要做得出来我就信，你要做不出来我不信。这边这个说那你瞧瞧吧，他想老头反正眼也不行什么也不行。结果老头带了好几个单位的人一块儿去了，他做不出来。老头说你再练练，你练好了之后我还来学习，还来瞧来。那个时代也就不了了之，瞎话一直说到今天。谁也不愿意得罪人，装不知道算了。

7. 京剧的原则

刘：打"五四"起一直到今天，对待京剧就分两派，一部分打倒京剧，一部分拥护京剧，有时候拥护京剧的这个吃京剧饭而已，他也是谋他自己名利，当然我不敢随便说了，有些事情很可笑。

我说内行话，我说的是真正从事京剧艺术的人的话：天下只有一种京戏，没有海派和京派之说，只有地方的不同而已。在后台很忌讳说什么海派、京派，互相都很照顾很尊敬。当然你说要比艺术，那就不客气了，就像打拳一样，台上不认父，举手不留情，上台你不能瞎唱。可是在关系上不应该你是海派的，我是京派的，这是有人爱给挑事，两边打起来，他瞅热闹，甚至写文章，对不对？这不对。

过去日本的时候，国民党的时候，好多东西写得不真实，听人说上一句两句的他就发挥。现在北京市政协贾凯林他们出的东西就比较可靠。①

艺术也有门户，写字有颜柳欧赵，这唱戏也是一样。难在什么东西？就难在练基本功。我们练基本功，第一要讲音韵，第二讲究唱法，怎么调整气口，怎么用嗓子来唱，讲究得很，念是怎么回事，唱是怎么回事，都有一定的规律。再比如基本身段，拉云手怎么拉，起霸怎么起，小五套的功夫，你会了这套，上台就不一样，身段就好看。这些说起来并不复杂，但是有些规律性的东西，往往不是这门里的人就不许传，保密呀，要不拜师不可能会的。你像我们喜欢的还是从程长庚直接下来的。程长庚办了三

---

① "贾凯林他们"系指北京市政协编的一套文史资料，贾凯林是该文史资料委员会的主任。

庆科班，小科班，里边有陈德霖①，钱金福，李寿山②这些人，请的南方的老师来传授，老昆曲家，乱弹也会，昆曲也会，后来一直传到杨小楼、余叔岩。他们有一套基本功，这一套基本功都不传人，我们学的都是这套。不少名角就没学过这套基本功。

基本功就这么一套吧，还是以昆曲为基础的。京剧界内部都这么说，真正老昆曲的东西是留到京剧里的，京剧留到哪儿？留到杨梅余身上了，他们是真正由这老昆曲下来的，今天一般不讲究当初的东西，讲究创新。王荣山属他们这派的，我跟他一直学这些东西，跟杨小楼家也熟，跟王瑶卿家也熟，特别我父亲跟陈德霖熟。我就是这样学下来的。这都可以说真话的。

我跟载涛③非常熟，涛七爷嘛，他最爱京剧，他也真学，唱得很好，但不是从基本功那儿唱起的，大概是没人真正教他，不敢教，也不能教，猫不教上树嘛，这不就是专利问题吗，人家自己也得留点饭碗。结果越传越少，到末了儿失传了。有好多名票，比如包丹庭④，什么戏都很讲究，但没有练过基本功。溥侗⑤啊，红豆馆主，溥仪的哥们儿，那真学过好东西，也不见得学过基本功。张伯驹后来练一点儿。现在这个系统没有多少人，都死了。我自个儿老想，这京剧能不能存在下去，这么唱究竟是对是不对，我现在也不敢说，我自个儿就觉得这么练美观，他们那么练不美观。他们那么唱不好听，其实有些东西就是习惯成自然。

定：您这么多年一直挺琢磨这事的是吧？

刘：这些基本功是不是就对，我也不敢说，我就是这么学的，反正看起来样子很好看，比歪歪扭扭的好看。唱腔也是一样，怎么唱法，现在有的连用嗓子的地方都不对，嘴上瞎动弹，难看得很，没有办法了。有人唱一辈子戏没唱明白，不知戏怎么唱。咱们中国戏遍及各省，过去交通不方便，交流得很少，到现在梆子梆子味儿，河南戏河南味儿，四川戏四川味

---

① 陈德霖（1862—1930），为清光绪以来青衣演员的代表人物，他创立的"陈派"是近代青衣的重要流派。

② 李寿山是钱金福的师兄弟，亦工武净兼架子花脸。其父是与杨小楼、俞振庭同期的著名俞派武生李菊笙。

③ 载涛曾从武生张淇林、花脸钱金福学艺，又私淑杨小楼，功底湛深，以《安天会》《铁公鸡》两出最佳，李鸿举（万春）的《安天会》即载涛所亲授。参见石继昌《春明旧事》"京剧票友出名门"，北京出版社1996年版，第186页。

④ 包丹庭，名包桂崇，丹庭是他的字。汉族，北京富绅。唱小生，住和平门外大安澜营。参见石继昌《春明旧事》"京剧票友出名门"，第186页。

⑤ 薄侗，号厚斋，溥仪族兄。生旦净丑无一不精，曾与其兄溥伦（叙斋）合演《连升三级》，弟扮店家，兄扮王明芳，一时传为绝唱。参见石继昌《春明旧事》"京剧票友出名门"，第186页。

儿，其实总的原则都一样，（地方戏）甚至传统的东西保留得更多，京剧反而丢失了很多东西。这东西是什么？咱们这唱戏是肉傀儡唱戏，先把一个人作为傀儡人，然后由傀儡人再扮这个人。演员有心理作用，听戏的人也有心理作用。比如听梅兰芳的《黛玉葬花》，听他的《太真外传》，你得想这是林黛玉，这是杨贵妃，要是一想这是梅兰芳就没法儿看了。你得想这只是个傀儡，根本就没有当这个是梅兰芳，然后由傀儡演这个，大伙儿的心理作用就可以去掉了。

京戏的一切动作都是傀儡的动作，原则很简单，就是由腰带动一切。傀儡中的托偶，身子是一根棍，脖子不能单动，手也不能单动，咱们的一切基本功都是那么来的。你像我们练这功夫，没有说脑袋单动的，我要瞧你，要严格起来，是先把身子转过来，再瞧您，不能老转脖子来瞧，这就显得小气了。就是腰带一切。伸这胳膊也是一样，不能单动，要让腰动起来，我先拿眼往那儿指，瞧那儿，到这膀子，运到这儿，再瞧。这有一套基本功，非常好看，现在他们都不练这些个功夫，有人的腰都不会转。不过就不好说了，这套也许根本就太落后了，傀儡是不是太落后了？反正我们学都是这么学的，我们觉得这好看。

台上演的全是假的，逢真必假，台上没有真东西。你要真把脑袋砍下去了，那可就出大事了。比如说演死了，死了不能躺台上啊，躺台上一个人。人死了怎么进去，怎么样进去好看？就得有个姿势，有个表示。比如说这人自刎了，站到这儿，自刎，旁边敌方很配合的，给行礼了，捡场的拿个旗子一挡，说这人死了，台下也就谅解了，他就可以进去了。看你的动作，看你怎么死，怎么进去，所以说上场容易下场难，下场里边死最难。从前没有幕，你不能躺台上拉幕啊，完全是艺术嘛，一切一切都是用艺术表现出来。

再比如打人，现在唱《野猪林》，把林冲按到台上乒乓五四打一顿，太难看了，这是对人最侮辱的一个事情。从前很忌讳，杨小楼绝没这样场子。不少戏打人都是弄到后台，表示在后台你受过刑法了，再给你扶出来，不让你瞧见难看的形象。虽然英雄倒霉了，但是不能给他弄成狼狈不堪，那有损英雄形象，不像话。要尽量去躲避这些东西。还有啪一刀砍脑袋，划一脸血，这都是丑恶形象，台上最忌讳。唱旧戏免不了有这个，有的地方戏不大注意这些，有些乡下的剧团愿意表演这些东西，比如铡人，把人铡三截，三个人在那儿表演，一个人表示腿，一个人表示中间那部分，抹上血，腰上抹上血，那个人表示人头，铡出来三段人。有人愿意看这些东西，很邪乎，很热闹，很有气氛，其实很残酷，很难看。京剧要尽量避免这些东西，尽量不要让它难看，哭也不要让他那么难看，笑也不要让他那么难看，就是一种意象性，意思到了就行。过去说旦角怕笑，花脸怕哭嘛。大花脸哭起来很不好表演，旦角比较庄重，笑起来好像太轻浮。但是现在不在乎这个事。

定： 现在这些演员懂这些吗？

刘： 不太懂，懂一点儿，也不真懂。比如小丑，不能让他挺下流，把自己骂了，把自己老婆也骂了，一家子都骂了，相声有时没办法，有人愿意听这些东西，京剧就忌讳这些事。另外京戏呢，悲欢离合，主要唱悲和离，这样容易表演，欢、合没什么可表演的，一高兴就完了。所以它这唱腔，甚至表演是为悲和离服务的。只能表现旧东西，演民国就困难了，后来演解放军就更困难，没这个唱腔，没这个身段，就演不了，就得现改，现编。可是有人就不明白这个。再有真正好的京戏不会一唱二十多段，一百多句，累死为止，台下也不爱听了，那不行。

跷就更没意思了，那是个腐败的东西，早我们就不赞成，那完全可以不练，完全可以不练。过去旧社会男人爱莲，很下流的事，变态心理，解放前我就不大喜欢这个事情。我记得我有个叔伯叔叔，就是这么个教育。他很小，十几岁的时候，看娶新媳妇的，大人问他："你看那新媳妇长得好看不好看？""嗯，小脚。"先说小脚，他们拿它当笑话说，足见这种社会厉害了。人家外国人大高个儿，中国女子很多都是又矮又胖，不正常了，腿也不对了，而且形体也变了，全长得不好看了。跷一定要打倒，不能要。

8. 北京的戏园子

定： 咱们从戏园子说起好不好？

刘： 好。北京唱戏的场所，有戏园子，还有会馆。还有过去阔人的家，比如那桐的家，那家花园，在金鱼胡同。我小时候在那儿听过戏。那家好几个门，进去之后好像大厅里头有戏台，那边有花园，他们房子太大了，占差不多一条街，好些人借他们这个地方演戏。

定： 是租还是借？

刘： 是借，得有交情，在那儿演堂会。民国以后一说在那家花园演，就都知道，挺出名的一个地方。

定： 那随便什么人都能进吗？

刘： 有请帖都可以进。比如张家借他们这戏台，就张家发请帖呀。我跟他们家没什么关系，就是朋友家在那儿唱戏我可以白去听去。后来有些地儿变成餐厅什么的，后来就盖成大楼了。后边那条街还有大房子呢，煤渣胡同，我也不知道和他们是不是一家的。这是一个著名的唱戏的地方。

还有各种会馆，比如江西会馆、安徽会馆、湖广会馆，我都在那儿听过戏，挺大了还在那儿听戏。湖广会馆后来就不唱了，江西会馆在宣外大街，老有唱戏的，现在不都拆了么，都没了。再有什么聚贤堂、会贤堂，隆福寺街有个会贤堂，那些饭馆，现在也都拆了。不过这些都不是正式演戏的地方，正式演的地方是戏园子。

戏园子那时候不叫戏园子，都叫茶楼或者叫茶园，主要集中在南城的骡马市大街以北，前门大街以西，集中在大栅栏里。当然东边也有，崇文门也有，但主要集中在西边这一片。城里头东安市场原有四个园子，后来都不行了，就剩了一个吉祥戏院。有一个剧场叫丹桂茶园，后来着了火给烧了。

大栅栏横着的那个南北的街，是粮食店。在原来廊坊头条东口那儿有个大舞台，后来改了第一楼了，在那边就有那么一个，中和园，原来叫中和茶园。大栅栏里边就多了，有庆乐茶园，有三庆茶园。再往南有广德茶楼，广德茶楼的北边有一个庆和园，都叫茶园。后来慢慢把茶字给去了，庆乐园，三庆园，广德楼，[①] 再后来让八国联军给烧了，烧了之后就变成瑞蚨祥的西鸿记，[②] 里边是旧的，外边修了一个洋式的大院子，画的什么火车呀，我小时候爱看火车，尽上那儿看画去。这是前门大街西边。前门大街东边有广和楼，就是查楼。查家是大盐商，有钱哪，阔得不得了，也喜欢捧角儿。后来不行了，早就没有盐商了嘛。

特别一点儿的，是取灯胡同的会贤堂，在煤市桥那头，这边廊房头条，这边是大栅栏。梨园行的拜师，就在那儿请客。那儿也唱戏，后来就不唱了，我大奶奶，就是我叔叔过继给她的、冯国璋的姐姐，还在那儿唱过堂会呢。她是比我大两辈儿的，祖母辈儿，那时冯国璋正做总统，给她唱过堂会。那阵儿我还小呢，可能也就五岁，我记得很清楚，唱的是斌庆社的班。斌庆社是俞振庭的科班，唱的戏我大概还都有印象，我记得有《蟠桃会》，有《盘河寨》《战宛城》《穆柯寨》，末了儿是《大名府》。还有请的

---

① 陈宗蕃《燕都丛考》："廊房二条胡同与廊房三条胡同中间南北小胡同曰门框胡同，广德楼戏园在焉。再南曰大栅栏。为北平商业最盛之区，有三庆园，庆乐园戏场。"（第493页）

② 瑞蚨祥是清末民初北京最大的绸布店，前面也多次提到。瑞蚨祥拥有五个字号，其中就有西鸿记绸布店和西鸿记茶庄，均位于大栅栏街内。

旧日广和楼戏园大门（引自《富连成三十
年史》，同心出版社 2000 年版）

旧日广和楼戏单（引自《富连成三十年史》，同
心出版社 2000 年版）

票友也在那儿唱，有包丹亭唱的《雅观楼》，郭仲衡唱的《华容道》。印象都挺深的，孟良、焦赞的样子，八仙庆寿的八仙的样子。我记得我淘气，上楼上乱转，那个戏台比较小，人多，宋江坐得靠后，他那翎子一直就伸到楼上来，我还在那儿拽他那翎子。打北伐一成功之后，堂会就越来越不行了，北伐之后政府一南迁，阔人都跑南边去了嘛。后来到了1936年、1937年中南海又唱堂会了，那更得有帖子了，没有帖子不让你进去，挺有意思的。

我还说这戏园子，在前门大街东边西边的街道，东边有华乐戏园，有广和茶楼。华乐戏园原来叫天乐戏园，后来叫华乐戏园、华乐茶园。专有人研究这个，对这个都知道。

前门大街是南北方向的大街，跟它横着，东边是三里河，西边是柳树井大街，构成一个十字路口，以这两条街为界，街北是大园子，街南到了天桥。天桥有好多搭席棚的戏园子，也叫什么什么茶园。我小时候五六岁吧，有个老木匠住在我们家，他有时带着我上天桥听戏去。最出名的一个戏园子，叫歌舞台，是一个大席棚，有那些在北边不出名的，或者老了，或者小孩，没地方唱的，就在那儿唱，挣俩钱也照样买窝头啊。有个崔灵芝，是出名的梆子旦角儿，① 老了之后就跑那儿唱去了。还有的演员有不端行为，梨园里不要这角儿了，也上那儿唱去。北边很瞧不起南边的。南边的演员要拜北边的为师人都不要，瞧不起呀，但是有的也收了，收了就很出名。比如打鼓的有一个最出名的叫白登云②，十六七岁就在街南的歌舞台那儿打鼓，后来好容易拜到鲍桂山，这才算有了出路。

后来骡马市大街有了一个园子，叫文明茶园，谭鑫培、梅兰芳都在那儿唱过。那儿现在变成饭馆了，叫丰泽园。民初杨小楼跟姚家的姚佩秋他们又盖了个大的，叫第一舞台，他们有钱呀，第一舞台很大。后来烧了，烧了又盖起来，后来还是烧了，现在就变成了一个商场。③ 另外民国初年，在友谊医院北边，斜对着，有一个新明戏院，这时候新的戏院就出来了，

① 崔灵芝，原名崔松林，河北梆子"三大灵芝"之一，有"京梆泰斗""梆子梅兰芳"之称。
② 白登云（1906—1990），京剧鼓师，拜著名京剧鼓师郭德顺、鲍桂山等学艺。1934年以后专任程砚秋鼓师，对程派艺术谙熟于心，伴奏上卓有贡献。1979年任中国戏曲学院顾问。
③ 第一舞台坐落于前门珠市口大街路北。民国元年（1912）筹建，1914年春末建成。仿效上海"改良式剧场"，一改清代茶馆式的坐位安设，舞台也取改良式。许多在此上演的京剧都使用布景。该剧场建成后，几乎邀遍了北京京剧的所有名角儿。该剧场几次遭遇火灾，1937年终被完全焚毁。京剧名角杨小楼、姚佩秋是主要投资人。

这是 20 世纪 10 年代。在东华门这边，略后有个真光电影院①，也能演戏，梅兰芳他们就在那儿唱戏给外国人看。新戏院出来之后，西单那边的奉天会馆就变成哈尔飞大戏院了，就是后来的西单剧场，现在也都拆光了。1922 年的时候，在南边盖了一个开明戏院，现在是什么电影院，今天也拆了。到很晚了，到 20 世纪 30 年代又出了长安戏院、新新戏园，在长安街，今天都没了。

我这就说到戏园子里边的构造了。所谓的茶楼茶园，都有一定的结构，比如这中和园，它在粮食店里边，粮食店不是南北的街么，它是路西的园子，紧挨着卖酱菜的六必居，这儿有一个大车门，平常就开着的，有个大院子，是喝茶的地方，有架子、天棚什么的，挂着牌儿，写着茶叶的名字，有雨前，有毛尖。进去就是剧场，台是坐东朝西，在外边看不见台，只能听见声音，上去有楼，楼上可以喝茶，后来楼上就变成听戏的了，楼底下也变成听戏的了。原来是些个大的长条案，两边摆凳子，大长板凳，一条两条三条四条五条，两边对着，戏台在这儿，这边坐人，那边也可以坐人，我那时候说笑话，说听戏得听两天，台在这儿，听一下午，脖子转不过来，第二天还得再瞧一天，才能转回来。后来这不行了，才变成横排的了。听戏的后边是后台，有账房，有用茶的，厕所什么的都在这边，全极了。那时候上边唱戏，底下可以讲买卖，可以说事情，可以喝茶，所以叫茶园。后来唱戏唱得好了，专门就跑来听戏来，茶倒成了副业了。这事是这么转过来的。

那时候不许女人听戏，后来才慢慢开放了，像开明啊，吉祥啊，三庆啊，才慢慢卖女座了，像三庆园，一开始男女不得混坐，这是楼一圈三面不是？女座就在楼上。这两面卖女座，隔着隔板这面卖男座，底下都卖男座。这边上楼梯有个小门，门都关着，等到散戏的时候，男座都走了，这才开门放女的下来，有的男女一块儿去的，男的就在外头等着。怕闹事呀，都是这样。广和楼一直不卖女座。我印象特别深的是开明戏院，因为我是看着它盖起来的，比如这是戏台吧，它分三组座，一共二十多排，排的是天地玄黄，宇宙洪荒，日月盈昃，辰宿列张，寒来暑往，秋收冬藏，四六二十四排，今儿买票要是买的藏字号就是最后一排了。这两组是男的，这组是女的，还分着坐。后来我十来岁，男女平等了，就合坐了，底下反感极了，说怎么他那夫人跟旁边另外一个人坐在一块儿，很不方便。后来坐

①　真光电影院，位于东城区东安门外。开业于 1921 年 11 月，曾是北京建筑中最豪华、设施最先进的剧场。内部设施直到 20 世纪 50 年代在北京各大电影院中仍然处于领先地位。解放后为中国儿童剧场。

惯了也就无所谓了。那是 20 世纪 20 年代，1924 年前后。这观念变过来挺不容易的，费了很大事。

戏园当年净闹事呀，净打架呀，比如这是戏台，最后的座位往往比前边高一点儿，就在那儿摆一张桌子，叫弹压席，旁边也可以卖座。有一个头儿拿个大令，这边一队大概是 7 个人，前边搁两个军棍，如果有兵在那儿闹事，就拉出去打去。我知道惩罚过。我没见过。就知道谁说坐大令那儿了，就是坐最后了。另外过去戏园专有卖茶的，卖瓜子的，还有打手巾把的，抽烟的，给你点上烟，后来的新明、开明，就不让在台底下卖了，你要买什么到外头买去。

那时没戏报，今儿唱什么戏什么戏，在门口有牌子，叫水牌。后来才专有刷戏报子的，今儿什么人唱什么人唱，都写好了，上午 10 点左右就刷齐了。独广和楼没有，到时候临时定，也是习惯嘛。

戏园子当初没有先售票的，都是现往里头挤，现找座。后来就预先售票了。就出了一种茶坊，包一部分票，好票，比如谁没买着票，就跟他买去，这票要是一块二，他跟你要两块钱。

定：就跟现在火车卖黑票似的。

刘：对。有阔少爷还专门爱买这票，显得我阔。我记得那时候有个卫戍司令去开明那儿买票，没有了，人家说都在看座儿的那儿呢，卫戍司令急了，说哪儿有这事呢，这得管，得警戒，把这人拉到大街上，当众打了二十军棍。这是真事，因为这个卫戍司令我认得。

9. 角儿的故事

（1）男角儿

我爱这个（京剧）艺术，这艺术非常好。但是你要让我唱戏，我反正不会干这行，这行没法干，低三下四啊，地位太低了，我受不了这气，受不了这累呀。当初不就这么着嘛，为自个儿的生活，阔人谁唱戏呀。荀慧生有日记，你要看他的日记应该非常感动，他的应酬太苦了。为唱这个戏，得跟阔人说好话，得陪着斗牌什么，到了上海你得拜那帮里的头子，要不拜你唱不了戏呀。他自个儿还得演戏，排新戏，苦得很哪。梅兰芳也是，虽然有钱，他得请人保护他，保镖似的，出了事了他得找官给他料理这些事情。他还得跟一些警察局长熟，保护他安全哪，要不把他绑票了怎么办呢，不就有人拿枪要找他去？他们都害怕这些事。人家去都得招待呀，家里摆多少饭，谁来谁吃，夜里有来打牌的，睡得很晚，他的媳妇也不大照顾他。尤其到解放后他当院长了，还得早起。但是他还得练功呢，得吊嗓子呢，还得唱戏呢，他就累死了不是？胆又小，他是先入了党，入了党之后他一看党里头批风这么厉害，吓坏了。

再比如我那姑父家，他大哥不是银行家么，捧余叔岩，对余叔岩真是朋友了，就给余叔岩解决些经济问题，他那时依靠我姑父家呀。张伯驹也捧他，也给他料理经济上的问题，余叔岩也得依靠张伯驹啊。

定：您说余叔岩三年换一次朋友，是怎么回事？

刘：因为一会儿曹锟上来了，一会儿段祺瑞上来了，他这一换不是底下全换了嘛，他还得巴结新的政客不是？很苦的。社会上没地位，非常苦，就仗着这些官捧他嘛，拿他当戏子对待，看不起呀。

后台我小时候都看够了，看得明白又明白了。后台的事儿我没不知道的。查家有一个少爷，这人辈分晚可是岁数大，捧王和霖。王和霖是中华戏剧学校的学生，后来也抽上大烟了，落魄不堪，后来让解放军给救了，入党了，后来在军队里唱戏，前两年才死。[①]

相公堂子[②]知道吗？有《品花宝鉴》[③] 这书专讲这个，拿男当女，太惨了。清朝有这么个制度，怪极了，当官儿的不许逛窑子，不许嫖女妓，但是可以嫖男妓，反正马马虎虎地就不管，快到民国还有这事。相公堂子里边收很多徒弟，十几岁的小孩子，都非常漂亮，在那儿教唱戏，教喝酒，教画画，教作诗，到大了，二十多岁就唱戏，谋别的生路。清朝的官儿可以到他那儿去玩去，也有不正当的性关系，但是一般不到那个程度，就是喝酒，相公喝酒还不许吃菜，然后画画作诗，文人墨客大官都喜欢这个。

---

① 王和霖（1920—1999），马连良亲传弟子，有小马连良之称。1949 年参加中国人民解放军西北军区京剧院。

② 关于相公堂子，见齐如山《国剧漫谈》："相公堂子又名私坊下处，本界则名堂号，或私寓，然私寓二字，已是贬词。其中的徒弟，名曰相公，又曰私坊，本界名曰徒弟，这种行业，实始自戏班"（载《齐如山全集》第三册，（台湾）联经出版社 1979 年版，第 35—36 页）。《清末北京史志资料》（北京燕山出版社 1994 年版中译本，第 34 章第 23 节）对相公则有更直接的描述："'相公'本为对他人之尊称，而今日已成俗语，即龙阳之名义。但相公并非如同娼妓之一种特殊职业，而仅指优伶之少年弟子。北京习俗，朋友相聚设宴视招歌伎侍宴较之招相公更为下等，并不高雅。盖因歌伎仅以卖淫为业，而相公并非以色侍人，只不过以陪酒席弹唱滑拳等助兴为业。欲招相公者令菜馆老板将之招来，不仅为酒席助兴，其小费亦无须甚多，招请数次后逐渐相识，方得玩弄其色，但其小费若不比歌伎甚多则不应允。深交后，狎客必须为之买衣、帽、靴等。若相公学艺已成，可独立为优伶时，狎客必须出钱使之走出师门。相公尚未离开师门期间，陪酒席所得之小费均成为师之收入。独立而离开师门后，一切收入皆归其所有，并且由狎客出钱租房娶妻，收徒教戏，得以安度一生。于是，相公若被酒客请请，则努力寻求于已之未来有利之人，此亦自然之理（据云天津的相公比北京下等，专卖淫）。"（第 505 页）

③ 这是第一部以优伶为主人公反映梨园生活的长篇小说。出版于 1849 年。作者为江苏常州的陈森。鲁迅在《中国小说史略》中称其为清末"狎邪小说"的始作俑者。

梅兰芳祖父开的那个相公堂子，在李铁拐斜街路南靠西边，后来卖出去了，就叫望园，大的绿门，打开之后里边有山子石，有各种花，讲究极了。我小时候打那儿过，跟我父亲说，咱们上这个公园里玩玩儿吧，我父亲说"不是好地方，不去"——不是好地方。后来那个园子让荀慧生买了，改成留香饭店，后来又卖给别人了，仍然是个旅馆吧。[①] 后来往南移，即远东饭店。

定：除了这个，还有别的相公堂子吗？

刘：多了，跟妓院似的。都集中在前门那块儿，八大胡同、胭脂胡同那块儿。西直门这边柳巷，里边也有妓院，后来就不时兴了，都跑南城这边来了。原来的旦角都得兼操这种副业。后来清末有五个唱旦角的，田际云、余玉琴、杨朵仙、王琴侬、孙砚亭，联名请求取消相公堂子，提出之后官府给驳了，因为收税呀。到民国他们又请了一回，那时候黄兴、孙中山不是出来了么，当天就（把相公堂子）全给关门了。那些人拿刀要杀他们，当然有警察保护了。解放初不是把妓院都封了么，就跟那事一样。所以这五个人在戏界里头很有地位。这些人后来都老了，就剩王琴侬[②]，当了梨园工会的头儿。他当初被选为相公里边的状元，是因为唱得好，还是因为漂亮，就不知道了。我见过这人，还有亲戚关系，戏我都听过，他挺有威望的。我跟他儿子特别熟。所以我清楚极了。[③]

梨园行里边有没有派系呢？有，我是这派的，他是那派的，为生活，为自己的地位，为他的名，为他的利。文化程度低，觉悟不会很高的。说个笑话吧，比如张君秋，他给学生讲演，说你们就应该唱大戏，挣大钱，出大名。人说这不行，你下去吧，这是为人民服务。可是他哪儿懂这个啊。

---

　　① 关于梅兰芳祖父开相公堂子的经历，可详见么书仪《戏曲史叙述中的北京"堂子"》一文，该文所述比刘老这里要具体详细得多。载陈平原、王德威编《北京：都市想象与文化记忆》，第74—93页。

　　② 王琴侬（1887—1933），青衣演员。王门是四代梨园世家。

　　③ 田际云（1864—1925），京剧花旦演员。艺名想九霄，亦作响九霄。1900年任梨园工会会首。田际云一生致力于戏曲改革，发起组织"正乐育化会"，创办第一个女伶科班，梅兰芳称他是"一位勇于改革社会恶习，有胆有识，不畏强御的先进人物"（《戏剧界参加辛亥革命的几件事》，载《梅兰芳文集》，第208页）。关于刘老谈到的封相公堂子一事，民国初年穆辰公撰《伶史》有这样的记载："际云生平最恨私寓（即相公堂子），以为是伶界羞，常蓄志革之。宣统三年遂决计呈请禁止私寓。呈未上，适为私寓中之有力者所闻，以钱买某御史，上奏'伶人田际云即想九霄，勾通革党，时编新戏，辱骂官府，宜科以应得之罪'。三月十九日被步统领衙门官兵锁去，送交地方审判厅，查无实据，系狱百日释出。民国成立，仍请禁止私寓，蒙内务及外城总厅批准，于是私寓营业遂除。……旋集梨园之有名誉者，如杨桂云、余玉琴、王琴侬、孙佩亭等，组织正乐育化会……"民国六年北京宣元阁印，第53页。所述过程与刘老略有参差。刘老对此事的记忆，当亦是自书中得知。又，正乐育化会即梨园工会的前身。

（2）女角儿

刘：过去在天桥搭席棚的那些戏园子，也有刚出来的坤伶在那儿唱。

定：那时候不是不许有女角儿吗？

刘：民国就有了。北边不能唱呀，在那儿对付着唱，对付着挣钱呗。女角儿也营副业，叫条子，写个条儿叫谁谁谁，点人吧，叫出来陪喝酒。

女角儿以后就有点出路了。后来想学小上海，就建了个城南游艺园，从现在友谊医院大门那儿出一条路，游艺园旁边有一个两层楼，叫新世界，挺大一个大商场，楼上也能唱戏，上边还有一个小楼，三层的，当时觉得大极了高极了，解放后变成小学，一瞧挺矮挺矮的。游艺园你可以在那儿听戏看电影，除了吃饭得要钱，听戏可以不要钱。有科班在那儿唱，朱幼芬的福清社，朱幼芬是很出名的旦角儿，和梅兰芳齐名，后来福清社赔了，这就不管他了。女角儿也都在这儿唱，由天桥到这儿算升了一级，可以专干，不再有副业了。① 名演员都由天桥过这边来了。后来封男妓院的那个田际云办了一个女学校，读书什么的，办了些日子办不了了，女演员上游艺园那儿唱戏班叫福清社，像过去出名的孟小冬②，还有雪艳琴③，就都在那儿唱。后来到了二几年之后，雪艳琴这样的角儿，能够到西单的哈尔飞，里边男角儿陪她唱，女角儿这才上城里头唱，就算"革命"了。但是我再小的时候在中和园、广德楼也见有女角唱，专有女演员唱，没有男演员。唱二黄的有恩晓峰，唱梆子的有金钢钻等人。

定：田际云思想挺新的是吧？

刘：太新了，他跟黄兴他们都是好朋友。成立了这个叫正乐育化会，就是梨园工会的前身，戏行本来归清朝派人管，后来革命了，就变成梨园工会了。

定：你们那时候看女演员唱和男演员有什么区别吗？

刘：就说我小时候吧，我不看女戏。因为女角儿的武戏少，我爱看武戏，翻跟斗的。尤其那女角儿，扮上不好看，比如扮一个武生，大胖脸，扮出来怎么也不好看。唱老生的，唱得挺好，可是体形不好看，腿

---

① 新世界，位于崇文门外香厂路和万明路交界处，始建于1917年，1919年2月开张，是模仿上海大世界建起的游艺场所，共5层，而非刘老说的两层。该楼一层有一部分为京剧剧场，由有名的坤伶组成的崇雅坤社就在那里演出。

② 孟小冬（1907—1977），京剧女老生演员，出身梨园世家，1938年正式拜余叔岩为师，是余叔岩唯一女弟子。曾与梅兰芳结为伉俪，后分手，一度皈依佛门。1949年与杜月笙一道离开上海赴香港，1950年与杜月笙正式结婚。杜不久即去世。

③ 雪艳琴（1906—1986），京剧旦角女演员。是我国早期京剧女演员中艺龄最长、成就最高的。曾与谭富英合拍过中国第一部整出的戏曲影片——全本《四郎探母》，是京剧艺术走上银幕的珍品。

短，所以我不爱看。我那时候也就是十岁左右，开明已经有女演员了，有一回唱义务戏，最出名的女演员都出来，我大姊比我大 5 岁，告诉我"今儿带你听戏去"，我说"不听，女角儿我不听"，她说今儿你一定要听去，今儿晚上带你听一个特殊的角儿，叫孟小冬，唱老生的。我咬着牙勉强去了，她一出来上前台，哎呀太好看了，嗓子也太好听了，打这以后对孟小冬我完全心服了，女角儿也有好的。一直我到上清华大学，1932 年以后，1933、1934 年了，我的同学有绝不看女角的，是满族人。另一个同学也是满族，英文系的，他对孟小冬印象特别好。那时候孟小冬和梅兰芳结婚又离婚，后来又唱戏了，就在这庆乐园唱，他就买了五六张票，专找这位说死不听女戏的，说今儿我请你听戏，我们这五六个人陪着你去，我们坐一排，你要是瞅孟小冬出来觉得很反感，你退席，我们跟着你一块退。礼拜六嘛，勉强拉着他去了，大伙儿都瞅着他，结果等到唱完他也没退席。回来问他："怎么样？""哎，行，以后我改变这观念，这孟小冬太好了。"那时候除了那捧角儿的不算，听女戏好多人还不爱听呢。

定：孟小冬后来哪儿去了？

刘：后来也唱戏嘛。后来拜余叔岩为师，学一出表演一出，太红了。余叔岩四几年死了，她就到了上海，后来跟帮里那个杜月笙结婚了，后来杜月笙把她带到香港，到香港正式结婚，结婚之后没多久杜月笙就死了，她分一点家产。她跟杜家什么关系呢？杜家有一个三姨太太，叫姚玉兰，打小儿就跟孟小冬好，后来一直她们俩好，她供着孟小冬钱让她学戏去，后来余叔岩死了，她也不学了，她就把她拉到上海去了，那么着。我记得我小时候，杜家这帮里头，有人在公安局里头当一个科长，他代表帮的，换警察局长也不换他，这个人叫张藻臣，我叫他张三伯，能唱戏。我十几岁的时候他到北京来，告诉我，说这个孟小冬啊，还有姚玉兰，她们两个人"磨镜"，这样的关系叫磨镜。男同性恋叫什么知道吗？叫贴烧饼。

定：那时候这种事普遍吗？是不是也就是唱戏的多？

刘：不是。我举一个例子说吧，有个当年大官的闺女，某小姐，她原来想跟当初一个军阀的公子结亲，没成，她就跟一个同学，一个大商店老板家里的姑娘，这俩待了一辈子。后来大官的小姐死了，家产就给了这位姑娘一部分，她就上香港了，那时候都岁数很大了，都六十多了。这就联系到上学的问题，我小时候上教会学校，那时候不是光我上的这个学校有同性恋。

定：全是男的？

刘：教会男校同性恋是有的。当然教会学校功课还是很好的。

定：您好像对教会学校没有好感。

刘：那时不少学校不好，小时候不知道，大了就知道了。

不让须眉是此行

　　标题引用的诗引自清朝时一位汉军旗人、将军徐治都的夫人所作《马上歌》，全文是："快马轻刀夜斫营，健儿疾走寂无声。归来金镫齐敲响，不让须眉是此行。"此诗与这里所述的京城宣南地区、与下面要讲的两位被访者看起来毫不相干，但诗中那种急促明快的节奏，那种身为女人而毫无小女儿态的豪气，总让我不由自主地将它与这两姐妹联系起来，何况其中的姐姐萧成，也确实有过在太行山深处行军作战的经历。

　　萧成与李滨两人的哥哥李德伦（1917—2001），是中国最著名的交响乐指挥家。据说他是一个非常幽默风趣的人，这从他两个妹妹生动鲜明的个性也可想见。但厚厚一部《李德伦传》却严肃有余，生动不足，从中难以看到李德伦的风采。总是从"高山仰止"的角度写伟人、写名人，结果必然如此。不过，我为他的两个妹妹做访谈，并不是想通过她们来了解和研究李德伦这个人，以及他的艺术，而就是想让这两姐妹唱主角，我想通过她们，了解这样一个出了著名艺术家的家庭及其成员，在宣南那种特定的文化氛围中，有着怎样的生活和成长经历。

　　萧成与李滨虽然是亲姐妹，在家中的地位和享受的待遇却相差悬殊，她们对父母、家庭的感情、描述与评价也各有不同，将她们各自的口述与已经形诸文字的《李德伦传》相比，可以具体形象地体会对于同一事物或同一个人，在书本描写和口头叙述之间，尤其是在名人传记与普通人口述之间的区别。以小见大，对一个家庭如此，对一个大的事件、大的时代也同样如此。

　　萧成姐妹与前面刘曾复先生在口述中，都一再提到位于和平门的师大附中对他们的影响，这所当时的公立中学在辛亥革命后一百年间发挥的进步作用不可小视，有关近代宣南文化的研究，不可不注意

李滨近照（李滨提供）

及此。

　　还须特别提到，李家是一个回族家庭。从这组口述开始，以下的几位被访者都是回族，我之所以不像在内城那样将他们单独列出一个单元，是因为这几个人无论在哪个方面都很难找到共同点，这与他们来京城的时间相对较短有关，与我所选择的样本数量太少和不够深入也有关。但即便如此我还是要强调，回族与满族、蒙古族一样，也是京城中历史最悠久，对京城社会、经济与文化影响最深远的民族，同样地，也是常常被研究者视而不见的民族，这在对京师外城亦即南城的研究中尤其突出，在很多人眼中，所谓外城，就是"汉城"的同义词，我想通过这几篇口述告诉大家，这是不全面的，也是不公平的。

　　我从未涉足过回族与伊斯兰教的研究领域，直至现在，我对于这个民族和他们的信仰，也难说有全面地了解和把握，但是通过与这些回族人的接触和交谈，就像是打开了一个新的窗口，我从中看到了以往未曾想到也未曾看到的异彩纷呈的风景，希望读者看过这些口述之后，也会得到同样的收获。

（一）李滨口述

时间：2004 年 2 月 17 日

地点：北京市劲松西口某小区

被访者：李滨

访谈者：定宜庄

在场者：李南

[**访谈者按**] 李滨女士是我的"发小儿"李南为我联系的，李南是她的外甥女。李南的母亲名黎频，是李德伦的大妹，北京人民艺术剧院的老演员，她最早为人所知的角色是在脍炙人口的话剧《龙须沟》里扮演的王大妈，后来最为人知的角色是《万家灯火》里的老大娘，还有为 1986 年版电视剧《红楼梦》中刘姥姥的配音。别的也许还有，也许更著名，可我知道的就只有这些。这个访谈，我原来瞄准的就是黎频，但她不幸已于 2003 年逝世，李南便为我联系了黎频的九妹李滨女士。著名剧作家黄宗江先生对我说过，他与李德伦兄妹 20 世纪 40 年代一起在上海时，都称黎频为"德伦妹"，她一度比李德伦更活跃、更有名，以至于不相识的人们都将李德伦称为"德伦妹的哥哥"。据此以推，我这里采访的两位，就是"德伦妹"的妹妹了。

李滨女士本人也是演员，20 世纪 90 年代曾在《甲方乙方》《我的父亲母亲》等片子中担任角色，迄今仍活跃在舞台与银幕上。但她与我谈得最多的并不是她的演员生涯，而是第一，她幼年在宣南生活时的家庭氛围，按照她的概括，那是一个"半封建半殖民的典型家庭"，这种半封建半殖民地的典型特点不仅是她家，其实也是民国时期北京城部分中上层社会生活的写照。第二，是她兄姐离家参加革命的经过，以及对她产生的影响。这其中最激情洋溢的段落，是讲述 20 世纪 40 年代的学生运动和 1949 年的解放。这是北京城近现代史上的重大事件，即使是写最寻常的百姓生活，也不可不记的。

本书可以与《李德伦传》互相参照补充之处很多，因为李滨在北京经历的许多事情，都发生在李德伦离家之后了。

定：我和李南是从小儿的朋友，我俩也同岁。我是中国社科院历史所的，正在做一个关于老北京的项目……

李南：她姓定，是满族。

定：我们也是后来到的北京……

李滨（下简称滨）：满族当然是（后来到的了），原来在关外嘛。

定：我记得当年在北师大读书的时候，李德伦先生给我们做过报告。他个头儿特大是吧，跟您好像完全不一样……

滨：仨爹俩妈的（意即不是一个爹妈生的）是吧？

定：……不是不是，我不是这个意思。

滨：一个是大秤砣一个是牙签儿（大笑），我是先天不足后天失调。

定：你们家原来是回族？

滨：是呀，现在也是。

1. 回民家庭

滨：我们不是老北京，我们都是移民。

定：那你们是什么时候，从哪儿移来的啊？

滨：起码两代了吧，不知再上面有没有。胖舅（这里是以李南的口气说的，指李德伦）的书里说是金陵，那就是南京么，我们祖上好像是金陵的，也不知什么时候到的河北，我爷爷时候就在河北，丰润。我父亲他们兄弟三个，老大老二老三，我父亲是老三。我大伯父叫李际春，二伯父叫什么名不知道。我父亲的名字是李宏春。[①]

我们家是半封建半殖民的一个典型的家庭，半封建更多一些，半殖民的时间不长。我大伯父是奉系军阀，他一直在沈阳，我们曾经有一段也吃过他的挂落儿（受牵连之义）。知道李香兰吧？

定：知道。解放前的歌星。

滨：不是解放前，是日本那时候，后来她成日本的议员了，政界的。她为什么姓李呢，就是我大伯父收她做干女儿。她姓山口，爱唱歌，家里不同意，就弄的留声机，唱片呀，搁到厕所就听啊，学着唱，我大伯父就

---

① 关于李家的家世，《李德伦传》（罗筠筠著，作家出版社 2001 年版）的记载比较详细，可与李滨的口述相参照。该传称，据李家的家谱，李家的宗祖是明代开国都城金陵人，后定居河北沧州，到李德伦的祖父李占有一辈又迁到丰润。李德伦的父亲兄弟三人，长子李际春，字鹤翔，生于光绪四年（1878），十几岁投笔从戎，后来进"保定讲武堂"学骑兵，毕业后在奉天（沈阳）任统领，曾与张作霖拜过把兄弟。次子李荣春，字梓乡，在家务农。三子即李德伦、李滨之父，名李宏春，字育庠，生于光绪十五年（1889）。

觉得这小孩成，就给她取名叫李香兰。①

那时候还没生我呢，我1929年出生。在那以前张作霖就不灵了，他（大伯父）什么事到天津跑反，什么便衣队，②完了后来又回去了，一直到1947年，辽沈战役比较紧张，他那边不成啊，赶快坐飞机跑到北京来，带着他小老婆，让我骂跑了。

我从小对他就没好印象，因为他好几个姨太太。他那时候早就没落了，但是他有钱哪，没钱他弄那么些姨太太。有个大伯母，我们管她叫赵太太，没有孩子，然后她就走了，走了以后听说他在沈阳又找了一个唱大鼓的，比他小一半，这么一个，他那时候七十多了，脏吧唧唧的。他不抽烟不喝酒，每天早上叩齿，有这一套什么养生办法，所以他活的岁数挺大的。那时候我找地下党，就特别看不起国民党那腐败呀，我就成心挤兑他，就想把他挤兑走。有一次我母亲不在家，话赶话的，我就跟他吵起来了，我就整个一个造反，他说我是王八蛋，我说我要是王八蛋，你是我爸的哥，你什么玩意儿？你什么东西啊？你老王八。那时候国民党有个稽查处，我说你再嚷嚷我到稽查处检举你去，我说你他妈日本汉奸，军阀，你折腾什么你。可能这个他也害怕了，走了。临走的时候我们买的那个肥皂，两块连着的，都晾在窗台上，还有些劈柴也在窗台上，他还卷了我们几条肥皂走。

定：他那么个大官僚还至于卷你们家肥皂？

滨：不是东西，整个一个老王八蛋。后来1950年镇反的时候给毙了。

定：奉系倒了以后他做什么？

滨：那我哪儿知道哇。我知道这点东西已经不错了。

定：您二伯呢？

滨：不知道，属于一个土豪劣绅吧。屁事没做，就守着家里那点儿地，抽白面儿，扎吗啡，什么都干。后来是病死的呀，还是怎么着。除了这点土地好像还干点儿什么别的吧，要不怎么禁得住又抽大烟又打吗啡呀，而且媳妇也不能只有一个。他的儿子就是我四哥，反正就是抽白面，在家里什么都

① 李香兰，原名山口淑子。1920年出生于日本一个汉学世家。因父亲任职于"满铁"公司，所以她出生在沈阳。李际春与她父亲是同学，她十三岁认李际春为养父，李为她取中国名字为李香兰。李十四岁前往北京读书，1937年被由满铁公司出资的电影公司"满映"聘为专职演员，主演《蜜月快车》而一炮走红。后来又演出《支那之夜》等。1945年日军战败，她被军事法庭以"汉奸罪嫌疑"审讯，因公布自己日本人身份而幸免。1946年被释放回国。1974年当上参议院院员，曾以此身份再度访问过北京。1992年从参议员任上退休。

② 这里指的是李滨的大伯父李际春与张璧1931年受日本人土肥原贤二指使，在天津收买当地地痞流氓，半夜攻打天津市政府，搞"天津便衣队暴动"一事，从此李际春成为著名的大汉奸。详见关于张璧的注释。

 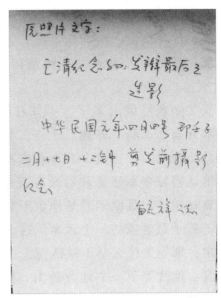

"亡清纪念物"：清亡时李滨之父剪辫的留影和照片背面的说明（李滨提供）

不干。听说当地解放以后是土改还是怎么着让人给活埋了，就在我们老家丰润县（今丰润区）。① 这我都是听说。这四哥长得还挺漂亮的，我见过他。还一个七哥，也是他（指二伯）的儿子，常上北京来，我印象特别深，长乎脸儿，一脸的疙瘩。到北京来就盯胖舅的梢，胖舅住南屋，有《世界文库》什么的，他就翻里头有什么东西，胖舅说来一狗，那时候他们不是都参加民族解放先锋队②么，后来北京这儿不成了，走了嘛，上上海了。当然不完全是他这一个因素。七哥怎么死的不知道，活该，爱死不死。我们跟他们家也没太多关系，根本不通信。他们就是有时上北京来，见一下，几年才来那么一次，然后都是听我母亲那儿说，或者老家来人东一耳朵西一耳朵。

所以我们家要是把叔伯的都搁在一个棋盘上啊，那是黄河为界，两国交兵。

2. 父母与兄姐

定：（看其父剪辫的照片）：这个育庠是谁呀？

---

① 据《李德伦传》，李滨的二伯即"李二大人"当时仗着其兄的地位横行乡里，开设赌场、窝藏土匪、抽大烟。解放后被抓捕，后获保外就医，最后死在清真寺中。他的儿子即李滨说的"四哥"李德仪，在《李德伦传》中的说法是被日本人弄死的。该传还提到："在李家三兄弟的后代中，只有李荣春不注意对子女的教育，所以他的子女下场都不好。"

② 全称为"中华民族解放先锋队"，也简称"民先"。是"一二·九"运动后由平津学生组成的抗日组织。1936年2月1日在北京师范大学正式宣告成立，2月26日发表《民族解放先锋队宣言》。

滨：我父亲呀。

定：他那头发，就前头这儿，怎么还有一点？

滨：是呀，长出来的。他刮得勤就不至于呀。也许那时候正人心惶惶的。

我父亲老早就出来了，不知在哪儿上的学，他不可能在丰润县上学，丰润那儿有什么呀。好像二十一二岁就在平津一带，他学政法的。北洋政府时候，他是一个官员，北洋政府不是时间很短么，完了他就没什么事儿，因为他认得好多军还是政府政客警察这类的，认识的人比较多，所以他后来一直赋闲，一直赋闲但是他也不缺钱也不缺车，开车的、老妈子、听差、厨子，厨子是老家的一个远亲，这么一大堆子。

定：那他为什么会不缺钱呢？

滨：他就等于一个地方势力，就算是名流，认识好多地面上的人，一说就是北京名流李育庠。你要在这地方办实业，那时候不叫企业，什么开银行的，开报馆的，开绸缎庄的，什么珠宝商、古玩等，包括唱戏，都得拜这些地方势力，有什么事一疏通，他地面上能站得住。可能这个有关系，他创造社会价值吧（众笑）。有人供着他，给他支票。大中银行的，在西交民巷把口，一签，大中银行。[①] 我估计啊他也有些积蓄，估计还有存款，有点家底儿吧。还有些字画，包括我母亲的首饰，后来我们家可能就卖这些个，我们家就没什么字画了。我们老家没有地，地无寸土，房无片瓦，也没开买卖，就是这么着。我父亲也不置产业。

定：连房子都不置？

滨：没有，就租房。

定：这挺奇怪，因为好像回民不这样过日子啊。

滨：可能跟我父亲在政界有关系吧？你要真是在牛街胡同里头卖牛肉羊肉那么起来的，或者弄一菜行那么起来的，或者再弄点房产倒来倒去，那就不一样了。那他也不可能供他儿女，一定要学业多高，男的顶多就继承父业，女的就在家做活然后找婆家就完了。只要学历这么一高，您的家业就保不住了，就蹿门颠儿（颠儿，北京话，走了之意）了。基本是这样，他接触了民主主义思想，不能囿于这种生活了。

我父亲过的日子挺潇洒的。抽大烟。他禁毒，然后他自己抽上大烟了。

定：他每天就是抽烟？那抽烟也得花钱啊。还养一大帮孩子。

---

① 大中银行，私营商业银行。1919 年 3 月成立，总部设在重庆。后几次改组。大中银行在北京、天津、徐州设三个分行。1949 年中华人民共和国成立后清理停业。

滨：他有支票啊，在安福胡同①的时候就拿着支票。在安福胡同的时候基本上上午就不起床，中午起来吃点饭，完了抽大烟，再睡一会儿觉，下午到四五点钟，或者五六点钟就出去啦，有饭局，完了就听戏，半夜再回来，就这种生活方式。而且我父亲有洁癖，好家伙那个，我母亲就侍候他，所有的茶碗茶碟儿，且涮且洗哪。他抽大烟的那一套烟灯擦得锃亮，漂亮极了，那是工艺品。不是像现在（电视里演的），那根本就不对，脏乎乎的，在大棚子里一靠，那是拉排子车的抽大烟。我父亲那景泰蓝的小烟盒，弄一点烟哪，折腾半天才抽上这一口，一边烧一边聊天儿，且玩儿呢。我母亲给他熬大烟，挺复杂的呢那工序，烟土这么一大块，熬生膏以后就像咖啡，黏的。我就爱闻那个生膏子味儿，特别的好闻，香极了。②

我父亲还捧角儿，好多戏子，还有梨园界的等等，好多，都是名流。他还逛妓院，但是他从没带回家来，就有一个带回来过，就是那个施老六，八大胡同施家胡同的，那一看就有派，平常出来都素面朝天，基本不施粉黛，那眼睛……就算干女儿似的。这个施老六，她给她鸨妈家挣了好多财礼，（她鸨妈）有一女儿，她挣的钱都供那女儿上学，给她气得够呛。她后来嫁给一个律师，在天津，"文化大革命"也遭了罪了。

定：你们家去清真寺吗？

滨：不去。顶多就把把斋。我母亲把把斋。我父亲又抽烟又喝酒的，一天喝一瓶多，白干。最后就死于酒精中毒。死的时候五十多岁，是1946年11月份，下着小雨，在家里，就是他起夜，他觉得有点头晕，就坐到凳子那儿，就过去了。挺干净的，一点儿没有留汤了浸湿的。估计就是脑溢血，可是他也没瘫。没有落炕上的过程。反正那时候就总吃药。我下学回来拿了方子就抓药，抓药回来做作业。

定：您父亲后来是按回民的葬礼还是？

滨：对，葬在复兴门外五棵松，那边有回民的墓。后来"文化大革命"的时候给迁到东郊，给了一个单儿（证明或收据之义），也找不着了。

我母亲姓铁，沈阳的回民。她是中等师范，现在来说可能是初中，然后好像十六岁结婚，那时十六岁就是十五，虚岁。我外祖父我有印象，老头儿的指甲盖那么长，胡子长着呢。他们从哈尔滨到北京以后在我们家住过，后来在绒线胡同买的房子，离我们家不远，然后搬到安立胡同，就是

---

① 安福胡同位于西城区东南部，与绒线胡同平行。1918年皖系政客徐树铮、王揖唐等在此成立俱乐部，进行政治活动，控制国会，因此得名"安福系"。

② 关于李滨之父抽大烟的情况，详见下面萧成的口述。

首都电影院后身西侧的一个胡同。

定：您外祖父是做什么的？

滨：不知道，听说是驴贩子，做生意，也不是特别富有的。①

定：母亲家哥儿几个呀？

滨：大姨二姨三姨，我母亲行四，然后是一舅舅，那舅舅可能最小。都在（东北）那边。大姨我见过，三姨好像也见过，大表哥来过北京，上国高，在这儿住过一段儿。

定：您母亲怎么和您父亲结的婚？

滨：可能是说媒吧。我母亲跟我父亲差七岁。她活到八十九，差一年九十周岁。

李德伦不是说么，他的音乐启蒙老师就是我母亲，我母亲有个风琴。我母亲就这点好，你不是什么（指其父抽大烟逛妓院）吗，我就在家里玩牌。一日三餐都料理完了，一日三餐都亲临哪，有时候还亲自炒菜。这一大家子。都弄完了，晚上没事了就玩牌。

［萧成：我母亲这一打麻将啊，还不敢让我父亲听见，这麻将洗的时候不能这么哗啦哗啦洗，得推着，还得告诉："别出声别出声。"有人跟她打。我小时候都学会打麻将了。我没跟她一块儿打，但是我在她旁边看着我都看会了。］

定：你妈妈是个什么性格的人呢？

滨：反正挺开通的。

李南：挺强的。

滨：你想这个家里上上下下她都得应付。在交道口那儿，1952、1953年的时候就是居委会主任，那不拿钱，绝对不拿钱，还往外掏。"文化大革命"受冲击，她受冲击不亚于李德伦。

我母亲怀了二十胎，有一个是双伴儿（即双胞胎），就是二十一胎，二十一除七，我们的成活率是百分之三十。我在七个里头是老五，大排行里头我是行九，她妈（指李南之母黎频）行五，比我大九岁。山西那个姐姐（黎颖）比我大十五岁，李德伦比我大一轮。

我母亲没有奶，没有奶就很容易怀孕。好比说年初生一个吧，年底就又能生一个。1月份生一个，等到10月、11月份就又能生一个。我们家就这方面，生殖力特强，妇科没什么病。我母亲怀孩子吧，还总是女孩儿，

---

① 李滨的母亲名铁桂兰，后改名铁敬欧，生于 1898 年。其父做贩马生意而非贩驴。

重男轻女啊，那时候也不能上医院刮去，怀了孕就吃药打，蹦，这个那个瞎折腾，流产了好几个，有的很短时间就夭折了。

我们家三六九等。老大，我大姐姐那没的说，第一个孩子，是比较拿事的。我大姐功课又好，一直师大附中的，然后又北大。她上大学的时候还一边准备功课，一边拍我睡觉，我母亲不管，我母亲弄一帮各种太太在家打牌。李德伦是第一个男孩子，不得了啊，大少爷。还有她妈妈（指黎频），生下来圆咕隆咚挺可爱的，她就是奶妈喂大的，李德伦也是，我大姐也是。她那个奶妈一直在我们家待着，时间比较长，老王妈，外号叫秃老王。老太太的头发后来都没了，就那么几根头发，后头还弄个小夹棍，这儿都光头皮，跟南瓜似的。奶妈完了以后还有看妈。有做杂活儿的老妈子，

李滨的大姐黎颖 1933 年初中毕业证上的照片（引自黎颖《青春纪事——一个女战士的往事忆述》，山西人民出版社 1995 年版）

洗洗涮涮的，收拾屋子的，各屋子都有干活儿的。还有厨子。在安福胡同的时候还有一个本家的，李德霖，他做饭，一日三餐大小都包了。

我的六姐，[①] 比她（李南）妈妈小两岁，在家里也不受待见，就让她上平民小学，不花学费的，也在新华街那边。我三岁的时候又一妹妹（李津），又一女孩，也不待见她，就给她搁老家去了。

后来我那大姐就走了，给她钱，大洋，让她办年货去，拿着钱就颠儿了嘛。

李南： 上解放区了，逃婚。

滨： 我上门口看，哎哟就哭啊，我哭了好几天，找我姐姐。那回折腾得够呛。

定： 您大姐为什么逃婚呢？

———————————

①　李滨这里提到的六姐即萧成，详见萧成口述。

滨： 订婚了，订婚还搭席棚了，那是一个教员，回民，得找回民哪。我大姐就一条件，说得大学毕业结婚，他们那边同意了，然后他们那边催婚，我大姐不干了，这是一个因素。再一个就是"一二·九"抗日运动，这两个因素搁一块儿。寒假的时候，就办年货嘛，她就从张家口那边出去，绥远，热河的东边，顺着长城这么走。我舅舅那时候来了，他跑绥远去找了一通，她刚跟交通前脚走，后来才知道是前后脚儿。她后来一直在山西、太行山一带。牺盟会。① 没上延安。她走以后就改名了，免得牵扯家里头。好家伙家里就开始闹，先开始不好意思，觉得有失体面，这家的大小姐跑了，后来就登寻人启事。她这一走，老头老太太挺伤心，乱了一通。老太太等于少一帮手啊，里头外头都能什么，功课也好。②

　　"一二·九"的时候我哥哥他们都参加了，在那之前就弄那些个唱片，什么"工农兵学商，一起来救亡"，就是这个，我就是听他们唱会的。领导他们的好像是张承先，③ 那时候可能是大学的学生吧。我哥哥让人给抓起来了。公安局就给我们打电话，说三爷，管我父亲叫三爷，您那公子在我们这儿呢，先关两天。我们家就给他送包子去。然后我父亲给他软禁在家。我父亲管子女就知道软禁，软禁值个屁。

　　定： 您哥哥后来就参加共产党了是吧？

　　滨： 对，他后来是地下党。到上海嘛。她（李南）妈妈后来不是也上上海了么，李德伦那时候在上海，跟黄宗江啊，石挥啊他们，她就去了，去了就在莫斯科电台做播音员，有时候弄个文艺节目什么的，原来是替别人，替着替着就成正式的了，也拍个电影什么。她绝对是什么都不过脑子，衣来伸手饭来张口，设计的衣裳总是跟别人不一样，标新立异。

　　[**萧成：** 闺女大了，得找婆家了，那个刘媒婆整天就往这儿跑，黎频也觉得在家里待不住了，就到上海去了。公开走的，就说到那儿看哥哥去了，结果去了就不回来了。李德伦后来（从上海）去延安，黎频没去延安。]

----

　　① 牺盟会全名为"牺牲救国同盟会"，是从1936年到抗战初期山西成立的地方性群众团体，总纲领是"不分党派、不分男女、不分职业，只要不愿做亡国奴的人们，一齐动员起来，积极参加一切救亡运动"。总会长为阎锡山，在山西各县都设有分会。1939年12月阎锡山发动"山西十二月事变"后解散。
　　② 李家七个子女，男孩中李德伦按大排行行五，李滨还有一个最小的弟弟李德俭。女孩中，李滨的大姐名李菊同，后改名黎颖。其次是李菊坪，即李南之母，到上海后取艺名为黎频。再次是李菊岑，后改名萧成，即李滨所称的"不受待见的六姐"。再次即李滨，李滨下面，是十妹李津。按黎颖逃婚后到山西，在"牺盟会"工作，"文化大革命"前任山西省妇联主席。有《青春纪事——一个女战士的往事忆述》（山西人民出版社1995年）和一些回忆录出版。
　　③ 张承先1935年入清华大学学习，后参加"一二·九"运动。解放后担任过河北省委书记等职。1966年"文化大革命"初期因任北京大学工作组组长而遭冲击。"文化大革命"后复出，曾任教育部副部长。

滨：后来我那个不得烟儿抽的姐姐（指六姐萧成）也走了，上解放区，太行山那一带。他们几个都是底下疏通我母亲，他们走都是留封信给我母亲，然后颠儿了，就是老太太知道这些事。就是我大姐走谁都不知道。

定：你们这样一个家庭的子女怎么后来都革命去了？挺有意思。

滨：这个很简单哪，家里如果说你女孩儿，就供你上小学，男孩儿顶多到初中，高中都不一定让你上，你家里要是有买卖就继承这个祖业，就不一样了。

定：你妈就能舍得这些孩子都往那地方去？

滨：我母亲那真邪了门儿了。

定：你们家这种回民在北京是不是挺特殊的？

滨：……不知道，因为周围也没那么多回民青年。

3. 童年生活

滨：我是什么呢？我是捡来的，应该起名叫李捡。有一次我父亲跟几个朋友回来要钱，说要买什么彩券去，家里就几十块钱，我母亲还不愿意给他，结果买了中一头彩。这么着到了东北，在哈尔滨在那儿生的我嘛，要不我也不会在那儿生，又一女孩儿，又家道中落，中一头彩，我父亲给我起一字曰东举。他们都没有号，我父亲给我起个号。

定：就是觉得您带来了好运。

滨：啊，他们都没有字，李德伦都没有。

李南：可是他们也有别的名字啊。

滨：嗨，那叫经名，他们都记得他们的经名。《李德伦传》里有，都写着呢。① 我把我经名忘了，说了多少次总记不得，我不知道我的经名。

定：头彩不少钱吧？

滨：可能吧，还和人分了，不是一人独吞的。1929 年，我母亲怀着我就上东北去了，想在那儿找事。我父亲（在长春）一直没找着事，到秋天我舅舅调到哈尔滨，我们全家又都跟着到哈尔滨。当时我舅舅是中东铁路的俄文翻译，等于是高级白领。② 我舅妈那个打扮，就像二三十年代初你看那苏联的电影，头发烫着，出去坐马车呀，家里的保姆都是俄国的。他

---

① 李德伦的经名是阿卜杜拉·阿奇。
② 据《李德伦传》，1929 年这次李家到哈尔滨去投奔李宏春的小舅子，是为了在那边寻找工作，但无功而返。李德伦唯一的这位舅父名铁双恒，字松岩，清末年仅十三岁时就被选派到哈尔滨商务学校学习，接受的是完全俄式的教育，李家去哈尔滨时，他在中东铁路局任稽核局局长。

们家有六个孩子，三个表哥，两个表姐，一个表妹，我那表哥表姐表妹呀，尤其那个表妹，根本就不会说汉语，吃饭不会拿筷子，整个一个"酸黄瓜"。然后我舅母做果酱做得特棒，拿大玻璃瓶子。到七八十年代还托人从哈尔滨秋林给我带马林果酱。① 我们家从小就吃牛肉片炒洋葱啊，肉丝炒胡萝卜啊，就是在哈尔滨跟我舅舅有关系。一般人家不吃洋葱跟胡萝卜，嫌那味儿不好，其实这东西最好了。我舅舅是三几年才从那边来北京的。

我是在那边生的，先天不足后天失调，跟扫帚疙瘩似的，细脖大脑壳，在那儿又按俄罗斯的生活方式，四个小时喂一次奶，哇哇哭也不给吃，就灌水。我是 11 月份生的，出完百天儿就回来了。

我小时候身体不是比较弱么，到北京以后总生病，有点儿风吹草动准出毛病。1936 年我七岁，上小学了，天安门的东边，南长街的西边，艺文学校，后来是二十八中，在那儿上小学。好像上了一年不到，我身体不成，一查肺弱，休学休了三年。

[**萧成**：小时候她（指李滨）在艺文小学上学。艺文小学在哪儿呀？在中山公园那边。家里有个包月车，天天儿给她拉去，到时候给她接回来。她是比较享受的。就因为她特别精，特别灵。我在家的时候她是个病秧子，也娇气，动不动就不上学了，不上学就在家待着。在家待着没东西玩了，就爱给人洗头发，我就是被她洗的那个，干洗！就拿手揉搓。

定：您就让她洗？

萧成：不让？不让行吗？那是个宝贝儿啊。还成天在安福胡同那院里头跑圆场，"拖拖拖拖拖拖……"我就看着可笑，什么玩意儿，跑得又不像，也不嫌累得慌。她精力特旺盛。]

滨：这三年就在家，就参加了协和医院的儿童保健会，每个月检查一次身体，然后就吃鱼肝油，各种各样的，滴的，水剂的，丸的，总给我换。有相当一段时间我不爱吃鱼，有一点腥味我就受不了。

定：那时候小孩保健还不错啊？

滨：不是小孩保健，你得看什么家呀。那时候我买衣服就上中原公司，王府井有个中原公司，天津也有，那时候都是分号啊，连锁，就相当于现在赛特、燕莎那种档次。② 还到中原公司给我定做皮鞋，带帘儿的，这么一襻

---

① 哈尔滨的秋林公司创建于 1900 年，先后由沙俄资本家、英国汇丰银行、日本商人和苏联政府经营。1953 年 10 月有偿移交我国。

② 中原公司位于王府井大街，是天津中原总公司的分公司，开业于民国十六年（1927），当时号称"是货皆备，定价划一，为北平第一大商场"，见《北平旅行指南》重排本，第 326 页。

带，翻过来，大一点儿，穿着踢哩秃噜的。我脚出毛病就是那时候的皮鞋穿的，小孩儿脚老长啊，穿不坏呀这鞋，出门坐洋车，脚形都不好看。一买玩具，小女孩儿就爱买娃娃呀，拿现在说就是芭比娃娃那种，挺大的，装得挺漂亮的。还买各种小瓷人，各种小炊具，不锈钢的小炉子，小平底锅。

一到年节，包括我生日，好多人都拍马屁，给九小姐送礼盒，衣裳料或者是礼券，几百块钱或多少钱。

我那几个姐姐绣花、做活儿都会，我就跟她们学，倒针啊，锁啊，可是我不如她们。我们家还有一个老牌的缝纫机，机器绣，我们家那时候好多床单啊，窗帘啊，台布、小茶几什么的，都是她们做的，各种镂空的、十字花呀。还有拿缎子绣，绣枕头套，一会儿弄点这个，一会儿弄点那个，墙上一返潮了暴墙皮，就拿颜色画，画卡通什么的，墙上涂的不都是粉莲纸嘛，粉莲纸啊，高丽纸啊，就往上画。都是属于洋的。

因为我父亲是政法大学毕业的，学司法的，他就跟我姥爷较劲，非叫女孩儿上学。那个时候还请过家馆，教书法啊，包括四书五经这类东西。黎频她们还正经学过素描，画几何体啊，石膏像、水彩、到北海写生啊什么，她俩画得还可以。

定：这就是说您父亲还挺重视对你们的教育的。

滨：对，重视这个。那时候我们好像是报纸挺多，订了几份报不知道，可能都是送的，什么《晨报》了，《小实报》了，《立言画刊》，美国《Life》，就是生活画报，美国《Star》，明星杂志，原来美国好莱坞的那些电影明星我都叫得上名儿，都记得清楚，她妈妈（指黎频）和我哥哥（李德伦）就更甭说了。从小他们就带我看电影，《木偶奇遇记》《青鸟》《白雪公主》……电影院都在东城，新新大戏院是哪年开始的，就是现在的首都电影院，[①] 多少年了，晚上就是京戏，后来没什么唱京戏的了就放电影，来回来去地放，你要在里边待一天都成，只要不嫌臭。还有长安大戏院，现在时代广场那一带。西城就一中央电影院，就是现在的音乐厅。我说的这都是 1940 年以后的事儿。

定：那时候看电影不是特贵吗？

滨：那不知道。反正电影院人不是太多。你想一般的那个他上不起学，他也不可能上电影院。我父亲还带我到白宫舞厅去看过跳舞，白宫舞厅就是后来的平安电影院吧，东单头条，东长安街路北。现在那儿整个都成东

---

① 新新大戏院是 1937 年由著名京剧演员马连良等十五人筹资修建的。1950 年改为首都影院，是第一家国家级电影院。

方广场了。

定：您父亲也跳舞吗？

滨：他不跳，然后我们坐着汽车去，跟那儿看。那时候还上北京饭店听音乐会，那是后来了，我哥哥那个上海的同学在那儿开音乐会，我们给推销票去，坐二百人呢，上座儿不少。

定：那就是说您哥哥喜欢音乐跟您父亲有关系？

滨：不是不是，就看接受的是什么教育。我那个舅舅从哈尔滨来，就带一台胜利牌留声机，就搁到南屋，好多唱片哪，比较通俗的交响乐，或者"今夜无人入睡"，闹失眠的那个，就跟这个有关系。我父亲就是你给我好好念书。李德伦在西河沿的时候就迷恋上拉提琴，老头儿不让。老头儿前脚一出，他拿出琴来就噔噔噔练。我小时候家里给我也买过小提琴，小孩儿的，这么大，就教我基本功，绷弦，（我拉得）这个难听。后来我的小提琴让我弟弟给拆了，玩着玩着给拆了。

李南：你们这种老北京还不是那种土北京。

滨：不是。

定：那您父亲也爱看戏吗？

滨：哎呀那不是爱看的问题，那是他的命。固定的包厢位子。角儿呀，马连良梅兰芳杨小楼程砚秋的都看。后来就捧李少春①。李少春是我们干哥哥，认我父亲干爹的。他本来是上海的，他父亲是小达子嘛。然后到北京来，想拜余叔岩为师。余叔岩跟我父亲是好朋友，所以我父亲怎么认识那么多梨园行的呢。余叔岩可能让同行给害了，嗓子坏了，他特别记恨这梨园行，余叔岩有两个女儿，正好跟我姐姐同学，都是师大南附中的，都在那一带住嘛。他那两个女儿尤其大女儿有时吊吊嗓子，唱得还挺是味儿的，但是他就不让，在家唱唱还行，票戏都不成，都让学医了，上的北大医学院。（其他）女孩子下海一般他也不让，拜他为师也不干。李少春来了以后辗转托人说情，找的我父亲，我父亲面子挺大的，说见见吧，一见就特投缘。那时候李少春多大呀，有没有二十岁呀，反正是二十上下。余叔岩有个儿子，三岁就死了，就从台阶不高，摔下去就死了，就两个女儿没有儿子，一看李少春年龄就跟他儿子活着一样，特投缘就收了。所以李少春就拜我父亲为干爹。从小我就叫他猴哥嘛。我们家是捧李少春的，包括张二爷（张璧），都是捧李少春的。

---

① 李少春（1919—1975），京剧武生、老生演员。父李桂春，艺名小达子。李少春1938年拜余叔岩为师，得余亲传。老生宗余派，武生宗杨派，被视为文武兼备、不可多得的人才。

李家住过的和平门外西河沿（也是东光裕、西光裕镖局所在的胡同）今景

[**萧成：**李少春不是我父亲的干儿子嘛，李少春就主要在新新大戏院演戏。我们（跟李少春）特熟，过生日了，（李少春）进门就磕头："爹，我长小尾巴了。"这我们才知道过生日就叫长小尾巴。每年都长，要长若干次。我有的时候去（看戏），我就是看猴戏，热闹啊，看别的出来进去的，一唱半天，咿咿呀呀的不知什么东西。]

滨：我们住西河沿的时候，旁边就挨着小翠花，知道吗？

定：翠花胡同？

滨：不是，（提高声音）刀马旦唱旦角的呀，男旦哪！他姓于，于连泉，每天也是抽大烟，一觉醒来吃完午饭，到四点多钟就开始吊嗓子，他那边一吊嗓子，这边大伙儿都抬脚，跟踩鸡脖子似的。他跟马连良那《乌龙院》相当棒啊，有名的啊，那《坐楼杀惜》灯光一变化瘆得慌着呢。他踩寸子，就是一个小脚三寸金莲，这么斜签着，这脚就斜着踏着这儿，托着，裤子一长就罩住了。

定：于连泉是踩跷的。

李：不是跷，是寸子，跟跷还不一样。① 你怎么非跟我犟！小翠花

---

① 寸子，也有说是指满族妇女穿的花盆底鞋。但在对京剧跷功的介绍中，都说跷功就是踩寸子，是旧时男扮女的演员用来模仿女人小脚步态的。解放后已经消失，近年又有复活。参见本书刘曾复有关跷的口述。

（即于连泉）出来有包月车，洋车，那洋车锃亮，把边儿上还有一喇叭，拴着红绸子，特漂亮。那洋车哪儿像现在电影里头，阔太太坐着个破洋车，车夫破衣拉撒，别逗了，那是暗娼坐的。所以现在演那时候的节目我都不看，我又没钱，砸不起那电视。小翠花一出来长袍马褂，领子里边汗褡白的，戴一顶帽子，背儿头锃亮，男旦，拿一个男人用的大的绸子手绢儿，出来就跷着腿坐着。

定：他也是回族吗？

滨：不是不是。没什么来往。

定：马连良不是回族吗？

滨：是啊，马连良管我父亲叫三叔，我管他叫马二哥，散了戏有时候上他们家吃夜宵去。

定：您跟着您父亲去看戏？

滨：就看戏。前门外同乐啊，三庆啊，中和啊，都看过，但主要是新新大戏院和长安大戏院。那时候我看戏就特别多，都带着我呀，看完了晚上饭局，不是中餐就是西餐。他们上学，所以晚上有饭局就带我出去，带我去的比较多。反正我们全家都去过，就我那姐姐（六姐），就她没去过。

我父亲出去吃饭基本上是别人请。也有自己付账的时候，都是签一字，到年底，腊月二十三。西来顺比东来顺好，① 那会儿我们住安福胡同的时候离得很近，不光是涮羊肉，鲍鱼、鱼翅，每次席上准有，不是清蒸鱼翅就是红烧鱼翅，那时候没有鱼翅捞饭。我特爱吃那个，挺有胃口的。后来我才知道，好家伙一斤鱼翅几百块钱，那一大碗整个的。涮羊肉一般都在家里吃，在家里支上（火锅）。还有是支上撑子烤肉。还有鸡素烧，日本的，其实就是牛肉，按现在说就是煲，那小炉子，陶瓷的，底下生着炭什么的，搁上一点香油，然后牛肉片，蘸调料，再搁上点小豆腐片，特好吃！烤肉也出去吃，但吃得比较少，都是席。

定：你们那时候只吃回民馆子吧？

滨：对，绝对是回民馆子。

定：请你们的不一定是回民吧？

滨：对，可是因为有我父亲啊，就必须得去回民馆子。西城那边（回

---

① 西来顺饭庄位于西长安街路南、当时已歇业的"南园澡堂"旧址。于民国十九年（1930）正式开张，在当年北京的"教门"（清真）馆中以"阔"而著称。由著名厨师褚祥担任经理，开业不久便名闻京城。褚祥对传统回族风味的烧、蒸、烤、涮等均十分拿手，而且还有所创新。该店以独特的清真宫廷风味和优良的服务，不久便在京城赢得了"西派"的美称。20 世纪 40 年代初褚祥病故，不久后西来顺停业。

民馆子）挺多的。但是就去西来顺，别处不去。鸿宾楼是天津的，解放以后才到北京来。北京就是西来顺，东来顺。为什么老头不爱上东来顺呢？东来顺在东安市场里边，那时候外边没有门，后来才在朝北边开个门。你必须得进东安市场，绕绕绕完了到他们那儿，一进去各种摊儿，卖什么吃的，火腿啊，肠啊，乱七八糟，老头儿看了腻歪。还有店铺，什么书店，绸缎店等等，所以不大上东来顺。西来顺的伙计一说三爷，一说李德伦，五少爷，都知道。只要一去，三爷来了，都小心侍候着。我父亲一进门就骂，说了这个说那个。我一去，伙计就赶快给我晾凉开水，拿俩碗折来折去。西餐无所谓，现成的冰水呀。

中餐吃西来顺，西餐是东单那儿有一个福生食堂，清真的，哈德门外安家的，特棒那西餐。我父亲后来岁数可能大了，出来吃也只吃那么一点儿，没我吃得多。我那时候挺小就能要俩菜，什么牛扒，完了炸鲑鱼，一个汤。反正今儿要这汤，明儿要那汤，前边还吃小菜呢，面包，真吃不少，完了那点心，冬天吃栗子粉，都是淀粉和糖啊，真能吃。那时候的牛扒这么大，要两个，四个人吃，一人一半正合适。

定：安家是回民？

滨：北京的回民。绝对棒。

定：在哪儿？

滨：东单，现在的星月餐厅，后来就改成了一个银行分理处，路东。四几年我上中学还跑那儿吃饭去，我自己，骑着车跑那儿去，那通心粉，番茄，完了再来一冰激凌，齐了，完了还签一字，到时候结账，让家里掏钱呗，搁今天也得百十来块钱吧。所以现在吃西餐我就觉得都不对，都不对，哎哟，可惜这个福生食堂没传代，所以绝了。

老莫（即莫斯科餐厅）我还是50年代去过，后来再没去过。新侨饭店哪，1971年，我们不是在郊区么，我儿子在工厂，有个礼拜说去吃顿西餐吧，小桌子就那么点儿，盘子乱七八糟摞在一块儿，整个儿一个立交桥。你没看那服务员都这样（学横眉怒目状），瞪着你，就差让你报阶级出身了，拿着那刀子叉子"唰"的就一扔，气死我了，再也不吃了。还有一次90年代初我儿媳妇请，新侨那六楼吃西餐，不成，红菜汤都是下脚料，都沤烂了。后来老太太一块儿聚会什么的，就是上三宝乐，快餐，四十多块钱。

定：现在也不知道为什么都不好好做。

滨：前两年突然发现报上登了，说天津起士林到华隆街来了，我想看看到底怎么样，因为起小儿我吃过呀。结果我一看不对，这应该一个菜一个菜地上，怎么一下就都上来了。那值班经理还说，那是宴会，一般吃就是这样都上来。我说合着我那时候天天吃饭就都是宴会？过去我跟我父亲去，就是一般吃，喝点酒什么的，小菜就有二三十种，各式各样的，哪儿像现在就是沙拉。然后你要什么汤，汤就来了，完了再要两个菜，比如一个炸鲑鱼，一个牛扒。然后上甜点。冬天是果冻，栗子粉，夏天是冰激凌。那天我要了一个炸鲑鱼，一吃哎哟哪儿是炸鲑鱼啊，真不成，不对。起士林的栗子粉基本还成，但它那上面的奶油搁得太多了，鲜奶油，不能那么多，恨不能都喝汤了。

没办法，没办法，太糙。你看这小服务员，弄一小丫头片子，胡噜脑袋就是一个，就上班了。他给你体检就不错，根本不经过培训，就上了，什么都不懂。你像以前那售货员，《女店员》那话剧①你看过没有？练包包，怎么包核桃，你出不了师你站不了柜台。张秉贵那手，人家从小就训练出来的，"咔嚓"准是一斤，那个糖它轻重不一样啊。② 现在心思都不在这儿，挣这点钱太容易了。所以就读书无用，就不学知识。哪怕一个专业钻进去都不弄，我反正哪儿都能挣钱。慢慢儿混，然后学点坑蒙拐骗再造点假，就都能生存。太容易了挣俩小钱儿。

那回排戏张艺谋问我，那时候北京什么样，就觉得北京挺土的，这跟他接触的好多人跟他灌输的有关系。有的人可能过去家里就住小杂院的那种，那时候没什么大杂院，都是小杂院儿。你看我现在一说就不是那么回事儿，那时候可口可乐、舞厅、夜总会都有。

定：您觉得您年轻的时候北京就不土是吗？

滨：北京分四城，东城洋，西城富，北城讲究传统，南城大众，到天桥一带则"土"。现在有人不知道，就说北京过去多么多么土。③ 就知道上海十里洋场，花花世界，受欧美影响。天津是一港口，也有些租界地，商埠，等等。就知道北京守着皇城，要不就是龙须沟，再不就是做小手工家庭作业的，不是！那时候我们就住在前门外商业区，然后就到了长安街那边，西城。东城是高等华人哪，好多洋行，西城好像是生意人比较多，北城是满族的后裔呀，遗老遗少比较多。南城就是商人哪，小买卖，包括牛

---

① 《女店员》是老舍写于1959年的话剧，由北京人民艺术剧院演出。

② 张秉贵（1918—1987），自1955年起在北京王府井百货大楼任营业员，经多年苦练，练就卖糖果时"一抓准""一口清"的本领，被授予特级售货员称号，是全国劳模。张秉贵在北京一度家喻户晓。他的柜台总是挤满人，很多人不是为买东西，而是专程来看他售货。

③ 这种说法与一般所说"东富西贵"就不同了，而且不知出处。

街那一带都是小买卖，再到天桥，龙须沟那一带，就是难民营了。一般就是这么个分布。所以《龙须沟》有句台词儿："您那东交民巷、紫禁城干净，得有尊家的份儿呀"，就是说你能去吗？拉车的根本就不能上里去。……原来一说咱们中国就是半封建半殖民地，有道理吗现在还？

定：当然有道理。

滨：我觉得北京就是半封建半殖民地的典型，半封建半殖民在北京体现得最明显。上海可能半殖民更明显。

4. 参加学生运动

定：你们家来北京最开始的房子在哪儿？

滨：没有我的时候我不知道。李德伦小时候在鹞儿胡同，珠市口那边，前门外。还住过香炉营头条。我有印象就是在安福胡同，和平门西河沿，和平门外路西边一个胡同，那段路北一个门，二进院子。这我就有记忆了，我弟弟就是在西河沿生的，1936年生的他，那时候我七岁。我可能也在鹞儿胡同住过，但是那时候不知道。

西河沿那院儿比较小，也是两进院子吧。西河沿出口不就是新华街么，出去就是师大附中，那儿叫南附中，南北的南。后来解放以后就是附小了。到那边是电话局，我们家有电话呢还，三局，3515电话，三五一十五。那电话就是挂到那儿，上头两个铃，我还记得呢。反正20世纪30年代我们生活也还可以，人上人了算是。

那会儿我们家净闹贼，要说闹贼更他妈热闹，闹过两次大贼。反正拿什么泡迷魂药，把门房、开车的司机、听差的都熏过去了，外头倒锁上，完了把电话给割了，把自行车、南屋搁的米面什么都拿走。还有一回贼上了房顶跑了。

定：后来逮住没有？

滨：不知道，没问。到1940年，我们家里"咔嚓"就不成了。

定：这咔嚓就不成了的原因是什么呀？

滨：国民党那个时候看不上他（指父亲），他也说不上话吧，反正各种的原因。① 后来就从安福胡同搬到牛街去了。到我父亲去世以后，租房

---

① 据《李德伦传》，李宏春尽管曾经年轻有为，风云一时，但他春风得意的时间只有七八年，随着时局不断变化，他一直没有稳定的工作，由于他不愿意靠自己所学的律师专业维生，且在他生活殷实时，又不置恒产，不存钱，只知道花天酒地，到此时就只能走一步算一步，只能靠典当东西、朋友帮忙度日，先是把汽车卖了，维持了几个月，随着生活水平不断下降，他又干了几回帮人买卖房屋的"拉房纤"。到了1944年，生活每况愈下，又辞退了家里的佣人，直到1946年11月去世。与李滨所说基本相符。

也租不起了，各方面都不灵了，再加上那些搞银行的效益也不怎么样了，等等。所以就借住一个房子，在南横街，虎坊桥一直往南，宣外，知道吧？那是谁的房子？是李玉陞，所谓回族的亲戚，他管我父亲叫三叔，我管他叫李二哥嘛。可能我父亲跟他父辈有交往，他后来一直是天津警察局局长吧，所以都有关系。那是临解放前，是1946年末还是1947年初，就是借，不是租，借住。西屋三间，两明一暗。

那个南横街城隍庙街，现在我都找不着了。周围都是小平房，矮房，还有窝棚，窝棚里住个老头儿，我们在高坡上，土坡挺高，然后砌的台阶，上来又是台阶。那个房子盖的，四合院，两进院子，前边有垂花门，有影壁，进来就是北房东房西房，南房就隔着一个垂花门，可称二道门，磨砖对缝，而且上边窗户不是纸的，卷帘的那种，是里边可以开开的，有纱窗，这种玻璃的窗户，就比较新式了。我们住西屋的三间房，房子不是太大，但是比较漂亮，进深不大，有的小得一进来就没两步，放个屁能给崩出去。地面是花瓷砖。南屋没那么讲究，但是窗户上层也是玻璃，里边有开关，拉开，夏天开开，有纱窗挡蚊蝇。

那时候就比较困难，真挺困难的，东西也卖得叮当都没有了。家里经常吃贴饼子，自己贴饼子，辣椒油、辣椒，稀里糊涂弄点咸菜，然后白薯。我也爱吃这个，而且辣椒含维生素百分之一百六十呢。所以我就奇怪我也不怎么吃菜，一直都挺好的，就跟吃辣椒有关系。我上成都和湖南都难不住，能吃。

我小时候不是休了三年学嘛，别人都四年级了，我一年级没上完，然后我上二年级的时候人家五年级，差三年。在安福胡同住的时候离天安门比较近，后来从安福胡同搬到牛街，远了，我就转学，转学我就跳了一班，这样跟我原来同学差两年，我到初一的时候跟我年龄一样的人家初三。那会儿的私立学校比市立学校重点学校还差一截儿，我功课倍儿棒，平均分都在九十五以上，全校有那么十几个人享受优等生待遇，学杂费全免不说，一个学期能分半袋面，半袋呢还是三分之一袋，忘了，那时候一袋面四十多斤，三人分能分上十多斤呢，提回家不得了哇。而且我利用晚上时间教家馆教了两个月，地主家的小少爷功课不好，挣点钱那样。你现在的孩子弄这事吗？什么忧国忧民啊，碍你什么事儿啊！

那时候我也不死读书，我现在还受益挺多的。那会儿锻炼你的推理啊，逻辑啊，这个能力是有的。然后还有美术课，我们班有三四个画得比较好，劳作，剪裁，西式裁法，做制服裤子，衬衫，挺是样儿的。那时候我们都挺轻松的，没挡了吃没挡了玩儿，又上哪儿滑冰去了又上哪儿看电影去了，新新大戏院，我们一个同学他父亲是那儿的经理，不花钱，进去就看。回家还拿着药方子给我父亲抓药，完了钱不够还拿着过去人家送的衣服料子到华兴绸缎庄去卖，拿到钱赶快就到黑市去换银元，我这都干过。

定：怎么换银元？

滨：西单那儿满街都是换银元的，看别人吹着听。还真没换过假的。换了银元心里踏实。要是钱呢，比如说我今天卖了十万，第二天也许剩了两千了，你再第三天哪，几块钱了。换了银元，然后就抓药。倒不用天天儿抓药，抓那么一次够喝几天的。就那样，有一次老师临时请假，下午没课，我和同学们骑着车愣从西单骑到香山，那时候的马路都不平，出城关厢的路面上石头子儿与土合成的，颠颠颠颠，暴土扬沙，到那儿也没用门票钱，就坐到山坡上，买个大柿子吃，一人吃一个柿子然后骑车颠颠颠颠又回来。我骑二八的女车外带还破了，颠上又颠，回到家以后我父亲又看病了又开一方子，我拿着药方"噌"又去抓药。抓药回来做作业。一点不累。

后来我才知道，敢情现在几何、代数、三角都是一个老师，那不把那一个老师累死啊？我们那会儿几何单是几何，代数单是代数，三角单是三角。而且现在又讲跟升学率挂钩，死往学生这儿压，学生也五脊六兽（北京土话，忐忑不安），考完了试屁他都不记得。

四几年的时候李德伦跟黎频让我去上海，学英语学钢琴去，让谁带着去啊？李少春正好到上海演出，跑码头，这不是放心嘛。我母亲不干，说上海是一大染缸，不让我去，就没去。我要是那会儿去，现在就不是这样了，后来肯定在南方，混好了也许就出国了，很难说了就。

从我有意识记得的，小日本时候不说了，1945年抗战胜利了，还欢迎国军哪，特热情，学校组织到西单路边儿上，那时候卡车的槽帮都比较矮，看国军怎么一个个坐在车上呆若木鸡，整个就像木头刻的人似的，傻乎乎，脸红红的，黑黑的，就傻子似的。

定：他们干吗那样啊？

滨：我估计是溃败得够呛。苏联出兵东北，小日本不灵了，投降。农村这儿八路军给他们折腾得也够呛。国军有的仗打得是不错，有的确实是跑跑跑，由西南那边调兵过来，很可能还有沿路临时抓的壮丁，有的恐怕也不一定上过前线。哎哟，过了几个月盟军（指美军）来了，又欢迎盟军。这盟军倒真活泛，活泛大发了。又嚼着口香糖，又扔帽子。不出半年就感觉，这盟军怎么这样啊，绝对就像电影里的，喝可口可乐，哗，一扔瓶子。骑车从旁边过，叭，就拨拉你小辫儿，就那样。有个别同学上歌厅，就成吉普女郎了。

1946 年那时候就说国民党是"刮民党"，印象就特坏，特糟糕，有好多艺术界的就画一些漫画，讽刺通货膨胀什么的，青年特别愤怒，也是觉得高中毕业了考不上大学嘛，大学毕业就失业嘛，特别的腐败啊。那时候大学毕业顶多是洋行里的白领，自己开买卖很少，女孩儿就嫁人，找一个有钱的能养活你的，没有什么独立人格，男孩儿就看怎么说了。

定：前途特茫然。

滨：真是。一看当时国民党又那么软弱，整个就让人戏耍，就觉得简直昏天黑地，就去找地下党，学运一直就没断。从 1945 年以后，1946 年、1947 年学运就是高潮，再加上东北流亡学生。东北是 1945 年解放的，从沈阳那边过来的流亡学生，1946 年还是 1947 年的 7 月 5 号，暑假时候从东北进关，7 月份在沈阳也脱棉衣了，那些学生还穿着棉衣裳徒步走着进关到北京来抗议，有名的"七五事件"① 嘛。

定：日本鬼子都垮了他们怎么还跑啊？

滨：日本倒台国民党不成啊，根本就民不聊生，学生也没有出路。完了 1946 年"沈崇事件"② 又是一个高潮，知道吧？现在还有几个人说这个事儿？那时候在北京震动相当大，甭说大学了，中学都轰动起来了，尤其我们女子中学，好家伙天天儿哭啊，愤怒啊，那已经是 1946 年的圣诞夜吧，然后转过来就 1947 年了嘛，物价涨得哎哟一天八个跟头，你上午挣来多少钱，就得赶快，到中午能买两斤，到下午就只能买半斤粮食，到晚上半斤恨不能都买不来了，绝对那样。哗哗哗哗成天就这么印那钞票，都是新票子，哪儿有现在这么烂的票子，通货膨胀，根本你没有东西。

---

① 1947 年底，国民党在东北占据的各城市和地方相继陷落，国民党方面遂以建立东北临时大学、中学为名，将大批东北学生吸引到关内，流亡北平。1948 年 7 月 4 日，《华北日报》公布消息，北平市参议会通过决议，要对东北流亡学生进行考试，合格的编入临时大学，不合格则编入国民党的军队。东北学生认为国民党政府显然要把学生当炮灰，因而愤怒到极点，第二天 7 月 5 日组织大游行，反对北平市参议会的决议，要求读书。北平警备总司令陈某令军队向请愿学生开枪，这就是"七五事件"。"七五事件"是继"一二·九"之后北平学生举行的又一次大规模学生运动。但影响、评价似乎都不能与"一二·九"相比，有关运动的起因，有说是共产党领导的，有说是东北联合中学发起的，至于伤亡人数，一说死 8 人，伤 36 人，也有的说远不止此数，等等。一说是由于这场运动主要针对傅作义而起，而当时共产党与傅作义关于北平和平解放的谈判正值关键时期，所以唯恐这场运动影响了斗争的大方向，因而采取了淡化处理的方式。放在这里，聊备一说而已。

② 1946 年 12 月 24 日发生的驻华美军士兵强奸北大学生沈崇事件，成为全国规模的抗议美军暴行运动的导火索。12 月 30 日北平学生一万多人上街游行示威，拉开了抗暴运动的序幕。

那是到 1948 年了，学生运动就是从这以后，特别地热火朝天。中学生呢，一般不是直接上第一线，因为像我们这学校就四百学生，大门一插，女孩儿也翻不过墙去，所以都是学生被打了被抓了什么，我们去策应，声援哪，捐钱捐物什么的。就有一次是"六二"，"六二"要游行，让中学生参加，后来临时取消了，说是国民党逮人，伤亡太大，城工部为避免过重伤亡决定取消那次全市罢课示威活动。

对了，我还干过这事：（北京）那么长时间让日本占领，也算是难民区、沦陷区呀，1945 年以后就是联合国难民救济总署，经常就有些救济物资来，运到中国一包一包的东西，给过美国的面粉，叫利朗粉，真有劲儿，擀不开，一擀"突儿"缩了，一擀"突儿"又缩了，哎，大伙儿给分了。然后还有破烂衣裳，破玻璃（丝）袜子，口红，高跟鞋，有稍微好一点儿的，能穿的，毛衣，拿现在来说都属于那种该烧的洋垃圾，大家拒绝接受，扔一操场。我就带头干这个，还办壁报，写些什么歪诗啊，整些小品，拐着弯儿地骂国民党。那时候的老师相当穷啊，就画一个"空前绝后"，就是鞋前头破了，"顶天立地"，就是到冬天没帽子戴，光着头，就弄这些东西。我还在学校饭堂的菜里发现了苍蝇，就鼓动同学一块儿罢吃，让学校给个说法，就干这些事。

那时候三大战役，地下党领导的学生紧着忽悠啊，从新华门到历史博物馆、南池子这边儿吧，（墙上）都是拿臭漆写的 USA GOGO，就是美国，滚蛋。长安街新华门斜对面有一个叫参议会，那个小洋楼三层，曾为建设总署，1945 年以后改为参议会，就是"七五"东北流亡学生把会标都砍了去，拿臭漆写上"土豪劣绅会"，七扭八歪，一直到解放以后多长时间都咔嚓不下去。警察还给学生当人梯，巡警也捞不上饭吃呀，那时候的巡警最惨了，不像现在警察这么阔。

那时候在昌平那边有个特刑厅，特种刑事厅，为镇压学运而设，专门抓人，关在那儿。形势很严峻哪，天天儿都提心吊胆，我哥哥姐姐都在解放区，我害怕呀，我怕暴露，还不满门抄斩了，所以我老跟某一圈子的同学在一块儿，这帮同学不一定有什么政治背景，就是整天吃吃喝喝的，看电影，唱流行歌曲，地下党的同学一直观察我，很长时间难于判断我到底是怎么回事，说弄不清李滨的面目。

后来我大伯父来了。你想想，我母亲带着我们三个人，在里屋一个床，他来以后就在外屋，一双人床，跟他那小媳妇，那小媳妇还有一个哥哥，舅爷，也在那儿住，你想怎么弄？大伯子和弟妹，我母亲都不方便哪。我们家里也没地儿住，我就住校，住校时间就特别多了，就有同学发展我入民主青年联盟，还有民主促进会，到那年寒假就让我跟另外一个同学到解放区去。那个同学比我高两班，实际我们同岁。这是1948年，还没到春节呢，就寒假时候。然后拿了介绍信，就一张白纸，走的是东边这条线，到天津燕郊，然后到河北蓟县，这都是大山区了，那是阜平吧，一个军分区，是一个拉锯战的地方，去了十天招一身虱子回来。

一路相当惊险。好家伙，穿着棉裤、棉袍，没经过干校的训练，行李不会捆，俩女孩子，上了火车，说到那儿下车以后就有人接应，到新集，等了半天就没人，擦黑了，哎哟，急得不得了，后来就看到一个大车，问到新集怎么走，拉我们吧，不拉，过了好几辆都不拉，后来有一个拉了，到路基边上，说你们下去吧，就不给我们送到村子那儿。那路基好高啊，下去，我们行李也松了，叽里咕噜的，到了村口，说是到村口就是八路，其实一看绝对就是还乡团的，歪戴着帽子，斜瞪眼儿，嘴里叼个小烟卷儿，太阳穴上贴着菜叶，就那样，这是拉锯的地方嘛，好家伙变天了，还乡团回来了，哎哟吓得我们，你说要往回跑，两个女孩子本来就肩不能担手不能提，怎么跑？就把行李打开，查我们东西，怀疑我们是妇救会的。我行李里就是被卧褥子，洋衣裳，布拉吉，挺好看的，还有口红什么的，为什么带这个？就是伪装，从城里探亲来了，才放我们走，多悬哪。然后辗转到了解放区，又把我们俩分头审，分头聊，谈心，在地道住了两天。后来就让我回来了。那个同学在学校暴露了，必须得在那儿了，不能回来。我功课比较好，在学校也没暴露，意思是你要给解放区减轻负担。

定：您说您跑这一趟干吗？

滨：就为找党，找自由。骑着驴，驮着行李。然后小战士送我们。《目前形势和我们的任务》《人民公敌蒋介石》，还有些漫画，我都搁到裤腰这儿，这么一系，带这些东西回来的。

定：回来您还接着上学？

滨：嗯。回来三月，正好开学，接着在学校读书，经过这段考验哪，回来就参加了民主青年联盟。然后还有读书会。所以一说我是1948年3月参加革命的。后来就是黎光对我单线领导，发展我（人民主青年联盟）的那个同学就说你哪天哪天上太庙，就是劳动人民文化宫，门口有个北大的同学，叫黎光，男生，他跟你谈话。他是市委组织部部长，粉碎"四人帮"后还到我们剧院来当过一段书记。解放前太庙都是情人幽会的地方，都是大树，古树，黎光给我做思想工作么，就跟我谈东北战役，谈三大战役的局势，总之一句话就是能够不离开北京的就别离开北京，不一定非到解放区去，他说你现在在学校群众基础也挺好的，你何必去增加解放区的负担呢，去一个就得多一份小米。我想是啊，我那时候也挺能吃的（大笑）。黎光就跟我讲要里应外合，很快北平就解放了，有很多工作要做，要参加护校活动。得，忍着吧。

然后到暑假，没戏啦。1948 年那时候我十九嘛，应该升高二了，学分在那儿摆着哪，成绩九十八、九十九，可是操行给我来一丙，将及格，往下一拉，九十分都不到了。九十五分以上才能免费啊，地下组织就让我转学。因为学校发现我有背景，可是他没法儿说，只能这么处置你，我跟功课不好瞎闹的同学不一样，我有号召力啊，功课又好，又特活跃，什么事都有你的，所以就给我来这么一下，变相退学。

然后有人介绍我上惠中，惠中是教会学校，也是私立的，没有钱哪，我上不起，那我还上哪儿上学呀。后来看报上登的广告，河北医学院护士班。护士班包吃包住，免费，等于职业学校，这多好啊，省银子啊，顶多弄一盘缠上河北保定就完了。考那儿去吧。护士班这点好，它不是先考试，是先体检，一胸透，浸润性肺结核，得，踏实了，先回家吧，家里也认识些大夫，就让我静躺，实际我也没躺。悲观了一阵子，肺结核，痨病啊。

定：您后来就没再读书？

滨：对。这样我就在家里，主要是地下组织有什么事儿，传个信儿什么的。那时候都有读书会，读《铁流》啊，《钢铁是怎样炼成的》啊，高尔基的书啊，艾思奇的《大众哲学》啊，胡绳的，那些普及的。1947 年到1948 年那时候有一个杂志叫《太平洋》，特别的左，看着特解气。我参加组织以后别人就告诉我，别买那个啊，那是中正书局办的，是诱饵，骗学生上钩的，完了特务再跟踪你。所以不敢买那个。

那时候我有个同学特招摇，背个美军的小挎包，比咱们那军用挎包还小巧一点，骑个车，上北大红楼去，清华多远哪，篝火晚会啦，民主广场啦，没不折腾的。最后暴露了，她是外地学生，1948 年没地儿去，还在我家住了几天，后由地下组织送到正定去了。记得我们也到坟地，洋式的那种坟地开秘密会，还上街募捐助学，实际是营救那些被关起来的同学，这都是地下党组织的。北京围城的时候我就是拿传单，骑车到北平艺专，就是协和医院对面，传单都是花花绿绿纸油印的，然后到北大工学院，北大四院，在宣武门这边，找人接上头。有一次从西单骑车回去，有个人跟我后边向南骑，我快骑他也快骑，我慢骑他也慢骑，我一看不像流氓，我赶快就钻胡同了，马上就天黑了，小胡同，斜巴拉叉的，我都钻晕乎了，总算打那边出去了，真够玄的。那绝对是有问题的。而且我包里边也不是没带东西，逮着了不得了。

定：你们这样的家庭，您是阔家小姐，也不愁没饭吃啊，怎么好像越有钱的家庭里边孩子越……

滨：（提高声音）越反叛，越闹得厉害。不能说就非得穷则思变，你要是真正小市民那个不闹，他没接触那么些或者他不考虑那么些的问题，外面的世界对他没有完全打开，就是胡同里的啊，亲戚之间啊，这种事特别多，所以一般来说这种人觉醒意识比较少。他就考虑个人出路，除非事到临头了，给你抓壮丁了，你没辙了跑了或者怎么样了。知道吧？你接受民主思想，你吃得挺饱你背叛自己阶级。你是不是吃饱饭撑的呀？是有忧患意识，好多都是那时候那么走出来参加革命的。此处不留爷，爷去投八路，现在找谁？找九路？找谁去呀？没法弄了。现在的孩子忧患意识没有了。

5. 1949 年前后

然后围城，北京城快成一粪堆了，粪都运不出去，那时候都是茅坑啊，有几个家有抽水马桶的？都是淘粪的粪车。垃圾运不出去，因为城都堵了，城墙不是都没拆嘛，所有的垃圾都快堆得跟城墙高了。人都疯啦，说今天来了一堆咸菜，雪里蕻啊，还有什么，在那儿堆着，就抢，抢不着你就没的吃，我哪儿抢得过呀。早晨有时候买烤白薯，特爱吃白薯，我倒没让人抢过，我的同学买个油饼正吃，"咔"，就让人抢了。然后城外隐隐约约就听"嗵嗵"放炮，"嗵嗵"放炮，然后夜里就"咔咔咔咔、咔咔咔咔"地过人，过部队，过车。长安街上都是槐树啊，柳树啊，东单那广场区，体育场那一溜儿，东单这边所有的树都砍了，美军来了那儿都是兵营啊，"沈崇事件"就是在那儿发生的事儿。都是飞机，飞机起飞。你想那才多点地方，它的跑道才多长，不砍树不成啊。国民党的官太太都是在那儿坐飞机往外跑，这个要带姨太太走，那个又给踹下来，呜里哇啦地叫唤，真是这样，特别狼狈（大笑）。当然一般从这儿起飞的都得是有点儿身份的。还有南苑机场，西郊都有，那是正经机场。1948 年的春夏就这样。

定：够乱的，够紧张的。

滨：哎，那时候凶杀的绑票的特别多。那时候就是没现在这么先进，要不然弄个汽车炸弹什么的，伤亡就更大了，不得了。

定：都是什么人搞的凶杀案？还是国民党杀共产党啊？

滨：不是不是，什么人都有。有的是宅门的，他们互相之间的，或者有些人就是穷急了。那些凶杀案在东城这边多，报纸净登，什么东单新开路一号凶杀案啦。

定：您说的宅门是指什么？是那些王府吗？

滨：不是不是，王府都没落了，都是新贵们哪。

定：你们家算不算新贵？

滨：还新贵？我们就差没到街上抢咸菜去了。

定：所以那时候解放军进城你们特高兴是吧？

滨：对！解放军进城我告诉你，1948 年 12 月解放军已经围城了，毛泽东已经在香山双清别墅了。像我哥哥他们文工团十一二月就已经在清华，[1] 好多文工团都在清华那边，整天儿演出，开音乐会，洋鼓洋号交响乐，给清华那帮人都镇了，当时清华一些教授、讲师每周四晚在工字厅开 Party，搞唱片音乐欣赏，78 转粗纹唱片，还印讲义，这帮人见身穿二尺半的"土八路"演奏，都说嗬，解放区还有交响乐哪！

1 月份的时候解放军已经来了，就和平解放了，就是先读《将革命进行到底》的社论，然后在西单这一带唱，穷折腾。2 月才弄了一个入城式。1 月哪儿能弄什么入城式啊，国民党的特务、散兵游勇什么挺复杂的。那时候青年团都不公开，怕出事。李德伦他们身上都有手枪，后来到 50 年代才让他们交的。不过北京好像没有太大的事，不像哈尔滨那时候，它那不是解放早么？搞暗杀什么的，再加上林子里下来的土匪，东北有胡子不是突然的，是有传统的，占山为王啊那好家伙。你看"文化大革命"也是他们，动不动就打人就抽人就踢人，特别野蛮，跟北京不一样。

2 月 2 日重新弄一入城式，弄一个解放军入城式嘛。[2]

定：解放军进城是什么神气啊？

李：绝对不是那么呆若木鸡，也不是特别活泛，好家伙，那绝对是特

---

[1]　清华大学是 1949 年 1 月 10 日由北平市军管会文化接管委员会接管的。见《当代北京大事记》，第 3 页。

[2]　据《当代北京大事记》，北平宣告和平解放是在 1 月 31 日，国民党军队全部开出城外，听候改编；中国人民解放军开进城内，但举行入城式是在 2 月 3 日，而不是李滨女士所说在 2 月 2 日。见《当代北京大事记》，第 3—4 页。

北京解放时的欢庆锣鼓（引自陈志农《北京民俗剪纸艺术》，北京美术摄影出版社
2003 年版）

别亲切，真的。我那时候又气不忿这个社会，又参加一些社会活动，压抑。
完了一解放，哎哟这一解放特棒，特高兴，高兴得不得了，特别解气，这
一解气这心里头都舒展了，绝对舒畅，吃什么都成，也不用提心吊胆地过
日子了，特别开心。我们唱"解放区的天"是从心底唱出来的啊。当然从
解放区过来的这些人，整风三年抢救运动什么的，他们里头也疙疙瘩瘩，
互相都伤一些东西。

　　2 月 2 日入城式，我们都在学校集合什么的呀，三个学校，男校在辟
才胡同，我们在西四那儿集合，就跑到前门牌楼那儿欢迎解放军。一回来
人说有你一个电话，我一回电话，是我一个朋友，说告诉你啊，你哥哥回
来啦，在哪儿哪儿呢，北池子。我一听哟，我特别高兴，你想我跑到五牌
楼①欢迎解放军，然后没骑车走着从五牌楼回来，到学校就下午了，听说
这个我赶快又骑着车奔北池子。他们从清华进城了，接收北池子这儿的特
务机关，就在那儿住呢。

　　1949 年的时候建新民主主义青年团，那时候党也不公开，地下的民主
青年联盟就转团了，我是筹备组的嘛，我想我得办转团手续，黎光在西城
工委，我就到西城找他，就转啦，就成了新民主主义青年团团员。

　　完了就南下工作团，我就报名参加了，在朝阳大学集训，海运仓那片，
上大课，铺的是稻草，天天早上 5 点钟起来军训这一套，成立一个剧团，
演出队，排《血泪仇》，让我刻蜡版，然后还有一个多月要出发了，就在

这个时候我母亲不干，说你肺病，跟着部队一块儿过长江，蹚水，身体不成啊。就把我留下了。我不干，我就特别气，就有情绪了。[①]

那时候李德伦他们进城演《赤叶河》，一个歌剧。[②] 就在新新，就是首都电影院。我过去京剧看过不少，话剧看过不少，但是歌剧真没看过，我一看歌剧就特迷恋，哪场都去，我总看戏去呀，他们都认识我啦，他们都从延安刚来，一看李德伦的妹妹，嗬，穿一小大衣，皮鞋。我就跑到那时候的团部（文工团），找到管这事的人，他说好，你来吧，我说还有同学，他说都来吧。我就上了华北人民文工团。我要是南下的话，后来可能不是在湖南就是在广州了，广州战士话剧团。

华北文工团是李伯钊，[③] 就是杨尚昆夫人做团长嘛，是老红军，最早在江西瑞金，后来在杨家岭，都是在中央那儿，后来保卫延安的时候撤，从晋冀鲁豫撤回来，这么过来的。李德伦要我搞美术，说你画画儿行，你参加美工队吧，可是我看过他们的展览，什么古元的，彦涵的，木板木刻，还有土里吧唧的什么年画，那时候不懂，看着就鼠昧，[④] 死活不干。我说我要学提琴，李德伦说你肺不好，不能学提琴，这正好压迫肺。我要是到美工队，后来就是去美术学院了，我要到美术学院呢，只要不瞎，有手就都能干活，瘸都不怕，坐轮椅都能画。画画是个体的，不受限制，演员是综合的，是群体的，不可能一个人完成，你哪儿都受限制啊。那时若搞美术，成不了画家，也能成一名教授吧，你看这又是一个不同的机遇。

我就学歌舞，他们不让学，说我有肺病，哎哟那不干，非学。开始哪儿会啊，人家都是从延安来的，（手）都磨泡了，愣不管那套。我们文工团的，一解放就上街，打腰鼓，扭秧歌，乐队的不参加，就是我们演员。哟我们的秧歌特棒，延安的腰鼓，大方，我们女的是蓝的粗布裤子，红袄，蓝的带云头边的围裙，蓝印花布头巾，男的是紫花布裤褂，粗布的，这儿系一个白腰带，也是土布的，上边白羊肚手巾那么一兜，真漂亮，特别招眼，特好看，现在都是很时尚啊。他们二团的在我们对面，出来小绸子儿

---

① 《李德伦传》也提到此事，说李德伦他们进城之后不几天，李滨就找到北池子，非要参加工作，李德伦劝她说："着什么急呀，先把书念完。"但她未听，自己跑到四野南下工作团报名参加了短期军事、政治训练学习。后因患肺结核，李德伦找到南下工作团驻地朝阳大学，与团部取得联系，才把她劝住留在了北京。

② 《赤叶河》是阮章竞作词、梁寒光作曲的歌剧，图解式地把土改的全过程介绍给观众。

③ 李伯钊（1911—1985），戏剧家，笔名戈丽，女。1949 年后任中共北京市委文委书记，筹建北京市人民艺术剧院，并任第一任院长。

④ "鼠昧"是老北京话，形容人的猥琐、瘪三之态。

小缎子儿，特小气，一看就是现在那些桥底下（扭秧歌）的。我们的腰鼓那叫大方（站起来表演）：咔咔咔咔，特棒，特好看，真好看，每个人伸开有两平方米那么大规模，他们都小里小气，我们那特大方。

定：您现在都觉得特好看？

演：嗯，现在都觉得好看。1998年正月我到延安拍电视剧，正月十五他们出秧歌，一看都绸子缎子的，完了！不好看了。失去原生态的乡土气，失去审美价值了。

我在南下工作团的时候吃的菜都是从东北大麻袋运来的，大豆角子、茄子，都晾干了，弄一盆，蹲着吃。吃窝头贴饼子，高粱米，我从小就不爱吃高粱米，一见高粱米准哭，那也忍了，也吃。不让我下去（南下）啦，在（文工团）这儿也是，高粱米啊，比南下工作团好一点儿，可以上桌子吃饭了，一到过年过节，猪肉炖粉条子，特带劲儿。然后体检一查，肺没事，好了。后来我一琢磨，这就是体育疗法，那会儿不都讲体育疗法嘛，要是还像我原来那样静卧养病吧，准完。

定：那您后来怎么又学起话剧来了？

演：也不是学，就是参加文工团以后。1949年11月份张家口就闹鼠疫，相当严重，我们就上街宣传防鼠疫。画的图，然后讲，在胡同的空场地方，没什么楼，敞开了风往嗓子里灌，也没个话筒，扯着嗓子喊，一下子嗓子就坏了，出不来声儿了。不行我就分到话剧队了，就没在歌剧。我要是在歌剧队，现在不是中国歌剧院就是中央歌剧院。这又是一次机遇。不过失去这机会倒没什么，到歌剧院也没什么发展，真的没什么发展，我成不了歌剧演员，最后可能做行政。

1950年的时候吧，1950年1月1号就成立了北京人民艺术剧院。李伯钊这点特好，把从美国回来的，香港回来的都搜罗来，她哪儿的人都要，绝对是一个什么。而且人艺1950年就有三产，原来做小提琴，后来是小提琴研究所，即现在的乐器工厂。

1950年初搞《生产大合唱》，"二月里来啊"，主要是歌剧，歌舞，然后我们就都下去体验生活，又到新华印刷厂搞一个独幕剧，话剧，体验生活一个月。哎哟那时候"五一"都过了，6月份了，我冷得穿棉袄，发高烧。7月份回来排戏，演出，我演主角啊，回来休息两天我到医院去查查怎么回事，还是骑车去的，到那儿就给我扣下了，不让回家了。黑热病。那是热带病，原来得从加尔各答进药，1950年已经有国产药了。

　　那儿原来叫德国医院，现在叫北京医院了。（给我看病的）一个日本大夫，还有一个德国大夫。隔一天一注射，一针一百斤小米，一天两块钱伙食，那时候的两块钱，一个月六十块钱，是什么概念呢？五几年时候最低生活补助一个月是八块钱，1950年恐怕都不到八块，可能六块钱，六十块钱是它的十倍呀。好比现在低保一个月三百块钱，十倍就是三千，一个月！我的天哪。就指定你这个病需要吃这个，帮助你吸收，治疗都讲究这个，营养师跟大夫要配合一块儿。不像现在病人家属又不懂，瞎订，明明不能吃还要吃，吃出娄子来，不管。那伙食真好，开始的时候根本就吃不下，一天五顿还有水果，那水果绝对都是好水果，饭拿来都特热。我就是好得快呀，绝对一级护理，不让下地，拖鞋都不给。正是夏天，那时候没空调啊，一会儿给你洗头，一会儿给你擦身，弄得干干净净，利利落落。现在护士会这套吗？被子都叠不好。那时候高士其①就是帕金森，也在这儿住院，毛岸英也在这儿割阑尾。什么人都有，还有毛泽东的侄女毛远志，患精神病——幻觉。对老百姓也都那样儿，我是一个小萝卜头儿，也和他们一样，都是根据病情安排病房和膳食标准的，一视同仁。

　　定：您在医院住了多少天？

　　滨：一个月。7月份出院的。我后来就一直做青年工作。②

　　所以就是，一个执政党，你得有帮衬的，独角戏不好唱，得有旗鼓相当的唱对台戏，你就得努劲儿了，你就得想办法，光靠装模作样儿不成了，你得玩点儿真的，你哪怕玩六分真的四分贪哪。没有对手，一个单口相声说说就累了。后来我就琢磨，蒋介石那时候我们天天早上唱国歌，三民主义，后来添了党员十二条守则，就背，这一个主义，一个领袖，一个政党，国民党不也这样嘛。所以我现在特恨这个。

　　真的。现在你跟年轻人说，他们好像觉得不可思议，可是历史社会就是这么过来的。

---

①　高士其（1905—1988），中国著名科普作家。
②　1950年以后的历史，李滨不愿多说，我也没有再问。关于她的这段经历，程洒欣在《采访女人》一书的第三章"迟到的追光"中有详细的记述。包括因为给领导提意见被划为"中右"与调到哈尔滨话剧院的经过，对"文革"时期的回忆、两次恋爱、婚姻和离婚的过程等（中国文联出版公司1996年版，第60—86页）。《李德伦传》也谈到李滨："李滨后来的遭遇并不好，解放初从人民艺术剧院学员班毕业后就分配在'人艺'，由于'人艺'当时旦角很多，捞不到戏演，就到了哈尔滨话剧院，搞舞台设计的丈夫周人杰和两个孩子也一起过来了，没想到家庭被人破坏，最终还是破裂了。但李滨虽然家庭生活不幸福，却是个有才干和魄力的人，她给安子文和罗瑞卿写了信，调回了北京。90年代演出了不少有名的电影，像《砚床》《甲方乙方》《我的父亲母亲》《西洋镜》等。"因均为公开出版物，所以引录于此。又，《采访女人》一书，是李滨赠予我的，可知她对此书持认可态度。

（二）萧成口述

时间：2006 年 1 月 8 日

地点：海淀区某机关大院萧成家

被访者：萧成（化名）

访谈者：定宜庄

在场者：李南

[**访谈者按**] 萧成（化名），1922 年生，是"德伦妹"的几个妹妹中，唯一与文艺不沾边儿的。一副老干部的做派，很干练，很沉稳，没有那几个姐妹作为演员的那种生动，但也极具个性，说话也不失风趣。她的见识，据说在几个姐妹里也是最丰富的。

萧成是李滨的姐姐，按理这篇口述应该排在李滨的前边，但由于我是先找的李滨，许多事情都是李滨先讲，萧成再作补充，所以就按现在的顺序了。

1. "不得烟儿抽"的童年

萧成（下简称萧）：我在家里是最受气的。

定：我听李滨阿姨说过，您在家里最不得烟儿抽。① 可是为什么呢？因为您家里不喜欢女孩子吗？

萧：不是。

定：《李德伦传》里说是因为那时候家里开始走下坡路，他们认为晦气是您带来的。

萧：对，都说晦气是我带来的。我们家境那时候就开始下降了。

我 1922 年出生的，比黎频小两岁，比李滨大七岁。我们在鹞儿胡同的时候生活不错，是个四合院，四合院的北房后头有个夹道，夹道有这么宽吧，夹道那儿有个小屋，我是在小屋里，跟老妈子住一块儿。老妈子就说，你呀，不是他们亲生的，是在哪儿抱来的，捡来的。我那个奶母姓许，也不得烟儿抽，你想给我吃奶的人哪儿能得烟儿抽。整天价我就在那个小院里头，爱玩什么呀？也没什么玩具。逮个小虫子啊，解剖解剖，捡个小石头子儿啊，小瓶子小罐子啊，拿布缠个小角儿，然后过家家玩儿。我有时

---

① "不得烟儿抽"是老北京话，意为不受待见，不受喜爱。

候想，我这个人来到世界上简直就是个错误。

我小时候根本不知道母爱是什么，没得到过母爱。我脑子里有这么一个印象，觉得她不是亲妈。我哥哥他们说她很慈祥，她对我可不是这样。真打呀，那没辙没辙的呀。那阵儿放午炮，午炮一响就对表，看看表对不对，我有时候就拨倒针儿，那对表是不好，就那么大个小表，我记得是蓝玻璃的，底下有四个爪儿，她拿起那个表来，"梆"就照我头上给一下，血就流下来了，到现在还一坑呢。

我大姐（黎颖）后来老说，你知道吗？把你关到小黑屋里，把门插上，使那个笤帚，扫炕的笤帚打你，笤帚把儿都打散了……老说，我说你老说这个你什么意思啊？后来她不说了。我那阵儿很小啊，也就是五六岁吧，你打我就打我，我一声儿没有，我连地方都不动，就不动，我就这性格。李德伦给我起的外号叫"偏拧硬顶碰"，（对李南）：你十姨，（即李津）叫"混拙阿愣横"，你妈妈（黎频）叫"奸巧曲滑坏"，李滨没有。

定：曲是什么？

萧：就是比较小气的意思，我也不知道那个字怎么写。我是"偏拧硬顶碰"，我是看谁都这样。平常看着我，没事，群众关系也挺好，可是我要是不喜欢你说的，我就"嘣嘣"给你顶回去。

在鹩儿胡同的时候，他们是在东屋，西厢房那儿设书房，有老师教他们上课，我大姐（黎颖）、黎频和李德伦，他们三人。大姐是一本正经。你胖舅舅（李德伦）是老想玩儿。黎频老上厕所。上厕所呢就跑到我（住的小屋）那儿去，想要跟我讨讨好，让我跟她玩玩，我就不理她，你们跟我，反正是跟我不一样。然后她动动（我的东西），我就：不许动！就这样。反正我就是不怕，你们怎么着我也不怕。不听就是不听。

定：怎么会差那么多呢？

萧：哎呀，相差特悬殊。记得我舅舅从哈尔滨来，那时候还在中东路呢，看我母亲来吧，给黎频买了个大洋娃娃，能闭眼睛的那种，我一看可真喜欢，那么漂亮，简直是漂亮得要死，我要动一下她都不让动。我那阵儿对舅舅也有看法，觉得他就是跟他们那一头的，分了类了。

定：我真不明白您妈妈这是为什么，是不是生活不痛快？

萧：后来我大姐说过一些。一个是我父亲的事情丢了，政治上走下坡路。一个是我算了算，那时候我父亲正是在男（人）的危险时期，三十几岁四十岁上，婚姻上发生危机的时候。我父亲长得算比较帅的，年纪又轻，又有学历，政法大学毕业的，又有工作，又有势力，那……在北京他是名流啊，李三爷嘛。那东来顺西来顺，一听李三爷去了，吓得哆里哆嗦的，他张口就骂街啊。他在那个时候很前卫的，到北京饭店跳舞去，穿着千层底鞋，长袍马褂地跳舞，你想他什么德行？……那会儿他就在外头逛窑子，嫖妓女。

定：就是李滨说的那个老六？

萧：她就记得那个。老六不是嫖的了，老六是认的干爹到我们家吃饭来，白老六。还有那个妓女，我也不知道叫什么，戴的耳坠上面弄个三字，我父亲不是行三么，还到我们家去。因为他那时候又有这些桃色事件，又有政治上下坡路，他们两人闹矛盾。我家里有个折叠式的屏风，是玻璃丝的，很大，上头有各种花鸟鱼虫的，非常漂亮，那个上头有一个洞，就是那次我父亲开上枪了，他手里有手枪，把那儿打了一个洞。俩人闹得很厉害。那阵儿我母亲正怀着我，我生下来如果是个男孩子，这又好些了，可是生下来又是个女孩子。所以我母亲对我，对十妹（李津），还有几个弟妹都得病死了，都不好，就像后妈一样。有的后妈讲道理吧，都不至于这样。我还算活下来了，十妹最惨，是送到老家，送到丰润。李滨是因为他们到哈尔滨去呢，就比较闲在了，她脑袋瓜又比较灵，我比较笨。十妹还不如我呢，我到底是手巧一点儿，能干点儿什么事儿。

到安福胡同以后我就上北屋了。那阵儿不是穿棉袄棉裤么，拆棉袄棉裤，我就给摘线头，然后叠铺衬。我是出苦力的，什么苦差事都是我的。从那阵儿起，晚上我就跟他们玩儿了。他们下了课，晚上是他们教我课。他们也是好（hào）玩儿呀，他们的大玩具吧，教我学字当老师，念错了就打一巴掌。就拿那方块字啊，那边是图这边是字，人手足刀尺，日月星，这几个字。我喜欢月这个字，我觉得月字比日字好看，月是开口的，日是封口的。他们问我："太阳是什么？""太阳就是那个月"，我喜欢月字，我又喜欢太阳，就把这俩凑一块儿了，太阳就是月亮。他们笑得起不来腰了都，这逸事就给我传了很久。从那以后我就可以在正院里头跑来跑去了。

我有些动作挺像男孩子的，胖舅舅捅马蜂窝去，带着我去，给我弄个湿手巾顶在头上，拿个大竹竿子。胖舅舅对我还不错，总的来说胖舅舅最后是对我好。我们兄弟姐妹关系没什么，但在我内心上头，你们跟我玩，比较平平和和的，我可以跟你们和平共处，但你们谁要有什么别的举动，那我就跟那刺猬似的，刺就乍开了。

我不是跟老妈子住一块儿么，那时候管保姆叫老妈子，我还跟老妈子去过老妈店。

定：老妈店是干什么的？

萧：就类似于现在的家政服务公司吧，给人介绍保姆的。当然没现在这么好的条件了。就一排小平房，黑咕隆咚的小屋子，里边一个大炕上挤那么多人，点个煤球炉子，大概是得交点煤火费吧。事儿谈成了就卷铺盖卷儿。

定：您记得老妈店在什么地方吗？

萧：那就不记得了，反正还是在鹞儿胡同住的时候。我第一次见跳大神也是在那儿，那次是有人得病了，还烧香。

定：您还记得您是什么感觉吗？是害怕还是好玩儿？

萧：害怕，我就在一边躲着。

2. 被学校开除以后

萧：我去考师大一附小没有考上，身体不好。师大一附小算是贵族学校了，（对李南）你妈妈（黎频）就考上了。黎频个儿高，比我大两岁，那一看就看出来了，一个是受压迫的，一个是压迫人的。

　　师大一附小没考上，我就上了师大平校了，平民学校。在师范大学里头靠右手有一个跨院，那儿有几间平房。我老说我小学的时候就享受大学的待遇，上大学的教室去上课，坐扶手椅，而且老换教室（众笑）。我们上体操，操场就是师范大学的操场。下雨的时候上风雨操场，就是很大的一个屋子，也是个大礼堂，开大会也上那儿去，那里头的器械我们随便玩。师范大学有个丁字楼，现在不知道还在不在，那也是我们经常去的地方。教我们的都是师范大学的学生。师范大学嘛，也得有个实践的机会。这里的学生啊就有好的有不好的。有的是"饭团儿"的，有的是"民先"（即"中华民族解放先锋队"）的。这我们都知道。

定：什么叫饭团儿？

萧：就是学生的一个组织吧，"饭团儿"不是他们自己起的名字，可能是外号，说他们是拿着别人东西（意为有人出钱），是跟"民先"对着干的。我哥哥他们都上师大附中，大家都知道，有一次"饭团儿"的给我们上课，就说我，说你们一家子都是共产党。其实我那时候功课不错，在学校也是个风头人物呢，我就站起来了，我那个时候也不知道共产党是怎么回事，我说："你还不配呢！"（众笑）我那叫四六不懂，什么也不懂。我后来被学校开除了。

定：就为这句话？

萧：不是为这句话，还为别的。那阵儿我十几岁，小孩么，给"饭团儿"的几个人挖陷坑，整人家。他们开会去，（向我们打听路），我们就指着一个夹道，里面是女厕所，他们走进去就让人给打出来，我们躲在一边笑，就干这事。

那阵儿李德伦，我大姐，黎频他们都加入"民先"了，对我也好一些了。要不我为什么跟张洁珣比较好呢？她也被师大一附中开除了。

定：张洁珣是谁？

萧：张洁珣是张洁清的妹妹，张洁清是彭真的爱人啊，彭真那阵儿是北京地下党的书记。

李南：这都算是北京市的名人了。

萧：张洁珣、张洁清都是张璧的侄女。① 张璧是汉奸哪，张璧，还有我那大伯，李际春，还一个平杰三，这都是汉奸哪。张璧跟我父亲都认识，我们是世交。我们在新新大戏院都有包厢，我们李家那个包厢在上场门，他们那个包厢在下场门，对着。

[**李滨：**张二爷张璧嘛，我的印象就住在和平宾馆的东边，金鱼胡同，一个四合院儿，在那儿还办过堂会。

你看我们看戏去吧，我们包厢在这一边，我们在东南角，张家的包厢在西南角，坐在里边那张二爷嘛，张二奶奶，那钻石戒指，羽毛扇子，一关了灯以后，那钻石戒指闪闪的。他们那边是摩登，我们这边就比较，我母亲梳头用刨花，抿的，顶多戴耳环，不戴叮嘞当啷的。]

另外他们（李家兄姐和张家姐妹）又是同学，而且又是"民先"，这样几层关系。这些事影影绰绰地我都知道。当然这些事他们不跟我说，但是我在旁边听着，都听到耳朵里面去了。哪个是好的哪个是坏的哪个你该防备。我对这该防备的就下手了。

开除以后不敢跟家里说呀，说完不得一顿臭揍嘛。可是得找地儿呀，找的哪儿呀？过去有个《北京新报》，就在现在的北绒线胡同，② 现在是四川饭店了，我记得路北有一个大院，大红门，在那里头。他们把我就弄到

---

① 张璧，河北霸州人。出身保定军校。早年追随孙中山。民国十三年（1924）冯玉祥发动北京政变，他出任北京警察总监，为"清室善后委员会"民国方面代表之一。日军侵华后投靠日军。1931 年 1 月 8 日到 28 日，他组织便衣队，配合驻天津日租界的日军，共同向驻天津的中国军警发动武装挑衅，并提出撤退中国军队、绝对取缔抗日活动等无理要求，迫使国民党于当年 1 月 29 日下令撤退天津驻军。此事即为轰动一时的"天津事件"。张璧在抗战胜利后死于国民党政府的监狱中。

② 这里说的北绒线胡同，应是西绒线胡同。北京有数条绒线胡同，除此之外还有东绒线胡同、小绒线胡同等。东西两个绒线胡同原为一条，民国开了北新华街后分成东西。

《北京新报》，在那儿当儿童版编辑。那是地下党的一个集中点，张洁珣也在那儿。我起名叫萧成。她叫郑明。都没用真名。那个时候我就当编辑啦，我们俩在报上大发其稿哪。跟带着我们工作的几个地下党，金肇野，陈波儿，吕骥，①我都见过呀。我们的报酬就是那一份报，我不敢拿回家去啊，你哪儿来的报啊？就给我舅舅了，我舅舅那会儿不是在贤孝里②住嘛。我也从家里拿点儿东西给他们带过去，就这样，就觉得他们是好人。

我没参加"民先"，但是我当过通讯员，推油墨滚子啊，给这个送信给那个送信啊，到哪儿出去看看有人没人啊，都是我的事。因为我个儿小，又会骑车又有股闯劲儿。什么也不怕，天不怕地不怕。我小时候像个男孩子。

我母亲不知道，还以为我上学呢。一直到最后她也不知道我被学校开除。

定：我到现在也不太明白，就你们那种家庭，怎么都倾向共产党呢？

萧：这个呀，《李德伦自传》不是写了吗？我们算汉奸子弟啊，背着这么一个骂名儿。那阵儿也有些正义感，觉得日本是侵略来了。"九一八"事变，东北的我大姨、二姨、舅舅他们好几个人，全都跑来了，都逃难逃到北京来了。我们的屋子里头都满满的，连大桌子上住的都是人。我反正也不起眼吧，人家也没拿我当回事，我就在旁边看他们，他们那洋钱哪，都绷到那衣服里头，棉袄棉裤里头，到这儿拆了以后把钱拿出来。说是这兵啊，抢，绷到衣服里头呢，都穿着，这衣服又破破烂烂的。那时候日本还没来呢，我就差点没跟南下宣传团一块儿走到百灵庙，后来他们看我身体不好，没让我去。我就是在旁边瞎起哄，起哄架秧子吧等于是。我们也演"放下你的鞭子"。张瑞芳也在那儿。我特别欣赏张瑞芳，她是艺专的嘛，留的那长发，往后分，别的一朵小黄花，哎呀真漂亮。③

我在绒线胡同待了不到一年，然后就"七七事变"了。那就是1935年、1936年是吧？"七七事变"我们就离开安福胡同到鲍家街，那儿还有一个绒线胡同。④好像也叫绒线胡同，那儿有个马家，他们家院子比较大，

---

①　这里说的几个，都是文化名人。其中陈波儿为电影女演员，曾与袁牧之共同主演过《桃李劫》；吕骥是作曲家、音乐家，后来被誉为中国革命音乐的先驱。金肇野是知名木刻家，是"一二·九"运动中被当局逮捕的二十位爱国学生之一。
②　贤孝里胡同位于西城区西单。
③　张瑞芳，电影女演员。这里说的艺专指的是北平国立艺术专科学校，张瑞芳1935年曾入此校学习。
④　鲍家街位于西城，今中央音乐学院就在该胡同的四十三号。这里说的绒线胡同，按地理位置看，很可能是东绒线胡同。

有花园什么的，到他们家避难去了。因为我母亲是一听见炮声就得上厕所，就拉稀。没躲几天日本就攻进来了，日本攻进来了这一家子就又回来了，回安福胡同。

"七七事变"以前我考的中学。我母亲不让我考，说我能折腾，怕我惹事。那阵儿我就单独住一个屋了，因为我发现有肺病，爆发了，吐血。正好没人干扰我。不允许我晚上开灯，到时候都得睡觉啊，我就把门从里头锁上，把窗户帘都挡上，把灯拉下来，趴到地上，学，准备。为什么那么用功呢？我考是没问题，我就要考免费生，不花家里钱。考的是哪儿呢？考的是一个不大好的中学，和平门里头，叫中华中学，现在那个学校也没有了。就考了前三名，结果就这样也没让我上。我非常想上学，因为我到学校是个解放啊，离开这家门就是个解放。

3. 为父亲熬大烟

萧：没让上学就关到家里，就照顾我父亲。

在安福胡同我就开始给我父亲熬大烟了。我父亲到天津去当缉私统领，就是管戒大烟，那阵儿不是烧大烟么，闻着呀那味儿是特香，可能闻着有点上瘾。我估计啊，在这里头可能就拿点回去抽。有时候精神顶不住了，就抽两口抽两口地……

这也怪了，给他熬大烟啊，收拾他这烟盘子啊，我是一教就会。我现在看电影，那些抽大烟的都不对劲儿。有个什么电视剧还是电影啊，那个姨太太拿个烟枪到处溜达，跟拿大烟袋似的，那个烟枪离不了烟灯，离了烟灯就不起作用，而且烟枪挺沉挺大的，你拿着它到处溜达干什么呀。现在那烟灯也不对，那烟灯只有这么矮，躺到炕上抽，炕上又搁一个小炕桌儿，那不是找罪受么，你躺着，还得欠起身够那个烟灯去？

定：那不搁小炕桌儿搁什么呀？

萧：就搁到炕上。讲究的是烟榻，跟个大椅子似的，是硬木的。能躺两个人，很短，你躺着吧，底下接一个垫脚凳。烟盘子这么大，一般是铜的，里边有烟钎子，很细很细的，也是铜的。他们抽烟就在那儿这么抽：那么大的烟泡安在烟斗上，这个手拿着烟枪，这个手你还得拨拉着抽，都抽进去，等烟泡全都进了烟斗，没了，这才算完了。滚那烟泡挺好看的呢。

定：您就管给他滚那烟泡？

萧：我不，我没滚过烟泡，我是熬大烟。大烟土这么大块儿吧，这么厚，它里头掺着土，把它剪了，搁上水，搁到火上熬，熬大烟是使铜锅，熬化了。然后底下放一个盆，上头有个跟斗笠似的东西，大眼儿的，把一种纸，黄色的，先烤，把纸上的毛毛什么烤掉了，然后搁到上边，垫好，摆好，然后拿水浇一下，它就服帖了，然后把熬的烟土倒到这上边，顺着边倒，它哗哗哗地就漏下去了，漏下去的水是黑的，褚石色的吧。留在纸上头的是黄的，然后拿铲烟的烟板，都是竹板，沾，这沾也是个技术，还不能把纸蹭破了，沾下来，搁到这锅里头，搁上水，再熬。熬一次不成，来回来去地熬，熬三次，把土里边的大烟熬出来。你看最后熬的那颜色浅了，然后倒到一块儿搁火上，烧膏，把水汽都蒸发了。熬到最后成了烟坨，就得拿那个铲子，抄底儿，别糊了，最后熬得跟糖稀似的，黑色的。就这么大一块烟土啊，也就熬出这么大一块。

定：整个这要经过多长时间？

萧：一天。不是天天熬，熬这样一块能抽几天呢。我管熬这个，然后烟盘子是我收拾。把那烟灯擦亮，都是铜货呀，把烟泡也擦亮，把灯捻儿剪齐了，把烟钎子都擦了，烟盘子也擦了。然后清理烟斗，把烟斗拧下来，用一个挖烟斗的东西，形状像高尔夫球的杆似的，当然很小了，就这么大点儿，挖那个烟斗。烟斗里头都是黑的、胶的烟灰，有的那抽不起大烟的，就抽这个烟灰，抽烟灰最伤人了。有的时候他们烧大烟的时候也弄点烟灰搁里边，省啊，买这么一块大烟土很贵哪，都是什么热河的、云南的。

由北京解放，我回来了以后呢，我就要找这个烟枪。我弄了多少年哪，我要拿那个当摆设，玩儿，可是我们家所有的那套东西都没了。

4. 参加革命

定：您后来在北京就一直没有上学？

萧：没上学。到我走的时候已经在家待了六年，要不然正好高中毕业嘛。可是我看书看得多，尤其我得肺病那时候，胖舅舅给我买。苏联那本书，叫《金表》①，有这本书吧？写流浪儿的事。胖舅舅就是不许我看《红楼梦》，因为我也没那么高的文化，小学没毕业嘛。

我父亲后来对我特好。我父亲那屋打扫卫生，谁也不能进，只能我进。原来是我母亲的事儿，后来我母亲就推给我了。后来他喝酒的时候吃水果，香瓜啊，梨啊，切成小块拿牙签搁到那儿，他吃，他一喝酒就叫我坐到旁边，跟我聊天儿。那个烟哪，后来他自己也逐渐逐渐地戒了点儿。抽得不

---

① 金表，即《表》，是苏联著名儿童文学作家勒·班台莱耶夫的代表作之一。有鲁迅的译本。

当年的"四大美女"，从左到右：黄甘英、张洁珣、黎频、萧成（李滨提供）

多了，喝酒。嗜酒如命。

定：回民不是不许喝酒吗？

萧：嘿，回民还不许抽烟呢。回民不许的事多了，他都许了。他是酒精中毒死的。他一生不置产，不攒钱，所以他没有什么东西给我们留下。

定：那就是说您走的时候您父亲还在？

萧：在。他不在北京，到上海去办什么事。等我走了以后他回来，跟我母亲不干了，跟她发脾气，说准保是她把我打走的。噢，我还有一相片呢，临走之前在西单照的，这是我，这是黎频，这是黄甘英，这是张洁珣，"四大美女"。后来我就跟他们走了。

[李滨：黄甘英是张璧他们家儿媳妇，张洁珣的嫂子。

定：张家那帮人怎么都参加革命去了？

滨：这个有什么奇怪？那你说周恩来他们家呢？你以为怎么着？你总没弄明白这个事。好日子不过，吃饱了撑的？]

定：您在家那么多年一直跟张洁珣她们联系着？

萧：没联系。

定：没联系后来您怎么跟她们跑了？

萧：她们是早走的。就是张洁珣、黄甘英两人，两人到北京来进行工作，然后顺便要把她们的老伙伴就是黎频接走。她们的老伙伴呢，嫌那地方艰苦，的确，她去了是不行，也娇气，另外走路也不行。她没去，我说我跟你们走，她们有点打锛儿（即犹豫），我说没关系，我干什么都行，只要把我带走就行。我就不想在家待着，想脱离这个家庭。黎频也觉得这是条出路，要不在家怎么办？

[**定问李滨**：她们俩（张洁珣、张洁清）好像跟你们家关系特别近？

滨：张洁珣跟黎频一直走得近，张洁清不是特别近。叶群那时候叫叶宜静，跟黎频同桌，走的时候我母亲还给她一块还是两块袁大头呢。那儿（指师大附中）净出人物，人物多啦。都是什么大区的书记，组织部长什么的，"文化大革命"先后都"嗝儿屁了（北京俗话'死了'之意）"。你看邓力群好像就是他们"一二·九"的头儿。①

他们去了根据地然后回来是做地下工作，少奶奶的打扮，坐着洋车，金鱼胡同②那个宅门就等于是一个交通站嘛，我六姐就跟她们走的，因为她没有出路啊，找一个婆婆家嫁出去，顶多这个。]

萧：我那时候不是长头发嘛，就梳成个纂儿，跟妇女似的，这边留一绺头发，挎上包，穿上裤褂。她们俩会说冀南话，我不会，让我当哑巴。到了冀南，冀南那阵儿很残酷的，他们就说让我到路西去，到太行去找我大姐，就过了路。

定：路指的是什么？

萧：铁路。

定：您就是去找您大姐去了是吧？

萧：没有。走的时候不是要找她去，那时候我稀里糊涂，只要离开家就好。路西和路东比较起来平稳一些，到路西以后我大姐就整了整我。

李南：干吗整你啊？

萧：就说由那个家庭出来的，得锻炼，到农村当小学教员去。也不懂话，什么也不会，也出了些洋相。

定：您没有像他们那样搞文艺是吧？

萧：没有。到根据地以后是想让我搞文艺。你想一口北京话，而且我特别爱唱，唱得还可以。我说我不干这个。我就一直当兵啊，我什么苦都能吃。你像我们到那儿去，晚上行军，叫昼伏夜出，那地方很苦的。

定：您到路西以后回过北京吗？

---

① 本书出版否有钟作慈先生来信，更正说"一二·九运动时，邓力群不在师大附中，在汇文中学，见《邓力群自述》"。按萧成这里也没说邓在师大附中。

② 据李滨说，张家姐妹在金鱼胡同也有一个宅门，但与同样姓张的金鱼胡同那家不是一回事，待考。

萧：我是 1943 年去的，1944 年就把我派回来了。回来一看，个儿也长了，原来我个儿不高，出去穿的裤子都短这些了，得解放了嘛。

定：讲讲您在北京做地下工作的事。

萧：主要是搞情报，找些个材料。就住在家里，就利用家庭这关系、社会关系，各方面的关系。天安门那边的小楼，殷汝耕[①]在那儿，那时候是日伪时期的建设总署，不知道现在还在不在了。杨娴馨（萧成家的一个熟人）就在那儿工作，把我带进去。

定：您父亲知道您是干什么的吗？

萧：知道。我告诉你，这政客呀跟一般的人不一样。我把毛主席的《中国的命运》什么的都给他看，看过以后他说这说得有道理，看来这蒋介石没有发展。所以他也帮着我找些材料，帮着我找报纸。

我跑北京跑了两三趟吧，第四趟的时候火车坐不上，进不来了，就从太行走路到晋察冀，把腿走坏了。我们一共七个人，一块儿从太行到晋察冀，那六个都是男的，我一个女的，男的都是年轻人，都是二十多岁，说我不行，肯定是谁的累赘，我个性特别要强，我怕人家说，所以一过河，绑着绑腿就跳到河里。走了两个月吧，基本上在河里头走，山里头就是一个一个小河沟啊，那阵儿都有水，现在都干了。最后是急性关节炎，连坐都坐不住了，这个腿差点没锯下，现在还有点瘸呢。有一次我的背包掉到河里去了，晚上睡觉没办法，跟着男同志一块儿睡（笑），就盖一个被子，那阵儿无所谓。稀里糊涂就这么过来了。

最后一次回（北京）来，我就被捕了。那是 1945 年，我二十三岁，还没结婚呢。由青龙桥抓的，我说跟家里通个电话行不行，他们说可以，电话是我母亲接的，我说我病了，回家来看病，哪儿哪儿把我给扣下了。她也念过书啊，这么一说她就明白了，说那怎么办呢？说我们接你去吧。我母亲就来了，到青龙桥一下火车，我趴到她耳朵边上，说您赶紧上厕所，他们都是大兵，不能跟着进去啊。（在厕所）我跟她说，我说我就是学生，是日本来了以后我受不了这个气，我要抗日救国，所以跑的。我就说家里有个哥哥，有个姐姐，还有两个妹妹一个弟弟，没敢说我大姐。

定：您是怎么被发现的？

萧：是打到我们内部的一个特务。他正好也坐那趟火车回来汇报工作，（在火车上）看见我了。我就没编瞎话，我说我抗日走的，现在日本投降

---

① 殷汝耕，1935 年在日军唆使下出任日傀儡政权冀东防共自治政府的委员长，管辖冀东二十二县。战后被重庆国民政府以汉奸罪逮捕，于 1947 年被判处死刑。

了我得回家了，我还有病，还拿着药。的确是这样，我腿还瘸着呢。而且那时候我确实是特别瘦特别弱，脸色特不好。他们到家里去调查，那阵儿家里还有汽车还有相片什么的。一看见我父亲的大相片，穿着袁世凯时候的那套服装，中将，"咔嚓"就给打敬礼。回来这么着呢，他们也没查出我什么来。我在青龙桥蹲了四天，在南口待了一天，又审了一次，有我母亲跟着嘛，都跟在青龙桥时候说的一样。就把我放了。

　　[李滨：然后把她放出来了，出来就有一个搞谍报的科长，还一个参谋，张参谋，在我们家整天儿地盯着。最后她还是走了，说上我姑姑那儿去了，打马虎眼过去了。]

　　定：您参加革命算哪年？

　　萧：抗日啊，我有那纪念章。现在我们这个家族里头有这个纪念章的就我和我大姐。

　　[李滨：我六姐的入党预备期是半年，是按阶级成分分析的，她虽然生在这个家里，但地位相当于使唤丫头。她半年，那些狗崽子（指李的大姐黎颖与哥哥李德伦等）都是一年。]

　　萧："文革"前我在外文书店，就是现在的中国图书进出口公司，编目资料室主任。我这个人也是比较有点个性吧，也不会顺着说好话，也不会拍马屁。上头的下头的都有得罪。……但是我这个人呢，是我们家里血统关系也不是怎么，你整我我不怕，你顶的话我跟你顶。

　　定：我看您也特有个性，可是跟您妹妹的个性不一样。

　　萧：不一样。她是比较张扬。我还告诉你，我是决不跟李滨还有黎频一块儿上街。我觉得她们太张扬。李滨是嚣张，黎频不是，黎频就是名人，尤其在这一带，她一出门："哟，孙奶奶"，就把她的戏抻出来了。哎哟她就特别高兴，我就在一边躲着（笑）。还一个是什么呢？她们演话剧舞台剧演的，演惯了，说话声儿就大，笑的声音特大，特夸张，我受不了。我干脆不跟她们一块儿出去。决不在她们跟前儿。绝对地不争头版头条。

回民开的买卖

——满恒亮口述

时间：2003 年 4 月 8 日
地点：北京市天桥南里某居民楼
被访者：满恒亮
访谈者：定宜庄

[**访谈者按**] 回族如今在京人口约二十五万，仅次于满族。回民的聚居区，都是围绕清真寺形成的。据统计，20 世纪 30 年代末北京有清真寺五十余座，这就意味着当时的北京有五十多个回民的聚居点。① 在这些聚居点中，最大的首推宣武门外的牛街，另外就当属崇文门以东，以及前门外和天桥等地，还有朝阳门与德胜门内外了。这些回民紧紧环绕京城而居，尤以外城为最集中。他们从全国四面八方辗转迁徙而云集于京师，许多人靠着做小商小贩和小手工业维生。1906年，日本一名奉命到中国来考察的军官曾描述说："在北京，小商人、摊贩、车夫、兵丁等社会下层民众的大部分都是回教徒"，虽然未必准确，却可见在 20 世纪之初北京城中回民多、回民中穷苦人多的特点。②

满恒亮的祖辈就是众多从外省来京谋生的回民中很典型的一个。他讲述祖上从蒙古人改信伊斯兰教，从最初在老家山东与北京之间来回移动到最终定居北京的过程、父亲的为人和与乡里的关系、婚姻与信仰等，都很具体清楚，也很具代表性。

我对满恒亮先生口述中最感兴趣的内容，是他为我介绍的京城尤其是京师外城那些商人与商铺，与前面刘汝舟以及后面李荣等人介绍的竟然完全不同。这提醒我，回民在京城，有着自成系统自成小社会的特点。也进而让我注意到不仅是回民，事实上不同的社会阶层、不

---

① 参见沙之沅等主编《北京的少数民族》，北京燕山出版社 1988 年版，第 8—10 页。
② ［日］昌野强：《伊犁纪行》，华立译，黑龙江教育出版社 2006 年版，第 358 页。

同的族群甚至不同的行当，在京城都各有自己的社会圈、婚姻圈，圈与圈之间虽然毗邻而居，却生活在完全不同的、互不相干也互不干扰的两个社会空间之中。这是城市与村落迥异的特点，也是城市的丰富魅力所在。虽然对这些圈子与圈子之间相互交往的情况与方式还需作进一步的调查分析，但仅仅有这样的圈子存在这个现实，就已经是单凭文献资料很难察觉的内容了。

1. 信仰伊斯兰教的蒙古人

定：您今年多大岁数？

满恒亮（下简称满）：八十四，属猴的。[1] 我就是在北京出生的，我们来了好几代，四代了。最早一代是曾祖父到北京来。

我们的老原籍是山东德州，山东德州城南四女寺达官营。[2] 四女寺是个镇，是个地名，凭着这个庙叫的地名，从四女寺再往西走就是达官营，这是一个村落了，我们村就是达官营村。据我所知，我们以前老祖宗啊，元代时候是蒙古族人，在元朝时候进都，那时候文武官员该封官的封官，该怎么怎么样，我的老祖辈封的是怀远大将军，有功嘛，开国元勋啦，就跑马占地，跑马占地呢，就占到山东德州城南四女寺这个地方了。整个一个家族就在这儿了。就在这儿建起住宅。到明朝的时候还是按世袭，比如说我那个祖宗封的是德州刺史，等于现在知府的意思，按辈轮流世袭，一代一代老是这么为官。

我们原来有个家谱，从"文化大革命"失去了，非常的遗憾。那阵儿我们有一个三间房，我父亲经常把家谱陈列在条案上，在那屋摆列上。我们本族人来了就都可以看一看，为什么看那个呢？谱上都有辈数，那么往下排，生小孩啦，家族论辈啦，怎么根源，怎么怎么，都在上边呢，就都了解了。

定：您知道您祖先叫什么名字吗？

满：知道啊，那阵儿我上小学、上初中，接长不短地我就去看一看，我大致的名字全都说得上来。我们开始那个祖宗叫托托布罗，那阵儿元朝

---

[1]　八十四是满先生 2003 年时的年龄，他出生于 1920 年。

[2]　满先生这里提到祖籍为德州城南四女寺达官营，为他家先祖是元代进入中原的蒙古人提供了一个相当有力的证据。据明史专家的研究，"达官"，即"鞑官"，明代曾有大批进入中原的北方少数民族被安置于全国各地的卫所里，其中最多的就是蒙古人。这与明代民族政策与卫所制度存在密切关系，构成了明代人口迁徙与民族融合的显著特点（参见彭勇《明代"达官"在内地卫所的分布及其社会生活》，载《内蒙古社会科学》2003 年第 1 期等）。但像满先生祖先那样皈依伊斯兰教等事，则不知属于个例还是普遍现象了。又按，查互联网上有《各地满氏谱系》，其中也有德州四女寺达官营满姓一支，但未涉及该氏的蒙古人祖先，也未提及今天的民族成分。

不都是蒙古人嘛。然后是达剌史，满可不花，到明朝中叶的时候，那个老祖宗叫满加瑞，后来就按这取汉名，就用三个字的名字了。

定：就是说从明朝中叶满加瑞开始就按汉名了？

满：对啦，打那儿以后就按汉名的这个续上家谱了。以后多着呢，按辈传下来，我大致可以背背，全背背不下来了，就是天子国加贺，反正到我们那儿是富贵恒开运。

定：您是恒字辈，满开成（满恒亮的侄子）就是开字辈。

满：对了。然后是志续少连辉，现在的话能见到续字辈了，少连辉还没到。反正凡是满家的人都按这个家谱排字。

定：你们蒙古人的这支姓满的，是不是特别大，人口特别多？

满：就是啊，凡是姓满的，你要一问他原籍，山东德州四女寺达官营，就都知道。现在都发展到全国各地了，也有济南的，也有南京的，也有东北的，都上外地去了。

定：都是你们这个家族的吗？

满：姓满的，就是从这儿开始的，别的姓满的没有。

定：原来你们家不是做官吗？到什么时候开始就不做官了？

满：就是到清朝的时候，明朝还有德州刺史，接续接续，到清朝就全都完了。那阵儿不是还有俸禄么，到清朝末年就没有了，就全都完了，就种地了。

定：清朝时候就没俸禄了是吗？

满：清朝就没了。那时候有老祖宗的"影"，就是画像，画的那个蟒袍玉带，凤冠霞帔，都是做官的啊，一代一代做什么官，大年初一摆设起来，陈列起来。那时候到年终啊，全村的，还有不是我们这一村的，围着这德州一带，我们家族的人多了，都到外村住去了，都上这儿来朝拜，给老祖宗磕头，那时候还没入伊斯兰教呢，以后就不那样了。

定：入伊斯兰教以后就不那样了？

满：以后就到了国民党时期了，就乱了，"影"也不翼而飞，不知道哪儿去了。过去我们这坟地也是特别地讲究啊，有碑林，碑林里头的墓是一层一层的。一个坟上有一个碑，皇上封的什么大将军，什么刺史，有什么功绩，都有。

定：您说的是在德州那儿吗？

满：就是老坟地呀，讲究啊，讲究修阴宅阳宅嘛。坟里头还有武器呢，元朝跟宋朝作战的时候所使的大刀、兵器。那时候讲究武将刀枪入库了嘛。

石碑上也刻着。

定：现在还有吗？

满：早就没有了，解放前坟地就没有了，盗墓的把坟都给盗了。据说让人给盗墓，就刨出一个大刀来，其他东西都没有了。我们老坟那儿，据传说，说那儿有宝，南方人消息灵通啊，都到我们那儿憋宝去。有什么迹象呢，一个是到晚上 12 点以后，有两只小白鸡，一边在满家坟前后转，一边打鸣。还有一种迹象，是天下靠着坟野地里头，靠坟圈上面都有一种草，叫苣荬菜，一般管它叫苦菜，不是苦么，可我们这坟圈里头这个菜是甜的。就这两个迹象，一个是夜里头两只鸡绕圈儿，一个苦菜是甜的。南方蛮子就听说了，南方人不是叫南蛮子么，我们那儿就有这么一句话，说南方蛮子来盗宝。非常遗憾。

定：你们是从哪一代开始信伊斯兰教的？

满：不是一直开始，不是。原来是蒙古人，托托布罗，达剌史，满可不花，统统蒙古人的名字啊，是不是？从明朝后期吧。在明朝满加瑞以后，这才开始入了回民，入伊斯兰教了。

定：他们为什么入伊斯兰教呢？

满：这说不好。现在信教自由嘛，那时候也是这样，我愿信伊斯兰教也好，信基督教也好，都可以。那阵儿就一部分信仰这个，是一部分，不是整个家族全入了。后来慢慢地沿袭下去，大部分人都信仰了，以后凡是姓满的，百分之九十的吧，就都信仰伊斯兰教了。

定：你们家还有蒙古族的习惯吗？

满：年代多了，都汉化了。我爷爷时候就没有了。连人家的话都不懂了，都不说蒙古族了，信了伊斯兰教了就不提蒙古族了，就说回族了。

2. 到北京来谋生

满：后来在清朝光绪以前，我说的这是四五代吧，我的曾祖父就到北京谋生。山东德州，后来都是农村人了么，不生长别的，就是棉花，红薯，花生。这样的话就是困难，就到北京谋生来了，就是做买卖。

定：您曾祖父是一个人来的吗？

满：这就说不好了，再说家谱也不记这个，都是个人经历。从什么生活呢，从为商，做买卖，一直到我这儿，就这么个过程。

定：您祖上最早就开钱庄？

满：开钱庄。就是在煤市街那儿，钱庄开的是，等于现在的银行兑换所的意思。之后全家人，也许是他的本家兄弟，或者是本族的人，或者是本村的人，你跟我不错，我把你介绍来，介绍个买卖。慢慢儿地，你借我的光，我找你的事儿，给您安排。互相帮忙互相照顾吧，租几间房，就都一块儿上北京来了。

我曾祖开钱庄，到下一代就开点心铺，糕点铺。我祖父就在粮食店一带做买卖。那是清朝以后，刚到民国，到现在有多少年了您算算。他们那时候，我父亲的事我是知道的，再往上说就记不清楚了。

定：您祖父经商主要是做一些干鲜果品吗？

满：这就说不清楚了。我祖父以后老了，就还乡了，是回到家里头去世的。那时候还是来，走，来，每年都得回家去，不是说这一下子就断了，把家就扔了不管了，家里还有宅子呢，还有祖坟呢，故土难离嘛，是不是？比如说我们有哥儿仨，我呢就上北京来了，或者我在家里种种地呀，家里也有房子也有地。不是整个的集体全来。我知道的由我父亲那儿开始，就在我父亲这一辈儿一直沿袭下去，就（在北京）定下来了，就一直没回去。

我父亲官称满三伯，他行三。我还有个大爷，有个二大爷。

定：那您父亲家的哥儿三个，那两个，大伯二伯，他们是到北京来了还是在老家？

满：我大爷没来，我二大爷来了。我亲大爷就在家里头务农，一直没来过北京，我大娘也是老家的，也没来过。那时候啊，我们在北京还没有

兑换银元

这么些人呢，都是在家里念了几年私学，十几岁就来了，都是来学徒来，或者是在这儿经营买卖来。不过我父亲是打小儿就在北京，我的祖父不是就在这儿么，曾祖也在这儿，都是接下来的。

我父亲是从小一直学徒，要不怎么经营呢，外行不成啊。那会儿西河沿有个丁一顺，也是回民的，就是钱庄嘛，大买卖，各种什么全都有，全，跟四大恒都有联系，一直到廊房三条那儿全知道，发展到天津都有这分号。我父亲一来时就在西河沿这儿学徒，掌柜就是贯市李。贯市李是哪儿的呢？京北贯市，这是个村庄，这个地方的人大部分都姓李，出身大部分全都是习武。在清朝也不是哪个皇帝的时候，这个地方出来一个有名的人物，一个练武的，叫神弹子李五。《施公案》不是有这么一部书么，里头有个李公然，是挺有名的武术家，他就是贯市的。东四礼拜寺那儿有一个乡老，就是长期礼拜的，挺有名的，也是贯市李的。①

我父亲学成之后就回到自己的本柜台，跟我二大爷，他们哥儿俩，就经营这买卖。我父亲对于经商挺精明的，开了有四五处买卖，后来又买了五六所房子，可以说那阵儿就缓起来了吧，完全安家就住到这儿了。

定：您具体讲讲您父亲的买卖好吗？做什么买卖，在哪儿，怎么个情况，我觉得挺有意思的。

满：说这话是在1930、1931年的时候。一个是在煤市街，开了个银钱庄，叫瑞通号。大栅栏中间不是有个十字路口吗，煤市街的北口对着煤市桥的南口，这边大栅栏的西口对着观音寺的东口，就在西南角那个地方，开了个瑞通号。干什么呢，就是方便兑换，那阵儿不是使现洋吗，大头，拿一块现洋，比如说买两毛钱东西，换不开，您给我换换。换什么？换铜子儿，毛钱儿，都可以。换完之后按今天的行市，按牌号，这一块钱里头能找出一吊钱两吊钱来。就是经营一个换钱吧，兑换银元。那阵儿专门有这行业，要不你怎么便利呢，你拿着这钱换不出来，这是方便群众，用现在话说是为人民服务，但是说也得有代价。

那阵儿廊房二条那儿有一个银钱报牌市，现在还有那个地址呢，等于现在股市的意思，就是报行情，由元宝换银元，袁大头，孙中山银币。一个元宝是五十二两六钱五，一个元宝能换七十二块现洋，这一块现洋能换四十六吊八，就是四十六吊大铜子儿。那时候五个大子儿能买一斤肉，两块五毛钱买一袋富强粉，那时候有叫冰团儿的，有叫炮车儿的，都是富强

---

① 这里说的贯市即西贯市，本书"城郊编"的"京北回族第一村"就是对该村村民所做的访谈，可参照来看。《施公案》为清代公案小说，不知著者姓名。小说中的神弹子李五姓李名昆，字公然。

粉的名字，东西便宜。每天所有兑换银元的银钱庄都往那儿打电话，问今儿多少多少边，那阵儿讲究什么边，一块现洋今天合多少钱，四十八吊钱，四十六吊钱，就是多少边。比如这一块钱昨天能换四十六吊六呢，今儿才换四十六吊五，就是掉了，跟这股票似的。

大宗的钱从哪儿来呢，我们打电话联系各旅店：

"你这儿有铜子没有？"

"有。"

"有几炮？"

"有两炮。换几炮？"

"换一炮。"

三十六块钱叫半炮，七十二块钱是一炮。好了，待会儿拉去吧，这七十二块现洋拿去，换这一袋一袋的铜子儿，沉着呢，用小推车推着。回来这学徒的就数，一百子儿十块钱，拿纸裹上，一裹一裹的，钱都数好了。您要说到这儿来换一块钱现洋，把四十八吊钱数好了给他。咱们就赚这行边儿，不能白经营啊。赚钱换钱就是这么样儿。那阵儿大栅栏里有一个大观楼，是个老电影院，还有一个庆乐，是戏园子，还有广德楼，广和楼，全在那边，那时候就都上这儿来换钱哪，大观楼也是这样。买卖非常不错。从那时候开始生活就转过来了。

我父亲先是开钱庄，后来又发展到在大栅栏的东口把角儿，开了一个大通，我父亲是掌柜的呀，他亲自经营，卖鲜货呀，卖蜜饯呀，卖水果呀，以后就带卖点煤油纸烟。那阵儿不是刚开始用煤油点灯么，鼓牌的，煤油，买上一桶卖半桶。后来有英美烟草公司，那会儿中国还没有烟卷呢，就代销英美烟草，大恒儿啦，金仁啦，这些牌子。那阵儿介边儿（即旁边之义）还发航空奖券，就是印出号来，到时候摇彩，中彩，大伙儿买这个，我们这儿也代卖。

定：您母亲是从德州那边娶来，还是从北京找的？

满：我父亲母亲是由老家订婚，在家里办的事。我母亲姓洪，也是老家的，上三元。上三元是村名，那地方不是都有运河么，有河堤，那时候简称堤南堤北，堤南是我们达官营，堤北就是上三元。我母亲没念过书，都是农村的了。她比我父亲小五岁，1952年就没有了，要活着有一百〇五岁了。我母亲是小脚。

定：我听说北京的回民不裹小脚，

满：也是分时期。北京开化早一点似的。我母亲以后就没人裹脚了。

今日廊房二条（之一）

今日廊房二条（之二）

我父亲住到哪儿呢？住到崇文区，三里河街道。三里河那儿有个半壁街，半壁街木牛胡同，我就在那儿生人。[①] 后来又跟一个姓王的合伙，我们是老乡，到先农坛，在坛门外头买了一块空地，盖了四所房子。

定： 是四所房子还是四个院儿？

满： 四个院儿。（姓王的）老乡两个院儿，我们两个院。大部分都是我们老乡上那儿住去，成了一个北京集体的住所了。这房子日本来的时候占了，又在天桥大剧场那儿盖了三处房子，还有一处在东四十二条，还有一处在阜成门锦什坊街，还有一处在煤市街，新丰胡同。四五下里头吧。

定： 你们家怎么那么多房子？

满： 我刚才不是跟您讲么，我父亲，做这买卖就买了房，买了房就租出去，为什么叫殷实呢，做买卖挣了钱干什么，不就是买房子？房子有十所二十所的，都租出去，收房钱，老北京话叫吃瓦片。在我二十上下三十上下吧，这时候是黄金时代。以后就不成了。

我父亲在这儿有根基了，落户了，家族人也都投奔这儿来了，你干这个，我干那个，你这儿发展了，他那儿也起来了，就是这样。反正离不开家谱，（家谱）笼络着这个家族的人都上这儿看来，就知道一家子人谁谁谁都在哪儿呢，就清楚了，这家谱丢了实在是太遗憾了。

我父亲为人精明，挺热心的，对家里人非常照顾，有求必应。本族人也都尊崇他。同乡人，本族人来了，大事小事，有过不去的事儿，找他，喜庆的事也都找他，他能给人解决问题吧。你比如说我要开个买卖，没有钱，地方不知道在哪儿，我父亲就给找地方，给租房，没钱给你借钱去。那阵儿银行还没有借款呢，找谁借钱呢，得找有钱的，有钱的他放债，一年利息多少多少钱，人家不能白借给你呀。给那人借了钱，给他找了地方，然后给他办理好了。差不多的话每个人家里多少口人，老伴是哪儿的人，儿子多大岁数，叫什么名，什么时候生日，他不用记就都知道，就办去。

定： 你们家族的人都在前门这一带吗？

满： 前门的，东安市场那边的，灯市口的，西城的。看这情况吧，经营纸烟，煤油，鲜果，果庄，食品铺，后来也有卖羊肉的，有做羊肉铺的，有经营饭馆的，这羊肉回民要是吃呢，必须得回民卖，您拿这羊到清真寺去，由阿訇给宰，自宰的不能吃，病死的不能吃，有很多的要求呢，所以一般都是回民卖羊肉，也是一个专门的行业了。好多本家的亲戚，像我们

---

　　① 半壁街，清宣统年间改名为东半壁街，现称东壁街，位于崇文区中部。东起幸福大街，西至东唐街。

的叔伯大爷就开羊肉铺。也有开粮店的。多了去了。不止一家啊，你一家我一家，陆续的都上北京来了，都是姓满的。没告你说么，到年终都上这儿看家谱来，人太多了。

我们还有一个同乡会，山东德州同乡会，满家宅，单有一个地方啊，租几间房，就好像会馆似的。同乡会这事很不错，大小事啊，做买卖啊，都上那儿去办事。

我二大爷开煤油纸烟庄，就在王府井那个十字口那儿，往北去就是王府大街，往南去就是王府井，往东去就是东华门大街，往西去就是金鱼胡同，中间就是灯市口，又叫东华门大街。卖烟哪，卖水果，卖糕点，做买卖嘛。我大爷的子女全都没过来，我这大爷的儿子，到后来在天津落户了，天津那儿也有不少姓满的，做饮食啊，因为（干这行）都习惯了，熟练了。这二大爷的子女都在这儿，现在我的叔伯兄弟没有了，就剩一个孙子。满某某，他祖父叫满恒生，跟我一辈，他父亲跟他伯伯也是经商，开饭馆，开羊肉铺。（另一个）某某的曾祖父我还见过呢，那阵儿不是都剪辫子么，他留着一个后梳子，我看着那个别扭样。他的爷爷开羊肉铺，在北桥湾，就是三里河这儿。他父亲也在羊肉铺，经商嘛，都是我们这种。我知道的还有当大夫的，在西四一带，这都是解放以前，西四一带有一个叫满达元满什么的。我不知道的还有好多。因为年代也多了，也没有家谱了，年轻的根本就不按什么字了，连祖父叫什么都不知道了。一个姓一个字，省事了。

我父亲是1974年没有的，七十六岁。

定：跟老家还有联系吗？

满：现在就都没人啦。有的知道那名都不知道那人，去不了了，没什么亲人了。大户都上北京来了。

3. 我的成分是小业主

我开始上学在宣武区，离这儿不远，有个阡儿路，这儿有个半日学校。前门大街这儿有一个长春堂药店哪，有个大资本家，大商人叫张子余，那阵儿很有名，[1] 他开了一个小学就在阡儿路，我们就上这儿上小学去。[2] 后

---

① 长春堂药店创建于乾隆六十年（1795），以避瘟散闻名于世。掌柜张子余被称为北京商界四大巨子之一，全盛时期在前门外鲜鱼口一带开设棺材铺、纸店、油盐店等八家店铺。

② 阡儿路今称阡儿胡同，位于宣武区东南部，北起珠市口西街，南至永安路。清乾隆朝时称蜡阡胡同。满先生就读的小学即今阡儿路小学。

来我又到牛街，有个西北公学，在那儿念了三年初中，后来不念了，我父亲让我学医去了，学了一年的大夫。这个大夫是哪儿的呢，是清朝太医院的太医，老太医，那阵儿没有皇上了，那不就完了嘛，自己家里开了一个医馆。他不是回族，是我一个同学的岳父，是我同学给我介绍到那儿去的。他工作时间是上午门诊，下午就念本草，汤头歌诀，这个，这么样念了不到一年。我父亲说你回来吧。

　　这是我十几岁的时候，我就在后门（即地安门）的增庆斋学徒。新街口也有个增庆斋，这两个买卖是一个经理，姓周。（后门这个增庆斋）在鼓楼路西，旁边挨着一个小胡同，一个小门脸儿，跟住家似的，叫义溜胡同，①听说过吗？这就是北京的风俗习惯，讲究字眼儿，什么十八道门坎啦，义溜胡同啦，一指大街啦，义溜胡同就是一进这门一溜就到底儿了，没影儿了，就起这么个名儿。卖什么？卖糕点，到夏天了卖河鲜儿，藕啊，菱角啊，八宝莲子粥啊，这河鲜的东西，都是增庆斋的。还有冰激凌，我们那儿就做这个，我后来在酒仙桥那儿做冰激凌，就是从这儿学的。往哪儿卖去呢，什刹海的河中间，底下都铺上桩子，上头搁上踏板，连起来，搭起好几个屋子似的，卖什么的都有，都是吃的，油镯子、八宝莲子粥、鸡头米、芡实米、莲蓬子儿，各种藕，白花藕，反正各种冷食吧，果子干、酸梅汤，冰激凌还有雪花酪，各种各样的，我挑着挑儿，把东西挑到那儿去，摆上摊。

　　定：我听着都特好吃。

　　满：那当然，不好吃能卖钱吗？挤呀，都说上什刹海，买河鲜吃去。

　　定：您那时候家境不是挺好的吗，您还学徒？

　　满：那时候做买卖不管你家里条件怎么好，不能让你在家里当少掌柜的，明白这意思吗？你在家里坐吃山空，你摆谱，你没有一技之长，你什么都没有，就混吃喝，那哪儿行呢？你得上外头学徒去，学会了，就什么都瞒不了你了，别人不干了我拿起来我就能会。那阵儿做买卖的不像现在这资本家，我是大经理大老板，我有钱，我就摆谱。那阵儿都是亲身劳力。你得锻炼去，受苦去，经常挨师哥的打，挨师傅的打，那样才学出来呢，在家里养尊处优，那不成。

　　定：也得在回民的铺子学徒吧？

　　满：那是呀，要不吃喝也不方便呀。后来我也上我父亲那边去帮着干。

因为他经营的这买卖，那阵儿要找个料事掌柜的，就没人，不成，这一直就从我二十六岁开始，就跟着经营这买卖，糕点啦，鲜果啦，百货啦，食品啦，这就一直到解放，1956年公私合营了，买卖归公了，这个买卖到这儿就算完了，整个儿的就归国家了。我父亲是资本家，我就成了小业主了。那时候讲话，你什么出身，我资本家出身。你什么成分，我小业主。斗啊，开始斗啊，"三反""五反"开始就是打击资本家，到以后公私合营了，折价也折不了多少钱，按每年每年给你记下来，也不是给你，就归国家了。

定：你们就吃定息？

满：定息后来就没有了。一到1958年"大跃进"，所有的就全改为国营了，没有资本家了。你成分是小业主，这名称还带着，可是按工人待遇，到时候给你开工资。所以一合营就给我分到酒仙桥去了。那时候酒仙桥是大工业区，电子工业啊，有电子管厂，七七四厂，七三八厂，五个厂。现在最好的不是中关村么，电脑城，那阵儿北京市就属那儿，全北京市工人都上那儿去，非常繁华，现在完了。

我就调到酒仙桥商场，那阵儿大商场里头有一个大食堂，地面也大，分四部：中、西、清、冷，就是中餐、西餐、清真、冷食。中餐是饭馆，西餐也是饭馆，清真也是饭馆，冷食就卖冰棍，卖汽水、冰激凌，卖各种小吃，我不是会做冰棍，做冷食嘛，我就在那儿负责，做各种各样应时小吃吧。到冬天做各种糕点，粽子节卖粽子，正月十五卖元宵。

定：您会做这些东西？

满：哎，是呀，我跟那儿负责。我们那阵儿在大栅栏这儿，大通这儿，就做冰棍，做冰棍呢，买原料，开机器，打冷器，这一个过程。这机器都是压缩机，都是日本进口的，有长谷川的，有东亚的，各种各样的机器。我得负责全面，工作全交给你了，你不干也不成，尤其我本人成分是小业主，更得加一倍的努力，受改造嘛。人家8点上班，我得6点钟上班，人家6点下班，我得8点下班，到了1979年我就退休了。

我老伴也是德州的，和我们不是一个村，这村叫齐村，也是回族。她1963年就没有了，到今年整四十年。她比我小六岁，肝硬化，那阵儿吃不好吃不饱的，营养缺乏，普遍都是这样。补充黄豆，粮票，不是都有这个情形吗。

定：是不是三年灾害的时候没吃好饭呀？

满：就是肝炎，营养不足。这老伴儿死了之后，留下了八个孩子，您算算这四十年，她没有了，我才多大岁数？我就一边上着班，一边照顾孩子。我上班不行，照顾不了孩子，扔这孩子哪儿行啊，怎么办呢，我就在农村里，酒仙桥附近，租一间房两间房，搬到那儿住去了，我在城里自己这房子我就借给别人住，那时候还不讲究租出去。那阵儿工会还算不错，都知道我这困难情况，照顾我，每月补助十块八块的。那时候用粮票嘛，粮票不够吃，张三李四同事之间借，没几天吃完了，同事们又开始借。每月3号发粮票，发下来，我都还人家，接着又借，就是循环，工资发下来，照样。后来委托村里的一个老太太，把我本上这东西，副食的东西全给这老太太，以外给人家五块钱，就这么着照顾俩小的。后来人家不给看了，我就让大的，上小学五年级六年级的，也甭上学了，大的到理发店，还有一个在人民机械厂，还有在邮局的，上学上不了啦。就这么着，就这么过来的。我们单位管我都叫托儿所所长，早起从家里来，我得带着这一帮，到单位照顾照顾，我给他们做点饭，吃点早点，上学的上学，上班的上班。我这四十年，哎，不容易。

这家谱怎么丢的呢？就是"文化大革命"。那时候我这一家子人，我和我的孩子们都分离了，有东的有西的，都不集中在一块儿了。我在酒仙桥，东郊电子管厂那儿，我弟弟妹妹他们都单过，东西还都在他们那儿，后来经过"文化大革命"打砸抢，就不知道哪儿去了，问他们他们也不知道。我说我不在这儿住，你们应当知道这东西在哪儿呀，太可惜了。

到1983年落实政策，我的房子收不回来了。东四十二条那房子现在不在了，一拆折钱，给我三百五十块钱。您说我这房子那阵儿就值多少钱呢，就给这俩钱。还剩天桥新丰街这儿了，八间房。简单说吧，我这孩子们也有工作的，给了宿舍了，也有外地的，还有三个孩子跟我在一块儿，我们一人一间，这是四间房。其他四间"文化大革命"给租出去了。从"文化大革命"开始，一直到1983年，十多年，全都有住户了，有住户你能收得回来吗，能让人搬家吗？有抢占的，那你有什么办法？给你落实政策了，就给你一个红本儿，就是你的房产证，我们是房产主，这是你的租赁户，每月由国家定房钱，一间房，1983年的房钱是一块二毛五，到时候你就领这一块二毛五去，你说你不要，不要你爱要不要，还不够维修钱呢，到时候房子坏了找你来了，你不是房产主吗？你修吧。你说搬家，不可能，房管局规定不准你让人家搬家，这怎么办？到2001年一间房才十块多钱，国家房管局给你作的价钱。这就甭说了。

1990年开始拆迁，住户这四间房，你没有过问的权利，就给你作价，这八间房给你作多少钱呢，一共给作了六万五千块钱，那阵儿私人房一间就能卖八九万块钱。刨去这个你没有过问权了。

……就这样一直耗了两年，还跟我要几万块钱，我说没有，又耗了一年，这才同意给了这套三居。始末根由，这过程您可不知道，真有想不开把命搭上的。

4. 回民的信仰

定：咱们再聊聊你们宗教的事好吗？您曾祖到北京来是已经入了伊斯兰教了吗？

满：对，早期就入教了，一百年上下吧，延续下来了。我父亲呢，除了经营买卖之外，每日就到清真寺去做礼拜，他不但自己做礼拜，而且劝别的人到那儿去礼拜。

伊斯兰教信仰真主，有一定的教规，一日之间有五功，五功就是念，礼，斋，课，朝。念经，礼拜，把斋，施舍，到麦加朝觐。念经，就是学习，不会就得学。礼拜就是一天有五次拜，有晨礼，有晌礼，有下午那个，有昏礼，有暮礼，这五次拜是早上起来一直到晚上，每两三个小时一次，早上是 5 点钟，晚上是 8 点 20。但是说有工作，有劳累，为了生活，你不能说你把斋礼拜，就不劳动去了，但是你要是有时间，能摘出来的时候，就可以去礼拜。把斋就是每年到 11 月，冬天啊，封斋，把一个月，白天禁止吃饮，白天不吃不喝，到晚上 12 点钟以后吃这顿饭，就让你身体内部转化转化，现在说，是翻过来，循环过来，另外你也知道不吃饭的苦处，就是凭着一种虔诚的信仰，这是把斋的过程。这也得按情况来，身体好的，你可以把斋，身体不好的，有病的，你怎么把斋呀。施舍，你生活有来源，刨去你自个儿的生活开支以外，你有富裕的，就要照顾困难的人，扶助病人，这是课，功课的课。朝，每个人一生都要到麦加去朝觐一次，这是你必然的，你说我没有钱，经济上有困难，可以，那就每到星期五你必须小朝觐，不是到麦加去，到小礼拜寺做礼拜，也可以算朝觐，不是绝对的。这就是五功。

再有教法上，吃东西都要注意，不能吃猪肉，猪的行为，一切都不能够。还有一般吃牛羊肉，你得经过阿訇屠宰，死的不能吃，不能吃血，这是生活的情况。婚丧方面呢，死了之后按照回民的殡法，冲洗，给亡人尸体洗完了，裹上白布，再经过礼仪，念经，给亡人乞求，然后给拉到回民公墓去，土葬。不洗，脏着身子，不成。得给人念经。再有你比如说我到了危难的时候，到最后一口气，没办法，只要我精神上有点儿认识，就得念一句回民的经典，就是"万物非主，唯有真主，穆罕默德，真主使者"，这么个意思。要是说你不会，你可以求阿訇来给你代念。

从开始伊斯兰教怎么传到中国来了呢，就从元朝忽必烈远征到欧洲，到西亚，那时候元朝版图地面太大，一直到西亚，那阵儿叫波斯，俘虏一批信伊斯兰教的，哪儿的人都有嘛，头一个丝绸之路，就是在广州，大礼拜寺，走水旱马路啊，慢慢久而久之，就跟回汉民之间就结婚了，日久天长也信仰伊斯兰教了。

定： 那时候前门这一带有清真寺吗？

满： 有，很多。一个就是在廊房二条的西边，有一个笤帚胡同，就是前门区清真寺，现在还有。过去我在三里河，北桥湾住的时候，从小就是带着我上那儿礼拜去，这个礼拜寺地方小啊，但是在那个时候前门区是繁华地带。①

还有一个是在崇文门的花儿市，东花市，西花市，这是前门区的。还有一个朝阳区，在下坡，下坡礼拜寺。② 还有在1932、1933年盖的这清真寺，就在天桥这儿，现在改名叫北京市伊斯兰教经学院。不是牛街，牛街那礼拜寺盖了1005年了，③ 是明朝时候盖的。还有沙河口礼拜寺，在永定门外一过河。其他就是牛街礼拜寺，再往西是锦什坊街礼拜寺，北海后海还一个礼拜寺，到马甸那儿又一个礼拜寺。反正不少呢。

天桥清真寺刚一开办的时候，西北五省同乡会，陕、甘、青、宁、新，就设在天桥清真寺里。地方大，外地人来到这儿，都上这儿礼拜来，到这儿来干什么的都有，经商，跑买卖，然后上这儿来礼拜，拿钱给礼拜寺。这儿有一个阿訇，姓冶，叫冶亮甫，我小时候记着的，到什么时候也忘不了。老阿訇那时候就岁数不小了，《古兰经》特别深，都有名，教的弟子不少。那时候清真寺有二十多个弟子跟他学《古兰经》，外地的人都特别敬重他，他的收入不少，他可不要，他到时候就拿他的生活费，就算完了，不许多要的，伊斯兰教的教规嘛。

那时候在北京，礼拜寺的来源收入从哪儿来呀，从穆斯林哪，穆斯林

---

① 笤帚胡同清真寺位于前门外大栅栏繁华商业街的西面、前门的西南侧，又称前门清真寺，据学者对寺内碑记的考证，该寺始建于明朝。据佟洵《伊斯兰教与北京清真寺文化》一书介绍，笤帚胡同一带的穆斯林很多，解放前大多从事玉器、珠宝行、古玩字画行，笤帚胡同清真寺附近原来就是一个很大的珠宝市，距清真寺不远的东交民巷的外国人经常到这里购买玉器、珠宝等工艺品。与满恒亮谈到的情况基本一致。该书并谈到前门地区原有回民799户，人口约2280多人，近年大多搬迁，但清真寺附近还住着三四百户穆斯林（中央民族大学出版社2003年版，第342—346页）。

② 下坡礼拜寺，即本书《内城编》第二十四篇关松山口述中提到的南下坡清真寺。

③ 牛街礼拜寺居北京四大清真寺之首。该寺始建于辽统和十四年，即公元996年。满先生这篇口述作于2003年，应是距今1007年，但也算记得相当准确了。

就是教友，从穆斯林身上来。国家哪儿给钱呢，那是你个人的事。在笤帚胡同了，前门了，牛街了，各个地方所有信伊斯兰教的回民，都义举，拿钱。北京哪儿盖礼拜寺了，通州下关，张家湾，昌平，海淀，哪儿哪儿，修礼拜寺了，来一帮人哪，举举义吧，表示表示吧，现在说话，起码您得，最少最少也得几百，不是别的，都是为这公益呀，叫写乜帖①，拿过这个钱来，回去修建礼拜寺。有的家里死人了，打点不了，抬不出去，大家拿出钱来，也是这样。

定：那时候这么多礼拜寺，是不是前门这一带回民也挺多的呀？

满：多。做买卖的多，外地来的也多，北京原来的老住户也都多，各行各业的啊，开钱庄的，开银行的，吃梨园行的，像马连良，唱戏的，都到礼拜寺去，他虽然唱戏，礼不了拜，把不了斋，在这方面脱去这个责任，可是不能够，你还得负这个责任。你从课修上得拿出钱来，给礼拜寺送去。我十五六岁的时候，去天桥礼拜寺礼拜去，那天是星期五，马连良也到这儿来了，写了三百还是五百块现大洋。那会儿都聚居在一起呀，到时候都上礼拜寺去。现在跟原来不一样了，现在一拆迁，都集中到郊区了，礼拜的人都少了。要是有回迁的条件，还能在本地礼拜；那要是不管你，本地区你买不来这房子，你就得拿着这俩钱到外地找那廉价房啊，礼拜的人就少了。

定：那个时候的回民主要是从山东河北这边来的是吧？

满：西边来的也有，河北河南的，往东就差点了，济南还可以。

定：原来牛街那地方的回民多，还是大栅栏的回民多？

满：牛街回民多。牛街大部分都是做小买卖的，都是最艰苦的，没有生路啊，没法养家活口，又没有文化，以前就这样，一间破房子，到冬天困难更大了。穷回民穷回民嘛。

定：您讲讲您父亲那时候回民的情况好吗？

满：在我父亲那时候正是高潮，正在兴盛的时候。在北洋政府，国民党那阵儿，国旗是红黄蓝白黑，五族嘛，汉满蒙回藏，回族就是信仰伊斯兰教，伊斯兰教就是回族，没有什么分别，反正我这个后代，你既然是回族，你必然就应当信仰伊斯兰教。现在就不价了，就根据国家的政策了，回族就是回族，信仰伊斯兰教是单一码事，信教自由，给你划分开了，我子女说我不信仰伊斯兰教，那你无权来制止。我就认为是这么个情况。

---

① 乜帖（Niyah）：穆斯林用语。阿拉伯语音译，原意为"心愿""举意"。指穆斯林在礼拜、封斋、施舍、朝觐宰牲、设宴待客、举行纪念亡者仪式前，从内心发出或口头表达的意愿。中国有些地区穆斯林专指各种原因的施舍和对宗教的捐赠。

定：您说您父亲的时候正是兴盛的时候，您指的是什么？

满：指的是什么？是我们伊斯兰教信仰最坚强的时候。什么意思呢？那阵儿思想没有别的负担，只知道谋生活，生活来源能够养家，能够吃饭，保证生活，以外就是去礼拜。我父亲那时候有条件吧，买卖、房子都有，就拿出以外的钱来，回家，回德州盖礼拜寺。在北京找的瓦匠、木匠，买的砖，买的材料，使大车一车一车地往家拉，一干干了一年，盖这礼拜寺。盖起礼拜寺来干吗？方便教友啊，方便回民做礼拜啊。那时候老家就一个礼拜寺，三间破瓦房，下雨就漏，修起这个来就很不错了。你有这财，有这钱，真主赐给你了，你不办这教会的事，不办义举，是不可能的，所以说到家修礼拜寺，这是天经地义的。

定：您父亲盖起来的这个礼拜寺还在吗？

满：经过的年头多了，礼拜寺老了，年久失修了，塌了。后来还有人，我的表弟，拿几个钱，回家修复礼拜寺。现在就不提了，现在年轻的对教门的认识就淡薄了。在大城市现在一般还都有（礼拜寺），我们村里就没那么些人了，没那个认识了。

定：你们平时跟汉人打交道吗？

满：都是和睦相处吧，但是哪儿有那么平平稳稳的呢，不差离儿（偶尔）也有闹事的，反正有情况就调解。往远了说，国民党的时候南京有两个人，曾仲鸣，娄子匡，这俩人我现在还记着呢，是国会议员，造民族纠纷，污蔑回民，说我们的至圣人穆罕默德怎么怎么不好，登出报来了，《白话报》还是《大公报》，全中国都知道了，全中国的穆斯林就到南京请愿。北京请愿我也参加了，游行，喊打倒曾仲鸣，哎呀，全国声势浩大，后来俩人赔礼道歉。[①] 往近了说呢，九几年的时候天津不是也发生一件纠纷，有几个受伤的嘛，后来也是声势浩大。我们最忌讳的，你不能违反我们的教规，你应当尊重嘛，民族的事但得能和美就和美。我们年轻的时候

---

① 按满先生所说之事，指的是 1932 年的上海《南华文艺》侮教案。是年 9 月，南京政府铁道部次长曾仲鸣主编的《南华早报》（1 卷 14 期）刊载娄子匡写的《回教徒怎么不吃猪肉》一文，称猪八戒是"回族的祖先"、回民是"小猪八戒"等，引起上海回民的公愤，遂派代表前往交涉，提出四点要求：一、由该社正式道歉；二、回民撰文驳斥其对回民的侮辱；三、保证今后不再有此种侮辱文字出现；四、现存该刊于礼拜寺内焚毁。消息传到北平后，北平各界回民集议，认为此等侮教案连年发生，绝非一时一地部分回民之事，应该联合全国回民向政府当局交涉，遂即组织华北回民护教团，向南京政府提出三点要求：一、罢免《南华早报》主编曾仲鸣所兼各职，由法院科以割裂民族、危害民国罪；二、请政府勒令《南华早报》停刊；三、将撰稿人娄子匡交法院治罪。并选出 4 名代表赴南京请愿。南京政府回应回民要求：一、作者娄子匡交法院究办；二、《南华早报》停刊；三、政府明令全国严戒以后不得有同样言行于回族；四、主编曾仲鸣确系挂名，已多次道歉，免予议处。一场轰动全国的侮教案遂告平息。满先生的记忆虽在细节上略有参差，但大致无误，亦可见此事给他印象之深。

在北京没有很严重的事，相处没有很严重的纠纷，有纠纷也就是关于宗教上的。风俗习惯就都是汉化了，也没有什么特殊的了，同化了么。

我父亲在北京这儿去世之后，就埋到德胜门这边的马甸，自己买一块坟地。八几年修建立交桥，那地方碍事，就让搬迁……

定：我记得到现在为止马甸那一带还是回民的聚居地。

满：啊，是呀，现在在立交桥的西北角吧，还有一座清真寺呢，回民还不少，在北京市也有名的，仅次于牛街。远郊区的话通县一带，都是回民。

马甸呢，我们的坟地就在那儿，我这二十五口亲人吧，我父亲，老伴儿，我的大爷，本家的姐姐哥哥，都是我们本家的人哪，全都埋在那里边。后来不是拆迁么，把这坟搁哪儿？管市政的姓夏，也是回民，我说你帮助帮助我们，给我们解决解决问题啊，我说我要是上别处，有，回民公墓；我外甥在马驹桥，就是亦庄那儿的开发区，也有坟地；当地的话，公社也能够解决。但是这一下子太多，活着还好，死了之后迁葬，一个两个的还能凑合着，这大批的，二十多口子，哪儿也不要，怎么办？后来我找姓夏的，姓夏的说："这么着吧，你要打算一劳永逸，对得起你们的先人，祖父祖母，这些老人，你就一劳永逸，你看咱们立交桥底下没有？绿化带，深深地埋在立交桥底下，这坟上边就是绿化带，永久也动不了，你就这么着，除去这样我们没办法。"那怎么办呢，要是汉民都没人给管这事，回民嘛，人家市政也知道这困难，给我极力想这办法了，我们本家的兄弟哥哥啦，一商量，我们就同意了。咱们这二十五口，还有当地的回民，小一百口，就在绿化带，这坟坑啊，东西的朝向，就好像住这楼房似的，对门对户。现在你要是像汉民说的清明节扫墓，都没有坟头了，都是绿化带了，我们回民信仰伊斯兰教的，到那儿去看一看。我呢，就站到那儿，上边是车辆，立交桥底下也有车辆，你没地方待，就在绿化带上头那儿站一会儿，送先人一段《古兰经》，祭奠祭奠吧。

5. 回民开的买卖与老北京

满：北京哪个区都有回民。你就说这宣武区吧，过去叫前门区，那都分的，内一内二，内三内四，外五外六，前门区属外二，宣武区属外五。[①]

---

① 清光绪之末，京师设民政部，并于内外城各设巡警总厅，于是始划内外城为二十区，皇城内二区亦在其中。……十八年，公安局为裁节经费，将内外城二十区，合并为十一区，内城六区，外城五区。（陈宗蕃：《燕都丛考》第一章沿革，北京古籍出版社 1991 年版，第6—9页）前门区属外二：前门大街以西，西珠市口以北，宣武门大街以东，为外二区。宣武区属外五：东西珠市口以南，东至天坛东外墙，西至黑窑厂、陶然亭，为外五区。

我这么些年我都知道这个情况，哪区哪区，你比如说先农坛，那儿盖那4所房子吧，那叫前门外五区新世界先农坛寿长街新仁里，给取这名儿。这有新世界嘛，新世界这大楼，那阵儿就是大商场，对面是远东饭店，靠东边就是"大森里"①，就是民俗啊，卖艺的了，做小买卖的了，就是这个。我从二十多岁就在那儿。

定：北京那时候有什么回民开的大买卖吗？

满：东安市场有个东来顺，开的买卖十多个，都是大买卖。东来顺的老掌柜的，丁子清，发家的就是他，从东安市场摆饭摊，一直到开了一个小门脸，后来发展到大饭馆，涮羊肉。那得有一定的相当的技术，还得有一定的相当的阅历。那都是他亲手制造，质量，东西，他的肉片切得！金鱼胡同路北，有个天义顺酱园子，专门供他（指东来顺）的来源，东来顺的一切副食品都是天义顺供给他。大买卖这都是。现在发展得各地不都是东来顺嘛。

我有一个同学开的南来顺，现在哪儿有什么本家了，都是借的名了，大观园那儿的南来顺，就是借的名。他原来在天桥地区摆地摊，卖爆肚，后来发展起来了，开回民饭馆。

前门外头有两个回民的大饭馆，同和轩，两益轩。一个在李铁拐斜街，一个在樱桃斜街，观音寺的西口，有个樱桃斜街。② 有钱的宅门儿办事，梨园行拜师，都上那儿请客吃饭。那时候我父亲给人家借钱了，修买卖了，也上那儿去。写字，立字据，都上那儿吃去。这两家有名。现在西单好几个大饭馆都是那儿分下来的。东来顺的东西，同和轩的八宝莲子粥，都有名的。

那个时候前门区是繁华地带，五牌楼、大栅栏，这都是最繁华的。廊房头条是金店、珠宝店。廊房二条是古玩铺，卖古玩玉器的。提到这儿了，一到夜里头12点钟，那时候我从王府井那儿回家，走到廊房头条那儿，就闻到一种炼钢炼铁的味儿，就是炼金呢，这金子炼出来就打各种的首饰，廊房头条就是打金镯子、金坠子，各种的金货，对象都是高级人物，尤其是卖外国人。一般老百姓买不起。廊房二条卖古玩玉器，有一个最有名的，

---

① 天桥"大森里"是民国年间的高级风月场所，由北洋军阀张勋和张宗昌出资兴建，主要接待军政要人和财阀。虽只有两栋小楼，出入的却是权贵名流。据《燕京杂记》，民国时期先后在"大森里"掌勺做过大厨的有不少是前任御厨，菜式极尽奢华。在"大森里"吃花酒往往要提前半个月预订。

② 同和轩、两益轩与同益轩在清末民初并称为北京的"清真三大轩"，尤以前两个为最著名。当时北京的清真菜分东、西两大流派，同和轩为东派的代表，以北方乡土风味为主，味浓厚重。两益轩与前面李滨口述中多次提到的东来顺为西派代表，吸收南方菜系特点。又按，同和轩与两益轩都位于李铁拐斜街。

姓铁，他的外号叫铁百万，做首饰的。是什么地方人呢，京东大厂。

定：大厂？也是回族啊？

满：回族啊，我给您介绍的这些个都是回族啊。

定：金店也是回民开的？

满：金店有一个姓常的，有一个姓李的，姓李的叫李什么元，还有一个姓常的，这两个金店都是大老板，有名的，都是回民，都到羊肉胡同礼拜寺去做礼拜。这儿靠金店古玩呢，不是来源充足嘛，那收入丰满，牛街都比不了，一个地方靠山吃山，靠水吃水，牛街那地方就靠做小买卖的，就卖饮食什么的。京东大厂铁家开的这古玩玉器铺叫德元兴，不单买卖大，您听我讲，外国人都称他翡翠大王，美国有个石油大王，中国有个翡翠大王，他哪儿来源？他收的各地方的翡翠，特别精致特别好，所以有名。廊房二条铁家，铁百万，外国人都知道啊。

顾客都是哪儿的？一般都是东交民巷，大使馆外国人到这儿买来，坐着汽车。我知道的，那阵儿有一种叫福特车，老福特，四个轱辘挺长的，一个平顶，喇叭在车门外头，到那儿去就开车。有钱人家办喜事呀，在新世界，现在万明路，那两旁边就租赁汽车，那阵儿在中国刚刚开始。

那阵儿没有条件雇个外语（翻译），拉洋车的都会说英语，讲得非常流利。那阵儿叫拉条儿车，一说拉条儿车的，就是拉外国人的。都会英语，干吗吃吗，干吗研究吗。现在台基厂北头路西，那阵儿是英国的驻京办事处，装修还按照中国老式的建筑，经常我走过台基厂附近的东交民巷，就看见把外国人拉过来，拉哪儿去，拉德元兴也好，拉西沙古玩铺也好。他看，什么样的玉器好啊，哪儿出产的，性能，质量，这经理职工介绍，拉车的在那儿做翻译，你说一句中国话，他说一句外国话。看上这东西不错，经理打出多少多少钱的底子来，比如说这东西值一千块钱，打出一百块钱，这东西要值一万块钱，打出一千块钱。完了之后说价，外国人把钱拿出来，他拉起车来就走，把人送回各大使馆去，回来之后拉车的再到这儿来取底钱。什么人讲什么人，干什么行业，这就是北京的典故情况。

这拉条儿车的，吃得好，身体得特别强壮，长的得上下利落，说的得满口流利话，车也得非常的讲究。拉起车来飞快，一跑步这车得颠起来。那时候要在全市一说拉条儿车的，那比不了。金鱼胡同有个吉祥剧院，挨着东来顺，那时候梅兰芳了马连良了要有戏，各大府门，都来这儿听戏，这条小胡同都搁着车，也有汽车，那阵儿就是老福特车，最多的就是洋车，拉车的都是王府的，这洋车那叫漂亮，带棚罩，两个大玻璃灯，倍儿亮，晚上冬天点着电石灯。

　　廊房三条就没什么了，有个钱庄，一般就开小买卖，卖古玩哪，也就是普通货了，就跟现在琉璃厂这意思似的。

今日廊房三条（定宜庄摄于 2003 年）

　　定：当时你们回民做买卖的跟汉民做买卖的之间关系怎么样？

　　满：啊哈，这是各人经营的品种不同。比如有山东的鲁菜，有川菜，各种都不一样，各人都经营各人的独特的方式。吃牛羊肉的回民他就到回民的饭馆。有一个叫储祥的厨师有名①，各大回民饭馆都是他教的徒弟。风味不同，手法也不同。互相之间也叫板哪。有那么一句话，人招人不来，货招人就来，一吃就知道了。

　　我们宣武区属于混杂，真正富的是东城，贵是西城，这两边的住户也不同。东城做买卖最多，西城住的是大人物，过去说话，王府啊。

　　我十几岁二十岁的时候住我二大爷家，跟那儿做买卖，不就是挨着王府井吗？就在金鱼胡同。过去有个金城银行您知道吗？② 就在金鱼胡同后身，这银行谁开的呢？金鱼胡同那中堂，姓那的，清朝光绪的时候是中堂，就等于总理这意思似的。他这府就甭提了，在金鱼胡同路北的大门里边，在他那儿开始半条街一直到东口，到东四大街，半条街都是他的房。那府就那么大。我到年节时候还给送过东西呢。开金城银行的代理人呢，叫什么我想不起来了，跟我不错，公母俩（夫妻俩），管事的，他爱人管出纳，他管总监。刚开始，（银行）盖了七层还是九层，北京市政府不让盖了，为什么，超过东华门故宫了，愣给拆下去了，不准超过故宫。

　　定：您去过那中堂的府上吗？

　　满：就在门房，送东西呀。那好，那府里头。

　　① 储祥，即西来顺饭庄经理，参见本卷第三篇李滨口述。
　　② 陈宗蕃《燕都丛考》："西交民巷：户部银行即设于是，嗣改为大清银行。民国元年又改为中国银行。其后大陆、金城、中国实业各银行，均先后设立于此。"（第 226 页）金城银行是一家私营商业银行，1917 年创办于天津，与大陆银行、盐业银行、中南银行并称为当时中国北方的四大私营银行，而金城居首。

　　清朝不是吃国家俸禄么，南城北城都是闲散人员，那时候讲究养尊处优，讲究摆谱。上天桥一带坐茶馆，鸟笼一挂，沏壶茶，拿出鼻烟一抹，这叫放味，都是这个。那阵儿有这么一句话，叫南城的茶叶北城的水。北京城方圆四十里地，怎么就不一样呢？说南城的茶叶好，南城开茶叶铺的多，庆林春啦，庆隆啦，森泰啦，有名的都在南边这一带。水有什么区别呢，说南城水硬，北城水软。还有养鸟的，也不一样，这鸟笼子提搂出来就知道这笼子值多少钱，提手值多少钱，鸟食罐值多少钱。这鸟的分类呢，从鸟叫的音就能够分出来，内行的一听，这是北城的鸟，这是南城的鸟。南城的鸟叫出来清净，没有杂音，叫净口；北城的叫轻口。一个轻口，一个净口，人家内行一听就知道。北京的掌故是什么？有一个满族人，在旗，外号老掌故，怎么养鸽子，怎么放风筝，北京的风俗习惯没有他不通的。解放以前有名，在报纸上经常登出来。

　　那阵儿一到腊月了，到年节了，汉民哪，就送财神爷来了，弄个财神爷像，这不是图高兴嘛，取个吉利嘛。一砸门开开了，往好了说啊："给您送财神爷来了，发财啊。"你能说不要，你能把财神爷往外推啊？把财神爷拿过来了，也不问价儿，给个三块五块。还有卖蒲帘子儿的，冬天了冷了，送蒲帘子儿，都是这个。

　　定：什么叫蒲帘子儿？

　　满：稻草编的那个。冬天儿了，不是冷嘛，那阵儿都是土炕啊，就要铺上蒲帘子儿，就是草帘子。那阵儿没有暖气，屋里头三间两间的房，靠着前沿那儿盘个土炕，冷，上岁数的人哪儿受得了哇，就有个小煤炉子，烧热炕，煤球都得自己买去，那阵儿还不兴烟筒呢，在院里拢好了火，把火拔冲了，别让带绿火苗，屋里那味甭提了，那还熏死人。到夏天了卖小金鱼啦，卖各种各样吃的。到冬天，半夜还卖"半空儿"，就是花生，空的花生。卖挂拉枣儿，卖风车，修这个修那个。您坐在屋里头，您就听吧，各种各样做买卖的。那时候您要想买什么吃的，沿街沿道的都是。理发的，没有理发屋，就是剃头棚，剃头打辫子，都会接骨，会掐会拿呀，老剃头的教出来的，从小就教出来的，手法硬，胳膊摔了腿摔了，到那儿给你捏上，这都是正规的。前门珠市口那儿还有华清池，里头有剃头的，修脚的，各行各业。

　　定：你们回民爱看京戏吗？

　　满：我挺喜好的。马连良是回民，还有雪艳琴，唱青衣的，侯喜瑞，唱花脸的，还有马长礼。天桥刚修建的时候，溥仪皇上的堂弟叫溥伈，外号都称他溥四爷，溥伒就找的唱戏的，她叫黄咏霓①，跟她两人结婚了。
我从小就接触梨园行的，我们一般跟唱戏的接触少，跟文武场面的接触多。
什么叫文武场面呢，伴奏的乐队，奏乐的，拉胡琴的，打鼓的，这里头我
有几个朋友。我在这儿做买卖的时候，那时候戏园子很多很多的，粮食店
里边的中和了，鲜鱼口里边的华乐了，都是戏园子，散场的时候就都上这
儿买东西。那时候北京前三门一带是最繁华的，戏园子了，电影院了，大
栅栏各商场了，晚上的时候就明灯着火，添灯加彩，一到晚上就来买卖了，
浪荡公子呀，游客呀就都上那儿去。

　　另外我还有几个朋友，那阵儿靠大栅栏这一带，往西南角去，就是八
大胡同，都是乐户。乐户知道吗？就是妓院。像侯宝林哪，白天在天桥那
儿撂地，晚上呢，上八大胡同，乐户里头串巷子。他在云里飞那儿唱过，
跟他们那儿帮场子。那时候侯宝林是说相声的，云里飞呢，连唱戏带说相
声，他也会唱戏②。有拉胡琴的，小蘑菇常连安③，你会唱我会拉。这晚上
到巷子里找乐户去，一进门这个就拉，那个就唱。哎，唱一段。戏园子下
来今儿个没戏，这馆子今儿个没戏，这拉胡琴的，奏乐的，弹月琴的，靠
什么生活？没有来源哪，只有上乐户那儿去，这叫串巷。挣俩钱回家去。

　　定：为挣点钱？

　　满：不为钱干吗去呀？由他们给我介绍拉胡琴的，打鼓的，各种乐器
的，都是有名的了，我跟他们练习练习，反正都知道点吧，拉不好。

　　定：您也会？

　　满：那阵儿喜好这个嘛，跟他们在一块儿。不敢说票友，反正京戏，
一唱我知道唱什么戏，什么角儿。这琴谱拉出来，什么调门儿，什么牌子，
我都知道，好比说《霸王别姬》，这叫夜深沉，这是曲牌，小开门，这都
有名的，有各式各样的曲牌名儿。

---

① 黄咏霓（1905—1986），艺名雪艳琴，女，回族，济南人。中国京剧第一代女伶。
② "云里飞"是天桥"八大怪"之一，名白宝山。其父白庆林，艺名"老云里飞"，从清末就在天桥
设专场演出。侯宝林、郭全宝学唱的京剧很多就是在"云里飞"那里打的基础。
③ 小蘑菇，即常宝堃（1922—1951），相声名宿常连安长子。1951年赴抗美援朝战场慰问演出时牺
牲，年仅二十九岁，死后被追认为烈士。

红尘内外九十载

——李荣口述

第一次　时间：2003 年 1 月 24 日

　　　　地点：北京安外小黄庄小区某居民楼

　　　　被访者：李荣

　　　　访谈者：定宜庄

　　　　在场者：张莉

第二次　时间：2003 年 1 月 26 日

　　　　地点与访谈者、在场者同上

　　[**访谈者按**]　李荣是俗名，他的"僧名"曰贵山，可是人们都叫他圣安师。我不懂出家人的规矩，也不懂这种种称呼的由来，跟着大家称圣安师就是。圣安师到 2006 年就九十岁了，与刘曾复刘老一样，是本书中几位寿星老之一，阅历之深深似海，我与他交谈的次数与时间比与刘老还多，他们二人的口述内容之丰富，都到了可以独立成书的程度，而我在这里也采取对刘老口述同样的方式，即仅仅节选其中的一部分，即他在北京的、与他个人生活关系比较密切的内容，有关宗教、寺庙的内容因为过于专门且与北京城无直接关系，则从简。即使这样，这篇口述在全书中也是最长的之一了。

　　在社会各种现象中，宗教与信仰占据的空间其实是最大的，因为它代表着远远不能为我们人类全部认知的世界。我研究历史尤其是下层社会的历史多年，唯独宗教与民间信仰这一领域，对我而言完全是空白，而且还不仅仅是空白，根本就是忽略，因为我自幼接受的教育历来就只有一句："宗教是麻醉人民精神世界的鸦片烟。"近些年情况当然有所改观，但对于这个与俗界完全不同的另一个世界我依然陌生，以至于到了不敢踏入、不敢惊扰的程度。所以我为圣安师所做的口述，

圣安师（右一）在智化寺排演京音乐现场

只能是从尘世出发并以尘世为主。

圣安师给我的印象可用两个字形容，即"干净"，九十岁的人而全身上下一尘不染，这很罕见。他也许已经看破红尘了吧，却绝非远离红尘，反而是家事国事天下事，事事关心，市井人情，无不洞晓，我从他那里打听到的红尘之外事，远不如尘世之内的俗事更多，包括他还俗后参加建筑工程队的经历，还有旧日京城的店铺、天桥生意人的规矩，林林总总，诸如此类，当然，同样讲前门之外的买卖，他与满恒亮先生说的又完全不同，这应该是圈子不同所致。

近些年来对圣安师感兴趣并找他做访谈的并不止我一人，他令很多人感兴趣之处在于曾做过虚云法师的武僧，并有着跟随虚云法师云游四方的经历，还有就是他对智化寺著名的京音乐谱熟于心。这就像读一本书，不同的人会有不同的取舍，也会有不同的感受，谁也不敢说就能概括全部。至于扑朔迷离的虚云大法师之事迹，既然大名鼎鼎的胡适先生都饶有兴致地予以考证并引起一桩公案①，加上有关此人此

① 虚云与太虚、弘一三位法师一道，被并称为近代佛教的三大高僧。按：1959 年 11 月胡适在台湾大学作了一个演讲，提到根据他对地方志的考证，发现其中并无虚云父亲在当地做官的记录，虚云所谓一百二十岁的年龄与事实不符，从而证实《虚云和尚年谱》的初版史实有误。并因此在佛教界引起轩然大波。详见陈进国《胡适与〈虚云和尚年谱〉的一段公案：以〈辟胡说集〉为讨论中心》，载《台湾宗教学会通讯》第 7 期。

事忌讳多多，这里就从简罢。这篇口述中涉及的一些佛教专用名词，由于我对佛教知识的无知，就不添加注释了。

1. 我们就讲究平地抠饼

定：您今年多大岁数？

李荣（下简称李）：八十多点，按出生是1916年。我俗名叫李荣，是北京东四报房胡同那儿生的。报房胡同西口那儿不是有个庙嘛，原先叫三官庙，袁世凯要做总统，就在那庙里开秘密会，现在那边还有一个庙呢，就挨着那华侨大厦，南边拉。我就在那儿生人。

我爷爷是开油盐店的。就在北京，劈柴胡同。我奶奶是海淀蓝旗营①的，不是旗人，我们都是汉人。再早的时候从我爷爷那辈儿，就在北京学徒，一点儿一点儿人家给你出资，让你单领一套，这么样你就不是挣工资了，按现在的话就叫自负盈亏了。

定：您爷爷的油盐店还开得挺好的？

李：比上不足比下有余。我父亲也上过学，后来学的是成衣，就是裁缝，我父亲那师傅姓郭，在大望乡那儿还有我几个师哥，大望乡就挨着望京家园，天竺那儿，那村。我父亲裁活裁得挺好，是连裁剪带镶嵌带盘扣，蝴蝶扣什么这个，盘的那花儿，那手工甭提了，现在那唐装我都瞧不上眼。那时候讲究穿旗袍，就给总统啊，段祺瑞什么的夫人做。

定：他是不是挺有名的？

李：没告诉你给总统什么的做活的嘛。原先我父亲在铁狮子胡同那儿有一个做成衣的厂子，那时候就叫成衣铺，有七个案子，十多台机器，裁衣裳什么挺成的。后来"五四"这么一运动，一闹学潮这生意没有了，厂子就盘出去了。我父亲就剩下一个案子，和我母亲就做简单的外活。我们为什么来回的这么搬迁呢？我从报房胡同那儿生了以后住到五岁，搬到大方家胡同，朝阳门南小街，从那儿又搬到禄米仓东口小牌坊胡同。智化寺这庙后口就在方家胡同，方家胡同东口就是小牌坊胡同。后来又搬到崇文门里头苏州胡同。

那时候二十九军有个军衣被服工厂，②就在禄米仓里头。我父亲就在这里头（干活儿），又买了六七台机器。后来简单地说，就是那年日本人进

---

① 蓝旗营位于海淀区北京大学与清华大学之间，清代是圆明园八旗之正蓝旗的营房，现已将居民全部搬迁，修建起北大、清华的教师宿舍。可参见卷三"城郊编"中司文琴女士口述。

② 这个被服厂，就是内城编胡秀清女士口述中说起过的、她在那里工作多年的军服厂。

来了，日本恨这二十九军，烧了禄米仓的被服厂，把在禄米仓里头的，都算是二十九军的，都给打出来，我父亲机器就全给卡到那儿，就是算没收了。我父亲说北京这儿混不了了，我有一个大爷在枣强①，他说上那边找我大爷去，就带着我们，当时是我们哥儿俩，姐儿一个，都是步行，一出永定门到南苑，那二十九军跟马队什么的死尸还没弄净呢，逃到现在的黄村。那个村离北京远哪，离北京四十里地呢，就较比有点太平。正赶上村里头聘闺女，我父亲又会这手艺呢，就给人家做点嫁妆活儿，那家姓刘，是地主，给我们腾个房子住那儿了。我妹妹也给了那村了。就没去枣强。日本在这儿待八年，我们在那儿一下一扎就待了六年。

后来太平了，就回来了。日本把禄米仓的被服厂烧了可它还留有名册啊，又找我父亲，给日本也是做缝纫，那时候叫御多福，是日本做衣服的一个公司名。

再后来我们又搬到天桥那儿去。现在那儿有一个自然博物馆，那个地方就是原先我们家的地儿。搬到外城是干什么？天桥道东的那边拉，金鱼池道北挨着天坛那趟儿，原先是卖估衣的。我父亲就住到那边，给人家修估衣，有那大镶边儿呀，包括戏衣什么的都上那儿，我们在天桥那儿住了三十多年。

定：您父亲给人做估衣就不如先前日子好了吧？

李：那还行，也行。就给人家做手工。那时候做手工跟现在不一样，您要是给人做10件活儿，说修补也好，干什么，这十件活儿，您要是做得了，您到那儿去交上这活儿，回头就给您钱。我给您举一例子，说我们下午这儿还没有买棒子面蒸窝头呢，这就紧着赶，赶完了咱们交去，交去一瞧您修得好，马上就给您钱。

定：谁管这事呀？

李：单有收活儿的。那时候就是这趟街上有几家，谁谁谁的活儿不错，能够整旧如新，上谁家谁家，人家卖去，咱们不管那个。

定：那衣服是不是也都还挺好的？

李：可不都挺好的？就跟现在似的。您说现在哪家没有衣裳啊。您这衣服穿不了了，您拾掇拾掇，回头给您洗完，啪啪这么一熨，挂上牌，您这北京不卖，上石家庄您看看去。

定：现在叫旧衣市。

---

① 河北省枣强县，地处石家庄东南，与山东省接壤。

李：什么呀，我说的这个都是大商场里头。您要有工夫跟我一块堆，到石家庄上柏林寺，^① 您逛逛那大商场，那里头卖的衣裳全是旧的。一看我买的那东西比北京的便宜，那是便宜，北京扔的东西全跑那儿去了。你这儿不时兴了，他那儿还香饽饽似的。

现在一说就是北京人特懒，这句话要是说我们这家庭我就驳了他。我就说我们不，不是。我们就讲究平地抠饼，你得拱，往出拱，平地抠饼，甭瞧着人家吃猪肉，甭瞧着人家吃鱼，你能挣了干的吃干的，挣了稀的吃稀的，不守在窗下跟人家要钱去。真正说这才是北京的根。你要是守在窗下，那还不如要饭的，乞丐到那时候他有地方去。老北京在旗的说话，这就是混打蜡啦，这是满语，你这蜡快完了一流油，你连捻儿都没了，就是说破烂，没法儿弄起来了，不可救了。咱们汉人说就是谁谁没出息，没起子。

定：您的意思是那时候的旗人都不可救了？

李：不是。就说是哪族里的人也有那不上进的，不要强的，是不是这个道理？您不能拿人家有这弱点的人包罗万象，混打一片啊。人家清朝不是亡国，也不是孙中山给打败的，人家是让位，有诏书啊。皇上小，这国家我们治理不了了，您有能耐您来。皇宫是人家的家室，还得归溥仪，你得能保护。这一解放，这现在才提满族，一开始解放的时候，1951、1952年的时候，包括"三反""五反"也好，你敢提满人？谁也不敢。不信你瞧那老户口单去，谁也不敢写我是满族，他不敢写这个，他就写城市贫民，后来改成城市无产阶级。今儿我跟您说，清朝怎么完的？满族里头有一个弱点是散漫的思想，它不像现在的党派呀，封建家族呀。这八旗是你不管我我不管你，不是说我们是清朝皇帝的根儿，甭管是黄旗、红旗、白旗，我们都是满族，我们得团结起来，这种思想没有，因为这个它就衰败了。甭看有搞清史的，要真正让他说他说不出来。

定：对对，我就说不出来。

李：什么原因呢？你没经过这个社会。要让你说说什么？插队怎么回事你能说，谁谁欺负你了，对不对？

2. 从龙泉寺到少林

定：您母亲生了几个孩子？

---

① 柏林寺是石家庄周边最著名的佛教禅寺，位于距石家庄四十五公里的赵县。石家庄的大商场当然不在赵县，但圣安师是出家人，提到石家庄自然便想到柏林寺。

李：四个，我是最大的。我小时候得病，那时候也没钱，就舍到庙里头。舍到龙泉寺，现在先农坛南边拉。

定：您小时候得的什么病？

李：过去就叫软骨病，营养不良，缺钙，胎前胎后都失调，不能走。到六七岁这么老高了，我母亲还背着我上街呢。连买东西带什么，回来还得做活儿。有一次就走到观音寺，现在这街都没有了，过去道北有个观音寺，那庙里头出来一个和尚一瞅，跟我母亲说，这孩子这么大了怎么还背着呢？我这俩腿在这下边来回当啷着，我母亲一提搂我肩膀我就站起来了。他让我抬抬脚，说这么样，我给你开一方儿，你就照着这买药，就熬这个，渴了也让他喝，就别让他喝水了，一个礼拜就能见效。要是再什么的话，你再到庙里找我来。我母亲说："要真能好了，明儿我把这孩子舍给您，就认您师傅了，让他出家。"我母亲花了三个大铜子儿，买了茶叶，还有两味草药，是什么就不知道了。那时候没有钢精锅，就是铜锅，使它熬了就喝水，喝了这水三天就能站起来了，四天扶着桌子就能走了。我母亲就背着我上庙里去了，这出口算愿哪，到那儿一说，我就上龙泉寺了。那时候人说了话都得算。

定：好了给钱不行吗？

李：人家不要钱。

定：那时候一般这种情况是不是都舍呀？

李：对。解放前庙里有这么一句话，好孩子不往庙里送，十个孩子有九个都是病孩子。外头瞧不了的，有的庙里头真有好医生。

定：您碰上的就是？

李：对。

定：那大伙儿不就全都上庙里看病去了？

李：他也不挂牌子呀，他不说他是专瞧这病的啊，要不他就什么也甭干了。过去医生很少，你说给人瞧病，那得挂牌子。您得在这儿盯着，这半天要不来病人，您也得在这儿盯着，那您吃什么去呀？您得奔去，得干别的去。那时候是那样的社会。

定：您跟我们说说您在庙里的事。

李：出家你得立愿，立什么愿？人间受不了的苦你得受。这东西馊了，长毛了，长毛做酱。这施主给一点吃就得赶紧念弥勒佛，谁给的你得给人回相。你得做功，得念消灾免难经。您上五台去供一牌位，写着您妈的名字，那僧人每天早上起来上殿去，得给牌位回相，念经唔的，消灾延寿啊。

一开始给我剃度的那个和尚叫观方，是龙泉寺的住持，这庙里的当家的。这个庙敢情不小，还有个龙泉孤儿院，外头这个没有父母的，甭管男孩子女孩子，全给送到那儿去，庙里头管，还给你找工作。在庙里就是念书，学经。①

顺 1926 年开始，我分几个阶段跟你说，反正是大体的：从 1926 年到 1936 年这个阶段我在庙里学经，也叫深造。1936 年到 1946 年跟着师傅上南方，少林寺啊，江西啊，武汉哪。1946 年以后就上庐山了，到庐山以后就是内战了。

定：您进庙以后跟家里还有联系吗？

李：逢节过年的可以回家，就跟姑娘聘出去一样，节年可以接回来，也叫回娘家。也许侍奉父母。

定：那您父亲给二十九军做服装，后来又逃到大兴去的时候您在家吗？

李：在大兴时候我在家。我父亲没走了，我就又回庙里去了。给我治病的那个必觉老和尚是少林的。我在这庙里长到十一岁，就到少林找必觉老和尚去了。带带拉拉的，在少林住十一年哪。

定：您从龙泉寺到少林，您是因为必觉？

李：是去学禅，达摩禅，达摩也有自传，面壁九年，在这当中内里要修精气神，外头要修筋骨，他写的这经就是《达摩老祖易筋经》，就跟《六祖坛经》似的。您瞧过《六祖坛经》②吗？这书一写成经了，你后人续不了，您搞学问的您得知道这个。孔子修四书五经，书你后头能加，经您给人述不了。再下几万年，只要有人活着，有它这个就准能治国。为什么这东南亚学孔子啊。

出家人一开始学的是西来意，这经名叫西来意。学完以后学大意西来。这两个不一样。西来意是说在释迦牟尼佛以前还有佛世界，在什么地方什么地方，佛在西天法东流，流到地球上来了，到这里头就大意西来了，又叫西来大意，这是双方的。再下头您学大藏经，大藏经学完了以后再学哪门，您再单下功夫，这佛教的理论大体你都知道了，就有一轮廓了。明儿

---

① 关于龙泉寺与龙泉孤儿院，参见陈宗蕃《燕都丛考》："黑窑厂之西有龙泉寺，寺为元代古刹，经明万历间改建，清时重修，益形扩大，遂为缁流挂锡之所，素称八大长住之一，为北京有名之大寺。清末该寺住持僧觉先，因北京孤贫子弟失教育者甚多，发愿设立慈善处所，以教养此项孤儿。因向各方筹集款项，在该寺设立孤儿院，现已十余年矣，成绩颇有可称。……北京成立之慈善教育机关，当以此为先导也。"（第664—665 页）

② 《六祖坛经》，中国佛教禅宗典籍。亦称《六祖大师法宝坛经》，简称《坛经》。禅宗六祖惠能说，弟子法海录。

个你要出去参学去了，您知道哪门哪派的，你就直接上那儿去了，这又抄近又蒙精进。可是您上哪儿去也是佛法，这叫不二法门，不二法门就是不让你分派，有分别心。不跟现在似的，我是北大毕业，你是清华毕业，这叫分别心，学佛的没这个。

定：您从二几年到三几年一直学这基本的东西？

李：到现在也学。

定：那您后来学哪个门派了？

李：现在是禅净双修，又叫净土法门。在龙泉寺就开始，我们那儿也叫净土，也叫禅林。少林也算是。达摩也是禅宗的祖师啊。在少林那儿排辈，我是少林的第二十八代。前年少林纪念一百周年有个法会，请我去，我说我不去，我说现在的少林都成了天桥的把式场了。还有那香功，好，我这发功能发到美国去。

定：您不相信这个是吧？

李：得自己了生死，不能心外求法，人人要修内心的佛，得见性才能成佛呢，你得知道你自己的性是怎么回事，这是人生的四生，完了以后是劫难，在这劫难当中不受磨不成佛，您最后才有九有了，就是您知道怎么回事，哪头是轻哪头是重，您才能够有享福的心。

定：您学禅宗是不是跟念学位一样？

李：对。反正您越学越深。越参越有什么，自己越……无止境。

定：一辈子去参这个？

李：对。

我从 1926 年开始学习，1935 年跟着师傅上南边去。后来碰到虚云，那是四几年，赶上国共两党斗争，就让我给虚云老和尚当使者，连侍候这老和尚，带保住这个老和尚。就跟着虚云老和尚南方这些庙里就走。参学。

定：参学是不是就像到别的地方访学似的？

李：对，就跟留学似的。这就是学佛的人不是懒汉。佛学您得参，我在这儿住了三年二年，我知道这人是学什么的，是怎么回事，练了这功夫，我再上别的庙里去。跟善财童子似的，五十三参，善财童子走了五十三个地方，把这五十三个教师的知识全混合在一块堆，才成了善财童子。佛学是这个。您别拿佛学当个宗教，那不行。就说您现在是博士硕士，您要不明白这佛学，您不称职。这佛学简称说叫三界学，天地鬼这三界的学问，您要上什么大学，单有什么科，什么系，佛学里边没系。您一门要是深了，您就门门都通了。这不是一天两天的。

定：那时候的和尚是不是都这么游动啊？

李：有一部分，大部分就不行。简单说得有学历，那经你还看不透呢，到哪儿您也不行。还得有慧根，您跟着师傅，人家师傅一块堆在那儿参学，说什么您得能领会，心里得能记得住，脑子能装下。那时候什么没有，您就得拿脑子记。您今天说的话睡一宿，明儿一早起您全忘了那不行。

定：您就有慧根是吧？

李：那是参学的关系。

定：你们不学密宗吧？

李：有的时候做法事也得学，也得参学。您要做法事的时候，要是放焰口，过去人死了，晚巴晌你给人家念经去，你这手得打这个手印，这个就叫显印，您一瞧这手就得知道这是哪尊佛，叫什么名。大藏经里全有，三教统一的。禅宗也有。

定：您去了那么多庙都是跟着虚云师傅走的吗？

李：对，大部分是跟着虚云走的，他也算禅宗里的一个祖师。虚云老和尚的徒弟多了，真正的徒弟就很少了，比我在上头的还有。我跟着他的时候他九十多岁，那时候跟着虚云就我一个人。我跟着他顺普陀山走的那庙不下五百处，武汉、江西，全是走着，有的时候待仨月，几个月，半年，最多的有待二年的，三年的。武汉、江西待的时间最长，多少路的法师都聚足一块儿了，在那儿。虚云老和尚庙也没少盖，盖完庙了人家不在这庙里头做住持，住持您就得管这庙呀，您就走不了了，所以他再选人。

3. 我还当过市劳模呢

李：那时候我正在郑州呢，听说北京快解放了，北京这儿不是还有父母嘛，赶紧地就往回赶，回到这儿正赶上困城，要打炮，就没回去。我父亲腊月初一死了，死的时候五十七岁，他其实一点病儿没有，就是连害怕带困城带吓的。转过年来我母亲又死了，死的时候是腊月二十四，四十七岁，是水臌。

我母亲死了以后我又走了，又找虚云老和尚。这时候要开始成立宗教界，周恩来连那虚云老和尚请到北京来，[①] 我说我再上家看看去，然后上庙里。老和尚就走了，走的时候说你还年轻，你就留到这儿，我上哪儿去给你来信。

---

① 虚云来北京的时间是 1952 年 9 月，驻锡广化寺，当时在京的佛教界人士纷纷前来参礼，极一时之盛。

圣安师在北京西华门百佛堂（圣安师提供）

　　到 1956 年虚云老和尚就死了，一百二十岁。① 他原籍在武汉，开明寺。那回就说得了，全国也解放了，从康熙年间就没传过大戒，这回我在武汉传戒，帖子也全都发下去了，那时候我也在那儿呢，一说受大戒开大戒，头半年就把我叫到那儿去了。

　　［以下删去两段］

　　……

　　顺 1949 年解放，1950 年开始恢复建设，1952 年开始经济建设。1951年开始，那阵叫编辫子政策，你是什么类什么类给你编上辫子。转过年，庙里说要游行，让我们这些出家人都脱下袈裟，1952 年我就给转业了。这叫扩充经济建设人才，你会什么技术登记，你会印刷呀，你会什么，就给你分配工作。至末底的就归建筑公司。我就给转到中央机械工业部基本建设工程公司，后来叫建筑工程部，华北直属建筑工程公司，属中央管，大机械部，在那里边。当时人有一种什么思想啊？原先睁开俩眼睛我得奔去，那棒子面窝头还没保证呢，这好，共产党来了，我有准进项了，到 25 号也好 30 号也好，我干这一个月准得给我钱，又有粮食，你这家庭一个月粮本

_____

① 关于虚云法师的真实年龄，参见本文开头的注释。

上的粮食全买了，你就能生活了。单纯的思想，没有别的。我是五级工呢，现在您到六建里头一打听，都有我的名呀，我还当过市劳模呢。

定：嗬，您还这么一段哪？

李：嘿好，那，在庙里头你也没什么了。我不是跟您说么，甭管怎么着，好容易有事了，跟着谁也是一块堆。

定：您从庙里出来就结婚了？

李：我结婚时候是1951年吧。我孩子他母亲是北新桥金镖黄的后代，黄三太，后来是管孔庙的。雍和宫对过那儿有一胡同叫文殊院，原先的11号，他们现在还一大家子人。后来都在南边超重机械厂，就是五四七厂，算国家给转的工作。大部分都是党员，负责人。

定：您跟您爱人怎么认识的？

李：也是老人一块堆给介绍的。她后来没有工作，就在家里头。

那个时代，早的您全没瞧见，那拆北京，您知道了吧？1956年开始，先拆内心，现在的府前街，公安部头里那儿，前头那个跟西边拉，人民大会堂西边拉，那前边还有一道皇城呢，东西、西四，东西长安牌楼，北海那桥上头落桥，天安门头里三座门，这都是顺1956年就开始了。先拆的里头，完了一点点地……

定：您参加拆了还是参加建了？

李：拆没有。建人民大会堂、历史博物馆，农展馆、民族宫，那十大工程，那时候我们都是青年突击队啊，张百发、李瑞环，我是第三指挥部的总指挥。起重安装，都使人工，多老高的楼也得往上挑砖，洋灰也是那样。人民大会堂那台子探出多少，连三公分它也不带多去的，那叫座筒，那四根大柱子，一个里头搁四根大钢轨呢，火车道，十米多的大钢轨。那时候讲究开诸葛亮会，叫小发明，那时候没机器呀，后来才有卷扬机，搭那架子，上边一开卷扬机上去。这是头一个五年计划，第二个五年计划，我给您排排……

定：这我知道，报纸上都有。

李：……挪天安门前头的那狮子，挪那华表，都是我跟着一块堆弄的，原先华表都在里头，狮子也在里头，这全都挪地儿了，给搁到外头去了。

定：那过去都有一定规矩的，能随便挪吗？

李：那不是有一句话嘛，现在皇宫要是有轮，要有人敢买，我都敢卖。嗖！你不让我进去，我非进去。进去我就非给你毁了，甭让你惦记着。

［以下删去一段］

在五台山尊胜寺七月十五的法会上（圣安师提供）

……

定：您出家人对这些事还这么关心？

李：这不是关心，这叫度脱，又叫学出世法要渡世。你得知道外头的宇宙学，还得知道地球学，您才明白呢。

定：您到了建筑公司以后还信佛吗？

李：我不是信，我是一直在学。

定：那他们知道吗？

李：知道。都有历史啊，档案啊，我转业的时候顺哪儿转的，人家怎么会不知道？就说我在六建，那儿的人给我起一外号叫怪话大王，工作当中是老油条，可是他拿不住我。

定：没整您吧？

李：我跟您说，头一个运动叫忠诚老实学习，第二个运动叫反贪污反浪费。

定：官僚主义也反对。

李：我自己的总结就是人哪，有四生、五劫、八难，完了以后才能有九有呢。按佛经是这么说。四生的第一生，你这出生叫降世。十岁以前的时候，俗话叫过父母月，没有父母养着你活不了。十岁以后古语有这么句话，叫做小子不吃十年闲饭，你不能在家里娇生惯养，你也得知道尽自己的力了，这就是第一生。到第二生就是你走向社会了，你自己有点儿业，能够自立。第三生的时候你在社会上就有经验了，有发展啊，社会背景啊，扩展。第四生叫立志，是你有一定主心骨了。我顺 1926 年到 1936、1946、1956、1976 这几十年当中，就是第三生的阶段。1926、1936、1946 年的时候，没有人为的斗争，你穷，你没有营业，是你个人没能耐，你自己不敬业。你卖苦力，你有地方卖去，你拉个洋车蹬个三轮，那是你为家所累，没人笑话你。这就包括国体的关系。那个时候男的穷死不偷人，你说抢劫了，骗人了，这他想都不敢想。这女的呢，没有像现在似的这么乱，你嫁的男的，老人包办也好，自己搞的也好，到人家家里去，有孩子没孩子那单说，这男的三天挣不来，你这三天里头就得挨得饿，忍得饥，她也不想那歪的邪的。

定：您刚才还没讲完哪些是四生八劫呢。

李：八劫就包括你生活各方面，这都是劫难哪。我1959年得大肚子病，为什么我顺那建筑工程部就离职了呢，1963年成立体校，第一任的体校主任给我调到少林寺，教中华武术，要把中华武术打到国际去。

4. 一片地方一种民俗

定：您给我们讲讲您小时候的事。您说北京的十大财主①是谁？

李：头一个先得说是山东的孟家，吃布行的，现在一提起八大祥，人家做那么大的买卖，人家不小瞧人，过去那老太太裹脚，量半尺白布，他也得卖。现在不行，你买这他不卖给你。这是头一个。二一个是山西亢家，人家专做干货，前门大街路东有一个三义通，②这是他家的。上海南一带进货去，砂仁豆蔻啊，黄花木耳啊，花椒大料啊，那叫广料，现在还有那老牌子，两广杂货。北京饭店、六国饭店过去都上他那儿买东西去。再一个是贩洋货。亢家是这个。

还有一家姓康，叫康百万。康家是仵作，现在的话是验尸官，哪儿有自杀的，有害了人的，得他先去验尸。这官吏呢，甭管谁来，甭管你什么派头的，你也得用人家，钱少人家不干。人家挣了这钱，为的是培养他的后人，康家历代都是检查官。沙滩那儿后头有一个庙，叫马噶利庙，③你们知不知道？1956年把一个喇嘛给害了嘛，害完了以后给烧了，就请康百万家里的后人，人家就用那石灰，块儿灰，根据影儿，长六尺，宽二尺六，连上石灰，点上水，就借这石灰面儿，使什么这么一扫，这儿搓开，底下就一人影儿，说大概齐就在大殿门口那儿害的，哪儿受的伤，是使刀还是勒死的，要是服毒死的，这影儿是黑的。这叫追影验尸，1956年登了报了嘛。

第四家叫侯沈家，就在东单麻线胡同，现在是北京晚报社那地方，侯

---

① 圣安师这里所说的十大财主，除天宝金店确在廊房头条、同仁堂乐家老店确在鲜鱼口之外，其余均无考。

② 圣安师这里所述多不准确，我原来也只是原文照录，聊各一说而已。今有钟作慈先生来信予以订正，称"三义通"应为"通三益"，并指教说"通三益信卖食品为主的洋广杂货，而非圣安师所说的'两广杂货'"，特此更正，并感谢钟先生指点。

③ 马噶利庙，即普度寺，位于南池子。详见下面"城郊编"中高淑瑞口述的注释。

沈家专做宫里的活儿，什么珠宝玉器，顶子呀，这活儿。第五家也姓孟，当铺孟家。还有一家孔家也是，原先叫左当右当，西城的当铺和东城的，左边右边，这两家。过去老北京旗人说上左边当去，不上右边当去。右边搁现在话叫"黑"，假如你当这东西，到三年死了，人家东边给你留，留八个月呢或是半年，西边不行，到时候就给你卖了，再赎去就没有了，你再加利钱也不成。

还有一家姓胡，开交通银行的，过去河北省银行，也叫中央银行啊，还有这交通银行啊，全是私人开的。

还有一个金店刘家，专卖黄金，在廊房头条西口，一出大栅栏北边那儿，有一个天宝金店。国际上都有人家的号。咱们现在那些黄金不是正色，人家都不认。还有棚彩家，专应宫里头的红白事，那个杉高，搭架子的东西就多了，还有办喜事的桌子板凳，在地安门鼓楼后头，"三反""五反"的时候给人家挤兑了。他家现在还有后人。北京市第五建筑公司没有人家的根儿成立不起来。

最后是同仁堂乐家。对着大栅栏东边拉那鲜鱼口，进了鲜鱼口，叫廊房头条，顺着廊房头条一直到七条，那几条胡同，马路由东到西，那全是同仁堂的。那时候叫"上天下24省去采药"，采药的都是同仁堂雇的，现在的话叫长期工，上西藏采药的，上东北的，都住到那儿。那伙人回来，这伙人走了回来还住这儿，那时候没床，都是火炕，上头铺着这么老厚的毡子，那各屋摆着的铺盖行李全一样，就跟招待所似的。编号叫天地玄黄，宇宙洪荒。使那千字文编的那个。院子里头，那舒服着呢。现在住高级宾馆管什么，还没那里头好呢。

定：他们是不是特有钱？

李：那怎么会没钱哪？乐家初一十五还舍药，您长疮长什么，上那儿去要贴膏药啊，那时候叫拔毒膏。人家净做好事。现在不舍了。这些都算北京的十大支柱啊，同仁堂就算次的了。

定：这十大家是按什么排的？

李：明朝就有，这是燕王扫北的时候给人家请来的。修北京城的时候你没钱行吗？国家哪儿有钱哪，得找这个。① 一直到清朝以后，到民国，

---

① 查慎行：《人海记》："永乐初，北京四门、钟鼓楼等处，各盖铺房店房，召民居住，召商居贷，总谓之廊房。视冲僻分三等，纳钞若干贯，洪武钱若干文，选廊房内居民之有力者一人，签为廊头，计庸纳钱钞，敛银收本色，解内府天财库交纳，以备宴赏支用。今正阳门外廊房胡同，犹仍此名。"（陈宗蕃：《燕都丛考》，第496页）可见圣安师所说并非虚言。

一解放了才连根都给铲了。现在又什么低保，又什么最低生活，你全照顾到了吗？还不如北京的这十大财主，到冬天准开粥厂，有暖棚，到腊八时候还给腊八粥，头过年还给你点面呢。那时候就叫放赈，从早晨几点钟到中午几点钟，过时候就不候了，排多老长的队，一人二百块钱给你，你到这儿蒙钱来也不管，只要你这时候来就给你。现在谁给你？

北京这个地方，都是一片一片的，这一个地方一片，这也叫民俗。像天桥这地方，头一个规矩是不借钱，多困难不借钱。他给你出主意。那年我父亲死，转过年我母亲死。死老人三年，那会儿还讲究穿孝呢，系个白孝带子，人家都嫌丧气，话都不敢跟您说。一过年的时候，我跟我那两个弟弟，跟我那口子四口人，还没孩子，就二斤白面，一棵白菜，人家都炖肉，我们什么都没有。就这时候我们后头有一家接轿子的，姓温，跟我不错，上厕所碰见了："哎兄弟，怎么样啊？这么着我告诉你，三十那天晚巴晌，一清早起来你上中华电影院，占第三个摊，卖大串糖葫芦，一百多个，我家里那儿有筐，卖完了你给我回钱。"先让你卖去。这大糖葫芦，好比五毛钱一串，你不能卖五毛啊，最少你卖七毛啊，你卖一块也不管你，剩下那钱是你的，这五毛里头，不差能给你五分呢。他讲话，借给你钱，给你这人惯懒了，你不知道劳动。

再一个给你介绍哪个饭馆，你要在那儿干下来，三年以后这买卖里你算有一个人股了，月月你挣这工资，到年底一进腊月十五以后，这年又盘余多少钱，这叫算年账，现在话叫提成。过去还有按天说的，叫三七分成、二八下账。三七分成是您得三成，这个买卖得七成。二八下账是……

定：您得二成，买卖得八成。

李：不价。这二八下账是柜上要二成，那八成都归你，然后你进材料什么，它一切不管，年终也不分红。这叫二八下账。

再有一个规矩是不聚会。过去的请会您知道不知道？

定：互相请客？

李：不是。说我这家里得用一万块钱，我起个会，我这儿走十个人，这十个人一人拿上一千块钱，不就一万了嘛，下个月还是这个日子，您这十家还来，做十个条，您要用钱您往那条上写这利息，假如你写三块，就是三块钱的利钱，您这七百就当一千了，这十个人还得拿。我不是请的会么，我这头一支请的一万块钱我算干落，你末拉了儿收的，利息您白得，末拉了儿您往回收，您自个儿还剩一万块钱。这过去叫请会。后来工会不就成立互助会嘛。天桥不讲究这个。

天桥这地方，一年三节包括这年它不过。我给您举一个例子，它不过春节，它过腊月二十五。一到腊月二十五，人家全在家里办年货了，离年没有几天了谁还逛天桥去呀。天桥里头的戏馆子呀，打把式卖艺的这个，就全都封箱了，在这当中它这儿过年，门上贴挂签呀，对联呀，也做年菜，打这儿一做年菜，馒头什么的一般都蒸几缸，顺那正月初一开始就出去做买卖摆摊去了。正月十五都不过，一直到这二月二，就过二月二。

定：因为从正月初一到十五都是他们最忙的时候。

李：对，这都是挣钱的日子。凡南城外都是做买卖的，一出前门，就说前三门，宣武门，包括花市，手工业作坊头啊，全是这个。四乡八镇都得上北京办年货来呀，他们没有功夫过年。为了挣钱，就过这二月二。连馒头带炖点菜什么的，里里拉拉得吃到二月二去。咱们过五月节吃粽子，他们不过，他们过四月十八，电车公司的东南角那儿有一个庙，叫娘娘庙。八月十五得外头做买卖呀，它不过，它过七月二十三，是药王爷的生日，小市那儿有一个药王庙。

定：天桥那边那时候还是穷人多吧？

李：没什么穷的。你看现在那做买卖的，你说他穷吗？你别瞅他穿着打扮，哪个都趁钱。最困难的是这三种人：一是没有能耐的，做买卖不会；二一个是没有劳动力的；三一个是指力气卖钱的。指力气卖钱的，拉洋车的，蹬三轮的，还能有上顿吃下顿。没力气的，又干不了活，做买卖还不会，这就吃上顿没下顿。说残疾人，天桥那儿残疾傻子也有，看摊你会不会呀？那地摊过去讲究丈二的席，三个席多老长啊，这一个摊您看不过来，有一个（让残疾人）给看着，然后管他饭，还得管他衣裳，年底还得给他俩钱。现在残疾协会有，管他吗？

没搞"文化大革命"以前，就这几次上山下乡，就给这北京人犯兵役了，犯到甘肃啊。头一次整理的是下街"喝破烂"的，北京话说是打鼓的。打小鼓的，不是摇拨浪鼓的，有打硬鼓的，是专买古玩字画的，还有买金银首饰的，还有挑大筐的，就是报纸卖，洋瓶子卖，是搞这个的，老太太背着一筐的，换飞头子儿。

定：换什么子儿？

李：就是你这破烂不要了，得，换你两盒洋火。其实也有用，像这衣裳这也补不了那儿也补不了，给他了，他再卖去，人家袼褙厂有买这个的，打袼褙呀。小市呀，东小市呀，崇文区那儿，德胜门这儿都有。三年自然灾害时候还有呢，后来就不行了。

定：您说解放后第一次就拾掇这打硬鼓的？

李：咳，这是头一回。走街串巷的，做小买卖的，过去北京晚巴晌还有卖炸丸子的，馄饨的，羊头肉的，卖夜吃的，先拾掇这个。不让你下街了，你这不算正式营业。你要是什么都不会，你就上甘肃，房也有，地也有。找几个代表，先到那儿一瞧，回来给你宣传，在那儿怎么怎么回事，有那贪便宜唔的，就上那儿去了。

定：全都发到甘肃那边去了？

李：甘肃、青海、宁夏。去了七伙了。后来连拉洋车的，就我们天桥哪回也得一千多户。那时候还没有汽车呢，三轮搭着彩，打着锣鼓，戴着大红花，锵喋其其锵喋其其。等那伙人全走了，到（甘肃）那儿就回不来了，一块堆儿受罪去了。你一不会种地，二你力气活干不了，到那地方你可不就困到那儿了嘛。等到回来的时候提搂着棍子了，那儿混不了了，就步行走回来的。

定：让回来么？

李：不让回来他跑回来。人家不上户口，人家也能活。我说的这些人都住大杂院，好几十家住一院子里头，做这买卖现吃现赚。一说解放了，国家给你安置工作，你睁开眼睛就有活干，你就能有饭吃了。其实把你蒙到那儿去了。后来呢，集中这摊贩。过去都是早起来上小市，买回来以后在大街上一摆，后来整治这个，在前门大街这儿摆不行了，你得上天桥百货商场往南去，后来取一名叫人民市场，全给你搁到那儿去了。没半年就给你登记了，你挣多少钱哪，你几口人哪，够吃不够吃，这是1956年以前。1956年以后就"三面红旗"，然后"文化大革命"，不懂事的上山下乡，有工作不老实的，你克扣点超额奖金，搞建筑的你要是用那马车搞上三百块砖，就能判你十年。现在几栋楼都归他自己有，他判几年呢。

5. 北京的寺庙

张莉：圣安师您给我们讲讲北京过去的寺庙好吗？

李：我就简单说，庙顺汉代就有了，庙就是官府，大理寺是干吗的？是审案的，[①] 大理寺就是寺庙的寺，佛教的学问也叫寺，寺院是这么来的，原先没有说这是禅学院，禅林，弥勒院，净土寺，都是让你到那儿学什么什么的，这都是学府。

---

① 大理寺确实是审案的，是负责审核天下刑名的机构，始设于北齐，隋唐以后皆沿其制。

和尚庙烧香的很少，香火旺的都是道教的，头一个是白云观，二一个是朝阳门外头的东岳庙，还有蟠桃宫，还有地安门的火神庙，鼓楼后头还有一个三清观，它是多神教，有些人去求发财呀，求致富啊，娘娘庙求子女的，都是道教的庙。

过去有皇帝的时候，出家的这寺庙都是国家拨银子，再一个哪个庙里都有香火地，出家人你得种地去，地不能闲着啊，和尚都得轮流种地，一日不劳一日不食，你上这儿来享清福来了？没那个。那些地都是国家拨的呀。

定：您出家的那个龙泉寺也是国家拨的地吗？

李：全是啊，有种地的，我也种过。

张：北京当时一共多少个寺庙啊？

李：在名册的两千四百多呢。现在对外开放的，包括道教的，包括雍和宫，一共六个庙，两千四百个庙就剩六个。①

张：都是国家管啊？

李：对。

张：当时给各寺庙拨款，甭管拨银子也好，拨大洋也好，都有定数吗？

李：有规定啊，一年多少，叫开销。一个僧人你在庙里头住着，一天油盐酱醋平均给你多少钱，按现在的话叫补助，又叫津贴，过去叫供养。一年按人给你现洋，是六千块钱哪，是八千块钱哪。

说原先的时候，解放前，一进这腊月初一，到明年的腊月初一这一年，天天有庙，天天有地方去。现在您哪儿有啊，天坛地坛这哪儿叫庙会呀？那时候逢三是土地庙，土地庙在广安门外，挺大的；② 逢四是花市集，花市集的花市道北有一个火神庙。③ 三号四号是护国寺，西边就是白塔寺；九、十是隆福寺，隆福寺是四天。就这十天一转，假如初九到十二，都是隆福寺。十三、十四又是护国寺，十七、十八又到白塔寺了。都跟集市似的，摆摊卖东西，卖叉子扫帚大铁锹，现在叫日杂。初十卖小孩玩具。那不像现在似的，您进我这儿了，这一个桌子您先交三千，那没有，没有收摊费的，就是发心赞助这庙里，您占这庙里的廊子下头，您这一个月或一年给庙里多少钱，香火钱，供养了，这是自愿的。现在您瞧这景致上哪儿瞧去？

北京的潭柘寺①是中央直辖的，北京这边算上院，潭柘寺那边属下院，天下的和尚来你得先上潭柘寺挂单，潭柘寺要允许你了，你才能进京，到西四广济寺挂单。在广济寺再给你分单，让你住哪儿哪儿庙去。西边的武庙知道不知道？原先叫僧录司，②现在叫民政局，宗教局。过去出家的人，包括犯罪的，法院跟警察没权抓他，得归那僧录局。

定：现在北京的红螺寺怎么香火这么盛啊？

李：现在这人没有寄托了，见庙就烧香。红螺寺也是出祖师的地方，往北边的大山，整个山全是它的，大柿子树、栗子树跟核桃什么的，都是庙里的，现在不都归老百姓了么。

定：不是说现在那儿特灵吗？

李：嘁，就那么一说。哪儿都灵，哪儿都不灵。

定：您说北京有两千四百个寺庙，包括道观吗？

李：都包括。大街小巷的小庙就更甭提了。

定：那得有多少僧人呢？

李：那现在大学有多少人呢？

定：过去是不是每个胡同都有小庙啊？

李：不是每个胡同，得看那地形，土地庙啊，奶奶庙啊，观音庙啊，三官庙啊。那就是现在说的素材教育。就跟小孩瞧小人书似的，他不认得字，他·瞧那小人书，他就能往脑子里进。过去那老家庭（对小孩）一说就是你可别上街，别出这胡同，那土地爷边上都是小鬼，你一上街该抓你去了。他一瞧小鬼在土地爷旁边拉站着，他不敢出去了。道教里头呢，东岳庙十八狱啊，你看这个人了没有？下十八层地狱，他在阳世三间干了什么事，在道教他也给你讲，这是教育。过去念书的少，家没钱上不起学啊。你要上庙里去，庙里有监院的，门头僧，就是管传达室的，护院的有武僧，有内课堂外课堂，您上这儿参学来了，您算是外头来的，您在课堂登个记，带着您上殿烧个香，礼礼佛，这佛学是怎么回事，就给您讲。

大施主是请出家的上他家讲经去，你有什么不明白给你讲这个，也叫讲开示。请哪位老和尚去讲开示，哪位法师讲开示，开示不代表佛法，是开导这每一个人的思想，简单地说就是经验，您不知道这个经验，您听了

---

① 位于北京西部门头沟区东南部的潭柘山麓。始建于东晋，是北京地区最早修建的一座佛教寺庙。

② 僧录司是中央政府掌管有关佛教事务的官署，始置于明，清沿明制。

才知道是这么回事。是这个道理。

定： 那今天您给我们就算是讲开示。

李： 对！往进一步说，好比我学了经了，我也代表不了佛，那佛说的

在北京广济寺为十世班禅大师守灵（圣安师提供）

话，我还许悟不透呢。庙里是学佛的地方，不是信佛。把佛学列为宗教刚一百多年，就是顺清朝闹义和团以后。没闹义和团以前，北京和咱们中国几个省，没有教堂。义和团完了以后，外国人才上这儿传教来，一传教就现在这西什库教堂，那是头一个教堂，原先是黑塔寺啊，一个喇嘛庙，黑塔寺往东去原先叫医学院，就是藏药，那时候顺蒙古西藏进的给皇宫的药都那儿搁着。八国联军连那个喇嘛庙整个烧了，喇嘛一个没出来。八国联军也不是毁佛教，连那黑塔寺一烧，清朝赔的银子人家没拿回国去，人家在咱们中国的地方就建教堂了，当时谁要信我这教就给两块钱，就叫北洋造，你上我那儿听课去，

这么着，有人就信了这个基督教，直到现在基督教都给发吃的。

顺1950年的时候开始，叫小庙并大庙，大庙集中，缩减机构。小庙里没有多少僧人，你上大庙里去，大庙全转业了，这庙全归了公家了。

最后这个，菜市口往南，崇效寺、三教寺、天仙庵、长椿寺，这4个大庙比雍和宫还大，现在全给推了。崇效寺在白纸坊那边啊，那老和尚还活着呢，今年九十多了。① 再一个贤良寺，在东安市场东边拉，那大庙，

---

① 这四座庙都在圣安师当年出家的龙泉寺西边，距龙泉寺不远。其中崇效寺位于今宣武区白广路西崇效胡同内，始建于唐贞观年间，是京城有名的唐代古刹。解放后被划归541厂，又在寺内开办崇效寺小学，现仅存一座明代修建的二层楼的藏经阁。按该寺在旧日京城还以花著名，清初是枣花，清中叶是丁香，后来是墨牡丹。半个月前，修缮一新的长椿寺成为宣南文化博物馆，正式对社会开放。长椿寺位于宣武区长椿街与下斜街交会的三岔路口处、宣武医院之东，为明代古寺，有"京师首刹"之称。清代是文人名士相聚之处，也是办理丧事的场所，诸多名人死后在长椿寺停灵。现重新修缮。

十八罗汉都比我高，那不是 1956 年都给拉出来开了板子，嵌在人民大会堂的边上了。您看见了吗？

张：啊?!

李：啊?! 那还有错吗？这西边是西黄寺，东边拉这儿是七十二仙人堂，萧太后的行宫，拆啦，也都连佛像带楠木都镶了人民大会堂。

……

李葆田写刘罗锅，编的那歌儿，是我给提的头。我说你得想这个，没有历史你写不出戏，没有戏您也不知道历史，你要掂量这个，历史是历史，戏剧是戏剧。一个是甭管你写什么戏，你不能够太跳出历史，不能够太夸张，你太夸张了，那儿还有没死的呢，人家一瞧你就是胡说八道，就不值钱了。再有一个您也别拿这当真，你要说它不真它就真，你要说它假吧它又有真。说你对你就对，说你不对你就不对。是不是？

我属于赤脚的，说走就走。出家人没有牵挂，多好的东西，不能留恋身外之物。

坛根儿下的日月

——王春茂、严秀芹夫妇口述

　　时间：2002 年 12 月 15 日
　　地点：北京市崇文区（今东城区）右安门外某居民楼
　　被访者：王春茂、严秀芹夫妇
　　访谈者：定宜庄

　　[**访谈者按**] 坛根儿，特指天坛坛墙脚下，与皇城根儿是一个完全不同的概念。现在写北京城的文化人，常常将二者混为一谈，这就好像把北京那些半大不小的买卖人家都说成大宅门一样，纯属于误传。

　　坛根儿一带是北京城内最穷困的地区，聚集的人大多数是清朝中期以后由京郊和河北等省来京谋生的农民，自明以来就定居于北京的微乎其微。他们环绕京城居住，构成北京城市与农村之间一个边缘地带，很类似于今天北京城中诸多被不断整治却不断涌现的"城中村"，是京城中最不稳定也最贫困的下层社会群体。王春茂师傅的父辈自河北定兴来京之后落户此地多年，他对这一带人口的来源、分布和职业的介绍虽然简短，却非常清楚。王师傅的家庭，在这一带属于中上，他的老伴严女士的家境则相对更贫困些，她讲述童年时期在坛根下拾煤核、打粥的情况，都很具体生动。我们可以用王师傅夫妇讲述的生活与"内城编"中关松山老人的生活作一对比，差异是很明显的：同样是穷，他们可没有城墙根儿下穷旗人的那份潇洒。

　　1951 年北京人民艺术剧院曾上演老舍先生创作的话剧《龙须沟》。前面谈到的李滨与她的姐姐黎频都在其中扮演了角色。翌年此剧又被改编成电影，《龙须沟》的故事从此便在老北京深入人心。这个龙须沟，就位于王春茂夫妇生活的坛根儿下，而且就是以坛根儿下人和他

王春茂夫妇与徒弟姚安①的合影（定宜庄摄于 2002 年）

们当时的生活为蓝本的。龙须沟从此成为"黑暗的旧北京"及其百姓生活贫穷无望的代词，龙须沟的改造工程，也成为北京解放的一个象征。这些当然没有错，在 20 世纪 80 年代以前，王师傅夫妇们的确是京城中工人阶级的主体和共产党的主要依靠对象，这从王师傅在天坛的工作态度以及严女士"我就念叨共产党好"的感慨中有具体的体现。只是，如果以他们来作为北京人的代表，以他们的生活和环境来代表 20 世纪前五十年北京人的生活，就未免过于牵强了。

　　王师傅其人给我的最深刻印象是"本分"，那是在我童年时期非常熟悉、近年来却已久违的一种为人的准则和神情，这样的神情，以后的人恐怕连想象都想象不出来了。

1. 旧社会的事，不愿意提了

王春茂（下简称王）：我叫王春茂，1927 年出生的，今年七十五。

定：你们家是老北京人吗？

王：反正我是北京生人。我父亲是老家生人。老家是定兴。

---

① 我对王春茂师傅的访谈，是由他当年的徒弟、现在的首都博物馆副馆长姚安女士联系并安排的，特此致谢。

定：定兴什么地方知道吗？

王：知道，定兴祖村店。祖村店是地名。别的就都不知道了，嗨，那会儿也不拿耳朵听。我父亲是一人到北京来的，也就十几岁吧，在村里念三本小书，念完了就出来了。他老说三本小书，就是《三字经》《百家姓》《千字文》。就到北京来学做玉器。在"玉器作（zuó）"学徒。

定：您父亲学徒的玉器行在哪儿您知道吗？

王：在廊房几条那一带，有一个小胡同。我说这玉器作，它叫作坊，玉器作坊，一个大高台儿，底下一个皮带，底下两根棍，这么样蹬，蹬它这边就转嘛，就跟那个锯盘似的，底下是一大铁锅，铁锅里头是砂子，金刚砂，带水，舀出来，拿玉器在那上磨，拉也好，做那什么也好，做人吧，耳朵眼儿什么的，就是小坨了，那叫坨儿，也是得使砂子，不照现在似的，拿镶牙磨牙似的这么样雕刻。那会儿没有这个，那会儿就一下一下踩，踩这轴转，就使这个磨。那会儿的工艺也相当的不错，拿玉雕成花篮呀，都是这么样雕的，上头的链子还得是活的，在梁上绕绕，做一个也得二年呢。都是老工艺，学就学的那个。做这个就是费眼睛，我父亲一直就老闹眼病。那会儿也就是靠偏方，上药铺抓点中药，或者是抓点什么药，就不行。

定：您父亲在玉器行学完徒，干的时间不长就不干了？

王：那会儿学完了徒，都是给作坊做，一个是没那个力量，一个是那一行做得了得交，做得了得交行，做的那个没有卖的精，我听他们念叨过，后来就没落了，干别的去呀。就跟一个亲戚家，一个姑姑家吧，姑父家，开始是推车卖菜吧，后来就跑小市儿，那会儿叫跑小市，卖破烂，买点旧衣裳啊，卖旧估衣，到了淡季就没事，没事就卖点水果什么的。最后把我母亲接上来，自己就过日子，老是坑坑坎坎的。

定：那您母亲是哪儿的人呢？

王：母亲也是定兴的，后来接上来的，要不顾不过来，生活方面。我母亲那边也没人了，就姐儿俩，都没有了，老人儿，姐妹儿，早就没有了。整个就没了，早，我们记事的时候就没听见说。

定：您母亲就一个人跟着您父亲过来的？

王：那就不知道了，没提过。我母亲小脚，我们记事就都放了，不裹脚了。

定：那您母亲做什么呢？

严（王妻，下简称严）插话：那时候农村的老太太能做什么呢，几个大小子，整天地缝，做。不做他们穿什么。

王：补补脏袜子。整天就缝缝补补的，四个孩子。我父亲属大龙的，要活着多大岁数说不好。我母亲跟他一边大岁数。

严：我也是听我嫂子说的，结婚以后我们妯娌，说咱妈咱爸都是属大龙的，不好。我说怎么不好啊，别那么些事啊，这不是挺好的吗，儿女都挺好的，得了呗。我们那老爷子好着呢。什么话都说，老实着呢。七十一去世的。解放后了，困难时期。

定：你们那时住在哪儿？

王：就是金鱼池大街，天坛北墙那儿。我就生在那儿，生在天坛北墙那儿。租的三间房，离街也没多远，也是小棚子似的，据说那房子从盖上就那么晾着没人住，不是这儿坏就是那儿坏。它头里三间是旋木床子，旋木头活儿的，后头是我们住，旁边开一个小道，我们走那小道出来。它那一趟街呀就跟龙须沟边上，后房檐儿就叉到那个臭河边上。我们睡的那铺都是两根木头橛儿，搭一横杠，上头再搭上板子，那橛儿多少日子就糟了，潮湿潮湿的。房后头是个小院似的，实际上没什么地方，顶多就是走个人。

定：当时叫臭沟是吗？

王：也叫龙须沟，龙须沟恐怕是在天桥那儿起的名儿，它是通过天桥，往西还通。说是民国多少年的时候改到地下了，东边是盖板儿，盖石板什么的。也就只盖了一巷那一段儿，就是现在济生院街南口那儿，后头就都是明沟了。明沟它也不深，脏极了，养猪的什么的，乱七八糟的什么都往那地方倒。我小时候就那样。那时候这坛根儿、坛根儿之间，不是现在这大马路，头里还是房子，都是小矮房，好像在坛根儿一边步就能上房似的。

定：坛根是什么？

王：天坛的北墙。坛墙的北墙，这是墙吧，这还一个跟儿，跟一个磨盘似的，这磨盘似的呢，下边是能过一辆牲口车吧，在这边还有一溜房子，我们住的北边这房子，形成一条街。再北边就是臭沟，龙须沟。这是解放以后，从金鱼池大街这一条街挖的地下水道，砌墙，臭沟那边呢，就填了。

严：它那沟往这边滋水的也有，往别处滋的也有。等到阴天下雨天热那会儿，6月份的时候，大尾巴蛆都往那边上爬。脏着呢。

定：原来这地方环境都差不多是吧。

严：都差不多。就是他们（指王春茂家）住的那房特别次。我们家那儿也够次的，一通连儿的柁，不是给你单搭的那个。三根柁，再弄一个沿柁，再给你盖上，都不是牢固的房，都是凑合的。棚子似的。

王：那一带都是那样。

定：那是自己搭的？

王：租的，得交租钱哪。我那会儿还挺小的。

定：你们家哥儿几个？

王：我们家哥儿四个，我第三。二哥比我大七岁，中间没有了。我俩哥哥都没上学，都摆小摊，后来我大哥带着老婆孩子，回家种地去了。在这儿不行，这儿生活也不行，这儿一直生活不行，地方没地方，工作也不好找，怎么办呢，家里还有几亩人家的地，给人看着这地。种那地。后来他们回去呢，就带着几个孩子，又给了点儿地。也好了，他那还有老一辈的那哥儿几个，哥儿仨呀，也是分散的，都在定兴。好像他回去还是我们这一支呀，要是不回去那儿就没有我们这一支了，我嫂子她们都是定兴人，本村的。

我们小时候就上私塾。我、我弟弟都上的私塾。一开始说得上学去，不上学不行，七岁吧，上哪儿上学去，金台书院吧。那时候就是老学堂，叫什么学校，是一个住的地方，听说，后来改成东晓市大街小学，再后来改成崇文区一中心。① 我也是念的那个（三本小书），我念得不错，这儿念点儿，那儿念点儿，就一个地方还时间长点，可是那会儿从小开蒙啊，都不讲，就是稀里糊涂的就是死背，等到背书的时候就拿一摞书去，挨着背。

定：那您后来在哪儿学徒啊？

王：车子营儿，油盐店，那会儿找不着事儿，哪儿找事去呀。街坊认识那儿的，给介绍了，就有个吃饭的地方呗。就是小铺似的，那会儿叫小铺，杂货铺，卖油盐酱醋、青菜、酒，就是学徒，到年下回去，回家看看吧，给俩钱儿。

严：给俩钱儿也给不了多少钱。

王：嗨这个，反正人家给……平常不给钱，就管吃，就是柜上的人啊，柜上的小徒弟啊，什么都干，买菜卖菜呀，买货卖货都干。那会儿是早上起来一直得到晚上上了板以后，还得开小窗户。我们这是连家铺，老太太都不错。

严：得卖到十二点呢，拉洋车的都回来了，也都没吃饭呢。

定：在那儿待了几年？

王：将近四年。要不怎么这记得清楚呢，等到三年以后，就让你考虑，还继续干不继续干，自己要想干，说一说，该怎么给你，今后每个月按多

---

① 金台书院是清朝中叶（1750）在京修建的一所书院，位于崇文门外东晓市大街二百〇三号。1905年后曾改名为京师公立第十六小学、崇文区第一中心小学等，1973年改为东晓市小学。

少钱。那时候日本人快投降了，买什么都，那会儿叫配给，什么东西都没有，也陷于瘫痪似的，没地儿买货去。不干就跟着我父亲摆小摊。

定：您父亲一直就摆小摊？

王：一直的，在人民市场那儿，后来合营回来了。

定：摆小摊的生活怎么样，能养活一家子？

王：勤俭点儿就什么点儿呗。反正摆小摊的都是这样，指身为业吧。你要是能卖点儿再买去，买回来再卖。生活就是穷吧。

定：生意好做吗？

王：不好做，见不着钱，钱紧着呢。像我们这个家庭，要是小孩跟老人要一分钱的时候，且磨半天呢。且得磨呢，没钱。都那样，旧社会的事，不愿意提了。那时候都这样，您找谁也是这样。

2. 那趟街都是那样

定：你们从小的时候就在这一带住，是不是对天坛就比较熟悉？

王：那会儿呀不照现在，那会儿就是生活，所以干什么也是在那一层的。我们原来在二巷住，现在一巷二巷不都没有了么，都成了一条大马路了。他们那第一巷，都是农村的，他在北京摆这摊，他村子里的人就都到这儿来，也跟着他摆这摊，这样就都是定兴人，就叫定兴摊，摆定兴摊，这是叫白了，实际上都是卖破烂的，从小市上买点旧货，回来修理修理，归置归置，摆这儿卖，就是倒一手。卖钳子，克丝钳子，管钳子。

定：还有人买？

王：有哇，老百姓不是都钱紧吗？您买鞋还买旧的呢，打包头的。人家把旧鞋买回来，坏了自个儿补上，补好了摆上摊，你看着穿上合适你就买了就穿呗。旧货摊都是那样。

往东就不价了。由一巷往东去，就我住的金鱼池大街那儿，再往东北墙根儿，都是小手工业，打剪子的、打锉的、做锯的，都是那个。还有就是玉器作，什么掐丝作，往那铜胎上掐那铜丝，再往那上头点蓝，珐琅。还有做壶的，打铜的，做铜盆的。这么大的铜盆，做的时候啊，就这么大一块方铜片，打成几块，打一个铜片，一下一下打，打完了这一片，烧，烧完了，再打，这么样打出来，再打薄了就得几个，四个五个呀摞在一块打，单独就打不了了。打来打去就成为圆壳儿了，再打就成型了，就是人把打它成型了。不像现在做钢种锅那样用模子压呀，没有。还有染房，染房也不是染大布，小布的多，土布。

严：那会儿呢都笨，那会儿的科学都不发展。

定：做买卖的那些人是不是就比较富裕点？

王：不富裕。做小手工艺的不富裕。就是作坊头，有几个徒弟的那个，也是生活方面艰苦着呢。掌柜的好比有仨徒弟，这徒弟学满了，学满了以后这掌柜的给你介绍一家，就说你要是还愿意在我这儿呢，我就说官话，一月给你多少钱。你要是不愿意在我这儿呢，我给你介绍一家，就介绍一家，介绍出去就不管了，你就自己单干去吧。生活去了。出来单干的那个呢，自己也成年了，给人家干点儿也挣俩钱，得，自己找个小屋，也弄个床子，自己镟木头活儿，镟擀面杖呀，改锥棒啊。还有的那个有条件，越来越发展，就弄两间房子，弄几个床，弄几个砧子就打铜，他就那什么，自个儿混得不错，把媳妇接上来，就跟着一块干，什么剁锉呀，一下一下，她给你打下手，干什么都是她打下手，这样呢都上点儿年纪，或者是有个小孩儿，或是把自己的侄子呀，内侄呀，接上来，小徒弟似的，跟着一块干。小手工业呀，苦着哪，冬净天儿这样，夏净天儿也那样。

严：瞅着那小徒弟又没妈又没爹。

王：我们就在那条街上住，那趟街都是那样，都是小手工业。要不说崇文区最穷呢，崇文门南边这一带，都是小手工业。

定：干这些活儿的都是老北京人还是从外地来的？

王：外地人多。定兴的就是红庙头里这一点儿。卖皮带的，把破轮带拉了做鞋掌什么的，也没多少活儿。哪儿的人多呀，山东啊，河北深县（今深州市）啊，阳原啊那一带。像拉大锯的，净是山东的、河南的。淘粪的也是山东的多。有些小饭铺，切面铺，（拉大锯）拉一天了，就上那个饭铺吃碗面哪，一斤十二两，就是那个，没有饭馆这一带。

后来解放以后，在天坛南边那块空场，开了一个物资交流会，那一个会就得到教训了，就说跟外省市订货，人家说王麻子刀剪好，跟你订多少多少，你拿不出来，小手工业都是一家一户的，出不来那么多呀，这就得走合作化，你看这就安上机器了，使那电动的锤，咣当咣当，他光坐那儿就行了，那大锤子一下一下的，要用人锉，得锉多少个印儿呀。

这一趟街呀，由一巷往东，最不行的是再往北去，那一带明朝的时候就叫六铺，它那儿都是一铺一铺的，沙子市，山涧口，大坑小坑臭坑，都是什么呀，都是鸡毛店，就是那小店，尽是那要饭的多，尽是要饭的，或者是做什么的。什么抽白面的，多啦，破被卧。屋子破着呢。就为的是到那儿打通宵。

定：那小店里住的都是旅客呀还是什么？

王：什么旅客呀，就是我说的这些人，每天都住那地方。实在没钱了就该在街上，在哪儿躺到哪儿了，就倒卧了。

定：那都是因为抽白面是吧？

王：多数倒卧是那样。他连抽连瘾嘛。死了就扣个筐。

严：光着脊梁，脱下棉袄来，就在外头太阳地底下就拿开虱子了。到处找，挤，这一天他不干别的光找虱子，知道虱子吗？明天一清早起来上那儿赶那顿粥去。

定：你们这一带还不至于到那份儿上？

王：这边都是买卖市。都是小手工业。能过。他那些人可能想当初也都不是那样的，染上毒了，抽白面儿，没钱了，抽穷了，先偷家里，然后偷外头，抽去。多数是不要强的，要强你想办法你怎么样，到果子市递递垛也行啊，就是来了货，来了果子了，先得选，不是里头有坏的么，坏的搁这筐箩里，这好的搁里头，这叫递垛。完了剩下挑出来烂了的你拿着上马路边上卖去，这不就是钱哪。

严：卖出钱来就归你自己了。

王：实在没钱你到早上菜市捡点菜叶你不是也能糊口吗。他们那些人，像那打粥啊有的恐怕还许不去呢，他有别的偷偷摸摸的。

定：那时候你们这边治安好吗？

王：我们这边治安没什么事。穷家破路谁也不想那个。说这个还是解放前的大前，就是我们小时候，后来怎么着社会也是发展。

3. 我做的这些工作，没出过什么差错

定：说说您自个儿吧。您后来怎么就上天坛了？

王：怎么说呀，解放初期的时候我二哥呢，他想从根本上解决问题，他孩子多，好多孩子，就上那个甘肃了，不是垦荒，那会儿叫什么，[1] 回来又上了红星农场。我呢，也不行，也不好干别的，也不愿意离开，就还是卖水果什么的，也不是摆摊，就是卖。后来摊贩都得领牌照，我们家就给我领了个牌照，实际上是一家子，就写我一名儿，就在人民市场摆摊儿，成立一部分一部分的，有挑花市儿、布市儿、杂货市儿，还有什么肉市、葱市、估衣市，卖旧衣裳的。我那时候就在估衣市。那就有规律了，都有

---

① 关于去甘肃之事，可参见上篇李荣口述的注释。

定价，不许还价，也不打架，那会儿还讲诚信，不许骗人，环境也不错。

从打 1951 年吧，镇压反革命，就选我当治保委员，结果呢，一系列社会主义改造，学习呀开会呀，整天就忙这个，摊也不行了。后来那边有一个大院儿，破案的什么，找过去的什么罪证吧，挖地找罪证嘛，别人还不能去呀，还得是派出所看你可靠。找上不少人呢，在那儿挖。挖一宿呢，给五毛钱……也不光是为那五毛钱。那会儿显然生活上就特紧张了。

后来天坛招临时工，找生活紧张的那些人，我说我也去。还让我带了六七个人吧。修大坛墙，整个那一圈儿，那会儿大坛墙都多年了，老往下塌，接不远儿塌一块，接不远儿又塌一块儿。我们三十多人，最后就剩了我和姓周的我们俩人。别人都不干了。

严：累呀，那一块城砖这么老厚，这么长，来回搬它。真够呛。

王：搬那大城砖，那老坛墙啊，就跟城墙的构造似的，顶子都是瓦，还有脊，两边是城砖，当间儿碴的是土。一捅就连土带瓦什么的，全都捅下来，乱七八糟还得清，清理完了，再砌。那会儿光靠我们还不行，还得建筑公司啊，从外边借来的。我就当小工，过去叫壮工，就干那个，干了一个月吧，我们俩就都转正了。

定：别人就都不干了？

王：别人就没戏了。我连干活还带给人记工，量量活呀，用小黑板儿写几个工，写写总结，也搞这个。可是实际上还是壮工，不干活不行啊。一般的是晚上回去弄。这就养成了一个习惯。反正领导越信任越得认真干，别出岔儿。

我在工程六年，然后到文化票。那会儿净搞什么游园晚会啊，舞会啊，剧场演戏呀，就在神乐署，大殿里的，院里的，搞两场舞会。院子里头都漫上水磨石了呢，墁上水磨石就里外跳。乐队是两伙儿，跟陶然亭倒着，一伙儿中乐，一伙儿西乐，在平台上奏乐。这一个礼拜在这儿，一个礼拜在那儿，来回那么倒。其实陶然亭那个也归我们管。活动越搞得多卖票的压力越大，在棚里边卖票，老排大队，特别是夏天搁电扇都不行，都热，（别的部门）跟卖票的都有矛盾，老提意见。后来成立文化票务班，我当班长，把票务班也归我，（让其他部门）能劳动的话就去义务劳动，帮忙呀什么的，那时候经常是什么都讲义务劳动。这样就解决这个矛盾了。后来把巡查也并在我那儿。

严：那会儿他累着呢，一个人管好几个班。

王：文化单一个班，票务单一个班，巡查单一个班。文化班包括殿堂，祈年殿啊，皇穹宇啊，讲解这方面。那时候都管。反正不到五十人，这三个班。到晚巴晌儿我都得记几项事，有什么事宜，或者说问题，几个班的存休、轮休，你老得想着，站到人家角度上呢，千万别给谁落下，你不给考虑到了，人家有意见。所以有的画圈儿，有的画红点儿。（每天的事）我都有记录，我就爱记，我老怕有什么事找不着根据，或者遇见什么事想不起来。我就在那儿住，我就搬到那儿去了。

严：他都不家来。家里不用他，我仨孩子哪个有病，他都管不了。都是我一人弄。

王：我在那儿，老伴全力以赴地支持我。那会儿就想将来理想实现了，社会主义了，生活都没问题。就那样想。

天坛的发展，那就单是一说了，那时候可真苦，穷啊，太穷了，整个园子没灯，就是二门那儿一个灯，我在西门，票务班在西门。晚上净完园还得上东门锁这个门去。

严：一个人儿去净园去，多危险呀。上大殿。

王：净园是大伙儿净，就是锁门的时候，人家都住到外头。让人走了我拿着钥匙，我到东边锁了就完了。

严：西门到东门就忒远了。

王：还得钻那黑墙洞子呢。叫鬼门关，打那边走，拿着电棒儿。就是养成那么一个习惯。

那会儿反正也没断了受到表扬，参加市五好职工大会，上人民大会堂。回来呀，就当工会专职干部，就选为监委，后来又让我做财委，管理账，可是我不经手钱。钱交会计，到时候会计给打条，这费呀那费呀拨款。还做了一段时间工会主席。后来我们那儿一个行政干部住院回来，由他做那个工作。我呢，月季园要搞一个全国月季会议，我们那儿有个月季园，养月季也挺出名，就让我到那儿当班长，后来会又不在北京开了，我又回到票务。那就到困难时期了，文化活动就少了，露天剧场就少了，舞会根本就不搞了。

严：他人缘儿好着呢。

王：没有几天就成立政工组，连带扩充带形势变化吧，就单独分出一部分人，成立一个保卫组。这就明确了，文物古迹归我们，实际上还是我做。后来成立外事文物组，又让我去做，就做联络外事工作。那阵儿礼节性的接待，不照现在是旅游接待，那会儿不是，那会儿要求领导出面，像总统一级的，都要求领导出面。一般的部长级的接待，就不要求领导出面了，一般的就是让我去。我掌握这方面情况呢，新来的同志就教给他们。礼节性接待一年还挺频繁的，头头脑脑的，总统啊，都是领导人。人家差不多也都熟悉，外办的或者什么的，公安部门的。我就觉得不能老是我一个人出面啊，人都一样，我就列一个表，礼拜一礼拜二……礼拜日，再轮回来，该谁谁出面，可是尽管这样，领导还是让我去，组织决定你也不好说。

定：听说您接待过好多次基辛格？

王：啊，单独接待也有几次，一块儿接待的也有不少次。像他带着总统的女儿，或者是别的总统，或者别的领导人去，像是英国女王，还有英国的那个总理，也是女的，那就得找女同志去，找女同志去领导也还是让我盯着。我就怕出问题。要出点错反正得由我承认了。可是我也要求别人：咱们出小事也是国家大事，一捅就捅到天上去。

严：有时候夜里就让上大殿去。

王：不管你什么时候通知，只要你通知了，我这脑子就闲不住了。有时候还得写出来，到哪儿要说什么。

定：您的接待就是给他们讲解是吗？

王：讲解呀，带着他们走呀。我没有能力，文化水平低，可是我也钻研……参加工作以后上夜校，一点点学的。在工程班的时候我钻工程，买砌砖技术的小册子什么的。一搞文化班呢也硬钻，找人啊，搜集资料啊，反正干哪几样就得钻哪几样，我自己考虑我也没有什么特殊的。这后来呀我就老想，那会儿念的书还真不如现在出的书，现在出的书解释这方面特好懂。那会儿背还背不过来呢，先念去吧，晚巴晌就背。实际上人家领导人来的时候，听不了那么多，把主要的介绍一下就行了。领导之间人家还要说话儿呢，你得看情况，不能冷场，这一段没人说话自己就得上去。可是外宾一般的不管领导人也好，总想把解说员揪到跟前，人家领导跟着呢，有时候确实我也……

严：他躲一边儿去。

王：人家叫我才过来，或者都排好了，我得让别人找。你就是一个导游，就是你的工作，就是你的业务，就像人家砌砖的，不就是该撮泥的撮泥，该砌砖的砌砖么。做好了，做得圆满了就得了，我也不考虑别的，人走了就完了。究竟人家领导之间说什么话，也不那么什么，接待这伙了提起上伙的事儿，绝对没有那个，走了就是走了。这是一个大的记性。可是我有一个记载，来的时候谁出面，几点到的，几点在哪儿下的车。每次都有。

可是领导之间要说点笑话，我就不记载，要不就不好。我每一个月都写一个总结，年终也有一个总结。一年有一个本，一共是多少本。现在都在档案室，都交了。我就想要给人家留一个完整的东西。开始的时候我也没考虑到，说我这东西怎么怎么，有参考价值啊，没那么好。就……就是毛主席去……

定：您接待过吗？

王：没有，就是接到通知，我就在那儿等着……第二天江青去，还有一个女同志，不过记录上什么也没有。我不记，是中央领导人，谁去我也不记。

严：那阵儿他整天不着家，一说急了，说今天我接待，我说你接待谁了？接待总理的夫人了，邓大姐了，我说哎哟，怪那什么的，他说我给你学学啊……

王：我去了，他们说邓大姐在月季园那边等着我呢，我连车也没骑，赶紧地就往那儿跑，跑得直喘呢，跑到月季园那儿……

严：邓大姐看见他了，就说别跑了，别跑了，慢走慢走，11 路吧。①平易就近人。

王：邓大姐来了，她照这么一说，马上距离就近了，就跟平常人儿似的。我再一看哪，邓大姐胶皮鞋后跟，一边一个大补丁。

严：那鞋还补着呢。

王：照相的时候她就说，别我一人照啊，就那样。真的好，真好。

严：真好，一点儿都不像说我是首长，我是怎么着，平易近人。够意思。

王：我接待过她两次，这事我还写过呢，小姚（指姚安等人）他们都看了，让我交了发表去，我说我不往外发表，我就像是上一次党课，接待一次上一次党课。到这日子了，我就想留下……这就是好像自个儿安慰自个儿似的。

定：您这辈子经历得也够多的，小时候那么苦……到后来跟那些中央领导都打交道，也挺有意思……

王：我在工程六年，文化票务六年，办公室，二十一年吧。现在多咱我也跟他们说，我没什么贡献，也没做出什么成绩来，就是我做的这些工作，没出过什么差错。

---

① 11 路是俗语，系用两条腿走路。

4. 我就念叨共产党好

定（问严）：您叫什么名字呀？

严：……这还说吗？

王：她叫严秀芹。

定：您多大岁数啦？

严：我差多少日子七十二，我们俩差三岁。我也是老北京。我祖父是农村种地的，在永定门外的木樨园，这会儿我都不认识那地儿。他后来死到外边了，他们那叫什么，跑野台子戏。出去是唱戏还是干什么不知道，没有了。然后我父亲在城里头就学了个盖房，建筑，就是瓦工啊。现在到处都盖房，那会儿谁老盖房啊，谁盖得起呀，那会儿的瓦匠半年闲，就是查补，哪儿漏了补补，哪儿塌了给砌砌，那一巷二巷三巷，那儿的活儿都找我爸爸，谁的房要是漏了就叫我爸爸，来吧来吧给修修吧。我爸爸人缘特好。那几条街都挺好的，都是做买卖的，就是我们家不摆小摊。

定：你们家也住到这儿？

严：我们住的不是，我们住在二巷。离他们也不算远吧，也得走一会儿。

王：他们老爷子一到冬天就没活。要是夏天一下雨漏房，严师傅您去，漏了，去了给修修，不就什么嘛，就不见得一天睁着俩眼还没饭辙么。要到冬天这时候没什么事，怎么办呢，可不也得备着呀。

严：那就全仗着我母亲了。我母亲也是老北京的，我不知道他们在哪儿住，我们家就是我姨跟我妈俩人，我姥姥老早就没有了，就我妈看着我姨。我姥爷是理发的，就在天桥，原来他们有个门脸儿，后来理发也不行了，就剩我姥爷一人跟我姑姥姥他们了。我姥爷等到不能干的时候就上我们家去了。我就听我妈一句两句地说过。我们家里，嗨，从来就是穷，都不想上边的事。（笑）

我们家两辆车子，两辆打线的车，我们就给织袜子的打线儿，打织洋袜子的线，四个桃子搁到车子上，锭子似的，把线往那桃子上头绕①，我妈就整天摇那个。你要按这会儿来说，打这一捆线，要是二十的，就是二百支是一捆，两块钱一捆；要是三二的，三百二十支是一捆，四块钱一捆，可那细得跟头发似的，不好摘着呢。我妈她要是打二十的，再有我姐姐她们帮着

---

① 桃子也称线桃子，是用竹木制成的绕线工具。

点，一天能打一捆。三二线的就不行，打不了那么多，细呀。等到摇到晚巴
晌饿了，我爸冬天没活呀，怎么办呀，就帮着做做饭什么的，我出去买买东
西挑个水，后来买东到西做饭干什么，都是我一人，我就不用我爸了。

定：您也在金台书院那儿读过书吗？

严：我啊？我没文化。我就是解放以后扫盲嘛，我扫盲上了二册。就
这二年级，能瞅瞅粮票啊，布票啊，油票啊，能瞅瞅这个。

王：她整天干吗？坛根儿捡煤核。倒土的都倒到坛根，根底下那儿。
像她们捡煤都上远处去捡去。

严：上二道山门捡去。西门那儿是头道山门，到这儿永定门这边是二
道山门，上那儿捡煤去，真有好煤。人家捡头过儿，我就凑人家底下捡二
过儿去，还得跟人熟识，认得，不认得他也不让你捡。二过儿再捡还有好
煤。真不错。

定：您小时候就捡煤核？

严：捡煤核。还打粥呢，有舍粥的。我打粥是跟着人家，我妈他们有
个老街坊叫张姥姥，张姥姥让我上她那儿去，走吧上我那儿待几天去吧怪
想你的。一清早起来，走，咱们打份粥去，布围子围严了戴上帽子……唉
小时候瞎闹就是，领着我走就走呗。

定：在哪儿呀？

王：先农坛犄角，百货公司后头。

严：去了就接那牌，那么大、那么宽的竹牌，要是满牌的红啊，就是
给一份，一份就多，要是你来晚了就不给你那么多了，就给你勺子尖上那
一点儿。我们娘儿俩就打两份，拿回家热热，热两碗，别人还喝一碗。再
有点干的，不就有稀的有干的么。我平常在这边（指自己家）不去打粥
去，这边没有。

我们家就惨啦。他们家（指夫家）四个大小伙子，我们家四个闺女，
我是老三。我大姐姐属牛的，七十七。她十五岁就结婚了，给了臭沟嘴那
儿了，叫什么胡同啊，现在她都没了。后来我二姐也给出去了。我们家就
剩我一人了。她们都走啦，就我一人，就我累，家里头的火是我供着烧，
我到时候还得挑水去，买东到西儿的，都是我一个人干。四个姑娘我妹妹
太小了，我们俩人差多少呢，现在她才多大岁数，小多着呢，孩子管她叫
小姨都不乐意，那你也得叫啊，我亲妹妹呀。

定：怎么比您小那么多啊？

严：我也不知道怎么回事，不着挨家儿的。我底下我妈又生了两个小

子吧，一个姑娘，三个也不是四个呢，还一个流产的，就活下我这妹妹一个。都是我侍候我妈月子，我一点也不招我妈生气，说怎么就是怎么着，我老觉着我妈不容易，弄着我们，弄着线车子咣啷啷咣啷啷这么……

王：我们姥姥后来跟着她们转到床单厂去了。打一辈子线。

严：我妈落一个床单厂的工人呢，大兴。

定：您多大结的婚？

严：我二十三结的婚。我和我二嫂我们俩人同岁，我生日比她还大十天。玩就玩到一块儿了，他们都走了我们就玩，她说你管我叫三姐啊，不许叫三妹妹。我们俩人就闹，折腾。我们一家子都挺好的，脾气都挺好。可是我一结婚就是孩子忙慌的，三个孩子，我要拿钱不够托儿费钱，干脆我看孩子了。那时候全家（收入）就靠他一人。他挣六十块钱吧。

王：开始时是一百三十分，合三十二块钱。那会儿工资都按多少钱一分，按那个折，那会儿就是一百三十分。在我去之前是发给多少斤老玉米，天坛那里边净是农场，给多少袋老玉米，我去了以后就正好赶上那个分，一百三十分，三十二块钱。

严：我那会儿就俩孩子了，没有我们老爷子了（指公公），您说这不是重担子么，一个人在家里头怎么办呢。忍着忍着就到1958年，我就坚决不在家待着，凭什么一个人在家待着呢，弄着孩子转悠，我就着急，我就想找个工作。哎，1958年成立加工厂，做嵌丝网子，拧那刺蒺藜，编笊篱，我就跟他们干去了，我都拿二十二块钱了。那会儿拿二十二块钱就不错了。

定：您后来在哪儿当工人？

王：天坛针织厂。那儿是我们组织起来的，就是挖防空洞那年，①我们有几个人出来挖防空洞，还炸油饼，也搞那个看机器，这么干起来的。我这就不错了，我怎么着，先头我退休拿多少钱呢，不叫退休，退养，拿十二块钱也不是十九块钱，钱特别不多，人家一问干吗去呢严姐？我就说我领我那一壶醋钱去。钱太少了，就您这钱还叫开工资？结果慢慢慢一年一年，多少年了，就这么长，反正不长二十，也长四十，一月老长点儿，现在给我长到四百二，每月开支有我四百二，你还有什么说的。他比我多，他也该多了。

我们过去住那房子，夏天一下雨，底下泡着，上头也漏着，那边炉子还冒着火，他下班一进门，说这还能住吗，不行，我得找领导去，赶紧回

---

① 挖防空洞，应该是指1969年前后。是年因中苏边境发生冲突，中国政府对爆发大规模战争的可能性做出越来越严重的估计，北京各机关单位街道都动员起来修建地下防空工事。

去天坛找领导，领导赶紧就来了，说不行，得赶紧搬。领导说那住哪儿呢？说让我们住西门，他说住西门不合适，西门是游览区，游览的地方，你搬进去安个家那算什么呀，那你上哪儿去呀，他说就上我办公室去吧，神乐署那大院里头，就搬那儿去了。那儿是个犄角，三面的廊子，住了三家，北边一家，犄角里头一家，墙后头还一家。进我们那门，再奔他们那门儿，我们是住一个刀把儿，一间屋子。那门口都没有这张桌子这么大的地儿，还得搁一个火，三家就一个犄角，仁火你怎么搁呀。你说我怎么忍呢，一直就在那屋子住了三十一年。1988年，1989年搬到这儿，十几年了。提起那时候，今天我还跟他说呢，我说现在谁住什么样的房啊，我听着都不眼红，我现在这套房，我特满足满足的了，我特知足。

刚到这儿来的时候，这儿还没成立居委会呢。我就爱在街道上搞搞什么活动，我是那儿的积极分子，计划生育一直是我，不控制都生俩孩子怎么弄啊。

提起那会儿我真想哭，我奔到这份儿上不容易，咱们这国家我奔得有劲，知道吗？我小时候我捡煤核的时候想这么干呢，行吗？你上哪儿干去？你只能凑人而过，人家让你凑就凑，不让你凑你就凑不了。我现在知足得了不得我，真的，没想到，我没想到。我三个孩子也都不错，都上班呢。

嘿！我就说了，我就念叨共产党好，谁说也不行，我就认为是共产党好。

第三卷　城郊编

　　我在这里说城郊，指的并不完全是北京市郊现辖的行政区划。如果约略言之，在北京的城墙未被拆毁以前，城墙之外就是城郊；在城墙被拆毁之后，郊区一度曾指二环路以外。事到如今，城里城外的概念已经越来越模糊，三环之外有四环，四环之外有五环，五环之外有六环，也许不再有止境。通州、房山不是都已经与海淀、朝阳一样称"区"了么。在20世纪五六十年代以前人们还常常挂在嘴边的"进城""出城"等词汇，不知不觉间就已不再使用了。总之，清朝灭亡已近百年，北京城郊的界限一直处在变化和扩大之中，但详叙这一沿革，并不是这本口述史的事。所以，我这里所谓的城郊，可以简而又简地一言蔽之，就是与城墙以内的这座城市关系特别密切的"城外"。当然即使这样，这个"城外"的范围也过于广阔，我其实只是在这些地方选择了几个零星的点，或者说，就是选择了几个人。

　　其实本来，对于我这部口述史来说，仅仅城墙之内的百姓生涯，已经足够完整，足够独立成篇了，我之所以还要冒画蛇添足的危险，在城郊选择几点，而且专列成编，是基于这样的考虑：

　　北京的城郊虽然也以耕地农田为主，却不是一般人们想象的农村，而有着与城市息息相关的特性，尤其在城市与真正意义上的农村之间的、围绕城市的地段，那是城市的延伸，是城市的边缘，也就是说，是城市这个整体中不可分割的一部分。在这个地段内，生活着大量与城市生活有着千丝万缕联系的人口，对这些人和他们与城市的联系，我会在下面的部分一一展示出来。再者，城内与城郊的边界，本来就不是固定和绝对的，城郊的外来人口，有一天会成为城里人，城里人也会因贫穷或其他各种原因迁居城外，这是一个川流不息、生生不已的过程。

　　不了解城郊，对城市的了解就不可能是全面的，但多年来对于京城郊区的研究，虽然也受到少数学者的注意，[①] 但从整体上说，还几乎是完全的空白，这也曾影响到我对北京城郊的认识。在这里，我选择的虽然只是区区几个点，但这些被访者给我讲述的故事，已经使我对北京城郊的了解，有了与以往很大的不同。

　　我选择的这几个点，以位于京城西北郊的居多，这有客观与主观的原因。从客观上说，由于清代皇帝活动的另一个中心——圆明园就位于京城西北的海淀，这一带确实较其他地带与城内的关系更紧密、更引人注目。

_____

　　① 我见到的，如尹钧科《北京郊区村落发展史》和相关的几篇论文。但作为国内正式出版的学术著作，却似乎仅此而已。

从主观上说，我从小在这里长大，对这里更熟悉更有人脉，也更觉亲近。而对京郊其他地区，有很多我至今仍很陌生。总之，北京的城郊，这是个太大的题目，对于真正意义上的学术研究来说，这只不过是个连正式的开始都算不上的尝试。

那条进京的古粮道
——刘子扬口述

第一次：2002 年 9 月 18 日

地址：北京中国第一历史档案馆某办公室

被访者：刘子扬

访谈者：定宜庄、张莉

第二次：2004 年 7 月 3 日

从北京到通州

被访者：刘子扬

访谈者同上

[**访谈者按**]　在铁路铺设之前，漕运是京城的命脉，漕粮由运河运抵通州，再从通州运抵北京。早在乾隆末年，从朝鲜出使中国的朴趾源，就在日记中描绘过从通州到北京一路的繁盛景象。他写通州："天下船运之物皆凑集于通州。不见潞河之舟楫，则不识帝都之壮也"；"既入东门，至西门五里之间，独轮车数万，填塞无回旋处。遂下马，入一铺中。其瑰丽繁富，已非盛京、山海关之比矣。艰穿道路，寸寸前进。市门之匾曰'万艘云集'，大街上建二檐高楼，题曰'声闻九天'……"他写从通州到北京的运粮道："自通州至皇城四十里间，铺石为梁，铁轮相搏，车声益壮，令人心神震荡不宁。"[①]

这样的场面，直到清末也没有太大的改变。那年年月月周而复始的推独轮车的苦力之中，有一个应该就是刘子扬先生的爷爷吧。刘家从山东顺着运河北上通州，然后又从通州顺着运粮道进入北京，最终在北京扎下根来。到刘先生的父亲一辈已经与北京的满族通婚。他认

---

① 朴趾源著，朱瑞平点校：《热河日记》，上海书店出版社 1997 年版，第 104—106 页。

为他的母亲和妹妹，都已经是典型的"满族姑奶奶"了。不过在这篇口述中，最生动的还是那个推独轮车的爷爷的故事，这是本书中又一个由孙子讲述的爷爷的故事了，而且这个爷爷也与前两个一样富于传奇色彩。

我对刘先生的访谈进行了两次，第一次是在他曾任职三十年的中国第一历史档案馆的办公室。第二次是他应我的请求，带着我一起从朝阳门外的关东店开始，走那条著名的古运粮道直到通州，走过当年他爷爷背粮食的运河河岸，以及潞河医院、复兴庄等他的爷爷、父母以及他自己童年和少年时生活过的地方。这实在是一次非常难忘的行程。

沿着大运河进北京，这是当年山东等省贫穷百姓入京的主要路线之一，刘子扬的祖上如此，后面还要谈到的周桂芳等人的祖辈也是如此。所以我的"城郊"这一编，就从通州的运河开始，再由东向西（而不是像内城与外城那样从西向东）地展开吧。

刘子扬，1931 年生，1960 年毕业于中国人民大学档案系档案专业，毕业后分配到中央档案馆明清档案部，从事明清档案的整理、编辑和研究，1991 年 10 月离休。

［我与刘先生去通州那天，是从地铁朝阳门站出发的，一出发就先经过

2002 年刘子扬在办公室（刘子扬提供）

南营房，所以他就从南营房讲起，引录于此，正好可以与"内城编"关松山老人的口述衔接。]

　　定：这边有个南营房您知道吗？

　　刘子扬（下简称刘）：知道！我从江西（"五七干校"）回北京以后，搬到这地方住了一两年的时间，我经常上南营房那边去，遛弯呀，南营房挨着北营房。

　　定：就是现在工人体育馆那儿？

　　刘：对对，北营房拆得比较早。修工人体育馆场什么的，20世纪50年代就拆了。南营房基本上是整齐的，一个院儿一个院儿的，每一家都有门楼，里边照我们北京来说是砖瓦房，一边是齐趟的瓦，当间儿是灰。那种砖瓦房。

　　定：齐趟的瓦是什么？

　　刘：就是不是整个儿全是瓦房，是一边一趟儿，那一般来说都是北京老百姓的房。这南营房最让我遗憾的，就是当时我不知道它要拆，那时候也没相机，也没这意识，我要知道要拆的话一定要留几张好照片，照几张完整的营房院，院墙，门楼，多好啊。等我一听说拆了，我说坏了，连个照片都没留下。

　　从朝阳门下地铁的桥，就是老的朝阳门桥，朝阳门桥的底下就是护城河。前面这一段就是刚才咱们上车的地方，叫关东店，整个是过去老北京的城乡接合处。我住的这地方叫东大桥，东大桥这儿过去也有一个桥，是出北京之后的第一道桥，对北京防务也有作用，从这儿出去之后就是大郊区了。

　　这条古运粮道啊，过去是石头的，我小的时候还是石头的呢。日本时期要修从通州到京津的公路线，要把石头起了筑成水泥的，他把石头都扒了，底下是土，一半一半的筑，先筑马路这边，再筑马路那边，也省得阻碍交通。结果那一头还没接到从北京到天津的那条路上呢，日本就投降了。所以刚解放的时候这条运粮道一半是水泥地，一半是石头的。一直到解放后才把它重新修成柏油路。

　　就这条马路啊，过去我年轻时候在潞河中学①上学的时候，保证是一个小时骑自行车到北京。通州没有看电影的地方，学生一到星期六，一下课蹬着（自行车）腿儿就往北京跑。在东四那儿有两个电影院，看电影。它

――――――――――――

　　①　潞河中学在通州区。1867年美国基督教公理会在通州创立第一所教会学校，始称八境神学院，后即改称潞河书院、潞河中学。

通惠河平津闸（即高碑店闸）今貌（定宜庄摄于 2006 年）

这电影是连放的，进来之后直到晚上才出来。

从通州到北京一共十三道闸，总的称呼就叫"十三道响闸"，哗哗哗……和这条运粮道是平行的。因为通州低呀，船从通州运河进来，进通惠河，要过十三道闸才能到北京。那个闸是双闸，你从下水下来了这个船，进了闸之后，把下头的闸闭死了，把上头的闸提开，这样水面就和上边一边平了，这船就又走，一道一道地走。我还见过呢，现在这些闸一道都没有了。十三道闸每一道闸叫什么名字我也不知道。第二道闸就在八里桥的东边。一过八里桥的那道闸叫杨闸。最后一道在 1947、1948 年的时候我们还到那儿去过，夏天到那儿游泳、洗澡。①

定：当时这一带都是大粮仓是吧？

刘：不是。粮仓都在从东直门到朝阳门当中的这一块，就是南小街左右。原来由通州到北京，一共十三个仓，通州那儿是三个仓，北京这儿有十个仓，大部分都在这一块儿。

---

① 在从通州到京城这条古运粮道上，过去有"五闸二坝十三仓"的说法，刘先生说的十三道闸实际就是十三仓，对此他在后文也有解释。明朝正统三年（1438）在京城东便门外修大通桥，从此这里成为北京通向通州的通惠河的起点，大通桥上的大通闸为头闸，庆丰闸为二闸，高碑店闸为三闸，花儿闸为四闸，普济闸为五闸，就到八里桥了。所谓二坝，都在通州，有石坝、土坝两座，详见刘先生下面的正文。

1. 基督教改变了我爷爷的一生

刘：我 1931 年出生，六月二十三生，今年七十一。六月二十三是阴历，阳历是那年的 8 月 6 日，这是后来才查的。我从小就没过过阳历生日，都是过阴历。我父亲是通州人，我可以先说说我父亲家。

我们的原籍老家应当是在山东，不知道是山东什么地方。他们是从运河过来的，就住在运河的岸上，通州的东关。他们一家子都做小买卖，卖小吃的，火烧啊，豆腐脑啊，就随着这粮船，粮船一到通州，一卸粮食的时候儿，到晚上非常热闹，那些卸粮的工人往下扛粮食的都饿了，都要吃点东西啊。我爷爷他们家哥儿三个干这个，做小买卖。

我爷爷不爱说话，他给我简单地说过。他一岁多，他母亲死了，我爷爷行五，是由他大嫂把他带大的。老大和老五差出一辈来，我大侄子比我大一百天。我爷爷跟着嫂嫂，自己得挣饭吃。所以他从十三岁开始就在粮船上帮人卸粮食。粮船到通州之后，它那粮食不是成口袋的，整个都在仓里边，粮船到了之后现装口袋，往下扛。① 我爷爷身体好，差不多一米九的个子，比我要高，魁梧，有劲儿。他跟我说刚一开始卸粮食的时候都不许穿衣裳的，怕你偷粮食呀，什么衣裳袋子都没有，只能穿鞋，所以鞋就做得特别大。因为粮食都在仓里头，你一进去之后，这两只鞋趿拉着，鞋坷垃里头就灌了好多粮食，等卸到岸上之后，回来赶紧把鞋磕了，再去第二趟，多走一趟鞋坷垃里就多留点。这一宿磕出的粮食就够一宿吃的了。这个说起来还特别形象，鞋大一点呢，能多扣点粮食，可你脚受得了受不了？一方面得掌握好分寸，一方面你还得忍着，有时候磨出泡，有时候磨出鲜肉来。反正就这样，就卸粮食。后来就允许围一块布了，刚一开始连围布都不允许，就赤身裸体。我大爷他们家就在土坝上卖面茶，每次到这儿来就（把粮食）磕打给他。有很多人，有固定的，每天在你这儿吃东西，打个尖儿。

定：您爷爷在哪道闸给人背粮食？

刘：他就在八里桥附近，第一道闸过来之后，就到第二道闸这儿，粮食就上船了。就不往这边走了。

后来他就不扛粮食了。干什么呢，推独轮车。从通州土坝那儿装上车，

---

① 自明朝修通惠河后，粮船不再过闸，漕粮都是由人力搬运到上游停泊的船中，运至上闸。咸丰三年九月初十日《实录》："通州向有游民，专恃漕粮抵通盘坝，负米为生……" 刘先生的爷爷从事的就是这个营生。

搭帮结队地，（把粮食）运到十三仓，就是十三闸，推到闸这儿给你个签儿，推一石就给一个签儿，回去拿这个签儿领钱。他身体好啊，人家都一边搁一个口袋，他在车当间儿再搭一个粮食口袋，这样人家推二石他可以推三石，挣的就比别人多。他就推独轮车（把粮食）往船上运。

定：您就是说把粮食直接运到城里来？

刘：运到城里来。还有一种是从船上卸下来之后（船）再回去，就倒上船的这一段。因为什么呢，通惠河接着运河，这个地方过不来船，就得倒船。原来这个地方叫砖坝，那边叫土坝，那边叫石坝。①

通州燃灯塔今貌

定：往这边运就比较累，倒船就不那么累是吧？

刘：各有各的累。卸船也累着的呢。

定：从通州推车到这里得走多长时间？

刘：多长时间不知道。

（我们的汽车开到通州的土坝）

刘：那边就是西岸，西岸特别高，就都是靠粮船的，东岸就一片庄稼地。只要是涨水，这边就一片汪洋。

定：当时他们从土坝往上扛粮是在东岸还是西岸？

刘：西岸，都是在西岸。

定：您说的土坝其实也没有坝？

刘：没有坝，它就是名字叫土坝。那边儿还有一个石坝。石坝那个地方就是咱们说的通惠河往北京去的那道河呀，那道河与运河的交汇处。

定：您说您伯父他们卖烧饼的地方……

刘：对对，就这儿，西岸了。粮食市儿。

你看这旁边是一条内河，这个地方叫闸桥，这边就是回民胡同，岸上

---

① 石坝与土坝通称二坝。旧日凡正兑漕粮（运京）都向石坝交兑，改兑漕粮（贮通）都向土坝交兑，有坐粮厅收米。

就是做买卖的，回民整个在通州运河边上做买卖。都是跟着运河来的，形成通州的回民。回民做小吃可以说是最拿手的，甭管家里怎么穷，出来的东西往摊上那么一搁，那就漂亮。回民穷啊。我爷爷背粮食之后，没事就在那儿摆地摊，就是蒙人啊，套圈儿，知道吧？套上你就拿走了，套不着你就拿钱买圈儿啊，就干这个，干这个的时候就在回民胡同这儿跟这回民打架，拿刀找人家去了，走到人家门口，结果他犯小肠疝气，肠胃往下坠，走不了啦，最后他一赌气，他自己不是带着刀么，就把自己割了一刀，他认为自个儿有刀伤药啊，割了之后一上刀伤药不就好了吗，结果割了之后坏了，好不了了，没有办法，快死了。当时潞河已经有西医的医院，美国立的，街坊把他抬到医院，到了医院给他治好了。

我爷爷那时候也就是二十多岁的样子，从那以后他就信基督教了。他说以后什么都不干了，就信教了。基督教四个会，[①] 他是属于公理会的。他没有文化，就在潞河医院[②]给人看门，那时候挂号讲究用那木头牌子，他就卖看病的牌子，卖了一年多。后来牧师，是一个美国人，看他小伙子还不错，送他到潞河书院，让他挨那儿念神学。当时还不是潞河中学，叫潞河书院。他在那儿念了两年多，他就是聪明，念得很不错，英语也能说了。回来之后让他当牧师，他说我不当牧师，我信教是因为教会把我的病治好了。这就不卖牌了，就给医院管药，还当会计，记个账什么的，一直到他退休，六十多岁。

我爷爷住在通县复兴庄，是原来西仓的晾米厂。1900 年以后庚子赔款，把那块地方赔给教会了，教会在那个地方就成立了一个村子，都分给了这些教民，最早的老家是 36 家，其中就有我爷爷一户，他在那儿就安了家。后来又娶了我的奶奶，生了一个小男孩儿，就是我大爷。

1900 年打义和团的时候，他已经在潞河医院，已经信了教了。就因为他信教，是教民哪，义和团一闹起来之后，就把我这个大奶奶和大爷当时就给杀了。就在东关上，那时候我爷爷他们就在东关住嘛。二十九军大刀片，就在东关这地方杀日本鬼子。第二年才卢沟桥事变嘛。

这样我爷爷就参加了打义和团，跟着八国联军一起从通州到北京。打义和团的时候他身上负了三处伤，左手的二拇指也打掉了。后来就住在庆王府那儿养病，就是定阜大街那儿。

---

① 基督教在中国的教派当时有十余个之多，所谓四个，可能是指美国在中国的四个基督教会，即美以美会、长老会、公理会和圣公会。也有说是指美国的美以美会、浸信会；加拿大卫理公会、英国公理会的。

② 潞河医院是美国的教会医院，始建于 1878 年。

潞河中学校园（定宜庄摄于 2006 年）

他跟我说到了北京之后，因为他是中国人，联军就派他去到京南，跟义和团联系，就在廊坊这边儿，黄土坡这一带，见他们的头儿。他说我出去过三次北京。他说就是取得联系，究竟联系什么问题，就不知道了。

定：他没说到那儿是谈什么？

刘：没有，具体情况他没说过，就说是联军让他出去的。他是中国人哪，联军里边中国人很少。还说当时清政府怎么样支援联军，蔬菜呀，水果呀。

定：清政府那时不是和义和团一伙儿的吗？

刘：对呀，你瞅呀，他说这些事情都是他亲身经历的，都非常清楚。我最可惜的就是没有详详细细地跟他谈过，只是听他随随便便说，他也没有说得很详细，太可惜了！

义和团闹过去之后，他继续就在医院上班，也不去搞教会的事情。那阵儿教会的那些牧师呀，潞河医院那些大夫啊，还有潞河中学那些老师呀，他们都是入教的人，入教有个规矩，不许放高利贷，那些人都有点现金哪，他们都不敢放，但是我爷爷就是那么个出身，从小就在坝上干事，像混混似的吧，他不在乎，他不仅自己有钱就放个账，他们那些人有点富余钱也交给他，他帮着放，比如说应当三分利，你拿二分我拿一分，就这样。我爷爷一直没买地，有点儿现钱，生活也很不错的。

我爷爷是非常古怪那么一个人，他说："三教九流的那些东西，坑蒙拐骗的那些东西，没有我不知道的，我都知道，但我不拿它去对别人。但别人要是拿它对我，是根本不可能的，你甭想蒙我，我也不去蒙人。"以后就是这么个处世哲学。他说几千人请他去演讲，他的题目就是"不是便宜"，在社会上有很多看上去便宜的事情，表面上对你来说好像是便宜你了，实际上后面不定隐藏着些什么东西，那不是便宜。非常深刻。

定：怎么还有几千人请他做演讲？

刘：那就是教会组织的，解放前的事。他说的都是解放前的事。解放后他就挨家那么一待，成天的，养活着小狗，把小狗训练得相当好。

定：您爷爷挺有意思。

刘：不单是咱们现在提起来有意思，那整个，当时在整个通县，都相当有名的。我爷爷少白头，您到通州，当时通州万寿宫各个茶馆所有的地方，您打听打听，他姓刘呀，就叫白毛刘，没有不知道的。

我就跟你说一个小笑话吧。他出去坐洋车，那时候他已经有钱了，人家跟他要六个铜子儿，他给人家四个子儿，人家不拉，说您再添添，他说一巴掌吧，人家一听，一巴掌就是五个子儿呗，拉上他了，拉到地方，他给人四个子儿，人说您不是说一巴掌吗？怎么还是给我四个子儿？他说你瞅我这手，我这一巴掌是几个手指头？他不是打义和团时候打下一个（手指）去么，就四个手指头。很小的小事吧？就这么个人。

我父亲到北京上学就把家安到北京，因为什么呢？他一个人跟他爸爸要钱，供他两个妹妹在北京念书。女的甭想念书，念了小学毕业之后就甭念了，等着找个婆家就行了，我爷爷就这么个思想。我父亲跟他爸爸回家要钱哪，都有策略的，早晨起来坐从北京到通州的车回到通州，是礼拜天，到了通州不提要钱的事，一个字儿都不提。我奶奶做着吃的喝的，吃着，聊天儿说话儿。我们复兴庄离火车道非常近，晚车由北京开到通县，到通县再往东到通县发电厂那地方，火车掉头回来，往北京再开二十分钟，我们家走到车站二十分钟，只听火车一拉笛儿，因为一拉笛儿的话就要进站了，我爸爸就张嘴要钱："我就要走了。"老爷子不敢耽误时间呀，耽误时间赶不上回去的火车了，赶紧给钱，要多少钱给多少钱。拿着走，二十分钟回北京。白天不能提，提要钱的话就不给你，且磨蹭呢。我儿子小的时候跟着我爷爷玩，那都重孙子啦，每次看这孩子，一分钱两块的水果糖，拿小刀把这一块水果糖切成四瓣，闹了就给一瓣，这一瓣水果糖就能玩一钟头，您看，就这么个人儿。特别爱财。

　　是 1939 年，还是日本时期呢，我们通州闹绑票的，把我爷爷绑了去了，把他那点钱都给绑走了，是我母亲给他添了点钱才把他赎回来的。从那以后他就没钱了。赎回来了之后他害怕，不敢在通州住了，就住在我姥爷那儿，住了有差不多一年，他不能老跟人那儿住着呀，就又回到通州。回到通州他就不敢在复兴庄住了，他不是信教么，就在通州南大街快到鼓楼了那地方，鱼市口里头那儿，有一个公理会的小教堂，在那儿找了一间房子。你知道闸桥吗？小楼那儿，从闸桥往北，那叫鼓楼前头，鼓楼后头，从鱼市口往东，是原来的东大街。好像那个鼓楼就是拍《野火春风斗古城》①的地方。那不是在城里边吗，就上那儿去住闲。就我那叔伯大哥天天骑着车给他往城里头送饭，早晨送一顿晚上送一顿。

　　我爷爷对他自己的身体非常在意，几十年在医院他也知道点。一天喝多少水，吃多少饭就够了，多一口东西都不吃，他那么爱吃肉的人，每天吃三块肉，切的块都得那么大，多一块都不吃，多一口水也不喝，从来不喝茶，就喝白开水。要不他活这么大岁数呢。

　　我爷爷是 1964 年九十七岁死的，就是因为太老了，一直到死时候脑子还清楚。那时候我正在顺义搞"四清"，1964 年嘛，家里给我打电话说老爷子不行了，我就骑着车从顺义赶到通州，早上出来的，到家都天快黑了。我进我爷爷住的房子，他的床就跟一个匣子一样，四面都是板儿，这边可以撂下也可以支上，怕被子掉地下啊，我一瞅把他的床都挪到屋子当中来了，他们说老爷子老想摸那电门，离开那墙远一点儿，他就够不着了，他就是不想活了，他消化系统不好，到后来每天都得灌肠，他烦了，不行了，自己不能生活了。

　　信基督教对我爷爷性格的改变非常大。我总觉得这基督教对改变人的做人性格是很有办法的。像我爷爷那样的一个人，从粮船上长大的、扛粮食推小车卖苦力的，后来又耍钱，耍钱耍宝哇，要不然他干吗跟人打架呀，这么个人，旧社会最底层的，而且还不是一般底层受苦受难的，而是在街面上混混这类的，他能够一下就笃信基督，就能改变他的性格。

　　我爷爷对整个从清代一直到北洋到国民党，到日本时期所有经过的这些事情，都非常清楚。他从底层上来，脑子又特别好使，要不然英文怎么说得那么好，他四十岁了才学英文，潞河医院是教会的医院呀，所有药品都是英文的，他都知道，你不能给人拿错了呀。对于现代史上来说，他最

---

　　① 《野火春风斗古城》是 1963 年由八一电影制片厂根据同名长篇小说改编的一部反映城市武装斗争的电影。

清楚八国联军的整个过程，还有华北地区教会的历史，比如通县北京教会的成立问题，整个情况他一清二楚。他说从入了教会到了医院之后，到六十岁从医院退休，就一直跟着这些牧师们在整个华北地区的各个省搞教会，因为他们得有中国人陪着他们，领路呀。他说他不愿意参与，但是他说他全知道。我非常懊悔的一件事情，就是我跟他接触的时间太少，他也不跟我说很多，偶尔的就说那么一句，我说的这些就都是从他那儿一点一点听来的。那时我在人大念书，星期六回到通州，又有孩子老婆的不一定顾得上，每次见上一面，坐在那儿十分八分钟，二十分三十分钟，也就是那样。到档案馆工作之后我还跟他说过，什么时候有时间，那时候还没搞秘密宗教呢，[①] 他说行。……太可惜了，不行，已经完了。

　　张莉：他有些性格特像他爷爷，好打架，现在走到大街上看见不公的事他还跟人打。

2. 父亲的家人和母亲

　　刘：我爷爷有四个哥哥，只有老大家和我们有联系。我大哥，就是我大爷爷的孙子，是去年春节时刚死的，死的时候九十二岁，我没见着他。我那个大爷爷也是活到九十七岁死的。大爷爷家现在就剩两个侄子，一个侄子现在在通县，一直是做小买卖的。到运河停运以后他们就开始种地，原来给人种点地，租点地，后来就有地了，买的。运河停运好像是同治几年，停运之后就改成海运了，咸丰以后运河虽然还通，漕粮已经不走了，通州坝上那些生意就萧条了，他们就种地了。[②]

　　被义和团杀了的是我的第一个奶奶，也是通县的人，还有我大爷也死了，他们那一支就没了。义和团闹过去之后他重新结的婚，结婚以后生的我父亲，是老大，底下还有两个姑姑。

　　我爷爷他们家都不是满族。我亲奶奶就是通县农村的人，住在通县运河东十多里地的一个村子，小脚。比我爷爷小好多岁呢。她是1946年死的，那时六十刚出去不久，或者还不到六十。比我爷爷早多了。我见过她。

　　我父亲是在通州出生的，原来在潞河中学念书，初中毕业之后到汇文中学念高中，高中毕业之后在华北工程学院学工。华北工程学院是老名，

---

　　① 刘子扬先生这里说的是他自己，清代秘密社会是刘先生主要的研究领域之一，曾参与策划编纂公安部组织撰写的《中国秘密社会》一书的全过程。近日又与张莉合作著有《清廷查办秘密社会案》（全四十册，包括研究与档案整理，线装书局2006年出版）。

　　② 通惠河漕粮的最后停运是在光绪二十六年（1900）。

就在鼓楼西大街，鼓楼刚一进去，往里头一个教堂，这边就是，他们就念了一期，连他毕业一共就 18 个学生，这学校就没了，哪去了不知道。我母亲告诉我，说他学得还挺不错。

爷爷的晚年照（刘子扬提供）

我母亲是富育女中①的学生，跟我大姑姑是同学，经由我大姑姑介绍给我父亲的。我父亲跟我母亲结婚的时候，在华北工程学院还没毕业，挺年轻，我母亲在齐鲁大学念一年级，就因为结婚了就不念了，当太太了，那时候都讲究结了婚之后回家当太太。他们在通州完婚之后，因为我父亲在北京读书，他们就在北京，在鼓楼西大街五十八号，在那儿买了一个小院。我爷爷是有钱。我就是在那儿出生的，我就出生在北京。

我父亲毕业后工作了不到三年就死了。他毕业的第一年，是在北京盖一个什么大礼堂，大礼堂当中的照明灯不是得有一个反光的碗么，到处买不着。那个时候的工程师都是包工性质的，他就到外头转呀转呀，买了一个大圆的洗澡盆，当中间儿挖个窟窿，就做反光的那个，安这个的时候从上头掉下去，摔吐血了，这是第一次。第二次是盖哪个学校的时候从三楼的脚手架上滑下来了。第三次是到石家庄修桥，发大水，大水冲下来，他自己起来之后，为了那些个木头不让水冲跑，就在身上绑了好多绳子，去把木头一根一根地拴到树上，整拴了一宿，回来之后病就犯了。把好几箱子的东西，一套画图的家伙统统都扔到石家庄，没拿回来。回来就住在北京道济医院，那

① 刘先生解释："男校女校男校女校，都是教会办的。有的是美以美会的，有的是长老会的，闹不清楚。听我姥姥说，东边是潞河中学，西边稍往北一点顺着城墙就是富育女中，当时教会学校是对等的，潞河—富育，贝满—育英，崇实—崇慈，崇德—笃志，汇文—慕贞，都是对着的。"（这八所中学都由美国基督教会设立）

是教会医院，就是现在第六医院。① 在那儿住了不到一年，他说我要不行，咱们马上搬回家，回通县老家去。就把鼓楼西大街的房子卖了，装了一大卡车，雇了一个小卧车，他和我母亲带着我和我妹妹，就回到通州。这是1935 年的事，那时候我才四岁多，不到五岁，我妹妹才两岁。转过年来的4 月份，1936 年他就死了。哎，就是摔吐血死的。人家都劝我父亲找中医看，说你这病西医没有办法，我父亲就死不看。

定：他不信？

刘：不是不信，是不敢，怕他爸爸。我爷爷不是教会潞河医院出来的吗，他死不让看中医。所以我父亲就这样扛着扛死了。我父亲我母亲都不信教，可是我爷爷真信。

我后来就一直在通县长大。那时候我母亲就是家庭主妇了，也不干什么事情，就帮我两个姑姑上学。我两个姑姑都在我家住。很快我那个大姑姑就出嫁了，嫁到南方去了，可能是跟我父亲的一个同学，他是学会计的。我父亲死的时候赔偿的保险金还不少，他挺年轻就死了嘛，大概是四千多块大洋，其中就给了我这大姑父一千块，他到美国去留洋嘛。回来正是抗日的时候，他就在湖南的煤矿，做成本会计。解放之后他从湖南回到北京，因为我们家的房子跟我闹翻了。通县那房子，是我母亲教书和用我父亲的抚恤金盖起来的，1944 年日本时期，最困难的时候，过不下去了，卖了一半。我母亲死了以后，他非得跟我要那个房子，还在通县法院告我，要跟我分家产，后来法院人家一看，所有房子的房契都是我母亲的，他们就败诉了。我就生气，我做侄子的，这房子我也不住，你如果要住随便住，你到法院告我，就做得太……我一赌气，我把房子交政府了。

我小姑姑嫁给了六必居的一个少掌柜，结婚之后他想带她回家，他们家在山西，老醯儿。结果遇着卢沟桥事变，她就回不来了。回不来了在那儿，据说是日本人打山西的时候，两人都让飞机炸死了。

定：就这一个姑姑还闹翻了？

刘：没有办法的事。后来我这个大姑姑的女儿跟我还可以，她比我小一岁，是哈尔滨外国语学院毕业的，在中国驻苏大使馆，然后到外交部，到现在还跟我联系。

（我们这时已经步行至小楼鲇鱼饭馆处）

定：小楼是个什么源起啊？

---

① 道济医院，最初是美国基督教长老会于 1885 年创办的妇婴专科医院，1912 年更名为道济医院，1952 年改名为北京市第六医院至今。

刘子扬父母 20 世纪 30 年代初的合影（刘子扬提供）

刘：源起就是一个饭馆，是当时通县有名的饭馆之一。我到通县工作以后，回民饭馆一共有三个，基本上规格都差不多，但是小楼是最老的。从我还不记事起就有小楼。小楼是个回民馆，以回民菜为主，爆肚、牛尾、爆羊肉。鲇鱼是最不好做，最不好杀的，既不爱死，又攥也攥不住，拿也拿不了，挺不好做。所以它是专门卸下来鲇鱼的肉，不能见鱼，不能见鱼刺，要是见了刺，它就失败了，就说明差点劲，手艺不太好。然后就跟焦熘肉片一样地做，吃出来得是鱼，可是不能见着刺。得酥脆，里头得嫩，老了不行。小楼这是一特色。做回民菜是要有点手艺的，有点水平的，现在已经达不到那水平了。

3. 满族妇女厉害，在家当家

刘：我姥姥家的事情我只是听我姥姥说过，因为我姥姥对我最好，我从小的时候是我姥姥给我带大的，我们不是在北京住么，我姥姥就跟着我们。

我姥姥是镶黄旗满族，不知道他们姓什么，好像我姥姥是姓孙，娘家就在海淀老虎洞，是那儿的老户。我姥姥的父亲的情况我不太知道，据我姥姥跟我说，好像她叔叔什么都是当兵的，她的父亲是在守通州八里桥的时候死的。她那个大爷是皇上赐的金脑袋埋的。

定：您姥姥不是住在海淀吗？

刘：他们是当兵的呀。

定：您姥姥他们家跟这个通州还有点缘分呢。

刘：整个的清军，僧格林沁带着，是从通州那边节节退下来的，到了通州的时候，最后一道防线了吧，就在八里桥这儿。打这一仗挺有名的，败了嘛。① 我姥姥她们家坟地在沙沟门外头，现在说是复兴门，原来叫沙沟门。后来我姥姥的姨死的时候，也是四人大杠，抬往沙沟门外头，那时候还有咱坟地，我还知道呢。

定：您姥姥的母亲也是年轻时就守寡？

刘：对，带着一个女儿三个儿子。再往上我就不知道了。我姥姥她父亲不在了，就这么一个女儿，她当家，她十几岁就在家当家。她父亲要是在也不至于让她当家。解放前的时候我还见过她的诰命，一卷，装在一个铁筒里头。

定：是您姥姥的父亲的？

刘：我姥姥的！正二品诰命夫人。在慈禧的时候，她有时候就进宫去，去陪慈禧玩玩牌呀，老得让慈禧赢。还比如说，"这姑娘，你鞋是你自己做的吗？做得真好看"，你马上就得给她做一双。当然她赏你也是真赏你。

定：他们家是内务府的，有钱？

刘：那是肯定的。我姥姥家的三个弟弟，大弟弟是内务府管银库的，她的三弟弟，就是我的三舅姥爷，是慈禧的内廷侍卫。她那个二弟不成人，吃喝嫖赌什么都干，几次犯法，我姥姥出来靠到门这儿，就谁都不敢进他们家抓人去。我姥姥能那么小就在家当家，做正二品，不是因为我姥爷的缘故做的。后来下来个差事，他们满族都有名儿呀，到时候该放你差就放你差，给她二弟放到上海关，肥差呀，他不去，是让我姥姥的姨的儿子顶他的名去的，一直做到国民党时期。

我姥姥的姨家就在西直门里头，北达儿胡同。从北大湾一直到西直门，大湾大街的房子都是他们家的，一个大院子，还有山水石这个那个，阔得很。原来不怎么样，就是因为在上海海关嘛，后来他的儿子也到了上海当少爷。我那个小姨（指姥姥的姨的女儿），我管她叫姨姥爷，其实是老姑娘，也是一样，在家当家，厉害着呢，她的嫂子、侄子、侄女，这一大家子谁也不敢惹她，她管家呀，说什么就是什么。他们家我也去过，在北京城里大概有五六处房子，现在赵登禹胡同，辟才胡同里头，跨车胡同一号。

清朝倒了以后，她娘家逐渐就破落了，就没有什么钱了。

---

① 八里桥距京城二十余里，是由通州进入北京的咽喉之地。第二次鸦片战争爆发后，英法联军于1860年（咸丰十年）攻陷天津大沽，僧格林沁率领蒙古马队、步军从天津撤防到八里桥，以少有的勇敢迎头痛击联军，但仍遭惨败，结果英法联军攻入北京。

　　旗人的妇女是能干，厉害。因为在俸饷那种条件下，男人在外边打仗，家庭是靠妇女，家里就得她撑着，所以一般出嫁晚。我姥姥出嫁时已经很大，起码三十岁。因为在家当家不嫁呀，附近谁都惹不起她。

　　要说我姥姥的性格，我就说一件事情。她说她从十六岁就开始抽大烟，跟我姥爷结婚的时候戒的烟，要出阁了不能上人家抽大烟去啊，从十六岁到出阁，我估计那时候差不多小三十了，十几年的大烟瘾呀，又没有什么药可吃，咔嚓就戒了，就是不抽了。一个女人，这种毅力！

　　一直到我小的时候，我姥姥还抽旱烟，她有一个黄布口袋，里头搁的是大烟籽儿，如果阴天下雨的时候捏上几个大烟籽儿掺到旱烟里头，抽起来特别香，我还抽过呢，不上瘾。我那姨姥姥家都抽大烟，解放前我不是经常上她家去吗，有时候放寒假暑假上她们家去玩玩，我那小姨给她，给我姥姥的那个姨，给她们熬大烟，烧烟，我都知道。

　　定：那您对您姥爷的事知道多少？

　　刘：我就知道我姥爷是正蓝旗的，原来做过官，也有文化。清末，光绪到宣统时期官制改革，之后成立了一个东城、西城、海淀管地方的什么局，他最后就是在那儿，从那儿下来之后教书。就在小西天，我记得有一个大高坡，上去是个庙，私塾，我姥爷在那儿教私塾，现在这个地点我就摸不清楚了，总的名称叫小西天。我姥爷他自己一人过，我姥姥就说他"死了"，他们合不来。我妈妈大概也很少去。

　　定：您母亲没结婚的时候他们一块过吗？

　　刘：不。我姥姥一直在她娘家住，始终在海淀老虎洞住，生了我母亲以后也在老虎洞。我妈妈跟我说过，她从富育女中初中毕业之后，曾经回到海淀，这是在1927年以前，她参加过李大钊在那儿组织的什么班。1927年大革命的时候，李大钊是见不到了，那个班也就没了。从那开始她到天津杨柳青去教过一年书，也是躲这个事。从那儿回来，才又到富育去念书，后来又到山东的齐鲁大学。所以我知道她在海淀住。

　　定：后来她出阁以后也没跟您姥爷过过几天哪？

　　刘：好像是因为什么呢？我姥姥跟我说过，因为我姥姥没有儿子，她就是我母亲一个女儿，我姥爷不干，他就抱了一个儿子，自从抱了这个儿子之后，他们就不在一起了。我姥姥烦他抱这个儿子。

　　定：他抱儿子可是没娶妾？

　　刘：对，后来这个儿子十几岁的时候跑到东北，又从东北跑到日本去了，到四几年时候他曾经回到北京，见到过我姥爷，但是我们不太清楚。

　　我打小就没见过我姥爷，后来我爷爷被人绑了之后不是在我姥爷这儿躲了一年多么，到那时候我才见过我姥爷，而且我还去过一次，所以我怎么知道他在小西天住呢。

　　定：他就娶了您姥姥，没有再娶？

　　刘：对。我母亲结婚的时候我姥姥就跟过来了。

　　定：您姥姥也跟着你们到通县？您觉不觉得她和别的老太太不一样？

　　刘：跟着我们到通县。也没有什么不一样，那时候我们和外边接触太少。反正我姥姥最疼我，我从小就跟着我姥姥长大，跟着我姥姥睡觉。我妹妹跟着我妈妈在北房，我跟着我姥姥在西房。北房是我父亲结婚时候自己设计的，他盖的房子跟普通的不一样，中式的房子，内装修都是西式，西式的落地窗户，上下拉的。我爷爷他们住在后院，因为我爷爷的房子是灰顶子的，所以我父亲这北房不能超过他的高度，也不能盖瓦。我父亲就把瓦都盖到灰底下了。西房是普通的房子。我一直跟着我姥姥，一直到十几岁的时候，我姥姥把我惯得不行。

　　定：您姥姥和您爷爷能处得好吗？

　　刘：他们基本上不接触。前后院，我们在前院住，他们住在后院。后来我爷爷和我姥姥还可以，因为我姥姥给他做饭吃。满人，各式各样的饭她都能做着吃。我爷爷有些饭都没吃过，比如烙糊塌子，好吃，汉人没吃过这个。还有什么打豆儿酱呀，咸茄儿呀。

　　定：什么叫咸茄儿？

　　刘：就是茄子。买秋天的小茄子，每一个茄子上头都得带皮，切成扁块之后，把黄豆搁油里头炸一下，炸出黄豆味儿来，完了之后把茄子搁里头，搁酱油，一滴水都不能搁，用微火把茄子下面的汤和那点酱油还有黄豆煮熟。黄豆的味往上蒸啊，把茄子熏的那黄豆味，好吃。我姥姥会做好多好吃的，都是这些小吃，具体我都记不清了。反正烙芝麻酱糖饼那是一绝，回回的我就爱吃那芝麻酱糖饼。我妈妈管，老吃老吃还行。哪次都是我姥姥给我往被窝里送，让我躺被窝里吃。我姥姥能干，她从十六岁当家她能不能干吗？针线活儿不能做，就会做饭，什么都会做，做得也快，也好吃，她也会吃，她从小就吃过嘛（笑）。

　　定：您觉得您姥姥给您的影响大不大？

　　刘：挺大的。她对我的影响，很重要的一个方面，就是生活上的一种习气。吃呀，喝呀，生活呀，起居呀，这些方面，她专门有一套东西，别的影响倒是次要的，因为她是个家庭主妇，是个老太太呀。思想上她不会给我什么东西。

定：您姥姥识字吗？

刘：不识字，一个字儿也不识，可是打麻将她认识。她很重视我母亲的教育，能让她读书。她这人可以说不是那么挺守旧的人。所以我母亲从小受这方面的影响吧。

定：您母亲是不是从小就一直上的西式学堂？

刘：刚一开始的时候是读私塾，跟着我姥爷在家里头念的书，后来就上西式学堂。

定：那时候您姥姥怎么就肯把她嫁给一个汉人了？

刘：不知道。她是自由恋爱，是由我姑姑介绍的，我姑姑比她小，管她叫姐姐嘛。她跟我父亲认识以后就结婚了。

定：您母亲给您影响大还是姥姥影响大？

刘：我母亲。我母亲这个人是非常有本事的一个人。后来她的老师我都见过，都认为她在整个的富育女中来说是一流的，是出类拔萃的学生，她后来上的是文学系，文采特别好。我父亲所有的合同啊，工程上的东西，文字的东西，都是我母亲替他写。

定：您母亲身上旗人的味儿还多吗？

刘：不太多，但是也有，厉害吧，也是当家。我父亲死得早，我母亲一个人，都是我母亲在家当家。我父亲死的时候，我大爷家和我们家有一个不成文的协议，就是让我这个大哥跟着我们家。当时我小，家里就是我母亲、我爷爷、我奶奶，还有我姥姥，一家子大大小小的，没有男人哪。我这个叔伯哥哥比我母亲才小十几岁，比我大好多呢，正经是个男人哪。他一直就跟着我们家。我爷爷不是躲到城里头住么，他

刘子扬之母赵志青 1954 年 2 月 15 日在通县（今通州市）职工业余学校门外准备下厂了解教学情况（刘子扬提供）

就骑着个车，天天给送饭。在家就归置归置，干个活儿什么的。然后我母亲在外头教书，就这样。

我母亲姓赵，到通县打听赵校长，从警察到做买卖的、摆摊的都知道，整个通县大大小小没有不认识她的，因为她是职工业余学校的校长啊。

我母亲原来在富育小学当主任，解放的时候她不干了，因为解放前我就参军走了，家里就有我姥姥一个人，还有我爷爷，我妹妹也上学。1950年的时候通州教育局的、工会的到我们家里，请她去办职工教育，去了几次，她没法儿推辞，就出来在通县职工业余学校当校长。通县职工业余学校很大的，从高中初中一直到小学扫盲。后来那是1956年，成立高中之后，规模大了，建立党支部，说还让她当校长不行了，她不是党员啊，就给她派了一个校长，是党员，说你就交吧，给你一个月的时间，把工作交代一下，她说不用，三天就行。就因为这个，通州市市长、宣传部长什么跟她谈了几次，她都想不通，她说事情我可以不干，但这事情本身来说你们就是不对，然后就让她到富育女中去教书，当教员。

1957年"反右"就完了，那是1958年3月，好像他们怎么是"右派"人数不够，就说她反对党的教育政策，还是因为这事，打了个"右派"嘛。

我母亲跟溥仪一边儿大，1906年出生，1979年死的，七十三。我姥姥也是七十三死的。

我姥姥陪嫁的两个大黑箱子，从帮到底通通都是全樟木的，一直到她死，就这两个箱子，谁也不能动。里头也没有什么好东西，破破烂烂的，就搁着她那铁筒儿诰命，还有一个紫貂的马褂，好像是我姥姥的父亲的，我姥姥保存下来的。已经不是一个完整的马褂了，我父亲上大学的时候夜里头老加班，画图什么的，我姥姥怕他冷，就把她保存在箱子底下的这个马褂给他拿出来，改成小皮袄给他穿。我父亲死了之后，我母亲就一直留着这个，谁也不能动，等到我从部队回来之后给我了，我就始终放箱子里头搁着，一直保存着。

我姥姥的漱口碗儿我现在还留着呢，花堆儿，都是明代的，里头搁花瓣儿的熏的什么，是我姥姥的。还有五彩饽饽罐，装点心的大瓷罐，两个是康熙的，两个是乾隆的，大闺女她要，拿走了。

4.10月19号凌晨渡过鸭绿江

刘：我是在通县长大的，从小学到中学，到高中。1949年1月27号通

1951 年年底刘子扬因病自朝鲜战场回国治疗，此照 1952 年元旦摄于松江省（今黑龙江省）鸡西县（今鸡西市）人民医院（刘子扬提供）

县解放。通县解放比北京早，是旧历的十月，北京是 1 月 29 号，阳历。我是参军走的。当时我已经参军了，我们部队在大红门那儿。1949 年 1 月、2 月份开始南下，那时候我在军文工团，跟着部队搞救护哪，宣传哪什么的，从北京出发就直奔打武汉，完了一直到广西，抄白崇禧。回过头来之后就奔海南岛，雷州半岛，打完海南岛之后回来到广州，到广州的时候接到的命令，十天十一宿，就从广州到的安东①。到安东那儿之后，原来说是进行两个月的政治训练，就是搞爱国教育，然后再进行两个月的军事训练，结果两个月的政治训练刚完，美国不是侵略朝鲜么，军事训练刚开始，不行了，第一批我就去朝鲜了。那时候每天晚上拉练，出去紧急集合转一圈，走一宿。那天就走走走，走过去了，从安东大桥那儿过去的，那天是 1950 年 10 月 18 号，晚上，19 号凌晨过去的。

定：记那么清楚？

刘：那敢情。我们那个时候，部队文工团讲究要下连队，在部队住下，排个戏呀演个剧呀什么的，只要部队一行动我们就跟着部队走。我们过去的时候就是跟着部队下到连队过去的。抢伤员，抢人家地势，组织后勤哪。整个五次战役，我们就在人家那飞机坦克大炮的射程之内，没参加打仗，只能挨打。第四次战役第二阶段完了之后，连队正在调上文工团，没有多

① 安东在辽宁省，今称丹东市。位于辽宁省东南鸭绿江与黄海交汇处，与朝鲜民主主义人民共和国新义州市隔江相望。

久我就犯心脏病，骑马都不行，坐上汽车送到后勤医院，从安东一直到黑龙江鸡西，休养了一年。然后我说我就回部队吧，一个日本医生，那时候是咱们留用的，他说："你还回部队？我告诉你，你这个心脏啊，今后能干点什么就干点什么就完了。"

定： 那么严重？

刘： 六个月没让我下床啊，下了床之后我都不会走路了。这样我当兵当了五年，转业之后就回到通州，在通县市人委工作。第一年刚从部队下来，谁都不认识，没有私情啊，就搞劳动调配，哪儿要人哪，该怎样怎样啊。第二年搞工商管理，摊贩管理。第三年搞教育局的基建，干了没有几天，又让我去筹备成立体委。我一看不行，我工作了两年多不到三年，就换了四个工作，这事我不干了，我得上学。当时我已经报了统一高考了，市人委的秘书跟我挺不错，他给我念了个通知，说人大档案系要提前招生，我可以试试。我就准备。到北京前门那儿住了一个小旅馆，住了不到一个月，就这么考上了人民大学的档案系，然后就四年念下来了。

架松，架松

——白四口述

时间：2007 年 5 月 9 日
地点：北京崇文区华威西里小区 7 号楼
被访者：白四
访谈者：定宜庄
在场者：夏晖

[**访谈者按**] 按照中国传统习俗，人死之后要实行土葬，但又不可能葬在城市里，所以北京城市周遭，就出现成片的坟地。皇家的坟墓称陵寝，明帝有十三陵，清帝有东陵、西陵；王公的坟地称园寝，清代亲王、郡王的园寝分布于京城近郊远郊的许多村落。此外贵族官僚乃至平民百姓的坟茔，不必一一细数，最穷困寒酸者，大概就是后面将要出现的一篇访谈所说，只能买一处"坑口"的了。① 皇室王公和其他有权势者的园寝坟茔，都有专人专户负责守护，人们将他们称为守陵户、看坟户、坟户，守坟日久渐成聚落，那村落便以公主坟、十王坟、索家坟、高家坟、贾家坟等"坟"来命名，北京郊区以坟命名的村落，实在是太多了。②

有关坟地与坟户，本书前面诸多口述中都有涉及。如在第一卷第二单元"天潢贵胄"中，毓旗谈到郑亲王的园寝在京西八里庄、金励衡谈到英王阿济格的园寝在京东的八王坟。而金秀珍和金竹青姑嫂的口述，就是从金女士夫妇出城守坟开始讲起的。在第一卷第十七篇戴

---

① 参见本卷第三篇张强口述中有关西直门外的"坑口"部分。
② 关于京郊的坟墓和看坟的坟户，已有一些专著与文章发表，可见冯其利《清代王爷坟》，紫禁城出版社 1996 年版，重点在实地考察清代诸王坟的地点、规制与变迁。另有金启孮《北京郊区的满族》第三部分"园寝附近的满族"，重点讨论他们先满化后汉化的民族认同（内蒙古大学出版社 1989 年版，第 81—92 页）。其他的则以介绍性为主了，此不一一。

鑫英的访谈中，也有关于他祖母娘家是"坟少爷"的故事，而他说的坟少爷看管的肃王坟，就在架松。①

架松的肃王坟是清朝八家铁帽子王之一肃亲王的园寝。有清一代二百余年，共有十几位肃亲王，其中有四代五王，就都葬在这里，他们是第一代肃武亲王豪格②、第二代显懿亲王富寿和他的弟弟温良郡王猛峩、③第四代显谨亲王衍璜④，还有最后一个：肃忠亲王善耆。⑤他们的坟地，也相应而有老坟（亦称架松坟）、大王坟、二王坟、新坟与花园之称。

架松过去曾是北京的一处名胜。20世纪30年代人著《北平旅行指南》称："架松，在广渠门外二里许，松植前清肃王墓前，共六株。松本粗皆数围，苍劲古老。其树身曲折，枝干纵横，穿插下垂，多作龙蛇翻舞之状。因其上既蔽日横云，下使游人俯首，故以朱柱支之，始得是名。"可惜的是，我们已经再看不到这"横荫十亩"的六株古松的风采了。如今，这个地区称为劲松，位于东二环光明桥东南仅仅一公里处，是北京人口最密集的居民区之一，在鳞次栉比的高楼、拥塞不堪的车流和汹涌澎湃的人海之中，很难想象当年坟茔的松涛林海，当然，如果没有夏晖的帮助，我也无法追寻到守坟人后代的踪迹。

劲松居民区始建于20世纪70年代后期，架松村的守坟人后代，由此而"农转非"成为城市居民，集中搬迁到华威西里那栋高达十六层的七号楼中，我就是由夏晖带领，在这栋楼里找到白四先生并为他做了这次访谈的。我在前面也曾提到，关于王爷坟，已有诸多研究成果出版，而我注重的，是作为北京郊区一个特定的、数量相当庞大的人群，这些守坟人的生活方式与变迁，以及他们与坟主和当地其他居民之间的关系。

在找到白四先生之前，我曾与在楼前闲坐的一群老人聊天，其中

---

① 戴鑫英先生所述内容与这篇访谈略有出入，可互相参照，不过此篇应该更为准确些。

② 肃武亲王豪格是清太宗皇太极的长子，顺治帝福临的长兄。他的坟俗称老坟，亦称架松坟，位于今劲松三小的位置上。

③ 富寿是豪格第四子，顺治八年袭爵，改号肃显亲王。温郡王猛峩是他的弟弟。当地人称富寿为大王，猛峩为二王。故有大王坟、二王坟之称，位于老坟西北。

④ 显谨亲王衍璜是第四位肃亲王，他的坟墓称"新坟"，在报觉寺东侧。1965年以前一直是架松小学校址，直到1966年才将学校迁到老坟，新坟的建筑大部被拆除。

⑤ 最后一个肃亲王善耆，1922年病故于青岛，灵柩运回架松村，墓地用显谨亲王阳宅改建。因肃王府在这里栽种果木并建花洞子一处，故称花园。以上并参见冯其利《清代王爷坟》，第91—95、99—100、105—106页。

显谨亲王坟（摄于 2003 年，该牌子今已不存）

有一对老夫妇，丈夫姓程，自称祖上也是看坟的，原先可能也是旗人吧，他说因为自己不识字，参军时就报汉族了。我把他对我讲的有关架松的情况，用仿宋体字插在这篇口述之中，以作为对白四先生谈话的补充。

夏晖出生于 1981 年，也是守坟人的后代。他因为对架松的历史、文物以及知情的老人们都在迅速离去怀着深深的焦虑，而主动找到我，并专程陪我一整天，去踏寻旧地和访问老住户。对于年青一代追寻老北京文化和历史的热情，我的感觉是喜忧参半。喜的是在这些"新新人类"中，终于有人认识到了"旧"的、也就是历史和文化传承对人的价值。忧的则是，他们的祖辈和父辈所能留传给他们的，已经几近是一片废墟了。

1. 架松的肃王坟

定：您今年……

白四（下简称白）：七十二，属猪，1935 年的。架松这个地区五几年如果要保护起来，比龙潭湖的地都大。

定：架松这地方过去有名啊，谁都知道。

白：可是现在谁都不知道。连他们大人（指夏晖父母）都说不清。

显谨亲王坟大殿（定宜庄摄于 2003 年）

以前龙潭湖啊，是里潘家窑，里潘家窑外潘家窑，知道吗？不是有这么句话吗"里九外七皇城四"，① 外城的城砖就是里潘家窑烧的。这儿呢，叫架松，架松坟，肃王府（的坟），后来改了叫架松村。

由潘家窑往东，那儿先头有个报觉寺，是个家庙。这个新坟地，现在架松那边他们都管这个叫庙，这不是庙，就是新坟，架松先有的架松坟，后死的王爷埋到这儿，就是新坟。顺这头再往东，整个就是架松。庙这边拉呢，从这股道往西，顺这第一个红绿灯到第二个红绿灯往北到东里头，那是一个花园，大花园，都是肃王府的。我们架松先头有上马石下马石，就这儿，这不是有一个理发馆吗，理发馆的后头，这是一个下马石，我说的那个家庙，那是上马石。架松这边拉，南门不开，就是进西门进东门，到时候了，到点儿了，"当当当"一敲点，东门也关上了，西门也关上了。

定：这地方还有点？

白：北京城不是"九门八点一口钟"吗，一口钟你知道挨哪儿吗？

定：不是崇文门吗？

白：崇文门。崇文门也有故事。修那门的时候淘水，随淘随砌……（故事略）这说的是老桥那儿，现在成了地铁啦（笑）。故事多了，皇宫那

---

① 这里说的运粮河其实不是通惠河，而是萧太后河。

个角楼子……（故事略）有这么个故事吧？

　　现在这股道往北，以前是运粮河，跟二闸通着。

　　定：那就是通惠河了？

　　白：对。①

　　[**程**：打那东门外头有一大道沟子，那是一道运粮河过去，一直通到十里河，由十里河往东南走，一直通到天津。十里河那儿有个老爷庙，老爷庙再往南有一个娘娘庙，离这不远，一里多地吧。那老爷庙台子不小呢，没解放之前还唱戏呢。老娘娘，跟西山（妙峰山）的似的，有庙会。大钟的话得仨人搂，有两米高。]

　　白：就我说这个新坟哪，它里边就有一个坟头，大坟头，有宫门哪，现在就剩这个大殿了。大殿里头有一些小房，木头房，里头有一个桌子似的，供三个牌位。大殿外头呢，有一个白玉石的（案子），上头有一个这么厚的、白玉石的坛子似的，往那儿一搁。上头的这么宽，也就有一尺来长，这么预（粗之义）的一个铜的什么。咱不懂啊，咱不知道是干什么的。小时候看见过，就是跟那里头长大的嘛，那绝对一点错不了的。那里头的天花板，没事玩去，小时候到那里头藏猫儿去，顺这天花板里头的一间房上去（躲起来），那谁也找不着。那儿有个疤瘌，木头疤瘌，是几个孩子给捅的，捅了看哪儿呀？看天坛，天坛的那个坛，那绝对没错。现在让楼都给挡住了。

　　就说这罗墙……就是那个大殿。大殿四围砌的墙就说是罗汉墙，那里头的棺材，木头都这么厚（比画约有一尺厚），都在坟头里。我再跟您说一点儿，我也爱说啊，我那时候还小呢，日本时期闹土匪，有盗墓的，顺这个罗墙啊，这儿，盗了一窟窿。盗一窟窿以后呢，我们那儿有一姓曹的，曹达仁，就是曹松庆他大爷，放羊，那边净是草啊，盗墓的把那板子搁到窟窿上，盖上了，羊这么一走，木板一翻，才知道那儿被盗了。这咱们就得报吧，那时候洋灰还不多呢，是关家，弄几辆大车拉沙子、洋灰，全是肃王府出钱。谁进去的呢？任五，他胆大呢，让他下去，下去一瞧啊，里头是水，水里头有一小船，那船一见空气就过来了，他拿电棒一打（意即打开手电筒一照），那船上有灯，灯一见空气就灭了，然后他上来让别人下去看，也是。就是那个坟哪，盗墓的没盗走。怎么没盗走呢？有那船哪，你过来不是得上船么，你也不知水深水浅，不敢上，这么着，给墓留下了。

---

　　①　这里说的运粮河其实不是通惠河，而是萧太后河。

定：这也是传说了。

白：不是，这是我看到的。船我没看到，那盗墓留下的地儿我看到了。你让我找，我还知道那个地儿，可是现在都是人家的院子了。

现在你要问他们整个架松村有几个碑亭，他们说不上来。五个！张嘴就得说五个。这说的是大碑，不说小碑，小碑就是露天没有碑亭的，大王坟也有，没有碑楼。（大碑）这边是满文，那边是汉文，一雄一雌。大王坟俩，一雄一雌，圈里头俩，一雄一雌。

定：我不懂这一雄一雌是怎么个意思？

白：雄雌就是公母啊，公的、母的。

定：碑怎么还有公母啊？

白：就是做的样式不一样啊。就是立的碑，一大一小，具体写的什么字，都是肃王的东西。那时候新坟的大山子后头，那大杨树，不是六棵还是七棵，反正七八棵吧，一个人搂不过来。西边有一棵柳树。靠大道上也有几棵。那山子上头都是松树，一片松树，柏树，都是这个，那时候有点儿小风啊，一进山子"哗——哗——哗——"响。过去到我们圈里头，老有几片网，叫子呀，贺子鸟啊，都有。新坟的大山子现在都摞平了，解放以后，□□□他们卖黄土啊，拉出去都给卖了。

树现在这边还有几棵，就是在十三号楼的后头，还有一棵大槐树，从槐树西边，整个在圈里头，给碑楼整个围起来了，这树枝都是横着的。

[程：最细的枝都比这树（指马路边碗口粗的树）还粗哪，都是横着的，用杉篙①给架起来，六个人搂不过来的树嘛，碑亭那亭子特好，夏净天儿特凉快在那儿。"文化大革命"才拆。]

白：不是，（碑亭）"文革"之前解放军给拆了。一乍来他们是炮兵，六门大炮，整个儿把这马路这边，占了。不是1952年就是1953年，就是这两年。

[程：都没了，就剩一大殿。剩一大殿还乱七八糟。花园子拆啦，小庙拆啦，北边那两个碑楼也没了。毁啦。]

定：我看见的那几棵都是死树。

白：那几棵死树是□□家弄的。不信您去挖去，它绝对缺根。解放以后他没辙啊，刨那根，刨这么宽，这么长，一棵树刨三根两根的，当劈柴使了。树跟人似的，本来它就老。结果他进法院（应是监狱之误）就进了

---

① 杉树树干砍去枝叶后制成的长而直的杆子。建筑施工时用于搭脚手架。

肃王坟的阳宅墙内（定宜庄摄于 2003 年）

二十几年。现在活着的好像是三四棵吧，是在东北角，让人给保护起来了，还真好。

2. 肃王坟的看坟户

［程：没解放的时候，那架松圈里头没人敢去。圈里头有西门，西门外头是下马石，南门外是上马石，甭管你多大的官，你走到那儿，你也得下马，下马石早没了。要是没解放（外人）跟这儿住不了，给您扒一层皮，这土霸王了不得，这解放我还受欺负呢。

定：这架松的坟圈方圆得有多少里地啊？

程：没有多少。小学校（指现在的劲松三小）就在那里头。

定：那他们一家有多少房啊？

程：嘿，那房可多了。都是看坟的房。有个七八十间吧。

定：看坟的都干什么，是不是都种地呀？

程：公家给关银子，那会儿。我还没看见过呢。还没我呢。］

定：你们这几家过去就是管看这肃王坟的？

白：哎，就是看坟头的，就是这儿看坟。都是多少辈子的老住户。说架松的老住户，我这岁数都不算了，我这岁数之上算老住户，那才成。先头啊整个架松村，谁说有多少户，让他说他说不上来。我就告诉您，整个的架松村，三十六户。后来了，一点一点地掰了，那就户多了。

定：您说的三十六户是什么时候？您爷爷的时候？

白：哎。六个姓，三十六户人。架松啊，有一外号："哈一党，夏一窝，谁家没有关家多。"关家人多。刚才都说六户，不全是。在这里头，像我们这户是白家，我们家人少。哈家，曹家，夏家，关家，还有钱家。……还不对，还有赵家，还有任家，任家人少，就一家。都是老住户啊，都是大王坟、二王坟，娘娘坟，新坟。这你上外边别人谁都说不上来。我是走不了，要是走得了咱们一块儿去遛这几个地儿。

大王坟有关家、白家、金家，金富贵，金世良是金富贵的父亲；两家赵家，赵文彬赵文光；一家张家，一家鲍家，鲍志良。二王坟是马家，马什么我说不上来了，就知道马五马六，现在活着都得一百多岁了。完了这边拉，娘娘坟……

定：也是肃王的？

白：哎，有江家、夏家。也有的人都绝了。到这边新坟呢，马家、白家、王家、前河沿后河沿江家。架松圈里头，东边拉，东门里头，姓夏的，夏庆福，老辈不知道叫什么啊；西门一进门到南里头，姓钱，钱祥慈，九十多死的，刚死，没有二年。道北里头，关家，关家后头，姓曹，曹松庆……你看佟家都不是咱们架松的人，佟□□他妈是架松的姑奶奶，是左安门佟家的，他们是做轿子的。外潘家窑是大苇坑，大苇坑都是关家的。

定：这些人名您还都说得上来。

白：我多少得给你说几个人名大概齐，不能胡勒呀。

定：你们家是从哪辈过来看坟的？

白：反正我知道我们是正黄旗。我们这都是正黄旗，说多少辈过来的就没传过来了，老姓也说不好，反正到我这辈三辈都姓白了。我们那时候听我父亲说，我们架松有夏家一个，有我爷爷，俩人进沙窝门，广渠门啊，一个打点，一个关城门，让人给逮住了……

定：干吗关城门啊？

白：喝醉了打赌。这个说你敢关城门吗？说我敢。那个说你要敢关城门我就打点去。这打点的给逮住了，关城门的没逮着，跑家里去了，赶紧，去救去吧。有一个姓夏的，是我们这村的头儿吧，到那儿去了："拿带子给我绑上！"弄回去了。咱们这儿一提架松的人，谁敢动啊，搁现在你关城门？不得给打死！

定：说明那时候架松这儿的人够横的。

架松仅留的几棵树（定宜庄摄于 2003 年）

白：那时候是横啊，现在咱北京人没有这……都是外地人横。

定：这是您爷爷的故事？

白：我爷爷的故事。

定：有个事我一直闹不懂，这坟怎么个看法呢？

白：这几家吧，这是坟地，你们给归置归置，别让外人骚扰，别毁。

定：各家怎么分工啊？

白：不分工啊，大家伙儿关照不就得了嘛。这是那大坟头，这上来台阶，得五米吧，两边大门，一边一小门。一说城里来人了，就跟着一块儿进去。

定：他们每年来几次？

白：一年来两次，这是那个时候，后来就不来了。（来的）头天就告诉话儿了，大概齐的就都知道了，这几家就赶紧的，孩子大人的紧着忙活，该扫扫的，该哪儿有什么的，大伙儿忙活忙活，归置归置，就跟咱们归置屋子什么的。要说十九（善耆第十九子）啊，宪度之，① 我知道，他来的时候坐汽车，坐马车，瞅见过那马车吧，赶车的跟上头坐着。孩子看着都新鲜。

[程妻：反正他们一上坟来，架松村的大姑娘都得藏起来，不藏起来要给选进宫去这就干了，就搁起来了。]②

定：最早看坟的时候都有俸禄是吧？

白：哎。那时候旗人不就是架鹰，就跟张国立演的什么似的。

定：给你们开支的时候你们种地吗？

白：不种啊。

定：就是说过去你们这架松圈里头一大圈地，可是你们都不种？那些地就荒着？

白：就荒着。有地，有草地。后来不给你开支了，比如说那时候一个月一个男的，我给你开五十两银子，后来给你开四十了，后来他没钱了，给你开得越来越少，一点一点少了，那怎么办呢？那我这生活……后来越来越什么，你又不会种地，怎么办呢，咱们找个人来帮着开地吧，找人帮忙，你是汉人，我给你找来，帮我种几天地。我们跟汉人学种地，就跟现

---

① 宪度之即宪容，字度之，肃亲王善耆的第十九子。解放后曾在中央民族学院历史系任教。

② 程老人之妻七十岁，据白四说，她并不是架松村的人，这里说的当然是她听来的传说而已。按清朝的确有"选秀女"与"选宫女"之制，所有旗人之女出生之后都要入册，及岁之后须参加阅选，这是有一整套制度维系的，而不像程女士所说见女子便逮。将程妻的话原文附录于此，是因当地百姓有这种说法，是很有趣的现象。

在请人家民工盖大楼似的。都说嘛，"老百姓都发愁，侵略民房盖大楼"。

定：你们家那些地都是后来学种地才开出来的？

白：啊。人家帮你的忙，你的地，我弄完了你种。学（xiáo）会了种地，那就不用汉人啦，还用他干吗啊，我会啦。就在这儿种地。那时候各家的地都差不多，几亩地。你像我们那时候，这儿是六亩，就是现在小学校（劲松三小）操场啊，那是我们家的地。西边，就是我说的新坟哪，光华木材厂的后头，宿舍，那儿有二亩地，也是我们家的。还有山后，他们都不知道哪儿是山了，就是坟圈后头。（宪度之）土地改革的时候他来过。我们种的这地，我们没有地契啊，他有地契。

定：就是说土改的时候把宪度之的地都分给你们了是吧？

白：没分，不分了。就按我们以前有多少地，就按照架松村总共的地，现在说就是总账，他就交政府了。

定：交完了以后呢，你们就没地了？

白：我们照常还种着啊。后来入农业社的时候就入没了……还有房契，搬迁时候的房契啊，是解放后第一任北京市市长给我们发的房契。还有更老的一个房契，解放前二年下雨下了好几天，房塌了，都上碑亭住着去，就弄没了。

定：你们家解放时候划阶级成分划的什么？

白：贫农。我们这家整个儿是贫农，我们人口多。夏□□是地主。大王坟的白家，中农。他是自个儿找的，穷的时候吃不上饭，就一闺女，后来买个骡子，拴一挂车，不错吧，结果打一中农，骡子也归公了（众笑）。

定：现在你们都是居民户了吧？

白：都农转非了。

3. 白四一家

白：我爷爷的上头是哥儿一个。爷爷那辈儿是哥儿仨，大王坟有哥儿俩，新坟这儿是我们家。我父亲那辈儿就哥儿一个。到我们这辈上哥儿俩。我大姐今年活着都八十八了，年头太多了吧？我哥哥都没见着我爷爷。那时候种点地呢，还都有手艺，我爷爷那辈儿是干什么的？土作（zuó），就是您这儿要盖房，挖那个根脚，那叫土作，干这个。我爷爷那时候还搂柴禾卖，撺火绳卖，知道吗？

定：不懂。

白：（进屋拿出来一块石板）：就这块板啊，在我爷爷那个时代就有，传给我妈，可不是这样，这已经磕得乱七八糟的了，那时候是圆的，就用这个搓火绳（演示），那时候不是有滴滴涕，日本时期滴滴涕，熏蚊子的。① 到我父亲这辈儿是瓦匠。

定：那您呢？

白：我没文化。

定：您不是念过书吗？

白：早就饭吃了。

定：那您后来干什么工作？

白：我呀，打布袼褙儿的。

定：是做鞋用的布袼褙儿吗？那还是一行当哪？

白：对，那属于底行。什么叫底行？就是纳鞋底子，绱鞋，不都得用这个吗？后来不价啦，后来是玻璃厂，做玻璃的，现在我就说做玻璃的，不说底行了。

定：您那时候是学徒啊？

白：学徒。

定：你们有这几亩地还不够养活你们的，还需要出去学徒去？

白：日本时期受苦了就。没有饭吃，吃混合面，吃花生饼，吃核桃饼，就是咱们这儿的核桃，把皮剥了去，里边不是有那墙吗？（用墙跟核桃仁）一块儿一压。日本快亡国了②没几年吧，"防空壕，没用着，日本亡国卖大袍"嘛，"抽汉奸，打汉奸，棒子面，卖一千"。听说过吗？（大笑）

定：没有啊。

白：日本人以后国民党，国民党三年，那时候一般。为什么叫一般呢？你有几亩地，旱涝保收，到时候能种这点地，能收回这点粮食。那叫半工半农。现在种粮食，比日本时期、国民党时期、解放初期的地，打粮食能翻上两番。为什么说翻上两番呢？第一个，现在的种子跟那时候不一样了。第二一个，你的地现在都上这个肥那个肥，什么肥田粉。我们那时候种的地呢，使那个车，进城里头扫黑土去。你知道什么叫扫黑土吗？

定：不知道。

白：你五十多岁，扫黑土你都不知道？就是弄着那车啊，上城里头，

---

① 滴滴涕（DDT），是有效的杀虫剂。20世纪上半叶曾普遍用来驱灭蚊蝇。60年代科学家们发现滴滴涕在环境中非常难降解，70年代后逐渐被世界各国明令禁止生产和使用。白先生这里所说的火绳，是用来蘸滴滴涕药水的，当时家庭多将这种饱蘸滴滴涕药水的火绳悬挂于室内以灭蚊蝇。

② 日本亡国的说法当然不准确，这里指的是日本投降。

胡同，拿把破扫帚，墙根底下乱七八糟的地儿，就扫，扫成了堆，拿铁锹往车上装，那叫"出城十里黑"。城里头那土是黑土，到咱们这地儿是黄土。城里那土扫来呢，里头有点儿草末啊乱七八糟的，搁到一堆，挖一坑搁里头，再加上咱们这地儿的灶灰，什么掏的茅房啊，一倒水使这一捂，一发，发完了，冬天弄的吧，折腾两过儿，是肥吧，给这个东西搁到地里头。棒子刚这么高的时候，往那棒子棵底下，抓一把，加点肥，这叫抓青。现在不用这个了，这是那个时候。那时候五亩地的麦子啊，就说还是平平常常不算旱不算涝的情况下，一亩地的麦子就能打上五十斤。这一个麦穗啊，沟三沟四，知道什么叫沟三沟四？比如这是一个麦穗，这不是一道、两道、三道吗？沟三加馅儿，沟四加馅儿，加馅儿啦，沟三加馅儿啦。加馅儿了多打，能到七十斤。人家就说了："哎，今年您这麦子可抄上了啊，您这顶呱呱的。"麦子地里头种晚棒子，要是秀穗的时候没赶上雨，就这么一点（比画几寸高）。现在呢，催，一年打两季儿，打几千斤。现在这棒子，这么大个儿，一棵上就俩。

　　我们那时候受的罪啊……学徒，我学徒那年十几岁，日本刚亡国（投降）。那学徒太苦了，现在这孩子，还甭说孩子，就是四十岁以上的，像我大儿子今年四十八了，他也受不了。说您是师傅，我是徒弟，早晨起来，人家耍手艺的人家没起呢，您得把洗脸水把什么都归置完了。人家起来遛弯去了，您得给那被卧叠起来，该搁到哪儿搁到哪儿。还一样，我要是把那被卧卷卷起来，"当"，像搁这杯子似的，搁到边上了，回来他（指师傅）就找掌柜的去了："你不要我啦？"——搁被卧卷就等于辞了他了，这回来我就得挨打。你得把被卧都抹擦平了。你住过暗楼子吗？什么叫暗楼子啊？

　　定：……

　　白：连暗楼子都不知道。咱们这大房，这个（墙）角支一根木头，那一（墙）角支一根木头，四个角支四根木头，横上，搭上梁，搭上板子，在上头搁东西。徒弟跟暗楼子上睡。哎，耍手艺耍手艺，过去学徒就跟做新媳妇一样。

　　定：您说说您学打布袼褙儿的事好吗？

　　白：做袼褙儿是在城里，干了二年。别提受那罪了，现在那地儿没了。（拿来两张白纸）就比如这两张纸，这一张纸就等于一块铺陈，这两个（袼褙）要粘到一块儿，茬口只能是一韭菜叶的宽。打呢，一双鞋底的袼褙儿，是三尺六的长，一尺六的宽，您得一块一块，这么样的黏。这是大块的。小块的呢，鞋帮呢，拉开了，也得这么黏，黏上还得顺这儿这么一揭，提搂出去，搁到这板上，晾干了用。打一层呢，都是这么小块铺陈，打一层不好打，没法提搂啊（演示）……那还挨耳刮子呢，糟蹋掌柜的糨子。

定：那技术现在也用不着了。

白：咱们中国的小的手工业，去了百分之六十了。做卡子的还多吗？妇女的卡子，不多了。还有扎花儿活的。这么大的锡做的模子，是俩的，给这模子搁到这铁上，这是这花的叶，拿这个镊子，夹着一个小花叶，搁到这个模子上，再拿那杠儿一盖，拿这板儿"刚"一砸，这模子一热呢，就出这一道一道的，叶脉。花市知道吗？就从花市西口往东，羊市口往下，羊市口小市口，道北里道南里，花市集，都有（干这个的）啊。①

我从学徒、过日子、家庭生活的时候……二十来岁，正受罪呢。

定：二十来岁您是……

白：50年代初。没吃没喝的时候，穷小子。"三年灾害"是真困难，那时候我就上玻璃厂。我什么都干过，就是这么大的个子不会偷人，我算白活了。

4. 过去和现在

白：过去女的怎么请安你会吗？

定：不会。

白：你是旗人怎么不会请安呢？

定：您会？您请过？

白：请过啊，男的请安得把这腿踢出去，那时候讲究穿大褂呢，上谁家拜个年，进门您得先叫人，后请安。你比他小不了几岁，只要是比你生日大的，你都得请安。你说那是个小孩，那也得管他叫叔，你也得给他请安，不价的话，家里大人瞅见，就挨说。

定：架松这地方是什么时候开始毁的？日本人来的时候？

白：日本人到咱们这村没糟害过，是以后，不过日本时期就差了。……不单是村毁了，人都毁了，都不是人了，变了，一代不如一代，一代不如一代。毁得没边了，架松毁得整个没有边了。

定：您是说过去整个村子都挺有规矩的，大家互相挺照顾的，像一家人似的？

---

① 羊市口位于崇文门外东、西花市大街之间，南北走向。小市口亦在附近。旧时是玉器作坊、绢花作坊集中之处。

白：对对对。像我这个岁数来说呢，像这个老街坊，多少辈儿，说这孩子犯错了，谁瞅见谁都是："你干什么你，我踢你，我打你!"一告诉（家长），还准成，家长准说："打就打了，谁让你不听话来着。"哎，这孩子就教育好了。现在你要说你干什么你，我打你，他妈先不干了，就是一个儿嘛（指独生子女）。现在你管不着，你姓你的姓我姓我的姓，那时候不价。就是说那时候团结。那时候就我们这村，开着门，"谁谁谁在家呢吗?""没有"，就进去拿个镐啦，干点什么啦，哪儿像这时候……

国民党时候征丁，我们这儿老住户夏官保他是保长，见要抓谁他就给报信，说快跑，跑哪儿去呢？刚才我说的外潘家窑，大苇坑，躲起来，你要来抓，没人。土地改革没怎么斗他嘛。

定：你们王爷坟的外头都是汉人的坟？

白：不少呢。就这股道，往东，大部分都是汉人。也就是吃俸禄的时候，跟汉人不一样，您一不吃俸禄了，这汉人骂咱们满人，说咱们上茶馆啊，都得先上门后头去，知道什么意思吗？门后头挂一块猪皮，抹抹（笑）。那时候前半个月满族人有钱，吃饱喝足上茶馆了，穷了，怎么办呢？说今儿你这嘴怎么没有油性了？怕人说。

5. 汉人的坟户

[**访谈者按**：李先生是我在与楼前闲坐的一群老人聊天时路过这里的，老人们都说他也是华威西里七号楼的住户，知道的事很多，我便与他简单交谈了几句，但未及深谈，就有人告知说白先生回家了，于是分手。今将李先生的讲述罗列于此，旨在介绍架松一带除肃王府之外，其他住户的生活情况与生活环境。]

李：我六十一岁。我们家在这儿一百多年了吧。看王爷坟的是旗人，我们是汉人。旗人就那么几户，几大姓。反正这都是老住户。老人讲在过去，在民国时期吧他们是有武装的，有枪，轻易进不了他们的坟圈里头，不过他们的（墓地）规模相当好，花园是花园，现在北空营部的，那是祭祀的地方吧。

定：你们家原来也是看坟的吗？

李：我们看的不是这坟，是全聚德的，[①] 就是前门外头的全聚德。就我

---

① 全聚德，指的是全聚德烤鸭店。该烤鸭店的创始人确实姓杨，名寿山，字全仁，河北冀县杨家寨人，十多岁进京谋生，1864 年（同治三年）创建全聚德。杨寿山也确如李先生所说有三子，长子名杨庆长，继承父业继续经营全聚德，三子在天津南市开了全聚德分店。

们一户在这儿看坟，种的是人家的地。人家那阵儿有钱，姓杨。到我知道的时候他们是老哥儿仨，老大是前门这全聚德的，老二我没见着过，老三是天津的全聚德。老大的坟地不在这儿。

他们没有太大的坟，他们才几代人哪。到我们这时候就有二三十个坟头了。原先在小苇坑，东边，小桥那儿。肿瘤医院那边拉。坟地前头全是果树园，有松树，原来不少，好几十棵呢，围着苇坑边上。围城的时候（1948）修工事，全给锯了。

老三家我去过，他们有活儿我们得给他干去，零碎活儿，房子修修补补。

定：你们不是看坟吗，还管修房子？

李：刚一解放的时候，他们没人哪。这杨老三，六个老婆，留下的就一个儿子，就是他小老婆留这么一个儿子，小老婆跟他差的得三四十岁吧。闺女是1953年还是1954年得肺结核死了。前门这个人家（老大）有儿子，儿子孙子都有。（全聚德）他早交国家了，刚一解放他就交了。原先的经理，十年前吧，是他孙子。人家那东西可是手艺啊。

"勤行"的手艺

——张强口述

时间：2003 年 9 月 23 日
地点：北京市海淀区白家疃某小区
被访者：张强
访谈者：定宜庄
在场者：张树林

[访谈者按] 张强属鸡，年仅六十，他讲述的不是自己，而是父亲的故事，即使父亲的故事，也主要限于父亲的厨艺，间或涉及其人的品性，其他的，他父亲不说，他也不清楚。对此我很理解，因为我们这代人的父母，很多人不愿或不敢对子女讲述过去的经历，子女也没想到或没兴趣向父母打听往昔的生活，当然忆苦思甜的教育除外。

　　即使如此，这篇访谈也仍然有趣而且不无意义。如今有关"吃文化"的出版物火遍全国，但主要都由"吃"过的人说来写来，对于旧日的菜点，能够亲自吃过并能吃出味道，再能形诸文字，已属相当不易，但极少有"做"的人会站出来，讲讲他们这个行业、即"勤行"①的手艺和规矩，还有他们的追求和艰辛。这篇口述，其实也仅仅是点到而已。

　　在本书"内城编"的"过眼云烟说往事"（第十二篇）中，奎垣先生曾说过："《那桐日记》有这么一句话：'今天晚上吃张治'，这没人能懂。其实张治是个厨子。今儿晚上把张治请来做饭，这就叫吃张

---

① 所谓"勤行"，在这部口述中为多人提到，都指的是厨师这个行业。但在清代佚名所绘《北京民间风俗百图》中却有不同的解释，说勤行即跑堂之说："其人又名勤行，跑堂之说也。每逢居、楼、园、馆、酒市等有人进内饮酒吃饭，此人烫酒菜，百般殷勤，所为多来照顾，名曰过卖。"（北京图书馆出版社 2003 年版，第 11 页）不知是此行业名称日后有所改变，或二说中有一说有误。待考。

治。请厨子来家给他们做。厨子是各家都去做。"这里说的张治与张强先生的父亲一样，就是"勤行"的厨子。将察先生的口述拿到这里来相互补充和印证，是饶有兴味的。

　　在今天中国的大中小城市，豪华饭馆比屋连甍，但所做饭菜，讲究的已不再是味道，吃饭的人，很多也并不是奔着它的味道而去。请人吃饭往往带有明显的功利性，讲究的是根据被请人的不同级别、求人所办之事的重要程度，而花费不同数量的金钱。只要把钱花到，就算目的达到，至于饭菜味道如何，一是不管，二是不懂。公款吃喝就更甚，因为反正也不花自己的钱。结果是每年吃喝多少个亿，却促进不了饮食业的发展，长此以往，早晚会毁掉老祖宗世代相传的精致奢美的饮食业。——这是题外话了。

　　张强先生是由他旧日的邻居、中央电视台张树林先生推荐给我的。这里谨对二位张先生的支持表示衷心的感谢。

1. 西直门外

张强（下简称张）：最早的时候，在我记事当中，我们家就住在现在的北方交大，北方交大不是有一个礼堂？那就是我们家过去的旧址。本身我们家没有房，住的是我姥姥他们家的房，那是我姥姥他们家的宅基地，后来 1955 年的时候不是北京铁道学院建院嘛，[①]　就搬到现在的头堆村，铁道学院对过那儿不是叫头堆村嘛。

　　定：是不是离大柳树挺近的？

　　张：（公共汽车）一站地。我姥姥家就在现在大柳树那儿，过去是一个大户。过去北京西直门外就这么三大户，一个是厨子李家，就是我姥姥家；一个是家伙铺王家……

　　定：什么叫家伙铺？

　　张：就是做红白喜事用的家伙啊，锅碗瓢盆，家伙嘛，家伙铺王家。还有一个是大坑李家，因为人家有地，过去北京城里没有坟地的那些人，买坑口。

　　定：这是怎么个意思？我还真不懂。

　　张：刚解放的那会儿，到 1955、1957、1958 年以前人死了都是埋呀，

---

　　①　这里讲得不够准确。1951 年铁道部投资二百余亿元（旧币），为北方交通大学在西直门外购地千亩另建校舍，将学校从李阁老胡同迁址于此，并在当年即投入使用。1952 年，北方交通大学部撤销，改组为独立的铁道学院。1971 年更名为北方交通大学。2003 年恢复北京交通大学校名。

旧日西直门城楼（引自《北京旧影》，人民美术出版社 1989 年版）

土葬。那时候穷人多，穷啊，没有坟地，就到这儿来买一坑口。他们就卖坑口。

定：这块地都是他的地？

张：对，解放以前都是他家的地。这就是大坑李家，大坑嘛。

定：那都卖光了他不就没地了吗？

张：一个坟头才占多大地方？周围还可以种地呀，种老玉米种高粱。

定：卖坟地完了就给人管坟地是吗？

张：不管，不管看坟，就把坑口卖给人家就完事大吉。看坟那是另外一回事，您得单给钱。

定：这些买坑口的穷人都不找人看坟？

张：没有看坟的，就是埋到那儿以后，逢年过节呀，咱说这过年过节可不是春节啊，是死鬼节，什么鬼穿衣呀这个那个，到那个时候来上坟。

定：就是七月一、十月一，还有吗？

张：就这两个。到天儿凉得穿衣呀，鬼穿衣嘛。上坟什么目的呢，就是去了以后，给坟头培点土，压两张纸，就说明这人还有后。这坟头成年累月没人管的这个，就说明家没后了，就这么点事，其他没有什么意义要我说。到 1955 年北方交大占这块地方建学院的时候，都得通知人家，然后起灵，起走。那会儿不给多少钱，给个十块八块了不起了，给你个火匣子钱就完了，有的就弄一个小坛装到里头就埋了。五几年那会儿就这样。最迟的时候是 1964 年，还有棺材。到 1965 年以后就没有了，1965 年以后就"文化大革命"了。

定：那个时候这边还是农村吧？

张：整个西直门外头没什么东西，高梁桥一直往西，全是地。那时候不是这种水泥路，都是大青石头。后来把大青石头扒了以后修的现在这个柏油路。31 路、32 路（公共汽车）打一开线儿，就从来不走这边，走白石桥那边。32 路就是从动物园头里那儿，西直门那北城门楼子那儿发车。现在西直门立交桥北边、东边那一块，过去是 32 路总站，这么一个弯儿，半圆弧似的弯儿，就朝德胜门那边拐去了，然后护城河在外边，这一个弯儿，绕过去，现在蓟门桥，正好是一个吊桥，到晚上吊桥起来，谁也进不了城了就。护城河两边全是柳树，比现在好，不是说河就挨着城墙，不是，中间还一条辅道呢。

定：就是说那些年这条路就比较背了？

张：那是啊。夏天的话一到下午 4 点来钟就没人啦。现在都填严啦，原先什么模样谁也看不见了。什么也看不出来了。

定：那时候西直门外是不是庄稼户比较多啊，还是做这些各种各样事儿的人多？

张：还是种庄稼的人多，都是农民。1961 年的时候就都入社了。……哎，完啦，一晃几十年就都过去啦，西直门城墙也都没啦。① 城墙我都爬上去过呀，那时候没人管。1959 年以前，天安门要举行舞会什么的，没有这么多警察，天安门广场就分成几块，这一块是北大的，那一块是清华的，那一块是航空学院的，围成圈儿，你爱上哪圈儿上哪圈儿玩儿去。随便玩儿。不戒严。

2. 厨子李家

定：您不是说三大户吗，您姥姥家是其中一户？

张：我大姥爷二姥爷三姥爷全是厨子，姓李，厨子李家。厨子李家在当时还是挺什么的，就是手艺比较好。都是跑红白棚子，大棚。

定：跑大棚挣的钱多吗？

张：那个时候多不了。一个事儿下来的话人家有时给小米儿，小米儿也是折成钱啊。当时没多少钱，挣钱你甭想。可是我姥姥他们家是又种地又外头跑大棚。那时候还是不错的。他们家自个儿有地，得有十多亩吧，都是园子，就是房子周围那园子地，种菜的。我记得那时候还挑着挑儿卖菜去呢。比如说这家今天有红白喜事请他去就去做厨子，没有的时候就在

---

① 西直门城楼最后拆除是在 1969 年 5 月。

家种地。

定：他们什么时候到北京来的？

张：什么时候到北京来的？那我还真不清楚，反正我知道祖祖辈辈他们就在这儿，是汉族。我姥姥也是北京人，哪个村的不知道，我没见过就都没了。姥姥姥爷我都没见过。就是说没解放的时候去世的，所以我对我姥姥姥爷没有任何印象。

定：你们家这支是几姥爷的呀？

张：我们家是二。我母亲是二姥爷屋的。我母亲这辈儿的话呢，我有两个舅舅，就是我母亲的娘家哥哥，早就去世了。他们就在农业社，社员，都在咱们北下关大队，入社了就。他们排行是行五行六，五舅六舅么。三个姥爷都住在那一个院儿里头，没有南房，就是东西房。不是砖瓦房，都是土房。那顶儿都是土顶。我记得年年往上抹泥，往上招呼。我小时候还跟他们和泥去。墙框是砖的，中间是土的，夹心儿，那墙也厚啊。外头是烧柴锅，屋里是炕，前沿儿炕，火炕，那会儿哪儿有生火那么一说呀，没有炉子。外头搂柴火去。到晚上烧炕，早晨做饭。以后到什么时候了就？可能是日本来了以后了，家里就比较紧张点儿了，就分家了。但是都是住在一个院儿里头。东头一间三姥爷住着。

我三姥爷，那是北京城里比不了的人，小老头，我没见过，敌伪时期以前就死了，那三姥爷的手艺！我大姥爷也是厨子，我二姥爷也是厨子，我老姥爷（老北京话指最小的，即五姥爷）也是厨子，哥儿五个都是厨子，厨子李家嘛，一家全是厨子，数三姥爷手艺好。我三姥爷进过皇宫，见过溥仪呢还，过去那腰牌开始是四方的，上边还缠着一个火龙，西直门不是有城门么，一开城门你才能进去呢，早晨起来，做饭的早啊，4点钟就得走啊，谁给你开城门哪，就拿这个，一举，吊桥就撂下来了，西直门过去有吊桥啊，吊桥吊下来，城门开开他进去，然后再关上。后来换成圆的，上边也烫着金字，金字的一条龙，火龙，腰牌嘛。

定：他就每天早晨到皇宫做饭去？

张：不知道，没说过，就说做过饭，给溥仪做过。溥仪吃完以后问这是谁做的，说是西直门姓李的厨子做的。他从来不说皇上不好，现在一说就是厨子饭做得不好让皇上给杀了，他说没那么一说。

定：您那三姥爷手艺那么好跟哪儿学的？

张：不知道。

定：他带徒弟吗？

张：没有。五个姥爷都没听说过有徒弟，反正现在李门没有一个干厨师的，没有。像我大叔伯哥哥他们都没学，我大叔伯哥哥学的油匠，就是油漆工。那也是手艺活儿。你想慈禧修圆明园（应为颐和园——笔者注）的时候，就那长廊，您看长廊上那画儿，没有一幅重的。现在什么样我就不知道了。油工的话呢，就是给人（把画儿）勾出来，什么样的使什么彩。我大表哥早就去世了。那个活现在的人继承不了了，失传了。现在不能拆，一拆就瞎菜，拆了就盖不起来。我认识一个搞古建的老头，现在死了啊，住在西外，姓杜，叫杜长甫，人家是搞古建的，科班出身，故宫古建队原来不叫故宫古建队，它归谁管呢，它归北京市文化局管，后来成立的古建队，他讲话，咱们现在弄的东西，都不对，最简单的一个，老宅子，鲁迅博物馆，在阜成门里。老宅子不是前出廊后出厦么，前出头的廊子拆了以后，应该是十三根出头吧，来了一帮人，又画图，又照相，弄完了一看，十三根里头就一根是对的，对的这一根就是他弄的，他也没画图这个那个的。他到那儿转一个弯儿，就知道是怎么弄的，他说我怎么弄你们别管，你们弄你们的，我弄我的，他就弄了一根，弄完了一检查，有懂行的呀，就那一根是对的。人家一看这活儿，就知道是他弄的：这是杜长甫的。他师弟就不成，就干不过他，就那十三陵，有一个起脊的亭子，弄不上了，把他弄去了，他一看就知道，你那样不对，所以插不上，那都不能见钉子，插活儿啊。

定：三个姥爷该有一大堆孩子吧？其他的儿子呢？我是说跟您父亲一辈儿的。

张：啊，底下这伙人没有一个接（大厨）的。有学木匠的，有学瓦匠的。别的都是农民啊，过去赶大车，到西直门拉脚去，过去西直门不是货场嘛。货场就是日本时期的火车站，现在叫北站嘛。扛包去，干那个去啦。

3. 父亲的绝活儿

定：您爷爷祖上的事呢？

张：我不清楚。我爷爷不知道是干吗的。因为我们老头（指父亲）在世的时候啊，从来不讲起家世，我们老头活着的时候没有讲过家世。爷爷那辈儿怎么回事，奶奶干什么的，爷爷那辈儿哥儿几个，哎，怎么着，他全没说过。

据我听说，我们老头因为不是这个家的人。我们老头本身家里没有人呀，是这家人抱养的。所以从不讲他过去的身世。他也不管，不管家里的事情。他挺有心计的一个人。嘿，我们老头年轻时长得漂亮，一米八的个儿。

定：（问张树林）：你见过他父亲吗？

张树林：见过啊，大高个儿，那老头，那腰板直着哩，精神着哩。八几年才去世。

张强：我父亲去世八十五，我母亲去世九十三。要是前二十年，我们老太太活着，您要见着我母亲跟您说，您知道的就多了，一目了然了就。老太太明白着呢，她知道得一清二楚。

（我父亲）后来就说学了一份手艺，就是厨子。

定：您父亲的手艺是您三姥爷给他找的师傅是吗？

张：对。而且大部分都是我三姥爷教的。

定：您父亲是您三姥爷的侄女婿，怎么他倒跟着学了？倒没传儿子？

张：因为我爸爸那时候什么活儿没有哇，什么也不会干，什么也没的干，成天玩儿。据说是我爷爷有钱啊，玩儿，结了婚还是玩儿。什刹海钓鱼去，我都见过，那时候的小鱼葫芦小鱼罐儿，什么鱼签子鱼坠子的一堆，整天就玩儿。我们老头就会玩。有我大哥了还玩儿。后来我二姥爷说这怎么弄啊这个，说老这么玩儿也不是个事啊，你玩到几儿算一站呢，一家子啊。得了，学个手艺吧。就这么着我三姥爷给找了张本。①

定：可您三姥爷不是他亲叔呀？

张：是呀，那他也得管啊。

定：您父亲读过书吗？

张：我父亲里里拉拉说，私塾读过四年呢，不正经上，读过四年。小毛笔字儿正经写得不错呢，反正我们写不了。

定：因为您母亲是独生女儿所以宠着，就把您父亲招赘了？

张：没有（招赘），我父亲他们还是自己单过。我们家没房啊，我们家是房无一间，地无一垄。跟北京城这四九城都住遍了，东四西四前门啊，全住过。大栅栏怎么回事儿，东四牌楼怎么回事儿，西四牌楼怎么回事儿，都在那儿住过，他都能说，那会儿不都有牌楼嘛。最后搬来搬去没地儿可搬，还是回来吧，家住吧。

那会儿不都讲认师傅吗，我父亲是西直门外娘娘庙胡同张本的徒弟，我师爷叫张本，是我三姥爷给他找的呢，就因为他手艺特别好，技术特别

---

① 张本是当时一位著名的厨师，参见下文。

好。敌伪时期在北京城里，四九城里是叫得响的一个厨子，活儿好。我父亲是他关门的徒弟，因为我师爷年岁大了，挂刀了，人家不干了，收徒弟得请客呀，得请他吃饭，他没让我父亲请客，说我收了你，你是我徒弟就完了。没让他磕头，没带他出去过。所以我们老头也不收徒弟，他一个徒弟没有。

我父亲手艺不错。在他们勤行里头，问那张明武，老人儿，谁都知道这么个人。勤行就是勤谨的勤，劳动么。我告诉你，说慈禧太后吃的东西，我们老头绝对会做，而且慈禧太后绝对吃过他家的东西。

定：您这话有根据吗？

张：我三姥爷会做啊，我三姥爷教他的呀。咱们过去那会儿都是宫菜，宫廷那一块，皇上吃的。什么山东菜啦，广东菜啦，四川菜啦，这都是捎带脚儿的事。

定：他在哪儿做厨子？

张：敌伪时期哪儿有单位呀，不就是打棚么，到处给人打棚。你知道什么叫打棚吗？

定：知道，就是到处给人做饭，有红白喜事的时候。

张：过去不是得搭棚么，搭那大席棚。过去那大铁漏勺，那漏勺我都见过，那一套的家伙。

定：他自己带家伙？

张：都得自己一个包夹着啊，一把切菜刀，一把羊脸子刀，一把小刀。羊脸子是斜的，剔羊肉使的，小刀就是切菜什么的，切佐料使的。一把切菜刀，都是日本刀。那是必不可少的。一个铁勺子，一个笊篱，把儿都长，那都是枣木把儿的，枣木把儿硬，经烧啊，扛火啊，拿布一卷，一系，这么一夹，夹个包袱。平常在家搁着，但是家里人不能使，那会儿就那样。

定：过去不也有些有名的大饭店吗？那里的厨子好还是他们这跑大棚的厨子好，还是说都有好的？

张：都有好的，这就是看你的天知，不一定。

定：他干吗不在大饭店里做？

张：这就跟练武似的。人家不露。

定：那为什么不自己开一个店呢？为什么到处散着给人家做？

张：那时候哪儿有自己开店的？开不起呀。你没处闹资金去，哪儿闹那么大资金去？

（我父亲）解放以后入到学院里头，开始的时候入的电力学校，1958

年的时候转到电影学院，食堂。我们老头红白案儿都能拿下来。1958年以后咱们国家不就有留学生了嘛，什么坦桑尼亚赞比亚啊，这些黑哥们儿全来了，就给他们做饭，给他们做饭呢就出去学了一部分西餐，所以老头手艺比较全面。

反正我知道我们老头手艺不错，因为他跟我说过一件事。东城区在敌伪时期有个税务局，最后一任总监是个老太太，给孙子办满月。他到那儿去了以后，什么都没有，就预备了四片猪，等于是两个猪啊，不是四片嘛，说就吃这个，人家老太太会吃，说今儿您来了，您给我们试一刀。试什么？说试最简单的，狮子头、木须肉，人家的家常便饭。我们老爷子明白了，说这个，您不是要吃这一百〇八件吗，您给我多少斤小米啊？说八十斤小米。不做。老太太说那你要多少斤小米啊？三百二。老太太说三百二，五百四你今天都得给我做出来。说行，做吧。我们老头讲话，说做了一天一宿都没合眼——那得有帮手，一人可玩儿不转——四片猪都得剁成肉馅儿，肥瘦都得搭配好了，什么样的丸子肥肉多一点，都得给人使上啊，你不能给人剩一堆肉啊。什么样的丸子过油到七成，什么样的丸子过油到五成，到六成，有的三成熟就得起灶，过油的成数都不一样。过油成色要是一样，完了，那人家就不干了，瞎了。你讲吧，这丸子熬白菜，丸子熬粉条，人家这叫杂伙菜，不叫丸子。什么叫丸子呀？四喜丸子、南煎丸子、八宝丸子，这才叫丸子呢，一百〇八道，给你摆齐了。一百〇八种啊，盘的碗的，小砂锅的，一张八仙桌摆不下。

我见过他一张菜单子，十二道菜，这十二道菜什么都没有，就是白菜，没有白菜熬粉条啦白菜炖豆腐啦，没有。翡翠白菜、燕窝白菜、鱼翅白菜，净这个。他最拿手一道菜，一只板鸭，拿回来骨头全剔干净了，这鸭子里头没骨头，鸭子里头三十六道菜，一道菜是一个味儿。他净是绝活儿。

1958年北京市各大专院校大比武，那么多师傅，你想1958年的时候都是解放以前过来的多啊，好多老师傅。他是头等奖，奖励他三十块钱，1958年的时候三十块钱，头等奖啊。我们老头儿回来讲，就没让我们老头儿摸刀。

定：什么叫没让他摸刀？

张：就是说没让他（动手）做。因为你让他摸刀的话，他做出来的你懂吗？你不懂。拿出一张菜谱来，没人玩得转，没人做过这一道菜，他做出来是好是坏谁知道啊。我递给您了，他如果不会做他能递给您吗？他必然得会做啊。配什么料下什么东西。过去那侍候人家，你说东城区那老太太，你没做过人家都吃过了，你做那合适不合适人家知道啊，那不是要手艺的地方么，那才叫要手艺哪。

我跑业务的时候，人家请客，在丰泽园饭庄，比现在晚，10月份了。给我上了一道什么菜呢，茭白口条，我爸说这是一道菜，不过这月份不合适，呀！说这个月份呀，茭白属于细菜，跟口条不合适，下次你再请客的时候别给人弄这个，让人瞧着寒碜。这个月份应该吃什么呀？应该吃茭白蟹肉，上这道菜跟月份就合适了，什么月份得吃什么东西，你不能胡吃，胡吃那不叫吃饭，那叫填饱肚子。你比如上饭馆，说给我来道红烧鲤鱼吧，那叫家常便饭，不叫菜。鲤鱼必须得一面抓炒一面糟熘，头尾做汤，这才叫菜。

他在电影学院啊，在那儿给那学生做饭，就他一个人儿呀，连采买带做，就他一个人儿。他们那学院不是有时候拍外景什么的么，六几年的时候甭说咱们家，就是单位都没有冰箱对不对？夏天买的猪肉，一到晚上就该有味了，他那猪肉搁三天五天、搁一个礼拜不带出味儿的，他就有主意。他跟清华那儿的人借了十斤肉，当时清华有个姓孙的老师傅，也就40岁吧，他说师傅您借给我点肉吧，我来不及了，人家拿秤给他约了十斤肉。等我父亲买肉回来，他得还给人家啊，还的时候，他给人叫过来了，最拐弯儿的，皮皮囊囊的那个不能还给人家，说还给人家寒碜，他把好肉放在那儿，他不言语，一刀，我们老头子他损就损在这儿。那老孙约那肉："您真好手艺，十斤一两。"这就是我们老爷子。

我们老头切菜从来没有说使墩子、使案板，没那一说。我们家原来有一八仙桌，多少年我们那八仙桌就连吃饭带切菜。您要说烧那蓑衣萝卜，您得切出花儿来吧，这刀切不到家，这萝卜拉不开，切大发了，它断了，这桌子上玩一印儿，是不是这道理呀？人家就在八仙桌上切，切完了往盘里一搁，然后拿油一氽，齐了。八仙桌还那样儿，连找个刀印都难，甭想。

那时候我们家有个小筐，都是我们老头自个儿做的，什么自己灌的小肚啊，灌的肠啊，就这些，放到筐里，挂到窗户外头，平时都不吃，到三十晚上都回来了，老头把筐拿下来了，说了，就现在这东西，咱们使的佐料什么的，都不到位，就是说那味儿都不对。

定：那什么样才算到位啊？

张：花椒也好大料也好，都得长成了。就说酱那肉，现在搁点儿姜搁点儿葱什么就完了，这不叫酱肉，酱肉就必须佐料得全，好几十味呀，那才叫酱肉呢。他做了一次蜜炙鸡。

定：什么叫蜜炙鸡？

张：他不告诉你，说不清楚，就说做了一次蜜炙鸡，1962年时候在食堂就卖一块钱一个，您别忘了1962年时候的菜二分钱一个三分钱一个啊，他卖一块钱一个。院长就急了，说您这是怎么回事张师傅啊？他说一块钱一个我还赔钱呢，您要吃我就卖您一个，您想吃第二个，没有。我们老头就这样，甭管你院长也好谁来了也好，今儿卖这菜，谁来了赶上了，一个，再想吃，不卖给你，甭管你院长不院长，你吃完了。

我那时候有个本家大爷，不是亲大爷，办白事的时候，吃了他一个烧茄子，吃了一个又要一个，吃了一个又要一个，他连吃了仨。我大妈就说了那话了，说这也就是你兄弟，让你点去，要换一个你得给人多少钱啊？

从他活着我记事到他死，他就给我们家做过一道菜，从来就没做过。当然除了焖点米饭熬个白菜，家常便饭那不叫菜。就那年的春节，半斤肉馅儿一个丸子，我们家那时候一共十七口人，买了八斤半肉馅儿，一人一个，对号入座，谁不吃管不着，就做过这么一次。

定：合着您就吃过您父亲做的这一个丸子？

张：甭说我，就我们家人全算上，有一个算一个，就这一次，第二次没有了。

定：特别好吃是吗？

张：那是呀。一个碎的没有啊，没说肉馅儿拿淀粉的，没这么一说，不用，没有碎的。上午10点钟开始做，下午4点钟才做完。那时候咱们不都使那煤球炉子吗？俩火炉子，俩火炉子做这一个丸子，原来我们家有一个老式的锅，厚底儿的。下午4点钟才从火上端下来。拿勺盛起来给您搁到这碗里头。要问怎么做的，说就这么吃吧，吃。

就说这吃打卤面吧，讲究斑鸠打卤啊，黄花木耳鹿角菜、蘑菇，就搁点鸡蛋西红柿那好吃不了。

定：吃打卤面还搁什么鸟和麻雀？

张：一直到几月份，那错不了的啊。明儿您上自由市场，买那飞着的鸽子，十块钱一个嘛，您就买一个，不要那肉鸽，买一只就够用的，回来把那皮一扒，毛就全下去了，然后您给它搁到锅里稍微紧一下，剁成小块小块的，煮熟了然后再开始放汤，您再把蘑菇这个那个全搁到里头，打出那卤来您再吃，那味儿一样吗？不信您去买一只试试。

我们老头儿要是拿个盆发上面，过去用碱，一瞧这面发起来多大，一瞧这面多少，沏多少碱，搁上就合适。说沏完了剩点，说沏完了碱大了，没那么一说。现在有那发酵粉了，我们家也使那发酵粉了，过去也使碱，你问我媳妇去，我从来不看碱大碱小，看这面发多大，发到什么程度，把碱沏进去这么一倒搁进去，搁进去就好使。这就是我们老头告诉我的。

定：您母亲是不是也跟着学会做饭？

张：我母亲从来不出门，纯属家庭妇女。家里饭，贴饼子的时候居多。我们老头儿回家赶上什么就吃什么呗。他也从来不下厨做饭。回家就睡觉。

我切东西那刀工是我们老头告诉给我的，我左撇子不好教啊。反正甭管切什么东西，我不用看着那刀，看着那东西，这刀跟着这手，这刀得起多高，什么东西起多高都得知道，他得告诉你，不告诉你怎么行啊。切黄瓜起高了没有用，起低了它连着刀呢。切肉比切黄瓜起得稍高点儿。还得看刀口怎么样，要是跟锯似的也好不了。切丝必须得搁稳了，这是第一点，不搁稳了来回晃荡，切的丝儿也好不了，这半拉宽这半拉窄。（表演切土豆丝）这手指头就管这刀能走多远，想粗点您走远着点，这不就粗了么，想细点您走近着点儿。还说着话儿玩儿似的，这饭就做了。就这么点事儿。

定：您父亲不是在家不做饭吗？他倒教您。

张：因为他老看我切菜别扭啊。我放学回家得做饭。

定：他脾气好吗？

张：从来不言语。有时我们爷俩坐一块聊会儿大天，他还能说两句，跟他们别人就更不说了。他就说你三姥爷手艺比我好，到我这一辈没了，北京城就跟没这么回事儿一样了。现在那东西，它不是那味儿！

4. 不教给你

定：您父亲还挺不好请的呢，是吧？

张：我父亲？反正一般人要说请他到家做点儿饭去，说您给我说说这东西怎么弄啊？过年过节了，您给我们瞧瞧。一瞧，说嗯，你这个，你这个不行，你把这东西都拿来，搁这儿吧，一会儿我单给你弄。他不教给你。他好像就是说你也甭学你也甭弄，你也没那东西，你也没那火。过去那大（粮食）灶，那火苗子三尺多高，一天三百多斤硬煤招呼进去了。那些菜没那火你做不了。

定：那现在高级饭店里有那种火吗？没有了吧？

张：用不起，它那是高压机啊。（父亲）从电影学院不是退休了么，谁再出来请来，当顾问都不去。说您就到那儿给指点指点，什么都不用干，车接您车送您成不成？他都不去。

定：是不是他们厨子有这个规矩？

张：不知道，反正他不去了。

定：现在那么多饭馆，好厨子可能还没那会儿多，多可惜是吧？

张：……

定：您父亲现在要是活着可就发死了。

张：他现在要在啊，甭管他把手艺教给我们哥儿几个哪一个人，说要开个饭馆，那……

定：您那时候是不是想过跟他学呀？

张：是呀，我跟他说，我说我不念了，不念书了，我知道他手艺不错啊。……反正我们老头儿不让我接，要让接的话我 1962 年就跟他学去了，他不让接。他师傅挂刀了，所以一个徒弟没有，关门徒弟的话呢，按规矩他就不能带了，他不能收徒弟。

定：他也就因为这个没让您学？

张：对。他不教你，他要教我现在手艺应该也很不错了。

定：您是他大儿子？

张：我行四。上头还有仨哥哥，去世一个了，还有俩。我还一弟弟，早死了。哥儿五个，都是男孩儿。谁都不教。我大哥是瓦匠，我二哥在清河毛纺厂，退休了。三哥没有了，原来在七机部。我弟弟原来在西直门铁路工务段，癌症。我们老头儿活到八十五，他四十五，没活过我们老头去。

定：那多可惜，他那些东西就都失传了？

张：完了，那些菜谱还都搁家里头呢，现在谁知道都扔哪儿去了，也没人学这个。我 1964 年就当兵走了。当兵回来我就上手表厂了，昌平的。我是供销科的。昌平手表厂不是有害工种吗，可以提前退，我就退了。手续我都办完了，我什么也不干了。一个月 730 块钱，凑合吧，我这人想得开，够吃够喝就得。

坟户春秋

——何淑玉口述

时间：1998 年 9 月 11 日
地点：北京市海淀区某中学宿舍
被访者：何淑玉
访谈者：定宜庄

[**访谈者按**] 何淑玉女士的家原是保福寺的坟户。与上述肃王府坟户白四不同的是，她家看的可能只是一般人家的坟。像这样的坟户，当年在北京也许比王府的"坟包衣"或称"坟少爷"更多。

这篇访谈做于九年前，当时的保福寺还是公交车的一个站名，现在则成为北四环上一座立交桥的名字了。关于她家是坟户的情况，我是从她女儿口中听说，也是因此才请她女儿帮助安排与她交谈的。但连我自己也未曾料到的是，这是我做得最辛苦的一次访谈。何女士虽然九十多岁了，但头脑清楚，反应敏捷，由于被划为富农而在"文革"时挨过整，心有余悸，对于所有与她谈及当年守坟生活的人，一律当成是来斗争她的革命群众，无论她女儿怎样一遍又一遍地向她宣讲形势、交代政策，都一概徒劳无功。这让我在恍恍惚惚之间产生一种错觉，仿佛真的回到了二十年前，回到"文革"时下乡去斗争地主富农的语境之中，那样一盏昏昏暗暗的灯光，那样一个咬死不松口的老人，还有那样一个口干舌燥并且越来越丧失自信的我。——在那个酷热的晚上，我和她的女儿、女婿三人，喝光了她家冰箱中所有的饮料。

在我做访谈的过程中，经常可见心有余悸的老人。而且心有余悸的程度之深之重，常常出乎我的意料之外，这成为我做访谈时经常遇到的障碍，何女士不过是比较极端的一例而已。

本想将这篇访谈稿割爱掉，但几经犹豫，还是收入了，因为它虽然简略，毕竟反映出了在其他诸篇访谈中都不曾见到的、与王府守坟户不同的又一种生活状态。何况还有她并不避讳的，关于她所嫁给的旗人家庭的生活。

1. 反正没房子没地

定：您是哪年生人？

何淑玉（下简称何）：1907 年 9 月 19 日。

定：您父亲的老家在哪儿您知道吗？

何：我娘家姓何，六辈七辈了，一直在保福寺①住着。我们是老户了，在保福寺。我知道的就是我爷爷，还有我老祖，我爸爸他们那辈儿。种地吧反正是，给人家种地，纳粮，我们家自个儿没地，房也没有，给有钱人家看坟，那家人姓楼。他们家有钱，开当铺，要不怎么就雇我们家看坟了。楼家不是旗人。给他们看坟的就我们一家。

定：一直都是给他家看坟吗？

何：看了几年坟我说不好，我一记事就给他们看坟，我爷爷就给他们看坟，好几辈了。都是给这家。他的地，大概齐三十亩吧，旱地。种老玉米、高粱、豆子，收成也不给他，也不给他钱，给点儿东西吧，就是要有白薯就给送点白薯就完了。关系都挺好的。待我们家好着呢。我们一大家子，算起来有三十多口，自个儿没房，都是看坟的这家给盖的房，他看这房不成了，就给盖了五间房。

我母亲家姓孔，就在白家疃②，也不是旗人。我都没瞅见过我姥姥。我姥姥家就一个儿子是傻子，就是我有一个傻舅舅。我妈也是缺心眼儿，我妈四十来岁就死了。我听他们说过，我姥姥也不机灵。这个我记得。

定：您的姥爷是干什么的？

何：那就更不知道了，没瞅见过。记不住了。我小时候没念过书，在家什么也不干。家里这点活，有我奶奶，有我姑姑，用不上我。我奶奶她们，我婶，我俩姑姑做饭。我是我姑姑给弄大的，我妈什么也不会，缺心眼儿。

定：您小时候日子不算太苦吧？

何：反正不挨饿。

---

① 保福寺位于今中关村南路附近，即今北四环的保福寺立交桥所在。
② 白家疃是北京西郊半山区的一个村落，位于海淀区温泉镇。

何淑玉之女：您是不是不敢说啊？"文化大革命"以后她有顾虑。她成分不好，富农。

定：他们不是给人看坟的吗？那怎么成了富农呀？

女（问何）："文化大革命"时候没有地怎么定为富农啊？

何：我兄弟不维①人。……反正没房子没地。

……

定：您有几个兄弟姐妹？

何：俩妹妹俩兄弟。俩妹妹都没了，二妹妹是八十多了没的。俩兄弟死了一个，这都分家了，我大兄弟分到大钟寺，二兄弟还在保福寺。我的侄儿都有孩子了。

2. 我们老头子在旗

何：我老头子名叫张培增。是我爸爸的妹妹家给介绍的，那会儿我也不懂得什么，就知道他们家是镶红旗，在旗的，住在西直门里头，老地方了，罐儿后头②，老地名了。细事就不知道了。（对其女）你爷爷也不干事，就关点儿米呀，关钱粮关米，什么也不干，上哪儿关去我说不好。

定：听没听说过什么马甲呀，小甲呀什么的？

何：分不少名呢，我也说不好，还有什么红带子，我也说不好了，他们家不是。我那老头子都没赶上。我听他们说，她（指其女）爷爷后来就给人家抻底子，纳鞋底子，自个儿做鞋。也没活过几年。

我那老头子（指丈夫）七岁，他母亲先死了，他母亲家里没生计，出去找事儿去了，给人家有钱的使唤着，搭上炉灶了，给人家做饭，做完饭去那屋睡觉，点着火有煤气呀，让煤气给熏死了。死完就完了，第二天早上死，到晚上拉回来了。然后他父亲就拉稀，老拉稀不吃东西，吃药哪儿有啊？一点药没吃，拉了不少日子。那会儿哪敢使水啊，水都得使钱买，就拿一点水洗洗，多使点水都不成。我那老头子受了罪了，他7岁就侍候他爸爸，一年多吧，就在人家家，在他舅舅家，他妈娘家，就在海淀街里。然后他没有爹妈了，就跟着舅妈过，是他们给他弄起来的。

定：他们是旗人吗？

何：他舅舅舅妈都不是旗人，就我们老头子在旗。他们是做买卖的，在海淀街做买卖，在老虎洞卖米卖面，兴源家。买卖也不算大，有掌柜的，

---

① 维在这里的解释是"连结""维系""维护"之义。

② 罐儿后头，可能是指水罐儿胡同，今改名为水章胡同，位于德胜门内大街西侧。

掌柜的都不是咱们这儿的人，都是外地人，都是山东人。

定：有钱吗？

何：他们家可以，要不能养活我们老头子爷俩么。在人家家，住在人家家，住一间搁煤的棚子，一小间，还没这阳台大呢，矮着呢，我也没瞅见过，这也是老头子跟我说的。老头子的父亲死了以后，是他舅舅舅妈管他。他念过书，跟他们姑表弟他们一块儿念的，就在娘娘庙那儿上学。上了不少年哪，七岁八岁九岁，上到十一岁。

定：您男人念完书干什么呀？

何：念完书就学徒去了。在海淀南大街的万顺记，油盐店，学了三年，也不挣钱就管饭。学完徒就留在油盐店了。

女：我爸学的是做酱菜，各种酱菜都会做，腌的香菜、韭菜、黄瓜，萝卜干儿，辣菜。做得特好。

定：您多大时候说给他的呀？

何：订婚的时候二十一二岁吧。我比他（老头）大三岁。我二十五结的婚。

女：我爸和我妈他们原来就有亲戚关系。

何：他舅妈是我爸爸的亲妹妹，就是我姑姑。来回套着亲戚。要不怎么把我给他呢。我们这一家子都不愿意把我给他，说他没房子没地，就一人儿，就指着做买卖，一个月才挣 4 块钱。我小时候挺娇惯的，我姑姑都疼我着呢。除我爸爸愿意，我爸爸就图他单一个人儿，干净，没公公没婆婆，姐姐妹妹都没有，就不受气。要是有婆婆不是受气么，早晨起来得请安，晚上睡觉得磕头。上娘家去，她让你去几天你就去几天，走的时候得磕头，回来还得磕头，给这婆婆。所以我爸爸说，这多干净啊，你一人儿爱怎么就怎么的。

结婚时他舅舅家出钱，他哪儿有钱啊。老虎洞有一个卦摊儿，给合的婚，用一个折子来回叠的，红的，上面都写上，有上等，有下等，我和他是中等，人家说上等也不好下等也不好，中等这就挺好的，我也不认字，我听他们说的。要是下等就写妨什么妨什么，那婚就不能结。我结婚时坐轿子，还有两人抬着一个鹅，有点心，那会儿叫龙凤饼，四方的，好像是二十斤吧。

定：那时候满汉不是不能通婚吗？

何：没听说过，没这一说。

定：您跟他结婚是按旗人的礼儿还是按汉人的？

何：不按旗人那个，按我们家的。我没裹过脚，外地人才裹脚呢，本地人没有裹脚的。要裹过脚在旗的不要，在旗的不要裹脚的。

定：您觉得嫁给旗人有什么不一样吗？

何：事儿多着呢那老头子。给他做那活儿，差一点儿都不成，挑活儿挑得厉害。拖着地穿的大棉袄我都给他做过，他等着穿呀，一晚上点着煤油灯，哪儿有这亮呀，一晚上钉一针襻，歪一点儿都不成。吃饭也事儿多，这不好吃那不好吃，中午剩的晚上都不吃，多好的东西不吃剩的。吃菜都得盛在碟里，像咱们似的饭菜都盛在一个碗里，那不成。煮面条硬点儿不成，烂点儿也不成。到死也这样，邪乎。

女：也不知道他是怎么灌输的，我哥哥1946年生的，也这样，天生就事儿多，一丁点儿活都不干。要吃饭得把碗搁好了，碗搁得不对都不成，还脾气大。我们就说是基因。

我妈的亲侄女儿管我妈叫大爷。我都觉得挺奇怪的。（问何淑玉）：管您叫大爷是怎么回事啊？

何：不是叫大爷好嘛。那不是旗人的规矩嘛。

3. 结婚后的生活和孩子

何：我结婚的时候，他（丈夫）学徒就学出来了，可是我们还住他舅舅家，住人家的房，一间房，那也得花房钱啊，还得给他们干活，做活，洗衣裳，我一人洗，使手洗，一洗就是两大绳子。跟他们在一块儿住些日子，分出来了，就不在海淀南大街住了，就搬到保福寺去了。搬得离我们娘家近。我就给人做活儿，做多少活儿啊，谁家的都做，谁有活儿给我拿来。我给人做活儿比他还挣得多呢，这一辈子没少做活。

一解放油盐店就都关张了。那就在家吧，跑口①做买卖，到康庄、张家口那边，买粮食卖呀，在那边买了粮食在这边卖，赚几个钱。好，也不容易，受那个罪呀，说给没收就没收了。粮食就不给了。都是晚上去明儿早晨回来。

女：怎么去啊？

何：坐火车呀。后来粮食给扣了。要不怎么上冰窖了。老冰窖就在娘娘庙，后来让北大给占了。

女：他在冰窖入的股，一百块钱。一开始建冰窖就是他们几个人建的，

---

① 口系指张家口，意即到张家口一带做买卖。

有三五个人，入股这几个人我们都知道，当然别人股大呀，有一个股东，是果局子张三，在海淀很有名的，在下洼子那块儿都知道。他股份最大，他开的。果局子张三我听好多老人都说过。果局子是卖鲜果的，苹果呀香蕉呀，卖水果的。

何：他是冰窖掌柜的。那会儿有钱吧，也不是太有钱的。

女：还有一个王有国，老肖。公私合营以后就给合了。

何：我们老头子就在冰窖当会计，有准时候挣钱了。工资五十五（元）的时候好多年，五口人不轻松，再拿点红利，一月十几块钱。

定：还没算资本家吧？

女：怎么不算啊，"文化大革命"我们家也挂过牌，老头儿挂一小黑牌，"资本家"三个字还是我写的，我都受刺激。

何：（解放后）我就在家侍候老头儿，给人瞧孩子。到他死，这一辈子就在冰窖。

女：我印象她在家也不容易，给人看孩子，看姐儿两个。以后就"文化大革命"了，就不干了。

何：我生第一个孩子的时候二十六岁，男孩子，我三十三岁的时候他死的，要活着这会儿七十多了。

女：您不是说在我哥哥上边有六个吗？

何：有一个西瓜胎，还有四个都是小月子，流产。没少受罪。

女：我最大的哥哥是 1946 年生的。我就这一哥哥。我姐姐是 1948 年的。我妈生我的时候四十四了①，有说这样生出的孩子身体不健康的，年龄大了生小孩不健康，傻，我觉得我还挺好的。

何：就是本地老太太给接生，也不懂得。（对女：）你哥哥活这么大还真不容易，也没有奶，吃点小米面，打糨子喂。

女：这老太太有这么个特点，一辈子没和任何人发生过口角。脾气特好，跟街坊，跟家里孩子包括儿媳妇，从来不跟人争，骂，没有。从来不跟人吵架。

---

① 此处年龄确实不符，但已无法核对，保留访问者原话。

清华园边"内三旗"

——司文琴口述

时间：2000 年 7 月 25 日

地址：北京和平里北街砖角楼南里某居民楼

被访者：司文琴

访谈者：定宜庄、王硕

[**访谈者按**]　清代在西郊海淀一带修建皇家园林自康熙朝始。那时的海淀，用康熙帝的话来说，是一处"沃野平畴，澄波远岫，绮合绣错"① 之所在。有清一代，这里既是以"五园三山"为主体的皇家园林区，更是紫禁城外的又一处皇宫，朝仪之盛甚至超过皇城。圆明园周围的八旗驻防，就主要是为护卫这些皇家园林而设，经过几朝经营，最后形成"外三营"（即圆明园八旗、外火器营和健锐营）的格局，与京师八旗共同构成一个整体，是京师八旗不可分割的部分。对于外三营旗人，我曾做过多年的田野调查与口述，其中有关旗人妇女的成果早已收入《最后的记忆——十六名旗人妇女的口述历史》与《曾经沧海：20 世纪满族妇女叙事》等著作之中，这里不拟重复，唯司文琴女士这篇尚未发表过，所以收入本书。

　　司女士是内务府三旗人。外三营中的内务府三旗，与圆明园八旗同设于清雍正年间，营房的位置恰在今天清华大学的校园之内。清华在此建校之后，许多内务府旗人便转而成为清华的职员与校工，这些人的后代至今在清华仍有踪迹可寻，但我翻阅数部清华大学校史，对此却从来不置一词。如今清华的教授与学子，是否还会有人记得这个校园昔日的历史，是否还会有人过问一下这里曾经居住过的老住户呢？

---

① 玄烨：《御制畅春园记》，载《日下旧闻考》卷七十六。

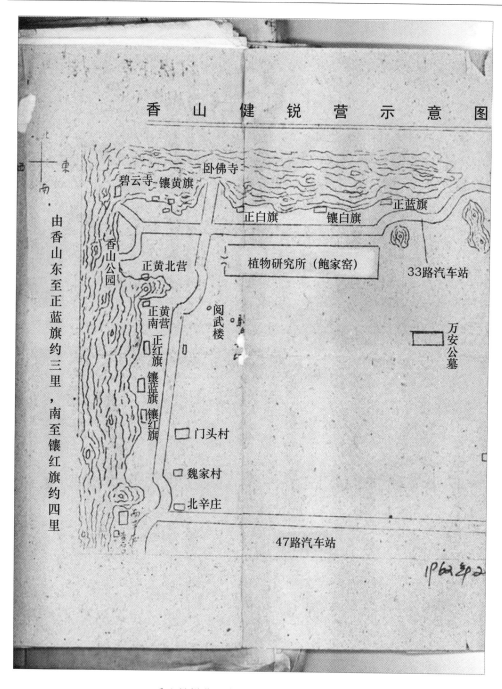

香山健锐营示意草图（原文为手写）

　　司女士已经去世几年了。当年我是通过她的儿媳王硕找到她的。2000 年夏，正在美国攻读博士学位的王硕女士来京找我，她也对满族妇女的历史与生活深感兴趣，并以此作为自己的博士论文选题。谈话间她提到自己的婆母即司文琴女士也是满族，而她因为多年生活在海外，对婆母一家之事并不清楚，于是约我一起去司女士家，做了这个访谈。我后来因搬家等原因将这次访谈的部分录音丢失，好在王硕教授留有一份副本，辗转从美国寄来与我，特在这里向她表示感谢。

　　司：我是 1919 年生的，现在八十一了，周岁。我父亲死得早，要是老父亲活着，那皇家的，宫内的一切，都知道。那时我也小，也没有时间来说这些个事。

　　定：您生的时候皇上还没从宫里出来吧？他是 1924 年出来的。

　　司：正是，小宣统登基。他坐了三年呢，是吧？

　　我们是镶黄旗。听老人讲，咱们都是关东来的，进关的，可是不知道什么年什么代。来了就跑马占地。为什么姓司呀，说原来是姓史，不好听，皇上给改了就姓司。

　　我爷爷呀，昨儿我也想了半天，还真不知道。因为我爷爷死得早。我太太呀，太太，明白吗？

　　定：旗人管奶奶叫太太。

　　司：我太太二十七岁就守寡，我有一个大爷，一个叔叔，我父亲老二，她就守着这仨孩子。那阵不都是守节么，二十七岁。她娘家姓史，是汉人还是汉军也不知道。也在北京住，不知道在什么地方。我小时候倒还见过她，我太太的嫂子什么的也常来，大脚，都是大脚。反正那时候生活不好，人就显得老，我太太七十三岁死的。我那阵十四五吧。

　　定：那她靠什么生活呢？

　　司：不知道，慢慢地反正哥儿仨就大了。我父亲那阵儿说就是当差，那时生活还成，都是皇上给粮食，每月发钱粮，还发老米。那阵不是都吃老米么，就跟现在共产党时候一样，有生活，共产制。后来有一年北京还卖过老米，黄的，吃过一阵子，好吃，一说老米老米的，就想起那阵儿皇上给的了。我父亲在宫内干了不少年，每天从住的地方到宫内干活儿，晚上再回来。每天都在那儿吃饭。我们在骆驼厂租了一间房，就在东华门门市部胡同，我就是在那儿生的。我父亲不是上朝，当官的才叫上朝，他就是劳动，按现在说就是轿夫，抬轿子的。銮仪卫，① 懂吗？要不说小皇上我父亲都抬过。等小皇上一登基，坐到宝座上，文武大臣一给拜，直哭，我父亲就觉得哎呀，这哭不好，不吉利。要不三年就……

后来摧残清朝，就不行了，连皇上都没有了。我们那阵挺困难，我上头两个哥哥一个姐姐，四个孩子。我父亲从宫里出来没有职业了，生活当然就差了，在北京住也没有生活呀，我们就搬到乡下去了。乡下有个三旗，那三旗都是一个旗，现在说是一个村了是吧，那地方就叫三旗，在蓝旗营的北边，成府街那边，已经让清华大学给占了。不是西三旗，西三旗现在还有呢。我父亲他们祖传的有两份祖产，一份就是三旗这房子，皇上家给的呀，得钱粮给的三间房，自己的，独门独院。这事我父亲倒跟我说过，说大爷家有六间房，说不清怎么给他的钱粮。原来好像是没有我父亲的，我父亲也挺勇敢的，就跟那头儿说，头儿说那好，就让他骑马射箭，看他那骑马射箭不错，给了他三间房。在那之前三旗的房是别人住着。我们就搬三旗那儿去了，不是就不花房钱么，我那阵才三岁，我是从那儿长起来的。

还有一份祖产是坟地，在立水桥，就从亚运村直接往北，不远，我还真去过。老坟地是沙土地，有土围脖，有祖坟，没有碑。有人给照应着，坟前坟后有闲着的地，人家就种。不算看坟，就是地由他种。是汉人。不交粮食，就是他的。解放前后还有呢。我那姑姑什么的，年年去上坟，后来可能都给平了。

定：您三岁以前住在宫边上，您父亲讲不讲宫里的事？

司：讲那阵我也小啊。由我父亲说，那宫里的事他都一清二楚。紫禁城里多少间房，哪儿哪儿他都知道。

定：您三岁是 1922 年，把宣统皇上赶出宫去是 1924 年。你们搬到三旗的时候皇上还没出宫呢？

司：出宫了，因为我父亲没差了，所以就回乡下了。

定：你们管这儿叫乡下？

司：就是城外头啊，那就是乡下。

定：您能说出三旗的位置在哪儿吗？

司：三旗人就都集中住在清华里边儿。清华正门一进去有一条河，就在河的南边。都是一排一排的房，一排一个院儿。后来有的年久失修，倒

---

① 銮仪卫，为宫廷服务的机构，掌管帝、后车驾仪仗。

塌了，就不整齐了。我们去的时候住的都还是旗人，都是老住户，我们老司家原来也有一户住在那儿，就是八姥姥家。那边的人跟城里的人就有些个不一样，你听说过没有？旗人跟旗人也不一样，有八旗的人，有咱们这镶黄正黄正白的三旗的人。[1]就说八旗人太贫，就是又生活不好吧，事儿还特多，什么挑个鼻子挑个眼儿啦，这个不对那个不对，特不像咱们一般的旗人那样。有时候跟人说话，就说你看这八旗的人就这么贫。到底是怎么个贫呢，也不知道，咱们也没跟这些人打过交道。这姑娘都不愿意给八旗的人，我们这家子没有跟他们结婚的，都是给自己这镶黄正黄正白的三旗。要说生活水平，八旗和三旗差不多，那时候都没有正经的事。我那姑爷家是蒙古族，一直就在蓝靛厂，火器营，也是一个满族的地方，听他们说话跟我们没什么不一样，就是说是蒙古族。[2]

那阵儿生活不太好，挺困难的。后来我大一点儿了，就知道（三旗人）哪家都在清华大学工作，男的一人工作养着几个人，什么球场了，什么学生宿舍，搞卫生的，送水送茶的，都是这些。我那两个哥哥后来在木料组管管东西，每天上班，下班回来，每月开工资，那时才挣十六块钱，这都还是不错的了。也有老太太给人家当保姆，不一定是旗人，也有外边的人。可是旗人挺多的。所以我们在清华那边本家多，亲戚多，你看姓司的，都是我们本家。现在有十几家吧。我们这些人家在清华都有好几代了，至少三代。现在又都要把他们往外赶。因为现在从外边雇民工特别便宜。

三旗里边就有一家是种地的，他那三间房跟清华隔一条河，那时有两个院子的房子倒塌了，那儿能种地，还能打挺好的粮。他那二姑爷是七间房的农民，汉人。到时候来给他种，到时候来给他收。

司文琴女儿：老太太说的这三旗我知道，就在清华里头，五几年六几年，清华扩充过一次，就把他们扩充到清华园里头去了，后来清华把他们拆迁出来，拆迁到蓝旗营，就在蓝旗营车站北边，一大排平房，一个小院一个小院的。现在第二次拆迁，又把他们弄到西三旗[3]去了。

---

[1] 司女士这里指的三旗，就是清代内务府上三旗，与外八旗是互不相干、互不统属的两个系统。上三旗包括镶黄旗、正黄旗和正白旗，司女士不仅对旗分，甚至对顺序都说得分毫不差，这是非常少见的。前面她还提到"三旗都是一个旗"，这只有对清代内务府的体制有一定了解的人才能听懂，她的意思就是这三旗是属于同一系统而与外八旗不同的，这也很准确。司女士这里所讲内三旗与外八旗的隔阂非常有趣，是在文献中很难见到的。

[2] 蓝靛厂的蒙古族，是指驻扎于蓝靛厂的外火器营，即上文中提到的京师外三营之一。外火器营八旗中包括有八旗蒙古，司女士指的就是这些蒙古旗人。

[3] 西三旗是地名，位于今清河小营以北。按西三旗系明代军屯遗存的地名，与前面司女士所说三旗（即内务府上三旗）毫无关系，今多有将其混淆者。参见尹钧科《北京郊区村落发展史》，第191页。

司：蓝旗营原来就叫蓝旗营，有原来的居民，后来又迁进三旗的人，是这么回事。（从清华）搬出来以后，可能是给的三间北房，两间西房，一个院儿。那时候都是一个一个的院儿，按咱们说就是一排房。我们后来跟我父亲搬到什方院，三旗那三间房就是我哥哥住着了。一直到现在。清华占了三旗，把他们挪到蓝旗营，清华又占了蓝旗营，又把他们挪到西三旗。

司文琴女儿：老太太后来可能都没去过，我去过，因为我舅舅还在那儿住。这份三旗的祖产，本来应该是我们七个人的，这次老太太就签字，放弃给我二舅的侄女儿了。

司：我们就弃权了。

我大爷他也拿过钱粮，那阵不知道他做什么，我大爷学的是厨房，反正后来他是厨子。不是宫里头的，就是一般的厨师。

定：他当过旗兵吗？

司：……不能没当过吧，没当过怎么有房子呢，他有六间房。我们有三间，比我们家多一份。

定：你们家原来在宫里的时候您大爷没跟你们住一块？

司：那阵都单过了，结婚以后哥儿仨就没在一块住了。大爷活了七十多吧，腿不好，后来人家给介绍的，到山海关那边工作去了，到那儿也不知怎么了，下车时候把膝盖摔坏了，后来走道儿就有点瘸。后来我那个大妈死了，是喘病，老在炕上，死时岁数可能不大，留下俩孩子，一个闺女一个儿子，我那个姐姐也就十二三，我这太太带着。我太太后来就跟着这个大爷了，跟着他在城里头住，在家干点家务。大爷一直就没再娶。

王硕：您大妈去世时为什么您大爷没再娶呢？

司：他也想娶呢，那孩子什么的，一直就没娶。

定：您大爷住哪儿？

司：那我倒记不住了，其实我去过。后来不是没有我大爷了么，他们也住到三旗了，就是河边上那排房。我叔在北京考的警官学校，后来调到山东。带着我那个婶妈，就在那儿落户了。

我大妈可能是旗人。那时候汉人不愿给旗人做妻子，嫌旗人事儿多，礼儿多，太麻烦。按现在来说，咱们旗人就是贫。

定：您说的贫是什么意思？

司：爱说。还有生男育女，什么都讲究规矩，这个不行那个不行。那阵儿旗人有了孩子没有送出去学技术的，舍不得，就都没有技术。

定：这旗人怎么那么疼孩子？

司：也不知道学什么，像人家外地人来了就学徒。北京人学技术的很少。把南方人叫豆皮子，[①] 好像比咱们聪明似的，就都管他们叫豆皮子。人家外地来的特能吃苦。

司的女儿：对这点我体会特深。比如我那两个舅舅，就没技术，家里也没想让他们学点什么，什么都不学。生活特贫困，只好到跑马场给人牵马去，给外国人家里烤面包。这种意识代代往下传。

司：我母亲也是旗人，娘家就在北京，我姥姥姥爷就这么一个。不过听人这么说，我母亲还不是这个姥姥生的，是请的，就是抱的。后来长大了。我这姥爷横是（即北京话"也许"）也就吃点钱粮，没有技术没有工作，就成天游手好闲。我母亲不识字，她十三四岁十四五岁就跟我这姥姥，娘儿俩就指着这做活挣钱，生活。那阵儿都穿大褂，中式大褂，一天做一个大褂还做一个套裤，套裤就是裤腿儿，它到这儿（指大腿）是一个马蹄形，用带系在腰上，干力气活的，穿裤子不方便，穿套裤，这屁股那儿不就随便了么，这叫套裤，都是男的穿的。俩人一块儿一天就做一套，够苦的。

定：给谁做呀？

司：给外人做。人家给钱哪。

定：她嫁给您父亲以后还做活儿吗？

司：不做了，就是看孩子做饭，弄这些个家务就够呛了，就是做也是给自己的孩子们做。那时候穿衣服穿鞋都得自己做呀，哪儿像现在都买呀。六个孩子，空不了。我从十四岁就学这针线活儿。好像到我年轻时做的就都是时兴样儿了，什么大褂了，裤子了。没人穿那套裤，那是卖力气的人穿的，为的是方便，家里哪儿有做那个的。我俩哥哥都穿大褂呀，都得自个儿裁自个儿做，钉纽襻儿，那两道缝都得缝直了。后来有了侄子我还给做呢，做那小衣裳。我自个儿的衣裳也都是自个儿做，哪儿能去外头做去？做鞋，跟着街坊姐妹，今儿个出这么个样子，明儿个出那么个样子，比赛似的。你做得好我还要比你做得好。这大褂都沿边儿，沿什么韭菜边儿，绲边儿。

定：您沿边用缎子还是普通的布沿呢？

司：用缎子。我也穿过沿缎子边儿的衣裳，自个儿做的。

[①] 夏仁虎：《旧京琐记》卷二："京语有极刻薄者……呼浙绍人曰'臭豆腐'，讥所嗜也。久则并南人皆呼曰'豆腐皮'。"北京古籍出版社 1986 年版，第 46 页。

定：沿两道边儿三道边儿？

司：一道。有的是盘扣，有的就是直的，钉纽襻儿。绣花我不会，我从来就没学过那扎花，人说扎花挺简单的。

定：那时候北京好多妇女都做挑花，您没做过？

司：挑花我没做过，补花我做过，给国外做的。这么一块硬纱，还有两块方的，做那么一套三块多钱，可是特别细，最快怎么也得三天。这个纱四面沿边儿，先把边做好了，里头是一个大天鹅，后头跟着俩小天鹅，还有草，特别细。那，没有电灯，就在煤油灯底下做。我那阵也是做那个，挣钱哪。那个村里好多人都做这个。好像是成府①那儿有那么一个组织，人家敛了这活发给大伙儿，然后再算账。现在也没有了。

定：三旗里面干这个的多吗？

司：不少，都是姑娘。

定：媳妇为什么不干呢？

司：不是不干，是没有那时间干。再说这活儿是细活，你不安心不好好做给人做坏了不成。

定：一群小姑娘在一块儿。

司：也有二十多的，有个姓徐的就二十多了，不结婚。那时候旗人的姑娘都结婚晚，反正就是挑呗。不合适。也考虑给不给旗人，因为怕给那外地人给带走，带到老家去。

定：怕离开北京城？

司：也不是，为什么呢？怕到老家受罪，到老家就种地呀。城里人哪儿会这个呀，所以外姓人、外地人不给。就怕带走。

我这点儿文化呀，也真不容易。那阵我们家就挨着清华大学，学生自己办了一个平民夜校，我们就跟你六姨儿（指自己六妹），那时也就七八岁，每天晚上5点到6点都上那儿上学去。那么样儿学的。学的那点儿倒真有用。我十四岁搬到什方院，就没机会学了。

我跟着父亲搬到什方院这儿来的时候我十四，待了几年呢，就有十六七了。那儿有人把房租给了一个德国人，年轻的两口子，有俩孩子，一个十二岁的姑娘，一个三岁的男孩子。那个女的，她父母在东北有个大营造厂，他们在咱们中国挣老了钱了，她的生活，她父母完全给她，什么都给她弄了。她的爱人，这个男的，在辅仁大学教学，化学系。男的中国话不

---

① 成府指成府街，位于清华大学西门与北京大学东门之间，现已被拆除。

好，女的中国话特好，女的管我父亲叫老司，不是在一院住么，她瞅我出来进去的，她就跟老司说，你是不是让你这闺女帮我们点儿，每天他们要开车进城送姑娘上学，这三岁的孩子没人管，就让我在他们进城的时候照顾照顾，有点儿小小不言的针线活儿，给做做。她挺喜欢我的还是，按外国人的给，一月给我二十四块钱。

司的女儿： 结果是我姥爷给您介绍到那儿去，您比他还挣得多呢。

司： 啊，比你姥爷还多了，你姥爷才挣十块。过年过节的还多给，她跟我挺好的。这孩子才三岁不是，慢慢儿地跟我更好，我母亲在下边有两间房住，这孩子到那儿呀就管我母亲叫奶奶，管我父亲叫爷爷，那儿吃什么他就吃。我待了几年呢，到二十四我结婚，她舍不得，可也没办法。我结婚时他们还送我一百块钱，让我买东西。我结婚以后，那个女的知道我有了小孩儿了，还去看过我。

定： 您学德文了吗？

司： 眼前儿的说话能知道点儿，那阵儿我脑子还聪明，都知道一些个。后来刚解放时候，不就是给那外国人都弄到山东、河北去了？把咱们国内的外国人都给弄去了。他们也走了，打那儿就没音信了。现在他们都早没了，这姑娘那阵十二，现在都该四十了[①]，我们还真打听过一回，没打听着。

王硕： 您挣的二十多块钱都是给家里？

司： 都给了。要不说那阵就是傻，什么思想也没有。要是现在，挣五千自个儿花三千吧，那阵就不懂。要我说，一直到结婚都没这想法。有时候我们街坊在一块儿，都二十多岁，人家都买这个那的，我也搭着忙着，也没有那想法。什么也不知道，不知道自个儿有什么私心。我两个弟弟也是，挣钱不会自个儿去胡花去。后来我自个儿也想，那时候的人跟现在比，可是差远了。这阵儿这人多聪明呀。

王硕： 那这聪明是好是不好呀？

司： 反正有好的一方面也有不好的一方面是吧，啊？我这实心眼儿。

司： 我二十四岁结婚，到我结婚时就没有那旗人汉人了。国民党时代一说旗人瞧不起，说你没有知识没有能力的，就指着皇上吃粮食拿钱。那阵儿咱旗人都不敢说，甚至填表都不填满族。我结婚到这儿，孩子们人家是汉族，都是北京生的。

司的女儿： 我们家不是旗人，我爸爸不是旗人。

---

① 这里说的年龄是司女士自己算的，显然不对。

司：我自己的满族是前几年改的，就是为了给孙子改。底下那一代为了上学都报满族，加十分么。其实改什么也无所谓。

王硕：您二十四岁才结婚有没有要挣钱养家的关系呀？

司：我自己没有那个想法。我父母也不能那样，老让我干活儿挣钱。

王硕：实际是不是耽误了？

司：也不能算耽误。我那老爱人（指丈夫）前面那个妻子，是我出五服的叔伯姐姐。我不知道她比我大多少岁，她是肺结核死的。

王硕：她怎么嫁给汉人了？

司：也是有几家街坊，跟我们这老二婶（指丈夫前妻之母）挺熟悉的，瞅这小伙子挺好。

司的女儿：这些个旗人，他们败了以后都特别穷了。她（指司，即其母）嫁给我爸爸不是？她的妹妹、姐姐都嫁给农村的了。就穷得那样。

定：什么时候知道他有五个孩子的？

司：那是早知道了。我一进门就那么多事，您想，五个孩子，还一外甥，还一侄儿，也在这儿，一天做饭就够呛了，再洗。

定：都您一人做？

司：她那姐姐（指前夫留下的大女儿）不是十二么，能帮我点，真正的事儿也帮不了。要不说我这命真是大，累也没累死，也没得传染病。这不是该着吗。

定：您这辈子付出的也挺多的。

司：嗨，也仗着年轻。什么时候都够累的，大盆大盆地洗衣服，他父亲那阵儿包点儿活儿，（一九）五几年的时候给那个苏联人装修，他（指苏联人）是北大的教师，我小时候他经常来，这外国人中国话说得好，中国字他不认得，我那老爱人得一笔一笔地跟他说，工钱多少钱哪，料钱多少钱哪，然后汇总，我得帮着，算。他不能写，我也是瞎写。原来是我大儿子帮着弄，但我这老爱人脾气也不好，他弄得对就对，有点儿什么就急赤白脸。这孩子挺怵头的，最后就说，得了，你帮着我点儿吧。

司的女儿：这些事我都不知道。我们家原来房子比较多，一个大院吧，十八间房都是我们家，就在北京站。我姥姥一直跟我们生活在一起。

我十二个孩子。一人至少生一个，全搁这儿。大姑娘（生孩子）没用我，因为她有姥姥婆，人家帮着。二闺女结了婚，第一个外孙子，早晨送过来，晚上下班再接走，到有老二了，大的就上学了，还是这样，早晨送来，晚上接走。到三姑娘结婚正是我刚生小儿子有病的时候，她在纺织厂，三班倒，生一闺女，我先伺候月子，五十六天她上班，把孩子又搁家了，我那阵儿也挺发愁的，我自己的孩子吃自己的奶，这孩子还得喂，喂得好喂不好啊。发愁，慢慢适应着吧。她这闺女两岁多了，她告诉："妈，我又怀孕了，那我做了吧。"我说别价，做了好了不好了的，不能做。"不能做您弄得了吗？"我说这大的不是也快走了么，大了。这就生第二个，生个男孩子，我说要不是我，这个就没了。接茬儿这就弄着个老二。老二刚三岁，四闺女又生的这个外孙子。这仨，一人比一人大三岁。

　　定：您这辈子没工作过？

　　司：工作啦。我没文化也没别的条件，就在街道上，1960 年吧，给我找了一个托儿所，在一个工厂的大院儿里，我，还找了俩阿姨。我们四个人吧，反正我负责，开会呀，收入账呀，都是我。工人抱着孩子来，下班抱走。家长都（叫）"司老师"，跟我好着呢。我心软，这孩子都不大，哪个哭我就抱抱，别的阿姨就说司老师您真那什么，您还老抱着？您就不能多歇会儿？我说瞅着这，谁不都是自个儿的孩子谁疼呀。后来不是这姑娘（指自己的继女）要生孩子嘛，没法儿干了，你说是姑娘要紧还是外头要紧呢？尤其这姑娘又不是我自个儿生的。我说得了，甭干了，就家里看孩子了。后来人家那负责人、园长，来家里找我多少次，说司老师，去吧您，我没法儿去呀。人家都说司老师司老师，您要干几年怎么也算退休了，我也没办法，我到现在也没有退休（待遇），不就为这些孩子嘛。可是你说怎么着？孩子都跟我好，不单姑娘好，姑爷也都跟我好。姑娘、姑爷、儿子、媳妇，都孝顺，就是孙子孙女、外孙子，没有一个跟我不好的，都尊重我。一大家子热闹着呢。我现在挺知足，虽然过去受过好多挫折，累，现在得了，挺好，这就值了，我挺满足的。

　　王硕：特厚道啊，谁也不埋怨。

　　司：我有两个弟弟一个妹妹。我妹妹结婚都三十二了，她身体不好。她走得也早，五十四岁就走了，留下俩孩子。那就解放了，她一直工作，原来是在印刷厂，东单有一个永兴印刷厂。后来又到朝阳区法院，也肯干着哩，一直到死。她身体不好，得过肺结核，后来在通县疗养，治好了，完了结婚怀孕又难产，又剖腹产生了一个男孩子，那就别要了吧，还想要第二胎，结果还得剖腹产，剖腹产两次。后来血压高，那天扫除，擦着擦着脑溢血，就这么样。

　　司的女儿：还不敢告诉您呢，知道从小您给带大的。

　　司：对。我比她大十二岁，她起小身体弱，离不开我，断奶时候都是我给她做吃的，买吃的，穿什么都是我给她做，也是那阵兴什么就给她做什么。后来我结婚，她也不断地进城来，挺要强的。我俩弟弟也都实诚着呢，那我就结婚了，1949 年以前，通过街坊介绍他俩到石景山发电厂，他们没有文化呀，去了也就做这劳动的活儿，从那儿劳动，小弟弟到组织部长，后来到石景山发电厂厂长，大弟弟是官厅水库的厂长。你说多不容易。后来都是离休。现在就我一个弟弟了，一年总得来看我一次，带东西，吃的、茶叶，走的时候还老给我钱，我说别给我钱，我钱够花的，我花不着钱，他说"不价，您抽烟、玩牌，我一月拿一千七呢"。他什么都跟我说。到现在还是姐姐、姐姐，老是叫得亲。人特好，谁都照顾着。

　　那多少年前了，我们在什方院住的那阵儿，我父亲订了一份《实报》①，知道吗？我昨天还想呢，想看看那报纸，那比现在这报可好，现在这晚报除了广告，就是这个网什么，我都不懂，看它干吗？不瞧。那《实报》我父亲天天看，天天儿的。没有电灯，就煤油灯，天天地看。你别看他念书少他文化还挺行，有个字不认识他都给你讲，这个字是怎么写怎么念怎么讲，从那报纸上也能认不少字。我也跟着天天就看《实报》，《实报》连载的小说，有一湖北人，能说着呢。

　　定：您还记得那小说叫什么名吗？

　　司：没事时想也许还能想起来。也不是小说，就是这湖北人叫王什么雨，他那爱人叫林清啊还是什么，他们俩人天南地北地聊，想聊什么就聊什么。这六十年了，别的小说就没怎么看。

　　定：晚上都干吗呀？

　　司：有耳机子的那个，矿石收音机，② 听那个，听京剧呀。

　　定：您爱听京剧吗？

　　司：爱听也没真听过，六十多年也没进那戏园子去过。哪儿有那时间呢，也就是听耳机子，现在看看电视。你看那三频道、五频道，有时我就一人看，他们谁都不爱看，都不看，说不懂，你说怎么会不懂呢？这京剧才是真功夫呢。

　　司的女儿：她还会唱呢。

　　司：就是听的。

---

　　① 《实报》俗名小实报，因其是四开小版。20 世纪 30 年代中叶，不少学人、文士都订阅三种报：天津《大公报》，北京《世界报》，还有就是《实报》。《实报》还附赠半月刊。

　　② 在晶体管发明前，人们习惯于将那些不使用电源、电路里只有一个半导体元件的收音机统称为矿石收音机，是所有无线电接收设备中最简单的一种。20 世纪 50 年代为百姓家庭普遍使用。

蓝靛厂几代回民之后

——金宝琴口述

第一次　时间：2002 年 9 月 22 日
　　　　地点：北京某鱼池
　　　　被访者：金宝琴
　　　　访谈者：定宜庄
第二次　时间：2003 年 6 月 3 日
　　　　地点：北京某中学办公室
　　　　访谈者同上

[**访谈者按**] 金宝琴女士，回族，北京西郊蓝靛厂人，现为北京某中学的食堂管理员。

蓝靛厂位于北京西直门外长河西岸。从清朝迄至民国，一直是京西的著名市镇。它之所以著名，一是因它在清朝曾屯聚重兵，是京师八旗"外三营"之一即外火器营营房的所在地，目前仍是北京城区仅存的满族聚居区，颇受研究满族历史和文化的学者重视；二是因北京著名的道教寺观、"五顶"之一的西顶碧霞元君庙就建于此地，因此亦备受民俗学家的眷顾。但我这里访问的，却是同样世世代代生活于这里，却较少引起人们注意的回民。回族人眼里的蓝靛厂、回族人眼里的火器营八旗官兵是什么样子，更是在蓝靛厂做田野的诸多学者几乎没有注意过的角度。

我在本书第二卷"外城编"中说过，回族是在北京居住时间最长、人口最多的少数民族之一。清朝中期以后从山东等地迁移来京的回民，无论人数之众和在京城造成的影响，都尤其不可轻视。回民大多以经商为生，所以在八旗屯聚重兵的地方，往往很快就会形成回族的聚居点，满回两个民族这种共依共存的现象，理应成为民族关系史的重要研究课题，可惜尚未引起人们的兴趣。

我与金女士几次交谈，最深入的有两次，这篇访谈录主要就是根据这两次访谈的录音整理而成的。其中最令我感兴趣的，一是她家庭中几代女性的生活经历，一是她父亲的几番奋斗，还有，就是最后一节中，她充满依恋和伤感叙述的蓝靛厂居民的生活以及拆迁带给他们的伤害。

金女士与我年龄相仿，同是"五星红旗下长大"的一代，却有着与我、与我的知青同伴们迥异的成长环境和生活经历。她的知识和人生智慧似乎源于与我完全不同的另一个系统，这个系统中，包括了她祖辈相传的丰富生动鲜活的人生经验，其中当然有些是她的民族特有的感受与传统，这一切在我的成长经历和我自幼接受的一元化的知识系统中，早就被斩断了，① 我对这一切不仅冷漠生疏，甚至根本不知其存在，我的精神世界也因此而变得贫乏单调了很多，这是我从对她的访谈中感受最深的一点。

我第一次与金女士交谈时，蓝靛厂的拆迁尚未正式开始，她与我说过这样一段充满感情的话：

在我记忆里，我爷爷一辈子修清真寺，清真寺那碑文里有他的名字。② 我心里愿意它留下，给有信仰的人一个礼拜和说真话的地方。现在回迁的很多人不愿离开这块土，因为不管哪个老人走的时候，他会由那儿走。我是蓝靛厂几代回民的后人，这是我最想说的事情，是我的一个心愿。

为在长河岸边这块土地上生活过的满族和回族父老留住这段回忆，也是我的心愿。

---

① 20 世纪 50 年代初曾将所有民办私立的各种办学形式全部取消。参见拙著《中国知青史——初澜》，中国社会科学出版社 1998 年版，第 5 页。

② 蓝靛厂清真寺也是一座古寺，据清朝嘉庆年间重建该寺石碑记载，该寺建于明代末年。参见 1987 年由中央民族学院叶哈亚·林松撰《重修京西蓝靛厂碑记》："蓝靛厂古寺始创于明代万历年间，清嘉庆中暴雨成灾，殿宇坍塌，有丁、马、张、杨、李五姓教民倡捐募化，于壬申年修复，道光庚寅、光绪乙酉、民国戊辰暨丁丑诸年，邨中乡老或献房，或捐地，或资助，又迭经修缮扩充，既有实物作证，更有碑文可稽。"（转引自佟洵《伊斯兰教与北京清真寺文化》第四部分"北京清真寺碑文"，中央民族大学出版社 2003 年版，第 452 页）并见马福春《从清真寺的功能看城市少数民族的文化需求——北京市海淀清真寺为例》关于回民与该寺关系的论述（载中央民族大学《民族学与社会学学院通讯》2007 年 2 月号，第 28—31 页）。

1. 我们家的人喜欢叙说

金宝琴（下简称金）： 我们一直就是回民，祖籍是山东，山东省济南市济阳县小营子。我们那个地方一溜十八个营子，一个叫梁家口，一个叫马营子，还有一个小营子，还有一个什么，多少个营守着这块地方，这都是我们回民。[1] 我们这儿地不好，就是盐碱地，地都能长霜，不结东西。但是特别好的一种东西就是枣，那枣长得像馒头那么大，就叫馒头枣，抽巴了干了都这么大。只要这个枣快熟了，你一掰开，它都拉黏儿，就那么甜。那边人穷啊，枣就是他们的食粮，由老家能带来的东西也是枣，它就出这个，别的没有。拿秫秸插成枣排，插成像小兔子样，插到房柁子的檩条子上，这样一是避免老鼠吃，第二不让它再捂了坏了，特别有意思。

定： 您回过老家吗？

金： 我头年"五一"去了。我高低去了。因为我老爷爷他一直跑买卖，至死没回去。他死的时候把尸留到北京了，埋在三里河，三里河过去有我们家的坟地。

我们家是我老爷爷那辈来到北京的。我老爷爷叫金世田。他是庄户人家，不是大地主。他的第一个媳妇就生下一个儿子，因为小时候没有人太好照顾他，那个儿子有点瘸。后来这个老奶奶就去世了。到我爷爷的母亲就是续弦。不是一个没死就又娶一个，不是。（续弦的这个）老奶奶来了以后生的第一胎是个女孩儿，女儿好像是长得挺好的，她就不太疼前边那个儿子，可是这个是老爷爷他自个儿的儿子啊，他待见，他说"别看你生了一个，你十个桃花女也不换我那扁脚儿"。他始终对他的儿子挺好的。就没把他那儿子带到北京来，一直搁到山东，这叫隔母不隔山。

所以我老奶奶她就求真主，她说我托付为主的，让我生一个儿子，他打我我都认。结果第二个真生了我爷爷了。我老爷爷就带着我爷爷和老奶奶，就是我爷爷的妈妈来到北京，老家搁了一个大爷爷。来到这儿以后，把我那个姑奶奶，就是我爷爷的姐姐，最后就给到北京了，给了北京西城一带。

---

[1]　山东回族的农业经济，据有关专家研究，是从明代常遇春在山东建立军屯开始的。常遇春部下较多回族。从此，济宁、泰安、德州、聊城、惠民等地，形成了许多回民营，即回族农业村落。现今的五营、六营、大营、小营、前营、后营、刘家营、马家营等都是当时军屯的军盘（参见杨珍《历史上的山东回族经济》，载《回族研究》1998 年第 3 期）。从中可窥见金家祖上的由来。但该文称"为安排'达子兵'（即长期过着军屯生活的回回人）的家眷，在德州卫（今平原）专设了回回村——达官营，以供农耕"则值得商榷，参见本书"外城编"满恒亮口述中有关"达官营"的注释。

蓝靛厂西顶碧霞元君庙的主要建筑工字殿

　　我老爷爷特别有能耐，等于是北京有买卖，山东有地，东北他还跑皮货。就在蓝靛厂啊，他一人置了四处房子，一处在我们街上，德源成①旁边，德源成是个酱厂子。一处在西门。再往西岔去叫德丰居，一处在那块儿把着路口。再一个就是我们现在最后拆的这一块儿，也是把着一个路口，小东门路口。四处房子全在街上把口那儿，都是街上的铺面房，也都是做了买卖，我们最后拆的这处，我父亲告诉我是个药店。我奶奶就跟我们说，你老爷爷置的那房子啊，每处都有院子，门楼都是磨砖对缝的，相当不错。

　　定：你们家在蓝靛厂可是个大户了。

　　金：应当说在我老爷爷的时候我们家那是正经可以的。

　　定：您祖上是不是蓝靛厂最早的住户？

　　金：可以这么说。我们家确实是算早的，在回族里头算早的。时间久了，兴啊衰啊，都在这块地儿。

2. 西贯市李家

　　定：您祖爷爷带着祖奶奶来到北京，这是第一代。

　　金：对，我爷爷长大以后娶的我奶奶，这就是两代。我奶奶姓温，是

① 蓝靛厂镇的德源成米面油盐店开业于清末光绪年间，自制的酱菜和干黄酱在北京西郊一带非常有名。

北京人，海淀区馒头村①的娘家，馒头村就在香山这边，四王府的东南上。她们家也是回民。

我奶奶不是穷家的人，她的姑姑给的是西贯市李家，②那家叫李什么我不知道。她当初给这家的时候呢，这家就爷俩，爷俩都没有媳妇，老头儿的老伴死了，儿子又没说上。这爷俩是干吗的呢？是赶脚的，北京土话就是捅毛驴屁股的，跟着毛驴跑，给人家送货，跟镖的似的那种，又不是大的。最后我奶奶的姑姑就给到他们家了，给到他们家时穷着呢。

定：那您奶奶的姑姑的娘家原来是做什么的？

金：就是农民呀，馒村的，也没什么钱，所以才给那么穷的北边的。

您记得西太后出逃吗？就由西贯市走的，找的人就是我奶奶的姑姑家，说他们是赶脚的，老往西安跑，是他们家给西太后带到西安去的。开始时讲好价钱，说你不白拉我，到了那儿钱你随便拿。当时还想呢，说遇见什么人了，怎么给这么多呀，这就等于玩儿命似的给人跑了一趟买卖。那会儿不知道拉的是西太后，要是知道那不就走漏风声，还不把他们杀了啊？到了西安才知道。西太后她出手不在乎钱啊，开开金库就让他们随便拿，还说回去到了北京我再封你，那会儿不是就说封侯么，所以他们家封的是侯。我奶奶的姑姑人家怎么富的？就由这儿富的。我父亲为什么给我讲这段历史呢，说人哪，是命，说人不得外财不富，马不得夜草不肥，你姑姥姥嫁的好，人家有那么大命啊，找这么俩光棍子，穷着呢，他也不知道跑这么趟买卖，现在话叫黑活儿，西太后后来封他呀，人家就能遇到那么一档子好事，人家就发起来了。后来人家就说姑奶奶那些儿子，就是我奶奶那些表弟呀，人家都牛着呢，张北这一带连火车买卖都是人家家的。她儿子给她做寿，一年一个大皮袄，我奶奶她们姐儿四个，每年明着是给姑姑做寿去了，带点礼物，红包都给她们带回来了，头年的大皮袄顶下来，给我奶奶，再顶下一个来，给我二姨奶奶。她们这些侄女，都沾过人家光。人家一富，带的他们家也富了。

---

①　金女士将该村称为"馒村"。按该村今称门头村，馒头村是明代的称呼。村中居住有满、回、苗等族，是京郊一个著名的少数民族村落。

②　西贯市位于北京昌平县（今昌平区）阳坊镇，历史上就是回民村，村民多为李姓。据民国时夏仁虎《旧京琐记》记："贯市李者以标局起家，固素丰，颇驰名于北方。两宫过，迎而进食，甚具备。命其子侄随扈以西，各予五品官。殆亦等于滹沱麦饭矣。"（卷七"时变"，北京古籍出版社1986年版，第82页）标局即镖局，清朝时北京号称有八大镖局，其中西贯市就占了两个，即东光裕和西光裕。1900年庚子事变，八国联军攻入北京，8月14日京城陷落，慈禧太后挟光绪帝仓皇出逃，所到第一站就是西贯市，这就是上述夏仁虎所记之事由来。关于这段历史，西贯市村民中流传着诸多版本，金女士所讲只是其中一种。详见本书"京北回族第一村"专门对西贯市村民所做的访谈。

定：他们后来做什么买卖？

金：他们就是牛羊，火车上的运输，开的铺面，都是人家的。

定：他们后来一直还在西贯市吗？

金：一直在呀，就是清朝时候。清朝完了他们也就完了。

3. 死也不跟他埋在一起

金：我老奶奶，就是后续的那个，她特别能干，特别知道生意怎么做，在我们街上都特别有名，说蓝靛厂有三个老太太谁都比不了，其中就有我老奶奶。老奶奶坐家立业的人，那么点儿小脚，骑驴特棒，过去那盐不是最挣钱么，她到清河打盐去，一早儿由清河都打一趟盐回来了，她儿子还睡呢。

定：怎么打盐？

金：就是拿驴驮一麻袋盐回来卖呀，挣钱呀，她做生意的事什么都能干，家里也弄得好。可她这个儿子，按我们回民说，是跟真主求来的。命中有儿终须有，命中无儿莫强求，为主的该给你的，就一定会给你，不该给你的，你不该强求的去要，要来了就是要一个祸害，果不其然不孝。不孝还败家。这就是回民的生活逻辑，他不说那个教育。等于她得养着，她还得给他干，等到她不能干的时候，她儿子又对她不好。

我姑姑给我讲过，说我老爷爷娶的第一个奶奶生的那支人脾气都好，都是和颜悦色地说话细声细语地交流，说咱们这支人就不好，我姑姑的话：一个奶奶找坏了。我老奶奶他们家人的性格不好，来了以后遗传的咱们家人都性格不好。但是这个奶奶虽然脾气大，特别能干。家里致富，好多事都是她弄的，我老爷爷有了这么大摊子，没有人给他好好支应着不行。后来她死得也挺早的。

我爷爷叫金占元。看过《大刀王五》吧？都知道回民人习武。我爷爷是练单刀的，就练一把刀。当时我老爷爷希望我爷爷学做玉器，磨水凳，做玉器。我父亲给我讲过，当时做玉器活是回民掌握着，他一直想让他学这些东西，可是我爷爷的性格学不了。

定：做玉器要什么性格？

金：性格得慢哪，得会琢磨的那种。可是他是暴啊，他老急。他就学了做食品，薄脆饼啊，勤行这一套。

我爷爷长得也比较好。我奶奶跟我爷爷他们属于门当户对，这样给他们结了这个姻。后来我奶奶跟我爷爷就在北京。我奶奶家境特别好，可是就没想到我爷爷脾气特别不好，她给到这儿呢，也不是条件不好，就是受气。过去的男人说，女人就像墙上的皮，揭了一层又一层。吹乎男人的一句话叫"好汉占九妻"，女人没人当事。我奶奶那个年代，外地的人、山东人都裹脚，但我奶奶是北京人，回民北京人好像比乡下的人就正规得多，就不是封建得深，所以我奶奶没裹过脚。但我爷爷是从山东来的，就觉得不裹脚的女人特别寒碜，他的感觉就是人没到脚就到了，他就别扭，他特别歧视我奶奶。他又会练武，他山东人又粗鲁，他由那边走过来他也挺野性的那种人，所以他就老打我奶奶。我奶奶要是跟娘家去诉说吧，娘家也富，就给点儿，别管怎么着，凑合生活吧。要是打起来呢，她娘家有好几个哥哥，又打不过我爷爷，因为他是练单刀的呀，练武术的人心到手到的，他手底下又狠。所以两家经常打架，最后我奶奶也觉得没意思，女人嘛。

我爷爷对我老奶奶也不好。这时候祖爷爷在北京去世了，就埋在三里河了，我老奶奶就觉得老家有一大片地，一直是交给她娘家弟弟给看着，她想回去到那儿，还要回她那块土。她说要回老家，就问我奶奶，说你跟你男人还是跟我呀，我奶奶说我也跟你回老家得了，她愣跟着婆婆也不跟着男人，所以我老奶奶就带着我奶奶回到了山东。

这时候我奶奶就有了一个大儿子，一个二儿子，一个大女儿，一个二女儿，我爷爷也老打他们。二儿子得了病，死了。大女儿也是因为一档子事不顺心，得病也死了。就剩下一个大儿子和一个二女儿，就是我的姑姑，那时候才两岁多。就等于我奶奶带着我大爷和我姑姑，和我老奶奶一起就回山东了，他们4个一起生活。

我们家都让我爷爷祸害了，破落了，他母亲也受了罪了，我奶奶也受了罪了，就等于在老家待了二十年，就靠刮风啊树杈子掉了给人家卖柴，苦着呢。到第十一年我老奶奶死了，我爷爷就由北京回了老家，他妈死了，他再不孝他也得回去，回去这一个月中我奶奶怀的我父亲，所以我父亲是山东生的。然后我爷爷又回的北京，就没带我奶奶，我奶奶也愿意在老家，一直带着我大爷、我姑姑还有我爸爸在老家。

我奶奶有了我父亲以后，苦到什么程度啊，坐月子都没的吃啊，就吃了一块野苜蓿，喂牲口的苜蓿。生孩子没有东西，就把我父亲搁在肚子上，我父亲一尿尿顺着腰往下流。我父亲长到八岁的时候，家里真的不行了，我奶奶把我姑姑就窝儿给了山东了，带着我父亲回了北京。等到我奶奶回到北京，我爷爷已经有了一个外家了。

定：她一走他又娶一个？

金：对，在这儿又有了一个媳妇。我老爷爷那个媳妇是续弦，等于死了一个又续了一个，我爷爷等于媳妇回老家了就跟没那档子事一样，又找了一个，在婚姻上男人是挺霸道的，男人独尊独有，特别厉害。这样我们家的男的两代人都是俩媳妇。

定：那时候男人挺欺负女人的是吧？

金：欺负，欺负得厉害，他歧视女人，对女人可不好了。但是呢，他又有了一个，他不打人家，可能这个女人特别温柔。再一个呢，那样的女人也会侍候他。我爷爷可能是能够给人一种安全感，他会武呀。那个女人也是回族。

我奶奶回来之后，我爷爷还想打我奶奶。但是我姨奶奶都特别厉害，我三姨奶奶就来跟我爷爷打架来，就说我姐姐从一开始受气，就一直受到现在，一去山东二十年，她看不见自己的亲姐姐，所以特别恨他。我三姨奶奶有钱，她是开店的，在门头村、三家店那边都有买卖，她就拿上钱给厅上使上钱了，用现在话说就是行贿了。就说只要我爷爷金占元，他要敢打我姐姐，你们就给我捕他。我爷爷这才害怕了，才没打我奶奶。过去清政府管派出所叫厅儿，逮人过去叫"小绳穿小辫儿"，清朝人不都梳辫子么，小辫儿一拴上不就跑不了了么，这样就把人带走了。

我奶奶恨我爷爷，恨到死的时候说，死也不能跟他埋在一起，就没享到他一点好。一生摊了一个男人就这样，受委屈受老大了。我这个爷爷真的不好，败家呀。

定：他干吗？他抽大烟？

金：回民人不抽烟，不喝酒，但是他赌博，而且他祸害，他坐在牌桌上，一会儿就输好多。他把所有的家产，我们家的宅子，最后都给祸害卖了。所以说什么叫误人子弟呀？家庭太好了就误人子弟，不好好干，你拿它太知重了都不是好事。

1950 年吧，我爷爷就去世了，他才刚刚六十岁，他四月十七死的，我六月初四生的，他属虎，我也属虎。我奶奶比我爷爷大两岁，我奶奶是1960 年死的，虚岁七十三岁，他俩整差了十年。我奶奶属鼠，六月初三死的，我小弟弟也属鼠，阳历十一月二十八日生的，顶走一老虎来一小虎，顶走一老鼠来一小鼠。也不知道为什么，他们俩就死不对付。现在谁要一说两口子打架，保证这两个属性就不对头，尤其女的是属鼠的，男的是属虎的，保证打架。

人这一生啊真是，我对这些问题都解答不了。我爷爷是那么个暴君，我奶奶就那么好，在我心目中奶奶是最好的偶像。我奶奶这个能干，这个干净。天天5点钟就起来，把院子各地儿都扫干净了，用那籴儿坐水，等我们起来我奶奶喝完茶了，甭管多少孩子都给穿好了衣服。没有多少家具但是老擦得那么干净，客人来了使的手巾永远是客人使的，饭碗办事的就是办事的，平常使的就是平常使的。搓板都是两个，洗上身衣服使一搓板，下身衣服使一搓板。晚上吃米饭，中午就把米挑出来了泡上，你甭打算在饭里吃个石头，都簸了，所以她做的饭你就踏踏实实吃。那会儿烧煤球，连墙根都不带有煤末子的。

定：那得多累这一天。

金：但是她就是这么一个人。她哪怕院子里头孩子有一个扣子掉了，她都穿成一串，找哪个拿哪个，掉不了。我现在生活的习惯也像我奶奶，进门就洗手，煮手巾，到现在我也喜欢煮手巾，抹布老是干净的。我奶奶属于过去比较有钱的家庭，条件比较好，受的传统教育比较多。

定：她读过书啊？

金：没有，那会儿女人没有读过书，但是受过那种传统的教育。你比如说串门，没有过。就是我们东院那边，住了那么多年，我奶奶没上人家院子去过。谁家的事儿她不会说，说话都是那些老谱，不会由嘴惹来什么事，不会。我母亲就不行，她喜欢聊，好串一个门儿，和我奶奶不一样。

我奶奶特别疼我，我从八个月断奶就跟着我奶奶。直到"文化大革命"我都没跟母亲一块儿睡过。我对奶奶的感情比母亲要深。

4. 一人的倒霉能牵动多少

（1）我大爷永远没回来

金：我奶奶给我爷爷生了五个孩子，只活了两个。

我父亲有一个哥哥，就是我奶奶的大儿子，我那个大爷，比我姑姑还大两岁。我爷爷回山东老家去发送我那个老奶奶之后，把我姑姑和我奶奶留到那儿，那会儿还没有我父亲呢，就带着他这个大儿子，就是我大爷回到北京。

我大爷跟我爷爷死不对付。我爷爷性格不好，他大儿子性格也不好，等于有遗传基因，在我父亲的印象中叫什么逞干戈尚游父①，儿子大的时

---

① 这话不知是什么意思，我完全是按音记下来的。《三字经》里有"周辙东，王纲堕，逞干戈，尚游说"之句，讲的是周室衰微后诸侯并起互争雄长的那段历史，金女士之父很可能引用这段话来形容儿子反抗老子之事，所以应该是"逞干戈尚游说"而不是"尚游父"。

候第一个要顶撞的就是他父亲。我爷爷在北京不是又找了一个老伴吗？她有一个女儿，特别漂亮，我爷爷特喜欢她，就惦记把她给我大爷。我大爷说就因为她们我妈才受气，我能要她么，就不要她，就因为这个爷儿俩老捣乱。后来我爷爷浑到什么程度？把一个大家给弄没了，外边没有生意了，就只能卖薄脆饼，卖蒸饼，蒸的东西，就指着这个维持生活，他做得了让我大爷去卖。我爷爷他不是好赌么，我大爷也沾染了好赌。有一天他出去，在八里庄跟人赌博，连挑儿都输给人家了，就回来了。我爷爷也穷啊，没有饭吃了，他就急了，就拿麻绳拧着沾着水打他儿子，打得特别狠，打得有多狠呢，咱们就不知道了，反正当时一宿就起了两个疖腮，两个脖子都起来了。我爷爷把我大爷给打了，我大爷第二天起来就不想活了，拿着一把刀，说爹，回民管父亲叫爹，现在叫爸爸了，说爹，你宰我还是我宰你？我爷爷也怕他儿子真的要死，说你把刀给我我宰你，把刀就给藏起来了，这时候我大爷就离家出走了。由西苑，跟着一个军阀叫什么走的，十五六（岁）吧。

定：走了就没回来？

金：到今天也没回来，永远没回来。我奶奶这儿子就这么没的。他小名叫弦儿，大名叫金弘瑞。我奶奶回来以后打击特别大，就跟疯了似的，夜里就找我那弦儿，弦儿呀，所以她恨哪，至死都恨哪。我大爷走的时候我奶奶在老家已经生了我爸爸了，有个六七岁，但是他从来没见过他哥哥，等于他哥哥在北京他在山东啊。

（2）奶奶的遭遇带动姑姑的遭遇

我姑姑整比我爸大一轮，他俩都属牛的。我姑姑跟我这大爷差两岁。我姑姑一岁多两岁，我奶奶不就带着她回山东了嘛。我奶奶就因为我爷爷看不上她的脚，说人没到脚就到了，受了一辈子这个气，她觉得她这一生就因为这脚挨打挨多了，她就给我姑姑裹脚。我姑姑说就为裹这个脚，肉脚，夹竹批子，绑啊，挨打挨多了。可给我姑姑裹完脚又解放了，又不兴裹脚了，姑姑又放了一个改造的脚。

我奶奶这一生找了一个男人，长得一表人才，家境也不错，就是脾气大，经常打她，所以我奶奶说找男人只要不挨打就是福，她就做了一件错事，把我姑姑给了一个傻子。那个人家是先生，家境好，特有钱，他没有儿子，抱了一个儿子，有点儿傻，但不会打她女儿。可是我姑姑给了这个傻子，这个傻呀就把我姑姑气得没办法，最后我姑姑生我这个表哥以后，这个男的不知道得了什么病，他就死了。他们感情也不和，一傻子她也没太重视他。这就是说呢，来来往往的人哪，脱不下来旧的传统观念。人家都说矫枉必过正，我老说一过就过那头儿去了。

可我姑姑也生了好几个孩子。后来男人也死了，她的女儿也长大了，她的女儿比我妈大，今年得七十多了。我姑姑觉得家里男人也没了，这么多地怎么办呢，就把我姐姐给了一个扛长活的。我这个姐姐有点生马坯子那个劲儿，她不肯甘心给了这么一个扛长活的，最后离家出走奔了东北了，到今天我跟我姐姐没来往。我奶奶的遭遇带动的我姑姑的遭遇，你说这一代人的倒霉能牵动多少！

这是1949年，1950年就解放了，我姑姑就划了地主成分。她也害怕呀，她就老跑北京来。我父亲对他姐姐感情好，因为他从小生的时候不是没有穿的么，都是我姑姑把他揣到怀里把他揣大的。打我姑父没了以后，我父亲就跟我妈妈说，每月要给他姐姐十五块钱，说我不要你也得要我姐姐。我姑姑来回在我们家，等于给我们家干活么，在我们家的时候就1960年了，"粮食过关"① 了，我奶奶这时候病得挺厉害，得的是食道癌。女儿没了男人在娘家住，我奶奶着急呀，她就劝我姑姑说，我死了你就走吧，别在人家家待着了。

那时候我哥哥（姑姑的儿子）比我大一岁，我姑姑就带着他出去捡东西，捡什么呢？道边上啊，人家刨完白薯他再刨刨。剥完老玉米他去再捡点。那天呢他就拔了人家点绿豆，那绿豆不是长得像筒儿似的，他觉得是野绿豆，他叫胡绿豆。结果人家找到我们家了，我姑姑不承认，说不是，说我们拔的是野绿豆。其实人都是饿的，当时形容呢，"大秋二秋，连捡带偷"，肯定是有这个行为，但是她自己不承认，这事人家就过去了。但是我爸爸那时候是地片经理啊，人家就通过组织找到我爸爸，说你们家人怎么怎么着。我爸爸的性格呢，他对工作特执着，他认真，我在外头带头吃菜团子，你上外头偷，这不丢我的脸么！刚解放时候人特别简单，就跟我姑姑吵起来了。我姑姑比他大十二啊，说你听人家的干吗不听我的呢？我爸爸可能打了我姑姑了，当时也就三十多岁嘛。我姑姑哭了一条街呀，拿着这把绿豆嚷嚷，就说我们揪了一把胡绿豆，我娘家兄弟打了我两个嘴巴，可街嚷嚷。当时她自己窝囊啊，就着这个我奶奶也死了，就分家了。我姑姑拿定主意了再迈一步，嫁人。

我姑姑是1960年11月28日走的。我奶奶刚死，我姑姑就嫁人了，那

---

① "粮食过关"指的是1960—1962年三年困难时期。因政府将"以农业为基础和尽快争取粮食过关"作为当时的奋斗目标和行动口号，所以人们将这一时期简称为"粮食过关"。

时候她四十七岁。嫁到哪儿去了？嫁到西贯市去了，等于嫁到她姑姥姥那个村去了。

定：您姑姑嫁给西贯市什么人？

金：嫁了一个宣化做陶瓷的，实际是我二姨奶奶的婆家侄儿，也姓康。我父亲在封建的条件下就特别恨我姑姑嫁人，他觉得姐姐应当在家从弟弟，说为了你在这儿，我吃了那么多年苦，十几年啊，你还是嫁人了。说咱姑姥姥是那么有钱的家，你又嫁到那儿，你整个给丢脸呢，那李家谁都知道啊。他接受不了那个，他就不跟她走（即"来往"）了。我记得特清楚，我妈刚生完孩子，我小弟弟是这天夜里两点出生的。当时我两个姨奶奶来这儿给我姑姑说情，我拿着户口本跟我姑姑去迁户口，斜着走过一块谷地才能到派出所呢，我说姑姑你给我五毛钱吧，那会儿我十岁，我小时候挺皮的嘛，就知道跟她要钱花了。我觉得我姑姑挺有钱的，穿一新大衣穿一制服棉裤么，改造脚。那年一人发十一尺布票。我们家布票还都找不着了。我姑姑说我不给你钱，你爸爸都不认我了，我说你给我吧，赶明儿我长大了我去认你。她就给了我五毛钱。

我父亲嘴里那么横，其实他也特别想他姐姐，他不肯说。有时我妈我妹妹说我姑姑一句不好，他说你们不能说，我跟她就是我跟她，我这姐姐比你们这样当姐姐的要强得多。我姑姑也知道，她特别疼她弟弟。"文化大革命"我结婚以后，生了我女儿，我就到西贯市找她去了，当时没有钱，就打了一个点心匣子去。那会儿她正在地里干活儿，就哭了。她改造脚么，就披散着头，往前奔着走，跟所有道上的人说，我娘家侄女，北京的娘家侄女来认我了。其实西贯市多近呢。这样我把他们拉合了。因为当时我想，我奶奶只留下我爸爸和我姑姑他们俩，俩人僵到这儿了只有我去磨合这个事。所以我在我们家很多事情上，都起了很好的作用。

我对我姑姑的印象好在哪儿呢？我姑姑聪明，能看明白家里好多的事情，而且对她所经历的都没有忘，我们家的好多事情是她告诉我的。我父亲站在一个男人的角度，他老想掩着上一代人的错误，不喜欢让我们知道上一辈人的如何如何，他要弘扬家里的好，不好的事不让说，他总觉得这些事应该到他那儿就断了，不想让下辈的人知道。我姑姑不是，她比他大十二岁，她知道得多呀，把所有事情都跟我们讲。所以我父亲一听我姑姑说这个他就生气。但是我姑姑不怕他，在我爷爷的问题上，和我奶奶的问题上，我姑姑敢跟我爸爸斗争。我爷爷死后我爸爸给我姑姑去信，我姑姑由山东来的时候我爷爷已经埋了七天了，我爸爸带我姑姑去给我爷爷上坟，我父亲觉得我姑姑到坟地可能会哭，但是我姑姑到我爷爷坟地上就数落我爷爷那些不好，我爸爸听着生气，说回家吧回家吧。我爸爸打我姑姑，我姑姑就跟他玩儿命，要是一般的姐姐就怕弟弟，不敢。

我姑姑对我奶奶的印象是：我的妈天下都找不到，我妈的委屈天下都没有。我奶奶病的时候我姑姑侍候了七个月，她说妈呀我什么能耐都没有，但是我能侍候你。其实过去那会儿我姑姑也跟我奶奶吵架，因为我奶奶向着我爸爸。她后来老了，她说妈的体格比我棒啊，怎么能七十多岁就死了呢，那是为我忧虑，是生让我给累死的。我奶奶也是为儿女忧虑，说人家那姑奶奶回来看看妈，给妈带份吃的喝的，走了。我这闺女男人没了，回来一头扎到娘家，我这一撒手你就饿死了，你底下有弟弟，有兄弟媳妇，你看人脸子，妈也跟着为难。所以我姑姑说我奶奶是让她累死的。一代人一代人的都是，人非得到了这个年龄段，上边的事你才能知道，才能理解。

5. 父亲的三个不幸

（1）从小的不幸是他父亲把家败了

到我父亲这儿的时候，就特别知道治家过家了，我爷爷什么都没给他留下，就留下一个破房子还是租的，他知道他爸爸的败晦，他就特别能干。他知道他父亲不顾家，他就老想孝顺他妈妈。他上一辈特别不光彩，他这一辈就特别努力地让人承认他。所以他就特别愿意给人家干一些事情，按迷信说法，他上一辈欠人家的，他就是还账来的。这种感觉。

我父亲叫金弘宇。他从小的不幸是他父亲把家败了，他一点好都没得。在老家的时候，人家要饭的要来给他点吃，他说我这也是乞食于漂母啊。八岁由山东来到北京，来了以后我爷爷开始不接纳他，后来才接受他这个儿子。他在北京念了三年私塾，十一岁就开始自己托着盘子卖三角，炸的三角，几分钱一个，老头儿做了他去卖去。没有鞋穿，穿着我奶奶的鞋，把后跟缝了一大块。他曾经讲过，那天他特走运，捡了一块钱，那会儿的一块钱。国民党有警察啊，捡了钱不就被他抢去了么，他从小挺机灵的，他就踩着这钱一直不动弹，趁警察转身时他蹲下，把钱掖到鞋坷垃里拿回来了，他说那是第一次捡钱。没有钱真是挨饿啊。

后来他就到我表哥家，就是我二姨奶奶的儿子家学徒，学干鲜果。就是挑水啊，什么都得干，在人家学徒学了三年。最后在十七岁自己摆了一个摊儿。我父亲从小就会做生意。飞机场人家大兵一天发一盒老金烟，有的人不抽，就想把它变成钱，比如说买这盒烟值五块，但要卖才卖三块钱，像我爸爸这种人就去收，收完了再去卖给他们军官还是五块，就挣这差价。我父亲为什么那么能治理啊，因为他受过那个苦。

我父亲学的就是山货，干鲜果，要不我怎么知道果子怎么存呢。那会儿他就给我讲过果子怎么放啊，西瓜怎么倒啊。那时候中关村有一个土特产商店，有一次着火了，我说那儿着火了，我父亲说果子怎么能着火呢，他说果子与果子之间码起来搁到地窖里，不管搁到什么地方都不应该使火呀，你要用火暖这个东西，比方说橙子橘子它就苦了，苹果它由里头就烂了，所以是使稻草啊，（把水果）码好了之后，在筐与筐之间搁稻草，稻草能往外出来气，但是它还取暖，不是一下就冷了就热了。他拉一车西瓜来，听声儿就能听好，把生的倒到底下去，熟的倒到上头来，然后晚上再挑一过儿，使草绳编那么大底托啊，支着这西瓜，第二天卖。他学的是这行。我爷爷学的是勤行，蒸啊烙啊厨子这一套。我老爷爷是商人，就跟现在人似的，房地产挣钱我做房地产去了，办公司挣钱我办公司去了。那会儿他就能从东北倒皮子，他挺有能耐的。我父亲就说上一辈太能干了，下一辈什么也不干了，就是这结果。所以我也说要干得差不多了就不要干了。

我父亲就主要靠做生意，养着我爷爷奶奶。我小时候，五六岁的时候，我觉得我们家特有钱。我们家有门脸儿啊，护窗板一卸，那大簸箩摆着，后边有柜，还有一个小冰箱呢，过去那种锡的冰箱。门口还有石头，石头上插上竿子，支一大棚卖西瓜，泼上水，那一嗓子豁亮出来连东门都听得见。改革开放，农村人来这儿卖西瓜卖菜，蹬着三轮，蹬着那筐驮货，我才感觉到我父亲不容易，才真正知道我们家不是有钱，我爸爸就是一个开小买卖的。等到他老年的时候我问过他，当时咱们家开买卖的时候您到哪儿去趸货？他说了两个地儿，我才觉得他特别不容易，一个取货的地儿是山里头，顺义怀柔平谷，跟着冯家大伯啊，还有一个咱们街上的谁，都是搭伴去取货；还有一个地儿就是黑塔，包括馒村，门头沟，也是山里头，上这些地儿去弄山货。自行车的后架子弄这么宽，一边挎一筐子，上边横一麻袋，所有我们家卖的东西都是这么趸回来的。我才知道他挺艰辛的。到这儿的买卖呢，就是我妈和我奶奶看着，这一季儿卖杏儿啊，有什么卖什么，就是这样越滚越大，以后他就特别成气候，现在搬迁拆的这两百平方米的房子是他自己置的。

（2）第二个不幸是生不逢时

我父亲到北京以后不算有家底的，只是能糊口，他再起来的时候是四几年，使的一块地还是租人家的地，等到把他爸爸的破落收拾起来，过得好了一点儿，那就到 1956 年公私合营了。五几年的时候他就有钱翻盖房子，盖了房子就开始 1957 年"反右"。

我父亲对什么东西可能是特别执着，他看问题比较快，人家没看明白他看明白了，但是人家接受不了他那个态度，他急躁。他不认识社会。他看的第一本书是怎么写的，他就认为那第一本书是对的。1956 年公私合营是大势所趋，必须公私合营。那年公私合营的没有大资本家，都是小商小贩，小手工业者，1958 年"大跃进"，资本家才敲锣打鼓地愿意去公私合营。1956 年公私合营时，我父亲是地片经理，可着蓝靛厂一直到黑塔，这一片所有开会呀，领导这些人都归他管。他没学过会计，但是他能理账。可是他性格比较抗上，他聪明，他看那头儿是傻子，可是人家有权他没有权啊，这就要命了。你平常不是挺横的么，这"右派"指标来了，得，让他去吧，报到市里去了。人家一看说小商小贩没有文化怎么能成"右派"呢，就没打成"右派"，要不政治帽子就给戴上了。[①] 可是地片经理就给抹了。

1958 年正好生我大弟弟的时候，我父亲给送到西山改造去了，那叫下放。估计你能回忆起来，那会儿的气候没有现在这么暖和，到西山冷到什么程度，就是贴的饼子蒸的窝头，送到工地现场的时候就都冻成冰碴儿了。

我父亲一改造，我奶奶忧虑得老吃不下饭去。那天晚上突然间，一拿起那拔火罐，就说我儿该回来了。结果那天晚上，我爸爸果然就拍门环，我爸爸那么个大老爷儿们，什么时候喊我奶奶都是"妈，妈"，叫得特别的亲。我奶奶由北屋出来开街门都差点儿摔着，就说哎呀我儿回来了，她就这一个希望嘛。母亲跟儿子确实是连着心的。

我姑姑男人死了以后也在我们家，我父亲是因为他姐姐和他外甥没有户口，所以把姐姐搁到跟前，他自己带头吃那麻儿菜蒸的馒头，掺了多少菜啊，拿铲子都盛不起来。我母亲有怨言，说都因为你姐姐我们都吃菜，要不我们还能吃点儿净面。可是我父亲没办法，粮食过关哪。我奶奶那时候就已经不行了，她长期心里头不愉快，我父亲 1958 年的这点事和我姑姑走不了长期在娘家，这两档事导致她得了胃癌了，胃嘴疼。我奶奶病了七个月，不知道外头是怎么回事，她不懂叫粮食过关了。她躺在那床上，姑奶奶来看我奶奶，我奶奶觉得家里吃这么不好，没面子，她指着我爸爸说："她大娘儿"，我们回民不是管姑姑叫娘儿么，"您瞧我们吃的这个，这都

---

① 金女士这里所述属实。1957 年 9 月中共北京市委根据中共中央指示，决定本市在店员和手工业社员中不再划右派分子，金女士之父因此而逃过一劫。参见《当代北京大事记》，第 111 页。

是什么呀，跟养猪的似的。"——她嫌寒碜。这是我记得最清楚的，那阵儿我十岁。这是我父亲解放以后第一个不得已。

原来我们家开的买卖是干鲜果，卖果子，卖点心，卖烟卷儿，公私合营以后就实行一种管理，就是没有人管就没有吃的和喝的了，我父亲对这个大锅饭哪，从他来说特别反感，他觉得公家开买卖都是混，那会儿他就说是混。他觉得买卖应该由私人经营最好。后来刘少奇不是有个"三自一包"①么，就可以私人经营了，他的脑子特别快，他就要求私人经营，回来自己干，他把我母亲的工作也给打飞了，叫我妈辞职了，当时公私合营我妈也是售货员呀。等于把房子也带着要回来，要不房子也归公家了。这样我们家前边的买卖是勾连搭的六间房，他自己开了一个小酒铺。他特别会经营，不管谁来帮忙，他的制度相当严，买卖不许漏柜。

定：什么叫漏柜？

金：就是一个月给你多少钱，你得搁那边儿去，这边东西谁也不许动，你想从这边拿二十块钱买东西去，不行。他进了多少货都盘点得特别好。那年我刚上五年级，家里头养好多羊，他想着二百多块钱买一个羊，每月要挤十块钱的奶钱，要是一个羊出三磅奶，就是三十块钱，一年这羊的本儿回来了，还能再下羔子。他还试过养兔子，养的獭兔，白兔，安哥拉兔，他养兔子的时候他也琢磨兔子。他研究。但是这些都没有对了政策，没发起家来。后来他觉得什么都要票啊，要证啊，没有得干了，最后就又回到商店去了，在基层店做部门经理，但他觉得他和那些人不是一个档次的。要不我现在老说，你想得再好的事，这社会不会按你的意愿去走。回民有句话，就是顺着大个滴溜儿走，就是说什么事情过来了，就应当跟着什么潮流走。这是我父亲又一个不得志。

我父亲好容易过好了日子，"文化大革命"又给冲了。"文化大革命"一来，我父亲就知道是灾难来了，我们家几代人在这儿，这一街上的人都知道，而且我父亲的脾气不太好，当过地片经理，家里"文化大革命"之前又租点房子，住到这儿的房客也知道我们家有点底，我们家有条案有橱柜有粮食柜有冰箱，有帽镜，有帽盒，有掸子瓶，小账桌上头有盆景，过去的盆景是玻璃的您记得吗，带一罩子，还有两个德国匣子，高的，现在叫收音机。街坊一看我们家就跟老古玩店似的，就觉得我们家了不得，你想想那会儿的条件，其实没什么值钱的。我们家一共就有三块现大洋，那

---

① "三自一包"，三自即自留地、自由市场和自负盈亏，一包是包产到户。这是20世纪60年代初刘少奇、邓小平主持中央经济工作期间提出的经济政策，主要精神是放宽国家对经济的统制。

是我妈结婚的时候姑奶奶给的压腰的钱①，带过来，我们没有钱。

我父亲特别爱看书。当时在家里头男的也没什么可干的，再一个他又脾气大，没人惹他，过去也没有电视，就是匣子（即收音机，当时人称"话匣子"），他有的爱听，有的就不爱听。他就看书，一晚上就是看书。当时他给我讲了很多故事，讲当时那个社会，比如杨三姐告状，他说这你就不懂了，七品是县官，五品是巡抚，②他访问民情，看到有这么一件事，他就报上去了，这是五品巡抚的能耐，不是杨三姐的能耐，她一个女人有什么能耐？一个女人能冲破天？杀十个八个都冲不破天。他为什么能给我讲呢，就是看书。那书烧了可把我爸爸气苦了，哭了好几次，说真正的东西都给烧了，说我那点书啊，都是原版的呀，说那是你爷爷和你祖爷爷给我留下的，精神的东西，我没有别的了。我爷爷也是挨饿看书，他字写得特好，一条街上都知道，人家谁家打架给人写字据，就得找他。他就是懒，不干活儿。

我父亲老看《大公报》。那会儿糊棚，哪儿有钱去买大白纸糊啊，就是看完的报纸，大公报，躺那儿一看就是《大公报》，所以对《大公报》这么印象深呢。货币贬值了，他说是好事啊，他说哪国都愿意自己的货币贬值，美金它愿意贬值，它贬不下来。他给我讲过，你为什么能置这么多钱，你得有那么多东西才能置这么多钱，你有一万块钱的东西，才能印一万块钱。贬值怎么好呢？他说我给你举一个例子，咱们三人都卖杏，他卖八毛，他卖七毛，我卖六毛，我这杏儿便宜，大家都买我的，他们两个的卖不出去。我卖完了我使这钱又买一回杏，我坐这儿还卖六毛，但是我这钱循环了两个圈儿，我挣着钱了，他们俩没挣着钱。人民币贬值，害不着你们事啊，国家合适。咱们东西便宜，到国外人家要咱们东西啊，到那儿卖两个来回，美国那东西值钱，那大伙儿不敢买，老跟那儿摆着呀，你懂得贬值了吗？我就认识不到是好事啊，我由那儿才知道。所以说我父亲是商人。

定：您父亲还真有脑子啊。

金：噢，他经商可有脑子了。他有时跟我谈谁家的时候，他能告诉我这人为什么不成，他琢磨。他对邓小平特别拥护，他说你们能致富就靠邓大人，他说这个政策非常厉害，他对政策的接受能力特别快。我父亲一生就是怀才不遇。

---

① 压腰钱，一说就是长辈送给晚辈的压岁钱。
② 清朝巡抚是从二品。

定：应该说是生不逢时。

金：对。我父亲也特别正义，为一件事他肯去打官司，他觉得你不对我就敢于说你不对，他为别人家得罪过人。比方说我们家到蓝靛厂的时候，就像冯家，白德茂家，魏家，他们都是后由山东来的，来了以后有些事，像谁谁当初在蓝靛厂这儿待过一段，后来又走了，等回来别人把他房子占了不给了，我父亲都为他们打过官司。再比如冯家我大伯二伯三伯他们三个分家的时候，当时的证人就是我父亲，我三伯比较不讲理，要把着这个老宅子，对老太太也不孝顺。我父亲说你要是说钱不够我帮你，咱们再买一处宅子去都可以，但是这个宅子必须得分。他就能给人家做这事。

定：冯家是你们家亲戚？

金：就是都是回民，就是发小儿（北京俗语将从小一起长大的人称为"发小儿"），甚至就是不错。但是我们就跟亲戚一样。

（3）第三个不幸是家庭不和

金：我父亲他们这几代人都认为没有娶到一个顺心的媳妇，三代人一个幸福的都没有。我父亲可惨了这一生，最后他也特别惨。他跟谁都说不通，他自己有很多道理，跟一堆糊涂人说不出去呀。你比如他跟我母亲，他穷啊，来到北京娶的媳妇就是童养媳，所以我说这是他的第三不幸。

我母亲和我父亲没有交流的感情，两人这个不和呀，我是在我父母的打架中成长起来的，把我锻炼得对打架也不恐惧了。我年轻的时候总想，我爸爸妈妈怎么总打架呀，人家爸爸妈妈怎么不打架呀。我曾经跟我母亲说："你对我父亲好一点儿，等我父亲没了的时候我会加倍地孝敬您。"但是我母亲不原谅我父亲，他打她呀。我父亲就觉得以他的聪明和他的心眼，如果遇到一个好女人，聪明的女人，不管是事业和什么上都要……当时我不理解，我不懂什么爱与不爱，不懂。后来我结婚以后，找了一个男人的时候，我才知道要是不喜欢的时候这感觉可真是……等我悟明白这个事的时候，他们已经都不行了。所以我的女儿找对象我就说，不管你找回民汉民，你只要不找土匪，不管有能耐没能耐，只要你们俩能合得来。

定：是不是因为解放后您家的日子不太好，所以您没读书啊？

金：有两个原因，一个是那时候正好我妈生我小弟弟，生了我小弟弟以后产后大出血，我姑姑嫁人了没有人在家，我爸也忙我妈也忙，家里头老被人偷，老母鸡养得挺好的就让贼偷走了，我们几个孩子害怕呀，盖被子把脑袋盖上身子全没盖上就睡觉。我父亲就觉得这时候家应该弄好了。再一个是我父亲重男轻女。回民有一句话，说你好死也是块地，就是好死扒沙地，赖死是儿。他觉得一个女孩子认得自个儿名不就得了么，他不喜欢供给女孩子，我家上头几个都是女孩，姐儿五个，死了两个，我是老大，底下两个弟弟，他还是想着他的小子。我妈产后出血，家里没人做饭，他就让我退学了。他第一天跟我说呀，特别简单，别上学了，谁做饭呀。我偷着拿上书包走了，那会儿上学就是一个布书包，走了。第二天他就把我的书给撕了。我父亲特别暴躁，我那时学习也不是那么好，家里又是孩子又是什么，我陷于家庭事务里，我接受能力又那么早，根本不是像人家能够踏踏实实学习的人。不上就不上了，也挺好，我就不上了，我就做挑花了。实际我十二岁就走向社会了。

在我父亲晚年的时候，我曾经跟他谈过，包括我父亲跟我母亲的关系，对孩子的教育。我说您说咱们家，您聪明，您没把家治好，您聪明，您没把孩子教育好，您没供我上学，我这一生最不愉快的就是您不让我上学，我多能干我没有资本。我就埋怨我父亲，我说您生了俩儿子也都没能耐，有点儿能耐还都让姑奶奶带走了，还带到人家家去了，我们家就是我小妹妹跟我比较能干嘛。我觉得我这番话对我父亲有所伤害。我父亲当时呢，就说："嗨，孩子，谁不愿意谁漂亮，谁不愿意谁有钱，谁不愿意谁的儿女好啊？这都是不、愿、意啊！我治不好家，毛主席也治不好家，家不好治呀，孩子。"这是他自己长期坐那儿悟的，唉，完美没有。

我父亲其实没有给我留下什么，他脾气不好，他要求儿女有时要求得过激，所以我挨了很多打。我父亲去世的时候，我们回民兴立一个碑，当时我们几个人坐那儿，我弟弟说怎么写这碑呢，人家一般都写慈父，我说不，就写父亲，他不是慈父，这是我由心里给他的评价。我也知道他一生不容易，在这个社会上不容易，他没有哥儿兄弟，在这个社会上没有人帮他，自己能撑这么一大家子还养着姐姐和外甥，甚至我妈娘家还要坠他一部分，不容易。但是他那脾气挫伤了孩子很多。我老想凭我父亲的聪明，他要能够好好地给我们个温馨的家，我应当比现在要好，这是我想象的。

（4）父亲讲的做人标准

金：我父亲跟我讲过男人的标准，女人的标准。他说做买卖，信誉很重要。做买卖刚开始，都要给人钱，我买您一百斤花生米，我得给您一百斤花生米的钱，我拿您五条烟，我得给您五条烟的钱。以后做生意做大了，人家乘着三轮给您送烟来了，年底才结账，但是人家年底来了你必须给人钱，答应什么时候就得什么时候，这就叫人品。他说坑蒙拐骗虽然不好，但是不能偷东西，这非常重要。坑蒙拐骗，有时候是为了生存，一时拆不开了，可能出现这些问题，但是不能偷。一偷人家的就麻烦了，男人一旦偷东西永不能改。坑蒙拐骗不能偷，吃喝嫖赌不能抽，抽就败家了。说我跟您借钱，我还不起，这不寒碜，当初我打算得好，我没挣来，但是我一辈子我知道我欠你的。

定：那女人的标准呢？

金：那会儿像这方面的话他很少跟我说，就说女人嘴不能馋，女人嘴馋就上当。还有一个是作风非常重要，女人要一辈子横，就是得气儿正，女人的作风是一辈子。我管女儿还是这样，就是差一天结婚你也不能住到人家家去，这是规矩。我跟她们讲，男人可不都是好人，男人就跟动物里那公的一样，他占了你便宜可能会跟别人说你不是好东西，牺牲的是你，这跟孩子从小就告诉。还有一个就是女人要温顺，聪明的女人会拢着男人。傻女人就老挨男人的打。

我们家里我父亲老讲，凡是跟人吵架的女人都不是聪明的女人，跟人家吵架叫两败俱伤。只要跟人打架，这都是泼妇。你跟人吵架，你赢了，你落一厉害，人家都不惹你，远离着你，你就孤了，没人跟你说知心话。你跟人吵架不占理，让人给寒碜了，别人更瞧不起你，说你找事，生事，让人骂一顿，老实了。我从小受这个教育。我父亲说谁有能耐谁没能耐啊？说他多厉害，我跟他没吵起来过，说他多不讲理，我没招惹过他，这才是我的能耐。瞧人家冯三奶奶，这么多大姑子小姑子，你说不上人家不好，这叫六面方圆。这样的人才能叫有能耐。所以我不会跟人吵架，跟人吵架的是下层人，我住的街坊到什么时候都跟亲戚似的，没有吵架的，宾服着，都能待好。话到舌边留半句，犯不上。

我父亲去世六年了，他是心梗。要活着今年应当是七十九。一直到现在我有了什么事，还想着去问问我爸爸吧，我忘了他死了。

定：您父亲还是给您留下很多精神遗产。

金：人生啊，来回来去地想，我跟你聊的时候也是自个儿想，我想起我们俩交流的那些东西，在他一生坎坎坷坷走的时候，在他后来跟我沟通的时候，他死后我经常地想，他一生的功过不是我来指责的，我没有这权力，信咱们这教的，为主的怎么安置是他的事。

6. 两代山东人娶了两代北京人

金：我们家两代人，我爷爷是山东出生的，我父亲也是山东出生的，但是娶的都是北京的媳妇。我们家是两代山东人娶了两代北京人。

我姨奶奶都给了西城的，所以就给我父亲说了我妈，我母亲是西城的，西四牌楼的人。她们家是干吗的？是合鸡鸭的。

定：合鸡鸭是什么意思？

金：就是上农村推一个笼子，搁到自行车后头，有卖鸡的吗？买鸡，买鸡蛋。谁家的老母鸡想换点钱，或者小公鸡儿就卖了，下蛋的鸡留着下蛋换盐吃。到乡下去收这个，再卖给有钱人宰杀着吃。就是收购，叫合，这鸡等于是合来的，这儿要点那儿要点才合成一个鸡鸭成群呢，是吧。

我母亲从小也没父母。听着说我姥姥长得挺好的，家里就一个弟弟，她家过去是做外活的，北京人有给人做手工的，比方说绱鞋，或者做花呀，人家有钱人家做大襟上的花了，做边了，那些。

定：具体怎么做您知道吗？

金：不太清楚。好像就像苏绣似的，做皇宫里头的衣服。就听说我姥姥外活儿做得特好，一家子就是我老祖和她那个弟弟呀，都仗着她做外活儿，靠那活儿着。

定：也是回民？

金：也是回民。我们家里都是回民。

定：回民也讲究做这些针线？

金：对。她父亲也是好赌。就是因为男人好赌吧，她母亲老生气，又说不出来。结果呢，生了四个孩子，生第五个孩子时血迷，就死了。我这个姥爷呢，他在外头合鸡鸭，北京那会儿几点就关城门了，日本时期嘛。他们住在西四牌楼，算是城里，得由阜成门这儿过，他要赶回家呀，他家有孩子，他得惦记，他就闯城门来着，闯城门日本人不管那个就给他逮起来了，家里头就没人管了。就只有我妈妈的姥姥管他们。

定：逮起来后来呢？

金：一直就死到监狱了。后来就要给我母亲找个吃饭的地儿。所以我母亲十三岁就到我们家了，做童养媳，等于先在这儿养着，养大了再结婚。

定：您家怎么会给您父亲娶一个童养媳啊？

金：我父亲没有钱啊，那不是他穷她也穷。我母亲也属于没有父母，有父母谁舍得给孩子做童养媳啊。他俩差六岁。

定：她到你们家来受气吗？

金：受啊，怎不受啊。我奶奶不受婆婆的，她受男人的，她跟她婆婆好。等我奶奶当了婆婆以后呢，我妈是童养媳她没受过教养，我奶奶看不上她，嫌她邋遢，嫌她脏。我奶奶的针线活儿好着呢，我妈针线活儿没人教给过，看我妈的活儿她就生气。她也杵她，但她不像人家那种婆婆打她。我的理解，咱们现在认为是婆婆虐待，认为婆媳不和、婆婆管儿媳妇是不对，过去不是。过去有一句话，叫苦使三年善使一辈子，进门这三年得把这媳妇排练出来，这屋子怎么归置、饭怎么做、谁怎么待承，她都给你律令出来，然后她坐到那炕上，到她动弹不了了你也怕她。她是这么受过来的，到她有儿媳妇她还这么管，过去人她不会悟事。聪明的婆婆是用头脑控制，坐到那儿宾服着，让你佩服我这个婆婆。没有头脑的就去硬套，就跟咱们现在这教材似的。

我母亲虽然是城里的人，但家境就属于现在那种卖鸡卖鸭的人，底子不好。而且她又没受过父爱和母爱，没受到好的教养，她的脑子一直是受别人牵动的，所以她比较糊涂。我父亲对她也不好。我父亲长得比较漂亮，我母亲不行，属于那种挨饿没长起来。他们为什么夫妻不和，因为他说的话她听不懂啊，没法交流，过去的夫妻就是这样。我妈对我们这一代孩子也没有太好的教育，她不说给孩子想想将来干什么去，她不懂。所以我们这一代孩子也没有出息。

到现在为止我档案里就填的是小学，因为我喜欢坦诚，其实我当时填一个高中谁也不知道，"文化大革命"，是吧，但是我不喜欢这样做，我就是小学的能耐。

定：您上挑花社的时候有没有跟您那么大的女孩子？

金：净是，好多呀，你像小平子，小米子，小八子，我们都是一起长起来的啊，都是不念书的。

定：咱们也算差不多大，我都想象不到那时候还有小孩不念书。

金：我说我年青时代过得特别好，什么好呢？父母的简单，导致我也特别简单。我结婚时才十八岁，"文化大革命"受冲击，挑花不让做了，我母亲觉得我长得不难看，个儿也挺好的，万一遇到一个坏人，出了事儿，咱丢不起这人，结婚吧。我十四岁就这么高，就没再长过个儿。我父亲也觉得这道上太黑，他说你要出了事怎么办，那我就没法儿在蓝靛厂混了，谁家姑娘要有点儿污点怎么办，这是传统。这就给我介绍了我现在这个男人。他们也是回民，原来是丰润县（今丰润区）的人，他母亲是天津人，公公婆婆俩是姨表亲。他们也不是什么有基础的家庭，从甘肃迁移民回来的，由蓝靛厂走的，到了那儿国家管两年不管了，他们又都逃回来，最后又回蓝靛厂了。他一工人，瓦匠，后来就是建工局的。我们家就觉得给找一个是回民，有吃饭的地儿就得了。跟他结婚以后也没有什么，结婚就怀孕，所以我大女儿今年三十三，小女儿今年都二十九了。你们就是插队了，受了一定的委屈。我跟你们享受的不一样，我像猫叼耗子似的带着孩子，我不懂得累，我老早就付出了。

7. 三个姨奶奶

金：我奶奶她们是姐儿四个，还有哥儿俩，没解放的时候就去世了，不太成气候，一个是到邯郸了，没回来过。他们温家就绝了。

我三个姨奶奶，我奶奶行大。二姨奶奶给的康家，就生了一个儿子，康玉秀，这儿子有能耐，过去百货大楼都有他的股份。我二姨奶奶家有六个果局子，还有库，别人来批货，在安定门，车碾店。相当富裕，相当有钱。他看不起我们家，越有钱越贪。三姨奶奶给的石碑杨家。老姨奶奶给的刘家。三姨奶奶一辈子没生养，老姨奶奶也不生养。她们俩抱的是一家的孩子，是一对双胞胎，一个叫宝来，一个叫玉来，结果一个是生了我表姐以后死了，一个是跑了。

定：您姨奶奶裹脚吗？

金：没有哇，她们都是北京人，怎么会裹脚呢。人家都嫁的是北京人。所以在我们家庭里头，我姨奶奶这支儿一提起山东人就没好印象，说山东大汉哪，山东人可野了，这么想。因为我奶奶受气，他们姐儿仨在家说谁要是出去被人打了，咱们回来还打他。我三姨奶奶第一天结婚跟那男人就打起来了，把门别上，说谁打死谁都行。家里的姐姐给了人家老受气，姐姐的婚姻给她的打击就是这样。这姐儿仨最后给的主都特好，都不挨打。

我三姨奶奶过去出天花，脸上有麻子。她是开店的。怎么说这姨奶奶特厉害呢，她属于北京比较开放的（那种人），梳大辫子，盘好了，夜里就能赶火车给人送粮食去。

我老姨奶奶叫温如玲，长得特别漂亮，她跟我奶奶好像得差十八、二十岁，姐儿四个里边就她读过书。当时因为我们家穷，我奶奶尽受气，她特别疼她的姐姐。我奶奶快死的时候，她在板井①工作啊，西黄庄，每天走着上蓝靛厂去看我奶奶一趟，二姨奶奶和三姨奶奶也一直守着我奶奶。所以我对老姨奶奶就有一种报答的心理，我想起我奶奶，就去看我姨奶奶。老姨奶奶家条件好，有钱啊，那会儿就有冰箱，锡的，每次去我都给她买吃的，全素斋的。老姨奶奶膝下没儿女了，她老有一种感觉，怕我惦记她

---

① 板井，村名，位于西郊四季青乡东部。

的财产，我意识到了以后就说，姨奶奶您放心，您一入土我就走，我绝对不会分您的财产，我就是觉得把对我奶奶的报答，搁到您身上了，就直当疼了她了。所以后来她一直对我特好。1991年她才死的。

8. 兴啊衰啊都在蓝靛厂

我们蓝靛厂那儿分三块儿：营子里头的、老营房和蓝靛厂大街。营子就是火器营，在北边，由南门脸儿，往北，由河边往西一直到飞机厂，到空军指挥学院这块儿，这都归火器营，是满人的营房。他们城市贫民多，当警察的多，做卖活的多，喜欢做活儿，扎啊，绣啊，他们不做买卖。满人特别规矩，礼儿大，说话办事什么的比较文明，不招人讨厌，没有野调无腔的，很少。我都出了蓝靛厂才听说臭旗人臭旗人，在蓝靛厂没有这样说的，我们跟满人相处得挺好。

老营房也是营，过去是住部队的，由街往西，东冉村、板井，和中坞往东这一段，一直到街东门这儿，属于老营房。老营房里的汉民、回民和满人都有，但是满人少。我们是街上的，蓝靛厂大街。街上的人是回汉都有。我家四处房子全在街上把口那儿，都是街上的铺面房，时间也久，兴啊衰啊，都在那块地儿，兴的时候是我老爷爷的时候，败的时候是我爷爷的时候。

蓝靛厂已经拆迁了。我特有一种感觉，觉得我父亲一生的基业和我们几代人的根没了。就觉得这块土地，真是感情特深。我小时候给我的印象，就好像是一种特别甜蜜的回忆似的，河边有鱼鹰，养鱼鹰的有一个大盆，想吃鱼，等那鱼鹰叼了我再挑，要这条，这好像是我们蓝靛厂人的一种享受。过去那街就那么好，都属于父一辈子一辈，你比如说菠菜下来了，那阵儿不照现在，都是应季的，一畦菠菜要熟了，两天不吃就蹿出花来了，董家三奶奶就喊我妈，去拿点菠菜吧，要不都蹿花了，愿意大家帮他一块都吃点。街上由东头到西头，各家买卖卖的都不一样，你喜欢吃什么就吃什么，钱并不多。比如我喜欢吃羊蹄，或者我喜欢吃牛蹄筋，我就跟三奶奶说："三奶奶我待会儿来拿来。"我们就是这种的老世交。有时我闭上眼睛一想，谁家挨哪儿住啊，谁家挨着谁啊，谁家种的什么啊，记得特别清楚。

定：蓝靛厂的回民多吗？

金：挺多的呀。

定：比汉民多吗？

金：那倒没有，回民究竟还是少，所以我们一直生活在回汉之间。过去清朝的政策比较好，他挺尊重回民的。我从小就知道清朝订的，回民卖羊肉可以挑挑推着，上哪儿卖都行，但是卖猪肉必须有门脸儿，没有卖猪肉吆喝的。你比如现在，我上商场就有这个感觉："哎，您买吧，这个火腿是纯肉的。"你说，卖猪肉你不要吆喝呀。他就不掌握民族政策。我这人比较开放，我能领会这个社会是在这样走道的，可是比我岁数大的老太太，她就可能非常生气。所以我父亲老说这个，他说清朝灭亡不是因为政策不好，而是气数尽了，你这一个王朝占多少年的天时，有数，你不可能没完没了。他就是这么认为的。

蓝靛厂回民和汉民很少打架，我们特别留恋的童年，就是没有像现在似的站马路上打架的，没有。那满（族）人吧，特别尊重人，他不打架，我们回民也不打架，汉人心里也特别宽，见着你老远就打招呼，甚至他拿着块猪肉呢，看见你了赶紧就藏到后头："您瞅这……"不合适似的。汉人欺负少数民族那是孩子之间，那是大人觉得回民聪明，在家里有时会说点什么。但是大人之间没有歧视的。大人从不为孩子的事伤和气。那时候孩子也没有什么可玩的，上老墙外头，摔个泥饽饽，可是玩得特和谐。不成气候的人街上也有，但要是出来一个长者一说，就得听话，不是像现在这人似的。我妈是童养媳来到这个街上的，这当街上不管前街后街的，都管我妈叫大姐，到现在为止，不管是汉人还是什么："哟，这是老姐姐了，瞅着我们长起来的，老姐姐，我也完了，孩子都压不住了。"他都是这种感觉。——那个和谐现在真是没有了。蓝靛厂这块地现在真是完了，净是打工的，而且不说人话，净出人命的事。我昨天回家我妈跟我说，我有一哑巴哥哥，他是回民，河南那个汉民卖猪肉就对着他那门，哑巴跟他比画，他拿刀就要弄死他。我妈说："他是残疾人，他是回民，你应该尊重他，你往那边挪挪。"他还说我早晚给他弄死。

我原来给您说过，我们村的人特别护着这个村，我们街上不出壮丁，都是买丁。如果说派到这儿了，说要出五个兵，那就村里凑钱，买别处的丁，有兵痞子啊。那兵痞子呢到了那儿，用不了两天就跑回来了，那会儿没有车子，都是走着，他道儿熟啊，知道由哪儿走，半道儿上就跑回来了。

金：拆蓝靛厂的时候，好多人坐到街那儿聊，就说蓝靛厂过去有很多能人，现在蓝靛厂没有能人了。比如流传在七八十岁老人的口里，就说蓝靛厂有三个老太太有能耐，特能干。一个是金家的老老太太，就是我的老奶奶；再一个是董家三奶奶，他们家人，大爷那屋二爷那屋都不行，就是这个三奶奶，她不是回族，是汉族，小脚，一脸的麻子，寡妇失业的，带着儿，过得特别好。她家是开粪厂的。我们街上有两个粪厂，一个是她们家的，一个是小石头他们王家。过去种庄稼，他自己要有地行，要没有地就得买粪去呀。掏茅房的用篓背那个粪来给粪厂子，粪厂子就把粪用土啊、柴禾啊沤起来，然后用木锨往这边倒一过儿，往那边再倒一过儿，它就熟了，不是生粪了，就卖粪去，那也不贵。还有一个老太太，我忘了她是谁了，是汉人。这是我们街上几个能干的女人。

蓝靛厂拆迁那天是 7 月 13 号，阴历六月初四，正好是我五十二岁生日。我母亲糊涂，她不记得是我生日，弟弟妹妹只想着能够多分一点钱，所以只有我一人心里特别难受。我父亲活着时候我问过他这个问题怎么办，他说没什么怎么办的，我死了我就不管了，谁爱怎么办谁怎么办，所以我特别难受的就是没有一个明白人。我不平的心理是，把几代人的根的地方就这么拱手让出去了，而且不是在一个合理的条件下没的。开发商买你的东西，给你多少钱，是他说了算，你买他的东西，还是他说了算。虽然土地归国有，这是国家从一成立就立的法，但是我使用时候应该有我的权利，可是买你的时候你却没有权利，你说了不算。我们几代人的地方就剩这么一块，还是给没了。我说这些洋地主把咱们土地主都给打跑了，你真的没有理由可讲。所以我真是病了一大场，挺长时间的，后来吃了 28 副汤药我才好。我那阵儿跟您聊，就是想留下这个庙①呢，哪怕能够知道这个地址，其实也没什么用，但是我觉得那个庙能代表蓝靛厂。那是清朝当时兴盛的时候置下的东西啊。

蓝靛厂的回民几乎都是山东来的。没有什么太多的亲戚关系，有亲戚关系也都出五服了。像我现在有个五爷爷，六爷爷，都是出五服的。他们也不是一块儿来的，都是各自来的，比方谁来北京，他是梁子口的，听说小营的金家在北京什么地方呢，就也到那儿去。因为回民有个信仰，只要你是回民，你困到这儿了，你找到我，我就帮你。少数民族的语言就几句，但是它通用全世界，比方说问好："色俩目"，② 一句话，全世界的回民都懂色俩目，真是很重要的，我们从小就学这个。

定：父亲教的？

---

① 蓝靛厂有清真寺，见上文。但金女士这里指的不是清真寺，而是位于蓝靛厂的道观广仁宫，亦即西顶碧霞元君庙。

② 色俩目：意为"和平""平安""安宁"。伊斯兰教徒相互祝安和问候的用语。

金：是啊。你出去买东西，人家要是不照顾你，你说"俩一俩海"，①我是回民，我海得盖儿的，回民，人家就会说哎呀这小孩是咱们的人，就照顾你，就帮着你。回民心比较齐。而且回民有一个信仰，出现什么灾难的时候他不去怨天尤人，他这样去认识：这是主的定生。为什么少数民族自杀性爆炸特别多，他觉得这是真主让他去的，所以不好惹在这儿。

定：您父亲是不是也特别信伊斯兰教？

金：信呀，他很信。

定：您的孩子呢？

金：他们找的都是汉族，我没有传授他们什么。但是信仰都是心里的，形式没有太多。我们回民讲究这个，你挣的钱，四十块钱里头就有一块是脏钱。因为你是商人，虽然你凭的是智慧和各方面去挣的，但是你的钱来路渠道不一定是干净的，所以你一定要拿乜帖，这属于是出散②。清真寺有事的时候也要拿乜帖，走到哪儿都可以拿乜帖。

回民的信仰是行善的，就是要真诚，与人为善，宽待别人。回民很少说三道四，他就是知道人家不好，也不说，他说使不得。因为你不知道因，你只知道果，说他这么作恶，你不知道什么人把他打发上来的；说他这么不着调，那是主让他来的。回民这样去想问题。所以你很少看他干那缺德事，谁跟谁比如说干点坏事去，家里就告诉他，这可使不得，这一句话他就不会去干去，像格言似的。就是说劝人行善，指人干歹，绕着弯的让人家干坏事，这可了不得，这是罪人。我父亲有时就告诉我，吃亏是福啊孩子，心胸狭窄的人他不会成气候，说只有心收回来的时候，任何事情不会打扰他的时候，人才能延年益寿。所以我也想，心有多宽，福有多大，满族人不是也在讲这个嘛。

我们回民礼拜，冲洗完了马上就上殿，要静下心来去听，以虔诚的心与真主交流，连下个气（指放屁）都不成。老人到老了没有别的事，就把时间都用来礼拜，一天要礼五个时辰嘛，礼每个时辰都要洗小水，冲脚洗脸，每个星期五要冲一个大的。这也是让你有个事做，不去多说少道的。它还有一个记客儿，就跟佛珠似的，他数它，念它。但是女人不能上坟地，因为女人有月经，脏，而且女人好（hào）说，好把回民埋葬的事跟人家讲。回民的坟干净，里边什么都不许搁，绝对是赤条条来赤条条走，回民

---

① 俩一俩海：这是清真言的头一句，即 al-Kalimahal-Tayibah 的音译，汉译为"万物非主，唯有真主，穆罕默德，真主使者"。

② 出散（Sadaka）：即施舍。指伊斯兰教徒以自己财物的一部分自愿捐助贫穷和有需要的穆斯林。

的坟坑边上撒三种东西，一种叫潮闹①，还有攒香，再有就是花椒。这三种东西撒到坟坑，虫子什么就都不过来。回民（尸体）的眼睛耳朵就连鼻子眼儿，都用攒香和使米碾成的东西塞上，就都不会进虫子。它的目的没有别的，就是干净。而且回民不起坟，只要入了这地了，就不起坟。

　　我由头到尾总结的一句话就是民族政策非常重要。我没有文化，但是我知道一个政策能引来好多事。人吧，什么都留不下，也带不走，我父亲从小给我说的就是，皇上连金銮殿都得留下，得走。这是人生一世草木一秋。你所留下的就是你的劳动果实，就好像是囤积粮食似的，你留的多一点给儿女呢，他可能少着一点急，他比别人起步可能高一点，但是也可能你会耽误他的起步，你把他给毁了。所以你应当给后人留下的是一个完整的管理。

---

① 潮脑，即樟脑。

西苑一条街

前面说过，北京西郊系因清代皇家园林的建设而发展起来，其中有名的是三街三镇。三镇是海淀、清河和青龙桥。三街则指西苑街、成府街和蓝靛厂街。其中的西苑并非皇城之内的西苑，它距京城二十八华里，位于颐和园东南。如果乘公交车，在颐和园和圆明园之间的路上，就有名为西苑的一站，从车站往南再往西，就是这里所说的西苑街了。

西苑街与圆明园隔万泉河相对，与我少年时读书的那所北京著名的重点中学一〇一中近在咫尺。但在我当年的同学中，却极少有人是从这条街考上的。我总听人说这条街是个藏污纳垢之所，所居多是国民党逃走前留下的散兵游勇，总之均非善辈。这种带有歧视性的误解持续多年，直到我走进这条街的居民中间，倾听他们的故事之后才彻底扭转。

西苑自清代以来就是驻兵之所在，民国时据说红楼栉比，极其壮丽，是"我国首屈一指的豪华兵营"。但在与兵营仅一墙之隔的西苑街上，住的却大多数都是从山东、河北等地农村入京谋生的流民。他们因家乡遭受水涝灾害无以为生而辗转入京，为在京寻求一小块立足之地而历尽艰辛，始终是京城最贫困最底层的人口。即使在1949年之后穷人当家做主的年代，他们也并非个个都像坛根儿下的王春茂师傅那么幸运，而往往因"来历复杂不明"而成为被批被斗，被关、管、押的对象，我当年听到的那些误传，源头就出自这里。而我选定这条街上的居民来做访谈，正是因为这条街在京城边缘那些以外省移民为主的街道中，具有一定的代表性。

说句题外话，1933年著名女作家冰心先生写过一篇小说《冬儿姑娘》，就是以京西的西苑一带为背景的，文中描写一个内务府旗人家的女儿冬儿，在清朝灭亡之后家境衰落、父亲离家出走，母亲靠着从圆明园遗留的汉白玉石柱上砸些碎石卖给米厂敷衍度日，冬儿自幼泼辣倔强，在与兵营中大兵做生意时从不吃亏，等等。这是冰心先生的一篇重要作品，论者认为它表明冰心的创作由此进入新的里程，开始深入社会的真实和生活的真实，深入普通劳动者家庭遭遇和境况的深层。而我则发现，这篇小说中提到的几乎所有故事，都可以在京西的这几篇口述中找到影子，这很可能是冰心先生在燕京大学时接触到的真实生活，因为燕京大学亦即现在北京大学的所在地，距西苑一带实在很近。同时亦可知 20 世纪 30 年代的时候，燕京大学和清华大学与周围居民的关系，很可能比我上学的 20 世纪 60 年代还要密切一些。

　　冬儿姑娘的性格，是典型的旗人女儿的性格，这在我这部书中已多有反映，可惜的是，也许是我孤陋寡闻吧，我还没有见到哪个评论者从这个角度来注意和评判这篇小说。

（一）周桂芳口述

　　时间：2004 年 1 月 16 日

　　地点：北京市海淀区太舟坞颐阳山水居周桂芳家

　　被访者：周桂芳

　　访谈者：定宜庄

　　[访谈者按] 在前面刘子扬先生的口述中提到，通惠河自大通桥至通州之间设闸门五道，其中第四道叫花儿闸，周桂芳女士的祖上，就是从山东沿运河到花儿闸，并在那里定居下来的。花儿闸的小金鱼，过去在京城中很是有名。不过从周女士的父亲一辈起，又离开花儿闸西迁，最终定居在海淀区西苑到颐和园之间那片水域，仍以养鱼捕鱼卖鱼为生，亦可知当时这一带有着何等样的自然生态环境。

　　周家大概是本书的访谈者中最贫穷的一家了。尤其是在日军侵占北京时期。这篇口述重点讲述的问题有三：一是她这种穷人家孩子为生活所作的挣扎；二是日军占领时期疫病流行的状况；第三则是她以及她所在的西苑街道 1949 年以后的经历。而尤以第一个问题讲述得最为生动具体。

　　周女士称自己是"男性"，她是非分明，性格中有一种饱经磨砺之后的刚强和粗豪，即使她一再说自己已经"看破红尘"，给人的感觉也只是拿得起放得下，而不是消沉。这在本书所有女性的口述中独树一帜。——本书做到这里，我所访谈的女性几乎都已出场亮相了，读者可以看出来，无论她们属于哪个民族，总之是以爽朗泼辣能干者居多，而鲜见温柔婉约者，这确实不是因为我专好这样的女性而有意挑选的，而很可能反映出了北京女人的某种共性。

1. 从朝阳到西苑

周桂芳（下简称周）：我是 1936 年生人。2 月 1 号的生日，阳历。周岁六十七了。

定：您是什么时候住到西苑的？

周：我什么时候住西苑？我是这儿生这儿长。我跟您说，原来，我的爷爷奶奶是朝阳的。我父亲他们都是北京，都是朝阳生的，（我父亲）十六岁到西苑。我父亲 1969 年死的，是 78 岁，现在活着多大岁数了？他们祖上是山东的，根是山东的。我们是汉族。

定：你们家老根是山东什么地方？什么时候去的朝阳知道吗？

周：那我倒查不着了。我爷爷是打鱼那么过来的，就是很小的时候别人带过来的。过去不是有个什么道，就是拉河船知道吧？

定：不知道，您讲详细点。

周：水运道，运河啊，冬天要是冻冰，要运输不是得使人拉么，人拉，那叫河船。运输哪，运人哪，都是拉，拉纤似的，冬天那是。夏天就打鱼捞虾，到河床子捞螺蛳啊，捞鳝鱼啊，捞螃蟹啊，都是在运河，那会儿打鱼摸虾哪儿都去。我爷爷那会儿拉河船，从通县拉到建国门，往这过拉……

富强爸①：这个我知道，就是拉纤，我也拉过。就这么一块板，底下两个沿儿，拴上绳。解放以后我还拉过烟草子。

周：反正您现在到朝阳，您要打听高碑店花儿闸，花儿闸找周家，卖鱼的、养鱼的，都是我们本家；姓周的都是我们本家。原来我父亲他们老哥儿们多呀，而且来的时候就是本家跟本家。因为那边都是坑啊，家家那会儿都是鱼坑，花儿闸么，花儿闸上边都是鱼坑，河西喽，河东喽。像我们没出五服的亲戚，西菜园子的，我们叫二爷，那会儿我父亲他们家就有二亩地，种庄稼干什么，不够就给他们打工去，扛活儿，就是给他们养金

---

① 周桂芳女士是由李富强先生推荐给我的。李先生的父亲与周女士是多年的邻居与同事，所以李先生喊她姑姑。此次访谈，李先生与他父亲也在周女士家坐了一会儿，旋即离开，这段插话是在他们离去之前讲的。李先生的父亲也是当年从山东顺运河来到北京，但时间较晚，已经是 20 世纪 40 年代了。

鱼去，都有棚啊，都是个人的，都是亲戚。都是那红金鱼啊，养啊，到时候就到北京卖金鱼。那会儿北京城卖金鱼的都是朝阳的，高碑店的。[①]

定：都是养的小金鱼儿？

周：对，就是观赏的。那会儿的金鱼没现在的好看。就一个尾儿，很少有那个尾多的，最后发展起来龙井什么的，那会儿就是红金鱼。种类也不多，就是一种，黑的，红的。我父亲十六岁就卖金鱼儿，到鼓楼啊，就"小啊小金鱼儿喂——"，吆喝那个。

定：你们家还有二亩地？

周：对，还有三间土房。那是我爷爷那会儿。我爷爷他们是哥儿俩，我这个二爷，他没结婚。

定：多大没结婚？

周：岁数不小了，你想都有我了，我爷爷那会儿就没了，他（二爷）起码也有五十多岁了。他有点儿斜眼儿，就是眼睛有点儿斜，叫老斜，我老听他们叫他老斜头，斜头。他也没什么专长，就能种庄稼，干累活儿。家里再穷，那谁跟呢？没有。我们那会儿也困难。我爷爷没了，我奶奶一天打柴禾，你看这小叔子，又没地方住，又没的吃，也是。所以生活所迫，自个儿做工去吧，也是找出路。结果让日本抓劳工抓走了，抓劳工么，那会儿不管你什么，是男的就抓呗。带到哪儿去就不知道了，据说掉到白灰池里烧死了，我听我父亲这么说的。

定：您父亲哥儿几个？

周：我父亲就哥儿一个。到我父亲就一无所有了，就给我们西菜园子二爷扛活了。后来就因为吃饭要点香油，人家说了一句什么，我父亲就不高兴，因为我父亲特别有志气，就出来不干了。不干就挑着挑儿到这边来，就到北京西郊来，就是到西苑。

定：您父亲到西苑之后您爷爷奶奶没跟过来啊？

周：跟过来了。我奶奶就是朝阳的，他们都是北京人，她们家就是种地，我奶奶就是打柴火，背柴火，烧火，给我们做饭。反正我们家最后就卖鱼了。有别人打了鱼虾了我们就收购，收购完了就卖，小商小贩似的。人家那块稻地那会儿就租给我们了，就挖两个坑，挖两个坑养鱼，那俩鱼

---

① 周女士这里说的，与蒋效愚、李凤玲主编的《京畿丛书·朝阳》（北京图书馆出版社 1998 年版）一书所说完全相合。该书称："高碑店第一代蓄养小金鱼儿的是周家。其实，早在漕运时，周家便养起了小金鱼……当时一条小金鱼可卖一二串钱，也就是一二十外小铜子。……当时整个三闸南岸小金鱼池一溜溜好几十个，到 60 年代还有三十多家小金鱼养殖户。"（第 81 页）

周桂芳之母（右一）在周家窝棚前（周桂芳提供）

坑就是租的。那儿收购活鱼没地方搁，就得有水啊，有斛啊，护起来，把鱼搁那里头，第二天捞了再去卖去，或者在门口摆一摊儿，一个木床子，上头搁着大盆，把鱼搁到里头卖。我们小时候就一窝棚，我们没有房子，住窝棚。

定：我还没太明白，您说您父亲到这边来，就在稻地挖两个坑，怎么又说在西苑？

周：在西苑有鱼铺啊，我爸爸在西苑跟人搭伙租了两间房子。后来人家都单干了，都不跟我们了，我们就落到窝棚那儿了。

定：窝棚在哪儿？

周：就在现在颐和园小学后边。在玉泉山也住过窝棚。① 窝棚就是捡那碎砖，连泥这么堆起来，上边就用那苇箔铺上，上边抹上泥，完了搁点儿树枝插上窗户，糊上纸，前面就弄一门。一进门一个锅台，锅台里边一个小炕，进门上炕，这炕就睡两人。这儿是一窗户，这儿是一锅台，贴饼子做饭烧火。多大呢，四方也就一个半双人床大。两边是鱼坑，后边还是沟。

定：那多潮啊。

周：那怎么着，要不老得烧火呢。那会儿我们穷的那样，外边下雨都

---

① 窝棚并不是固定的，随处有鱼，随处挖坑卖鱼，就随处搭起窝棚。

不下了，屋里还下呢。我们一家子就我爸爸一人单一被窝，我们几口人一个被窝，破被窝。

2. 母亲这头

周：我妈叫刘小云，这名字还挺好听啊，刘小云。我妈比我爸小十岁。我妈三岁，我妈的母亲就没了，没了以后把她就给人了，给的哪儿？给的黄村，就是大兴那个黄村，给的这个姥姥十九岁守寡，给人看坟，那会儿黄村还有坟呢，给谁看坟我就不知道了。她就一儿子，也是抱的，又抱了我妈。后来我这个舅舅也是卖鱼的，他在城里头，西直门菜市场，死了。我那舅舅跟我爸不合，因为他做买卖老不实实在在的，他老想多弄点外快。比如这鱼卖了多少钱，他不说实话。

我妈从小就记得她是抱来的。她还有一（亲）哥哥，男孩嘛，就没给人。那会儿她小啊，人家劝她认去她不敢呢。东坝，东坝西坝知道吧？那儿有一个单店，她就在单店西头，姓吴，单店砖瓦厂。① 最后我妈六十岁那年跟我聊啊，我说您小名不是叫招弟吗？您是由哪儿来呀？您家就没有人了吗？这才说，找也找不着了，他们也不一定有了。就这么着我们就通过派出所，找单店西头姓吴的，找着我们舅妈了，我舅舅没了。这舅妈还知道，当初姑奶奶给的哪儿，在哪哪儿，就对上茬儿啦！来吧，认一认。六十岁，你算算，五十七年哪！我舅妈还来住了些日子。那会儿也穷啊，我这舅妈守寡，守一儿子，哎哟这老太太给人佣工去，当老妈子去，就养活这儿子。那会儿齐化门哪，就是朝阳门，有老妈作坊，② 到那儿找活儿，当老妈子去。把我表哥送到哪儿学徒，学的是掐丝作（zuó），后来我舅妈到那儿瞧去，就瞅一大锅水啊，他正端那锅呢，我舅妈这心里轰一下子，这要烫着了……说咱不能干了，说我守着你，算了。就回去了。回去时候在车上，他一伸胳膊，衣裳奔拉下来，紫一道红一道的血印子，说刚打完他，说你怎么不早说啊你？后来我舅妈不叫他干了。做小买卖拿筐，卖鸡蛋去，不会约秤，全都赔了。那会儿难哪。后来我这哥哥有仨儿子，仨闺女，现在都在单店，他的大儿子五十多岁了，姑姑姑姑叫得亲着呢。

后来就把我妈给我爸了，我妈反正个儿矮，一米五五也就。我爸的个儿有小一米八高。我爸那会儿也穷，长了一脑袋黄水疮，后来就是秃子，

① 东坝在朝阳区东北部，前面第一卷第十五篇"科尔沁王公的后人"中曾提到包家的坟墓就在东坝。单店现在是东坝乡所辖的一个自然村。

② 老妈作坊，也称老妈店，可参见第二卷"外城编"中萧成的口述。

没有头发，周秃子周秃子，你打听吧，那就是我爸。

定：您妈什么时候给的您爸？

周：记不清，反正我爸肯定得二十多了，我妈也就十多岁。我妈特善，我奶奶欺负我妈，骂我妈。我妈的手跟男人手似的，什么活儿都老干，纳底子。我妈也不认字。我奶奶那会儿就脾气不好啊，反正也是穷，她自个儿摔了，就往河里出溜……反正就是特别刚，急性子，说话就没小声儿。其实就是穷的，叫你你没过来，急了就骂你，就那么一人儿。想想我奶奶那会儿，什么世面也没见过，但是对我们，早晨起来，赶紧把炕烧热了。

定：对孩子挺好的。跟你们也急吗？

周：也急，不过她不打，没上手打过，她吓唬。我妈脾气好，没打过我们。我那姥姥也脾气好，她们亲戚俩打架，我奶奶那拐棍一棍子就给我姥姥的脑瓜子给开了。

定：啊?!

周：我记得还这么一档子事儿呢，很早了，我小。

定：她们俩怎么会打起来呢？

周：都在我们家么，在门口，就给一棍子，那老太太就那样，说着说着急了。

定：您姥姥也在你们家住啊？

周：就来这儿住来了。我姥姥是解放以前死的。

3. 卖鱼、挑鱼

周：我爸爸到西苑这边来干什么呢？就给颐和园挑鱼，颐和园有好多工人到河里去打鱼，打上鱼来以后我父亲挑走去卖去。到哪儿呢？东单西单，菜市场，完了以后作价多少钱，就回来，给人家卖鱼的。开始挑的时候，那渔场是一天给他5斤老玉米豆。

定：颐和园原来还有渔场？在哪儿?

周：就在颐和园西堤啊，就是几间房子，现在已经都没了，反正老人都知道。我都跟着挑过。我不到十一岁就跟着我爸挑去了，解放以后还接着去挑。起五更，就比如现在的4点钟，要是夏天就是3点钟，我挑的是俩圆桶，我父亲的是方桶。怎么走啊？由东宫门，就是现在的正门，进去，通过长廊，过半步桥，这么绕过去到西堤那儿，这条路现在还有，知道吧？弄上鱼以后再绕回来，出颐和园这个大门，路北就有一口井，把那水倒了再换水，不换水鱼就死了，活鱼啊。完了挑着呢，就在现在广场那儿，知道吗？那儿有小车，有时出大门那儿就有小汽车，摇碳的车，把俩桶搁到那车上，搁一个棍搁到人家座儿底下坐着去，到西直门下来，再挑进去坐有轨电车，有轨电车到西单，下了车再挑进去，挑到西单菜市场，我是那么挑。

定： 您从那么小就挑？

周： 就那么挑。我爸弄鱼吧，还给人剥点螃蟹肉，给颐和园听鹂馆，就是高级饭馆，解放后就给高级党校。比如说我要十斤肉，就得煮螃蟹，煮得了就剥，盖是盖肉，腔是腔肉，腿是腿肉，夹子是夹子肉，就剥啊。擀那个螃蟹腿，刀把这么拿着，拿着刀背，这么一切，刀往这儿一擀，就把肉擀出来了，完全都是整腿肉。我爸是剥盖和夹子这两样，我妈就擀腿儿，那刀的把儿都擀瘪了，都短了一块儿。我是负责剥那腔的，你说啊，就整宿。我那会儿还给党校宰鳝鱼，和那长虫似的，一宰就十斤二十斤的。那会儿什么鱼都得宰，元鱼、鳝鱼，要不说这都是报应，你把它杀了它将来也有可能杀你，循环。可是生活所迫，没办法。

我爸卖鱼那会儿，我印象最深的就是我父亲跟国民党的官儿打架。那官儿是买一条鲤鱼，这鲤鱼活的，过去拴鲤鱼是上边，脊梁背的脊那儿，起那儿系，使马莲系着，提搂这鱼是站着的。就因为价钱，比如说跟他要两块，他给一块八，他提搂着鱼，我父亲正在那边呢，说不行，他拿着鱼就给我爸拽过来了，我爸那会儿也小啊，拿着鱼"叭"就拽回来了，当时别人就拉就劝呢，这可是了不得了，到夜里带着兵啊，就到我们家去砸窗户，说我们家藏逃兵了，就给我爸爸弄走了。弄到哪儿啊？就弄到街政府那儿去。我妈就急了，托的徐会长，就弄的鲫鱼啊，送上人家去，连请安带那什么，这才把我爸爸保回来了。还有一个也在颐和园治鱼的，是我们一个老爹，我姐姐的干爹，不是和爸爸一块儿的么，也把他抓走啦。后来他跑了，他跑到哪儿呀？就是现在颐和园那二龙闸，现在它把桥扩进去了，原来桥在外头，藏到桥洞里去了，藏了一宿，没逮着他。

我爸爸这说是九死一生在哪儿啊？过去我爸爸卖鱼，你比如说那打鱼捞虾的吧，偷点儿鱼呢，叫我爸爸带着给卖去。都穷啊。我爸爸就挑着给卖去了，结果一块儿给抓住了，也给送监狱啦，我爸倒没挨打，在那儿就给倒马桶在监狱里头。后来托人给保出来了，就得了一场病，过去叫霍乱哪，差点死了，都发昏了，本来就说预备了，人家大夫都不给开方了了。九死一生啊。

我爸也没文化，可是慢慢能拨拉这算盘。他认得那老字码，咱们这四是这么写，六是这么写，再一个两横七，知道吧？

定：不知道。

周：这事你也不懂啊？（当场演示）：这四就是一个叉儿（乂），一道两横就是七（宀），三道是八（亖），九是这个九（夂），我爸他们记账就这么记。①

我爸爸这一辈子刚强，穷有穷志气。他爱玩牌，他不会，输了，输了怎么办？家里养一猪，这猪一宰我妈就哭，怎么也舍不得，结果还是给人家还账了。我爸说了，人死了不能赖账，是一根草根，不能拿。

1969 年我父亲死的，就得了痴呆吧。正是"文化大革命"后期，借的棺材，借的我们老干爹的棺材。回老家埋的，就是朝阳高碑店。

定：你们还认为那儿是你们的老家？

周：啊，我们那儿不是有亲戚吗？我不用去，打一个电话，亲戚本家啊召集了给打一坑，后来到我妈这儿也是，不愿意烧，也是埋的。那儿离火车道近，现在都平了，找都找不着。但是他们的要求我们达到了，他们的意愿，不愿意烧啊，愿意回老家并骨啊。

4. 三生三死

周：原来我们哥儿俩，姐儿五个。哥儿俩都死了，到解放的时候就剩姐儿仨了。没解放之前，一个月就死两口。我大姐是十七（岁），本来要结婚了，都放大定了，② 是给我表哥，姑做婆啊，出天花，三天就死了。我二姐怎么死的？按现在说就是肾炎，浑身都胖（pāng）了，不是十六就是十五岁。一个月死俩，我妈哭得后来眼睛就不行了。日本进中国，扔炸弹，我哥哥跑啊，跑就摔了，起那儿就死了，不是炸的。他比我大得多，要活着得八十多岁了。我那个小哥哥四五岁就死了。我三姐七十三了，比我大七岁，她是中关村医院口腔科的，退休了。我是老四。还一老五，属兔的。老五怎么死的呢？她十五岁的时候得的肺病，没钱治啊，那会儿打一支油西林就两块钱。后来政府照顾，送到温泉三疗（第三疗养院）。住院吃药到死，一分钱没用我们花钱。她 1969 年死的，死的时候二十一岁，

---

① 这里说的是我国旧时表示数目的一种方式，称"苏州码"，也叫"草码"。多用于中药方子、裁缝店、五金店铺、屠宰场等的经商场合，和苏州并没有直接关系。与 1 2 3 4 5 6 7 8 9 10 相对的是：丨 刂 川 乂 8 宀 亖 夂 十。

② 放定是旧日婚礼程序，有放小定和放大定。放大定意味着男女双方联姻已成定局，男方要向女方送财礼。

就埋到中直机关南边那儿。那俩姐姐埋到圆明园那边，西苑商场知道吧，后头就是。我哥哥我姐姐都埋那儿了。

定：您小时候读过书吗？

周：小时候我念过几天书。这还有一个说法呢："短期小学，煤核大爷，早起打粥，晚上上学。"就是原来编的这么一个顺口溜。你琢磨这意思呀，就是捡煤核的这位大爷，就是说你呀，是捡煤核的，穷啊，你能上得了真正的学校吗？上学校交不起学费您就甭上了，就这么里里拉拉地上了点儿，今儿去明儿不去的，没钱哪。

定：您捡过煤核吗？

周：捡过啊，捡煤核。我们家不用买煤烧，都靠捡煤核。明儿您问我姐姐，有那机关哪，就人家倒煤灰哪，机关的厨房扒那炉灶灰，到那儿扒拉去。冬天打柴火，今儿说刮大风了，夜里起来，背上那麻袋，搂柴火搂树叶去。打粥，青龙桥过那桥路南往南一拐，在那儿打粥。

要不说呢，我那会儿苦力啊，什么没干过啊。到颐和园那儿拉冰，拉一筐冰给一铜板儿。还给人卖大碗茶去；扛大个儿去；起菱角秧子去，菱角秧子两头尖哪，起下来好栽呀；到菜园子给人家薅草去，一天五斤老玉米豆儿；给苏家起稻苗，颐和园外头都是稻地呀，他们那儿三大户，苏家、谭家、葛家。给张光五看孩子，一大的一小的，抱着一孩子，还得挑三挑水。在街上给人挑水。给519军队卖货去，还让人打一回，就是大耳刮子。

养猪得掐猪菜啊，一早上就掐猪菜去，到河里洗去，过水一会儿，那叶就支楞起来了，洗完把衣服裤子拧干了再回家，怕挨打。开鱼床子，起五更，跟着挑（鱼）去，哭也不行，哭也得给你打起来；玩儿也不行，玩让我爸爸瞅见了大嘴巴就抽过来，打我。我妈没打过我。我跟高淑瑞的妹妹一块儿挖野菜去还哭呢，说咱怎么那么穷啊。

我的经历要写能写本书我跟你说，我经历的太多了，三次死我都没死了。我那年出天花……

定：您这说的是哪年的事？

周：我说的是四几年的事。1946、1947年这个时间。我将近快8岁了。我们在西苑街里不是有卖鱼的房子嘛，这边是鱼坑，窝棚，我跟我奶奶我们在窝棚住，我爸爸就不让我们上西苑这边来，不能（与病人）接触，可是我们就来了，来了我就躺在一进门的炕上，我爸爸回来就给我一耳刮子，说不让你来你怎么来呀，打一耳刮子我就走了，第二天就发烧，就出天花了。你说这是不是传染的？因为种了花了也没管事儿。我妹妹也种了，也出了，很轻，我是重。我姐姐的花三天没出来，死了。① 得了天花日本就给我弄走啦，把我妈把我妹妹都弄走了。

定：把您弄哪儿去了？

周：北京地坛吧。那会儿西苑这街上不让走，都拉着绳子呢。我们住在窝棚那儿，鱼坑那儿，离这街里头远点儿。我奶奶上街里去了，人家问说你家孩子呢？我奶奶说回老家了，结果（被人告发了），我奶奶还挨一大嘴巴，乒乓就扇她嘴巴。要不说这汉奸呢，就这么嚷着："起来起来快着，穿上衣裳赶紧走！走走走，跟着走！"当时我就挺害怕的，我妈说"上哪儿呀，这孩子有病了，怎么走？""走吧走吧，去给你治病去！"

定：把您一人儿带走了？

周：大人得跟着啊。把我妈，我妈背着我，拉着我妹妹啊，就走啦。带走不少人呢。家里害怕，以为得拿白灰给烧死了呢，结果不是那样，就是囚到（地坛）那里头了。告诉说是医院，实际上没吃过药，就老给你试表。广和居张家，那孩子三岁，到那儿死了，还有一个十几岁的死了，刘家的，西苑的。死了以后就叫你抱着，走出挺老远去。

我们在那儿的时候，大人每天给那么一小盘切的窝头片，黑了吧唧的，一碗杂面。我们小孩儿呢，给那么一碗挂面，反正比他们的白点，饱不饱不管。我去了八天八夜不能吃东西，后来还真活了。那会儿就有自行车了，我爸就骑自行车送鱼嘛，就去给我们送点吃的。送什么吃的？就那棒子面啊，贴饼子，我奶奶贴的饼子，搁点儿枣啊，哎哟可好了，我就高兴得了不得。"咣咣"桶一响啊，我爸就来送吃的了，我就老惦记着听这桶响。后来慢慢就出院了，回来的时候也没钱，（我妈把我）背一段抱一段的，走到哪儿呢，可能是四牌楼，就找那卖鱼的姓刘，跟人借点钱，坐车回来了。

我日本时候没死，后来又得了白喉，给东西啊，就嚼着嚼着吐了，嚼着嚼着吐了，喝的水由鼻子出来，饿得都成皮包骨了。我奶奶跟我妈说，别抱着了，活不了了。后来你知道我又怎么活了呢？颐和园后头两棵松树那儿有个常家，现在他们还有后代，这个大夫呀就到我们家，找两个鹅翎，要了两条鲫鱼，他拿鹅翎裹上那鲫鱼鲊子，沾上不知什么药，几人就按着我，捅进去搅，我当时也记事了，搅出来的都是什么啊？黄的，就跟那鱼肠子似的，起那以后呢，好了。

① 这里的意思是说西苑街道一带流行天花，所以周的父亲让孩子们留在窝棚，不让他们到西苑这边来，但他们还是来了，结果真的就被传染了。

第三次是"文化大革命"以后，饥饱劳碌，生气差点儿没气死了，住了五个多月医院，起那儿出来我就不生气了。

5. 日本进中国的时候

周：日本进中国的时候，我那会儿才三岁。日本人往我们鱼坑里头撒白灰，结果白灰把鱼都给烧死了。

定：这是怎么回事呢？

周：不让养啊。我们（躲日本）跑了一天哩。

日本刚进咱们这地方来的时候没敢杀，就是日本宪兵队杀人。我们不是有俩鱼坑嘛，我奶奶在鱼坑那边带着孩子呢，我爸爸想去接我奶奶去，一瞅那边有俩日本兵，头喽走一老百姓，我爸爸就没过去，就在鱼坑那儿，把刮到鱼坑的烂纸往出捞。结果西苑街这儿的刘二，他走到我爸爸跟前，（对日本兵）说："他的明白"，就这么一句话，日本就"耶，你的你的，过来"，就把（我爸爸）带走了，带到颐和园北边 332 路车站后头，日本宪兵队那是。

定：这是怎么回事儿？没听懂。

周：其实是有一个逃跑的，是逃兵还是八路军呢，反正跑了，实际我爸是看见了，所以刘二说"他的明白"。你知道把我爸打得呀，跟血人似的，这儿（指前胸）一刺刀，跟燕儿窝似的。也是托人给保出来的。后来我爸回来说，说我为什么知道我死不了呢？他们叫那狗咬我，那狗闻了闻它没咬我，我就知道死不了了。我爸说我就说不知道，没看见。

我父亲从监狱回来以后就发昏了，（屎尿都）顺屁股流了，我奶奶死活在家哭啊，背过气去了都。我妈说怎么办呢，二道街那澡堂子的裴二大爷，在张家茶馆给他找了一点大烟，去了，说："五哥五哥，你抽口，你抽口"，叫了半天，最后醒过来了。我爸就说做了一梦，梦见过一桥，就一独木板，怎么也过不去，我就连爬带蹭啊过来了，过来之后有三间房，我就进去了，进去之后有一女的，看不见上半身，老看见底下，来回转，我一生气开门就出来了，出来我就听见你二大爷叫"五哥五哥，抽一口"，以后就醒过来了。

你知道日本那杀人啊。颐和园头里那儿不是俩桥么，北边一个桥，南边一个桥，就在北边那个桥，用刺刀给扎死一个。牌楼那儿也扎死过人，就是日本扎死的。还跑了一个光着眼子没穿衣裳的，一下子给刺死了。这些当然我都没看见，也许我小点儿，可是我姐姐都记住了。住在牌楼南边的那李德华，那会儿日本不是发烟嘛，（牌子）叫黄狮子的，老百姓就跟日本兵换烟，那天他问到一个官儿的手上了，他说这句话你不懂吧："勾嘎"（一句日语），意思就是交换，好，就要打他，撒腿他就跑，可他一跑不要紧，当官儿的"嘟"一吹哨儿，街上走的日本兵全跟着追，追了一大圈儿，就追到 330 车站这儿，这通打，他媳妇在旁边这通求情，才算是饶了。这我看得真真儿的。

西苑街那里头有一个集中营，就在现在中直机关进去以后往里走，路南，再往西，有个大房子。日本时候都有电网，那死猫死狗多了，电死的。里头吊着人嗷嗷儿的，我在那窗户外头搂过柴火，那会儿倒是，也不知道害怕。后来不敢去了。

六郎庄有个葛雄，就一条腿，那条腿就绑一木头，就一根橛儿似的，葛瘸子，一打听葛瘸子都知道，有名的。棒着呢，就颐和园那大墙，蹭地就能上去，一条腿，偷日本偷得棒着呢。偷钱板，钱板是什么？就是铁板，他抽白面，偷了好卖钱好抽。进去的时候没有电，出来时候有电，给吸到那儿了，这通嗷嗷叫，后来人家一关电门，他就掉下来了，掉下来了嘿，抬回去就死了。就说那会儿，哎——（沉默）

那会儿可惨了。拿着盆到中直机关外头等着去，等着说车来了，日本吃剩下的，他们你吃几口剩下的"哗"那么一倒，我吃几口剩下的"哗"那么一倒，萝卜了白菜了什么都有，叫日本汤饭。拿回家就热热吃。所以说不受苦中苦就不知道甜中甜。我说我现在什么都知足，真的，而且我什么东西都怕糟蹋，谁吃都行，就是吃不了别糟蹋。

抢西苑你知道吧？两次抢西苑，这我知道。

定：什么叫抢西苑？

周：日本投降啊，老百姓抢日本营盘。日本兵待的地方，有仓库，什么蚊帐了，燕麦了，粮食。

定：那时候日本的仓库在什么地方？

周：现在的中直机关哪。国民党时候是 208 师地下部队，也是在那儿。日本投降时候老百姓也是报仇，家里也没吃，就抢啊，燕麦，麦子，整袋地扛啊。瞅日本人晒的被卧褥子卷起就走，不是换粮食么，××他妈不知怎么抢了几个蚊帐来，拿那蚊帐换老玉米么。可是我爸不让去。后来看着路边上（粮食）扛不了的，都撒到那儿啦，比如说一口袋他撒了半口袋，我们就在那儿往家里胡撸点儿，就那我爸爸都说我们。

第二次是国民党，老百姓也是穷的，抢东西。

定：国民党那次是怎么回事？

周：国民党投降啦，都撤走啦，没人啦。那老百姓还不进去抢去啊？其实中直机关这儿解放就四个小战士，进去就都解决了。就有几个看仓库的跑，不投降，有一个腿打伤了，后来抬回来了，有一个没打伤就给俘虏了。其他就空空的，那老百姓不就抢嘛。

6. 婆婆家是满族

定：您婆婆家是满族？

周：满族。黄旗，他们就是肖家河的，肖家河就是正黄旗啊。原来在大有庄坡上村，知道吧？就是国关（指国际关系学院）那儿，后来又搬到骚子营。[①] 姓高。我结婚的时候老头那小辫儿还有呢。

定：您结婚是哪一年？

周：1953 年哪。

定：那时候还留着小辫？

周：后来就剃了。我在他们家还翻出一个箱子，里头有两双鞋，花盆底子，带云头，那做得相当不错，后来孩子们就穿着玩儿呗在院子，那不就穿坏了。

定：他们怎么跟你们家结的亲呢？

周：他们在大有庄，我在西苑哪。我们老公公叫高子舟，在附近有名儿的啊，过去是瞧风水的，瞧阴阳宅，而且小楷写得相当好。我那个老公公的父亲就在颐和园，那会儿就是看一个殿哪或者看一个门儿，就是干这个的。到我老公公也是这样，他原来是画画的，颐和园长廊，他在长廊画过，专画牡丹芍药。解放以后画那风斗，画俩蝴蝶画一牡丹，或者画一芍药，那蝴蝶跟真的似的。后来人家颐和园不画了么，他就转业了，就瞧阴阳，也可能是学的这个。他还有罗盘呢。你要看这地儿干净不干净，一搁这罗盘，干净它就不动，不干净它就呜呜呜。……后来就"文化大革命"。

定："文化大革命"以前一直看（风水）？

周：就是给比较亲近的，求他看。罗盘后来交了，儿子也不干，儿子是警察呀，我们老头（指周的丈夫）是警察，不让他瞧啊，说迷信。其

---

① 肖家河是圆明园八旗正黄旗营房所在。至于大有庄、坡上村和骚子营，则是"五园三山"修建起来以后逐渐形成的村落。如嘉庆十九年（1815）十二月二十九日兵部侍郎禧恩在"遵旨查明门牌"中奏称："于本月十三日赴圆明园，连日分往附近园庭等处，逐一细查，并因园户、匠役多有居住大有庄、坡上村、骚子营等村庄，恐其中有奸徒藏匿……"从这份奏折可知，嘉庆朝时这些村落即已形成，住户中有很多是园户、匠役等为圆明园等园林服役的人口。转引自尹钧科《北京郊区村落发展史》，第 270 页。

位于中央党校院内的乾隆朝立大有庄碑（牛晓昱摄）

大有庄碑说明，位于中央党校院内（牛晓昱摄）

实这罗盘要看定位还是……现在有啊。

定：现在又兴起来了。

周：是不是?! 嘁! 老头儿那部书，毁了。它能天相，云彩天相，什么云是什么相，什么云有什么灾，十三陵哪个陵坐在哪儿，哪年坐的，它怎么盖的，它的出气孔在什么地儿，都有。我看了，都是小楷，这就是文物啊。后来老头跟我要过去了。"文化大革命"我没在家，全给弄没了。

我老公公不言语，他也不好串门子，不好跟人聊大天儿，没有，没什么话。他跟我父亲可不一样。老家儿（指周的父母）没跟他们来往过，就没上我们家来过。就说过去满族人哪，礼儿比较多，吃饭一碟一碟一碟的，规矩礼数特多，解放以后就全免了。我那会儿就说我汉族人，我可什么都不会啊，他（指丈夫）说我们家什么礼数都不讲了，他就这么说的。

定：那您进门以后他们真的是什么都不讲了吗？

周：没讲。我也没给他们磕过头也没给他们鞠过躬，没有。我婆婆也不厉害，连句脏话都没给我带过，那老太太。那老头子也没有，都对我特别好。我特别孝顺他们。我老给他们买吃的，我妈没吃过的东西我都给他们买到了。困难时期我老给他们粮票、钱。

坡上村那儿满族人不少。过去都有财神楼，有的家里闹黄鼠狼以后弄一财神楼，就是做一小房子。五道门。供黄鼠狼长虫刺猬什么的。

定：是不是就只满族有，汉人有吗？

周：汉人？……没发现过，估计跟满人一块儿他也得有。反正我们的前后院都有。可他们家（指婆婆家）没有，我没发现他们家有，我们那老太太不怎么信，我那婆婆。

那会儿老讲说这都是迷信，可我总解不开这个。有的搞附体，就说那人死了以后呢，就附上活着的人了，活着的人说话、声音，有时还有口音，就跟死了那人一模一样，外头纸一烧，他这儿就不言语了。这我倒听说过，也见过这人，真是，是真是假我没考察过，因为我也不注意这个。

我觉得这财神楼本身就是取吉利似的。现在说白了，刺猬也好，长虫也好，它属于自然的动物之类的是吧，是在大自然里边，那就别祸害它。有的人吃它，阅武楼①那儿去年有一大青蛇，我们街坊那个王福山说，哎哟，我可没见过那么一条蛇，真漂亮，他们愣给拿走了吃了。我说吃了不好，要犯事儿。我就这么一说，结果他儿子也有毛病了，闺女也有毛病了，

---

① 这里所说的阅武楼原在西苑内大校场，1958年公社化时将楼基城墙砖拆走，修建生产队食堂。

子宫肌瘤摘除，他本身也有毛病了，半瘫，吃着饭筷子拿不了了，突然的。除了儿媳妇，没一个没毛病的。

7. 我看破红尘了

周：甭管怎么着，从我心里说，我念共产党好。从解放，我等于翻身，共产党对我是有恩的，这是实实在在的。一解放我们成立一个文工队不是嘛，每年初一、十五演节目去，演那大话剧呀，两个多小时呢，各处还来请哪，我老去（即"扮演"之意）男的。我还参加宣传队，儿童团，站岗，就说有没有特务，检查。那时候肃清一贯道，叫我搞宣传，我爸爸特别支持我。后来我走上工作岗位也是，我爸爸就教育我，说你要算账去，怕人劫你呢，你把公家钱搁贴身了，把自己的钱放外边，说国家的东西你别给丢了，你个人的无所谓，是不是？……我就老记着我爸爸的这句话。

我家窝棚那儿那块地，解放以后政府给我们了，要不我说共产党有恩。给我们了我没能力盖房啊，我献出来给职工盖了宿舍了。

定：给你们的时候你们算农业户还是城市户？

周：那会儿就是养鱼，没有农业，算是居民。

后来我还做过民工，修马路，给解放军前线工程看孩子连做饭，我什么都干过。解放后到合作化，我就搞街道社会工作，宣传员，宣传共产党的政策啊，土改了，合作化了，工商联合会搞合营了，帮助政府就干这个。合作化以后叫我干了几天农业活，后来人家把地占了，出来以后我就干商业，从1956年就一直到退休。到商业我是什么全干过，卖菜、卖肉，那会儿还搞技术表演呢，女同志我也劈肉啊，拉肉啊，蹬三轮，收购鸡、鸭、兔，各种药材，农副产品，就没干过理发和食堂。我还学过兽医，发展养兔，怎么配兔，怎么发展。后来又搞农业化肥，卖生产资料。完了以后在菜站卖菜，又搞过百货，搞服装卖布，又卖小百货，文具搪瓷，全卖过。当过会计，又当过经理。我也学过会计，我这读书都是自学，一般来讲，初中高中毕业的，算盘都比不上我，我口算也行，当然笔算我不行。这都是多少年了。

困难时期我家老的老小的小，我要把我那份拿到那儿吃，家里不够啊，所以我不在那儿吃一顿饭，早起就喝一碗粥，中午吃一碗土豆，要不就是豆腐渣。晚上有时候在家。那时候我特累，过去盘货都是下班以后，就是不盘货，下班以后搞卫生也得搞到什么时候，有时候我吃完饭抽根烟，坐到那儿就睡着了，把单子都烧了。

你说那会儿日本逮人也好，国民党逮人也好，解放以后枪毙人，我都瞧见过。要说解放时候枪毙反革命什么的，我都个个儿瞧，我也不害怕。就在颐和园小街后头枪毙的，现在不都拆了嘛，在那儿看枪毙的时候我踩那一脚血！那人姓赵，没死，又给他扎了17刀。那会儿刚解放，要是这会儿不就死不了了嘛。那会儿刚解放，跟国民党有牵连的就什么。所以要不说我一直都是男性，不知道害怕那会儿，真的。

周：说实在的我跟你说，我都看破红尘了，为什么我现在修（修行）啊，我都看破红尘了。

定：您现在信佛？

周：我敬佛，不能说我信佛。因为什么啊？我是党员哪。我1986年入党。我应该是1964年的党员，填了表了，组织谈话，因为我这人比较正直，他们排挤。

我说我原来杀生太多，我也应该反思，那会儿杀生是生活所迫，那时候什么都吃过，狗肉还吃过哪，现在我不吃狗肉，兔肉、驴肉、马肉都不吃，我不杀生了。土鳖虫是药材，可是活着都给它焙了，我舍不得，我不行。

我父亲跟我说这话，谁对我们家有恩，后来我都报。像我们那些老街坊，岁数大的，死了我帮着给穿衣裳，一点儿都不害怕，没事儿，不觉着什么。

我净给穿衣裳了，老舅妈、老舅死，都是我给穿的衣裳。还有五叔，这老头焊洋铁壶，那东西做出来真地道，什么舀子、盆、铁壶，特好。老头这一辈子就"吭吭"打这铁啊，颐和园的门槛包的那铜，都是他包的，他给颐和园做了不少活儿，老头子的功劳不小。他闺女不是他亲生的，是她妈带着她三岁嫁到那儿的，闺女在那边玩儿牌，都是我给看着这老头子去，就他这闺女，他要想吃鸡，她都不给买。我说你这亏心不亏心呢？老头子吃只鸡有多少钱哪！所以他闺女现在糖尿病。老头九十九岁死的，死之前我给包的馄饨他吃了。他姑爷和街坊的一个小子，俩人给他穿不上去这衣裳，移过来移过去，后来我去了，我给穿的衣裳。后来他那姑爷给老头子磕头啊，我说磕吧你，你应该磕，因为老头子这份财产你擎着了。你说我要是不给他做到了，我这心里怎么能平衡啊。

我们对门儿有个赵二叔，卖油盐酱醋的，我这算盘就是跟他学出来的。他跟我父亲是对门熟户啊，父一辈子一辈的。人家怜惜过我们，大年三十我们没有饺子吃，吃不上，他给我们拿了三斤白面两棵白菜去，让我们吃顿饺子。这人我后来也报（报答）了，坟地我给找的。

我在中关村副食店干了四年，现在人见了我还喊妈。人家没老人的，没妈的，到年下我接他们到家，给他们做顿饭。谁结婚了我也去，养活孩子我也去。我就觉得我当这个领导，就跟那托儿所的阿姨似的，我不能叫人受委屈。

就一辈子来讲，咱们就与人为善。我不坑人，我也不说瞎话。涨工资给我涨我不言语，不给我涨我也不说什么。一分钱这是我的就是我的，一百块钱不是我的就不是我的。送礼的事儿没我，那不踏实。现在我退休我多踏实啊，你们都占单位的便宜，又吃又喝又玩儿去，我没有，我凭我自个儿劳动挣的，我劳动换来的钱，我玩儿去我多踏实。

我刚解放的时候学打腰鼓，进城啊，庆祝公私合营啊，那会儿年轻。（现在）我们就组织一个腰鼓队，我就教他们，老有所乐吧。每年我带他们玩儿去，哪次都超过二十多人，最多达到三十二个人。都六七十，最大的八十多岁老太太，我就带着，十六个省市，海南、桂林、丽江、大连，就差没去九寨沟了。都是自费。过年儿子给点压岁钱，就留着去玩儿去。每次我自己都得付出一千多块钱来。我给别人照相不要钱。我都想开了，生不带来死不带走。我给人家开心，我也开心。

（二）高淑瑞口述

时间：2005 年 3 月 9 日

地点：颐阳山水居周桂芳家

被访者：高淑瑞

访谈者：定宜庄

在场者：周桂芳等

[**访谈者按**] 与周桂芳同住在西苑街上的高淑瑞女士，被她周围的朋友们戏称为"大家闺秀"，但在我看来，她不过是爱美爱打扮，不爱出门凑热闹而已，其实是个性很强、很有主见的一个人。她的家境比周家好得多，曾经是西苑街上数得上的富户，这也许应归功于她父亲的能干。她从女儿的角度讲述的父亲一生，最富感情，那个只身闯荡北京、凭自己的勤奋和才干在西苑街上惨淡经营，终于置起一份像模像样的家业，却终于在一场与他全然无关、他也完全不明就里的

高淑瑞女士被访时（定宜庄摄于 2005 年）

政治风浪中结束一生的小人物的命运，正是生活在底层社会的诸多北京移民的缩影，这样的故事，我们看得实在是太多了。

高女士还讲述了母亲一家从河北农村迁移来京并落户于圆明园的经历，可以与下篇"圆明园变成废墟以后"参照来看。

高淑瑞（下简称高）：我叫高淑瑞，八十二岁了，我属猪。打小儿我就住在西苑。

定：那时候西苑是个镇子吧？我听说原来海淀区有三道最有名的街，其中一个就是西苑。

周桂芳：西苑原来是兵营，军阀、国民党、日本，都是在西苑那儿，都是营盘。日本营盘。日本投降以后国民党来了，就是 208 师，最后是 208 师在那儿撤军的么。解放的时候革命大学在那儿，后来又变成安全部了。①

高：西苑街那时候繁华着呢，小街呀，繁华着呢，买什么有什么，要

---

① 有关西苑的史料很少而且大多并不可靠。据王彬、徐秀珊编《北京地名典》称，"西苑则说法颇多，一、明清朝称中南海为西苑，同字不同地。二、康熙时称畅春园为西苑。查慎行曾多次在此供职，曾有《赴西苑马上》《西苑值庐》《西苑送春》等诗词。三、畅春园西侧村镇也称西苑"。即此地。民国八年（1919）一份公文标题是《西苑俘虏收容所收容德奥俘虏情况》，"前门车站一车至清华园下，分驾汽车。其后，兵等列队步行到西苑收容所"。民国二十四年（1935）四月六日在海淀西苑竖立《西苑驻军公墓碑》，万福麟撰，张伯英正书，李月庭刻。1937 年被侵华日军占据，并建兵营"。1937 年 7 月，日军占领北平后，利用西苑原兵营做军营，驻以重兵，同时把其中东北角一处营院作为关押战俘的集中营。1949 年，华北人民革命大学在这座兵营里开办。西苑今为中直机关所在。

什么有什么，卖什么的都有，好几个澡堂子。那时候都有收音机了，天天晚上的铺子吧，喇叭都唱，都放着戏。就没那么安静过。好几条街，一二三道街，和平街、同庆街、宣化街。我们家在一道街。就二道街东头那儿，小戏馆儿，说书馆儿，好几个戏馆子，唱小戏儿啊，戏馆子唱的不是大戏。其实就是评剧，河北梆子。靠马路那边一个戏馆子能盛一千多人呢。西苑商场是后来公私合营的商场了，那后盖的。阅武楼是西苑东边，练兵的地方，地方挺大的，高，现在拆了，还有那底座儿。妓院，妓院是日本过来弄的，日本的时候都是"花姑娘的有"，日本的时候。

定：那时候西苑这街上旗人多吗？

高：旗人不多。

1. 从南苑到西苑

高：我们老家是河北省定兴。要说我们老家的事儿呀，我爷爷是过去的秀才，在定兴县城做工作，他叫高超则，他的为人，是整天一大片人围着他。谁到饭馆吃饭，一提高超则，吃完饭抹嘴就走，他的人就给人家付账。也是年轻的时候劳累多吧，死得早，五十多岁就去世了。

我爸叫高维钢。他们哥儿六个，姐儿仨，我有三个姑姑，我爸爸行四。我大大爷、我三大爷都是念书念得多，我父亲也念过书。我大大爷考秀才没考上，让人顶了，就病了，神经了。三大爷就教书。

我奶奶寡妇，那老太太，困难哪。我爸爸那会儿净惦着挣钱养家，摸虾米也干过，到南口也打过工，给那个谁牵马执镫的，那个头儿叫什么我记不得了。我爸爸十二岁就跟着他们瞎跑，十二岁打定兴到南口，十六岁又到南苑，那不是部队驻的地方嘛，兵营嘛，我三大爷有文化啊，在南苑那儿教书，就给我爸爸找个事儿，买了几打袜子，在兵营那儿摆个地摊儿。我父亲呢，人都喜欢他，长得也挺什么的。后来在南苑那儿不行了，部队又迁移了。我三大爷在福缘门①那儿教书，又给我父亲弄到西苑这边来了，就是安全部的那儿，在那儿摆摊。我五叔也来了。

定：您三大爷怎么会找到这地方来教书呢？

高：这边有我们老家那边的老乡，都投奔老乡呗。

定：老乡是在这边做什么的？

高：在西苑开一豆腐坊，姓王，也是我们那边的。

---

① 福缘门原是圆明园的一个门，后来形成一个村落，详见下面李新建、陈之林口述"圆明园变成废墟以后"。

定：西苑一条街上你们老乡是不是挺多的？

高：都是老一辈的，我爸爸他们那一辈的。小辈的都是这儿生的。（老辈的）没有有钱的，都是在老家生活不下去了，到这儿来找事儿做，做小买卖呀，做点儿小吃小用的什么东西。

我爸爸过西苑来还是摆袜子摊儿。那会儿一打是十二双，十打袜子就在人家煤铺门口摆那么一个摊儿，没有门脸儿。那个煤铺的老太太姓冯，人家心眼儿好也是，说风吹日晒的，给他们腾一间房吧，给腾了一间房，我爸爸和我五叔就在那里住上了。后来又添点儿牙膏牙粉的，那会儿都是牙粉，又添点裤衩背心呀，慢慢儿地租个门脸儿，就不在外头卖了。

定：您父亲的袜子从哪儿批的？

高：打人家卖的地方批来呀，人家有批发店哪，就跟这会儿似的，总厂。有时候给一半钱，该一半钱，卖完了挣了钱再给人送，完了再拿。袜子卖得挺好的，当兵的穿得多呀。当兵的都文明着呢，风纪扣不系，逮住都打，都罚。

定：您这说的是什么时候的事？

高：国民党啊。国民党的 29 军、53 军都在西苑住过，反正挺严的，不让骚扰，买东西少给钱不行，都有人跟着，有稽查队跟着。

定：您父亲一直就挣他们的钱？

高：挣他们的钱。后来就做起来了，买卖越做越大了，又添百货了，我们就是做买卖出身哪。后来正好姓周的房子要卖，我们就想买姓周的那勾连搭三间房。可是哪儿那么多钱买呀？就大伙儿帮，煤铺掌柜的说我们给你们凑点，多咱（即什么时候）有钱再还给我们，就买了那房子了，把我妈也接来了，带着我们仨孩子，就住在那儿，我妈也帮着，给锁锁扣眼儿，钉钉扣儿什么的。后来越闹越大呀，我们又找的房，把老家我表哥他们都弄来了，就都帮忙。

2. 日本进西苑的时候

高：我刚才跟（周）桂芳还说呢，我老记得民国二十五年，日本来的，我记得大概是那会儿，是 6 月份嘛。

定：您说的是阴历吧？

高：对，阳历是 7 月也不是初儿，"七七事变"是在卢沟桥，日本过来就到了卢沟桥。起先是我表哥给送信儿，他住在圆明园里头，说上（我们）家躲躲去吧，日本要炸西苑。我妈说没那么些事儿，西苑这儿哪儿有

这么多事儿？我爸爸说还是在院里挖一窖吧，别都在屋里头，在屋里万一
房子塌了能砸死。就在院里挖了一个防空洞似的。结果第二天就扔了炸弹。
飞机就由城里头绕着城过来的嘛。那会儿我们正睡觉还没起呢早晨，就听
见飞机，八架飞机，"rou，rou"吹哨似的就往下扎呀，好像就扎到房顶上
似的。① 我爸爸一听不好，赶紧起，都穿着背心裤衩呢，天热么，一胳肢
窝一个一胳肢窝一个，夹着我二妹妹和我就出来了。

　　定： 果然就扔啦？

　　高： 我们街上扔炸弹就扔了六七个，整个把我们那屋子炸了个大深坑，
倒是没炸着人。要是头天炸，我哥哥他们就死在那屋了，那不是做买卖有
拦柜嘛，拦柜，就是柜台呀，他们两人从拦柜里给人拿东西，买东西的在
外头，就弄大被卧把拦柜盖上了钻到底下，这是头天，幸亏头天没扔炸弹，
要是头天扔炸弹，就把他们俩人就都炸死在那屋了。我们那天晚上就跑了，
一炸那房子我们就跑了，跑反。往西跑啊，先上的天龙沟，天龙沟不是法
国人住的嘛，挂着旗子就不扔炸弹。

　　定： 天龙沟在哪儿啊？

　　高： 天龙沟就从 309 医院往这么来。

　　定： 往哪么来？

　　高： 就往这边，我长这么大吧就没转过来向，东南西北老分不对。……
29 军不是退到那儿了吗？说老乡，你们是不是逃难的呀？说是逃难的，说
你们别往西走，往西有敌人嘛，敌人都过来了，你们还是赶紧往东走吧，
我们就奔成府了。成府那儿有我们街坊的一朋友，在那儿开百货铺，卖百
货的。燕京大学东门外头么。我们就跑到那儿去了。我们在成府那儿的房
上，就看见西苑那边着火了，炸了一个大煤油庄，卖煤油的地方，整个着
火。说（着火的）是青龙桥，其实是西苑。

　　在成府住了一宿第二天我们就进城了，我表哥在城里开煤铺么，他那
煤铺也做得挺大的，叫什么我想不起来了。那会儿我才十二岁。在我表哥
那儿一住就是半年。那是庙里的房子，地方特大，高台阶儿。东北都是跨
院儿，跨院儿里头都是三个门，三个大院子，都是房子，都住着人。那庙
有名的，南池子的马噶拉庙，我们在那里租了一个院儿，一下就三家儿：
豆腐坊一家儿，我们一家儿，我五叔和我老婶他们（一家儿），一家住三

---

　　① 高女士这里的记忆很准确。史载，"七七事变"后，7 月 28 日清晨，十六架日本飞机在西苑 29 军
兵营投下三十二颗炸弹。

间房，九间。①

定：那时候还有和尚吗？

高：有啊。那里边还种的藏红花，有一个小花园。……住到腊月二十三么，回家过年来了。

定：你们回来的时候这边还有日本鬼子吗？

高：有哇，有日本鬼子啊，那会儿我就十四岁了，就不怎么让我出门了，我也不张罗着出去玩去，老在家里帮我妈干点零活什么的，日本人瞅见就"花妞妞，花妞妞"，就追嘛。

定：有被追着过的吗？

高：没追过。可是在农村他追呀。日本哪，他就怕你偷着瞅他，你要跟他走对面儿他没事儿，你要扒着墙偷着看啊，他就说你是坏人。我们老家到八月十五都吃炖肉，吃好的，老盼着这节，我二表哥他就扒墙头，想看看日本人来没来，他就这么扒着一探头，日本人一抬头瞅见他了，踹开门就进去，把我表哥揪出来就用枪挑了么。我二表哥身体棒着呢，以前常上我们这儿来。

定：这是在哪儿呀？

高：在我们老家呀，定兴。我五婶的娘家婶也让人一枪打死了，就杀了这么俩人。可是在我们那儿，在西苑街没伤过人。

日本人在这儿八年，走的时候好家伙，连大有庄的带肖家河的人，都跑西苑街抢营盘去了。北边的人都野蛮着呢，就抢人家东西，被卧什么，什么都有，最后没的抢啦，煤都给人拿走。日本走的时候也挺惨的，看着也挺可怜的，卖大袍，把衣服扒下来卖，拿衣服换吃的。一个袖子就能做一大棉袄。

周桂芳：我们西苑不是一条街么，东头的人就厉害，敢干。

定：东头什么人啊？

周桂芳：也都是老百姓，摆摊儿啊什么的。人跟人不一样，贪财呀。

定：是恨他们啊还是想占点便宜？

高、周：可不是占便宜呗。穷呗，没吃没喝的。谁们家不是那样啊。

高：我们小姑娘，老太太都不叫去呀，我们可不敢抢人家去。我爱人

---

① 马噶拉庙，就是玛哈噶拉庙，最初为清朝多尔衮时期的摄政王府，位于南池子东侧南宫旧址，南宫在明代时为皇城东苑，明景泰年间，明英宗朱祁镇曾囚禁于此，多尔衮利用了重华宫旧址，摄政王府宏伟壮丽，甚至超过了皇宫。多尔衮被定罪削爵后，该府邸随废。到康熙三十三年（1694），康熙皇帝下令将旧睿亲王府改建成玛哈噶喇庙。乾隆四十年（1776）又重新修葺扩建。1776 年，乾隆将该寺赐名"普度寺"。

上桥头那儿去，瞅见了我都给拽回来，说走吧别看，让人看见说你也抢东西。

3. 说说母亲这边

定：您再说说您妈妈那边，您妈妈是怎么给您父亲说的？

高：就在这儿，在这儿说的。我姥姥她们就在圆明园里边住。

定：您姥姥是北京的？

高：我姥姥是这儿的。可是也是从河北省逃过来的，我姥姥跟我姥爷两个人出来的。他们来得早，跟什么周太监啊，李老公啊，孟老公啊都是老乡，都一块儿来的，那时候都叫老公。

定：也是从定兴？

高：啊，我舅舅也是在北京结的婚。

定：他们俩来的时候带着您舅舅？

高：啊。带着我舅舅，带着我妈，我妈十四岁过来的。他们逃过来就种地啊，就在圆明园里面租人家颐和园的地啊。

定：在圆明园里租颐和园的地？

高：啊，圆明园那地属于颐和园管，给颐和园里头纳粮啊。原来圆明园里头可比颐和园阔。圆明园里头四十八处宅子呢，宅子啊，四十八处呢，大宅院什么的。人家盖的这一处那一处的房子，就像现在似的。圆明园不是让八国联军给烧了吗？还有金窖银窖呢，（八国联军）没看出来，那东西能挪地儿，埋在地下它会走，走了。

定：那金子银子自己会走？

高：（笑）我也没地儿挖去啊，就听我姥姥他们一说。（圆明园里头）也有庙也有什么的啊，我们小时候还到山坡底下拿小镐扒拉过，有烧的那灯座、珠子，我们还弄一小盒，一小盒一小盒地捡呢。八国联军把好东西拿走不少。

定：您姥姥姥爷来的时候圆明园已经烧完了吧？

高：啊，刚烧完。在那儿租地就种，盖上房子。圆明园里头原来有个大山，石头山，叫寒山，[①] 在寒山住。乍来了也是租院子，就是太监们的房子了，就租他们的房子，后来租来租去有点儿钱了，那里头的砖随便捡，捡点儿砖弄点儿什么，我姥爷他们后来就盖了三间房，三间大北房，那场

---

① 寒山即紫碧山房，位于圆明园西北隅，是全园最高土山，一说为昆仑山的象征。1860 年圆明园被烧后改称寒山。

院大着呢，在寒山这边点儿，原来是一座庙，扒了，在那上盖的房子。

我舅舅那人老实，特老实。他们就哥儿俩，我舅舅就一个妹妹，我妈就这么一个哥哥，我舅舅比我妈大十三岁嘛，特疼我妈。开豆腐房的我们那老乡（在西苑）盖了一煤厂，我舅舅挨（在）煤厂那儿给人家摇煤。我爸爸跟那儿摆摊不是么，累了歇会儿聊聊天什么的一块儿说话，都挺好的，跟亲哥儿们似的。我舅舅瞧我爸爸长得挺帅的，我爸爸那人特正直，特本分，我舅舅说我给你说个媳妇吧，我爸爸说反正我这人没家没业的，刚有这两间房，我舅舅说指着做买卖也养得了家，我爸爸说说就说吧，说哪儿的？一打听，他才说是他妹妹。

后来我舅舅就跟我姥姥商量去了。我姥姥说不行，太大，大八岁呢，我爸爸比我妈大八岁，说不给。我舅舅说，凭人吃饭，人家挺能干，又干净又利落，我舅舅说他就包办了。说让我妈看看，她也愿意，哎这么着给了。我妈那会儿刚十四岁，十六岁就结婚了么。那会儿女的都是十几岁就结婚。

他们在这儿订的婚，得回老家结婚去呀，我奶奶在老家呢，就带我妈回老家结婚去了。回老家过了几年，有了我哥哥，我哥哥底下有个女孩儿，生下来二十天，也不是感冒啊还是抽风死的，要不我哥哥怎么比我大三岁啊，我哥哥吃接奶吃了一年，那个死了他就吃她的奶，要不身体怎么好啊，我哥哥身体好着呢，死的时候整八十。那女孩底下就是我，我是老三。我来的时候三岁，还不会说话呢我就到西苑来了。

我母亲结婚不几年，我舅舅就死了。要像这会儿吧，就好像是浮肿病。穷，娶正经八百大姑娘没有，就娶了一哑巴。那祁家也是一大户吧，有一菜园子，就在和平街，西苑车站您知道吧，西苑车站路北的房子都是祁家的，一大溜。那哑巴给不出去，就给我舅舅说了。那哑巴还挺好的，会做饭，会做衣服，穿的那衣服都干净利落着呢。长得也挺好看，双眼皮大眼睛，白胖白胖的，就是不会说话，见了什么人，怎么请安怎么的，礼儿多着呢，旗人。那时候我们也小啊，拉着我们上河边洗东西去，那时候洗衣服什么的都上河里洗去，她还捧点儿水给我们洗洗脸。都懂，什么都懂，就是不会说。她跟我妈特好，我妈一去想吃什么，她就做什么，我妈也老护着她。她比我妈大不了多少，也就大个三岁两岁吧。她爱骂人，说话一急了（就骂人），也不是成心骂，她解恨哪，老是"叽叽叽"，我姥姥一说她，她就跟我姥姥那么干，我妈老说她："这样不好。"

定：她跟您姥姥不好？

高：我姥姥上岁数的人，又怕糟蹋这个又怕糟蹋那个，反正事儿多点吧。就现在这时候也有媳妇跟婆婆过不到一块儿去的么。

我舅母跟我舅舅生了两个儿子，我那表弟刚两岁我舅舅就去世了。我妈就跟我姥姥说，说别让她走了，孩子还吃奶呢。后来她娘家怕什么呀？她是哑巴啊她不是没心眼儿嘛，别待会儿让人家给诱了，再跟别人有了孩子。娘家怕丢人，就那么把她给弄回家去了。弄回家又给她找了一个，后来又嫁人了。他们祁家都在那边种稻地，农村，"文化大革命"就打成地主了，都受冲击，她差点儿没死了，有兄弟什么都死了。

定：您姥姥后来那房子还有吗？

高：他们后来就一直在那儿种地。房子盖的就多了，盖得都挺好的，我表弟表哥他们都有房，后来抗美援朝，我表弟就参军了，属于老党员，现在退休拿一千多呢。这不是前年占的吗，圆明园不是都占了嘛。①

我母亲特会过日子，自个儿养一猪，乱七八糟的剩饭什么的喂猪，一年卖一个，一年宰一个，就那么过。

周桂芳：那老人就没出过大门，街坊都没去过，一天到晚地就做做饭哪，坐那儿纺线哪。老太太小脚。

高：我妈也没少生孩子，不懂得节育什么的，生那么些个，一共生十个，我们生日大的差两岁，生日小的就差三岁。我上边那个殇了么，第三个就是我，这是九个。后来我哥哥没有了，我二妹妹没有了，刨去这两个，现在不是还剩七个么，有我小弟弟，我二弟弟，我三妹妹、四妹妹、五妹妹、老妹妹，都在呢。要不我妈说，我十六岁进你们高家门儿，受多大累呀。

4."大家闺秀"

高：我小时候就老是要好。梳小辫儿，那头绳儿老得买绒绳儿，绒绳儿其实就是毛线。要是线编的就不扎。我烫过头，"文化大革命"的时候还烫着呢，怕让人给铰了，都不敢出去。

我呀，大累我没受过，小累我受过。九岁就跟着我爸爸他们干活儿，帮我妈钉扣，锁扣眼。要不我怎么没什么文化呢？我上学好几趟都上不了，家里边舍不得，老得帮家里干活。人家给我起个外号叫什么呀，"大家闺

---

① 所谓"圆明园被占"一事：2000年8月1日北京第81次市长办公会议曾做出一个将圆明园建成国家遗址公园的规划，9月国家文物局对此规划做出批复与修改。决定于2000年分两期对分布在圆明园遗址范围内的近三十个居民点共六百一十五户居民进行拆迁。到2000年底，全部住户均已迁出。

秀"，我就没那么出去玩儿过。我干活儿反正干净利落。

周桂芳：老这么利落，老太太。

高：挣点儿钱就积攒积攒，攒来攒去的就够一块钱，大头啊，都是我到柜上换去，换回大头就扔到柜子里头攒起来，就那么攒的钱。

我那时候，柜上的人我表哥他们都吃肉炒菜吧，我们娘儿俩就买条黄瓜拍拍呀，拌拌啊。我说他们怎么吃那么好啊，吃肉，我妈就老哄我，我妈说你怎么那么傻呀，咱们没房，咱们得置房子。

定：您表哥他们是因为给你们家干活儿所以得吃好的是吧？

高：是呀！那可不是么，早上起来得干活呀，蹬机器，做衣服，做汗衫什么的，都卖给当兵的，就得吃点好的。他们要打夜班吧，我就给送衣服去，从小戏馆那儿过，就抱着衣服听会儿戏再去。我就跟我爸爸说，我说你们老吃好的，老让我们吃家做的饭，我不干，你们吃什么我们娘儿俩也吃什么。我爸爸就买了十个烧饼夹上肉，说拿回去跟你妈吃去吧。我妈说你这傻东西，你要钱啊，你干吗非得要烧饼啊，妈给你烙芝麻饼，不就跟烧饼一样嘛。后来我就要钱，我爸爸说要钱干吗呀，我说我妈让要的，实话实说呀。（我爸爸）就给钱，给钱就攒。攒了八年半，后来七百多块大头呢买那房子。

打买那房我们家就惹事儿了，大伙儿都算计我们那房。说就老高，配买那么好的房子？！连他们开饭馆的掌柜的都跟我们那么比着。

定：你们家的房那么好啊？

高：是好啊，太监新盖得的房，还没住过呢。

定：那你们后来在西苑就做得挺大的？

高：一直就挺大的。日本炸了那房子以后，我爸爸又把那房子盖上了。盖上那房子，我们又买了这房子，宫门前，我们就搬到那儿，那就有钱了那会儿。

定：您说的宫门前就是北宫门？

高：不是北宫门，是颐和园东门。颐和园那儿不是有个牌楼么，我们就在牌楼南边住，颐和园小学还往东边。瓦房，我们那房子现在还保留着呢，没拆，还是我们家的房。

党校那时候叫建设总署，建设总署的时候天天儿到我们那儿买东西，找什么锅了碗了笤帚了扫帚了，我爸说干脆咱们上点货吧，就卖这个山货，我也帮着在柜里。我爸的能耐就是来回倒腾，什么能什么就干什么。后来那儿不行了，不行就织袜子。

定：怎么叫不行了？

高：买东西的少了，铺子也多了。我们家养那么多人，我三姑家的表哥，我大姑家的侄子，都在我家帮忙，帮忙到时候得给他们开钱哪，我爸爸说怎么着也得想法子吃饭。后来干吗呀？织袜子吧。不是卖袜子吗，自个儿连发带卖，织袜子。我打线打得这腰直不起来。

定：那是什么时候？

高：解放以后啦。我父亲挺能干的一个人，挺能吃苦的。我老是跟我爸爸好，我爸爸老实，不打人不骂人，脾气好。我妈有时一急了就说我们，我爸就不让我妈骂孩子："骂自己孩子等于骂自己。"我爱跟我爸爸手底下干活儿，那时候我爸爸不是做买卖么，给人家送货什么的，得请人吃饭哪，我爸爸都自己弄，不买。他有事就叫我，弄这个弄那个，什么黄瓜旋皮儿呀，拌粉皮呀，那会儿的菜都那样，包粽子，我就跟我爸爸手底下学炒菜弄菜，后来我妈妈炒菜也好吃。到我们自个儿单过的时候，我孩子、同学什么的都爱吃我做的饭。

5. 不愿出嫁

定：您嫁到这家也是做买卖的？

高：他们家是农民。姓任。

定：他们家是旗人吗？

高：他们不是旗人，是山东人。我们老爷子（指公公）啊哥儿六个，他是最小的一个，他在农村的时候也不正经玩儿活，打打闹闹的，就让他当兵了，老军阀的近卫军，当兵就上这边来了。后来我们老太太带着孩子追过来了，这么着，租的一个老公的地，后来圆明园种的地都属于颐和园的了，给颐和园纳点租子，三十亩，一亩地一斗半米。我公公婆婆他们还包了三亩菜园子，就在西苑没拆的俱乐部后边，那儿有一坡，底下是地，上边是一（个）场院。后来他们不是划了一个富农嘛。

定：您公公他们家挺有钱的吧？您不是说开菜园子有钱吗？

高：嗨，开菜园子有钱也没剩下什么，乱七八糟的人都上他们那儿白吃白住的。到活儿忙的时候给别人干活去了，没事的时候到他这儿帮着喂喂牲口铡铡草什么的，就养他们这帮山东人了。

定：干吗这么养着？

高：不是养着，都是穷人，奔来了嘛。

定：怎么给您说上的？

高：我五叔。我五叔说我们不能够给在旗的，在旗的婆婆事儿多嘛。还说要找一个有房的，别寻房住去。

周桂芳：旗人要找旗人，不是旗人的话那规矩受不了。再一个要有手艺，甭管别的，得有手艺。

高：我五叔上菜园子那儿串门儿去，回来说人家家里那实诚，老太太也实诚，我们老太太（指婆婆）那真是挺实诚的。还说有房，省得找房住了。又说他有技术，有手艺，会做烟囱会做炉子的，那也是个缺门儿，就等于是（我父母和五叔）包办了。

那时候我是耍猴呢，真跟我妈要。他们仨人嘀咕这事儿，就打发我推磨去，过年了，推点年面什么的。我走了没在家，他们就给放定去了，讲究定亲的时候得放定啊。① 后来我回来一瞅，不对劲儿啊，我什么都看得出来，他们挤眉弄眼儿的，要不老说我猴儿呢。他们就乐嘿，我说你们都没安好心，乐什么有什么好乐的！我就问我妈，说把我诓去推面去了你们在家做什么鬼事呢？我妈说没做什么鬼事呀，甭听他们的。——还瞒着我呢。我一瞅有东西，我说这是谁买的呀？我妈还说瞎话儿呢，说我大姨给买的。我不信，我说你们不说实话我不吃饭了。我妈就跟我说，多大了也得找主儿，也得嫁，我不是十六岁就进你们高家门了么，那年我十六。我就不干，一瞅那东西，还有蒲包呢，里头那龙凤饼，我都给扔地下了，扔地下我还踩了一脚，我说你们都没安好心，就惦记着把我给弄出去，上南屋我就哭起来没完了，谁叫我也不听。我爸爸就说得了吹了吧，等大点儿了再说吧。可是吹了我五叔怎么当这个人呢，就说人家要娶，他们得用人做饭哪，我妈说那就等到十八岁吧。

（到）十八岁（人家）说娶，得买衣裳吧，拿来一包衣裳料，打开让我看，我就跟我妈闹，说那都是什么呀，做装裹的②，都给胡撸到地上，我妈就捡。我爸就在屋里转弯儿，说这东西怎么弄啊。我嫂子那会儿帮着他们说话，我就踢她，就不理他们，还是不干，耗到十九岁，结了婚了。

定：还是得嫁。

高：那会儿咱们这儿就困难了，我哥哥上西安了，我上被服厂了，也是做服装啊。我爸爸就哭了，说你不听话怎么行啊，你哥哥也不在家，说早晚不都得有这么回事儿，这不是离家近么，你不愿在他们家你还回来，

---

① 这里指的是放小定，男方要送女方首饰四样：戒指一个或一对，镯子一对，耳环一对，项圈一个和衣物等等。

② 装裹，死者所穿殓衣的俗称。

回来吃饭。就这么糊弄我。十九岁么，他们给我穿衣服什么的，我又哭又闹啊，那会儿还坐轿呢，俩钟头也没上去这轿子，不上啊，哭，后来我爸爸把我抱到轿子里头的，一边抱一边我还踹我爸爸呢。我们那口子后来说"真能耍猴儿，把我冻得都站不住啦"。

定：是冬天啊？

高：冬天哪。腊月二十七结的婚。就在万香居办的么，西苑有名的饭馆，万香居，会仙居。合营（公私合营）以后都倒闭了，万香居掌柜的"文化大革命"也受冲击了。死的死，散的散。

定：您干吗那么不愿意嫁出去？

高：谁愿意嫁人哪，在家里多舒服啊，到人家那儿得给人做饭弄什么的，我什么都不会呀，我不会拢火也不会做饭，我们家里都是我妈跟我嫂子做饭。

定：您后来呢，嫁过去还闹吗？

高：（笑）嫁过去就别闹了。嫁过去应该三天回门，第二天我就回家了。老太太山东人哪，做的农村饭我吃不了。我是爱什么时候回家什么时候回家，大年三十还回家呢。人说大年三十不能回娘家，回娘家死公公，我说他爱死不死，反正我得回家。我爸说这东西怎么弄啊。

定：您到婆婆家也不受气是吧？

高：我没受过气。家近，我瞅着不什么我就回家了，没打过架。后来就为我们小姑子，瞅我有什么她要什么，瞅我有什么她要什么，胡搅蛮缠的。小姑子把她妈弄的五迷三道的，她听她闺女的话，我们娘俩就不对付了，就闹别扭，我们就单过了。小姑子后来嫁了一个也是做服装的，她也不跟人好好过，后来她也离婚了，上东北了。我们跟她没来往。现在也不知道活着没活着。

后来我们就出来了，我爸爸就供我们，买锅碗瓢盆都是我爸爸给我们支的，吃粮食，（我爸爸）给我们一粮店的折子，菜铺，连卖菜带柴米油盐的，油盐铺，也给一折子。我的孩子都是我妈帮着，做棉衣什么的，我都不会做，都是我妈给弄好了。我爸爸说不能让她受气啊，受气她到家得反去，她得反了天。

我妈56岁去世的，也是脑溢血，高血压。我离了我妈就不会过了。

定：就是说您一直到挺大了还得靠着爹妈呢。

高：是啊。我妈死了半年以后我们就不上（娘家）那儿吃饭去了，慢慢地我就自己做饭了。我哥哥就不干，说在一块儿都吃惯了，到底是为什么呀？我嫂子也不干，我说没有妈了，就不回家吃去了。我不是有高血压吗？我嫂子三天看不见我，就让我哥哥去看看。我嫂子现在还在，八十四了，属鸡的，她比我哥哥小一岁。也是我们老家的人。

我爱人比我就差多了，小时候没受过什么苦。他十六岁就学徒，学的白铁工，做壶啦，做烟囱啦，在北大东门外头，没给他划（富农），我们要不怎么是居民呢。

高：后来我就上军委三部的幼儿园，干了一个月，因为我们家（出了反革命）的事又不让我干了。后来不是说让白手起家不吃闲饭么，①几个人凑点儿钱，就在鞋厂做鞋，一天才八毛钱。后来鞋厂不行了又转铁厂，我都做细活儿。

定：您还有这门手艺，跟您老伴学的？

高：不是，我是跟他们学的。后来中关村那儿给我考了个三级工，一个月工资是九十九块钱，比我爱人挣得多啊，他后来在六建，才挣四十五块钱。"文化大革命"以后我就把工作辞了。

我生了五个男孩一个女孩，老大属猴的，六十一了。老二是女孩儿，今年五十八了，底下都是男孩，最小的四十五了。都挺好的，孙子今年都三十五了。

6. 兄弟姐妹

高：说我们家人的事啊，桂芳都知道，我们那时候发小儿。我起小的时候也是厉害着呢。

定：您那个姐姐死了以后您在家里就是大姑娘，那可不是厉害嘛。

高：可是再厉害跟我嫂子也没犯过厉害。我嫂子也是半大脚。

定：到您这岁数都没有裹脚这一说了。

高：没有了。到我老家，姑娘长得多漂亮啊都不算漂亮，脚底下是大脚就没人爱要。我二大爷来接我们回家去，因为这个（我妈）没让我们回家，没回过家。我妈不愿意让我们裹脚，我妈就怕这裹脚。北京那会儿也有裹的，就咱们这北边，农村里边，都是小脚人。

定：您那几个妹妹也跟您这么厉害吗？

高：嗨，厉害的是我二妹妹。我脾气不好吧，我没打过她们，我二妹

---

① 这里说的是 1968 年。当年 12 月 22 日《人民日报》发表社论：《我们也有两只手，不在城里吃闲饭》，讲甘肃会宁城镇居民到农村安家落户之事，企图在动员城镇知识青年上山下乡之后，进而将城市居民也动员到农村去。

高淑瑞（右三）与周桂芳（中）

妹是真打她们，打我那三妹妹。

　　周桂芳：她二妹妹后来结婚，那人是山东人，过去是开粮店，后来解放了，工商联的，还是头儿呢，他也挺拥护共产党的，挺好的吧。他有一个大婆，她妹妹去做小，两口子挺好，跟大婆也都挺好的。结果"文化大革命"也给遣送，也跳了河了。她二妹妹后来又找了一老头儿，老头儿又死了。她怎么办呢？她去了睡一宿觉，完了脑溢血，脑袋这么一歪，就也死了。现在留下一闺女一儿子，那儿子在前门开一家烤鸭店，特能耐。

　　定：他们家开的粮店原来特大是吧？

　　高：不小，就在青龙桥，过了桥往南一拐路东，三间门脸儿，叫悦来粮店。家里有磨坊，自个儿磨（面），后来也不知归谁了。

　　周桂芳：他们家就是小的（指最小的妹妹）上学，现在在美国呢。

　　高：她是最末一个了，今年六十七了吧，属虎的。我妈为什么供我妹妹（上学）？就是迷信，说属虎的妨人，不是没儿女呀就是妨男人。说我奶奶就属虎么，所以我爷爷死得早。我妈说好好让淑清念书，完了让她自己找饭吃去，不让她嫁人，就那样。她上了高中，高中完了不是考大学么，考不上，其实学习都挺好的，就是考不上。她也当老师来着，后来跟她丈夫上美国了。

　　定：也没妨她丈夫？

高：（笑）没有。俩儿子呀，俩儿媳妇，俩孙子一个孙女儿。

我哥哥比我们老实，那真跟大姑娘似的。他也没怎么上学，上了两年私塾，上了两年民政学校。我小弟弟六十多了，属蛇的，我母亲死得早么，他毕业就教学去了，教书教了四十年。

圆明园变成废墟以后

——李新建、陈之林口述

时间：2005 年 12 月 29 日

地点：北京市海淀区一亩园某饭馆、福缘门村陈家

被访者：李新建（化名）、陈之林（化名）

访谈者：定宜庄

在场人：宋会强①

[访谈者按] 我从十二岁到五十二岁，时断时续地在圆明园生活过四十年，我敢说我对圆明园的一草一木，与本文中的被访者李先生一样地熟悉。可是，我却一点儿也不熟悉居住在圆明园那些村里的人。101 中学与福缘门村一直隔墙相望，那才真正是"鸡犬之声相闻，老死不相往来"。

我半生研究清史，说得出圆明园建立的时间，数得出圆明园中的亭台楼榭和它们的名字，道得出围绕圆明园建立了多少八旗营房，当然，也讲得出英法联军烧毁圆明园的经过。可是我偏偏不知道，甚至也从未想过要知道圆明园被毁之后进入这里的人是从哪儿来，我对他们的聚落生计、他们的土地田园熟视无睹。直到宋会强先生得知我在做有关老北京的访谈以后，主动为我介绍了这位李新建先生，李先生又陪我去看了刚刚病愈出院的陈之林老先生，我才第一次认真地从福缘门村的这一边，越过墙来看那一边的 101 中学，还有更远的北大和清华校园，站在这边看到的景色与那边之异样，让我感到不胜惊奇。

对于圆明园被毁之后近百年历史的研究，既然早就走出了史学家关注的视野，多年来也如这个变成废墟的园子一样地荒芜。流行的说

---

① 宋会强先生与上篇周桂芳口述中提到的李富强先生一样，都曾是我丈夫的学生，所以都称我为师娘。宋先生本人就是福缘门村人，而且从他父亲起就是这村的老住户。这里也对他们二位表示感谢。

法，是说它被原来守卫它的那帮军营里的旗人掳掠并占据，这虽然为很多人坚持，但我至今并未找到支持这种说法的确凿证据。李先生与前一篇高淑瑞女士的现身说法，已使这种传说不攻自破。但是我对他们的访谈，重点却不是考察圆明园的历史，而仍然像在前面诸篇一样，想了解的，是居住在这里的人，我想知道他们从哪里来，怎样在这里生根、怎样一代代地生活下来，居住在这个在中国近代史上如此重要、如此特殊的园子里，他们怀着什么样的心态，他们与这个园子，有着什么样的关系。当然这一系列问题，并不是通过对一个或几个人做如此简单的口述就可以回答的，我也只是将这篇口述，作为一个开始。

　　李新建先生，1952 年生，原在北京某区交通队任职，现已退休。陈之林先生，福缘门村农民。

李新建（下简称李）：圆明园哪，一草一木我都熟悉。以前这圆明园是什么样儿，我们现在都记在脑子里，画都能画出来。福缘门，为什么叫福缘门，您听说过吧？福缘门是一个偏门儿，太监出来买东西的。

　　定：怎么让你们在福缘门落户了呢？

　　李：就因为成了废墟才让我们在这儿落户啊，它不成为废墟我们敢在这儿落户吗？不早给轰跑了？福缘门儿这儿是四大户，等于是最早形成的。

　　定：您说您老祖来的时候圆明园已经被烧了？

　　李：对。

1. 福缘门怎么成了"村子"？

　　陈之林（下简称陈。对李）：最早的人家呢，是你们家，你们是河间人。

　　李：我们老家（不是河间）是献县的。

　　陈：你老祖来了以后，瞎字不识。

　　李：对，一个字不识。他是要饭，挑挑儿过来的，这我爸爸给我讲，到北京干吗来了呢？献县的日子过不下去了。我老祖的哥哥在这儿当太监，我老祖就投奔他哥哥。怎么来啊？那时候交通工具也不行啊，只能挑个挑子，挑个被卧卷儿，挑点儿干粮，跑关东似的就到北京找他哥哥来了。走了半个多月才走到这儿。还没打听（他哥哥在哪儿）呢，就赶上（英法联军）火烧圆明园，他知道他哥哥在里头哪，就冲进去救人吧，没找着他哥哥，没想到救出一人，那人是谁啊？殷总管，大太监殷总管，把他给救出来了，给他换上老百姓衣裳背出来。等于要不救出来呢，他就烧死里头了。英法联军走了之后呢，殷总管把半个圆明园给了他了，那都是荒地啊。他当时也憷窝子（胆怯之意）："给了我我干吗呀？""该种地种地"，都归他。他一个人也种不了，得，从老家雇人，就种地，先头种地是不交钱的，大家伙儿够吃就行了，种点儿就走。我老祖从那开始就有钱，越来越有钱，就成了地主了。

陈：后来形成的这地方势力也好什么也好，都是自然形成的。（对李）你老祖我也知道，他也没有清朝的势力，也没有后来国民党日本鬼子（的势力）。就是总管老爷，总管姓殷，殷总管。当时，清末民初的时候，总管老爷就是太监哪，还有十几个太监，这太监最大。你爷爷的父亲哪，他给这太监认的干儿子（给这个太监当干儿子），当使唤小子。二次烧圆明园的时候你爷爷给他背到后山那儿避难去，就这样有功劳啦。那会儿啊，太监还有一个残余势力，圆明园都荒着呢，开始也没人管，就给你老祖，你开去吧，就这么样。你老祖呢，乡下来人了，没辙怎么办呢？你开你的地，我也不跟你要东西。所以他威信大是什么呢？有事找李玉就行了，是逐渐形成的威信。这一片大部分是这么个情况。

定：您老祖后来找着他哥哥没有？

李：找着了，我老祖的哥哥怎么死的我就不知道了。后来还把他哥哥拉到家去，献县去埋的。但是每年我们家都到太监那儿给上坟，现在也不知道坟在哪儿了。我们家原来还有一个家族的大祠堂。

定：你们李家的祠堂？

李：对对。我们家搬到这儿来以后我老祖建的。

定（问李）：您老祖来找他哥哥的时候多大啊？

李：才二十几岁，就是一八九几年。一人来的，也没媳妇，到这儿找了仨媳妇么，正经娶的就一个媳妇，他傍的两个，俩傍家儿的，都是在这儿娶的。人家有钱有势嘛。过去来讲呢，他也不娶到家里，就是包的二奶三奶，而且还管终身，纪家姑奶奶是他媳妇，田家姑奶奶也是他媳妇，都是一家子，全都跟我们是亲戚。

定：就是说福缘门四大户，这四大户里你们三大户是一家子。

李：啊，三大户是一家子。后来还有马家，是买的我们家的房。他们不是咱们本地人，他们是外头经商，有了钱，在这儿买的地。

定：你老祖不是就一个正媳妇吗？她是哪儿的？

李：估计她老家也是河北一带的，不是献县的。不是从家带来的，也是从这儿找的。圆明园呢，一家一家就这么搬过来了。

定：就是说您老祖落到福缘门了，好多人就来投奔他了？

李：对对，百分之九十，基本上是投奔我们家的。纪家和高家是分支，是分支过来的嘛，他们亲戚，我们亲戚，他们还有亲戚呢。只要是老户，全是亲戚。

定：都是献县的？

李：都是河北的吧。基本上全是河北人，没有外边的人。我老祖没解放呢就死了，我老祖挺勤劳的，穷人出身嘛，要饭出身。

（讲陈家的事）：

李：我这大爷（指陈之林）他们家，和我们家，这是好几辈人的关系。我老祖在这儿成事的时候，我这大爷的爷爷，是他的第一任管账先生。他们混得特好，跟把兄弟似的，是吧？

陈：那个，没法儿形容，是世代同居的关系。我爷爷呢好耍钱，耍钱没钱了得借钱啊，你爷爷就过来，说我告诉你，我拿鞭子我抽你！抽就抽两下呗。

李：关系就这么好。

陈：我爷爷啊是前清的过站秀才，他文笔好，你老祖呢，写文章什么的都是我爷爷写。

定：您爷爷是什么地方人啊？

陈：你问得太多啦。我们家啊，没有原籍，为什么没有原籍啊？我曾祖父五岁让人给卖到北京了，就跟北京学剃头，完了有点儿手艺了，就这么来的，这又扯出一支了。一解放人问他原籍是哪儿，他说你别问我啦，我就这儿生的（众笑）。我奶奶都是这院儿生的。我今年都八十二了。我奶奶他们的老房子，那是盖圆明园时候的工棚，那屋子一进门下去半米去，什么意思？水涨船不高。这地老长，这房子长不了啦，就这么样形成的。

李：我们一共养了最多十九个长工，我妈是天天给他们做饭。我妈说那会儿斗地主，说你老祖这地主啊根本就不应该斗，他属于善人。斗什么？他没有剥削谁，没有。他受苦出身吧，有了钱，都顾及街坊四邻的。我们那儿的人差不多都靠他给救济过，只要来了没饭没钱的就都在这儿吃饭，过年过节要没有白面他挨家儿送。后来人讲话，其实我老祖说一句不用心的话，就救了好几家人。到"文化大革命"呢，也挺逗的，"文化大革命"的时候他早死了，可还有人说，说没有他就没我们吃饭的地儿，没有住的地儿，有了他才救活我们全家。他就有一点不好，护孩子，我爸跟人打架去，只要被人打了，我老祖拉着就找人家去。别的没有什么看出他坏。说过去地主吃什么啊？天天儿也是清水窝头。也就是过年过节吃顿白面，也没享着什么福。

定：还是生活习惯。

李：不是，还是穷，那时候地主也没钱。

定：那么多地他怎么会穷呢？

李：只有地，他没有钱啊，就有粮食。那会儿的人傻，他不知道挣钱，而且那会儿扛长活的，他也不是为了要钱，他只要干了一年了给他粮食，管吃，管住，最后给他介绍一对象给他成家，齐了。过去人不讲究钱。

到最后呢，弄得我们家的地是最少的。

定：为什么呢？

李：因为我爷爷好吃懒做到最后什么都不干啊。我爷爷是有钱以后出生的，可不是八旗子弟似的。我老祖这一辈子就俩儿子，还三个姑娘。（问陈）我的爷爷，还有我的二爷，都不是一个妈生的吧？

陈：这叫我怎么说呢？你二爷跟田××的爸爸是一个妈生的。要说正统，是你们这支正统。有一次他们那支使坏啊，你老祖犯了脾气要拿铡刀。

李：这我知道，要把我爷爷跟我爸爸一块儿铡了。就说我们这支不要了，因为我们这支跟那支打架啊。

陈：后来还是你奶奶……别人谁能跟你老祖那儿说得上话啊。

定：您爷爷和您二爷都没出去，就都留在家里种地了？

李：分开了，各人管各人的一块。当初分的是一边儿多，但是人家二爷为什么落那么多房，我们家为什么落那么点房？我爷爷叫傻大爷嘛，他没心没肺就吃喝玩乐，不干，不挣，也不请人，今天把这房给你了，明天把这地给你了。结果土改的时候给我爷爷定一上中农，给我二爷定一富农。地都收了但房屋没收。

定：那你爷爷还是对了，歪打正着。

李：哼，还不如定一恶霸呢，让我也知道我爷爷他们享受过一次不是？他这一辈子，窝窝囊囊一辈子："想当年我当棍儿兵的时候吃一大席呢……"那管什么用啊？

定：他当什么的时候？

李：棍儿兵。国民党的杂牌军来了，给他们一人发一根棍，就叫棍儿兵，不叫联保，日本来了那叫联保。

定：噢合着还不是正式的兵？

李：就跟咱们现在组织的那什么少先队似的。

我二爷混得不错，他一个勤劳一个他有脑子。就是"文化大革命"，让人打死了，富农啊。非告诉说他有枪，枪在哪儿呢？根本就没有！瞎猜的。其实还没打死，埋的时候还有气儿呢，埋的才一尺多深，看他还没死，照脑袋又给一家伙。四十多岁吧。他被打死了还有他儿子呢。他要是不被打死也跟我爷爷不一样。

我接着两年做梦，梦见我爷爷跟我要钱，"又到清明节啦，给我点钱吧"，我说你给我滚出去！我虽然身上流着他的血，但我对他呢特别反感。就因为我妈给我讲的故事太多，说他就没做过好事。我妈要给您讲，得讲三天三夜。

定：您老祖生的那三个女孩后来都嫁哪儿去了？

李：都嫁城里去了，慢慢地就都没联系了。我奶奶也是献县人，她那村叫高瞳儿，其实到咱们这儿就是高家庄，他们那儿叫瞳儿。

定：是您老祖回老家给您爷爷娶回来的？

李：不是，不是回老家找的。我这奶奶呀也是被人抛弃的，养不起吧，把我奶奶给别人家当姑娘了，等于是人家抱养的。我爷爷不是叫傻大爷嘛，他不聪明，就给他找这么一媳妇完了。

定：你们家后来跟献县那边还有联系？

李：有联系。事实是我联系的，我十几年前就跟他们走动。十年前我就给他们出钱，我老觉得我虽然不富裕，比他们要好多了。我二爷的媳妇也是河北的，是定兴的。

定：定兴有好多人都在你们这一带。

李：都是通过我们这关系过来的。您到西苑一打听啊，那都是，全跟我们家有亲戚关系，全是沾边儿的。福缘门村现在五千多口，我们李家门连搬走的带现在在这儿的，一共二三十口。

2. 见证圆明园的兴衰

李：最可气的一件事，现在我都记忆犹新，我们家那几块太监给的地啊，过去的地契还有呢，慈禧盖的大印，就我们一家是慈禧盖的，其他没有一家（的地）是慈禧盖的印。除了雍和宫，私人家谁也没有慈禧盖的印。最后我爷爷全交出去了，不知下落了。我说不管我们家房值多少钱，就这印值钱啦。

定：是呀，这都是应该放博物馆里的东西。您见过吗？

李：我们家全见过。交的时候我都知道。我不让交，我哥哥也不让交，我爸爸害怕，我爷爷害怕，说不交把咱们全打死了。

定：您说把半个圆明园都给你们家了，都是指的什么地方？

华表：位于办公楼前草坪上。为圆明园安佑宫之遗物。燕京大学建校初期，移至此处。华表柱上满刻云朵和盘龙，是清代中叶石雕艺术珍品。

原圆明园安佑宫的华表，后被移至燕京大学校园内

李：福海，还有北边的西大地，现在西部开发地区，那都是我们家的。福海以前是一片泥塘，现在划船的地儿过去是一片苇地。

定：我知道，我们小时候叫大苇塘嘛。

李：那边以前是一个湖，以前都没有地，全是苇塘，苇塘旁边呢，都是我们家让农民开出来的地，都是特别一小条，种稻子。后来稻田呢，都是后来成立人民公社生产队之后呢，大家伙儿垫地，种藕啊，种稻子。

前边这马路知道吗？那会儿还是河，过去咱们这井水啊都是自流井，那河都是泉眼冒的是吧，呼呼地水冒着，所以它一年四季不冻。直接喝就行那水，那会儿咱们这儿一点污染没有。前边一拐弯儿这边全是一片的小河沟，现在咱们摘那核桃全是在河沟里的，一下就到了场院，一到秋天特别好看，叶子都特别黄。

定：那时候 101 中学的自流井也特别好。

李：对对。圆明园过去好多自流井呢，那会儿我们打水就到场院那自流井就打了，现在一个都没了。那时候搞什么"深挖洞，广积粮，不称霸"，[①] 你知道圆明园里头挖防空洞有多大困难啊，一挖就是水，一挖就是水。圆明园缺水吗？不缺水，整个海淀都不缺水。他们现在做这防水，我们俩特有意见，水又干了。他们不是要拯救圆明园，就是想弄工程骗钱。[②]

那时候半个园子给我们家，不能整个园子给我们家，等于那半边还归政府。

定：哪半边？

李：就等于福海北边，长春园、熙春园，都归政府，这半边就归我们家。

定：归政府的那边有没有人在那儿种地啊？

李：没有，那儿归政府管了以后就没人管了，就一直荒着。要是都归我们家了，那清华北大谁也拉不走东西。北大的俩狮子就是圆明园的，华表也是。[③] 清华大学里头好多好东西不全都是圆明园里头的？

定：是。

---

① 这段话出自毛泽东之口，是由 1972 年 12 月 10 日《中共中央转发〈国务院关于粮食问题的报告〉的批语》中转述的。

② 这里指的，是从 2004 年开始的圆明园环境整治工程中，在圆明园湖底防渗工程中铺防水膜一事。曾遭到有关部门和新闻媒体以及社会各界的广泛关注和强烈质疑，问题集中于这种做法是否会对周边生态的环境造成严重影响等方面。最终结果不详。

③ 北京大学西门内教学楼前的一对华表，原坐落于圆明园西北角上的安佑宫（即乾隆圆明园四十景中"鸿慈永祜"）前。1925 年初，燕京大学翟牧师私拆华表，守园太监和当地警察劝阻无效。目前仍耸立在北大校园。

李：就因为一半归我们家，那一半不归我们家，东西都是从那一半拉的。不但他们挖，我们还挖那边的呢。谁都上这儿掠夺来，不是光外国鬼子掠夺。

宋会强：圆明园烧的时候这边不都是木头建的么，都烧光了，那边都是石头的多。到解放前夕还有那高的石头的，您不是看见过么，还有好多大墙呢。

陈：圆明园烧了以后，它并不是烧得现在这样儿，只把那砖木结构烧了，像汉白玉啊，都有呢，我来的时候都好着呢。

李（问陈）：咱这福缘门的门，您是不是也见过啊？

陈：我就跟这儿玩呀。福缘门跟垂花门一样，就是大点，两边有木头茬儿。这门哪，小，矮，那拉活儿的大车呀走福缘门这门它出不来，有时候绕着走，有时候把这门剐了有时候不剐了，已经修了几次了，解放才拆的。

从这儿上桥，那桥啊是石头的，大伙儿都上扶手那儿磨镰刀去，把那石头磨得好几道弯，都是磨的。一到六月吧，都到那儿抠着石头翻鱼去，有鱼。

李：福缘门这道口，从我记事啊，一直到1970年左右，就是我从101中学毕业，圆明园没有一个人买过一块砖，全是用圆明园的砖，圆明园的石头，我也拉过，我们家的房也没少用。

乾隆帝御笔题诗，为原圆明园"四十景"之"夹境鸣琴"景区遗物，后被移至燕京大学未名湖北岸

陈： 现在要说呢，不好。怎么说呢？后来，英法联军烧了以后，有个一亩园，还有上地、树村、北宫门，都是吃圆明园的。[①] 英法联军走了，没人管理，剩下的结构啊，瓦啊，大伙儿拆。为什么一亩园有一个沙子王呢？专门上西洋楼砸那汉白玉石头去，拿这个干吗呢？拿这个磨成面，卖给人家掺米。没生活啊。

李： 把石头都给砸了，砸成沙子卖，汉白玉啊。

陈： 那缸瓦子王呢，是把琉璃瓦磨了，当那个耐火土，搪炉子。就这俩就挣得多了。

李： 你没到我们家去过，汉白玉的桌子腿儿。我们家那青条石的石板，坐二十人都没问题。我们家搁花儿的花盆架全是汉白玉的，就是"文化大革命"都给弄碎了。

定： 你们家没搜罗点圆明园别的宝贝？

李： 那谁敢搜罗啊。

定： 你们家来的时候正大光明殿那儿还有东西吗？

李： 有啊，都是那板石的大砖墙。从刚解放的时候，还没解放，就开始卖砖，专门拆城砖去卖。

定： 卖到哪儿啊？

李： 到西直门，专门有人买这老城砖，四十八斤一块。全是那大城砖。当时估计这一块砖也就卖几毛钱。那会儿生产队一年挣不了几块钱是吧？

定： 那您说的这都是解放后了？

李： 解放前就卖，从四儿年就开始卖，一直卖到解放后，五几年。从什么时候就不让卖了？从1956年就不让卖了。1956年"肃反"，后来1958年不是"大跃进"吗？"反右"，这帮人全吓跑啦。

定： 这帮人是什么人？

李： 属于当时一帮叫黑社会吧。都是穷人，没钱啦，就专门抢有钱的人，抢地主啦，小商贩啦，一进门就抢，其实那会儿没什么抢的，不抢别的，就抢粮食。就住福缘门，他怎么来的？就因为他哥哥黑老五，到我们家给我老祖跪下，管我老祖叫二哥叫四哥啊，您给我块地，弄间房行不行？我老祖那人特善，一看他又是残疾人，又是河北人，得了，把现在这市场这边的房都给他了。让我爷爷管这帮人的事，我爷爷他知道他也不管，你

---

① 都是圆明园内外的村落名。其中一亩园位于圆明园正大光明门东南侧，清代曾是皇帝亲耕的"籍田"。每年春天帝后出园来此举行亲耕之礼，至嘉庆道光年间帝籍之礼渐废。树村原为圆明园八旗中正白旗的兵营。北宫门是颐和园北门，后渐成村落，与上地村一样属于汉人的聚落。

们卖了砖给我弄瓶酒回来，得啦。这帮人后来就全闯关东去了，闯关东知道吧？有的人就死外边了。

定：1956年还有人闯关东？

李：有啊。

定：一亩园是不是也是后来才建成的村子？

李：对。全是圆明园、颐和园宫里的太监的亲戚。

定：福缘门、一亩园后来形成村子了，再往那边呢？

李：再往那边是西苑。西苑原来是一车站，没有人，车站完了变成兵营了。

定：一亩园这边还有别的村子吗？

李：没有了，就这俩村子。寒山那边就八户人家，不算村了。寒山是我姥姥家的，那全是我们家的亲戚，不是我姥姥就是我舅舅，要不就是我舅舅的干妈。等于我们家把那边的地给他们了，你可以招你们家亲戚上这儿种来，都可以，我不追究，但是都是我们家的地。

定：101中学原来也没成为村子？

李：那是圆明园的，归政府。

就圆明园这点事，我们哥儿俩一直在探讨，咱们能恢复一点恢复一点，不能恢复的，咱们把它保护下来，让咱们中国人知道，咱们受过多大的污辱。现在好，就想营利，就想把它改变全貌，越改越不像话。过去的桥都是石桥，现在全变成木桥铁桥啦，那有什么意义啊，是吧？圆明园这几大景区，他这么做，就是不规范的，为什么不规范呢？它跟颐和园还不一样，那是国家园林，这个呢，遗址公园……咱们国家呀，搞什么都搞好不了，为什么好不了？弄点钱，他贪点他贪点他贪点，最后就没有什么了。学坏容易，学好就太难了。

3. 父亲和母亲

李：我爷爷就两个孩子，我还一叔，他是咱们101中的高才生啊，比我大一轮。我父亲还在。

定：您父亲后来做什么工作，也在家种地吗？

李：没有，他十九岁就出去了。解放初期支援三线，电信，通信还有什么，反正都跟这有关系。他就报名了，报名就录取了，录取了就直接分配到哪儿呢？西安。我1953年生人么，一岁就跟我父亲到西安，1960年回来的，我八岁。等于下放了吧，也不是下放，就是回来当工人。我们都是西边的户口啊，那会儿粮食降低标准，生产队要接收你就得给你粮食，生产队就不接收，黑户，直到1970年才吃上商品粮。我们都是居民户口。我爸那人一点理都不讲，我跟我爸没话，一句话都没有。

陈（对李）：你爸那人一点儿脑子都没有。可你爸这人有一点儿好，正直，诚实。

李：我妈是从这儿土生土长的。他们老家是河北定兴县，我姥姥也是定兴的。我妈是贫农出身，也是受苦出身的，那会儿他们买不起房，也是种我们家的地，在山根底下无人区，弄了一间房。离这儿有几里地吧，寒山。我母亲他们家八个孩子，我母亲是老大，我舅舅比我还小呢。我妈是童养媳过来的。

定：你们家干吗娶个童养媳啊？

李：不就是没人用么，就少一佣人么。过去人要说就傻吧，过去人脑子不快，他就是算计。有个认识的人说，寒山那儿有一家，那姑娘挺老实的，就说给我爸做童养媳了。我妈十岁就进我们家，我父亲那会儿才七岁。我妈比我爸大三岁，正式结婚我爸是十四岁，我妈是十七岁。

定：她现在还在吗？

李：不在了，三年了。要活着今年有八十吧。我们家七个孩子死一个，还剩六个，我是老二，上边还一哥哥。我爸爸一人上班养八口人，六个孩子，加我母亲。现在的孩子绝对不会像我们孝顺老家儿那样，受苦的孩子才知道什么叫孝顺。我受过的苦您就不知道了。

定：您受过什么苦呢？

李：我们家孩子多，本身生活就不富裕，为了让我哥哥上学，能当个工人，我天天打草，打草八厘钱一斤，我背着上哪儿卖去？清华大学西门。我十二岁，背一百四十斤，我十六岁，背一百八十斤。后来有独轮车，自个儿做的，天天推着去搂柴禾，我们冬天烧不起煤，烧柴禾，我们把地刮得比现在保洁人员扫得还干净。后来没有柴禾可烧了怎么办？烧树叶子，刨树根，掏喜鹊窝，掏喜鹊窝（里的草）就能做顿饭，而且喜鹊窝里还有菟丝，每个喜鹊窝里都有半两菟丝，知道吧？那也值钱。我每天爬多高掏喜鹊窝去。

定：我记得过去圆明园里有好多老树，树上都有好多喜鹊窝，是不是后来让你们掏得喜鹊都没有了？那时候怎么就穷成那样儿呢？

李：1962年。那会儿说实在的，棒子面都吃不饱。那谁他爸爸，追那喜鹊，把喜鹊抓到手里之后他就在那儿倒气，都快死了，最后我把他连喜鹊一块儿抱到家去，这才缓过来了，"把喜鹊给我摘了，干烧"，嘿！那可不是像现在干烧鱼似的，就是拿火那么一过，再弄点老白干来，八分钱一两的，那老头，说了一句话："我哪怕就吃了这喜鹊再喝一口就死了呢，我就知足了。"你准值吗？他就觉得值了。要武他弟弟，吃不饱，弄那豆腐渣，就吃豆腐渣。喝那白薯干子熬的菜粥啊，肚子这么大。全村都挖甜根儿。什么叫甜根儿啊？就是牵牛花的根。老吃这个，芦苇根，熬着吃。榆树皮弄面，榆树钱儿，槐树花儿，一开春的柳树芽儿。

我妈一直到死，大鱼大肉吃不了，就到最后离死的前十几天："我想吃肉"，好，我炖了一锅肉，特别烂了，"真香啊"。你说那罪还没受够？

我老觉得这辈子我谁都对得起，就对不起我妈。什么是让人最痛苦的时候？我们小时候，父母为了养活我们，舍不得吃饭，为我们饿好几天，我妈就这样，最后饿急了背着人偷着吃点，不是棒子面的，是糠，到那时候我实在受不了，我的眼泪就下来了。

4. 福缘门外——旗人营子与西苑兵营

定： 圆明园这边好多旗人，跟你们打交道吗？

李： 圆明园里没有旗人，旗人都住得远了，都往北了。他们旗人跟我们一点儿关系都没有，他们跟我们不来往，我们也看不起旗人。就从我们老家儿来讲，对旗人就有歧视。过去咱们来说，老北京人有老北京人的规矩，旗人那套规矩咱北京人受不了。

定： 你们说的老北京人就是你们这些汉人？

众： 对！旗人是外来的嘛。

定： 你们是献县的，怎么成纯北京人啦？

李： 只要在北京待一百年的人，就绝对是北京人。要说纯粹的北京人，北京没有一个，北京以前是海，没有人。

定： 旗人来得可比你们长，旗人二百多年了。

李： 旗人没有北京人长啊，你想啊，北京猿人，比旗人要长吧？

定： 你觉不觉得你是北京人？

李： 我觉得我现在是北京人，我们的祖先不是北京人，因为北京以前没有人，北京就是海，是湿地。

定： 反正你们跟周围那些营子里的人不来往是吧？

李： 不来往。旗人事儿太多啊，就听我爷爷讲，我爷爷是傻大爷您知道啊，说那帮人属于比洋鬼子事儿还多的人。慈禧来了，慈禧是旗人，都是宫廷里的人、衙门派的人来接待，礼仪太多，咱们家庭的人根本就接待不了。比如过去吃饭，大人吃饭孩子不能上桌，老人吃饭陪客人，是吧？这是北京人的习惯。但是北京人的媳妇可以上桌，北京人的媳妇自己不上桌，你让她上她都不上，那是她不跟你们一块儿混。可是旗人媳妇不许上桌，就有点儿受虐待的意思了。

定：日本人来了都住在哪儿呢？

李：西苑。西苑是日本的一个军营。西苑车站从中直机关进去，拐过弯那小楼是日本盖的，是日本一个营盘。

定：日本来的时候和国民党的时候这边打过仗吗？

李：没打过。日本人打到北京啊，气数已经快尽了，它也没能力再怎么着了。我爸还偷了一个日本兵的东西呢，日本人找了好几天。吃不上啊。看人家吃那香肠，咱中国没有啊，看人家吃那面包，咱中国不会做啊，看人家喝那可乐，我爸讲话就没见过，那是酱油吗？就偷人东西去，到那军营。

定：让人逮着了吗？

李：没有。人家讲话，小孩儿的，过来过来的，随便地喝，不要偷。到了（liǎo）儿（北京土话"到了最后"之意），最后投降，留下多少媳妇啊，告诉说中国人谁背就是谁的媳妇，谁背走算谁的。一亩园现在还有日本媳妇呢。一亩园七个媳妇，西苑十四个，这是我妈跟我讲的。

定：还真有人背？

李：没钱娶不上媳妇，要我我也背啊。

定：日本人怎么不带走啊？

李：不是自己的媳妇，就是跟妓女似的，他们日本人自己的妓院。现在跟日本也对话了，找着家里人啦，人家现在都发了，买楼房，盖楼房，人家给钱。

你说这社会的变化啊，过去那北京人，三十多岁的，肯定是大抿裆裤，大对襟袍子，抿裆裤一抿，就是老头，三十多岁的都是叫老头。今年我五十三了，还看不出老头儿样儿来呢。过去我小时候那冰冻那么老厚，一尺八啊，两尺啊，现在都数九了，不冻。

京北回族第一村

——黄炳成、李守勋口述

时间：2003 年 5 月 23 日
地点：阳坊大都饭店
被访者：黄炳成（化名）、李守勋（化名）
访谈者：定宜庄

[**访谈者按**]　西贯市是个村子，位于昌平县（今昌平区）阳坊镇，① 与海淀区接壤。清代碑文中对它环境的描述是"山川环拱，形势秀雄"，今又有京密引水渠贯穿全镇。这已经属于北京市的远郊区县，按说离本书的主题已经有些远，我之所以将它收入这部书，是因为这个村子实在太不一般。

首先，这个村子是京郊最有历史、最著名的回民村之一，有"京北回族第一村"之称。我在京城做回民的口述，每每听到与这个村子有关的故事，这在前面第二卷满恒亮、本卷金宝琴的口述中都屡屡提到。该村村民习武，传说康熙朝著名镖师神弹子李五就出自该村，从清朝到民国年间前门西河沿的著名镖局东光裕、西光裕，也都由这个村子的李姓所开，可知它并不是一个与北京城市生活两不相干的农村。我因此而想用这篇口述提供的信息，为前面诸位回民的故事作为背景。

其次，西贯市村之著名，还在于它与清朝的关系非同一般。光绪二十六年（1900）八国联军攻入京师，次日清晨西太后携光绪帝出德胜门西逃，当晚的落脚处就是西贯市。据说这个村的回族村民热情接待了西太后一行，不仅预备了三乘骡驮轿载太后与皇上一路西去，而且派镖头杨巨川护驾，这就是史上有名的"贯市一夜"。西太后回京

---

① 阳坊镇辖十个行政村，西贯市是其中之一，还有一个名东贯市，就是汉民村了。

后，感念村民"滹沱麦饭"之恩，封杨巨川为四品引路侯，其余随扈者也各予五品官，[1] 并为该村的清真寺题写匾额，西太后题的是"灵感昭著"，光绪帝题的是"忠输亲上"，肃亲王善耆题的是"清虚味道"，成亲王题的是"奥妙无穷"。这四块匾，20世纪60年代修京密引水渠时，都被劈成包饺子用的案板了。

在前面金宝琴的口述中，讲述了一个与此大体类似只是细节并不相同的故事，事实上这样的故事远不止一个，而令我备感兴趣的，是从北京回民口中讲出来的，是与我们平时看到的、大多由汉族文人记载的并不相同的历史，以及对同一段历史不同的评价。

三十年前我从内蒙古插队返城，曾在紧邻西贯市的苏家坨乡前沙涧村（当时叫大队）当过几年孩子王，闲来无事，经常骑车去阳坊游逛，也经常听当地人讲起与西贯市回民有关的故事，可惜全未往心里去，如今一个完整的也复述不出来了。三十年后故地重游，那条京密引水渠旁的小树已经成林。那时候年轻，觉得三十年漫长得望不到头，如今回首，方觉三十年仅仅是一眨眼。如今，这个在"文革"期间最穷的村子之西，已然矗立起在昌平乃至京城都赫赫有名的"大都""胜利"两个涮羊肉的饭店。村内的清真寺焕然一新，并且还在扩建。清真寺内有村史展览，文物、图片与说明词俱全。我做口述，并不想重复村史展览已经讲述的内容，而是与前面诸篇一样，想了解村民对这个村子的历史与自己生活状况，有着何等样的表述。

我对西贯市诸乡老的访谈，正式做了三次，找了梁阿訇、杨学敏、李俊臣等诸人，但都不太成功，可用的仅仅是与黄炳成、李守勋二人的那次交谈。感谢阳坊大都饭店的老总周竹旺先生，在"非典"猖獗之时为我安排了这样一个安全僻静的角落和这样有意义的采访对象，使我在那个举国惶惶的非常时期没有荒废时间。

按，黄炳成先生当时是西贯市的民管会主任；李守勋先生是阳坊中学的教师。

1. 有关西贯市由来的传说

黄炳成（下简称黄）：西贯市这儿是交通要道，往南就是北京，往北就是张家口。北京城里好多回民都是西贯市过去的，本村跟北京城的联系

---

[1]　在西贯市清真寺内的文物陈列展中，列有"阳坊西贯市村清末庚子护驾获封赏人名录"，共计26人获得封赏。

也不少，相当多呢。

定：我对西贯市一直特别有兴趣，我知道这地方是一个回民村。我想问问您这里什么时候开始有回民的，把你们了解的情况从头讲讲好吗？

李守勋（下简称李）：这村怎么来的，咱们县上区里编了一本书，这是一本书上介绍的……

定：书上的事咱们不着急，咱们说你们听说的。

位于西贯市村附近的石山头（定宜庄摄于 2003 年）

黄：要说一开始可能追溯到隋唐，唐朝可能在这边驻过军。我们这个地区是一个兵家必争之地，这儿离南口三十里地，从这儿往西去有一个叫白羊沟，它也奔怀来，那边从关沟走也奔怀来。① 可是形成这个回民村，大概其在明朝。常遇春他们的军队在这儿住着呢，可能就留下来了伊斯兰教这回民，这村就留下来。②

李：我也是听说的吧，那书叫作《十三陵风物人物记》，说原来西贯

---

① 黄先生这里讲的白羊沟，在明代建有白羊城，此城与位于它西南的长峪城，还有黄先生这里提到的河北怀来县的镇边城，均属长城的关城，并称为北京的"边关三城"，是明代京师防御的重要隘口，战略位置十分险要。白羊城到阳坊，是当时的进京要道，所以确如黄先生所说，阳坊是兵家必争之地。

② 据乾隆二年（1737）《重修礼拜寺碑记》称，西贯市清真寺始建于明朝弘治七年（1494），当时名为"灌石村清正礼拜寺"。

市这儿有一个叫石鹰头，就在防化学院这儿，大石头，我们叫它石山头，他们管这儿叫石鹰头。有那句话说是"北京有个石山头，南京有个石山尾"。有那一说法。当时金朝的时候有个金章宗，他爱上这儿游玩来，跟石头上喝酒，喝完酒把酒倒在石头上头，灌石头，所以取名叫灌石。后来一来二去这边慢慢就形成一个小村落，灌石村。这儿不是属于山区跟平原的一个交接处么，这样慢慢就有了集市了，又改成灌市了。据说当初是这么来的。这就是一个说法，也没法儿确证。

还有一个说法，这村原来叫凤凰村。回民跟汉民不是有一个民族界限么，当时都有一些个，反正风俗习惯不一样，有仇视什么的。我们这儿有俩村，叫前白虎涧（剑）、后白虎涧（剑）。那边还有前沙涧（剑）、后沙涧（剑），四面的剑都射你。咱这儿老人就说，这凤凰要这么射哪儿受得了哇，后来说是改叫贯石，你这剑来了以后我给你接住，我这也不太清楚啊。

定：这传说我原来也听说过，我在前沙涧教过三年书……

李、黄：（笑）您还跟那儿教过书哪？

定：我那时候就知道西贯市，还知道你们老跟前张村、后张村的汉民打架，是有这事吗？

黄：有、有，民族都有一个矛盾。周围都是汉族村，中间夹着一个回民村，有些矛盾是不可避免的。

李：这个传说不是书上的，就是老百姓里头说的。金章宗的那个是书上的。

黄：金章宗这个历史它是有。他没做皇上那阵儿，在这边巡游采猎。我们这地方有个地名，石山头那边，我们小时候上那边玩儿去，都管那地方叫皇上宝座。在防化学院里头。石鹰头上头有一民国将军刻的大字，相当漂亮。还有一个横着的，西贯市阳坊联合着刻的村约，不许开发山头的，也是民国时候的，字也不太清楚了，但是能看出来。① 还有一个地方叫石桌石鼓，有个夹层似的，里头多少坑，你要敲吧，这儿当当当，那儿咚咚咚，各种坑的声音都不一样。（石桌石鼓）"文革"时候不知道让谁给捅

---

① 这里说的鹰嘴山，位于今解放军防化学院院内。黄炳成先生所说的村约内容如下："此志书（即《昌平县志》）所载驻跸山也。其石如垒，其色如墨，迥异于群山，为千古之神岭，万载之奇观。故从古至今，无不景仰，殊不闻有破坏此山者矣。前因石匠崔均私行开打，唯利是图，经两村人知觉，公同理阻，悔过受罚，焚香祈祷，勒碑晓众，永远禁止，并令崔均看守。嗣后如再有故违者，两村公同送官究处，特为之志。以垂永久不朽。云尔。西贯市村、羊坊镇公立。光绪十八年九月十一日立。"可知此公告立于清光绪朝而非民国时。

（zhǒu"推"之义）下去了。石头形成各种各样的仪态，多少石头好像堆起来似的，跟别处都不一样。

明朝那几个首领不都是回民么，常遇春，胡大海，沐英，闹不好连朱元璋都算，反正我看有个材料朱元璋都算（回民）。他是凤阳人，那个地方南边是回民村，北边是汉民村，他们姓朱的一大户，他父母去世的时候是用白布裹的，回民用白布裹。因为什么他改了这个（汉族）呢？这是对民族的一个保护。

定：这怎么讲？

黄：他要不说他是汉族，那汉族群众起来反对他做皇帝，末了儿还不得连你整个民族都给反了。他一个为了巩固他的统治，一个为了保护他的民族。

定：也真是啊，他的皇后姓马。

黄：是呀，马是回族姓。他们的把兄弟哥儿七个，大部分都是（回族）。而且他成事之前，当过海里凡，汉民说他当过小和尚，不是，他是到清真寺当过海里凡，我们叫海里麦。① 牛街那儿有人写了一本书，说朱元璋写过一个百字令碑，在南京可能是，刻了一百个字，圣赞，赞扬穆罕默德圣人，他为什么特别崇拜穆罕默德，也说明这个。

定：可是他当了皇帝没有表现出来啊。

黄：他不能表现，一表现就麻烦了，他这统治就不成了。常遇春他们后来就退了不是？庆功宴完了就死了一部分嘛。②

定：你们这是个大村是吧？

黄：都往这儿集中不是？反正回民就都奔这儿来。明朝还不怎么太兴盛呢，清朝最兴盛。而且也不知道是谁家的，有一个神弹子李五，就是西贯市的，《施公案》有这个。它写的是"家住千逢山凤凰村"，它那儿过去叫千逢山，这以什么考证呢？这儿过去不是起会吗？进香起的那个会，阳坊庙会呀，妙峰山庙会呀，各种各样的文艺吧，起会的时候那小旗上都写的是千逢山。阳坊跟西贯市挨着，分不出来。

---

① 海里凡，指清真寺内的学员。

② 明朝推翻元朝的过程中，回族将领做出了突出贡献。明初一直流传着"十大回回保国"的佳话。在回族将领中当首推常遇春，至今在北京穆斯林中仍然传诵着他带兵北伐蒙元、平定中原的事迹。明朝的建立有赖于常遇春、胡大海、华云、丁德兴、沐英等回族将领的奋战。"因为明和西域各国关系的密切，明廷对于伊斯兰不能没有相当的知识。同时，又因为太祖开国、成祖定位的时候，都得到回回很大的助力，所以对于回族也不能不表示一些好感。于是，回族有了敕建的寺，并且有了某帝某帝暗中信教的传说。但是一方面待遇甚优，另一方面限制得也严……"白寿彝：《中国回教小史》，宁夏人民出版社2000年版，第66页。所谓"某帝某帝暗中信教的传说"可能便与朱元璋有关。

骡驮轿（引自《北京旧影》，人民美术出版社 1989 年版）

定：神弹子李五是真有其人吗？

李：真有这人，而且这人是西贯市人。

定：那你们谁是他的后人呢？

李、黄：这就不好说了，没有那么直接下来的。没有记载。

定：村里都知道这个神弹子李五吗？

黄：好些老人都知道，往后这人就知道得很少了。

定：我听说八国联军打到北京以后慈禧出逃，第一站到的就是你们这儿。

黄：对，这是第一站。第一站的原因有什么呢？可能她父亲在西北哪个地方做过王，在那边有宅子，她选宫的时候是坐西贯市骡驮轿来的，就是两个骡子中间驮着一个轿，人赶着，后来传说说成是骆驼轿，那是错的。然后她这次一逃走呢，她又想起西贯市来了，就愿意上这儿来。

定：说她到这儿来你们祖上对她还挺好的。

黄：对。

定：我还听说一个故事，说你们这儿有个李家特别穷，他们因为护送慈禧到

位于今天阳坊胜利饭店前的骡驮轿模型

西安就有功了，被赏赐了好多钱，后来就特别有钱了，有这回事儿吗？

黄：这事反正是有，具体怎么回事儿不太清楚。因为有一个叫李福的，他是给西太后赶脚，一个康玉保的父亲给光绪赶脚。那阵儿不是轿车啊，都是坐骡驮轿走，李福他们家就是赶轿子的。他们原来穷，给人干工作，当小工。给人佣工那哪能富裕得了啊？末了儿西太后认他们两个人为干儿子，那肯定少赏赐不了。李福是哪户的李就不知道了。

慈禧从西安回来以后就问北京城的情况，说除牛街以外别的地方全都烧杀闹事，就是牛街平安无事，因为牛街有个王匄阿訇，带领众乡老组织团练，保卫牛街，结果就没闹事。牛街没有受到侵害。慈禧到西贯市清真寺住过一宿不是？也有这体会。后来就烧了三套琉璃瓦，从河北无极县烧来的。给了西贯市清真寺一套，给了牛街清真寺一套，给了朝外下坡清真寺一套。又写了"忠输亲上"①的一个匾额，对回族还是有点儿感情的。

2. 东光裕、西光裕

李守勋：据我表弟李守信说，咱们村有一部分回民是从哪儿来的呢？是从山东德州。山东德州有一个石村和黄村，现在就叫石黄村，是从那儿来的。就是一部分，不是全部。反正就追到那儿。

黄：也追到哪儿呀，也追到沧州。

李：对，沧州那支也是从南京过来的。

黄：由南京过来哥儿四个，哥儿三个留在沧州了，哥儿一个落在咱这儿了。据说最早形成东光裕这个镖局的就是那哥儿四个里头的这一个。后来又分出什么西光裕呀。又有老西光裕，老西光裕又分出新西光裕来。都是那哥儿一个又分下来的。

定：东光裕是什么？

黄：它是镖局呀。过去叫保镖呀。它属于长途运货。

定：噢对，原来李家是特有名的镖局。

黄：北京八大镖局里头西贯市就占了两个，东光裕、西光裕。

李：根据我表弟考证的，是先有东光裕，后来又分出西光裕。从西光裕又分出同和裕、路和居，等等，他说都是从那儿分下来的。都是镖局。

定：它怎么发的家做镖局呢？

黄：年代久远了，就传不下来了。

---

① 按，述者这里有误，"忠输亲上"匾额是光绪写的，慈禧写的是"灵感昭著"。参见本篇访谈者按。

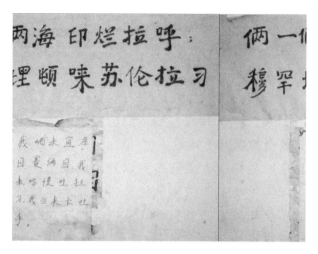

西贯市清真寺（定宜庄摄于 2003 年）

定： 你们村到底有多少户啊？

黄： 老户主要就是两户：李家，李家就分好几户；黄家。还有一个康家，康家是后搬来的，据说是从京东康营来的，具体什么时候搬来的就不知道了。大户还有一个海家，海家也是后搬来的。

他们姓李的过去也分三户，后来又有搬迁来的，以前就分三户。一户是梢门李，一户是板子门李，一户叫红门李。就是根据家庭状况，以这门定的这三户的根源。这家安一栅栏门，那叫梢门，树梢的梢，编的那个。这家安一红门，还有一户钉的板子。现在红门李找不着根据是怎么回事儿了。就是板子门李最大，路和居，同和裕，西光裕，统一都属于板子门李。后来就是东光裕，它算板子门李。

3. 李守勋家的人和事

（1）奶奶的父亲这边

李： 再早有些事，咱不清楚。就说我们这门吧，我奶奶就是西光裕的。有些人物应该提一下，有个人叫李恩涛，李恩涛是我奶奶的父亲，挺有名的。①

黄： 这是号，正名叫李锡伦。他算新西光裕的，西光裕后来又分支，他们叫新西光裕。到他们这一代就不是镖局了，他们就属于栈房，修好京张铁路以后就是栈房，你来了东西，我在这儿给你存着，货栈，然后完了我收你钱，我再给你送走，挨着火车站。

李： 实际上京张铁路修了以后这镖局就不成了，后来就等于开栈房了，是不是？

---

① 李恩涛（1876—1936）确实是一位传奇人物。很多传说都称，当年慈禧西逃至西贯市时，村中出面接待她的那位族长，就叫李恩涛。杨巨川也是由他举荐来给慈禧保镖的。但在这里李守勋与黄炳成二人均未提及此事。又按，该村清真寺内的展览中有对李恩涛的详细介绍，应该是出自知情人之手，除谈到他在慈禧西逃时的作为之外，还称他是新西光裕的创始人。并说他善使八尺白蜡杆大枪，所以也被称为"大枪李恩涛"，可与这里李先生的描述参照来看。

黄：对。镖局就不成了，这线铁路一通就不用你再走镖局给他送货，火车就走了。所以他们就改开栈房了。他是以这个为领东，掌管这一摊儿，由这儿到张家口，到大同，这一段上基本上大站头都有他的栈房。那阵儿北京不是有集成、合顺、西光裕吗？集成栈房，合顺栈房，西光裕栈房，这三家栈房跑这京张线。西光裕还算最小的呢，他是西光裕栈房。

李家这镖局走的就是西北路。

定：那就是说他实际上还是走的这个路？

黄：还是走的这个路，走的这个路线，到张家口。

定（问李）：您奶奶的父亲是做这个？您奶奶也是这个村的？跟你父亲都姓李，那不是同姓吗？

黄（替李回答）：不是一个门啊，不是一个支系。同姓的这个呢，我们这个伊斯兰教超过五代，可以通婚，过去说出五服不是？出五服以后血统上就远了。

定（问李）：您的奶奶要活着有多大岁数？

李：也得照着百十来岁了，日本时期他父亲就六七十岁。这个李恩涛算有名的绅士，我听说过他的几档子事，挺好的。日本时候有一次八路军杀了一个日本人，日本人非要报复，把阳坊西贯市人都给弄到大庙前头去了，当初那儿也有戏台子，都架上机枪要屠杀，就这个李恩涛出面找的日本人，也不知道怎么跟他们说的，反正最后免除了一场灾难。还有一次听说是土匪还是逃兵吧，要抢阳坊地区这些个商户，他知道了，自个儿就带了好些个银元到那儿去，给他们一人俩银元几个银元吧，给这伙人搪走了，没抢成。他老做好事，只要有我们叫要乜帖的，一般说就叫要饭的，只要他要瞅见就把他请到家去，好吃好喝的。

还有一个，就是李恩涛的儿子，叫李宝清，是我的舅爸爸（bǎbā），我奶奶的弟弟，也是一个开明绅士。

黄：他们是四个，姐儿俩哥儿俩。还有一个叫李宝华。

李：就说这个宝清我知道一点儿事儿，这人特别开通特别开明。他最大的一个事儿，西贯市小学当时没有房舍，他捐出房子建这个小学，把家里起码是多一半捐出来给小学。

黄：他家捐给小学十六间房。我们村原来就有小学，后来才成立中学，1954年。

李：要不然他得弄一地主，因为这个后来弄一上中农。这人特别不把这些当回事，要说过去也是有钱人家的，解放以后自个儿卖菜。

黄： 解放以前他就自个儿卖菜。

定： 他也读过书吗？

黄： 他文化不错。他没有（栈房）了。他就种园子了，就是种菜地。

李： 他也没在外头干过。

黄： 干过，没待多长时间。他跟张作霖那儿管过一段军需。

定： 那他跑东北去啦？

黄： 对。人家给介绍过去的，介绍过去在那儿待了一段时间哪，不行，事情太大，管不了，出点儿错咱们担不了这事儿，他怕出错，出了错他受不了啊，连命怕都得搭上。从那儿回来以后就扎到家里哪儿都没去。

定： 他爸爸跟张作霖还有关系？

黄： 对。他们跟这几个军阀过去都互相利用啊，过去那阵儿来兵，散兵游勇的过来了，到这边就想吃地方不是？李恩涛就出面了，你哪单位的啊？你军长是谁啊？把这事应付了，末了儿一人给两块钱，走吧。互相照应互相利用。

李： 李宝清就是自食其力，周济穷人。我听说有这么一事，他瞅见一个要乜帖的，就给让到家去了。那会儿家里雇了几个人，他把雇的人的饭给了（要乜帖的）吃了，跟雇的人说我给你们钱，你们回家吃饭去吧。心眼儿特好。他后来住到酒仙桥，他儿子在那儿住着，跟人家合用一个厨房，他那油罐跟人家的油罐都跟厨房那儿搁着，有一回他一进去瞅见那家人正使他那油罐往自己锅里倒，他怕让人家发现，他倒赶紧退出来，就那样。你要一般来说，你怎么使我的油啊？得问一声吧，不价，赶紧你使吧，不让你知道，就像是我不知道。

黄： 这是性格。你要说两句呢，伤了和气了，伤了和气都不合适。为了避免这个，所以把事情搪开了。

李： 还有一个李宝清的姐姐，我叫姨奶奶。我这姨奶奶终生没嫁，她就跟我们家，最后到去世。她就是性格不那么什么吧，不愿意嫁人。反正我听说的，过去不是比较封建么，给她说了一个是麻家，麻瑞的父亲。有一次因为下雨，麻瑞的父亲跟我奶奶家避雨，别人告诉她，说赶明儿你的丈夫就是这人，当时这人淋得落汤鸡似的，挽着裤脚子，挺狼狈的，她一看，哟，就给我嫁这一人，我不干。不干，她父亲就说你要不嫁给他你就哪儿也甭去了就，父母之命不是？（她说）我不去就不去，这么着后来就一直没嫁。我听说有这档子事，当然还有没有别的事就不清楚了。

像我们家呀，我的爸爸（bǎbā）就是我的爷爷呀，回民管爷爷叫爸爸，管父亲叫爹，管奶奶就叫奶奶。管大爷叫伯伯，大伯二伯三伯。

定：汉人也叫伯伯。

李：但是回民叫的多，在我们这块儿呢，汉人叫大爷的多。管比父亲大的叫姑妈，管比父亲小的妹妹叫娘儿，不叫姑，你们一般都叫姑，这就有区分了。回族老姑娘不多，回族不许可，必须得出嫁。

定：那您这位姨奶奶呢？

黄：这是个别的了，太个别，太少了，就挺各色的了。她不嫁就没辙呀，结婚得俩人同意不是？你不同意这不行，这得算一条件不是？①

定：满族的老姑娘特多，而且结婚也晚。

黄：那都属于佛教的感染。

定：回族妇女性格是不是也挺刚烈的？

黄：挺刚烈的也是，因为这属于民族的关系。我们婚嫁里头有几个条件，解放以前我们读的历史上，我们就写证明，这证明归谁写呢，归当地清真寺阿訇，都得通过他。他给写阿拉伯文的证明，叫伊札布，就是婚书。这里的条件，头一个呢，就是伊斯兰教说，凭着真主的命令，真主撮合你们两个成全这事；第二个条件

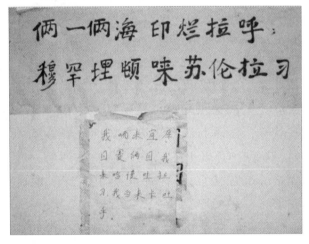

西贯市清真寺中的女盥洗室（定宜庄摄于2003年）

呢，双方父母的许可；第三个条件呢，是两个人的同意；第四个条件呢，男方得给女方一定的聘金，这给她本人。这个聘金起到什么作用呢？提高

---

① 伊斯兰教教法对穆斯林的婚姻问题有许多详细的说明与规定，在《古兰经》里也有明确的阐述。伊斯兰教教法认为男女结为夫妻不仅仅是他们的个人问题，而是关系到家庭、社会以及人类延续的重大问题。因此，伊斯兰教反对独身主义，主张男大当婚女大当嫁，主张具有婚姻能力的穆斯林都要结婚，禁止具备条件者不娶不嫁。穆罕默德曾经说过，"青年人哪，你们当中谁有能力结婚就当结婚"。为了家庭与社会的稳定，伊斯兰教教法规定，结婚的男女双方可以自由选择，而且要在自愿的原则下结婚，即使家长或监护人也不能干涉与强迫。穆罕默德对此也有具体的论述："未获姑娘同意，不能娶她。未获寡妇同意，也不能娶她……无论寡妇与处女，没其许可，别人不得做主缔结婚约。"伊斯兰教主张婚权由穆斯林男女双方自己决定，父母有选择之责，无包办之理。（关立勋主编：《中国文化杂说》宗教文化卷，北京燕山出版社1997年版，第435页）

女权，是相当重的一个礼物似的。为什么要这个呢？在阿拉伯社会那阵儿妇女没有地位，伊斯兰教兴盛起来以后它提高了妇女的地位，如果男的抛弃女的了，或者有其他别的事了，这笔钱起码够她，最多的时候能够她这后半生的生活费。从这方面就提高了女权了。现在社会发展了，这成了象征性的了。但是这几个条件必须得有，现在也都有。领了结婚证以后，然后请阿訇写这个。

定：伊斯兰教特别重视婚书是吧？

黄：对了，阿拉伯世界也那样，到中国还那样。现在也有不写的了，现在就根据自愿了。还得有一个条件，有证婚人，还得有当场来给祝贺的人，这是附加条件。俩人偷着办不行。我也是解放以后结的婚。

李：缠足是受汉族的传染。我奶奶就没缠足，我姨奶奶也没缠足，回族人对缠足不像汉族那样。小时候缠足不是疼么，我奶奶的父亲说不缠就不缠吧，就没缠。那阵儿汉族妇女缠足就是为了限制妇女。妇女上外头去的很少，再说吃喝也不方便。

（2）爷爷这边

李：我奶奶就不价（不像姨奶奶）了，我奶奶就嫁这村了。按我们家这边我父亲写的家谱，就是世系了，就到我太爷，他叫李朝元，然后就是我爷爷，再往上就不知道了。回民经商的不是多么，我有一个叫五老爷子的，在岔道那儿开店。在八达岭往西有一个地方叫岔道，按现在说是一个驿站，是官家的。① 在那儿落了一支。现在他那儿又分了好几家，又有一支了。

我家的特点是这样，我们村有一个叫康玉书的，是国民党算是比较高级的将领了，就跟国民党马鸿逵似的，② 后来到台湾了。他是这村人，回族。他带走了一伙儿青年，带到西北，这伙人后来反正都干点儿事吧，那阵儿我们村去了好几个呢，我那爷爷也跟着走了。我爷爷后来算起义人员，归八路军了，起义以后还不错，原来当县长，在贺兰县什么县。后来我听说在一个县里头当过一个供销社的社长吧，那就不清楚了。我听说在那边又寻了一个，又分下一支来。我爷爷后来一直就没回来，1960 年还是 1961年，无常（去世）在那儿了。

---

① 岔道，即今延庆县岔道村，位于八达岭长城西北 1.5 公里处。明朝嘉靖三十年（1551）在此建城，是八达岭外第一道关隘。民国以后岔道城演变成为村落。

② 马鸿逵（1892—1970），清末民初著名回族将领马福祥（1876—1932）之子。马福祥在八国联军入侵北京时，曾率军担任两宫侍卫，随慈禧西逃西安有功。马鸿逵 1933 年任宁夏省主席，有"宁夏王"之称。1949 年赴台湾，后来长期居留美国，1970 年病逝于洛杉矶。

我的姥爷李常亮也是跟着一块去的。我听说他后来专门管马鸿逵四姨太太的后勤。马鸿逵有一个四姨太太挺受宠的，他给她当后勤，算马鸿逵的副官。后来是算是起义呢，还是投诚，反正解放后回到西贯市无常（去世）的。

我爷爷没回来，我奶奶就带着我父亲，我叔他们哥儿俩，还有我一个娘儿，一直在这村。

定：您爷爷走了您奶奶靠什么生活呀？

李：他从那儿给寄钱呀。再一个家里有点土地，种地。后来我父亲和我叔就在富成兴还是什么在那儿学徒，在阜成门外，粮行，也不算太大。

定：您父亲要在的话应该是多大岁数？

李：今年应该是八十四、八十五。我叔叔也不在了，他先走的。我父亲当过民管会主任，干了二十多年，他好记点什么，他也有文化，我父亲好像上过初中。

黄：他是西北中学没念完。因为"一二·九"运动，后来回来的。那阵儿北京有成达跟西北这两个回民学校。成达就是现在的回民中学，那阵儿叫成达师范。① 西北（中学）② 也离那儿不远，具体地理位置我不知道。

定：你们这儿的孩子是不是都上那儿上学去？

黄：也得家里有俩钱儿的，没俩钱你也念不起，说实在的。

定（对李）：你们家算是有俩钱的？

李：我爷爷在外边到时候给寄俩钱儿来。我父亲那阵儿跟西北中学念书的时候，有时候钱寄不到，冬天的时候没的盖了，就当被窝，钱寄到了再把它赎回来。后来搞"一二·九"运动，家里头害怕，后来就没让念，就回来了。回来之后就务农了，在商业上干几年。后来（解放后）咱们这儿占地盖研究院，地占了给了点儿钱不是？用这钱就拴辆车，搞运输。解放前我听他说也跑过买卖，骑自行车往城里边运货。

黄：交通不方便不是？就骑车由这儿带粮食往北京带，由北京看百货什么合适再往回带，做点儿小生意。回民特别爱做买卖，因为回民的祖先就是波斯那边，阿拉伯那边的的商人，还有俘虏，元朝那时候先打小亚细亚不是？从那边征过一部分兵来，帮助他征服了宋朝以后呢，把兵就分散到

---

① 成达师范的建立，是一种改革回族的经堂教育、开创伊斯兰现代师范教育的尝试。创办者为马松亭阿訇。该校 1925 年于山东济南成立。1929 年迁到北平，抗战时期一度流散，抗战胜利后又迁回北京。地点在东城区东四清真寺后院。

② 应为西北公学，创办者为孔繁武、马松亭、马福祥、白崇禧等人。成立于 1928 年，名北平清真中学。1931 年改为西北公学。

各地了，大分散小集中。在那边他们就爱做买卖不是？爱跑商队不是？由沙特奔叙利亚呀，奔埃及呀，自由随便那阵儿。

定： 我听说你们李家有在北京城开买卖挺大的？

李： 反正有经商的，开的是粮行，卖粮，到底多大咱们不太清楚。还是板子李的，他们人员比较兴旺。

定： 我听说有一个在城里头开钱庄？

李： 应该有一个钱庄。因为慈禧逃亡的时候不是在西贯市待过吗？回来以后给西贯市写过匾，后来又专门给西贯市清真寺拨过银子，也不知是多少万两银子，这银子就存到咱村一个钱庄里头，叫银号什么的。

黄： 钱庄比银号小。

李： 后来就因为动乱哪，慈禧给拨下来了，没修呢，这笔钱就没了，最后这清真寺也没修成。

定： 哪场动乱？

李： 北京后来不是挺乱的么，段祺瑞什么这来那来的。这都是传说，不是那么太清楚。

我一直当教师，也是不容易。我们这个成长史，就是中华人民共和国的成长史。我们属于农业户，我那叫回乡，属于居民户的都是上内蒙古插队。我在生产队干了十年活，1977 年恢复高考，我头一次就考上了，上的北京师范学院分院，白广路十八号。五百人么，全是岁数大的。然后分回来了。

4. 黄炳成的家世

我姓黄，叫黄炳成。我们家可能都是随军过来，就是明朝。那阵儿不是燕王扫北，随着燕王过来的。那就是从南京。

定： 你们家在这儿多少代了？

黄： 具体多少代不清楚了。反正我们家坟地占了好几片了，都埋满了。

定： 没有李家大吧？

黄： 没有他们的户大。我们在西贯市村啊，户数没发展起来，现在还是十来户。

定： 我看您这长相不像汉人的血缘。你们原来是汉人呢，还是跟着他们（阿拉伯人）过来的？您知道一点儿吗？

黄： 您根据我这长相啊，这深眼窝，这高鼻梁，我这血缘就好像还算西亚那血缘似的。我这胡子没有一根直立的。全带弯儿。

定：汉人一般不这么留胡子。一看就看出来。（对李）您就看不出来。

李：我就不好看了。可我那表弟一看就看出来，大络腮胡，皮肤也不一样，好像有点发红呀什么。头发也卷着。

黄：有相当一部分从眼睛上能看出来，他那眼睛呢，是黄眼珠，他那黄眼珠呢，是黄蓝相间的，不是纯黄的。

定：你们这一支是不是都是你们这长相呢？

黄：按说我这个支系是属于昌平的，不是西贯市黄家的。因为我的祖辈是昌平的姑奶奶给的这村，给了这村呢（她）没生养，回家要了一个内侄来，就是我的祖爷爷，从昌平过继过来，继续黄家这支，所以我与那边有关系。为什么有人还保留原来那个（相貌），有的就瞅不出来了呢？就是当兵过来以后，有的跟当地的汉族姑娘是这样（通婚）。所以现在就都不好说了。

定：您爷爷上边的事您听说过吗？

黄：不太清楚了。我那（太太）也是本村人，她父亲到张家口经商去了，又回来的。我爷爷跟西光裕给他们栈房跑了一段稽查。那阵儿也叫稽查，天天由这儿到那儿由那儿到这儿，给跑这个，有不法的呀，不合适的呀给改改，纠正纠正。因为这样呢，我爷爷性子比较耿直，得罪了一部分人，后来人家上我们家房上扔砖头去，把事就辞了不干了，就在家里待着。我奶奶也是这村的，姓冯，是从南边搬过来的一户，（她家人口）也是不多。

我父亲是眼神不好，重度近视，一直就没出去。所以我们家从我记事就务农了，祖上传说的也很少。从我们黄家这门说，就是都比较不富裕。有做小买卖的，有种地的，做小买卖就是天天儿早上起来出去，后半晌买回二斤米来够吃的就完了。没有离开过。

定：你们这个村后来就都种地了？

黄：都以农为主了。一个种地的，还有一部分到城里边经商，当学徒啊，经商啊。

定：您父亲他们哥儿几个？

黄：一样一个，我父亲和娘儿。我爷爷也是一样一个，我们家一直就兴旺不起来。（我娘儿）嫁的也是李家，同姓不同宗。一样一个，嫁出一个娶进一个不就单传么。我们这辈我们哥儿俩，就算人多了，娶进两个，人就兴旺不是？我哥哥不在二十多年了。我生了五个，四个儿子，一个闺女，就兴旺起来了。可是这一代计划生育，（人口）又下去了，就大儿子生了一个小子，那哥儿仨生的都是姑娘，还是单传。

我母亲姓海，我姥爷也是上宁夏的。

定：你们西贯市都是在本村里这么来回来去通婚吧？

黄：有这关系，反正原来大部分都是，回民愿意给回民。

李：回民愿意找回民，生活习惯方便。这两年给外边的才多了。

黄：过去回民不往外找，信仰不同不能通婚。就是娶进一个汉民来，你也先得入教，入了教以后才能通婚呢。现在有不入教的，也得了解伊斯兰教的习惯。

我们跟沙河那儿通婚的多。那儿有四个回民村，定黄庄，南一村，北二村，也不算回民村，就是都有回民一二百家。再远了就是小辛庄。海淀那边过来的少，因为它都得有引线不是？得有人给介绍。我们村（跟）哪儿（通婚的）还多啊？张家口那边的多。张家口那边有个叫小西贯市的，从这村走的，上那边去的，有一部分。都是经商。然后跟那边落户了。过去交通不方便，张家口是一个大转运站。由内蒙古到外蒙，皮毛商啊，这边的东西往北运哪。回民主要都沿着交通线。

那阵儿我写过家史，就是说"回民两把刀，一把卖羊肉，一把卖切糕"，就是在解放前后，解放以后也是，好些做小买卖的，什么挑八根绳的呀，卖面茶啊，卖青菜啊，卖水果啊，卖烧饼啊，多啦，几乎家家都要做点买卖，做小买卖维持这生活。

定：往哪儿卖呀？

黄：阳坊这一带呀，阳坊这一带属于集市呀，过去交通不方便的时候，山里这三四十里地的东西，果品什么的，都得通过阳坊集市转不是？所以阳坊地区商业比较兴旺。我们村老人说，早起什么都没有，现去买点米买点面，回来做完烧饼一卖，得，吃喝全来了，一天的生活就全来了。也有一部分人是直接上面铺，约（yāo）十斤面一斤油，先不给钱，然后就做，后半晌回来再给钱。给了钱以后呢，再约一份（十斤面一斤油），剩下的节余就够一天的生活费。

定：你们解放以后都务农了是吧？

黄：经过合作化以后，这一限制这个，整个都给改成农业了。1956年合作化以后就全给限制住了，干什么都不行了。

定：没有限制之前是不是这村也挺富裕的？

黄：那阵还可以，刚解放两三年三四年那阵儿比较都不错。那阵儿甭管怎么样，他有地方弄去，有法儿弄去。一合作化以后呢，什么都没有了。

定：一让种地就不行了？

黄：哎对了，就不会种地么，现学不是？我给谁呀，给沈玉河，他有二亩坟地，找我父亲去了："二叔，我有二亩地，您给我豁上去，家里有驴有人。"哎，给豁上了。豁完这地呢，苗出来了，又找我爹去了："大叔大叔，二斤高粱您给我撒了一地，您让我怎么弄啊？"不会种。"我不给您撒地里我给您埋一堆成吗？"① 这是实事，还不是笑话。

定：那时候靠着阳坊的集市还有吗？

黄：没有了，集市都给撤了。过去是挺大的集镇呢。由后山三四十里它是一个转运点。要说过去那阵儿拿画地为牢比方啊，不恰当了，确实就到那个程度，养俩小鸡子都算资本主义。割资本主义尾巴不是？②

定：我 20 世纪 70 年代的时候在前沙涧教书，那时候你们的村子穷得呀叮当乱响。

黄：特穷。穷就是因为不让做买卖。不会种地，也不喜欢种地，就拆房，卖祖宗的房。反正就是六几年，甚至七几年。那二十来年困得可以，什么都发展不起来，什么都不让你弄啊。后来一改革开放，西贯市很快就跟别的村不一样了，就发展起来了。

[另一村民的插话：我们西贯市村几百年的历史当中就那一小段的时候穷，改革开放以后我们率先富起来了，在这以前邓小平出来主持工作那一段我们就已经率先富起来了。那时候的月值已经达到四百块钱，相当于八级工啊，邓小平被打下去以后③我们这个没变，坚持邓小平这种政策，真正改革开放以后我们就富起来。你们都看了，大都、胜利（指两个涮羊肉店），南口都没有这样的楼，沙河都没有。回族人民确实是聪明，聪明能干。

定：50 年代强迫你们在这儿养猪。

村民：强迫。可是那时候对我们很照顾，卖猪的时候不用排队，我们卖破猪他们当好猪称，送小猪的时候都不跟我们要钱："养去吧。"]

定：你们现在还做五功吗？

---

① 豁的意思，就是把地开成垄，然后将种子播在垄中，庄稼长出来后便于锄草施肥管理，而黄先生的父亲因不会种地，把种子撒得到处都是，日后庄稼长成人便无法进去。

② 这里指的是"文革"即将结束前夕的 1976 年，毛泽东的侄子毛远新等人在辽宁农村推广所谓"哈尔套经验"，所谓"割资本主义尾巴"，是指取消农民自留地，禁止农民养鸡、养猪、卖鸡蛋等措施。

③ "文革"期间邓小平被当作"走资派"与刘少奇一起打倒。1973 年复出，任国务院副总理，实行了一系列纠正"文革"错误的措施，这里指的就是这一段。邓小平的所作所为引起毛泽东的不满，1976 年 2 月中共中央决定开展"批邓反击右倾翻案风"的运动，再次把邓小平打倒。

黄： 我还天天坚持。

定（对李）： 你们这个年龄的还去礼拜吗？

李： 像我这个年龄的有一部分去，但是还有好多也就不去了，我就是节假日去。老人去的比较多，年轻的少。

定： 你们村的人还像过去那样练武吗？

黄： 现在基本上绝了。过去挺多的，过去保镖你没武术成吗？过去有老人教，解放以后还有人教呢。回民里头我听说好像一个是查拳，查拳在回民里挺流行的。我们这儿还有一个是弹腿。① 李五的号叫李公然，他就是打弹子。还有一个高八爷，挺有名，轻功特别好，他是咱村请来的，后来就跟这儿落户了。

定： 那时候妙峰山走会，你们村里热闹吗？

黄： 庙会就凑凑热闹，练武术，那叫出风，就是出出风头，表演一次，它不往那里头去，不算走会。五虎棍是阳坊（汉民）的，那会是朝拜，拜娘娘庙，沿路都是烧香磕头的一直往那么去。

---

① 查拳是回族人最喜爱的拳种，创始人名查密尔。查拳以弹腿和其他腿法为主要内容，弹腿是查拳的基本功，故有"南京到北京，弹腿出在回民中"之说。

结　　语

在这部冗长的书中——如果它算得上是一部书的话，我做了五十五个人的访谈录。这些人形形色色，有官员、教授、医生、商人、演员，也有普普通通的工人、市民和农民；有汉族，也有满、回、蒙古等少数民族；有男人，也有妇女。这些访谈以七十岁以上的老人为重点，但也有五十岁上下的中年人。我曾经也想采访年轻人，我想知道他们对京城这一百年的历史变迁，对自己祖辈、父辈的生活经历持何种态度，限于篇幅，也限于各种顾虑，还是就此打住了。

我的访谈既然从开始就围绕着"人"展开，关注的是人和人的生命史，从这五十多人的口述中，应该可以呈现出北京人的某些特点了。

如今，有关北京人、北京人的性格，是很让人感兴趣的话题，人们颇热衷于谈论北京人与上海人、广东人、四川人等各地方人的差别，在互联网上因此而相互对立、吵骂的现象也屡见不鲜。我对这个问题当然也有兴趣，但是，空对空地争论某个地方人的特点，比较各地之人的优劣，其实并无太大意义。任何地方的任何人，之所以会形成那样一种性格特征，都有因由，有来源，这与他们居住的这个地域、这个地域的历史有着特定的关系，这就是所谓的一方水土养一方人了。水土所指，既是它的地域，也是它的历史，这便是我这部口述史的着力之处：我把这几十篇口述，用来作为我展现老北京人性格与为人特点的方式。我希望能将北京人放在北京这个特定的地域、特定的历史环境中考察，反过来也通过北京人，来看北京这个城市和它的历史。

那么，由北京城这样的水土养育出来的北京人，留给人们最深刻的印象是什么呢？

北京城最独一无二的特征，就在于它作为"京城"的悠久历史，尤其在于这百年来，它所经历的从清王朝的京师到民国迁都之后的废都、1949年又重新成为一国首都的大起大落的兴衰过程。

　　这个过程意味着，北京在这百年里，比起其他城市，往往更多地成为政治风暴的中心。世代生活于这里的老北京人，也就比其他任何城市和地域的人们，有更多被风暴裹挟、殃及（或惠及）和影响的经历。对于中国历史上最为翻天覆地的、这百年来的沧桑巨变，北京人也可能会有更敏锐、更痛彻的感同身受。所以，相比于其他城市之人，北京人似乎更"政治"，更爱谈"大事"，这已为世人公认。本书中的一位年轻人对自己父亲的评价就颇耐人寻味：

　　我们认为最没用的事是老头最关心的事儿。

　　所谓"最没用的事"，应该就是指那些政治事件，那些大事。那什么事是有用的呢？按现今人的理解，应该就是生计，是经济，说俗了就是挣钱吧。

　　北京的老百姓真的会对"没用的"政治事件，比对"有用的"自己的生计更关心吗？如果此说当真，他们又怎么会形成如此的风气、习惯呢？这几十位老北京人的口述用他们家庭、父辈与自身的经历，对这个问题做了回答。试问，在这百年中，老北京人生活和命运的轨迹，有哪一条不受政治事件的左右呢？远者如清朝覆亡对上至爱新觉罗皇室、下至普通八旗官兵的影响，近者如1949年之后。总之，上层建筑的、政治层面上的每一次风吹草动，无不与北京百姓的生活息息相关，无不牵涉着北京百姓的切身利益。北京人的生计既然总会不断受到与他们毫不相干的政治干扰，他们怎么可能不特别关心、特别敏感于那些本来与他们并不相干的大事件、大历史呢？

　　开始设计这个访谈计划之前，我曾经想当然地以为，在北京的胡同中，会隐然存在一种与大历史、大事件不相干的、自成体系的民间的社会和生活。我在访谈中也曾致力于搜索这样的记忆，希图探求一套民间的话语系统。但这么多年的访谈实践却告诉我，也许我是错的。在北京，在这百年，不仅这样的一种民间生活并不存在，即使是这样一套民间的话语系统，可能也并不存在。至少，是我还没有发现，没有找到。

　　于是，讲述百年来诸多混乱纷繁的、头绪复杂的政治事件怎样触及、干预、影响到本来与此无关的众多无辜百姓的生活，便不期然地成为这部书的主题。

　　由此可见，无论多么精辟和具革命性的方法与理论，在对具体的研究起到指导作用的同时，也很有可能会成为一种误导，一种束缚。这就是我做这部口述史获得的体会和教益。

不过，虽然说北京人的生活与政治事件息息相关，虽然记载北京近代史上历次政治事件的文献连篇累牍，但并不意味着在北京做口述史就没有必要、没有意义。也并不意味着在这样一个城市作的口述史，就不具个人性与民间性。

首先，即如上文所说，讲述政治事件的发生通过什么样的途径、以什么样的方式影响普通百姓生活、这种影响又达到何种程度，这本身就是仅仅凭借官方文献无法认识、无法体会的内容。本书中的每一篇口述，无不说明这一点。

其次，无论上面谈到的政治事件之类的大事对人们生活的影响多大，但某个特定地域的特定的文化，还是会从那些看似微不足道的，甚至令人不屑一顾的小事中渗透出来。这包括人与人之间的社会交往，例如婚姻关系、邻里关系和同事关系，像本书中谈到的，京城某些大家族即使在已经衰落甚至消失之后，逢年过节、家族成员过生日的时候仍要聚会，子女之间的婚姻关系也仍然维持，就是一个例子。再如吃喝玩乐，表现在对旧日京城老字号的如数家珍、对旧日饮食的津津乐道，在日常吃食中的挑剔、讲究，乃至对花鸟鱼虫的那种喜好和投入，无不浸透了老北京人的审美情趣和老北京人特有的品味。我本人就常常因为不懂吃、不会吃，在头头是道的老北京人面前感到自己没有"文化"。所谓"礼失而求诸野"，当庙堂之上的"礼"被毁之后，便只能求诸寻常街巷中的百姓素养了，当然说到底，这些已经仅仅是文化的影子和残余，谈不上是真正的、完整的文化了。

还须提到的是，这些多多少少遗留下来的文化，有着一个非常突出却很少为人意识到的特征，那就是，它是以"人"为载体的，所谓的"京味"，就存在于老北京人的京腔京韵里，甚至存在于他们的一颦一笑、一举手一投足之间。只要人还在，即使因故暂时消失，一遇适当时机，也仍然会故态复萌。可是一旦这些文化所附着的个人、家庭与家族消失，它的随之消失，也就指日可待了。这就是说，当承载着这种文化的"人"一旦离去，那些名胜古迹、那些琼殿玉宇、那些风味美食等即使还在，也都不过是徒具形式的空壳，而不再具有鲜活的灵魂。这就是我为这些由北京特定的水土滋养出来的、深深浸染过京城文化的人做口述的意义所在。

　　我做老北京人的访谈，一开始的想法很简单，就是想了解北京这个城市中各种人们的生活。我甚至根本就没想把它作为一个研究项目，更谈不上将它做成"书"，因为我本不是想写些什么来给别人看，而相反，是想让别人讲来给我听的。这样的访谈让我对我居住了几十年的这个城市有了比以往丰富得多的认识，这让我十分惊喜。访谈做多了以后，我结识了很多朋友，这首先是充实了我的生活，然后是极大地开阔了我的视野。而且这样一遍又一遍地倾听和了解别人的人生，也令我对自己的人生有了越来越多的参照，促使我对自己的生活有了更深入更客观的审视和思考。我曾经觉得，即使我的访问到此为止，也已经足够。为此而申请一个项目，并当作一项研究来做，是三年前的事，当时我的访谈已经完成近半，那时候我才意识到，我已经能够、也应该认真地表达些什么东西了。

　　把这个过程交代出来，目的是要说明，这部口述史不是我个人、而是我与众多被访者共同完成的一项工作。这就要谈到口述史与其他史学研究的根本区别了：口述访谈是一种双向交流的过程，它不像以往的史学研究，即使研究对象发生了变化，譬如从传统的以政治制度为主转向关注人民大众的生活，但根本的立场也未必有所改变，因为研究的主体仍然还是历史学家。口述史就不同了，它是由历史学家与被访者共同书写的历史，也就是说，这不是作为历史学家的我来为他们写，我与被访者是互为主体，彼此相互影响的。

　　互为主体，并不排除史学家在其中的主动作用。史学家在口述访谈中并不像有些人想象的那样，仅仅是被动的"记录者"。具体到这部书，预先设计什么样的题目、确定什么样的访谈对象，都是由我来决定的。在访谈过程中，我还需不断调整谈话内容，整理的时候，还要决定取舍，最后，就像我在前言和正文中不断提到的那样，要做学术性的注释和考订。但是在这个过程中，被访者也并非是被牵着鼻子走的木偶，他们会展示给我很多平素不曾见到、知道的社会与生活的领域，会评判我从文献中得来的他们认为并不正确、并不重要的信息，会提醒我注意太多我过去忽略的、漠视的现象。他们会主动谈起我原本没想到要提问的内容，也会以沉默来回避、躲闪一些他们不愿讲，或认为不必要讲的东西，他们就以这种主动的方式参与到我的研究之中，我也与他们一起，共享他们的记忆、感受与经历。对我来说，这一次次的访谈，无异于为我打开一个个崭新的窗口，让我在平日看似平常的生活中看到许多未曾见到的新鲜的内容，这都是坐在书斋里钩稽爬梳文献时无法做到的，我也随之不断调整我的访谈计划、寻找新的访谈对象，直至找到我最终要表现的主题。

　　总之，做这个老北京的口述访谈项目，对于我，首先是一种学习，其次是在享受一种乐趣，这已经不仅是工作的乐趣，而且还是生活的乐趣。然后，才是做研究项目。相对前两者而言，出成果已经成为不那么重要的东西。

　　当然，这样与被访者"共同书写"的历史，也带来不少在我这一方看来是消极的、负面的因素，它与史学家利用文献书写历史有一个非常大的区别，那就是访谈的结果最后能否利用、怎么利用，并不能完全由我来做主。即以这部书稿而言，有好几篇我自觉做得最精彩、最成功的访谈，直到文稿最终整理成篇之后，被访者才突然声称不肯再予发表；还有更多的访谈，当我交给被访者审阅时，他们会将其中最画龙点睛的内容删去。这种情况的屡屡出现，大多出于被访者的种种顾虑，这些顾虑中最主要的，除了众所周知的政治上的敏感问题之外，就是担心口述中涉及的很多人，或者他们的后人还健在。在这中间，有的是不愿给人以背后议论他人是非的口实，有的是唯恐招惹些不必要的麻烦，这些当然都可以理解，但还有一些，则出于"为尊者讳"的心理。这种种的避讳使我在访谈计划中获得的许多成果无法公诸于世，这是让我甚感遗憾却也无奈的。事实上，无论做口述做田野，但凡与活人打交道，都会面临这个问题。如今的学术研究，对于历史上的无论哪个人物、哪个族群，只要他们有后人存在，一旦揭到他或他们的短处，都有可能遭到其后人的声讨、责骂，这样的现象并非只在口述访谈中存在，只不过做口述访谈时表现得更突出、更尖锐而已。坦诚地说，对于这个障碍是否能够逾越、怎样逾越，我迄今仍然没有信心，也没有对策。

　　本书的所有访谈、录音以及整理的工作，均由我一人完成。访谈中的其他在场者，我都已在每篇口述的注释中作了介绍。至于将录音转成文字的工作，是口述史工作中非常关键的一个环节，除两篇之外，也都是我独自完成的。这两篇中，一篇是"内城编"的《没写入书中的历史：毓旗口述》，为吕原转写；一篇是"内城编"的《朝阳门外南营房：关松山口述》，由邱源媛转写，转写之后，我又作了核对。

　　衷心地感谢所有的被访者和为我联络这些被访者的朋友们，我在每篇访谈中都已有所交代，由于人数太多，恕不在此一一列举，还乞原谅。还有一些朋友，多年来对我这项研究计划，一直以各种方式予以不懈的鼓励与支持，并多次为我提供访谈线索和访谈所需的各种方便，乃至陪同我一道出行，因此要在这里特别提出的，有郭松义、胡鸿保、姚安、张莉、冯其利、王政尧、胡宝国、刘小萌、姚念慈、赵扬、杨海英、江桥、关纪新、佟鸿举、李南、岑大利、毕奥南、吴丽娱、张华、郭沂纹等，其中我从中国社会科学院历史所郭松义研究员、中国人民大学社会学系胡鸿保教授、首都博物馆副馆长姚安博士、中国第一历史档案馆研究馆员张莉女士处得益尤多。邱源媛、贺晓燕两位同学多次助我借阅图书、查找资料，邱源媛还通读了全书初稿并提出不少有价值的建议，也在此一并致谢。

本书的写作得到中国社会科学院重点课题项目的研究资助，特此说明并致谢，并感谢三位评审专家的认真审读和提出的珍贵的批评和建议。

我还要感谢我的家人多年来为我从事这项计划所给予的理解与支持。

《当代中国学者代表作文库》书目

已出版

《老子古今——五种对勘与析评引论（修订版）》 刘笑敢著

《哲学的童年》 杨适著

《宗教学通论新编》 吕大吉著

《中国无神论史》 牙含章、王友三主编

《清代八卦教》 马西沙著

《甲骨学通论（修订本）》 王宇信著

《中国天文考古学》 冯时著

《原史文化及文献研究（修订本）》 过常宝著

《中国文明起源的比较研究》 王震中著

《"封建"考论（修订版）》 冯天瑜著

《世界经济中的相互依赖关系》 张蕴岭著

《中国海外交通史》 陈高华、陈尚胜著

《元代白话碑集录》 蔡美彪主编

《古籍版本鉴定丛谈》 魏隐儒等编著

《王国维美学思想研究》 周锡山著

近期出版

《中国近代史学学术史》 张岂之主编

《希腊城邦制度》 顾准著

《老北京人的口述历史》 定宜庄著

《词籍序跋萃编》 施蛰存主编

《中国文学理论批评史》 敏泽著

《中国文字形体变迁考释》 丁易著